westermann

Andrea Köbberling, Sandra Adams, Manfred Eberhardt, Angelika Fresenborg, Dr. Ognjan Gentschew, Michael Weckbach, Manuela Stelling, Hartwig Brunn, Klaus Richter, Dr. Dirk Scharf, Horst Volke

Alles auf Lager

Fachlageristen – Fachkräfte für Lagerlogistik
Grundqualifikation. Informationsband

5. Auflage

Bestellnummer 5366

Die in diesem Produkt gemachten Angaben zu Unternehmen (Namen, Internet- und E-Mail-Adressen, Handelsregistereintragungen, Bankverbindungen, Steuer-, Telefon- und Faxnummern und alle weiteren Angaben) sind i. d. R. fiktiv, d. h., sie stehen in keinem Zusammenhang mit einem real existierenden Unternehmen in der dargestellten oder einer ähnlichen Form. Dies gilt auch für alle Kunden, Lieferanten und sonstigen Geschäftspartner der Unternehmen wie z. B. Kreditinstitute, Versicherungsunternehmen und andere Dienstleistungsunternehmen. Ausschließlich zum Zwecke der Authentizität werden die Namen real existierender Unternehmen und z. B. im Fall von Kreditinstituten auch deren IBANs und BICs verwendet.

Die in diesem Werk aufgeführten Internetadressen sind auf dem Stand zum Zeitpunkt der Drucklegung. Die ständige Aktualität der Adressen kann vonseiten des Verlages nicht gewährleistet werden. Darüber hinaus übernimmt der Verlag keine Verantwortung für die Inhalte dieser Seiten.

Zusatzmaterialien zu Alles auf Lager, Fachlageristen – Fachkräfte für Lagerlogistik Grundqualifikation. Informationsband

Für Lehrerinnen und Lehrer:

Lehrermaterialien zum Trainingsbuch, Band 1 Download: 978-3-8045-4887-9
Lehrermaterialien zum Trainingsbuch, Band 2 Download: 978-3-8045-4888-6

BiBox westermann inkl. E-Book

Lehrerlizenz BiBox Dauerlizenz: 978-3-8045-5684-3
Kollegiumslizenz BiBox Dauerlizenz: 978-3-8045-0705-0

Für Schülerinnen und Schüler:

BiBox westermann inkl. E-Book

Trainingsbuch, Band 1: 978-3-8045-4870-1
Trainingsbuch, Band 2: 978-3-8045-4874-9

Schülerlizenz BiBox Schuljahr: 978-3-8045-5685-0

westermann GRUPPE

Druck und Bindung: Westermann Druck GmbH, Georg-Westermann-Allee 66, 38104 Braunschweig

ISBN 978-3-8045-5366-8

Vorwort

Aufbau der Reihe „Alles auf Lager“

Alle Themen der ersten beiden Jahre der Ausbildung zur *Fachkraft für Lagerlogistik* und der gesamten Ausbildung zur *Fachlageristin*/zum *Fachlageristen* sind in der Grundqualifikation enthalten. Für die ersten beiden Ausbildungsjahre ist jeweils ein Trainingsbuch passend zum Informationsband erhältlich. Die von den Fachkräften für Lagerlogistik im dritten Ausbildungsjahr benötigten Inhalte befinden sich in der Fachqualifikation (978-3-8045-4850-3) und dem dazugehörigen Trainingsbuch (978-3-8045-4854-1).

Einsatz des Informationsbandes im Unterricht

Das Ihnen hier vorliegende Buch „Grundqualifikation. Informationsband“ ist im Unterricht parallel zum Titel „Grundqualifikation. Trainingsbücher, Band 1 und 2“ (ISBN 978-3-8045-4870-1 und 978-3-8045-4874-9) einsetzbar.

Der Informationsband ist

- **übersichtlich**: Zu Beginn jeden Lernfelds gibt eine MindMap den Überblick über die zu erlernenden Inhalte. Um den Schülern die strukturelle Aufbereitung der Inhalte nicht abzunehmen, wurde jedoch auf Zusammenfassungen verzichtet.
- **gut lesbar:** Das Erfassen der Inhalte wird durch eine *schülerangepasste Sprache, hervorgehobene Merksätze* und eine *Vielzahl von Bildern und Grafiken* unterstützt.
- **praxisnah:** *Tipps für die Praxis* ergänzen die theoretischen Inhalte und machen das Buch zu einem wertvollen Ratgeber in Unterricht, Prüfungsvorbereitung und Berufsalltag.

Außerdem enthält der Informationsband

- aktuelle Aspekte der **Digitalisierung/Logistik 4.0** in jedem Lernfeld
- einen **Mathematik-Kurs**, der die benötigten mathematischen Grundkenntnisse vermittelt.
- einen **WiSo-Teil**, der den Stoff der Zwischenprüfung der Fachkräfte für Lagerlogistik und der Abschlussprüfung der Fachlageristen enthält und damit bestens zur Vorbereitung auf diese Prüfungen verwendet werden kann.

Für Verbesserungsvorschläge und Anregungen sind Verlag und Autoren stets dankbar.

Winklers Verlag, Frühjahr 2021

Inhaltsübersicht

Lernfeld 1 Güter annehmen und kontrollieren

Lernfeld 2 Güter lagern

Lernfeld 3 Güter bearbeiten

Lernfeld 4 Güter transportieren

Lernfeld 5 Güter kommissionieren

Lernfeld 6 Güter verpacken

Lernfeld 7 Touren planen

Lernfeld 8 Güter verladen

Lernfeld 9 Güter versenden

Fachrechnen

WiSo-Inhalte

536612

Lernfeld 1
Güter annehmen und kontrollieren

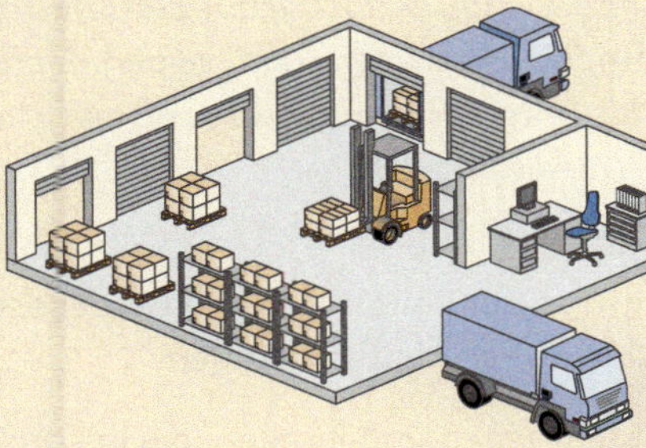

Güter annehmen und kontrollieren

Logistik und Lagerlogistik
- Logistik
- Teilbereiche der Logistik
- Lagerlogistik
- Tätigkeiten der Lagerlogistik

Kaufvertragsstörungen
- Mangelhafte Lieferung
- Lieferungsverzug
- Annahmeverzug
- Zahlungsverzug

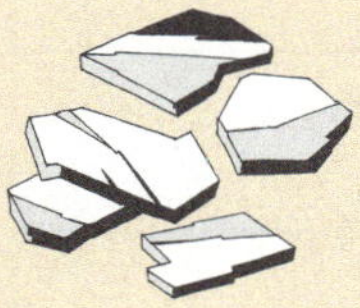

Sicherheit am Arbeitsplatz
- Gesetze, Verordnungen und Vorschriften
- Sicherheitskennzeichnung
- Persönliche Schutzausrüstung

Warenannahme und -kontrolle
- Warenanlieferung Begleitpapiere
- Warenannahme
- Warenkontrolle
- Einlagerung
- Codierungen

Kaufvertragliche Grundlagen
- Rechts- und Geschäftsfähigkeit
- Besitz und Eigentum
- Rechtsgeschäfte
- Kaufvertrag

1 Logistik und Lagerlogistik – eine kleine Einführung

1.1 Logistik – Begriffsbestimmung

[?!] *Logistik* *logistics*

Die Logistik umfasst den Prozess der Planung, Steuerung, Durchführung und Kontrolle des gesamten Materialflusses und des dazugehörigen Informationsflusses, und zwar zwischen dem Unternehmen und seinen Lieferanten (Beschaffungsmarkt), innerhalb des Unternehmens selbst und zwischen dem Unternehmen und seinen Kunden (Absatzmarkt).

Materialfluss

Unter **Materialfluss** versteht man den Weg der Roh-, Hilfs- und Betriebsstoffe, Handelswaren oder Betriebsmittel vom Lieferanten bis zum Kunden.

Informationsfluss

Informationen sind z. B. Daten über Lieferanten und Kunden, die in Form von Belegen oder auf dem Bildschirm verfügbar sind. Man unterscheidet zwischen **vorauslaufendem Informationsfluss** (z. B. Angebote einholen), **begleitendem Informationsfluss** (z. B. Lieferschein), **nachlaufendem Informationsfluss** (z. B. Rechnung) und **rücklaufendem Informationsfluss** (z. B. Reklamation), je nachdem, ob die Informationen **vor**, **während** oder **nach dem Materialfluss** weitergeleitet werden.

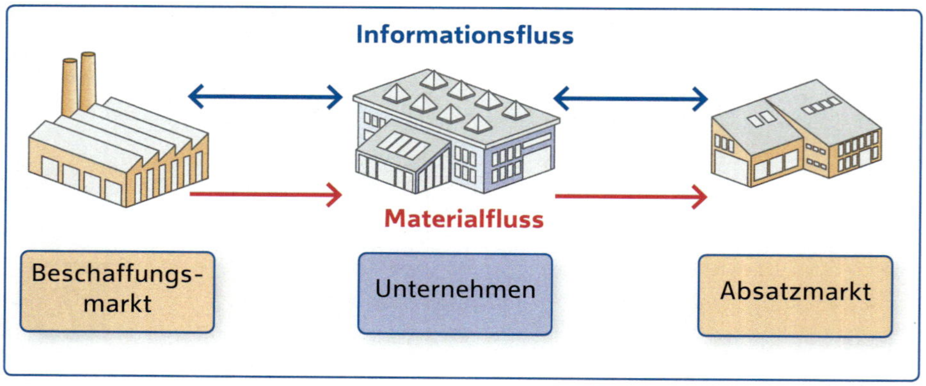

Informations- und Materialfluss

Transport und Unterbringung mit Vernunft!

Der Ursprung der Bedeutung des Begriffs **Logistik** (engl. *logistics*) liegt im französischen Wort *loger* (dt. unterbringen, hinbringen, einquartieren). Er verweist damit auf den militärischen Sprachgebrauch, nach dem Logistik den Transport und die Unterbringung von Soldaten, Waffen und anderen militärischen Geräten umfasst. Gleichzeitig verweist der Begriff Logistik auch auf das griechische Wort *logos* (dt. Vernunft) und auf die Gesetze der (mathematischen) Logik. Er zeigt damit an, dass in der Logistik alle Material- und Informationsflüsse zwischen den Unternehmen logisch durchdacht zu planen, durchzuführen und zu kontrollieren sind.

[?!] *Sechs R der Logistik*

Aufgabe der Logistik ist es, dafür zu sorgen, dass die Richtige Ware in der Richtigen Menge am Richtigen Ort zum Richtigen Zeitpunkt in der Richtigen Qualität zu den Richtigen Kosten zur Verfügung steht (Prinzip der sechs R der Logistik).

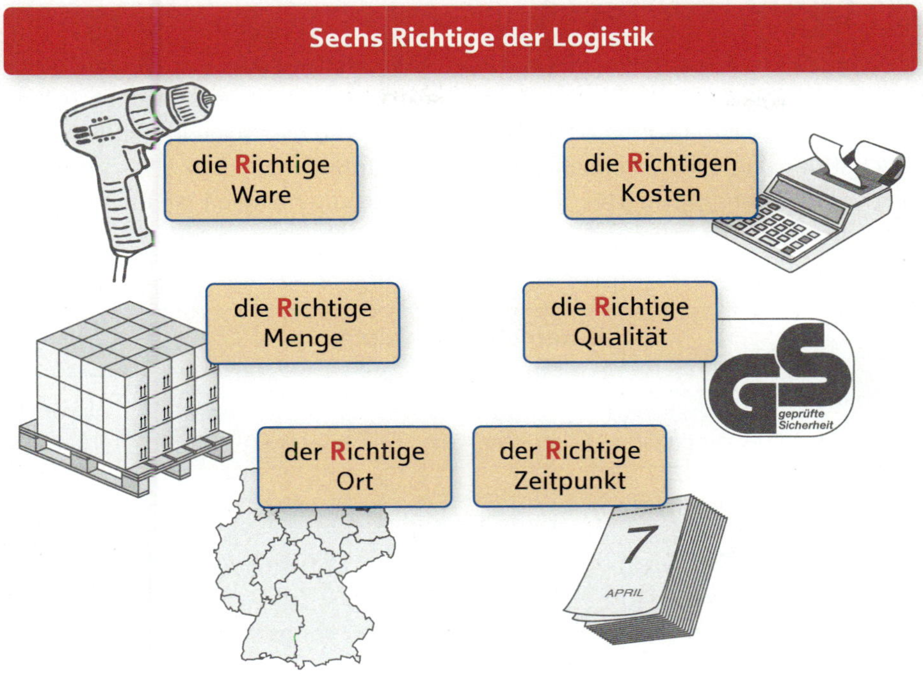

Sechs Richtige der Logistik

1.2 Logistik 4.0

Die Logistik befindet sich im Wandel. Ursachen dafür sind:

- der globale Wirtschaftswandel (Verschiebung von Wirtschafts- und Logistikströmen),
- der gesellschaftliche Wandel (Individualisierung, demographischer Wandel, Urbanisierung, Klimawandel usw.) und
- der technologische Wandel (Internet der Dinge und Dienste, 4. industrielle Revolution).

Dies führt unweigerlich zu einer zunehmenden Digitalisierung und Automatisierung in der Logistik.

Die Logistik 4.0 weist folgende Merkmale auf: Vernetzung, dezentrale Steuerung, Mensch und Maschine im Einklang, digitale Prozesse und Echtzeitfähigkeit. Nur durch eine erfolgreiche Umsetzung der Logistik 4.0 können Unternehmen die erforderlichen Grundlagen schaffen, um die zukünftigen Herausforderungen der Industrie 4.0 zu meistern. Die technologischen und organisatorischen Veränderungen sind bereits jetzt in der Logistik spürbar und verändern den Arbeitsalltag der Mitarbeiterinnen und Mitarbeiter. Zu nennen sind hier beispielsweise autonome Transportsysteme, intelligente Behälter, Kommissionierroboter, Pick-by-Voice und RFID-Scanner. Verschiedene Wege und Möglichkeiten zur Digitalisierung und Automatisierung von Lagerprozessen werden in den einzelnen Lernfeldern aufgezeigt.

1.3 Teilbereiche der Logistik

Die Logistik eines Unternehmens lässt sich entsprechend ihrer Aufgabenbereiche und den Phasen des Güterflusses durch das Unternehmen in verschiedene Teilbereiche gliedern. Für ein Produktionsunternehmen sind dies folgende Teilbereiche: **Beschaffungslogistik**, **Produktionslogistik**, **Distributionslogistik** (**Warenverteilung**) und **Entsorgungslogistik**. Bei einem Handelsunternehmen fehlt die Produktionslogistik.

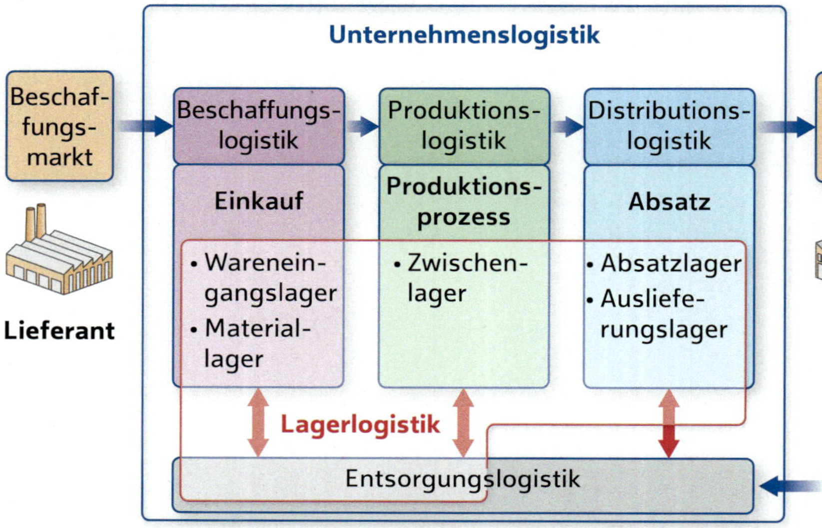

Unternehmenslogistik

Beschaffungslogistik

Die Beschaffungslogistik ist zuständig für die bedarfsgerechte Versorgung des Unternehmens mit Gütern für die Produktion (bei Produktionsunternehmen) bzw. für den Verkauf (bei Handelsunternehmen). Sie steht am Anfang der logistischen Kette und damit auch am Beginn der Steuerung der Materialflüsse.

Zu den Aufgaben der Beschaffungslogistik zählen z. B.:

- Bedarfsermittlung
- Bestandskontrolle
- Lieferantenauswahl
- Bestellung
- Transportorganisation
- Bestellüberwachung
- Wareneingang
- Einlagerung

Ziel der Beschaffungslogistik ist beispielsweise die Optimierung der Beschaffungskosten, der Mengen und der Qualität der zu beschaffenden Güter.

Produktionslogistik

Die Produktionslogistik umfasst einerseits alle Arbeitsschritte zur Versorgung des Produktionsprozesses mit Materialien, z. B. mit Roh-, Hilfs- und Betriebsstoffen. Andererseits umfasst sie alle Tätigkeiten, die mit der Abgabe der Halbfertig- und Fertigerzeugnisse an das Absatzlager zusammenhängen. Dazu gehört z. B. der innerbetriebliche Transport der Güter vom Lager zur Produktionsstätte bzw. von der

Produktionsstätte zum Fertigwarenlager. Weiterhin gehören zur Produktionslogistik die Planung und Steuerung der Fertigung.

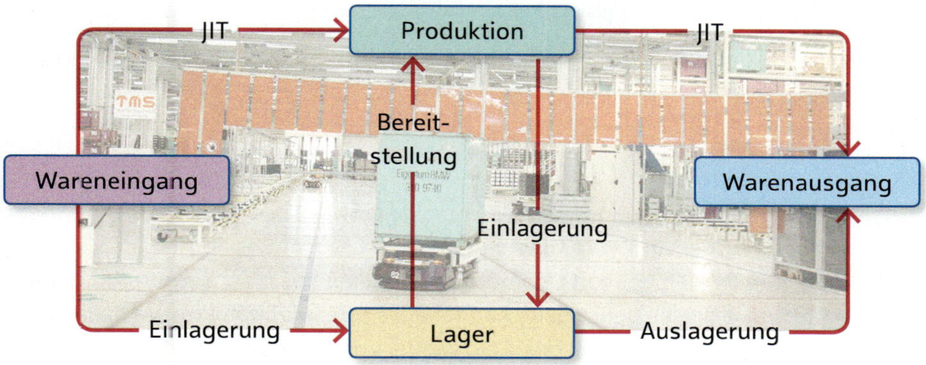

Erläuterungen zur Abbildung:

JIT = Just In Time: Die Anlieferung bzw. Auslieferung der Güter erfolgt genau dann, wenn sie in der Produktion bzw. am Absatzmarkt benötigt werden.

Produktionslogistik

Distributionslogistik

Die Distributionslogistik, auch **Warenverteilung** genannt, umfasst alle Tätigkeiten, die notwendig sind, um die Produkte aus der Fertigung oder dem Lager an den Kunden weiterzuleiten. Dazu gehören beispielsweise die Kommissionierung, die Bildung von Ladeeinheiten, die Verpackung und der Versand der Waren zum Kunden.

Entsorgungslogistik

Die Entsorgungslogistik umfasst alle Tätigkeiten der umweltgerechten Verwendung, Verwertung und Beseitigung von Abfällen. Zu den Abfällen zählen z. B. nicht mehr benötigte Materialien, Produktionsrückstände und Reststoffe, Verpackungen, Leergut und Retouren. Die Entsorgungslogistik hat das Ziel, die Entsorgungskosten zu minimieren, z. B. durch Abfallvermeidung oder Abfallverwertung.

1.4 Lagerlogistik

Die Lagerlogistik befasst sich **mit allen Warenbewegungen im Betrieb** von der Warenannahme über die Lagerhaltung, die Warenpflege, die Kommissionierung und die Versorgung der Produktion bis hin zum Versand. Sie ist ein Bestandteil aller oben genannten Teilbereiche der Logistik, aber auch Bindeglied zwischen den Teilbereichen.

Das Lager – Leistungsstätte der Lagerlogistik

Die Leistungsstätte der Lagerlogistik ist das **Lager**. Die Lager im Betrieb sind die Schnittstellen zwischen **Beschaffung/Wareneingang**, **Produktion** und **Absatz/Versand**. Hier werden der Material- und der Informationsfluss mit der notwendigen Hard- und Software (z. B. Warenwirtschaftssystem, EDV-gestütztes Hochregallager, fahrerlose Transportsysteme, EDV-gesteuerte Auftragsabrufung) gesteuert und optimiert.

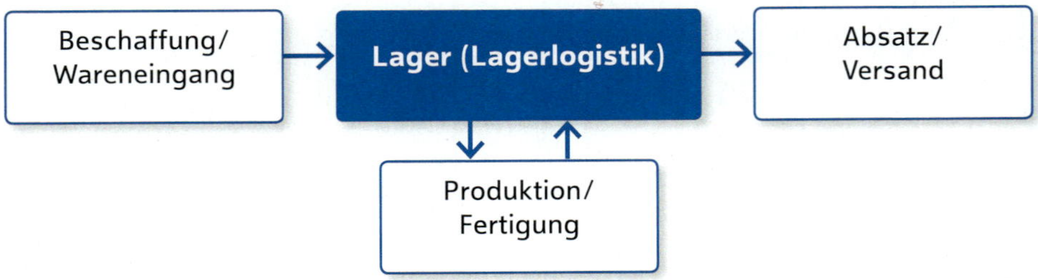

Das Lager – Schnittstelle zwischen Beschaffung, Produktion und Absatz

Mit jeder Lagerung wird der Materialfluss für eine gewisse Zeit unterbrochen. Je mehr Ware im Lager aufbewahrt wird, desto mehr Geld braucht der Betrieb, da die gelagerte Ware vom Betrieb gekauft und bezahlt werden muss (Fachbegriff: **Kapitalbindung**). Man nennt dieses gebundene Kapital auch **totes Kapital**. Erst wenn die Ware verkauft wird, steht dem Betrieb das Geld wieder zur Verfügung.

Eine optimale, d. h. vor allem kostengünstige, Organisation des Lagers ist somit Ziel der Lagerlogistik. Grundlegend hierfür sind die Entscheidungen über die Lagerstrategien, Lagerfunktionen, Lagerarten, Lagerstandorte, Lagerbewegungen, Lagerverwaltung, Lagersteuerung und Lagersysteme.

1.5 Tätigkeiten der Lagerlogistik im betrieblichen Ablauf

Bei der innerbetrieblichen Warenverteilung sind von den Mitarbeitern im Lager verschiedene Tätigkeiten vorzunehmen, vom Wareneingang bis zum Warenausgang. Ordnet man diese Tätigkeiten den einzelnen Lagerbereichen zu, ergibt sich folgendes Bild.

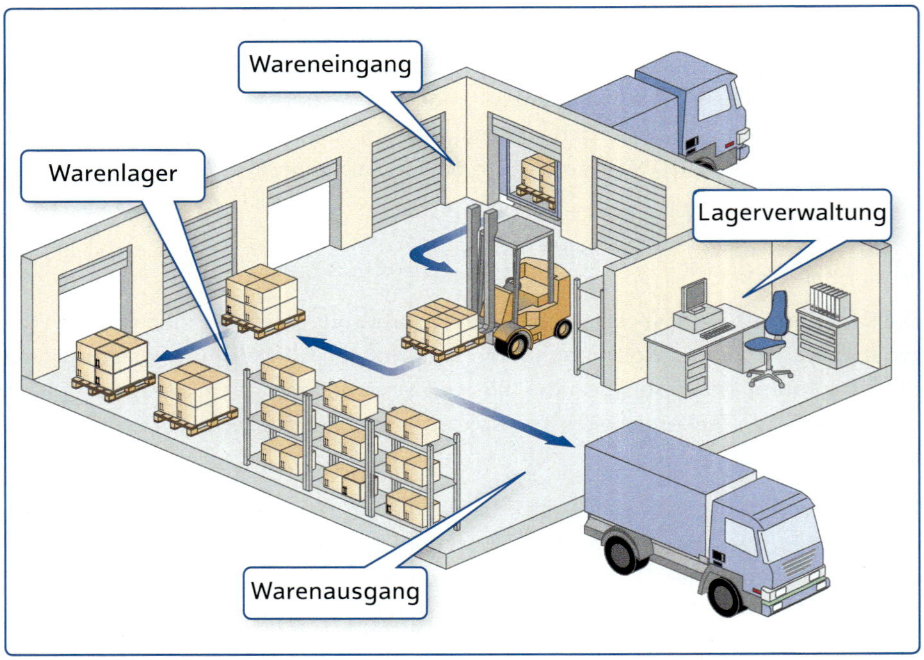

Das Lager

Tätigkeiten der Lagerlogistik im betrieblichen Ablauf

Wareneingang	Warenlager	Warenausgang	Lagerverwaltung
• Ware annehmen • Ware kontrollieren • Ware sortieren • Ware vorverpacken • Ware etikettieren • Ware befördern • Lagerplatz auswählen • Ware einlagern • …	• Ware kontrollieren • Ware pflegen • Ware umlagern • Ware sortieren • Auftrag kommissionieren • Ladungseinheiten bilden • Ware verpacken • Ware befördern • …	• Transportmittel (z. B. Lkw, Bahnwaggon) beladen • Ladungssicherung vornehmen • dem Fahrer die Versandpapiere übergeben • …	• Wareneingang erfassen • Warenausgang erfassen • Lagerbestände verwalten • Kommissionierbelege erstellen • Lieferscheine und Frachtbriefe erstellen • Touren planen • Ladeplan erstellen • …
Arbeitssicherheit gilt überall!			

2 Unfallgefahr und Arbeitsschutz

Im Lager gibt es viele Unfallrisiken. Zweck des Arbeitsschutzes ist die Verhinderung von Unfällen bei der Arbeit. Die deutsche Bundesanstalt für Arbeit definiert den Begriff **Arbeitsschutz** wie folgt:

[?!]
Arbeitsschutz
safety at work

Arbeitsschutz ist die Bewahrung des Menschen vor Gefahren und Beeinträchtigungen in Verbindung mit seiner Berufsarbeit.

2.1 Gesetze, Verordnungen und Vorschriften zum Arbeitsschutz

Der Arbeits- und Gesundheitsschutz im Betrieb ist eine rechtlich verpflichtende Aufgabe für den Arbeitgeber, denn nur dieser hat ein Weisungsrecht, um die erforderlichen Schutzmaßnahmen umzusetzen.

Unfallverhütungsvorschriften
accident prevention regulations

Wichtige Regeln zur Sicherheit am Arbeitsplatz sind in den **DGUV Vorschriften** (DGUV = Deutsche Gesetzliche Unfallversicherung) auch **Unfallverhütungsvorschriften *(UVV)*** genannt, enthalten. Sie beinhalten die Rechte und Pflichten von Arbeitnehmer und Arbeitgeber hinsichtlich des Arbeits- und Unfallschutzes, regeln die sicherheitstechnischen Anforderungen an Einrichtungen, Arbeitsmittel, Anlagen und Maschinen und geben damit verbundene Verhaltensvorschriften vor. Die DGUV Vorschriften (Unfallverhütungsvorschriften) werden von Fachgremien der Berufsgenossenschaften entwickelt und müssen dann vom Bundesministerium für Arbeit und Soziales genehmigt werden.

Die Unfallverhütungsvorschriften sind an einer geeigneten Stelle im Unternehmen den Mitarbeitern zugänglich zu machen, z. B. am Schwarzen Brett. Außerdem ist der Arbeitgeber verpflichtet, die Arbeitnehmer über die bei ihrer Tätigkeit auftretenden Gefahren sowie über die Maßnahmen zur Abwendung der Gefahren zu unterweisen.

[?!]
Erstunterweisung
initial instruction

Die Unterweisung muss vor Beginn der Beschäftigung, also auch bei Beginn der Ausbildung, erfolgen und danach in angemessenen Abständen, aber mindestens einmal jährlich wiederholt werden.

Wichtige Punkte der Erstunterweisung	
Betriebsorganisation	Beispiele: • Arbeitsschutzorganisation im Betrieb • Gefahrenschwerpunkte im Betrieb
Allgemeine Betriebsregelungen	Beispiele: • Einlasskontrollen • Arbeitszeit- und Pausenregelungen

→

Brandschutz und Erste Hilfe	Beispiele: • Allgemeine Verhaltensregeln • Notrufnummern • Standort von Meldeeinrichtungen, Feuerlöscheinrichtungen und Erste-Hilfe-Einrichtungen • Verlauf von Flucht- und Rettungswegen
Einweisung am Arbeitsplatz	Beispiele: • Arbeitsaufgabe • Gefährdungen und Schutzmaßnahmen wie persönliche Schutzausrüstung • Ordnung und Sauberkeit • Sicherheitskennzeichnung • Betriebsanweisungen

Betriebsanweisung
operating instruction

Zu den Aufgaben und Pflichten des Arbeitgebers gehört auch die Erstellung von **Betriebsanweisungen**, um Gesundheitsgefährdungen und Gefahren am Arbeitsplatz auszuschließen oder zumindest zu minimieren. Betriebsanweisungen **regeln** bestimmte Verfahren und Arbeitsabläufe und schreiben den Beschäftigten vor, wie sie mit gefährlichen chemischen oder biologischen Stoffen, Maschinen und Fahrzeugen umzugehen haben.

Betriebsanweisungen sollten möglichst **einheitlich** gestaltet werden. Daher schlagen die Berufsgenossenschaften folgende Gliederung vor:
- Anwendungsbereich
- Gefahren für Mensch und Umwelt
- Schutzmaßnahmen und Verhaltensregeln
- Verhalten bei Störungen
- Verhalten bei Unfällen, Erste Hilfe
- sachgerechte Entsorgung/Instandhaltung (bei Maschinen/technischen Anlagen)

Die Beschäftigten sind verpflichtet, sich an die Betriebsanweisungen zu halten. Eine **Nichtbeachtung** kann arbeitsrechtliche Folgen nach sich ziehen.

Pflichten des Arbeitgebers

Weitere **Pflichten des Arbeitgebers** zum Zwecke des Arbeitsschutzes sind:
- Gefährdungsbeurteilung und Dokumentation
- Beseitigung möglicher Gefahrenquellen
- Bereitstellung persönlicher Schutzausrüstungen wie z. B. Schutzschuhe, Schutzhandschuhe und Kopfschutz
- Durchführung notwendiger Unterweisungen und Belehrungen
- Kennzeichnung von Gefahrenbereichen
- Bereitstellung und regelmäßige Überprüfung von Feuerlöscheinrichtungen und Erste-Hilfe-Einrichtungen

Nummer: K35-12
Bearbeitungsstand: Jan. 20..

Betriebsanweisung für Gabelstapler

Betrieb: Schöner Wohnen GmbH

Arbeitsplatz/Tätigkeitsbereich: alle Betriebsbereiche

1. ANWENDUNGSBEREICH

Fahren mit Gabelstaplern auf dem Betriebsgelände

2. GEFAHREN FÜR MENSCH UND UMWELT

- Benutzen des Staplers durch unbefugte Personen
- Unbeabsichtigtes Ingangsetzen des Staplers
- Um- und Abstürzen des Staplers
- Getroffen werden durch herabfallendes Transportgut
- Anfahren von Personen und baulichen Einrichtungen
- Gefährliche Abgasbestandteile bei Dieselstaplern

3. SCHUTZMASSNAHMEN UND VERHALTENSREGELN

- Stapler dürfen nur von ausgebildeten und schriftlich beauftragten Personen benutzt werden
- Die Betriebsanleitung des Stapler-Herstellers ist zu beachten
- Es dürfen nur Stapler mit gültigem Prüfnachweis (Plakette) verwendet werden
- Vor dem Einsatz sind zu prüfen: Betriebs- und Feststellbremse, Gabel, Lenkung, Hydraulik, Beleuchtung, Warneinrichtung
- Bei Lastaufnahme sind zu berücksichtigen: Freie Sicht, Tragfähigkeit des Staplers, Ladungssicherung
- Beim Transport ist zu beachten: Tragfähigkeit der Fahrbahn, Last in tiefster Stellung und bergseitig transportieren, mit angemessener Geschwindigkeit fahren.
- Mitnahme von Personen ist grundsätzlich verboten.
- Ausnahme: Auf besondere Anweisung auf einem Stapler mit Beifahrersitz.
- Beim Abstellen des Staplers gilt: Gabel absenken, Feststellbremse betätigen, Schlüssel abziehen, Verkehrswege freihalten.
- Innerbetriebliche Verkehrsregeln beachten.
- Vorhandene Rückhalteeinrichtung benutzen
- Arbeitsbühne am Gabelträger befestigen, Personen nur auf-/ab bewegen und Fahrerplatz nicht verlassen. Siehe hierzu Betriebsanweisung Nr. BBA 127/2

4. VERHALTEN BEI STÖRUNGEN

- Bei sicherheitsrelevanten Störungen (z. B. an Bremse, Gabel, Hydraulik) Stapler abstellen und Vorgesetzten informieren.
- Mängel nur vom Fachmann beseitigen lassen.

5. ERSTE HILFE

- Ersthelfer heranziehen
- Notruf: 112
- Unfall melden
- Durchgeführte Erste-Hilfe-Leistungen immer im Verbandsbuch eintragen.

6. INSTANDHALTUNG

- Instandhaltung (Wartung, Reparatur) nur von qualifizierten und beauftragten Personen durchführen lassen.
- Nach Instandhaltung sind die Schutzeinrichtungen zu überprüfen.
- Für die Entsorgung (z. B. Altöl) ist zuständig Herr Florian Eberbach
- Bei der Instandhaltung die Betriebsanleitung des Herstellers beachten.
- Regelmäßige Prüfungen (elektrisch, mechanisch) durch befähigte Personen.

Datum: 12. Januar 20..

nächster Überprüfungstermin: 12. Juni. 20..

Unterschrift: Baumann
Unternehmer/Geschäftsleitung

Muster-Betriebsanweisung für Gabelstapler

Pflichten des Arbeitnehmers

Doch Arbeitsschutz ist nicht nur Chefsache; auch der **Arbeitnehmer hat Pflichten**. Insbesondere muss er ...

- die Anweisungen des Arbeitgebers einhalten,
- die persönliche Schutzausrüstung tragen,
- die Arbeitsmittel und Einrichtungen nur bestimmungsgemäß verwenden,
- die Meldepflicht von Arbeitsunfällen einhalten,
- die Einrichtungen und Arbeitsstoffe nur mit Befugnis nutzen (Einweisung erforderlich) und
- das Verbot von Alkohol- und Betäubungsmittelkonsum einhalten.

2.2 Sicherheits- und Gesundheitsschutzkennzeichnung

Der Unternehmer ist verpflichtet, Gefahrenquellen zu kennzeichnen. Er muss dafür sorgen, dass die Mitarbeiter die Kennzeichen kennen und beachten. Die Kennzeichnung von Gefahrenquellen ist in der *DGUV Vorschrift 9 „Sicherheits- und Gesundheitsschutzkennzeichnung am Arbeitsplatz“* geregelt.

Entsprechend ihrer Form und Farben können **fünf Kategorien der Sicherheits- und Gesundheitsschutzkennzeichnung** unterschieden werden:

Sicherheitskennzeichen
safety signs

Verbotszeichen	rund, schwarzes Symbol, weißer Hintergrund, rote Umrandung
Warnzeichen	dreieckig, schwarzes Symbol, gelber Hintergrund, schwarze Umrandung
Gebotszeichen	rund, weißes Symbol, blauer Hintergrund
Rettungszeichen	quadratisch oder rechteckig, weißes Symbol, grüner Hintergrund
Brandschutzzeichen	quadratisch, weißes Symbol, roter Hintergrund

Verbotszeichen

Verbotszeichen
prohibition signs

 Rauchen verboten	 Feuer, offenes Licht und Rauchen verboten	 Für Fußgänger verboten	 Mit Wasser löschen verboten	 Kein Trinkwasser
 Zutritt für Unbefugte verboten	 Für Flurförderzeuge verboten	 Berühren verboten	 Keine schweren Lasten	 Schalten verboten
 Nichts abstellen oder lagern	 Personenbeförderung (Seilfahrt) verboten	 Mobilfunk verboten	 Besteigen für Unbefugte verboten	 Rollerfahren auf Handhubwagen verboten

Verbotszeichen

Warnzeichen
hazard warning signs

Warnzeichen

 Warnung vor feuergefährlichen Stoffen	 Warnung vor explosionsgefährlichen Stoffen	 Warnung vor giftigen Stoffen	 Warnung vor ätzenden Stoffen	 Warnung vor brandfördernden Stoffen
 Warnung vor radioaktiven oder ionisierenden Stoffen	 Warnung vor schwebender Last	 Warnung vor Flurförderzeugen	 Warnung vor gefährlicher elektrischer Spannung	 Warnung vor einer Gefahrenstelle
 Warnung vor Quetschgefahr	 Warnung vor Hindernissen am Boden	 Warnung vor Handquetschungen	 Warnung vor Rutschgefahr	 Warnung vor Kälte
 Warnung vor heißer Oberfläche	 Warnung vor Gefahren durch das Aufladen von Batterien	 Warnung vor explosionsfähiger Atmosphäre	 Warnung vor Gasflaschen	 Warnung vor Laserstrahlung

Warnzeichen

Gebotszeichen

Gebotszeichen
mandatory signs

 Augenschutz benutzen	 Kopfschutz benutzen	 Gehörschutz benutzen	 Atemschutz benutzen	 Fußschutz benutzen
 Schutzhand-schuhe benutzen	 Schutz-kleidung benutzen	 Gesichts-schutz benutzen	 Auffanggurt benutzen	 Fußgänger-weg benut-zen
 Übergang benutzen	 Rückhaltesys-tem benut-zen	 Vor Wartung oder Repara-tur freischal-ten	 Allgemeines Gebotszeichen (nur in Verbindung mit einem Zusatzzeichen)	

Gebotszeichen

Rettungszeichen

Rettungszeichen
emergency signs

 Rettungsweg/ Notausgang mit Zusatzzeichen Richtungspfeil	 Rettungsweg/ Notausgang (links)	 Erste Hilfe	 Augenspül-einrichtung
 Rettungsweg/ Notausgang mit Zusatzzeichen Richtungspfeil	 Sammelstelle	 Notruftelefon	 Notdusche

Rettungszeichen

Brandschutzzeichen
fire safety signs

Brandschutzzeichen

 Löschschlauch	 Feuerleiter	 Feuerlöscher	 Brandmelder	 Mittel und Geräte zur Brand-bekämpfung

Brandschutzzeichen

2.3 Persönliche Schutzausrüstung

Persönliche Schutzausrüstung
personal protective equipment

Die **Persönliche Schutzausrüstung** (**PSA**) muss bei gefährlichen Arbeiten und Tätigkeiten verwendet und getragen werden, um Verletzungen zu vermeiden oder zu minimieren, die durch andere Maßnahmen nicht verhindert werden können. Der Arbeitgeber ist verpflichtet, diese Schutzausrüstung kostenlos zur Verfügung zu stellen. Dies ist geregelt in der *Verordnung über Sicherheit und Gesundheitsschutz bei Benutzung persönlicher Schutzausrüstungen durch Arbeitnehmer bei der Arbeit und PSA-BV* (kurz PSA-Benutzungsverordnung).

Anforderungen an PSA

An persönliche Schutzausrüstungen und ihre Anwendung werden folgende **Anforderungen** gestellt:

- Sie müssen ausreichend vor den jeweiligen Gefahren schützen, ohne selbst eine Gefahr zu bilden. Werden mehrere persönliche Schutzausrüstungen gleichzeitig benutzt, so müssen diese aufeinander abgestimmt sein.
- Sie müssen den ergonomischen und gesundheitlichen Anforderungen entsprechen und mit einer CE-Kennzeichnung versehen sein. Durch die Anbringung der CE-Kennzeichnung *(Conformité Européenne)* bestätigt der Hersteller, dass das Produkt den geltenden europäischen Richtlinien entspricht. Die CE-Kennzeichnung ist aber kein Gütesiegel (Qualitätszeichen) wie z. B. das GS-Zeichen (Zeichen für geprüfte Sicherheit).
- Sie müssen dem jeweiligen Träger in Form und Größe individuell angepasst sein.
- Sie müssen während der gesamten Benutzungsdauer gut funktionieren und sich stets in hygienisch einwandfreiem Zustand befinden.

CE

CE-Kennzeichen

536626

Persönliche Schutzausrüstung	Gebotszeichen	Gefährdung
Fußschutz (Sicherheitsschuhe, Schutzschuhe)		Gefährdung durch schwere mechanische Einwirkungen wie Überrollen, Einklemmen oder herabfallende Lasten, Hineintreten in spitze Gegenstände (z. B. beim Warentransport mit Elektroameisen)
Handschutz (Schutzhandschuhe)		Gefährdung der Hände und Arme durch Verletzungen, z. B. durch Schneiden, Quetschen, ätzende Stoffe, Verbrennen, elektrischen Strom (z. B. schnittfeste Handschuhe bei der Leergutannahme oder im Leergutlager; säurefeste Handschuhe beim Umgang mit ätzenden/reizenden Stoffen; Arbeitshandschuhe beim Kommissionieren)
Augen- und Gesichtsschutz (Brille, Schutzschild)	 	Gefährdung der Augen bzw. des Gesichts durch ätzende oder heiße Flüssigkeiten oder durch wegfliegende Teile (z. B. beim Umgang mit ätzenden Stoffen oder bei Funkenflug beim Schweißen)
Kopfschutz (Helm, Haarnetz)		Gefährdung des Kopfes/der Haare durch herabfallende Teile oder durch Aufwickeln lose hängender Haare (z. B. Helm im Lager- und Verladebereich oder Haarnetz bei der Arbeit an Bohrmaschinen)
Schutzkleidung und Schutzschürze (Körperschutz)	 	Gefährdung des Körpers z. B. durch Unterkühlung, Erfrierungen, Hitze oder ätzende Stoffe (z. B. Kälteschutzkleidung bei Arbeiten in Kühlräumen; Chemikalienschutzanzüge bei Arbeiten mit ätzenden Stoffen; Warnkleidung bei Arbeiten im Straßenverkehr)
Gehörschutz (Stöpsel, Gehörschützer)		Gefährdung des Gehörs bei Arbeiten in Lärmbereichen (z. B. bei Arbeiten an lauten Maschinen)
Atemschutz (Filter, Masken)		Gefährdung der Atemwege durch gesundheitsgefährdende Stoffe, die durch die Atemwege aufgenommen werden (z. B. bei Lackierarbeiten)
Auffanggurt		Gefährdung bei Arbeiten in luftiger Höhe

Arten persönlicher Schutzausrüstung

3 Kaufvertragliche Grundlagen

Die Güter, die in der Warenannahme eintreffen, wurden vorher gekauft. Die Lieferung beruht daher auf einem **Kaufvertrag**. Aus dem Kaufvertrag ergeben sich für Käufer und Verkäufer **Rechte und Pflichten**, wie z. B. die Pflicht zur Annahme einer angekündigten Lieferung. Dieses Kapitel informiert über die **rechtlichen Hintergründe** beim Abschluss eines Kaufvertrages:

- Wer darf Verträge schließen?
- Worin besteht der Unterschied zwischen Besitz und Eigentum?
- Was sind Rechte und Pflichten aus dem Kaufvertrag?

3.1 Rechts- und Geschäftsfähigkeit

Die Rechts- und Geschäftsfähigkeit sind wichtige Voraussetzungen für den Abschluss von Verträgen.

Rechtsfähigkeit

[?!] *Rechtsfähigkeit*

Die Rechtsfähigkeit ist die Fähigkeit von natürlichen und juristischen Personen, Träger von Rechten und Pflichten zu sein, wie z. B. dem Recht auf Eigentum oder der Pflicht, Steuern zu zahlen.

Natürliche Personen

Jeder Mensch ist eine **natürliche Person**. Seine Rechtsfähigkeit beginnt mit der Geburt und endet mit dem Tod.

Juristische Personen

Außer den natürlichen Personen können auch **juristische Personen** rechtsfähig sein und somit Verträge schließen. Man unterscheidet juristische Personen des Privatrechts und des öffentlichen Rechts.

Juristische Personen des Privatrechts, wie nicht wirtschaftliche Vereine (z. B. Sportvereine), wirtschaftliche Vereinigungen (z. B. Kapitalgesellschaften wie AG, GmbH) und Stiftungen, erlangen ihre Rechtsfähigkeit durch die Eintragung in öffentliche Register (z. B. Vereinsregister, Handelsregister). Sie verlieren ihre Rechtsfähigkeit bei Löschung aus dem Register.

Juristische Personen des öffentlichen Rechts, wie Kammern (z. B. Industrie- und Handelskammer) oder Anstalten (z. B. Rundfunk- und Fernsehanstalten), erlangen ihre Rechtsfähigkeit durch staatliche Verleihung.

Geschäftsfähigkeit

[?!] *Geschäftsfähigkeit*

Geschäftsfähigkeit ist die Fähigkeit, Rechte und Pflichten auszuüben, d. h. Rechtsgeschäfte (Verträge) selbstständig und vollgültig abzuschließen.

Juristische Personen erlangen ihre volle Geschäftsfähigkeit mit der Eintragung in das jeweilige Register bzw. durch die staatliche Verleihung.

Bei natürlichen Personen werden drei Stufen der Geschäftsfähigkeit unterschieden:

Geschäftsfähigkeit natürlicher Personen

Geschäftsunfähigkeit	Beschränkte Geschäftsfähigkeit	Volle Geschäftsfähigkeit
Personen im Alter von 0 bis unter 7 Jahren oder dauernd geistesgestörte Personen	Personen im Alter von 7 bis unter 18 Jahren	Personen über 18 Jahren
Rechtsgeschäfte sind **nichtig** (= nicht gültig).	Rechtsgeschäfte sind **schwebend unwirksam**. Sie werden nur dann voll gültig, wenn der gesetzliche Vertreter zustimmt.	Rechtsgeschäfte sind **voll gültig.**
Ausnahme: Das Kind handelt als Bote der Eltern. Dies ist der Fall, wenn z. B. ein 5-jähriges Mädchen mit einem Einkaufszettel der Mutter zum Einkaufen geschickt wird.	**Ausnahmen:** • Geschäfte, die im Rahmen des Taschengeldes getätigt werden; dies gilt aber nicht für Ratenkäufe. • Geschäfte, die nur rechtliche Vorteile bringen, z. B. Geschenke • Geschäfte, die im Rahmen eines genehmigten Arbeitsverhältnisses getätigt werden, z. B. Kauf von Berufskleidung	

Geschäftsfähigkeit natürlicher Personen

3.2 Besitz und Eigentum

Besitz ist die tatsächliche Herrschaft einer Person über eine Sache.

[?!] *Besitz*

Eigentum ist die rechtliche Herrschaft einer Person über eine Sache.

[?!] *Eigentum*

Eigentum und **Besitz** werden sprachlich oft gleichgesetzt, sind jedoch im juristischen und wirtschaftlichen Kontext streng voneinander zu unterscheiden. Dies kann am besten an einem Beispiel erläutert werden:

Beispiel: Eigentum und Besitz

Der **Baumarkt Schöner Wohnen GmbH** kauft sich für die Auslieferungsfahrten beim **Truck-Shop** im Nachbarort einen gebrauchten Lkw. Diesen darf ein Mitarbeiter auch gleich mitnehmen. Der Kfz-Brief (Zulassungsbescheinigung Teil II) →

→ verbleibt aber bis zum vollständigen Eingang der vereinbarten Kaufsumme beim Truck-Shop. Da der **Baumarkt** den Lkw schon auf seinem Hof stehen hat und ihn auch für Auslieferungsfahrten nutzt, ist der Baumarkt **Besitzer** des Lkw: Er hat die **tatsächliche Herrschaft** über den Lkw. Der **Truck-Shop** ist bis zum vollständigen Zahlungseingang der vereinbarten Kaufsumme aber der **Eigentümer** des Lkw: Er hat die **rechtliche Herrschaft** über den Lkw. Erst wenn die vereinbarte Kaufsumme vollständig bezahlt wurde, erhält der Baumarkt den Kfz-Brief und wird auch Eigentümer des Lkw.

Eigentumserwerb

Bei **beweglichen Sachen**, z. B. einem Stapler oder Kleidung, erfolgt der Eigentumserwerb durch Einigung (mündlich oder schriftlich) und Übergabe der Sache.

Bei **unbeweglichen Sachen**, z. B. Grundstücken und Häusern, gestaltet sich der Eigentumserwerb etwas schwieriger: Der Gesetzgeber schreibt hierfür vor, dass zur Eigentumsübertragung zwingend ein schriftlicher Vertrag zu verfassen ist. Zudem bedarf der Vertrag, um wirksam zu werden, noch einer notariellen Beurkundung. Die Übertragung des Eigentums erfolgt auch hier durch Einigung, fachsprachlich **Auflassung** genannt, und Übergabe. Da eine unbewegliche Sache jedoch nur schlecht übergeben werden kann, wird dies durch die **Eintragung des neuen Eigentümers im Grundbuch** ersetzt.

3.3 Rechtsgeschäfte

Rechtsgeschäfte kommen durch die Abgabe von Willenserklärungen zustande.

[?!] *Willenserklärungen*

Unter Willenserklärungen werden solche Äußerungen oder Handlungen verstanden, die darauf abzielen, ein Rechtsgeschäft herbeizuführen oder aber abzuändern.

Abgabe von Willenserklärungen

Willenserklärungen kommen zum Ausdruck durch …	Beispiel
ausdrückliche Äußerung: mündlich, schriftlich, telefonisch, per Fax, elektronisch über das Internet, per E-Mail	schriftliche Bestellung von Waren beim Lieferanten
schlüssiges Handeln	Einsteigen in die Straßenbahn, Hochheben der Hand bei einer Versteigerung
Schweigen	• Schweigen bedeutet grundsätzlich **Ablehnung**. • Bei Kaufleuten, die in regelmäßigem geschäftlichen Kontakt stehen, kann Schweigen in bestimmten Fällen auch als **Zustimmung** gelten, z. B. wenn ein Kaufmann auf eine abgeänderte Auftragsbestätigung schweigt.

Einseitige und mehrseitige Rechtsgeschäfte

Rechtsgeschäfte bestehen aus einer oder mehreren Willenserklärungen, die darauf gerichtet sind, Rechtsfolgen in Form von Rechten und Pflichten herbeizuführen.

[?!]
Rechtsgeschäfte

Man unterscheidet zwischen einseitigen und mehrseitigen **Rechtsgeschäften. Einseitige Rechtsgeschäfte** bestehen aus nur einer Willenserklärung. **Mehrseitige Rechtsgeschäfte** kommen durch die Willenserklärungen von mindestens zwei Personen zustande.

Rechtsgeschäfte

Einseitige Rechtsgeschäfte können unterteilt werden in **empfangsbedürftige Rechtsgeschäfte** und **nicht empfangsbedürftige Rechtsgeschäfte. Empfangsbedürftige Rechtsgeschäfte** werden erst dann rechtswirksam, wenn die Person, an die sie gerichtet sind, **von ihnen Kenntnis erlangt.**

Auch die **mehrseitigen Rechtsgeschäfte** werden nochmals unterteilt in **einseitig verpflichtende** und **zweiseitig verpflichtende Rechtsgeschäfte**. Einseitig verpflichtend bedeutet, dass aus dem Rechtsgeschäft nur für **eine Vertragsseite** Pflichten entstehen, wobei aus einem zweiseitig verpflichtenden Rechtsgeschäft für **beide Vertragsparteien** Pflichten entstehen.

Formvorschriften für Rechtsgeschäfte

Grundsätzlich ist die Abgabe einer Willenserklärung an keine besondere Form gebunden. Bei einigen Rechtsgeschäften sind jedoch gesetzlich bestimmte Formvorschriften einzuhalten, z. B. aus Gründen der Beweisbarkeit.

- Rechtsgeschäfte, die **keinen Formvorschriften** unterliegen, sind z. B. Schenkung und viele Kaufverträge des alltäglichen Lebens.
- Rechtsgeschäfte, die der **Schriftform** unterliegen, sind z. B. Berufsausbildungsvertrag, befristete Arbeitsverträge, Darlehensvertrag und Testament. Die Schriftform kann durch die elektronische Form ersetzt werden, wenn die Willenserklärung durch eine elektronische Signatur bekräftigt wird (§ 126a BGB).
- Rechtsgeschäfte, die der **Schriftform und zusätzlich einer notariellen Beurkundung** unterliegen, sind z. B. Grundstückskäufe.

3.4 Kaufvertrag

Im alltäglichen Geschäftsverkehr ist es gängige Praxis, dass Unternehmen sich vor einem Kauf einen Überblick über die unterschiedlichen Waren und Dienstleistungen eines bzw. mehrerer Hersteller verschaffen möchten.

Anfrage

Anfrage
enquiry

Informationsbeschaffungen, auch **Anfragen** genannt, sind rechtlich unverbindlich, d. h., sie gelten nicht als rechtlich verbindliche Willenserklärung und verpflichten nicht zum Kauf.

Allgemeine und bestimmte Anfrage

Bei der Anfrage wird zwischen der **allgemeinen** (unbestimmten) und der **bestimmten** (speziellen) Anfrage unterschieden:
- Durch eine **allgemeine Anfrage** möchte sich der mögliche Käufer Informationen bezüglich des allgemeinen Sortimentes und der gängigen Konditionen eines Anbieters einholen.
- Die **bestimmte Anfrage** richtet sich dagegen auf ein bestimmtes Produkt bzw. eine bestimmte Dienstleistung. Ziel der Anfrage ist es, von den verschiedenen Lieferanten Angebote zu erhalten, unter denen der Anfragende durch einen **Angebotsvergleich** eine Auswahl treffen kann.

Antrag und Annahme

Ein Kaufvertrag kommt durch zwei übereinstimmende Willenserklärungen zustande: den Antrag und dessen Annahme. Die häufigsten Möglichkeiten des Antrags und der Antragsannahme sind folgende:

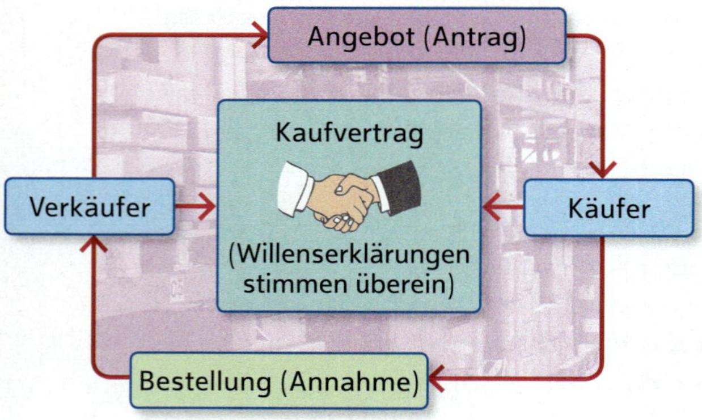

Der Verkäufer macht ein Angebot, daraufhin bestellt der Käufer.

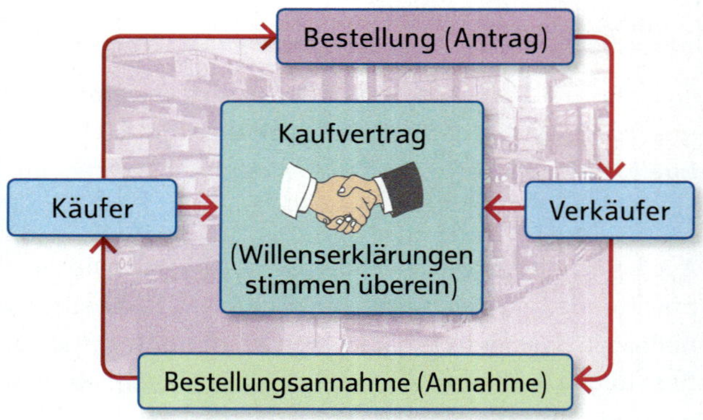

Der Käufer bestellt, der Verkäufer nimmt die Bestellung an.

Angebot

Angebot
quote/offer

Unter einem **Angebot** ist ein Antrag auf einen Vertragsabschluss durch eine Vertragspartei zu verstehen. Das Angebot ist eine rechtlich verbindliche Willenserklärung und an eine bestimmte Person oder bestimmte Personengruppe (jedoch nicht die Allgemeinheit) gerichtet. Zeitungsanzeigen mit sogenannten Sonderangeboten, Wurfsendungen oder Schaufensterauslagen sind Anpreisungen und keine Angebote, da sie an die Allgemeinheit gerichtet sind.

Anfrage

Sehr geehrte Damen und Herren,

auf der Frankfurter Internationalen Messe hatte unser Mitarbeiter Herr Kaiser Gelegenheit, Ihren Stand zu besuchen und Ihr Sortiment kennen zu lernen.

Wir benötigen nun dringend

500 kg Marmorkies weiß 45 mm–100 mm.

Wir bitten um ein ausführliches Angebot für den obengenannten Kies, mit Angabe des Preises, der Zahlungs- und Lieferungsbedingungen bzw. der kürzesten Lieferfrist.

Wir freuen uns auf Ihre baldige Antwort.

Freundliche Grüße

Unicum AG

i. A. Renate Schulz

Anfrage

Angebot Nr. 98

Sehr geehrte Damen und Herren,

wir bedanken uns für Ihre Anfrage und bieten Ihnen an:

Marmorkies weiß 45 mm–100 mm, 25 kg je Sack

Artikel-Nr.: 1476
Einzelpreis: 10,90 € je Sack ohne Umsatzsteuer abzüglich 14 % Rabatt
Versandkosten: 0,11 € je Sack
Zahlungsziel: 30 Tage netto, 3 % Skonto innerhalb 14 Tagen

Die Lieferung erfolgt 4 Tage nach Eingang der Bestellung per Lkw. Erfüllungsort und Gerichtsstand ist für beide Teile Duisburg.

Wir freuen uns auf Ihre Bestellung.

Freundliche Grüße

Angebot

Bindung an ein Angebot

Der Verkäufer ist nur begrenzte Zeit an sein Angebot gebunden. Danach steht es ihm frei, ob er das Angebot mit gleichem oder anderem Inhalt erneuert. Hat er sein Angebot **unter Anwesenden** abgegeben, so kann dieses Angebot nur sofort angenommen werden. Hat er es **unter Abwesenden** abgegeben, d.h. schriftlich, dann muss es zeitlich angemessen angenommen werden (ca. 1 Woche, bei Fax und E-Mail innerhalb von 24 Stunden). Auch kann er im Angebot einen Termin nennen, bis zu dem er das Angebot aufrecht hält (z.B. *gültig bis zum 30.11.20..*).

Freizeichnungsklauseln

Die Bindung an das Angebot entfällt auch bei abgeänderter Bestellung und bei Freizeichnungsklauseln. In der Praxis sind folgende Freizeichnungsklauseln zu finden:

Freizeichnungsklausel	Bedeutung
Unverbindlich (ohne Obligo)	Eine Abänderung bzw. ein Widerruf des Angebots ist jederzeit möglich.
Preis freibleibend	Der angegebene Preis könnte sich noch ändern.
Solange der Vorrat reicht	Der Preis und die Lieferzeit stehen fest, aber nur, bis die angebotene Menge ausverkauft ist.

Rechte und Pflichten der Vertragspartner

Mit dem Abschluss eines Kaufvertrages werden Käufer und Verkäufer verpflichtet, den abgeschlossenen Vertrag auch zu erfüllen (**Verpflichtungsgeschäft**).

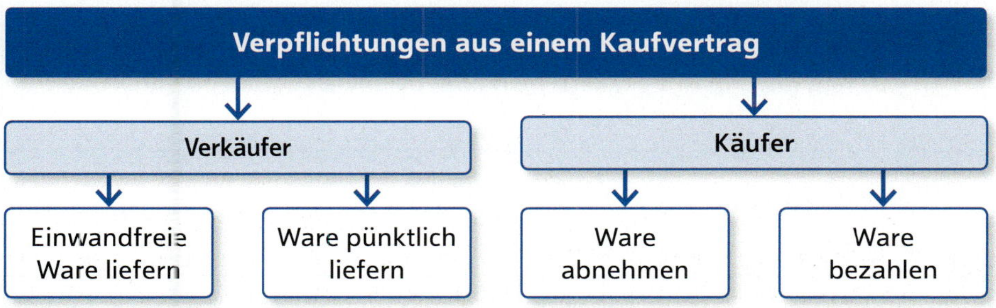

Verpflichtungen aus einem Kaufvertrag

Werden die Pflichten aus dem Kaufvertrag erfüllt, spricht man vom sogenannten **Erfüllungsgeschäft**.

4 Warenannahme und Warenkontrolle

Wareneingang
incoming goods

Im Wareneingang werden alle Material- und Warenlieferungen angenommen, kontrolliert und dann weitergeleitet. Hier beginnt der **innerbetriebliche Materialfluss**.

Lieferanschrift kontrollieren

4.1 Warenanlieferung und Begleitpapiere bei der Warenannahme

Arten der Warenanlieferung

Die Warenanlieferung kann auf verschiedene Weise erfolgen: durch eine Spedition per Lkw, per Bahn, per Schiff, per Flugzeug, durch die Post oder private Paketdienste oder durch den Verkäufer selbst.

Begleitpapiere
shipping documents

Je nach Verkehrsträger unterscheiden sich die **Begleitpapiere** (nähere Erläuterungen sowie Abbildungen [▸Lernfeld 9]):

Verkehrsträger	Begleitpapiere/Transportpapiere
Lkw des Lieferanten	Lieferschein
Lkw einer Spedition	Frachtbrief/Lieferschein
KEP-Dienste und Post	Paketschein oder beleglos mit Barcodelabel oder Transponderlabel
Bahn	Bahnfrachtbrief
Binnenschiff	Ladeschein
Hochseeschiff	Konnossement
Flugzeug	Luftfrachtbrief

Weitere Begleitpapiere können sein:

Bezeichnung	Zweck
Rechnung, Bestellkopie, Packzettel	Sie dienen als Lieferschein und werden vom Lieferanten ausgestellt.
Leergutschein, Palettenschein	Zur getrennten Erfassung von Pfandverpackungen wie Europaletten, Euro-Gitterboxpaletten u. Ä.
Gefahrgut-beförderungspapier	Frachtbrief für Gefahrgüter, enthält zusätzliche Angaben zur Klassifizierung, z. B. UN-Nummer.
Zolleinheitspapier	Für Importware aus Ländern außerhalb der EU

Die Papiere, die eine Warensendung begleiten, sind Bestandteil der Fracht und werden für die Dokumentation des Wareneingangs benötigt. Sie werden vom Lieferanten oder von dem Transportunternehmen, das im Auftrag des Lieferanten die Ware zum Kunden bringt, ausgestellt. Die am häufigsten verwendeten Warenbegleitpapiere sind der Lieferschein, der Frachtbrief, der Palettenschein und die Rechnung, sowohl in Papierform als auch in digitaler Form.

Lieferschein
shipping note/delivery note

Der **Lieferschein** gibt Auskunft über Artikelart, Menge, Gewicht und Lieferdatum und wird vom Lieferanten ausgestellt. Am Tag der Lieferung wird der Lieferschein mit der Bestellung verglichen. Der Lieferschein kann auch per E-Mail verschickt werden.

Der Lieferschein hat zum einen eine **Kontrollfunktion**, da mit ihm die angelieferte Ware auf Art, Menge und Gewicht kontrolliert wird. Zum anderen hat er eine **Beweisfunktion**, da Überbringer und Empfänger mit ihrer Unterschrift auf dem Lieferschein die ordnungsgemäße und einwandfreie Zustellung der Ware bestätigen.

Frachtbrief
waybill/bill of lading

Der **Frachtbrief** wird vom Absender der Ware ausgestellt. Er **beweist** das Zustandekommen des Frachtvertrages zwischen Absender und Frachtführer und beinhaltet u. a. Datum, Ort, Absender, Frachtführer und Anzahl der Packstücke. Die Ausstellung eines Frachtbriefes im nationalen Verkehr erfolgt nur auf Verlangen des Frachtführers (Fuhrunternehmen). Mehr Informationen zum Frachtbrief: [▸Lernfeld 9].

Palettenschein
pallet note

Der Palettenschein ist ein **Beweispapier**, das den Tausch von Paletten bestätigt und von Empfänger und Überbringer unterschrieben wird. Er enthält Eintragungen über die Ab- und Zugänge der Paletten.

Rechnung
invoice

Die **Rechnung** gibt eine genaue Aufstellung der Zahlungsaufforderung des Lieferanten. Sie beinhaltet den vollständigen Namen und die Anschrift des rechnungsstellenden Unternehmens und des Leistungsempfängers, die Rechnungsnummer, die handelsübliche Artikelbezeichnung, Menge, Ausstellungsdatum, Ort, Zahlungsziel, Zeitpunkt der Leistung und Preisnachlässe sowie die Umsatzsteueridentifikationsnummer. Bei Rechnungen, die inklusive Umsatzsteuer mehr als 250,00 € betragen, ist die Umsatzsteuer gesondert auszuweisen.

4.2 Warenannahme

Warenannahme
receipt of goods (Vorgang)/ goods receiving department (Abteilung)

Die Warenannahme gehört zu den wichtigsten Aufgaben der Beschäftigten im Lagerbereich. Der Prozess der Warenannahme umfasst mehrere Arbeitsschritte:

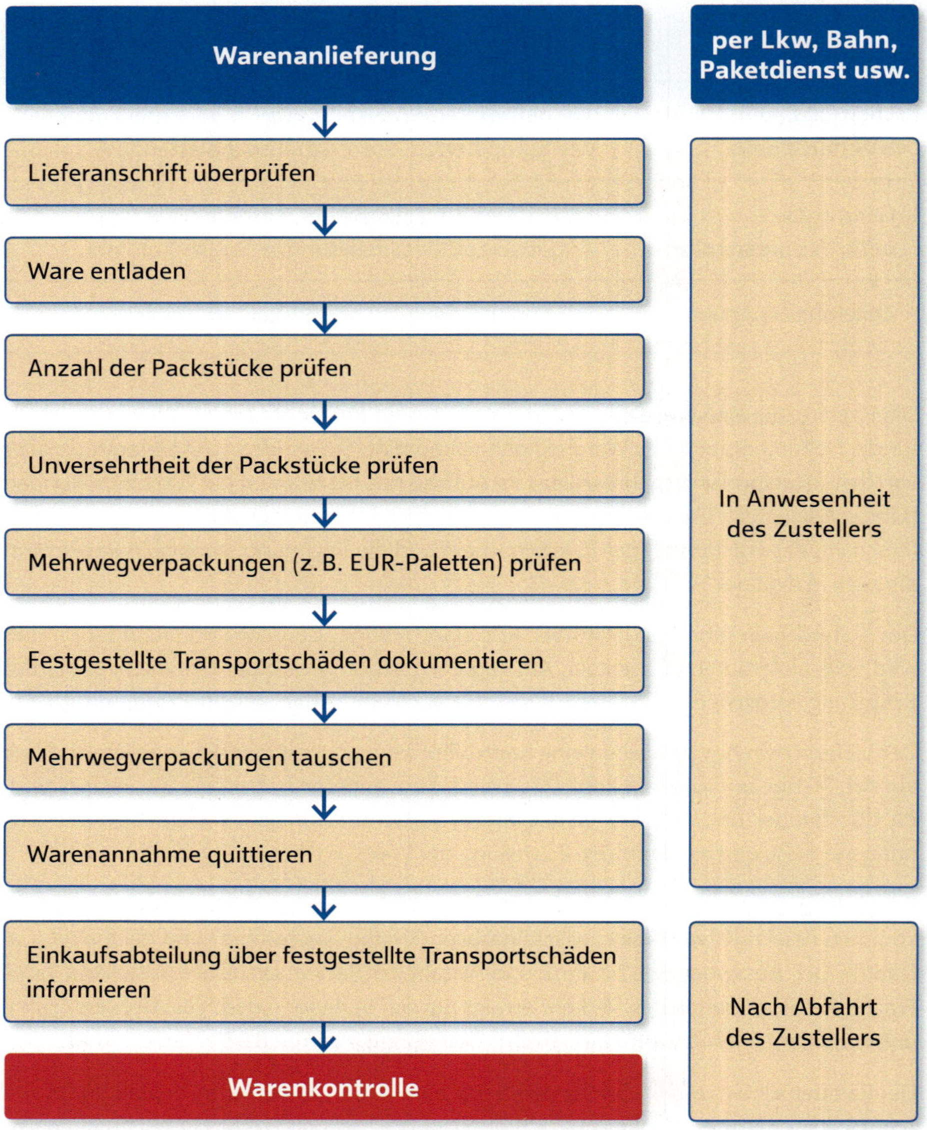

Arbeitsschritte bei der Warenannahme

Schritt 1: Lieferanschrift überprüfen

Der erste Arbeitsschritt der Warenannahme ist die **Überprüfung der Lieferanschrift** in Anwesenheit des Zustellers. Hierbei wird vorausgesetzt, dass eine Bestellung ausgelöst und der Liefertermin eingehalten wurde. Dies ist wichtig, um Kapazitätsüberlastungen des Lagers zu vermeiden.

Die Kontrolle der Lieferanschrift erfolgt mittels der Warenbegleitpapiere. Sollte die Lieferanschrift falsch sein, kann durch diese Kontrolle unnötiges Entladen der Ware vermieden werden.

Schritt 2: Ware entladen

Für die Be- und Entladung der Ware sind die Verantwortlichkeiten gesetzlich geregelt. Die Beteiligten dabei sind:

- der Absender (Lieferant)
- der Verlader (Lagerist, Staplerfahrer)
- der Fahrer
- der Frachtführer/Spediteur (Transportunternehmen)
- der Empfänger

Entladepflicht nach HGB

Rechtlich gesehen gilt für die Entladung der Ware der *§ 412 HGB*. Danach liegt die **Entladepflicht** zunächst beim **Absender** [▸Lernfeld 9]. Da der Absender jedoch nicht zu jedem Empfänger einen Mitarbeiter zum Entladen senden kann, werden fast immer zwischen Absender und Käufer Vereinbarungen getroffen, für die Entladung selbst zu sorgen. Damit geht die Entladepflicht in der Regel auf den Empfänger über. Der Fahrer oder Frachtführer hat keine Entladepflicht!

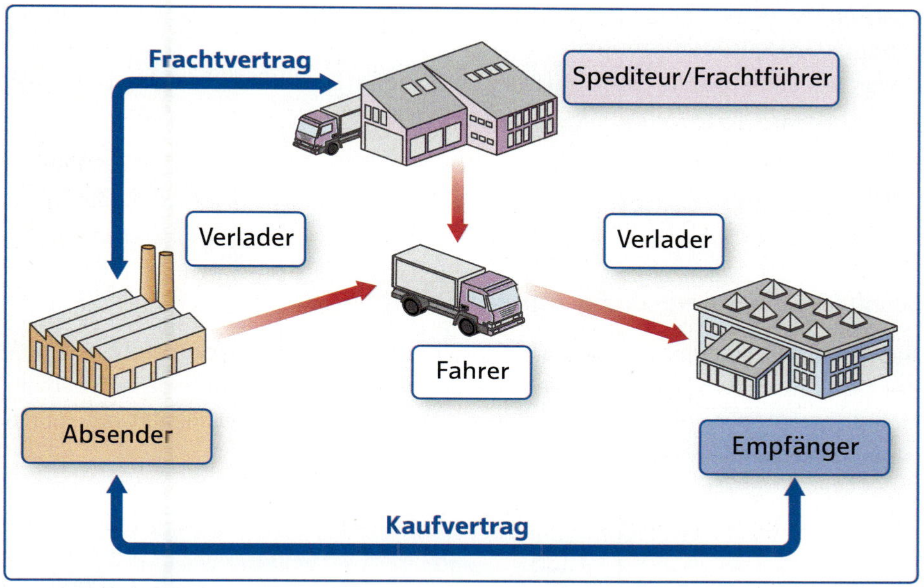

Beteiligte am Warentransport

Entladepflicht in der Praxis

In der **Praxis** ist somit fast immer **der Empfänger für das Abladen verantwortlich.** Er haftet für alle Schäden, die beim Abladen entstehen. Sollte der Frachtführer/Fahrer ohne Anweisung des Empfängers bereits mit dem Abladen beginnen und der Empfänger duldet dies (Fahrer handelt als Erfüllungsgehilfe des Empfängers), haftet der Empfänger auch für Schäden, die der Frachtführer beim Entladen verursacht. Deshalb sollten ausschließlich die Empfänger der Ware die Transporter mit entsprechenden Hilfsmitteln (Hubwagen, Gabelstapler usw.) entladen. Schäden, die beim Abladen entstehen, sind keine Transportschäden!

Grundsätzlich hat der Frachtführer/Fahrer somit also keine Entladepflicht. In manchen Fällen ist es jedoch ratsam, dass der Frachtführer/Fahrer selbst die Ware entlädt, z. B. wenn auf das Verwenden fahrzeugeigener Entladegeräte (Kranförderer u. Ä.) nicht verzichtet werden kann oder wenn z. B. Gefahrgut zu entladen ist. Hier sollte vertraglich vereinbart werden, dass der Frachtführer/Fahrer die Entladung vornimmt.

Kommt die Warenlieferung aus einem Land außerhalb der Europäischen Union und ist sie mit einer Zollplombe verschlossen, gelten besondere Regelungen [▸Lernfeld 9].

Schritt 3: Anzahl der Packstücke prüfen

Ist die Ware abgeladen, muss die Anzahl der Packstücke überprüft werden. Dies erfolgt durch Vergleich der gezählten Menge mit den Angaben auf den Begleitpapieren. Sollte die Zahl der tatsächlichen Packstücke von den Angaben auf den Begleitpapieren abweichen, ist dieses schriftlich auf den Begleitpapieren (z. B. Frachtbrief oder Lieferschein) zu vermerken und vom Überbringer gegenzeichnen zu lassen. Eine spätere Reklamation ist nicht mehr möglich!

Beschädigter Karton

Schritt 4: Unversehrtheit der Packstücke überprüfen

Der Zustand der Packstücke ist zu überprüfen, um mögliche Schäden festzustellen. Überprüft wird hier die Unversehrtheit der **Transportverpackung** (z. B. aufgerissene Packstücke, durchnässte Verpackungen, beschädigtes Sicherheitsklebeband) und bei unverpackter Ware der äußere Zustand.

Transportschaden

Sachmangel

- Wurde die Ware während des Transportes beschädigt, handelt es sich um einen **Transportschaden**.
- War die Ware bereits bei der Übergabe an den Frachtführer defekt, ist es ein Sachmangel.

[?!] *Transportschäden/Sachmängel*

Für Transportschäden haftet der Frachtführer, für Sachmängel haftet der Absender.

Schritt 5: Mehrwegverpackungen prüfen

Neben den Packstücken bzw. der Ware sind auch die Mehrwegverpackungen (z. B. EPAL-Palette, EPAL-Gitterbox) auf Schäden zu überprüfen. Dies ist wichtig, da beschädigte Mehrwegverpackungen nicht mehr getauscht und auch nicht weiter benutzt, d. h. für die Lagerung verwendet werden können.

Mögliche Beschädigungen an EPAL-Paletten

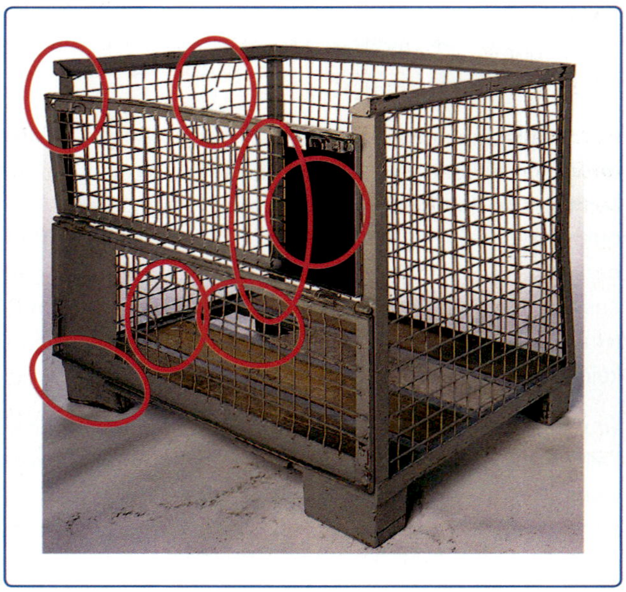

Mögliche Beschädigungen an einer EPAL-Gitterboxpalette

Mögliche Beschädigungen an …

… Europaletten	… Euro-Gitterboxpaletten
• ein Boden- oder Deckenrandbrett ist so abgesplittert, dass mehr als ein Nagel- oder Schraubenschaft sichtbar ist • die Markierungen fehlen • ein Brett fehlt • ein Brett ist quer oder schräg gebrochen • fehlender Klotz • starke Absplitterungen oder morsches und faules Holz • starke Verunreinigungen • Reparaturen mit unzulässigen Bauteilen (zu dünne Bretter, zu schmale Klötze)	• verformte Ecksäulen • verformte Vorderwandklappe, sodass diese nicht mehr geöffnet und geschlossen werden kann • verbogener Bodenrahmen und Füße • beschädigte Rundstahlgitter • fehlendes oder gebrochenes Brett • fehlende wesentliche Kennzeichen • Allgemeinzustand: stark verrostet oder verschmutzt

Beschädigungen an Europaletten/ Euro-Gitterboxpaletten

Schritt 6: Festgestellte Transportschäden dokumentieren

Werden bei der sofortigen Prüfung, also der Warenannahme, Transportschäden festgestellt, sind diese auf den Begleitpapieren zu vermerken und vom Überbringer gegenzeichnen zu lassen.

Weitere Möglichkeiten zur Dokumentation der festgestellten Mängel sind:
- Tatbestandsaufnahme (s. Abbildung)
- Reklamationsmeldung
- Fotos und Skizzen
- Transportschadenbericht
- Heranziehung von Zeugen

Tatbestandsaufnahme
statement of facts

Werden gravierende Mängel bei der Übergabe der Waren festgestellt, kann die Annahme verweigert werden. Werden Waren mit **Transportschäden** jedoch angenommen, ist es wichtig, die folgenden Rügefristen einzuhalten.

Offene (sofort erkennbare) Mängel ***müssen sofort bei der Anlieferung dem Frachtführer/Fahrer angezeigt werden.***

Versteckte (nicht sofort erkennbare) ***Mängel sind unverzüglich nach Entdeckung, aber innerhalb von 7 Tagen nach Anlieferung, dem Frachtführer anzuzeigen.***

[?!]

Rügefristen bei Transportschäden

Tatbestandsaufnahme

Schöner Wohnen GmbH

Lieferant
Hoffmann OHG
Weserstr. 25
28279 Bremen

Sped.-Auftr.-Nr.: 335578
Lieferdatum.: 24.10.20..
Lieferschein-Nr.: 785/603

Frachtführer/Spedition: FLEXI KG
Art der Anlieferung (Kfz-Kennzeichen): H-A 123
Art der Transportverpackung: EUR-Flachpalette

Mitarbeiter des Frachtführers: Herr Bader
Datum/Uhrzeit der Anlieferung: 24.10.20../09:00
Gesamtgewicht lt. Transportpapier: 990 kg

Äußere Prüfung

Anzahl der Transporthilfsmittel und Packstücke: – Gitterboxpaletten, 5 Euro-Flachpaletten, Karton: je Palette 60 Kartons

Verpackung: einwandfrei ☐ folgende Mängel: Bei einer Palette ist die Stretchfolie teilweise aufgerissen und zwei Kartons sind eingedrückt.

Bader – Unterschrift des Mitarbeiters des Transportunternehmens
Schmitz – Unterschrift des Mitarbeiters im Wareneingang

Anlagen: Lieferschein ☐ Rechnung ☐ Packzettel ☐
Frachtbrief ☒ Sofortbild ☐ Sonstiges ☐

Muster für eine Tatbestandsaufnahme

Angenommene Ware mit Transportschäden sollte separiert werden, d. h. von den anderen Waren getrennt gelagert und evtl. mit einem Sperrvermerk versehen werden, bis geklärt ist, ob die Ware selbst auch Mängel aufweist.

Schritt 7: Mehrwegverpackungen tauschen

Mehrwegverpackungen wie z. B. EPAL-Paletten, EPAL-Gitterboxpaletten, CHEP-Paletten oder Klappsteigen aus dem **Euro-Pool-System** können getauscht werden.

Für den Tausch der Mehrwegverpackungen gibt es verschiedene Möglichkeiten: Man kann die Ware abladen bzw. ausladen und die Transportbehälter/-paletten direkt zurückgeben oder man gibt dem Fahrer andere leere Transportbehälter/-paletten mit. Getauscht werden können aber nur unversehrte und noch gebrauchsfähige Mehrwegverpackungen.

Um den Tausch der Transportbehälter/-paletten festzuhalten, verwendet man z. B. **Palettenscheine** oder **Euro-Pool-Scheine**. In der Praxis ist es allerdings auch üblich, dafür den Lieferschein, den Frachtbrief oder andere Warenbegleitpapiere zu verwenden.

FLEXI Transporte und Logistikdienstleistungen KG
Fährstraße 38 • 21079 Hamburg
Tel.: 040 9786-235 • Fax: 040 9786-283
FLEXI KG

Palettenschein

Verladedatum: 24.10.20..
Absender: Hoffmann OHG, Bremen
Empfänger: Schöner Wohnen GmbH, Duisburg

	Europaletten	Gitterboxen
Sie erhielten von FLEXI:	5 (Anzahl)	- (Anzahl)
Sie gaben zurück an FLEXI:	5 (Anzahl)	- (Anzahl)

Bemerkungen:

Unterschrift des Fahrers: Bader
Unterschrift des Lagers: Schmitz

Muster eines Palettenscheins

Mehrwegverpackungen von Euro Pool System

Schritt 8: Warenannahme quittieren

Die Quittierung der Warenannahme (Empfangsbestätigung) erfolgt durch Unterschrift des Empfängers auf dem Warenbegleitpapier oder dem Scanner-Display des Überbringers. Mit der Unterschrift wird bestätigt, dass die Ware vollständig und ohne offene Mängel überbracht worden ist. Ein Frachtbrief muss außerdem noch gestempelt werden. Neben dem Namen des Empfängers sollte die Empfangsbestätigung auch noch Datum und Uhrzeit enthalten. Das Datum ist wichtig für die Einhaltung der Rügefristen.

Von der Geschäftsleitung dafür beauftragte Personen dürfen Lieferscheine unterschreiben. Ein Vermerk **Annahme unter Vorbehalt** ohne weitere Beschreibung des Vorbehaltes ist **unwirksam**. Es entstehen daraus keine Rechte gegenüber dem Frachtführer.

Schritt 9: Einkaufsabteilung über festgestellte Transportschäden informieren

Festgestellte Transportschäden müssen umgehend der Einkaufsabteilung gemeldet werden, damit diese dem Frachtführer innerhalb der festgelegten Rügefristen angezeigt werden können.

4.3 Warenkontrolle

Warenkontrolle
goods inspection

Nach der Übernahme der Ware und einer ersten Kontrolle in der Warenannahme (auch **Sichtkontrolle** oder **sofortige Prüfung** genannt) erfolgt eine weitere Warenprüfung, die sogenannte **unverzügliche Prüfung** (auch **Warenkontrolle** oder **Feinkontrolle** genannt). Hierbei wird die Ware auf offene Mängel überprüft. Wurde die richtige Ware in der bestellten Menge geliefert? Wurde die Ware ohne Schäden und in der vereinbarten Qualität geliefert?

Feinkontrolle/ unverzügliche Prüfung:

- Identität
- Quantität
- Beschaffenheit
- Qualität

Der Käufer hat die Ware unverzüglich (d. h. ohne schuldhafte Verzögerung) zu kontrollieren. Kann die Überprüfung der Waren auf Sachmängel (**Feinkontrolle**) aus zeitlichen Gründen nicht sofort stattfinden, weil beispielsweise der nächste Lkw auf das Entladen wartet, dann kann die Ware auf entsprechenden Wareneingangspufferplätzen zwischengelagert werden, muss aber dennoch so schnell wie möglich kontrolliert werden. Falls es zu einer kurzen Zwischenlagerung kommen sollte, sind dabei die besonderen Eigenschaften der Ware zu berücksichtigen: Muss die Ware z. B. gekühlt werden oder handelt es sich um einen Gefahrstoff, für den besondere Lagerungsvorschriften gelten?

Arten der Warenprüfung

Stichprobenkontrolle und vollständige Kontrolle

Die Warenprüfung kann **stichprobenartig** oder als **vollständige Kontrolle** durchgeführt werden. Ausschlaggebend sind dabei die Anzahl und der Wert der gelieferten Ware. Außerdem sind bereits gemachte Erfahrungen mit dem Lieferanten von Bedeutung: Wenn die Warenlieferungen eines Lieferanten bisher immer ohne Mängel sind, kann eine Stichprobenkontrolle genügen. Sollte der Lieferant jedoch neu oder unzuverlässig sein, kann eine vollständige Kontrolle notwendig sein.

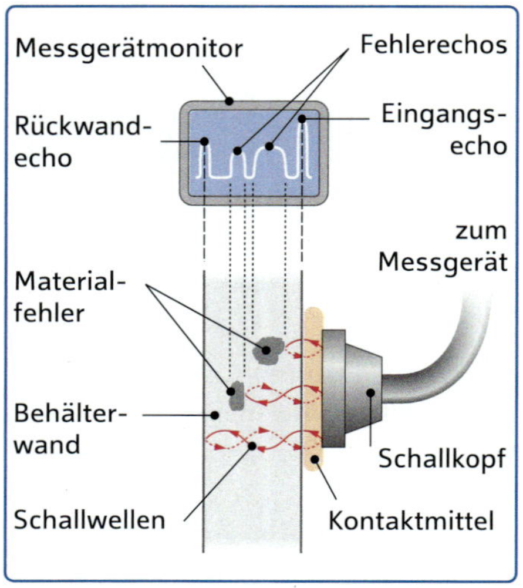

Zerstörungsfreies Prüfverfahren: Ultraschallprüfung einer Behälterwand

Vorteil der stichprobenartigen Kontrolle ist die erhebliche **Zeitersparnis**. Nachteil ist, dass mögliche Sachmängel eventuell gar nicht erfasst werden. Bei der vollständigen Überprüfung der Lieferung dagegen ist eine genauere **Feststellung der Mängel** möglich. Sie ist aber mit einem **hohen Arbeitsaufwand** und **hohen Kosten** verbunden.

Zerstörungsfreie und zerstörende Prüfverfahren

Des Weiteren können bei der Warenprüfung zwei unterschiedliche Verfahren unterschieden werden: zerstörungsfreie Prüfverfahren und zerstörende Prüfverfahren.

Bei **zerstörungsfreien** Prüfverfahren wird die Ware in der Regel nicht beschädigt. Sie erfolgen z.B. durch Wiegen, Zählen und Messen anhand von Vorlagen, Mustern, Plänen, Checklisten usw. Geforderte Produkteigenschaften, wie Biegsamkeit oder Wasserundurchlässigkeit, werden durch aufwändige Funktionsprüfungen getestet.

Bei **zerstörenden** Prüfverfahren wird die geprüfte Ware in der Regel beschädigt bzw. völlig zerstört, um bestimmte Produkteigenschaften, wie Festigkeit, Beschichtung oder Funktionalität, zu testen. Hierzu gehören Crash-, Brand-, Bruch- und Belastungstests.

In den meisten Fällen der Warenprüfung werden zerstörungsfreie Prüfverfahren verwendet. Zerstörende Prüfverfahren können nur als Stichproben durchgeführt werden.

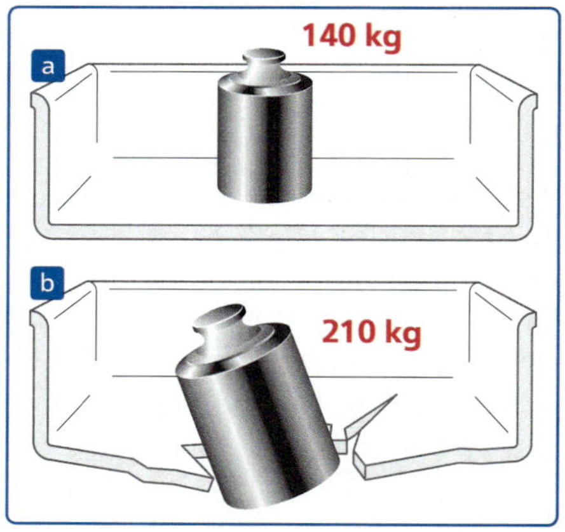

Zerstörendes Prüfverfahren: Belastungsprüfung einer Duschwanne

Mängelrüge

Werden bei der Warenkontrolle Mängel festgestellt, müssen diese unverzüglich der **Einkaufsabteilung** mitgeteilt werden. Diese erstellt dann eine Mängelrüge (**Reklamation**) und setzt sich mit dem Lieferanten in Verbindung, um die weitere Vorgehensweise abzustimmen.

Beim Verfassen der Mängelrüge muss darauf geachtet werden, dass diese **konkret, leserlich** und **artikelbezogen** ist. Die Dokumentation der Mängel kann auch mithilfe von Fotos, Tatbestandsaufnahmen oder Reklamationskarten erfolgen.

In der Regel wird die Mängelrüge in Form eines Briefes an den Lieferanten gestellt. In der Praxis gibt es auch Formulare für Mängelrügen, in die man die Mängel in eine schon vorgefertigte Liste einträgt. In der Mängelrüge kann der Betroffene erklären, welche Gewährleistungsrechte er in Anspruch nehmen möchte.

Aufbewahrung der mangelhaften Ware

Mangelhafte Ware, die nicht in das Lager gelangen darf, sollte mit einem **Sperrvermerk** versehen und **separiert** werden, d. h., sie sollte von der übrigen Ware getrennt gelagert werden, um zu verhindern, dass nicht gewünschte oder fehlerhafte Artikel in die Produktion gelangen oder versehentlich an Kunden verschickt werden.

Bei der Separierung der mangelhaften Ware ist darauf zu achten, dass die Ware nicht noch weiter beschädigt wird. Es ist **Schadenminimierung** zu betreiben. Handelt es sich bei der mangelhaften Ware um verderbliche Güter, darf zur Schadenminimierung ein Notverkauf durchgeführt werden.

Ein Zurücksenden der Ware an den Lieferanten kann nur dann vorgenommen werden, wenn die Schadenersatzansprüche gesichert sind und das Einverständnis des Absenders vorliegt.

4.4 Einlagerung der Ware

Nachdem die Ware kontrolliert ist, kann sie zur Einlagerung freigegeben werden. Arbeiten, die nun folgen, sind z. B. die Erstellung eines Wareneingangsscheins, die Bildung logistischer Einheiten, die Barcodierung, die Bestandserfassung und letztendlich die Freigabe der Ware.

Wareneingangsschein

Nach abgeschlossener Warenprüfung wird meist per EDV ein Wareneingangsschein erstellt. Der Wareneingangsschein ist ein innerbetrieblicher Beleg und sieht somit von Betrieb zu Betrieb unterschiedlich aus. Er enthält alle wich-

Firma

Absender

Betrifft Unsere Kunden-Nr: ____________ Unser Zeichen: ____________

Ihre Rechnungs-Nr.: ____________

Ihre Lieferung vom: ____________ Datum: ____________

Mängelrüge

Ihre oben näher bezeichnete Lieferung

☐ weicht ab von unserer Bestellung. ☐ weicht ab vom vereinbarten Preis.

☐ war nicht vollständig. Es fehlen noch: ☐ weist folgende Mängel auf:

____

____

☐ Wir erbitten kostenlose Nachbesserung.

☐ Wegen genannter Mängel erbitten wir eine Kaufpreisminderung von ________ , ____ €.

☐ Bitte senden Sie uns eine Gutschrift über ________ , ____ €.

☐ Unserer Vereinbarung vom ________ entsprechend haben wir den Mangel selbst behoben.
Hierfür stellen wir Ihnen ________ , ____ € in Rechnung.

☐ Dieses Formular dient uns als Buchungsbeleg; wir benötigen keine Gutschrift von Ihnen.

☐ Wir erwarten eine Ersatzlieferung binnen ______ Tagen.

☐ Wir senden die bezeichneten Waren zu Ihren Lasten zurück per
☐ Post ☐ Paketdienst ☐ Bahn ☐ Spedition

☐ Sofortige Erledigung wird erwartet.

Unterschrift ____________

Musterformular für eine Mängelrüge

Wareneingangsschein

Schöner Wohnen GmbH

Nummer	85652/8	Datum	08.12.20..
vom	08.12.20..	Uhrzeit	14:35
		Benutzer	Schmitz

Best.-Nr.	125665	Lieferant	Homag KG
Lieferschein Nr.	7852/96		Kaiserslautern
Rechnung Nr.	204588		

Artikel M_8_x_30 **300 Stück**

Linsensenkschraube M 8 x 30 nach DIN 966
Kreuzschlitz H, 4.8 galv. verz.

Version	12/36
QS-Merkmal	--
Chargen-Nr.	233
Verfallsdatum	--
Lager	B/135
Kostenstelle	002
Bemerkungen	

36/658

Wareneingangsschein

tigen Informationen über die Lieferung, wie z. B. Artikelnummer, Artikelbezeichnung, Stückzahl, Lagereinheit, Datum des Wareneingangs, Lieferant, Bestellnummer usw.

Eine Kopie des Wareneingangsscheins wird an folgende Abteilungen weitergeleitet:
- den Einkauf, zum Abgleich der Lieferdaten mit den Bestelldaten;
- die Buchhaltung, zur Durchführung der Rechnungsprüfung und zum Rechnungsausgleich;
- die Lagerverwaltung, zur Bestandseingabe, Lagerplatzvergabe und Einlagerung der Ware.

Bildung logistischer Einheiten

Im Wareneingang wird die Bildung logistischer Einheiten angestrebt, die im Verlauf der logistischen Kette nicht mehr verändert werden müssen. Die Waren werden so zusammengestellt und verpackt, dass die Lagereinheit gleich der Kommissioniereinheit und diese gleich der Bestelleinheit der Kunden ist. Hierzu gehören beispielsweise die **Komplettierung** und die **Vorverpackung**. Bei der Komplettierung werden Einzelteile zu Sets zusammengestellt, um die Kommissionierung zu erleichtern. Manche Güter müssen auch noch vorverpackt werden, um sie leichter und besser einlagern zu können, z. B. Fußbälle in Kartons. Eine genauere Beschreibung dieser Tätigkeiten erfolgt in [▸Lernfeld 2].

Kennzeichnung der Ware (Barcodierung) und Bestandserfassung

Bevor die Ware eingelagert werden kann, wird jede Lagereinheit mit einer Wareneingangsnummer und meist auch mit den Artikeldaten und Lagerplatzdaten gekennzeichnet. Dabei können folgende Verfahren unterschieden werden:
- Ein Warenbegleitpapier (z. B. Wareneingangsschein) wird mit Wareneingangsnummer an der Lagereinheit befestigt.
- Barcodierungen oder Klartext-Etiketten, die von der Lagerverwaltung erstellt werden, werden an der Lagereinheit angebracht.
- Man bedient sich der RFID-Technik (mehr Informationen zur RFID-Technik siehe Kapitel 4.5.3).

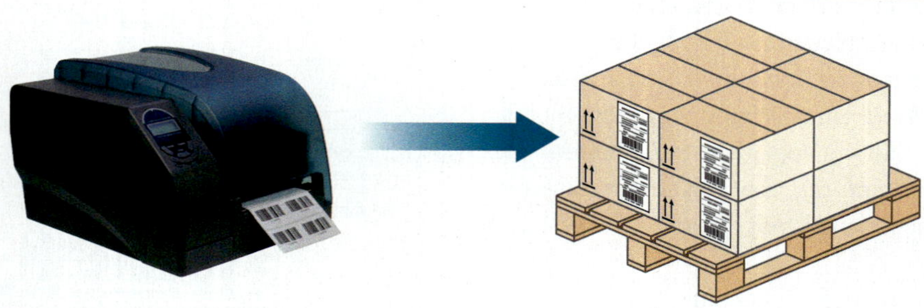

Die vom Etikettendrucker erstellten Barcode-Etiketten werden an der Lagereinheit angebracht.

Nach der Kennzeichnung der Ware erfolgen die Verbuchung des Wareneingangs und die Bestandserfassung. Mit der Erfassung der Zugänge wird der neue **Soll-Bestand** ermittelt.

Alter Soll-Bestand
+ Zugang
= Neuer Soll-Bestand

Die Bestandserfassung des Wareneingangs kann durch handschriftliches Eintragen der Daten in die Lagerfachkarte erfolgen oder aber computergestützt durch Einscannen der Barcodes und Verarbeitung dieser Daten im Lagerverwaltungssystem.

Barcodescanner

Freigabe der Ware

Zu guter Letzt wird die Ware zur Einlagerung oder Übernahme in die Produktion freigegeben und die Stellplätze im Wareneingang werden für neue Ware freigemacht.

Die Freigabe der Ware hat folgende Auswirkungen:

- Ware, die zur Einlagerung freigegeben wird, bekommt meist per EDV einen Lagerplatz zugeteilt. Um bei der Einlagerung Zeit zu sparen, können die Artikel vorab schon nach Lagerzonen vorsortiert werden. Mit einem geeigneten Flurförderzeug (Kommissionierwagen, Hubwagen, Gabelstapler oder fahrerloses Transportsystem) werden sie dann zum Stellplatz transportiert und eingelagert.
- Ware, die für die Produktion bestimmt ist, wird ohne Lagerplatzvergabe direkt an die Produktion weitergeleitet.
- Der Einkauf kann den Bestellvorgang abschließen.
- Die Buchhaltung kann die Zahlung vornehmen.

4.5 Codierungen

Jedes Lagersystem ist auf eine zuverlässige Identifikation der gelagerten Waren angewiesen. Das Warenwirtschaftssystem eines Unternehmens verknüpft den Materialfluss mit dem Informationsfluss. Das Ziel ist es, die Warenbewegung von der Bestellung über die Lagerung und die Bestandskontrolle bis zum Verkauf zu erfassen. So können beispielsweise umschlagsstarke Artikel (sogenannte **Renner** oder **Schnelldreher**) und umschlagsschwache Artikel (**Penner** oder **Ladenhüter**) erkannt werden.

Die Technik der Warenerkennung und Warenidentifikation wird ständig weiterentwickelt. In den zurückliegenden zwanzig Jahren haben sich einige **Codiertechniken** durchgesetzt, die dem gewaltigen Materialfluss gewachsen sind. Sie ermöglichen die automatische Identifikation und Datenerfassung der Waren. Dafür eignen sich vor allem **Barcodes** sowie **RFID-Systeme**.

4.5.1 Barcodes

> ***Ein Barcode, auch Strichcode genannt, ist eine maschinenlesbare Schrift. Er besteht aus verschieden breiten, parallelen Strichen und Lücken, in denen die Daten verschlüsselt sind. Die Daten werden mit optischen Lesegeräten, wie z. B. Barcodescannern oder Kameras, eingelesen und elektronisch weiterverarbeitet.***

[?!]
Barcode
bar code

Es gibt viele verschiedene Arten von Barcodes. Sie wurden zu verschiedenen Zeiten und Zwecken entwickelt.

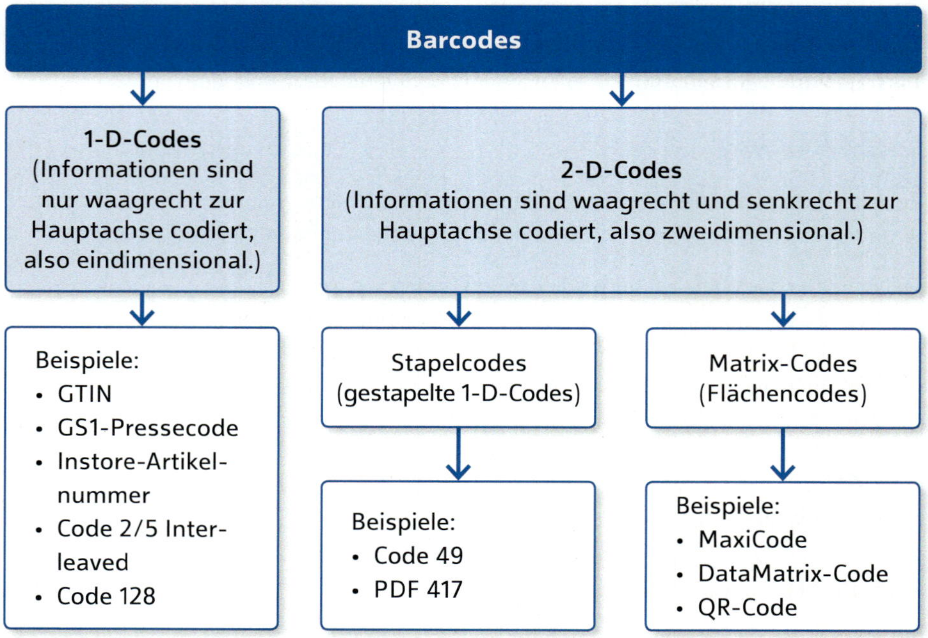

1-D-Codes

Zu den bekanntesten 1-D-Codes gehört die **GTIN** *(Global Trade Item Number = Globale Artikelidentnummer)*. Die GTIN wird von einer weltweit tätigen Organisation der Industrie, der GS1 (Global Standards One = Erste weltweite Standardisierung) vergeben.

GTIN
global trade item number

Die **GTIN** besteht aus unterschiedlich breiten Strichen mit unterschiedlich breiten Zwischenräumen. Unter dem Strichcode sind die codierten Zahlen lesbar aufgedruckt. In der GTIN enthalten sind das Länderkennzeichen (z. B. 40–44 für Deutschland), die bundeseinheitliche Betriebsnummer (Herstellernummer), die Artikelnummer und eine Prüfziffer. Für kleinere Produkte, bei denen eine Auszeichnung mit GTIN-13 nicht möglich ist, gibt es die 8-stellige GTIN. Bei der 8-stelligen GTIN entfällt die Betriebsnummer bzw. Herstellerkennzeichnung.

Der Preis der Waren ist nicht in der GTIN enthalten. Dieser muss vor Verkaufsbeginn im EDV-System unter der entsprechenden Codenummer eingespeichert werden.

Die GTIN kann von Barcodescannern, z. B. im Einzelhandel an den Registrierkassen, decodiert werden. Der Computer ordnet dann der Ware den entsprechenden Preis und den Artikelnamen zu und erstellt daraus den Kassenbeleg.

Vorteile der GTIN sind:
- schnelle Registrierung der Waren an der Kasse
- höhere Sicherheit, da weniger Tippfehler
- Rationalisierung des gesamten Warenumschlags (z. B. automatische Bestandsfortschreibung, automatische Ermittlung der Nachbestellungen, Erstellen von Verkaufsstatistiken)
- transparente, weltweite Standardisierung (ca. 90 % aller Waren haben eine GTIN)

GTINs können über das Internet abgefragt werden. So kann man z. B. erfahren, dass die Nummer 4003994155486 zu einem Produkt der Firma Kellogg (Deutschland) GmbH gehört. Außerdem lassen sich mithilfe der GTIN auch Stammdaten des Artikels abfragen.

Weitere 1-D-Codes	Erläuterung	Abbildung
GS1-Pressecode mit ISBN bzw. ISSN	Der GS1-Pressecode gilt mit integrierter ISBN (International Standard Book Number) für Bücher und ISSN (International Standard Serial Number) für Zeitschriften. Er erscheint in Form des GTIN-13-Barcodes. Der GS1-Pressecode enthält den Mehrwertsteuersatz, die Titelnummer und den Preis.	ISBN 978-3-14-022576-2 9 783140 225762
Instore-Artikelnummer	Die Instore-Artikelnummer wird an Lebensmitteln angebracht, die vor Ort abgewogen werden (Obst, Gemüse, Fleisch, Wurstwaren). Sie erscheint ebenfalls in Form der GTIN-13-Barcodes und findet ausschließlich geschäftsintern Verwendung. Die Instore-Artikelnummer enthält 2x anstelle der Ländernummer, die Artikelnummer (vier Stellen) plus einer Prüfziffer, dann Gewicht, Menge oder Preis (fünf Stellen) und zum Schluss eine Gesamtprüfziffer.	
Code 2/5 Interleaved	Der Code 2/5 Interleaved (interleaved = verzahnt) ist noch weit verbreitet im Logistikbereich. Sowohl die Striche als auch die Lücken sind Träger von Informationen.	0123451234512345
Code 128	Der Code 128 wird ebenfalls sehr häufig in der Industrie und im Logistikbereich verwendet und hat eine sehr hohe Informationsdichte.	0123451234512345

2-D-Codes

Neben den 1-D-Codes, die nur waagrecht zur Hauptausrichtung codiert sind, gibt es **2-D-Codes (zweidimensionale Codes)**. Sie kodieren Informationen sowohl waagrecht als auch senkrecht zur Hauptausrichtung. Es können zwei Arten von 2-D-Codes unterschieden werden: die **Stapelcodes** und die **Matrix-Codes**.

2-D-Codes	Erläuterung	Abbildung
Stapelcodes: Code 49 und PDF 417	Code 49 dient der Produktkennzeichnung, PDF 417 kann besonders viele Informationen aufnehmen.	*PDF 417* *Code 49*

2-D-Codes	Erläuterung	Abbildung
Matrix-Codes: MaxiCode DataMatrix-Code QR-Code	Der MaxiCode wurde bereits 1989 von UPS zur schnellen Identifizierung, Verfolgung und Sortierung von Paketen entwickelt. Er enthält die UPS-Kontrollnummer, das Gewicht, die Sendungsart und die Adressangaben.	
	Der DataMatrix-Code gewinnt neuerdings ebenfalls stark an Bedeutung. Beispiele für den DataMatrix-Code sind die Internetmarke, der 2-D-Pharmacode, Teilekennzeichnungen in der Luft- und Raumfahrtindustrie sowie in der Medizintechnik.	
	QR bedeutet Quick Response, schnelle Antwort. Dieser Code verschlüsselt Internetadressen. Nutzer von Mobiltelefonen mit Kamera und entsprechender Software scannen den Code und werden automatisch zu einer passenden Internetseite geleitet. Häufig wird außerdem die GTIN des Produkts im QR-Code verschlüsselt, so können zusätzliche Produktinformationen im Internet abgerufen werden. Diese Form wird als Extended Packaging (Digital erweiterte Verpackung) bezeichnet.	

4.5.2 NVE – Nummer der Versandeinheit

[?!] *NVE*

> ***NVE** ist die Abkürzung für **Nummer der Versandeinheit**; international heißt sie **Serial Shipping Container Code, kurz SSCC**. Die NVE ist eine weltweit eindeutige Nummer zur Identifikation von Versandeinheiten (z. B. Paket, Palette, Container) auf ihrem Weg vom Versender bis zum Empfänger.*

Die 18-stellige NVE besteht aus:
- einer Reserveziffer,
- einer 7- bis 9-stelligen Basisnummer desjenigen, der die NVE vergibt, also desjenigen, der die NVE als Erster auf die Versandeinheit klebt (diese Basisnummer ist identisch mit der **GLN**, **Global Location Number** = **Betriebsnummer**),
- einer 7- bis 9-stelligen vom Versender selbst vergebenen, fortlaufenden Identnummer,
- einer 1-stelligen Prüfziffer.

Beispiel für eine NVE:

Datenbezeichner	Reserveziffer	Basisnummer	vom Versender zu vergebende fortlaufende Identnummer	Prüfziffer
(00)	3	4 0 1 2 3 4 5	1 2 3 4 5 6 7 8 9	5

Der Datenbezeichner **(00)** ist eine in eine Klammer gestellte Nummer, die auf dem GS1-Transportetikett angibt, dass nun eine NVE folgt.

Die NVE ist Teil des GS1-Transportetikettes, das auf die Versandeinheit geklebt und an jedem Umschlagsort gescannt wird. Durch das Scannen der NVE ist jederzeit eine lückenlose Sendungsverfolgung (**Tracking & Tracing**) möglich [▸Lernfeld 7].

Sendungsverfolgung
tracking and tracing

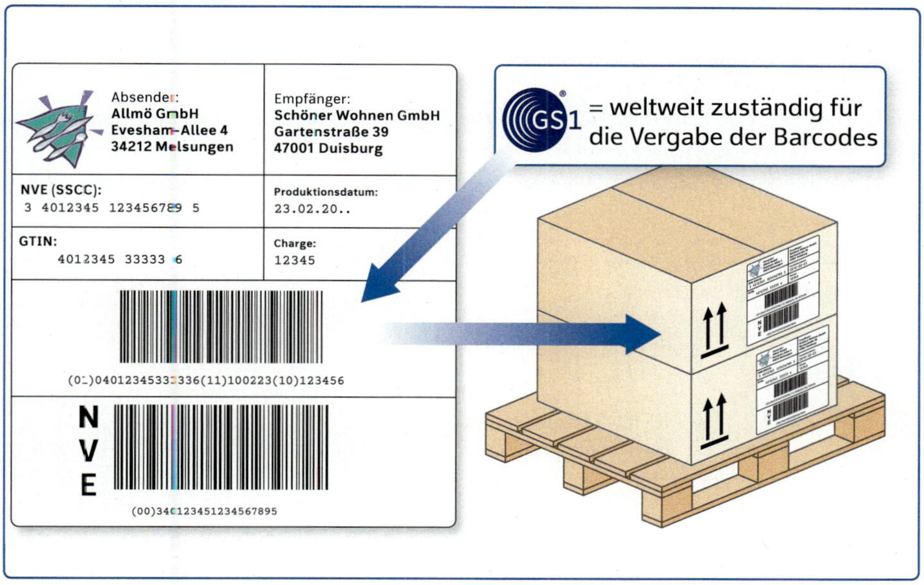

GS1-Transportetikett mit NVE

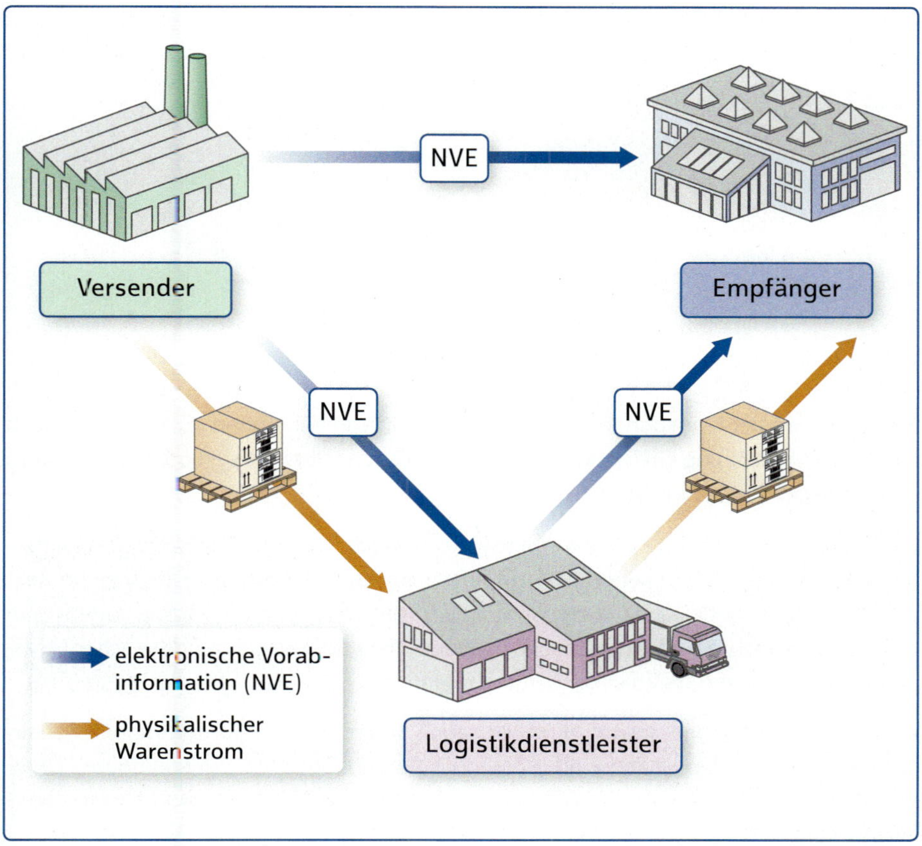

Sendungsverfolgung über NVE

4.5.3 RFID

RFID
radio frequency identification

RFID (Abkürzung für *„Radio Frequency Identification"*) bedeutet *„Identifizierung mithilfe von elektromagnetischen Wellen"*. RFID-Systeme ermöglichen das **automatische Erkennen und Orten von Gütern**. Durch **Funkerkennung** können Daten gelesen und gespeichert werden, ohne sie zu berühren oder Sichtkontakt zu ihnen zu haben.

Komponenten eines RFID-Systems

Ein RFID-System besteht aus folgenden Komponenten:

- Transponder, auch *„Tag"* oder *„Smart Label"* genannt, mit Daten-Antenne
- Schreib- und Lesegerät mit Antenne
- RFID-Hardware (Computer) mit entsprechender Datenverarbeitungssoftware (RFID-Middleware)

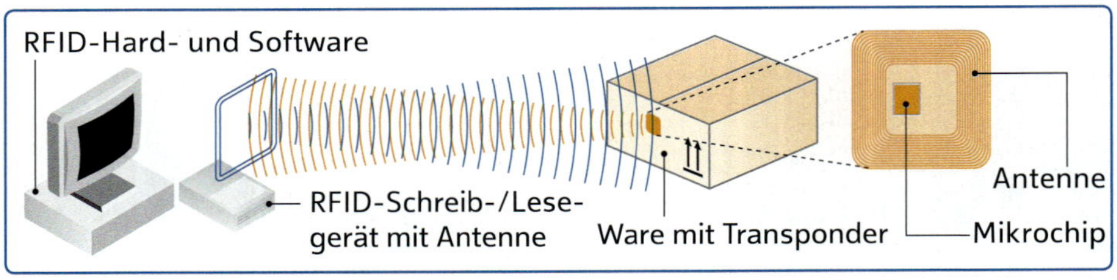

Komponenten eines RFID-Systems

Transponder

Die Ware, die identifiziert werden soll, muss mit einem **Transponder** ausgestattet sein. Nur so ist eine RFID-Erkennung möglich. Der Transponder besteht aus einem Chip zur Speicherung der Daten und einer Sende-/Empfangsantenne, welche auf ein Trägermaterial (z. B. Etikett) aufgebracht ist.

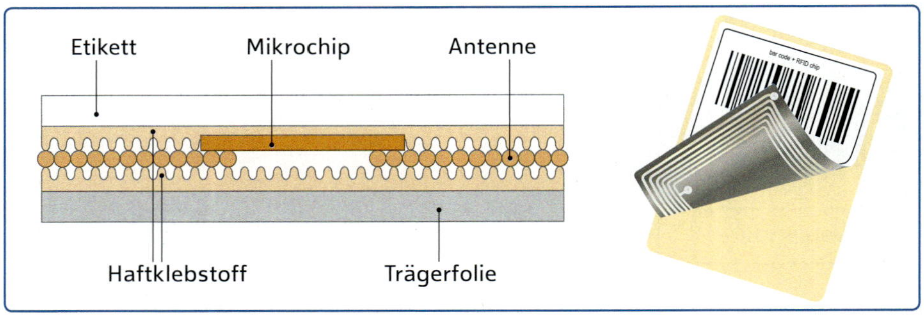

Aufbau eines Transponders, der an einem RFID-Etikett angebracht ist

Meistens wird der Transponder in die Etiketten der Waren integriert. Er kann aber auch auf die Umverpackung geklebt werden, in den Paletten integriert sein oder an Behältern und Containern befestigt werden.

RFID-Lesegerät

Der Transponder reagiert auf die Anfrage eines Lesegerätes und funkt seine gespeicherten Daten an das **RFID-Lesegerät**. Aufgrund der **Funkverbindung** ist ein direkter Kontakt zwischen Transponder und Lesegerät nicht erforderlich. Je nach Größe der Antenne im Transponder und der verwendeten Funkfrequenz liegt der Leseabstand zwischen wenigen Zentimetern und bis zu einigen hundert Metern.

Mobile und stationäre Lesegeräte

Die Lesegeräte können sowohl mobil als auch stationär sein. Zu den **mobilen Lesegeräten** zählt der Handscanner oder der RFID-Datenhandschuh. Ein **stationäres Lesegerät** ist das RFID-Gate, das mittlerweile bis zu 400 RFID-Chips pro Sekunde auslesen kann.

RFID-Handscanner und RFID-Gate

Das Lesegerät überträgt die empfangenen Daten an den lokalen Server zur weiteren Auswertung.

Vom Transponder über das Lesegerät an den lokalen Server und weiter zur Auswertung der Daten

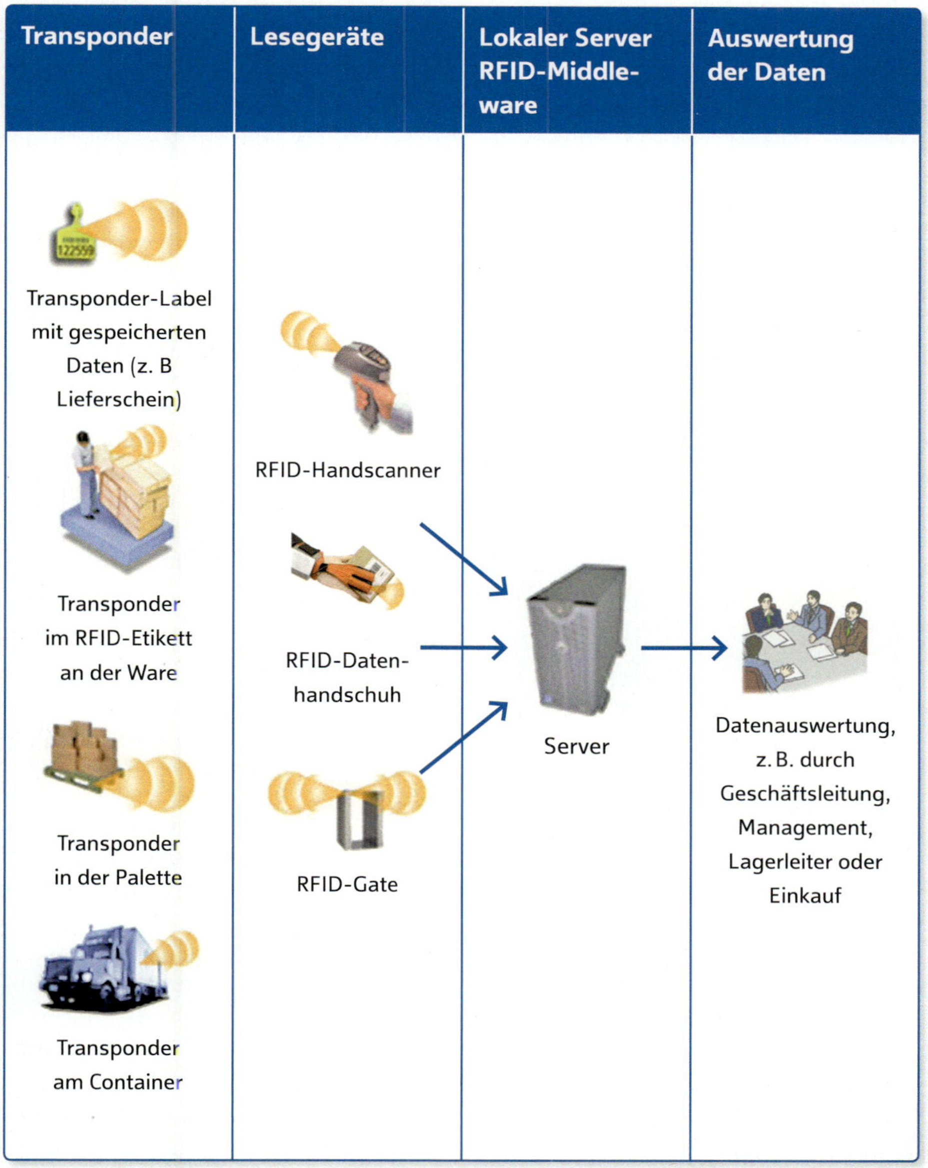

Das RFID-System

RFID in Transport und Logistik

Die RFID-Technik ist in der Logistik und dem Transportwesen vielfältig einsetzbar. So können Boxen, Pakete und Paletten vom Wareneingang über die Einlagerung und die Kommissionierung bis hin zur Verladekontrolle automatisch erfasst und verfolgt werden.

Cross-Docking

Beim *„Cross-Docking"* wird das Lager nicht als Warenlager, sondern lediglich als Warenumschlagsplatz verwendet.
Die ankommenden Produkte verschiedener Lieferanten werden so schnell wie möglich auf abgehende Lieferungen an verschiedene Kunden verteilt.

Der Aufenthalt im Lager kann durch Anwendung von RFID enorm verkürzt werden, da eine manuelle und damit entsprechend zeitintensive Einzelerfassung der Artikel entfällt.

Wareneingang

- Bulkerfassung, d. h. gleichzeitige Erfassung mehrerer Codes, z. B. einer kompletten Palette
- Erfassung von Lieferscheinen, die zuvor auf einem Transponder gespeichert wurden (ähnlich einer Chipkarte bei einer Digitalkamera).

Dokumentenmanagement (Lagerverwaltung)

Automatisches Erfassen von Lieferscheinen, Ladelisten usw. über Transponder

Versand

- Bulkerfassung, d. h. gleichzeitige Erfassung mehrerer Codes, z. B. einer kompletten Palette
- Erfassung von Lieferscheinen auf einem Transponder

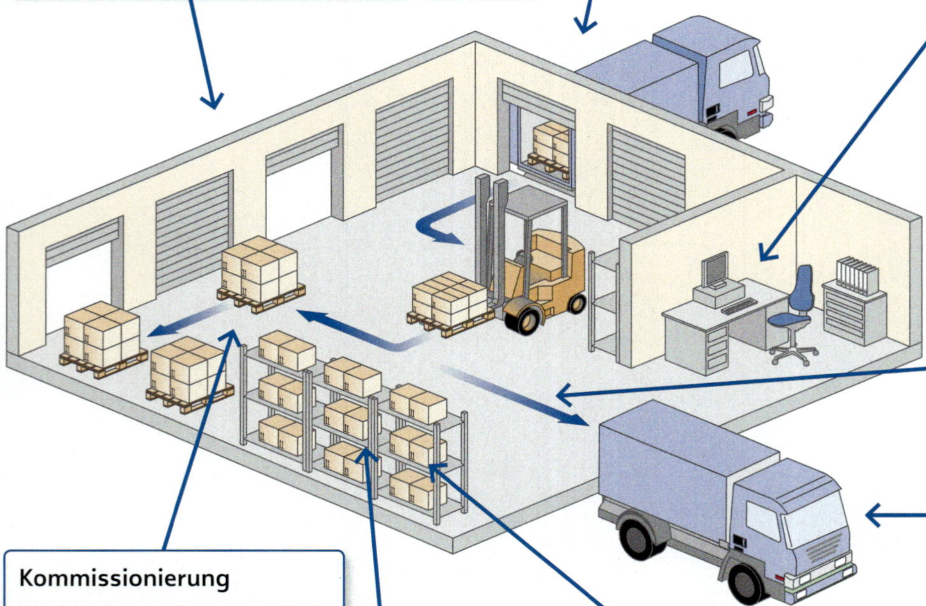

Verladekontrolle

Automatische Verlinkung zwischen Fahrzeug und Ware, wodurch eine lückenlose Sendungsverfolgung möglich ist.

Kommissionierung

Exakte Kontrolle der Artikel ist bereits bei der Entnahme möglich.

Einlagerung

Lagerplatz und Artikel werden miteinander verbunden, d. h., auf dem Chip werden sowohl die Artikeldaten als auch Daten zum Lagerplatz gespeichert. So können Zu- und Abgänge über RFID automatisch im Lagerverwaltungssystem erfasst und Fehlbestände reduziert werden.

Inventur

Automatische und vereinfachte Zählung, da nicht jeder Artikel einzeln gezählt bzw. per Hand gescannt werden muss.

Anwendung der RFID-Technik in Transport und Logistik

RFID-Lösungen können überall dort eingesetzt werden, wo Abläufe vereinfacht und transparent gestaltet werden sollen.

Vorteile von RFID

RFID-Lösungen bieten folgende Vorteile:

- berührungsloser Datenaustausch
- hohe Speicherkapazität
- gleichzeitige Identifikation mehrerer Objekte *(„Bulkerfassung“)*
- nahezu 100 % Erstleserate
- flexible Positionierung des Transponders
- Unempfindlichkeit gegenüber Kratzern und Verschmutzung
- Wiederverwendbarkeit der Transponder
- Reduzierung von Fehlerquellen
- Chip ist nicht nur lesbar, sondern auch beschreibbar, sodass auch nachträglich noch Daten ergänzt oder geändert werden können

RFID versus Barcode

RFID-Systeme haben große Vorteile gegenüber den üblichen **Barcode-Systemen**:

RFID-Systeme versus Barcode-Systeme

Vorteile von RFID	**Nachteile von RFID**
• Beim Barcode muss das Lesegerät in die Nähe des Strichcodes gehalten werden, damit die Daten übermittelt werden können. Beim RFID-System dagegen muss nicht mehr jedes Produkt per Hand gescannt werden; der Scanner muss nicht direkt an das Produkt gehalten werden. Die Übermittlung der Daten erfolgt dank Funkübertragung auch ohne Sichtkontakt. Selbst ganze Paletten kann man in Sekundenschnelle komplett erfassen und auf Vollständigkeit überprüfen, ohne die einzelnen Kartons zu öffnen. • Ein weiterer Vorteil des RFID-Systems gegenüber dem herkömmlichen Barcode-System ist, dass die Chips nicht nur lesbar, sondern auch beschreibbar sind. Außerdem ist die Speicherkapazität wesentlich höher. Transponder sind auch nicht so anfällig gegen Verschmutzung wie Barcode-Labels. Sie funktionieren auch dann noch, wenn sie leicht beschädigt sind.	• Sind die Transponder beispielsweise an Produkten aus Metall oder mit hohem Metallanteil angebracht, kommt es teilweise zu Problemen in der Datenübertragung. Grund dafür ist, dass einige Materialien die Funkübertragung stören können. • Probleme bereitet derzeit noch das Recycling. Beschädigte und nicht mehr benötigte RFID-Etiketten lassen sich beispielsweise nur sehr mühsam in ihre Einzelteile zerlegen. • RFID-Tags sind teurer als Barcode-Etiketten, die in der Lagerverwaltung je nach Bedarf gedruckt werden können.

4.6 Logistik 4.0: Wareneingang

Typische Aufgaben im Wareneingang sind beispielsweise das Entladen, die Wareneingangsprüfung (Abgleich der eingegangenen Waren mit den Lieferpapieren), die Vorbereitung der Einlagerung und die Eingabe der eingegangenen Güter in das Lagerverwaltungssystem. Diese Teilprozesse, die zurzeit noch meistens durch Mitarbeiterinnen und Mitarbeiter gesteuert und durchgeführt werden, lassen sich im Rahmen der Logistik 4.0 in Zukunft immer weiter digitalisieren und automatisieren.

Die Entladung von Lkws könnte mittels **fahrerloser Transportsysteme** vollständig automatisch erfolgen. Die Führung der fahrerlosen Transportsysteme (z. B. fahrerlose Gabelstapler) stützt sich dabei auf eine Messtechnik, die die Innenmaße der Lkw-Ladefläche ermittelt und beim automatischen Ladevorgang berücksichtigt.

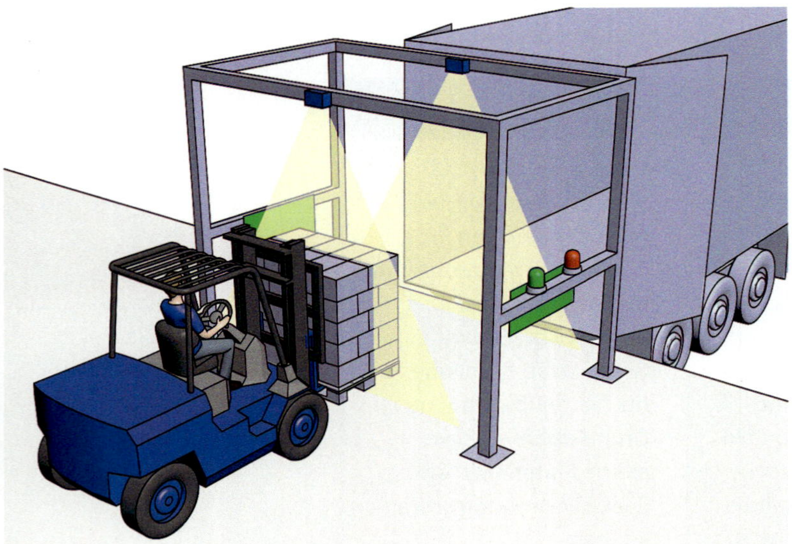

Pulkerfassung im Wareneingang und Warenausgang mittels RFID-Gate

Durch den Einsatz von RFID-Technologien können die **Warenprüfung** und die **Wareneingangserfassung** im Lagerverwaltungssystem erheblich beschleunigt und optimiert werden. Wird z. B. eine mit RFID-Tags ausgestattete Palette im Wareneingang durch ein **RFID-Gate** gefahren, können im Rahmen einer **Pulkerfassung** alle Objekte der Lieferung in Sekundenschnelle auf einmal erfasst werden. Für die Überprüfung der Lieferung wird im IT-System sofort ein Soll-Ist-Abgleich durchgeführt und die Daten werden im Lagerverwaltungssystem gespeichert. Sämtliche Daten stehen somit schnell und umfassend zur Verfügung und werden ohne jeglichen Zeitverlust in Echtzeit weitergeleitet.

Zeitraubende Sichtkontrollen bei der Wareneingangsprüfung können durch **3D-Konturenchecks** mit einem PMD-Sensor (Photomischdetektor, dessen Funktionsprinzip auf dem Lichtlaufzeitverfahren beruht) abgelöst werden. Im Fall einer Abweichung von dem im System vorgegebenen Muster werden die Mitarbeiterinnen und Mitarbeiter benachrichtigt und können dann die notwendigen Qualitätssicherungs- bzw. Reklamationsprozesse anstoßen.

Um den Palettentausch zu beschleunigen, wurde eine **Palettentausch-App** entwickelt. Die App „PalletCheckExpress" ermöglicht einen papierfreien Palettentausch. Der Nutzer fotografiert seinen Palettenstapel mit dem Smartphone. Die App zählt dann die Paletten, erstellt ein elektronisches Tauschdokument und versendet dieses per E-Mail. Durch die Kombination von Foto und E-Mail ist zuverlässig dokumentiert, wie viele Paletten wo und wann getauscht wurden.

5 Kaufvertragsstörungen

Mit dem Abschluss eines Kaufvertrages gehen die beiden Vertragsparteien verschiedene Verpflichtungen ein. Bei der Erfüllung dieser Pflichten kommt es jedoch immer wieder zu Problemen, den sogenannten **Kaufvertragsstörungen**.

Pflichten

Verkäufer		Käufer	
Einwandfreie Ware liefern	Ware pünktlich liefern	Ware abnehmen	Ware bezahlen

Bei der Erfüllung dieser Pflichten kann es zu Störungen kommen. Diese Kaufvertragsstörungen sind:

Mangelhafte Lieferung	Lieferungsverzug	Annahmeverzug	Zahlungsverzug

Kaufvertragsstörungen

5.1 Mangelhafte Lieferung

Im Falle der mangelhaften Lieferung kommt der Verkäufer seiner Pflicht nicht nach, die Ware im einwandfreien bzw. vertraglich bestimmten Zustand zu übergeben. Die Ware weist Mängel auf.

[?!]
Mangelhafte Lieferung
bad delivery

Mangelarten nach der Erkennbarkeit

Nach der Erkennbarkeit können folgende Mängel unterschieden werden:
- **Offener Mangel**: Der Mangel ist sofort erkennbar (z. B. Kratzer am Gehäuse einer Waschmaschine).
- **Versteckter Mangel**: Der Mangel stellt sich erst später beim Ge- oder Verbrauch der Ware heraus (z. B. Waschtrommel einer Waschmaschine dreht sich nicht, da das Kabel fehlerhaft angebracht wurde).

Achtung!
Wenn sich in einem Karton mit Gläsern ein zerbrochenes Glas befindet, ist dies kein versteckter Mangel, sondern ein offener Mangel, da der Mangel auf einen Blick erkennbar ist, wenn der Karton geöffnet wird.

- **Arglistig verschwiegener Mangel**: Bei arglistig verschwiegenen Mängeln handelt es sich um verdeckte Mängel, die dem Verkäufer bei der Übergabe bekannt sind, die er aber absichtlich dem Käufer verschweigt, um sich einen Vorteil zu erschleichen (z. B. ein Auto wird als unfallfrei verkauft, obwohl es bereits einen Schaden am Fahrgestell hat und dies dem Verkäufer bekannt war).

Sachmängel

Des Weiteren können folgende Sachmängel unterschieden werden:

Sachmangel	Beispiel
Fehlerhafte oder beschädigte Ware (Mangel in der Beschaffenheit)	Der neue Schreibtisch hat Kratzer.
Qualitätsmangel (Mangel in der Güte bzw. Qualität)	Die Lederjacke besteht nicht aus echtem Leder, sondern aus Kunstleder.
Zuwenig- bzw. Zuviellieferung (Quantitätsmangel, Mangel in der Menge)	Statt der bestellten 100 Pullover werden nur 90 Pullover geliefert.
Falschlieferung (Mangel in der Art)	Statt der bestellten Pullover werden T-Shirts geliefert.
Nicht eingehaltene Werbeaussage	Benzinverbrauch eines Autos
Montagemangel	Beim Einbau der neuen Küche wurde eine Tür falsch montiert.
Fehlerhafte Montageanleitung und Bedienungsanleitung *(IKEA-Klausel)*	Die Montageanleitung fehlt, ist nicht in deutscher Sprache oder enthält eine falsche Beschreibung.

Neben den Sachmängeln gibt es noch den Rechtsmangel:

Rechtsmangel	Bei der gelieferten Ware handelt es sich um Hehlerware oder verpfändete Ware.

Mängelrüge
notice of defects

Da der Käufer einen Mangel nicht immer sofort bei der Übergabe feststellen kann, gesteht der Gesetzgeber ihm eine Frist zu, innerhalb der er den Mangel **rügen**, d. h. beim Verkäufer angeben muss, um die ihm zustehenden Rechte (**Gewährleistungsrechte**) beanspruchen zu können.

Einseitiger und zweiseitiger Handelskauf

Beim Rügen des Mangels ist zwischen einem einseitigen und einem zweiseitigen Handelskauf zu unterscheiden: Beim einseitigen Handelskauf ist nur ein Vertragspartner ein Kaufmann nach HGB und der andere eine Privatperson. Beim zweiseitigen Handelskauf sind beide Vertragspartner Kaufleute nach HGB.

Je nach Art des zugrundeliegenden Mangels und der Vertragspartner ergeben sich folgende Rügefristen:

Rügefristen bei Sachmangel
notice period

Rügefristen	Einseitiger Handelskauf	Zweiseitiger Handelskauf
Offener Mangel	innerhalb der Gewährleistungsfrist von 2 Jahren	unverzüglich (d. h. ohne schuldhafte Verzögerung)
Versteckter Mangel	innerhalb der Gewährleistungsfrist von 2 Jahren	innerhalb der Gewährleistungsfrist (in der Regel 2 Jahre), jedoch unverzüglich nach Entdeckung
Arglistig verschwiegener Mangel	innerhalb von 3 Jahren (Beginn: Ende des Kalenderjahres der Entdeckung)	innerhalb von 3 Jahren (Beginn: Ende des Kalenderjahres der Entdeckung)

Beweislast

Für den einseitigen Handelskauf ist ferner noch die sogenannte **Beweislast** von Bedeutung, d. h. die Last, zu beweisen, zu welchem Zeitpunkt der entdeckte Schaden bereits bestand bzw. noch nicht bestand: Grundsätzlich muss der Käufer beweisen, dass der Mangel bereits bei der Übergabe der Ware bestand. Beim einseitigen Handelskauf jedoch kehrt sich die Beweislast in den ersten 6 Monaten um: Der Verkäufer muss beweisen, dass die Ware mangelfrei übergeben wurde.

Gewährleistungsrechte

Hat der Käufer einen Mangel rechtzeitig gerügt, kann er diese Rechte geltend machen:

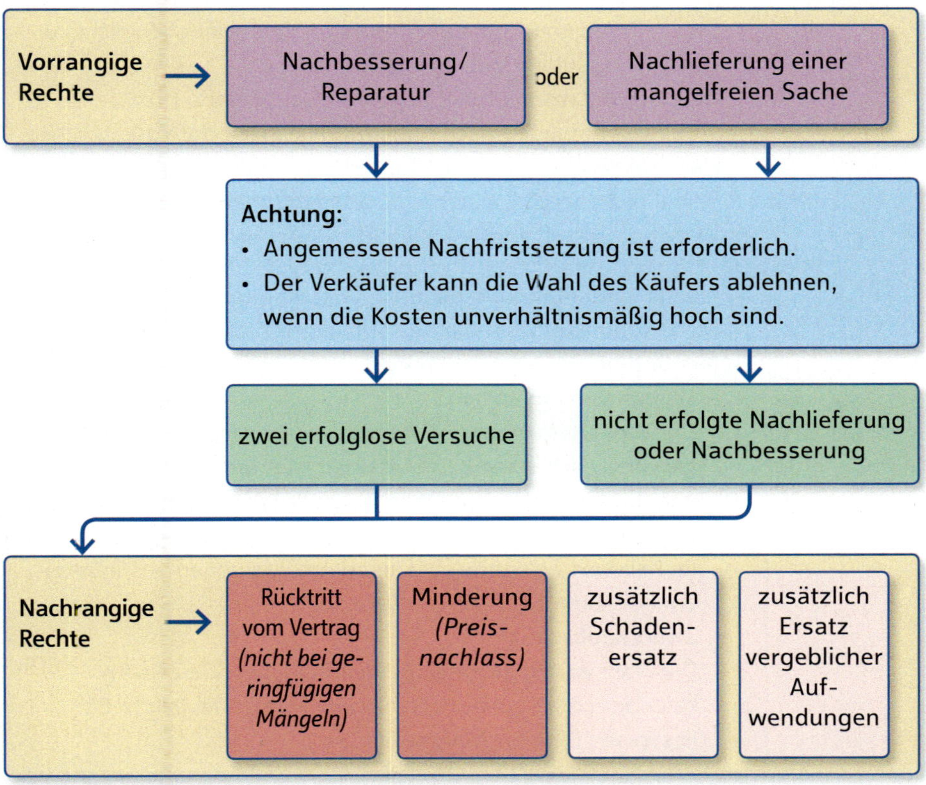

Rechte des Käufers bei festgestelltem Mangel

Im ersten Schritt kann der Käufer eine Nachbesserung/Reparatur oder die Nachlieferung einer mangelfreien Ware fordern. Erst im zweiten Schritt kann der Käufer den Kaufpreis entsprechend mindern oder – falls der Mangel erheblich ist – vom Vertrag zurücktreten. Ein Anspruch auf Schadenersatz oder den Ersatz vergeblicher Aufwendungen ergibt sich für den Käufer nur, wenn der Verkäufer einen tatsächlich entstandenen Schaden zu verschulden hat.

5.2 Lieferungsverzug

[?!]

Lieferungsverzug
delay in delivery

Ein Verkäufer gerät in Lieferungsverzug, wenn er nicht fristgemäß liefert.

Voraussetzungen für Lieferungsverzug

Für einen Lieferungsverzug müssen die drei folgenden Voraussetzungen erfüllt sein:

1 **Fälligkeit**	• Der im Kaufvertrag vereinbarte Liefertermin ist erreicht bzw. abgelaufen. • Wurde kein Liefertermin vereinbart, muss der Verkäufer sofort liefern. Geschieht dies nicht, muss er gemahnt und ihm eine angemessene Nachfrist gesetzt werden. Erst nach Ablauf dieser Nachfrist gerät er in Lieferungsverzug.
2 **Verschulden**	• Der Verkäufer hat die Lieferverzögerung durch fahrlässiges oder vorsätzliches Handeln zu verantworten (z. B. mangelnde Sorgfalt bei der Einhaltung der Liefertermine). Höhere Gewalt wie z. B. Streik, Brand und Naturkatastrophen führen hingegen nicht zu einem Verschulden seitens des Verkäufers. • Bei *Gattungsware* (austauschbare Massenware) trifft den Verkäufer hingegen auch ohne fahrlässiges oder vorsätzliches Handeln das Verschulden. Kann der Verkäufer diese Ware selbst nicht liefern, wird davon ausgegangen, dass er sich die Ware anderweitig hätte beschaffen können.
3 **Mahnung**	• Eine in einer Mahnung gesetzte Frist ist abgelaufen. • Die Mahnung entfällt bei Selbstinverzugsetzung des Verkäufers und bei Fix- und Zweckkauf. – **Selbstinverzugsetzung:** Der Verkäufer verweigert von sich aus ernsthaft und endgültig, die vertraglich vereinbarte Leistung zu erbringen, oder teilt mit, dass er erst zu einem späteren Zeitpunkt liefern kann. – **Fixkauf:** Im Kaufvertrag wurde ein kalendermäßig genau bestimmter oder bestimmbarer Termin vereinbart. – **Zweckkauf:** Die Ware wurde für einen bestimmten Zweck zu einem kalendermäßig genau festgelegten Termin bestellt (z. B. Festessen für eine Weihnachtsfeier).

536658

Rechte des Käufers

Treffen die oben genannten Voraussetzungen für einen Lieferungsverzug zu, dann stehen dem **Käufer** verschiedene **Rechte** zu. Welche Rechte er in Anspruch nimmt, ist abhängig davon, ob er weiterhin an der Lieferung der gekauften Ware interessiert ist oder nicht:

Rechte des Käufers

- Der Käufer setzt dem Verkäufer keine Nachfrist und ...
  - ... verlangt die Lieferung.
  - ... verlangt die Lieferung und Schadenersatz.
- Der Käufer setzt dem Verkäufer eine Nachfrist und ...
  - ... droht mit Rücktritt vom Vertrag.
  - ... droht mit Rücktritt vom Vertrag und Schadenersatzforderung.

Rechte des Käufers bei Lieferungsverzug

5.3 Annahmeverzug

Der Käufer gerät in Annahmeverzug, wenn er die ordnungsgemäß und pünktlich gelieferte Ware nicht oder nicht rechtzeitig abnimmt.

[?!]

Annahmeverzug
delay of acceptance

Für einen Annahmeverzug müssen die folgenden drei Voraussetzungen erfüllt sein:

Voraussetzungen für Annahmeverzug

1 Fälligkeit	• Die Lieferung muss fällig sein, d. h., der im Kaufvertrag vereinbarte Liefertermin ist erreicht. • Wurde kein genauer Liefertermin vereinbart, muss der Verkäufer dem Käufer die Lieferung vorher angekündigt haben.
2 Ordnungsgemäße Anlieferung	• Die Ware ist mangelfrei und wird dem Käufer am richtigen Ort zur richtigen Zeit angeboten.
3 Ablehnung der angelieferten Ware	• Der Käufer verweigert die Annahme. • Der Käufer holt die Ware am vereinbarten Termin nicht ab.

Im Falle des Annahmeverzugs bedarf es **nicht** des Verschuldens auf Seiten des Käufers, d. h., er kommt auch dann mit seiner Pflichterfüllung in Verzug, wenn er unverschuldet die Ware nicht annehmen kann, wenn er z. B. auf dem Weg zum Erfüllungsort einen Unfall hat und nicht rechtzeitig erscheinen kann.

Folgen für Käufer

Folgen für den Käufer sind: Der Käufer haftet für Schäden während des Annahmeverzugs, außer bei grober Fahrlässigkeit oder Vorsatz des Verkäufers. Ebenso muss der Käufer eine zwischenzeitliche Preisminderung der nicht abgenommenen Ware übernehmen. Der Käufer trägt außerdem die Mehraufwendungen des Verkäufers für z. B. vergebliche Anlieferung und Lagerung der Güter.

Rechte des Verkäufers

Im Falle des Annahmeverzugs stehen dem **Verkäufer** verschiedene **Rechte** zu, je nachdem, ob er weiterhin an der Erfüllung des Kaufvertrages interessiert ist oder nicht.

- Der Verkäufer wird ein **Interesse an der Aufrechterhaltung der Lieferung** haben, wenn die Ware z. B. speziell für diesen Kunden angefertigt wurde oder die Preise für die Ware zwischenzeitlich stark gesunken sind. In diesem Falle ist er verpflichtet, dem Käufer den zwischenzeitlichen Lagerungsort der Ware mitzuteilen.
- Andererseits wird er **kein Interesse an der Kaufvertragserfüllung** haben, wenn z. B. die Preise inzwischen gestiegen sind oder es sich bei der Ware um Gattungsware (Massenware) handelt, die er schnell an andere Abnehmer verkaufen kann.

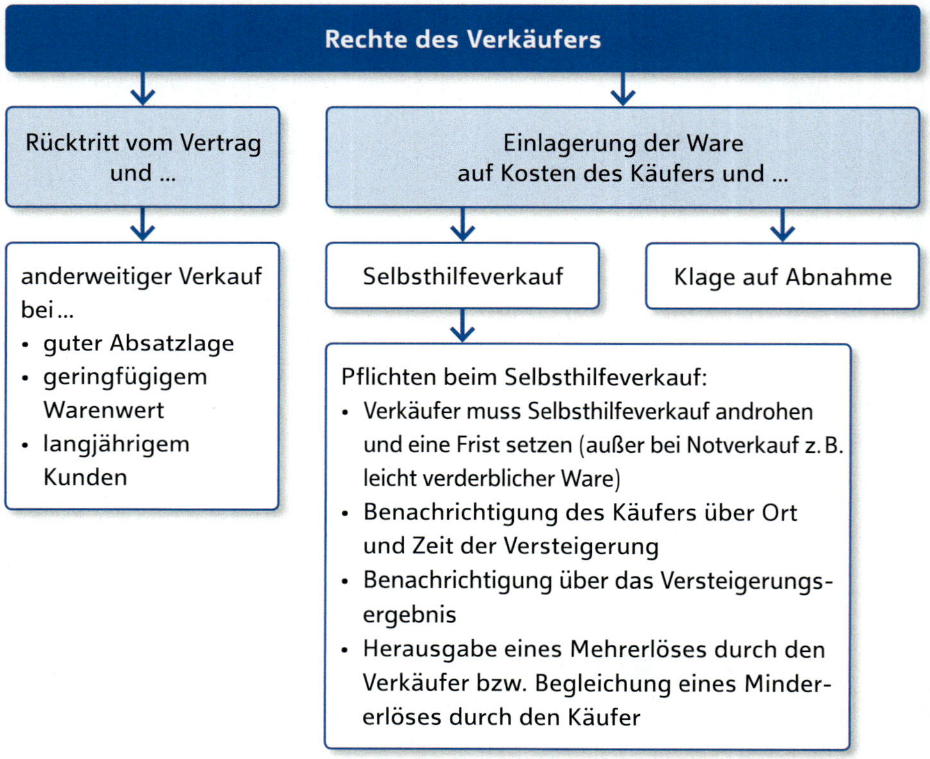

Rechte des Verkäufers bei Annahmeverzug

5.4 Zahlungsverzug

[?!]

Zahlungsverzug
delay of payment

Der Käufer gerät in Zahlungsverzug, wenn er die ordnungsgemäß und pünktlich gelieferte Ware nicht rechtzeitig bezahlt.

Die Mitarbeiter im Wareneingang haben auf den Zahlungsverzug keinen Einfluss; eine ausführliche Darstellung des Zahlungsverzuges erfolgt in [▸ Lernfeld 11].

Lernfeld 2
Güter lagern

1 Aufgaben der Lagerhaltung und Anforderungen an das Lager

Die Lagerhaltung ist eines der Kernelemente des logistischen Leistungssystems. Zur Lagerhaltung gehören die Aufbewahrung, die Pflege, die Planung und die Verwaltung der Gütervorräte.

1.1 Aufgaben der Lagerhaltung

Lager
warehouse/storehouse

Aus heutiger Sicht umfasst der Begriff **„Lager"** zwei verschiedene Aspekte:

- Zum einen ist damit **der Raum oder das Gebäude** gemeint, in dem Güter bis zu ihrer Verwendung aufbewahrt werden.
- Zum anderen bezieht sich der Begriff auf **die gelagerten Güter** selbst: Eine Vorratsansammlung wird ebenfalls als **„Lager"** bezeichnet.

Trotz modernster Technik und neuester Entwicklungen kommt kein Unternehmen ohne Lagerhaltung aus. Die Lagerhaltung übernimmt eine Anzahl unterschiedlicher Aufgaben, die häufig auch „Funktionen der Lagerhaltung" genannt werden:

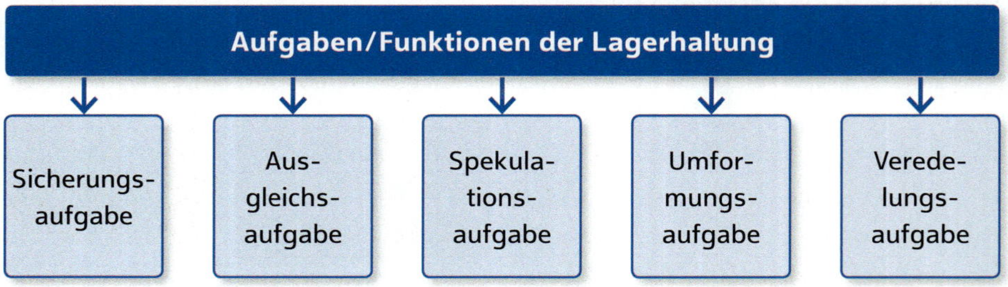

Sicherungsaufgabe

Güter werden gelagert, um den Produktionsprozess **gegen Störungen bei der Warenbeschaffung** zu sichern und eine **stetige Lieferbereitschaft** zu gewährleisten. Engpässe, die z. B. aufgrund von Lieferverzögerungen, Transportschwierigkeiten, unerwartetem Mehrverbrauch oder erhöhter Nachfrage entstehen können, sollen durch das Anlegen eines Lagervorrates vermieden werden.

Ausgleichsaufgabe

Güter werden gelagert, um einen **zeitlichen und mengenmäßigen Ausgleich zwischen Warenbeschaffung, Produktion und Absatz** zu erreichen. Betrachtet man beispielsweise die Getreideverarbeitung, so erfolgt diese über das ganze Jahr verteilt. Die Ernte dauert jedoch nur wenige Wochen. Andere Güter wiederum werden nur zu bestimmten Zeiten nachgefragt, z. B. Schokoladenweihnachtsmänner. Um die starke Nachfrage nach diesen Artikeln kurz vor Weihnachten befriedigen zu können, müssen sie schon weit im Voraus produziert und somit auch gelagert werden.

Die Ausgleichsaufgabe wird oft auch **„Überbrückungsaufgabe"** genannt.

Spekulationsaufgabe

Güter werden gelagert, um **mit Kosten- und Preisvorteilen zu spekulieren**. Werden Preissteigerungen auf dem Beschaffungsmarkt erwartet, so kann eine rechtzeitige Beschaffung Preisvorteile bringen, die die Kosten der Lagerung überwiegen (z. B. Heizölkauf im Sommer). Auch Rabattgewährung oder günstige Sonderpreise bei Großbestellungen können diese Vorteile mit sich bringen.

Umformungsaufgabe

Sehr oft werden Lagergüter in großen Mengen und Behältern angeliefert, die dann **in kleinere bedarfsgerechte Mengen und Portionen umgeformt** werden müssen. Dies geschieht im Lager durch Mischen, Sortieren, Um- und Abfüllen.

So wird beispielsweise Tee in großen Säcken angeliefert. Für den weiteren Verkauf wird dieser dann in 100-g-Päckchen abgefüllt und vorverpackt. Ebenso können aber auch kleinere Mengen aufgekauft und zu größeren Einheiten zusammengefasst werden. Dies ist häufig bei landwirtschaftlichen Gütern, z. B. bei Getreide, Milch und Äpfeln, der Fall. Daneben gehört zur Umformungsaufgabe auch das **Zusammenstellen** von **Kundenaufträgen** (die Kommissionierung). Gemäß den eingehenden Vorgaben werden die gewünschten Stückzahlen entnommen und den Aufträgen entsprechend neu gebündelt.

Wein und Käse gewinnen durch Lagerung an Reife und Qualität

Veredelungsaufgabe

Manche Güter gewinnen erst durch die Lagerhaltung die **gewünschte Reife und Qualität**. Sie werden durch Alterung, Trocknung, Gärung oder Reifung veredelt (z. B. Käse, Tabak, Wein oder Bananen).

1.2 Anforderungen an das Lager

Für Lagerbereiche gibt es Vorschriften, die grundsätzlich einzuhalten sind. So dürfen Lagerbereiche nur durch befugtes Lagerpersonal betreten werden. Alle Besucher, Lieferanten, Vertreter usw. müssen sich vorher anmelden und dürfen dann meist nur in Begleitung des Lagerpersonals das Lager betreten. Des Weiteren gilt im gesamten Lagerbereich Rauchverbot.

Auch bei der Lagerung von Gütern müssen bestimmte Anforderungen und Vorschriften eingehalten werden.

Die Grundsätze ordnungsgemäßer Lagerhaltung sind: Sauberkeit, Geräumigkeit, Übersichtlichkeit, sachgerechte und artgerechte Lagerhaltung.

[?!]

Grundsätze ordnungsgemäßer Lagerhaltung

Sauberkeit

Voraussetzung für ordnungsgemäße Lagerhaltung

Sauberkeit im Lager ist eine Grundvoraussetzung für eine ordnungsgemäße Lagerhaltung. Sie wird erreicht durch tägliches Fegen und Wischen. Aber auch das Wegräumen von nicht mehr benötigten Verpackungsmaterialien (Folie, leere Kartons und Paletten) und das Entfernen ausgelaufener Flüssigkeiten (z. B. bei Bruch) gehören dazu. Die Reinigung des Lagers erfolgt durch das Lagerpersonal selbst oder auch durch externe Reinigungskräfte.

Die Sauberkeit bezieht sich auf ...
- die eingelagerte Ware,
- die Lagerräume,
- die Verkehrswege,
- die Lagereinrichtungen, Fördermittel, Förderhilfsmittel und sonstige Lagerhilfsmittel,
- das Lagerpersonal.

Vorteile eines sauberen Lagers

- Die Unfall- und Verletzungsgefahr wird verringert.
- Die Nutzungsdauer und Haltbarkeit der Lagereinrichtungen, Fördermittel, Förderhilfsmittel und sonstigen Lagerhilfsmittel wird entscheidend verlängert.
- Die Ware bleibt länger verkaufs- und gebrauchsfähig.
- Der Eindruck bei Lieferanten, Kunden, Mitarbeitern und Besuchern ist positiv.
- Das Arbeitsumfeld für das Lagerpersonal ist angenehm.

Geräumigkeit

Voraussetzung für übersichtliche und saubere Lagerhaltung

Ein geräumiges Lager ist Voraussetzung für eine übersichtliche und saubere Lagerung. Geräumigkeit bedeutet, dass ausreichend Platz für die Fahrwege, die einzulagernde Ware und die Gänge vorhanden ist.

Vorteile eines geräumigen Lagers

- Für den Einsatz von Fördermitteln besteht ausreichend Platz.
- Die einzulagernden Waren können übersichtlich gelagert werden und werden nicht eingequetscht.
- Die Waren können schnell und bequem ein- und ausgelagert werden.
- Die Unfall- und Verletzungsgefahr wird verringert.
- Unnötiges Suchen der Ware wird vermieden.
- Das Umschichten der Waren bei der Warenpflege entfällt.

Übersichtlichkeit

Mehr Geräumigkeit kann sich auch vorteilhaft auf die Übersichtlichkeit eines Lagers auswirken. Wenn ein Lager zu sehr zugestellt und die Ware einfach irgendwo abgestellt wird, kann schnell der Überblick verloren gehen.

Mehr Übersichtlichkeit im Lager kann beispielsweise erreicht werden durch ...
- die Einteilung des Lagers in Lagerzonen,
- eine gute Stellplatzkennzeichnung,
- die Vergabe von Material- und Teilenummern,
- das Führen von Lagerfachkarten bzw. einer Lagerdatei.

Mehr zu diesen Themen: [▸ Kapitel 3].

Sachgerechte und artgerechte Lagerung

Sachgerechte Lagerung bedeutet, dass für alle Güter die passenden Lagereinrichtungen und Lagerhilfsmittel gewählt werden. So sollten Bälle nicht unverpackt in ein Palettenregal gelegt werden, sondern vorher z. B. in eine Euro-Gitterboxpalette gepackt werden. Schrauben sollten z. B. in Lagersichtkästen gelagert werden.

Artgerechte Lagerung bedeutet, dass die Güter entsprechend ihrer Eigenschaften und Eigenarten gelagert werden.

Folgende Aspekte müssen daher bei der Lagerung berücksichtigt werden:

Beispiele für artgerechte Lagerung

Schutz vor ...	Beispiel
Sonne/Licht	Textilien müssen vor Licht und Ausbleichen geschützt werden.
Geschmacksverlust	Einige Obst- und Gemüsesorten dürfen nicht nebeneinander gelagert werden, da es sonst zu einem Geschmacksverlust kommen könnte.
Feuchtigkeit	Papierwaren müssen trocken gelagert werden.
Schädlingen	Bei Lebensmitteln muss auf eine geeignete Schädlingsbekämpfung geachtet werden.
Wärme/Kälte	Obst und Gemüse muss kühl gelagert werden.
Austrocknung	Blumenerde muss vor dem Austrocknen geschützt werden.

Sachgerechte Reifenlagerung

Artgerechte Fischlagerung

2 Arten der Lagerhaltung

Lagerarten
types of warehouse/storage

Der Entscheidung, ein Lager zu errichten, kommt eine große Bedeutung zu, denn der Bau und die Ausstattung binden langfristig viel Kapital. Eine der wichtigsten Entscheidungen bei der Planung eines neuen Lagers ist die Festlegung der **Lagerart**, denn Lager ist nicht gleich Lager.

Lager können unterschieden werden nach …
- den zu lagernden Güterarten (z. B. Stück-, Schütt- und Gefahrengüter sowie Sperrigwaren) und ihren Eigenschaften (z. B. verderblich, temperatur-, feuchtigkeits- und lichtempfindlich, lichtbedürftig, zerbrechlich, diebstahlgefährdet, stapelfähig, gesundheitsgefährdend, giftig, explosiv, entzündbar),
- den Betriebsarten,
- dem Lagerstandort,
- der Lagerbauweise,
- dem Lagereigentümer.

2.1 Unterscheidung nach Güterarten/Gütereigenschaften

Entsprechend der Güterarten und -eigenschaften können z. B. folgende Lagerarten unterschieden werden:

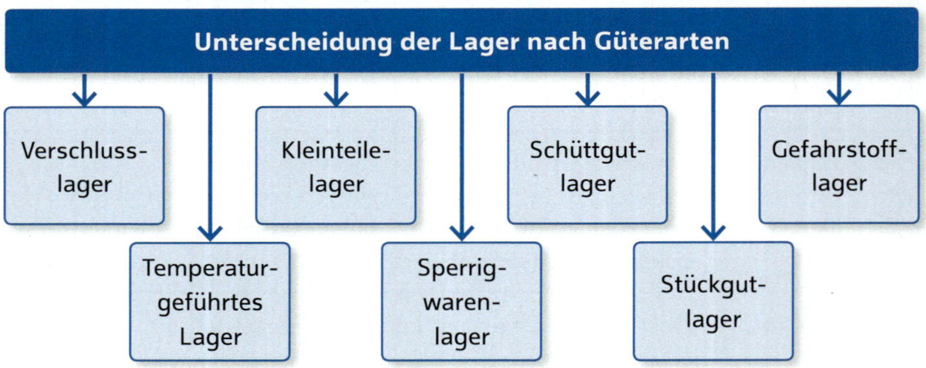

- **Verschlusslager**: Dies ist ein Lager für diebstahlgefährdete und hochwertige Güter (z. B. Schmuck, Parfüm, Navigationsgeräte, Zigaretten). Der Zutritt zu diesen Lagern ist nur einem bestimmten Personenkreis gestattet.
- **Temperaturgeführtes Lager**: Diese Lager werden eingesetzt, wenn temperaturempfindliche Güter gelagert werden sollen, vor allem in der Lebensmittel-Branche. So werden Güter, die gekühlt werden müssen, um sie vor Verderb zu schützen, in Kühllagern oder Tiefkühllagern gelagert. Ebenso gibt es Güter, die vor Kälte geschützt werden müssen. Diese werden in beheizten Lagerräumen gelagert.
- **Kleinteilelager**: Dies ist ein Lager für Kleinteile, z. B. Schrauben, Nägel, Dichtungsringe. Gelagert werden diese Kleinteile meist in kleinen Behältern oder Lagersichtkästen.
- **Sperrigwarenlager**: In diesem Lager werden Güter gelagert, deren Abmessungen beispielsweise größer sind als die einer Europalette. Eine Einlagerung dieser Güter in das Palettenregallager ist meist nicht möglich, da sie aufgrund ihrer Abmessungen in den Gang hineinragen würden.

Kleinteilelager

- **Schüttgutlager**: Dies ist ein Lager für Schüttgüter wie Kies, Erde, Kohle, Granulat oder auch Getreide. Die Lagerung dieser Güter erfolgt meist auf Halden (zu einem Berg angehäuftes Material oberhalb der Geländeoberfläche) oder in Silos oder Bunkern.
- **Stückgutlager**: Mit dem Begriff Stückgut wird alles bezeichnet, was sich am Stück transportieren lässt, beispielsweise Kisten, Kartons, beladene Paletten oder Fässer. Ein Lager, in dem in Kartons verpackte Güter sowie palettierte Ware gelagert werden, bezeichnet man daher auch als Stückgutlager.
- **Gefahrstofflager**: In diesem Lager werden Gefahrstoffe aller Art eingelagert. Für den Bau und die Ausstattung dieser Lager sind besondere Gesetze, Vorschriften und Regelungen zu beachten [▸ Kapitel 5].

Schüttgutlager

2.2 Unterscheidung nach Betriebsarten

Je nach Betriebsart (Industriebetrieb, Großhandel, Einzelhandel und Spedition) können verschiedene Lagerarten unterschieden werden.

Industriebetrieb

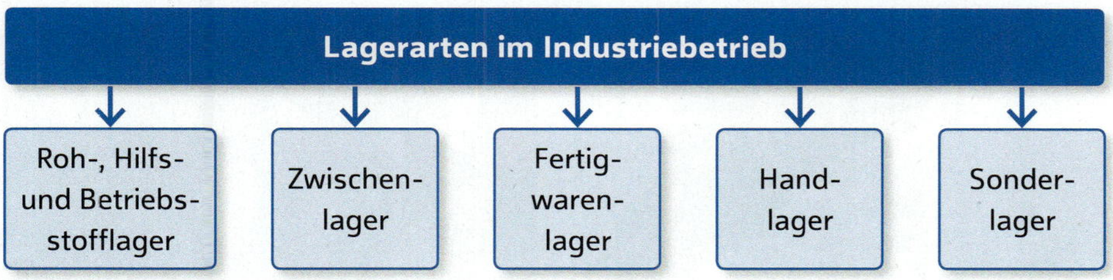

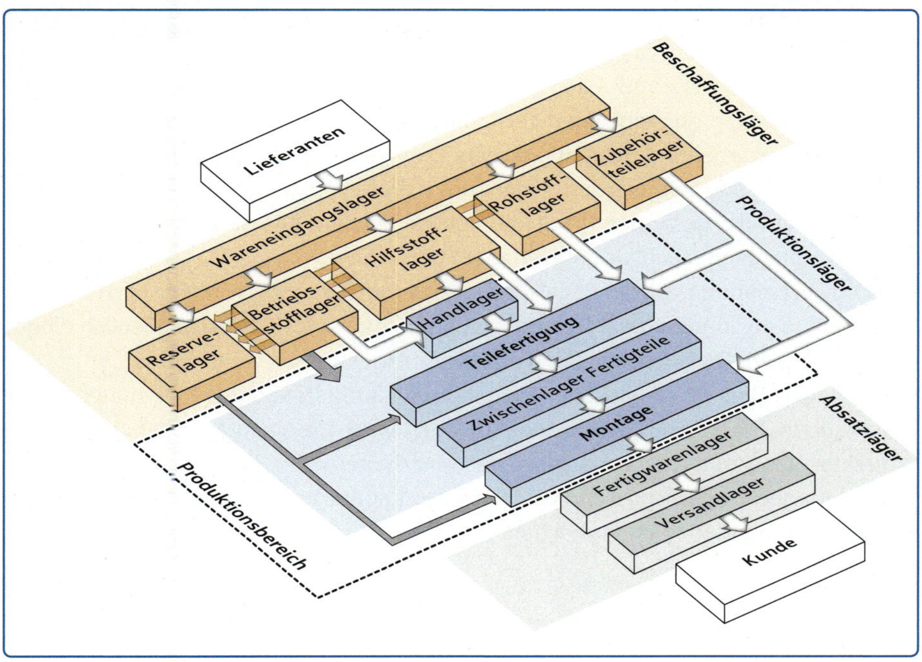

Warenfluss zwischen den Lagern eines Industriebetriebs

- **Roh-, Hilfs- und Betriebsstofflager**: Aus diesen Lagern werden die Produktionsstätten mit den notwendigen Materialien zur Produktion versorgt.

Unterscheidung von Roh-, Hilfs- und Betriebsstoffen

Stoffart	Beispiel
Rohstoffe sind Stoffe, die unmittelbar in das zu fertigende Produkt eingehen und dessen **Hauptbestandteil** bilden.	Bei der Kleiderschrankproduktion ist dies das Holz.
Hilfsstoffe sind Stoffe, die ebenfalls in das zu fertigende Produkt eingehen, aber nur eine **Hilfsfunktion** erfüllen.	Bei der Kleiderschrankproduktion sind dies Schrauben, Leim, Farben und Lacke.
Betriebsstoffe sind Stoffe, die nicht direkt in das zu fertigende Produkt eingehen, aber den **Produktionsprozess in Gang** halten.	Bei der Kleiderschrankproduktion sind dies Benzin, Schmieröl oder Strom zum Betreiben der Maschinen.

Rohstofflager und Betriebsstofflager

Zwischenlager
buffer storage

- **Zwischenlager:** Der Produktionsprozess verläuft meist in mehreren Fertigungsstufen. Zwischen den einzelnen Fertigungsstufen müssen die Vorerzeugnisse bis zur Weiterverarbeitung gelagert werden. Dies geschieht in Zwischenlagern. Durch die Zwischenlagerung werden sogenannte **„Puffer"** erzeugt, die einen reibungslosen Ablauf der gesamten Produktion gewährleisten. Aus diesem Grunde werden die Zwischenlager auch als **„Pufferlager"** bezeichnet.
- **Fertigwarenlager:** Da in der Regel die produzierten Erzeugnisse nicht sofort verkauft werden, insbesondere bei Massenproduktion, müssen sie zwischenzeitlich eingelagert werden. Dies geschieht im Fertigwarenlager.

Handlager
free stock/area for small parts storage

- **Handlager:** Dies ist ein kleines Lager, in dem häufig benötigtes Kleinmaterial (wie Schrauben, Dichtungen, Werkzeuge) gelagert wird. Die Handlager befinden sich in direkter Nähe zum Arbeitsplatz, um den Mitarbeitern unnötige Wege zu ersparen.

Sonderlager für Ersatzteile, Werkzeug, Büromaterial, Packmittel
special storage location

- **Sonderlager:** Zusätzlich zu den vorgenannten Lagerarten werden in Industriebetrieben häufig Sonderlager eingerichtet.

Fertigwarenlager

Ersatzteillager

Büromateriallager

Mögliche Sonderlager sind:

Ersatzteillager	Diese finden sich z. B. in Autowerkstätten. Dort werden häufig benötigte Ersatzteile vorrätig gehalten, um bei Bedarf die Teile zeitnah entnehmen zu können. In Industriebetrieben gibt es auch oft solche Lager für Verschleißteile der Produktionsmaschinen, die häufig ausgetauscht werden müssen.
Werkzeuglager	Hier werden die für die eigene Produktion benötigten Werkzeuge aufbewahrt (z. B. Gussformen, Bohrer, Schraubenschlüssel, Messwerkzeuge).
Büromateriallager	Hier wird das für die Verwaltung benötigte Büromaterial aufbewahrt (z. B. Kopierpapier, Druckerpatronen, Kugelschreiber).
Packmittellager	Hier werden die für den Versand benötigten Packmittel aufbewahrt (z. B. Kartons, Stretchfolie, Klebebänder).

Großhandel

Lagerarten im Großhandel

- Auslieferungslager
- Kommissionslager

- **Auslieferungslager**: In diesem Lager werden die Waren bis zum Verkauf an Einzelhandels- oder auch an Industrieunternehmen aufbewahrt. Sie werden vom Großhandel meist in Kundennähe errichtet, um die Lieferzeiten und die Lieferkosten zu senken.

Auslieferungslager
distributing warehouse

Kommissionslager
commission storage

- **Kommissionslager**: Der Lieferant stellt einem Verkäufer, dem Kommissionär, Ware zur Verfügung. Der Kommissionär verkauft die Ware im Auftrag des Lieferanten (Kommittent). Bis zum Verkauf bleibt die Ware Eigentum des Lieferanten. Der Kommissionär erhält für seine Arbeit einen Kostenersatz und eine Vermittlungsgebühr (Provision).

[?!]

Kommissionslager/ Kommissionierlager

Das Kommissionslager ist nicht mit dem Kommissionierlager zu verwechseln.

Kommissionslager = Lager des Lieferanten beim Kunden, aus dem sich der Kunde die benötigte Ware entnimmt

Kommissionierlager= Lager, in dem Güter kommissioniert werden

Einzelhandel

Lagerarten im Einzelhandel	
Verkaufslager	Reservelager

Verkaufslager

- **Verkaufslager**: Hierbei handelt es sich um den Verkaufsraum, in dem die Ware dem Kunden zum Verkauf angeboten wird.

Reservelager

- **Reservelager**: Dieses Lager dient zur Vorratshaltung des Einzelhändlers, um eventuelle Lieferengpässe überbrücken zu können. Im Reservelager werden die Waren angenommen, ausgepackt, geprüft, etikettiert und gelagert, bis sie im Verkauf gebraucht werden.

Spedition

Lagerarten in der Spedition	
Auslieferungslager	Umschlaglager

Auslieferungslager
distributing warehouse

- **Auslieferungslager**: Manche Produktionsbetriebe unterhalten direkt bei der Spedition ein Auslieferungslager. Die Ware wird im Auslieferungslager auf Abruf für den Kunden bereitgehalten. Von dort kann die Ware dann ohne Lieferverzögerungen an den Kunden ausgeliefert werden.

Umschlaglager
transshipment warehouse

- **Umschlaglager**: Hier werden Güter nicht im herkömmlichen Sinne gelagert, sondern sortiert, umverteilt und oft direkt wieder weiterverladen. Gemeint ist damit folgendes: Sendungen werden im Nahverkehr bei verschiedenen Absendern für verschiedene Empfänger abgeholt. Im Umschlaglager werden sie entladen und nach ihren Empfangsorten sortiert. Anschließend werden sie zielrein weiterverladen.

Lagerkette zwischen Industriebetrieb, Großhandel, Einzelhandel und Spedition

Die Abbildung verdeutlicht die Beziehungen zwischen Industrie, Großhandel, Einzelhandel und Spedition: Bis die Waren beim Konsumenten, also dem Endverbraucher, ankommen, durchlaufen sie eine Vielzahl an Lagern.

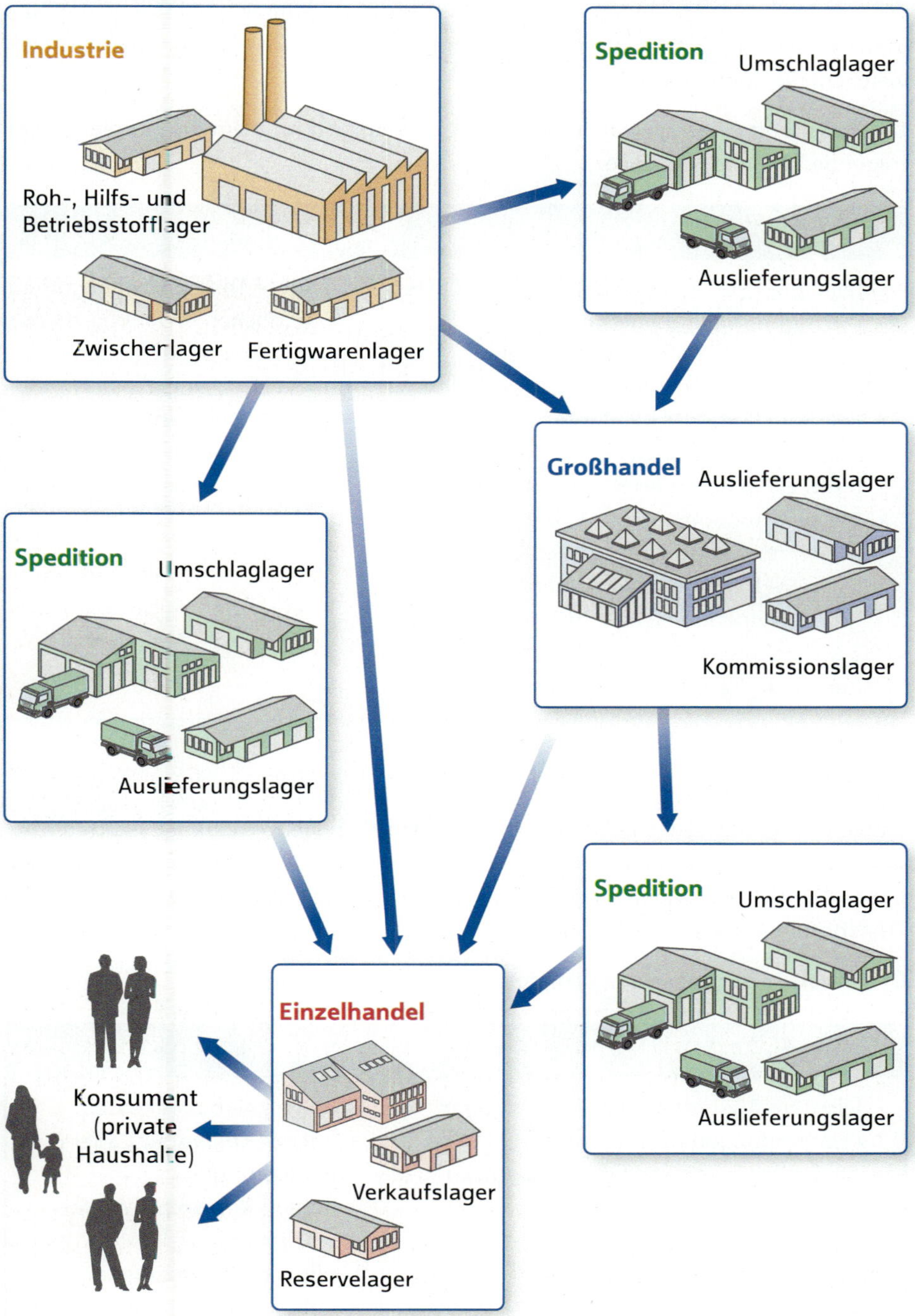

Darstellung der Lagerkette vom Industrieunternehmen über den Groß- und Einzelhandel und die Speditionen bis hin zum Konsumenten

2.3 Unterscheidung nach dem Lagerstandort

Bevor ein Lager errichtet wird, muss die Frage geklärt werden, ob ein einziges, zentrales Lager gegründet werden soll oder ob mehrere, kleinere Lager an verschiedenen Standorten errichtet werden sollen.

Zentrales Lager

Zentrales Lager
central warehouse

Die meisten kleineren und mittelgroßen Unternehmen führen ein Zentrallager, aus dem der gesamte Betrieb mit allen notwendigen Materialien versorgt wird bzw. von welchem die Kunden beliefert werden.

Die Errichtung eines zentralen Lagers hat im Vergleich mit dem dezentralen Lager folgende Vor- und Nachteile:

Vor- und Nachteile eines zentralen Lagers

Vorteile	Nachteile
• leichtere Feststellung des Gesamtbedarfs • niedrigere Kapitalbindung, da der gesamte Lagerbestand niedriger gehalten werden kann • leichtere Kontrolle bei der Materialannahme und -ausgabe • höhere Flächen- und Raumausnutzung • bessere Ausnutzung der vorhandenen Förderzeuge und Lagereinrichtungen • leichtere Planung des Personaleinsatzes • größere Einkäufe senken die Beschaffungskosten (weniger Bestellungen, höhere Mengenrabatte)	• längere Transportwege zur eigentlichen Produktionsstätte bzw. zum Kunden • höhere Transportkosten aufgrund der längeren Transportwege • längere Transportzeiten

Dezentrales Lager

Dezentrales Lager
local warehouse

Ist die Entfernung zwischen dem Lager und den einzelnen Produktionsstätten bzw. dem Lager und den Kunden sehr groß, kann es sinnvoll sein, mehrere dezentrale Lager zu errichten. Dadurch können die Transportwege verkürzt und damit auch die Transportkosten verringert werden.

Dezentrale Lager haben vor allem folgende Vor- und Nachteile:

Vor- und Nachteile eines dezentralen Lagers

Vorteile	Nachteile
• leichtere Abstimmung zwischen Lager und Produktion bzw. Verkauf • schnellerer Informationsfluss zwischen Produktion, Lager und Absatz • kürzere Transportwege • geringere Transportkosten • kürzere Transportzeiten	• höhere Gebäudekosten • höhere Kosten für Lagereinrichtungen • höhere Kosten für Warenvorräte • höherer Personalbedarf • höherer Verwaltungsaufwand

536672

Mischform

Viele Unternehmen haben sowohl ein zentrales als auch dezentrale Lager. Für welche Art der Lagerhaltung sich ein Unternehmen entscheidet, ist neben der Lieferanten- und Kundennähe auch abhängig von gesetzlichen Vorschriften, dem Wert sowie den besonderen Eigenschaften der einzulagernden Güter.

Muss ein Unternehmen **Gefahrstoffe** lagern, so werden diese meist in einem zentralen Lager gelagert, da hier beim Bau und der Gestaltung des Lagers viele Gesetze, Vorschriften und Regeln berücksichtigt werden müssen. Der Bau eines Gefahrstofflagers ist somit sehr teuer. Außerdem ist zur Lagerung speziell geschultes Personal erforderlich.

Tiefkühlware wird auch häufig zentral gelagert, da der Bau und die Unterhaltung eines Tiefkühllagers sehr kostenintensiv sind.

Muss ein Unternehmen sehr **wertvolle Ware**, z. B. Diamanten lagern, wird es dies auch nur in einem zentralen Lager machen, da es viel zu teuer und auch riskant wäre, diese Ware in mehreren dezentralen Lagern aufzubewahren.

2.4 Unterscheidung nach der Lagerbauweise

Entsprechend der Lagerbauweise, d. h. nach Witterungsschutz, Bauart und Bauhöhe, können verschiedene Lagerarten unterschieden werden:

Unterscheidung nach dem Witterungsschutz

Lagerarten unterschieden nach dem Witterungsschutz

↓ offenes Lager | ↓ halboffenes Lager | ↓ geschlossenes Lager

- Beim **offenen Lager (Freilager)** werden die Erzeugnisse unter **freiem Himmel** gelagert. Dabei ist der Lagerplatz aber in der Regel vor dem Zugriff durch unbefugte Personen geschützt, z. B. durch Einzäunung. Die Art der Aufbewahrung eignet sich nur für witterungsunempfindliche und wenig diebstahlgefährdete Güter wie Sand, Kies, Steinplatten oder auch Leergut.
- **Halboffene Lager** sind **überdachte Freilager** ohne seitlichen Schutz. Sie eignen sich z. B. für die Lagerung von Holz, Maschinen, Rohren oder Autos.
- **Geschlossene Lager** sind **Gebäude** oder **Hallen**. In ihnen werden witterungsempfindliche und diebstahlgefährdete Güter gelagert, z. B. Lebensmittel oder Textilien.

Geschlossene Lager		Erklärung	Abbildung
Unterscheidung nach Bauhöhe	**Flachlager** *flat/low storage*	Hierbei handelt es sich um eingeschossige Lager mit einer Bauhöhe von bis zu 7 m. Sie eignen sich sowohl für die Regallagerung als auch für die Bodenlagerung.	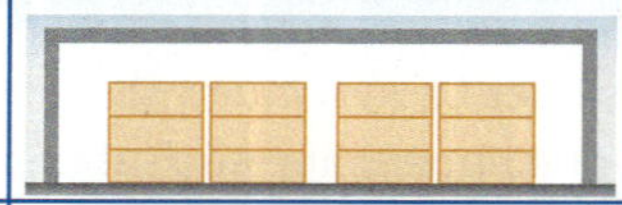
	Hochflachlager	Hierbei handelt es sich um eingeschossige Lager mit einer Bauhöhe zwischen 7 m und 12 m.	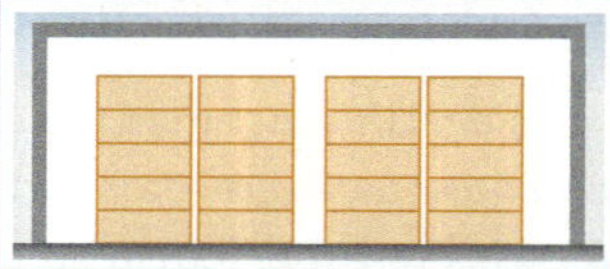
	Hochregallager *high-bay warehouse*	Diese Lager haben eine Bauhöhe von über 12 m bis zu maximal 45 m.	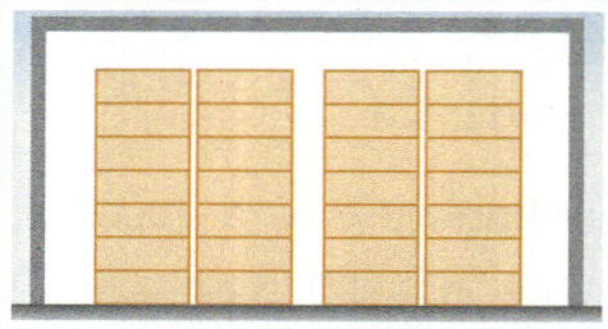
Unterscheidung nach Bauweise	**Etagenlager** *level storage/ floor storage/ (multistory) warehouse multistory*	Ein Etagenlager (mehrgeschossiges Lager) ist vom Prinzip her ein Flachlager, das durch eine oder mehrere **Zwischendecken** in Stockwerke unterteilt ist. Dadurch kann auf kleinen Grundstücken die **Lagerfläche** deutlich erhöht werden, allerdings ergeben sich dadurch auch erhöhte Anforderungen an die **Tragfähigkeit der Decken**. Die einzelnen Etagen werden durch Treppen und Aufzüge miteinander verbunden, wobei die Aufzüge oft einen **Engpass im Materialfluss** darstellen.	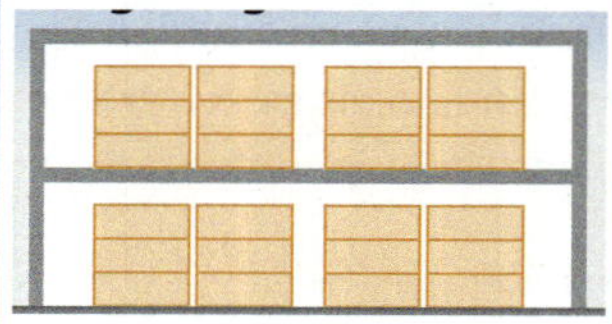
	Traglufthallenlager *air-supported warehouse*	Dieses Lager besteht aus einer **luftundurchlässigen Hallenhaut**, welche mithilfe von Gebläsen ballonartig aufgespannt wird. Die Zugänge erfolgen über **Luftschleusen**, damit der in dem Lager erzeugte Überdruck aufrechterhalten bleiben kann. Der große Vorteil eines Traglufthallenlagers ist, dass sich dieses schnell auf- und abbauen lässt. Nachteilig ist die relativ geringe Raumausnutzung aufgrund der gewölbten Decke.	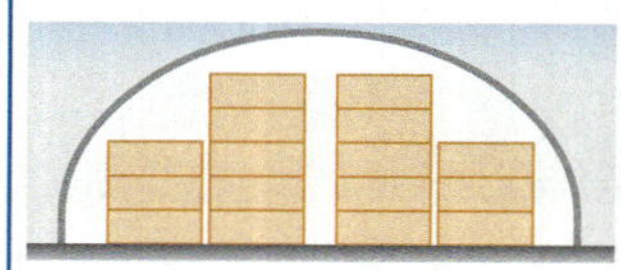
	Speziallager *special-commodity warehouse*	Für bestimmte Güter (Flüssigkeiten, Gase und einige Schüttgüter wie beispielsweise Getreide) sind Speziallager einzurichten. Diese Güter werden in **Tanks, Silos** oder **Bunkern** gelagert. Befüllt werden diese Lager am oberen Ende meist mithilfe von Förderbändern oder Pumpvorrichtungen. Die Entnahme erfolgt meist durch eine Auslassöffnung am Boden.	

Unterscheidung geschlossener Lager nach Bauweise und Bauhöhe

Traglufthalle

536674

2.5 Unterscheidung nach dem Lagereigentümer

Eigen- und Fremdlagerung

Eigenlager
internal warehouse/storage
Fremdlager
third-party warehouse/storage

Betreibt ein Unternehmen ein Lager, in dem die benötigten Materialien und Erzeugnisse gelagert werden, ist dies ein **Eigenlager**. Manchmal jedoch ist es notwendig oder zweckmäßig, die Güter einem anderen Unternehmen zur Lagerung zu überlassen (**Fremdlager**).

Gründe für Fremdlagerung

Eine Fremdlagerung bei einem gewerblichen Lagerhalter oder einer Spedition kann erfolgen ...
- als Spitzenausgleich bei schwankendem Bestand (z.B. Saisonware),
- als Zwischenlagerung während eines Gütertransportes (z.B. in Häfen, auf Bahnhöfen und Flughäfen),
- bei fehlenden Lagerkapazitäten, wenn das eigene Lager voll ist,
- bei fehlenden besonderen Einrichtungen (z.B. Kühllager, Gefahrstofflager),
- zur Nutzung des Know-How des Lagerhalters.

Lagerhalter
stockist/warehouse keeper/stockkeeper

Ein **Lagerhalter** ist gemäß HGB ein selbstständiger Kaufmann, der die **gewerbsmäßige Einlagerung und Aufbewahrung von Gütern** für ein anderes Unternehmen übernimmt. Oft übernehmen Spediteure die Lagerhaltung für andere Unternehmen.

Vertrag zwischen Einlagerer und Lagerhalter

Zwischen dem **Einlagerer** und dem **Lagerhalter** wird ein Vertrag geschlossen. Dieser Vertrag verpflichtet einerseits den Lagerhalter, das **Gut zu lagern und aufzubewahren**, andererseits verpflichtet er den Einlagerer zur **Zahlung der vereinbarten Vergütung**. Wird der Lagervertrag auf unbestimmte Zeit geschlossen, kann er von beiden Seiten mit einer Frist von vier Wochen gekündigt werden. Liegt ein wichtiger Grund vor, kann der Vertrag auch fristlos gekündigt werden.

Lagerhalter und Einlagerer haben bestimmte Rechte und Pflichten.

Rechte und Pflichten des Lagerhalters

Rechte des Lagerhalters	Pflichten des Lagerhalters
• Anspruch auf Vergütung • Pfandrecht bei Nichtzahlung des Lagergeldes • Recht, den Lagervertrag zu kündigen	• ordnungsgemäße Lagerung der Güter • Ausstellung eines Lagerscheins • Versicherungsschutz für die gelagerte Ware z.B. gegen Feuer oder Diebstahl (aber nur, wenn dies vom Einlagerer verlangt wird) • Haftung für Verlust und Beschädigung der Ware während der Lagerung • Aushändigung der Güter an den Empfangsberechtigten

Rechte und Pflichten des Einlagerers

Rechte des Einlagerers	Pflichten des Einlagerers
• Recht auf Herausgabe der Güter gegen Vorlage des Lagerscheins • Recht auf unverzügliche Information, falls eine Verschlechterung der gelagerten Ware abzusehen ist • Recht, während der Geschäftszeiten das gelagerte Gut zu besichtigen, Proben zu entnehmen und Handlungen zur Werterhaltung vorzunehmen • Ablehnung der Sammellagerung	• ordnungsgemäße Verpackung und Kennzeichnung der Güter • notwendige Urkunden und Begleitpapiere zur Verfügung stellen • Erteilung von Auskünften über die Natur der zu lagernden Güter (Gefahren beim Umgang, Verderblichkeit usw.) • Zahlung der vereinbarten Vergütung

Lagerarten

Die Lagerung der Güter bei einem Lagerhalter kann auf verschiedene Weise erfolgen:

- **Getrenntlagerung**: Ist im Lagervertrag nichts anderes vereinbart, werden die Güter der einzelnen Einlagerer durch räumliche Trennung voneinander gelagert. Eine Vermischung der Güter ist so ausgeschlossen.
- **Sammellagerung**: Mit Zustimmung der Einlagerer kann der Lagerhalter Güter gleicher Art und Güte auch zusammen lagern, z. B. Getreide. Bei dieser Lagerungsart wird der Einlagerer nach Bruchteilen zum Miteigentümer der gemeinsam gelagerten und vermischten Lagergüter. Der Lagerhalter darf jedem Einlagerer seinen Anteil ausliefern, ohne dass die anderen Einlagerer zustimmen müssen.
- **Mietlagerung**: Hierbei wird der Lagerraum vom Einlagerer angemietet. Der Einlagerer ist selbst für die Pflege und Erhaltung der Ware zuständig.

Lagerschein
warehouse receipt/ warehouse warrant

Beim Empfang der Güter stellt der Lagerhalter eine Empfangsquittung oder einen Lagerschein aus. Der Lagerschein hat mehrere Funktionen. Er dient zum einen als **Lagerempfangsquittung**, zum anderen als **Berechtigungsschein zur Abholung der Güter**. Da der Lagerschein somit das Recht auf Herausgabe der eingelagerten Güter verbrieft, ist er ein **Warenwertpapier**.

Arten der Lagerscheine

Arten der Lagerscheine		
Inhaberlagerschein	**Namenslagerschein**	**Orderlagerschein**
In einem Inhaberlagerschein verpflichtet sich der Lagerhalter, das Lagergut dem **Inhaber des Scheins** auszuliefern.	Die eingelagerte Ware wird nur der Person ausgehändigt, die auf dem **Lagerschein namentlich erwähnt** ist.	Das Papier trägt auf der Vorderseite den Vermerk „oder an Order". Durch einen Übertragungsvermerk auf der Rückseite kann das Papier an eine andere Person übertragen werden.

536676

Die Fremdlagerung bringt sowohl Vor- als auch Nachteile mit sich:

Vor und Nachteile der Fremdlagerung

Vorteile	Nachteile
• Einsparung von Investitionskosten für den Bau eines eigenen Lagers • Lagermiete ist nur während der Einlagerungszeit zu zahlen • Einsparung bei Personal-, Material- und Einrichtungskosten • keine Leerkosten bei schlechter Lagerauslastung • Minderung des Lagerrisikos (Diebstahl, Brand usw.), da dieses nun der Lagerhalter trägt • sach- und artgerechte Lagerung durch Fachleute • einfache Eigentumsübertragung mithilfe des Lagerscheins	• Abhängigkeit vom Lagerhalter bzw. vom Logistikdienstleister • Gefahr der Unzuverlässigkeit des Lagerhalters/Logistikdienstleisters • längere Informationswege • Zugriff auf die Ware nicht jederzeit möglich • Transportkosten zum Lagerhalter • eventuell Imageverlust, wenn kein eigenes Lager geführt wird

Kostenvergleich zwischen Eigen- und Fremdlagerung

Bei der Lagerhaltung entstehen Kosten, sowohl bei der Eigen- als auch bei der Fremdlagerung. Diese Kosten können in zwei Kategorien unterteilt werden: in fixe Kosten K_{fix} und variable Kosten K_{var}.

Fixe Kosten K_{fix}

- **Fixe Kosten** sind in einer bestimmten Zeitperiode konstant und unabhängig von der Lagermenge. Sie ändern sich nicht, auch wenn der durchschnittliche Lagerbestand erhöht oder gesenkt wird. Zu den fixen Kosten zählen z. B. Miete, Versicherungen, Abschreibungen und Gehälter.

Variable Kosten K_{var}

- **Variable Kosten** sind mengenabhängige Kosten. Erhöht sich der durchschnittliche Lagerbestand, dann erhöhen sich auch die variablen Kosten. Umgekehrt sinken die variablen Kosten, wenn sich der durchschnittliche Lagerbestand verringert. Zu den variablen Kosten zählen z. B. Energiekosten, Instandhaltungskosten, Teile der Personalkosten (Überstundenzuschläge) und Transportkosten.

Bei der Fremdlagerung entstehen lediglich variable Kosten. Diese sind jedoch höher als die variablen Kosten bei der Eigenlagerung.

Gesamtkosten K_{ges}

Fixe und variable Kosten zusammen ergeben die Gesamtkosten K_{ges}. Dieser Sachverhalt kann auch als **mathematische Kostenfunktion für die Lagerhaltung** dargestellt werden.

Kritische Lagermenge

Ziel des Kostenvergleichs ist es, die Menge zu ermitteln, bei der die Kosten der Eigenlagerung genauso hoch sind wie die Kosten der Fremdlagerung. Diese Menge bezeichnet man als **„kritische Lagermenge“**.

Beispiel: Ermittlung der kritischen Lagermenge

Die Speedbike GmbH & Co. KG will 400 Motorräder einlagern. Bei der Lagerung ergeben sich folgende Kosten:

Für die **Fremdlagerung**: Variable Lagerkosten = 40,00 € je Motorrad

Für die **Eigenlagerung**: Fixe Lagerkosten = 9000,00 €
Variable Lagerkosten = 25,00 € je Motorrad

Was ist günstiger, die Eigen- oder die Fremdlagerung?

a) Tabellarische Lösung

Anzahl Motorräder	Fremdlager	Eigenlager		
	K_{ges}	K_{fix}	K_{var}	K_{ges}
0	0,00 €	9000,00 €	+ 0,00 €	= 9000,00 €
200	8000,00 €	9000,00 €	+ 5000,00 €	= 14000,00 €
400	16000,00 €	9000,00 €	+ 10000,00 €	= 19000,00 €
600	**24000,00 €**	**9000,00 €**	**+ 15000,00 €**	**= 24000,00 €**
800	32000,00 €	9000,00 €	+ 20000,00 €	= 29000,00 €
1000	40000,00 €	9000,00 €	+ 25000,00 €	= 34000,00 €

b) Grafische Darstellung

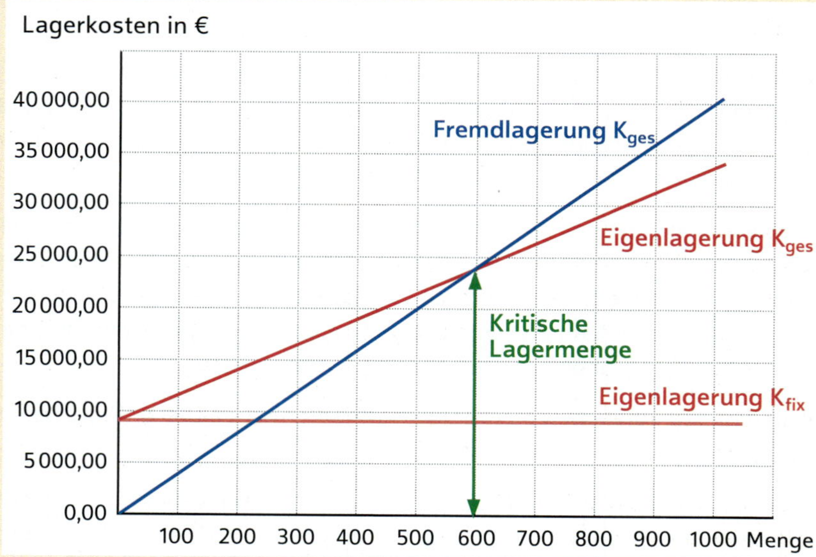

Kostenvergleich Eigenlagerung – Fremdlagerung

→

c) Rechnerische Lösung mittels der Kostenfunktion

Um die kritische Lagermenge zu ermitteln, setzt man die Gesamtkosten der Fremdlagerung mit den Gesamtkosten der Eigenlagerung gleich. Der berechnete Wert gibt die kritische Lagermenge an, bei der die Kosten der Fremdlagerung ebenso teuer sind wie die Kosten der Eigenlagerung.

Kosten der Fremdlagerung	=	Kosten der Eigenlagerung	
40,00 x	=	9000,00 + 25,00 x	| – 25,00 x
15,00 x	=	9000,00	| : 15,00
x	=	600,00	

Bei bis zu 600 Stück ist die Fremdlagerung billiger als die Eigenlagerung. Bei 600 Stück sind die Kosten von Fremd- und Eigenlagerung gleich hoch. Ab 600 Stück sind die Kosten für die Fremdlagerung teurer als die Kosten für die Eigenlagerung.

Antwort
Wenn 400 Motorräder gelagert werden sollen, ist die Fremdlagerung günstiger als die Eigenlagerung.

→ ***Liegt die geplante Lagermenge unterhalb der kritischen Lagermenge, ist die Fremdlagerung günstiger als die Eigenlagerung.***

→ ***Bei der kritischen Lagermenge sind Eigen- und Fremdlagerung gleich teuer.***

→ ***Liegt die geplante Lagermenge oberhalb der kritischen Lagermenge, ist die Eigenlagerung günstiger als die Fremdlagerung.***

[?!]

Kostenvergleich

Outsourcing

Eine erweiterte Form der Fremdlagerung ist das **Outsourcing**. Darunter versteht man die **Ausgliederung von Unternehmensleistungen**, die bisher innerhalb des Unternehmens erbracht wurden, an Fremdfirmen, sogenannte **„Logistikdienstleister"**.

Logistikdienstleister

Bei den Logistikdienstleistern handelt es sich meist um Speditionen. Diese bieten neben den traditionellen Lageraufgaben ihren Auftraggebern weiterführende Dienstleistungen an.

Typische Dienstleistungen sind z. B.:
- Kommissionierung
- Etikettierung und Verpackung
- Verteilung der Waren
- Durchgehende Sendungsverfolgung (**Tracking & Tracing**)
- Zollabwicklung
- Warenpflege
- Montageleistungen und Reparaturservice beim Endkunden
- Entsorgung der Güter

3 Organisation des Lagers und Einlagerung

Die Lagerorganisation, d.h. die Gestaltung der Arbeits- und Informationsprozesse, hat einen großen Einfluss auf die **Wirtschaftlichkeit der Lagerhaltung** (Minimierung der Lagerhaltungskosten, Verkürzung der Durchlaufzeiten und Transportwege usw.). Zur Lagerorganisation gehören beispielsweise die Einteilung des Lagers in Lagerzonen bzw. Lagerbereiche, die Festlegung der Wegstrategien, die Lagerplatznummernvergabe und die Vergabe von Teile- bzw. Materialnummern. Weitere wichtige Aspekte, die sowohl zur Organisation des Lagers als auch zur Einlagerung selbst gehören, sind die Einlagerungsgrundsätze und Einlagerungssysteme sowie die Dokumentation der Einlagerung.

3.1 Einteilung des Lagers in Lagerbereiche

Im Lager werden Güter angenommen, gelagert, kommissioniert, verpackt und an Kunden versandt. Diesem Durchlauf der Güter entsprechend lässt sich das Lager in die folgenden Funktionsbereiche einteilen:

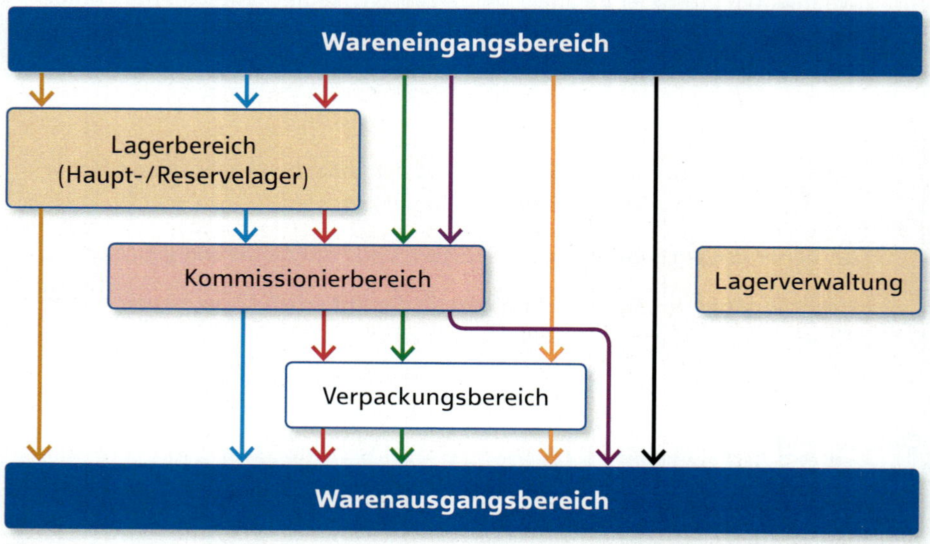

Funktionsbereiche des Lagers

Die Pfeile in der Abbildung stellen den **Warenfluss** dar. Es wird deutlich, dass nicht jede Ware alle Lagerbereiche durchlaufen muss. In Speditionen ist es z.B. häufig so, dass die ankommende Ware im Wareneingangsbereich angenommen wird und dann gleich zum Warenausgang transportiert und der entsprechenden Tour zugeordnet wird.

Erläuterung der einzelnen Funktionsbereiche:

Wareneingangsbereich

- Im **Wareneingangsbereich** erfolgen das Abladen der Ware, die Warenerfassung durch Scannen oder durch RFID, die Warenannahme, die Wareneingangskontrolle und die Vorbereitung der Ware für die Einlagerung.

Lagerbereich

- Der **Lagerbereich** (das Haupt-/Reservelager) dient z.B. der Zeitüberbrückung, der Sicherung der Lieferbereitschaft oder der Veredelung (s. Aufgaben der Lagerhaltung).

Kommisssionierbereich
Verpackungsbereich
Warenausgangsbereich
Lagerverwaltung

- Im **Kommissionierbereich** werden Kundenaufträge zusammengestellt.
- Im **Verpackungsbereich** wird der Auftrag zu einer beförderungssicheren Einheit verpackt und gegebenenfalls gekennzeichnet.
- Im **Warenausgangbereich** wird die Ware, meist schon nach Touren geordnet, zur Abholung bereitgestellt und auf die Transportmittel verladen.
- Die **Lagerverwaltung** steuert und koordiniert die Lager- und Bewegungsprozesse.

Anordnung von Wareneingangs- und Warenausgangsbereich

Für die Anordnung von Wareneingangs- und Warenausgangsbereich im Lagergebäude gibt es verschiedene Möglichkeiten. Die häufigsten Anordnungsformen sind in der folgenden Abbildung dargestellt:

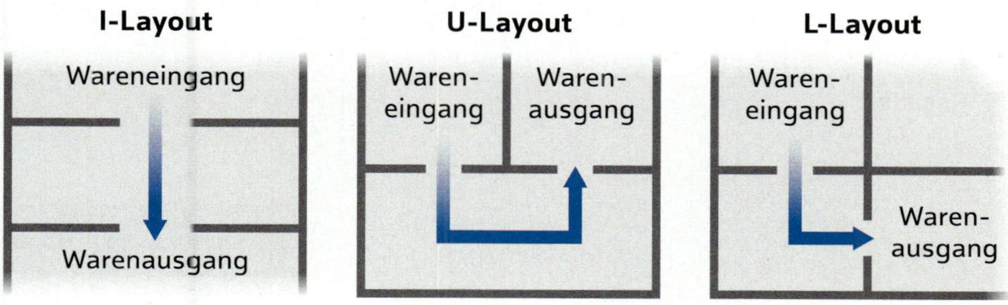

Möglichkeiten der Anordnung von Wareneingangs- und Warenausgangsbereich

Die Buchstaben „I“, „U“ und „L“ bilden mit ihrer Form den Warenfluss nach:
- Beim **I-Layout** durchläuft die Ware geradlinig das gesamte Lager vom Wareneingang bis zum Warenausgang. Häufig umgeschlagene Waren müssen die gleiche Wegstrecke zurücklegen wie selten umgeschlagene Waren.
- Beim **U- und L-Layout** können die Wegstrecken für häufig umgeschlagene Waren geringer gehalten werden, indem diese nahe am Warenein- und -ausgang gelagert werden. Dies erspart lange Transportwege und somit Zeit und Kosten.

3.2 Einteilung des Lagers in Lagerzonen

Lagerzonen
storage area/zone

Um das Lager übersichtlicher zu gestalten und den Warenfluss zu optimieren, kann der eigentliche Lagerbereich in **Lagerzonen** unterteilt werden. Die Aufteilung kann dabei nach unterschiedlichen Gesichtspunkten erfolgen:
- nach dem Gewicht und dem Volumen der Güter
- nach der Zugriffshäufigkeit der Güter
- nach dem Wert der Güter
- nach der Empfindlichkeit der Güter
- nach der Gefährlichkeit der Güter

So sollten in einem Kommissionierlager beispielsweise die schweren und großen Artikel am Beginn der Kommissionierstrecke und leichte und/oder kleine Artikel am Ende der Kommissionierstrecke gelagert werden, um dem Kommissionierer ein unnötiges Umpacken der Palette zu ersparen. Güter mit hohem Wert sollten nicht in einer unübersichtlichen Ecke gelagert werden, da sich dadurch das Diebstahlrisiko erhöht. Gefährliche Güter müssen teilweise in einem eigenen Gefahrstofflager gelagert werden.

3.3 Lagerplatznummernsystem

Lagerplatznummer (Location)
bin location/number

In großen Lagern und Lagern mit mehreren Zonen wird jedem Stellplatz eine Lagerplatznummer („**Location**") zugeordnet, sodass jede gelagerte Ware schnell auffindbar ist. In der Location festgelegt sind auf jeden Fall die **Regalzeile**, das **Regalfeld** („Steher") und die **Regalebene**. Außerdem kann in der Location noch das Regalfach festgelegt werden. Die Locationsvergabe kann **numerisch** (nur Zahlen) oder **alphanumerisch** (Buchstaben und Zahlen) erfolgen.

Locationsvergabe

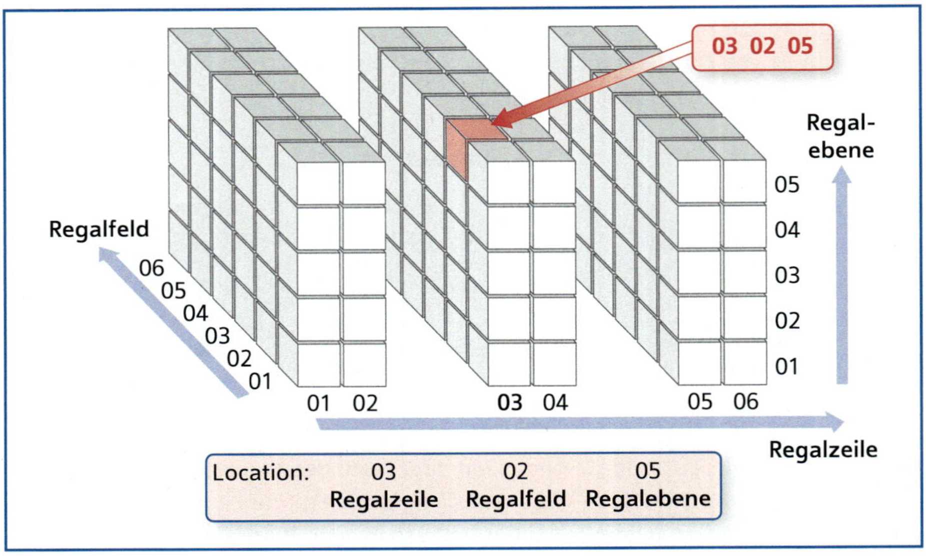

Es handelt sich im Beispiel **03 02 05** um eine numerische Location nach dem dekadischen Prinzip. **„Dekadisches Prinzip"** bedeutet, dass die einzelnen Nummern immer zweistellig sind (01 bis 99 möglich).

Würde man eine alphanumerische Location vergeben, könnte diese z. B. folgendermaßen lauten: **03 02 E**, wobei **03** für die 3. Regalzeile steht, **02** für das 2. Regalfeld und **E** für die 5. Regalebene.

Gibt es mehrere Lagerhallen, können diese auch mit Zahlen oder Buchstaben gekennzeichnet werden. Dies ist sinnvoll, damit z. B. der Kommissionierer weiß, in welcher Lagerhalle sich die zu kommissionierende Ware befindet. Gibt es beispielsweise zwei Lagerhallen und die zu kommissionierende Ware ist in Halle 1 gelagert, dann könnte die Location aus dem obigen Beispiel folgendermaßen erweitert werden:

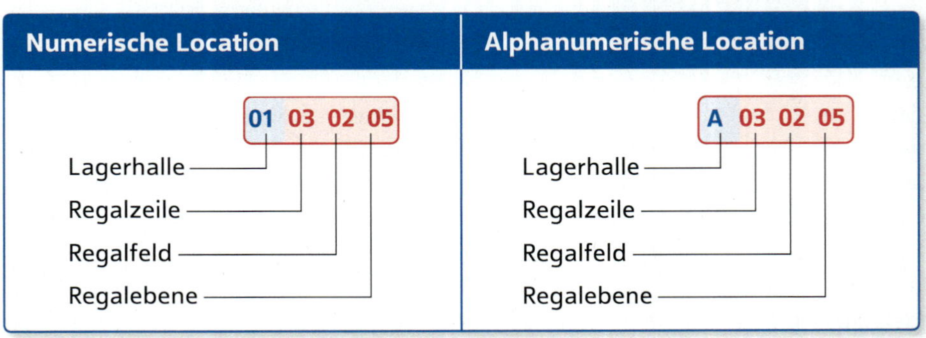

Es gibt zahlreiche Möglichkeiten der Locationsvergabe. Manche Unternehmen nummerieren beispielsweise nicht die Regalzeilen, sondern die Regalgänge. Die Vergabe der Nummern für die Regalfelder erfolgt dann häufig entsprechend der Gangseite, sodass sich auf der rechten Seite die geraden Zahlen befinden und auf der linken Seite die ungeraden Zahlen. Die Lagerplatzkoordinaten 01 03 10 02 bedeuten dann:

01 = Lagerhalle 1
03 = Regalgang Nr. 3
10 = Regalfeld 10 (= Lagerplatz auf der rechten Seite des Ganges)
02 = Regalebene 2

Alle Lagerplatzkoordinaten eines Lagers werden im Lagerverwaltungssystem verwaltet.

3.4 Wegstrategien

Zur Organisation des Lagers gehört die Festlegung der Wegstrategien, da diese z. B. Einfluss auf die Vergabe der Lagerplätze und somit auf die Einlagerung der Ware haben. Zwei Arten von Wegstrategien können unterschieden werden: **Rundgangstrategie** (Einbahnstraßensystem) und **Stichgangstrategie**.

Rundgangstrategie

Bei der **Rundgangstrategie** (auch „Schleifenstrategie" oder **„Einbahnstraßensystem"** genannt) darf jeder Gang nur in eine bestimmte Richtung befahren bzw. durchlaufen werden. Die Gänge werden dabei schleifenförmig komplett von Anfang bis Ende durchlaufen. Dabei können allerdings Gänge (mindestens 2), in denen sich keine einzulagernden oder zu kommissionierenden Artikel befinden, ausgelassen werden.

Diese Strategie eignet sich vor allem für Lagerzonen mit Artikeln, die eine **ähnliche Zugriffshäufigkeit** aufweisen. Vorteil dieser Strategie ist, dass es **keinen „Gegenverkehr"** gibt, also keine entgegenkommenden Flurförderzeuge, auf die zu achten ist. Nachteilig sind die relativ hohen Wegzeiten, da jeder Gang von Anfang bis Ende

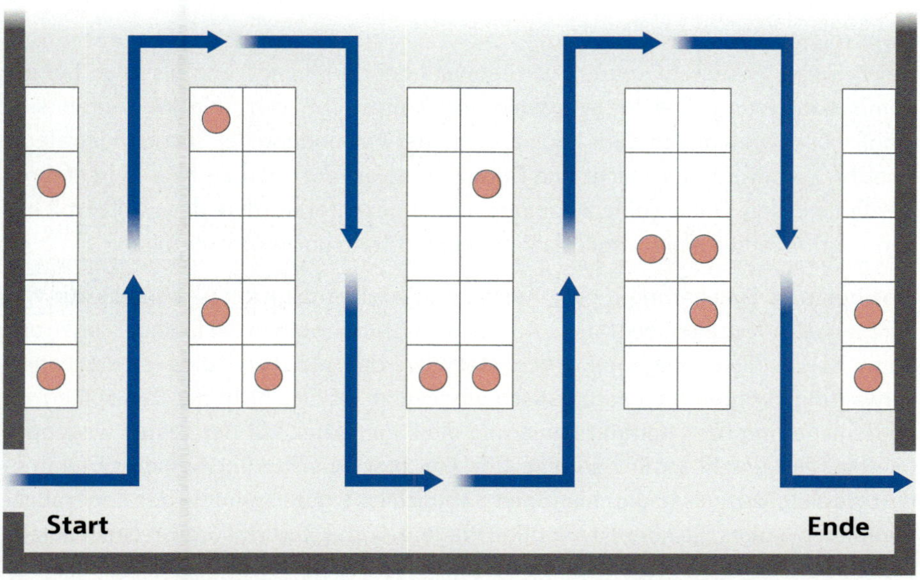

Rundgangstrategie (Einbahnstraßensystem)

durchlaufen bzw. durchfahren werden muss, auch wenn sich der benötigte Artikel bereits am Regalanfang befindet.

Stichgangstrategie

Bei der **Stichgangstrategie** durchläuft der Kommissionierer den Gang nur bis zum Lagerfach des letzten zu entnehmenden Artikels und darf dann den Gang auf demselben Weg wieder verlassen. Jeder Gang darf also **in jede beliebige Richtung** durchlaufen bzw. durchfahren werden.

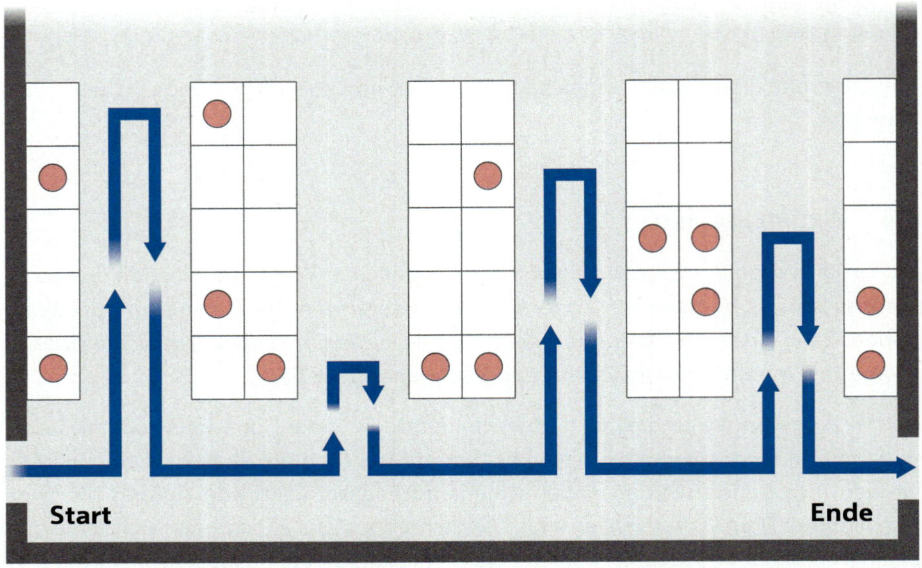

Stichgangstrategie

Ein großer Vorteil dieser Strategie ist die Verkürzung der Wegzeiten. Damit dies aber auch wirklich effektiv umgesetzt werden kann, sollten Artikel mit einer hohen Zugriffshäufigkeit (Bestseller, Schnelldreher) am Regalanfang gelagert werden. Nachteilig ist, dass die Gänge aufgrund des Gegenverkehrs breiter sein müssen. Dies kostet Lagerplatz.

Wegeoptimierung

Um Zeit und Kosten zu sparen, wird sowohl bei der Einlagerung als auch bei der Kommissionierung eine **Wegeoptimierung** angestrebt, d.h., die Wegzeiten sind möglichst kurz zu halten. Dies kann z.B. mit der Anwendung der Stichgangstrategie erreicht werden, da hier nicht alle Gänge komplett durchlaufen bzw. durchfahren werden müssen. Dabei sollte allerdings darauf geachtet werden, dass Güter mit hohen Zugriffszahlen einen Lagerplatz mit kurzen Transportwegen erhalten.

Einlagerungs- bzw. Auslagerungsreihenfolge

Eine optimale Einlagerungs- bzw. Auslagerungsreihenfolge kann ebenfalls zur Verkürzung der Wegzeiten beitragen. Aus diesem Grunde sollten die Einlagerungs- und Kommissionierlisten wegeoptimiert gestaltet werden. Meist wird dies von den Lagerverwaltungsprogrammen automatisch umgesetzt. Ist dies nicht der Fall, sollten vor der Einlagerung bzw. Kommissionierung die Lagerplätze auf den Listen wegeoptimiert sortiert und in der Reihenfolge ihrer Ein- bzw. Auslagerung neu durchnummeriert werden. Voraussetzung hierfür ist natürlich eine gute Kenntnis des Lagerplatznummernsystems. So können unnötige Wege, z.B. das Zurücklaufen in einen bereits durchlaufenen Gang, vermieden werden.

Doppelspiel

Eine Steigerung der Wege- und Leistungsoptimierung lässt sich in einem automatisierten Lager auch dadurch erzielen, dass das Fördermittel auf der Hinfahrt eine Einlagerung und auf der Rückfahrt gleichzeitig eine Auslagerung vornimmt. Unnötige Leerfahrten werden so vermieden. Man bezeichnet dies als „Doppelspiel".

3.5 Vergabe von Teile- bzw. Materialnummern

Durch die Vergabe von Teile- bzw. Materialnummern werden die Materialien in ein Ordnungssystem eingefügt. Die Nummerierung erfüllt vier Aufgaben:

- **Identifizieren:**
  Jedem Teil wird eine bestimmte **Nummer** zugeordnet. Diese darf nicht doppelt vergeben werden, da sonst eine eindeutige Zuordnung nicht mehr gegeben ist. Mit einer 5-stelligen Zahl können beispielsweise 99 999 Teile identifiziert werden.
- **Klassifizieren:**
  Einer Nummer wird ein bestimmtes **Merkmal** zugeordnet, z. B. im Schmuckhandel 01 = Ring, 02 = Armband, 03 = Kette.
- **Informieren:**
  Einer bestimmten Nummer werden **allgemein verständliche Angaben** zugewiesen, wie z. B. Art, Herkunft, Herstellungsdatum, Lieferant. So bedeutet die 40 am Anfang der GTIN-13 (Globale Artikelidentnummer) beispielsweise, dass die GTIN von einem Hersteller oder Importeur aus Deutschland beantragt wurde.

4 012345 987652

GTIN-13

ISBN 978-3-14-022576-2

9 783140 225762

ISBN-13-Code

- **Kontrollieren:**
  Verwendet werden hier **selbstprüfende Nummernkombinationen**, die die fehlerhafte Eingabe und Verarbeitung von Materialnummern in der EDV fast vollständig ausschließen. Hierzu wird aus jeder Artikel- oder Materialgrundnummer eine **Prüfziffer** berechnet, die als letzte Stelle an die Grundnummer angehängt wird. Wird nun die erweiterte Grundnummer in die EDV eingegeben, erfolgt bei der Eingabe gleichzeitig eine erneute Berechnung und Kontrolle auf Übereinstimmung der Prüfziffer. Stimmen die Prüfziffern nicht überein, erfolgt eine Fehlermeldung.

Verfahren zur Berechnung der Prüfziffer

Es gibt verschiedene Verfahren zur Berechnung der Prüfziffer, darunter das **Modulo-11-Verfahren** und das **Modulo-10-Verfahren**.

Modulo-11-Verfahren

Modulo-11-Verfahren

Berechnet werden soll die Prüfziffer zur Artikelgrundnummer 3412.

	Grundzahl	3	4	1	2	?
1	Gewichtungsfaktor vergeben	5	4	3	2	
2	Produkt aus Grundzahlziffer und Gewichtungsfaktor	3 · 5 = 15	4 · 4 = 16	1 · 3 = 3	2 · 2 = 4	
3	Summe der ermittelten Zahlen aus **2**	15 + 16 + 3 + 4 = 38				
4	Division des Ergebnisses aus **3** durch 11	38 : 11 = 3 Rest 5				
5	Differenz von 11 und der Restzahl aus **4**	11 – 5 = 6 Prüfziffer = 6				6
6	Artikelnummer inkl. Prüfziffer	3	4	1	2	6

Erklärungen:

1 Jeder Ziffer der Grundzahl ist ein Gewichtungsfaktor zugeordnet gemäß der Stelle, an der die Ziffer steht. Dabei zählt man von **rechts nach links** und zählt die (noch unbekannte) Prüfziffer als Nummer 1 mit.
2 Man multipliziert jede einzelne Ziffer aus der Grundzahl mit ihrem Gewichtungsfaktor.
3 Die in **2** ermittelten Werte werden miteinander addiert.
4 Das Ergebnis aus **3** wird durch 11 dividiert, als Rest erhält man eine Zahl zwischen 0 und 10.
5 Der Rest, der sich bei der Division in **4** ergab, wird von 11 abgezogen; das Ergebnis ist die gesuchte Prüfziffer. Erhält man als Ergebnis eine 10, so ist diese als „X“ darzustellen, da zweistellige Zahlen als Prüfziffer ausgeschlossen sind.
6 Die bereits bekannte Artikelnummer wird mit der Prüfziffer versehen.

Das Modulo-11-Verfahren funktioniert nur für Zahlen mit maximal 9 Stellen (einschließlich Prüfziffer).

Modulo-10-Verfahren

Modulo-10-Verfahren

Soll die Prüfziffer für einen Code von mehr als 10 Ziffern berechnet werden (z. B. GTIN-13 oder NVE, Nummer der Versandeinheit), wird das Modulo-10-Verfahren verwendet. Beim Modulo-10-Verfahren spielt die Anzahl der Stellen keine Rolle.

Berechnet werden soll die Prüfziffer zur GTIN 40 01057 90611.

	Grundzahl	4	0	0	1	0	5	7	9	0	6	1	1	?
1	Gewichtungsfaktor vergeben	1	3	1	3	1	3	1	3	1	3	1	3	
2	Produkt aus Grundzahlziffer und Gewichtungsfaktor	4 · 1 = 4	0 · 3 = 0	0 · 1 = 0	1 · 3 = 3	0 · 1 = 0	5 · 3 = 15	7 · 1 = 7	9 · 3 = 27	0 · 1 = 0	6 · 3 = 18	1 · 1 = 1	1 · 3 = 3	
3	Summe der Zahlen aus 2	4 + 0 + 0 + 3 + 0 + 15 + 7 + 27 + 0 + 18 + 1 + 3= 78												
4	Division des Ergebnisses aus 3 durch 10	78 : 10 = 7 Rest 8												
5	Differenz von 10 und der Restzahl aus 4	10 – 8 = 2 Prüfziffer = 2												2
6	Artikelnummer inkl. Prüfziffer	4	0	0	1	0	5	7	9	0	6	1	1	2

Die GTIN-13 lautet: 40 01057 90611 2

Erläuterungen zu den einzelnen Schritten:

1 Die Grundzahl ohne Prüfziffer wird von rechts nach links wechselweise mit den Ziffern 3, 1, 3, 1, 3 usw. gewichtet.
2 Jede einzelne Ziffer aus der Grundzahl wird mit ihrem Gewichtungsfaktor multipliziert.
3 Die einzelnen Produkte (Ergebnisse) werden addiert (hier: Summe = 78).
4 Die Summe wird durch 10 dividiert (Ergebnis = 7 Rest 8).
5 Der Restwert wird von 10 abgezogen und es ergibt sich die Prüfziffer (hier: Prüfziffer = 2).
6 Die Prüfziffer wird an die Grundzahl angehängt; die GTIN-13 einschließlich Prüfziffer lautet: 4001057906112

Einlagerungssysteme
ways of storage/ space allocation

3.6 Einlagerungssysteme

Es wird zwischen dem **Festplatzsystem** und dem **Freiplatzsystem** unterschieden:

Festplatzsystem

Festplatzsystem
fixed-bin principle/fixed storage space allocation

Beim **Festplatzsystem**, auch **„starre Einlagerung"** genannt, wird jedem Artikel ein eigener, fester Lagerplatz zugeordnet, der nur mit diesem Artikel besetzt werden darf. Die Einlagerung kann dabei nach aufsteigender Artikelnummer oder nach der Gängigkeit (Zugriffszahlen) der Ware organisiert sein.

- Eine Einlagerung nach aufsteigender Artikelnummer ist nur dann sinnvoll, wenn der Artikel nur geringe Bedarfsschwankungen aufweist.
- Bei der Vergabe des Lagerplatzes nach der Gängigkeit wird dem jeweiligen Artikel ein wegeoptimierter Lagerplatz zugewiesen, d. h., Artikel mit hoher Umschlagshäufigkeit werden vorne im Lager gelagert und Artikel mit niedriger Umschlagshäufigkeit weiter hinten im Lager. Probleme können entstehen, wenn sich die Umschlagshäufigkeit ändert, z. B. bei Saison- oder Auslaufartikeln.

Vor- und Nachteile eines Festplatzsystems

Vorteile	Nachteile
• Mitarbeiter kennen die Einlagerungsplätze der einzelnen Artikel • kein rechnergestütztes Lagerverwaltungssystem erforderlich • Verkürzung der Wegzeiten durch Einlagerung der Artikel nach der Gängigkeit	• Lagerplatz ist nach der maximalen Artikelmenge auszulegen • geringe Ausnutzung des Lagerfachvolumens bei geringem Lagerbestand • hoher Änderungsaufwand bei Neubelegung von Lagerfächern • Leerplätze bei Wegfall von Artikeln • bei großem Sortiment ist das Anlegen einer Lagerdatei erforderlich

Freiplatzsystem

Freiplatzsystem
random storage space allocation/chaotic storage

Beim **Freiplatzsystem**, auch **„chaotische"**, **„freie"** oder **„flexible Lagerung"** genannt, werden die Artikel dort eingelagert, wo gerade ein freier Lagerplatz vorhanden ist. Bei einer großen Zahl von Lagerplätzen ist jedoch ein EDV-gestütztes Lagerverwaltungssystem erforderlich, um ein schnelles Auffinden und Auslagern der Artikel zu ermöglichen bzw. zu gewährleisten.

Vor- und Nachteile eines Freiplatzsystems

Vorteile	Nachteile
• bessere Ausnutzung der vorhandenen Lagerfläche • Sortiments- und Mengenänderungen sind problemlos möglich • Mitarbeiter müssen sich keine Lagerplätze merken, da die EDV den Lagerplatz verwaltet	• EDV-gestütztes Lagerverwaltungssystem erforderlich • Auffinden der Lagerplätze fast nur mithilfe der EDV möglich • Gefahr des völligen Stillstands bei Ausfall der EDV-Anlage • hoher Aufwand für Organisation und EDV

536688

Querverteilung der Artikel

Beim Freiplatzsystem ist es möglich, in einem automatisierten Lager gleiche Artikel auf verschiedenen Lagerplätzen zu lagern, sogenannte „Querverteilung der Artikel". Dies erhöht die Zugriffssicherheit beim Ausfall eines Regalförderzeuges. Voraussetzung hierfür ist ein EDV-gesteuertes Lagersystem sowie die organisatorische Trennung der Gänge (je Gang ein Regalförderzeug).

Kombination von Festplatzsystem und Freiplatzsystem

Häufig werden Festplatzsystem und Freiplatzsystem auch miteinander kombiniert: beispielsweise werden Kommissionierplätze nach dem Festplatzsystem angelegt, Reserveplätze jedoch nach dem Freiplatzsystem.

Einschränkung bei der Lagerplatzvergabe

Nicht bei jedem Lagergut kann die Vergabe des Lagerplatzes ohne Weiteres nach dem Festplatz- oder Freiplatzsystem erfolgen. Häufig sind zusätzlich auch technische oder sicherheitsrelevante Gesichtspunkte zu berücksichtigen. So müssen Güter, die zu kühlen sind, beispielsweise in einem Kühllager oder Tiefkühllager gelagert werden. Diebstahlgefährdete Güter, also Güter mit einem hohen materiellen Wert, sollten nicht in der hintersten Ecke eines Lagers gelagert werden. Sperrige Güter, deren Abmessungen größer als die einer Europalette sind, müssen z. B. in einem Sperrigwarenlager gelagert werden. Für die Lagerung von Gefahrstoffen gelten besondere Sicherheitsvorschriften, wonach diese meist in einem eigenen Gefahrstofflager zu lagern sind. Außerdem sind hier Zusammenlagerungsverbote zu beachten.

3.7 Einlagerungsgrundsätze

Bei der Einlagerung von Waren können verschiedene Einlagerungsgrundsätze unterschieden werden: das FIFO-, das LIFO-, das FEFO- und das HIFO-Verfahren.

FIFO-Verfahren

FIFO
first in, first out

Das **FIFO**-Verfahren (Abkürzung für **„first in – first out"**) besagt, dass der **zuerst eingelagerte Artikel auch als Erstes wieder ausgelagert wird**. Dies bedeutet für die Einlagerung, dass neue Artikel hinter den alten zu lagern sind. Automatisch umgesetzt wird dieses Verfahren z. B. bei der Lagerung in Durchlaufregalen. Die Anwendung des FIFO-Verfahrens ist insbesondere bei der Lagerung von verderblichen oder veraltenden Lagergütern von großer Bedeutung.

LIFO-Verfahren

LIFO
last in, first out

Das **LIFO**-Verfahren (Abkürzung für **„last in – first out"**) besagt, dass der **zuletzt eingelagerte Artikel als Erstes wieder ausgelagert wird**. Es wird vorzugsweise bei Schüttgütern (Sand, Kies) angewendet. Zwangsläufig wird es aber auch bei der Blocklagerung oder der Verwendung von Einschub- und Einfahrregalen angewendet.

FEFO-Verfahren

FEFO
first expired, first out

Das **FEFO**-Verfahren (Abkürzung für **„first expired – first out"**) besagt, dass die **Artikel mit dem frühesten Verfalldatum (nicht MHD) zuerst ausgelagert werden**. Es wird vor allem bei Medikamenten und Sterilgütern angewendet.

HIFO-Verfahren

HIFO
highest in, first out

Das **HIFO**-Verfahren (Abkürzung für **„highest in – first out"**) ist nur für die **Buchhaltung** von Bedeutung, nicht aber für die Lagerhaltung. Haben gleichartige Artikel unterschiedliche Anschaffungspreise, dann wird rechnerisch so getan, als ob **die am teuersten erworbenen Artikel zuerst verbraucht werden**. Buchhalterisch möchte man dadurch den Wert der gelagerten Ware möglichst gering halten, um so z. B. geringere Versicherungsprämien für die Lagergüter zu zahlen oder auch eine geringere Kapitalbindung zu haben.

3.8 Arbeiten vor der Einlagerung

Viele angelieferte Güter werden vor der Einlagerung erst noch bearbeitet: Sie werden **vorverpackt, komplettiert** oder mit Preisen **ausgezeichnet**.

Vorverpackung
prepackaging

Vorverpackung

Die meisten Waren werden nicht lose eingelagert, sondern vorher in vorgezählten Mengen in Packmittel vorverpackt. Sollen beispielsweise Bälle eingelagert werden, ist dies ohne Vorverpackung kaum möglich. Erst wenn sie z. B. in Kartons oder Gitterboxpaletten vorverpackt sind, können sie in einem Regal eingelagert werden und sind so auch stapelbar. Die gängigsten Packmittel für die Vorverpackung sind Paletten, Behälter, Kisten, Kartons, Schachteln, Beutel, Netze und Säcke.

Die Vorverpackung hat folgende Vorteile:
- Schutz der Ware während der Lagerung
- Verbesserung der Stapelbarkeit
- Platzersparnis
- schnelle Entnahme bei der Kommissionierung durch vorgezählte Mengen
- leichte Bestandsaufnahme
- Möglichkeit des Einsatzes von Fördermitteln
- gleichzeitige Nutzung der Vorverpackung als Versandverpackung
- erhöhter Diebstahlschutz durch die Vorverpackung

Komplettierung
completion

Komplettierung

Viele Artikel werden dem Kunden als **Set** oder **Kombinationspackung** verkauft. Das Zusammenstellen dieser Sets/Kombinationspackungen bezeichnet man als **„Komplettierung"**.

Benötigt der Kunde beispielsweise ein Erste-Hilfe-Set, möchte er nicht einen Karton Verbandsscheren, einen Karton Mullbinden, einen Karton Pflaster usw. kaufen, um sich daraus ein Erste-Hilfe-Set zusammenzustellen, da er diese Mengen nicht benötigt. Er möchte eine bedarfsgerechte Kombinationspackung.

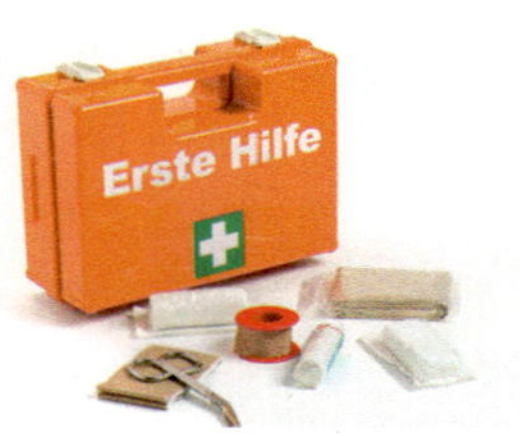

Bedarfsgerechte Kombinationspackungen: Erste-Hilfe-Set, Federmappe

Die Komplettierung sollte bereits vor der Einlagerung erfolgen, um eine schnelle Bedienung des Kunden, der Werkstatt oder der Produktion zu ermöglichen.

Preisauszeichnung

Preisauszeichnung
price labeling/pricing

Soll Ware eingelagert werden, die für den Verkauf im **Einzelhandel** bestimmt ist, wird sie oft vor der Einlagerung nach der gesetzlich vorgeschriebenen **Preisangabenverordnung** mit ihrem Endpreis (einschließlich Umsatzsteuer) ausgezeichnet. Bei Lebensmitteln ist neben dem Endpreis auch der Preis pro Verkaufseinheit (Preis pro kg oder pro 100 g) anzugeben.

Preisetikett

Für die gesetzlich vorgeschriebene Preisauszeichnung gibt es verschiedene Möglichkeiten:
- an der Ware selbst durch Preisschilder
- an den Regalen oder Behältern, in denen sich die Ware befindet (häufig in Lebensmitteldiscountern)
- auf Preistabellen, die im Verkaufsraum deutlich sichtbar angebracht werden (z. B. in Videotheken)

Erfolgt die Preisauszeichnung an der Ware selbst, gibt es auch hierfür verschiedene Möglichkeiten:
- Klebeetiketten
- Hängeetiketten
- Anstecketiketten (Befestigung z. B. mit Sicherheitsnadeln)

Möglichkeiten der Preisauszeichnung an der Ware: Klebeetikett und Hängeetikett

Auf den Preisschildern befinden sich außer dem Preis häufig noch die Artikelnummer und der Artikelname. Teilweise werden auch der Einkaufspreis, das Lieferdatum und der Lieferant in Form eines Codes auf den Preisschildern festgehalten. Für die Verschlüsselung eignet sich vor allem der **GTIN-Code**, den man auf den Verpackungen der meisten Konsumgüter findet. In einer Datenbank können zu jeder GTIN die oben genannten Informationen hinterlegt werden.

3.9 Dokumentation der Einlagerung

Jede Einlagerung und Auslagerung ist zu dokumentieren. Hierfür gilt der Grundsatz **„Keine Einlagerung oder Auslagerung ohne Beleg“**. Belege für die Einlagerung können der **Lieferschein** oder der eigens erstellte **Wareneingangsschein** sein.

Lagerfachkarte und Lagerkarte

Eine Methode zur Erfassung der Warenein- und -ausgänge ist das Führen von Lagerfachkarten und Lagerkarten.

Lagerfachkarten

Lagerfachkarten werden für jeden Artikel geführt und direkt an den Lagerfächern angebracht. Sie enthalten meist folgende Informationen:

- Artikelbezeichnung
- Artikelnummer
- Lagerort
- Meldebestand
- Zugänge und Abgänge
- Tatsächlicher Bestand

LAGERFACHKARTE					
Artikelbezeichnung *Schaukelpferd*				Artikelnummer *161.104*	
Meldebestand *150*		Mengeneinheit *Stück*		Location *07 03 02*	
Datum	Zugang	Abgang	Bestand	Nachbestellung	Bearbeiter
02.01.			*96*		
05.01.	*140*		*236*		*Meyer*
27.01.		*28*	*208*		*Schmidt*
17.02.		*16*	*192*		*Schmidt*

Lagerfachkarte

In die Lagerfachkarte werden alle Zu- und Abgänge mit Datum und Unterschrift eingetragen. Geführt werden sie von den einzelnen Mitarbeitern im Lager. Aus den Lagerfachkarten lässt sich der jeweilige Lagerbestand schnell ermitteln, sodass notwendige Nachbestellungen sofort erkennbar sind.

Lagerkarten

Bei einer **manuell geführten Lagerverwaltung** werden neben den Lagerfachkarten noch **Lagerkarten** für jeden Artikel geführt. Neben den Angaben aus der Lagerfachkarte können auf der Lagerkarte noch folgende zusätzliche Angaben enthalten sein:

- technische Spezifikation des Artikels (z. B. Größe, Farbe)
- Lieferant
- Lieferzeit
- Bezugspreis
- Mindest- und Höchstbestand
- vorgegebene feste Bestellmengen

In die Lagerkarte, die z. B. in einer Lagerkartei im Lagerbüro aufbewahrt wird, werden ebenfalls alle Bestandsänderungen eingetragen. Außerdem werden hier noch die Bestellungen vermerkt.

Lieferant: Holzwurm KG, 34134 Kassel
Artikel: Schaukelpferd, Art.-Nr. 161.104
L.-Nr.: 1619 Lieferzeit: 7 Tage Preis/€: 18,50
Lagerort: 07 03 02 Mind.-Best.: 80 Höchstbest.: 250

Jahr	Jan.	Feb.	März	April	Mai	Juni	Juli	Aug.	Sept.	Okt.	Nov.	Dez.	Best.-M.	Signalzahl
20..													10	150

Bestellung			Lagerbewegungen				Lagerbestand
Tag	L.-Nr.	Menge	Tag	Beleg	Zugang	Abgang	
02.01	Inventur						96
			05.01	LS 33	140		236
			27.01	KB 089		28	208
			17.02	KB 111		16	192

Lagerkarte

EDV-gestütztes Warenwirtschaftssystem im Lager

Die **manuelle Lagerverwaltung** (das Führen von Lagerkarten und Lagerfachkarten) lässt sich nur noch in **Betrieben mit einem kleinen und überschaubaren Lager** durchführen. In den meisten Unternehmen werden für die Lagerverwaltung Softwarelösungen eingesetzt – entweder als Einzellösungen oder als Modul von einem Warenwirtschaftssystem.

In einem **EDV-gestützten Warenwirtschaftssystem** wird der gesamte Warenfluss – vom Wareneingang bis zum Warenausgang – von einer EDV-Anlage erfasst, gesteuert und kontrolliert. Das Lager stellt die **Schnittstelle** zu mehreren Bereichen im Unternehmen dar, nämlich zur Disposition (Planung), zum Einkauf, zum Verkauf und zur Finanzbuchhaltung. Stets aktuelle und aufbereitete Informationen zum Lager, die durch die EDV zur Verfügung gestellt werden, sind somit von großer Bedeutung für einen ungestörten Betriebsablauf.

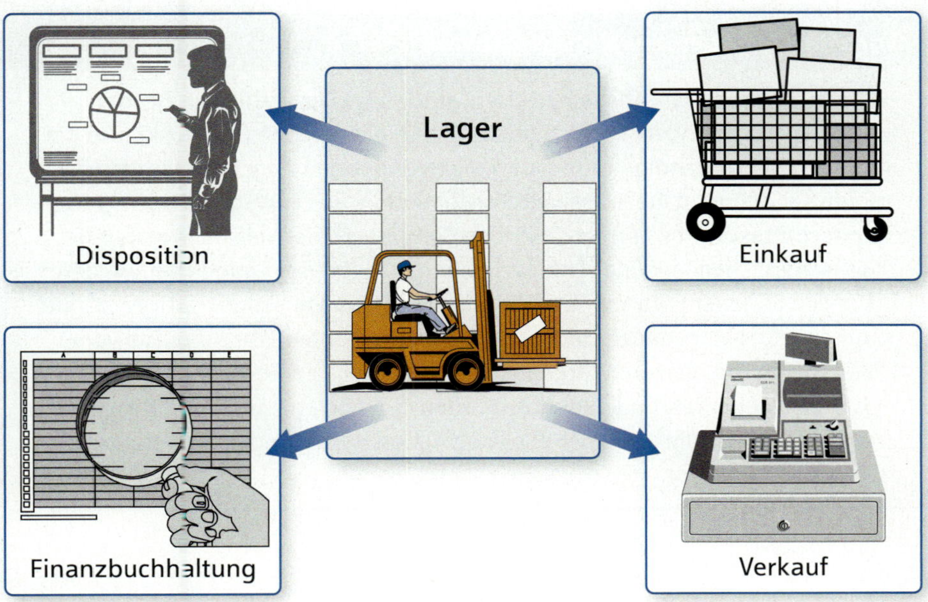

Lager als Schnittstelle zur Disposition, zum Einkauf, zum Verkauf und zur Finanzbuchhaltung

Die Aufgabe eines **EDV-gestützten Lagerverwaltungssystems** besteht darin, die Bestände artikelgenau zu erfassen und zu verwalten. Die erfassten Daten lassen sich in Stammdaten und Bewegungsdaten unterteilen. Stammdaten ändern sich selten und werden in der Regel von verschiedenen DV-Anwendungen oder Unternehmensbereichen genutzt. Wichtige Artikelstammdaten im EDV-Lagerverwaltungssystem sind z. B. Artikelnummer, Artikelbezeichnung inklusive technischer Daten wie Größe oder Farbe, Lieferanten, Hersteller, Verpackungseinheit, Mengeneinheit, Verkaufspreis und Lagerplatz. Bewegungsdaten wie Zugänge und Abgänge oder der aktuelle Lagerbestand ändern sich häufig.

Funktionen von Lagerverwaltungssystemen

Eine wichtige Aufgabe des EDV-gestützten Lagerverwaltungssystems ist die Steuerung der Lagerfunktionen vom Wareneingang über die Bestandsführung und Inventur bis zur Kommissionierung, dem Transport der Waren und dem Warenausgang. Dabei übernimmt das Lagerverwaltungssystem z. B. folgende Funktionen:

- Vergabe der Wareneingangsnummer
- Wareneingangserfassung und Abgleich mit Bestellung
- GTIN-Codierung
- Etikettendruck
- Lagerplatzzuordnung und -verwaltung
- Bestandsfortschreibung
- Bestandsüberwachung und Bestellauslösung
- Ermittlung sogenannter **„Renner“** (**„Schnelldreher“**) und **„Penner“** (**„Lagerhüter“**)
- Wegeoptimierung
- Auftragsbearbeitung
- Kommissionierplanung
- Steuerung des Fördermitteleinsatzes
- Erstellung von Inventurlisten
- Fuhrparksteuerung
- Lieferung von Daten für Statistiken und Wirtschaftlichkeitsanalysen (z. B. Renner- und Pennerlisten)

Vorteile von Lagerverwaltungssoftware im Vergleich zu manueller Lagerverwaltung

Vorteile von Lagerverwaltungssoftware

- Daten, die den Warenfluss betreffen, sind schneller verfügbar. Bei der manuellen Lagerverwaltung müssen alle Informationen und Auskünfte bei den jeweils zuständigen Abteilungen und Personen abgefragt werden. Dies kann sehr lange dauern. Bei der Verwendung eines EDV-gestützten Warenwirtschaftssystems können über den Computer eine Vielzahl von warenwirtschaftlichen Informationen schnell und zuverlässig abgefragt werden.
- Die gewonnenen Informationen sind genauer und aussagekräftiger, da sie auf einer artikelgenauen Beobachtung des gesamten Warenflusses vom Wareneingang bis zum Warenausgang beruhen.
- Ständig wiederkehrende Routinearbeiten (z. B. Belegerstellung und -ablage) entfallen. Dies führt zu einer enormen Zeitersparnis und einer Verminderung der Papierflut.

4 Lagertechnik

Lagerung im privaten Bereich

Seit Beginn der Menschheitsgeschichte wird gelagert: Schon in der Steinzeit mussten die Menschen nach Möglichkeiten suchen, wie sie gesammelte Pflanzen und erjagtes Fleisch sicher und dauerhaft lagern können. Dabei erfolgt die Lagerung von Gütern auf unterschiedliche Weise, abhängig z. B. von der Form und Menge des Lagergutes, der Umschlagshäufigkeit, der Haltbarkeit, des Wertes und der Witterungsempfindlichkeit der eingelagerten Güter. Hieraus ergeben sich für die Lagerung von Gütern unterschiedliche Lösungsmöglichkeiten.

Auch im privaten Bereich wird eine Vielzahl von Gütern auf unterschiedlichste Weise gelagert: So wird Kleidung beispielsweise meist in einem Kleiderschrank gelagert; dies ist eine Form der Regallagerung. Manche Menschen lagern ihre Kleidungsstücke allerdings auch in Form der Bodenlagerung. Für manche Güter werden spezielle Lagereinrichtungen benötigt, z. B. für Tiefkühlkost eine Tiefkühltruhe.

Auswahl des Lagersystems

Zur betrieblichen Lagerung stehen die unterschiedlichsten Lagereinrichtungen und -techniken zur Verfügung. Welches Lagersystem zum Einsatz kommt, ist **abhängig von den Gütern: Schüttgut** wie z. B. Kies, Sand oder Getreide kann je nach Art und Menge auf dem Boden, d. h. auf Halde, oder in speziellen Behältern (z. B. Silos oder Bunker) gelagert werden. Für die Lagerung von **Stückgut** kommen in der Praxis die Bodenlagerung und die Regallagerung zum Einsatz.

Bei der Auswahl des Lagersystems spielen auch **Kostengesichtspunkte** eine große Rolle. Hierbei geht es beispielsweise um eine maximale Ausnutzung der zur Verfügung stehenden Lagerfläche oder um möglichst geringe Investitionskosten für die Lagereinrichtung sowie um einfache und kostengünstige Ein- und Auslagervorgänge.

Die Lagersysteme lassen sich in verschiedene Kategorien einteilen:

Freilager oder Gebäudelager
open-air storage/warehouse

Es kann unterschieden werden zwischen **Freilager** und **Gebäudelager**. Im Freilager können nur witterungsunempfindliche Güter wie z. B. Container, Leergut, Kies, Sand, Steine und Kabeltrommeln gelagert werden. Die meisten Stückgüter werden allerdings in Gebäuden gelagert, da sie witterungsempfindlich sind. Daher werden im Folgenden auch nur die Lagerungsmöglichkeiten in Gebäuden näher beschrieben.

Statisches oder dynamisches Lagersystem

Zum Zweiten kann zwischen **statischen** und **dynamischen Lagersystemen** unterschieden werden. Bei statischen Lagersystemen verbleiben die Packstücke von der Einlagerung bis zur Auslagerung an ein und derselben Stelle (z. B. Palettenregal). Bei der dynamischen Lagerung ändert das Packstück während der Lagerung den Lagerort, d. h., es bewegt sich im Regal (z. B. Durchlaufregal) oder das Regal bewegt sich mit der darin gelagerten Ware (z. B. Verschieberegal).

Statische Lagerung	Fachbodenregale, Palettenregale, Einfahr- und Durchfahrregale, Kragarmregale, Waben- bzw. Kassettenregale, Liftregale, Turmregale, Kanal- bzw. Tunnelregale, automatische Behälterregale, Hochregale
Dynamische Lagerung	Einschubregale, Durchlaufregale, Verschieberegale, Umlaufregale, AutoStore

Statisches oder dynamisches Bereitstellungssystem

Lagersysteme können auch nach der Art der Bereitstellung der Waren unterschieden werden in Regale mit statischer oder dynamischer Bereitstellung. Bei der statischen Bereitstellung muss sich der Kommissionierer zur gewünschten Ware hin bewegen (z. B. Palettenregal). Bei der dynamischen Bereitstellung bewegt sich die Ware zum Kommissionierer. Der Kommissionierer bleibt an einer Entnahmestelle des Regals stehen und die Ware kommt zu ihm (z. B. Liftregal).

Statische Bereitstellung	Fachbodenregale, Palettenregale, Einfahr- und Durchfahrregale, Kanal- bzw. Tunnelregale, Einschubregale, Durchlaufregale, Kragarmregale, Wabenregale, Verschieberegale
Dynamische Bereitstellung	Umlaufregale, Turmregale, Liftregale, automatische Behälterregale, AutoStore, Hochregale

Zeilenlagerung oder Kompaktlagerung

Lagersysteme können auch hinsichtlich der Zugriffsmöglichkeit auf das Lagergut unterschieden werden. Bei der Zeilenlagerung (auch **„Linienlagerung“** genannt) ist ein direkter Zugriff auf alle Lagereinheiten jederzeit möglich (z. B. Palettenregal). Bei einer Kompaktlagerung hingegen ist dies nicht gegeben (z. B. Durchlaufregal).

Außerdem gibt es noch die Kombination aus Zeilen- und Kompaktlagerung, z. B. das Verschieberegal. Zunächst einmal handelt es sich hier um eine Kompaktlagerung. Nach Öffnung eines Ganges weist diese Regalart jedoch eine Linienlagerung auf.

Boden- und Regallagerung

Hinsichtlich der Lagereinrichtung kann zwischen Boden- und Regallagerung unterschieden werden. Bei der Bodenlagerung wird die Ware (meist palettierte Ware) direkt auf dem Lagerboden abgestellt. Bei der Regallagerung wird die Ware in Regalen gelagert.

4.1 Bodenlagerung

Bodenlagerung
floor storage

Bei der **Bodenlagerung** werden die Güter in Reihen (**Reihenlagerung**) oder in Blöcken (**Blocklagerung**) auf dem Boden gelagert. Dabei kann die Lagerung je nach Stabilität des Lagergutes ungestapelt oder gestapelt mit und ohne Hilfsmittel (z. B. Palette oder Gitterbox) erfolgen.

Anordnung der Stapel

Brennholz-Lagerung als Bodenlagerung

Die Anordnung der Stapel kann rechtwinklig oder bei geringer Arbeitsgangbreite auch schräg zum Gang erfolgen. Die einzelnen Stapel bzw. Paletten können bei schräger Anordnung einfacher und mit einem geringeren Bewegungsradius vom Flurförderzeug aufgenommen bzw. abgesetzt werden.

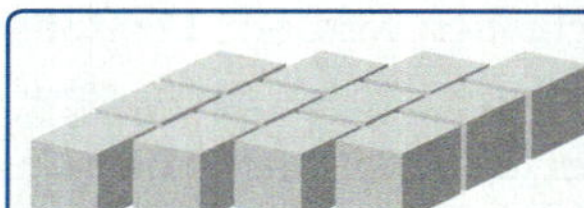

schräge ungestapelte Blocklagerung

Stapelhöhe

Bodenlagerung eignet sich besonders für sehr schwere und/oder sperrige Güter und zur kurzzeitigen Lagerung. Die Stapelhöhe bei der Bodenlagerung ist z. B. abhängig von

- der Belastbarkeit und Beschaffenheit des Bodens,
- der Höhe des Lagerraumes,
- der Tragfähigkeit der einzelnen Lagereinheiten,
- der Standsicherheit der einzelnen Stapel,
- den vorhandenen Fördermitteln.

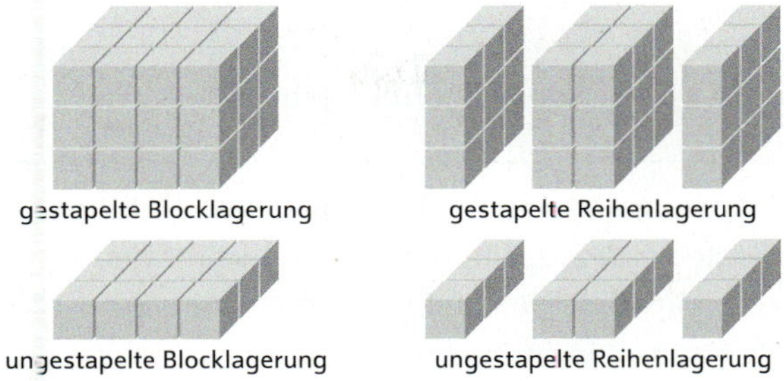

Bodenlagerung mit rechtwinkliger, gerader Anordnung

Blocklagerung

Blocklagerung
block stacking/storage

Bei der **Blocklagerung** werden die Waren in **Blöcken ohne Zwischenräume** neben- und übereinander gelagert. Dadurch kann ohne großes Umstapeln nur auf die äußeren Ladeeinheiten direkt zugegriffen werden. Geeignet ist die Blocklagerung daher für Güter gleicher Art in großen Mengen sowie zur Lagerung von **Langsamdrehern**, bei denen wegen des seltenen Zugriffs auch Umstapeln akzeptiert werden kann. Da bei der Blocklagerung das FIFO-Prinzip nicht eingehalten werden kann, sollte es sich außerdem um nicht verderbliche Waren bzw. um Waren mit einem langen Haltbarkeitsdatum handeln.

Vor- und Nachteile der Blocklagerung

Vorteile	Nachteile
• keine Kosten für Lagereinrichtungen • hohe Flächen- und Raumausnutzung • flexible Lagerung, da an die jeweiligen Erfordernisse einfach anpassbar • einfache Organisation • geringe Störanfälligkeit	• LIFO-Prinzip – es kann nur die oberste Lagereinheit entnommen werden • Zugriff auf jede Lagereinheit nur durch Umstapeln möglich und dadurch höhere Zugriffszeiten • begrenzte Stapelhöhe • schlecht mechanisierbar

Reihenlagerung

Reihenlagerung
storage in rows

Bei der **Reihenlagerung** werden die Waren in zwei Reihen neben- und übereinander gelagert. Zwischen den einzelnen Reihen liegen regelmäßig breite Gänge, sodass auf die oberste Ladeeinheit eines jeden Stapels ohne Umräumen zugegriffen werden kann.

Vor- und Nachteile der Reihenlagerung

Vorteile	Nachteile
• keine Kosten für Lagereinrichtungen • FIFO-Prinzip möglich • direkter Zugriff auf die jeweils oberste Lagereinheit • einfache Organisation • geringe Störanfälligkeit	• geringe Flächen- und Raumausnutzung • begrenzte Stapelhöhe • schlecht mechanisierbar

Sicherheitsvorschriften bei der Bodenlagerung

In der *DGUV Regel 108-007 „Lagereinrichtungen und -geräte"* sind zahlreiche Vorschriften enthalten, die bei der Bodenlagerung zu beachten sind:

- Bei der Stapelung von Paletten und Stapelbehältern dürfen die zulässigen Nutzlasten, Auflasten und Stapelhöhen nicht überschritten werden.
- Die Tragfähigkeit des Fußbodens und der Stapelhilfsmittel ist zu beachten.
- Stapel nur auf ebenem Untergrund errichten.
- Die maximal zulässige Stapelhöhe beachten.
- Die Traglast einer Europalette beträgt 1000 kg bis 2000 kg
- Die unterste Europalette im Stapel darf bei vollflächiger, ebener und horizontaler Auflage maximal das 4-fache der zulässigen eigenen Palettenlast aufnehmen.
- Die Traglast einer Gitterboxpalette berägt 1000 kg bis 1500 kg
- Gitterboxpaletten höchstens 5-fach stapeln (einschließlich der untersten Palette)
- Stapel sind lotrecht zu errichten (maximal 2 % Neigung)
- Die Schlankheit von Stapeln – das Verhältnis der Höhe zur Schmalseite der Grundfläche – darf nicht größer als 6 : 1 sein.
- Die Standsicherheit muss auch bei Neigung der Grundfläche, bei Wind oder ähnlichen Einflüssen gewährleistet sein.
- Möglichst nur gleichartiges Gut lagern oder stapeln.
- Beim Stapeln schwere Lasten unten und leichte Lasten oben lagern.
- Das Stapeln mit Flachpaletten ohne Stapelhilfsmittel (z. B. Rungen, Aufsteckrahmen) ist nur dann zulässig, wenn das Lagergut tragfähig ist und seine Oberflächen auch bei Feuchtigkeit und Temperaturveränderungen ein sicheres Stapeln zulassen.
- Stapel dürfen nicht bestiegen werden. Das Anlegen von Anlegeleitern an einen Stapel ist verboten.
- Stapelpaletten und Stapelbehälter dürfen nur mit geeigneten Lastaufnahmemitteln aufgenommen und gestapelt werden. Dies ist z. B. durch die Verwendung von Gabeln gewährleistet, die den Abmessungen der zu stapelnden Ladeeinheiten entsprechen und weder zu lang noch zu kurz sind.

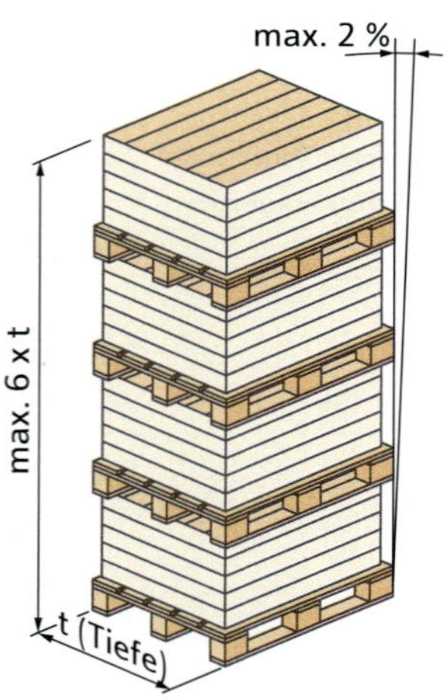

Vorschriften bei der Bodenlagerung

4.2 Regallagerung

Die meisten Lager sind mit Lagereinrichtungen ausgestattet. Zur Lagereinrichtung zählen sowohl im Lagerboden fest verankerte als auch bewegliche Regale und Schränke. Lagereinrichtungen wie z. B. Regale bieten den Vorteil, verschiedene Waren in einem Lagerraum übersichtlich und gut greifbar zu lagern.

Welche Lagereinrichtungen zum Einsatz kommen, hängt ab von:

- den baulichen Gegebenheiten,
- den vorhandenen Förderzeugen,
- der Ausbaufähigkeit,
- der Art, dem Gewicht, dem Volumen und der Menge der Güter,
- dem gewünschten Automatisierungs- und Mechanisierungsgrad,
- der gewünschten Zugriffszeit und
- Kostengesichtspunkten.

Fachbodenregale

Fachbodenregale bestehen aus **Stützen (Regalrahmen)**, zwischen denen **Fachböden** eingesetzt werden. Die jeweilige **Fachhöhe** richtet sich nach der Art des Lagergutes und kann variiert werden. Durch die Verwendung von Zubehör lässt sich das Fachbodenregal den individuellen Bedürfnissen und den verschiedenen Waren leicht anpassen. Zubehörteile sind z. B. ausziehbare Fachböden, Schubladen, Trennbleche, Seiten- und Rückwände, Lagersichtkästen, Lagerwannen und Flügeltüren zum Abschließen.

Fachbodenregal
shelf-type rack(ing)

Fachbodenregale eignen sich besonders für die Lagerung kleiner und mittlerer Teile. Die Standardhöhe eines Fachbodenregals beträgt ca. 2 m. Daneben gibt es aber auch **zweigeschossige Fachbodenregale** bis ca. 4 m Höhe mit Treppe und **Fachbodenhochregale** bis ca. 12 m Höhe. In der Regel erfolgt die Ein- und Auslagerung manuell, bei Fachbodenhochregalen jedoch mittels Regalbediengeräten.

Vor- und Nachteile von Fachbodenregalen

Vorteile	Nachteile
• gute Raumausnutzung • direkter Zugriff auf jeden Artikel • relativ gute Übersicht • geringe Investitionskosten • geringe Störanfälligkeit • gute Anpassungsfähigkeit	• hoher Flächenbedarf • begrenzte Tragfähigkeit der Fachböden • geringe Automatisierungsmöglichkeiten • hoher Personalbedarf bei manueller Bedienung • bei manueller Bedienung eingeschränkte Entnahme oben und unten (Strecken und Bücken)

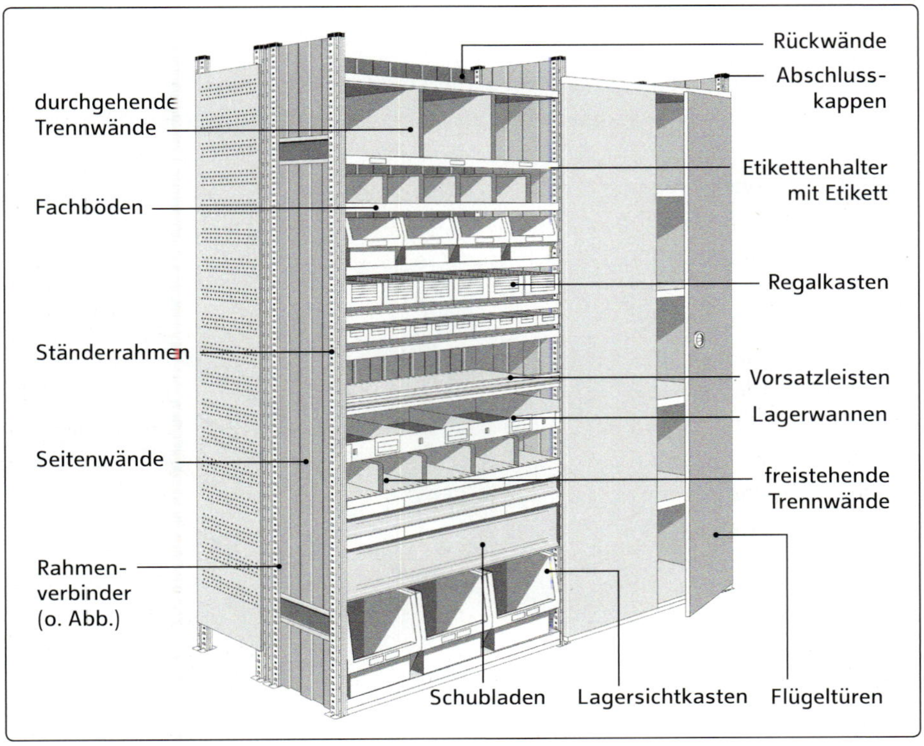

Fachbodenregal mit Zubehör

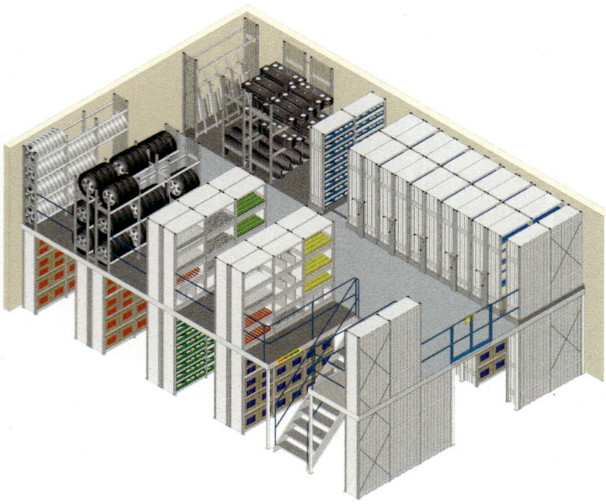

Zweigeschossiges Fachbodenregal

Fachbodenhochregal und Fachbodenregal

Palettenregale

Palettenregal
pallet rack

Das Palettenregal gehört zu den häufigsten Lagersystemen. Alle Waren müssen auf **Paletten** oder in **Gitterboxen** liegen und können mit Staplern oder Regalbediengeräten ein- und ausgelagert werden.

Das Palettenregal ist ähnlich wie das Fachbodenregal aufgebaut. Jedoch werden hier die Paletten nicht auf Fachböden, sondern auf **Traversen** (**Querstreben**) zwischen den Seitenstützen abgesetzt. Man unterscheidet dabei zwischen **Quertraversenregalen** (Einplatzsystem) und **Längstraversenregalen** (Mehrplatzsystem).

Quertraversenregal

- Bei Quertraversenregalen entspricht der Abstand zwischen zwei Regalstützen einer Palettenlänge (bei Europaletten ca. 1200 mm). Die Paletten werden quer eingelagert.

Längstraversenregal

- Bei Längstraversenregalen stehen die Regalstützen weit auseinander und sind durch Längstraversen, auf denen die Paletten abgestellt werden, miteinander verbunden. Werden die Paletten längs eingelagert, stehen in der Regel drei Paletten nebeneinander.

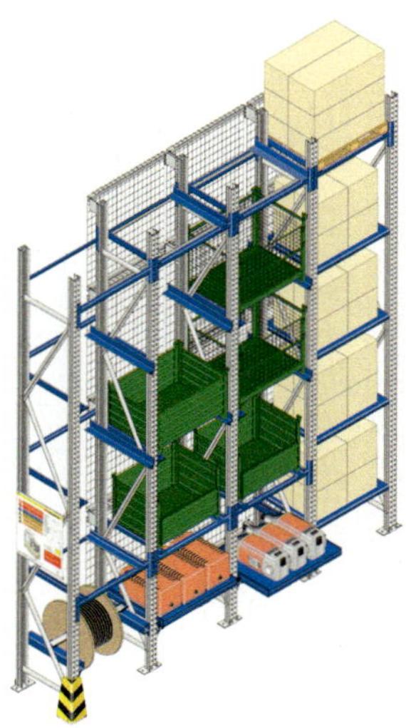

Quertraversenregal (Einplatzsystem)

Längstraversenregal (Mehrplatzsystem)

Palettenregale eignen sich aufgrund ihrer einfachen, aber stabilen Konstruktion für hohe Gewichte und große Warenmengen. Insbesondere Quertraversenregale, bei denen die Stützen enger beieinander stehen, haben eine sehr hohe Traglast.

Je nach Lagerhöhe können folgende Unterscheidungen getroffen werden:

- **Paletten-Flachregallager** bis ca. 7 m Höhe
- **Paletten-Hochflachlager** bis ca. 12 m Höhe
- **Paletten-Hochregallager** bis ca. 45 m Höhe

Die Ein- und Auslagerung der Paletten und Gitterboxen erfolgt je nach Höhe der Regale mit Gabelstaplern, Hochregalstaplern, Stapelkranen und Regalförderzeugen. Dadurch variieren die Gangbreiten zwischen den Regalen und somit auch der Raumnutzungsgrad: Je schmaler der Gang, desto höher der Raumnutzungsgrad. Um die Gänge zwischen den Regalen zu minimieren, wurden aus dem herkömmlichen Palettenregalsystem zahlreiche Varianten entwickelt, z. B. Palettendurchlaufregal, Einfahrregal, Einschubregal, Verschieberegal.

Vor- und Nachteile von Palettenregalen

Vorteile	Nachteile
• relativ gute Raumausnutzung • direkter Zugriff auf jeden Artikel • einfache Bestandsübersicht • gute Anpassungsfähigkeit an unterschiedliche Waren durch Höhenverstellbarkeit der Traversen • druckfreies Lagern der Güter • Möglichkeit der Automatisierung und der Mechanisierung	• Abhängigkeit von bestimmten Lagerhilfsmitteln (Paletten) • hohe Sicherheitsanforderungen • Störanfälligkeit bei hoher Automatisierung • hohe Weg- und Greifzeiten • Abmessungen der gelagerten Güter dürfen nicht größer als die Palettenmaße sein

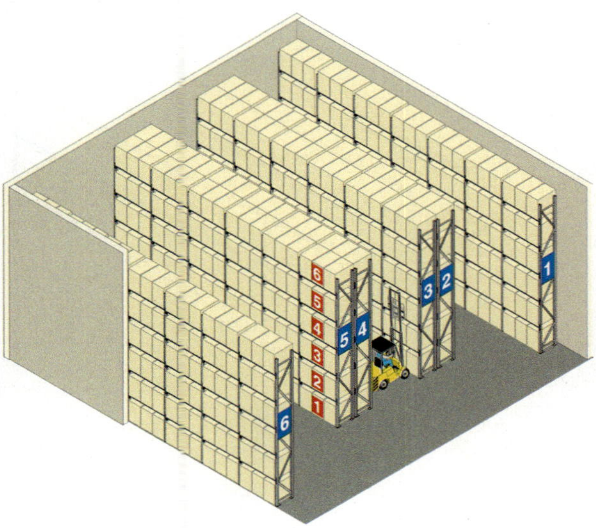

Standard-Palettenlager mit 6 Lagerebenen, Raumnutzungsgrad 43 %, Lagerkapazität 912 Paletten

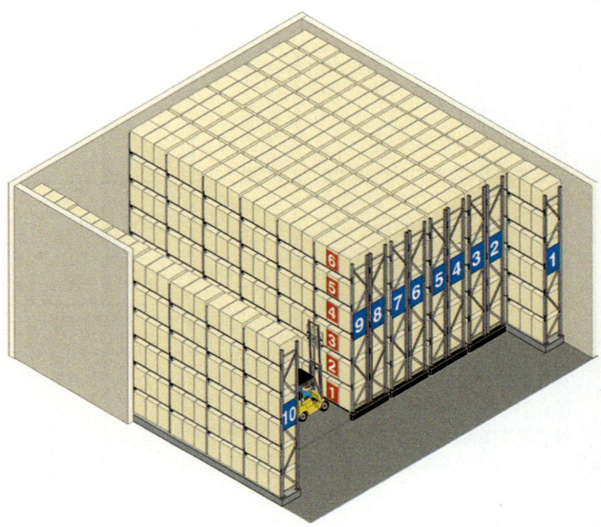

Paletten-Verschieberegallager mit 6 Lagerebenen Raumnutzungsgrad 70 %, Lagerkapazität 1488 Paletten

Aus statischen Gründen ist es ideal, wenn ...

- eine Regalzeile aus mindestens 3 Regalfeldern besteht,
- mindestens 2 Traversenebenen je Regalfeld vorhanden sind und
- die Fachhöhen untereinander nicht mehr als 200 mm voneinander abweichen.

Die maximale Fachhöhe sollte 2500 mm betragen.

Einfahr- und Durchfahrregale

Bei Einfahr- und Durchfahrregalen (auch **„Drive-in-Regale“** genannt) werden die Paletten oder Gitterboxen in einem Palettenregal in mehreren Ebenen hinter-, neben- und übereinander gelagert. Wesentliches Merkmal ist, dass die Paletten oder Gitterboxen **quer eingelagert** werden.

Bei den Einfahr- und Durchfahrregalen ergibt sich eine gute Raumausnutzung durch eine platzsparende Lagerung in die Tiefe und Höhe ohne zusätzliche Zwischengänge. Die Platzersparnis kann beträchtlich sein und reicht fast an die der gestapelten Blocklagerung heran.

Einfahrregal
drive-in rack

Einfahrregale besitzen nur **eine offene Stirnseite**, durch welche die Paletten mithilfe eines Fördermittels ein- und ausgelagert werden. Die Paletten müssen hinten beginnend **von oben nach unten** ein- und andersherum wieder ausgelagert werden. Damit ist lediglich das **LIFO-Prinzip** umsetzbar. Da außerdem kein direkter Zugriff auf jede Palette möglich ist, sollte in jedem Stichgang auch nur sortenrein gelagert werden.

Durchfahrregal
drive-through rack

Durchfahrregale sind wie die Einfahrregale aufgebaut, verfügen aber über **zwei offene Stirnseiten**. Es kann somit auf der einen Seite eingelagert und auf der anderen Seite ausgelagert werden. Dadurch kann das **FIFO-Prinzip** realisiert werden.

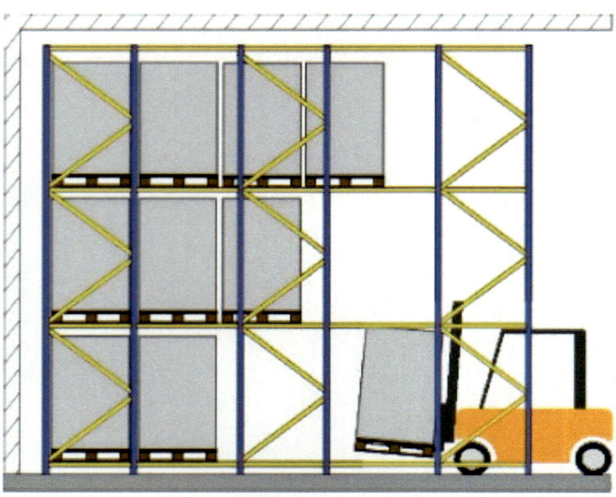

Einfahrregal

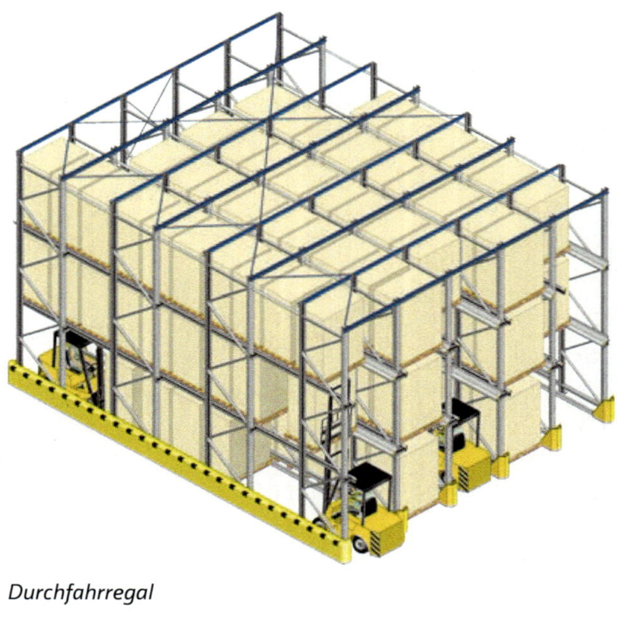

Durchfahrregal

Vor- und Nachteile von Einfahr- und Durchfahrregalen

Vorteile	Nachteile
• hoher Flächen- und Raumausnutzungsgrad (ca. 70 %) • kompakte Lagerung • schonende Lagerung (Stapelung) von druckempfindlicher Ware • sichere Lagerung (Stapelung) von ungleichmäßig beladenen Paletten • Möglichkeit der Automatisierung und der Mechanisierung • FIFO-Prinzip bei Durchfahrregalen möglich	• Abhängigkeit von bestimmten Lagerhilfsmitteln (Paletten) • kein direkter Zugriff auf jede Palette • keine freie Lagerplatzzuordnung, da in den einzelnen Stichgängen möglichst sortenrein gelagert werden sollte • erschwerte Ein- und Auslagerung • bei Einfahrregalen nur LIFO-Prinzip möglich

Kanalregale/Tunnelregale

Kanalregal
satellite/channel rack

Kanalregale ähneln in ihrem Aufbau den Einfahrregalen bzw. Durchfahrregalen. Allerdings werden hier die Ladeeinheiten von einem **Lastschlitten** (Drive-In-System oder DiS-Lastschlitten, auch Pallet Runner, Shuttle oder Kuli genannt) im jeweiligen **Kanal** transportiert. Der Staplerfahrer braucht die Ware nur noch an der Stirnseite des Regals auf dem **Lastschlitten** abzusetzen. Der Lastschlitten fährt dann mit eigenem Antrieb die Ladeeinheit auf den entsprechenden Stellplatz im Palettenkanal.

Die Vor- und Nachteile des Kanalregals entsprechen denen des Einfahrregals. Allerdings können die Kanäle in beliebiger Reihenfolge beschickt oder geleert werden, d.h., es ist egal, ob erst oben oder erst unten im Regal eingelagert bzw. ausgelagert wird.

Kanalregal

Einschubregale

Einschubregal
slide-in rack/push rack

Einschubregale sind ähnlich aufgebaut wie Einfahrregale. Sie haben auch nur **eine offene Stirnseite**, von der die Ein- und Auslagerung erfolgt. Damit ist auch hier lediglich das **LIFO-Prinzip** umsetzbar. Allerdings befinden sich auf den einzelnen Ebenen **Rollenbahnen** mit einer Neigung von bis zu 5° zur Einlagerungsseite hin. Die zuletzt eingelagerte Palette steht immer vorne, sie wird bei der Einlagerung einer neuen Palette nach hinten geschoben. Dadurch, dass die Paletten immer am Anfang eines Kanals ein- bzw. ausgelagert werden, können sie aus jedem Kanal unabhängig voneinander ein- oder ausgelagert werden.

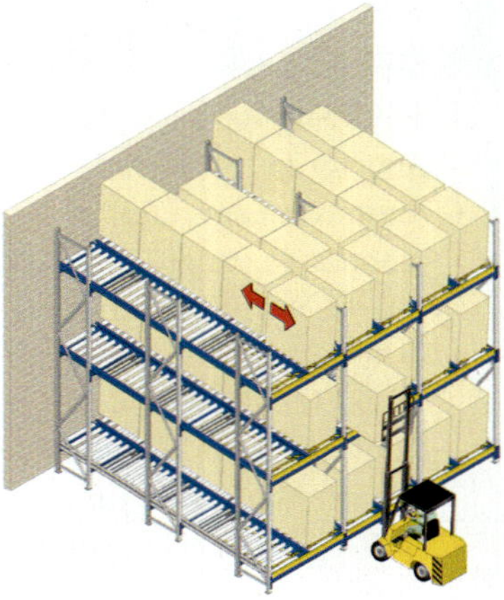

Einschubregal

Vor- und Nachteile von Einschubregalen

Vorteile	Nachteile
• hoher Flächen- und Raumausnutzungsgrad (ca. 70 %) • kompakte Lagerung • schonende Lagerung (Stapelung) von druckempfindlicher Ware • sichere Lagerung (Stapelung) von ungleichmäßig beladenen Paletten • Möglichkeit der Automatisierung und der Mechanisierung • die Kanäle können in beliebiger Reihenfolge beschickt oder geleert werden	• Abhängigkeit von bestimmten Lagerhilfsmitteln (Paletten) • kein direkter Zugriff zu jeder Palette • keine freie Lagerplatzzuordnung, da in den einzelnen Stichgängen möglichst sortenrein gelagert werden sollte • kein FIFO-Prinzip möglich • Paletten können sich leicht verkanten

Durchlaufregale

Durchlaufregal
gravity rack/ flow-through rack

Das Durchlaufregal ist das **am weitesten verbreitete dynamische Lagersystem**. Es handelt sich hierbei um einen Regalblock aus neben- und übereinanderliegenden Kanälen. Die Lagergüter werden auf **Kanälen** (**Durchlaufbahnen**) mit einer Neigung von 3° bis 8° gelagert. Die **Beschickung** (Einlagerung) erfolgt auf der höher gelegenen Seite und die Entnahme bzw. Kommissionierung auf der gegenüberliegenden Seite. Durchlaufregale stellen so die **strikte Einhaltung des FIFO-Prinzips** sicher.

Da jeweils nur die vorderste Lagereinheit entnommen werden kann, ist kein Einzelplatzzugriff möglich. Es bietet sich also an, die Kanäle sortenrein zu beschicken. Die Beschickung und Entnahme kann sowohl vollautomatisch mithilfe von Regalbediengeräten als auch manuell, zum Beispiel mit Staplern, erfolgen.

Bei Durchlaufregalen bewegen sich die Lagergüter entweder durch Schwerkraft oder mithilfe von Antriebselementen von der Beschickungszone zur Entnahmezone. Antriebselemente können **Tragrollen** für schwere Lagergüter, **Röllchenbahnen** und **Röllchenschienen** für leichte und mittelschwere Lagergüter und **L-Profile** und **Fachböden** für leicht rutschende Lagergüter sein.

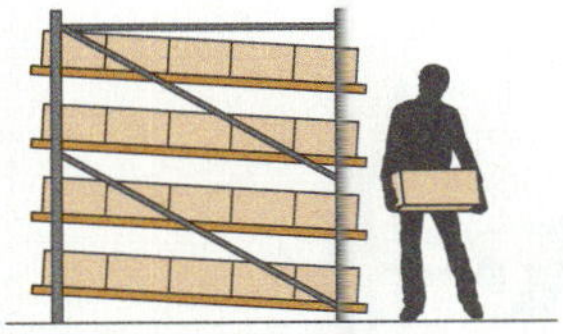

Stückgut-Durchlaufregal

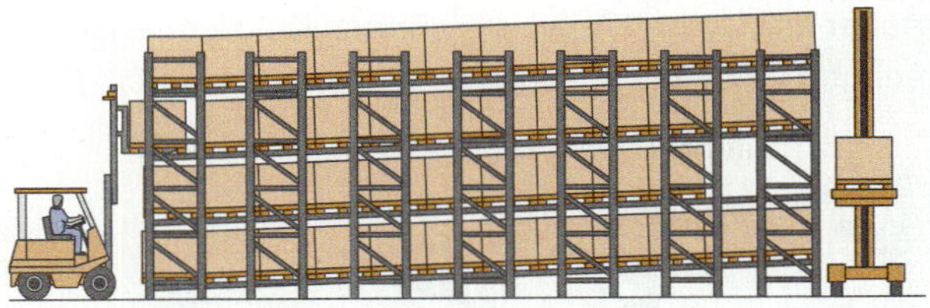

Teilautomatisiertes Paletten-Durchlaufregal

Durch die Einsparung von Regalgängen besitzen Durchlaufregallager einen höheren Flächennutzungsgrad und ermöglichen durch kürzere Wege eine höhere Ein- und Auslagerleistung als herkömmliche Regallager. Die Trennung von Beschickungs- und Entnahmeseite vermeidet gegenseitige Störungen und ermöglicht die klare Trennung von Betriebsbereichen.

Vor- und Nachteile von Durchlaufregalen

Vorteile	Nachteile
• hohe Flächenausnutzung, da Regalgänge entfallen • hohe Artikelvielfalt auf engstem Raum • Einhaltung des FIFO-Prinzips • hohe Kommissionierleistung durch kurze Wege • Trennung von Beschickung und Entnahme • Möglichkeit der Automatisierung und der Mechanisierung	• hohe Investitionskosten • durch sortenreine Kanäle sind diese nur teilweise befüllt • Störanfälligkeit • Lagergüter können bei Einlagerung aufeinander stoßen • Lagergüter können sich in den Durchlaufbahnen leicht verkanten

Kragarmregale

Kragarmregal
cantilever rack

Kragarmregale bestehen aus Ständern mit **seitlich auskragenden (= vorstehenden) Armen**. Auf diesen Armen wird **Langgut** wie Rohre, Profile, Stabmaterial und Bretter gelagert. Das Lagergut kann einzeln oder auch in Langgutkassetten auf die Kragarme gelegt werden. Die Ein- und Auslagerung erfolgt über die Längsseite.

Vor- und Nachteile von Kragarmregalen

Vorteile	Nachteile
• übersichtliche und sachgemäße Lagerung • erweiterbar • niedrige Investitionskosten • geringe Störanfälligkeit	• beschränkte Tragfähigkeit • ohne Umstapeln meist nur LIFO-Prinzip realisierbar

Außer zur Langgutlagerung können Kragarmregale auch zur Lagerung von **Ringgut** genutzt werden.

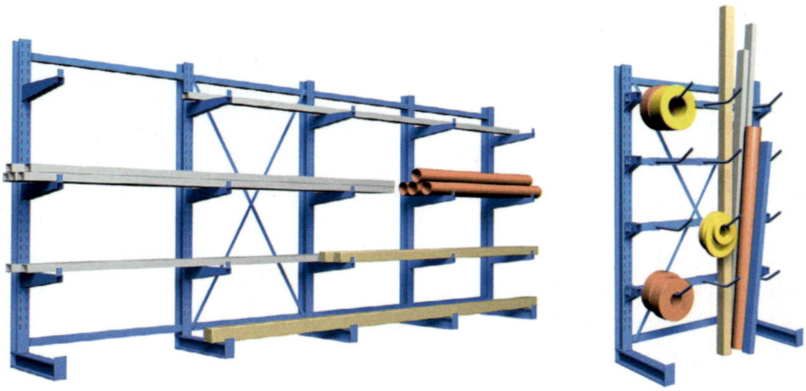

Kragarmregal mit Lang- bzw. Ringgut

Wabenregale/Kassettenregale

Wabenregal
honeycomb rack

Bei **Wabenregalen** wird das **Langgut** in kanalähnlichen neben- und übereinanderliegenden Fächern mit einer Tiefe von bis zu 6 m gelagert. Die Ein- und Auslagerung erfolgt über die Stirnseite, meist mit einem Kran oder Regalbediengerät.

Wabenregal

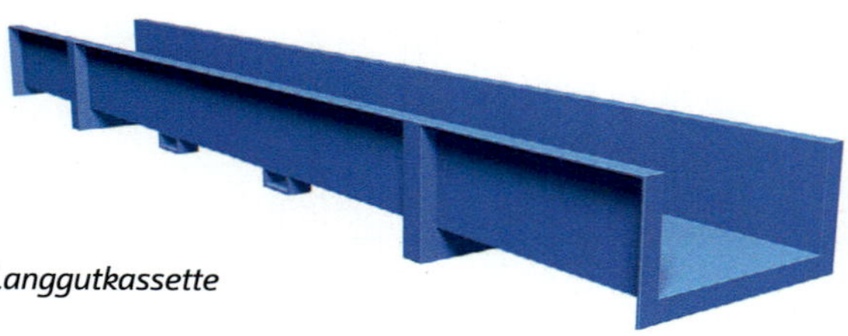

Langgutkassette

Bei der Lagerung von instabilem Langgut sollte dies in **Langgutkassetten** gelagert werden, die dann in die einzelnen Fächer geschoben werden. Hier spricht man dann auch von einem **Kassettenregal**.

Vor- und Nachteile von Wabenregalen

Vorteile	Nachteile
• hohe Flächen- und Raumausnutzung • gute Bestandsübersicht • Möglichkeit der Automatisierung und der Mechanisierung	• breite Gänge für die Ein- und Auslagerung erforderlich • keine Verstellbarkeit der Regalfächer

Verschieberegale

Verschieberegal
push-back rack

Paletten-, Fachboden- und Kragarmregale können als **Verschieberegale** konstruiert werden. Dafür werden die Regale auf seitlich verfahrbare, manuell oder elektrisch angetriebene **Schlitten** gestellt. Die einzelnen Schlitten mit ihren Regalaufbauten können dicht zusammengefahren werden.

Für jeden Regalblock gibt es nur **eine** Regalgasse. Um zu den einzelnen Lagergütern zu gelangen, werden die Regalzeilen verschoben, um die entsprechende Gasse zu öffnen. Trotz der kompakten Lagerung ist somit ein Einzelplatzzugriff möglich. Aufgrund der relativ langen Wartezeiten wegen der Gangöffnungen eignet sich diese Regalart hauptsächlich für Artikel, die selten benötigt werden, z. B. Akten in Archiven.

Zum Schutz vor Unfällen und Verletzungen müssen elektrisch angetriebene Verschieberegale mit einer Reihe von Schutzeinrichtungen ausgerüstet sein. Dazu gehören Schaltleisten, Seilzugsicherungen, Freigabeschalter und Lichtschranken.

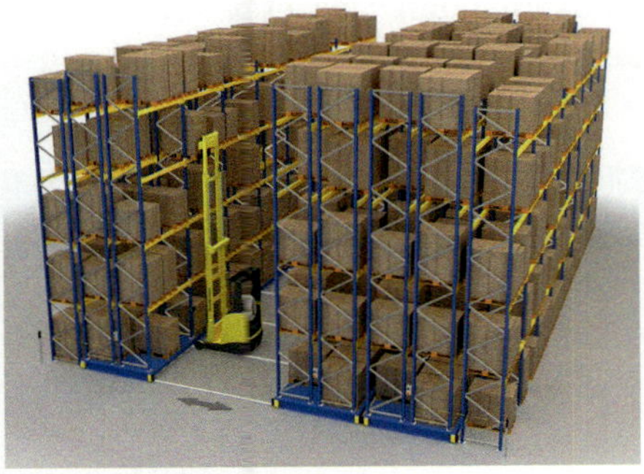

Paletten-Verschieberegal

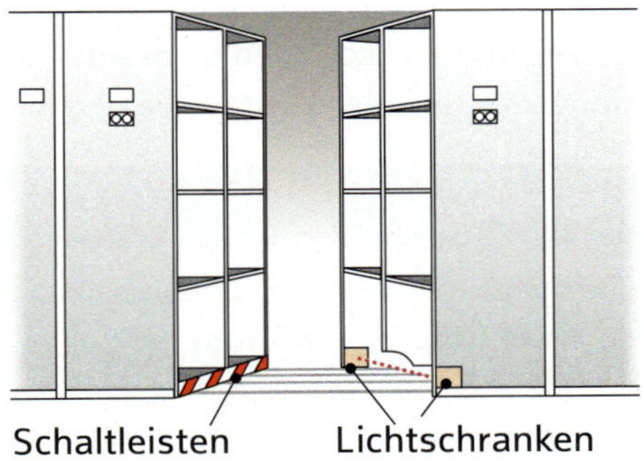

Fachboden-Verschieberegal

Zugschrank

Eine Sonderform des Verschieberegals bildet der Zugschrank. Hierbei handelt es sich um nebeneinander angeordnete Regaleinheiten – in der Regel Fachbodenregale, die längs (nach vorne) ausziehbar sind. Angewendet werden sie z. B. zur Lagerung von Kleinwerkzeugen oder Apothekengut.

Vor- und Nachteile von Verschieberegalen

Vorteile	Nachteile
• hohe Flächen- und Raumausnutzung durch kompakte Lagerung • direkter Zugriff • kurze Kommissionierwege	• hohe Investitionskosten • lange Wartezeiten wegen Gangöffnung • regelmäßige Wartung • umfangreiche Sicherheitseinrichtungen notwendig

Durch die Lagerung in Verschieberegalen kann auf der gleichen Fläche die Lagerkapazität nahezu verdoppelt werden.

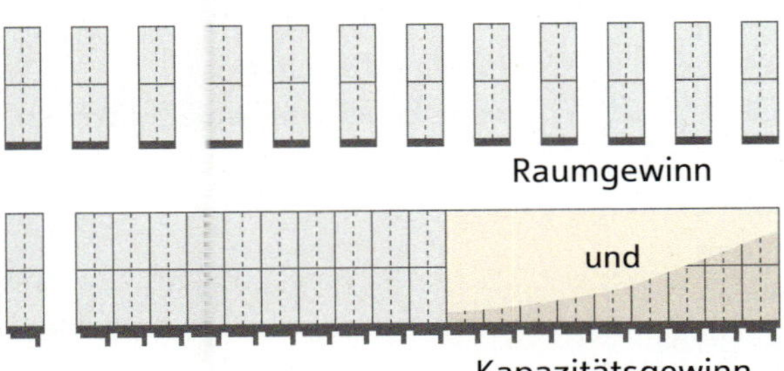

Erhöhung der Lagerkapazität durch den Einsatz von Verschieberegalen

Umlaufregale

Umlaufregal
circulating/rotating rack

Karussellregal
automated carousel/ storage carousel

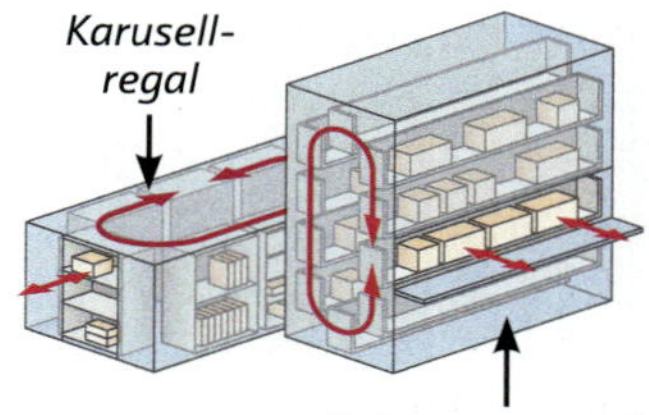

Umlaufregale gehören zu den beweglichen Lagereinrichtungen, in denen die Lagergüter in Boxen, Kassetten, Schubladen oder Fächern liegen. Man unterscheidet **vertikale Umlaufregale** (**Paternosterregale**) und **horizontale Umlaufregale** (**Karussellregale**). Die Punkte für die Beschickung und die Entnahme liegen fest. Die Bedienung erfolgt überwiegend manuell oder automatisiert mit Stapler.

Paternosterregale findet man in Teppich- und Baumärkten. Sie werden dort zur Lagerung von Teppichrollen eingesetzt. Karussellregale werden häufig in Reinigungen eingesetzt. In ihnen hängen die gereinigten Kleidungsstücke.

Vor- und Nachteile von Umlaufregalen

Vorteile	Nachteile
• hohe Flächen- und Raumausnutzung • freie Lagerplatzzuordnung • FIFO-Prinzip möglich • geringe Wegzeiten, da Bereitstellung Ware zum Mann • geschützte Lagerung der Güter in Schrankpaternosterregalen (auch Schutz vor Diebstahl) • automatisierbar	• hohe Investitionskosten • regelmäßige Wartung erforderlich • lange Zugriffszeiten • fehlende Erweiterungsmöglichkeiten • begrenzte Tragfähigkeit

Liftregal/Turmregal
tower/shuttle rack

Turmregale bzw. Liftregale

Turm- bzw. Liftregale, auch „Tablar-" oder **„Shuttle-Regale"** genannt, arbeiten **vollautomatisch**. Die Lagergüter werden mit einem **Aufzug** auf die verschiedenen Regalebenen gehoben und dort in die Fächer eingelagert. Es gibt nur **eine** Ein- und Auslagerungsstelle. Das Lagerhilfsmittel ist ein **Tablar**, auf dem die Lagergüter liegen. Die Tablare werden nach dem **„Backofenprinzip"** in die einzelnen Regalfächer geschoben oder gezogen.

Das bekannteste Beispiel eines Turmregals sind die Autotürme der Autostadt.

Vor- und Nachteile von Turmregalen

Vorteile	Nachteile
• hohe Flächen- und Raumausnutzung • Lagergut wird nur bei Ein- und Auslagerung bewegt • Bereitstellung Ware zum Mann • geschützte Lagerung der Güter • vollautomatische Ein- und Auslagerung • große Tablare ermöglichen das Lagern großer und sperriger Ware • die statische Lagerung lässt eine größere Gesamtnutzlast zu als bei der dynamischen Paternosterlagerung	• hohe Investitionskosten • regelmäßige Wartung • hohe Störanfälligkeit • lange Zugriffszeiten • geringe Erweiterungsmöglichkeiten

5366108

Automatisches Behälterregal (Automatisches Kleinteilelager)

Diese Regalart gewährleistet eine sehr **platzsparende Lagerung von Kleinteilen**. Sie eignet sich besonders zur Lagerung von Kleinteilen mit großer Artikelzahl, die jeweils nur in kleinen Stückzahlen oder Mengen gelagert werden. Daher wird das automatische Behälterregal auch häufig als automatisches Kleinteilelager (AKL) bezeichnet. Die Lagerung der Kleinteile erfolgt in Behältern, Tablaren, Lagerwannen oder Kartons. Diese werden auf Auflagekonsolen in den Regalen gelagert. Die Ein- und Auslagerung erfolgt mit automatisierten Regalbediengeräten, meist im **Doppelspiel**, d. h., im Anschluss an eine Einlagerung nimmt das Regalbediengerät eine Auslagerung vor. Leerfahrten werden so vermieden.

Automatisches Behälterregal
automated box rack/shelving system

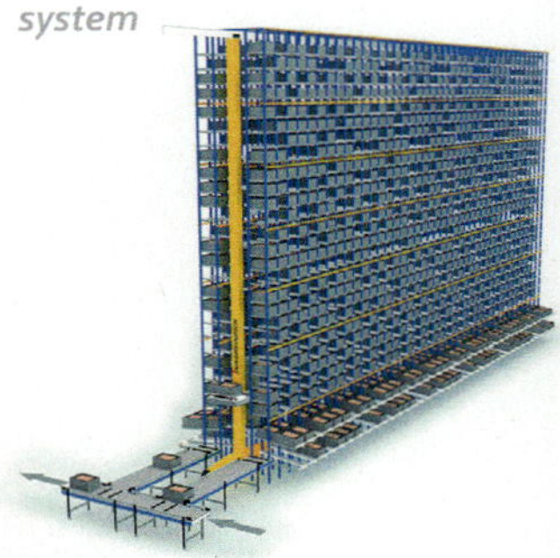

Vor- und Nachteile von automatischen Behälterregalen

Vorteile	Nachteile
• hohe Flächen- und Raumausnutzung • sehr gute Automatisierungsmöglichkeiten • Bereitstellung Ware zum Mann • vor Schmutz und Diebstahl geschützte Lagerung im geschlossenen System • keine Wegzeiten, da Ware zum Mann • kurze Zugriffszeiten • automatische Bestandsüberwachung und -fortschreibung durch die EDV bei jeder Ein- und Auslagerung	• hohe Investitionskosten • regelmäßige Wartung • Stillstand bei Computerausfall • ungeeignet für große oder sperrige Güter

AutoStore

AutoStore ist ein **Behälterregal**. Die Waren werden in **direkt aufeinander gestapelten Behältern** gelagert, wobei die „Schnelldreher" im oberen Stapelbereich und die „Langsamdreher" im unteren Bereich gelagert werden. Die **Lagerbedienung** erfolgt durch **Roboter**, die oberhalb der Behälter auf einem Aluminiumraster fahren. Die Behälter werden mittels einer **Aufzugskonstruktion im Regalschacht** zum Roboter befördert, der diese dann zu den Kommissionierarbeitsplätzen bringt.

Die Vor- und Nachteile des AutoStores entsprechen denen des automatischen Behälterregals. Allerdings **spart** die dichte Lagerung aufgrund des Wegfalls von Regalgassen im Vergleich zu anderen Systemen **bis zu 60 % Lagerfläche**.

AutoStore

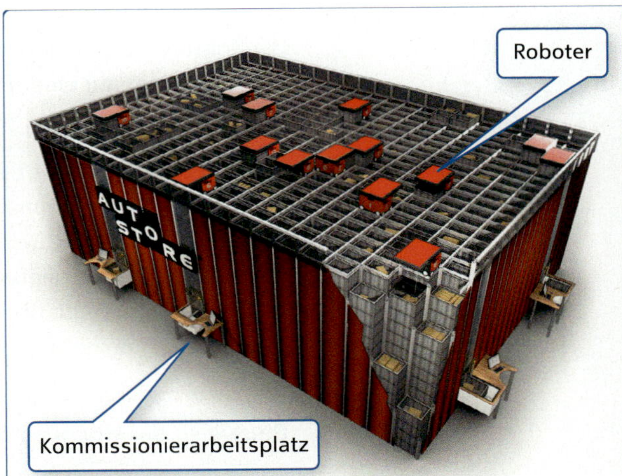

Hochregal
high bay rack

Hochregallager in Silobauweise

Hochregal

Hochregale sind Regalkonstruktionen mit einer Bauhöhe von bis zu 45 m. Sie eignen sich aufgrund der beträchtlichen Investitionskosten besonders für die **Lagerung großer Mengen mit mittleren bis hohen Umschlagszahlen**. Die Lagerung erfolgt überwiegend auf Flachpaletten oder in Gitterboxpaletten, die möglichst sortenrein gepackt sein sollten. Die Abmessungen der Regale und der Gassen zwischen zwei Regalzeilen werden bestimmt durch die verwendeten Palettengrößen bzw. die verwendeten Fördermittel (Hochregalstapler oder regalabhängige bzw. regalunabhängige Regalbediengeräte).

Die **Regalbediengeräte** (kurz **RBG**) arbeiten automatisch, d.h. computergesteuert, können aber auch halbautomatisch oder manuell gesteuert werden. Bei der **manuellen Steuerung** geht das Lagerpersonal mit dem Gerät mit und steuert dieses per Tastendruck. Bei der **halbautomatischen Steuerung** fährt das Lagerpersonal im RBG mit und steuert dieses über einen Steuerschalter. In den einzelnen Regalgassen ist in der Regel **ein** RBG tätig. Durch Umsetzeinrichtungen oder kurvengängige Regalförderzeuge können aber auch mehrere Regalgassen von einem Regalförderzeug bedient werden.

Ein- und Auslagerung im Hochregallager

Das Hochregallager besteht aus einem **Lagerbereich** (Regale, Regalgassen und Regalbediengeräte) und einer **Vorzone**. Die Vorzone befindet sich meist an der Stirnseite des Hochregallagers. Hier werden die Lagergüter mittels Stetigförderer (Rollenbahnen, fahrerlose Transportsysteme usw.) zum eigentlichen Hochregal gebracht und am Einlagerungspunkt den Regalförderzeugen übergeben.

Identifikationspunkt

Vor der Einlagerung passieren die Lagergüter noch den sogenannten **Identifikationspunkt (I-Punkt)**. Beim Passieren des I-Punktes werden von den einzulagernden Lagergütern bestimmte Informationen (z.B. Warenart, Artikelnummer, Gewicht, Menge usw.) mittels Sensoren oder Scannern erfasst. Überprüft werden außerdem die Konturen der Lagereinheit und der Zustand der Paletten. Stehen beispielsweise Kartons schief auf einer Palette, wird diese Palette ausgeschleust und muss neu gepackt werden.

Kontrollpunkt

Abschließend wird mit den am I-Punkt erfassten Informationen vom Lagerverwaltungssystem der optimale Lagerplatz für die Lagereinheit bestimmt und die Lagerbestandsdatei aktualisiert. Bei der Auslagerung werden die Lagereinheiten am sogenannten **Kontrollpunkt (K-Punkt)** vom Regalbediengerät an das Fördersystem übergeben. Dort wird überprüft, ob die richtige Lagereinheit ausgelagert wurde, und die Auslagerung vom Lagerverwaltungssystem erfasst.

Bauweise der Hochregallager

Für Hochregallager gibt es zwei verschiedene Bauweisen. Zum einen gibt es die **Betonbauweise** (das **Einbauhochregallager**). Hier werden die Regale nachträglich in ein bereits vorhandenes Gebäude fest eingebaut. Zum anderen gibt es die **Silobauweise**. Bei dieser Bauweise wird zunächst die Regalkonstruktion errichtet, an der das Dach und die Wände befestigt werden.

Vor- und Nachteile von Hochregallagern

Vorteile	Nachteile
• hohe Flächen- und Raumausnutzung • hoher Automatisierungsgrad • Bereitstellung Ware zum Mann • schnelle Ein- und Auslagerung • direkter Zugriff auf alle Lagereinheiten • geringer Personalbedarf • Freiplatzlagerung möglich	• hohe Investitionskosten • hohe Wartungskosten • spezielle Fördermittel erforderlich • Störanfälligkeit bei Ausfall des Computers oder eines RBG • begrenzt ausbaufähig • hoher Organisationsaufwand

4.3 Logistik 4.0: Lagertechnik

Viele Unternehmen verwenden bereits moderne Lagertechniken mit einem hohen Grad an Automatisierung, z. B. automatische Behälterregale, automatische Hochregale, AutoStore, Liftregale oder Shuttle-Regale, bei denen die Güter automatisch ein- und ausgelagert werden. Ein großer Vorteil dieser Regale ist, dass sie meist mit einer automatischen Bestandsüberwachung und -fortschreibung durch die EDV bei jeder Ein- und Auslagerung verbunden sind. Doch auch einfache Fachboden- oder Palettenregale lassen sich in **intelligente Regale** umfunktionieren. Die Nutzung von IoT-Technologien (IoT = Internet of Things) ermöglicht eine Früherkennung von drohenden Regallücken. Durch die Verwendung der RFID-Technik kann beispielsweise automatisch erfasst werden, wenn ein Produkt ein- oder ausgelagert wird. Möglich macht dies ein spezielles Lesegerät im Regalboden oder in den Traversen, das die entsprechenden RFID-Transponder auf den Produktverpackungen liest. Das Regal sendet die Informationen in Echtzeit automatisch an ein zentrales Lagerverwaltungssystem. So können die Waren immer rechtzeitig nachbestellt und die Regale wieder aufgefüllt werden. Auch Mindesthaltbarkeitsdaten von Lebensmitteln können auf diese Weise automatisch kontrolliert werden.

intelligente Regale

4.4 Sicherheit beim Lagern

Für das Betreiben eines Lagers und den Umgang mit Lagereinrichtungen und -geräten gibt es eine Vielzahl von Sicherheitsvorschriften. Eine wichtige rechtliche Grundlage ist die *DGUV Regel 108-007 „Lagereinrichtungen und -geräte“*. Im Folgenden sollen nur einige der wichtigsten Regeln und Vorschriften genannt werden.

Grundsätzliche Lagerungsvorschriften

Das Lagern von Gegenständen ist verboten …

- vor elektrischen Verteilern und Schaltanlagen,
- vor Einrichtungen zur Ersten Hilfe,
- vor Feuerlöschgeräten,
- auf Verkehrs- und Rettungswegen.

Grundsätze für das Betreiben von Lagern

Regelungen der Verkehrswege

Mindestgangbreiten bei Regalen, die nur von Hand be- und entladen werden

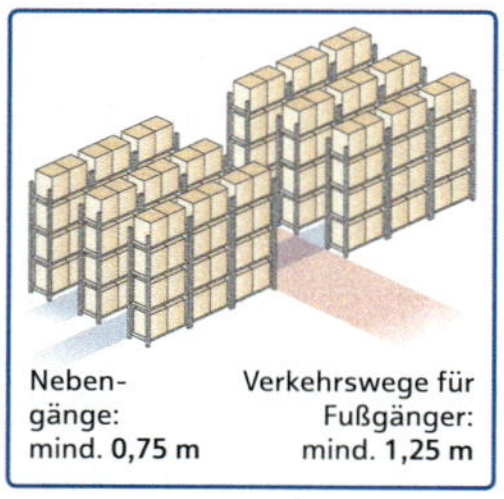

- Lagereinrichtungen und -geräte müssen so errichtet und aufgestellt sein, dass ausreichend bemessene Gänge vorhanden sind.
- Verkehrswege für Fußgänger zwischen Lagereinrichtungen und -geräten müssen mindestens 1,25 m breit sein.
- Gänge, die nur für das Be- und Entladen von Hand bestimmt sind (**Nebengänge**), müssen mindestens 0,75 m breit sein.
- Für Verkehrswege für den Fahrverkehr gelten die folgenden Angaben:

Fahrverkehr ohne Gegenverkehr	Staplerbreite + 2 • 0,5 m Sicherheitsabstand (Auf den Sicherheitsabstand zum Schutz von Personen kann verzichtet werden, wenn der Zugang von Personen durch bauliche Maßnahmen verhindert ist.)	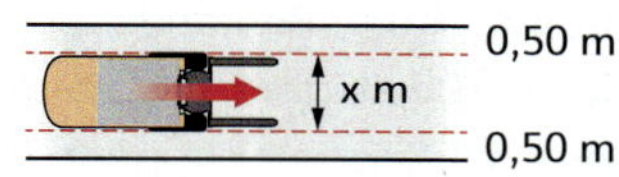
Fahrverkehr mit Gegenverkehr	2 • Staplerbreite + 2 • 0,5 m Sicherheitsabstand + 0,4 m	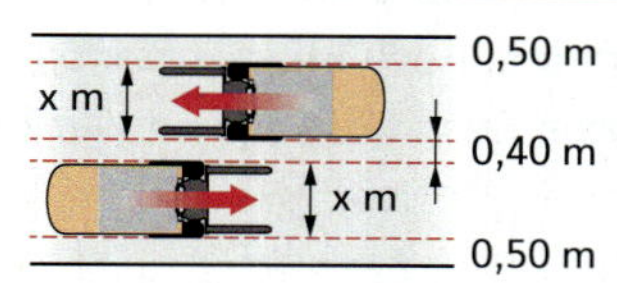
kombinierter Geh- und Fahrverkehr ohne Gegenverkehr	Staplerbreite + 2 • 0,75 m Sicherheitsabstand	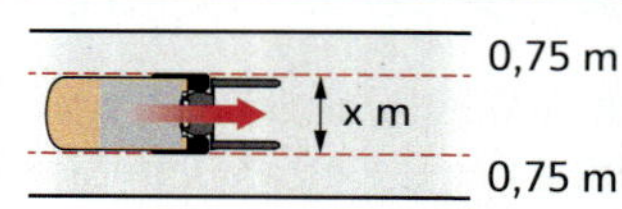
kombinierter Geh- und Fahrverkehr mit Gegenverkehr	2 • Staplerbreite + 2 • 0,75 m Sicherheitsabstand + 0,4 m	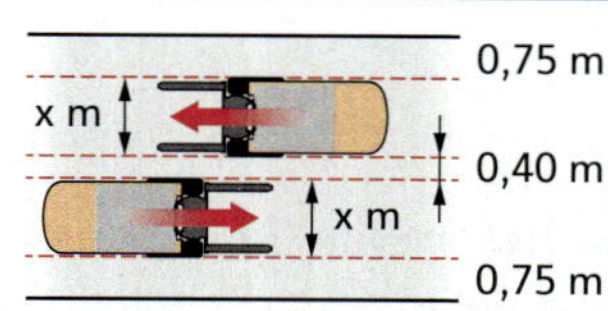

- Verkehrswege für Fahrzeuge müssen mindestens 1 m Abstand zu Türen, Toren, Durchgängen bzw. Durchfahrten haben.

5366112

Regelungen für Lagereinrichtungen (Regale und Schränke)

- Die Standsicherheit von Regalen und Schränken muss in jedem Betriebszustand gegeben sein. Dabei sind neben der Nutzlast auch die auftretenden Kräfte beim Ein- und Auslagern zu berücksichtigen.
- Für Regale muss eine Aufbau- und Betriebsanleitung vorliegen.
- Bauelemente von Regalen und Schränken müssen vor dem Heraus- oder Herabfallen gesichert sein.
- Regale müssen Sicherungen gegen das Herabfallen von Ladeeinheiten und Lagergut enthalten.
- Doppel-Regale, die von zwei Seiten mit nicht zwangsgesteuerten Fördermitteln beladen werden, müssen Durchschiebesicherungen haben.
- Doppel-Regale müssen je Rahmen mit zwei Distanzstücken verbunden werden.

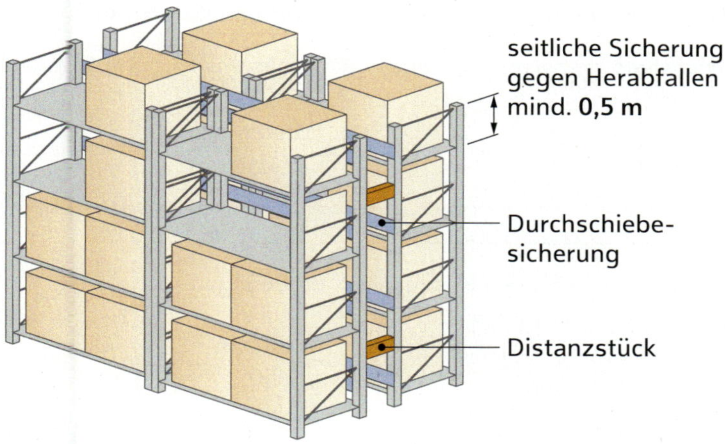

Sicherung gegen Herabfallen und Durchschieben der Ladeeinheiten

Anfahrschutz

- Ortsfeste Regale, die mit nicht liniengeführten Fördermitteln be- oder entladen werden, müssen an ihren Eckbereichen durch einen Anfahrschutz mit gelb-schwarzer Gefahrenkennzeichnung gesichert sein.
- An ortsfesten Regalen mit einer Fachlast von mehr als 200 kg und einer Feldlast von mehr als 1000 kg sowie an verfahrbaren Regalen und Schränken müssen folgende Angaben dauerhaft angebracht sein: Hersteller, Typenbezeichnung, Baujahr, Fach- und Feldlasten und elektrische Nenndaten.

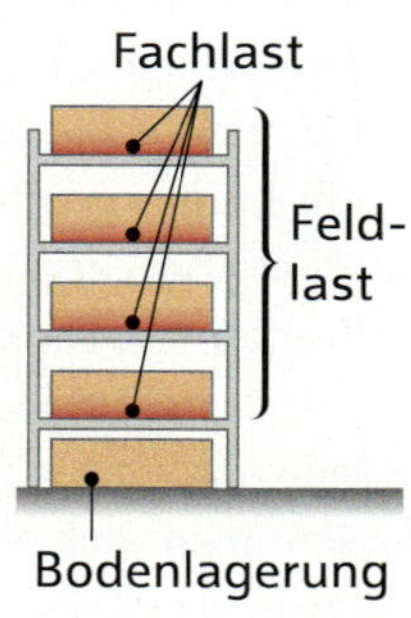

Fachlast und Feldlast

***Fachlast** ist diejenige Last, die von einer Regalseite aus in ein Regalfach eingebracht werden kann.*

[?!] **Fachlast**
shelf load/field load

***Feldlast** ist die Summe aller Fachlasten in einem Regalfeld, wobei eine gleichmäßige Lastverteilung zugrunde gelegt wird. Hierbei werden die direkt auf dem Boden gelagerten Gewichte nicht berücksichtigt.*

[?!] **Feldlast**
shelf load/compartment load

- Die maximale Durchbiegung der tragenden Elemente von Lagereinrichtungen (d. h. der Fachböden) darf bei Einbringung der zulässigen Nutzlast für metallische Werkstoffe $\frac{1}{200}$ ihrer Stützweite, für alle anderen Werkstoffe (z. B. Holz) höchstens $\frac{1}{150}$ ihrer Stützweite betragen. Die Stützweite ist der Abstand zwischen zwei Auflagen.

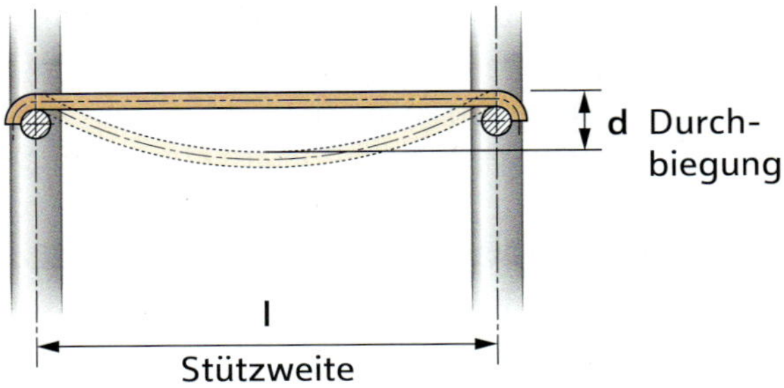

Höchstzulässige Durchbiegung der tragenden Elemente von Lagereinrichtungen

[?!] *Durchbiegung*

Durchbiegung d bei metallischen Werkstoffen:	**Durchbiegung d bei Holz und Kunststoff:**
d = höchstens $\frac{1}{200}$ *der Stützweite*	*d = höchstens* $\frac{1}{150}$ *der Stützweite*
$d \leq \frac{\text{Stützweite}}{200}$	$d \leq \frac{\text{Stützweite}}{150}$

Beispiel: Zulässige Durchbiegung

Die Stützweite bei einem Holzregal beträgt 1,20 m = 1200 mm. Die Durchbiegung darf hier höchstens 8 mm betragen.

Rechnung:

$$\frac{1200\text{ mm}}{150} = 8\text{ mm}$$

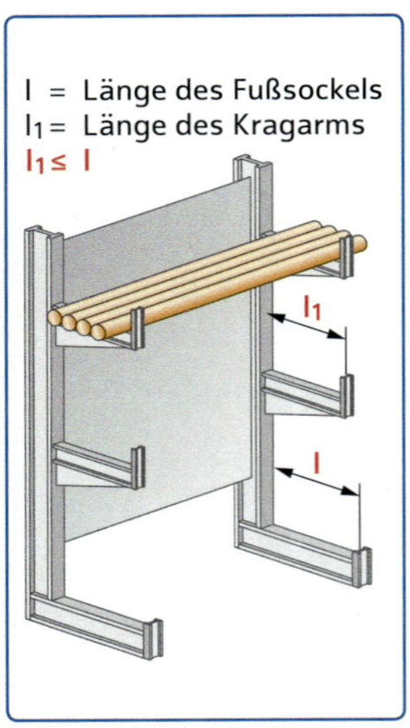

Ausführung von Kragarmregalen

- Kragarmregale müssen so beschaffen sein, dass die Kragarme nicht über die äußeren Abstützpunkte des Fußsockels hinausragen.
- Bei Kragarmregalen für die Lagerung von Rundmaterial und Langgut muss, z. B. durch Aufwinkeln der Kragarme oder durch eingesteckte Sicherungen, sichergestellt sein, dass das Lagergut nicht herausfallen kann.
- Schränke mit Flügeltüren gelten als standsicher, wenn die Höhe der obersten Ablage nicht mehr als das 4-Fache der Schranktiefe beträgt.
- Kraftbetriebene verfahrbare Regale und Schränke müssen an allen Frontseiten mit Schaltleisten und Lichtschranken ausgerüstet sein.
- Verfahrbare Regale und Schränke dürfen nur von Personen in Gang gesetzt werden, die hierzu beauftragt und ausgebildet sind.
- Verfahrbare Regale und Schränke sind ebenso wie Palettenregale mindestens einmal jährlich von einem Sachkundigen auf ihren sicheren Zustand zu prüfen.

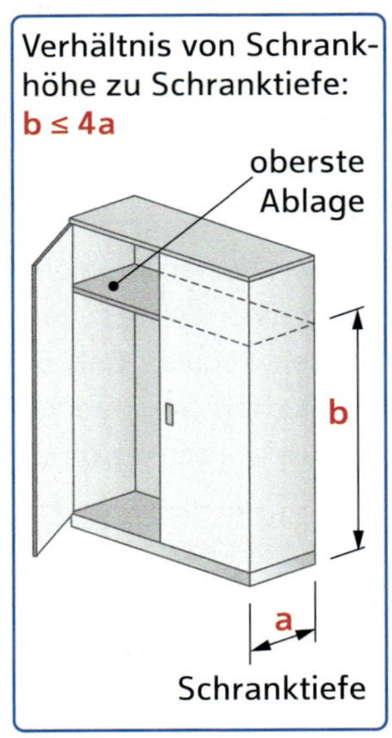

Verhältnis von Schranktiefe zu Schrankhöhe

4.5 Besonderheiten bei der Lagerung von Gefahrstoffen

***Gefahrstoffe* sind Stoffe oder Zubereitungen, die gefährliche oder schädliche Eigenschaften für Mensch und Umwelt besitzen.**

***Gefahrstoffe* sind grundsätzlich so zu lagern, dass sie die menschliche Gesundheit und die Umwelt nicht gefährden.**

[?!]

Gefahrstoffe

hazardous substances

Bei der Lagerung von Gefahrstoffen spielt die einzulagernde Menge eine große Rolle. Für die Lagerung von Kleinmengen bis zu einer Gesamtnettomasse von 1 500 kg ist in der Regel kein spezielles Gefahrstofflager erforderlich (TRGS 510, TRGS = Technische Regeln für Gefahrstoffe). Allerdings muss im Einzelfall immer die maximal erlaubte Menge jedes Gefahrstoffs überprüft und beachtet werden. Diese ist abhängig von der jeweiligen Einstufung und den Eigenschaften eines Gefahrstoffs. So ist es z. B. erlaubt 1 000 kg brennbare Flüssigkeiten (z. B. Haarlack oder Imprägniermittel) außerhalb eines Gefahrstofflagers zu lagern, aber nur 20 kg extrem und leicht entzündbare Flüssigkeiten (z. B. Ethanol).

Ergibt sich bei der Ermittlung des Gefahrenpotenzials, dass die Kleinmengenregelung anwendbar ist, dürfen Gefahrstoffe in der Regel auch im vorhandenen allgemeinen Lager eines Betriebes gelagert werden, in dem auch andere Waren und Materialien lagern. Wird jedoch bei einem Gefahrstoff die maximal erlaubte Menge überschritten, muss dieser Gefahrstoff in einem Gefahrstofflager gelagert werden.

Gefahrstofflager im Sinne der TRGS sind Gebäude, Bereiche oder Räume in Gebäuden oder Bereiche im Freien, die dazu bestimmt sind, in ihnen Gefahrstoffe zu lagern. Hierzu zählen auch Gefahrstoffcontainer oder Sicherheitsschränke (Gefahrstoffschränke).

Unabhängig davon, ob Gefahrstoffe im allgemeinen Lager oder in einem speziellen Gefahrstofflager gelagert werden, sind gemäß der Gefahrstoffverordnung (GefStoffV), der Technischen Regeln für Gefahrstoffe (TRGS), für Betriebssicherheit (TRBS) und für Arbeitsstätten (ASR) bei der Lagerung von Gefahrstoffen folgende Punkte zu beachten:

- Gefahrstoffe sind grundsätzlich in den Originalverpackungen aufzubewahren.
- Gefahrstoffe sind entsprechend den Vorschriften der Gefahrstoffverordnung (GefStoffV) zu kennzeichnen.
- Gefahrstoffe, welche gefährlich miteinander reagieren, müssen getrennt gelagert werden. Unter einer getrennten Lagerung ist die Lagerung in Teillagerflächen (z. B. in getrennten Schrankabteilen, in separaten Auffangwannen oder auf getrennten Regalen) zu verstehen.
- Bei der Lagerung brennbarer Flüssigkeiten müssen die Lagerräume in jedem Fall von angrenzenden Räumen feuerbeständig abgetrennt sein.
- In den Lagerräumen für brennbare Flüssigkeiten dürfen keine leicht brennbaren Stoffe wie Papier, Pappe, Holzwolle aufbewahrt werden, es sei denn, diese Stoffe gehören zur Verpackung der brennbaren Flüssigkeiten.

- Die Lagerräume müssen ausreichend beleuchtet sein (mindestens 200 Lux).
- Die Lagerräume müssen so beschaffen sein, dass der Fußboden für das Lagergut undurchlässig ist und aus nicht brennbarem Material besteht.
- Die Lagerräume müssen unabhängig von Art und Menge der gelagerten Stoffe ausreichend belüftet sein.
- Die Lager sind so einzurichten, dass Unbefugte keinen Zugriff haben.
- Die Lagerung von wassergefährdenden Stoffen und Zubereitungen ab 1000 l bzw. 1000 kg hat in Auffangwannen zu erfolgen, die mindestens den Inhalt des größten Gebindes aufnehmen können.
- Die Einrichtungen im Lager müssen aus schwer entflammbaren Materialien bestehen.
- Die Lagerung von Gefahrstoffen in Treppenhäusern, Sanitär- und Sanitätsräumen, allgemein zugänglichen Fluren, Wohnungen und auf Verkehrswegen ist unzulässig.
- Sehr giftige Stoffe sind immer unter Verschluss zu lagern, sodass nur sachkundige Personen oder deren Beauftragte Zugang dazu haben.
- Gefahrstoffe dürfen nicht unmittelbar neben Arzneimitteln, Lebens- und Futtermitteln aufbewahrt oder gelagert werden.
- Gefahrstoffe dürfen nicht in Behältern aufbewahrt oder gelagert werden, die in ihrer Art für Lebens- und Genussmittel bestimmt sind (z. B. Motoröl in einer Colaflasche).

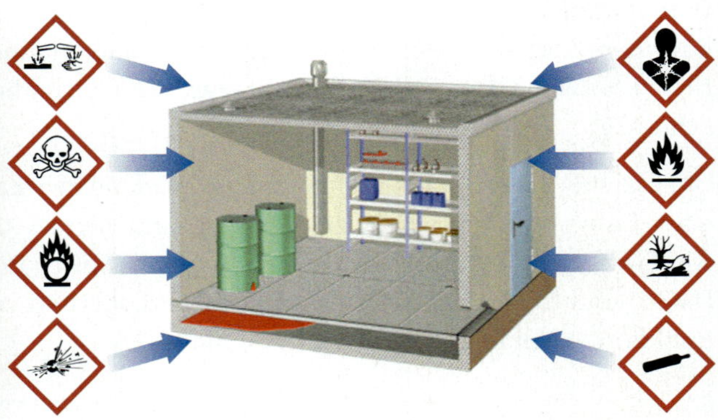

Gefahrstofflager

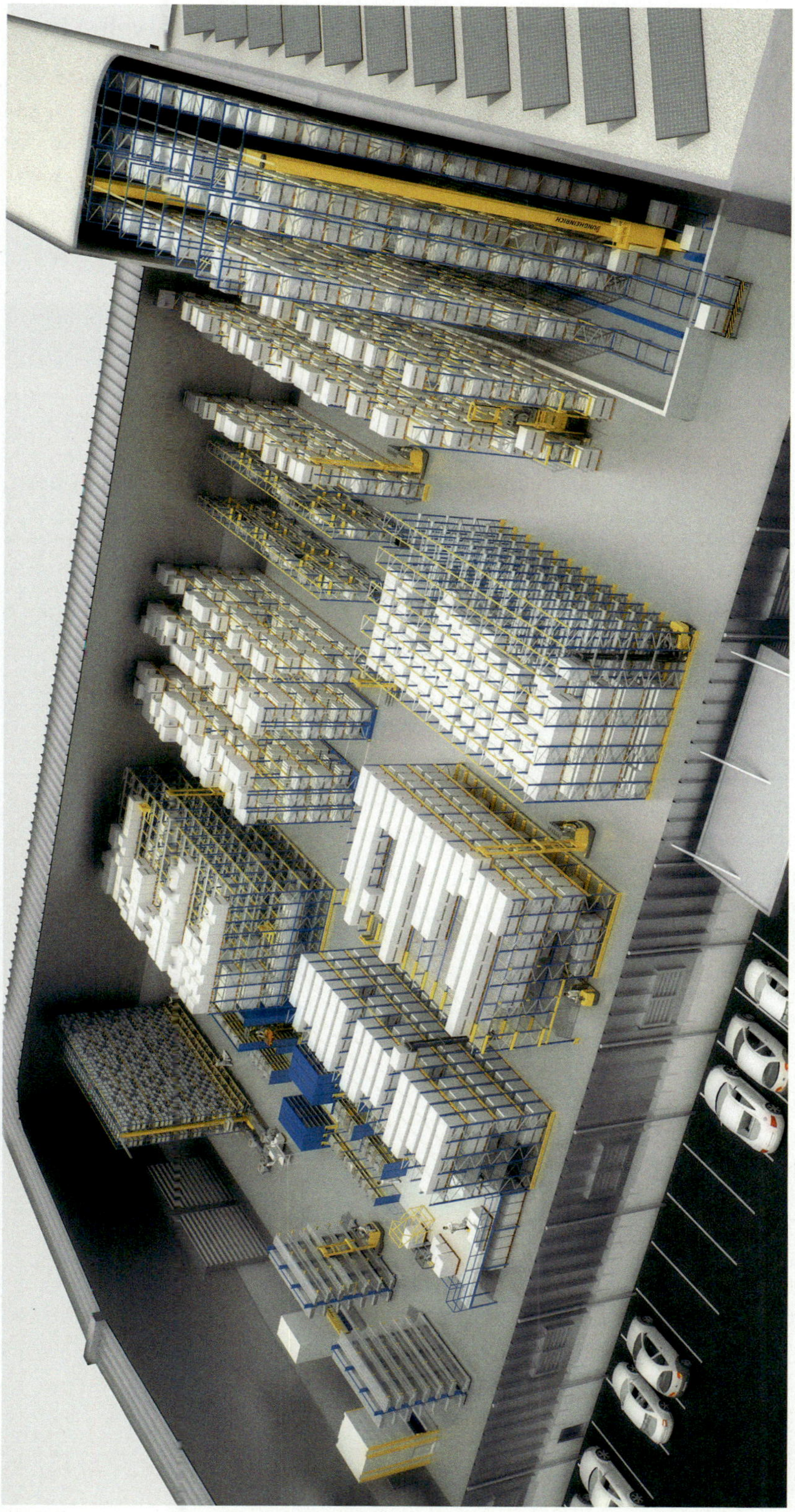

Darstellung verschiedener Lagertechniken

5 Gesetze und Verordnungen zum Arbeits- und Umweltschutz

Ziele des Arbeitsschutzes

Der **Arbeitsschutz** verfolgt zwei Ziele: Zum einen beinhaltet er die **Abwehr von Unfall- und Gesundheitsgefahren zum Schutz vor Verletzungen und Erkrankungen**. Zum anderen beinhaltet er auch die **menschengerechte Gestaltung der Arbeitsumgebung**. Um diese Ziele zu erreichen, müssen die Vorschriften und Regeln zum Arbeitsschutz eingehalten werden.

Die Gesetze, Vorschriften und Regeln unterteilen sich in drei Kategorien:

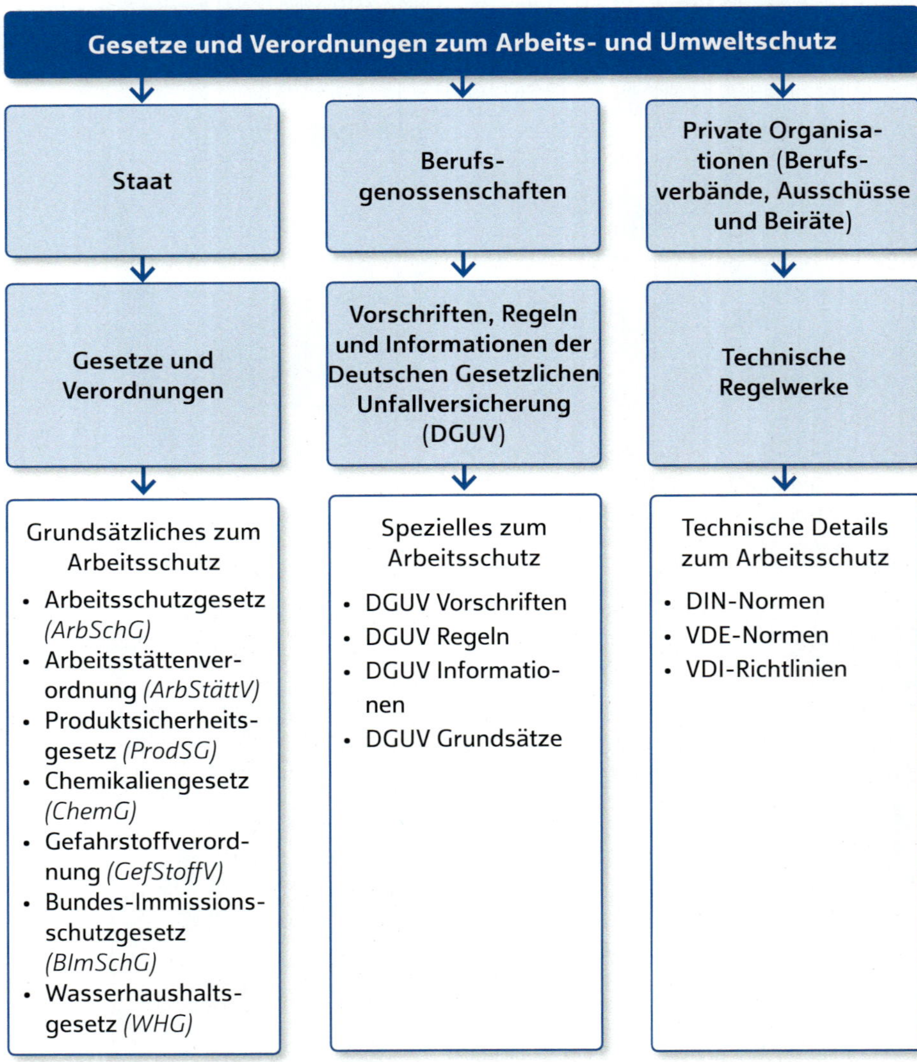

5366118

5.1 Arbeitsschutzgesetz (ArbSchG)

Arbeitsschutzgesetz
Health and Safety at Work Act

Das Arbeitsschutzgesetz verfolgt das Ziel, Sicherheit und Gesundheitsschutz der Arbeitnehmer durch Maßnahmen des Arbeitsschutzes zu sichern und zu verbessern. Es gilt mit wenigen Ausnahmen **in allen Tätigkeitsbereichen**.

Pflichten des Arbeitgebers

Der Arbeitgeber trägt die grundsätzliche **Verantwortung für die Einhaltung des betrieblichen Arbeits- und Gesundheitsschutzes**. Er ist verpflichtet, den Arbeits- und Gesundheitsschutz zu organisieren. Außerdem hat er die dafür erforderlichen Mittel bereitzustellen. Alle damit zusammenhängenden Kosten trägt der Arbeitgeber.

Grundsätze

Der Arbeitgeber hat folgende Grundsätze zu beachten:
- Die Arbeit ist so zu gestalten, dass eine Gesundheitsgefährdung möglichst vermieden bzw. gering gehalten wird.
- Gefahren sind stets an ihrer Quelle zu bekämpfen. Ist dies nicht möglich, sind nachrangig individuelle Schutzmaßnahmen festzulegen.
- Bei der Festlegung der Maßnahmen sind der Stand der Technik, Arbeitsmedizin und Hygiene sowie sonstige ergonomische Erkenntnisse zu berücksichtigen.

Gefährdungen am Arbeitsplatz

Gefährdungen am Arbeitsplatz können entstehen durch ...
- die Gestaltung und Einrichtung des Arbeitsplatzes,
- die Gestaltung von und den Umgang mit Arbeitsmitteln,
- die Gestaltung von Arbeitsverfahren,
- vorhandene Gefahrstoffe,
- mangelhafte Qualifikation und Unterweisung der Arbeitnehmer.

Der Arbeitgeber hat jeden Arbeitsplatz nach seiner Gefährdung zu beurteilen.

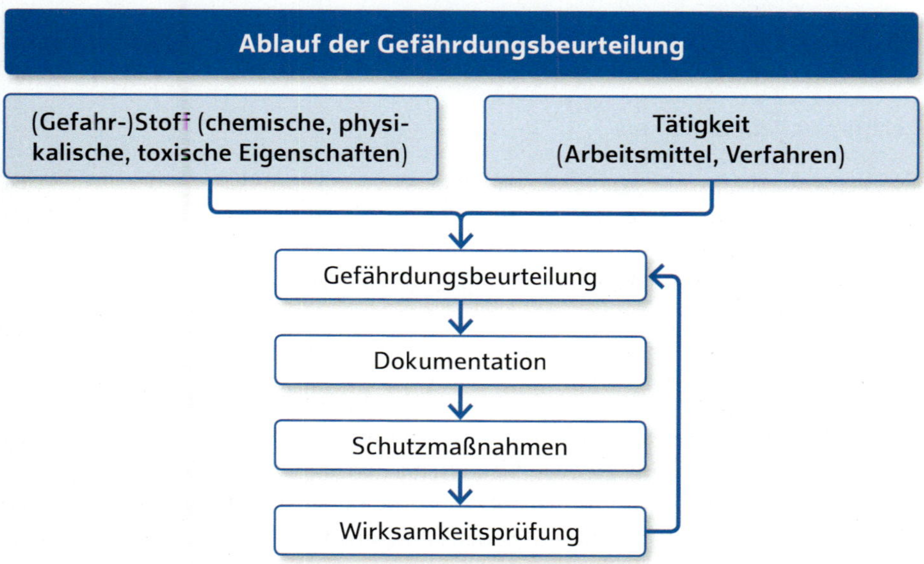

Gefährdungsbeurteilungen werden durch **Fachkräfte für Arbeitssicherheit** in Zusammenarbeit mit den **Betriebsärzten** vorgenommen. Im Ergebnis dieser Gefährdungsbeurteilung erfolgt dann die Festlegung, welche **Maßnahmen des Arbeitsschutzes**

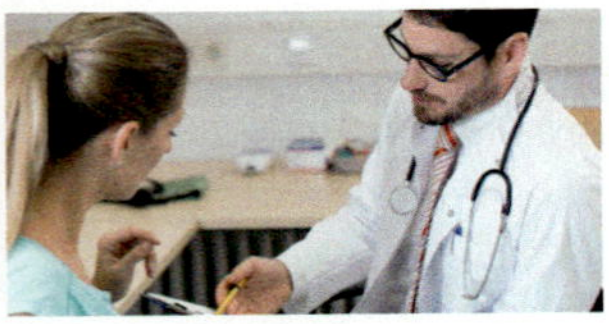
Arbeitsmedizinische Untersuchung

Maßnahmen zur Ersten Hilfe

erforderlich sind. Bei gleichartigen Arbeitsbedingungen muss nur jeweils ein Arbeitsplatz beurteilt werden.

Das Ergebnis der Gefährdungsbeurteilung, die festgelegten Arbeitsschutzmaßnahmen sowie die Überprüfung dieser Schutzmaßnahmen sind vom Arbeitgeber zu dokumentieren.

Der Arbeitgeber hat geeignete Maßnahmen zur Ersten Hilfe, Brandbekämpfung und Evakuierung der Arbeitnehmer festzulegen, zu organisieren und bereitzustellen. Er hat Verantwortliche mit der Durchführung dieser Maßnahmen zu beauftragen. Arbeitnehmer, die Gefahren ausgesetzt sind, haben das Recht auf regelmäßige **arbeitsmedizinische Untersuchungen** zur frühzeitigen Erkennung und Behandlung von Gesundheitsschäden.

Unterweisung der Arbeitnehmer

Der Arbeitgeber hat die Arbeitnehmer über die am Arbeitsplatz bestehenden Gefahren ausreichend und angemessen zu unterweisen. Dazu gehören auch Anweisungen und Erläuterungen zu Sicherheit und Gesundheitsschutz bei der Arbeit. Diese Unterweisung hat bei der Einstellung, bei Arbeitsplatzwechsel sowie bei Einführung neuer Arbeitsmittel oder -verfahren vor der Arbeitsaufnahme zu erfolgen. Sie muss in regelmäßigen Abständen (laut Arbeitsstättenverordnung mindestens einmal jährlich) wiederholt werden.

Pflichten des Arbeitnehmers

Nicht nur der Arbeitgeber, auch die Arbeitnehmer haben für ihre Sicherheit und Gesundheit bei der Arbeit zu sorgen. Insbesondere haben sie Maschinen, Anlagen, Arbeitsstoffe u. Ä. sowie die ihnen zur Verfügung gestellte persönliche Schutzausrüstung bestimmungsgemäß zu verwenden. Stellen Arbeitnehmer Gefahren und Sicherheitsmängel fest, müssen sie diese unverzüglich dem Arbeitgeber, dem Sicherheitsbeauftragten, der Fachkraft für Arbeitssicherheit oder dem Betriebsarzt melden. Missachtet der Arbeitnehmer grob fahrlässig Gesetze und Verordnungen, haftet er für dadurch entstandene Schäden.

Rechte des Arbeitnehmers

Bei besonders **schwerwiegenden Gefahren** haben die Arbeitnehmer das Recht, selbst über geeignete Maßnahmen zur Gefahrenabwehr und Schadenbegrenzung zu entscheiden. Daraus darf ihnen kein Nachteil entstehen, es sei denn, sie haben grob fahrlässig oder vorsätzlich falsche Maßnahmen getroffen.

5.2 Logistik 4.0: Arbeitsschutz

Auch beim Arbeitsschutz kann in der Logisitk ein Bedarf an intelligenten Lösungen bestehen, z. B. während der Corona-Krise. Die Mitarbeiter im Lager sollten auch während der Arbeit zu ihrer eigenen Sicherheit einen angemessenen Abstand untereinander wahren. So wurde zum Schutz der Arbeitnehmer eine App entwickelt, die die Lagermitarbeiter dabei unterstützt, den richtigen Abstand voneinander einzuhalten. Diese App lässt sich über ein Android-Gerät oder einen Barcodescanner nutzen. Kommen sich die Lagermitarbeiter zu nahe, gibt das Gerät sowohl einen akustischen als auch einen optischen Alarm. Durch das Auslesen der Entfernungsdaten können Unternehmens- und Lagerleitung in einem weiteren Schritt schnell und einfach Engpässe im Lager identifizieren und entsprechende Änderungsschritte unternehmen.

5.3 Arbeitsstättenverordnung (ArbStättV)

Die Arbeitsstättenverordnung regelt die *Mindestanforderungen beim Einrichten und Betreiben von Arbeitsstätten*. Nach *§ 2 ArbStättV* sind Arbeitsstätten alle Arbeitsplätze im Freien und alle Arbeitsräume in Gebäuden, inklusive der dazugehörigen Verkehrswege, Lager- und Maschinenräume, Pausen- und Umkleideräume, Wasch- und Toilettenräume sowie Sanitätsräume.

Die allgemein gehaltenen Anforderungen werden durch die *Technischen Regeln für Arbeitsstätten (ASR)* konkretisiert. Nachfolgend werden die wichtigsten Anforderungen an Arbeitsstätten genannt.

Türen und Tore

- Von **Fußgängern** genutzte Türen und Tore müssen leicht zu öffnen und zu schließen sein. Räume mit Toren für den Fahrzeugverkehr müssen in deren unmittelbarer Nähe Türen für Fußgänger haben.
- **Pendeltüren und -tore** sollten aus durchsichtigem Material bestehen. Wenn nicht, sind sie mit Sichtfenstern auszustatten. Ist das durchsichtige Material nicht bruchsicher, muss es durch Schutzgitter gesichert werden.
- **Schiebetüren und -tore** müssen gegen Ausheben und Herausfallen gesichert sein.
- **Nach oben öffnende Türen und Tore** sind gegen Herabfallen zu sichern.
- **Türen in Rettungswegen** müssen sich jederzeit ohne Hilfsmittel öffnen lassen.
- **Kraftbetriebene Türen und Tore** müssen Schutzeinrichtungen und Notabschalteinrichtungen enthalten, die ein Einklemmen von Personen oder Fahrzeugen verhindern. Im Gefahrenfall müssen sie sofort zum Stillstand kommen.

Verkehrswege und Fluchtwege

Verkehrswege

Gänge (Gassen), Fahrwege und Fahrgleise, Flure und Treppen gehören zu den **Verkehrswegen**. Sie müssen sicher begeh- und befahrbar sein. Sind Arbeitnehmer unmittelbar an Verkehrswegen beschäftigt, dürfen sie nicht gefährdet sein.

Die **Mindestbreite der Verkehrswege** ohne Gegenverkehr für kraftbetriebene oder spurgebundene Fördermittel lässt sich folgendermaßen berechnen:

Mindestbreite der Verkehrswege für kraftbetriebene oder spurgebundene Fördermittel	=	***Breite der Fördermittel plus mindestens je 0,5 m auf beiden Seiten des Verkehrsweges***

Verkehrswege für Fahrzeuge müssen mindestens 1 m Abstand zu Türen, Toren, Durchgängen bzw. Durchfahrten haben. In Lagerräumen mit einer Grundfläche von mehr als 1000 m^2 oder mit großem Verkehrsaufkommen müssen die Verkehrswege als solche gekennzeichnet sein.

Fluchtwege

Fluchtwege müssen als solche gekennzeichnet sein. Sie müssen auf möglichst kurzem Weg in gesicherte Bereiche oder ins Freie führen. Rettungswege sind ständig freizuhalten. Sie dürfen nicht verschlossen sein, solange sich Menschen im Raum aufhalten. Die zulässige Länge und die Mindestbreite der Fluchtwege ist abhängig von den möglichen Gefahren und der Anzahl an Menschen, die den Fluchtweg benutzen müssen. Der nächstgelegene Notausgang darf maximal 35 m entfernt sein.

Beleuchtung

Eine künstliche Beleuchtung darf weder Direktblendung noch Reflexblendung verursachen. Die Lichtschalter müssen leicht zugänglich sowie selbstleuchtend sein. Außerdem müssen sie sich in unmittelbarer Nähe der Ein- und Ausgänge befinden. An besonders unfallgefährdeten Stellen – vor allem Ein- und Ausgänge, Flure, Treppen und Rettungswege – muss eine **Sicherheitsbeleuchtung** vorhanden sein. Die Sicherheitsbeleuchtung muss sich bei Ausfall der sonstigen Beleuchtung automatisch einschalten.

Raumtemperatur

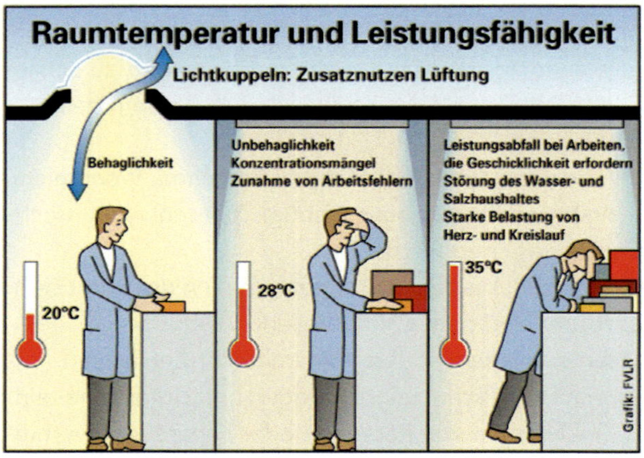

Raumtemperatur und Leistungsfähigkeit

In Arbeitsräumen muss bereits zu Arbeitsbeginn eine gesundheitlich zuträgliche Raumtemperatur vorhanden sein. Dazu sind diese notfalls mit technischen Einrichtungen wie Heizungen, Kühlanlagen bzw. Klimaanlagen auszustatten. Wie hoch die jeweils gesundheitlich zuträgliche Raumtemperatur sein darf, hängt von der Art der Tätigkeit ab.

Die Lufttemperatur in Arbeitsräumen darf maximal 26 °C betragen. Bei höheren Raumtemperaturen sollen zusätzliche Maßnahmen ergriffen werden. Beispiele hierfür sind: Nachtauskühlung, Bereitstellen von Trinkwasser, Lockerung der Bekleidungsregeln, Nutzung von Gleitzeitregeln.

Raumart	Art der Tätigkeit	Raumtemperatur
Büroräume	leichte Arbeit im Sitzen	mind. 20 °C
Lager- und Maschinenräume	leichte Arbeit im Stehen	mind. 19 °C
Lager- und Maschinenräume	schwere Arbeit im Stehen	mind. 12 °C
Pausen-, Sanitär- und Sanitätsräume	keine	mind. 21 °C

Lärmschutz

Unter **Lärm** werden störende Schallwellen verstanden, die die Gesundheit schädigen. Sie werden in **Dezibel (dB)** gemessen. Zum Schutz gegen Lärm ist der Schallpegel so niedrig wie möglich zu halten. Bereits bei der Anschaffung von Anlagen und Maschinen ist auf möglichst leise Antriebe und schwingungsdämpfende Bauteile zu achten. Bei allen Tätigkeiten beträgt der höchstzulässige Schallpegel 85 dB(A).

Die nachfolgende Abbildung enthält zum Vergleich verschiedene Schallquellen und ihre Schallpegel.

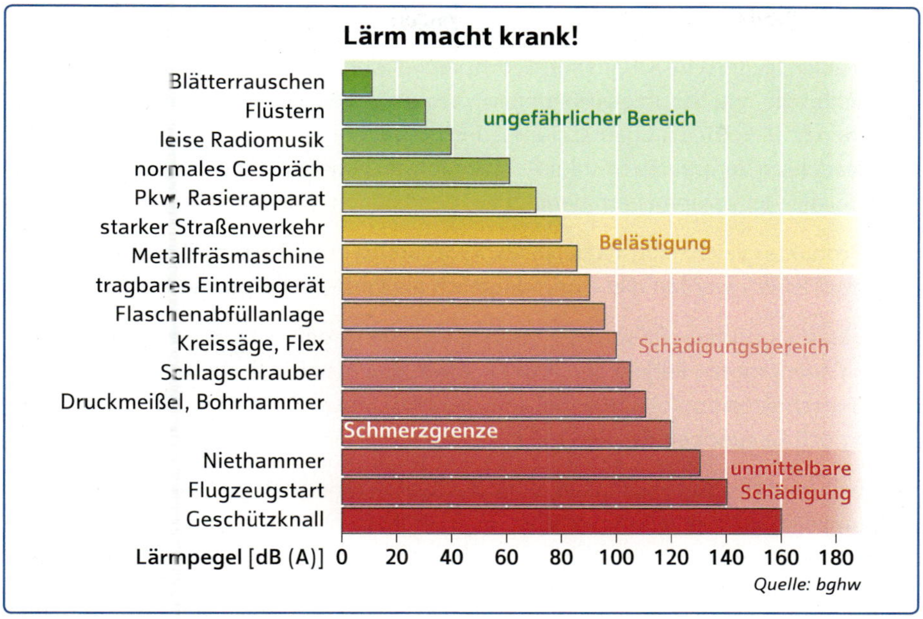

Wahrnehmung und Wirkung verschiedener Geräusche

Lärm macht krank – das haben wissenschaftliche Untersuchungen ergeben. Dauerhafter Lärm führt zu Schwerhörigkeit. Sie ist unheilbar und nimmt bei den Berufskrankheiten fast 50 % ein. Darüber hinaus wirkt sich Lärm auch auf andere Bereiche des menschlichen Organismus aus. Vor allem Herz-Kreislauf-Probleme, Magen-Darm-Beschwerden und psychische Erkrankungen sind Folgen von dauerhaftem Lärm. Hinzu kommen Hörschäden, erhöhte Adrenalinabgabe, Herzklopfen und Verengung der Blutgefäße.

Bildschirmarbeitsplatz

Bildschirmarbeitsplätze sind Arbeitsplätze mit Bildschirmgeräten, also alle **Arbeitsplätze**, an denen häufig mit dem PC gearbeitet wird. Fahrerplätze in Fahrzeugen mit einem Datenterminal wie bei Kommissionierstaplern und Bedienerplätze von Maschinen gelten nicht als Bildschirmarbeitsplätze. Ein Schreibtisch mit PC zur Durchführung der Tourenplanung ist dagegen ein Bildschirmarbeitsplatz. Die Arbeit an falsch eingestellten, flimmernden oder reflektierenden Bildschirmen kann Kopfschmerzen, Schwindel und Sehstörungen verursachen und schädigt langfristig die Augen. Nicht ausreichend verstellbare Arbeitstische und Bürostühle zwingen zu einer **falschen Sitzhaltung**, die zu Verspannungen, Rückenschmerzen und anderen Erkrankungen des Muskel- und Skelettsystems führt. Daher ist der Arbeitgeber verpflichtet, bei der Einrichtung von Bildschirmarbeitsplätzen **ergonomische Standards** einzuhalten. So müssen Arbeitstisch und Stuhl höhenverstellbar und die Beleuchtung blendfrei sein. Der Bildschirm selbst muss ausreichend groß, strahlungsarm, flimmerfrei und in der Neigung verstellbar sein. Ein Vorlagenhalter und Fußstützen sollten vorhanden sein. Tastatur, Maus und Software müssen so gestaltet sein, dass Körper und Psyche so wenig wie möglich belastet werden. Der Arbeitgeber muss regelmäßige augenärztliche Untersuchungen anbieten und bei Bedarf eine Bildschirmbrille bezahlen.

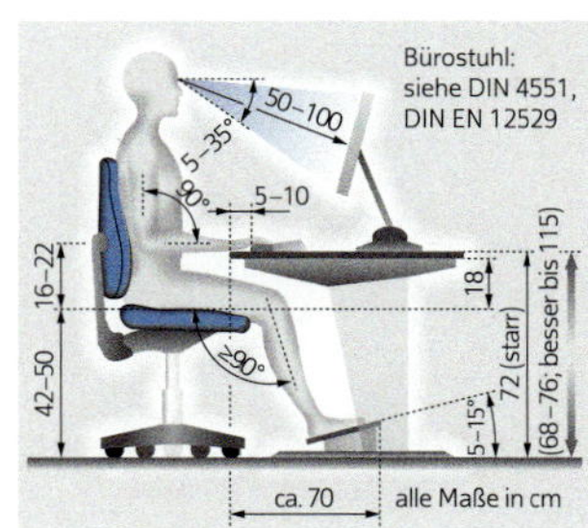

Ergonomisch gestalteter Bildschirmarbeitsplatz

5.4 Gesetz über technische Arbeitsmittel und Verbraucherprodukte (Produktsicherheitsgesetz – ProdSG)

Nach dem *Produktsicherheitsgesetz (ProdSG)* sind Produkte

- zum einen technische Arbeitsmittel, d. h. verwendungsfertige Arbeitseinrichtungen, Zubehörteile und Schutzausrüstungen, die ausschließlich bei der Arbeit verwendet werden (z. B. Verpackungsmaschine), und
- zum anderen Verbraucherprodukte, d. h. Gebrauchsgegenstände und sonstige Produkte, die von Verbrauchern benutzt werden können (z. B. Fernseher).

Sind Produkte gleichzeitig technisches Arbeitsmittel und Verbraucherprodukt (z. B. Winkelschleifer), werden diese grundsätzlich als **Verbraucherprodukt** angesehen.

Produkte in Verkehr bringen

Grundsätzlich dürfen nur solche Produkte in Verkehr gebracht werden, die den allgemein anerkannten Regeln der Technik sowie den Arbeitsschutz- und Unfallverhütungsvorschriften entsprechen. Bei vorschriftsmäßigem Gebrauch dürfen sie weder Leben noch Gesundheit der Benutzer oder anderer Personen in Gefahr bringen.

Falls während des Gebrauchs eines Produktes bestimmte **Regeln zur Gefahrenvermeidung** eingehalten werden müssen, dann muss der Lieferung eine entsprechende **Gebrauchsanweisung** in deutscher Sprache beiliegen.

DGUV Test-Prüfzeichen

Auf Antrag des Herstellers kann ein Produkt einer **Baumusterprüfung** sowie einer **Produktionskontrolle** bei unabhängigen Prüf- und Zertifizierungsstellen im **DGUV Test** (DGUV = Deutsche Gesetzliche Unfallversicherung e.V.) unterzogen werden. Das **DGUV Test-Prüfzeichen** (ehemals BG-PRÜFZERT-Zeichen) bescheinigt, dass alle **Anforderungen an die Sicherheit und den Gesundheitsschutz** erfüllt sind und wird für maximal fünf Jahre vergeben.

GS-Zeichen

Wenn das technische Produkt sicherheitstechnisch unbedenklich ist, darf es mit dem Zeichen **GS = geprüfte Sicherheit** versehen werden. Das GS-Zeichen ist ein spezifisch deutsches, aber weltweit anerkanntes Sicherheitszeichen für verwendungsfertige Produkte, z.B. im Bereich Haus- und Elektrogeräte. Es kennzeichnet Produkte, die den Anforderungen des Gerätesicherheitsgesetzes sowie den DIN- und DIN-EN-Bestimmungen entsprechen. Die Fertigungsbetriebe werden jährlich kontrolliert.

Vergeben wird das Zeichen von einer der zugelassenen unabhängigen Prüf- und Zertifizierungsstellen, z. B. vom TÜV (Technischer Überwachungsverein) und vom Prüf- und Zertifizierungsinstitut des VDE (Verband Deutscher Elektrotechniker) oder dem Prüf- und Zertifizierungssystem DGUV Test.

Das GS-Zeichen ist ein freiwilliges Prüfzeichen. Eine Pflicht zur Prüfung besteht nicht. Die GS-Bescheinigung ist ebenfalls maximal fünf Jahre gültig.

CE-Kennzeichnung

Das Produkt kann auch einer **EG-Baumusterprüfung** gemäß EU-Maschinen-Richtlinie unterzogen werden. Hier wird nur die Übereinstimmung mit europäischen Richtlinien erklärt. Es ist kein Prüf- oder Gütezeichen, sondern nur eine Erklärung des Herstellers.

- **CE-Zeichen ohne Kenn-Nummer:** Der Hersteller führt selbst die Fertigungskontrolle durch.
- **CE-Zeichen mit Kenn-Nummer:** Eine behördlich anerkannte Stelle überwacht die Produktionsphase, ohne aber dem Hersteller die Verantwortung für das Produkt abzunehmen. *(CE* steht für *Communauté Européenne).*

5366124

5.5 Gesetz zum Schutz vor gefährlichen Stoffen (Chemikaliengesetz – ChemG)

Das *Chemikaliengesetz* dient dem Zweck, Mensch und Umwelt vor schädlichen Einwirkungen durch gefährliche Stoffe und Zubereitungen zu schützen. Diese Einwirkungen sollen erkennbar gemacht, abgewendet und ihrem Entstehen vorgebeugt werden. Das Chemikaliengesetz wird durch die *Verordnung zum Schutz vor gefährlichen Stoffen (Gefahrstoffverordnung)* ergänzt.

5.6 Verordnung zum Schutz vor Gefahrstoffen (Gefahrstoffverordnung – GefStoffV)

Kernpunkte der geltenden *Gefahrstoffverordnung (GefStoffV)* bilden die Gefährdungsbeurteilung, die Schutzmaßnahmen und die arbeitsmedizinische Vorsorge.

Die Gefahrstoffverordnung gilt ...

- ... für das Inverkehrbringen von Gefahrstoffen
- ... zum Schutz der Menschen vor Gefährdungen ihrer Gesundheit und Sicherheit durch Gefahrstoffe
- ... zum Schutz der Umwelt vor stoffbedingten Schädigungen

Geltungsbereich der Gefahrstoffverordnung

Vorschriften der Gefahrstoffverordnung sind zu beachten, wenn Mitarbeiter in einem Betrieb Gefahrstoffe herstellen, verwenden, diese lagern oder verpacken. Hierzu enthält die Gefahrstoffverordnung folgende Begriffsbestimmungen:

Tätigkeit

- Eine **Tätigkeit** im Sinne der *GefStoffV* ist jede Arbeit, bei der Stoffe, Zubereitungen oder Erzeugnisse verwendet, hergestellt, gelagert, innerhalb des Betriebes befördert, entsorgt und behandelt werden. Bedien- und Überwachungsarbeiten, die zu einer Gefährdung von Arbeitnehmern durch Gefahrstoffe führen können, gehören ebenfalls dazu.

Lagern

- **Lagern** ist nach der *GefStoffV* das Aufbewahren der Gefahrstoffe zur späteren Verwendung, Beförderung und Abgabe an andere. Es schließt die Bereitstellung zur Beförderung ein, wenn die Beförderung nicht binnen 24 Stunden erfolgt.

Der Arbeitgeber muss ermitteln, ob es sich bei den verwendeten Stoffen um Gefahrstoffe handelt. Ist dies der Fall, muss eine **Gefährdungsbeurteilung** durch fachkundige Personen (z. B. Betriebsarzt oder Fachkraft für Arbeitssicherheit) erstellt werden. Dabei wird geprüft, in welchen Mengen der Stoff benutzt wird und wie groß die Risiken sind, denen die Beschäftigten dadurch ausgesetzt sind. Je nach Ausmaß der Gefahr müssen technische, organisatorische und persönliche Schutzmaßnahmen und deren Wirksamkeitskontrollen festgestellt werden. Die zu ergreifenden Schutzmaßnahmen sind in der **Gefahrstoffverordnung** §§ 7 bis 11 festgelegt und bauen – mit zunehmendem Gefährdungsgrad – aufeinander auf.

Schutzmaßnahmen

Grundsätzlich muss der Arbeitgeber dafür sorgen, dass gefährliche Stoffe durch weniger gefährliche Stoffe ersetzt werden (Substitutionsgebot). Ist dies nicht möglich, sollen möglichst wenige Beschäftigte den Risiken ausgesetzt werden, die von gefährlichen Stoffen ausgehen. Der Arbeitgeber hat eine persönliche Schutzausrüstung bereitzustellen und dafür zu sorgen, dass diese regelmäßig gereinigt wird. Er hat dafür zu sorgen, dass in Arbeitsbereichen, in denen die Beschäftigten gefährlichen Stoffen ausgesetzt sind, weder getrunken noch gegessen wird. Giftige und krebserregende Stoffe müssen unter Verschluss gehalten werden. Weitere Maßnahmen zum Schutz gegen besonders gefährliche Stoffe sind Arbeitsplatzmessungen, Absauganlagen, zeitliche Begrenzungen der Tätigkeiten und Zutrittsverbote.

Im Zusammenhang mit den Tätigkeiten im Lager sind die Vorschriften zur Kennzeichnung und Verpackung von Gefahrstoffen besonders wichtig. Diese werden im Folgenden dargestellt.

Einstufung und Kennzeichnung gefährlicher Stoffe

Für die Einstufung und Kennzeichnung gefährlicher Substanzen wurde ein weltweit harmonisiertes System, *GHS (Global harmonisiertes System),* entwickelt.

Die Kennzeichnung nach *GHS* besteht aus:
- 9 Gefahrstoffsymbolen (Piktogramme),
- 71 Gefahrenhinweisen *(H-Sätze, Hazard statement,* früher *R-Sätze)* und
- 135 Sicherheitshinweisen *(P-Sätze, Precautionary statement,* früher *S-Sätze).*

Gefahrstoffsymbole im Überblick

Piktogramm	Eigenschaft des Gefahrstoffs	Anzeige für …
 explodierende Bombe	explosiv *explosive*	• instabile explosive Stoffe und Gemische • explosive Stoffe/Gemische und Erzeugnisse mit Explosivstoff • selbstzersetzliche Stoffe und Gemische • organische Peroxide
 Flamme	entzündlich *flammable*	• entzündbare Gase, Aerosole, Flüssigkeiten und Feststoffe • selbstzersetzliche Stoffe und Gemische • pyrophore Flüssigkeiten und Feststoffe • selbsterhitzungsfähige Stoffe und Gemische • Stoffe und Gemische, die bei Berührung mit Wasser entzündbare Gase abgeben • organische Peroxide
 Flamme über einem Kreis	oxidierend *oxidizing*	• entzündbare Gase • oxidierende Gase • oxidierende Flüssigkeiten • oxidierende Feststoffe (Oxidierende Stoffe wirken entzündend, d. h. brandfördernd, weil sie mit Sauerstoff reagieren.)

→ **Gefahrstoffsymbole im Überblick**

Piktogramm	Eigenschaft des Gefahrstoffs	Anzeige für ...
 Gasflasche	unter Druck stehende Gase *compressed gas*	• Gase unter Druck • verdichtete Gase • verflüssigte Gase • tiefgekühlt verflüssigte Gase • gelöste Gase
 Ätzwirkung	ätzend *corrosive*	• auf Metalle korrosiv wirkend • hautätzend • schwere Augenschädigung
 Totenkopf mit gekreuzten Knochen	giftig *toxic*	• akute Toxizität (Giftigkeit)
 Ausrufezeichen	• gesundheitsschädlich • ätzend • hautsensibilisierend • STOT (*Specific Target Organ Toxicity*, gezielte Organ-giftigkeit) *warning*	• akute Toxizität • Reizung der Haut • Augenreizung • Sensibilisierung der Haut • spezifische Zielorgan-Toxizität (einmalige Exposition) • Atemwegsreizung • narkotisierende Wirkungen
 Gesundheits-gefahr	• krebserzeugend • mutagen • reproduktionstoxisch • atemwegssensibilisierend • STOT *may cause cancer or genetic defects*	• Sensibilisierung der Atemwege • Keimzellmutagenität • Karzinogenität • Reproduktionstoxizität • spezifische Zielorgan-Toxizität • Aspirationsgefahr
 Umwelt	umweltgefährlich *dangerous to the environment*	• gewässergefährdend • akut gewässergefährdend • chronisch gewässergefährdend

Die neuen Gefahrenhinweise (H-Sätze) und Sicherheitshinweise (P-Sätze) sind geordnet und die Nummern sind dreistellig.

Sicherheitsdatenblatt

Für jeden Gefahrstoff gibt es ein **Sicherheitsdatenblatt**. Dort finden sich wichtige Informationen zu den Inhaltsstoffen sowie zu der Verwendung, der Lagerung, dem Transport und der Entsorgung des Gefahrstoffs.

Erste Hinweise, was in Bezug auf den Gefahrstoff zu beachten ist, finden sich auf der Verpackung. Die Kennzeichnung der Verpackung muss mindestens folgende Angaben in deutscher Sprache enthalten:
- Name des Stoffes
- Zusammensetzung des Stoffes
- Gefahrensymbol und -bezeichnung
- Angaben zur Lagerung, Verwendung, Transport und Entsorgung
- Sicherheitsanweisungen
- Maßnahmen der Ersten Hilfe
- Hinweise auf besondere Gefahren
- Sicherheitshinweise
- Hersteller mit Anschrift und Telefonnummer

entzündlich

gesundheitsschädlich

Ethylmercaptan UN-Nr.: 2363

Enthält: –

Hinweise auf besondere Gefahren:

H 225 Flüssigkeit leicht entzündbar
H 332 gesundheitsschädlich beim Einatmen

Sicherheitsratschläge:

P 210 von Hitze/Funken/offener Flamme/heißen Oberflächen fernhalten – nicht rauchen

P 262 nicht in die Augen gelangen lassen

Hersteller:

Beispiel für eine Gefahrstoffkennzeichnung

Auf der Verpackung von Produkten, die Gefahrstoffe enthalten und im Einzelhandel frei erhältlich sind, muss anstelle des Sicherheitsdatenblatts eine genaue und allgemein verständliche **Gebrauchsanweisung** angebracht sein. Das betrifft z. B. Haushaltsreiniger, Mittel gegen Ungeziefer und Dünger. Ist ein Anbringen auf der Verpackung nicht möglich, muss die Gebrauchsanweisung der Verpackung beigefügt werden.

Betriebsanweisung und Unterweisung

Der Arbeitgeber hat für Tätigkeiten mit Gefahrstoffen eine schriftliche **Betriebsanweisung** in verständlicher Form und Sprache zu erstellen. Diese muss allen Arbeitnehmern zugänglich gemacht werden. Die Betriebsanweisung soll mindestens folgende Angaben enthalten:

- Arbeitsbereich/Arbeitsplatz/Tätigkeit
- Gefahrstoffbezeichnung, Gefahrstoffkennzeichnung
- Gefahren für Menschen und Umwelt
- Schutzmaßnahmen und Verhaltensregeln
- Verhalten im Gefahrfall
- Erste Hilfe
- Sachgerechte Entsorgung

Nummer: *G1-04*
Bearbeitungsstand: *Jan. 20..*

Betriebsanweisung gem. GefStoffV

Betrieb: *Schöner Wohnen GmbH*

Arbeitsplatz/Tätigkeitsbereich: *alle Betriebsbereiche*

1. GEFAHRSTOFFBEZEICHNUNG

Zement

2. GEFAHREN FÜR MENSCH UND UMWELT

festgelegte Schutzstufe
1 ☐
2 ☒
3 ☐
4 ☐

- Einatmen oder Verschlucken kann zu Gesundheitsschäden führen.
- Verursacht Verätzungen. Kann zu Allergien führen. Reagiert mit Säuren unter Wärmeentwicklung. Spritzgefahr!
- Ach verdünnte Produkte können Reizungen verursachen.

3. SCHUTZMASSNAHMEN UND VERHALTENSREGELN

- Staubentwickklung vermeiden! Verspritzen vermeiden! Gefäße nicht offen stehen lassen! Berührungen mit Augen und Haut vermeiden!
- Nach Arbeitsende und vor jeder Pause Hände gründlich reinigen! Hautpflegemittel verwenden!
- Stark verunreinigte Kleidung wechseln! Vor Arbeitsbeginn und nach jeder Pause fetthaltige Hautschutzsalbe auftragen.
- Augenschutz: Bei Staubentwicklung oder Spritzgefahr: Gestellbrille
- Handschutz: Nitritgetränkte Baumwollhandschuhe *blau*
- Atemschutz: Partikelfilter P2 (weiß) *Molux 8070*
- Hautschutz: laut Hautschutzplan Salbe angeben

4. VERHALTEN IM GEFAHRFALL

- Produkt ist nicht brennbar.
- Durch Löschwasser entsteht eine alkalische Lösung, die zu Reizungen führen kann.
- Zuständiger Arzt: *Dr. Dressler*

5. ERSTE HILFE

- Bei jeder Erste-Hilfe-Maßnahme: Selbstschutz beachten und Arzt verständigen.
- Nach Augenkontakt: 10 Minuten unter fließendem Wasser bei gespreizten Lidern spülen oder Augenspüllösung nehmen. Immer Augenarzt aufsuchen!
- Nach Hautkontakt: Stark verunreinigte Kleidung ausziehen. Mit viel Wasser und Seife reinigen. 15 Minuten mit Wasser spülen.
- Nach Verschlucken: Kein Erbrechen herbeiführen. In kleinen Schlucken viel Wasser trinken lassen. Keine Hausmittel.
- Ersthelfer heranziehen.
- Notruf 112
- Durchgeführte Erste-Hilfe-Leistungen **immer** im Verbandsbuch eintragen.

6. SACHGERECHTE ENTSORGUNG

- Nicht in Ausguss oder Mülltonne schütten! Abfälle nicht vermischen.
- Anbruch- und Restmengen können weiter verwendet werden.
- Nur nicht verwertbare Reste mit Wasser mischen und aushärten lassen.
- Ausgehärtete Produktreste: restentleerte Verpackungen (rieselfrei)

Datum: *12. Januar 20..*

nächster Überprüfungstermin: *Juli 20..*

Unterschrift: *Baumann*
Unternehmer/Geschäftsleitung

Betriebsanweisung

Die Arbeitnehmer sind vor Beschäftigungsbeginn und danach mindestens einmal jährlich anhand der Betriebsanweisung über auftretende Gefährdungen und entsprechende Schutzmaßnahmen **mündlich zu unterweisen**. Außerdem muss der Arbeitgeber im Rahmen der Unterweisung eine allgemeine **arbeitsmedizinisch-toxikologische Beratung** durchführen. Unterweisungen und Beratungen sind zu dokumentieren. Zur Gewährleistung des Schutzes der Gesundheit und der Sicherheit der Arbeitnehmer im Ernstfall sind in regelmäßigen Abständen **Sicherheitsübungen** durchzuführen.

[?!]
Jugendarbeitsschutzgesetz

Betriebsanweisung

Jugendliche dürfen nach dem Gesetz zum Schutze der arbeitenden Jugend (Jugendarbeitsschutzgesetz) nur dann Umgang mit Gefahrstoffen haben, wenn

- ***es zur Erreichung des Ausbildungsziels unbedingt erforderlich ist,***
- ***sie mindestens 16 Jahre alt sind,***
- ***sie durch die Anwesenheit eines Fachkundigen geschützt sind und***
- ***die einzelnen Grenzwerte nicht überschritten werden.***

[?!]
Mutterschutzgesetz

Werdende oder stillende Mütter dürfen nach dem Gesetz zum Schutze der erwerbstätigen Mutter (Mutterschutzgesetz) nicht an Arbeitsplätzen beschäftigt werden, die mit Gefahrstoffen belastet sind.

5.7 Bundes-Immissionsschutzgesetz (BImSchG)

Das Gesetz zum Schutz vor schädlichen Umwelteinwirkungen durch Luftverunreinigungen, Geräusche, Erschütterungen und ähnliche Vorgänge (*Bundes-Immissionsschutzgesetz* – BImSchG) dient dem Zweck, Menschen, Umwelt, Atmosphäre, Kultur- und sonstige Sachgüter vor schädlichen Umwelteinwirkungen zu schützen sowie dem Entstehen schädlicher Umwelteinwirkungen vorzubeugen.

Schädliche Umwelteinwirkungen

Schädliche Umwelteinwirkungen sind Gefahren, erhebliche Nachteile oder erhebliche Belästigungen für Menschen und Umwelt. Ein Beispiel hierfür sind **Luftverunreinigungen** durch Rauch, Ruß, Staub, Gase, Dämpfe oder Geruchsstoffe, die belastend auf Mensch und Umwelt wirken. Die folgende Abbildung verdeutlicht die Entstehung schädlicher Umwelteinwirkungen.

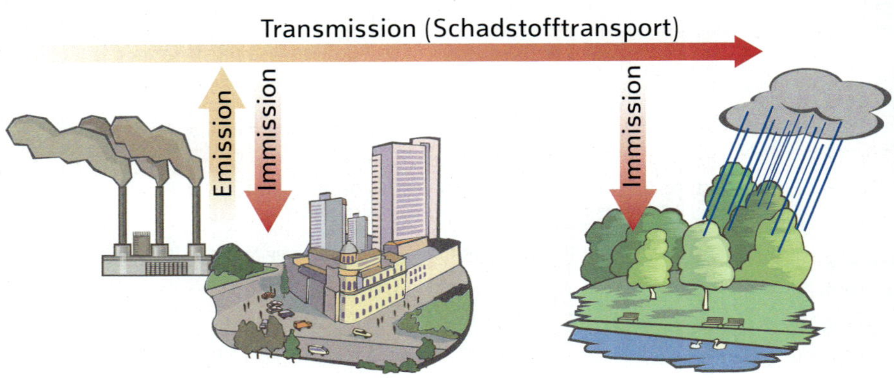

Zusammenhang zwischen Emission und Immission

Emissionen

Emissionen sind Luftverunreinigungen, Geräusche, Erschütterungen, Licht, Wärme, Strahlen usw., die von einer Anlage ausgehen. **Anlagen** sind Betriebsstätten, Maschinen, Geräte und Fahrzeuge. Grundstücke, auf denen Emissionen verursachende Stoffe gelagert oder bearbeitet werden, gehören ebenfalls dazu.

Immissionen

Immissionen sind Luftverunreinigungen, Geräusche, Erschütterungen, Licht, Wärme, Strahlen usw., die auf Menschen, Umwelt, Atmosphäre sowie Kultur- und sonstige Sachgüter einwirken.

Genehmigungsbedürftige Anlagen

Gewerbliche Anlagen, die schädliche Umwelteinwirkungen hervorrufen, sind **genehmigungsbedürftige Anlagen**. Der Betreiber genehmigungsbedürftiger Anlagen ist verpflichtet, schädliche Umwelteinwirkungen durch die Anlage möglichst gar nicht erst entstehen zu lassen. Die **vorgeschriebenen Grenzwerte** dürfen nicht überschritten werden. Der Betreiber ist außerdem verpflichtet, regelmäßige **sicherheitstechnische Prüfungen** durch einen Sachverständigen durchführen zu lassen.

5.8 Wasserhaushaltsgesetz (WHG)

Das Gesetz zur Ordnung des Wasserhaushalts *(Wasserhaushaltsgesetz – WHG)* gilt für oberirdische Gewässer, Küstengewässer und Grundwasser. Es dient u.a. dem Schutz des Wassers vor Verunreinigungen.

Im Sinne des *WHG* umfasst die **Benutzung von Gewässern** vor allem ...
- das Entnehmen und Ableiten von Wasser,
- das Aufstauen und Absenken von Wasser sowie
- das Einbringen und Einleiten von Stoffen in Wasser.

Die Verhinderung bzw. Beschränkung des Einbringens und Einleitens von Abwasser und anderen wassergefährdenden Stoffen in oberirdische Gewässer, Küstengewässer und ins Grundwasser bildet einen Schwerpunkt des *WHG*.

Wassergefährdende Stoffe

Wassergefährdende Stoffe im Sinne des *WHG* sind Rohöle, Benzine, Diesel-Kraftstoffe und Heizöle sowie andere flüssige oder gasförmige Stoffe, die Gewässer verunreinigen können.

Vorsorgeprinzip des Wasserrechts

Für alle Unternehmen gilt das Vorsorgeprinzip des Wasserrechts: Abwassermenge und Schadstoffbelastung sind durch den Einsatz geeigneter Produktionstechniken möglichst gering zu halten. Dennoch anfallende Abwässer bzw. die darin enthaltenen Schadstoffe sind in Abwasseranlagen nach dem jeweiligen Stand der Technik zu behandeln bzw. zu reinigen und zu filtern.

Abwasseranlagen

Vor dem Einleiten von Abwasser ist eine behördliche Genehmigung erforderlich. Die Schadstoffanteile dürfen die gesetzlich vorgeschriebenen Höchstmengen nicht überschreiten. Dies gilt auch für das Einleiten von Abwasser in eine öffentliche Abwasseranlage. Auch beim Abfüllen, Lagern und Verwenden wassergefährdender Stoffe müssen Vorgesetzte und Beschäftigte darauf achten, dass diese Stoffe nicht in die Kanalisation oder in Gewässer gelangen.

6 Feuergefahr und Diebstahlgefahr

Feuer und Diebstahl sind zwei nicht zu unterschätzende Gefahren für das Lager, die enorme Schäden verursachen können.

6.1 Feuergefahr

Den Berufsgenossenschaften wurden in den vergangenen Jahren etwa 3500 Arbeitsunfälle pro Jahr gemeldet, deren Ursachen auf Brände und Explosionen zurückzuführen sind. Die jährlichen Kosten für Brandschäden liegen bei ca. 2 Milliarden Euro.

Die **Hauptursachen** für Brände sind:
- fehlende Unterweisung der Beschäftigten
- Missachtung des Rauchverbotes im Lager
- mangelndes Gefahrenbewusstsein beim Umgang mit Gefahrstoffen
- unsachgemäßer Umgang mit Einrichtungen und Stoffen
- Defekte in der Elektrik
- Brandstiftung

6.1.1 Bedingungen für die Entstehung eines Brandes

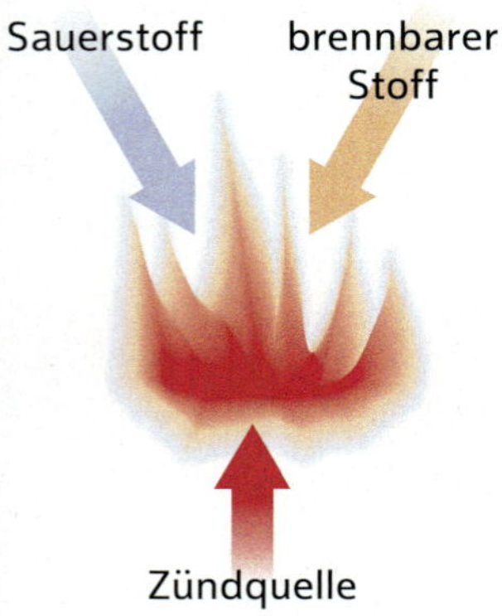

Bedingungen für die Entstehung eines Brandes

Damit ein Feuer entstehen kann, müssen drei Bedingungen zusammentreffen: brennbarer Stoff, Sauerstoff und eine Zündquelle.

Brennbare Stoffe können sein:
- feste Stoffe wie Holz, Papier, Stroh, Kunststoffe, Textilien
- flüssige Stoffe wie Benzin, Alkohol, Lösemittel, Lacke, Kleber
- gasförmige Stoffe wie Erdgas, Flüssiggas, Treibgas aus Spraydosen, Acetylen
- Stäube wie Mehl, Schwefel, Kohle

Zündquellen können sein:
- offenes Feuer und Glut wie Zündflammen von Heizungsanlagen, Zigarettenglut, Kerzen, Feuerzeuge, Schweißflammen
- heiße Oberflächen wie von Kochplatten, Bügeleisen, Heizöfen, Glühlampen
- defekte Elektrogeräte sowie schadhafte Schalter, Steckdosen, Leitungen
- Funken z. B. beim Ein- und Ausschalten von Elektrogeräten

6.1.2 Brandschutz

Vorbeugender und abwehrender Brandschutz

Ein ausreichender Brandschutz ist nicht durch Einzelmaßnahmen zu erzielen. Er lässt sich nur durch **mehrere sich gegenseitig sinnvoll ergänzende Maßnahmen** erreichen. Diese gliedern sich in den **vorbeugenden Brandschutz** (baulicher, technischer und betrieblicher Brandschutz) und den **abwehrenden Brandschutz** (Brandbekämpfung).

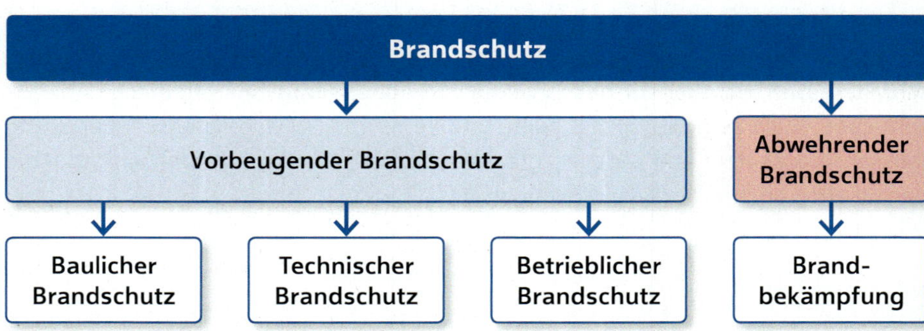

Baulicher Brandschutz

Der bauliche Brandschutz beginnt bereits bei der Planung und dem Bau der Lagerräume. Dabei müssen vor allem folgende Aspekte berücksichtigt werden:

- Brandverhalten von Baustoffen (z. B. feuerhemmende Wände, Böden und Decken aus nicht bzw. schwer entflammbaren Materialien)
- Feuerwiderstand der Bauteile (z. B. feuersichere Stahltüren)
- Aufteilung des Lagers in Brandabschnitte durch Brandwände
- Fluchtwegeplanung

Technischer Brandschutz

Zum technischen Brandschutz zählen alle mit dem Gebäude verbundenen Anlagen und Einrichtungen, die zum Zwecke der Brandverhütung installiert wurden. Er unterteilt sich in drei Bereiche: Vermeiden, Warnen und Löschen.

Technischer Brandschutz

Vermeiden

Durch Reduktion der Sauerstoffkonzentration in der Luft

Warnen

Mithilfe von Feuerwarnanlagen:

- Feuermelder
- Rauchmelder
- Thermo- bzw. Wärmemelder
- Flammen- bzw. Strahlenmelder

Löschen

Mithilfe von Brandbekämpfungsgeräten und -anlagen:

- Handfeuerlöscher
- Löschdecken und Feuerpatschen
- Sprinkleranlagen
- Sprühwasseranlagen
- Berieselungsanlagen
- Schaumlöschanlagen
- Pulverlöschanlagen
- Kohlendioxidanlagen

Vermeiden

Die Brandgefahr kann durch die **Reduktion der Sauerstoffkonzentration in der Luft** verringert werden, da der Sauerstoff ein wichtiger Bestandteil für die Entstehung eines Feuers ist. Wird der Sauerstoffgehalt in dem zu schützenden Bereich auf beispielsweise 17 bis 15 Volumen-Prozent abgesenkt, können Brände zum Teil ganz verhindert werden, da Elektronikbauteile bei 17-Volumen-Prozent, Kabel und Gehäuse bei 16 Volumen-Prozent und Papier bei 15-Volumen-Prozent nicht mehr offen brennen.

Bei einer Absenkung der Sauerstoffkonzentration auf nur 17 Volumen-Prozent kann der zu schützende Bereich immer noch uneingeschränkt von allen Mitarbeitern betreten werden. In der Natur beträgt die Sauerstoffkonzentration ca. 21 %.

Warnen: Feuerwarnanlagen

Zum technischen Brandschutz gehört die Installation von **Feuerwarnanlagen**, um Brände frühzeitig entdecken zu können.

Zu den Feuerwarnanlagen zählen:

Rauchmelder

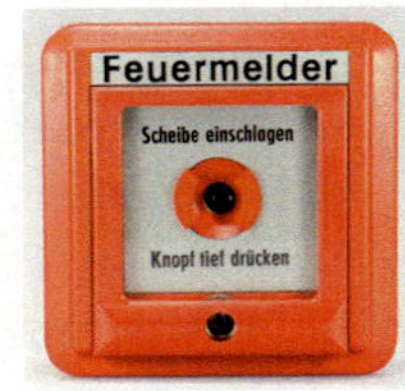

Feuermelder

- **Feuermelder:** Sie sollten sich überall im Gebäude befinden. Wenn ein Feuer ausbricht, kann manuell per Knopfdruck Alarm ausgelöst werden.
- **Rauchmelder:** Sie reagieren auf Rauch noch vor der Flammenbildung und können eine Lagerfläche bis maximal 120 m^2 überwachen.
- **Thermo- bzw. Wärmemelder:** Sie reagieren auf Wärme, d. h., bei einer bestimmten Anstiegsgeschwindigkeit der Temperatur lösen sie einen Alarm aus.
- **Flammen- bzw. Strahlenmelder:** Sie reagieren auf Flammenstrahlung im Infrarotbereich oder Ultraviolettbereich.

Löschen: Brandbekämpfungsgeräte und -anlagen

Weiterhin gehört zum technischen Brandschutz die Installation von Brandbekämpfungsgeräten und -anlagen. Zu den Brandbekämpfungsgeräten und -anlagen zählen:

- **Handfeuerlöscher**: Sie müssen an gut sichtbaren und im Brandfall leicht zugänglichen Stellen angebracht sein. Feuerlöscher müssen regelmäßig, aber mindestens alle zwei Jahre von einem Sachkundigen geprüft werden. Die Mitarbeiter sollten mit der Bedienung eines Feuerlöschers vertraut sein, sodass sie diesen im Ernstfall auch

Auswahl des Feuerlöschers nach Art des brennenden Stoffes

Brandklasse	Art des brennenden Stoffes	Geeignete Handfeuerlöscher
 A	**Brennbare feste Stoffe** z. B. Holz, Papier, Stroh, Textilien	• ABC-Pulverlöscher • Wasserlöscher • Schaumlöscher
 B	**Brennbare flüssige Stoffe** z. B. Benzin, Alkohole, Lacke, Kunststoffe	• ABC- und BC-Pulverlöscher • Schaumlöscher • CO_2-Löscher
 C	**Brennbare gasförmige Stoffe** z. B. Propan, Butan, Acetylen, Wasserstoff, Stadtgas	• ABC- und BC-Pulverlöscher • CO_2-Löscher
 D	**Brennbare Metalle** z. B. Aluminium, Kalium, Natrium, Magnesium	• Pulverlöscher mit Metallbrandlöschpulver
 F	**Brände von Speiseölen/ -fetten**	• Speziallöschmittel

ohne Verzögerung einsetzen können. Handfeuerlöscher gehören zu den **mobilen Feuerlöschgeräten**; es gibt sie in verschiedenen Ausführungen als **Wasserlöscher, Pulverlöscher, Schaumlöscher** und **Kohlendioxidlöscher**. Welcher Feuerlöscher zum Einsatz kommt, ist abhängig von der jeweiligen Brandklasse.

- **Löschdecken und Feuerpatschen**: Mit einer Löschdecke kann das Feuer erstickt werden. Eine Feuerpatsche kann man zum Ausschlagen eines kleineren Brandes benutzen.
- **Sprinkleranlagen**: Eine Sprinkleranlage ist eine ständig bereite Löschanlage. In dem Sprinkler ist eine Glasampulle integriert, die eine Spezialflüssigkeit und eine kleine Luftblase enthält. Steigt nun aufgrund eines Feuers die Temperatur an, dehnt sich die Flüssigkeit in dem Gläschen aus und bringt die Glasampulle zum Zerplatzen. Der Verschluss wird freigegeben und das Löschwasser wird gleichmäßig über den Brandherd gesprüht. Es werden allerdings nur diejenigen Löschdüsen ausgelöst, in deren Wirkungsbereich ein Feuer erkannt wird. Dadurch wird der Schaden durch Löschwasser begrenzt. Das ausströmende Wasser löst Feueralarm aus.
- **Sprühwasseranlagen**: Sie sind wie die Sprinkleranlagen **ortsfeste Löschanlagen**, die im Wesentlichen aus festverlegten Rohrleitungen mit offenen Löschdüsen bestehen. Ausgelöst werden sie durch einen Brandmelder, woraufhin sie dann das Löschwasser regenartig über den gesamten Lagerbereich versprühen.
- **Berieselungsanlagen**: Sie werden nicht zum Löschen, sondern nur zum Kühlen von Behältern eingesetzt. Die Berieselung mit Berieselungsanlagen dient dem Schutz von Behältern in der Nachbarschaft brennender Behälter. Sie werden per Hand ausgelöst. Das Wasser fließt gleichmäßig über den zu kühlenden Behälter und schützt ihn somit vor dem Übergreifen des Feuers.
- **Schaumlöschanlagen**: Sie sind ortsfeste Löschanlagen, die im Wesentlichen aus festverlegten Rohrleitungen mit offenen Löschdüsen bestehen. Ausgelöst werden sie durch einen Brandmelder, woraufhin sie den Schaum über das Feuer versprühen. Das Feuer wird mit dem Schaum erstickt. Genutzt werden diese Anlagen oft in Lagern mit brennbaren Flüssigkeiten sowie für Tanks.

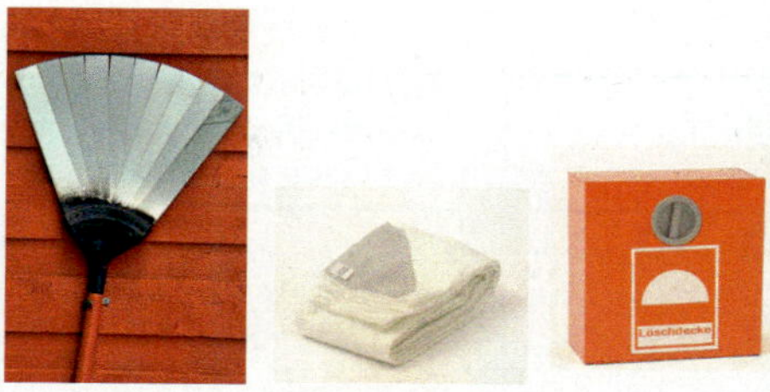

Feuerpatsche und Löschdecke

Sprinkleranlage

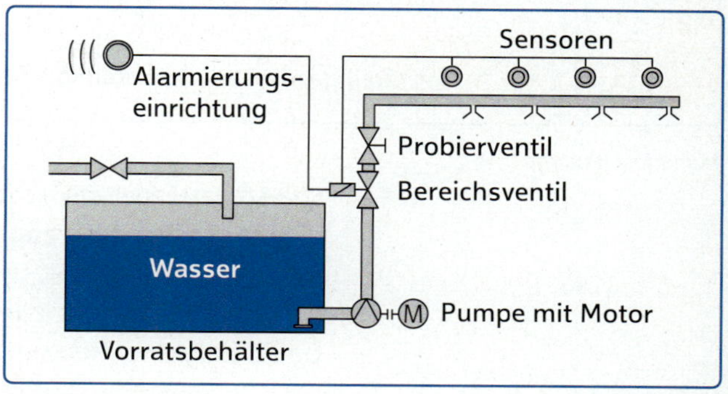

Sprühwasseranlage

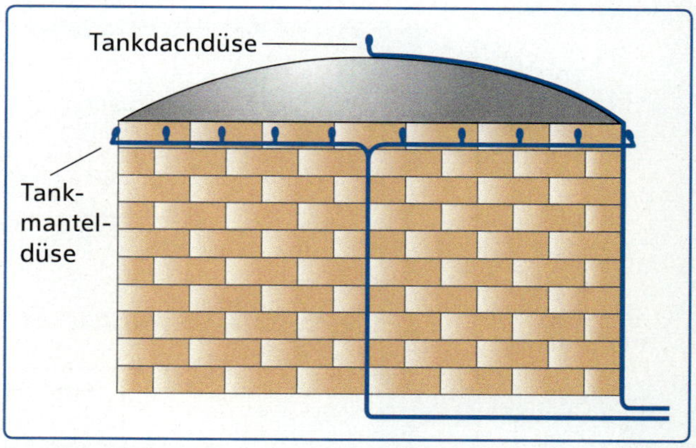

Berieselungsanlage

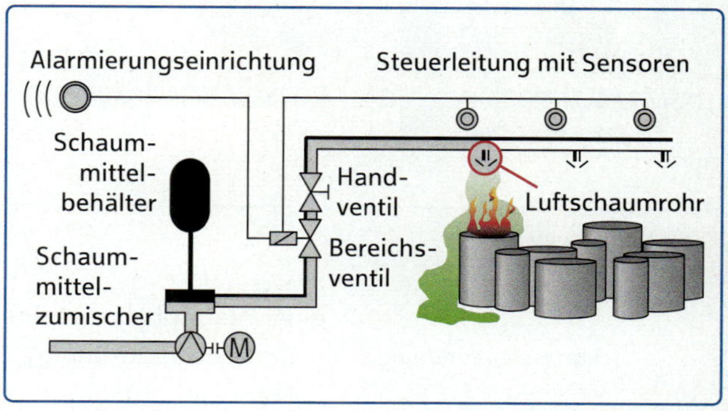

Schaumlöschanlage

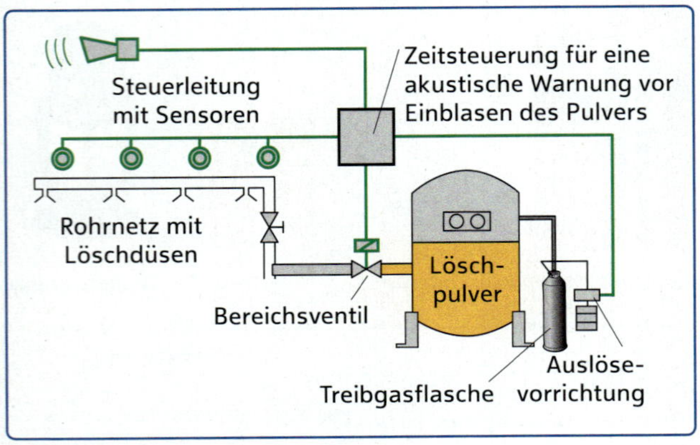

Pulverlöschanlage

- **Pulverlöschanlagen**: Sie enthalten als Löschmittel Pulver, welches in Druckgastanks gelagert wird. Wird die Pulverlöschanlage über einen Brandmelder ausgelöst, wird das Löschpulver mittels eines Treibgases durch ein Rohrleitungssystem zum Brandort geleitet und erstickt das Feuer. Da **Erstickungsgefahr** für Menschen besteht, ist eine **Warneinrichtung** erforderlich.
- **Kohlendioxidanlage** (CO_2**-Anlage**): Kohlendioxidanlagen werden eingesetzt, um Brände in ihrer Entstehungsphase zu bekämpfen. Sie werden per Hand ausgelöst. Durch das ausströmende Kohlendioxid wird dem Feuer der notwendige Sauerstoff entzogen und so das Feuer gelöscht. Da bei Betrieb dieser Anlage **Erstickungsgefahr** droht, ist eine **Warn- und Verzögerungseinrichtung** notwendig, damit der Mensch noch ausreichend Zeit hat, den gefährdeten Bereich zu verlassen. Kohlendioxid eignet sich besonders zum Löschen von brennbaren Flüssigkeiten, brennbaren Gasen, elektrischen und elektronischen Einrichtungen.

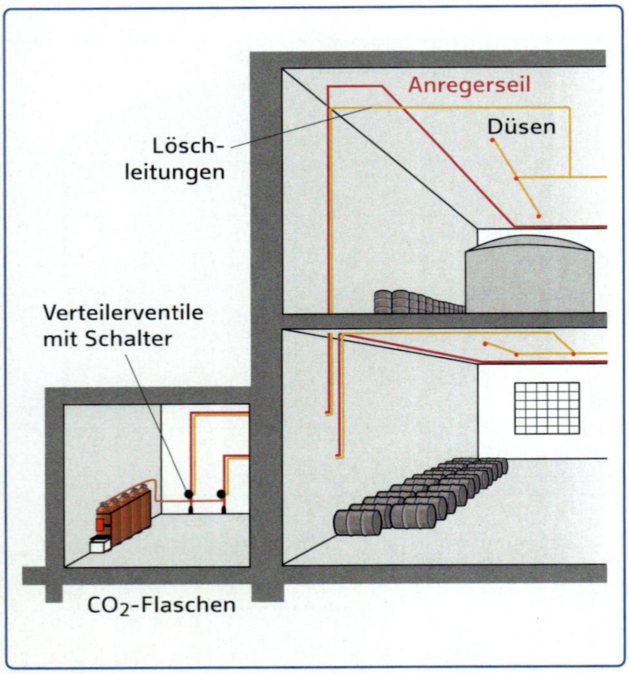

Kohlendioxidanlage

Betrieblicher Brandschutz

Zum betrieblichen Brandschutz gehört die Bestellung eines **Brandschutzbeauftragten**. Dies kann ein interner Mitarbeiter mit einer entsprechenden Schulung oder auch ein extern bestellter Brandschutzbeauftragter sein.

Die Aufgaben eines Brandschutzbeauftragten sind beispielsweise:
- die Zusammenarbeit mit den Brandschutzbehörden und der Feuerwehr
- die Feststellung der Brand- und Explosionsgefahren im Unternehmen bei Lagerung und Verarbeitung feuergefährlicher Stoffe
- die Erstellung einer Brandschutzordnung und eines Alarmplanes
- die Erstellung von Flucht- und Rettungsplänen
- die Schulung der Mitarbeiter
- die Durchführung von Brandschutzübungen

Neben der Bestellung eines Brandschutzbeauftragten gehören noch die Erstellung einer Brandschutzordnung, eines Alarmplans und eines Flucht- und Rettungsplans zum betrieblichen Brandschutz.

Brandschutzordnung

- **Brandschutzordnung**: Sie dient im Rahmen des vorbeugenden Brandschutzes der Brandverhütung und gibt **Anweisungen für das Verhalten im Brandfall**. Sie ist im Rahmen einer Sicherheitsunterweisung den Beschäftigten bekannt zu geben.

Alarmplan

- **Alarmplan**: Er legt fest, was bei einem bestimmten Ereignis (Unfall oder Brand) zu tun ist.

5366136

- **Flucht- und Rettungsplan**: Er dient zur Darstellung der **Flucht- und Rettungswege**, der **Erste-Hilfe-Einrichtungen** und der **brandschutztechnischen Einrichtungen für die Selbsthilfe** (Feuerlöscher, Brandmelder usw.). Ein weiteres Element des Flucht- und Rettungsplans sind die **Regeln für das Verhalten im Brandfall und bei Unfällen**. Flucht- und Rettungspläne sind in der Mindestgröße von DIN A3 auszuführen und müssen immer auf dem aktuellen Stand gehalten werden.

Flucht- und Rettungsplan

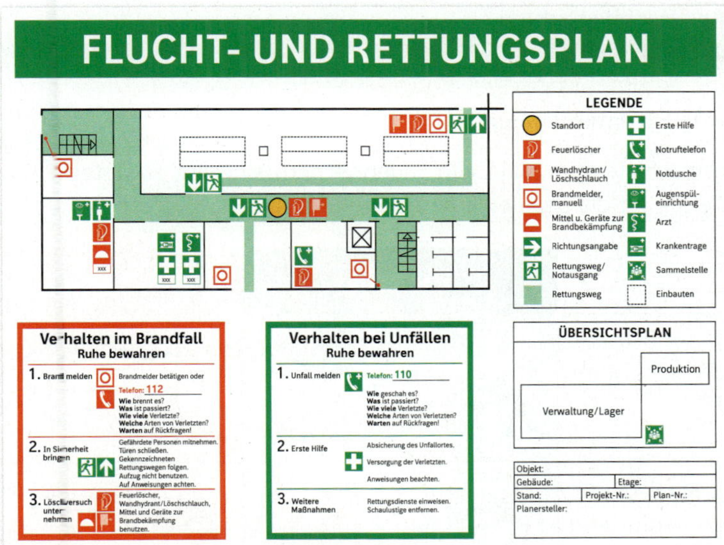

Brandbekämpfung

Sollte es trotz aller Vorsichtsmaßnahmen zu einem Brand kommen, setzt der *abwehrende Brandschutz* ein. Hierzu gehört vor allem das richtige Reagieren im Brandfall, damit die Rettungs- und Brandbekämpfungsmaßnahmen erfolgreich sind. Folgende Reihenfolge sollte eingehalten werden:

Melden → Retten → Löschen

[?!]

Brandbekämpfung

→ **Ruhe bewahren, keine Panik!**

Angst oder Panik sollten vermieden werden, um keine falschen Fluchtreaktionen auszulösen.

Löschen

→ **Brand melden!**

Die Feuerwehr ist über Feuermelder oder Notruf (Telefonnummer 112) zu alarmieren. Die Meldung sollte folgende Angaben enthalten:

- Wer meldet?
- Wo brennt es?
- Was brennt?
- Wie viele Menschen sind gefährdet?
- Warten auf Rückfragen.

→ **In Sicherheit bringen!**

- Gefährdete Personen warnen
- Hilflose Personen mitnehmen
- Türen schließen
- Fluchtweg folgen
- Aufzug nicht benutzen
- Auf Anweisungen achten
- Sammelplatz aufsuchen

→ **Löschversuch unternehmen!**

Löschversuche z. B. mithilfe von Feuerlöschern sind nur zu unternehmen, wenn keine Gefahr für die eigene Person besteht.

	Richtig	Falsch
Brand in Windrichtung angreifen!		
Flächenbrände vorn und unten beginnend ablöschen!		
Tropf- und Fließbrände von oben nach unten löschen!	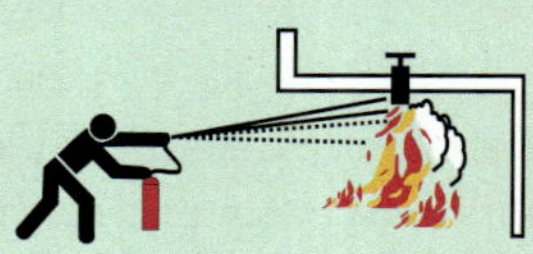	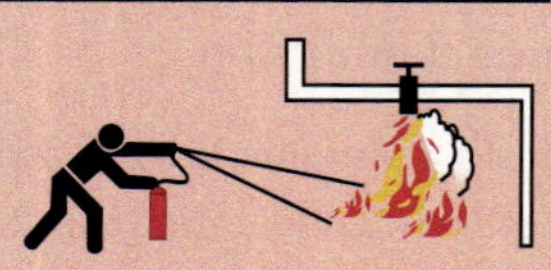
Wandbrände von unten nach oben löschen!	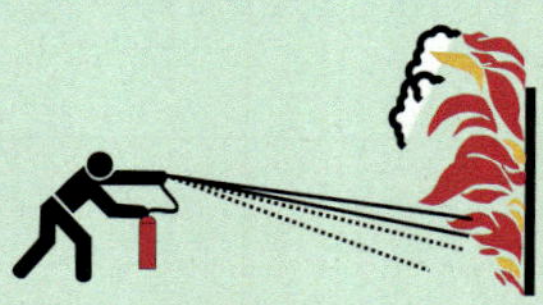	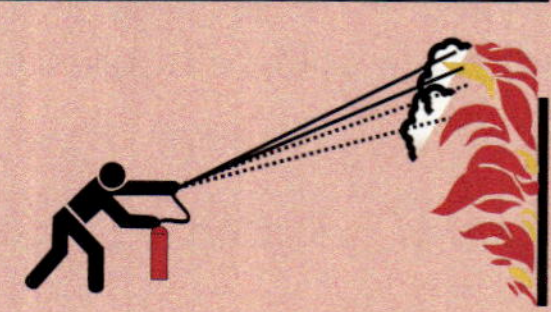
Ausreichend Feuerlöscher gleichzeitig einsetzen, nicht nacheinander!		
Rückzündung beachten!		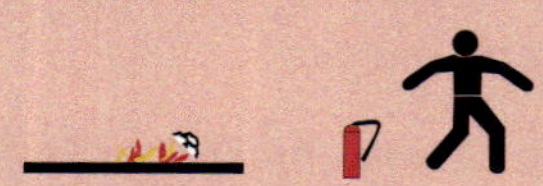
Nach Gebrauch Feuerlöscher nicht wieder an den Halter hängen. Neu füllen lassen!		

Richtiger Umgang mit dem Feuerlöscher

6.2 Diebstahlgefahr

Im Einzelhandel ist die Diebstahlgefahr sehr hoch. Immer wieder lesen und hören wir von Ladendiebstählen. Doch auch im **Lagerbereich** besteht eine große Diebstahlgefahr, da die Lagerräume meist sehr groß und teilweise auch unübersichtlich und die Sicherheitsvorkehrungen nur unzureichend sind. Hier verschwinden sogar ganze Paletten.

Diebstahlarten

Diebstähle können unterschieden werden nach der Vorgehensweise und nach der Art der gestohlenen Gegenstände.

Vorgehensweise

Unterscheidung nach der Vorgehensweise:
- **Ungeplanter Diebstahl**: Der Dieb hatte bei Betreten des Lagerbereiches nicht die Absicht, etwas zu stehlen. Es geschieht eher zufällig, weil ihm eine bestimmte Ware z. B. sehr gut gefällt und er sich in diesem Moment unbeobachtet fühlt.
- **Geplanter Diebstahl**: Der Dieb betritt den Lagerbereich bereits mit der Absicht, eine bestimmte Ware zu stehlen.
- **Organisierter Diebstahl**: Hierbei handelt es sich meist um Personengruppen (Banden, Organisationen), die einen Diebstahl von langer Hand vorbereiten. Hierzu gehören beispielsweise eine sorgfältige Überwachung des Objektes, Auskundschaften möglicher Sicherheitsvorkehrungen und das Besorgen benötigter Hilfsmittel. Diese Diebstahlart ist meist mit einem Einbruch verbunden und verursacht dadurch oft große Schäden.

Art der gestohlenen Gegenstände

Unterscheidung nach der Art der gestohlenen Gegenstände:
- **Diebstahl von Einzelteilen:** Gestohlen werden nur einzelne Waren, z. B. eine DVD. Dies geschieht meist in Zusammenhang mit einem ungeplanten oder geplanten Diebstahl.
- **Diebstahl ganzer Lagereinheiten:** Gestohlen werden hier z. B. ganze Kartons, Paletten oder auch Container. Da dies meist sehr sorgfältig geplant und vorbereitet werden muss, handelt es sich dabei überwiegend um den organisierten Diebstahl.

Täter

Als Täter kommen verschiedene Personen in Betracht:
- firmeninterne Mitarbeiter (sowohl aus dem Lagerbereich selbst als auch aus anderen Unternehmensbereichen)
- Mitarbeiter von Fremdfirmen (Handwerker, Monteure, Reinigungspersonal)
- Frachtführer, Mitarbeiter von Transportunternehmen
- Kunden
- Besucher

Folgen des Diebstahls

Der Diebstahl hat sowohl Folgen für den überführten Täter als auch für das betroffene Unternehmen.

Folgen für den Täter

Handelt es sich bei dem Täter um einen **firmeninternen Mitarbeiter,** muss er mit nachstehenden Folgen rechnen:

- Strafanzeige mit nachfolgender Geld- oder Freiheitsstrafe
- mögliche Gerichtskosten
- Ersatz des entstandenen Schadens
- Abmahnung
- Kündigung

Handelt es sich bei dem Täter um eine fremde Person, muss er zusätzlich zu den oben geschilderten Folgen noch mit einem Hausverbot rechnen.

Folgen für das Unternehmen

Der Diebstahl hat auch für das **geschädigte Unternehmen** Folgen:

- Kosten für die gestohlene Ware
- möglicher Kundenverlust, da diese eventuell nicht beliefert werden können
- Produktionsausfall, da z. B. Maschinen beschädigt oder wichtige Materialien gestohlen wurden
- Reparaturkosten für angerichtete Schäden
- steigende Versicherungsbeiträge
- Verschlechterung des Betriebsklimas aufgrund gegenseitiger Überwachung
- Kosten für technische und organisatorische Schutzmaßnahmen (freiwillig oder als Auflage von Versicherungen)

Videoüberwachung

Diebstahlvorsorge und Sicherungsmaßnahmen

Warntafel

Gegen Diebstahl gibt es viele Vorsorge- und Sicherungsmaßnahmen:

- übersichtliche Lagerung
- transparenter Warenfluss mit häufigen Zwischenkontrollen
- Einrichten von Sperrzonen, zu denen unbefugte Personen keinen Zutritt haben
- Lagerung hochwertiger Güter in Verschlusslagern
- Anbringen von Warntafeln über die Folgen von Diebstählen
- Verwendung neutraler Verpackungen (ohne Aufschriften, die über den Inhalt Auskunft geben)
- Neutralisierung der Verpackung durch Umwicklung mit schwarzer Folie
- Verwendung spezieller Sicherheitsklebebänder
- Umwickeln der Paletten mit Stretchfolie
- Durchführen von Kontrollen
- Alarmanlagen
- Videoüberwachung
- Spiegel in toten Ecken
- elektronische Etiketten
- elektronische Kontrolleinrichtungen an Ausgängen
- elektronische Fenster- und Türensicherungen

Überwachungsspiegel

Elektronische Etiketten

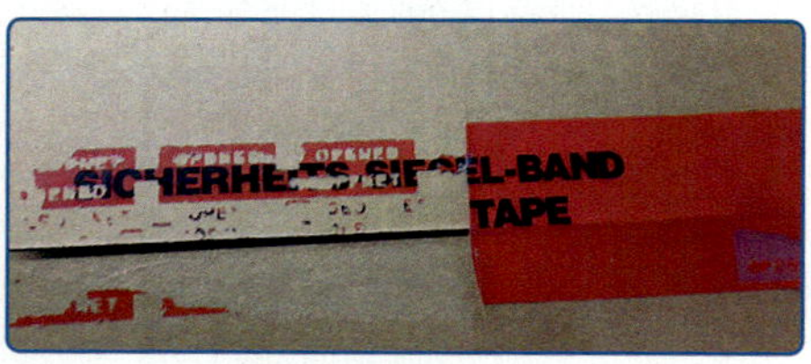

Sicherheitsklebeband

Lernfeld 3
Güter bearbeiten

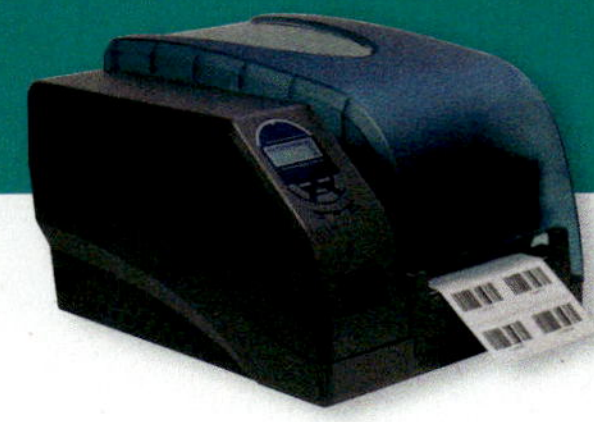

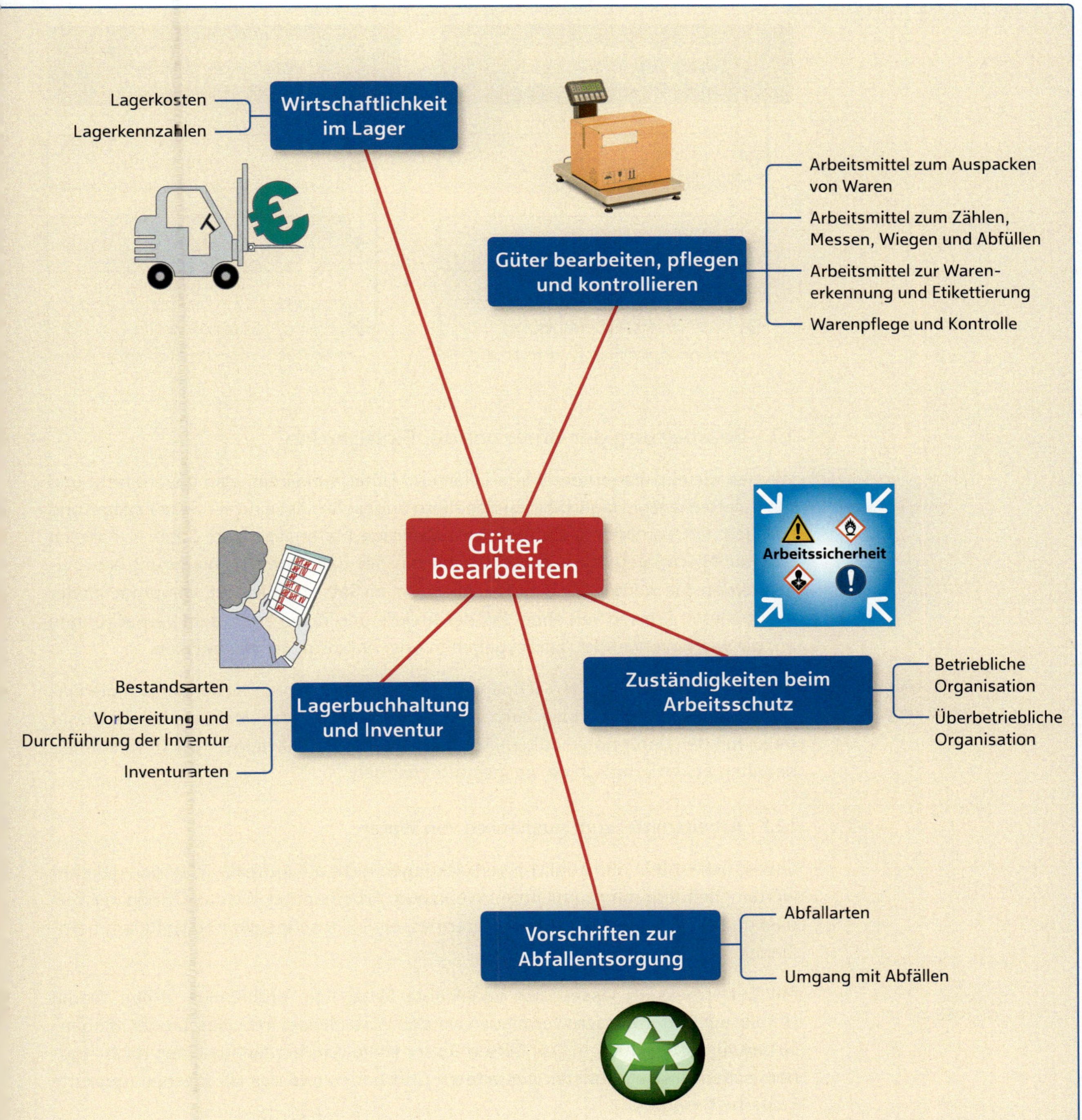

1 Gelagerte Güter bearbeiten, pflegen und kontrollieren

Neben der eigentlichen Lagerung von Gütern werden im Lager auch verschiedene **Maßnahmen der Güterbearbeitung** durchgeführt. Dabei wird zwischen der **Güterbearbeitung vor der Einlagerung** und der **Güterbearbeitung während der Lagerung** unterschieden.

1.1 Bearbeitung der Güter vor der Einlagerung

Werden die einzulagernden Materialien und Güter artikelrein, also unvermischt und auf Paletten oder in lagerfähigen Behältern angeliefert, ist eine schnelle Einlagerung möglich. Oft kommen jedoch verschiedenartige Materialien und Güter in Paketen oder auf Mischpaletten im Lager an. Diese müssen dann vor der Einlagerung bearbeitet werden: Sie werden voneinander getrennt, zu Sets komplettiert, vorverpackt oder eventuell mit Preisen versehen. Bei der Anlieferung fallen außerdem Verpackungen an, die wiederverwendet, zurückgegeben oder entsorgt werden müssen.

Auspack- und Verpackungsplatz

Um die genannten Arbeiten schnell und effektiv durchführen zu können, ist die Einrichtung eines **Auspack- bzw. Verpackungsplatzes** im Wareneingang sinnvoll. Dieser muss mit den dafür notwendigen Arbeitsmitteln, wie Zählwaage, Packstoffsammelbehälter, Etikettiermaschine, ausgestattet werden.

1.1.1 Arbeitsmittel zum Auspacken von Waren

Soweit Schachteln und ähnliche Verpackungen nicht als Aufreißpackungen geliefert werden, benötigt man zum Öffnen Werkzeug. Arbeitsmittel, die das Öffnen der Verpackungen erleichtern, sind z. B. Cuttermesser, Folienschneider und Heftklammern-Zieher.

Mit **Cuttermessern** lassen sich zugeklebte Schachteln problemlos öffnen. Damit Unfälle mit Cuttermessern vermieden werden, sind Messer mit selbsttätiger Klingensicherung zu beschaffen. Das Cuttermesser sollte darüber hinaus einen nach ergonomischen Gesichtspunkten gestalteten Griff haben und das GS-Zeichen (geprüfte Sicherheit) tragen.

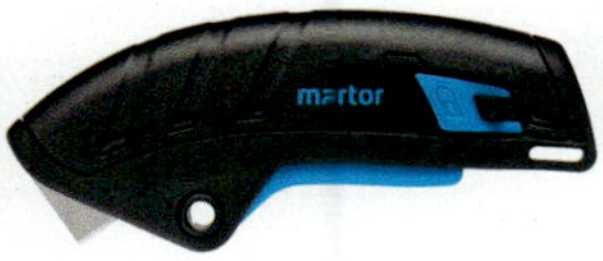

Sicherheitsmesser

Sicherheits-Folienschneider

Heftklammern-Zieher

Mit einem **Folienschneider** können Folienbahnen (Stretchfolie), Schrumpffolie und auch Umreifungsbänder aufgeschnitten werden. Beim Durchschneiden eines Umreifungsbandes ist allerdings äußerste Vorsicht geboten. Umreifungsbänder stehen unter Spannung. Wenn sie unvorsichtig durchgeschnitten werden, springen die scharfkantigen Bandenden unkontrolliert hoch. Dies kann zu schweren Schnitt- und Gesichtsverletzungen führen.

Mit einem **Heftklammern-Zieher** können die Heftklammern aus einem Karton ohne Unfallrisiko herausgezogen werden.

1.1.2 Arbeitsmittel zum Zählen, Messen und Wiegen

Für die Komplettierung und Vorverpackung steht eine Vielzahl von Arbeitsmitteln zur Verfügung. Dazu zählen vor allem Zähl-, Mess- und Wiegeeinrichtungen. Diese werden im Folgenden vorgestellt.

Wiegeeinrichtungen

Zu den am häufigsten im Lagerbereich eingesetzten **Wiegeeinrichtungen** zählen **Plattformwaagen**, **Kranwaagen**, **Standwaagen**, **Tischwaagen**, **Gabelwaagen** und, als Mischform, **Zählwaagen**. Nach der Art, wie die Waagen eingesetzt werden, unterscheidet man zwischen **stationären** und **mobilen Wiegeeinrichtungen**.

Stationäre Wiegeeinrichtungen

Stationäre Wiegeeinrichtungen sind **ortsfeste Waagen**, d. h., die Güter müssen zum Wiegen zu den Waagen gebracht werden. Dies bedeutet zum Teil lange Transportwege. Zu den gebräuchlichsten stationären Wiegeeinrichtungen zählen die **Plattformwaage**, die **Kranwaage** und die **Stand-** und **Tischwaage**, auch **Paketwaage** genannt. Eine Sonderform der stationären Wiegeeinrichtung bildet die **Zählwaage**, da mit ihr sowohl gewogen als auch gezählt wird.

Mobile Wiegeeinrichtungen

Verschiedene Fördermittel, beispielsweise Stapler, Hubwagen, fahrerlose Transportsysteme, Regalförderzeuge, können zusätzlich mit Wiegeeinrichtungen ausgestattet werden. Damit werden diese Fördermittel zu **mobilen Wiegeeinrichtungen**, denn sie **heben, wiegen und transportieren in einem Arbeitsgang**. Der Transport zu einer stationären Waage wird dadurch überflüssig. Zu den gängigen mobilen Wiegeeinrichtungen gehören **Hubtisch-Waagen, Gabelhub-Waagen** und **Palettenwaagen**.

1 *Standwaage*

Standwaagen und **Tischwaagen** können überall eingesetzt werden: im Wareneingang, in der Produktion, im Lager und bei der Inventur. Ihr entscheidender Vorteil ist die einfache Bedienung. In vielen Lagern gibt es beispielsweise eine Paketwaage als Stand- oder Tischwaage. Sie wird benötigt, um das Versandgewicht/das frachtpflichtige Gewicht von Paketen zu ermitteln.

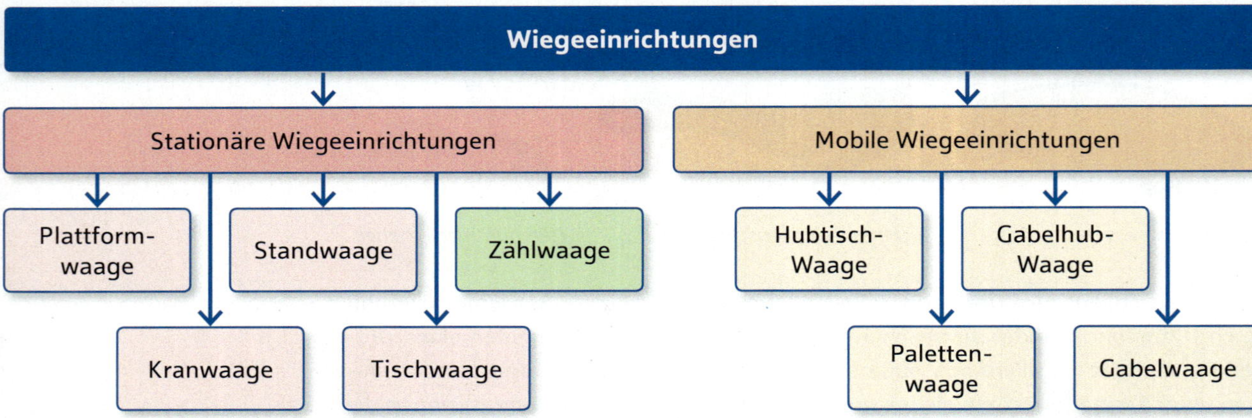

2 *Hubtisch-Waage*

Hubtisch-Waagen haben ein breites Einsatzfeld in der Lagerhaltung und bei der Kommissionierung.

3 *Plattformwaage*

Plattformwaagen haben ein breites Einsatzfeld im Lager- und Kommissionierbereich. Durch die flache Bauweise kann selbst sperriges Wägegut bequem und schnell gewogen werden. Die Waage kann entweder am Stromnetz oder mit Batterien betrieben werden.

4 *Gabelhub-Waage*

Gabelhub-Waagen ermöglichen das Heben, Wiegen und Transportieren mit nur einem Gerät. Die Wiegezellen sind im Hubwagen-Unterrahmen eingebaut. Das Display kann nicht nur das gehobene Gewicht anzeigen, sondern auch mehrere Wägeergebnisse zusammenzählen. Mithilfe von Gabel-Hubwaagen kann das Gewicht von Paletten oder Gitterboxen automatisch ermittelt werden, sodass direkt während der Entladung bzw. der Verladung an der Laderampe Kontrollwiegungen vorgenommen werden können. Dadurch verkürzen sich die Entlade- bzw. Ladezeiten.

5 *Palettenwaage*

Palettenwaagen sind die ideale Lösung für einfaches und schnelles Wiegen von Paletten an wechselnden Standorten. Zum Wiegen wird die Palette einfach auf die U-Struktur der Waage abgesenkt und abgesetzt. Das spart Zeit und optimiert den Materialfluss.

Gabelwaage

Mit der **Gabelwaage** ist das Wiegen von Gütern an fast jedem Ort und mit fast jedem Flurförderzeug möglich. Dazu werden die Zinken des Hubwagens oder Staplers ein Stück weit in die Gabeln der Waage eingeschoben. Die Gabelwaage eignet sich vor allem zum Wiegen von z. B. Palettenware oder Containern. Sie wird typischerweise dafür eingesetzt, Güter in nur einem Arbeitsschritt zu wiegen und zu transportieren.

6 *Zählwaage*

Die **Zählwaagen** bilden unter den betrachteten Hilfsmitteln eine Sonderform: Sie ermitteln die Menge standardisierter Güter wie Schrauben, Nägel oder Reißzwecken über deren Gewicht. Zählwaagen gehören damit sowohl zu den **Wiege-** als auch zu den **Zähleinrichtungen**.

7 *Kranwaage*

Kranwaagen informieren den Mitarbeiter direkt beim Anheben über das Gewicht der Last. Der Haken der Kranwaage wird an ein Anschlagmittel angehängt. Mittels der Kranwaage kann der Mitarbeiter die Güter direkt während der Entladung bzw. Verladung wiegen. Dadurch verkürzen sich die Entlade- bzw. Ladezeiten, da die Güter nicht zusätzlich gewogen werden müssen.

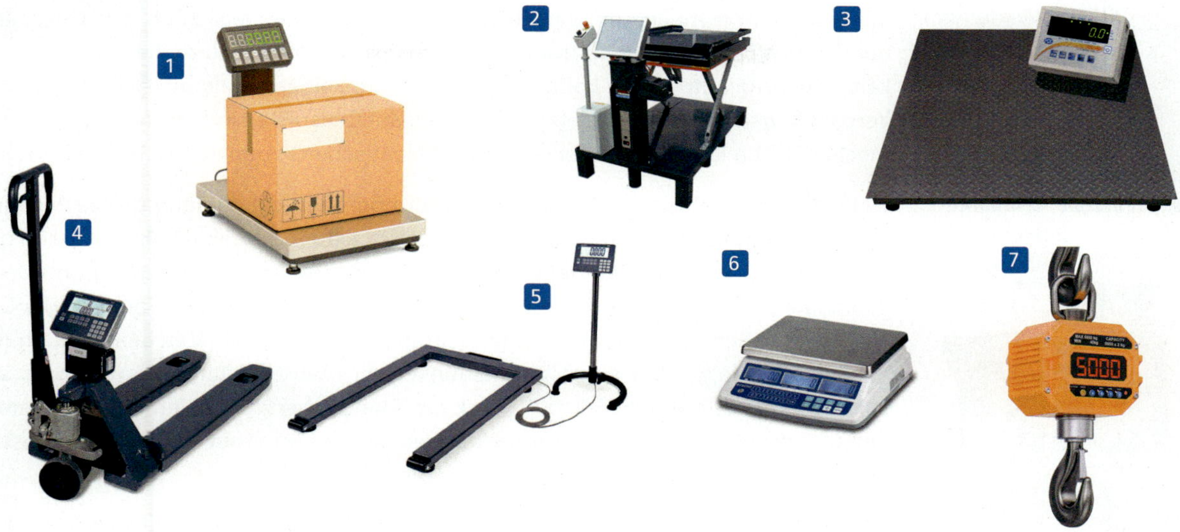

1 Standwaage/Tischwaage
2 Hubtisch-Waage
3 Plattformwaage
4 Gabelhub-Waage
5 Palettenwaage
6 Zählwaage
7 Kranwaage

Zähl- und Wiegeeinrichtungen

Zähleinrichtungen

Zählwaage: counting scale(s)

Das Zählen mit der **Zählwaage** geschieht folgendermaßen: Zuerst wird eine sogenannte **Referenzmessung** durchgeführt. Dazu wird eine abgezählte Menge von Gütern auf die Waagschale gelegt. Die Anzahl und das ermittelte Gewicht werden in die Zählwaage eingespeichert. Aus den gespeicherten Werten ermittelt die Waage das durchschnittliche Stückgewicht. In einem weiteren Wiegevorgang lässt sich anschließend aus dem Gesamtgewicht die Stückzahl aller Güter ermitteln.

Weitere gebräuchliche Zähleinrichtungen neben der Zählwaage sind **Handstückzähler**, **Stückzählautomaten** und **Mehrkanal-Zählautomaten**.

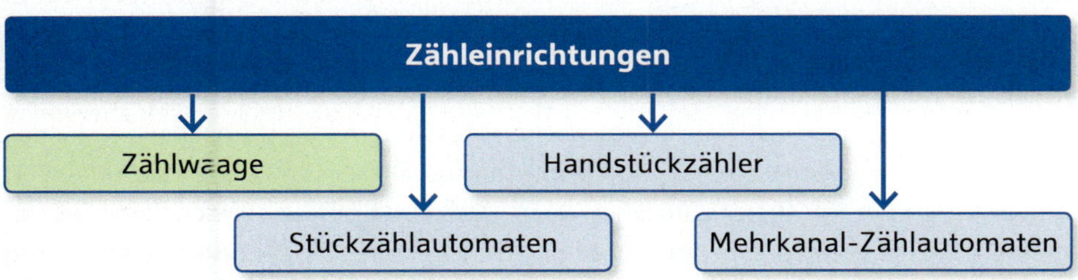

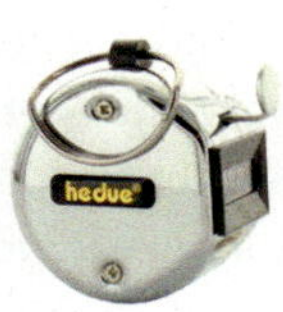

Handstückzähler

Handstückzähler vereinfachen alle manuellen Zählungen im Lager durch digitale Anzeige des jeweiligen Zählstandes. Vor allem die Stückzählung bei Inventuren wird dadurch enorm erleichtert. Aber auch bei allen anderen Zählvorgängen sind sie äußerst hilfreich. Sie können bis zu 9 999 Teile hintereinander zählen.

Elektronischer Stückzählautomat

Elektronische Stückzählautomaten ermöglichen eine halb- oder vollautomatische Zählung von Kleinteilen mit verschiedenen Formen oder Gewichten. Die Erfassung der Teile erfolgt über Mehrstrahllichtschranken mit unterschiedlicher Empfindlichkeit. Stückzählautomaten können sowohl als Einzelgeräte als auch innerhalb von Verpackungsanlagen eingesetzt werden. Einsatzbeispiele sind die Auszählung von mechanischen Kleinteilen oder von pharmazeutischen Produkten (z. B. Tabletten).

Elektronischer Mehrkanal-Zählautomat

Elektronische Mehrkanal-Zählautomaten ermöglichen die Zählung großer Mengen in mehreren parallelen Zählkanälen gleichzeitig. Dabei wird eine sehr hohe Zählgeschwindigkeit erreicht. Bei Mehrkanal-Zählautomaten ist der Einsatz von maximal 25 Kanälen möglich. Auch hier können Kleinteile mit verschiedenen Formen oder Gewichten, wie Schrauben, Muttern oder Saatgut, gezählt werden. Die Beschickung der Zählkanäle erfolgt über einen Vorratsbunker mit mehreren Litern Rauminhalt. Die Zählleistung beträgt über 500 000 Stück pro Stunde (bei 25 Kanälen). Der Zählfehler beträgt bei gut vereinzelbaren Produkten weniger als fünf Promille. Die bekanntesten Mehrkanal-Zählautomaten sind die Münzzählautomaten.

Messeinrichtungen

Messeinrichtungen dienen der Ermittlung bestimmter Messwerte. Die im Lagerbereich am häufigsten eingesetzten Messgeräte sind z. B. Zollstock, Bandmaß, Entfernungsmesser und Messschieber.

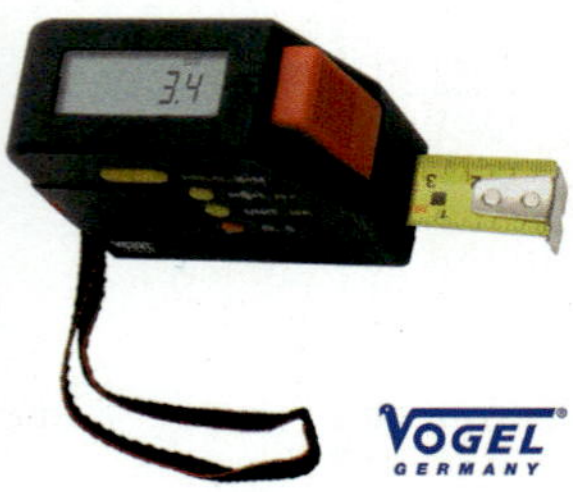

Digitales Bandmaß

Der **Zollstock**, auch Meterstab oder Gliedermaßstab genannt, ist ein Messgerät zur Bestimmung von Längen. Der Zollstock wird z. B. zum Abmessen von Holzleisten, Rohren etc. verwendet.

Ein **Bandmaß**, auch Maßband oder Rollbandmaß genannt, dient der Ermittlung kurzer Distanzen mit mm-Genauigkeit. Es wird am Boden aufgelegt oder zwischen den Messpunkten gespannt. Es kann überall dort eingesetzt werden, wo gerade Längen vermessen werden müssen. Um eine höhere Messgenauigkeit zu erreichen, wird häufig auch ein digitales Bandmaß eingesetzt.

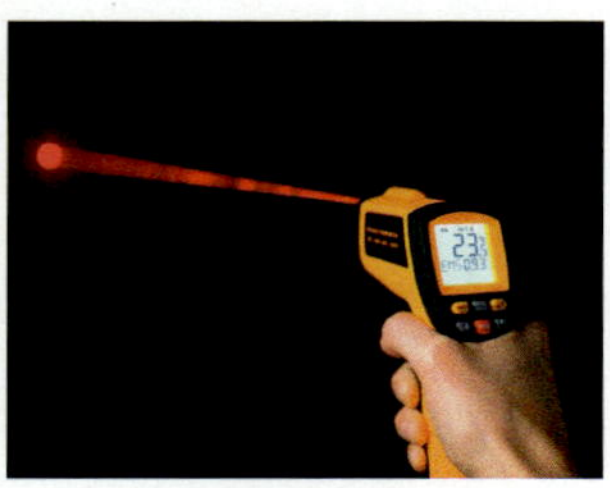

Laserdistanzmessgerät

Elektronische Entfernungsmesser werden vor allem zur berührungslosen Längenmessung über größere Entfernungen eingesetzt. Die Entfernungen können mittels dieser Geräte millimetergenau gemessen werden. Das Ziel wird angepeilt, ein Knopf wird gedrückt und das präzise Messergebnis kann abgelesen werden.

In der elektronischen Entfernungsmessung werden zwei Technologien angewandt: Ultraschall und Lasertechnik. Bei der **akustischen Messung mittels Ultraschall** sendet das Gerät in Richtung Zielpunkt einen Ultraschall-Ton aus. Dieser Ton wird am Ziel reflektiert und als Echo zum Messgerät zurückgeworfen. Dort wird die Dauer dieses Vorgangs gemessen und in die entsprechende Entfernung umgerechnet. Bei der **optischen Messung mittels Laser** sendet das Gerät einen Laserimpuls zum anvisierten Punkt. Dort wird er reflektiert und von einer Fotozelle im Gerät empfangen. Aus der Zeitspanne zwischen Aussenden und Empfangen des Laserimpulses wird die Entfernung berechnet.

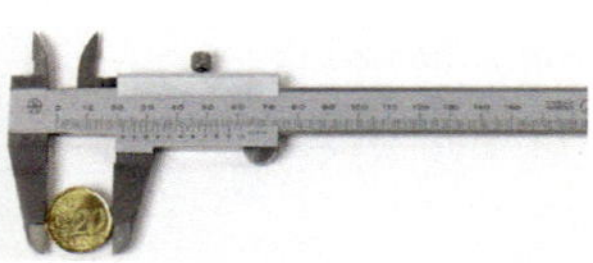

Messschieber

Messschieber kommen immer dann zum Einsatz, wenn sehr kleine Gegenstände vermessen werden müssen, z. B. Schrauben. Der Messschieber, auch Schieblehre oder Schublehre genannt, ist ein Längen-Messgerät. Auf einer Stange, mit in der Regel zwei Messschenkeln, lässt sich ein Schieber bewegen, der ebenfalls Messschenkel

trägt. Für Außen- oder Innenmessung wird je eines der Messschenkelpaare an einen Körper von außen bzw. an die Wände eines Hohlraums von innen angelegt.

1.1.3 Arbeitsmittel zum Abfüllen von Waren

Abfülleinrichtungen in verschiedenen Größen und Ausführungen, von manuell und teilautomatisch bis vollautomatisch, unterstützen bei der **Vorverpackung**. Im Lager wird nur manuell und teilautomatisch abgefüllt. Das vollautomatische Abfüllen dagegen erfolgt im Produktionsprozess und ist nicht Bestandteil der Lagerarbeiten.

Manueller Volumendosierer

Zum **manuellen Abfüllen** größerer Mengen oder grober Güter im Lager eignet sich beispielsweise ein Gestell, bestehend aus einem Stativ für Wand- oder Bodenbefestigung, einem Sackhaltebügel sowie einem Dosiertrichter.

Zum schnellen **teilautomatischen Abfüllen** kleiner bis mittlerer Mengen schüttfähiger Güter wie Granulate, Pellets oder Körner eignet sich ein teilautomatischer Volumendosierer. Die gewünschte Abfüllmenge wird eingestellt. So können z. B. in nur einer Minute neun Beutel à 500 Gramm frisch gerösteter Kaffeebohnen abgefüllt werden. Das Umstellen auf andere Abfüllmengen ist einfach.

Automatischer Volumendosierer

1.1.4 Arbeitsmittel zum Etikettieren und Erfassen von Waren

Sollen die Waren im Einzelhandel verkauft werden, so müssen sie mit einem Preis versehen werden. Dies erfolgt oft vor der Einlagerung.

Zur Etikettierung und Etikettenerkennung steht ebenfalls eine Vielzahl technischer Arbeitsmittel zur Verfügung. In der Lagerhaltung kommen vor allem folgende Geräte zum Einsatz:

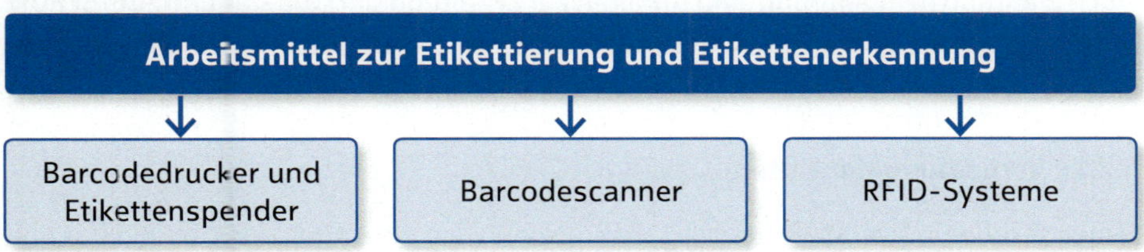

Barcodedrucker

Barcodedrucker drucken Versand-, Verpackungs- und Preisetiketten sowie technische Etiketten von Endlospapierrollen oder -bögen, die dann nur noch auf die Produkte, Paletten usw. geklebt werden müssen. Barcodedrucker sind flexibel einsetzbar und können je nach Modell mit oder ohne PC verwendet werden.

Etikettenspender

Mit einem **Etikettenspender** werden alle gängigen Selbstklebe-Etiketten einfach aufgebracht. Sie kommen sowohl im Handel als auch im Lager zum Einsatz. Die auf einer Rolle befindlichen Etiketten können mithilfe des Spenders überall schnell aufgeklebt werden. Nach dem Abnehmen eines Etiketts wird das nächste automatisch bereitgestellt.

Barcodescanner

Barcodescanner lesen mit hoher Geschwindigkeit über optische Abtaster die an der Ware oder auf den Etiketten befindliche Strichcodeschrift (den **Barcode**) und speichern die Daten. Anschließend werden die eingelesenen Daten über Schnittstellen an einen PC gesendet, verarbeitet und ausgedruckt. Barcodescanner sind als stationäre oder kabelgebundene Handscanner oder als mobile Datenerfassungsgeräte (MDE) auf dem Markt erhältlich. Durch mobile Datenerfassung können Daten dort erhoben werden, wo sie entstehen. Die gewonnenen Daten sind elektronisch sofort verfügbar und können in Echtzeit oder zeitversetzt vom übergeordneten System weiter verarbeitet werden.

Barcodedrucker

Etikettenspender

Handscanner

RFID-Schreib-/Lesegeräte

RFID-Systeme ermöglichen das automatische Auffinden und Erkennen von Gütern. Die Güter sind mit einem beschreibbaren Chip, dem RFID-Transponder ausgestattet [▸ Lernfeld 1].

Der Transponder reagiert auf die Anfrage eines Lesegerätes und funkt seine gespeicherten Daten an das RFID-Lesegerät. Aufgrund der Funkverbindung ist ein direkter Kontakt zwischen Transponder und Lesegerät nicht erforderlich. Je nach Größe der Antenne im Transponder und der verwendeten Funkfrequenz liegt der Leseabstand zwischen wenigen Zentimetern und bis zu einigen hundert Metern. RFID-Lesegeräte können sowohl mobil als auch stationär sein. Zu den mobilen RFID-Lesegeräten zählen der RFID-Handscanner, der RFID-Handschuh und das RFID-Armband. Ein stationäres RFID-Lesegerät ist das RFID-Gate, das mittlerweile bis zu 500 RFID-Chips pro Sekunde auslesen kann.

1.2 Güterbearbeitung während der Lagerung

Auch **während** der Lagerung sind Arbeiten zur **Erhaltung der Qualität** und zum **Schutz vor Verlusten** auszuführen. Insbesondere sind das die **Veredelung**, die **Pflege** sowie die **Qualitäts- und Mengenkontrolle** der Materialien und Güter.

1.2.1 Veredelung der Güter

Unter **Veredelung** versteht man allgemein einen Vorgang, durch den die Qualität und damit auch der Wert eines Gutes verbessert werden. Dies kann durch Be- und Verarbeitung, Ausbesserung oder Lagerung der Ware erfolgen.

Tabaktrocknung

Viele Güter und Materialien erhalten ihre verkaufs- und verbrauchsfähige Güte und Qualität erst durch eine entsprechende Lagerung. **Tabak** und **Holz** z. B. müssen vor der Verwendung erst getrocknet werden. Dies erfolgt in **Trockenkammern**, die das geeignete Klima dafür bieten. Auch die fertigen Zigarren werden häufig noch einige Zeit in speziellen Lagern aufbewahrt, um nachzureifen und eine weitere Qualitätssteigerung zu erhalten.

Wein wird zur Reifung unter geeigneten Lagerbedingungen in entsprechenden Fässern gelagert. Weinspezialisten lagern darüber hinaus wertvolle Weine in Flaschen in speziellen Weinschränken oder in kühlen, leicht feuchten Weinkellern. Auch **Käse** muss erst eine gewisse Zeit trocken, dunkel und kühl im Lager reifen, um die gewünschte Güte zu erreichen. **Obst** wird meistens im unreifen Zustand geerntet und durch geeignete Lagerung zur Reife gebracht. **Fleisch** wird durch Lagerung in Räucherkammern zu Schinken verarbeitet.

Lagerung wertvoller Weine

5366148

1.2.2 Pflege der Güter

Die im Lager befindlichen Güter sind Vermögenswerte. Um Beschädigungen und Verderb der Güter zu vermeiden, müssen sie entsprechend gepflegt werden. Neben einer warengerechten Lagerung umfasst die **Warenpflege** daher alle Arbeiten, die die Güter in einem verkaufs- und verbrauchsfähigen Zustand erhalten.

Warenpflege
goods maintenance

Arbeiten der Warenpflege

- Säubern
- Einölen
- Durchlüften
- Vor Schädlingsbefall schützen
- Vor Licht schützen
- Temperatur kontrollieren
- Umdrehen

Unterschiedliche Güter weisen oft unterschiedliche Eigenschaften auf, die bei der Lagerung und Warenpflege zu berücksichtigen sind:

- Alle Güter – verpackte und unverpackte – sind in regelmäßigen Abständen **umzudrehen** und zu **entstauben** bzw. auf sonstige Weise zu **reinigen**.
- Metallteile sind zum Schutz vor Korrosion (Rost) regelmäßig **einzuölen**.
- Papier, Bücher, Holz, Textilien, Tabakwaren und ähnliche Güter müssen regelmäßig **durchlüftet** werden.
- Lichtempfindliche Nahrungsmittel, Medikamente und Textilien dürfen keinen starken Lichtquellen ausgesetzt werden und sind deshalb permanent **vor Licht zu schützen**.
- Insbesondere bei Lebensmitteln und Medikamenten ist eine **Kontrolle der Lagertemperatur** sehr wichtig. Oft müssen auch andere klimatische Bedingungen wie die **Luftfeuchtigkeit** regelmäßig überprüft werden.
- Zum Schutz der Güter vor Schädlingen – Mehlprodukte vor Mehlwürmern, Lebensmittel vor Schimmelpilzen, textile Waren vor Motten, Güter aus Holz vor Holzwürmern usw. – sind geeignete Maßnahmen durchzuführen. Dies wird zum Teil bereits durch eine entsprechende Vorverpackung realisiert. Schädlingsanfällige Güter sind jedoch zusätzlich mit geeigneten **Schädlingsbekämpfungsmitteln** zu behandeln; das können Mottenkugeln oder -streifen und chemische Holzkonservierungsmittel sein. Aber auch die Einhaltung der Kühlkette oder eine gleichmäßig trockene Lagerumgebung dienen dem Schutz der Güter vor Schädlingen.

1.2.3 Kontrolle der Güter

Menge und Qualität der eingelagerten Materialien und Güter sind während der Lagerung zu kontrollieren. Das kann durch Zählen, Messen, Wiegen, Schätzen und Stichproben oder durch Sichtkontrollen erfolgen.

Zeitabstände der Güterkontrolle

- bei jeder Ein- und Auslagerung
- permanent
- regelmäßig (täglich, wöchentlich, monatlich)
- unerwartet (durch Vorgesetzte)

Die Kontrolle der Güter wird in unterschiedlichen Zeitabständen durchgeführt. Die **Festlegung der Kontrollrhythmen** ist Sache des Unternehmens. Eine Ausnahme bildet die gesetzlich vorgeschriebene Inventur. Sie muss mindestens einmal jährlich stattfinden.

Quantitätskontrolle

Bei der **Quantitätskontrolle** wird ein Vergleich des tatsächlich vorhandenen Lagerbestandes (**Ist-Bestand**) mit dem dokumentierten Bestand (**Soll-Bestand, Buchbestand**) vorgenommen und ein **Soll-Ist-Vergleich** durchgeführt. Im Idealfall stimmen beide Bestände überein. Festgestellte Differenzen müssen dokumentiert und korrigiert werden. Eventuell müssen Nachbestellungen veranlasst werden.

Qualitätskontrolle

Die **Qualitätskontrolle** ist eine Sichtkontrolle auf offensichtliche Schäden wie Schimmel, Korrosion oder Stoffschäden. Bestandteil der Qualitätskontrolle sind die Überprüfung des **Mindesthaltbarkeitsdatums**, des **Verbrauchsdatums** und des **Verfalldatums**.

Mindesthaltbarkeitsdatum (MHD)

Das **Mindesthaltbarkeitsdatum** (**MHD**) gibt an, bis zu welchem Termin ein Lebensmittel bei sachgerechter Aufbewahrung mindestens haltbar ist, um Qualitätseinbußen und gesundheitliche Risiken zu vermeiden. Es ist auf der Verpackung gut lesbar anzubringen: **Mindestens haltbar bis: 11.05.20..** . Meistens sind die Lebensmittel aber auch noch nach dem angegebenen Datum für eine kurze Frist verzehrbar, da es sich beim **MHD** um Mindestangaben handelt.

Verbrauchsdatum

Der Unterschied zwischen **Mindesthaltbarkeitsdatum** und **Verbrauchsdatum** liegt darin, dass nach Überschreiten des Verbrauchsdatums die Waren nicht mehr verwendet werden dürfen, um gesundheitliche Risiken zu vermeiden. Das Verbrauchsdatum ist ebenfalls auf der Verpackung gut lesbar anzubringen: **Zu verbrauchen bis: 11.05.20..**. Das betrifft vor allem sehr leicht verderbliche Lebensmittel wie rohes Fleisch.

Die in beiden Daten angegebenen Fristen gelten jedoch nur für noch original verschlossene Verpackungen. Sind sie einmal geöffnet, kann es dazu führen, dass Sauerstoff, Feuchtigkeit und Mikroorganismen den Verderb der Lebensmittel beschleunigen.

Lebensmittel-Informationsverordnung

In Deutschland ist die **Pflicht zur Angabe von Mindesthaltbarkeitsdatum und Verbrauchsdatum** für Lebensmittel in der **Lebensmittel-Informationsverordnung** (LVM) geregelt. Die Festlegung der Fristlängen liegt jedoch im Ermessen des Herstellers. So kann es vorkommen, dass für gleichartige Produkte verschiedener Hersteller eine unterschiedliche Mindesthaltbarkeit oder Verbrauchsfrist gilt.

Verfalldatum

Das **Verfalldatum** gibt an, bis wann Arzneimittel und Medizinprodukte bei ordnungsgemäßer Lagerung zu verwenden sind (**Verwendbar bis: 11.05.20..**). Bei Überschreitung des Datums dürfen diese nicht mehr verwendet werden, da sich dann Qualität und Wirkung verändern und gesundheitliche Risiken hervorrufen können. Medikamente zur Mehrfachverwendung enthalten neben dem Verfalldatum häufig zusätzlich eine Angabe zur Haltbarkeit nach erstmaliger Öffnung der Verpackung. Rechtsgrundlage ist das Arzneimittelgesetz.

Stehen Waren kurz vor dem Mindesthaltbarkeitsdatum bzw. Verbrauchsdatum oder sind Waren aus sonstigen Gründen minderwertig geworden, dann werden diese zum sofortigen Verkauf mit Preisnachlässen ausgesondert. Waren mit bereits abgelaufenem Verbrauchs- oder Verfalldatum oder sonstige unbrauchbar gewordenen Waren werden ausgesondert und fachgerecht entsorgt.

2 Zuständigkeiten beim Arbeitsschutz

Der **Arbeits- und Gesundheitsschutz** in einem Unternehmens ist sowohl **betrieblich** als auch **außerbetrieblich** (überbetrieblich) organisiert.

- Beim **betrieblichen Arbeitsschutz** stehen Verantwortungs- und Beratungsfunktionen im Vordergrund.
- Dem **außerbetrieblichen Arbeitsschutz** kommen vor allem Überwachungs- und Kontrollfunktionen zu.

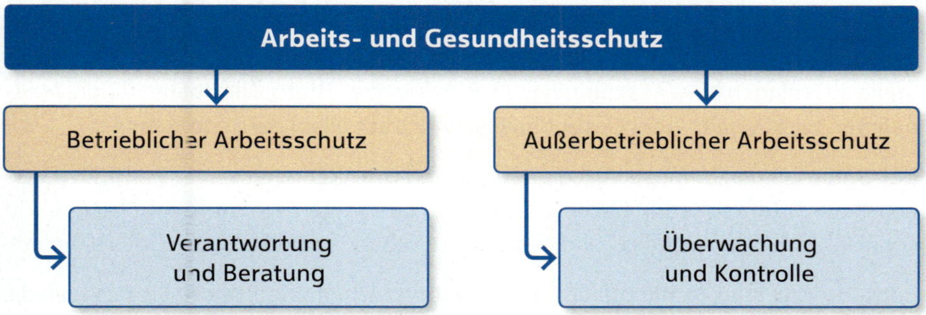

2.1 Betriebliche Organisation des Arbeitsschutzes

Im Unternehmen haben verschiedene Personen für die Einhaltung der Gesetze und Verordnungen zum Arbeits- und Gesundheitsschutz zu sorgen. Dies sind **der Unternehmer mit dem Betriebsarzt** und der **Fachkraft für Arbeitssicherheit** sowie **die Arbeitnehmer mit Betriebsrat** und **Sicherheitsbeauftragten**.

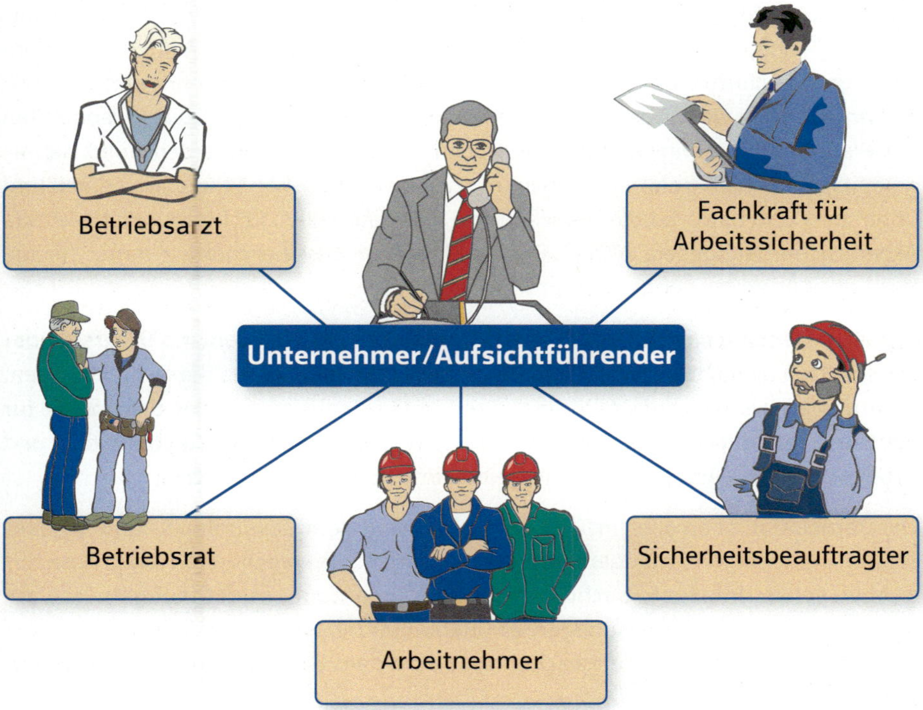

Für die Gewährleistung der Sicherheit zuständige Personen

Diese Personen haben verschiedene Aufgaben und Kompetenzen, sind aber alle gleichermaßen wichtig für die Gewährleistung der Sicherheit.

Unternehmer

Der **Unternehmer** (Arbeitgeber) hat alle für den betrieblichen Gesundheits- und Arbeitsschutz erforderlichen und geeigneten Maßnahmen auf ihre Wirksamkeit zu prüfen, festzulegen, zu organisieren, durchzuführen bzw. bereitzustellen. Er muss deren Anwendung überwachen und durchsetzen. Er ist verpflichtet, vor Anwendung der Maßnahmen den Betriebsrat oder, wenn nicht vorhanden, die Arbeitnehmer zu den festgelegten Schutzmaßnahmen anzuhören.

Der Unternehmer hat den Arbeitnehmer **vor Beschäftigungsbeginn sowie einmal jährlich** über Gefahren am Arbeitsplatz und die bereitgestellten Schutzmaßnahmen zu **belehren**. Die Unfallverhütungsvorschriften sind im Unternehmen an geeigneter Stelle auszulegen bzw. auszuhängen (z. B. Schwarzes Brett). Die Kosten für die Maßnahmen zum Arbeits- und Gesundheitsschutz trägt allein der Unternehmer.

Aufsichtführender

Der Unternehmer kann die Vorbereitungen und Umsetzungen seiner Pflichten an einen **Aufsichtführenden** (möglichst schriftlich) übertragen. Der Aufsichtführende tritt somit in Fragen zum Arbeits- und Gesundheitsschutz an die Stelle des Unternehmers.

Betriebsarzt

Betriebsärzte sind Fachärzte für Arbeitsmedizin (**Arbeitsmediziner**). Sie besitzen die erforderliche arbeitsmedizinische Fachkunde und werden vom Unternehmer schriftlich bestellt. Betriebsärzte unterstützen und beraten den Unternehmer sowie alle sonstigen, im betrieblichen Gesundheits- und Arbeitsschutz eingebundenen Personen. Weitere Aufgaben der Betriebsärzte sind die **Untersuchung der Arbeitnehmer in arbeitsmedizinischer Hinsicht**, die **regelmäßige Durchführung von Arbeitsstättenbegehungen**, die **Untersuchung und Auswertung der Ursachen arbeitsbedingter Erkrankungen** und die **Durchführung von Erste-Hilfe-Schulungen**.

Fachkraft für Arbeitssicherheit

Die **Fachkraft für Arbeitssicherheit** ist ein speziell ausgebildeter Ingenieur, Techniker oder Meister mit einer besonderen Fachkunde in Arbeitssicherheit. Sie wird vom Arbeitgeber schriftlich bestellt und berät und unterstützt den Unternehmer sowie alle anderen mit dem Gesundheits- und Arbeitsschutz beauftragten Personen bei der Planung und Mangelkontrolle von Schutzmaßnahmen. Außerdem führt sie regelmäßig Arbeitsstättenbegehungen und Belehrungen sowie Schulungen durch und untersucht und bewertet die Ursachen von Arbeitsunfällen. Rechtsgrundlage ist das **Arbeitssicherheitsgesetz (ASiG)**. Die Fachkraft für Arbeitssicherheit haftet für die Richtigkeit ihrer Beratungs- und Prüftätigkeiten.

Betriebsrat

Betriebsräte haben die zuständigen **Gewerbeaufsichtsbehörden** und **Berufsgenossenschaften** hinsichtlich des Gesundheits- und Arbeitsschutzes durch Anregungen, Beratung sowie Auskunft zu unterstützen. Außerdem hat sich der Betriebsrat für die **Durchsetzung der Gesetze und Vorschriften bezüglich des Gesundheits- und Arbeitsschutzes** einzusetzen sowie deren **Einhaltung zu überwachen**.

Der Betriebsrat ist an allen im Zusammenhang mit dem Gesundheits- und Arbeitsschutz stehenden Planungen und Gestaltungen, Besprechungen und Besichtigungen sowie Unfalluntersuchungen zu beteiligen. Er muss deren Ergebnisse zur Kenntnisnahme erhalten. Auflagen von Behörden bezüglich des Gesundheits- und Arbeitsschutzes sowie Unfallgeschehnisse sind dem Betriebsrat unverzüglich mitzuteilen.

5366152

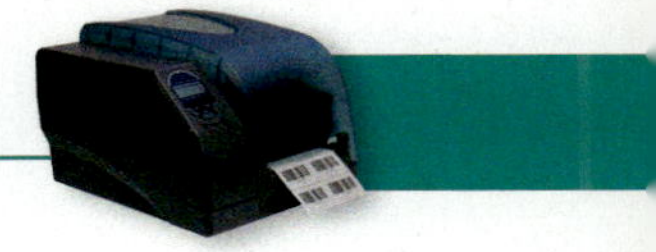

Sicherheitsbeauftragte

In Unternehmen mit mehr als 20 Arbeitnehmern hat der Arbeitgeber **fachkundige Sicherheitsbeauftragte** zu bestellen. Bestehen besondere Gefahren am Arbeitsplatz (z. B. bei Umgang mit Gefahrstoffen oder Arbeiten in Kühlhäusern), ist auch bei weniger als 20 Arbeitnehmern ein Sicherheitsbeauftragter erforderlich. Rechtsgrundlage ist das Sozialgesetzbuch, Abschnitt VII.

Sicherheitsbeauftragte kennen sich mit den speziellen Problemen des Gesundheits- und Arbeitsschutzes im Unternehmen aus. Sie unterstützen den Unternehmer bei der **Auswahl und Durchführung der Schutzmaßnahmen,** überwachen deren ordnungsgemäße Benutzung und machen als „Kollegen unter Kollegen" auf bestehende Gefahren für Leben und Gesundheit aufmerksam.

Sicherheitsbeauftragte sind an Betriebsbesichtigungen und Unfalluntersuchungen zu beteiligen. Deren Ergebnisse sind ihnen zur Kenntnis zu geben. Ihnen darf aufgrund ihrer Tätigkeit keine Benachteiligung im Unternehmen entstehen.

Arbeitnehmer

Neben den vorgenannten Personen sind auch die **Arbeitnehmer** selbst für die Einhaltung und Durchsetzung des Gesundheits- und Arbeitsschutzes verantwortlich. Insbesondere müssen sie die bereitgestellte **persönliche Schutzausrüstung** benutzen sowie alle **Schutzmaßnahmen und Vorschriften hinsichtlich des Arbeits- und Gesundheitsschutzes** einhalten. Hält der Arbeitnehmer diese Maßnahmen und Vorschriften nicht ein und erleidet deshalb einen Unfall oder eine Krankheit, so hat er keinen Anspruch auf Leistungen der Berufsgenossenschaft.

Stellt der Arbeitnehmer einen sicherheitstechnischen Mangel oder eine Gefahr am Arbeitsplatz fest, ist er berechtigt und auch verpflichtet, diese sofort zu beseitigen. Fehlt ihm dazu die nötige Fachkenntnis, hat er den Mangel bzw. die Gefahr unverzüglich dem Arbeitgeber anzuzeigen und deren Beseitigung zu verlangen.

Arbeitsschutzausschuss

Sind im Unternehmen mehr als 20 Arbeitnehmer beschäftigt, hat der Unternehmer einen Arbeitsschutzausschuss zu bilden. Dazu gehören der Unternehmer selbst oder ein von ihm dazu Beauftragter, zwei Betriebsratsmitglieder, der Betriebsarzt, die Fachkraft für Arbeitssicherheit sowie die Sicherheitsbeauftragten. In besonderen Fällen werden weitere Fachleute hinzugezogen. Der Arbeitsschutzausschuss tagt mindestens einmal im Vierteljahr. Er berät alle Anliegen hinsichtlich des Gesundheits- und Arbeitsschutzes.

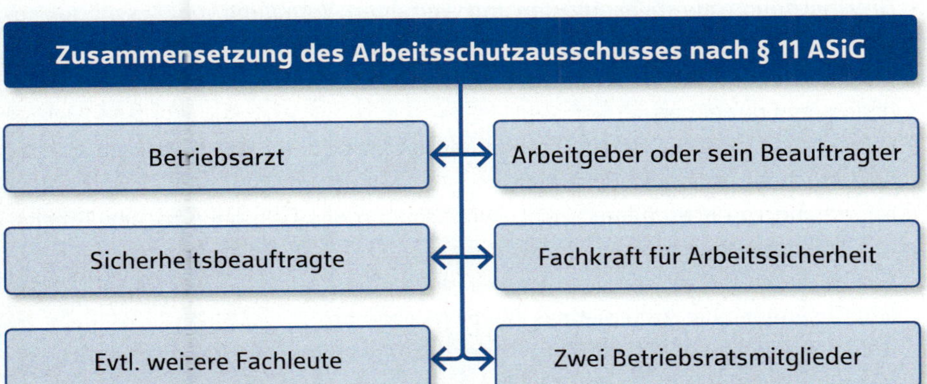

2.2 Überbetriebliche Organisation des Arbeitsschutzes

Die überbetriebliche Organisation des Arbeitsschutzes wird durch staatliche Vorschriften und Regelungen der Berufsgenossenschaften zur Unfallverhütung bestimmt. Sie besteht aus zwei Säulen:

- der staatlichen Gewerbeaufsicht (Behörde für Arbeitsschutz/Gewerbeaufsichtsbehörde) sowie
- den technischen Aufsichtsdiensten der Unfallversicherungsträger (Berufsgenossenschaften).

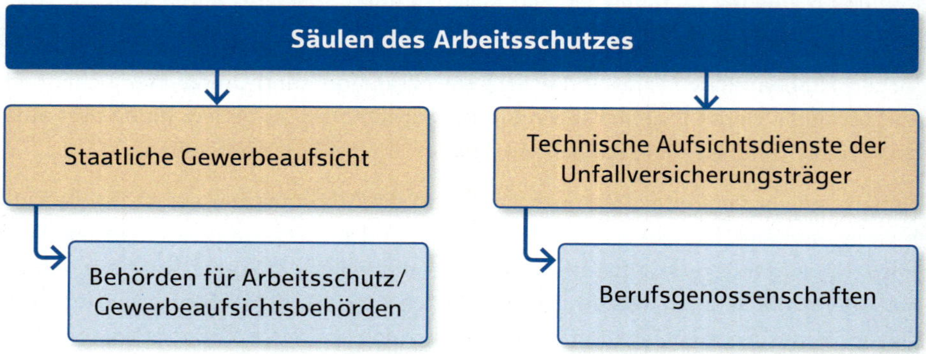

Gewerbeaufsicht

Aufgabe der **Gewerbeaufsicht** ist die Überwachung und Durchführung des Gesundheits- und Arbeitsschutzes. Sie achtet vor allem auf die Einhaltung der Gesetze und Vorschriften. Darüber hinaus berät sie die Unternehmer in Fragen des Gesundheits- und Arbeitsschutzes.

Rechte der Gewerbeaufsicht

Ihre Befugnisse sind im Arbeitsschutzgesetz und Arbeitssicherheitsgesetz geregelt. Sie hat insbesondere das **Recht** auf…

- Auskunft und Einsicht in Unterlagen hinsichtlich des Gesundheits- und Arbeitsschutzes,
- Betreten und Besichtigung der Arbeitsstätten während der Betriebs- und Arbeitszeiten,
- Prüfung der Ordnungsmäßigkeit der Betriebsanlagen, Arbeitsmittel und persönlichen Schutzausrüstungen,
- Untersuchung von Arbeitsabläufen und -verfahren, Vornahme von Messungen sowie Feststellung arbeitsbedingter Gesundheitsrisiken,
- Untersuchung der Ursachen eines Arbeitsunfalls, Schadenfalls oder einer arbeitsbedingten Erkrankung,
- Unterstützung bei der Durchführung ihrer Aufgaben durch den Unternehmer oder eine von ihm beauftragte Person,
- Anordnung von Maßnahmen zur Gewährleistung des Gesundheits- und Arbeitsschutzes mit angemessener Fristsetzung,
- Anordnung von Maßnahmen zur Abwendung einer besonderen Gefahr für Leben und Gesundheit der Arbeitnehmer ohne Fristsetzung,
- Untersagung der betroffenen Arbeit oder der Verwendung der betroffenen Arbeitsmittel bei Nichtbeachtung der Fristen oder Anordnungen.

5366154

Pflichten der Gewerbeaufsicht

Vor dem Erlass einer Anordnung sind die Behörden für Arbeitsschutz/Gewerbeaufsichtsbehörden dazu verpflichtet,

- den Unternehmer und den Betriebsrat anzuhören und gemeinsam mit ihnen geeignete Maßnahmen zu finden und
- der zuständigen Berufsgenossenschaft die Teilnahme und Stellungnahme zu ermöglichen.

Außerdem sind die Behörden für Arbeitsschutz/Gewerbeaufsichtsbehörden dazu verpflichtet, den Betriebsrat über eine getroffene Anordnung schriftlich in Kenntnis zu setzen.

Berufsgenossenschaften

Die Behörden für Arbeitsschutz/Gewerbeaufsichtsbehörden arbeiten eng mit den **Berufsgenossenschaften** zusammen. Diese sind **Träger der gesetzlichen Unfallversicherung** und damit ein Zweig der **Sozialversicherung (Pflichtversicherung)**. Ihre gesetzlichen Grundlagen sind im **Sozialgesetzbuch VII** geregelt. Sie bildet die Haftpflichtversicherung des Unternehmers bei Arbeitsunfällen und Berufskrankheiten der Arbeitnehmer.

Aufgabe der Berufsgenossenschaften ist die Prävention (Verhütung) von Arbeits- oder Wegeunfällen und Berufskrankheiten. Dazu erlassen sie gemeinsam mit den gesetzlichen Unfallversicherungsträgern ein Vorschriften- und Regelwerk für die Sicherheit und Gesundheit am Arbeitsplatz (kurz: DGUV Vorschriften/Regeln/Informationen/Grundsätze).

Außerdem beraten sie die Unternehmer über wirksame Maßnahmen und überwachen deren ordnungsgemäße Durchführung. Bei Gefahr im Verzuge sind sie befugt, sofort vollziehbare Anordnungen zur Beseitigung von Unfallgefahren zu treffen.

Die Berufsgenossenschaftlichen Vorschriften und Regeln gelten nur für die Mitgliedsunternehmen der jeweiligen Berufsgenossenschaft und deren Beschäftigte als Versicherte, nicht aber für die Allgemeinheit.

Die Berufsgenossenschaften werden nur durch die Unternehmer finanziert. Arbeitnehmer haben keine Beiträge zu entrichten.

Anzeigepflicht des Unternehmers gegenüber Gewerbeaufsicht und Berufsgenossenschaft

Der Unternehmer muss der zuständigen Behörde für Arbeitsschutz/Gewerbeaufsichtsbehörde und der zuständigen Berufsgenossenschaft **tödliche Arbeitsunfälle sofort** melden. Arbeitsunfälle mit einer **Arbeitsunfähigkeit** des Arbeitnehmers **von mehr als drei Tagen** sind **innerhalb von drei Tagen** anzuzeigen. In [▸ Lernfeld 4] wird im Zusammenhang mit dem Verhalten bei Unfällen näher auf die Unfallanzeige eingegangen.

3 Vorschriften zur Abfallentsorgung

Der Warenkreislauf

Der Leitgedanke der **Nachhaltigkeit** verpflichtet, den **gesamten Kreislauf von Stoffen** zu untersuchen und **ressourcenschonend** zu gestalten: Von der Gewinnung der Rohstoffe über die Herstellung von Produkten, deren Nutzung und Verbrauch bis hin zur Wiederverwendung oder Entsorgung. Produkte sollen zunehmend weniger Schadstoffe enthalten, wiederbenutzbar oder zerlegbar sein und Materialien enthalten, aus denen leicht wiederverwendbare Rohstoffe gewonnen werden können.

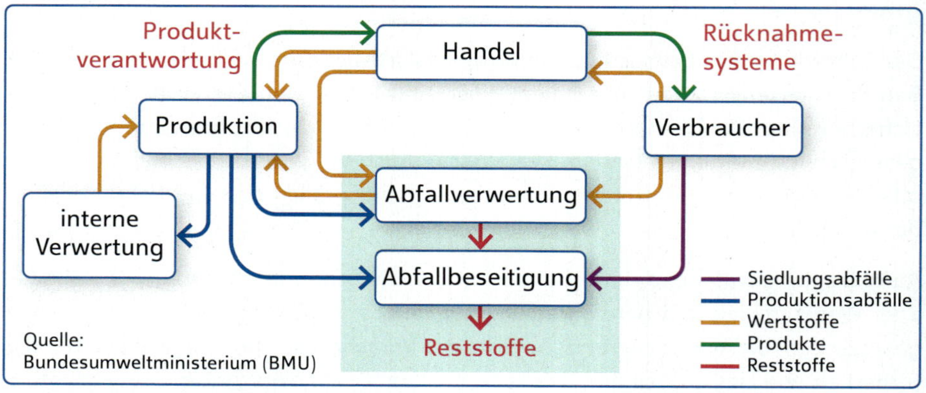

Leitbild der deutschen Abfallpolitik als integraler Bestandteil der Nachhaltigkeit

Die Abfallentsorgung ist in zahlreichen Gesetzen und Verordnungen geregelt. Dazu gehören vor allem ...

- das **Kreislaufwirtschaftsgesetz** *(KrWG)*,
- das **Batteriegesetz** *(BattG)*,
- das **Elektro- und Elektronikgerätegesetz** *(ElektroG)*,
- die **Altölverordnung** *(AltölV)*
- und das **Verpackungsgesetz** *(VerpackG)*.

Das **Gesetz zur Förderung der Kreislaufwirtschaft und der umweltverträglichen Bewirtschaftung von Abfällen** ***(Kreislaufwirtschaftsgesetz – KrWG)*** ist das wichtigste Gesetz des deutschen Abfallrechts.

KrWG

Das **Kreislaufwirtschaftsgesetz** dient dazu,

- die Kreislaufwirtschaft zur Schonung der natürlichen Ressourcen zu fördern und
- die umweltverträgliche Beseitigung von Abfällen zu sichern.

Vermeiden, vorbereiten zur Wiederverwendung, recyceln, sonstige Verwertung, beseitigen

Kreislaufwirtschaft im Sinne des KrWG bedeutet in erster Linie, Abfälle zu **vermeiden** oder zu verwerten. Abfallvermeidung bedeutet, weniger schädliche Stoffe einzusetzen, Stoffe wiederzuverwenden und die Abfallmenge zu verringern. Die **Vorbereitung zur Wiederverwendung** umfasst das Sortieren, Instandsetzen und Reinigen nicht mehr benötigter Produkte und Materialien. Durch **Recycling** werden die in Abfällen enthaltenen Wertstoffe zurückgewonnen. Ist Recycling nicht möglich, können Abfälle der **sonstigen Verwertung** zugeführt werden und beispielsweise als Brenn- oder Füllmaterial dienen. Abfälle, die weder vermieden, aufbereitet, recycelt oder einer sonstigen Verwertung zugeführt werden können, sind gefahrlos und dauerhaft zu **beseitigen**.

5366156

3.1 Abfallarten

Der Begriff **Abfall**, auch **Müll** genannt, umfasst **Güter, Materialien und Stoffe im festen oder flüssigen Zustand**, die der Besitzer nicht mehr nutzen kann oder will. Die einzelnen Abfallarten werden nach dem Ort ihrer Entstehung unterschieden in Abfälle aus Privathaushalten und industrielle Abfälle.

Abfälle aus Privathaushalten

Zu den **in Privathaushalten anfallenden Abfällen** gehören u. a.:
- Restmüll
- Altpapier
- Bioabfall
- Verpackungen
- Sperrmüll
- Elektronikschrott (z. B. Computer)
- Schrott (z. B. Fahrräder)
- Gartenabfälle (z. B. Äste, Laub)
- Altglas
- Textilien (Altkleider)
- Schadstoffe (z. B. Reinigungsmittel)
- Batterien

Industrieller Abfall

Beispiele für **industrielle Abfälle** sind:
- Produktionsabfälle
- hausmüllähnlicher Gewerbeabfall
- Schlachtabfälle
- Sondermüll

Für **Altöl**, **Elektronikschrott**, **Batterien** und andere sogenannte **gefährliche Abfälle** wie alte lösemittelhaltige Farben und Lacke, Bremsflüssigkeiten, Druckfarben, Leuchtstoffröhren und Klebstoffe gelten besondere Vorschriften zur Entsorgung.

Altöl

Unter **Altöl** wird verbrauchtes Öl aus technischen Anwendungen verstanden, das nicht mehr den Anforderungen genügt. Beispiele hierfür sind Motoröl, Getriebeöl oder Hydrauliköl.

Altölverordnung (AltölV)

Die **Altölverordnung** ***(AltölV)*** nimmt eine Eingruppierung der verschiedenen Altöle in die **Sammelkategorien I, II, III** und **IV** vor und regelt die Entsorgung. Danach müssen Altöle z. B. **sortenrein gesammelt** und **entsorgt** werden. Altöle zählen zu den **wassergefährdenden Stoffen** und müssen in dafür vorgesehene **Ölsammelstellen** gebracht werden. Dies gilt entsprechend auch für ölhaltige Putzlappen. Vertreiber von Schmierstoffen an private Endverbraucher haben eine Annahmestelle für gebrauchte Öle einzurichten. Sie sind verpflichtet, Altöl bis zur jeweils verkauften Menge kostenlos gegen Vorlage des Kassenbons zurückzunehmen und einer ordnungsgemäßen Entsorgung zuzuführen.

Elektronikschrott

Elektronikschrott sind Elektro- oder Elektronikgeräte sowie -bauteile, die nicht mehr verwendet werden. Er enthält wertvolle Materialien, die als sogenannte **sekundäre Rohstoffe** zurückgewonnen werden können. Elektronikschrott enthält jedoch auch **Schwermetalle** wie Arsen, Quecksilber, Blei, Kadmium sowie andere umweltgefährdende Stoffe. Dies macht die Entsorgung problematisch.

Basler Konvention

Um einen **Abfallexport in Entwicklungsländer** zu unterbinden, haben sich viele Länder im **Abkommen der Basler Konvention** dazu verpflichtet, Elektronikschrott nur im **Entstehungsland** zu recyceln. Deutschland gehört dazu.

Elektro- und Elektronikgerätegesetz (ElektroG)

In Deutschland wird die Entsorgung von Elektronikschrott im **Elektro- und Elektronikgerätegesetz** ***(ElektroG)*** geregelt. Ziel dieses Gesetzes ist die Vermeidung und Reduzierung von schädlichen Abfällen aus Elektro- und Elektronikgeräten. Die Elektro- und Elektronikgeräte sind so zu gestalten, dass die Demontage und die Entsorgung von Altgeräten, ihren Bauteilen und Werkstoffen erleichtert werden. Hersteller und Importeure müssen sich bei der Stiftung Elektro-Altgeräte-Register (EAR) registrieren lassen und werden über eine Umlage an der Finanzierung des Rücknahme- und Recyclingsystems beteiligt.

Hersteller bzw. Importeure müssen elektronische Geräte mit dem Symbol der durchgestrichenen Mülltonne kennzeichnen. Altgeräte sind getrennt vom Hausmüll zu entsorgen, private Verbraucher geben die Altgeräte bei den kommunalen Sammelstellen ab. Auch Gewerbetreibende können kleine Mengen Elektroschrott dort abgeben, für größere Geräte wie z. B. Kopierer müssen sie sich an die Hersteller wenden. Die Hersteller sind verpflichtet, Altgeräte entsprechend der ihnen von der EAR zugewiesenen Quote zurückzunehmen und einer ordnungsgemäßen Entsorgung zuzuführen (**Rücknahmepflicht der Hersteller**).

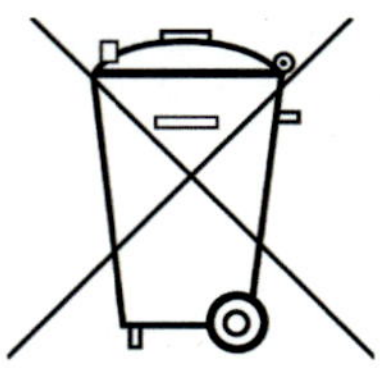

Kennzeichnung aller elektronischen Geräte und Batterien mit dem Symbol der durchgestrichenen Mülltonne

Batterien

Batterien enthalten sowohl **umweltschädliche Stoffe** als auch **wiedergewinnbare wertvolle Rohstoffe**. Dadurch wird das **Batterierecycling** sowohl für die Umwelt als auch für Unternehmen attraktiv.

Batterien unterteilen sich in **nicht wiederaufladbare Primärbatterien** und in **wiederaufladbare Sekundärbatterien** (**Akkumulatoren**).

Batteriegesetz (BattG)

Die Rücknahme und Entsorgung von gebrauchten Batterien und Akkumulatoren wird im **Batteriegesetz** *(BattG)* geregelt. Organisiert wird die Rücknahme und Aufbereitung von Batterien durch zertifizierte Rücknahmesysteme, z. B. Stiftung GRS – Gemeinsames Rücknahmesystem Batterien. Die Arbeit der Stiftung wird aus Beiträgen der Hersteller und Importeure finanziert.

Pflichten der Hersteller

Die Hersteller müssen die Endverbraucher darüber informieren, dass die Entsorgung von Batterien im Hausmüll verboten ist und eine Pflicht zur Rückgabe

Typische Zusammensetzung einer Alkali-Mangan-Batterie

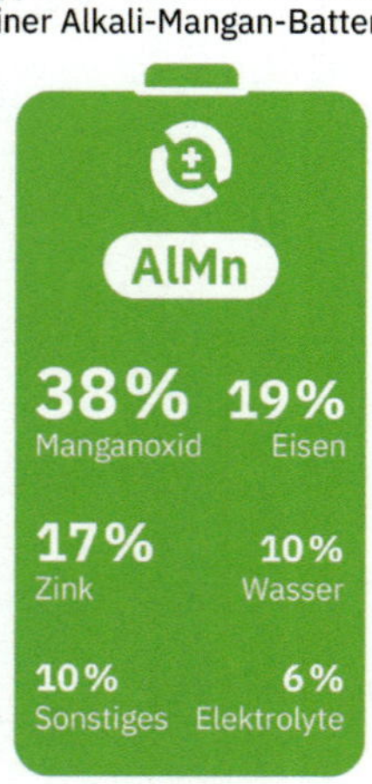

© Stiftung GRS Batterien

Einsparen wertvoller Rohstoffe durch Batterierecyceln

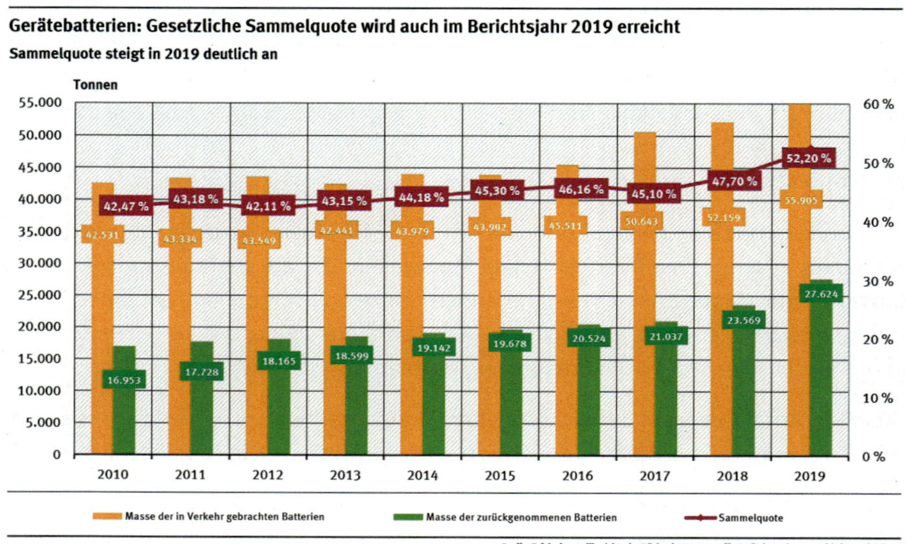

besteht. Ferner werden alle Batterien vor dem Inverkehrbringen mit dem Symbol der durchgestrichenen Mülltonne gekennzeichnet. Schadstoffhaltige Batterien erhalten zusätzlich das entsprechende chemische Symbol sowie Angaben hinsichtlich ihres Schadstoffgehalts und ihrer Kapazität.

Pflichten der Vertreiber

Batterien können in Sammelbehältern in Einzelhandelsgeschäften, die auch Batterien verkaufen, zurückgegeben werden. Die Vertreiber sind allerdings nur dazu verpflichtet, die Art und Menge an Batterien zurückzunehmen, die sie auch im Sortiment führen.

Für Pkw- und Lkw-Batterien (sogenannte **Starterbatterien**) besteht ein Pfandsystem.

Pflichten der Endverbraucher

Die Endverbraucher sind verpflichtet, verbrauchte Batterien an einen Vertreiber oder dafür eingerichtete Rücknahmestellen zurückzugeben.

Gefährliche Abfälle

Gefährliche Abfälle besitzen Eigenschaften, die für Mensch und Umwelt gefährlich sind, sie sind **Sondermüll**. Beispiele dafür sind für die Produktion benutzte Chemikalien, aber auch infektiöse Abfälle von Krankenhäusern.

Abfallverzeichnis-Verordnung

Welche Abfallarten zu den gefährlichen Abfällen gehören, ist in der **Verordnung über das Europäische Abfallverzeichnis** (kurz: **Abfallverzeichnis-Verordnung – AVV**) geregelt. Jede Abfallart hat dort eine vorgeschriebene Bezeichnung und eine sechsstellige Nummer (Abfallschlüssel). Gefährliche Abfälle sind zusätzlich mit einem Sternchen gekennzeichnet. Die Unternehmen sind verpflichtet, ihre Abfälle gemäß dieser Schlüssel einzuordnen.

Nachweisverordnung (NachwV)

Die Überwachung der Verwertung und der Beseitigung von Abfällen unterliegt der jeweils zuständigen Länderbehörde. Unternehmen, die gefährliche Abfälle erzeugen, müssen die zuständige Behörde über Art, Menge und Zusammensetzung des Abfalls sowie über die geplante Entsorgung informieren. Dies regelt die **Verordnung über die Nachweisführung bei der Entsorgung von Abfällen** (kurz: **Nachweisverordnung** – *NachwV)*. Registerpflichtig sind alle Unternehmen, die gefährliche Abfälle erzeugen oder die aufgrund einer behördlichen Anordnung den Verbleib ihrer Abfälle nachweisen müssen. Der vorgesehene Entsorgungsweg muss im Vorhinein genehmigt werden. Die Einhaltung des genehmigten Entsorgungsweges wird dann mittels Quittier- und Übernahmescheinen überwacht.

Elektronisches Abfallnachweisverfahren (eANV)

Die Registrierung und Nachweisführung erfolgt mithilfe des **elektronischen Abfallnachweisverfahrens** *(eANV)*. Es enthält den elektronischen Entsorgungsnachweis, den elektronischen Begleitschein, den elektronischen Übernahmeschein sowie die elektronische Signatur. Damit kann das gesamte Verfahren papierlos erfolgen.

Das Nachweisverfahren dient zur Überwachung der Einhaltung des vorgeschriebenen Entsorgungsweges. Wird der Sondermüll durch ein zertifiziertes Unternehmen entsorgt, entfällt die Einzelfallprüfung durch die zuständigen Behörden. Sonderabfälle aus privaten Haushalten unterliegen nicht der Nachweispflicht.

Betriebsbeauftragter für Abfälle (Abfallbeauftragter)

Erzeuger, Vertreiber oder Besitzer gefährlicher Abfälle sowie Betreiber von Entsorgungsanlagen müssen bei Vorliegen bestimmter Voraussetzungen einen Betriebsbeauftragten oder mehrere **Betriebsbeauftragte für Abfälle (Abfallbeauftragte)** bestellen.

Der Abfallbeauftragte ...
- **überwacht den Weg der Abfälle** von ihrer **Entstehung** (**Anlieferung**) bis zu ihrer **Entsorgung**,
- **überwacht die Einhaltung der gesetzlichen Vorschriften** und erteilten Auflagen,
- **klärt** die Betriebsangehörigen über mögliche Gefährdungen sowie Maßnahmen zu ihrer Vermeidung **auf**,
- macht auf die Entwicklung und Einführung umweltfreundlicher und abfallarmer Verfahren und Erzeugnisse aufmerksam und wirkt bei deren Umsetzung mit,
- erstattet dem Betreiber jährlich einen Bericht über die getroffenen Maßnahmen.

Auf das Verpackungsgesetz wird im [▸ Lernfeld 6] näher eingegangen.

3.2 Umgang mit Abfällen

Nach dem Grundsatz der Kreislaufwirtschaft sind Abfälle vorrangig zu vermeiden. Erst wenn dies nicht möglich ist, sind sie zu verwerten oder aber gefahrlos und dauerhaft zu beseitigen.

3.2.1 Abfallvermeidung

Die Abfallvermeidung umfasst alle Maßnahmen, Abfälle erst gar nicht entstehen zu lassen oder die Menge des anfallenden Abfalls zumindest zu reduzieren. Deshalb muss schon bei der Entwicklung neuer Produkte und Verfahren darauf geachtet werden, dass diese möglichst wenige Abfälle hinterlassen.

Maßnahmen der Abfallvermeidung

Zu den wichtigsten Maßnahmen der Abfallvermeidung gehört es, ...
- auf giftige und gefährliche Stoffe zu verzichten,
- die Anzahl an verschiedenen Stoffen, die zur Herstellung eines Produktes verwendet werden, zu verringern (**Einfachheit des Produktes**),
- Wegwerfprodukte zu vermeiden, d. h. Produkte mit langer Gebrauchsdauer zu schaffen,
- Produkte zu entwickeln, die reparierbar, reinigungsfähig oder wiederbefüllbar sind,
- Mehrwegverpackungen einzusetzen.

Die Schnelllebigkeit der Märkte und die hohen Retourenquoten im Onlinehandel führen dazu, dass neue und neuwertige Produkte als Abfall entsorgt werden. Zukünftig sollen Hersteller und Händler verpflichtet werden, nachvollziehbar zu dokumentieren, wie sie mit nicht verkauften Waren umgehen (Transparenzpflicht). Alternativen zur Vernichtung sind die Spende des Produkts oder der Verkauf zu einem niedrigeren Preis.

Eine weitere Maßnahme zur Abfallvermeidung sind geplante Neuregelungen bei der Beschaffung durch die öffentliche Hand. Behörden und vom Staat beherrschte Unternehmen sollen vorrangig solche Produkte beschaffen, die rohstoffschonend, schadstoffarm, abfallarm, reparierbar oder aus recycelten Materialien hergestellt wurden.

3.2.2 Abfalltrennung und Vorbereitung zur Wiederverwendung

Maschinelle Trennung von Abfällen in einer Recyclinganlage

Lassen sich Abfälle nicht vermeiden, so sind diese bereits bei der Sammlung sinnvoll zu trennen. Dies gilt für private Haushalte und Gewerbetreibende gleichermaßen. Für Gewerbetreibende ist diese Verpflichtung in der Verordnung über die Entsorgung von gewerblichen Siedlungsabfällen und bestimmten Bau- und Abbruchabfällen (**Gewerbeabfallverordnung**, *GewAbfV*) festgeschrieben. Folgende Abfälle sind getrennt zu sammeln:
Papier und Pappe, Kunststoffe, Holz, Glas, Metalle, Textilien, biologisch abbaubare Abfälle (Küchen-, Kantinen-, Park- und Marktabfälle)

Dass die Trennung bereits während der Sammlung erfolgt, ist wichtig. So kann der Abfall unmittelbar nach der Sammlung der jeweils geeigneten Behandlungsart zugeführt werden. Dies erspart aufwendiges Sortieren und damit Entsorgungskosten und Zeit.

Vorbereitung zur Wiederverwendung

Eine **Vorbereitung zur Wiederverwendung** findet statt, wenn Abfälle gereinigt, repariert oder geprüft werden, damit die Stoffe oder Gegenstände danach wieder verwendbar sind. An vielen Orten gibt es Recyclinghöfe, Gebrauchtwarenkaufhäuser, Secondhandläden und andere Einrichtungen, die gebrauchte Güter annehmen und aufbereiten.

3.2.3 Recycling

Recycling

Beim **Recycling** erfolgt eine umfangreiche Aufbereitung durch welche die im Abfall enthaltenen Rohstoffe ganz oder teilweise zurückgewonnen werden.

Recycling Code

Beispielsweise kann aus Altpapier Verpackungsmaterial oder Toilettenpapier hergestellt werden. Altglas wird verschmolzen und zu neuen Glasbehältern, z. B. Flaschen oder Vasen, verarbeitet. Metallschrott wird in seine Bestandteile zerlegt und zu Rohmetallen eingeschmolzen, die u. a. für die Herstellung von Fahrrädern verwendet werden können. Laut Vorgabe im KrWG sollen ab 2020 mindestens 65 % der Siedlungsabfälle recycelt oder zur Wiederverwendung aufbereitet werden.

Allgemeines Recycling-Symbol

Um das Recycling von Verpackungen zu vereinfachen, können die verschiedenen Materialien mit einem **Recycling-Code** gekennzeichnet werden. Er besteht aus dem Recycling-Symbol mit den drei ineinander greifenden Pfeilen, einer zweistelligen Nummer und einem Code für den jeweiligen Stoff. Die Codes sind in einem Anhang zur Verpackungsverordnung erläutert.

3.2.4 Sonstige Verwertung

Zur **sonstigen Verwertung** zählt z. B. das Verbrennen von Abfällen als Hauptbrennstoff, dabei ist eine bestimmte Energieeffizienz der eingesetzten Abfälle vorgeschrieben. Weitere Möglichkeiten sind die Verwendung von Abfällen zur Bodenverbesserung, die Regenerierung von Säuren und Basen und die erneute Raffination von Ölen.

3.2.5 Abfallbeseitigung

Ist keines der oben beschrieben Verfahren der Abfallverwertung möglich, erfolgt die **Beseitigung**. Beseitigungsverfahren sind die Verbrennung zu Land unter Zugabe anderen Brennmaterials, die Verpressung in Bohrlöcher oder natürliche Hohlräume und die Endlagerung in einer Abfalldeponie.

4 Lagerbuchhaltung und Inventur

Aufgabe der Lagerbuchhaltung ist es, die Bestände zu führen sowie alle Bestandsveränderungen aufgrund von Güterein- und -ausgängen zu erfassen und fortzuschreiben. Dadurch ist es möglich, die einzelnen Bestände zu kontrollieren und stets eine genaue Übersicht über eingehende, vorhandene und ausgehende Materialien zu erhalten. Die Lagerbuchhaltung bildet außerdem die Grundlage für die sogenannte permanente Inventur. Eine gesetzliche Verpflichtung zur Lagerbuchhaltung besteht jedoch nicht.

Skontraktion (Fortschreibung)

Die Lagerbuchhaltung funktioniert nach einem einfachen Prinzip, der **Skontraktionsmethode** (auch **Fortschreibungsmethode** genannt): Hierbei werden zum Anfangsbestand die Zugänge addiert und die Abgänge abgezogen, als Ergebnis erhält man den Endbestand.

Anfangsbestand
\+ *Zugänge*
− *Abgänge*
= *Endbestand*

Die Dokumentation der Ein- und Auslagerungen erfolgt in der Regel mithilfe von **EDV-Lagerverwaltungssystemen**. Nur noch in wenigen Unternehmen mit einfacher Lagerhaltung werden **Lagerkarten** und **Lagerfachkarten** geführt. Manchmal werden Lagerfachkarten ergänzend zur rechnergestützten Lagerbuchhaltung verwendet [vgl. ▸ Lernfeld 2, Kapitel 3.9].

Lagerfachkarten
bin cards

4.1 Bestandsarten

Soll-Bestand
Ist-Bestand
Inventurbestand
inventory file

In der Lagerbuchhaltung wird der Bestand festgehalten, der bei ordnungsgemäßer Ein- und Auslagerung im Lager vorhanden sein sollte. Dieser Bestand wird deshalb **Soll-Bestand** genannt. Der tatsächlich im Lager vorhandene Bestand heißt **Ist-Bestand**. Der Ist-Bestand kann nur durch eine Inventur ermittelt werden und wird deshalb auch als **Inventurbestand** bezeichnet.

Neben dem Soll-Bestand und dem Inventurbestand unterscheidet man weitere Bestandsarten: **Mindestbestand, Höchstbestand** und **Meldebestand**. Diese Bestände werden für jeden einzelnen Artikel oder bezogen auf Artikelgruppen festgelegt. Zusätzlich wird der **verfügbare Bestand** berechnet.

Mindestbestand

Mindestbestand
minimum stock/reserve stock

Der **Mindestbestand** wird auch **Reservebestand**, **Sicherheitsbestand**, **eiserner Bestand** oder **eiserne Reserve** genannt. Er muss bei auftretenden Störungen die Versorgung der Produktion und der Kunden gewährleisten. Er darf nur in Notfällen und auch dann nur auf Weisung der Unternehmensleitung unterschritten werden.

Der Mindestbestand wird vom Unternehmen zur **Abdeckung des Risikos möglicher Störungen** häufig mit **drei Tagesumsätzen** kalkuliert. Man unterscheidet dabei:

- **Störungen seitens des Lieferanten**, z. B. Lieferverzögerungen und Transportschwierigkeiten, Falschlieferung, Lieferung fehlerhafter Teile und Lieferung von geringeren Stückzahlen,

- **Störungen im eigenen Unternehmen**, z. B. bei unerwarteten Verbrauchsschwankungen durch Mehrverbrauch oder Mehrverkauf und bei Differenzen zwischen Buchungsbestand und tatsächlichem Lagerbestand.

Höchstbestand

Höchstbestand
maximum stock

Der **Höchstbestand**, auch **Maximalbestand** genannt, ist der Bestand, der pro Artikel maximal auf Lager liegen darf. Er wird vom Unternehmen festgelegt, **um hohe Kosten und eine hohe Kapitalbindung zu vermeiden**. Der Einkäufer muss sich bei seiner Bestellung danach richten.

Meldebestand

Meldebestand
reorder point/reorder level

Bei Erreichen des **Meldebestandes** muss eine neue Bestellung ausgelöst werden. Der Meldebestand, auch **Bestellpunkt** oder **Signalzahl** genannt, muss vom Unternehmen so hoch festgelegt werden, dass er den Verbrauch in der Beschaffungs- bzw. Lieferzeit überbrücken kann.

> *Meldebestand = (Tagesverbrauch · Beschaffungszeit in Tagen) + Mindestbestand*

Beispiel: Berechnung des Meldebestandes

Die Speedbike GmbH & Co. KG hat für die Produktion ihres neuen Roller-Modells „Drake“ einen Tagesverbrauch von 250 Motoren. Der Bestellvorgang einschließlich Postweg dauert einen Tag, die Lieferzeit des Lieferanten zwei Tage und der Versand einen weiteren Tag. Nach Eingang der Lieferung benötigt man für die Warenprüfung noch einen Tag, bis diese endlich für die Produktion zur Verfügung steht. Der Mindestbestand wird vom Unternehmen mit drei Tagesumsätzen kalkuliert.

Lösung

Meldebestand
= Tagesverbrauch · Beschaffungszeit in Tagen + Mindestbestand
= 250 · (1 + 2 + 1 + 1) + (3 · 250)
= 250 · 5 + 750
= 2 000 Stück

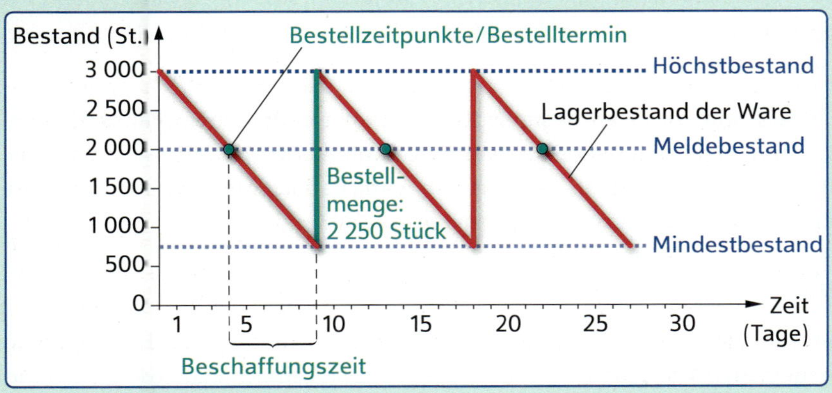

Grafische Darstellung der Bestandsarten: Mindest-, Melde- und Höchstbestand

Verfügbarer Bestand

Verfügbarer Bestand
available stock

Der **verfügbare Bestand** ist der Bestand, der sich tatsächlich im Lager befindet und nicht schon für andere Zwecke, wie Produktion oder Verkauf, verplant bzw. reserviert ist.

	Tatsächlicher Bestand
–	***Mindestbestand***
–	***Reservierter Bestand***
=	***Verfügbarer Bestand***

4.2 Vorbereitung und Durchführung der Inventur

Inventur
inventory

Mit der **Inventur** wird zu einem bestimmten Zeitpunkt ein **Soll-Ist-Vergleich** durchgeführt: Alle tatsächlich vorhandenen Vermögens- und Schuldbestände (**Ist-Bestände**) werden mengen- und wertmäßig erfasst und mit den in der Lagerbuchhaltung dokumentierten Beständen (**Soll-Bestände**) verglichen.

[?!]

Inventur

Inventur ist die mengen- und wertmäßige Erfassung aller Vermögens- und Schuldenwerte eines Unternehmens durch Messen, Zählen und Wiegen zu einem bestimmten Stichtag.

Verpflichtung zur Inventur

Eine Inventur muss mindestens einmal pro Jahr durchgeführt werden. Die rechtliche Grundlage dafür bildet **§ 240 HGB**:

[?!]

Inventur → Inventar → Bilanz

Jeder Kaufmann ist dazu verpflichtet, am Geschäftsjahresende eine Inventur durchzuführen. Mithilfe der Inventur ist dann die Erstellung des Inventars und der Bilanz möglich.

Inventar
inventory

Das **Inventar** ist ein exaktes und detailliertes Bestandsverzeichnis aller Vermögensgegenstände und Schulden eines Unternehmens. Gemäß § 240 Abs. 1 HGB ist es von jedem Kaufmann bei Gründung seines Unternehmens, zum Schluss eines jeden Geschäftsjahres sowie bei Geschäftsaufgabe aufzustellen. Das Inventar bildet die Grundlage eines ordnungsgemäßen Jahresabschlusses.

Bilanz
balance

Die **Bilanz** ist eine Gegenüberstellung von **Vermögen** (**Aktiva, Aktivseite**) und **Kapital** (**Passiva, Passivseite**) eines Unternehmens in Kontenform. Aus ihr sind Herkunft und Verwendung des Kapitals ersichtlich.

Jahresabschluss
annual financial statement

Eine Bilanz wird zu einem festgelegten Zeitpunkt erstellt, dem **Bilanzstichtag**. Sie ist Bestandteil des **Jahresabschlusses** eines Unternehmens. Zusammen mit der **Gewinn- und Verlustrechnung** stellt sie den wirtschaftlichen Erfolg des abgelaufenen Geschäftsjahres eines Unternehmens dar.

Inventurplan

Die Inventur und ihre Durchführung müssen langfristig geplant werden, um einen ordnungsgemäßen Ablauf unter Einhaltung der Vorschriften sicherzustellen. Dazu wird ein Inventurplan erstellt, der sachliche, personelle und zeitliche Schwerpunkte beinhaltet.

Sachplan

Der **Sachplan** legt die Inventurobjekte und deren Eigenschaften, z. B. die Maßeinheiten, fest. Die einzelnen Lagerbereiche werden räumlich in Aufnahmebereiche eingeteilt, um ein übersichtliches Erfassen zu ermöglichen und Doppelzählungen zu vermeiden. Außerdem werden den einzelnen Beständen geeignete Inventurarten zugeordnet, um den Aufwand und die Kosten der Inventur möglichst zu minimieren.

Personalplan

Der **Personalplan** benennt die für die Inventur zuständigen Personen und gibt an, welche Funktionen sie bei der Inventur einnehmen und welchem Inventurbereich sie zugeteilt sind. Diese Personen sind vor allem der **Inventurleiter**, der für die Abstimmung und Überwachung der Inventurarbeiten zuständig ist, sowie die **Aufnahmemitarbeiter**, die die eigentliche Zählung vornehmen.

Zeitplan

Der **Zeitplan** enthält den Inventurzeitpunkt (**Inventurstichtag**), die zeitliche Reihenfolge der einzelnen Inventurarbeiten sowie alle vor- und nachbereitenden Arbeitsschritte. Damit ist der Zeitplan das Herzstück des Inventurplans. In ihm sind der Sach- und der Personalplan zusammengeführt.

Der Inventurplan wird jährlich neu verfasst, wobei der Plan des Vorjahres als Vorlage verwendet werden kann. Die Unternehmen erstellen ihren Inventurplan oft in Form einer **Arbeits- bzw. Dienstanweisung** oder eines **Organisationshandbuches**.

Grundsätze und Ablauf einer Inventur

Bei der Durchführung der Inventur sind folgende Grundsätze zu beachten:

- Es dürfen nur **sachkundige, unterwiesene** Personen eingesetzt werden.
- Die Bestandsaufnahme erfolgt **lückenlos**. Ist ein Zählen, Messen oder Wiegen wirtschaftlich nicht zu vertreten, wird eine **Schätzung** vorgenommen. Dies ist auf den **Aufnahmelisten** zu vermerken.
- Radieren, Schwärzen oder nachträgliches Eintragen auf den Aufnahmelisten ist nicht erlaubt. Die Eintragungen müssen **vollständig, eindeutig und dauerhaft lesbar** sein. Leerzeilen sind zu entwerten. Werden falsche Eintragungen gestrichen, müssen diese dennoch lesbar sein. Korrekturen sind durch Unterschrift des Ausführenden zu bestätigen.
- Alle Aufnahmelisten sind **fortlaufend zu nummerieren** sowie mit Datum und Unterschrift der Aufnahmeleiter und Aufnahmepersonen zu **bestätigen**.
- Zur Überprüfung der Ordnungsmäßigkeit der Inventur sind mindestens 5 % der aufgenommenen Positionen vom Aufnahmeleiter durch **Stichproben** zu kontrollieren und zu bestätigen.
- Alle **nicht körperlichen Bestände** (Bankguthaben, Forderungen, Verbindlichkeiten) werden buchmäßig, zum Beispiel auf der Grundlage von Kontoauszügen, erfasst.

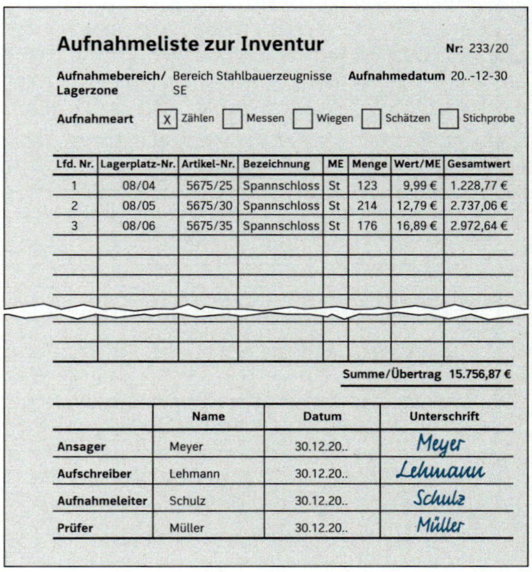

Aufnahmeliste zur Inventur **Nr:** 233/20

Aufnahmebereich/ Lagerzone Bereich Stahlbauerzeugnisse SE **Aufnahmedatum** 20..-12-30

Aufnahmeart [X] Zählen [ ] Messen [ ] Wiegen [ ] Schätzen [ ] Stichprobe

Lfd. Nr.	Lagerplatz-Nr.	Artikel-Nr.	Bezeichnung	ME	Menge	Wert/ME	Gesamtwert
1	08/04	5675/25	Spannschloss	St	123	9,99 €	1.228,77 €
2	08/05	5675/30	Spannschloss	St	214	12,79 €	2.737,06 €
3	08/06	5675/35	Spannschloss	St	176	16,89 €	2.972,64 €

Summe/Übertrag 15.756,87 €

	Name	Datum	Unterschrift
Ansager	Meyer	30.12.20..	Meyer
Aufschreiber	Lehmann	30.12.20..	Lehmann
Aufnahmeleiter	Schulz	30.12.20..	Schulz
Prüfer	Müller	30.12.20..	Müller

Beispiel für eine Aufnahmeliste zur Inventur

- **Inventurdifferenzen** sind gesondert auszuweisen und ihre Ursachen zu klären.
- Die **Inventurunterlagen** (Inventurlisten, Aufnahmelisten, Strichlisten, Schmierzettel etc.) sind **zehn Jahre aufzubewahren**.

Grundsätze ordnungsgemäßer Buchführung

Außerdem haben die Inventuren den **Grundsätzen ordnungsgemäßer Buchführung** zu entsprechen. Das sind teils geschriebene, teils ungeschriebene Regeln, die sich aus der Praxis, der Rechtsprechung sowie Empfehlungen von Wirtschaftsverbänden ergeben. Sie haben die Aufgabe, Gläubiger und Unternehmenseigner vor unkorrekten Daten und möglichen Verlusten zu schützen.

Die wichtigsten Grundsätze ordnungsgemäßer Buchführung lauten daher:
- Die Buchführung muss klar und übersichtlich sein.
- Alle Geschäftsvorfälle müssen ordnungsgemäß erfasst werden.
- Keine Buchung darf ohne Beleg erfolgen.
- Die Buchführungsunterlagen müssen ordnungsgemäß aufbewahrt werden.

Die Vorgehensweise bei der Inventur ist in nachfolgender Übersicht dargestellt:

Vorgehensweise bei der Inventur

1. Bilanzstichtag und Zähltag werden festgelegt.
2. Der verantwortliche Aufnahmeleiter und die Aufnahmepersonen (Ansager, Schreiber) werden festgelegt.
3. Die mit der Durchführung beauftragten Personen werden unterwiesen.
4. Die Bestände werden gezählt, gemessen, gewogen oder geschätzt und die ermittelten Werte in Aufnahmelisten festgehalten.
5. Die Aufnahmelisten werden von Aufnahmeleiter und Aufnahmepersonen unterschrieben.
6. Stichprobenkontrollen werden durchgeführt und vom Prüfer unterschrieben.
7. Die zwischen Bilanzstichtag und Zähltag erfolgten Zu- und Abgänge müssen berücksichtigt werden (wertmäßige Fort- bzw. Rückrechnung).
8. Die Bestände zum Bilanzstichtag werden in Inventurlisten erfasst.
9. Die Bestände werden nach dem Niederstwertprinzip zum Wert der Herstellungs- bzw. Anschaffungskosten ohne Berücksichtigung von eventuellen Wertsteigerungen erfasst.

Elektronische Bestandsaufnahme

Neben dem Aufschreiben auf Aufnahmelisten ist auch die **elektronische Bestandsaufnahme mittels mobiler Barcode-Erfassungsterminals** möglich. Der Strichcode mit den notwendigen Artikelstammdaten wird von den Aufnahmepersonen eingescannt und die ermittelten Mengen eingegeben. Nach der Aufnahme werden die Werte aus dem Terminal in das **EDV-Lagerverwaltungssystem** übertragen. Die Auswertung der Bestandsaufnahme erfolgt über EDV. Anschließend werden die fertigen Listen ausgedruckt und mit den entsprechenden Unterschriften bestätigt.

Inventurdifferenzen

Es kommt häufig vor, dass die dokumentierten Soll-Bestände und der tatsächlich gezählte Bestand nicht übereinstimmen. In diesem Fall muss zunächst die Zählung wiederholt werden. Bestätigt sich die Differenz, muss sie auf der Inventurliste dokumentiert werden.

Mögliche **Ursachen** der ermittelten Differenzen von Ist- und Soll-Bestand können sein:
- Diebstahl,
- fehlerhafte Kommissionierung,
- fehlerhafte oder fehlende Dokumentation der Ein- und Auslagerungen,
- Einlagerung im falschen Lagerfach oder
- Schwund oder Gewichtsverlust durch Verdampfen oder Verdunsten.

4.3 Inventurarten

Es gibt verschiedene Verfahren der Inventur: die Stichtagsinventur, die verlegte Inventur, die permanente Inventur und die Stichprobeninventur.

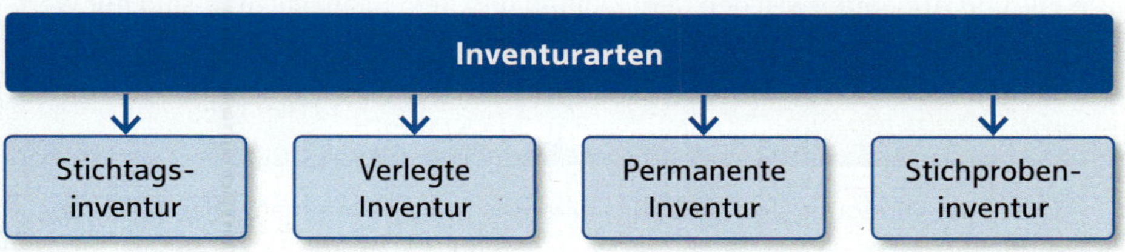

Stichtagsinventur

Stichtagsinventur
periodic inventory

Die **Stichtagsinventur** wird am letzten Tag des Geschäftsjahres, dem sogenannten Bilanzstichtag, durchgeführt. In der Praxis ist das meistens der 30. Juni oder der 31. Dezember eines Jahres.

Zeitnahe Inventur
realtime inventory

Wird die Inventur nicht am Bilanzstichtag, sondern innerhalb von **zehn Tagen davor oder danach** durchgeführt, so spricht man von **zeitnaher Inventur**. Die zwischen Bilanzstichtag und Zähltag erfolgten Zu- und Abgänge sind dann **mengen**- und **wertmäßig** fort- bzw. zurückzuschreiben:

Wertfort- und Wertrückschreibung

- Liegt der Zähltag **vor dem Bilanzstichtag**, erfolgt eine **Wertfortschreibung**.
- Liegt der Zähltag **nach dem Bilanzstichtag**, erfolgt eine **Wertrückschreibung**.

Da die Stichtagsinventur innerhalb kürzester Zeit durchgeführt werden muss, schließen viele Unternehmen während der Inventurarbeiten.

Beispiel: Wert- und Bestandsfortschreibung

Der Zähltag 22. Dezember liegt vor dem Bilanzstichtag 31. Dezember
→ Wertfortschreibung

Zähltag 22. Dezember	2500 Stück zu je 5,00 €	12500,00 €
Abgänge vom 22. Dez. bis 31. Dez.	250 Stück zu je 5,00 €	– 1250,00 €
Zugänge vom 22. Dez. bis 31. Dez.	110 Stück zu je 5,00 €	+ 550,00 €
Bilanzstichtag 31. Dez:	2360 Stück zu je 5,00 €	= 11800,00 €

Beispiel: Wert- und Bestandsrückschreibung

Der Zähltag 9. Januar liegt nach dem Bilanzstichtag 31. Dezember
→ Wertrückschreibung

Zähltag 9. Januar	12500 Stück je 5,00 €	62500,00 €
Abgänge vom 31. Dez. bis 9. Jan.	500 Stück je 5,00 €	+ 2500,00 €
Zugänge vom 31. Dez. bis 9. Jan.	400 Stück je 5,00 €	– 2000,00 €
Bilanzstichtag 31. Dez.	12600 Stück je 5,00 €	= 63000,00 €

Verlegte Inventur

verlegte Inventur
delayed stocktacking/ delayed inventory

Erfolgt die Inventur an einem festgelegten Tag innerhalb von **drei Monaten vor** oder **zwei Monaten nach dem Bilanzstichtag**, so spricht man von einer **verlegten Inventur**. Die Zu- und Abgänge zwischen dem Zähltag und dem Bilanzstichtag sind **nur wertmäßig** fort- oder zurückzuschreiben.

Vorteile der verlegten Inventur

Vorteile der verlegten Inventur

- Durch die Verlegung des Zähltages wird das Unternehmen am Bilanzstichtag entlastet, da zu diesem Zeitpunkt noch andere umfangreiche Arbeiten durchgeführt werden müssen.
- Die körperliche Bestandsaufnahme kann dann erfolgen, wenn die Sortimente gerade einen niedrigen Bestand haben. Dadurch lassen sich die Inventurarbeiten reduzieren.
- Durch die Verschiebung des Zähltages werden eventuell auftretende terminliche Engpässe am Bilanzstichtag verringert.

Permanente Inventur

permanente Inventur
permanent (continuous)/ delayed inventory

Die **permanente Inventur** wird über das gesamte Geschäftsjahr verteilt und vor dem Bilanzstichtag durchgeführt. Deshalb muss eine Fortschreibung der Mengen und Werte von Zu- und Abgängen zum Bilanzstichtag vorgenommen werden. Die Lagerbuchführung bildet dafür die Grundlage.

Die **permanente Inventur** erfolgt also einerseits als **körperliche Bestandsaufnahme** an beliebigen Tagen im Geschäftsjahr und andererseits als **wert- und mengenmäßige Fortschreibung** bis zum Bilanzstichtag.

Buchmäßige Inventur
book inventory

Der am Bilanzstichtag bestehende Buchbestand (**Soll-Bestand**) wird als tatsächlich vorhandener Bestand (**Ist-Bestand**) angenommen. Aus diesem Grund wird die permanente Inventur auch als **buchmäßige Inventur** bezeichnet.

Vorteile der permanenten Inventur

Vorteile der permanenten Inventur

- Terminliche Engpässe werden durch die Verteilung der Inventurarbeiten über das Geschäftsjahr entlastet.
- Die Inventurarbeiten sind während des laufenden Betriebes möglich.
- Der Arbeitsaufwand ist geringer, wenn die Inventur bei niedrigem Bestand durchgeführt wird.

Damit die permanente Inventur reibungslos verläuft, müssen folgende Voraussetzungen erfüllt sein:
- Es darf keine Ein- oder Auslagerung ohne nachprüfbaren Beleg erfolgen.
- Der Bestand jedes Artikels ist mindestens einmal im Jahr körperlich zu erfassen, mit Datum zu dokumentieren und mit dem Soll-Bestand zu vergleichen.
- Abweichungen zwischen Ist- und Soll-Bestand sind zu korrigieren.

Stichprobeninventur

Stichprobeninventur
(periodic) random-sample inventory

Hat ein Unternehmen große Warensortimente mit sehr großen Artikelmengen im Lagerbestand, so erlaubt der § 241 HGB eine **Stichprobeninventur**: Dabei wird der Bestand mithilfe anerkannter mathematisch-statistischer Verfahren auf der Basis von Stichproben ermittelt. Die Stichproben müssen **repräsentativ** für den gesamten Bestand sein. Der Inventurumfang muss 10 % bis 15 % aller Lagerbestände betragen.

Diese Vorschriften gelten für die Durchführung der Stichprobeninventur:
- Ein EDV-Lagerverwaltungssystem ist zwingend notwendig.
- 5 % bis 10 % der Lagerbestände müssen ca. 70 % bis 80 % des Buchwertes darstellen.
- Das Lager verfügt über mindestens 1 000 verschiedene Artikel.
- Der Inventuraufwand nach anderen Verfahren ist wirtschaftlich nicht zu vertreten.

Diese 5 % bis 10 % wertvoller Güter (sogenannte **A-Güter**) werden vollständig erfasst. Danach entnimmt man aus dem restlichen Lagerbestand nach streng statistischer Zufallsauswahl eine Stichprobe.

Die Vorbereitung und die Dokumentation der Stichprobeninventur sind sehr aufwendig. Stichprobeninventuren haben gegenüber den anderen Inventurarten folgende Vorteile:

Vorteile der Stichprobeninventur

Vorteile der Stichprobeninventur

- Sie bringt enorme Zeiteinsparungen mit sich.
- Sie liefert eine wirtschaftliche Inventur mit aussagefähigen Ergebnissen.
- Der Personalbedarf bei der Inventurdurchführung ist gering.

5 Wirtschaftlichkeit im Lager

Das Verhältnis zwischen Kosten (**Lagerkosten**) und Leistung (**Lagerkennzahlen**) macht die Wirtschaftlichkeit im Lager sichtbar. Deshalb versucht das Unternehmen mithilfe des Vergleichs angefallener Lagerkosten und verschiedener Lagerkennzahlen seine Wirtschaftlichkeit zu überprüfen. Dabei werden die aktuellen Werte mit Werten vorhergegangener Perioden oder mit branchenüblichen Durchschnittswerten verglichen.

5.1 Lagerkosten

Lagerkosten
storage costs

Wie in allen anderen Bereichen des Unternehmens fallen auch im Lager verschiedene Kosten an. Unter **Lagerkosten** sind alle Kosten zu verstehen, die im Zusammenhang mit der Lagerung von Gütern entstehen:

Fixe und variable Lagerkosten

Personalkosten und **Raumkosten** sind **fixe Lagerkosten**, d. h., sie bleiben unabhängig vom Lagerbestand konstant. **Verwaltungskosten**, **Risikokosten** und **Kapitalkosten** hingegen sind **variable Lagerkosten**, d. h., je höher der Lagerbestand ist, desto höher sind auch die vorgenannten Kosten.

Allgemeine Verwaltungskosten

Unter **allgemeinen Verwaltungskosten** sind alle Kosten zu verstehen, die im Bereich der **Lagerverwaltung** anfallen. Im Einzelnen sind das vor allem:
- Kosten für Schreib- und Büromaterial
- Gebühren für Postversand
- IT-Kosten für den Einsatz von Lagerverwaltungssystemen (z. B. Hardware)
- Kosten der Lagerbuchhaltung und der Stammdatenverwaltung (z. B. Software)
- Kosten für die Kundenauftragsverwaltung (z. B. Versandpapiere, Packlisten, Rechnungserstellung, Lieferscheinerstellung)

Verwaltungskosten können durch organisatorische Maßnahmen, wie z. B. das **Einführen eines Warenwirtschaftssystems** oder die **Optimierung der Bestellvorgänge**, reduziert werden.

Personalkosten

Personalkosten werden durch die Beschäftigung der Mitarbeiter im Lagerbereich verursacht. Dazu gehören:
- Löhne und Gehälter für das Lagerpersonal
- Entgeltfortzahlungen im Krankheitsfall

- Arbeitgeberanteil an den Sozialversicherungsbeiträgen zur gesetzlichen Krankenversicherung, Rentenversicherung, Pflegeversicherung, Arbeitslosenversicherung sowie der volle Beitrag zur Berufsgenossenschaft (Unfallversicherung)
- sonstige Sozialleistungen (z. B. Zuschüsse zum Preis für das Kantinenessen)
- Gratifikationen (z. B. Weihnachtsgeld, Urlaubsgeld, Erfolgsbeteiligungen)

Personalkosten sind kaum beeinflussbar, wenn man davon ausgeht, dass der Lagerbereich einen optimalen Personalbestand hält. Entgeltfortzahlungen und die Höhe der Anteile an den Sozialversicherungsbeiträgen sind gesetzlich vorgeschrieben. Lohngruppen, Gratifikationen und sonstige Sozialleistungen sind meist in Tarifverträgen bindend vereinbart.

Raumkosten

Raumkosten sind Kosten, die durch die Benutzung der Lagerräume und Einrichtungen entstehen. Hierunter fallen insbesondere:

- Mieten
- Abschreibungen für den Wertverlust durch Abnutzung (**AfA**)
- Wartungs- und Instandhaltungskosten
- Reinigungskosten
- Betriebskosten (Heizung, Strom, Wasser)
- Kosten für TÜV-Abnahmen

Raumkosten sind positiv beeinflussbar, wenn mit Wasser, Strom und Wärme umweltbewusst und verbrauchsgerecht umgegangen wird und so die Betriebskosten niedrig gehalten werden.

Risikokosten

Unter **Risikokosten** sind die Kosten zu verstehen, die durch bestehende Risiken im Lagerbereich anfallen. Das sind vor allem:

- Kosten durch Verderb, Schwund und Veralterung der Ware
- Ausschuss der Waren infolge unsachgemäßer Behandlung (z. B. Bruch, Beschädigung)
- Kosten durch sonstige Güte- und Mengenminderungen bei Waren
- sonstige Kosten für Schäden, die durch unsachgemäße Behandlung entstehen
- Versicherungsprämien für Lagerräume, Lagereinrichtungen, Fördermittel, Warenbestände usw. (Haftpflichtversicherung, Diebstahlversicherung, Brandversicherung, Elementarschäden)

Der fach- und sachgerechte Umgang mit Lagereinrichtungen, Fördermitteln und Warenbeständen verringert das Risiko von Schäden und deren Folgekosten, wie z. B. den Anstieg von Versicherungsprämien. Regelmäßige Kontrollen im Lager sowie die Einhaltung eines optimalen Warenbestands tragen ebenfalls zur Verringerung der Risikokosten bei.

Kapitalkosten

Kapitalkosten entstehen bei der Beschaffung von Waren und Material. Dazu gehören:

- Kosten für Lieferantenkredite (Gebühren, Zinsen)
- Kosten für sonstige Kredite (Gebühren, Zinsen)
- Zinsverluste für das in den Lagerbeständen gebundene (investierte) Kapital

Gebundenes Kapital

Gebundenes Kapital ist der Wert der Waren, die sich im Lager befinden; es kann nicht verzinslich angelegt werden und steht nicht für andere unternehmerische Zwecke zur Verfügung. Die **Zinsverluste** entsprechen also den Zinsen, die dem Unternehmen während der Lagerdauer entgehen. Aufgrund des täglich schwankenden Lagerbestands wird zur Berechnung der Lagerzinsen der durchschnittliche Lagerbestand zugrunde gelegt (siehe **Lagerkennzahlen**).

Durch die Haltung eines optimalen Lagerbestandes sowie die Vermeidung von Lieferantenkrediten lassen sich die Kapitalkosten erheblich einschränken.

5.2 Lagerkennzahlen

Lagerkennzahlen
inventory turnover ratios

Die Ermittlung von **Lagerkennzahlen** dient der Kontrolle und Optimierung der Wirtschaftlichkeit eines Lagers. Um sich ein genaues Bild über die wirtschaftliche Lage im Lager machen zu können, müssen vor allem folgende Lagerkennzahlen berechnet und geprüft werden:

- durchschnittlicher Lagerbestand
- Warenabsatz
- Warenumsatz
- Wareneinsatz
- Umschlagshäufigkeit
- durchschnittliche Lagerdauer
- Lagerreichweite
- Lagerzinsen
- Lagernutzungsgrad

Wie die einzelnen Kennzahlen zu bewerten sind, hängt nicht zuletzt von der Branche sowie der Größe des Unternehmens ab.

Durchschnittlicher Lagerbestand

durchschnittlicher Lagerbestand
average stock

Der **durchschnittliche Lagerbestand** gibt die durchschnittliche Menge eines Artikels an, die pro Jahr auf Lager liegt. Er wird wie folgt berechnet:

$$\varnothing\ Lagerbestand = \frac{AB + EB}{2}$$

Diese Formel wird vor allem dann benutzt, wenn nur am Ende des Jahres eine Inventur gemacht wird.

Beispiel: Durchschnittlicher Lagerbestand anhand des Jahresendbestandes

In der Schöner Wohnen GmbH wird der Rindenmulch lose gelagert. Am Jahresanfang beträgt der Bestand 6,5 m^3. Der Bestand am Jahresende beträgt 5 m^3.

Daraus ergibt sich ein durchschnittlicher Lagerbestand von:

$$\frac{(6{,}5\ m^3 + 5\ m^3)}{2} = 5{,}75\ m^3$$

Der Rindenmulch kostet im Einkauf 18,00 € pro m^3. Der durchschnittliche Lagerbestand hat somit einen Wert von

$5{,}75\ m^3 \cdot 18{,}00\ €/m^3 = 103{,}50\ €$.

Tipp:
∅ = durchschnittlich
AB = Anfangsbestand
EB = Endbestand
ME = Mengeneinheit

Liegen auch die Quartalsendbestände vor, wird der **durchschnittliche Lagerbestand** auf dieser Basis ermittelt:

$$\varnothing \text{ Lagerbestand} = \frac{AB + 4 \text{ Quartalsendbestände}}{5}$$

Noch genauer ist folgende Formel, die nicht nur Anfangs- und Endbestand eines Jahres berücksichtigt, sondern die Endbestände sämtlicher Monate:

$$\varnothing \text{ Lagerbestand} = \frac{AB + 12 \text{ Monatsendbestände}}{13}$$

Eine beispielhafte Rechnung des durchschnittlichen Lagerbestands unter Berücksichtigung der Monatsbestände findet sich auf der übernächsten Seite.

Nachteile zu hoher oder zu niedriger Lagerbestände

Zu große Lagerbestände führen zu hohen Lagerkosten. Gleichzeitig steigt auch das Lagerrisiko. Der Warenbestand kann veralten, verderben oder schwinden.

Zu kleine Lagerbestände wiederum führen dazu, dass Personal und Technik nicht ausgelastet sind. Es besteht die Gefahr, dass es zu Lieferengpässen oder Störungen der Produktion kommt. Das wiederum kann zu Gewinneinbußen und Kundenverlusten führen.

Durchschnittlich gebundenes Kapital

Der durchschnittliche Lagerbestand ist Grundlage zur Berechnung des durchschnittlich gebundenen Kapitals. Dieses wird berechnet, indem der durchschnittliche Bestand mit dem Einstandspreis pro Mengeneinheit (kurz **ME**) multipliziert wird:

$$\varnothing \text{ gebundenes Kapital} = \varnothing \text{ Lagerbestand} \cdot \text{Einstandspreis pro ME}$$

Der Einstandspreis, auch Bezugspreis genannt, ist der Preis, zu dem das Unternehmen die Ware bezieht.

Beispiel: Durchschnittlich gebundenes Kapital

Der Spezialdübel Supra kostet im Einkauf 1,20 €. Bei einem durchschnittlichen Lagerbestand von 78 Stück (s. Beispiel übernächste Seite) wird durch diesen Artikel im Durchschnitt ein Kapital von 93,60 € gebunden.

Warenabsatz

Warenabsatz
sale of goods

Der **Warenabsatz** ist die Menge an Waren, die innerhalb eines bestimmten Zeitabschnittes (meistens ein Jahr) verkauft wurde.

Beispiel: Warenabsatz

Wenn man die Warenausgänge zusammenzählt (s. Beispiel übernächste Seite), ergibt sich ein Absatz von 614 Stück Spezialdübel Supra.

Warenumsatz

Warenumsatz
goods turnover

Der **Warenumsatz** ist der Wert der verkauften Waren innerhalb eines bestimmten Zeitabschnittes (meistens ein Jahr), berechnet zu **Verkaufspreisen** pro Mengeneinheit (**ME**). Zur Berechnung dient folgende Formel:

Warenumsatz = Warenabsatz · Verkaufspreis pro ME

Beispiel: Warenumsatz

Die Schöner Wohnen GmbH verkauft den Dübel Supra für 1,60 € pro Stück. Der Umsatz im dargestellten Jahr betrug:

614 Stück · 1,60 € = 982,40 €.

Wareneinsatz

Wareneinsatz
cost of sales

Der **Wareneinsatz** kann als Menge oder als Wert angegeben werden. Als **Wert** drückt er den Wert der verkauften bzw. verbrauchten Waren innerhalb eines Jahres zum Einstandspreis aus. Der Wareneinsatz ist Grundlage für weitere Berechnungen. Er wird nach folgender Formel berechnet:

Wareneinsatz = (AB + Lagerzugänge – EB) · Einstandspreis pro ME

Oder:

Wareneinsatz = Summe aller Lagerentnahmen eines Jahres · Einstandspreis pro ME

Oder:

Wareneinsatz = Warenabsatz · Einstandspreis pro ME

Beispiel: Wareneinsatz

Der Dübel Supra wurde 614 mal verkauft. Die Schöner Wohnen GmbH muss im Einkauf 1,20 € für diesen Dübel zahlen. Der Wareneinsatz beträgt 736,80 €.

Wird der Wareneinsatz nach der ersten Formel berechnet, so ergibt dies:

60 AB + 640 Summe aller Einkäufe – 86 EB = 614 Stück (= Wareneinsatz in Stück).

614 · 1,20 € = 736,80 € (= Wareneinsatz in Euro).

Beispiel: Durchschnittlicher Lagerbestand anhand der Monatsendbestände

Im Dauersortiment der Schöner Wohnen GmbH findet sich der Spezialdübel Supra. Die Lagerfachkarte zeigt folgende Warenbewegungen:

Datum	Beleg-Nr.	Zugang	Abgang	Bestand	Bemerkungen
				60	Übertrag
14. Jan	LS 2865		27	33	
28. Jan	LS 3416		13	20	
02. Feb	WE 1244	80		100	
14. Feb	LS 4412		22	78	
20. Feb	LS 4589		30	48	
26. Feb	WE 2247	80		128	
27. Feb	LS 4610		18	110	
18. Mrz	LS 5134		22	88	
26. Mrz	LS 5298		18	70	
02. Apr	WE 2314	80		150	
12. Apr	LS 5312		65	85	
23. Apr	LS 5317		25	60	
14. Mai	WE 2378	80		140	
16. Mai	LS 5319		27	113	
27. Mai	LS 5334		11	102	
12. Jun	LS 5376		17	85	
02. Jul	LS 5389		46	39	
12. Jul	WE 2419	80		119	
21. Jul	LS 5433		23	96	
24. Aug	LS 5501		29	67	
08. Sep	WE 2477	80		147	
17. Sep	LS 5565		43	104	
25. Sep	LS 5571		14	90	
04. Okt	LS 5589		28	62	
15. Okt	WE 2489	80		142	
23. Okt	LS 5598		22	120	
02. Nov	LS 5621		16	104	
16. Nov	LS 5634		27	77	
27. Nov	LS 5697		29	48	
04. Dez	WE 2562	80		128	
06. Dez	LS 5703		32	96	
14. Dez	LS 5734		10	86	

Lagerfachkarte für den Spezialdübel, die 12 Monatsendbestände sind farbig markiert.

Lösung:

Der durchschnittliche Lagerbestand beträgt:

$$\frac{60\ (= \text{AB}) + 954\ (= \text{Summe Monatsendbestände})}{13} = 78 \text{ Stück}$$

Umschlagshäufigkeit

Umschlagshäufigkeit
turnover rate
Lagerumschlag
stock turnover

Die **Umschlagshäufigkeit** gibt an, wie oft der durchschnittliche Lagerbestand einer Ware im Laufe eines Jahres verkauft wurde. Niedrige Werte bedeuten eine lange Verweildauer der Waren im Lager. Dies hat negative Auswirkungen auf die Kapitalbindung.

Die Umschlagshäufigkeit errechnet sich folgendermaßen:

$$\text{Umschlagshäufigkeit} = \frac{\text{Wareneinsatz}}{\varnothing\ \text{Lagerbestand}}$$

oder:

$$\text{Umschlagshäufigkeit} = \frac{\text{Summe aller Lagerentnahmen eines Jahres}}{\varnothing\ \text{Lagerbestand}}$$

Beispiel: Umschlagshäufigkeit

Beim Dübel Supra beträgt der Wareneinsatz 614 Stück oder 736,80 €. Der durchschnittliche Lagerbestand liegt bei 78 Stück oder 93,60 €.

Es ergibt sich eine Umschlagshäufigkeit von $\frac{614}{78} = 7{,}87$.

Durchschnittliche Lagerdauer

durchschnittliche Lagerdauer
average period of storage/ average stockholding period

Die **durchschnittliche Lagerdauer** gibt an, wie lange eine Ware durchschnittlich auf Lager liegt, bis sie verkauft wird. Je kürzer die durchschnittliche Lagerdauer einer Ware ist, desto positiver wirkt sich das auf die Kostenentwicklung im Lager aus, da die Warenlagerung Kosten verursacht.

$$\varnothing\ \text{Lagerdauer bezogen auf 1 Jahr} = \frac{\text{360 Tage}}{\text{Umschlagshäufigkeit}}$$

[?!]
Ein Jahr

Ein Jahr wird im kaufmännischen Bereich zur Vereinfachung meistens mit 360 statt 365 Tagen berechnet.

oder:

$$\varnothing\ \text{Lagerdauer} = \frac{\text{360 Tage} \cdot \varnothing\ \text{Lagerbestand}}{\text{Summe aller Lagerentnahmen eines Jahres}}$$

Beispiel: Durchschnittliche Lagerdauer

Der Dübel Supra hat eine Umschlagshäufigkeit von 7,87. Die durchschnittliche Lagerdauer beträgt somit $\frac{\text{360 Tage}}{7{,}87} = 45{,}74$ Tage.

Lagerreichweite

Lagerreichweite
stock turnover, storage reach

Die **Lagerreichweite** gibt an, wie lange der durchschnittliche Lagerbestand bei einem durchschnittlichen Verbrauch ausreicht. Diese Kennzahl ist von großer Bedeutung für eine sichere Belieferung der Kunden und für die Absicherung eines reibungslosen Produktionsprozesses. Eine zu kleine Lagerreichweite kann empfindliche Störungen der Kundenbelieferung oder des Produktionsprozesses zur Folge haben.

Die Lagerreichweite wird wie folgt berechnet:

$$\textit{Lagerreichweite} = \frac{\text{ø Lagerbestand}}{\text{ø Verbrauch pro Tag}}$$

Beispiel: Lagerreichweite

In der Schöner Wohnen GmbH wird an 200 Tagen pro Jahr gearbeitet. Der durchschnittliche Verbrauch des Spezialdübels Supra liegt bei 3 Stück pro Tag. Der durchschnittliche Lagerbestand beträgt 78 Stück.

Daraus ergibt sich eine Lagerreichweite von $\frac{78}{3} = 26$ Tagen.

Lagerzinssatz

Lagerzinssatz
storage interest rate

Der **Lagerzinssatz** ist der Zinssatz, mit dem der Wert des im Lager durchschnittlich gebundenen Kapitals verzinst werden muss. Mit ihm werden die Lagerzinsen berechnet:

$$\textit{Lagerzinssatz} = \frac{\text{marktüblicher Zinssatz} \cdot \text{ø Lagerdauer}}{360}$$

Beispiel: Lagerzinssatz

Bei einem marktüblichen Zinssatz von 10 % und einer durchschnittlichen Lagerdauer von 45,74 Tagen beträgt der Lagerzinssatz:

$$\frac{10 \cdot 45{,}74}{360} = 1{,}27\,\%$$

Lagerzinsen

Lagerzinsen
storage interest

Die **Lagerzinsen** entsprechen den Zinsen, die dem Unternehmen während der Lagerdauer entgehen, weil das im Lager gebundene Kapital nicht verzinslich angelegt werden kann. Je höher der durchschnittliche Lagerbestand und je länger die Lagerdauer ist, desto mehr Kapital ist gebunden. Und umso höher sind letztendlich auch die Zinserträge, die dem Unternehmen entgehen.

Die Lagerzinsen werden wie folgt berechnet:

Formel 1:

$$\textit{Lagerzinsen} = \frac{\text{ø Lagerbestand in €} \cdot \text{Lagerzinssatz}}{100}$$

Formel 2:

$$\textit{Lagerzinsen} = \frac{\varnothing \textit{ Lagerbestand in €} \cdot \varnothing \textit{ Lagerdauer} \cdot \textit{Marktzinssatz}}{100 \cdot 360}$$

Beispiel: Lagerzinsen

Für den Spezialdübel Supra wurde ein durchschnittlicher Lagerbestand von 93,60 € ermittelt. Die durchschnittliche Lagerdauer beträgt 45,74 Tage.

Anwendung von Formel 1:
Bei einem berechneten Lagerzinssatz von 1,27 % ergeben sich Lagerzinsen in Höhe von:

$$\frac{93{,}60 \cdot 1{,}27}{100} = 1{,}19 \text{ €}$$

Anwendung von Formel 2:
Bei einem marktüblchen Zinssatz von 10 % betragen die Lagerzinsen:

$$\frac{93{,}60 \cdot 45{,}74 \cdot 10}{100 \cdot 360} = 1{,}19 \text{ €}$$

Lagernutzungsgrad

Der Lagernutzungsgrad gibt das Verhältnis von genutztem zu verfügbarem Lagerplatz an. Der verfügbare Lagerraum bzw. die verfügbare Lagerfläche umfasst das gesamte Lager abzüglich der Verkehrsflächen (z. B. Gänge, Packplätze). Drei verschiedene Varianten des Lagernutzungsgrades sind ermittelbar:

Flächennutzungsgrad
land utilization rate

$$\textit{Flächennutzungsgrad} = \frac{\textit{belegte Lagerfläche in } m^2 \cdot 100}{\textit{verfügbare Lagerfläche in } m^2}$$

Raumnutzungsgrad
space utilization rate

$$\textit{Raumnutzungsgrad} = \frac{\textit{belegter Lagerraum in } m^3 \cdot 100}{\textit{verfügbarer Lagerraum in } m^3}$$

Höhennutzungsgrad
height utilization rate

$$\textit{Höhennutzungsgrad} = \frac{\textit{tatsächlich genutzte Höhe des Lagers in m} \cdot 100}{\textit{verfügbare Höhe des Lagers in m}}$$

Die ermittelten Werte weisen darauf hin, wie gut die Fläche bzw. der Raum im Lager durch die vorhandene Lagertechnik genutzt wird. Ein Paletten-Hochregallager hat einen Raumnutzungsgrad von ca. 60 %, ein normales Längstraversenregal mit Staplerbedienung liegt bei etwa 50 %. Die ermittelten Werte zeigen außerdem, wie voll das Lager ist.

5.3 Logistik 4.0: Inventur und Bestandsmanagement

Drohne

In den meisten Unternehmen wird die Inventur manuell durchgeführt. Dies ist sehr zeit- und personalintensiv. Um Zeit und Personalkosten zu sparen, könnten zukünftig **Drohnen** die Inventur im Lager übernehmen. Die Drohne, die beispielsweise mit einer Kamera und einem Barcode- oder RFID-Scanner ausgestattet ist, fliegt die Regale ab, fotografiert jeden einzelnen Lagerstellplatz und erfasst die Barcodes bzw. RFID-Tags der eingelagerten Waren. Die so gesammelten Informationen werden an das Lagerverwaltungssystem übermittelt und ausgewertet.

Inventurdrohne

intelligente Ladungsträger

Ein gut funktionierendes Bestandsmanagement ist für alle Unternehmen von großer Bedeutung. Dazu gehören insbesondere die Reduzierung der Lagerbestände bei gleichzeitiger Erhaltung oder Erhöhung des Lieferservice und die damit einhergehende Kundenzufriedenheit. Die genauen Lagerbestände müssen jederzeit verfügbar sein, damit es aufgrund eines zu geringen Lagerbestandes nicht zu Produktions- und/oder Lieferengpässen kommt bzw. aufgrund eines zu hohen Lagerbestandes zu viel Kapital gebunden wird. Einen Lösungsansatz bietet hier die eigenständige Bestandsüberwachung durch **intelligente Ladungsträger**. Jeder Behälter, jede Palette und jedes Paket wird mit einem digitalen Speicher (z. B. RFID-Tag) und eventuell auch einem Kamerasystem ausgestattet. Die intelligenten Ladungsträger überwachen eigenständig ihren Inhalt und lösen selbstständig Alarm aus, wenn z. B. der Mindestbestand erreicht und neue Ware beschafft werden muss bzw. bestellen im Bedarfsfall selbst die benötigte Ware über das Warenwirtschaftssystem.

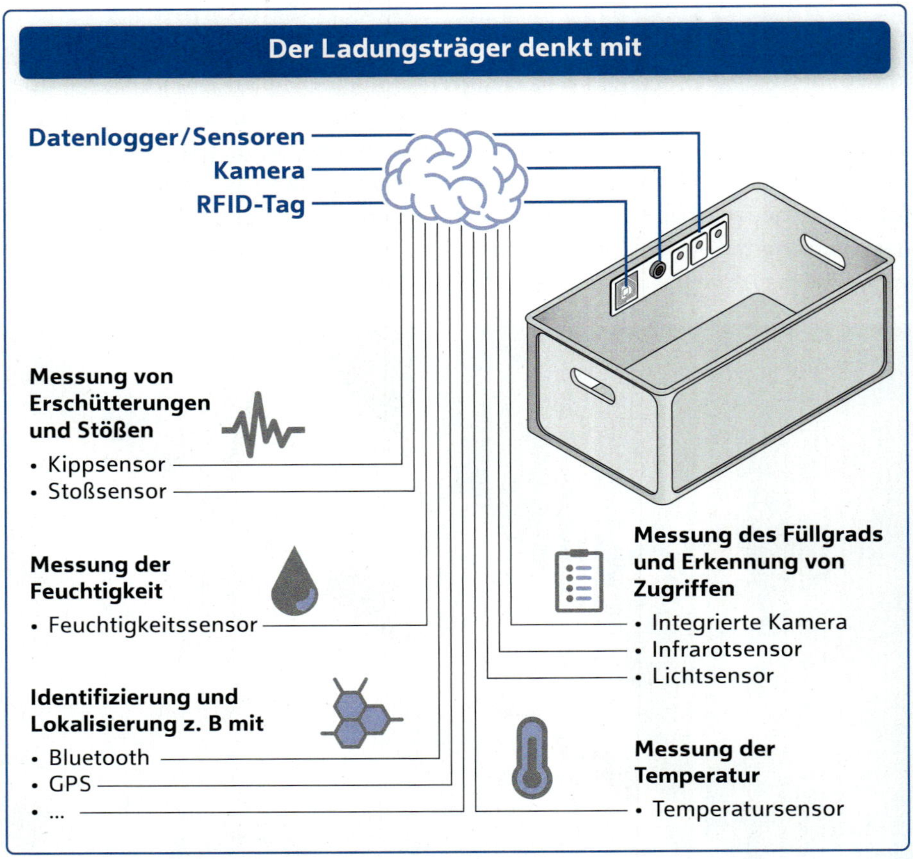

Funktionsweise des intelligenten Ladungsträgers: Der mit RFID-Chip, Datenlogger (Sensoren) und Kameras ausgestattete intelligente Ladungsträger meldet einer Service-Plattform selbstständig, dass er (bald) leer ist oder dass sonstige Missstände (z. B. zu hohe Temperatur) vorliegen. Daraufhin erhält der Anwender des Unternehmens eine Push-Benachrichtigung und kann so entsprechende Maßnahmen einleiten.

Lernfeld 4
Güter transportieren

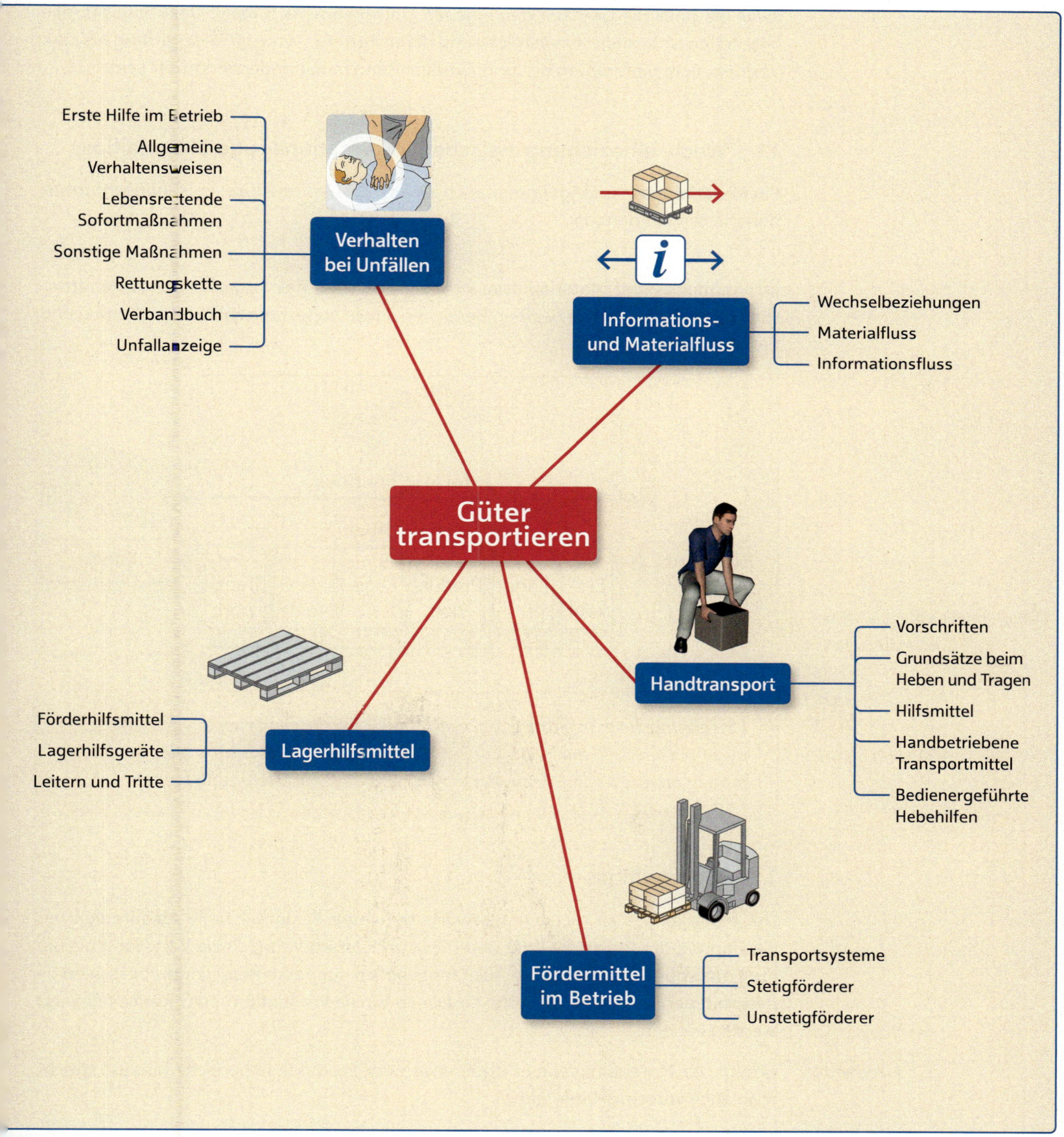

1 Informations- und Materialfluss

In einem Unternehmen müssen Informations- und Materialflüsse aufeinander abgestimmt werden, um einen reibungslosen Ablauf der betrieblichen Prozesse gewährleisten zu können. Der Logistikprozess beschäftigt sich daher mit **Planung, Gestaltung, Steuerung und Kontrolle der Informations- und Materialflüsse**, und zwar bis über die Grenzen des eigenen Unternehmens hinaus. Dazu müssen alle beteiligten Unternehmensbereiche und deren Partner – von der Beschaffung bis zum Vertrieb, vom Lieferanten bis zum Kunden – eng miteinander verknüpft sein.

1.1 Wechselbeziehung zwischen Informations- und Materialfluss

Ein Materialfluss verlangt immer auch einen Informationsfluss; er ist ohne Informationsfluss nicht denkbar.

Informations- und Materialflüsse können **innerhalb des Lagerbereiches, innerbetrieblich** zwischen den einzelnen Bereichen sowie **außerbetrieblich** zum Kunden und Lieferanten stattfinden:

Der Informationsfluss begleitet den Materialfluss

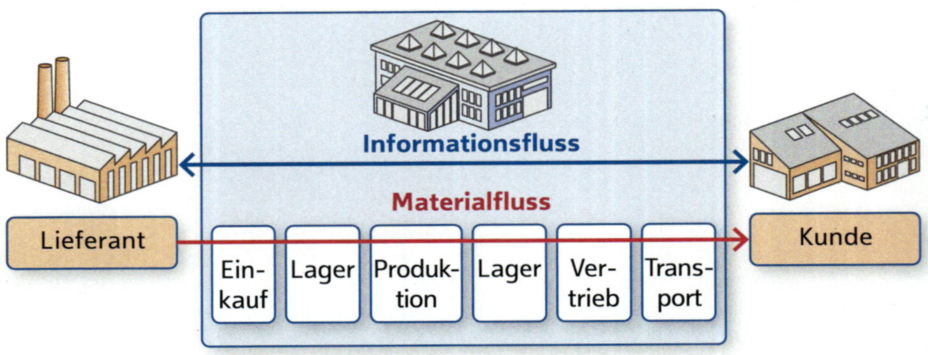

[?!]

Die sechs R der Logisitk

Ein reibungsloser Informations- und Materialfluss gewährleistet, dass die richtigen Materialien zur richtigen Zeit in der richtigen Qualität in der richtigen Menge am richtigen Ort zu den richtigen Kosten zur Verfügung stehen.

1.2 Materialfluss

Der Materialfluss ist meistens **vorwärts gerichtet**: Er umfasst alle Abläufe von der Gewinnung der Rohstoffe über deren Be- und Verarbeitung sowie Verteilung bis hin zur Entsorgung der Güter. Eine Ausnahme bilden nur die im Recyclingprozess wiedergewonnenen Sekundärrohstoffe, die erneut für die Produktion von Gütern eingesetzt werden können.

Lieferkette

Erfolgt der Materialfluss über die Grenzen der Produktionsbereiche hinaus, spricht man auch von einer **Lieferkette**.

Wertstrom

Mit dem Materialfluss ist heutzutage die Forderung verbunden, dass das Material gleichzeitig auch Wert im Sinne von **Kundennutzen** beinhalten muss (**Wertstrom**). Dazu zählen z. B. rechtzeitige oder schnellere Verfügbarkeit, Veredelung der Waren und zusätzlicher Service, wie Garantieleistungen oder Montageservice.

[?!] *Wertstrom*

> ***Der Wertstrom beinhaltet die Wertsteigerung der Produkte im Zuge der logistischen Prozesse.***

Tätigkeiten innerhalb des Materialflusses

Der Materialfluss innerhalb des Lagerbereiches beinhaltet folgende **Tätigkeiten**:
- Materialien und Güter ein- und ausladen
- Materialien und Güter transportieren
- Materialien und Güter aus- und einpacken
- Materialien und Güter ein- und auslagern

Effekte der Materialflussoptimierung

Die Unternehmen sind ständig bemüht, den **Materialfluss zu verbessern**. Damit wollen sie ...
- Durchlaufzeiten verkürzen,
- Ausschusszahlen senken,
- Arbeitsbedingungen verbessern,
- Kosten senken,
- Energieverschwendung und Umweltbelastungen senken.

Innerbetrieblicher Materialfluss

Der **innerbetriebliche Materialfluss** zwischen den einzelnen Bereichen im Unternehmen könnte folgendermaßen aussehen:

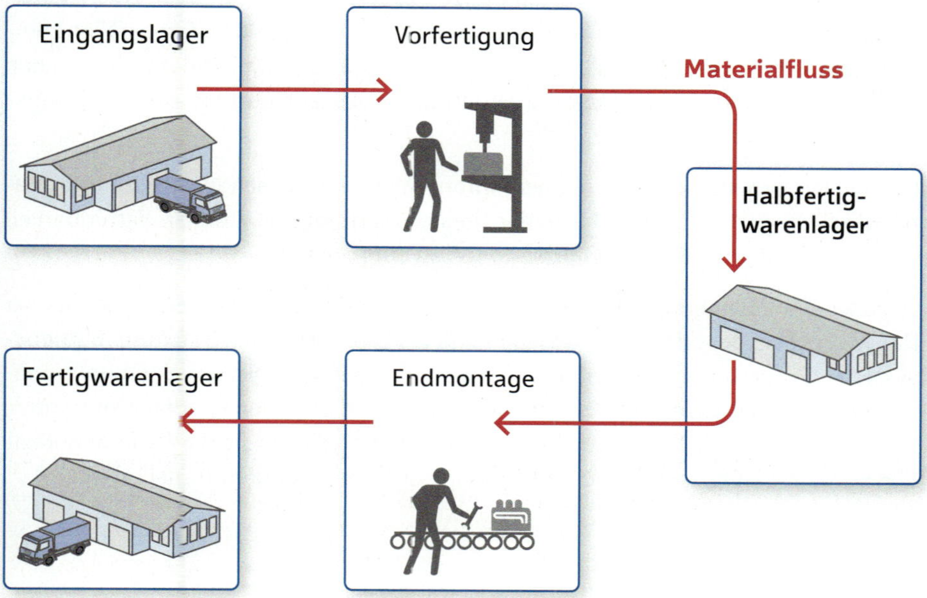

Innerbetrieblicher Materialfluss

1.3 Informationsfluss

Fließrichtungen des Informationsflusses

Jeder Materialfluss setzt einen Informationsfluss voraus. Dieser kann mündlich, schriftlich oder elektronisch erfolgen. Der Informationsfluss kann ...

- dem Materialfluss **vorauslaufen** (z.B. Materialanforderung, Nachfrage, Angebot, Bestellung),
- den Materialfluss **begleiten**, d.h. parallel zum Materialfluss laufen (z.B. Materialentnahmeschein, Lieferauskunft, Warenbegleitpapiere),
- dem Materialfluss **nachfolgen** (z.B. Rechnungen, Nachbestellungen),
- als Antwort oder Rückfrage an den Absender **zurücklaufen** (z.B. Mahnungen, Reklamationen).

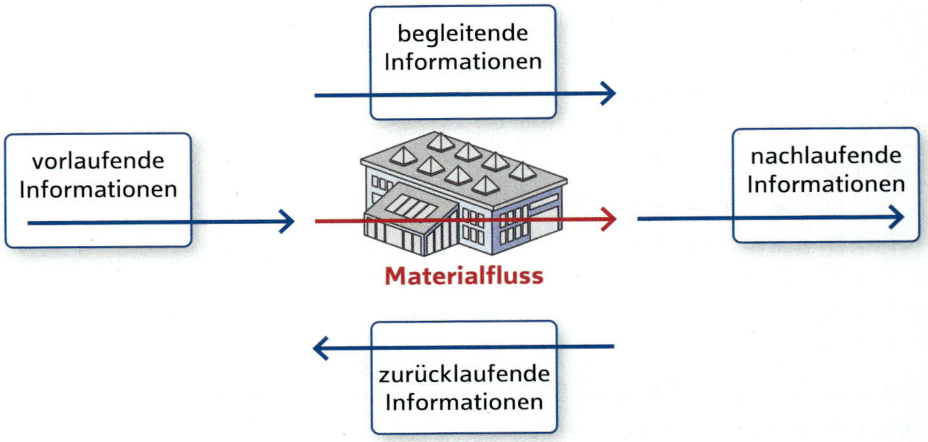

Informationsfluss vor, neben, nach und gegen den Materialfluss

Ist der Informationsfluss gestört, kann es zu **Missverständnissen und Fehlentscheidungen** bis hin zu Auftragsstornierungen und Produktions- und Lieferausfällen kommen. Deshalb ist ein reibungsloser, unbeschränkter Informationsfluss zwischen den einzelnen Bereichen der Lieferkette eine Grundvoraussetzung für einen störungsfreien Betriebsablauf.

Informationslogistik

Der Teil der Logistik, der sich mit dem Informationsfluss beschäftigt, wird **Informationslogistik** genannt. Die Informationslogistik verfolgt das Ziel, die Verfügbarkeit und die Durchlaufzeiten von Informationen zu optimieren.

Dazu werden rechnergestützte Informationssysteme eingesetzt, bestehend aus der Hardware (Rechner oder PC-Netzwerke) und der dazugehörigen Software (Betriebssysteme, Programme, Datenbanken). Diese Systeme ermöglichen einen unternehmensübergreifenden elektronischen Datenaustausch zwischen Kunden, Lieferanten, Spediteuren und Frachtführern. Darüber hinaus ermöglichen sie die Güteridentifikation sowie die Güterverfolgung und Sendungsauskunft auf dem Transportweg.

2 Handtransport

Trotz Ausstattung mit modernster Lagertechnik sind an vielen Arbeitsplätzen immer noch Hebe- und Transportarbeiten von Hand notwendig. Der Handtransport kann jedoch Schädigungen des Stütz- und Bewegungsapparates am Menschen verursachen. Vor allem im Lenden- und Halswirbelsäulenbereich treten häufig vorzeitige Abnutzungserscheinungen auf. Denn der Mensch ist aufgrund des Aufbaus seiner Wirbelsäule nur bedingt zum Anheben und Tragen schwerer Lasten geeignet.

2.1 Vorschriften für den Transport von Lasten

Um das Risiko von Schäden am Menschen zu verringern, wurden verschiedene Vorschriften für den Transport von Lasten erlassen. Die wichtigsten sind die *Lastenhandhabungsverordnung (Verordnung über Sicherheit und Gesundheitsschutz bei der manuellen Handhabung von Lasten bei der Arbeit)* und die *DGUV Information 208-033 „Belastungen für Rücken und Gelenke"*.

Diese Vorschriften beschreiben die gesundheitlichen Risiken und Schutzmaßnahmen bei der manuellen Handhabung von Lasten. Dazu gehören das Heben, Absetzen, Schieben, Ziehen, Tragen oder Bewegen einer Last durch menschliche Kraft.

2.1.1 Lastenhandhabungsverordnung

Pflichten des Arbeitgebers

Nach der *Lastenhandhabungsverordnung* (LasthandhabV) ist der Arbeitgeber verpflichtet, dafür zu sorgen, dass manuelles Heben und Tragen von Lasten **vermieden** wird. Ist dies nicht möglich, hat er **geeignete Arbeitsmittel** einzusetzen, die das Risiko von Schädigungen am Menschen verringern oder ausschalten. Der Arbeitgeber hat die **körperliche Eignung der Beschäftigten** bei der Übertragung dieser Arbeiten zu berücksichtigen. Außerdem hat der Arbeitgeber den Beschäftigten hinsichtlich der **sachgemäßen manuellen Handhabung** von Lasten und hinsichtlich der Gefahren zu unterweisen.

2.1.2 DGUV Information 208-033 „Belastungen für Rücken und Gelenke"

Die *DGUV Information 208-033* geht u.a. näher auf den **Handtransport** ein. Wie viel ein Mensch heben und tragen darf, hängt von den **technischen und organisatorischen Gegebenheiten des Arbeitsplatzes** und den **persönlichen Risikofaktoren eines Menschen** ab.

Gegebenheiten des Arbeitsplatzes

Zu den Gegebenheiten des Arbeitsplatzes zählen ...
- die zu handhabende **Last** (Gewicht, Form, Größe, Schwerpunktlage, Handhabbarkeit),
- die durch den Beschäftigten zu erfüllende **Arbeitsaufgabe** (Körperhaltung, Körperbewegung, Kraftaufwand, Hebehöhe, Transportstrecke, Arbeitstempo, Arbeitsablauf, Erholungszeiten) sowie
- die Beschaffenheit des **Arbeitsplatzes** und der **Arbeitsumgebung** (Raummaße, Höhenunterschiede, Klima, Beleuchtung, Bodenbeschaffenheit).

Persönliche Risikofaktoren

Zu den persönlichen Risikofaktoren eines Menschen zählen ...
- mangelnde **körperliche Eignung des Beschäftigten** zur Ausführung der Aufgabe,
- ungeeignete **Kleidung** und **Schuhwerk** sowie
- mangelnde **Kenntnisse des Beschäftigten**.

Die DGUV Information 208-033 enthält eine Checkliste, mit der Beschäftigte das Gesundheitsrisiko durch eine manuelle Lastenhandhabung einschätzen können.

2.2 Grundsätze beim Heben und Tragen

Die folgenden Verhaltensregeln verringern die Belastung von Wirbelsäule und Gelenken beim Anheben, Bewegen und Absetzen von Hand:

Lasten anheben und absetzen

- Lasten sind nur mit geradem Rücken anzuheben und abzusetzen. Das Aufrichten und Senken des Oberkörpers erfolgt durch die Gesäß- und Oberschenkelmuskeln. Das heißt, beim Anheben und Absetzen wird immer in die Hocke gegangen.
- Das Anheben und Absetzen hat ruckfrei zu erfolgen. Eine Hohlkreuzhaltung sowie ein Verdrehen der Wirbelsäule sind unbedingt zu vermeiden.

Lasten heben und tragen

- Beim Heben und Tragen ist auf eine möglichst gleichmäßige Verteilung der Last zu achten. Die Lasten sind mit aufrechtem Körper zu transportieren und so nah wie möglich am Körper zu halten. Wenn irgendwie möglich, sind geeignete Hilfsmittel zu verwenden.

Mit mehreren Personen Lasten transportieren

Wird der Transport durch mehrere Personen durchgeführt, ist zusätzlich Folgendes zu beachten:
- Anweisungen dürfen nur von **einer** Person erteilt werden.
- Die Bewegungen sind **gleichzeitig** auszuführen.
- Die Personen sind **gleichmäßig** zu belasten.
- Die Last ist mit **mindestens einer** Hand festzuhalten.

Lastentransport durch mehrere Personen

- Lange Lasten sind von jeder Person auf der **gleichen Schulter** zu tragen.
- Bei drei und mehr Personen ist unbedingt **Gleichschritt** zu halten.

Um die gesundheitlichen Risiken so gering wie möglich zu halten, gelten nachfolgende Empfehlungen zur Gewichtsbegrenzung:

Empfohlene Richtwerte (Höchstwerte) bei manueller Lastenhandhabung

Empfohlene Richtwerte bei manueller Lastenhandhabung, damit es zu keinen körperlichen Schädigungen kommt				
Art der Lasthandhabung	**Frauen**		**Männer**	
	5–10 kg	10–15 kg	10–15 kg	15–20 kg
	Häufigkeit pro Arbeitstag			
Heben	100	50	100	50
Halten, Tragen (ab 5 Sekunden Dauer)	60	30	60	30

Nach dem Gesetz zum Schutze der erwerbstätigen Mutter (**Mutterschutzgesetz**) dürfen schwangere Frauen **gelegentlich** nicht mehr als 10 kg und **häufig** nicht mehr als 5 kg Gewicht ohne Hilfsmittel heben und tragen.

Ermüdungs- und Abnutzungserscheinungen vorbeugen

Je größer das Lastgewicht ist, desto höher sind die Beanspruchung und damit das Auftreten von **Ermüdungs- und Abnutzungserscheinungen**. Dem kann vorgebeugt werden durch ...

- eine Verringerung der Lastgewichte auf gut handhabbare Größen,
- eine Verringerung der Anzahl der Lastenbewegungen je Zeiteinheit,
- ausreichende Erholungspausen (Anzahl, Dauer),
- eine ergonomisch korrekte Körperhaltung,
- eine Höhe der Lastaufnahme und -ablage von ca. 70 bis 100 cm sowie
- eine angemessene Arbeitsmenge bei vernünftiger Zeiteinteilung.

2.3 Einfache Hilfsmittel für den Handtransport

Wann immer möglich, sind Hilfsmittel beim Heben und Tragen von Lasten zu verwenden, um die Belastungen für Wirbelsäule und Gelenke zu vermindern. Dafür steht eine Vielzahl von einfachen Hilfsmitteln zur Verfügung. Sie nehmen die Last sicher auf und halten sie fest. Dadurch wird ein leichtes Tragen ermöglicht und Verletzungen vermieden.

Hilfsmittel für leichte und schwere Lasten

Für leichte Lasten sind z. B. folgende Hilfsmittel gebräuchlich:	Einfache Hilfsmittel für schwere Lasten sind z. B.:
• Handmagnete • Handsaugtragegriffe • Tragklauen • Tragegurte • Tragklemmen	• Knippstangen und Rollknippstangen • Rohrschlüssel • Kanteisen • Rollen und Walzen • Wälzwagen

2.3.1 Einfache Hilfsmittel für leichte Lasten

Handmagnet

Handmagnete haben eine ergonomische Form, sie sind sehr leicht zu handhaben und weisen ein geringes Gewicht auf. Handmagnete eignen sich für metallische Güter sowohl mit glatter als auch unebener Oberfläche. Es gibt netzabhängige (Elektro-) und netzunabhängige (manuelle) Handmagnete.

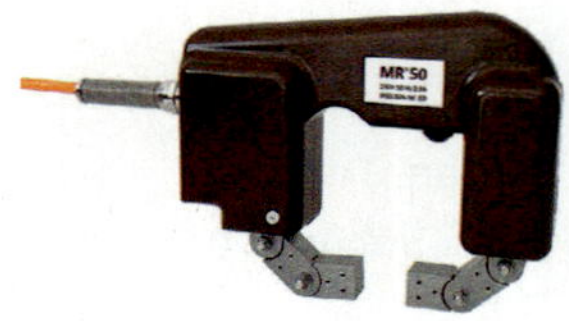

Handmagnet

Handsaugtragegriff

Handsaugtragegriffe eignen sich zum vertikalen Tragen von Lasten mit glatter Oberfläche. Es gibt mechanische und elektrische Handsaugtragegriffe. Die weiche Ansauglippe (Dichtlippe) wird auf das Gut aufgesetzt. Durch bloßes Aufdrücken (mechanisch) oder Ansaugen (elektrisch) wird ein Unterdruck erzeugt, der das Gut am Tragegriff festhält. Zum Lösen wird ein Knopf oder Hebel am Griff betätigt.

Handsaugtragegriff

Tragklaue

Tragklauen eignen sich für den senkrechten und waagerechten Transport von Gütern. Dabei tragen, heben, ziehen und schieben sie auch heiße oder unhandliche Teile ohne Oberflächenbeschädigung. Tragklauen nehmen das Gut auf und halten es nach dem Zangenprinzip (Klauenprinzip) fest.

Tragklaue

5366188

Tragegurt

Tragegurt

Tragegurte eignen sich zum Transport sperriger Güter (z. B. Waschmaschinen, Schränke, Klaviere, Kisten). Sie können sowohl aus Naturfasern als auch aus Kunststofffasern bestehen. Tragegurte für den Handtransport haben die Form einer Schlinge. Das eine Ende wird unter das zu transportierende Gut gelegt, das andere Ende um die Schulter des Trägers. Oft haben Tragegurte auch Haken, die am Gut eingehakt werden und so ein Abrutschen des Gurtes verhindern.

Tragklemme

Tragklemme

Der Transport von Plattenwaren und Bauelementen beim Entladen, Versetzen oder auf dem Weg zum Einbauort ist kraft- und zeitraubend. Glatte Oberflächen erschweren ein sicheres Halten bzw. Tragen und enge Wege oder schwierige Bodenverhältnisse das Manövrieren. Tragegriffe werden paarweise eingesetzt und eignen sich für eine Vielzahl von Materialien. Frei wählbarer Ansatzpunkt, Tragen mit gestrecktem Arm. Das Klemmbackensystem passt sich der Materialstärke stufenlos an. Alle Teile die mit dem Tragegut in Berührung kommen, sind mit einer speziellen Beschichtung versehen und schonen empfindliche Oberflächen. Der ergonomische Tragegriff gewährleistet auch bei Dreh- und Schwenkbewegungen sicheren Halt.

2.3.2 Einfache Hilfsmittel für schwere Lasten

Knippstange

Knippstange

Die Knippstange besteht aus Rund- oder Vierkantstahl. Sie wirkt nach dem Hebelprinzip. Der Lastarm (das kurze abgeplattete Stück) wird unter die Last geschoben, mit dem Kraftarm (das lange Stück) wird die Last angehoben.

Rohrschlüssel

Rohrschlüssel

Zum Rollen von Rohren und Wenden von Profilstählen eignet sich der Rohrschlüssel. Das vordere Teil ist um 180 Grad schwenkbar. Das verringert die Gefahr, mitgerissen oder gequetscht zu werden.

Kanteisen

Auch Kanteisen eignen sich zum Wenden von Profilstählen. Mit dem sogenannten **Packende**, dem unteren, C-förmigen Ende, wird der Profilstahl angehoben. Der Stahl kippt nach Erreichen des **Kipp-Punktes** dann selbstständig weiter. Mit dem Kanteisen darf dabei nur gedrückt und niemals gezogen werden.

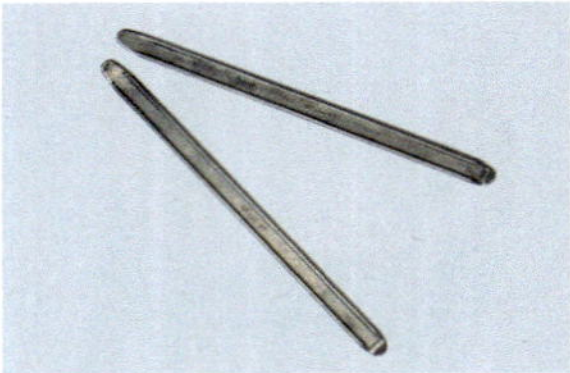

Kanteisen

Rollen

Der Einsatz von Rollen ist eine uralte Methode, um schwere Lasten zu bewegen. Sie wurden bereits beim Bau der Pyramiden verwendet. Rollen helfen beim Verschieben schwerer Lasten über kurze Entfernungen. Dazu werden Rundhölzer, Rundstahlstangen oder Rohre unter die zu transportierende Last gelegt. Die jeweils hinten frei werdenden Rollen müssen vor der Last wieder untergelegt werden.

Wälzwagen

Wälzwagen funktionieren ebenfalls nach dem Rollenprinzip, ihr Einsatz ist jedoch weniger gefährlich. Teilweise sind Wälzwagen außerdem mit Drehschemeln ausgestattet. Dadurch werden sie lenkbar. Um ein Kippen der Last zu verhindern, sollten die Wälzwagen mitein-ander verbunden sein. Das Befestigen der Wälzwagen an der Last kann ein Umstürzen ebenfalls verhindern.

Wälzwagen

2.4 Handbetriebene Transportmittel

Der Einsatz handbetriebener Transportmittel ist eine weitere Möglichkeit, den Transport schwerer Lasten zu erleichtern und das Unfall- und Verletzungsrisiko zu verringern. Auch hier steht eine Vielzahl von Hilfsmitteln zur Verfügung. Welche davon eingesetzt werden, hängt ab von ...

- den Maßen, dem Gewicht, der Form, dem Zustand und den Eigenschaften der Last,
- der Länge und dem Zustand des Transportweges sowie
- dem zu überwindenden Höhenunterschied.

Am gebräuchlichsten sind vor allem folgende Transportmittel:

Handbetriebene Transportmittel für schwere Lasten

Handbetriebene Transportmittel für schwere Lasten

- Handwagen
- Sackkarre
- Schubkarre
- Roller, Rollpritsche, Heberoller
- Gitterrollwagen
- Handhubwagen und Handgabelhubwagen

Handwagen können mit unterschiedlichen Aufbauten versehen sein. Danach werden z. B. **Kastenwagen, Plattformwagen, Tischwagen** oder **Etagenwagen** unterschieden.

Handwagen
hand cart

Tischwagen

Plattformwagen

Etagenwagen

Mit der Sackkarre (auch **Stechkarre** genannt) werden vor allem kompakte Einzelteile, Säcke, Kästen, Kartons oder sonstige dafür geeignete Behälter transportiert. Darüber hinaus gibt es Sonderbauformen, wie z. B. die **Flaschenkarre** oder die **treppengängige Sackkarre**. Der Lastschwerpunkt muss beim Beladen möglichst tief und nahe an den Holmen liegen. Handschutzbügel vermeiden Handverletzungen.

Sackkarre
hand truck

Sackkarre mit Handschutzbügeln

Flaschenkarre für den Transport von Gasflaschen

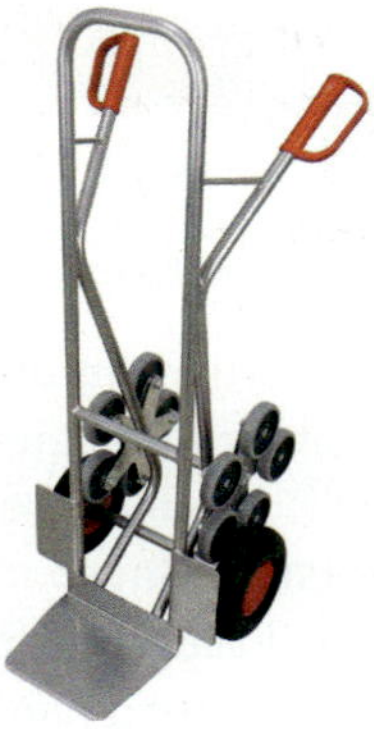

Treppenkarre

Sowohl Stück- und Schüttgüter als auch einige Flüssigkeiten werden mit der Schubkarre (auch **Schiebkarre** genannt) transportiert. Der Lastschwerpunkt muss hier mittig zwischen den Holmen sowie möglichst niedrig liegen. Sonderbauformen sind z. B. **Tonnenkarren, Plattenkarren, Kippkarren** oder **Muldenkarren**.

Schubkarre
barrow

Plattenkarre

Kippkarre

Muldenkarre

Roller
roller

Roller sind manuelle Transportmittel mit einem Fahrwerk aus drei oder mehr Rollen. Der Lastschwerpunkt muss auch hier mittig liegen. Die Last darf nicht zu hoch sein, denn sonst kippen Roller leicht um. Es gibt viele verschiedene Ausführungen an Rollern, z. B. Dreieckroller, Viereckroller, Fassroller, Eurokastenroller und Plattenroller.

Viereckroller

Plattenroller

Fassroller

Eurokasten-Roller

Rollpritsche

Rollpritsche mit Hebelroller

Eine Sonderform des Rollers bildet die Rollpritsche. Sie hat Stützen auf einer Seite anstelle von Rollen. Dadurch verfügt sie über eine hohe Standfestigkeit und Sicherheit gegen das Wegrollen während des Be- und Entladens. Zum Bewegen wird die Rollpritsche an den Stützen mit einem Hebelroller angehoben.

Gitterrollwagen

Zum Transportieren größerer Kartonmengen werden besonders in der Lebensmittelbranche Gitterrollwagen eingesetzt. Gitterrollwagen, auch „Rollbehälter", „Rollboxen" oder „Rolli" genannt, bestehen meistens aus Metall (Seitenwände, Einlegeböden) und Kunststoff (Boden, Einlegeböden). Sie sind stabil und in verschiedenen Ausführungen erhältlich: stapelbar, zerlegbar, faltbar, verschließbar oder als Isolierbehälter. Je nach Ausführung haben sie eine Traglast von bis zu 500 kg. Die seitlichen Gitter gewährleisten den sicheren Transport der Güter, damit beim Transportieren nichts heraus- bzw. herunterfällt.

Handhubwagen und Handgabelhubwagen
hand forklift truck/ pallet truck

Zum Transportieren von Paletten oder großen Kisten eignen sich Handhubwagen und Handgabelhubwagen. Handhubwagen haben keine Gabeln. Handgabelhubwagen dagegen haben Gabeln. Im Alltagsgebrauch werden die Begriffe **Handhubwagen** und **Handgabelhubwagen** oft synonym gebraucht, was aber nicht ganz korrekt ist.

Beide – Handhubwagen und Handgabelhubwagen – werden benutzt, wenn ein kraftbetriebener Stapler nicht eingesetzt werden kann. Beim Handgabelhubwagen darf die Last während des Transportes höchstens im Abstand von 5 bis 10 cm zum Boden geführt werden. Ansonsten besteht die Gefahr des Umkippens.

Verbotsschild: Roller fahren mit Handgabelhubwagen verboten

Wird der Handgabelhubwagen mit der darauf befindlichen Palette abgestellt, muss die Palette durch Betätigung des Bedienhebels wieder auf den Boden abgesenkt werden. So können Unfälle durch z. B. unbeabsichtigtes Wegrollen verhindert werden. Des Weiteren dürfen Handgabelhubwagen nicht zur Personenbeförderung benutzt werden.

Gitterrollwagen und unterschiedliche Hubwagen

2.5 Bedienergeführte Hebehilfen

Im Lager müssen häufig schwere Kartons, Säcke, Fässer, Eimer usw. gehoben und bewegt werden, z. B. beim Beladen und Umpacken von Paletten oder beim Be- und Entladen von Containern. Mithilfe bedienergeführter Vakuumschlauchheber kann hier eine größere Ergonomie und Effizienz am Arbeitsplatz geschaffen werden.

Vakuumschlauchheber

Die **Vakuumschlauchheber** werden mit Druckluft oder elektrisch betrieben und können bis zu 300 kg heben. Der Halte- und Hebevorgang wird ausschließlich durch ein Vakuum realisiert, wobei das Vakuum mit einem externen Vakuumgebläse erzeugt wird. Die Schlauchheber werden in Krananlagen eingebaut oder auf bewegliche Ständer mit Schwenkarm und integriertem Motorgebläse gesetzt und über ein Bedienelement vom Mitarbeiter bewegt. Packstücke können so in hoher Taktzahl schnell und rückenschonend gehoben und bewegt werden. Die körperliche Belastung der Mitarbeiter sinkt, ihre Gesundheit wird erhalten. Die Arbeitsmoral und die Produktivität steigen.

3 Fördermittel im Betrieb

Zu den wichtigsten logistischen Aufgaben gehört der Transport der benötigten Materialien und Güter. Zum Teil werden dabei große räumliche Entfernungen überwunden. Die dafür notwendigen Transportsysteme sind deshalb von großer Bedeutung für das Unternehmen.

3.1 Außerbetriebliche und innerbetriebliche Transportsysteme

Bei den Transportsystemen wird zwischen **außerbetrieblichen** und **innerbetrieblichen Transportsystemen** unterschieden. Die außerbetrieblichen Transportsysteme (z. B. Schiff, Lkw, Bahn, Flugzeug) werden in den Lernfeldern 7 und 9 behandelt. Nachfolgend wird auf die innerbetrieblichen Transportsysteme näher eingegangen.

Innerbetriebliche Transportsysteme

Innerhalb des Unternehmens bzw. zwischen den einzelnen Betriebsstätten wird der Material- und Gütertransport durch innerbetriebliche Transportsysteme realisiert. Der Transport erfolgt dabei sowohl zwischen als auch innerhalb von Gebäuden bzw. Anlagen. Dafür kommt eine Vielfalt verschiedener Fördermittel infrage.

Auswahl und Einsatz innerbetrieblicher Fördermittel

Welche Fördermittel eingesetzt werden sollen, hängt von der Beantwortung folgender Fragen ab:

Kriterien für die Wahl der geeigneten Fördermittel

Fragen hinsichtlich ...	
des Transportgutes	Welche Güter mit welchen Maßen und welchen Eigenschaften sind zu transportieren?
des Transportumfanges	Welche Gütermengen sind zu transportieren?
der Transportstrecke	Wohin und wie weit entfernt sind die Güter zu transportieren?
der Transportvorschriften	Welche gesetzlichen Vorschriften sind beim Transport zu beachten?

Außerdem sind bei der Auswahl geeigneter Fördermittel diese Aspekte zu beachten:

- der Automatisierungsgrad der Fördermittel
- die Flurbindung (Bodenbindung) der Fördermittel
- der Antrieb der Fördermittel
- die Beweglichkeit der Fördermittel

Optimaler Einsatz innerbetrieblicher Fördermittel

An den optimalen Einsatz innerbetrieblicher Fördermittel werden folgende Bedingungen geknüpft:
- möglichst wenige Leerfahrten
- niedrige Beförderungszeiten
- flexibel bei Änderungen
- hoher Ausnutzungsgrad
- niedrige Betriebskosten
- umweltschonender Betrieb

Unterscheidung der Fördermittel: Stetigförderer und Unstetigförderer

Die eingesetzten Fördermittel bzw. Fördersysteme können nach folgenden Kriterien unterschieden werden:

	Fördermittel				
	Stetigförderer	**Unstetigförderer**	**Flurgebundene Fördermittel**	**Aufgeständerte Fördermittel**	**Flurfreie Fördermittel**
Kriterium/ Aufgabe	Sie fördern kontinuierlich (ununterbrochen) sowohl Stück- als auch Schüttgüter.	Sie werden zur Beförderung von Stück- und Schüttgütern je nach Bedarf eingesetzt.	Sie fahren auf dem Boden oder über Einrichtungen, die im Boden eingelassen sind.	Sie fahren über dem Boden auf Stützen oder Schienen aufgeständert.	Sie befördern die Güter hängend über Schienen, die an der Decke angebracht sind.
Beispiel	Förderband, Rollenbahn	Handgabelhubwagen, Stapler, Kran	Stapler, fahrerloses Transportsystem	Rollenbahn	Elektrohängebahn, Kran

Auswahlkriterien für Fördermittel

3.2 Stetigförderer

Stetigförderer
continuous conveyor

Stetigförderer befinden sich **kontinuierlich** in Bewegung; das gewährleistet einen **ungestörten Materialfluss**. Sie eignen sich für den Transport großer Material- und Gütermengen auf konstanten, festgelegten Strecken.

Der Transport kann **waagerecht**, **geneigt** und **senkrecht** erfolgen. Die Be- und Entladung kann sowohl manuell per Hand als auch automatisch über rechnergestützte Bediengeräte sowie an mehreren Stellen innerhalb des Transportweges durchgeführt werden.

In Unternehmen mit **mehrstufigen Produktionsprozessen** werden die Stetigförderer teilweise als Zwischenlager genutzt. Das heißt, die noch unfertigen Produkte werden zwischen den einzelnen Fertigungsstufen auf den Stetigförderern, mit denen sie transportiert werden, zwischengelagert.

3.2.1 Arten von Stetigförderern

Die am häufigsten im Lager eingesetzten Stetigförderer sind:

Die am häufigsten im Lager eingesetzten Stetigförderer

Stetigförderer	Geeignet für ...
Wendelrutsche	• Stückgüter
Becherwerke	• Schüttgüter
Gurtförderer	• grobe Schüttgüter • Stückgüter
Rollenbahnen/Röllchenbahnen	• schwere und leichte Stückgüter
Kettenförderer	• schwere Stückgüter • in Behältern verpackte Schüttgüter
Kreisförderer, insbesondere Power-&-Free-Systeme	• Stückgüter
Elektrohängebahnen	• Automobilindustrie oder Briefzentren der Post
Unterflurschleppkettenförderer	• Umschlagzentren, Distributionszentren oder Post- und Paketzentren • Stückgüter auf oder in Handgabelhubwagen oder Rollcontainern
Sorter (z. B. Kippschalensorter, Drehsorter, Faltklappensorter, Schuhsorter, Quergutsorter)	• leichte bis mittelschwere Standardbehälter • leichte bis mittelschwere Pakete • Stückgut bis 50 kg

Wendelrutsche

Die **Wendelrutsche** eignet sich zum Transport von Stückgut. Sie besteht aus schraubenförmig zusammengesetzten Blechen. Das Fördergut rutscht infolge der Schwerkraft nach unten.

Becherwerke

Für das senkrechte Aufwärtsbewegen von Schüttgütern eignen sich **Becherwerke**. Hierbei werden an einem Kettenstrang oder auf einem Gurt V-förmige Behälter aus Stahl oder Kunststoff bewegt.

Gurtförderer

Der **Gurtförderer** transportiert das Gut über ein endloses, auf Tragrollen oder Gleitbahnen umlaufendes Band, das als Trag- und gleichzeitig auch als Zugmittel dient. Es eignet sich sowohl für grobe Schüttgüter, wie z. B. Rohkohle, als auch für Stückgüter. Der wohl bekannteste Gurtförderer ist das Kassenband an der Supermarktkasse.

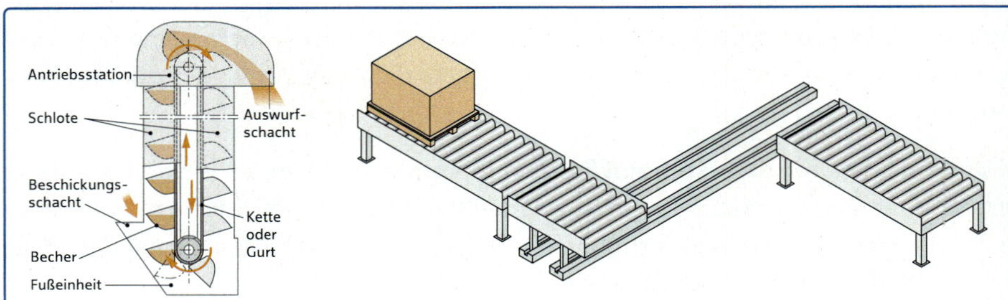

Becherwerk, Rollenbahnen mit Verschiebewagen

Rollenbahn und Röllchenbahn
roller conveyor/ wheel-skate conveyor

Rollenbahnen befördern die Ware waagerecht oder geneigt über hintereinander angeordnete Rollen. Die Güter werden auf die Rollen gelegt und mithilfe ihrer Schwerkraft oder mittels eines Rollenantriebes befördert. Rollenbahnen eignen sich für schweres und leichtes Stückgut.

Neben der Rollenbahn gibt es noch die **Röllchenbahn**. Sie ist ähnlich aufgebaut wie die Rollenbahn, nur dass hier kleine Röllchen hinter- und nebeneinander angeordnet sind.

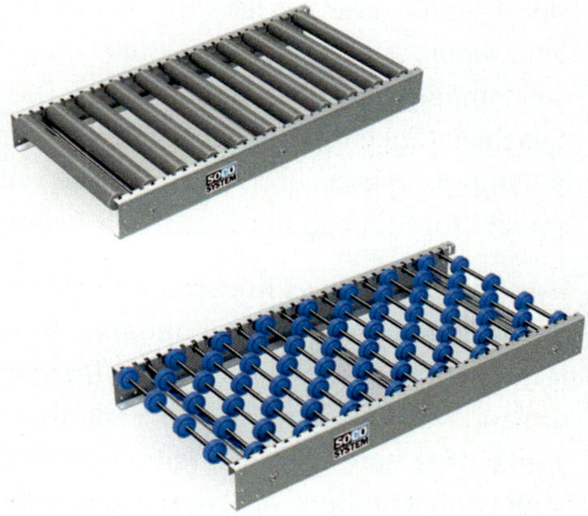

Rollenbahn und Röllchenbahn

Kettenförderer
chain conveyor

Ein **Kettenförderer** besteht aus ein oder mehreren umlaufenden Kettensträngen, auf welchen die zu transportierende Ware aufliegt. Sie eignen sich besonders für den Transport schwerer und großvolumiger Güter, z. B. Paletten und Gitterboxen.

Für Winkeländerungen, Kreuzungen und Verzweigungen oder zur Überwindung von Höhenunterschieden gibt es für die Rollen- und Kettenförderer verschiedene Anbauelemente. Dies sind Eckumsetzer, Drehtische, Ausrichtstationen, Verschiebewagen, Rollenhubtische, Senkrechtförderer oder auch Palettenprüfeinrichtungen.

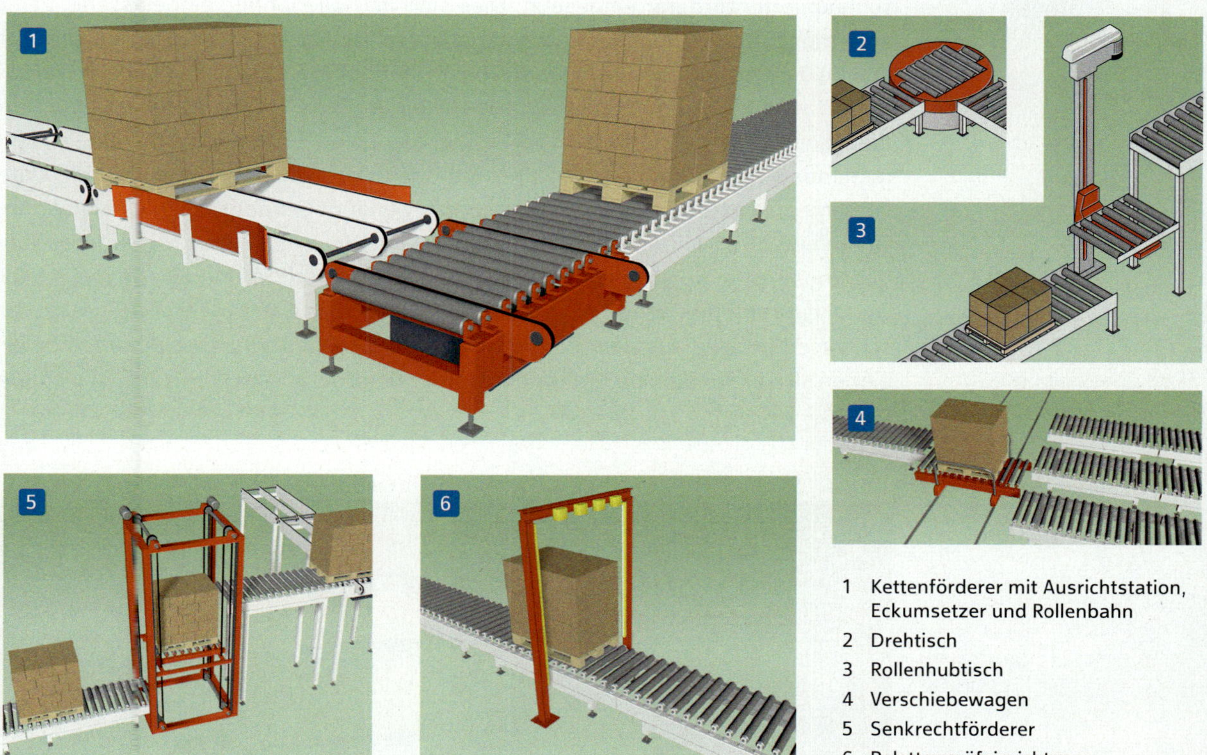

1 Kettenförderer mit Ausrichtstation, Eckumsetzer und Rollenbahn
2 Drehtisch
3 Rollenhubtisch
4 Verschiebewagen
5 Senkrechtförderer
6 Palettenprüfeinrichtung

Anbauelemente für Rollen- und Kettenförderer

Kreisförderer und Power-&-Free-Systeme

Der **Kreisförderer** besteht aus einer Endloskette, die auf einer geschlossenen, mehr oder weniger kreisförmigen Bahn umläuft. An der Kette sind einzelne Gehänge in gleichmäßigen Abständen befestigt. Die Gehänge werden in einer gleichbleibenden Geschwindigkeit sowohl horizontal als auch vertikal von der Kette gezogen. Weichen, Staumöglichkeiten und Abzweigungen sind nicht möglich. Kreisförderer eigenen sich sowohl für Stückgüter als auch für in Behältern verpackte Schüttgüter.

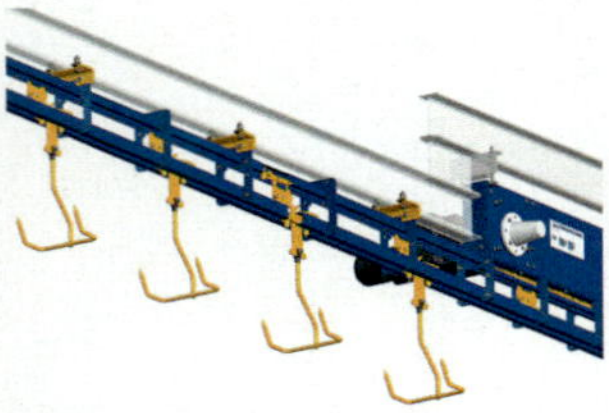

Power-&-Free-System

Eine Sonderform des Kreisförderers bilden die sogenannten **Power-&-Free-Systeme**, auch **Schleppkreisförderer** genannt. Power-&-Free-Förderer sind aus zwei getrennten Schienensträngen aufgebaut: Im oberen Teil bewegt sich die endlose und ständig umlaufende Power-Kette und zieht die im unteren Strang untergebrachten Lastlaufwerke über eine spezielle Mitnehmertechnik. Diese Mitnehmertechnik ermöglicht über Drehscheiben, Weichen, Hub- und Senkstationen ein Stauen, Lagern und Sortieren der Gehänge sowie ein Überwechseln in andere Transportsysteme.

Elektrohängebahnen

Vor allem in der Automobilindustrie sowie in Briefzentren der Post kommen **Elektrohängebahnen** zum Einsatz. Sie bewegen sich auf Fahrschienen, die an Hallendecken oder einem Stahlgestell angebracht sind. Die Vorteile der Elektrohängebahn liegen z. B. in der flexiblen Linienführung, der einfachen Anpassung an den Materialfluss, der einfachen Erweiterungsmöglichkeit der Anlage, dem hohen Traglastbereich bis 6,3 t und der guten Automatisierung. Außerdem ist bei Elektrohängebahnen ein Fahrtrichtungswechsel jederzeit möglich.

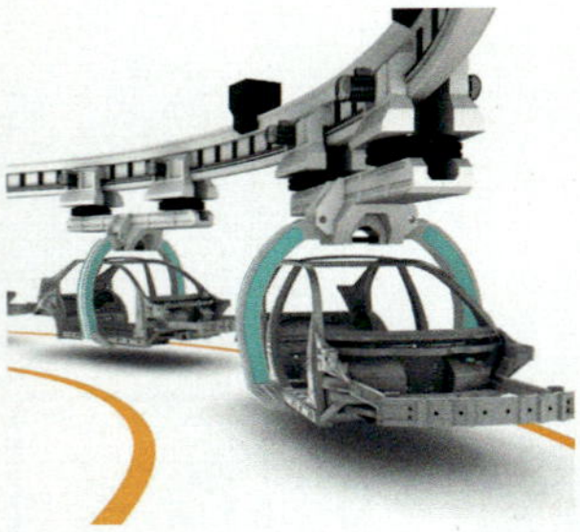

Elektrohängebahn

In einigen großen Umschlags- und Distributionszentren werden auch **Unterflurschleppkettenförderer** eingesetzt. Dies sind im Hallenboden eingelassene, zentral angetriebene Schleppketten, die in Abständen mit Haken oder Ösen versehen sind und an denen spezielle Förderwagen oder Handgabelhubwagen eingehängt und befördert werden können. Soll beispielsweise eine Palette vom Wareneingang durch das ganze Lagergebäude transportiert werden, wird sie zunächst mit einem Handgabelhubwagen aufgenommen. Der Handgabelhubwagen wird dann in die Unterflurschleppkette eingeklinkt. Im Förderer eingehängt befindet sich die Palette nun in einem endlos umlaufenden System. Hat die Palette ihr Ziel erreicht, wird der Handgabelhubwagen durch einen Mitarbeiter aus der Unterflurschleppkette ausgeklinkt. Durch eine entsprechende Weichentechnik ist auch das automatische Ein- und Ausschleusen in bzw. aus dem Fördersystem möglich. Unterflurschleppkettenförderer eignen sich besonders für die kontinuierliche Beförderung großer Transportvolumen.

Unterflurschleppkettenförderer

Sorter

Unternehmen, die verschiedenartige Stückgüter nicht nur innerbetrieblich transportieren sondern auch noch sortieren müssen, setzen **Sorter** (**Sortieranlagen**) ein. Damit der Sorter die Güter automatisch sortieren kann, muss er in der Lage sein, die verschiedenen Güter zu unterscheiden. Dies geschieht z. B. über das Gewicht oder die Größe der Transportgüter oder per Barcodescanner oder RFID-Lesegeräte. Sorter werden beispielsweise in Brief- und Paketzentren, in Recyclingunternehmen oder in Distributionszentren eingesetzt.

Kippschalensorter

Vor- und Nachteile von Stetigförderern

Vorteile	Nachteile
• hoher Automatisierungsgrad • Einsatzbereitschaft rund um die Uhr • geringer Personalbedarf • hohe Wirtschaftlichkeit bei hoher Auslastung • geringe Betriebskosten	• hohe Investitions- und Wartungskosten • hohe Störanfälligkeit • Unflexibilität • Einsatz in anderen Bereichen des Unternehmens aufgrund festgelegter Fahrstrecken nicht möglich

3.3 Unstetigförderer

Unstetigförderer
uncontinuous conveyor

Unstetigförderer befinden sich nur in Bewegung, wenn sie benutzt werden. Unterbrechungen während des Transports sind jederzeit möglich. Die Güter werden überwiegend auf veränderlichen, nicht genau festgelegten Strecken transportiert. Unstetigförderer sind meistens flexibel einsetzbar. Sie lassen sich in **flurfreie** und **flurgebundene** Fördermittel unterscheiden.

Unstetigförderer

Hebezeuge (flurfrei)
- Sie sind **flurfrei**, d. h., sie benötigen keine Fahrwege (Flure).
- Sie eignen sich zum Anheben und Transportieren großer, sperriger und schwerer Materialien und Güter mit oder ohne Förderhilfsmittel.
- Sie sind **fahrbar** oder **ortsfest**.

fahrbar
z. B. Krane

ortsfest
z. B. Aufzüge

Flurförderzeuge (flurgebunden)
- Sie sind **flurgebunden**, d. h., sie benötigen Fahrwege (Flure).
- Sie befördern, ziehen oder schieben Lasten und Güter.
- Sie sind **frei** oder **geführt fahrbar**.
- Sie sind **manuell, maschinell** oder **automatisch** zu bedienen bzw. zu steuern.

manuell
z. B. Handgabelhubwagen

maschinell
z. B. Gabelstapler

automatisch
z. B. fahrerlose Transportsysteme (FTS)

3.3.1 Hebezeuge (flurfreie Fördermittel)

Hebezeuge eignen sich zum Anheben und Transportieren großer, sperriger und schwerer Materialien und Güter mit oder ohne Förderhilfsmittel (z. B. Paletten). Sie sind **flurfrei**, d. h., sie benötigen keine Fahrwege (**Flure**). Es gibt **fahrbare** und **ortsfeste** Hebezeuge.

3.3.1.1 Krane

Krane
cranes

Krane sind die am häufigsten im Lager eingesetzten fahrbaren Hebezeuge. Sie sind an der Hallenwand, der Hallendecke oder auf Säulen installiert. Daher benötigen Krane wenig Platz und sind auch für niedrigere Gebäude geeignet. Sie heben Güter an, stapeln diese übereinander und befördern und legen sie in jeder Richtung ab. Krane sind in der Lage, horizontal, vertikal und diagonal zu arbeiten.

Kranarten

Im Lager werden meistens folgende Kranarten eingesetzt: **Deckenkrane, Laufkrane, Portalkrane, Schwenkkrane, Knickarmkrane** und **Stapelkrane**.

Deckenkrane

Deckenkrane werden eingesetzt, wenn nur ein kleiner Teil des Lagers bedient werden soll. Die Kranträger befinden sich starr an der Hallendecke. Nur die **Katze** (**Lastaufnahmemittel**) bewegt sich in Hallenbreite am Kranträger entlang. Es gibt Einträger-Deckenkrane und Zweiträger-Deckenkrane.

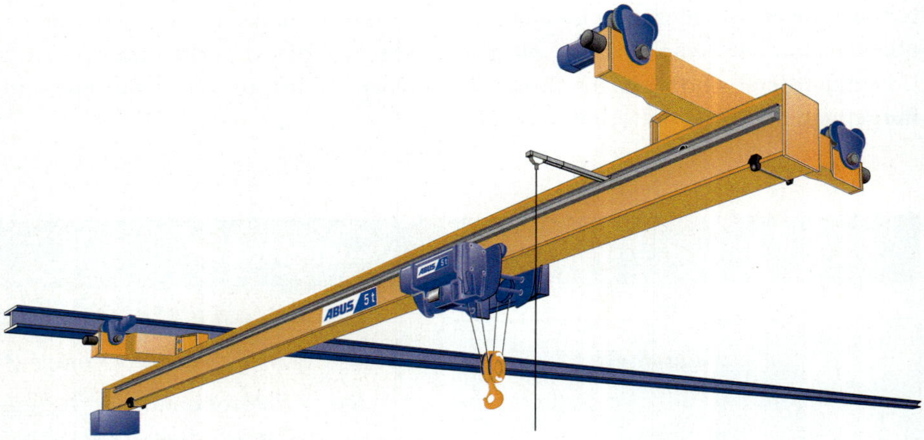

Einträger-Deckenkran

- **Einträger-Deckenkrane** haben nur **einen Kranträger**. Sie eignen sich zum Bewegen leichterer Lasten über kleinere Spannweiten.
- **Zweiträger-Deckenkrane** haben **zwei parallel nebeneinander verlaufende Kranträger**. Sie eigenen sich zum Bewegen schwerer Lasten über große Spannweiten.

Laufkrane

Laufkrane sind in der Lage, das gesamte Lager in der Länge und in der Breite optimal zu bedienen. Die Kranträger sind fahrbar auf Schienen und Laufrollen installiert. Sie bewegen sich entlang der Hallenlänge. Die Katze bewegt sich entlang der Hallenbreite.

Laufkrane können über Stichbahnen mit Verriegelungseinrichtungen auf benachbarte Krane, Hängebahnen usw. überfahren. Die Last muss dabei nicht abgesetzt werden. Damit wird eine **Verkettung von Produktion und Lager bei optimalem Materialfluss** gewährleistet. Es gibt Laufkrane in Einträger- und Zweiträger-Ausführung.

- **Einträger-Laufkrane** eignen sich zum Bewegen leichterer Lasten über kleinere Spannweiten.
- **Zweiträger-Laufkrane** können mit Flur- oder Führerhaussteuerung ausgerüstet sein. Sie eignen sich zum Bewegen schwerer Lasten über große Spannweiten.

Einträger-Laufkran

Zweiträger-Laufkran

Portalkrane

Portalkrane bestehen aus einer Stahlkonstruktion mit einer Pendelstütze, einer starren Stütze und einer Kranbrücke. Die Konstruktion überspannt den Arbeitsbereich wie ein Portal (Tor). Die Laufkatze bewegt sich längs der Kranbrücke.

Portalkrane laufen meist auf zwei parallelen Schienen. Sie lassen sich auf ebenen, glatten Böden mühelos von Hand oder elektrisch verfahren und leicht manövrieren. Portalkrane eignen sich für Arbeitsbereiche im Freien und für Hallen, die in Leichtbauweise erstellt wurden und deren Wände keine weiteren Belastungen zulassen. Sie können sehr schwere Lasten heben.

Portalkran

Portalkran als Verladebrücke

Es gibt Portalkrane als **Halb-** oder **Vollportalkran** in Einträger- oder Zweiträger-Ausführung.

Schwenkkrane

Schwenkkrane haben einen schwenkbaren Ausleger mit großer Ausladung und hoher Tragkraft. Trotzdem haben Schwenkkrane ein verhältnismäßig niedriges Eigengewicht. Es gibt Säulenschwenkkrane und Wandschwenkkrane.

- **Säulenschwenkkrane** können an jeder Stelle installiert werden. Sie haben einen kleinen Bodenbedarf und erreichen einen Schwenkwinkel bis 360°. Säulenschwenkkrane stehen völlig frei und eignen sich daher vor allem für Freilager, Verladerampen und Hallen.

- **Wandschwenkkrane** werden an der Hallenwand befestigt. Sie erreichen einen Schwenkwinkel von maximal 180°.

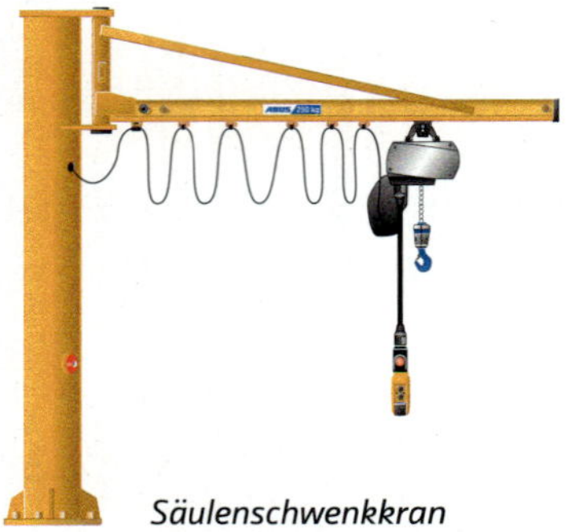

Säulenschwenkkran

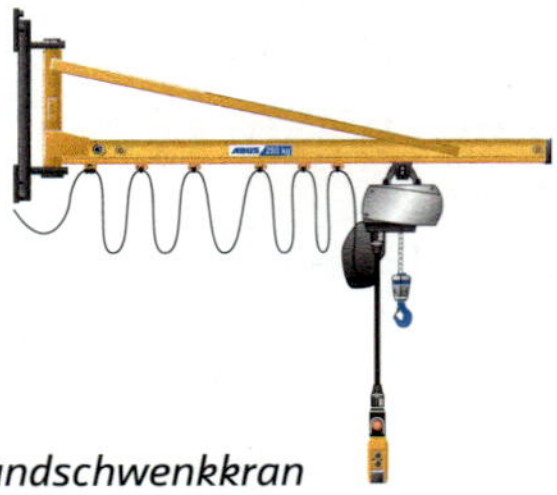

Wandschwenkkran

Knickarmkrane

Knickarmkrane haben einen Ausleger mit Gelenk. Dadurch können sie Lasten in Bereichen aufnehmen, die für andere Krane nicht erreichbar sind. Der vordere Teil des Auslegers ist bis maximal 360° schwenkbar. Außerdem ist er mittels Rollenfahrwerk auf den hinteren Teil des Auslegers verfahrbar. Der hintere Teil des Auslegers ist entweder nur begrenzt drehbar oder sogar starr angeordnet. Die Lastaufnahmemittel sind entweder am Auslegerende stationär oder auf dem vorderen Ausleger verfahrbar befestigt. Es gibt **Säulenschwenkkrane** und **Wandschwenkkrane mit Knickausleger**.

Säulenschwenkkran mit Knickausleger

Vor- und Nachteile von Kranen

Vorteile von Kranen	Nachteile von Kranen
• Ein hoher Automatisierungsgrad ist möglich. • Die Bedienung erfordert nur einen geringen Personalbedarf. • Die Bodenflächen bleiben für andere Fördermittel frei. • Krane sind für sehr schwere Lasten geeignet. • Krane sind durch die Ausstattung mit verschiedenen Lastaufnahmemitteln für viele verschiedene Güter einsetzbar.	• Sie verursachen relativ hohe Investitions- und Wartungskosten. • Es ist kein Einsatz in anderen Bereichen möglich. • Sie können nur innerhalb eines abgegrenzten Raumes agieren.

5366202

Zum Anheben und Transportieren von Lasten mit Kranen werden **Anschlagmittel und Lastaufnahmemittel** verwendet.

Anschlagmittel und Lastaufnahmemittel

Anschlagmittel	Lastaufnahmemittel
Anschlagmittel verbinden das Lastaufnahmemittel mit dem Tragmittel des Kranes.	Lastaufnahmemittel sind Einrichtungen zur Aufnahme von Lasten. Sie sind entweder direkt oder über Anschlagmittel mit dem Tragmittel des Kranes verbunden.
Dazu gehören z. B. Seile, Ketten, Hebebänder und Rundschlingen.	Dazu gehören z. B.: Hebelzüge, Hebeklemmen, Zangen, Greifer, Lasthebemagnete, Lasthaken, Vakuumheber, Ladegabeln und Traversen.

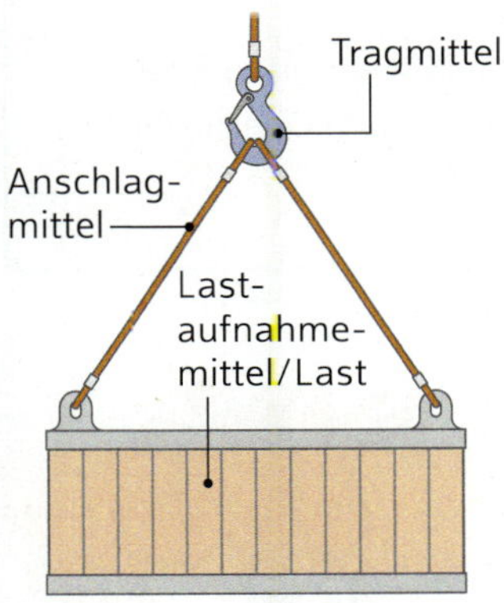

Tragmittel sind mit dem Hebezeug dauernd verbundene Einrichtungen zum Aufnehmen von Lastaufnahmemitteln, Anschlagmitteln oder Lasten. Meistens werden Lasthaken verwendet, die so gestaltet und ausgerüstet sind, dass ein unbeabsichtigtes Aushängen des Lastaufnahmemittels, des Anschlagmittels oder der Last verhindert wird.

Tragmittel

Es gibt verschiedene **Anschlagmittel**. Die gebräuchlichsten sind Seile und Ketten.

Anschlagmittel

Bei den Seilen können Faserseile und Drahtseile unterschieden werden. Es dürfen nur unbeschädigte Seile verwendet werden. Bei Beschädigungen spricht man von einer so genannten Ablegereife. Die beschädigten Seile müssen entsorgt werden.

Als Anschlagketten dürfen nur Rundstahlketten verwendet werden. Auch bei Ketten muss auf die **Ablegereife** geachtet werden. Werden Schäden festgestellt (Bruch eines Kettengliedes, Anrisse, Korrosion oder Verformungen) oder fehlt die Kennzeichnung (Kettenanhänger oder Etikett) mit Angaben zur Tragfähigkeit, ist das Anschlagmittel abzulegen.

Ablegereife

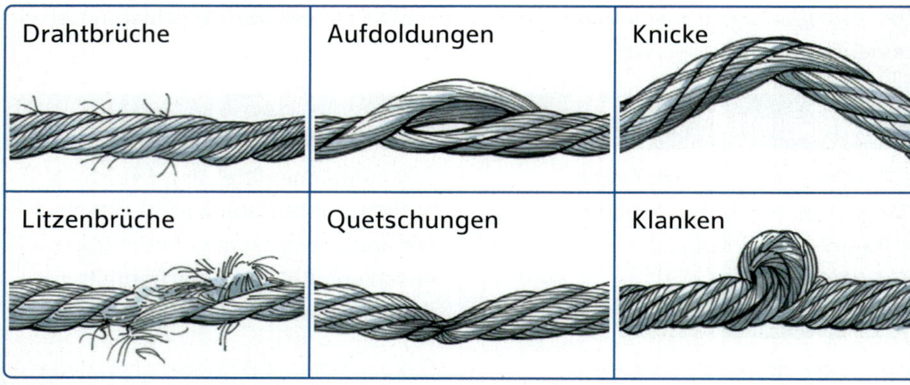

Beschädigte Zurrdrahtseile (Ablegereife)

Anschlagmittel	geeignet für ...	nicht geeignet für ...
Seile	Lasten mit glatten, öligen oder rutschigen Oberflächen	scharfkantiges oder heißes Material
Ketten	heißes Material und Lasten mit nicht rutschigen Oberflächen sowie scharfkantige Träger oder Profile	Lasten mit glatten oder rutschigen Oberflächen

Überprüfung des Anschlagmittels

Das Anschlagmittel muss vor der ersten Inbetriebnahme und danach regelmäßig mindestens einmal jährlich durch einen Sachkundigen überprüft werden. Unabhängig davon ist das Anschlagmittel vor jedem Gebrauch auf Schäden zu kontrollieren.

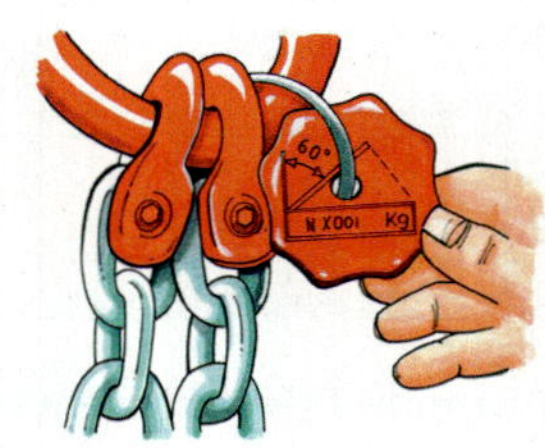

Kennzeichnung eines Kettengehänges

Kennzeichnung der Anschlagmittel

Die Anschlagmittel sind mit Angaben, wie z. B. Tragfähigkeit (maximale Traglast), Neigungswinkel und Einsatztemperatur deutlich erkennbar und dauerhaft zu kennzeichnen.

Auswahl des Anschlagmittels

Bei der Auswahl des richtigen Anschlagmittels muss die **maximale Tragfähigkeit** beachtet werden. Das Anschlagmittel darf beim Anheben der Last nicht überlastet werden. Die **Belastung des Anschlagmittels** setzt sich aus dem Gewicht der anzuhebenden Last plus eines eventuell verwendeten Lastaufnahmemittels zusammen.

Neigungswinkel

Die **Tragfähigkeit** von Anschlagmitteln hängt von der Anzahl der Stränge und ihren Neigungswinkeln ab. Der Neigungswinkel ist der Winkel, den der Strang des Anschlagmittels von der Last nach oben zur Lotrechten bildet. Er darf 60° nicht überschreiten! Es gilt: Je größer der Neigungswinkel β, desto geringer ist die Tragfähigkeit des Anschlagmittels.

Tragfähigkeitstabellen

Zusammen mit den Anschlagmitteln müssen vom Hersteller sogenannte **Tragfähigkeitstabellen** übergeben werden. Aus diesen Tragfähigkeitstabellen können der Kranführer und die Anschläger die richtige Ketten-Nenndichte in mm (Kettenstärke) in Abhängigkeit von dem Gewicht der Last (in kg), dem Neigungswinkel β und der Zahl der Kettenstränge herauslesen.

Tragfähigkeitstabelle (in kg)

		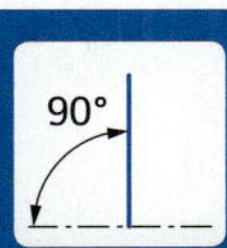 1-strang	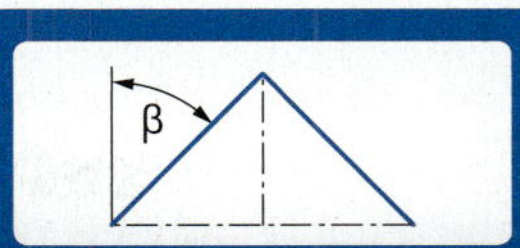 2-strang		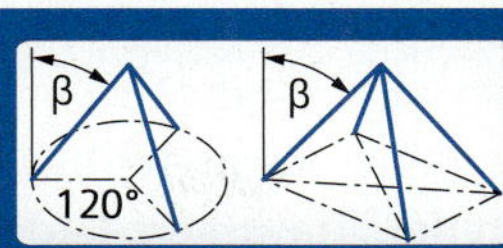 3- und 4-strang	
Neigungswinkel β		**0°**	**0°–45°**	**45°–60°**	**0°–45°**	**45°–60°**
Belastungsfaktor symmetrisch		**1**	**1,4**	**1**	**2,1**	**1,5**
Ketten-Nenndicke	6	1 000	1 400	1 000	2 100	1 500
	7	1 500	2 100	1 500	3 150	2 250
	8	2 000	2 800	2 000	4 250	3 000
	10	3 200	4 500	3 200	6 700	4 750
	13	5 000	7 100	5 000	10 000	7 500
	16	8 000	11 200	8 000	17 000	11 800
	18	10 000	14 000	10 000	21 200	15 000
	19	11 200	16 000	11 200	23 600	17 000
	20	12 500	18 000	12 500	26 500	18 000

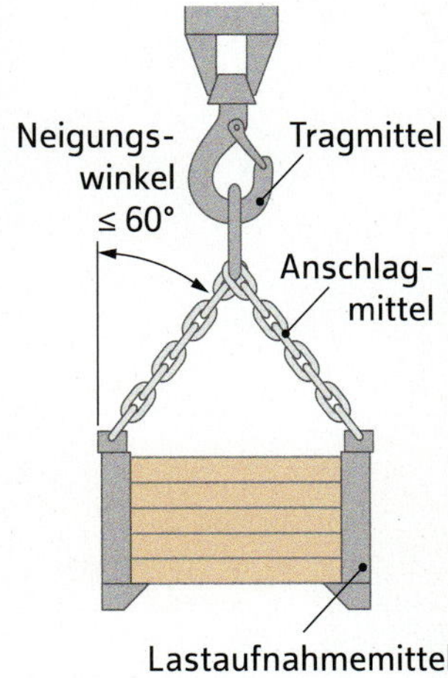

Neigungswinkel

Last anschlagen – Anschlagpunkte

Die Last ist sicher anzuschlagen. Sie darf weder verrutschen noch herausfallen, umkippen oder abgleiten. Die **Anschlagpunkte** müssen folgendermaßen liegen:

- bei **einsträngigen** Anschlagmitteln senkrecht über dem Lastschwerpunkt
- bei **zweisträngigen** Anschlagmitteln beidseits und oberhalb des Lastschwerpunkts
- bei **drei- und viersträngigen** Anschlagmitteln gleichmäßig in einer Ebene um den Lastschwerpunkt verteilt sowie über dem Lastschwerpunkt

Werden beim Anschlagen mehrere Stränge verwendet, müssen die Spitzen der Lasthaken nach außen gerichtet sein. Seile, Ketten und Bänder dürfen nicht verknotet oder verdreht werden. Sind Anschlagösen an der Last vorhanden, müssen diese benutzt werden.

Anschlagen der Last an einer Traverse

Ergibt sich aufgrund der vorhandenen Bedingungen ein Neigungswinkel größer 60°, so sind **Traversen** als Lastaufnahmemittel einzusetzen. Dadurch kann der Neigungswinkel bei langen Lasten verringert oder ganz aufgehoben werden. Die Last darf sich dabei aber nicht übermäßig durchbiegen. Ein Herausrutschen der Last oder von Einzelteilen muss verhindert werden.

Lastaufnahmemittel für Krane

Krane können mit verschiedenen **Lastaufnahmemitteln** ausgestattet sein. Neben dem üblichen **Lasthaken** sind das in der Lagerhaltung vor allem **Hebelzug, Greifer**, **Traversen**, **Ladegabeln** und **Magnete**. Welche Lastaufnahmemittel eingesetzt werden, hängt von den jeweiligen Eigenschaften der Lagergüter ab.

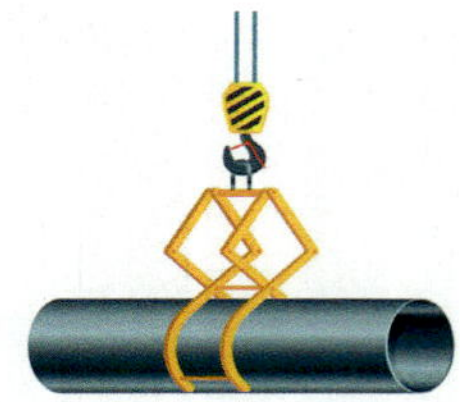

Rundmaterialgreifer

Greifer

Für sperrige Materialien oder Schüttgüter werden spezielle **Greifer** eingesetzt. Wegen ihrer besonderen Gütereigenschaften sind diese mit normalen Lastaufnahmemitteln nicht aufnehmbar.

- Grobe und sperrige Materialien werden mit dem **Mehrschalengreifer** (**Sperrgutgreifer**) aufgenommen und bewegt. Er erreicht ein Hubgewicht bis 4 t.
- Bei Schüttgütern wie Erz, Kohle, Sand, Kies, Getreide eignet sich der **Zweischalengreifer** (**Schüttgutschalengreifer**). Er erreicht ein Hubgewicht von 1 t bis 3 t bzw. 6 m^3.

Sperrgutgreifer

Traversen

- Zur Aufnahme und zum Bewegen von Gitterboxpaletten, Behältern, Kisten o. Ä. eignen sich hauptsächlich **Traversen**. Sie sind mit einem um 360° drehbaren oder fest angebrachten Sicherheitslasthaken ausgestattet. Es gibt **Einfachtraversen**, **Kreuztraversen** oder **Rahmentraversen**.

Einfachtraverse

Ladegabeln

Flachpaletten, Gitterboxpaletten, Behälter, Kisten o. Ä. werden vor allem mit **Ladegabeln** aufgenommen und bewegt. Sie sind mit einem um 360° drehbaren oder fest angebrachten Sicherheitslasthaken ausgestattet. Ladegabeln sind mit festen oder verstellbaren Gabeln im Einsatz.

Ladegabel

Magnete

Zur Aufnahme und zum Bewegen von Metallteilen eignen sich **Magnete**. Sie sind auch für heiße Materialien bis zu 600° C einsetzbar. Es gibt netzabhängige Einzelmagnete als **Rundmagnete, Traversenmagnete** als Rund- oder Rechteckmagnete sowie netzunabhängige **Lasthebemagnete**.

- Für den Transport großflächiger und sperriger Güter eignet sich der **Einzelmagnet als Rundmagnet.** Er erreicht eine Tragfähigkeit von maximal 6 300 kg.
- Der **Traversenmagnet als Rundmagnet** meistert auch schwierigste Blechtransporte. Das Durchhängen der Last wird durch eine gleichmäßige Verteilung der Aufhängepunkte vermieden.
- Großflächige Bleche, lange Profilstücke und andere sperrige Formate werden mit dem **Traversenmagnet als Rechteckmagnet** aufgenommen und bewegt.

Lasthebemagnet

5366206

- Für Bereiche, in denen eine Stromversorgung nicht möglich ist, eignet sich der **netzunabhängige Lasthebemagnet.** Er kann sowohl innen als auch außen eingesetzt werden und erreicht eine maximale Tragfähigkeit von 2000 kg für Rund- und Flachmaterial.

3.3.1.2 Regelungen für die Nutzung und den Einsatz von Kranen

Kran führen

Gemäß *DGUV Vorschrift 52 „Krane"* darf einen Kran nur führen, wer ...
- mindestens 18 Jahre alt ist,
- für diese Tätigkeit geistig und körperlich geeignet ist,
- theoretisch und praktisch dafür ausgebildet ist und seine Befähigung nachgewiesen hat sowie
- vom Unternehmer schriftlich dazu beauftragt (innerbetrieblicher Fahrerausweis) und in der Handhabung unterwiesen worden ist.

Bedingungen für den Einsatz von Kranen

Für den Einsatz von Kranen gelten folgende Regelungen:
- Der Arbeitgeber hat für den Einsatz von Kranen eine **Betriebsanweisung** zu erstellen.
- Die Betriebsvorschriften müssen in der Nähe der Steuereinrichtungen und leicht für den Kranführer einsehbar angebracht sein.
- An jedem Kran muss ein **Fabrikschild** angebracht sein. Dieses muss mindestens folgende Angaben enthalten: Hersteller oder Lieferant, Baujahr, Fabriknummer, Typ (falls Typbezeichnung vorhanden) und Typprüfungskennzeichen für typgeprüfte Krane.
- An jedem Kran müssen Angaben über die höchstzulässigen Belastungen (**Tragfähigkeit**) angebracht sein.
- An jedem Kranaufstieg muss ein Schild angebracht sein, das **Unbefugten** den Aufstieg untersagt.
- Die **Steuerstände** müssen in allen Stellungen des Kranes gefahrlos erreicht und verlassen werden können.
- Die kraftbewegten äußeren Teile von Kranen müssen zur Umgebung einen **Sicherheitsabstand** von mindestens 0,5 m nach oben, unten und seitlich haben.
- **Notendhalteeinrichtungen** müssen leicht zugänglich und schnell erreichbar sein. Sie müssen als solche auffällig gekennzeichnet sein.
- Krane müssen eine **Warneinrichtung** haben.
- Kranschienen müssen an ihren Enden **Fahrbahnbegrenzungen** haben.

Verhaltensweisen beim Führen von Kranen

Beim Führen von Kranen sind folgende Verhaltensweisen einzuhalten:
- Für **Unbefugte** ist das Betreten von Kranen generell verboten. **Befugte** dürfen erst nach Zustimmung des Kranführers und nur bei Stillstand den Kran betreten oder verlassen.
- Lasten dürfen **nicht über Personen hinweg** geführt werden.
- Personen dürfen nicht mit der Last oder der Lastaufnahmeeinrichtung befördert werden. Das Befördern von Personen mit **Personenaufnahmemitteln** ist jedoch gestattet, wenn der Arbeitgeber dies zwei Wochen vorher der Berufsgenossenschaft schriftlich mitteilt.

→

→

- Der Kran darf nicht über die jeweils **höchstzulässige Belastung** hinaus belastet werden.
- Lasten dürfen nicht schräg gezogen oder geschleift werden.
- Fahrzeuge dürfen nicht mithilfe der Last oder der Lastaufnahmeeinrichtung bewegt werden.
- Der **Kranführer** hat bei allen Kranbewegungen die Last bzw. **die Lastaufnahmeeinrichtungen zu beobachten**. Gegebenenfalls ist der Kran auf Zeichen eines **Einweisers** zu steuern. Von Hand angeschlagene (befestigte) Lasten dürfen vom Kranführer erst auf eindeutige Zeichen des Anschlägers oder Einweisers bewegt werden.
- Krane müssen vor der ersten Inbetriebnahme und nach wesentlichen Änderungen vor der Wiederinbetriebnahme **durch einen Sachkundigen geprüft** werden. Außerdem müssen Krane **jährlich mindestens einmal** durch einen Sachkundigen geprüft werden. Die Prüfergebnisse müssen in ein **Prüfbuch** eingetragen werden. Festgestellte **Mängel** sind umgehend zu beheben. Deren Beseitigung ist ebenfalls im Prüfbuch zu dokumentieren.
- **Sachkundige für die Prüfung von Kranen** sind neben den Sachverständigen der Technischen Überwachung nur die von der Berufsgenossenschaft ermächtigten Sachverständigen.
- Der Kranführer muss **täglich vor Arbeitsbeginn** die Funktion der Bremsen und Notendhalteeinrichtungen sowie den Zustand des Kranes auf augenfällige Mängel hin prüfen. Der Kran darf nur bei **Mängelfreiheit** bedient werden. Festgestellte **Mängel** sind sofort zu melden. Notwendige Reparatur- und Wartungsarbeiten dürfen nur von Fachpersonal durchgeführt werden.

Aufzüge und Hebebühnen
elevator/lift and lifting platform

3.3.1.3 Aufzüge und Hebebühnen

Neben Kranen werden in Etagenlagern auch ortsfeste Aufzüge und Hebebühnen eingesetzt. Sie sind ebenfalls flurfrei und befördern Güter und Personen in vertikaler Richtung.

Lastenaufzüge

Lastenaufzüge befördern vorrangig Güter sowie Begleitpersonen bis zu einem Gesamtgewicht von maximal 3000 kg. **Lastenaufzüge mit hydraulischem Antrieb und kleinen Schachtabmessungen** werden bei geringen Förderhöhen und -geschwindigkeiten eingesetzt. Für große Förderhöhen und -geschwindigkeiten eignen sich **Lastenaufzüge mit Treibscheibenantrieb und größeren Schachtabmessungen**. Die Sicherheit und Zuverlässigkeit der Aufzüge wird durch eine moderne Mikroprozessorsteuerung garantiert.

Güteraufzüge

Güteraufzüge sind nicht für Personentransporte geeignet. Sie befördern **ausschließlich Güter** bis zu einem Gesamtgewicht von maximal 2000 kg. Das Betreten der Güteraufzüge ist nur zum Be- und Entladen erlaubt. Die **Mitfahrt von Personen ist verboten**. Die Förderhöhe beträgt maximal drei Etagen bzw. 12 m. Die Fahrkorbfläche ist maximal 2,5 m^2 groß. Der Antrieb ist hydraulisch. Sicherheit und Zuverlässigkeit werden auch hier durch eine moderne Mikroprozessorsteuerung garantiert.

Für Güter mit einem Gesamtgewicht von maximal 300 kg eignen sich **Kleinlastenaufzüge**. Sie haben ein selbsttragendes Schachtgerüst und sind nicht betretbar. Die Fahrkorbfläche beträgt maximal 1 m^2. Der Antrieb ist hydraulisch. Mikroprozessorsteuerungen garantieren Sicherheit und Zuverlässigkeit.

Kleinlastenaufzüge

Scheren-Hebebühne

Für den Einsatz im Lager eignen sich vor allem **Scheren-Hebebühnen**. Diese sind im Innen- und Außenbereich einsetzbar. Scheren-Hebebühnen haben eine Plattform sowie einen Diesel- oder Elektro-Antrieb. Damit können **Personen und Güter** angehoben werden. Die Arbeitshöhe beträgt maximal 22,5 m. Die maximale Hubleistung beträgt 1000 kg. Die Funktionen sind von der Plattform aus steuerbar.

Scheren-Hebebühnen

Vorteile und Nachteile von Aufzügen und Hebebühnen

Vorteile von Aufzügen und Hebebühnen	Nachteile von Aufzügen und Hebebühnen
• Sie sind für den Innen- und Außeneinsatz geeignet. • Sie haben große Plattformen und realisieren hohe Hublasten. • Sie verringern die Einsatzdauer durch schnelle Arbeitsgeschwindigkeiten. • Sie haben umweltschonende (Elektro-) und schadstoffarme (Diesel-)Antriebe. • Es ist eine Erweiterung der Arbeitsfläche durch vergrößerbare oder verschiebbare Plattformen möglich.	• Sie verursachen relativ hohe Investitionskosten. • Der Einsatz in anderen Bereichen ist nicht möglich.

3.3.2 Flurförderzeuge (flurgebundene Fördermittel)

Flurförderzeuge sind **flurgebunden**, d. h. sie benötigen Fahrwege (**Flure**). Diese müssen breit genug sein, um ein gefahrloses Rangieren der Flurförderzeuge zu gewährleisten. Flurförderzeuge befördern, ziehen oder schieben Lasten und Güter. Sie sind frei oder geführt fahrbar. Es gibt **manuelle**, **maschinelle** und **automatische Flurförderzeuge**.

Flurförderzeuge
ground coneyor

3.3.2.1 Manuelle Flurförderzeuge

Manuelle Flurförderzeuge besitzen **keinen Automatisierungsgrad** und sind **frei fahrbar**. Sie werden per Hand angetrieben. Zu den manuellen Flurförderzeugen gehören z. B. Dreieckroller, Viereckroller, Schwerlastroller, Handgabelhubwagen, Handwagen, Handstapler und Sackkarren.

Manuelle Flurförderzeuge	
Eigenschaften	• kein Automatisierungsgrad • frei fahrbar • per Hand angetrieben
Beispiele	Dreieckroller, Viereckroller, Schwerlastroller, Handgabelhubwagen, Handwagen, Handstapler, Sackkarren

Handgabelhubwagen
hand forklift truck/ pallet truck

Mit **Handgabelhubwagen** können auf ebenem Untergrund Transportpaletten oder Kisten transportiert werden; sie werden oft als **Handhubwagen** bezeichnet. Diese Bezeichnung ist eigentlich nicht ganz korrekt. **Handgabelhubwagen** sind mit einer in der Höhe verstellbaren **Gabel** ausgestattet. Die Gabel kann unter die Palette geschoben werden und diese anheben. Handgabelhubwagen können außerdem mit **Wägezellen** ausgerüstet werden. Dann dienen sie zugleich als **mobile Waage**.

Handgabelhubwagen im Einsatz

Auf weitere manuelle Flurförderzeuge (Handwagen, Sackkarre usw.) wurde bereits in Kapitel 2, **Handtransport,** näher eingegangen.

3.3.2.2 Maschinelle Flurförderzeuge

Anders als die manuellen Flurförderzeuge besitzen maschinelle Flurförderzeuge einen **geringen bis mittleren Automatisierungsgrad**. Folgende maschinelle Flurförderzeuge zählen zu den wichtigsten für die Lagerhaltung: **Wagen**, **Schlepper**, **Gabelhochhubwagen**, **Gabelniederhubwagen**, **Gabelstapler**.

Maschinelle Flurförderzeuge	
Eigenschaften	• geringer bis mittlerer Automatisierungsgrad • frei oder geführt fahrbar
Beispiele	Wagen, Schlepper, Gabelhochhubwagen, Gabelniederhubwagen, Gabelstapler

Wagen

Wagen haben eine hinter dem Fahrer befindliche flache Ladefläche. Das Personal fährt je nach Stand- oder Sitzlenkung stehend oder sitzend auf dem Wagen mit. Das Lagergut wird auf der Ladefläche transportiert. Wagen erreichen nur geringe Geschwindigkeiten. Sie sind jedoch wendig und sowohl für kurze als auch etwas längere Beförderungsstrecken geeignet.

Elektrowagen

Schlepper

Schlepper sind Zugmaschinen. Sie befördern mehrere Anhänger mit einer Gesamtlast von bis zu 100 Tonnen. Dabei verursachen sie nur geringe Betriebskosten. Schlepper sind mit Stand- oder Sitzlenkung ausgestattet. Es gibt sie mit oder ohne Überbau. Schlepper eignen sich sowohl für kurze als auch lange Beförderungsstrecken.

Schlepper

Gabelhochhubwagen

Gabelhochhubwagen können die Lasten sowohl in vertikaler als auch in horizontaler Richtung aufnehmen und bewegen. Dabei sind Hubhöhen bis ca. 4 m möglich. Sie eignen sich für kurze Beförderungsstrecken. Gabelhochhubwagen sind meist mit einer Geh- oder Standlenkung ausgestattet.

Gabelhochhubwagen

Doppelstock-Gabelhochhubwagen

Gabelniederhubwagen

Gabelniederhubwagen heben das Lagergut nur so weit von der Bodenfläche an, wie es für das Bewegen erforderlich ist. Sie eignen sich für kurze Beförderungsstrecken. Es gibt sie als Mitfahrergeräte oder als Mitgängerfahrzeuge. Im Mitgängerbetrieb werden sie umgangssprachlich auch als „Ameise“ oder „Schnellläufer“ bezeichnet. Mitgängerflurförderzeuge dürfen nur von Personen, die mindestens 15 Jahre alt, körperlich und geistig geeignet und im Umgang mit diesen Förderzeugen unterwiesen worden sind, bedient werden.

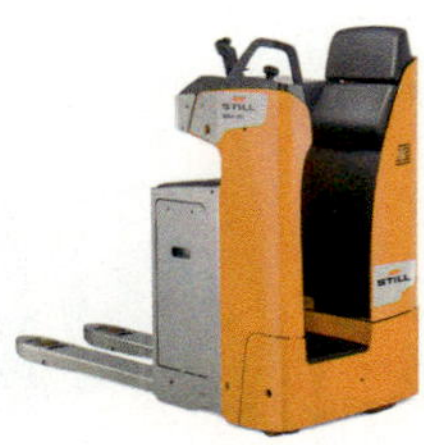

Sitz-Gabelniederhubwagen

Geh-Gabelniederhubwagen

Kommissionierer

Kommissionierer sind elektrisch angetriebene Flurförderzeuge mit einer Standplattform für den Fahrer. Hinter der Fahrerplattform sind zwei Palettengabeln befestigt, die entweder fest montiert oder mit einem Zusatzhub versehen sind. Damit kann eine EUR-Palette aufge-

Horizontalkommissionierer

Vertikalkommissionierer

nommen und während des Kommissioniervorganges als Lastaufnahmemittel genutzt werden. Der wesentliche Unterschied zum Gabelniederhubwagen ist, dass sich die **Gabeln in Fahrtrichtung hinter dem Fahrer** befinden. Es gibt **Horizontalkommissionierer** für die Kommissionierung auf einer Ebene und **Vertikalkommissionierer**, mit denen auch in die Höhe kommissioniert werden kann.

Gabelstapler
fork lift truck

Zu den am häufigsten im Lagerbereich eingesetzten maschinellen Flurförderzeugen gehört der **Gabelstapler**. Er eignet sich vor allem für den Transport von Paletten.

Wesentlichster Bestandteil eines Gabelstaplers ist seine **hydraulische Hubeinheit**. Sie besteht aus dem **Hubmast** und dem **Gabelträger**. Der Hubmast kann nach vorn und hinten geneigt werden.

Am Gabelträger wird die Gabel oder sonstiges Anbaugerät befestigt. Damit der Gabelstapler nicht **vornüber** kippt, benötigt er ein **Gegengewicht**. Die **Steuerung** erfolgt durch eine auf dem Stapler mitfahrende Person. Gabelstapler haben meist eine **Hecklenkung** mit einem kleinen **Wendekreis**. Der Wendekreis ist in etwa so groß wie die Fahrzeuglänge.

Anheben, Stapeln, Befördern und Ablegen

Stapler verrichten folgende Arbeiten:

- Anheben des Gutes
- Stapeln des Gutes
- Befördern des Gutes
- Ablegen des Gutes

Aufbau eines Gabelstaplers

Der **Aufbau** eines Gabelstaplers ist in nachfolgender Abbildung ersichtlich:

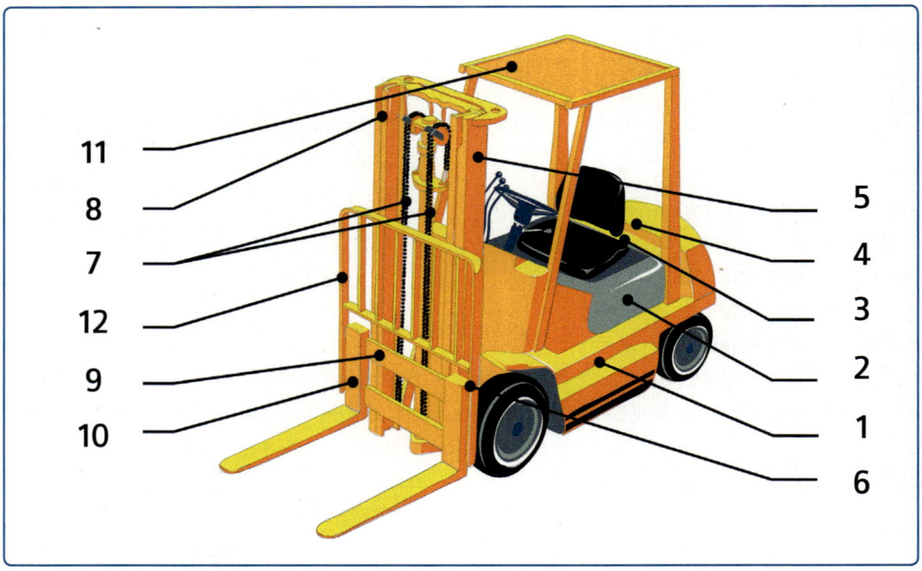

1 Rahmen	5 Hubgerüst/ Hubmast	9 Gabelträger
2 Gegengewicht	6 Neigezylinder	10 Gabelzinken
3 Fahrersitz	7 Lastenkette/ Hubketten	11 Fahrerschutzdach
4 Motorhaube	8 Hubzylinder	12 Lastschutzgitter

Staplerarten

Für den Einsatz im Lager steht eine Vielzahl an unterschiedlichen Staplern zur Verfügung. Die Staplerarten lassen sich anhand folgender Merkmale unterscheiden:

Unterscheidungsmerkmale der Staplerarten	
Antriebsart	Benzin-, Diesel-, Treibgas-, Elektrostapler
Unterfahrbarkeit	radunterstützt, freitragend
Bereifung	Luft-, Superelastik-, Vollgummireifen
Radzahl	Vierradstapler, Dreiradstapler
Sitzposition	Seitsitzstapler, Frontstapler
Hubhöhe	Einfach-, Zweifach-, Dreifach-, Vierfach-Hubmast
Transportart	Vertikalstapler, Horizontalstapler
Bedienstand	mit oder ohne hebbarem Bedienstand
Bedienerposition	Steh-, Sitzstapler, Deichselführung

Benzinstapler

Aufgrund der hohen Abgasbelastung dürfen **Benzinstapler** nur im Außenbereich eingesetzt werden.

Dieselstapler

Dieselstapler haben einen geringeren Abgasausstoß als Benzinstapler. Sie sind zwar ebenfalls vor allem für den Außeneinsatz, kurzzeitig aber auch für den Inneneinsatz geeignet.

Treibgasstapler

Eine nur geringe Abgasbelastung weisen **Treibgasstapler** auf. Deshalb sind sie sowohl im Innen- als auch im Außenbereich einsetzbar.

Freitragender Elektro-Gabelstapler

Elektrostapler

Elektrostapler haben keinen Abgasausstoß. Sie besitzen aber nur eine begrenzte Tragfähigkeit und Einsatzdauer. Ihre Antriebsenergie beziehen sie aus der mitgeführten Batterie. Diese dient gleichzeitig als Gegengewicht. Elektrostapler sind nur für den Inneneinsatz geeignet.

Radunterstützte und freitragende Stapler

Radunterstützte Stapler haben ein geringes Eigengewicht. Sie benötigen kein Gegengewicht. Die Gabeln haben eine höhere Grundstellung. Es können nur Lasten aufgenommen werden, die unterfahren werden können.

Freitragende Stapler haben Gegengewichte. Sie besitzen dadurch ein hohes Eigengewicht. Freitragende Stapler können an jedes Fahrzeug, jedes Regal bzw. jede Rampe heran fahren. Sie benötigen jedoch breite Regalgassen.

Radunterstützter Stapler

Stapler mit Luft-, Superelastik- oder Vollgummireifen

Mit Luftreifen ausgestattete Stapler sind sowohl für den Innen- als auch für den Außeneinsatz geeignet. Sie sind jedoch nicht pannensicher.

Stapler mit Superelastikreifen sind ebenfalls für den Innen- und Außeneinsatz geeignet. Darüber hinaus sind sie pannensicher.

Nur für den Inneneinsatz geeignet sind **Stapler mit Vollgummireifen**. Auch sie sind pannensicher.

1

2

3

4

1 Dreirad-Elektro-Frontstapler
2 Seitsitzstapler
3 Schmalgangstapler
4 Schubmaststapler

Front- und Seitsitzstapler

1 Vier- und Dreiradstapler

Vierradstapler werden über die Vorderachse angetrieben. Die Lenkung erfolgt über die Hinterachse. Deshalb sind sie bei Steigungen sowie schlechter Bodenbeschaffenheit einsetzbar.

Dreiradstapler werden über die Hinterachse angetrieben. Die Lenkung erfolgt hier aber ebenfalls über die Hinterachse. Dadurch sind sie wendiger und für den Einsatz in engeren Regalgassen einsetzbar.

Explosionsgeschützte Stapler

Explosionsgeschützte Stapler sind eine Spezialart der Gabelstapler: Bei ihnen sind Anlasser, Schalter, Anzeigen, Bremsen, Motor und Kabel druckfest verkapselt. Die Gabeln sind mit Edelstahl oder Messing beschichtet. Das macht den Stapler funkensicher. Explosionsgeschützte Stapler tragen eine spezielle Kennzeichnung mit der Aufschrift **EX**. Sie werden in Räumen mit explosionsfähiger Atmosphäre eingesetzt. Dies sind Räume, in denen gasförmige, staubförmige, dampfförmige, nebelförmige oder brennbare Materialien gelagert werden.

Kennzeichen für Explosionsgeschützte Stapler

Beim **Frontstapler** liegt das zu transportierende Lagergut freitragend vor den Vorderrädern auf der Gabel. Der Fahrersitz ist in Richtung des Lagergutes und parallel zur Fahrtrichtung angeordnet. Sie sind für schwere Lasten geeignet. Der Frontstapler erreicht hohe Transportgeschwindigkeiten und ist für den Innen- und Außenbereich geeignet. Nachteil des Frontstaplers ist, dass der Fahrer bei Rückwärtsfahrten eine 180°-Drehung ausführen muss.

Frontstapler

Beim **Seitsitzstapler** ist der Hubmast in Fahrtrichtung angeordnet. Der Fahrersitz befindet sich seitlich hinter dem Hubmast bzw. quer zur Fahrtrichtung. So muss der Fahrer in jede Fahrtrichtung eine 90°-Drehung ausführen. Der Seitsitzstapler ist für die Bedienung schmaler Regalgassen und für Langguttransporte geeignet. Er ist jedoch nur im Innenbereich einsetzbar.

2 *Seitsitzstapler*

Der Fahrersitz befindet sich beim **Schubmaststapler** ebenfalls quer zur Fahrtrichtung bzw. seitlich hinter dem Hubmast. Zum Aufnehmen und Ablegen der Last wird der Mast bis vor die Vorderräder geschoben und auf den Boden abgesenkt. Zum Transportieren wird der Mast wieder in die Ausgangslage zurückgenommen. Der Schubmaststapler ist nur im Innenbereich einsetzbar. Er eignet sich für leichte bis mittlere Gewichte.

3 *Schubmaststapler*

Der **Schmalgangstapler** ist mit oder ohne hebbarem Bedienstand sowie starren oder Teleskop- bzw. Schwenkhubgabeln ausgestattet. Auch hier ist der Fahrersitz quer zur Fahrtrichtung angeordnet. Der Stapler benötigt eine seitliche Schienenführung in der Regalgasse. Zum Schutz vor Verletzungen sind die Hände innerhalb des Korbes zu belassen. Der Schmalgangstapler ist für schmale Regalgassen geeignet. Er kann Lagergüter diagonal bewegen. Außerdem erreicht er eine hohe Transportgeschwindigkeit und ist für den Innen- und Außeneinsatz geeignet.

4 *Schmalgangstapler*
narrow aisle stacker

Hochregalstapler

Der **Hochregalstapler** ist ebenfalls mit oder ohne hebbarem Bedienstand sowie starren oder Teleskop- bzw. Schwenkhubgabeln ausgestattet. Der Fahrersitz kann hier aber quer oder parallel zur Fahrtrichtung angeordnet sein. Die Hände sind auch hier innerhalb des Korbes zu belassen. Der Hochregalstapler ist zum Anheben und Bewegen sehr schwerer Lasten geeignet. Er erreicht sehr große Hubhöhen und ist deshalb für die Bedienung von Hochregalen geeignet.

Hochregalstapler
high-bay forklift/
high bay stacker

Neben der klassischen Gabel gibt es für Stapler noch viele andere Anbaugeräte als Lastaufnahmemittel. Diese können mit wenigen Handgriffen am Gabelträger befestigt werden. Dadurch lassen sich die Einsatzmöglichkeiten enorm erweitern.

Anbaugeräte für Stapler

Die wichtigsten **Anbaugeräte für Stapler** sind:

- die **Gabelverlängerungen** (Gabelschuhe) zum Transport von überlangen Lagergütern
- die **Klammergabel** zum Umklammern und Transportieren von Behältern (Fassklammer)
- die **Rollenklammer** zum Umklammern und Transportieren von Kabeltrommeln u. Ä.
- die **Drehgabelklammer** als Kombination aus Drehgerät und Klammergabel zum Umklammern, Drehen und Transport von Behältern
- der **Lasthalter** zur Stabilisierung von Lagergütern beim Transport
- der **Tragedorn** zum Transport hohler Gegenstände wie Rohre, Coils, Teppichrollen usw.
- der **Kranarm** zum Transport von Langgut, Fertigteilen usw.
- die **Schüttgutschaufel** zum Aufnehmen und Transport von Schüttgütern wie Sand, Kohle, Getreide
- das **Drehgerät** zum Transport und Drehen von Lasten wie Behälter oder Paletten um 180° bzw. 360°
- der **Kippschlitten** zum Abkippen von Behältern, Paletten usw.
- die **Montagebühne** zum Anheben von Personen z. B. für Reparaturarbeiten.

1 Drehbare Rollenklammer

2 Doppel-Palettengerät

3 Lasthalter

4 Tragdorn

5 Ballenklammer

Anbaugeräte für Stapler

Beim Einsatz von Anbaugeräten verändern sich die auf dem Stapler angegebenen **höchstzulässigen Lastgewichte**. Deshalb benötigt jedes dieser Anbaugeräte ein entsprechendes **Tragfähigkeitsdiagramm**.

3.3.2.3 Automatische Flurförderzeuge

Einen hohen Automatisierungsgrad besitzen automatische Flurförderzeuge. Zu ihnen zählen sogenannte **Fahrerlose Transportsysteme** (**FTS**).

Fahrerlose Transportsysteme (FTS)

Fahrerloses Transportsystem

Fahrerlose Transportsysteme (FTS) sind flurgebunden und haben keine mechanischen Führungen. Fahrerlose Transportsysteme haben einen eigenen Fahrantrieb und werden automatisch gesteuert. Sie können sowohl innerhalb als auch außerhalb von Gebäuden eingesetzt werden. FTS realisieren Horizontal- und Vertikaltransporte und eignen sich besonders für den Transport über lange Strecken. Außerdem können sie an Orten eingesetzt werden, die für Menschen gefährlich sind, z. B. bei Radioaktivität.

Die wesentlichen **Bestandteile von FTS** sind:

- ein oder mehrere fahrerlose Transportfahrzeuge,
- eine Leitsteuerung,
- Einrichtungen zur Standortbestimmung und Lageerfassung,
- Einrichtungen zur Datenübertragung,
- Sicherheitseinrichtungen.

Die einzelnen Daten für die Transportaufträge werden in das Fahrzeug programmiert. Dazu gehören auch die **Start- und Stoppstellen zu Güteraufnahme, -transport, -verteilung und -abgabe**. Die Übermittlung dieser Daten an das Fahrzeug erfolgt über einen **Zentralrechner**. Sie können aber auch per Hand am Fahrzeug selbst eingegeben werden. Dazu befindet sich an vielen FTS ein **separates Bedienterminal**.

Zielsteuerung (Navigation) von FTS

Zur **Zielsteuerung** gibt es verschiedene Möglichkeiten:

- Für die **Rasternavigation** werden Rasterpunkte in Form von Magneten oder Transpondern in den Boden eingelassen. Am Fahrzeug befinden sich Magnetsensoren oder Transponder-Lesegeräte. Die Fahrzeuge bewegen sich von einem Rasterpunkt zum nächsten.
- Zur **Lasernavigation** befinden sich viele stationäre Referenzpunkte aus retro-reflektierendem Material an den Wänden oder auf dem Boden. Der am Fahrzeug montierte Laserscanner erfasst das reflektierende Laserlicht. So findet das Fahrzeug sicher seinen Weg.
- Für die **Funknavigation** sind die Fahrzeuge mit GPS-Empfängern ausgestattet. Damit können die FTS im Außenbereich gesteuert werden.
- Außerdem werden viele FTS über im Boden verlegte **Induktionsschleifen** gesteuert. Diese geben die Fahrspur für die Fahrzeuge vor.

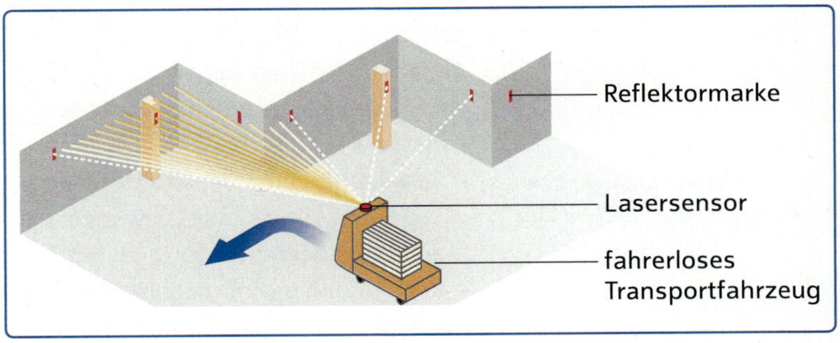

Funktionsprinzip der Lasernavigation

FTS-Antrieb

Im Innenbereich eingesetzte FTS werden im Allgemeinen elektrisch angetrieben. Im Gegensatz dazu sind Fahrzeuge für den Außenbereich zum Teil auch mit Verbrennungsmotoren ausgestattet.

Die **Energieversorgung elektrisch angetriebener FTS** kann unterschiedlich erfolgen: Entweder führen sie **Batteriesysteme** mit, die an einer Ladestation aufgeladen werden. Oder sie erhalten die nötige Energie über ein im Boden verlegtes Leiterpaar entlang des Fahrwegs, das die FTS mit einem hochfrequenten Wechselstrom versorgt.

FTS- Sicherheitseinrichtungen

Um Unfälle zu vermeiden, sind FTS mit verschiedenen **Sicherheitseinrichtungen** ausgestattet. Dazu zählen z. B. Ultraschall-Sensoren, Laserscanner oder Lichtschranken. Sie dienen der Hinderniserkennung, Auflaufsicherung oder Abstandshaltung. **Bremssysteme** halten das Fahrzeug bei System- oder Stromausfall sofort an. **Akustische und optische Signale** während der Fahrt warnen Personen, die sich in der Umgebung eines FTS aufhalten (z. B. Musik, Hupe, Warnleuchten, Blinker). **Not-Stopp-Schalter** sind meistens an allen vier Ecken eines Raumes angebracht.

Vor- und Nachteile von FTS

Vorteile von FTS	Nachteile von FTS
• Sie besitzen eine hohe Anpassungsfähigkeit an veränderte Anforderungen. • Sie können in bestehende Infrastrukturen integriert werden. • Sie können unterschiedlichste Arten von Gütern transportieren. • Sie erreichen eine hohe Präzision bei der Güterübergabe und -übernahme. • Sie verursachen kaum Personalkosten.	• Sie sind störanfällig. • Sie verursachen hohe Investitions-, Wartungs- und Reparaturkosten. • Sie haben einen hohen Platzbedarf aufgrund der Fahrspurbreite. • Sie erfordern eine komplexe datentechnische Vernetzung.

3.3.2.4 Regalförderzeuge (RFZ)

Regalförderzeuge
rack-servicing unit/ stacker crane

Regalförderzeuge (**RFZ**), auch Regalbediengeräte genannt, sind **schienengeführte, einspurige Fördermittel zur Bedienung eines Hochregallagers**. Die Bauhöhe eines RFZ hängt von der Höhe der zu bedienenden Regale ab. Sie beginnt bei ca. 6 m und endet bei maximal 46 m. Angetrieben werden RFZ mit Elektromotoren. Sie sind entweder regalabhängig oder regalunabhängig konstruiert:

Regalabhängig bzw. regalunabhängig

- **Regalabhängige Regalförderzeuge** sind direkt am Regal angebracht. Sie bewegen sich daran in horizontaler oder vertikaler Richtung.
- **Regalunabhängige Regalförderzeuge** befinden sich vor dem Regal. Sie bewegen sich ebenfalls in horizontaler oder vertikaler Richtung.

Kurvengängiges Regalbediengerät

Kurvengängig bzw. starr geführt

Außerdem wird zwischen kurvengängigen und starr geführten Regalförderzeugen unterschieden:
- **Kurvengängige Regalförderzeuge** bedienen über ein Weichensystem bzw. Umsetzeinrichtungen mehrere Regalgassen mit nur einem Fahrzeug.
- **Starr geführte Regalförderzeuge** können jeweils nur eine Regalgasse bedienen.

RFZ-Bestandteile

Die wesentlichen Bestandteile von RFZ sind ...
- das untere und obere Fahrwerk,
- der Mast in Ein- oder Zweimastversion,
- der Hubschlitten, der das zu befördernde Gut trägt,
- das Lastaufnahmemittel,
- die Fangvorrichtung zur Verhinderung eines Absturzes bei Seil- oder Kettenbruch,
- die Kopftraverse.

Bei Regalförderzeugen können zwei Bewegungsstrategien unterschieden werden: Einzelspiel und Doppelspiel.

Einzelspiel

Beim **Einzelspiel** wird pro Fahrt entweder ein- oder ausgelagert. Die Ein- und Auslagerungen finden nicht gleichzeitig oder in Kombination statt.

Doppelspiel

Beim **Doppelspiel** findet auf der Hinfahrt eine Einlagerung und auf der anschließenden Rückfahrt eine Auslagerung statt. Dies erhöht die Umschlagsleistung.

Spielzeit

Die Zeit, die für die Ein- und/oder Auslagerungen einschließlich aller Fahr-, Positionier-, Kontroll- und Zugriffszeiten benötigt wird, bezeichnet man als **Spielzeit**.

Manuelle, halbautomatische oder vollautomatische Steuerung

Regalförderzeuge können manuell, halbautomatisch oder vollautomatisch gesteuert sein:
- **Manuell gesteuerte RFZ** werden für den Transport und die Ein- und Auslagerung durch mitfahrendes Lagerpersonal bedient. Dazu sind sie mit einem Joystick oder Tastern ausgestattet. Manuell gesteuerte RFZ haben oft eine Kabine. Diese enthält einen Sitz, einen Scanner, Persönliche Schutzausrüstung (PSA), einen Feuerlöscher und manchmal auch einen PC.
- Bei der **halbautomatischen Steuerung** fährt das Lagerpersonal ebenfalls mit. Hier sind nur bestimmte Bewegungsabläufe automatisiert. Zum Beispiel wird beim

Manuell gesteuertes Regalförderzeug

Automatisch gesteuertes Regalförderzeug

sogenannten **Gabelzyklus** das betreffende Fach durch die Bedienperson angefahren. Anschließend wird mit nur einem Tastendruck folgender Zyklus gestartet: **Teleskopgabel ausfahren ▸ Teleskopgabel heben ▸ Teleskopgabel einfahren**.

- **Vollautomatisch gesteuerte RFZ** arbeiten **rechnergestützt**. Transport und Ein- und Auslagerung erfolgen **ohne Begleitung von Lagerpersonal**. Dadurch sind sie optimal steuerbar und benötigen weniger Raum. Sie erreichen hohe Umschlagszahlen und sind daher sehr wirtschaftlich. Der Mensch erfüllt nur noch wenige **Überwachungs- und Steuerungsaufgaben. Computergesteuerte RFZ** befördern das Lagergut **horizontal, vertikal** und **diagonal**. Das diagonale Bedienen spart sowohl Transportwege als auch Transportzeiten ein.

Die Daten zu Güteraufnahme, -transport, -verteilung und -abgabe werden vom **Zentralrechner** zum Regalförderzeug auf verschiedene Weise übermittelt. Üblich ist eine Übertragung durch Datenfunk, Induktion, Infrarot, Laser, Ultraschall und Schleppkabel. Das Schleppkabel dient gleichzeitig der Energieversorgung.

3.3.3 Regelungen für die Nutzung und den Einsatz von Unstetigförderern

Eine leichtfertige oder unbedachte Verwendung von Unstetigförderern (z. B. Gabelstapler, Kranen und Flurförderzeuge) kann zu enormen Sach- und Personenschäden führen. Richtet man sich nach den folgenden Nutzungsregelungen, so können schwere Unfälle vermieden werden.

3.3.3.1 Nutzung von Flurförderzeugen

Anforderungen an den Fahrer eines Flurförderzeuges

Der Fahrer eines Flurförderzeuges muss folgende **Anforderungen** erfüllen:

- Er muss mindestens 18 Jahre alt sein.
- Er muss geistig und körperlich dafür geeignet sein.
- Er muss dazu befähigt sein und diese Befähigung nachweisen (Staplerführerschein).
- Er muss vom Unternehmen schriftlich dazu beauftragt sein (innerbetrieblicher Fahrausweis).

Der **Arbeitgeber** muss für die Nutzung von Flurförderzeugen nach der *DGUV Vorschrift 68 „Flurförderzeuge“* eine **Betriebsanweisung erstellen** und die Fahrer danach **unterweisen**.

Der **Fahrer** muss das Flurförderzeug **täglich vor Inbetriebnahme** auf mögliche **Mängel** überprüfen (Sicht- und Funktionsprüfung) und während des Betriebes beobachten.

Sichtprüfung

Die Sichtprüfung umfasst ...

- das Fahrzeug allgemein (Risse am Fahrzeug, Leckagen an der Hydraulik, verschmutzte Pedale)
- das Fahrwerk (ordnungsgemäße Reifen und richtiger Reifendruck)
- die Hubeinrichtung (keine erkennbaren Schäden wie Risse oder Verformungen an den Lastaufnahmemitteln, ausreichende und gleichmäßige Spannung der Hubkette, keine Verschleiß- oder Verformungserscheinungen an den Gabelaufhängungen)
- sonstige Einrichtungen (Fahrerschutzdach ordnungsgemäß befestigt, Lastschutzgitter vorhanden und sicher befestigt)

5366220

Nach der Sichtprüfung folgt die Funktionsprüfung.

Funktionsprüfung

Hierzu gehört die Überprüfung ...
- der Betriebs- und Feststellbremse
- der Sicherung gegen unbefugtes Benutzen
- der Warneinrichtung (Hupe)
- der Beleuchtung und Bremslichter
- des Lenkungsspiels (höchstens zwei Finger breit)
- der Hydraulik und der Lastaufnahmemittel

Bei festgestellten Mängeln darf das Fahrzeug nicht benutzt werden. Die Mängel müssen umgehend behoben werden. Reparatur- und Wartungsarbeiten darf jedoch nur eine fachkundige Person durchführen.

Darüber hinaus müssen Flurförderzeuge mindestens einmal jährlich durch einen Sachkundigen auf Ordnungsmäßigkeit überprüft werden. Festgestellte Mängel sind umgehend zu beseitigen. Prüfergebnis und Mängelbeseitigung sind im Prüfbuch zu dokumentieren. An dem Flurförderzeug wird eine Prüfplakette angebracht.

Beladen

Beim Beladen eines Flurförderzeuges ist darauf zu achten, dass ...
- die maximal zulässige Höchstlast nicht überschritten wird
- die Last möglichst dicht am Gabelrücken bzw. Hubmast aufgenommen wird
- die Last nicht herunterfällt oder verrutscht
- die Sicht des Fahrers nicht eingeschränkt ist
- Lasten über 1,80 m Höhe nur aufgenommen werden dürfen, wenn das Flurförderzeug mit einem Fahrerschutzdach ausgerüstet ist

Fahren

Beim Fahren eines Flurförderzeuges sind folgende Punkte zu beachten:
- Die vorgeschriebene **Geschwindigkeit** darf nicht überschritten werden.
- Die Geschwindigkeit muss an die Fahrbahnverhältnisse angepasst sein.
- Vorhandene Lastaufnahmemittel dürfen während der Fahrt nur bodenfrei angehoben sein.
- Verfügt das Flurförderzeug über einen Hubmast mit Neigeeinrichtung, muss dieser während der Fahrt zurückgeneigt sein.
- Der Fahrer muss **freie Sicht** haben. Ist dies aufgrund der Höhe der aufgenommenen Last nicht möglich, muss er rückwärtsfahren oder sich einweisen lassen.
- Beim **Befahren von Gefällen und Steigungen** muss die Last **bergseitig** transportiert werden.
- Grundsätzlich dürfen sich keine Personen unter einer angehobenen Last befinden oder Lasten über Personen hinweggehoben werden.
- Die zulässigen Durchfahrtshöhen sowie die maximalen Bodenbelastungen sind stets zu beachten.
- **Personen** dürfen nur mitgenommen werden, wenn die Flurförderzeuge dafür ausgestattet (Sitz- oder Standplätze, Haltegriffe) und die Personen nicht durch die Ladung gefährdet sind. Das Auf- und Absteigen während der Fahrt ist verboten.

Anbringen der Last | Anheben der Gabelzinken | Bergseitiges Führen der Last bei Steigungen und Gefällen | Mitnahme von Personen

Regeln für das Fahren mit einem Gabelstapler

Aufnehmen, Absetzen und Stapeln

Beim Aufnehmen, Absetzen und Stapeln von Lasten sind folgende Punkte zu beachten:

- Verfügt das Flurförderzeug über einen Hubmast mit Neigeeinrichtung, darf dieser nur zum Aufnehmen und Absetzen der Last nach vorne geneigt werden.
- Lasten dürfen nur auf einer geeigneten Unterlage abgesetzt werden. Hierbei sind die Tragfähigkeit der Unterlage (z. B. des Regals) und die Standsicherheit zu beachten.
- Beschädigte Paletten und nicht ordnungsgemäß gestapelte Lasten sowie deren Paletten dürfen nicht gestapelt oder auf höher gelegenen Stellen abgesetzt werden.
- Das Lagergut darf nur auf den dafür vorgesehenen Plätzen und nicht in Verkehrs- oder Fluchtwegen sowie vor Sicherheitseinrichtungen abgesetzt werden.

Schmalgangstapler

Der Fahrer von Flurförderzeugen in Schmalgängen hat außerdem Folgendes zu beachten:

- Flurförderzeuge dürfen nur dann in Schmalgänge einfahren, wenn sich darin kein Fußgänger befindet.
- Für den Durchgangsverkehr dürfen Schmalgänge nicht genutzt werden.
- Die Fahrer müssen Schmalgänge im Gefahrenfall ungehindert über Fluchtwege verlassen können.
- Es dürfen nur dann mehrere Flurförderzeuge gleichzeitig in einem Schmalgang eingesetzt werden, wenn automatische Schutzeinrichtungen installiert wurden, die einen Zusammenstoß verhindern können.

Abstellen und Verlassen eines Flurförderzeuges

Beim Abstellen und Verlassen eines Flurförderzeuges sind folgende Punkte zu beachten:
- Flurförderzeuge dürfen nur auf den dafür vorgesehenen Flächen abgestellt werden. Verkehrs- oder Fluchtwege sowie Sicherheitseinrichtungen sind stets freizuhalten.
- Beim Abstellen eines Flurförderzeuges ist der Motor abzuschalten.
- Die Feststellbremse muss angezogen werden, um ein unabsichtliches Bewegen oder Wegrollen zu vermeiden.
- Beim Abstellen auf geneigten Flächen ist ein Wegrollen durch Unterlegkeile zu vermeiden.
- Eine vorhandene Ladegabel ist in die tiefste Stellung zu bringen.
- Ist eine Hubmast-Neigeeinrichtung vorhanden, ist diese so zu neigen, dass die Gabelspitzen nach unten zeigen.
- Das Fahrzeug ist gegen unbefugte Nutzung zu sichern, z. B. durch Abziehen des Zündschlüssels oder Abschließen der Fahrerkabine

3.3.3.2 Nutzung von Gabelstaplern

Die *DGUV Information 208-004* enthält spezielle Informationen für Gabelstapelfahrer und somit auch für die Nutzung von Gabelstaplern.
- Mit dem Gabelstapler dürfen nur die Verkehrswege befahren werden, die für den Gabelstaplerverkehr freigegeben sind. Zur Regelung des Gabelstaplerverkehrs werden sowohl Zeichen der **Straßenverkehrsordnung** als auch **betriebliche Beschilderungen** benutzt.
- Die **Breite der Verkehrswege** für Gabelstapler beträgt mindestens die Breite des Gabelstaplers bzw. des Ladegutes plus einen Sicherheitsabstand von 0,5 m auf beiden Seiten, bei starkem Gehverkehr 0,75 m.
- Verkehrswege dürfen **nicht** durch Transportgut, leere Paletten oder abgestellte Fördermittel **verstellt** werden.
- Hauptsächlich im Kreuzungsbereich der Lagerfahrwege und an unübersichtlichen Stellen im Lager sollten **Panorama- oder Kugelspiegel** angebracht sein.
- An jedem Gabelstapler muss ein **Fabrikschild** angebracht sein, das folgende Angaben enthält: Hersteller oder Lieferant, Typ, Baujahr, Fabriknummer, Nenn-Tragfähigkeit und Leergewicht.
- Bei **batteriebetriebenen Elektrostaplern** wird das Leergewicht ohne Batterie angegeben. Hier sind dann zusätzlich Angaben über die Batteriespannung und das zulässige Mindest- und Höchstgewicht der Antriebsbatterie erforderlich.
- An jedem Gabelstapler muss ein **Tragfähigkeitsdiagramm** angebracht sein.
- Gabelstapler mit einer Hubhöhe von mehr als 1,80 m müssen zum Schutz gegen herabfallende Lasten ein **Fahrerschutzdach** haben. Für Kleinteile empfiehlt sich außerdem ein **Lastschutzgitter**. Weitere Schutzmaßnahmen sind **Tür- oder Sitzbügel** sowie der Einsatz von **Beckengurten** (sogenannte **Fahrerrückhalteeinrichtungen**). Tür- oder Sitzbügel können wie eine Tür geöffnet und geschlossen werden. Beide Schutzmaßnahmen verhindern, dass der Fahrer beim Kippen seitlich herausgeschleudert wird.

Kugelspiegel

Sitzbügel als Rückhalteeinrichtung

- Werden Stapler überwiegend zu **Arbeiten im Freien** eingesetzt, müssen diese zum Schutz des Fahrers mit einer geschlossenen **Fahrerkabine**, **Standheizung** oder **Klimaanlage** usw. ausgestattet sein.

Betriebsanweisung

Für das Führen von Gabelstaplern hat der Unternehmer eine **Betriebsanweisung** zu erstellen. Diese muss mindestens folgende Angaben enthalten:
- Betriebsbedingungen,
- zugelassene Verkehrswege,
- Lagerung, Lagerflächen, Stapelung,
- Mitnahme von Personen,
- Verwendung von Anbaugeräten, Anhängern, Arbeitsbühnen.

Eignung zum Führen eines Gabelstaplers

Innerbetrieblicher Fahrausweis

Die **Eignung des Fahrers zum Führen eines Gabelstaplers** kann vom Betriebsarzt festgestellt werden. Einen Gabelstapler darf nur derjenige fahren, der die bereits oben genannten Voraussetzungen zum Führen eines Flurförderzeuges erfüllt. Außerdem muss der betreffende Arbeitnehmer vom Unternehmer schriftlich dazu beauftragt (**innerbetrieblicher Fahrerausweis**) und in der Handhabung unterwiesen worden sein. Die Beauftragung hat jedoch nur für den im Fahrerausweis genannten Stapler und den genannten Betriebsteil Gültigkeit.

Bestimmung des Lastschwerpunktes

Um die Gefahr des Abhebens oder Umkippens eines Gabelstaplers zu verhindern, ist bei der **Lastaufnahme** mit einem Gabelstapler Folgendes zu beachten: Zunächst einmal ist der Lastschwerpunkt der aufzunehmenden Ladung zu bestimmen. Dies ist der Punkt, an dem die Last (das Lagergut) beim Anheben im Gleichgewicht bleibt. Der Lastschwerpunkt wird durch die **Form** und die **Gewichtsverteilung des Lagergutes** bestimmt.

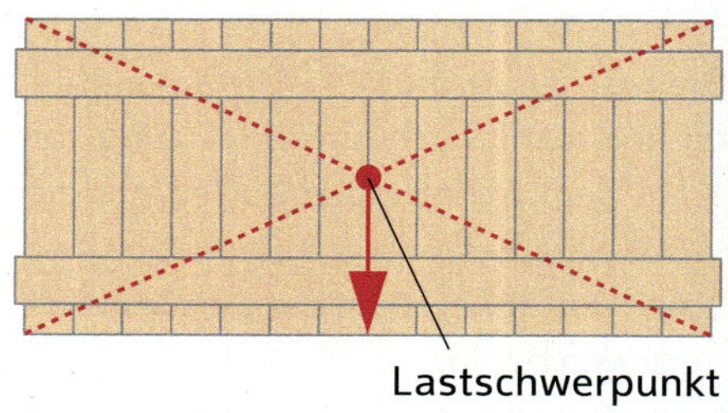

Lage des Lastschwerpunkts in der Mitte

Sind Form und Gewichtsverteilung einer Palette, Kiste o. Ä. **gleichmäßig**, dann liegt der Lastschwerpunkt **in deren Mitte**.
- Sind Form oder Gewichtsverteilung **ungleichmäßig,** dann liegt der Lastschwerpunkt entsprechend versetzt **außerhalb der Mitte**.

Beachten der maximalen Belastung im Tragfähigkeitsdiagramm

Der Lastschwerpunkt muss beim Beladen der Gabel immer **möglichst nahe am Gabelrücken** liegen. Ansonsten besteht die Gefahr, dass der Stapler hinten abhebt oder sogar umkippt. Um das zu verhindern, sind am Gabelstapler **Tragfähigkeitsdiagramme** (auch **Lastschwerpunktdiagramme** genannt) angebracht, an denen die **maximale Belastung** ablesbar ist. Dieses Tragfähigkeitsdiagramm ist beim Beladen des Staplers unbedingt zu beachten.

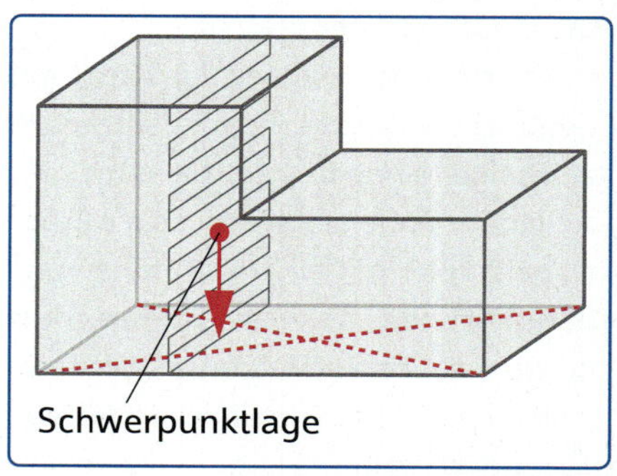

Lage des Lastschwerpunkts außerhalb der Mitte

Das Tragfähigkeitsdiagramm wird folgendermaßen gelesen:

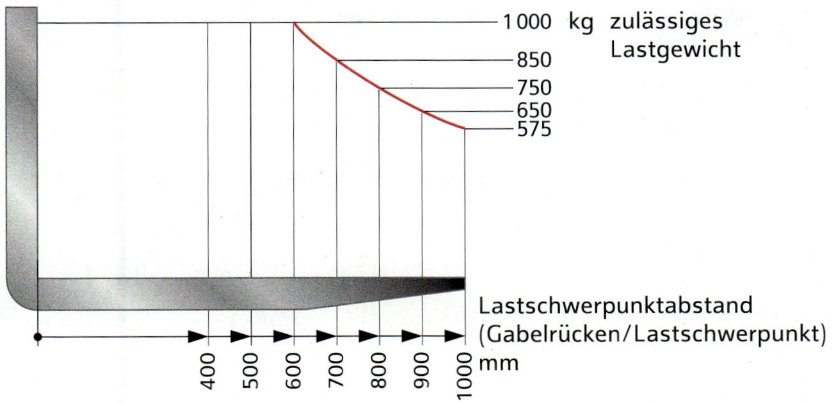

Tragfähigkeitsdiagramm

An der waagerechten Achse ist der **Lastschwerpunktabstand**, d. h. der Abstand vom Gabelrücken bis zum Lastschwerpunkt, ablesbar. Die senkrechte Achse gibt das jeweils **maximal zulässige Lastgewicht** an. Die an der Schnittstelle beider Achsen ermittelte höchstzulässige Tragfähigkeit darf auf keinen Fall überschritten werden.

Beispiel:
Ermittlung des höchstzulässigen Lastgewichtes

Eine 1 m hoch beladene Palette mit gleichmäßiger Gewichtsverteilung hat folgende Maße: Länge 2 m, Breite 1,60 m. Der Lastschwerpunkt liegt bei 0,80 m.

a) **Wie hoch ist das hier höchstzulässige Lastgewicht, damit die Palette mit dem Gabelstapler bei dem dargestellten Tragfähigkeitsdiagramm noch angehoben werden darf?**

b) **Wie wäre der Sachverhalt, wenn das Gewicht der Palette ungleichmäßig verteilt wäre und der Lastschwerpunkt bei 0,70 m liegen würde?**

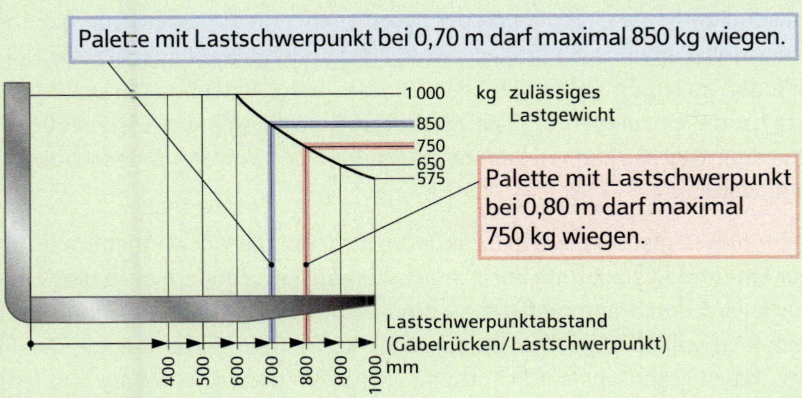

Ermittlung des höchstzulässigen Lastgewichtes

Antwort zu a)
Die Palette darf maximal 750 kg schwer sein.

Antwort zu b)
Die Palette darf hier maximal 850 kg wiegen.

3.4 Logistik 4.0: Innerbetrieblicher Transport

autonome fahrerlose Transportsysteme

Bereits heute setzen moderne Unternehmen **fahrerlose Transportsysteme** auf festgelegten und auch teilweise flexiblen Routen ein. In der Zukunft werden **autonome fahrerlose Transportsysteme** jedoch auch die Ein- und Auslagerung von Waren übernehmen.

Autonom agierende Fahrzeuge

Die autonom agierenden Fahrzeuge erfassen ihre Umgebung mithilfe von Sensoren (Laserscanner, Infrarotscanner, RFID-Chips und QR-Codes) und bewegen sich selbstständig im Lager zu ihren Zielen. Umfangreiche Sicherheitssensoren schützen Menschen, Lasten und Maschinen. Die Fahrzeuge erkennen plötzlich auftauchende Hindernisse wie Personen, andere Fahrzeuge, auf dem Boden liegende Hindernisse oder aus dem Regal herausragende Waren und bremsen entsprechend ab bzw. umfahren das Hindernis. Die Fahrzeuge zeichnen (kartographieren) sich selbstständig ihr Einsatzgebiet. Einmal angelernt, kann das vernetzte Fahrzeug dann, z. B. über seine WLAN-Verbindung, auch selbst erstellte Karten seiner Umgebung sowie Erfahrungen mit bestimmten Objekten oder Herausforderungen mit neuen „Fahrzeugkollegen" teilen. Dadurch können die Fahrzeuge voneinander lernen und somit stetig besser werden. Die autonomen fahrerlosen Transportsysteme fahren gemäß Auftrag die gewählten Zielorte an und übergeben die Paletten, Boxen usw. automatisch an die definierten Zielstellen. Sollen beispielsweise Paletten in ein Palettenregal eingelagert werden, sorgt die Feinpositionierung der Laserscanner für die exakte Übergabehöhe. Die Laserscanner vermessen in wenigen Millisekunden beim Einlagern die Höhenabstände der Traversen sowie den Leerraum des betreffenden Lagerfaches. Reicht der Platz für die einzulagernde Palette nicht aus, sucht sich das Förderzeug einen anderen Lagerplatz. So können Lagereinrichtungen und Waren vor Beschädigungen geschützt werden.

Im Rahmen von Logistik 4.0 werden zukünftig nicht nur die innerbetrieblichen Transporte zur Ein- und Auslagerung der Waren automatisiert, sondern auch die Kommissionierung wird durch automatisierte Kommissionierfahrzeuge erleichtert. So gibt es bereits jetzt vollständig **autonom fahrende Kommissionierfahrzeuge**, die ihrem Bediener „haustierähnlich" auf Schritt und Tritt durch das Lager folgen und auf Befehl selbstständig die Ware an einer zentralen Abgabestelle abladen, um danach gleich wieder zum Kommissionierer zurückzufahren. Durch eine lasergestützte Umgebungserkennung bewegt sich das Fahrzeug parallel zum Bediener, hält autonom den Mindestsicherheitsabstand von 50 cm zum Regal, erkennt etwaige Hindernisse frühzeitig und weicht diesen aus.

4 Lagerhilfsmittel

Lagerhilfsmittel
storage accessory/ storage means

Das Verwenden von **Lagerhilfsmitteln** vereinfacht den Transport und die Lagerung von Waren. In vielen Fällen können Transport und Lagerung sogar erst mithilfe von Lagerhilfsmitteln durchgeführt werden.

Lagerhilfsmittel unterteilen sich in die **Förderhilfsmittel** und die **sonstigen Lagerhilfsmittel**. Eine eigene Gruppe der Lagerhilfsmittel bilden die Leitern und Tritte.

4.1 Förderhilfsmittel

Förderhilfsmittel
auxiliary handling equipment/loading equipment

Förderhilfsmittel dienen der Bildung von Ladeeinheiten. Zu ihnen zählen alle Packmittel, die folgende Aufgaben erfüllen:

Aufgaben der Förderhilfsmittel

- Aufnehmen und Zusammenfassen des Lagergutes
- Herstellen der Transportfähigkeit
- Erleichtern des Auf- und Abladens
- Herstellen der Lagerfähigkeit
- Schutz des Lagergutes

Auswahl der Förderhilfsmittel

Bei der Auswahl geeigneter Förderhilfsmittel ist folgendes zu beachten:
- wenige verschiedene Förderhilfsmittelarten
- genormte Förderhilfsmittel
- kostengünstige Förderhilfsmittel
- umweltschonende, leicht entsorgbare Förderhilfsmittel
- wiederverwendbare Förderhilfsmittel

Behälter als Förderhilfsmittel

Durch das Verwenden wiederverwendbarer und genormter Behälter und Paletten können die Verpackungs- und Transportkosten spürbar gesenkt werden.

Um ein mehrmaliges Umpacken und Umlagern zu vermeiden, ist folgender Grundsatz zu beachten:

Ladeeinheit = Transporteinheit = Lagereinheit

[?!]
Ladeeinheit

4.2 Sonstige Lagerhilfsmittel: Lagerhilfsgeräte

Die **sonstigen Lagerhilfsmittel** werden auch **Lagerhilfsgeräte** genannt. Sie ermöglichen eine **saubere, effektive und leichte Lagerarbeit**. Sonstige Lagerhilfsmittel bzw. Arbeitsmittel kommen bei den unterschiedlichsten Tätigkeiten zum Einsatz:

Aufgaben der Lagerhilfsgeräte

- Wiegen, Messen, Zählen
- Auspreisen
- Ein- und Auspacken
- Um- oder Auslagern
- Pflegen und Reinigen
- Verwalten und Identifizieren

Umreifungsmaschine

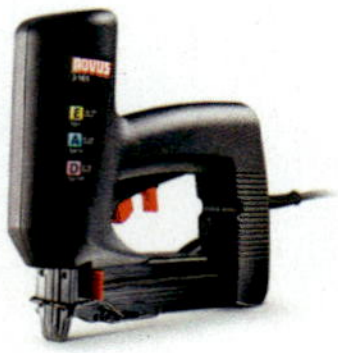

Kartonverschluss-hefter/Tacker

Zu den wichtigsten sonstigen Lagerhilfsmitteln zählen:
- Abwickel-, Umwickelmaschinen
- Zählwaagen, Handstückzähler, Zählautomaten
- Waagen
- Maßbänder, Zollstöcke, Entfernungsmesser o. Ä.
- Etikettendrucker, Barcodedrucker
- Barcodescanner, Barcodeterminals
- RFID-Systeme
- Klammergeräte
- Umreifungsmaschinen
- Verpackungsmaschinen
- Handwerkzeuge wie Cuttermesser, Scheren, Hammer o. Ä.
- Rechnersysteme
- Reinigungsgeräte wie Wisch-Kehr-Maschinen, Staubsauger, Besen o. Ä.

Für weitere Informationen zu Lagerhilfsmitteln bzw. Arbeitsmitteln: [▸ Lernfeld 3 und Lernfeld 6]

4.3 Leitern und Tritte

Leitern und Tritte
ladders and warehouse steps

Leitern und Tritte sind wichtige Arbeitsmittel im Lagerbereich. Sie zählen zu den ortsveränderlichen Aufstiegen. Bei ihrer Benutzung sind eine Reihe von Sicherheitsmaßnahmen zu beachten und einzuhalten.

4.3.1 Arten von Leitern und Tritten

Zu den wichtigsten Leiterarten im Lagerbereich gehören z. B.:
- **Anlegeleitern:** Sie werden zu ihrer Benutzung angelegt.
- **Stehleitern:** Hierbei handelt es sich um zweischenklige freistehende Leitern.
- **Podestleitern:** Dies sind einseitig oder beidseitig besteigbare Aufstiege mit einer **umwehrten** Plattform (Podest mit Umzäunung).
- **Rollleitern:** Hierbei handelt es sich um Stufenanlegeleitern, die am Kopfende mit Rollen auf ortsfesten Schienen verfahrbar sind. Der Einsatz dieses Leitertyps empfiehlt sich, wenn z. B. Kleinteilregale häufig be- und entladen werden. Diese Leitern werden auch Regalleitern genannt.

Häufig benutzte Tritte im Lagerbereich sind:

- **Leitertritte**
- **Treppentritte**
- **Rolltritte**

Arten von Leitern und Tritten

4.3.2 Sicheres Benutzen von Leitern

Allgemeine Hinweise

- Die Leiter ist vor der Benutzung auf einwandfreien Zustand zu untersuchen. Schadhafte Leitern dürfen nicht benutzt und die Mängel müssen gemeldet werden.
- Die Leiter muss einen sicheren Stand haben. Sie darf nur auf einem tragfähigen und ebenen Untergrund aufgestellt sein und muss gegen Wegrutschen bzw. Einsinken gesichert sein (z. B. durch rutschfeste Leiterfüße oder Stahlspitzen).

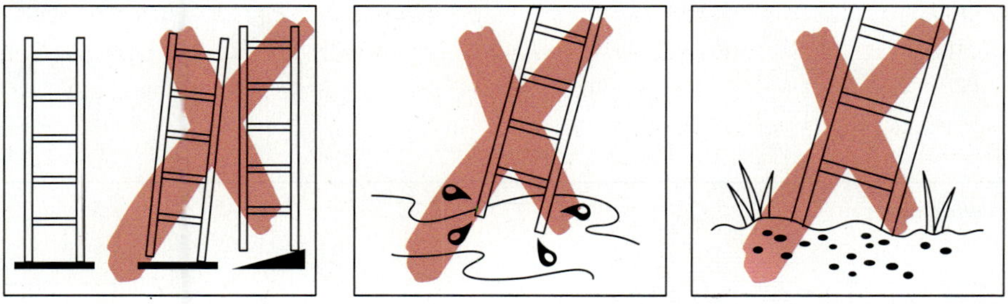

- Leitern, die an oder auf Verkehrswegen aufgestellt werden, müssen auffällig gekennzeichnet und gegen Umstoßen gesichert sein (z. B. durch Absperrung, Schilder oder Warnposten).
- Leitern und Tritte dürfen nur mit maximal 150 kg belastet werden.
- Die Steigschenkel einer Leiter dürfen nur von einer Person betreten werden.

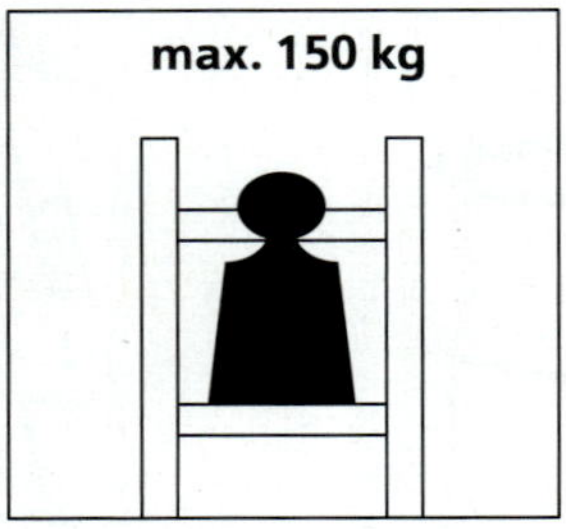

- Beim Benutzen von Leitern ist geeignetes Schuhwerk zu tragen, um ein Abgleiten bzw. Abrutschen zu vermeiden.
- Der Benutzer einer Leiter muss mit beiden Füßen auf der Leitersprosse stehen. Seitliches Hinauslehnen beim Arbeiten auf der Leiter ist verboten, da dies zum Umkippen der Leiter führen kann.

- Bei einer Standfläche auf der Leiter in mehr als 2 m Höhe darf die auszuführende Arbeit nicht mehr als zwei Stunden dauern.
- Bei Arbeiten auf Leitern darf die Gesamtmasse des mitgeführten Materials nicht mehr als 10 kg betragen. Außerdem dürfen keine Gegenstände mit mehr als 1 m^2 Windangriffsfläche mitgeführt werden sowie keine Stoffe und Geräte, von denen eine zusätzliche Gefahr für den Benutzer der Leiter ausgehen kann (z. B. heiße oder ätzende Flüssigkeiten).

1 Leiterkopf mit Auflagebrett
2 Auflagewinkel
3 Haken
4 Flachhaken
5 Gummianleger (Kopfpolster)

Einrichtungen gegen Abrutschen des Leiterkopfes

Benutzung von Anlegeleitern

- Anlegeleitern sind mit Einrichtungen gegen Abrutschen des Leiterkopfes zu sichern. Das sind z. B Aufsetz-, Einhak- oder Einhängevorrichtungen, Anbinden des Leiterkopfes oder Kopfpolster.
- Anlegeleitern müssen an sichere Stützpunkte angelegt werden. Unsichere Stützpunkte sind z. B. Glasscheiben, Masten, Stangen, unverschlossene Türen.
- Anlegeleitern dürfen nur benutzt werden, wenn ein Anlegewinkel von 65° bis 75° eingehalten wird. Zu flaches Anlegen kann zum Wegrutschen, zu steiles Anlegen zum Umkippen der Leiter führen.
- Der Leiterkopf einer Anlegeleiter muss mindestens 1 m über die Austrittsstelle hinausragen.

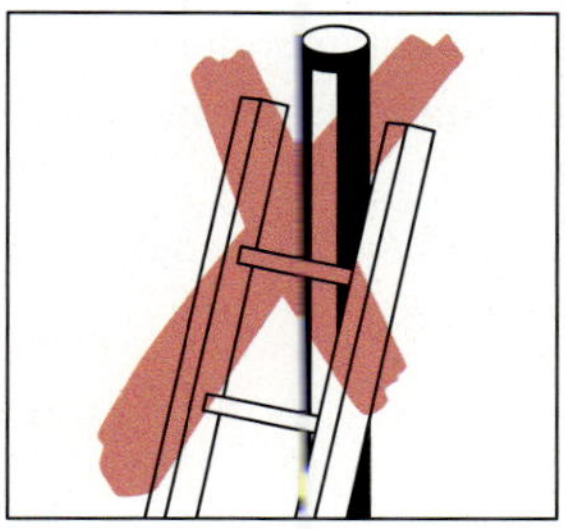

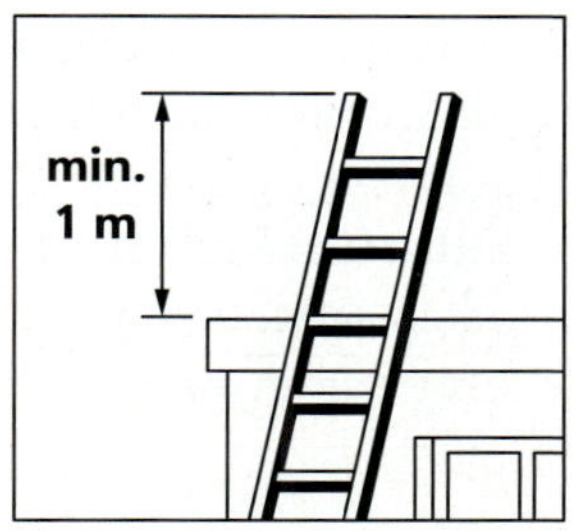

- Bei Anlegeleitern dürfen die obersten drei Stufen/Sprossen und bei Stehleitern mit aufgesetzter Schiebeleiter die obersten vier Stufen/Sprossen nicht bestiegen werden, da bei Betreten der obersten Stufen/Sprossen die Haltemöglichkeit fehlt.

Benutzung von Stehleitern

- Stehleitern dürfen nur mit gespannten Spreizsicherungen benutzt werden.
- Bei Stehleitern ohne Haltevorrichtungen dürfen die beiden oberen Stufen/Sprossen nicht bestiegen werden. Sie sollen einen sicheren Stand durch Anlehnen ermöglichen.
- Stehleitern dürfen zusammengeklappt nicht als Anlegeleiter benutzt werden.

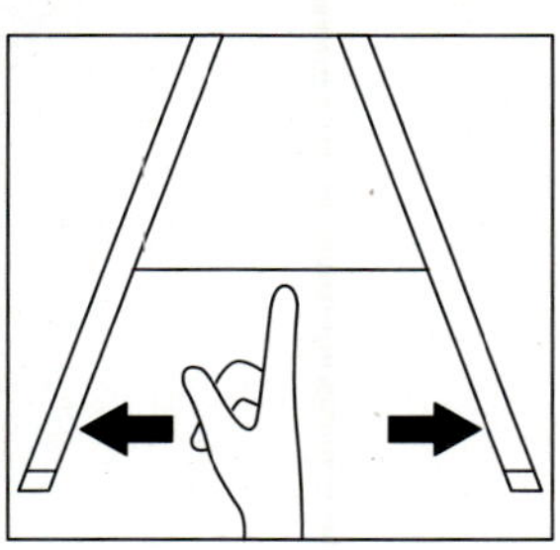

Benutzung von Podest- und Rollleitern

Feststellbremse

- Fahrbare Steh- und Podestleitern müssen gegen unbeabsichtigtes Verfahren gesichert werden (z. B. durch Betätigen der Feststellbremse).
- Rollleitern sollten sowohl am Leiterkopf als auch am Leiterfuß selbsttätig wirkende Feststellvorrichtungen haben, die ein Verschieben der Leiter verhindern, sobald sie belastet wird. Fahrtbegrenzungen an den Enden der Laufschienen verhindern das Herausspringen der Leiter aus den Laufschienen.

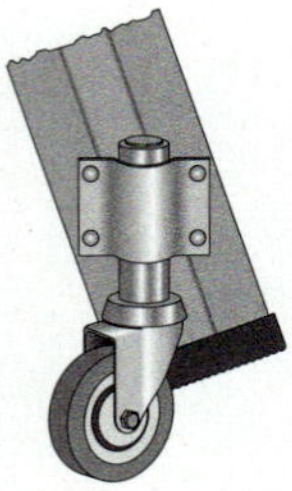

Feststellvorrichtung der Rollleiter

4.3.3 Sicheres Benutzen von Tritten

Bei der Benutzung von Tritten müssen die folgenden Hinweise beachtet werden:
- Leiter- und Treppentritte müssen mit rutschfesten Stufen ausgerüstet sein.
- Tritte müssen in jeder Gebrauchsstellung standsicher sein. Insbesondere müssen die Schenkel von Tritten fest miteinander verbunden und gegen Zusammenklappen gesichert sein.
- Tritte müssen so beschaffen sein, dass das unbeabsichtigte Verschieben beim Betreten verhindert wird und ein sicheres Stehen gewährleistet ist.
- Tritte dürfen maximal 1 m hoch sein.

4.3.4 Prüfung, Betriebsanweisung und Unterweisung

Leitern und Tritte sind vor der ersten Benutzung sowie danach in regelmäßigen Abständen auf ordnungsgemäßen Zustand zu überprüfen. Die Zeitabstände richten sich nach der Häufigkeit des Einsatzes sowie den Betriebsverhältnissen. Eine umfassende Prüfung muss aber mindestens einmal jährlich durchgeführt werden. Des weiteren sind vor jedem Gebrauch die Eignung und Beschaffenheit der Leitern zu kontrollieren.

Der Unternehmer muss sicherstellen, dass die Beschäftigten die Leitern vorschriftsmäßig benutzen. Dazu sollte er eine Betriebsanweisung erstellen, in der das sicherheitsgerechte Benutzen der Leitern schriftlich und verbindlich geregelt ist.

Außerdem sind die Beschäftigten vor Aufnahme ihrer Tätigkeit im sicheren Umgang mit Leitern und Tritten zu unterweisen. Die Unterweisung ist in regelmäßigen Abständen, jedoch mindestens einmal jährlich zu wiederholen.

5 Verhalten bei Unfällen

Grundsätzlich ist **jeder, der zu einem Unfall dazukommt, verpflichtet, verletzten Personen zu helfen**. Ansonsten macht er sich nach *§ 323 Strafgesetzbuch* wegen vorsätzlich unterlassener Hilfeleistung strafbar. Denn nur durch sofortige Maßnahmen der Ersten Hilfe können gesundheitliche Folgeschäden oder sogar der Tod des Verletzten verhindert werden.

5.1 Erste Hilfe im Betrieb – Teil des Arbeitsschutzes

Erste Hilfe
first aid

Die Einrichtung, Organisation und Durchführung der Ersten Hilfe im Betrieb sind Teil des Arbeitsschutzes. Sie gehören gemäß *der DGUV Vorschrift 1 „Grundsätze der Prävention"* zu den grundlegenden Pflichten eines Unternehmers.

Ersthelfer

Jeder Arbeitnehmer muss bei einem Arbeitsunfall schnellstmöglich im Rahmen der Ersten Hilfe versorgt werden. Deshalb gibt es in jedem Unternehmen **ausgebildete Ersthelfer**. Sie sind in der Regel die Ersten am Ort des Geschehens und beeinflussen durch ihr sofortiges Handeln maßgeblich die Erfolgschancen aller nachfolgenden Rettungs- und Versorgungsmaßnahmen.

Ausbildung zum Ersthelfer

Die Ausbildung zum Ersthelfer ist für Arbeitnehmer kostenlos und beinhaltet mehr als die für den Erwerb des Führerscheins notwendige Ausbildung **Sofortmaßnahmen am Unfallort**.

Anzahl der Ersthelfer im Betrieb

Die Anzahl der mindestens im Betrieb zur Verfügung stehenden Ersthelfer ist vorgeschrieben. Sie richtet sich nach der Anzahl der insgesamt beschäftigten Arbeitnehmer:

<table>
<tr><th colspan="4">Anzahl der Arbeitnehmer</th></tr>
<tr><th rowspan="2"></th><th rowspan="2">Bis zu 20 Arbeitnehmer</th><th colspan="2">Mehr als 20 Arbeitnehmer</th></tr>
<tr><th>Verwaltung/Handel</th><th>Sonstige Unternehmen</th></tr>
<tr><td>Anzahl der Ersthelfer</td><td>1</td><td>5 % der Arbeitnehmer</td><td>10 % der Arbeitnehmer</td></tr>
</table>

Ersthelfer müssen alle zwei Jahre eine Fortbildung machen. Außerdem müssen alle Arbeitnehmer vor Aufnahme ihrer Beschäftigung und danach mindestens einmal jährlich über das Verhalten bei Unfällen unterwiesen werden.

Meldung eines Arbeitsunfalls

Jeder Arbeitsunfall muss dem unmittelbaren Vorgesetzten gemeldet werden. Bei Arbeitsunfähigkeit aufgrund eines Arbeitsunfalls ist der Verletzte einem sogenannten **Durchgangsarzt** (**D-Arzt,** z. B. der Werksarzt) vorzustellen. Bei schweren Verletzungen ist der Verletzte in einem von den Berufsgenossenschaften bezeichneten Krankenhaus aufzunehmen. Wegeunfälle zur oder von der Arbeit werden wie Arbeitsunfälle behandelt.

5.2 Allgemeine Verhaltensweisen beim Auffinden einer verletzten Person

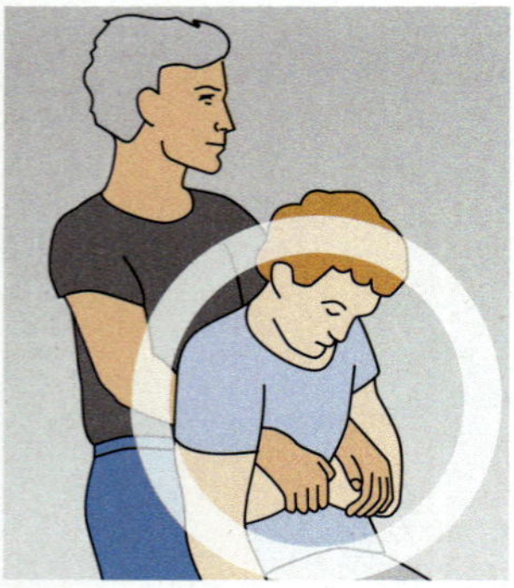
Die verletzte Person aus dem Gefahrenbereich bringen

Beim Auffinden einer verletzten Person ist Ruhe zu bewahren. Die Unfallstelle ist sofort zu sichern. Die eigene Sicherheit ist dabei unbedingt zu beachten. Die verletzte Person ist gegebenenfalls aus dem Gefahrenbereich zu bringen. Danach ist der Notruf unter der Nummer 112 abzusetzen.

Der abzusetzende Notruf muss knapp und präzise sein und folgende Angaben, **die fünf Ws,** enthalten:

- **Wo** geschah der Vorfall (Ort, Straße, Betriebsteil, Etage)?
- **Was** ist geschehen: Erkrankung, Unfall, Feuer, eingeklemmte Personen, andere Gefahren?
- **Wie viele Personen** sind betroffen, verletzt oder erkrankt?
- **Welche Verletzungen oder Erkrankungen** hat die Person: Bewusstlosigkeit, Atemstillstand, Herz-Kreislauf-Stillstand, starke Blutungen?
- **Warten auf** Rückfragen des Rettungsdienstes.

Die fünf Ws des Notrufs

Bis zum Eintreffen des Rettungsdienstes ist der Verletzte ...
- vor Wärmeverlust zu schützen (Rettungsdecke),
- zu betreuen (lebenserhaltende Maßnahmen, Wundversorgung) und
- vom Unfallgeschehen abzulenken (Schockprophylaxe).

5.3 Lebensrettende Sofortmaßnahmen

Das **Bewusstsein und die Vitalfunktionen des Verletzten** sind durch lautes Ansprechen, Anfassen und Schütteln **ständig zu kontrollieren** (Vorsicht bei Verdacht auf Rückenverletzungen).

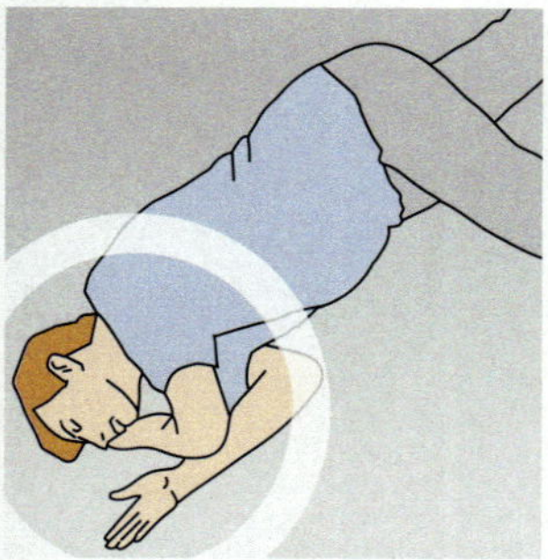
Den Verletzten in die stabile Seitenlage bringen

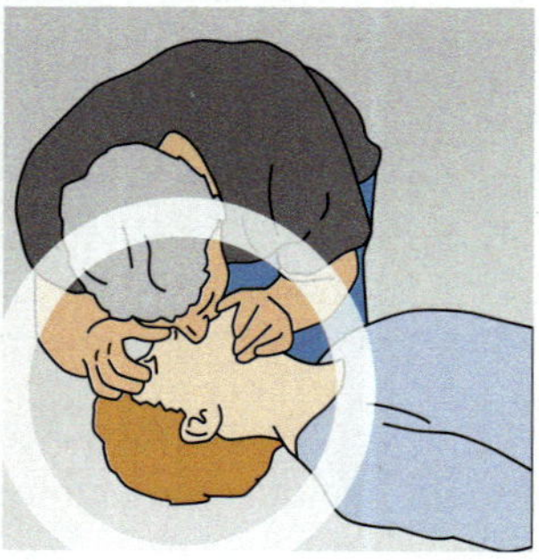
Beatmung durchführen

- Reagiert der Verletzte, so ist ihm entsprechend seinen Verletzungen zu helfen.
- Sind Bewusstsein, Atmung oder Kreislauf jedoch gestört, müssen sofort lebensrettende Maßnahmen eingeleitet werden.
- Ist der Verletzte **bewusstlos**, atmet aber selbstständig, muss er in eine **stabile Seitenlage** gebracht werden. Atmung und Bewusstsein sind ständig zu kontrollieren.

Setzt die Atmung des Verletzten aus (**Atemstillstand**), wird sein Kopf nackenwärts gebeugt, der Unterkiefer angehoben und eine **Beatmung** durchgeführt. Dazu wird entweder von Mund zu Mund (Nase des Verletzten zuhalten) oder von Mund zu Nase (Mund des Verletzten zuhalten) eine Sekunde lang gleichmäßig Luft eingeblasen.

Wird beim Verletzten ein Herzstillstand festgestellt, ist eine **Herzdruckmassage** durchzuführen. Das geschieht folgendermaßen: Den Verletzten in Rückenlage auf eine harte Unterlage legen; den Oberkörper des Verletzten frei machen; den Druckbereich des Herzens (Brustbein des Verletzten) suchen; 30-mal Herzdruckmassage (Arbeitstempo 100/min) im Wechsel mit 2-mal Beatmen durchführen. Die Herzdruckmassage muss so lange durchgeführt werden, bis die selbstständige Atmung des Verletzten wieder einsetzt oder der Rettungsdienst übernimmt.

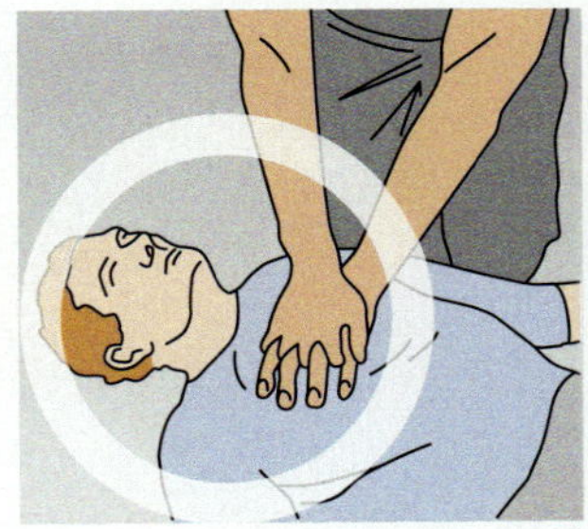

Herzdruckmassage durchführen

5.4 Sonstige Maßnahmen

Blutende Wunden werden keimfrei abgedeckt. Bei starken Blutungen wird ein **steriler Druckverband** angelegt. Dazu wird die Wunde mit einer Wundauflage bedeckt und mit zwei bis drei Bindengängen fixiert. Danach wird ein Druckpolster, z. B. ein zweites Verbandpäckchen, auf der Wundauflage platziert und mit weiteren Bindengängen stramm befestigt.

Wurden bei einem Unfall Körperteile abgetrennt, sind diese zu suchen. Anschließend sind sie möglichst keimfrei und kühl verpackt dem Verletzten bzw. den Rettungsdiensten mitzugeben.

Bei **Knochenbrüchen** und **Gelenkverletzungen** muss der verletzte Körperteil in vorgefundener Lage ruhig gestellt werden. Dazu ist der betroffene Bereich einschließlich der jeweils angrenzenden Gelenke zu schienen. Offene Knochenbrüche werden mit sterilem Material abgedeckt. Bei Verdacht auf eine **Wirbelsäulenverletzung** darf die Lage des Verletzten auf keinen Fall verändert werden.

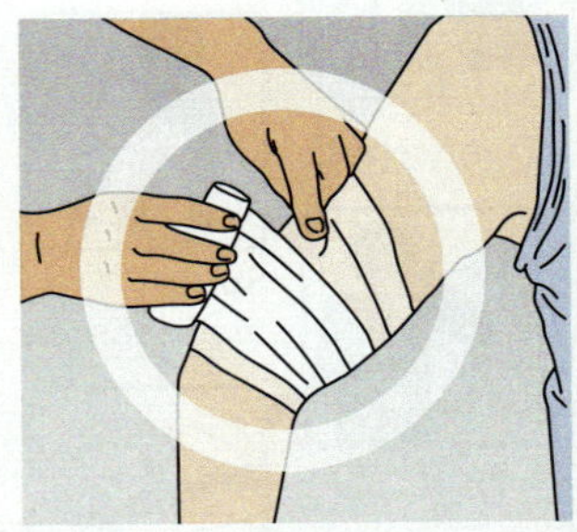

Sterilen Druckverband anlegen

Brennende Personen sind sofort zu löschen. **Brennende Kleidung** ist sofort zu entfernen. Auf der Haut festhaftende Kleidungsstücke dürfen jedoch nicht entfernt werden. **Brandwunden** können zur Schmerzlinderung für etwa 10 Minuten unter fließendem sauberem Wasser gekühlt werden. Danach werden sie keimfrei abgedeckt. Außerdem ist der **Verletzte vor Wärmeverlust zu schützen**.

Bei **Verätzungen** und **Vergiftungen** ist auf **Selbstschutz des Ersthelfers** zu achten, z. B. durch Schutzhandschuhe oder Atemschutz. Verunreinigte Kleidung, einschließlich Unterwäsche und Schuhe, ist sofort auszuziehen. Anschließend ist die Haut mit viel Wasser abzuspülen. Wunden sind keimfrei abzudecken. Der Verletzte ist vor Wärmeverlust zu schützen. Ein **verletztes Auge** ist bei geöffneten Augenlidern sofort ausgiebig für ca. 10 Minuten mit Wasser zu spülen. Anschließend wird das Auge mit einem sterilen Schutzverband abgedeckt. Noch vorhandene Giftreste sind zu sichern, um dem behandelnden Arzt konkrete Hinweise für eine optimale Behandlung geben zu können.

Bei **Unfällen durch elektrischen Strom** muss mit Herz-Kreislauf-Stillstand gerechnet werden. Trotzdem ist immer zuerst die **Stromzufuhr zu unterbrechen** (Stecker ziehen, Gerät ausschalten, Sicherung betätigen). Auch hier ist auf **Selbstschutz des Ersthelfers** zu achten. Bewusstsein und Atmung des Verletzten sind ständig zu kontrollieren. Setzen Atmung oder Herzschlag aus, ist wie oben beschrieben zu verfahren.

Oft löst das Unfallgeschehen beim Verletzten einen **Schock** aus. Anzeichen dafür sind Frieren oder Zittern, blasse und kalte Haut sowie Schweiß auf der Stirn des Verletzten.

Die Anzeichen können sowohl einzeln als auch gleichzeitig auftreten. Der Verletzte ist zu beruhigen, seine Wunden sind zu versorgen. Außerdem ist er vor Wärmeverlust zu schützen und in Schocklage zu bringen. Bewusstsein und Atmung des Verletzten sind ständig zu kontrollieren.

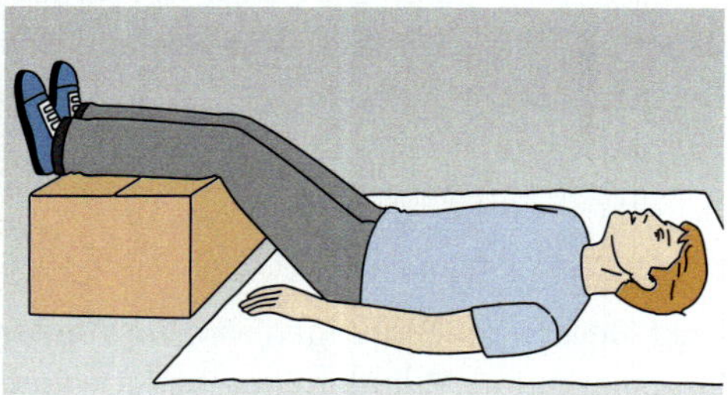

Den Verletzten in Schocklage bringen

5.5 Die Rettungskette: Ersthelfer – Rettungsdienst – Krankenhaus

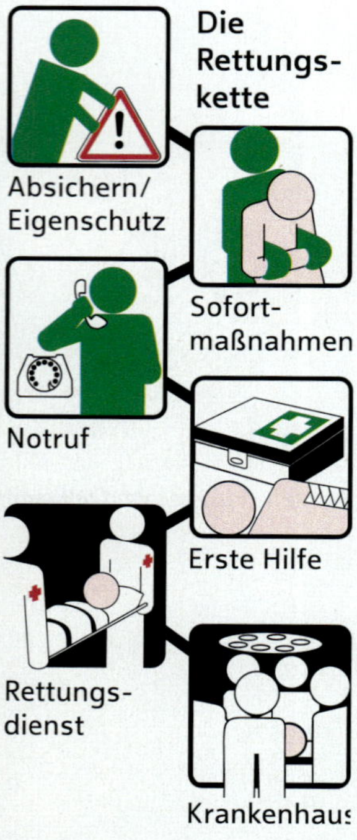

Die Rettungskette vom Ersthelfer über den Rettungsdienst bis ins Krankenhaus

Sobald der Rettungsdienst an der Unfallstelle eintrifft, übernimmt er alle weiteren notwendigen Maßnahmen zur Versorgung des Verletzten. Falls notwendig, wird der Verletzte zur Weiterbehandlung in ein Krankenhaus gebracht.

Nur durch das störungsfreie Funktionieren der Rettungskette **Ersthelfer (Auffinden, Notruf, Erste-Hilfe-Maßnahmen)** – **Rettungsdienst** – **Krankenhaus** kann Schlimmeres verhindert und der Mensch vor unnötigem Schaden bewahrt werden. Bei schweren Unfällen kann Erste Hilfe das Leben des Verletzten retten.

5.6 Aufzeichnung im Verbandbuch

Jede im Betrieb durchgeführte Erste-Hilfe-Maßnahme ist aufzuzeichnen. Dafür werden **Verbandbücher** benutzt. Die Aufzeichnungen müssen vom Unternehmer mindestens fünf Jahre lang aufbewahrt werden. Sie müssen mindestens folgende Angaben enthalten:

- Zeit, Ort und Hergang des Unfalls,
- Art und Umfang der Verletzung bzw. Erkrankung,
- Zeitpunkt, Art und Weise der Erste-Hilfe-Maßnahme sowie
- Namen des Verletzten, der Unfallzeugen und der beteiligten Ersthelfer.

Die Erste-Hilfe-Aufzeichnungen sind wie Personalunterlagen, d. h., vertraulich zu behandeln. Sie bilden eine wichtige Grundlage für die optimale Planung und Organisation des betrieblichen Rettungswesens. Außerdem sind sie notwendig, falls Folgen der Verletzung erst später auftreten sollten.

Das Verbandbuch

Angaben zum Hergang des Unfalls bzw. des Gesundheitsschadens	
Name der/des Verletzten bzw. der/des Erkrankten	
Datum/Uhrzeit	
Abteilung/Arbeitsbereich	
Hergang	
Art und Umfang der Verletzung/Erkrankung	
Name der Zeugen	

Erste-Hilfe-Leistungen	
Datum/Uhrzeit	
Art und Weise der Maßnahmen	
Name der/des Erste-Hilfe-Leistenden	

Auszug aus dem Verbandbuch

5.7 Unfallanzeige an den zuständigen Unfallversicherungsträger

Hat ein Arbeitsunfall oder ein Wegeunfall eine **Arbeitsunfähigkeit von mehr als drei Kalendertagen** oder den **Tod** eines Arbeitnehmers zur Folge, muss der Unternehmer oder sein Bevollmächtigter eine **Unfallanzeige** an den zuständigen Unfallversicherungsträger (Berufsgenossenschaft) machen. Das hat binnen drei Tagen nach Kenntnisnahme des Unfalls zu erfolgen. Unfälle mit Schwerstverletzten, Massenunfälle und tödliche Unfälle sind sofort zu melden.

Unfallanzeige
notice of accident

Ein Exemplar der Unfallanzeige verbleibt zur Dokumentation im Unternehmen. Ein Exemplar erhält der Betriebsrat. Ein weiteres Exemplar ist außerdem an die für den Arbeitsschutz zuständige Landesbehörde (Behörde für Arbeitsschutz/Gewerbeaufsichtsbehörde) zu übergeben. Bergbauunternehmen müssen zusätzlich ein Exemplar an die zuständige untere Bergbehörde senden.

Außerdem hat der Unternehmer die Fachkraft für Arbeitssicherheit und den Betriebsarzt über die Unfallanzeige zu informieren. Der betroffene Arbeitnehmer hat das Recht, eine Kopie der Anzeige zu verlangen.

UNFALLANZEIGE

1 Name und Anschrift des Unternehmens

2 Unternehmensnummer des Unfallversicherungsträgers

3 Empfänger

4 Name, Vorname des Versicherten		5 Geburtsdatum Tag Monat Jahr
6 Straße, Hausnummer	Postleitzahl	Ort
7 Geschlecht ☐ männlich ☐ weiblich	8 Staatsangehörigkeit	9 Leiharbeitnehmer ☐ ja ☐ nein
10 Auszubildender ☐ ja ☐ nein	11 Ist der Versicherte ☐ Unternehmer ☐ mit dem Unternehmer verwandt	☐ Ehegatte des Unternehmers ☐ Gesellschafter/Geschäftsführer
12 Anspruch auf Entgeltfortzahlung besteht für ☐ Wochen	13 Krankenkasse des Versicherten (Name, PLZ, Ort)	
14 Tödlicher Unfall? ☐ ja ☐ nein	15 Unfallzeitpunkt Tag Monat Jahr Stunde Minute	16 Unfallort (genaue Orts- und Straßenangabe mit PLZ)

17 Ausführliche Schilderung des Unfallhergangs (Verlauf, Bezeichnung des Betriebsteils, ggf. Beteiligung von Maschinen, Anlagen, Gefahrstoffen)

Die Angaben beruhen auf der Schilderung ☐ des Versicherten ☐ anderer Personen

18 Verletzte Körperteile	19 Art der Verletzung
20 Wer hat von dem Unfall zuerst Kenntnis genommen? (Name, Anschrift des Zeugen)	War diese Person Augenzeuge? ☐ ja ☐ nein
21 Name und Anschrift des erstbehandelnden Arztes/Krankenhauses	22 Beginn und Ende der Arbeitszeit des Versicherten: Beginn Stunde Minute, Ende Stunde Minute
23 Zum Unfallzeitpunkt beschäftigt/tätig als	24 Seit wann bei dieser Tätigkeit? Monat Jahr

25 In welchem Teil des Unternehmens ist der Versicherte ständig tätig?

26 Hat der Versicherte die Arbeit eingestellt? ☐ nein ☐ sofort später, am Tag Monat Stunde

27 Hat der Versicherte die Arbeit wieder aufgenommen? ☐ nein ☐ ja, am Tag Monat Jahr

28 Datum	Unternehmer/Bevollmächtigter	Betriebsrat (Personalrat)	Telefon-Nr. für Rückfragen (Ansprechpartner)

Unfallanzeige

Lernfeld 5
Güter kommissionieren

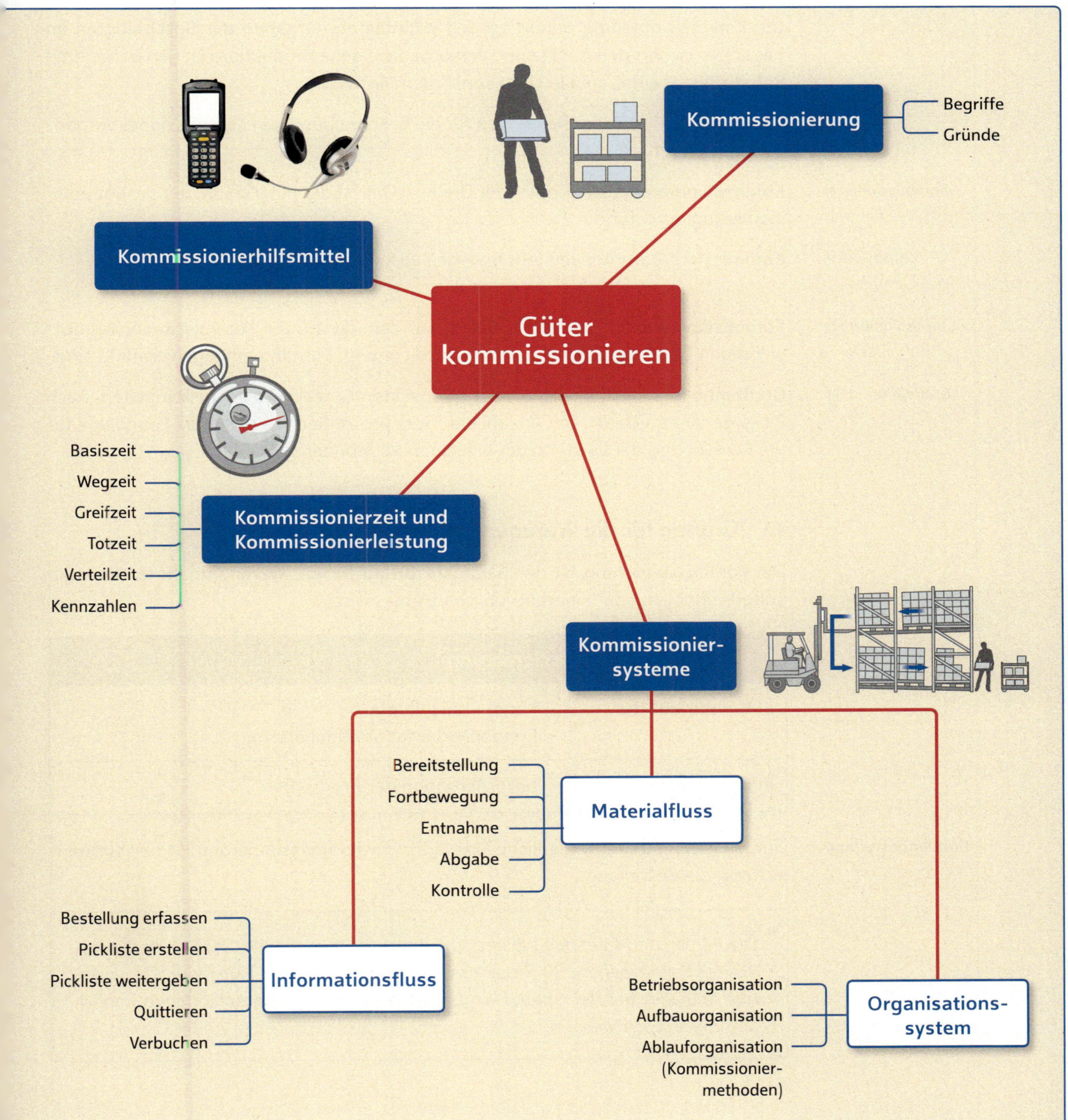

1 Kommissionierung – Begriff und Gründe

Die Kommissionierung ist das Zusammenstellen von Waren nach einem bestimmten Auftrag.

Die Kommissionierung gehört zu den wichtigsten Aufgaben der Beschäftigten im Lager. Sie sichert den Absatz und versorgt die eigene Produktion mit den benötigten Rohstoffen, Fremdbauteilen und sonstigem Material.

Die folgenden Fachbegriffe werden für die Beschreibung von Kommissioniervorgängen verwendet.

Kommissionierer
order-picker/picking operative

Kommissionierer (auch Picker oder Greifer): Das ist der Mitarbeiter, der die Kommissionierung durchführt.

Kommission
consignment/commission

Kommission: Darunter versteht man den zu kommissionierenden Auftrag.

Kommissionierliste
pick list

Kommissionierliste: Das ist ein Beleg, auf dem die für die Kommissionierung notwendigen Daten wie Lagerort, Artikelbezeichnung, Entnahmemenge vermerkt sind.

Greifeinheit, Pick
pick

Greifeinheiten: Die Entnahme der gewünschten Artikel wird in Greifeinheiten, auch Picks genannt, erfasst. Die Anzahl der Picks pro Zeiteinheit bildet die Grundlage für die Berechnung der Leistung der einzelnen Mitarbeiter.

1.1 Gründe für die Warenentnahme

Die Kommissionierung ist der häufigste Grund für die Warenentnahme. Sie kann außerbetrieblich oder innerbetrieblich veranlasst sein.

Gründe für die Kommissionierung	
außerbetrieblich	• Kundenbestellung • Kundenreklamation/Neulieferung
innerbetrieblich	• Anforderungen der Produktion

Kundenbestellung

Der klassische außerbetriebliche Grund für die Kommissionierung ist der **Kundenauftrag**, die Bestellung.

Die Allmö GmbH bestellt bei der Speedbike GmbH & Co. KG 120 Fahrradhelme, 30 Motorradtaschen, 80 Reparatursets und 20 Tandem-Fahrräder. Diese Artikel müssen bei der Speedbike GmbH & Co. KG aus verschiedenen Lagern kommissioniert werden.

5366240

Kundenreklamation

Außer Kundenbestellungen können auch **Retouren nach Kundenreklamationen** zu einer Kommissionierung und Neulieferung führen. Die zurückgesandte defekte Ware muss nachgebessert oder entsorgt und die gewünschte Ware erneut kommissioniert werden. In vielen Betrieben werden für Retouren separate Lager oder Lagerzonen eingerichtet, um die Bearbeitung einfacher zu gestalten.

Anforderung der Produktion

Der wichtigste innerbetriebliche Grund für eine Kommissionierung ist die **Anforderung der Produktion**.

> Bei der Speedbike GmbH & Co. KG sollen für einen Auftrag 60 Fahrradrahmen gefertigt werden. Dafür werden aus dem Materiallager 240 m Stahlrohr kommissioniert.

Weitere Gründe für Entnahmen

Außer der Kommissionierung gibt es weitere innerbetriebliche Gründe für Entnahmen aus dem Lager.

Weitere Gründe für Entnahmen	
Sortimentsänderungen	Diese ergeben sich, wenn neue Artikel in das Sortiment aufgenommen oder veraltete Artikel aus dem Sortiment entfernt werden. Manche Produkte sind saisonabhängig, auch dies kann ein Grund für Sortimentsänderungen sein.
Auffüllen des Verkaufs- oder Kommissionierlagers	In Einzelhandelsbetrieben mit Selbstbedienung kommissioniert der Kunde die Ware selbst. Entnahmen aus dem Reservelager sind nötig, um die Verkaufsregale aufzufüllen. Besteht ein eigenes Kommissionierlager, muss auch dieses regelmäßig mit Nachschub versorgt werden.
Umlagerungen von Artikeln	Wenn die Lagerorganisation verändert wird, wie z. B. bei einer neuen Stellplatznummerierung oder bei der Umstellung vom Festplatzsystem auf das Freiplatzsystem, müssen bestimmte Artikel aus dem Lager entnommen werden.
Inventur	Durch Wiegen, Zählen und Messen werden alle gelagerten Artikel kontrolliert und erfasst. Um diese Bestandsaufnahme zu ermöglichen, ist es manchmal erforderlich, Artikel am Stellplatz zu entnehmen. Dann kann der Soll-Bestand mit dem Ist-Bestand verglichen werden. Hierbei handelt es sich aber nur um eine sehr kurzfristige Entnahme der Güter, da diese in der Regel anschließend wieder auf ihren Stellplatz zurückgestellt werden.

2 Kommissioniersysteme

Es gibt verschiedene Möglichkeiten für die Durchführung der Kommissionierung. Die Abwicklung des Kommissionierauftrages ist vom jeweiligen **Kommissioniersystem** abhängig.

> ***Das Kommissioniersystem besteht aus dem Zusammenwirken von drei Elementen: dem Informationsfluss, dem Materialfluss und der Organisation.***

Die *VDI-Richtlinie 3590* regelt das Zusammenwirken von Informationsfluss, Materialfluss und Organisation der Kommissionierung. Der *Verein Deutscher Ingenieure (VDI)* erlässt die Richtlinien, die für die Fachleute ein Maßstab für das richtige Vorgehen sind.

Das folgende Schaubild zeigt das Zusammenwirken dieser drei Elemente.

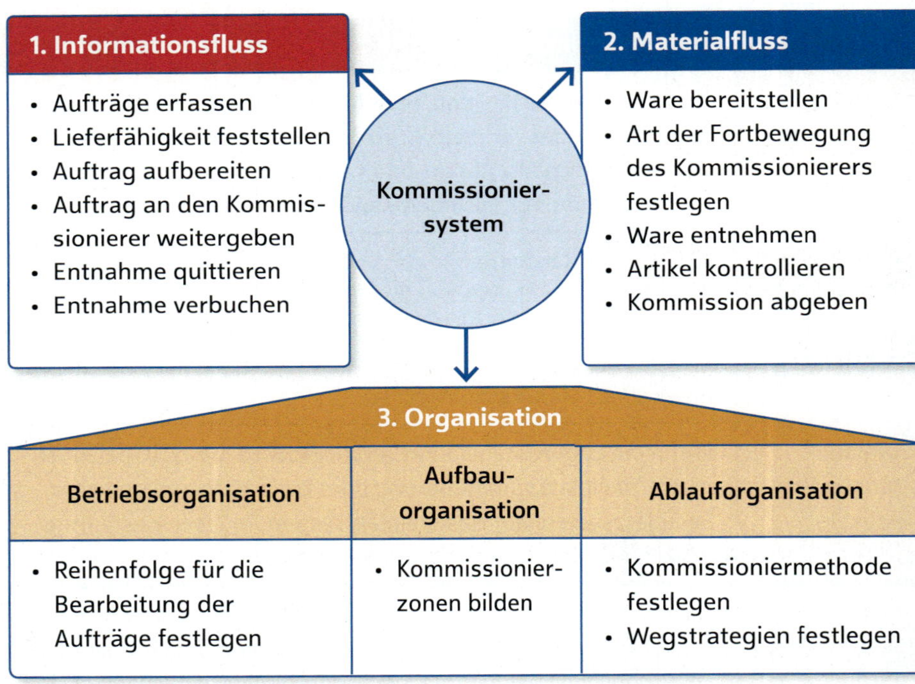

Die Elemente eines Kommissioniersystems

Informationsfluss

Der **Informationsfluss** umfasst die Erfassung der Aufträge, die Feststellung der Lieferfähigkeit, die Aufbereitung des Auftrags bzw. der Bestellung zu einem Kommissionierauftrag, die Weitergabe des Auftrages an den Kommissionierer, das Quittieren der Entnahme und das Verbuchen der Warenentnahme.

Materialfluss

Der **Materialfluss** umfasst die Bereitstellung der Ware, die Fortbewegung des Kommissionierers, die Entnahme der Ware, die Kontrolle der kommissionierten Artikel sowie die Abgabe und Versandvorbereitung der Kommission.

Organisation

Die **Organisation** umfasst:

- Die **Betriebsorganisation**: In welcher zeitlichen Reihenfolge werden die Aufträge bearbeitet?

- Die **Aufbauorganisation**: Welche Kommissionierzonen soll es geben?
- Die **Ablauforganisation**: Hier geht es um die Festlegung der Wegstrategie und der Kommissioniermethode (Wie werden die Aufträge auf die Kommissionierer verteilt?).

Die Organisation wird von der Leitung des Betriebs bestimmt und in der Regel nicht mehr verändert.

Alle **Arbeitsschritte des Kommissionierers** können entweder dem Bereich **Informationsfluss** oder dem Bereich **Materialfluss** zugeordnet werden. In manchen Betrieben kommen noch Arbeitsschritte hinzu oder es gibt kleine Abweichungen bei der Reihenfolge.

Arbeitsablauf aus Sicht des Kommissionierers

Im Folgenden werden **die typischen Arbeitsschritte für einen Kommissioniervorgang im Mann-zur-Ware-System** dargestellt (Informationsfluss: rot, Warenfluss: blau):

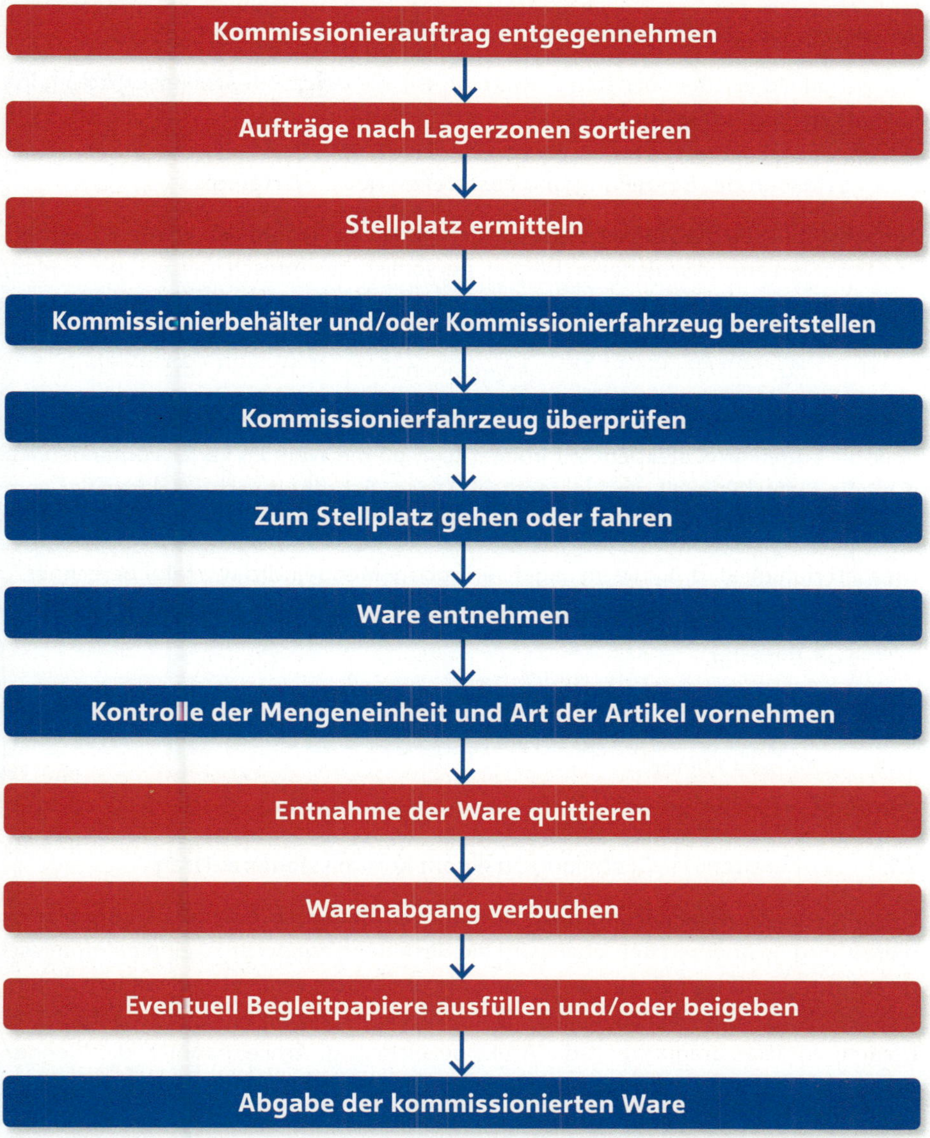

Zusammenspiel von Informationsfluss und Warenfluss im Mann-zur-Ware-System

2.1 Informationsfluss

In den meisten Betrieben hat der Kommissionierer mit der Erfassung der Bestellung, der Überprüfung der Lieferfähigkeit, der Aufbereitung der Bestellung zu einem Kommissionierauftrag und dem Verbuchen der Entnahme nicht persönlich zu tun. Dies wird häufig am PC des Vertriebsmitarbeiters oder Verkaufssachbearbeiters durchgeführt. Das Quittieren der Entnahme erfolgt häufig durch den Kommissionierer.

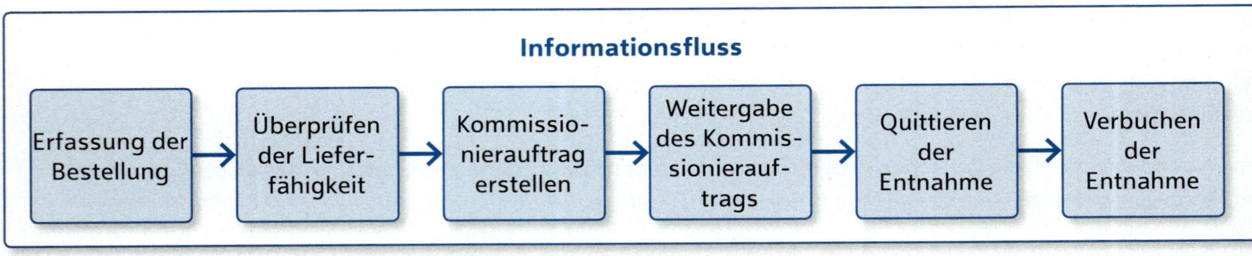

Informationsfluss von der Bestellung bis zur Entnahme

Das Schaubild auf der nächsten Seite zeigt, wie die einzelnen Arbeitsschritte im Informationsfluss erfolgen können.

2.1.1 Erfassen der Bestellung und Feststellen der Lieferfähigkeit

Erfassen der Bestellung

Zunächst müssen die Wünsche des Kunden genau aufgenommen werden. Die Kunden bestellen auf verschiedenen Wegen: persönlich, telefonisch, per Fax, per E-Mail, online im Internet oder per Post. Die Kundenwünsche werden in der Regel im Warenwirtschaftssystem erfasst. Dabei werden die Angaben der Bestellung, wie Artikelbezeichnung, Artikelnummer, Mengenangaben und Liefertermin, übernommen.

Feststellen der Lieferfähigkeit

Mithilfe des Warenwirtschaftssystems oder des Lagerverwaltungsprogramms oder über die Lagerkartei stellt ein Mitarbeiter fest, ob die Ware im Lager vorhanden ist, d.h., die **Lieferfähigkeit** wird festgestellt. Dieser Schritt ist wichtig, damit der vom Kunden gewünschte Liefertermin eingehalten werden kann.

Die Lieferfähigkeit, d.h., die im Lager verfügbare Menge, wird wie folgt berechnet:

Soll-Bestand
– eiserne Reserve (Mindestbestand)
– offene Bestellungen von Kunden (Reservierungen)
= verfügbare Menge

2.1.2 Aufbereiten der Bestellung zu einem Kommissionierauftrag

Kommissionierauftrag
picking order

Die eingegangene Bestellung dient in manchen Betrieben bereits als **Kommissionierauftrag**. In anderen Betrieben wird die Bestellung zunächst zu einem Kommissionierauftrag **aufbereitet**. Hierzu werden die Stellplätze ergänzt und weitere Daten, z.B. die Menge, das Gewicht und der Name des Kommissionierers, hinzugefügt. Der Kommissionierauftrag enthält die Artikelbezeichnung, Artikelnummer, die Menge/Mengeneinheit, den Lagerort, den Liefertermin und den Lieferort. Der Kommissionierauftrag wird häufig auch als **Pickliste** bezeichnet.

Pickliste

Informationsfluss der Kommissionierung

Eingehende Bestellung

- **mündlich** (persönlich, telefonisch)
- **schriftlich** (per Post, Fax oder E-Mail)
- **online** (z. B. im Internet)

Erfassung der Bestellung und Überprüfung der Lieferfähigkeit

- **manuell** handschriftliche Eingabe der Bestelldaten in die Lagerfachkarte und Überprüfung der Lieferfähigkeit
- **manuell mit automatischer Unterstützung** manuelle Eingabe der Bestelldaten in das Lagerverwaltungssystem und anschließende automatische Überprüfung der Lieferfähigkeit
- **automatisch** Bestelldaten werden automatisch im Lagerverwaltungssystem erfasst mit gleichzeitiger Überprüfung der Lieferfähigkeit

Aufbereitung der Bestellung zu einem Kommissionierauftrag

- Realtime-Modus
- Batch-Modus

Weitergabe des Kommissionierauftrags

- belegbehaftet
- beleglos

Quittieren der Entnahme

- **im Offlineverfahren** Abhaken, Streichen der Position oder Scannen mit MDE-Gerät
- **im Onlineverfahren** Scannen der entnommenen Position, Spracheingabe in das EDV-System, Drücken der Quittungstaste

Verbuchen der Bestandsveränderung

- Eintragung der Bestandsveränderung in der Lagerdatei
- Automatische Erfassung der Bestandsveränderung im Lagerverwaltungssystem

Pickliste

SPEEDBIKE GmbH & Co KG • Leipzig

Liefernummer: 0911456

Status: in Arbeit

Status-Zeit: 15.09.20..

Waren-empfänger: 000271423 Allmö GmbH Zentrallager Melsungen

Versanddatum: 16.09.20..

Spediteur: FLEXI Transporte

reservierte Bereitstellungsflächen:

Zone: L2_WA Fläche: 008

Lager	Art.-Nr.	Artikel	Lagerplatz	St./Pack.	Quitt./Vermerk
HW	271347	F.-Helm	02-010503	120	
HW	543218	M.-Tasche	02-080102	30	
HW	976311	R.-Set	04-020301	80	

275 D. Witt

Pickliste, der ein außerbetrieblicher Grund (Kundenauftrag) zugrunde liegt

Ein Beispiel für einen Kommissionierauftrag für die innerbetrieblich veranlasste Kommissionierung ist der **Materialentnahmeschein**.

Materialentnahmeschein Lager

SPEEDBIKE GmbH & Co KG • Leipzig

Anforderer: W. Braun

Tel.: 2823 Datum: 16.09.20..

Bereich/Abteilung:

Kostenstelle/Projekt: 1234

Artikel-Nr.:	Bezeichnung/Charge:	Menge/Mengeneinheit
2913	Stahlrohr DIN 20210 S 355, 28 mm Ø	240 m

W. Braun — Unterschrift Anforderer

W. Braun — Name Anforderer/Druckbuchstaben

Wischnewski — Unterschrift Warenausgabe

Materialentnahmeschein

Realtime-Modus

In manchen Betrieben werden die Kundenaufträge **sofort** in einen Kommissionierauftrag für das Lager umgewandelt. Man spricht von **Realtime-Modus** (dt. Echtzeit-Verfahren). Dieses Verfahren wird insbesondere dann eingesetzt, wenn die Kunden vor Ort sind und viele Eilaufträge vorliegen.

5366246

Batch-Modus

In anderen Betrieben werden die Kundenaufträge **zunächst gesammelt** und in einem regelmäßigen Rhythmus, zum Beispiel zweimal am Tag, in Kommissionieraufträge umgewandelt. Dieses Verfahren nennt man **Batch-Modus** (dt. Stapelverarbeitung; engl. *batch* = dt. Stapel). Danach werden die Kommissionieraufträge oft vom Lagerverwaltungsprogramm oder von den Kommissionierern **sortiert**. Wichtige Sortierkriterien sind dabei die Dringlichkeit, die Kundengruppen, die Lagerzonen und die Versandart.

Begleitpapiere

Außer dem Kommissionierauftrag müssen auch die notwendigen **Begleitpapiere**, wie Lieferschein, Rechnung, Frachtbrief, Speditionsauftrag oder Zolldokumente, erstellt werden. Die Begleitpapiere werden von der Auftragsbearbeitung oder von der Versandvorbereitung erstellt.

2.1.3 Weitergabe des Kommissionierauftrags

Der nächste Schritt nach der Erstellung des Kommissionierauftrags ist die Weitergabe des Auftrags an die Mitarbeiter im Lager. Dies kann mit einem Beleg (belegbehaftete Kommissionierung) oder beleglos (beleglose Kommissionierung) erfolgen.

2.1.3.1 Belegbehaftete Kommissionierung

Belegbehaftete Kommissionierung
picking operation by pick list

Bei der **belegbehafteten Kommissionierung** bestehen die Kommissionierbelege aus einem oder mehreren Blättern Papier oder aus Etiketten. Sie sehen in jedem Betrieb unterschiedlich aus. Zudem gibt es in der Praxis eine Vielfalt von Namen für die Kommissionierunterlagen.

Bezeichnungen für Kommissionierbelege

Weitere übliche Bezeichnungen für Kommissionierbelege sind: **Greifliste, Packliste, Packzettel, Lagerbewegungsliste, Pickeretikett.** Auch ein Lieferschein kann als Kommissionierbeleg verwendet werden.

Anforderungen an Kommissionierbelege

Kommissionierbelege sollten folgendermaßen **gestaltet** sein:

- Die Liste soll übersichtlich und gut zu lesen sein.
- Lagerfachnummer, Artikelnummer und Entnahmemenge sollen auf den ersten Blick erkennbar sein.
- Mengenangaben sollen in Greifeinheiten angegeben sein, um Rechenvorgänge durch den Kommissionierer zu vermeiden (z. B. **3 Packungen je 5 Stück**, statt **15 Stück**).
- Die Bezeichnung der Artikel soll in jedem Fall klar und eindeutig sein.
- Zum Abhaken der erledigten Positionen und für Bemerkungen soll ausreichend Platz vorhanden sein.
- Die Liste soll **wegeoptimiert** sein, d. h.: Die Reihenfolge der Positionen auf dem Kommissionierbeleg gibt einen optimalen Weg durch die Lagerzone vor, sodass die gesamte Weglänge möglichst kurz ist.

Vorteile belegbehafteter Kommissionierung

Die belegbehaftete Kommissionierung hat gegenüber der beleglosen Kommissionierung einige **Vorteile**:

- Der Umfang des Kommissionierauftrags ist für den Kommissionierer erkennbar.
- Ist der Kommissionierbeleg noch nicht wegeoptimiert, kann der Kommissionierer selbst entscheiden, in welcher Reihenfolge er die Stellplätze anfährt.
- Bei Bedarf können die Kommissionierer untereinander den Kommissionierauftrag aufteilen.

- Das Verfahren ist sehr flexibel gegenüber spontan eingehenden Aufträgen, weil eine Aufbereitung über die EDV nicht nötig ist.

Nachteile belegbehafteter Kommissionierung

Durch das Hantieren mit Belegen ergeben sich jedoch auch **Nachteile**:

- Der Kommissionierer kann die Ware nicht mit beiden Händen greifen bzw. muss dafür zuerst den Beleg weglegen.
- Das Erstellen, Drucken und Archivieren der Kommissionierbelege erfordert Zeit und führt zu Materialkosten.
- Die Kommissionierleistung ist geringer als bei beleglosen Verfahren, da sich der Kommissionierer nach jeder Entnahme auf dem Beleg neu orientieren muss.
- Die Fehlerquote ist höher, da Positionen vergessen werden können oder der Kommissionierer in der Zeile verrutschen kann.

2.1.3.2 Beleglose Kommissionierung

Beleglose Kommissionierung
electronic (paperless) order picking

Die Anwendung der beleglosen Kommissionierverfahren setzt umfangreiche Investitionen für entsprechende Hard- und Software voraus. Es gibt **verschiedene Möglichkeiten der beleglosen Kommissionierung**. Weit verbreitete Formen sind die Kommissionierung mit mobilen Datenterminals und mit Handscanner, Pick-by-Barcode genannt. Die technischen Möglichkeiten wurden ständig weiterentwickelt, um die Kommissionierung schneller und sicherer zu machen, d. h., die Zahl der Falschkommissionierungen sollte minimiert werden. Zu diesen weiterentwickelten Formen der beleglosen Kommissionierung gehören Pick-by-Light, Pick-by-Voice, Pick-by-RFID und Pick-by-Vision.

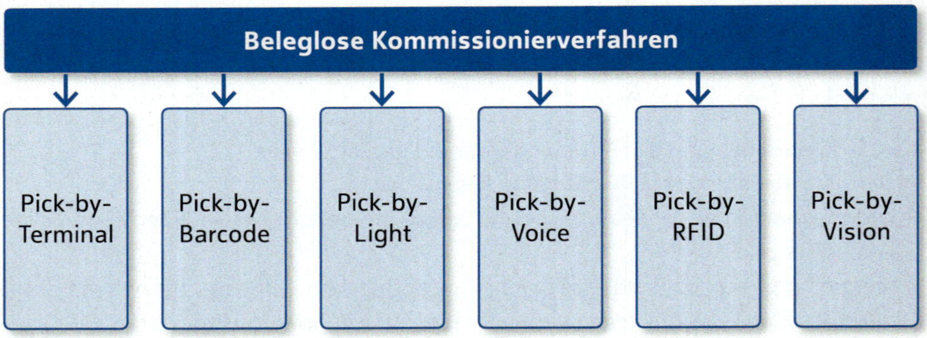

Fahrzeugterminal

Pick-by-Terminal

Weit verbreitet ist der **Einsatz mobiler Datenterminals**, die meist am Kommissionierfahrzeug befestigt sind. Auf diesen mobilen Datenterminals werden dem Kommissionierer alle nötigen Daten (z. B. Lagerplatz, Artikelbezeichnung, Artikelnummer, Entnahmemenge und Auftragsnummer) angezeigt. Die Kommissionierung mittels dieser mobilen Datenterminals funktioniert folgendermaßen: Der Kommissionierer schaltet sein Gerät an und meldet sich im System an. Das System teilt ihm den nächsten auszuführenden Kommissionierauftrag mit und zeigt ihm auf dem Display alle notwendigen Kommissionierdaten an. Der Kommissionierer begibt sich zu dem angezeigten Lagerplatz und entnimmt dort den auf dem Display angegebenen Artikel in der angezeigten Stückzahl. Anschließend quittiert er die Entnahme auf dem mobilen Datenterminal. Nun zeigt das Display ihm entweder die nächste zu kommissionie-

rende Position an oder teilt ihm mit, dass der Auftrag beendet ist. Der Kommissionierer bringt nun die kommissionierte Ware zur Abgabestelle.

Mobiles Datenterminal

Pick-by-Terminal	
Voraussetzung: Die gesamte Kommissionierung erfolgt DV-unterstützt. Alle Kommissionierarbeitsplätze oder Fahrzeuge sind mit entsprechenden Terminals ausgestattet.	
Vorteile: • hohe Kommissionierleistung • geringe Fehlerhäufigkeit • Einsparung von Wegen, die nötig wären, um Informationen entgegen zu nehmen • Erfassung der Warenausgänge in Echtzeit möglich	**Nachteile:** • Investition in Lagertechnik und Lagerorganisation erforderlich • Abhängigkeit von der Technik

Pick-by-Watch®

Eine neue Variante der Kommissionierung mit mobilen Datenterminals ist **Pick-by-Watch®**. Der Kommissionierer ist hierbei mit seiner Smartwatch, seinem Smartphone oder Tablet mit der Lagersoftware verbunden und erhält so in Echtzeit alle für die Kommissionierung benötigten Informationen. Eine am Handgelenk getragene Smartwatch zeigt dem Kommissionierer an, zu welchem Stellplatz er sich begeben und welchen Artikel er in welcher Stückzahl entnehmen soll. Die Entnahme wird auf dem Display der Smart Watch quittiert und von der Lagersoftware verifiziert. Die Vorteile dieses Kommissionierverfahrens liegen in der kurzen Einarbeitungszeit, der einfachen Bedienung der Geräte (es wird mit einfachen Symbolen gearbeitet) und den niedrigen Anschaffungskosten.

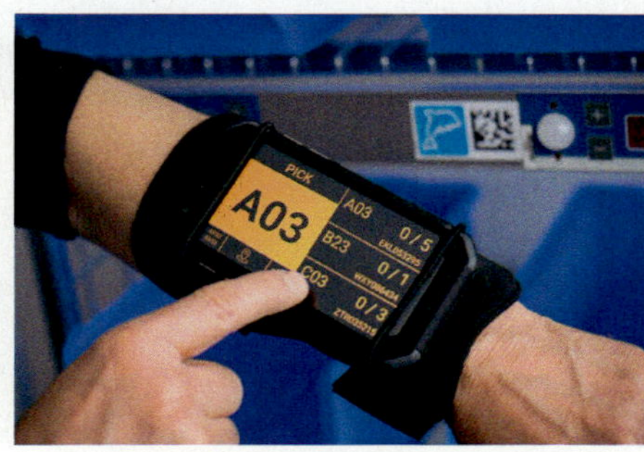

Pick-by-Watch® (ist eine eingetragene Marke der LUCA Logistic Solutions, Opole (PL) und Halle/Westf. (DE). https://www.luca.eu)

Pick-by-Barcode (Pick-by-Scan)

Beim Verfahren **Pick-by-Barcode** (auch Pick-by-Scan genannt) ist der Kommissionierer ebenfalls mit einem mobilen oder am Stapler fest installierten Datenerfassungsgerät ausgerüstet. Dieses Gerät steht entweder über Datenfunk in Verbindung mit dem Lagerverwaltungsrechner und erhält die Daten in Echtzeit, oder die Daten der Kommissionieraufträge werden im Offline-Betrieb regelmäßig auf das Gerät geladen.

Die Besonderheiten dieses Kommissionierverfahrens sind im Vergleich zu der oben beschriebenen beleglosen Kommissionierung folgende: Wenn der Kommissionierer einen neuen Auftrag aufruft, werden z. B. Lagerzone, Stellplatz, Artikel und Stückzahl auf dem Display angezeigt. Der Barcode des Kommissionierbehälters wird gescannt und der Behälter so mit dem Kommissionierauftrag *verheiratet*, d. h., im Lagerverwaltungsrechner wird er mit dem aktuellen Auftrag verbunden. Am Stellplatz werden die Lagerplatznummer und die Artikelnummer gescannt. Durch das Scannen wird eine Falschkommissionierung nahezu ausgeschlossen.

Artikeldaten scannen

Pick-by-Barcode

Voraussetzung:
Die gesamte Kommissionierung erfolgt DV-unterstützt. Alle Artikel müssen mit einem Barcode versehen sein.

Vorteile:	Nachteile:
• hohe Kommissionierleistung • geringe Fehlerquote • Viele Waren haben bereits einen Barcode, sodass keine aufwendige eigene Codierung erforderlich ist.	• Investition in Lagertechnik und Lagerorganisation erforderlich • Abhängigkeit von der Technik • Lesefehler durch Beschmutzung oder Beschädigung der Etiketten möglich • nicht immer beide Hände frei

Pick-by-Light

Pick-by-Light

Beim Verfahren **Pick-by-Light** wird der Kommissionierer über LED-Anzeigen durch das Lager zum gewünschten Stellplatz geführt. Auf einem Display am Stellplatz oder am Regalfeld erscheint die gewünschte Menge. Mit der neben dem Feld angebrachten Quittiertaste wird die Entnahme bestätigt. Falls die notwendige Stückzahl nicht im Fach vorhanden ist, kann der Kommissionierer über eine Korrekturtaste die gepickte Artikelzahl ändern.

Dieses System bietet die gleichen Vorteile wie ein Pick-by-Barcode-System. Die Kommissionierleistung ist jedoch **höher** als bei allen anderen Verfahren, denn das Auge kann sehr schnell auf das Lichtsignal reagieren. Allerdings muss die Quittiertaste betätigt werden. Dadurch sind die Hände nicht immer frei. Jedes Regalfach muss mit entsprechenden Anzeigen ausgestattet werden, deshalb arbeitet das System nur im Bereich kleinteiliger Schnelldreher wirtschaftlich.

Mehrere Aufträge können gleichzeitig bearbeitet werden, wenn jeder Kommissionierer eine eigene LED-Farbe bekommt. Damit der Kommissionierer den richtigen Artikel greift, kann eine Art elektronischer Vorhang vor die Fächer gehängt werden.

Automatische Kontrolle

Bei diesem Prinzip wird jedes Lagerfach mit einer **Entnahmeüberwachung** durch einen Sensor ausgestattet. Dieser Sensor funktioniert wie ein Bewegungsmelder. Greift der Kommissionierer in ein falsches Lagerfach, wird er durch ein akustisches oder optisches Signal auf seinen Fehlgriff hingewiesen. Der Sensor kann auch automatisch quittieren, wenn in das richtige Fach gegriffen wurde.

Pick-by-Light

Voraussetzung: Die gesamte Kommissionierung ist DV-gesteuert. Alle Lagerplätze sind mit Lichttasten ausgestattet.	
Vorteile: • kurze Einarbeitungszeit • sehr hohe Kommissionierleistung • sehr geringe Fehlerquote • Automatische Kontrolle und automatische Bestätigung der Entnahme sind möglich.	**Nachteile:** • hohe Investitionskosten • Abhängigkeit von der Technik • Wartungsaufwand • begrenzte Nutzungsdauer der Tasten • die Hände sind nicht immer frei.

„Pick-by-Point®" (Eigenmarke der LUCA GmbH)

Eine Variante des Pick-by-Light-Systems mit Lichttasten ist die **Ausleuchtung der Behälter**, aus denen die Ware entnommen werden soll. Die zu entnehmende Stückzahl kann hierbei z. B. über Kopfhörer angegeben werden.

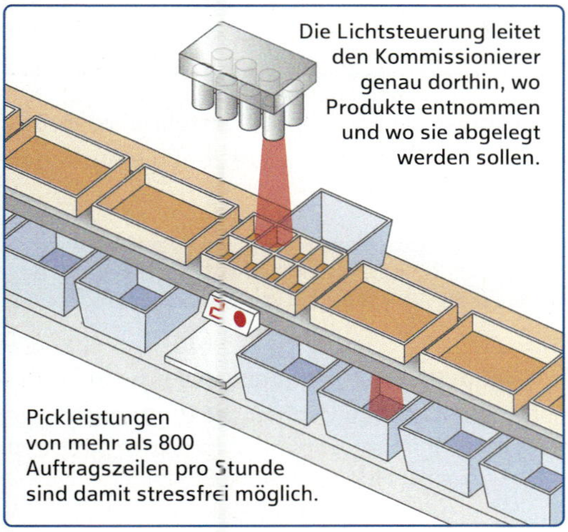

Pick-to-Bucket und Pick-to-Light

Pick-to-Bucket
Pick-to-Light

Markieren gebündelte Lichtstrahlen den Behälter, in dem die gegriffenen Artikel abgelegt werden sollen, dann spricht man von **Pick-to-Bucket** oder auch von **Pick-to-Light**.

Pick-by-Voice

Beim Verfahren **Pick-by-Voice** erfolgt die Übermittlung der Angaben über Funk und Kopfhörer (Headset) mit Sprachbefehlen: Der Kommissionierer erhält über Headset die Anweisung, zu welchem Stellplatz er gehen soll. Am Platz angekommen, bestätigt der Mitarbeiter seine Position. Als Nächstes erhält er vom System eine Anweisung über die zu kommissionierende Menge des Artikels. Nachdem er die Artikel entnommen hat, bestätigt der Kommissionierer die Stückzahl und bekommt einen neuen Stellplatz für die Entnahme der nächsten Position zugewiesen.

Weste mit eingebauter Pick-by-Voice-Technik

Pick-by-Voice funktioniert mittlerweile auch schon ohne Headset. Die Mitarbeiter tragen stattdessen eine Weste, in die Lautsprecher und Mikrofon eingebaut sind.

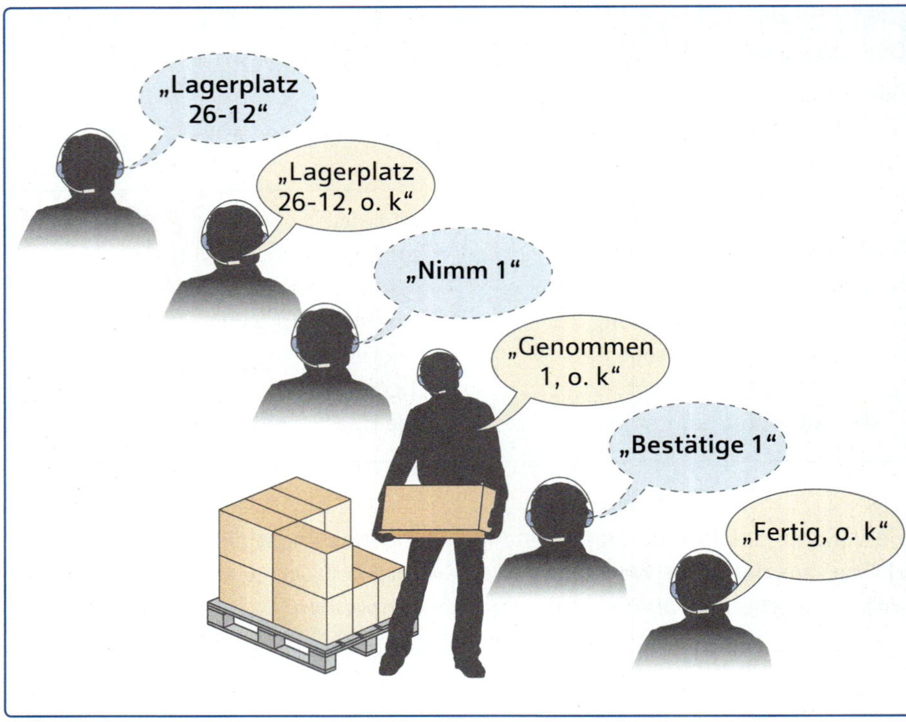

Beispiel für den Ablauf einer Pick-by-Voice-Kommissionierung

Bei der Einarbeitung des Kommissionierers muss ein Sprachprofil erstellt werden, damit das Lagerverwaltungssystem unabhängig von Dialekt und Akzent die Aussagen des Kommissionierers erkennt.

Pick-by-Voice

Pick-by-Voice

Voraussetzung:
Die gesamte Kommissionierung ist DV-gesteuert. Alle Kommissionierer sind mit Headset oder Sprachweste ausgerüstet und haben ein Sprachprofil hinterlegt.

Vorteile:
- kurze Einarbeitungszeit
- hohe Kommissionierleistung
- geringe Fehlerquote
- sehr flexibel
- Die Hände sind stets frei, der Arbeitsfluss muss nicht unterbrochen werden.
- Die Technik ist auch dort einsetzbar, wo die Hände geschützt werden müssen und Tasten schlecht bedient werden können, z. B. beim Umgang mit Chemikalien oder im Kühlbereich.

Nachteile:
- hohe Investitionskosten
- Abhängigkeit von der Technik
- Die Informationen können nur in kleinen Mengen und in der vorgegebenen Reihenfolge abgefragt werden.
- Die monotone Stimme ermüdet die Kommissionierer rasch, sodass die Fehleranfälligkeit steigt.
- Hintergrundgeräusche können die akustische Wahrnehmung stören.
- Eventuell Probleme bei der Stimmerkennung, falls der Kommissionierer z. B. heiser oder erkältet ist.

5366252

Pick-by-RFID

Der Ablauf beim Verfahren **Pick-by-RFID** ist im Prinzip der gleiche wie bei Pick-by-Barcode. Allerdings wird der Barcode der Ware bei der Radio-Frequenz-Identifikation durch ein RFID-Tag ersetzt. Dies ist ein kleiner Chip, auch *Transponder* genannt. Der Begriff *Transponder* setzt sich aus den englischen Begriffen *Transmitter* (dt. Sender) und *Responder* (dt. Antwortender) zusammen.

Ein RFID-Chip ist so klein, dass er unter jedes Etikett passt.

Die Kommissionierer haben ein mobiles RFID-Lesegerät, das die Daten des Transponders lesen kann. Die RFID-Lesegeräte gibt es in verschiedenen Ausführungen, z. B. als RFID-Handscanner, RFID-Handschuh oder RFID-Armband.

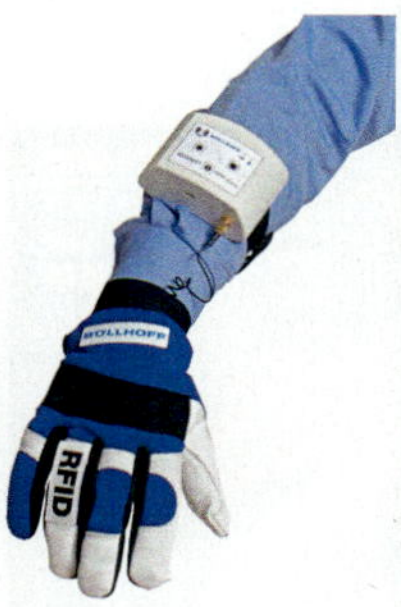

RFID-Handschuh

Bei der Pick-by-RFID-Kommissionierung bekommt der Kommissionierer alle benötigten Informationen (Stellplatz, Entnahmemenge usw.) auf seinem RFID-Lesegerät angezeigt oder über ein Headset mitgeteilt. Bei der Entnahme werden die RFID-Tags des zu kommissionierenden Artikels gescannt (dies geschieht bei der Entnahme mit einem RFID-Handschuh oder RFID-Armband automatisch) und es erfolgt ein Abgleich zwischen dem zu kommissionierenden Artikel und der per RFID erfassten Artikelnummer. Fehlentnahmen werden dem Kommissionierer mitgeteilt, sodass er sofort den Fehler korrigieren kann.

Pick-by-RFID

Voraussetzung:
Die gesamte Kommissionierung erfolgt DV-unterstützt. Alle Artikel müssen mit einem Transponder versehen sein.

Vorteile:
- Schnelle und fehlerfreie Kommissionierung, das RFID-Lesegerät übernimmt die Identifikation von Lagerort und Ware
- Auf einem RFID-Tag können sehr viel mehr Informationen codiert werden als mit einem herkömmlichen Barcode.
- Transponder sind nicht so anfällig wie Barcodes.
- Transponder sind lageunabhängig, haben keine Störungen bei Verschmutzungen und funktionieren auch noch, wenn sie etwas beschädigt sind.
- Der Transponder ist beschreibbar, dadurch können aktuelle Daten über das Produkt zu jedem Zeitpunkt abgerufen und aktualisiert werden.
- Da die Datenübermittlung ohne Sichtkontakt erfolgt, ist auch eine Kommissionierung von Artikeln aus Mischpaletten möglich.

Nachteile:
- Hohe Investition in Lagertechnik und Lagerorganisation erforderlich
- Lieferant und Kunde müssen die RFID-Technik eingeführt haben.
- Abhängigkeit von der Technik
- Hohe Metallanteile im Produkt oder in der Verpackung stören die Datenübermittlung

Pick-by-Vision

Bei Pick-by-Vision trägt der Kommissionierer eine Datenbrille. Die Lagerumgebung wird durch die Datenbrille dreidimensional wiedergeben. Der Kommissionierer bekommt in Echtzeit alle für die Kommissionierung benötigten Informationen auf das Display der Datenbrille eingespielt. Über eine Navigationsfunktion wird er direkt zum Lagerort des zu kommissionierenden Artikels geleitet, wo ihm über eine optische Einblendung der entsprechende Lagerplatz samt erforderlicher Pickzahl angezeigt wird. Optional kann die Datenbrille um eine Kamera für die Erfassung von Barcodes erweitert werden. Der sonst übliche Handscanner wird damit überflüssig. Unterläuft dem Mitarbeiter ein Kommissionierfehler, erhält er auch umgehend eine Rückmeldung über das Display der Datenbrille. Zur Senkung der Fehlerquote ist es auch möglich, über die Datenbrille zusätzlich Bilder des Artikels einzublenden.

Kommissionierung mit Pick-by-Vision

Blick durch die Datenbrille

Multimodaler Ansatz

Multimodal ausgerüsteter Kommissionierer

Damit sich die Kommissionierer schnell im Lager orientieren können, werden vermehrt **Systeme** eingesetzt, die **mehrere Wege der Informationsübermittlung kombinieren**.

Beispiel 1:
Die Daten des Kommissionierauftrags und der Weg durch das Lager werden auf einem Tablet-PC am Kommissionierfahrzeug angezeigt. Bei Bedarf wird der Kommissionierer zusätzlich akustisch über ein Headset darin unterstützt, den kürzesten Weg zur Entnahmestelle zu finden. RFID-Lesegeräte am Kommissionierfahrzeug bemerken fehlerhaft gegriffene Artikel.

Beispiel 2:
Pick-by-Voice und Pick-by-Vision werden kombiniert. Der Kommissionierer erhält die Angaben zum Kommissionierauftrag über seine Datenbrille. Zusätzlich werden Bilder der zu pickenden Artikel eingeblendet. Die Steuerung der Datenbrille erfolgt über Sprachbefehle. Dadurch kann die Ware mit beiden Händen gegriffen werden.

2.1.4 Quittieren

Beim Quittieren bestätigt der Kommissionierer, dass die Ware entnommen wurde.

Das Quittieren der Warenentnahme erfolgt bei **belegbehafteter** Kommissionierung durch **Abhaken** auf dem Kommissionierbeleg.

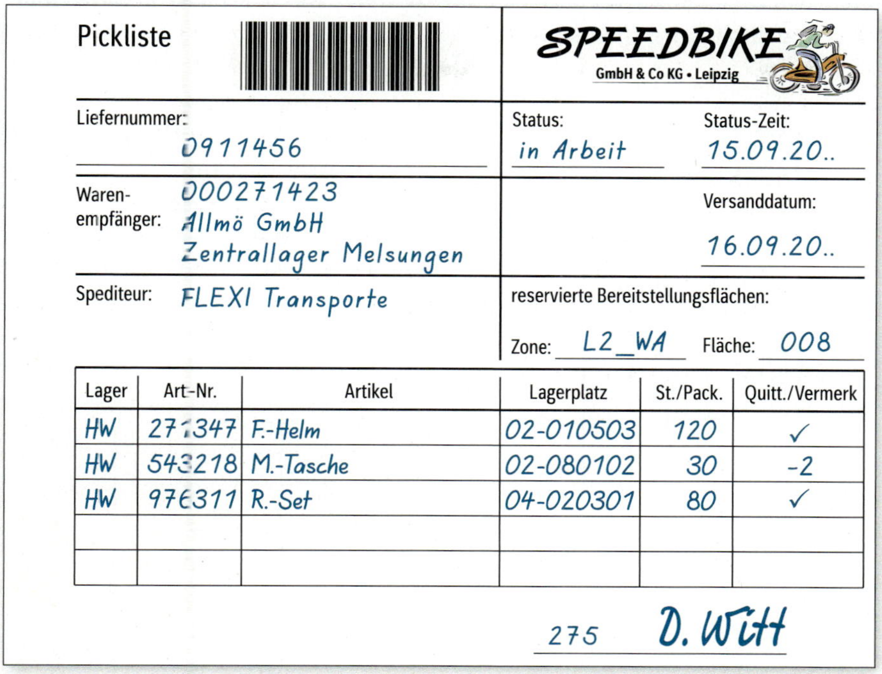
Pickliste

SPEEDBIKE GmbH & Co KG • Leipzig

Liefernummer: 0911456	Status: in Arbeit — Status-Zeit: 15.09.20..
Waren-empfänger: 000271423 Allmö GmbH Zentrallager Melsungen	Versanddatum: 16.09.20..
Spediteur: FLEXI Transporte	reservierte Bereitstellungsflächen: Zone: L2_WA Fläche: 008

Lager	Art.-Nr.	Artikel	Lagerplatz	St./Pack.	Quitt./Vermerk
HW	271347	F.-Helm	02-010503	120	✓
HW	543218	M.-Tasche	02-080102	30	-2
HW	976311	R.-Set	04-020301	80	✓

275 D. Witt

Quittierte Pickliste

Bei den **beleglosen** Kommissionierverfahren erfolgt dies unterschiedlich:

- Beim Kommissionieren mit mobilen Terminals erfolgt die Quittierung durch Drücken einer Taste.
- Bei Pick-by-Barcode erfolgt die Quittierung, indem der Artikel bzw. der Barcode des Lagerplatzes gescannt wird.
- Bei Pick-by-Light wird eine Quittiertaste betätigt oder die Quittierung erfolgt automatisch über einen Lichtvorhang.
- Bei Pick-by-Voice erfolgt die Quittierung mit einer Bestätigung des Kommissionierers über das Mikrofon.
- Beim RFID-Verfahren wird die Entnahme der Ware durch das Lesegerät erfasst.
- Bei Pick-by-Vision erfolgt die Quittierung durch Spracheingabe des Kommissionierers.

2.1.5 Buchen

Beim Buchen wird der Warenabgang auf der Lagerfachkarte oder im Warenwirtschaftssystem erfasst, sodass der neue Soll-Bestand ermittelt werden kann.

Das Buchen der Warenentnahme erfolgt bei den **beleglosen** Kommissionierverfahren **automatisch** über den Lagerverwaltungsrechner.

Bei **belegbehafteten** Verfahren muss die Bestandsveränderung **im Anschluss** an die Kommissionierung gebucht werden, entweder durch manuelle Eingabe in das Lagerverwaltungssystem oder durch Eintrag auf der Lagerfachkarte und der Lagerkarte. Bei Verwendung von Lagerfachkarten erfolgt bei geringem Lagerbestand vor der Eintragung des neuen Bestands auch eine Überprüfung. Der Soll-Bestand wird mit dem Ist-Bestand abgeglichen (Inventur).

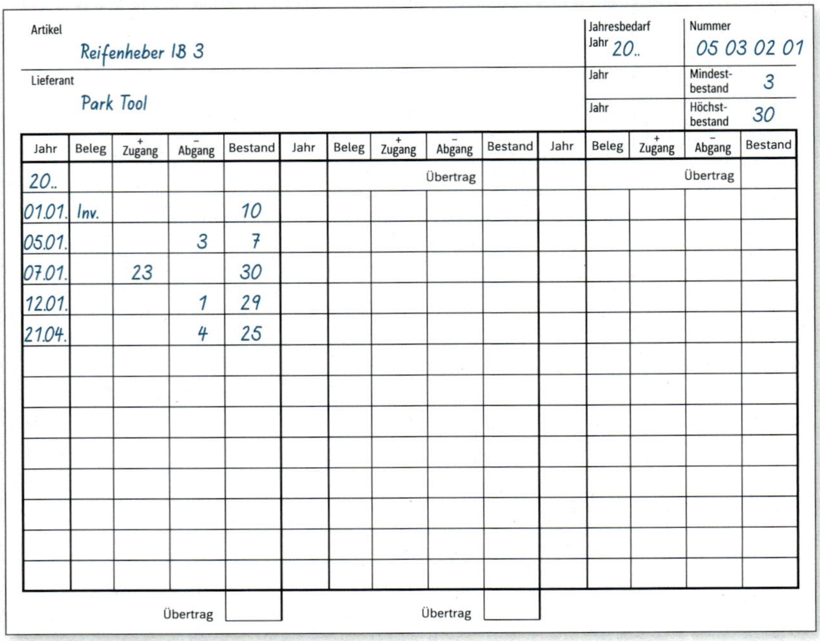

Artikel: Reifenheber IB 3
Lieferant: Park Tool
Jahresbedarf Jahr 20..
Nummer: 05 03 02 01
Jahr | Mindestbestand: 3
Jahr | Höchstbestand: 30

Jahr	Beleg	+ Zugang	− Abgang	Bestand	Jahr	Beleg	+ Zugang	− Abgang	Bestand	Jahr	Beleg	+ Zugang	− Abgang	Bestand
20..								Übertrag					Übertrag	
01.01.	Inv.			10										
05.01.			3	7										
07.01.		23		30										
12.01.			1	29										
21.04.			4	25										
			Übertrag					Übertrag						

Verbuchen der Entnahme in der Lagerfachkarte

Auch bei automatisierten Lagern mit dem Kommissionierprinzip **Ware-zum-Mann** kann beim Kommissionieren gleichzeitig eine **Inventur** erfolgen: Wenn nach Entnahme der vom Kunden gewünschten Ware nur noch eine geringe Menge im Entnahmebehälter ist oder dieser leer ist, wird die Restmenge gezählt und mit dem Soll-Bestand im System abgeglichen. Fehlmengen werden sofort in das Lagerverwaltungssystem eingegeben. Meistens erhält der Kommissionierer durch das EDV-System eine Vorgabe, bei welchen Behältern nach der Entnahme der Kommissionierware der Rest gezählt werden soll.

2.2 Materialfluss

Der Materialfluss umfasst alle Bewegungen der Ware und des Kommissionierers bis zur Bereitstellung für den Versand. Die Ware muss am Entnahmeplatz bereitgestellt, entnommen und in einem Kommissionierbehälter oder auf einem Fahrzeug gesammelt werden. Die kommissionierte Ware wird dann abgeholt oder vom Kommissionierer zu einem Abgabeplatz gebracht. Außerdem muss die Kommission kontrolliert werden. Die Regale oder Behälter sind für die Bereitstellung nachzufüllen und leere Behälter müssen wieder abtransportiert werden.

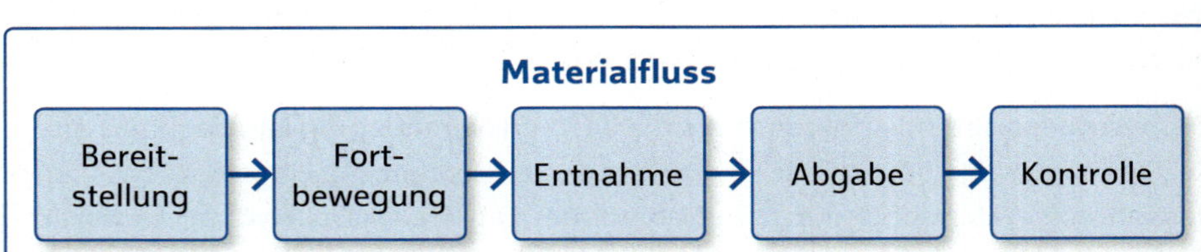

Materialfluss von der Bereitstellung bis zum Versand

2.2.1 Einheiten

Bei Vorgängen des Materialflusses kommt die Ware meistens in unterschiedlichen Einheiten vor. Zum Beispiel kann die Bereitstellung auf Paletten erfolgen, die Entnahme und Abgabe aber in kleinen Schachteln oder sogar in Form von Einzelteilen. Deshalb ist es wichtig zu definieren, **an welcher Stelle** des Kommissioniervorganges die Ware **in welchen Einheiten** zur Verfügung steht.

Man unterscheidet folgende Einheiten:
- **Lagereinheit:** Die Lagereinheit ist die Mengeneinheit, in der ein Artikel im Lager aufbewahrt wird.
- **Transporteinheit:** Die Ware muss zum Kommissionierlager transportiert werden. Die Einheit, in der das geschieht, heißt Transporteinheit oder auch Ladeeinheit (z. B. Palette mit Kartons oder auch einzelne Kartons).
- **Beschickungseinheit und Bereitstelleinheit:** Die Beschickungseinheit ist diejenige Einheit, mit der das Fach, aus dem heraus kommissioniert wird, nachgefüllt wird. Bereitstelleinheit ist die Mengeneinheit, in der ein Artikel am Entnahmeplatz bereit steht. In der Praxis sind Beschickungseinheit und Bereitstelleinheit in den meisten Fällen identisch.
- **Entnahmeeinheit:** Die Menge, die ein Kommissionierer mit einem Griff entnimmt, heißt Entnahmeeinheit.
- **Sammeleinheit:** Die Sammeleinheit ist die Einheit, die durch die Kommissionierung entsteht. Sie kann aus verschiedenen Artikeln bestehen.
- **Versandeinheit:** Die Versandeinheit ist die Einheit, die verschickt wird. Sie kann aus einer oder mehreren Sammeleinheiten bestehen.

In der Speedbike GmbH & Co. KG werden in Schachteln verpackte Schrauben im Vorratslager in großen Mengen auf Paletten gelagert. Vom Vorratslager aus werden je 8 Kartons auf einem Plattformwagen in das Kommissionierlager transportiert. Die einzelnen Kartons stehen in einem Fachbodenregal für die Kommissionierung bereit. In jedem Karton sind 12 Schachteln mit Schrauben. Die Kommissionierer entnehmen aus dem Karton mit jedem Griff eine Schachtel mit je 50 Schrauben.

Einheiten der Speedbike GmbH & Co. KG:
- Lagereinheit: eine Palette
- Transporteinheit: je 8 Kartons
- Beschickungseinheit und Bereitstelleinheit sind gleich: ein Karton
- Entnahmeeinheit: eine Schachtel mit je 50 Schrauben
- Sammeleinheit: Wenn ein Kommissionierer bei der Speedbike GmbH & Co. KG beispielsweise für einen Auftrag 2 Schachteln mit Schrauben und 20 Bügel für Motorradtaschen kommissioniert und diese zusammen in einen Eurofixbehälter legt, ist dies die Sammeleinheit.

2.2.2 Bereitstellung

Ein wichtiger Unterschied bei der Kommissionierung besteht darin, ob die Ware zum Kommissionierer kommt oder ob sie im Regal bleibt und der Kommissionierer zum Regal gehen oder fahren muss. Dies nennt man **Bereitstellung**.

Mann-zur-Ware
man to goods
Ware-zum-Mann
goods to man

Die **Bereitstellung** der Artikel erfolgt entweder **statisch** oder **dynamisch**. Die Beschreibung erfolgt **aus Sicht der Ware**. *Statisch* bedeutet: Die Ware bewegt sich nicht. Man spricht auch von einem **Mann-zur-Ware-System**. *Dynamisch* bedeutet: Die Ware wird durch das Regalsystem oder mittels Förderband zum Kommissionierer bewegt. Dieses System nennt man auch **Ware-zum-Mann**.

Bereitstellung der Ware		System
statisch	Ware bewegt sich nicht	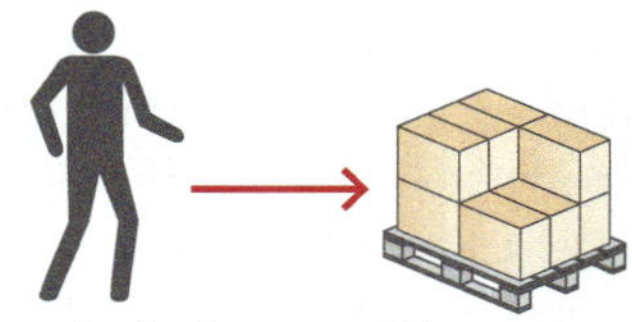 Kommissionierer zur Ware
dynamisch	Ware wird zum Kommissionierer bewegt	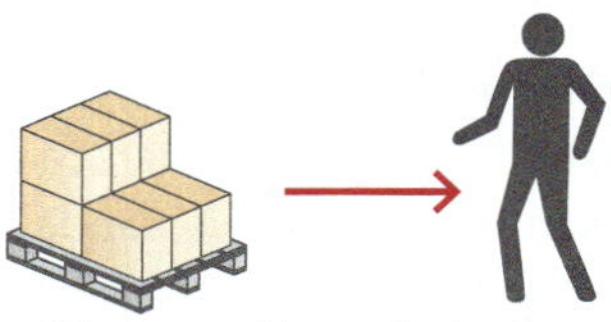 Ware zum Kommissionierer

Statische Bereitstellung

statische Bereitstellung
static staging

Für die statische Bereitstellung eignen sich folgende Regalarten ohne automatische Fördertechnik:

- Fachbodenregal
- Palettenregal
- Verschieberegal
- Einfahrregal
- Einschubregal
- Durchfahrregal
- Kragarmregal
- Wabenregal
- Durchlaufregal
- Kanalregal

Außerdem wird die statische Bereitstellung bei der regallosen Bodenlagerung angewendet.

Statische Bereitstellung	
Vorteile: • geringe Investitionskosten • direkter Zugriff zur Ware • geringe Störanfälligkeit durch Verzicht auf automatische Fördertechnik • hohe Flexibilität in Bezug auf Art, Menge und Verpackung der Ware	**Nachteile:** • hohe körperliche Belastung der Kommissionierer • niedrige Arbeitsproduktivität • lange Kommissionierwege

Dynamische Bereitstellung

dynamische Bereitstellung
dynamic staging

Für die dynamische Bereitstellung eignen sich folgende Regalarten:

- Umlaufregale (horizontal, vertikal)
- automatisches Behälterregal
- Hochregal mit automatischen Regalförderzeugen
- Kanalregal mit angeschlossener Fördertechnik
- Wabenregal mit Fördertechnik
- AutoStore
- Liftregal/Turmregal

Bei dynamischer Bereitstellung können die Kommissionierarbeitsplätze so eingerichtet werden, dass die körperliche Belastung der Kommissionierer durch Gehen, Sitzen und Tragen gering ist. Dadurch steigt die Kommissionierleistung.

Dynamische Bereitstellung	
Vorteile: • geringe körperliche Belastung für die Kommissionierer • hohe Arbeitsproduktivität • geringe Fehlerquote	**Nachteile:** • kein direkter Zugriff zur Ware • hohe Investitionskosten für den Betrieb • Abhängigkeit von der Technik • Ware bzw. Verpackung muss an die Fördertechnik angepasst sein

2.2.3 Fortbewegung

Wesentlich beeinflusst wird die Kommissionierzeit durch die Art der Fortbewegung des Kommissionierers.

In der **Praxis** wird oft nur zwischen **zwei Arten der Fortbewegung** unterschieden: Eindimensionale und zweidimensionale Fortbewegung. Eindimensionale Fortbewegung meint in diesem Sprachgebrauch sowohl die Bewegung entlang einer Regalzeile als auch die Bewegung in verschiedenen Regalgängen. Die Bewegung des Kommissionierers in die Höhe wird dann als zweidimensionale Fortbewegung bezeichnet.

Die *VDI-Richtlinie 3590* unterscheidet **drei** Arten der Fortbewegung: eindimensionale, zweidimensionale und dreidimensionale Fortbewegung.

Bei der dreidimensionalen Fortbewegung wird der Lagerraum besser ausgenutzt als bei der ein- oder zweidimensionalen Fortbewegung. Ein Nachteil der dreidimensionalen Fortbewegung ist die erhöhte Unfallgefahr, wenn Ware in großer Höhe entnommen wird.

<table>
<tr><th colspan="3">Fortbewegung des Kommissionierers</th></tr>
<tr><td>eindimensional</td><td>Der Kommissionierer geht bei der eindimensionalen Fortbewegung am Regal entlang. Diese Art der Fortbewegung liegt zum Beispiel vor, wenn Kleinteile aus einem Durchlaufregal entnommen werden.</td><td>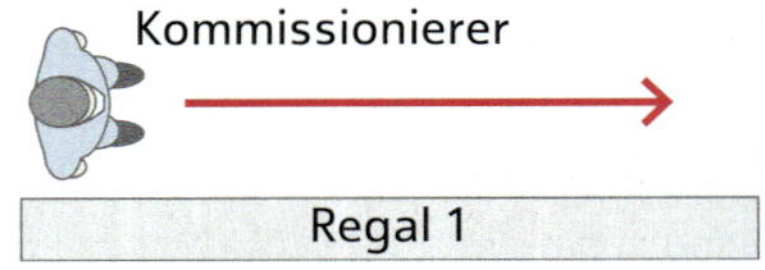

Ein einziges Regal entlang</td></tr>
<tr><td>zweidimensional</td><td>Bei der zweidimensionalen Fortbewegung geht der Kommissionierer in mehrere Regalgänge hinein oder fährt mit dem Hubwagen zum Entnahmeplatz.
Wenn der Kommissionierer eine Leiter benutzen oder die Ware mit der Gabel des Staplers hoch- und runterfahren muss, liegt bereits eine dreidimensionale Fortbewegung vor.</td><td>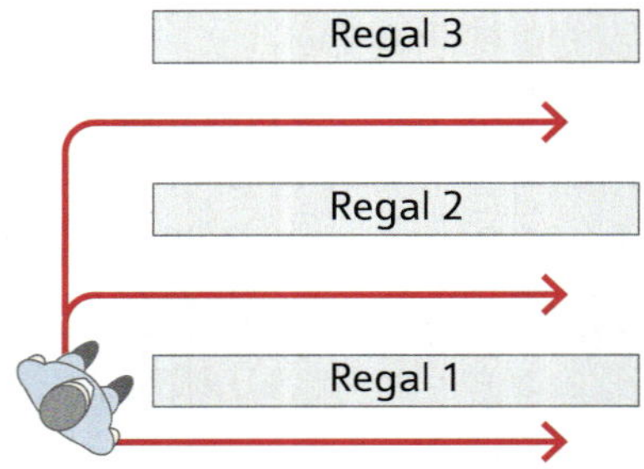

Mehrere Regale entlang</td></tr>
<tr><td>dreidimensional</td><td>Von dreidimensionaler Fortbewegung spricht man, wenn der Kommissionierer oder die Ware sich zusätzlich zur Fortbewegung am Boden in die Höhe bewegen.
Dreidimensional ist die Fortbewegung nicht nur, wenn der Kommissionierer eine Leiter benutzt oder die Ware mit der Gabel des Staplers hoch- und runterfährt, sondern auch, wenn der Kommissionierer mit einem Kommissionierstapler zum Entnahmeplatz gefahren und hochgehoben wird.</td><td>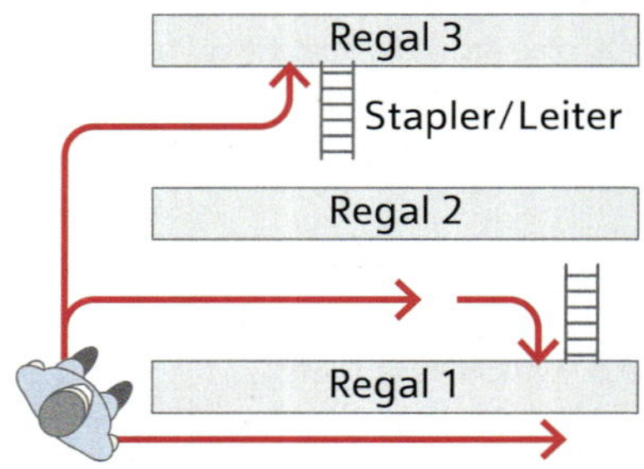

Mehrere Regale entlang und mit Stapler, Leiter o. Ä. in die Höhe</td></tr>
</table>

Eindimensionale Fortbewegung: Der Kommissionierer bewegt sich nur in einem Gang und kommissioniert auch nur auf Greifhöhe.

Dreidimensionale Fortbewegung: Der Kommissionierer bewegt sich in die Höhe.

5366260

2.2.4 Entnahme

Für die Entnahme der Ware gibt es drei Möglichkeiten: manuelle, mechanische und automatische Entnahme.

Möglichkeiten der Entnahme

Manuelle Entnahme	Mechanische Entnahme	Automatische Entnahme
Die Artikel werden mit der Hand vom Stellplatz entnommen.	Die Waren werden mit dem Hubwagen, dem Stapler oder einem anderen Flurförderzeug entnommen.	An der Entnahme ist kein Mensch direkt beteiligt, es werden Kommissionierautomaten und Kommissionierroboter eingesetzt.

Kommissionierautomaten

Kommissionierautomaten sind besonders in der Zigarettenindustrie, im Pharmabereich und im Verlagswesen verbreitet.

Sogenannte **Schachtkommissionierer** funktionieren ähnlich wie ein Zigarettenautomat: Die Ware liegt in Schächten, an denen ein Förderband vorbeiführt. Die Steuerung der Schachtkommissionierer erfolgt über ein EDV-System. Lichtschranken erkennen den Barcode des Kommissionierbehälters.

Schachtkommissionierer

Schachtkommissionierer

Kommt der Behälter bei dem entsprechenden Schacht an, öffnet sich dieser und der gewünschte Artikel wird direkt in den Kommissionierbehälter geworfen.

Bei einer anderen Bauform gelangen die zu kommissionierenden Artikel über den Auswerfer des Schachts zunächst auf ein Förderband und werden dann über eine Sammel- und Sortieranlage dem richtigen Auftrag zugeordnet.

Die Schächte sind in der Regel schräg gestellt, sodass die Druckbelastung der unteren Artikel gering bleibt. Die Schächte werden automatisch oder per Hand befüllt. Schachtkommissionierer sind für kleine Artikel mit mittlerem bis hohem Umschlag rentabel.

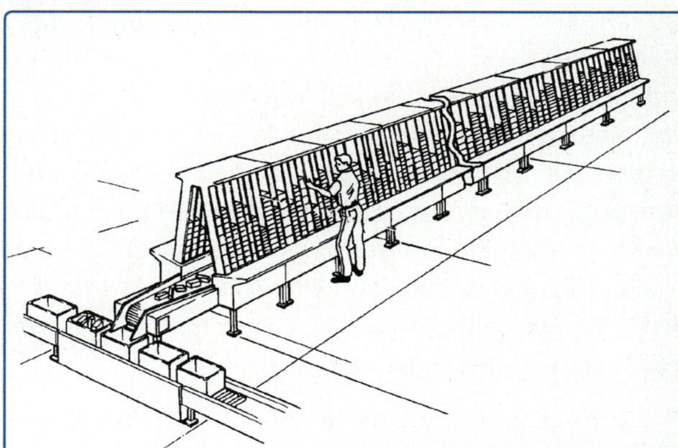

Schachtkommissionierer mit Auswurf der Artikel auf ein Förderband und anschließender Kommissionierung direkt in den Behälter

Regalbediengeräte als Kommissionierautomaten

Eine andere verbreitete Form der Technik sind **Regalbediengeräte als Kommissionierautomaten**. So funktionieren z. B. die Kommissionierautomaten in vielen Apotheken: Das schienengeführte Regalbediengerät ist mit einem Greifer ausgerüstet, der die angeforderten Produkte aus dem Regalfach entnimmt. Ebenso wie bei den Schachtkommissionierern müssen bei dieser Lösung die Verpackungen genormt sein.

Regalbediengerät als Kommissionierautomat

Stationäre Kommissionierroboter

Kommissionierroboter arbeiten mit einer geringeren Geschwindigkeit als Kommissionierautomaten. Dafür können mit dem Roboterarm Artikel unterschiedlicher Größe und auch schwere Artikel kommissioniert werden. Der Roboter kann mit einem Bildverarbeitungssystem ausgerüstet werden. Dadurch kann er die Daten zu Artikelposition, Menge und Form der Verpackungseinheit mit den im EDV-System hinterlegten Daten vergleichen.

Kommissionierroboter

2.2.5 Logistik 4.0: Kommissionierung

Die Kommissionierung gilt allgemein als der arbeitsintensivste und kostspieligste Prozess im gesamten Lagersystem. Moderne Technologien können die Kosten und auch die Fehlerquote erheblich senken. Durch die Anwendung belegloser Kommissionierverfahren wie Pick-by-Voice, Pick-by-Vision oder Pick-by-RFID kann die Kommissionierleistung erhöht werden und somit eine Reduzierung der Kommissionierkosten erreicht werden.

Verfahrbare Fachbodenregale

verfahrbare Fachbodenregale

Optimierungspotenziale durch eine Reduzierung der Weg- und Suchzeiten bieten **verfahrbare Fachbodenregale**. Hierbei werden ganze Regale mittels fahrerloser Transportfahrzeuge angehoben und zu den Kommissionierarbeitsplätzen gefahren. Der Kommissionierer kann sich dadurch voll und ganz auf den produktiven Teil seiner Arbeit – das Entnehmen und Verpacken der Ware – konzentrieren. Sind die Regale zusätzlich noch mit Pick-by-Light-Systemen ausgestattet, können Pickfehler nahezu völlig ausgeschlossen werden.

Einen hohen Grad an Automation bietet die Kommissionierung mittels Kommissionierautomaten, Schachtkommissionierern und stationären Kommissionierrobotern [▸ Kapitel 2.2.4]. Eine neue mobile Variante ist der **autonom agierende Kommissionierroboter,** der sich selbstständig im Lager bewegt. Seine Pickaufträge erhält er über WLAN vom Warenwirtschaftssystem. Nun bewegt sich der intelligente Kommissionierroboter, z. B. mittels einer Sensortechnik, zum angegebenen Lagerplatz und kann dort mithilfe von 3D-Kameratechnik und einem Sauggreifer die Waren aus dem Regal greifen, im inneren Stauraum zwischenlagern und anschließend zur Versandstation bringen.

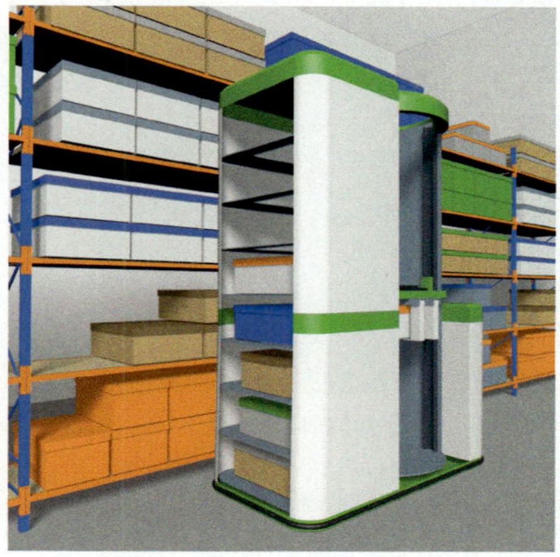

Kommissionierroboter

autonom agierende Kommissionierroboter

2.2.6 Abgabe der kommissionierten Ware

Nach der Kommissionierung wird die fertig kommissionierte Ware entweder an den Versand oder an die Verpackungsabteilung weitergeleitet. Man spricht von **Abgabe der Ware.**

Die Abgabe der Ware kann **zentral** oder **dezentral** erfolgen:

Abgabe der Ware	
Zentrale Abgabe	Bei der zentralen Abgabe gibt es einen Übergabe- oder Sammelplatz, an den die Ware vom Kommissionierer gebracht wird. Die Errichtung der Abgabestelle kann nach Lagerzonen, Warengruppen oder nach Kundengruppen erfolgen.
Dezentrale Abgabe	Bei der dezentralen Abgabe erfolgt die Abgabe direkt am Kommissionierort.

Zentrale Abgabe der kommissionierten Ware: Die Kommissionierer bringen die Ware zum Versandtor.

In **kleinen Lagern** ist die **zentrale Abgabe** üblich. Der Kommissionierer bringt die Ware zu einem Kontroll- oder Verpackungsplatz oder, falls die Ware nicht mehr verpackt werden muss, direkt zum Versandtor. Dies ist einfach zu organisieren und erfordert keine weitere Fördertechnik.

Dezentrale Abgabe der kommissionierten Ware über eine Förderstrecke

Bei **größeren Lagern** wird die **Abgabe** in der Regel **dezentral** organisiert. Die dezentrale Abgabe erhöht durch den Wegfall des Weges zur Abgabestelle die Kommissionierleistung. Entweder wird die Ware direkt auf ein Förderband kommissioniert oder der Sammelbehälter wird auf einer Rollenbahn abtransportiert. Eine dezentrale Abgabe liegt auch vor, wenn die fertigen Paletten oder Packstücke von Staplerfahrern von den Kommissionierarbeitsplätzen abgeholt werden.

Pick-to-Belt

Wird die kommissionierte Ware direkt auf ein Förderband abgelegt, nennt man dies auch **Pick-to-Belt**.

Pick-Pack-Verfahren

Eine Sonderform der Abgabe ist das Pick-Pack-Verfahren. Oft wird die kommissionierte Ware zunächst in Kommissionierbehälter (Paletten, Kunststoffkisten) gelegt und diese dann nach der Abgabe verpackt oder an den Versand übergeben. Wird die entnommene Ware gleich **am Entnahmeplatz** versandfertig gemacht, kann ein ganzer Arbeitsschritt, das Verpacken, eingespart werden. Ein solches Vorgehen nennt man **Pick-Pack-Verfahren** (dt: greifen und verpacken).

Direktumschlag (Cross Docking)

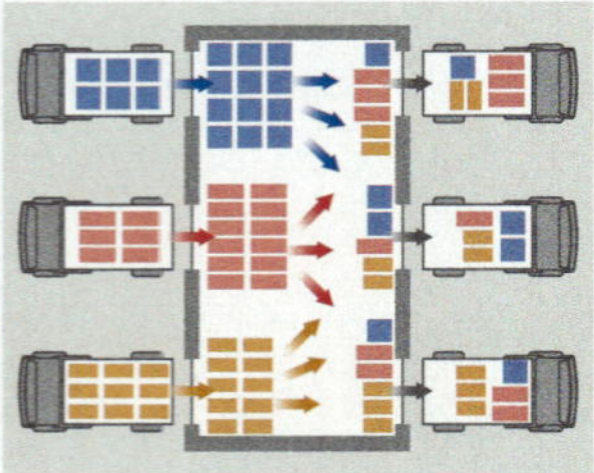

Cross Docking

Beim Direktumschlag wird die Ware angeliefert und innerhalb von wenigen Stunden auf die Empfänger verteilt. Das Lager besteht aus Lkw-Toren (engl.: docks) zur Warenannahme, einer großen Kommissionierzone und häufig im rechten Winkel (engl.: cross, dt.: Kreuz) angeordneten Toren zur Verladung der kommissionierten Ware. Cross Docking (auch **Pick-by-shop** oder **Pick-in-line** genannt) eignet sich besonders für verderbliche Güter, Aktionsware und Branchen mit Interesse an einer sehr geringen Kapitalbindung wie der Elektronikindustrie.

2.2.7 Kontrolle der Ware

Nach erfolgter Entnahme muss die Ware kontrolliert werden: Wurden die richtigen Artikel für den richtigen Auftrag in der richtigen Stückzahl und Beschaffenheit entnommen?

Die Kontrolle kann ganz unterschiedlich organisiert sein. Unterschiede in der betrieblichen Organisation gibt es bezüglich folgender Faktoren:

- Zeitpunkt der Kontrolle
- Ort der Kontrolle
- Umfang der Kontrolle
- Art und Weise der Kontrolle

Zeitpunkt der Kontrolle

Die Kontrolle kann **sofort bei der Entnahme der Artikel** durch den Kommissionierer erfolgen. Sie kann aber auch **später** erfolgen, z. B. bevor der kommissionierte Auftrag die Kommissionierzone verlässt oder **vor dem Verpacken** der Ware.

Ort der Kontrolle

Je nachdem, wann die Kontrolle erfolgt, ändert sich auch der **Ort** der Kontrolle. Der Ort kann das Regal sein, das Förderband, über das der Auftrag die Kommissionierzone verlässt, oder der Packplatz.

Umfang der Kontrolle

Bezüglich des Umfangs der Kontrolle unterscheidet man die komplette Kontrolle der Kommission oder die Stichprobenkontrolle.

Art und Weise der Kontrolle: manuell oder automatisch

Besonders wichtig ist, auf welche Art und Weise die Kontrolle erfolgt. Die **Kontrolle** kann **manuell** oder **automatisch** erfolgen.

Art und Weise der Kontrolle	
Manuelle Kontrolle	Der Kommissionierer wiegt, zählt oder misst die entnommenen Artikel per Hand. Danach quittiert er dies auf dem Kommissionierbeleg. Dieser Arbeitsschritt erfolgt bei der Kommissionierung mit einem Beleg zum ersten Mal gleich am Regal. Wenn die Verpackung in einem gesonderten Arbeitsschritt erfolgt, kann die Ware vor dem Verpacken erneut kontrolliert und auf dem Lieferschein abgehakt werden.
Automatische Kontrolle	Die Kontrolle kann insbesondere bei der beleglosen Kommissionierung automatisch erfolgen. Die Verpackungseinheiten werden z. B. **gescannt** oder vom **RFID-Transponder eingelesen**. Zusätzlich kann eine automatische Kontrolle durch **Wiegen** erfolgen. Hierbei wird der Kommissionierbehälter nach der Kommissionierung gescannt und gewogen. Im Lagerverwaltungsrechner ist das Gewicht jedes Artikels und jedes Behälters hinterlegt. So kann ermittelt werden, ob das errechnete Gewicht der Kommission mit dem durch die Waage ermittelten Wert übereinstimmt. Grenzen findet die automatische Kontrolle durch Wiegen dort, wo die Artikel sehr unterschiedlich sind, zum Beispiel, wenn im Pharmabereich für einen Auftrag ganz leichte Spritzen und schwere Glasbehälter kommissioniert werden. Eine weitere Möglichkeit der automatischen Kontrolle besteht in der **optischen Kontrolle** bzw. Sichtprüfung durch Kameras: Eine Kamera schaut in den Kommissionierbehälter und gleicht die kommissionierten Artikel mit dem Auftrag ab. Dazu müssen Bilder der Artikel in der Datenbank des Lagerverwaltungsrechners hinterlegt sein.

2.3 Organisationssystem der Kommissionierung

Das Organisationssystem besteht aus drei Teilsystemen.

Organisationssystem

Betriebsorganisation	Aufbauorganisation	Ablauforganisation
Sie bestimmt die Reihenfolge, in der die eingegangenen Aufträge bearbeitet werden.	Sie bestimmt die Lagerzonen.	Sie bestimmt die Kommissioniermethode und die Wegstrategie.

2.3.1 Betriebsorganisation

Bei der Festlegung, in welcher Reihenfolge die Kommissionieraufträge abgearbeitet werden, sind insbesondere folgende Aspekte zu bedenken:

- Auftragsgröße
- Bedeutung des Kunden
- Versandart
- Auftragsdurchlaufzeit im Kommissionierbereich
- Menge an Aufträgen
- Liefertermine, Eilaufträge

Folgende Überlegungen sind bei der Betriebsorganisation zu beachten und müssen bei einer EDV-gesteuerten Lagerorganisation als **Entscheidungsgrößen** im System hinterlegt sein:

- Eilaufträge müssen bevorzugt kommissioniert werden.
- Bei einem 24-Stunden-Lieferservice müssen Sendungen, die zum Beispiel von München nach Kassel (Entfernung 480 km) transportiert werden sollen, früher kommissioniert werden als solche Sendungen, deren Empfänger im Nahbereich (unter 100 km Entfernung) angesiedelt sind.
- Aufträge für wichtige Kunden müssen eventuell vorgezogen werden.
- Aufträge, die zu einer gemeinsamen Tour gebündelt werden sollen, sollten so bearbeitet werden, dass alle Aufträge für die Tour rechtzeitig bereitstehen.
- Mit großen Aufträgen, die eine lange Auftragsdurchlaufzeit haben, muss eventuell früher begonnen werden als mit Aufträgen, die nur wenige Positionen umfassen.

2.3.2 Aufbauorganisation

Bei der Festlegung der Aufbauorganisation eines Lagers geht es vor allem um die Bildung von Kommissionierzonen. Außerdem muss die Frage entschieden werden, wie der Nachschub sichergestellt werden soll.

Kommissionierzonen

Artikel mit ähnlichen Eigenschaften werden in einem gemeinsamen Lager- bzw. Kommissionierbereich bereitgestellt. Eine **Kommissionierzone** fasst Artikel mit ähnlichen Eigenschaften räumlich zusammen. Tiefkühlware beispielsweise wird man nicht in der gleichen Zone kommissionieren wie Textilien, sondern gemeinsam mit anderen Artikeln, die tiefgekühlt werden müssen.

Bei Schnelldrehern lohnt sich die Automatisierung des Kommissioniervorgangs, für Langsamdreher ist das zu teuer im Verhältnis zu der möglichen Einsparung von Personalkosten.

Bildung von Kommissionierzonen

Folgende Kriterien müssen bei der Zusammenfassung von Artikeln zu Kommissionierzonen berücksichtigt werden:

- Größe, Abmessungen und Transporteigenschaften der Artikel
- mengenmäßiger Umschlag (Umschlagmenge, Zugriffshäufigkeit)
- besondere Eigenschaften (z. B. Kühlware, Schüttgut, Gefahrgut)

Je nachdem, wie viele Artikel ein Betrieb führt, wie unterschiedlich diese sind und welche Artikelmengen anfallen, werden mehrere Kommissionierzonen gebildet. In den meisten Betrieben gibt es zumindest zwei verschiedene Kommissionierzonen: Die Lagerung und Kommissionierung von Paletten erfolgt in anderen Regalen und in einem anderen Bereich als die Kommissionierung von Kleinteilen.

Integrierte Kommissionierung

In vielen kleinen Betrieben wird aus dem Vorratslager heraus kommissioniert. Soll jedoch eine möglichst hohe Leistung der Kommissionierer erreicht werden, trennt man in der Regel die Vorrats- oder Nachschublagerung und den Kommissionierbereich. Eine wichtige Festlegung bei der Aufbauorganisation betrifft also die Frage, ob die Kommissionierung getrennt vom Reservelager sein soll oder ob Kommissionierung und Reservelagerung im gleichen Bereich stattfinden sollen.

Wenn Kommissionierung und Reservelagerung in einer Lagerzone angesiedelt sind, spricht man von **integrierter Kommissionierung**. Diese kann so aussehen, dass in einem Fachbodenregal, einem Durchlaufregal oder einem Palettenregal die Lagerung erfolgt und aus diesen Regalen auch kommissioniert wird.

Es gibt auch die Möglichkeit, Kommissionierung und Reservelager zwar gemeinsam in einem Lagerbereich zu haben, aber die beiden Tätigkeiten durch die Regaltechnik zu trennen. Dadurch kann die Kommissionierleistung erhöht werden. Durch die Trennung von Kommissionierung und Beschickung durch Regaltechnik wird außerdem die Arbeit sicherer.

Die folgenden Abbildungen zeigen zwei beispielhafte Lösungen für integrierte Kommissionierung:

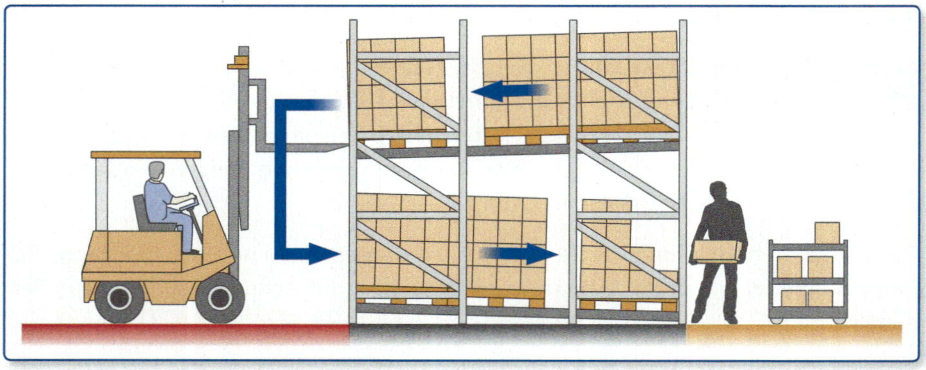

Integrierte Kommissionierung mit Durchlaufregalen in gegenläufiger Anordnung der Kanäle (Lagerbereich: rot, Kommissionierbereich: orange)

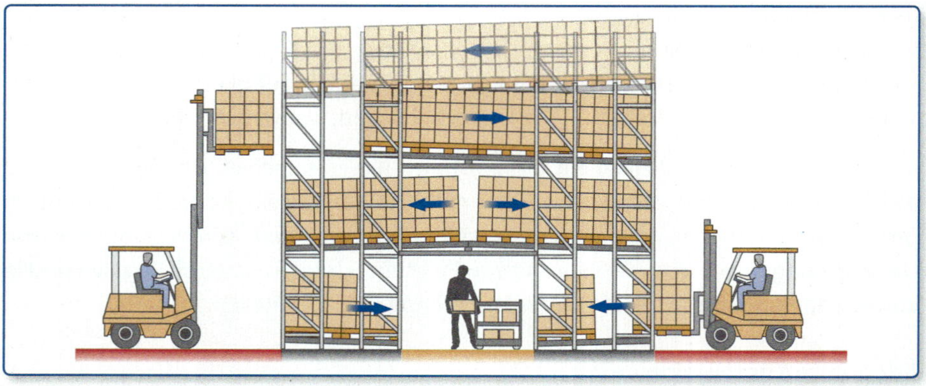

Integrierte Kommissionierung mit Einschub- und Durchlaufregalen und zentralem Kommissioniertunnel für große Mengen je Artikel

2.3.3 Ablauforganisation

> Tipp: ***Der Begriff** Methode **leitet sich aus dem griechischen Wort „methodos" (dt. Weg) ab.***

Die Ablauforganisation befasst sich mit der Frage, wie ein Auftrag eine oder mehrere Kommissionierzonen durchläuft: Bearbeitet jeder Kommissionierer **seinen** Auftrag oder wird der Auftrag auf **mehrere** Kommissionierer verteilt? Diese Festlegung erfolgt mit der Entscheidung für eine Kommissioniermethode.

Bei der Betrachtung der Kommissioniermethoden geht es darum, auf welchem Weg und auf welche Art und Weise die Kommissionieraufträge bearbeitet werden. Im Rahmen der Ablauforganisation ist außerdem zu entscheiden, ob in allen Zonen nach der gleichen Methode kommissioniert wird oder ob in verschiedenen Zonen unterschiedliche Methoden eingesetzt werden. Auch die Entscheidung, welche Wegstrategie der Kommissionierer bei der Abarbeitung der Aufträge befolgen soll, gehört zur Ablauforganisation.

2.3.3.1 Kommissioniermethoden

Die Kommissioniermethode ist das wichtigste Element der Ablauforganisation.

> ***Der Begriff Kommissioniermethode beschreibt die Art und Weise, wie die Aufträge auf die Kommissionierer verteilt werden.***

Aus der Sicht der Arbeitsaufteilung unterscheidet man vier Methoden:

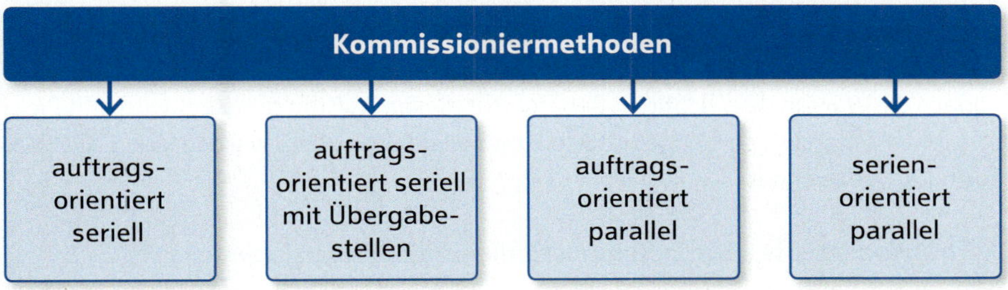

Auftragsorientierte serielle Kommissionierung

auftragsorientierte serielle Kommissionierung
serial order picking/ sequential order picking

Die Methode der auftragsorientierten seriellen Kommissionierung ist am einfachsten zu organisieren. Grundlage für die Kommissionierung ist der einzelne Kundenauftrag oder die Anforderung der Produktion. Die Kommissionierer bearbeiten **einen Auftrag nach dem anderen**. Diese Methode funktioniert ohne große Vorbereitung.

In einem kleinen Lager, in dem die Mitarbeiter die Lagerplätze kennen, muss nicht einmal ein besonderer Kommissionierbeleg erstellt werden. Ein Auftrag wird **nicht** auf mehrere Kommissionierer verteilt, sondern jeder Kommissionierer arbeitet seine Aufträge allein ab. Fehler können also direkt demjenigen zugeordnet werden, der den Auftrag kommissioniert hat.

Ein wesentlicher Nachteil dieser Methode sind die langen Wege, wenn die Ware nach dem Prinzip *Mann zur Ware* bereitgestellt wird.

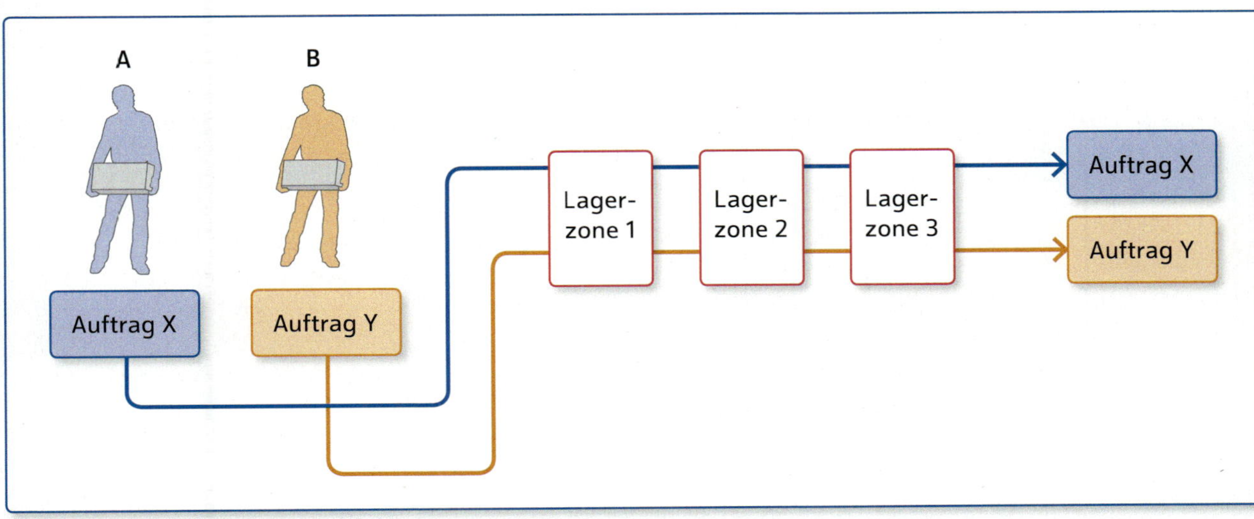

Auftragsorientierte serielle Kommissionierung

Multi-Order-Picking

Eine besondere Form der auftragsorientierten seriellen Kommissionierung ist das **Multi-Order-Picking**. Bei dieser Form der Kommissionierung werden von **einem** Kommissionierer **mehrere Aufträge gleichzeitig** bearbeitet. Meistens hat der Kommissionierer ein Fahrzeug, auf dem sich mehrere Kommissionierbehälter befinden. Er durchläuft oder durchfährt den kompletten Gang bzw. die komplette Lagerzone,

Pick Term Cart

entnimmt die Artikel für mehrere Aufträge und legt sie jeweils in den richtigen Auftragsbehälter ab. Der Kommissionierer kann zum Beispiel mit Headset oder Datenbrille zum jeweiligen Entnahmeplatz geleitet werden. Die Ablagebehälter auf dem Kommissionierfahrzeug können mit Lichtsignalen ausgestattet sein (**Pick-to-Light**), sodass die Ware in dem richtigen Behälter für diesen Auftrag abgelegt wird. Mit Pick-to-Light-Fachanzeigen ausgestattete Kommissionierwagen werden auch als **Pick Term Cart** bezeichnet.

Auftragsorientierte serielle Kommissionierung mit Übergabestellen

Wenn man ein großes Lager hat oder sehr unterschiedliche Waren kommissionieren muss, kann man **Übergabestellen** einrichten. Dafür wird das Kommissionierlager in verschiedene Zonen aufgeteilt. Kommissionierer A greift die Artikel in Lagerzone 1 und gibt dann den halbfertigen Auftrag weiter an den nächsten Kommissionierer B, der die Artikel aus seiner Lagerzone 2 kommissioniert und in den Auftragsbehälter legt.

In der Speedbike GmbH & Co. KG kommissioniert Pascal Riehm einen Auftrag der Schöner Wohnen GmbH. Im Lager für Handelswaren entnimmt er aus der Lagerzone 1 die Radlerhosen, die auf dem Kommissionierauftrag stehen. Wenn er fertig ist, übergibt er den Behälter mit den kommissionierten Artikeln und den Kommissionierbeleg an den nächsten Kommissionierer, Diana Witt. Sie entnimmt in Lagerzone 2 die bestellten Reparatursets. Am Ende gibt sie die Radlerhosen zusammen mit den Reparatursets beim Versand ab.

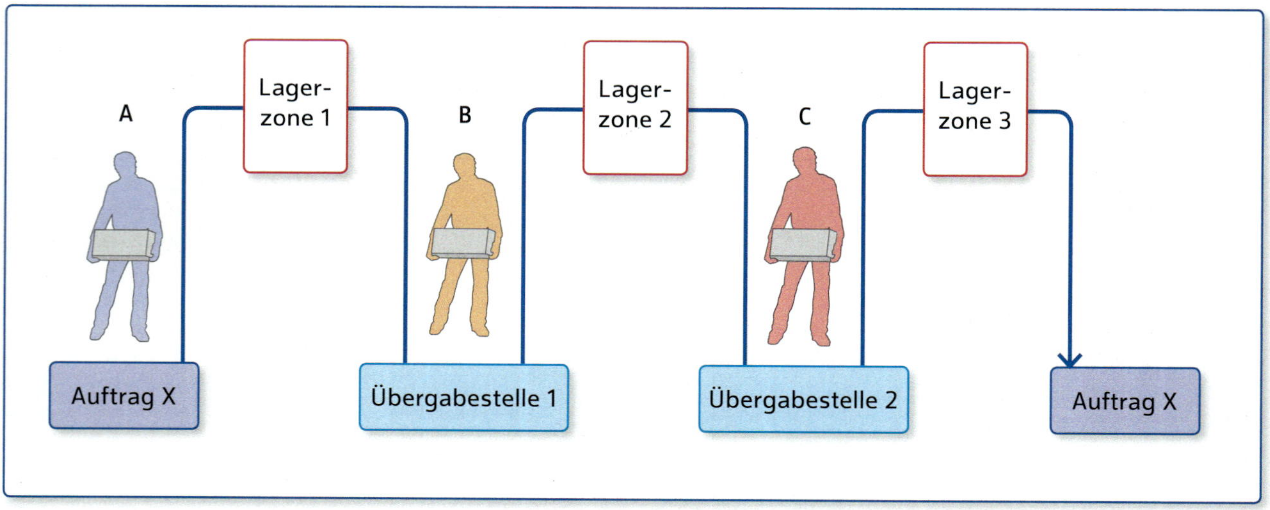

Auftragsorientierte serielle Kommissionierung mit Übergabestellen

Ein Vorteil der auftragsorientierten seriellen Kommissionierung mit Übergabestellen ist die einfache Organisation. Der Auftrag wird nicht geteilt, sondern zusammen mit der Ware weitergegeben. Allerdings müssen die erst zum Teil kommissionierten Aufträge an einer Übergabestelle zwischengelagert werden. Dadurch entsteht Platzbedarf und die Auftragsdurchlaufzeiten verlängern sich.

Es ist auch schwierig, die Kommissionierer in den verschiedenen Zonen gleichmäßig mit Arbeit zu versorgen. Dies kann man sich anhand des Beispiels gut verdeutlichen:

> Bei der Speedbike GmbH & Co. KG umfasst ein Auftrag selten genauso viele Bekleidungsartikel wie Montagesets. Entnahme und Transport der verschiedenartigen Teile nehmen unterschiedlich viel Zeit in Anspruch. So entstehen Wartezeiten für die Kommissionierer.

Auftragsorientierte parallele Kommissionierung

auftragsorientierte parallele Kommissionierung
parallel order picking

Wenn die Aufträge in der Regel mehrere Positionen umfassen, die aus unterschiedlichen Lagerzonen kommissioniert werden, ist die auftragsorientierte parallele Kommissionierung sinnvoll. Dabei wird der einzelne Auftrag geteilt. Die Teilaufträge werden von mehreren Kommissionierern gleichzeitig, parallel, bearbeitet. Nachdem die Teilaufträge abgearbeitet sind, werden die Teilkommissionen an einer **Sammelstelle** wieder zum Gesamtauftrag zusammengefügt.

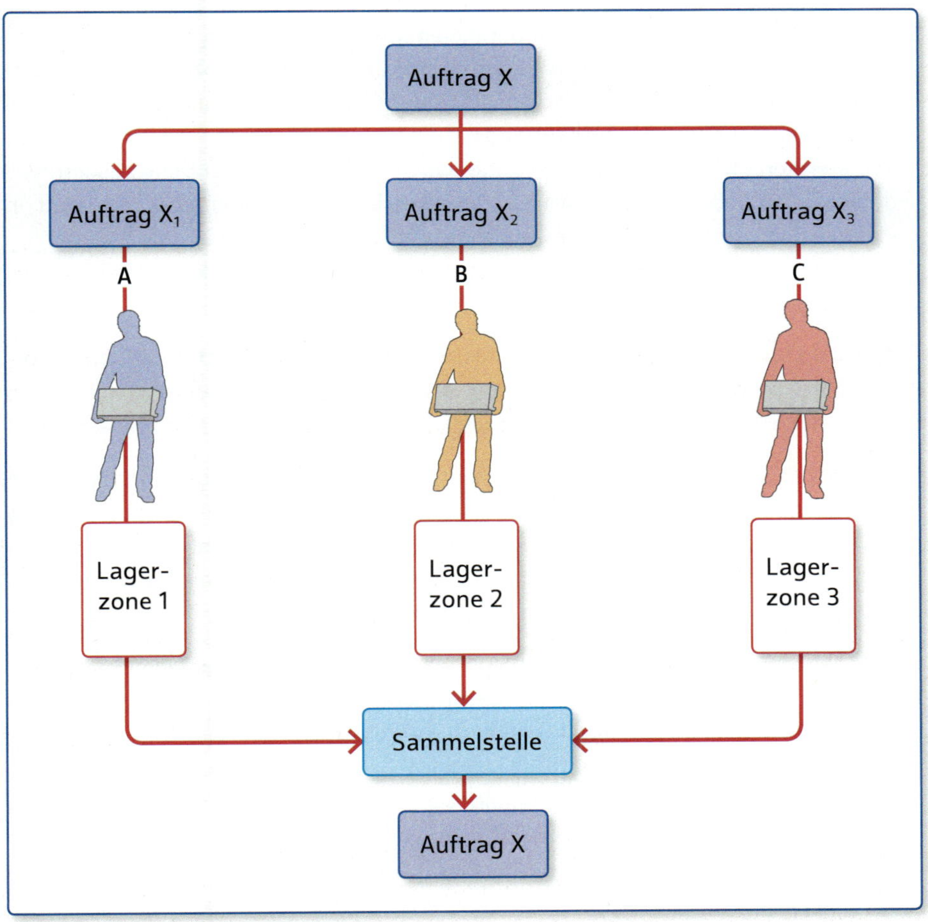

Auftragsorientierte parallele Kommissionierung

> Ein Kundenauftrag bei der Schöner Wohnen GmbH umfasst so verschiedene Artikel wie Badewannen, die mit dem Stapler kommissioniert werden müssen, und Schrauben für die Montage, die an einem festen Kommissionierplatz im automatischen Kleinteilelager kommissioniert werden. Kommissionierer Marcel Fröhlich kommissioniert mit dem Stapler die Badewannen. Währenddessen, parallel, kommissioniert Anja Schön die Kleinteile. An einer Sammelstelle werden die beiden Teilkommissionen des Auftrags wieder zusammengeführt.

Die Aufteilung der Kommissionieraufträge setzt eine genaue Abstimmung der Kommissionierer untereinander oder eine aufwendige Vorbereitung über die EDV voraus. Ein Vorteil der auftragsorientierten parallelen Kommissionierung sind die kurzen Durchlaufzeiten. Kurze Durchlaufzeiten können realisiert werden, da **mehrere** Kommissionierer **parallel** an **einem Auftrag** arbeiten.

Serienorientierte parallele Kommissionierung (zweistufige Kommissionierung)

serienorientierte parallele Kommissionierung
parallel serial order picking/ parallel sequential order picking

Die Methode der **serienorientierten parallelen Kommissionierung** eignet sich, wenn viele Aufträge mit vielen Einzelpositionen der gleichen Artikel bearbeitet werden sollen. Sie wird auch zweistufige Kommissionierung genannt. Hier unterscheidet man **zwei Stufen** des Kommissioniervorgangs:

- In der **ersten Stufe** werden die Aufträge gesammelt und zu einer Serie zusammengefasst. Dadurch können die Artikel, die in mehreren Aufträgen enthalten sind, in einem Arbeitsschritt als Sammelentnahme entnommen werden.
- In der **zweiten Stufe** werden die entnommenen Artikel wieder den einzelnen Kundenaufträgen zugeordnet.

Für die Durchführung dieser Kommissioniermethode ist eine EDV-Unterstützung notwendig, da an einem Auftrag mehrere Kommissionierer in verschiedenen Lagerzonen gleichzeitig arbeiten und außerdem parallel mehrere Aufträge bearbeitet werden.

Wesentlicher **Vorteil** dieser Kommissioniermethode ist die Wegoptimierung, da die Stellplätze nur einmal pro Serie aufgesucht werden. Dadurch werden eine Verkürzung der Wegzeit und eine hohe Kommissionierleistung erzielt. Als **Nachteile** ergeben sich relativ hohe Auftragsdurchlaufzeiten sowie ein hoher Organisationsaufwand durch die Vorbereitung und Zusammenführung der Aufträge.

Put-to-Light

Für die zweite Kommissionierstufe werden oft **automatische Sortieranlagen** eingesetzt. Eine andere Möglichkeit sind **Sortierregale mit Lichtsignalen**, sogenannte **Put-to-Light-Systeme**. Das Lichtsignal im passenden Fach wird durch das Einscannen eines Artikels ausgelöst. Sobald der Mitarbeiter diesen abgelegt hat und den nächsten Artikel scannt, registriert das System dies als Bestätigung. Der einsortierte Artikel wird in den Auftrag ein- und aus dem Warenbestand ausgebucht, und im Regal leuchtet ein Fach für den nächsten Sortiervorgang. Ist die aktuell gepickte Ware für denselben Auftrag bestimmt, so zeigt ein Blinken an, dass erneut dasselbe Fach zu bedienen ist.

5366272

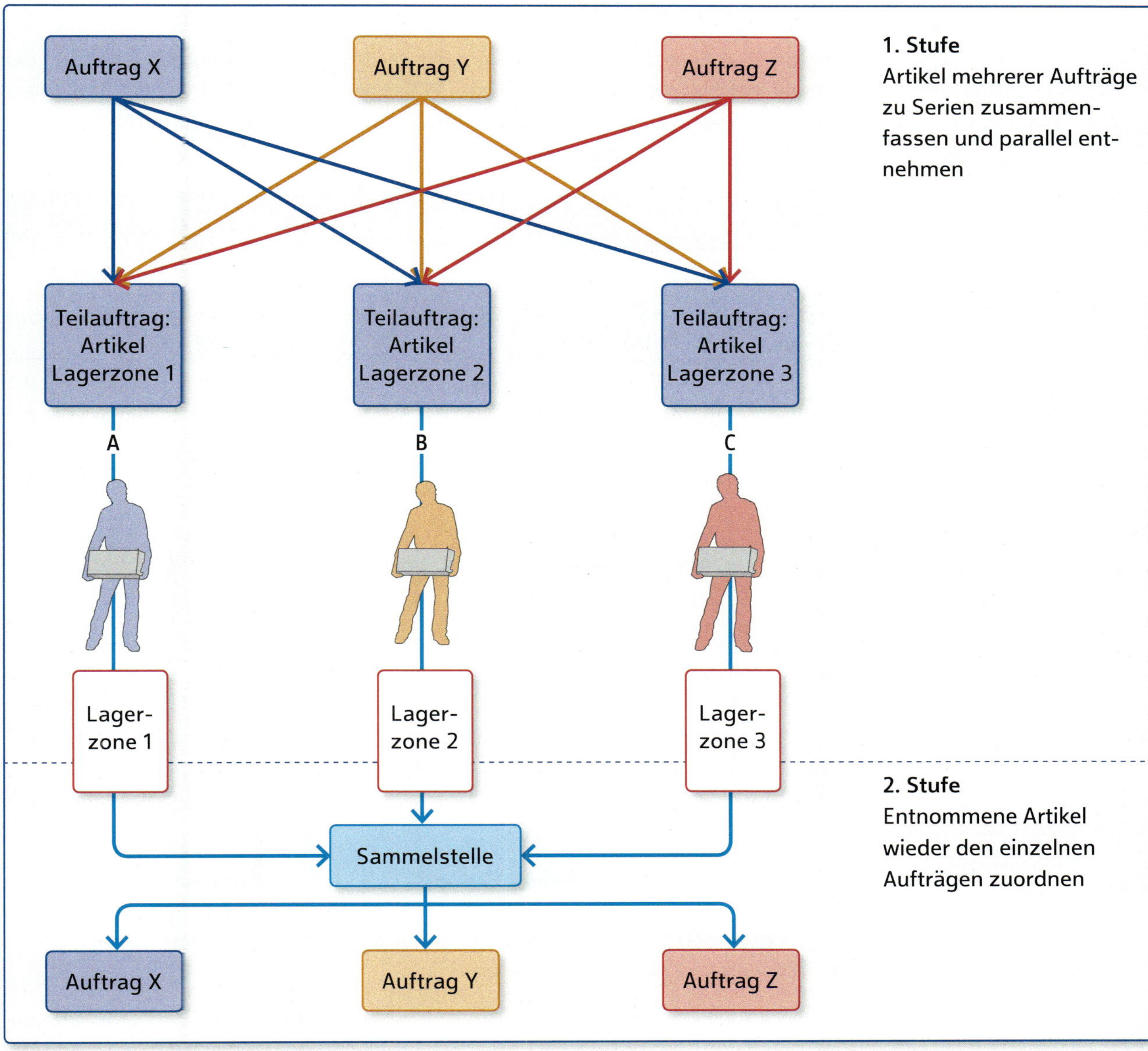

Serienorientierte parallele Kommissionierung

Auftragsorientierte serielle Kommissionierung:
Ein Auftrag wird Position für Position kommissioniert.

Auftragsorientierte parallele Kommissionierung:
Ein Auftrag wird in mehreren Lagerzonen zeitgleich (parallel) abgearbeitet.

Serienorientierte parallele Kommissionierung:
Aus den Artikeln mehrerer Aufträge wird eine Serie gebildet. Die Artikel für mehrere Aufträge (Serie) werden in einem Arbeitsschritt gesammelt kommissioniert. Dies erfolgt parallel in mehreren Kommissionierzonen.

2.3.3.2 Wegstrategien

Die größten Reserven für die Verkürzung der Kommissionierzeit bestehen bei der **Optimierung der Kommissionierwege**. Man unterscheidet hierbei zwei Strategien: die Rundgangstrategie und die Stichgangstrategie. Für weitere Informationen zu den Wegstrategien: [▸ Lernfeld 2].

Die Unternehmensentscheidung, welche Strategie gewählt wird, hängt von der Zusammensetzung der Aufträge, den Transportiereigenschaften der Artikel, der Sortimentsbreite und -tiefe sowie vom Automatisierungsgrad der Lagertechnik ab.

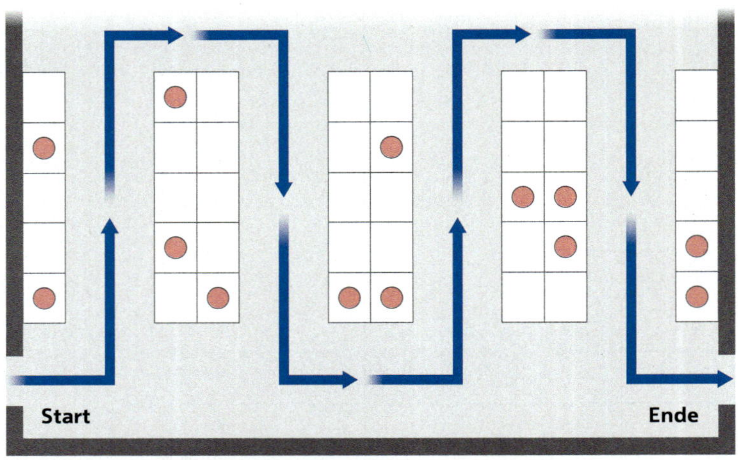

Rundgangstrategie (Einbahnstraßensystem)

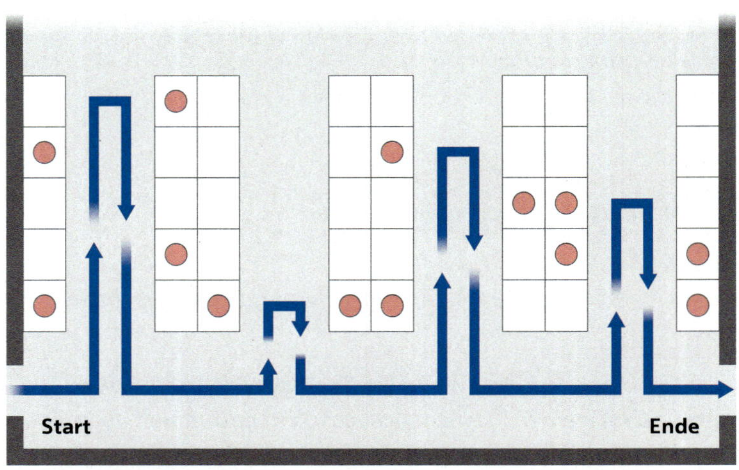

Stichgangstrategie

3 Kommissionierzeit und Kommissionierleistung

Atomisierung

Das Kommissionieren ist in den meisten Lagern die Tätigkeit mit dem höchsten Personalbedarf. Die Anforderung, diese Tätigkeit möglichst zeitsparend zu organisieren, nimmt zu. Bestellungen einzelner Teile lassen sich im Internet bequem und schnell durchführen. Ein 24-Stunden-Lieferservice ist inzwischen üblich. Dies führt zu immer kleineren Aufträgen. Man spricht von **Atomisierung**.

Dadurch steigen die Aufwendungen für das Kommissionieren und Versenden der Ware, es entstehen höhere Kosten im Verhältnis zum Umsatz. Wenn es gelingt, die für die Kommissionierung benötigte Zeit zu verringern, können Kosten gespart werden.

> ***Die Kommissionierzeit umfasst alle Arbeitsschritte von der Entgegennahme des Kommissionierauftrags bis zur Übergabe der Ware an die Packerei oder die Versandbereitstellung.***

3.1 Zusammensetzung der Kommissionierzeit

Um besser zu erkennen, bei welchen Teilschritten der Kommissionierung Arbeitszeit eingespart werden kann, wird die Kommissionierzeit in fünf Bestandteile unterteilt.

Basiszeit

Basiszeit
standard picking time

Die Basiszeit wird pro Auftrag ermittelt. Sie umfasst alle **organisatorischen Vorgänge**, die notwendig sind für die **Vor- und Nachbereitung** der Abwicklung des Auftrages:

- Kommissionieraufträge entgegennehmen und nach unterschiedlichen Kriterien sortieren, wie z. B. Liefertermin, Lagerzonen, Kundengruppe
- Kommissionierfahrzeug übernehmen und Funktions- und Sichtprüfung durchführen
- geeignete Sammel- oder Versandbehälter bereitstellen
- Behälter codieren und etikettieren
- Pickliste entsprechend der Wegstrategie ordnen
- gefüllte Behälter abgeben
- wenn nötig, Abhol- bzw. Versandtermin mit Kunden und Subunternehmen abstimmen

Wegzeit

Wegzeit
search time/ way time

Die Wegzeit ist die Zeit, die durchschnittlich **für den Gang** bzw. **die Fahrt** zwischen zwei Entnahmeplätzen sowie von der Annahmestelle bis zum ersten Entnahmeplatz und vom letzten Entnahmeplatz bis zur Abgabestelle benötigt wird. Die Wegzeit wird **pro Position** ermittelt. Sie ist von folgenden Faktoren abhängig.

- Lagergröße
- Lagersystem (Fest- oder Freiplatzsystem)
- Automatisierungsgrad
- Verfahren der Bereitstellung (statische oder dynamische Bereitstellung)
- Kommissioniermethoden
- Wegstrategien

Greifzeit

Greifzeit
picking time

Die Greifzeit wird **pro Stück/pro Pick** ermittelt und umfasst die **Entnahme** des Artikels aus dem Stellplatz und die **Ablage** in einen Behälter bzw. auf dem Förderzeug. Die Greifzeit wird von folgenden Faktoren beeinflusst:
- Geschicklichkeit der Kommissionierer
- Beschaffenheit der Artikel: Größe, Volumen, Gewicht
- Ebene des Stellplatzes bzw. Griffhöhe
- Gestaltung der Regalfront
- Verpackungseinheit der Artikel

Totzeit

Totzeit
dead time/lost time

Die Totzeit ist die durchschnittlich pro Auftragszeile (Position) benötigte Zeit für solche Tätigkeiten **am Regal**, die zur Vor- und Nachbereitung des Greifvorgangs nötig sind. Diese Zeit für Kontrollschritte oder Nebentätigkeiten nennt man auch **Nebenzeit** oder **Rüstzeit**. Sie beinhaltet folgende Tätigkeiten:
- den Stellplatzes suchen
- die entnommenen Artikel kontrollieren, zählen, messen, wiegen
- Anbruch bilden
- Artikel etikettieren
- Entnahme quittieren und wenn nötig, den Abgang auf der Lagerfachkarte festhalten

Verteilzeit
process allowance/ allocated time

Verteilzeit

Über den gesamten Arbeitstag sind auch Vorgänge verteilt, die mit der eigentlichen Erledigung des Kommis-sionierauftrages **nichts zu tun** haben. Je nachdem, ob die Ursachen dieser Vorgänge betrieblich sind oder in der Person des Kommissionierers liegen, spricht man von **betrieblicher** oder **persönlicher Verteilzeit**.
- Zur **betrieblichen Verteilzeit** gehören das Warten auf Transportmittel oder -behälter und das Warten auf den nächsten Auftrag, auf Informationen und Anweisungen.
- Zur **persönlichen Verteilzeit** zählen Pausen, Telefonate, Toilettengänge, Nase putzen.

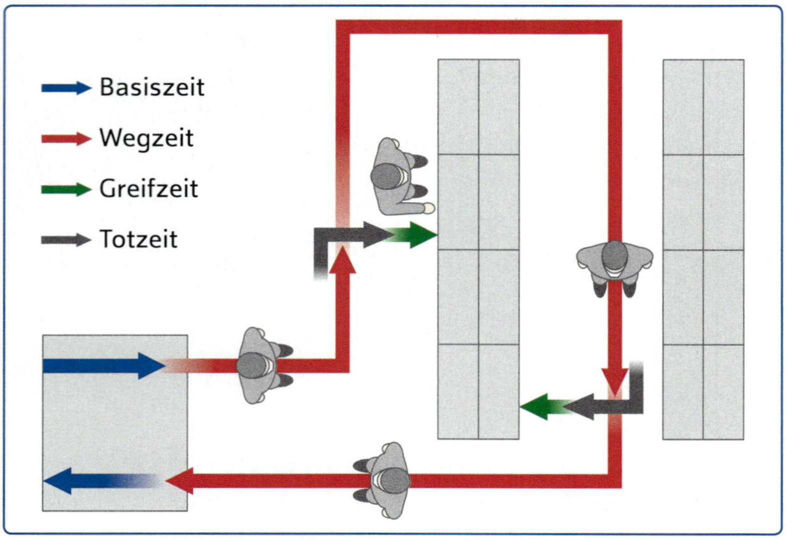

Verteilung der Kommissionierzeiten

3.2 Möglichkeiten zur Verkürzung der Kommissionierzeit

Da die Kommissionierung meist mit einem hohen Personalbedarf verbunden ist, kann es zu erheblichen Einsparungen führen, wenn es gelingt, die Kommissionierzeit zu verkürzen.

Die **Basiszeit** kann man mit folgenden Maßnahmen optimieren:
- beleglos kommissionieren
- Kommissionieraufträge gut lesbar gestalten und nach bestimmten Kriterien sortieren: Lagerzone, Liefertermin usw.
- dezentrale Abgabestellen einrichten
- Lagertechnik, Verpackung und Verpackungshilfsmittel in der Nähe der Kommissionierplätze stationieren

Die **Wegzeit** kann man mit folgenden Maßnahmen verringern:
- wegeoptimierte Kommissionierlisten nutzen
- Durchlaufregale einsetzen
- Stichgangstrategie anwenden
- Flurförderzeuge einsetzen
- Stellplatzvergabe nach der Zugriffshäufigkeit der Artikel vornehmen
- serienorientierte parallele Kommissioniermethode oder Multi-Order-Picking anwenden

Bei dynamischer Bereitstellung (Ware zum Mann) entfällt die Wegzeit.

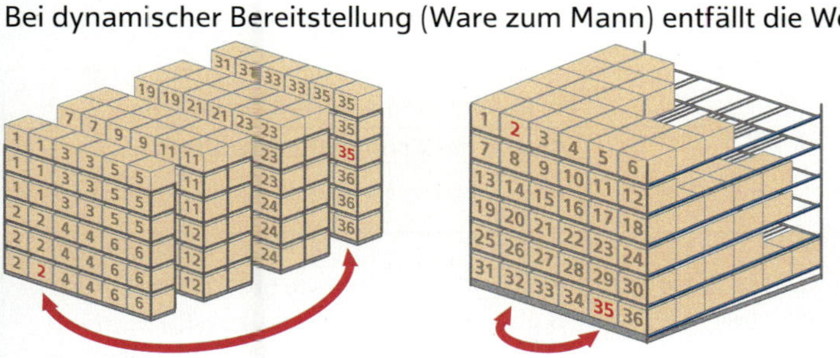

Vergleich der Wegzeit: Die Wegzeit beträgt beim Kommissionieren aus einem Durchlaufregal 40 % der Wegzeit beim Kommissionieren aus einem Fachbodenregal.

Die **Greifzeit** ist mit folgenden Maßnahmen zu verkürzen:
- beleglose Kommissionierverfahren anwenden, damit die Ware beidhändig entnommen werden kann
- Schnelldreher in Greifhöhe positionieren
- Verpackungseinheiten bündeln
- Regalfront greiffreundlich gestalten, z. B. durch Abschrägen der Fachböden

Abgeschrägte Regalfronten verringern die Greifzeit

Auch die **Totzeit** kann durch verschiedene organisatorische Maßnahmen verkürzt werden:
- die Benutzung von Zählwaagen
- die Anwendung von Strichcodierung oder RFID-Transpondern an der Ware
- eine deutliche Beschriftung der Stellplätze
- Vorverpackung der Artikel in kundengerechte Einheiten
- Einsatz von beleglosen Kommissioniersystemen

Die **Verteilzeit** lässt sich durch folgende Maßnahmen verkürzen:
- Einführung von Gleitzeit, um die Pausen flexibel zu gestalten
- andere flexible Arbeitszeitmodelle (z. B. Arbeitszeitkonten)

- leistungsorientierte Bezahlung, z. B. Prämienlohnsysteme
- Motivation der Mitarbeiter z. B. durch bessere Arbeitsplatzgestaltung
- Schaffung eines guten Betriebsklimas

3.3 Kennzahlen für die Leistung von Kommissioniersystemen

Für jedes Unternehmen ist es wichtig zu wissen, was die Kommissionierung der Ware kostet und ob die Kommissionierer ihre Arbeit fehlerfrei und zügig erledigen. Damit sind drei wichtige Gesichtspunkte für die Beurteilung der Leistung eines Kommissioniersystems benannt.

Leistung eines Kommissioniersystems

Kosten der Kommissionierung	Qualität der Kommissionierung	Leistung der Kommissionierer

Kosten der Kommissionierung

Die Kommissionierkosten werden **pro Auftrag** ermittelt, also nicht pro Position auf dem Kommissionierbeleg oder pro Pick.

$$\text{Kommissionierkosten pro Auftrag} = \frac{\text{Kommissionierkosten gesamt}}{\text{Anzahl der Kommissionieraufträge}}$$

In der Speedbike GmbH & Co. KG werden im Handelswarenlager monatlich durchschnittlich 1800 Aufträge kommissioniert. Die Aufwendungen für Material, Lagereinrichtung und die dort beschäftigten Mitarbeiter betragen 7 200,00 € monatlich. Die Kommissionierkosten pro Auftrag betragen 4,00 €.

Qualität der Kommissionierung

Die Qualität der Kommissionierung ist hoch, wenn die Zahl der Fehler gering ist. Die Tabelle zeigt die vier häufigsten Kommissionierfehler.

Häufigste Kommissionierfehler

Position übersehen (Auslassungsfehler)	falsche Anzahl gegriffen (Mengenfehler)	falschen Artikel kommissioniert (Typenfehler)	beschädigte Ware kommissioniert/ Ware beim Kommissionieren beschädigt (Zustandsfehler)

5366278

Weitere Fehlerursachen liegen in der **Beschickung des Lagerfachs**: Wenn die Ware im falschen Fach eingelagert wurde, wird die falsche Ware kommissioniert, obwohl der Kommissionierer aus dem richtigen Lagerfach entnommen hat.

Die Fehlerquote wird auf der Basis der durch Retouren festgestellten Fehler ermittelt.

$$\textit{Fehlerquote} = \frac{\textit{Kommissionierfehler} \cdot 100}{\textit{Anzahl der Kommissionierungen gesamt}}$$

Diese Fehlerquote kann individuell pro Kommissionierer und Zeitraum erfasst werden oder pro Abteilung nach Warengruppen. Es können Fehlerquoten unter 1 Promille erreicht werden.

Im letzten Monat gab es im Handelswarenlager der Speedbike GmbH & Co. KG 9 Retouren aufgrund fehlerhafter Kommissionierung. Die Fehlerquote liegt bei 0,5 %.

Pick-by-Balance

Vermeidung von Kommissionierfehlern aufgrund falscher Entnahmemengen

Im Bereich der Kleinteilekommissionierung lassen sich durch ***Pick-by-Balance***, d.h. einer Kombination aus Pick-by-Light und Waagen mit Zählfunktion, die unterhalb eines jeden Lagerbehälters angebracht sind, Kommissionierfehler aufgrund falscher Entnahmemengen vermeiden. Jede Artikelentnahme wird umgehend durch die Gewichtsveränderung registriert. Hat der Kommissionierer die korrekte Menge entnommen, erfolgt die Quittierung automatisch. Bei falscher Entnahmemenge wird der Kommissionierer über eine Anzeige am Lagerfach direkt auf seinen Fehler aufmerksam gemacht.

Leistung der Kommissionierer

Ermittlung der Leistung

Um die Leistung der Kommissionierer zu ermitteln, ist es erforderlich, ein System von Kennzahlen einzusetzen. Folgende Größen können erfasst werden:

Kennzahlen der Kommissionierleistung

- Arbeitsintensität
- Arbeitsproduktivität (Kommissionierleistung)
- Pickleistung
- Sammelleistung

Arbeitsintensität

Wenn ein Kommissionierauftrag viele einzelne Positionen hat, ist seine Arbeitsintensität hoch. Die Arbeitsintensität misst das Verhältnis zwischen Positionen und Anzahl der Kommissionieraufträge für einen bestimmten Zeitraum.

$$\textit{Arbeitsintensität} = \frac{\textit{Anzahl der Kommissionierpositionen}}{\textit{Anzahl der Kommissionieraufträge}}$$

An einem durchschnittlichen Arbeitstag werden im Handelswarenlager der Speedbike GmbH & Co. KG 900 Positionen kommissioniert. Diese 900 Positionen verteilen sich auf 90 Aufträge. Die Arbeitsintensität eines durchschnittlichen Auftrags liegt bei 10 Positionen pro Auftrag.

Arbeitsproduktivität (Kommissionierleistung)

Die Leistung des einzelnen Kommissionierers (Arbeitsproduktivität) kann man pro Arbeitstag, Woche, Quartal usw. erfassen und mit der Leistung anderer Mitarbeiter vergleichen. Oft setzt sich der Lohn eines Kommissionierers aus seiner Kommissionierleistung und seiner Fehlerquote zusammen.

$$\textit{Kommissionierleistung} = \frac{\textit{Anzahl der Aufträge}}{\textit{Arbeitszeit}}$$

$$\textit{Kommissionierleistung} = \frac{\textit{Anzahl der Positionen}}{\textit{Arbeitszeit}}$$

Im Handelswarenlager der Speedbike GmbH & Co. KG bearbeitet ein Kommissionierer an einem achtstündigen Arbeitstag 32 Aufträge mit je 10 Positionen. Seine Kommissionierleistung liegt bei 4 Aufträgen pro Stunde oder 40 Positionen pro Stunde.

Pickleistung

Wenn nicht der Auftrag, sondern die einzelnen Greifeinheiten zur Berechnung herangezogen werden, spricht man von der **Pickleistung**.

Pickleistung = Anzahl der Picks pro Stunde

Im Handelswarenlager der Speedbike GmbH & Co. KG besteht jede Position aus durchschnittlich 3 Einzelteilen. Die Pickleistung des Kommissionierers liegt bei 120 Picks pro Stunde.

Sammelleistung

Eine andere Möglichkeit besteht darin, die Anzahl der Kollis zu zählen, die ein Kommissionierer pro Stunde befüllt. Man nennt dies **Sammelleistung**.

Sammelleistung = Anzahl der befüllten Versandeinheiten pro Stunde

Bedingungen der Kommissionierleistung

Die **Leistung des Kommissionierers** ist von sehr vielen **Bedingungen** abhängig. Die wichtigsten Faktoren liegen in der **Auftragsstruktur**, der **Art der Ware** und in der **Lagerorganisation**. Liegen viele kleine Aufträge mit wenigen Positionen vor, ist die Kommissionierleistung aufgrund des hohen Anteils an Basiszeit bei gleicher Lagerorganisation geringer.

Wichtige Einflussfaktoren auf die **Lagerorganisation** sind die Kapazität der Bereitstell- und Versandeinheiten, das Regalsystem, die Art und Weise der Weitergabe der Kommissionieraufträge, das Kommissioniersystem und die Kommissioniermethode.

Beispielsweise ist die Kommissionierleistung beim System Mann-zur-Ware niedriger als bei dynamischer Bereitstellung. Wird nach der Methode serienorientiert parallel kommissioniert, ist eine hohe Kommissionierleistung möglich. Durch Einsatz von Durchlaufregalen an Stelle von Fachbodenregalen kann die Wegzeit erheblich reduziert und damit die Kommissionierleistung gesteigert werden. Einflussfaktoren auf Seiten des Kommissionierers sind seine Motivation sowie seine Qualifikation und Erfahrung.

Kommissionierleistungen in Abhängigkeit vom Regalsystem

Je nach verwendetem Regalsystem ist die Kommissionierleistungpro Stunde und Kommissionierer unterschiedlich hoch. Dies veranschaulichen die folgenden Beispiele:

 Fachbodenregal 40 bis 100 Positionen	 Kleinteile-Durchlaufregal 100 bis 200 Positionen	 Automatisches Behälterregal 100 bis 300 Positionen
 Palettenregal eindimensional 50 bis 70 Positionen	 Automatisches Hochregal 100 bis 150 Positionen	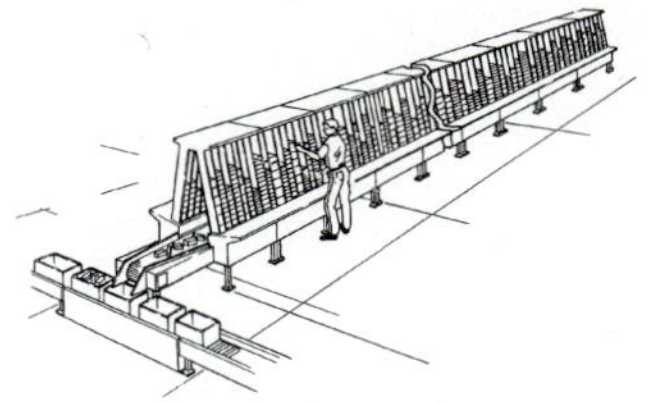 Schachtkommissionierer 5000 bis 10000 Positionen

4 Arbeitsmittel für die Kommissionierung

Um einen Auftrag kommissionieren zu können, benötigt der Kommissionierer verschiedene Arbeitsmittel. Welche Arbeitsmittel benötigt werden, ist z. B. abhängig von

- Art, Größe und Menge der zu kommissionierenden Artikel,
- dem Kommissionierverfahren,
- der zurückzulegenden Wegstrecke.

Der Kommissionierer benötigt beispielsweise ein Förderhilfsmittel (z. B. eine Palette), ein Fördermittel (z. B. einen Handgabelhubwagen) und eine bestimmte technische Ausstattung (z. B. ein Headset bei der Pick-by-Voice-Kommissionierung).

Die benötigten Arbeitsmittel lassen sich in verschiedene Gruppen unterteilen:

Arbeitsmittel für die Kommissionierung			
Förderhilfsmittel	**Fördermittel**	**Kommissionierverfahrensabhängige Arbeitsmittel**	**Sonstige Arbeitsmittel**
z. B. • Palette • Behälter • Schachtel • Beutel	z. B. • Plattformwagen • Gitterrollwagen • Handgabelhubwagen • Vertikalkommissionierer • automatisch gesteuertes oder autonom fahrendes Kommissionierfahrzeug	z. B. • Klemmbrett und Stift • Mobiles Datenterminal • Barcodescanner • RFID-Scanner • Headset • Datenbrille	z. B. • Cuttermesser • Folienschneider • Zählwaage

5366282

Lernfeld 6
Güter verpacken

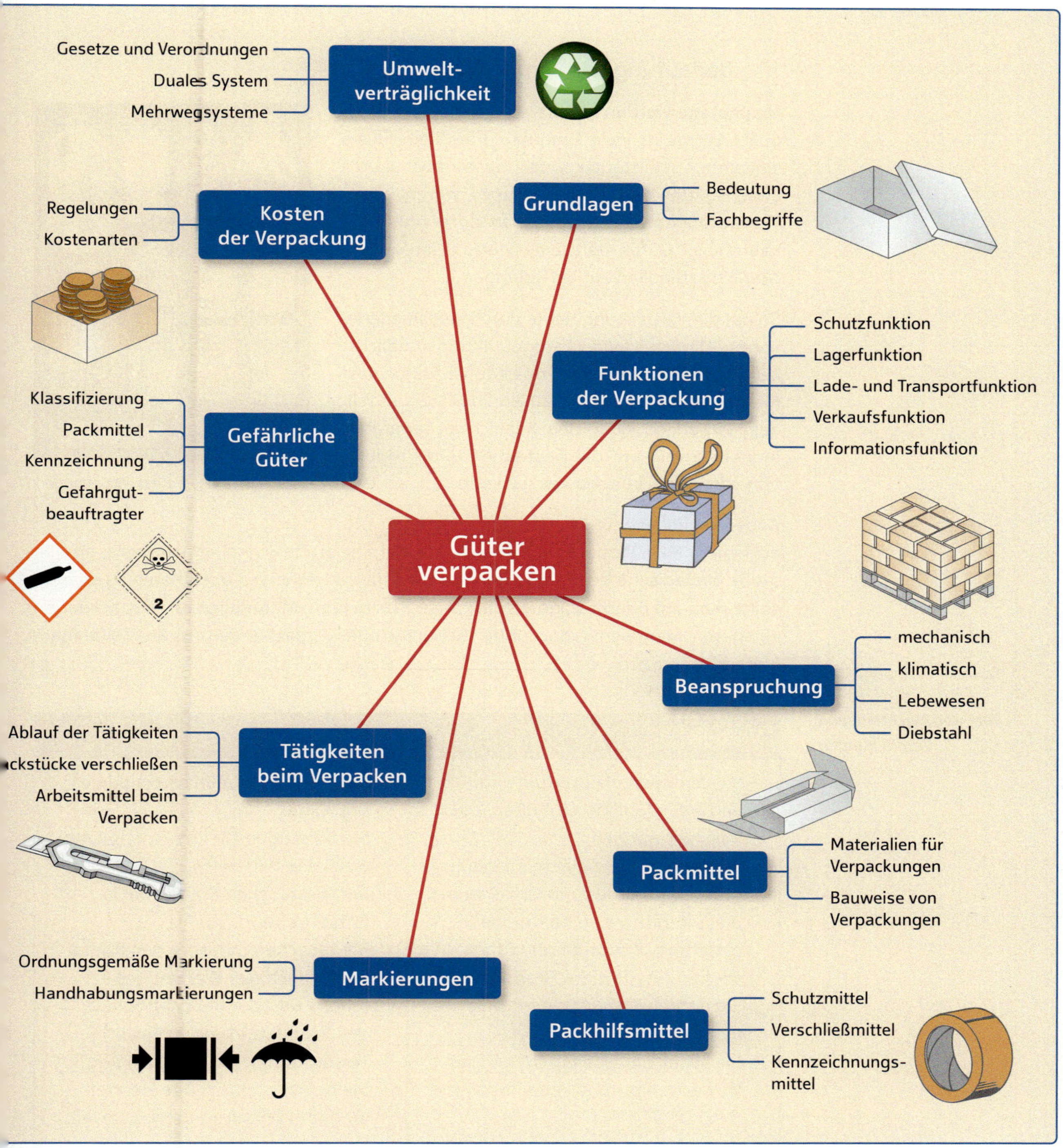

1 Grundlagen der Verpackung

Verpackungen sind aus dem täglichen Leben nicht mehr wegzudenken. Im privaten Bereich fallen Verpackungen vor allem beim täglichen Einkauf und Konsum an. Im beruflichen Bereich begegnen uns Verpackungen in der Lagerhaltung, im Versand und im Verkauf.

1.1 Bedeutung der Verpackung

Heutzutage werden bereits etwa 90 % aller Produkte verpackt. Viele Produkte, vor allem Flüssigkeiten, Schüttgüter oder Gase, aber auch Lebensmittel und Hygieneartikel, wären ohne Verpackungen nicht lager-, transport- und verkaufsfähig. Dafür steht eine Vielzahl an Verpackungsmaterialien zur Verfügung.

Beispiele für Verkaufsverpackungen

So hat die Verpackung heute durch verschiedene Form-, Druck- und Farbgestaltungsmöglichkeiten großen Einfluss auf das Kaufverhalten des Menschen. Das macht sie zu einem wichtigen Teil des Marketings. Außerdem hat sich ein separater Industriezweig auf die Gestaltung und Produktion von Verpackungen spezialisiert.

Andererseits bedeuten mehr Verpackungen oft auch mehr Müll. Verpackungen haben sowohl eine große wirtschaftliche als auch eine große ökologische Bedeutung erlangt. Um Müll zu vermeiden und Kosten zu sparen, sollte man auf überflüssige Verpackungen verzichten, Materialien bei Verpackungen einsparen, Mehrwegverpackungen benutzen oder Verpackungen aus recycelfähigem Material benutzen.

Vor- und Nachteile von Verpackungen

Vorteile	Nachteile
• Sie schützen die Produkte vor Verderb, Qualitätseinbußen und Beschädigungen. • Sie ermöglichen Selbstbedienungssysteme im Groß- und Einzelhandel. • Sie unterstützen eine rationelle Lagerung, Be- und Entladung sowie Transport der Produkte. • Sie enthalten wichtige Informationen über das Produkt. • Sie schaffen Arbeitsplätze in der Verpackungs- und Abfallindustrie.	• Sie erhöhen den Endpreis der Produkte. • Sie benötigen für ihre Herstellung wertvolle Rohstoffe. • Sie verursachen Kosten bei der Entsorgung. • Sie täuschen mitunter den Käufer hinsichtlich des Wertes, des Inhalts und der Beschaffenheit des Produktes (undurchsichtige Verpackung, Mogelverpackung). • Sie belasten durch ihre Herstellung und Entsorgung die Umwelt.

1.2 Fachbegriffe im Bereich der Verpackung

Beispiel

1 Schuhe (Packgut)

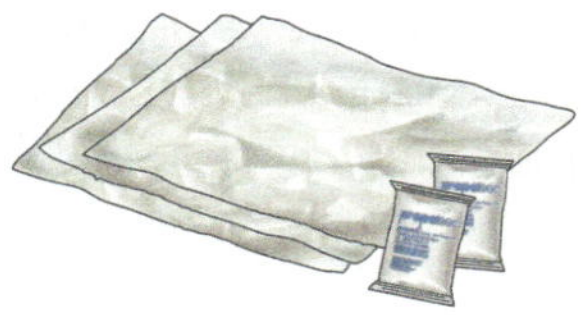

2 Seidenpapier und Trockenmittel (Packhilfsmittel)

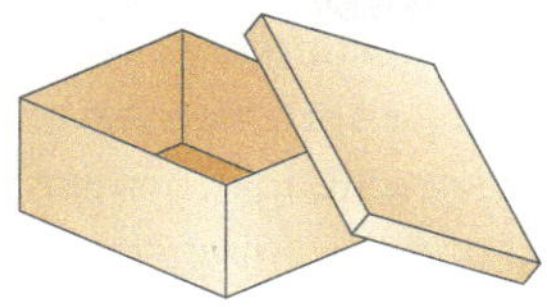

3 Schachtel aus Karton (Packmittel)

Schuhe plus Seidenpapier und Trockenmittel werden in einer Kartonschachtel verpackt.

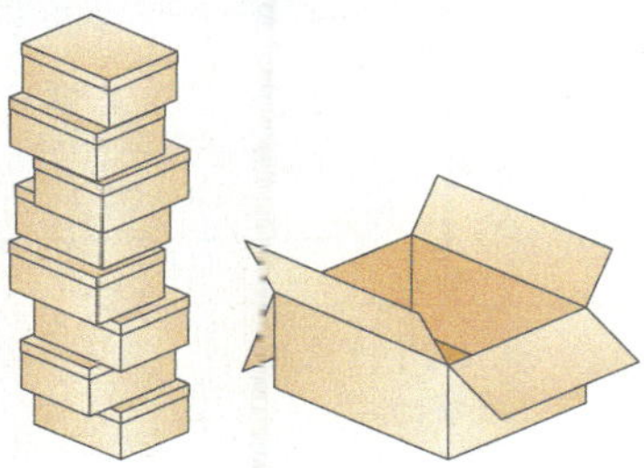

4 Je 8 Schuhkartons werden in eine Wellpappeschachtel zusammengepackt (Umverpackung).

5 Je 16 dieser Wellpappeschachteln werden auf eine Palette gepackt und gestretcht (Packstück).

Wie in allen betrieblichen Bereichen gibt es auch im Verpackungsbereich spezielle Fachbegriffe. Nach der *Verpackungsverordnung* und der *DIN 55405* sind vor allem die folgenden wichtig:

- Das **Packgut** ist die **Ware**, die verpackt wird (z. B. Schuhe, Seife, Öl, Sauerstoff, Mehl, Taschenrechner).

  Packgut *pack, packaged good*

- **Packstoffe** sind die **Materialien**, aus denen die Packmittel und Packhilfsmittel bestehen (z. B. Karton, Pappe, Holz, Metall, Kunststoff, Glas).

  Packstoffe

- Das **Packmittel** ist das **Behältnis**, das das Packgut aufnimmt. Dadurch wird es lager-, transport- und verkaufsfähig. Das Packmittel ist der Hauptbestandteil der Verpackung (z. B. Palette, Kiste, Flasche, Schachtel, Tüte, Netz).

  Packmittel *package/packaging/packing material*

- **Verbundpackmittel** bestehen aus **mehreren Packstoffen,** die nicht von Hand trennbar sind (z. B. Tetra-Pak, Tüte mit innen verklebter Noppenfolie).

  Verbundpackmittel

- **Packhilfsmittel** sind Materialien, die das Packmittel ergänzen, ausfüllen, sichern und die Festigkeit der Packmittel ermöglichen bzw. erhöhen (z. B. Luftpolster, Trockenmittel, Klebebänder, Umreifungsbänder, Etiketten).

  Packhilfsmittel *packaging accessory/packaging aid*

- Die **Verpackung** setzt sich zusammen aus dem **Packmittel** und dem **Packhilfsmittel** (z. B. Kiste mit Holzwolle, Schachtel mit Klebeband, Tüte mit Etikett).

  Verpackung *packing material*

- Die **Packung** enthält das **Packgut** und die **Verpackung** (z. B. eine Tüte mit Mehl, eine Schachtel mit einem Paar Schuhen, eine Flasche mit Öl).

  Packung *package*

- Das **Packstück** besteht aus einer oder mehreren **Packungen**, insbesondere für Lagerung und Transport (z. B. eine Kiste mit einem schweren Elektromotor, eine Palette mit mehreren Schachteln mit Schuhen, eine Kiste mit mehreren Flaschen Öl, eine Schachtel mit mehreren Tüten Mehl).

  Packstück *package, parcel, unit*

2 Funktionen der Verpackung

Verpackungen sollen das Produkt nicht einfach nur umhüllen. Ein Produkt hat von der Herstellung über die Lagerung und den Transport bis hin zum Verkauf verschiedene Beanspruchungen und Gefahren zu überstehen. Verpackungen müssen diesen Beanspruchungen gerecht werden. Auch die Weitergabe von Informationen zum Produkt und das Anregen zum Verkauf werden durch Verpackungen erreicht.

Dementsprechend sollen Verpackungen folgende Funktionen bzw. Aufgaben erfüllen:

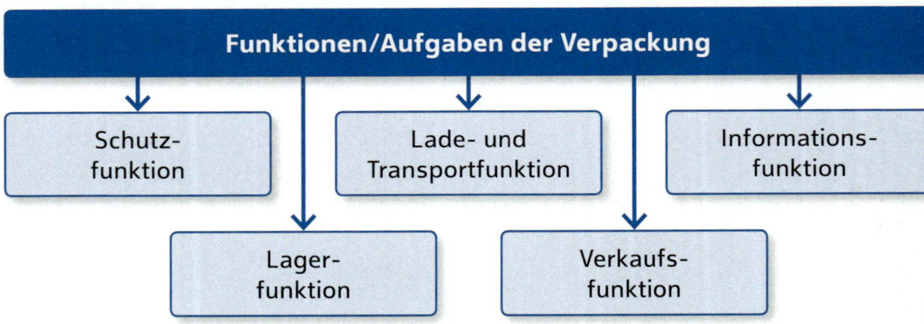

2.1 Schutzfunktion

Für die Menschen, die Umwelt, das Transportmittel, andere Packgüter sowie das Produkt selbst bestehen verschiedene Gefahren. Vor diesen Gefahren soll eine geeignete Verpackung schützen.

Schutz für ...	Schutz vor ...
Mensch	• Verletzungen durch spitze oder scharfkantige Gegenstände • Vergiftungen und Verätzungen durch Gefahrstoffe
Umwelt	• Gefahrstoffen allgemein • auslaufenden Flüssigkeiten • entweichenden Giftgasen • Feuer und Explosionen
Transportmittel und andere Packgüter	• Verschmutzungen, z. B. durch auslaufende Flüssigkeiten • allgemeinen Beschädigungen
Packgut	• Verlust, z. B. durch Diebstahl oder Manipulation • Umwelt- und Witterungseinflüssen wie Sonne, Licht, Nässe, Hitze oder Kälte • Schädlingen und Ungeziefer • Verunreinigungen und Korrosion (Rost) • Beschädigungen durch mechanische Beanspruchungen

2.2 Lagerfunktion

Zwischen der Herstellung und dem Verbrauch von Produkten liegt in der Regel eine gewisse Zeitspanne. Die meisten Produkte werden nicht unmittelbar nach ihrer Herstellung verwendet. Deshalb müssen sie mehrmals ein-, um- und ausgelagert werden.

Eine geeignete Verpackung hilft, die Produkte leichter, sicherer und schneller zu lagern. Manche Produkte sind erst durch eine entsprechende Verpackung lagerfähig. Zum Beispiel lassen sich Flüssigkeiten oder Bälle ohne eine Verpackung in Flaschen, Kisten oder Gitterboxen nicht stapeln.

Die Verpackung erfüllt somit auch während der Lagerung verschiedene Funktionen wie etwa ...

- den Schutz der Ware vor Verschmutzung, Korrosion, Witterung, Schädlingen und Verlust,
- die optimale Ausnutzung des Lagerraums durch das Ermöglichen der Blocklagerung oder der Stapelung,
- eine verbesserte Übersichtlichkeit und Ordnung im Lager durch Kennzeichnungssysteme an der Verpackung,
- ein rationelles Durchführen der Lagerarbeiten durch bereits vorverpackte Produkte,
- den möglichen Einsatz automatischer Förderzeuge und die damit vereinfachte Ein- und Auslagerung.

2.3 Lade- und Transportfunktion

Geeignete Verpackungen sollten vor allem leicht und sicher gegriffen, aufgenommen, bewegt, abgesetzt und gestaut werden können. Damit ermöglichen sie ein schnelles und rationelles Be- und Entladen und Transportieren von Gütern.

Im Einzelnen unterstützen geeignete Verpackungen hierbei folgende Funktionen:

- leichteres und schnelleres Be- und Entladen der Transportmittel durch die Bildung von Ladeeinheiten, z. B. lassen sich 20 Kisten auf einer Palette in einem Arbeitsgang be- oder entladen,
- eine optimale Raumausnutzung auf dem Transportmittel, z. B. durch den Einsatz von Europaletten, deren Maße auf die Maße der Ladeflächen von Lkws, Waggons usw. abgestimmt sind und damit größere Liefermengen pro Fahrt ermöglichen,
- Schutz des Packgutes vor mechanischen und klimatischen Beanspruchungen während des Transportes,
- Kostensenkungen durch schnellere Be- und Entladezeiten und damit weniger Stillstandzeiten der Transportmittel,
- einen geringeren Personalbedarf für die Be- und Entladung.

2.4 Verkaufsfunktion

Die Verpackung gewinnt auch hinsichtlich des Verkaufes immer mehr an Bedeutung. Durch ihre Form- und Farbgestaltung soll sie das **Käuferverhalten** beeinflussen und den Verkauf rationeller gestalten.

Deshalb nimmt die Verpackung auch während des Absatzes wichtige Funktionen wahr:

- **als Werbeträger**: Durch Logos, Namen, Farb- oder Formgestaltung der Verpackung kann der Käufer das Produkt und die Marke erkennen. Die Verkaufsverpackung vermittelt oft einen ersten und kaufentscheidenden Eindruck. Sie weckt die Aufmerksamkeit möglicher Käufer. Die Verpackung soll den Käufer zum Kauf bewegen und dadurch den Absatz steigern und neue Kunden hinzugewinnen.
- **als Hilfsmittel zur Rationalisierung des Verkaufsvorgangs**: Ohne eine Verpackung wäre das heutige Selbstbedienungssystem überhaupt nicht denkbar. Durch das Abpacken vorbestimmter Mengen entfällt das Wiegen, Abfüllen und Auszeichnen an Verkaufstheken. Damit ist die Selbstbedienung durch den Kunden möglich geworden. Dies macht das Verkaufen effektiv und spart Zeit und Personalkosten.
- **Zusatznutzen:** Viele Verpackungen bieten einen zusätzlichen Nutzen, der zum eigentlichen Produkt keinen Bezug hat; z. B. kann ein Senfglas noch als Trinkglas verwendet werden oder die Eisdose als Vorratsbehälter.

2.5 Informationsfunktion

Verpackungen sind Träger wichtiger **Produktinformationen**. Sie ermöglichen eine eindeutige **Identifizierung des Produkts**. Die Identifizierung ist notwendig, um im Lagerbereich und im Verkauf mit modernen Techniken, wie z. B. Scanner und Scannerkassen, arbeiten zu können.

Deshalb enthalten Verpackungen folgende Informationen und Daten:

- gedruckte Informationen über das Produkt, z. B. Inhalt, Menge, Gewicht, Preis, Größe, Verwendung, Haltbarkeit
- verschlüsselte Daten, die eine rationelle Ein-, Aus- und Umlagerung sowie ein schnelles Einlesen an Scanner-Kassen im Supermarkt ermöglichen; z. B. den GTIN-Code
- Verwendungs- und Warnhinweise, z. B. Gefahrstoffsymbole, Gebrauchsanweisungen, Transportvorschriften
- Kontaktdaten des Herstellers
- zusätzliche Informationen, z. B. bei Lebensmitteln Kochrezepte, Nährwertangaben

3 Beanspruchung der Verpackung

Die Verpackung soll die Ware während des Transports und der Lagerung schützen. Deshalb muss eine Verpackung gewählt werden, die den jeweiligen Beanspruchungen gerecht wird. So lässt sich das Risiko einer Beschädigung erheblich vermindern.

Mögliche Beanspruchungen von Verpackungen

- Mechanische Beanspruchung
- Klimatische Beanspruchung
- Beanspruchung durch Lebewesen
- Beanspruchung durch Diebstahl

3.1 Mechanische Beanspruchung

Während der Lagerung und des Transports wirken mechanische Kräfte auf die Güter, die zu Beschädigungen führen können.

Mechanische Beanspruchungen

- Fall
- Druck
- Stoß
- Schub
- Erschütterung

Beanspruchung durch Fall

Der Fall von Packstücken beim Be- und Entladen, Ein- und Auslagern, Kommissionieren oder Transportieren zählt zu den häufigsten Ursachen für Beschädigungen an Gütern.

Fall

Ursachen sind z. B. ...	Schadenhöhe ist abhängig von ...
• ungeschicktes Arbeiten • Unachtsamkeit • Fahrlässigkeit • rücksichtslose Behandlung von Packstücken	• Höhe des Falls • Beschaffenheit des Untergrundes (Boden) • Art und Qualität des Packmittels und des Packhilfsmittels • Empfindlichkeit und Eigengewicht der Ware • Aufprallpunkt (Kante, Fläche oder Ecke)

Vorbeugungsmaßnahmen

- Es werden nur stabile und geeignete Packmittel und Packhilfsmittel verwendet.
- Leerräume in Packmitteln werden ausgefüllt (ausgepolstert).
- Auf Flachpaletten gestapelte kleinere Packstücke werden mit Folie umwickelt.
- Größere palettierte und gestapelte Packstücke werden mit Umreifungen gesichert.
- Beim Stapeln wird auf versetzte Stapelung geachtet (**Verbundstapelung**).
- Es werden Zwischenlagen verwendet.

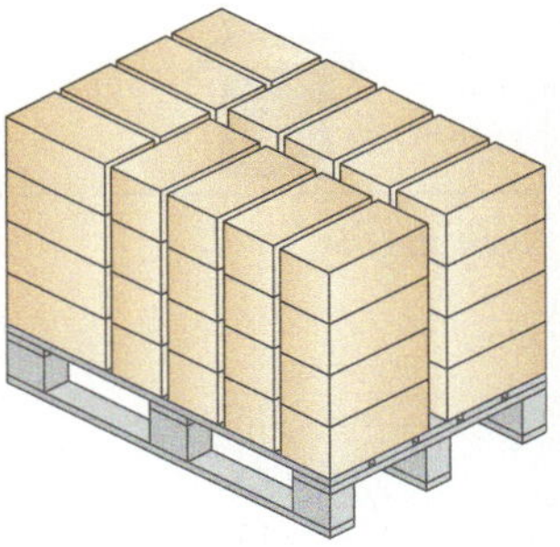

Linearstapelung/Säulenstapelung

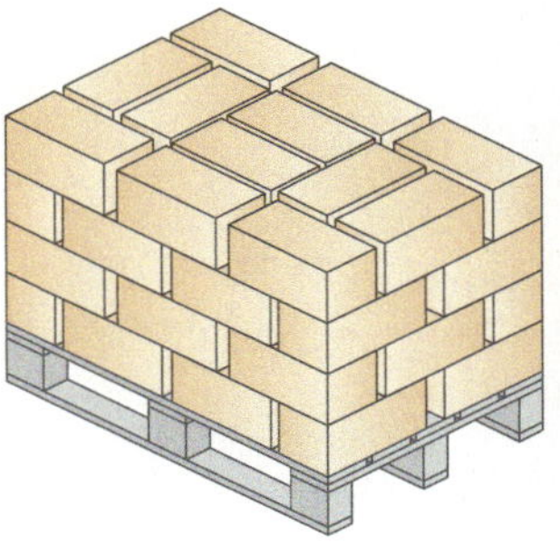

Verbundstapelung

Beanspruchung durch Druck

Beim Stapeln und Anheben (insbesondere mit einem Kran) wirken Druckkräfte auf das Packstück, die auch zu Beschädigungen am Packgut führen können. Die Güter werden gestaucht, gequetscht oder zerbrochen.

Druck

Ursachen sind z. B. …	Schadenhöhe ist abhängig von …
• Stapelung von schweren Gütern auf leichten Gütern • ruckartiges Anheben • Verwendung falscher Lastaufnahmemittel bzw. falsches Ansetzen der Lastaufnahmemittel • ungleichmäßige Lastverteilung beim Stapeln (Punktbelastung)	• Höhe des Stapels • Empfindlichkeit und Eigengewicht der Ware • Art und Qualität des Packmittels und des Packhilfsmittels • Auswahl des Hebe- und Fördermittels • Art und Vorgehensweise des Anhebens

Vorbeugungsmaßnahmen
• Es werden nur stabile und an den Druckstellen verstärkte Packmittel verwendet. • Es wird gleichmäßig gestapelt und Punktbelastungen werden vermieden. • Schwere Güter werden grundsätzlich unten gestapelt. • Lastaufnahmemittel werden nur an den dafür vorgesehenen und markierten Stellen angesetzt. • Güter werden nicht ruckartig angehoben. • Es werden Stapelhilfsmittel wie Kantenschutz und Zwischenlagen verwendet. • Bei nicht stapelbaren Gütern werden Vorsichtsmarkierungen wie „Nicht stapeln" angebracht. • Stapelbegrenzungen werden beachtet.

Klammern in Pfeilrichtung

Nicht stapeln

Beanspruchung durch Stoß

In der Lager- und Transportpraxis passiert es immer wieder, dass Einrichtungen und Packstücke angefahren oder umgestoßen werden. Dadurch können Packmittel beschädigt werden, Güter zerbrechen oder verkratzen und Flüssigkeiten auslaufen.

Stoß

Ursachen sind z. B. …	Schadenhöhe ist abhängig von …
• unvorsichtiger Umgang mit Fördermitteln • Fahrlässigkeit und Gedankenlosigkeit • rücksichtsloser Umgang mit Fördermitteln und Packstücken	• Geschwindigkeit des Transportmittels beim Aufprall • Stärke des Stoßes • Art und Qualität des Packmittels und des Packhilfsmittels • Empfindlichkeit und Eigengewicht der Ware

5366290

Vorbeugungsmaßnahmen

- Beim Stapeln, Lagern und Transportieren wird umsichtig gehandelt.
- Nur entsprechend ausgebildetes Personal wird mit dem Führen der Fördermittel beauftragt.
- Es werden ausreichend breite und übersichtliche Fahrwege und Durchlässe geschaffen.
- Leerräume in Packmitteln werden ausgefüllt (ausgepolstert).
- Es werden stabile Packmittel verwendet (z. B. Wellpappeschachteln mit hochwertigen Deckpapieren).
- Palettierte und gestapelte Packstücke werden durch Folienumhüllungen oder Umreifungen gesichert.
- An der Verpackung werden Stoß- und Kippindikatoren angebracht, die anzeigen, ob das Packgut übermäßig gestoßen oder gekippt wurde.

Durch Umreifung und mit Kipp- und Stoßindikator gesichertes Packstück

Beanspruchung durch Schub

Während des Transportes kann es zu besonderen Belastungen der Güter durch Schub kommen. Die Packstücke können dabei verrutschen oder umkippen, die Packmittel können durchstoßen werden. Dadurch kann es zu Beschädigungen an den Gütern kommen.

Schub

Ursachen sind z. B. ...	Schadenhöhe ist abhängig von ...
• ruckartiges Anfahren oder starkes Bremsen • Aufprall des Transportmittels auf ein anderes Fahrzeug • zu schnelles Durchfahren einer Kurve (Fliehkraft) • starke Steigungen oder Gefälle der Fahrbahn	• Brems- und Fliehkraft • Geschwindigkeit des Transportmittels beim Aufprall • Neigungswinkel des Gefälles oder der Steigung • Art und Qualität des Packmittels und des Packhilfsmittels • Empfindlichkeit und Eigengewicht der Ware

Vorbeugungsmaßnahmen

- Die Packgüter werden ausreichend durch Festzurren und Verkeilen gesichert.
- Verbundstapelungen werden durchgeführt.
- Leerräume in Packmitteln werden ausgefüllt (ausgepolstert).
- Leerräume in den Transportmitteln werden vermieden bzw. ausgefüllt, z. B. mit Luftsäcken.
- Palettierte und gestapelte Packstücke werden durch Folienumhüllungen oder Umreifungen gesichert.

Schubwirkung: Mit einer Folienumhüllung hätte dies verhindert werden können.

Luftpolsterkissen wirken dem Schub entgegen

Beanspruchung durch Erschütterung

Erschütterungen entstehen durch Rüttelbewegungen und Schwingungen während des Transports. Diese werden auf die Ladefläche des Transportmittels und damit auf das Packgut übertragen. Werden diese Erschütterungen zu stark, kann es zu Beschädigungen am Packgut kommen.

Erschütterung

Ursachen sind z. B. ...	Schadenhöhe ist abhängig von ...
• Fahren auf Kopfsteinpflaster • Überqueren von Eisenbahnschienen • Spurrillen auf der Straße • sonstige Unebeneinheiten auf der Straße (z. B. Schlaglöcher) • Vibrationen der Motoren der Transportmittel • Schwingungen der Schiffsturbinen bzw. Schiffswellen	• Beschaffenheit des Untergrundes (Boden) • Stärke der Erschütterungen • Geschwindigkeit des Transportmittels • Wirksamkeit stoßdämpfender Fahrzeugteile • Art und Qualität des Packmittels und des Packhilfsmittels • Empfindlichkeit und Eigengewicht der Ware

Vorbeugungsmaßnahmen

- Palettierte und gestapelte Packstücke werden durch Folienumhüllungen oder Umreifungen gesichert.
- Verbundstapelungen werden durchgeführt.
- Packgüter werden ausreichend durch Festzurren und Verkeilen gesichert.
- An den Transportmitteln oder Packmitteln werden luftgefederte Dämpfungselemente angebracht.
- Leerräume in Packmitteln werden ausgefüllt (ausgepolstert).

3.2 Klimatische Beanspruchung

Temperaturunterschiede während des Transports und der Lagerung führen zu klimatischen Beanspruchungen am Gut und an der Verpackung. Wie hoch diese meteorologischen Belastungen sind, hängt von folgenden Faktoren ab:

- Art und Länge des Transportweges
- Transportart
- Dauer des Transportes

Die klimatische Beanspruchung erstreckt sich über drei Bereiche: Klimazonen, Witterungseinflüsse und Schwitz- und Kondenswasserbildung.

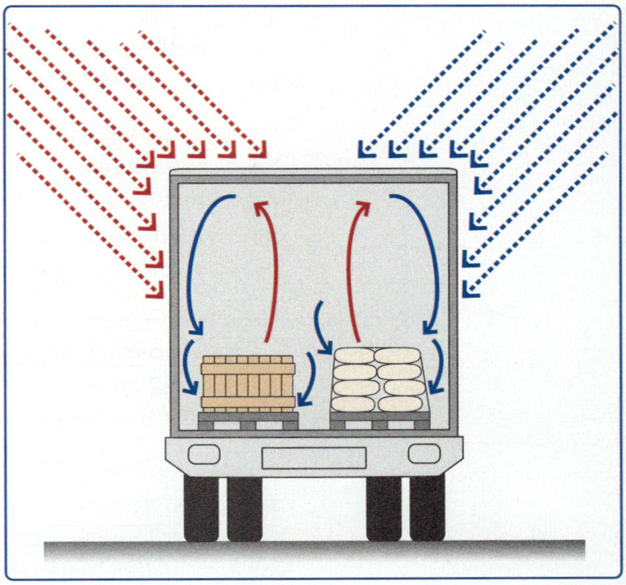

Schwitzwasserbildung im Container – warme Luft steigt auf, kühlt sich an den kalten Containerwänden ab und schlägt sich als Kondenswasser nieder.

Klimatische Beanspruchung	
Beanspruchung der Verpackung durch...	**Mögliche Schäden sind ...**
• **Klimazonen:** Durch die Globalisierung erstreckt sich der Warenverkehr bis in weit entfernte Empfangsländer. Die Erde teilt sich in verschiedene Klimazonen mit unterschiedlichen, zum Teil sehr extremen Klimabedingungen auf: gemäßigtes, tropisches, subtropisches, arktisches, See- und Landklima. • **Witterungseinflüsse:** Hierzu zählen Hitze, Kälte, pralle Sonne, Schnee, Regen und Nebel. • **Schwitz- und Kondenswasserbildung:** Schwitz- und Kondenswasser bilden sich bei sehr großen Temperaturschwankungen sowie hoher Luftfeuchtigkeit.	• Qualitätseinbußen oder Verderb durch Schimmelbildung, Verfärbungen, Gärung • Beschädigungen durch Rost, Frostrisse, Verdunstung
Vorbeugungsmaßnahmen	
• Es werden Packmittel verwendet, die den klimatischen Anforderungen entsprechen, z. B. Kühlcontainer, isolierte oder ventilierte Container. • Für den notwendigen Luftaustausch werden luftdurchlässige Verpackungen aus Holz oder Pappe verwendet. • Es werden wasserabweisende Papiere verwendet, z. B. Ölpapier. • Korrosionsschutzbehandlungen werden durchgeführt. • Trockenmittel werden verwendet, z. B. Trockenmittelbeutel, Trockenmittelstäbe.	

3.3 Beanspruchung durch Lebewesen (Schädlinge und Ungeziefer)

Die Güter und Verpackungsmittel sind während der Lagerung und auf dem Transport verschiedenen Schädlingen und Ungeziefer ausgesetzt. Dazu zählen Insekten, Ratten, Mäuse und Schimmelpilze.

Vor allem Lebensmittel und Textilien, aber auch alle anderen Güter können durch diese Lebewesen erheblichen Schaden nehmen. Die Schadenpalette reicht von Qualitätseinbußen über Verderb bis hin zur Vernichtung der Güter. Ratten, Mäuse, Käfer und Holzwürmer beschädigen Holzprodukte. Schimmelpilze, Fliegen, Mehlwürmer, Ratten und Mäuse verderben Lebensmittel. Motten vernichten Textilien.

Gegenmaßnahmen

Geeignete Gegenmaßnahmen sind zum Beispiel:
- absolute Sauberkeit und Ordnung im Lager und während des Transports
- zweckmäßige Schutzmittel gegen Ungeziefer (Konservierungsmittel, Fallen, Gift)
- luftdichte bzw. nager- und insektenfeste Verpackungsmittel (Kunststoff, Metall)

In vielen Ländern gelten **Einfuhrbestimmungen** für Produkte aus **Naturholz**. Die Verpackungen sind zum Schutz einheimischer Waldbestände gegen Schädlinge zu behandeln, z. B. durch Hitze oder chemische Druckimprägnierung. Außerdem darf nur vollständig entrindetes Holz für den Export verwendet werden.

3.4 Beanspruchung durch Diebstahl

Auch wenn sich hinsichtlich der Sicherheitssysteme schon viel verbessert hat, kommt es doch immer wieder vor, dass Güter im Lager oder während des Transports gestohlen werden. Dabei können sowohl Einzelteile als auch komplette Packeinheiten entwendet werden.

Vorsichts- und Sicherheitsmaßnahmen

Das **Diebstahlrisiko** lässt sich durch geeignete **Vorsichts- und Sicherheitsmaßnahmen** erheblich reduzieren. Dazu zählen im Bereich der Verpackung vor allem:
- Verwendung neutraler, unauffälliger Verpackungen, um keinen Anreiz zum Diebstahl zu geben
- Verwendung stabiler Verpackungen, um die Entnahme einzelner Stücke zu erschweren
- Verwendung von undurchsichtiger Stretch- oder Schrumpffolie
- Verwendung abschließbarer Packmittel
- Zusammenstellen großer Verpackungseinheiten, um die Entnahme einzelner Stücke zu erschweren
- Verstecken wertvoller Güter auf einer Palette ganz unten oder mittig zwischen anderen Gütern, um den Täter nicht darauf aufmerksam zu machen
- Anbringen elektronischer Sicherungssysteme an den Packstücken oder Packmitteln.

5366294

4 Packmittel

Packmittel
package/ packaging/ packing material

Die Verpackung soll das Produkt nicht einfach nur umhüllen. Sie hat verschiedene Funktionen zu erfüllen, wofür eine Vielzahl an Packmitteln zur Verfügung steht.

Packmittel lassen sich nach zwei Gesichtspunkten erfassen: nach dem verwendeten **Material** und nach der **Bauweise**.

Erfassung von Packmitteln nach ...	
dem verwendeten Material	**ihrer Bauweise**
• Holz • Karton, Pappe, Papier • Metall • Kunststoff • Sonstige Packmittel	• Kisten • Schachteln • Paletten • Behälter • Sonstige Packmittel

Verschiedene Verpackungsmaterialien

Verschiedene Verpackungsformen aus Kunststoff

4.1 Materialien für Verpackungen

Verpackungen bestehen aus verschiedenen Packstoffen.

Packmittel aus Holz

Für den Einsatz von Packmitteln aus Holz stehen verschiedene Holzarten zur Verfügung:

Vollholz (Naturholz, Massivholz)

- **Vollholz** besteht aus massivem Holz und wird auch **„Naturholz"** oder **„Massivholz"** genannt. Es darf nicht in jedes Land eingeführt werden, wenn es unbehandelt oder mit Rinde versehen ist. Dies betrifft z. B. die USA, Kanada, Australien, Indien und Brasilien.

Sperrholz

- **Sperrholz** ist **mehrschichtig** und wird aus **Holzabfällen** (ganze Holzstücke) hergestellt und verleimt. Es darf unbehandelt in viele Länder eingeführt werden (Ausnahme: Australien).

Pressholz

- **Pressholz** wird ebenfalls aus **Holzabfällen** (zerkleinerte Holzabfälle, Sägespäne) hergestellt und darf unbehandelt in alle Länder eingeführt werden.

Einfuhrvorschriften für Packmittel aus Vollholz

In vielen Ländern gelten **Quarantänebestimmungen** bei der Einfuhr von Produkten aus Vollholz. Dies dient dem Schutz der einheimischen Waldbestände vor Schädlingsbefall. Damit nicht für jedes Land unterschiedliche Einfuhrvorschriften gelten, wurden im Rahmen des internationalen Übereinkommens über Pflanzengesundheit (IPPC = International Plant Protection Convention) internationale Standards zum Schutz von Pflanzen gegen Schädlinge „IPPC-Standards ISPM No. 15“ (International Standards for Phytosanitary Measures) vereinbart. Diese Standards gelten weltweit für den internationalen Versand von Verpackungen aus Vollholz.

Kernpunkte des IPPC

Kernpunkte des Vertrages sind:

- Der Vertrag gilt nur für Vollholz.
- Die Vollholzverpackungen sind gegen Schädlinge zu behandeln, z. B. durch Hitze oder chemische Druckimprägnierung.
- Für Vollholzverpackungen darf nur vollständig entrindetes Holz verwendet werden.
- Die Verpackungen sind dauerhaft und gut lesbar mit der IPPC-Kennzeichnung zu markieren.
- Die IPPC-Kennzeichnung muss an zwei gegenüberliegenden Seiten der Verpackung angebracht sein.

IPPC-Kennzeichnung

Elemente der IPPC-Kennzeichnung

- das IPPC-Symbol
- die Länderkennung nach ISO 3166, z. B. **„DE“** für Deutschland
- die Kennung für die Region, z. B. **„NW“** für Nordrhein-Westfalen
- die Registriernummer, beginnend mit **„49“** (wird durch das regionale Pflanzengesundheitsamt vergeben)
- die Behandlungsmethode, z. B. das Kürzel **„HT“** (**„heat treatment“**) für die Hitzebehandlung oder **„MB“** (**„methyl bromide“**) für die in Deutschland verbotene Begasung mit Methylbromid

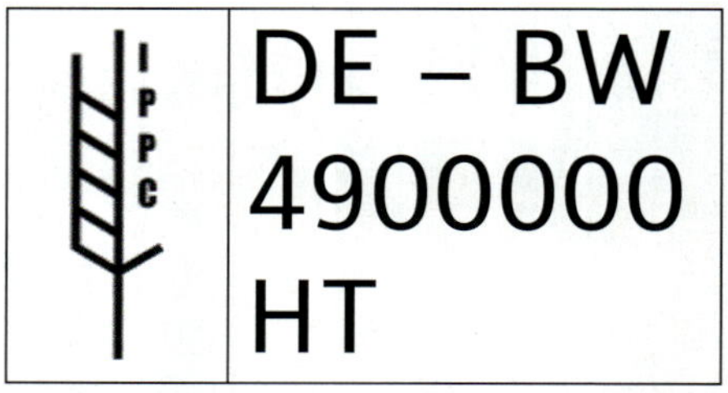

IPPC-Kennzeichnung

Vorteile von Packmitteln aus Holz

Vorteile von Packmitteln aus Holz

- Holz ist ein nachwachsender Rohstoff, der gezielt und kontrolliert angebaut wird.
- Holz ist ein einheimischer Rohstoff, der nicht extra importiert werden muss.
- Packmittel aus Holz sind sehr stabil und eignen sich daher vor allem für schwere Maschinen, schwere Bauteile sowie besonders empfindliches Packgut.
- Packmittel aus Holz können für jedes Packgut individuell angefertigt und nach Gebrauch ohne Probleme entsorgt werden.

Packmittel aus Metall und Kunststoff

Packmittel aus Metall und Kunststoff kommen in vielfacher Form und Ausstattung zum Einsatz. Es gibt sie mit oder ohne Deckel, mit offenen oder geschlossenen Seitenwänden, starr oder stapel-, nest-, falt- und klappbar, als Klein- oder Großbehälter sowie als Paletten.

Vorteile von Packmitteln aus Metall und Kunststoff

Vorteile von Packmitteln aus Metall und Kunststoff

- Sie sind sehr stabil.
- Sie haben eine lange Haltbarkeit und daher auch eine lange Nutzungsdauer.
- Sie sind leicht zu reinigen und deshalb auch für Güter geeignet, die besonders hygienisch verpackt werden müssen.
- Sie sind umweltfreundlich, da sie mehrfach verwendbar sind (Mehrwegpackmittel).
- Sie unterliegen keinerlei Einfuhrbeschränkungen.

Packmittel aus Papier, Karton, Pappe

Packmittel aus Papier, Karton und Pappe erfüllen sämtliche Funktionen einer Verpackung, insbesondere die Verkaufsfunktion. Vielfältige Form- und Farbgestaltungsmöglichkeiten sowie das Aufdrucken von Werbung ermöglichen es, die Verpackung wirkungsvoll im Verkauf einzusetzen.

Papier, Karton und Pappe werden folgendermaßen unterschieden:

Vergleich von Papier, Karton und Pappe

	Papier	Karton	Pappe	
			Wellpappe	**Vollpappe**
Material	pflanzliche Fasern (Zellstoff, Holz) oder Altpapier	pflanzliche Fasern (Zellstoff, Holz) oder Altpapier	eine oder mehrere Lagen gewelltes Papier, das auf Papier oder Karton geklebt ist	dicker ein- oder mehrlagiger Karton
		Karton ist steifer als Papier	Es gibt ein- und mehrwellige Wellpappe.	Vollpappe hat keine Hohlräume, sie wird auch „massive Pappe" genannt.
Gewicht	bis 225 g/m²	150 g/m² bis 600 g/m²	variierend je nach Lagenzahl	mehr als 600 g/m²
Beispiel	Geschenkpapier, Packpapier	Schnellhefter, Tetra-Pack	Strukturbastelpappe, Wellpappeschachtel	Aktenordner

Wellpappe
corrugated board

Wellpappe besteht aus ein oder zwei Decklagen und den Wellen; mehrlagige Wellpapparten bestehen zusätzlich aus einer oder mehreren Zwischenlagen. Aufgrund ihrer Beschaffenheit weist Wellpappe trotz ihres leichten Gewichtes eine hohe **Steifigkeit** und **Stoßdämpfung** auf.

Je nach Anzahl der vorhandenen Wellen, Deck- und Zwischenlagen lassen sich verschiedene Wellpapparten unterschieden:

Vergleich von Wellpappearten

Begriff	Erläuterung	Abbildung
Einwellige, einseitig beklebte Wellpappe	Sie besteht aus einer Lage gewellten Papiers, die auf eine Lage Papier oder Karton geklebt ist.	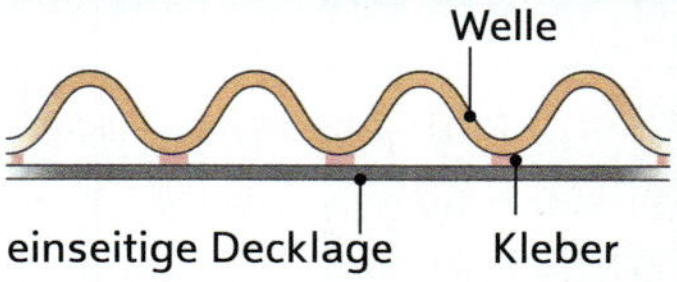
Einwellige, zweiseitig beklebte Wellpappe	Sie besteht aus einer Lage gewellten Papiers, die zwischen zwei Lagen Papier oder Karton geklebt ist.	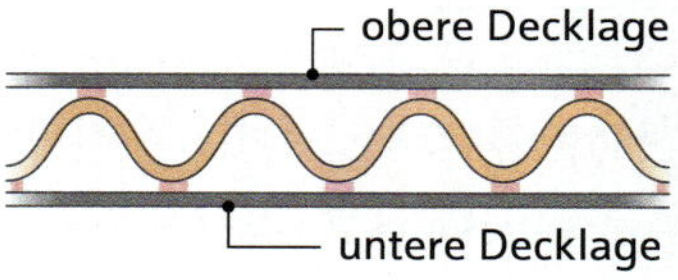
Zweiwellige Wellpappe	Sie besteht aus zwei Lagen gewellten Papiers. Dabei ist jede Wellenlage zwischen je eine Lage Papier oder Karton geklebt. Sie besteht insgesamt also aus zwei Lagen gewellten Papiers sowie drei Lagen Papier oder Karton. Die einzelnen Wellenlagen können unterschiedlich breit und hoch sein.	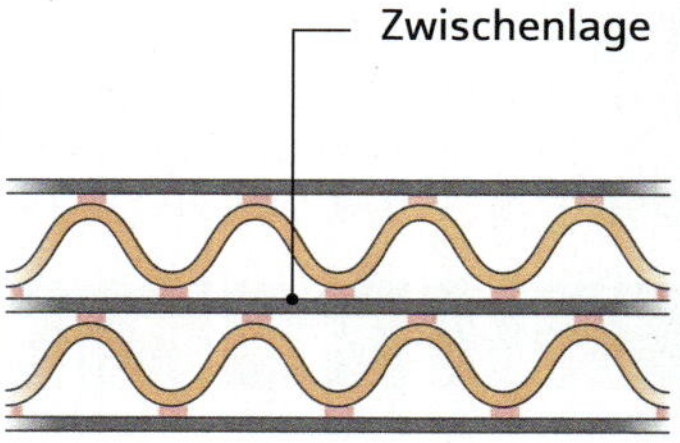
Dreiwellige Wellpappe	Die dreiwellige Wellpappe besteht aus drei Lagen gewellten Papiers. Jede Wellenlage ist zwischen je eine Lage Papier oder Karton geklebt. Sie besteht also insgesamt aus drei Lagen gewellten Papiers sowie vier Lagen Papier oder Karton. Auch hier können die einzelnen Wellenlagen unterschiedlich breit und hoch sein.	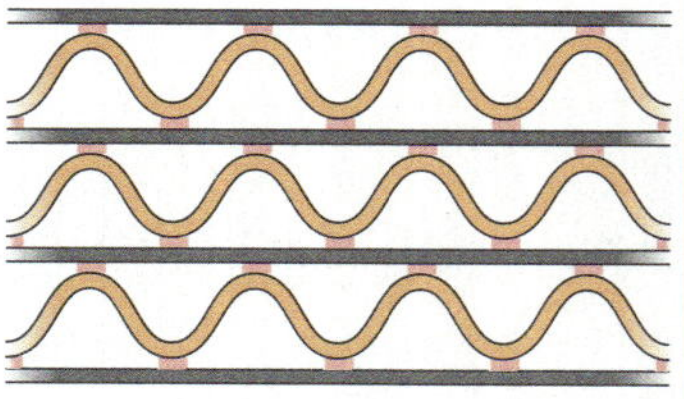

Mit der **Anzahl der Lagen** sowie der **Qualität der verwendeten Packstoffe** steigt die **Festigkeit** einer Wellpappe an. Das heißt, je mehr Lagen die Wellpappe hat, desto größer ist im Allgemeinen ihre Festigkeit und damit der Schutz der zu verpackenden Ware vor mechanischen Beanspruchungen.

Darüber hinaus kann Wellpappe zusätzliche Eigenschaften haben, z. B.:

- ölfest
- fettabweisend
- wasserabweisend
- schwer entflammbar

Rollenwellpappe

Eine Sonderform der Wellpappe bildet die **Rollenwellpappe**. Diese ist eine einwellige Wellpappe, die von einer platzsparenden Rolle in beliebiger Länge abgeschnitten werden kann. Sie wird vor allem zum Ausfüllen von Zwischenräumen, zum Auslegen von Boxen und Kisten sowie zum Schutz wertvoller Güter eingesetzt.

Rollenwellpappe

Vorteile von Packmitteln aus Papier, Karton oder Pappe

Vorteile von Packmitteln aus Papier, Karton oder Pappe

- Sie haben nur geringe Anschaffungskosten.
- Sie sparen Transport- und Lagerkosten ein, da Lieferung und Lagerung flach zusammengelegt erfolgen.
- Sie sind leichte, trotzdem stabile und teilweise auch stapelbare Packmittel.
- Sie haben eine hohe Informations- und Werbewirksamkeit, da sie sehr gut bedruckbar sind.
- Sie sind mehrfach wiederverwendbar und problemlos entsorg- und recycelbar.

4.2 Bauweisen von Verpackungen

Verpackungen gibt es in vielen Bauweisen. Erhältlich sind u. a. Kisten, Kleinbehälter, Schachteln, Fixierverpackungen, Paletten und Frachtcontainer.

4.2.1 Kisten

Kiste
case, box

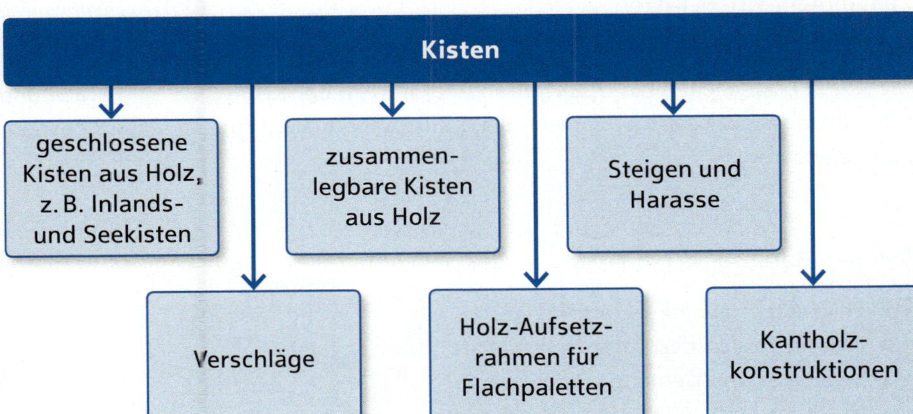

Geschlossene Kisten

Holzkiste
wooden box

Geschlossene Holzkisten bieten einen besonders hohen Schutz vor mechanischen Beanspruchungen. Sie sind an allen Seiten komplett geschlossen. Dadurch ist eine Einsichtnahme ins Innere der Kiste nicht möglich, was die Gefahr eines Diebstahls verringert.

Geschlossene Holzkisten gibt es in sechs Bauformen:

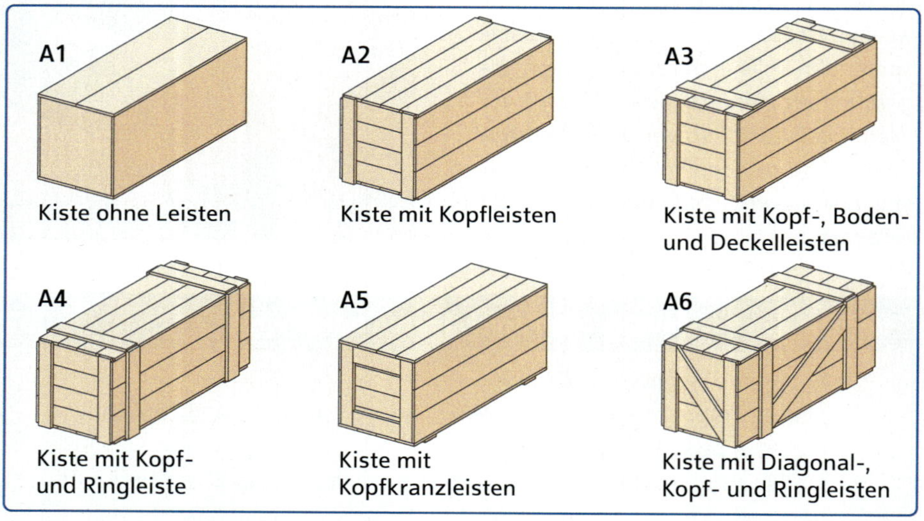

Grundbauformen einer geschlossenen Holzkiste

Die Grundbauformen A3, A4 und A6 eignen sich vor allem als **Inlandskiste**. Sie haben Leisten an den Außenflächen. Dadurch benötigen sie allerdings mehr Platz auf dem Transportmittel. Die Inlandskiste wird für Landtransporte eingesetzt.

Die Grundbauformen A1, A2 und A5 eignen sich vor allem als **Seekiste** und **Exportkiste**. Sie haben entweder gar keine Leisten oder nur Leisten an den Stirn(Kopf)-Seiten. Das spart Platz auf dem Transportmittel und damit Frachtkosten. Die Frachtkosten werden nach dem benötigten Volumen berechnet. Eine Ringleiste würde das Volumen erhöhen. Daher sind die äußeren Abmessungen der Kiste wichtig.

Aufgebaute bzw. zusammengelegte Holzfaltkiste

Zusammenlegbare Kisten

Zusammenlegbare Holzkisten bestehen aus Sperrholz mit Winkelprofilen und Kufen. Die Kufen ermöglichen ein Unterfahren und Stapeln der Kisten. Sie sind stabil und schnell aufgebaut bzw. zusammengelegt. Zusammengelegt sind sie außerdem sehr platzsparend.

Steigen/Harasse

Steige/Harass
crate

Sowohl Steigen als auch Harasse werden vor allem für den Transport von frischem Obst und Gemüse eingesetzt. Sie bestehen aus Holz, Pappe oder Kunststoff und haben Luftlöcher bzw. Luftschlitze, welche eine gute Belüftung und Einsichtnahme in den Zustand der Ware ermöglichen.

Steigen/Harasse aus Holz und Karton

Verschläge

Verschläge sind Einwegverpackungen. Sie bestehen aus Holzbrettern, Holzleisten oder Holzlatten in offener Rahmenkonstruktion. Dadurch sind sie zwar weniger stabil als Holzkisten, aber billiger in ihrer Herstellung und Anschaffung. Sollen Verschläge mit Gabelstaplern oder Kranen bewegt werden, müssen sie zusätzlich mit Kufen unter dem Boden ausgerüstet sein.

Verschlag

Verschläge werden vor allem dann eingesetzt, wenn der volle Schutz des Packgutes nicht nötig ist, beispielsweise zum Lagern und Transportieren von Maschinen, Bauteilen, Solarkollektoren, Glas-, Stein- und Bodenplatten.

Holz-Aufsetzrahmen

Aufsetzrahmen

Holz-Aufsetzrahmen bestehen aus Massivholz. Sie sind sehr stabil und zusammenlegbar. Dadurch sind sie auch sehr platzsparend. Es gibt Holz-Aufsetzrahmen in verschiedenen Höhen. Sie sind mit oder ohne Zwischenböden, mit oder ohne Trenneinsätzen sowie mit oder ohne Deckel lieferbar. Auf eine Flachpalette gesetzt, ergeben Holz-Aufsetzrahmen ein vielseitig einsetzbares Verpackungssystem.

Kantholzkonstruktionen

Kantholzkonstruktionen sind **offene Rahmenkonstruktionen aus Holzbalken** (Kanthölzer, Massivholz). Sie werden für jedes Packgut individuell aus einzelnen Kanthölzern angefertigt. Kantholzkonstruktionen eignen sich vor allem für den Transport von sehr schweren Packgütern. Dabei umschließen sie dieses jedoch nur teilweise. Deshalb muss das Packgut gut befestigt werden, z. B. durch Umreifung.

Kantholzkonstruktionen

4.2.2 Kleinbehälter

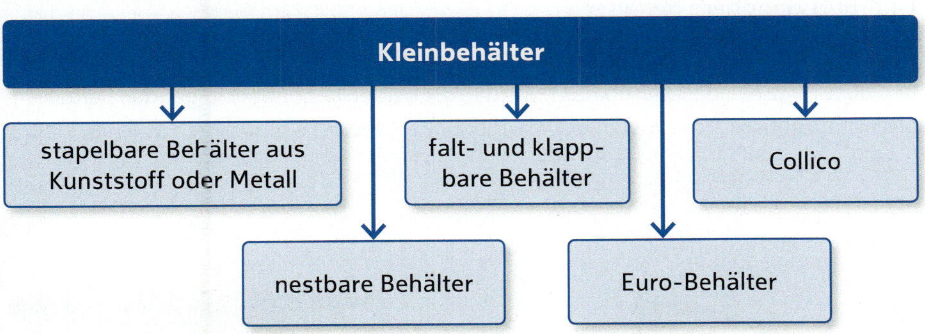

Stapelbare Behälter

Stapelbehälter
stackable bins

Stapelbehälter werden als **Kunststoffboxen** oder als **Metallkästen** geliefert. Die Seiten sind starr, ihre Form ist entweder quadratisch oder rechteckig. Sie lassen sich im leeren oder gefüllten Zustand übereinander stapeln und sind sehr robust und überall einsetzbar. Ein Nachteil ist, dass sie im Leerzustand sehr viel Platz beim Transport und Lagern einnehmen.

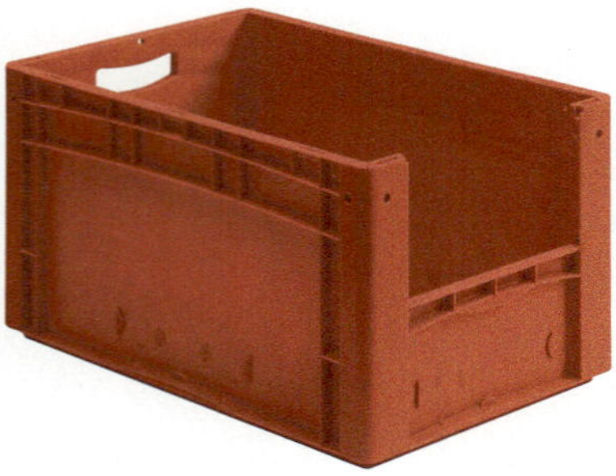
Stapelbehälter

Drehstapelbehälter ohne Deckel

Konischer Behälter mit Deckel

Nestbare Behälter

Nestbare Behälter
nestable bins/boxes

Nestbare Behälter lassen sich im leeren Zustand ineinander stellen (**„zu einem Nest“**). Dadurch sparen sie viel Platz beim Transport und Lagern ein. Es gibt **Drehstapelbehälter** und **konische Behälter**.

Drehstapelbehälter
rotation bin, stack and nest container

Drehstapelbehälter (kurz **„DSB“**) sind ohne Deckel sowohl im gefüllten als auch im leeren Zustand stapelbar. Durch eine Drehung um 180° kann man leere Behälter auch ineinander stellen. Die Stirnseiten besitzen Einwölbungen. Das Ineinanderstapeln der Behälter ist nur möglich, wenn sich die Einwölbungen auf derselben Seite befinden. Durch die Bauweise dieser Behälter erreicht man eine Raumeinsparung von bis zu 70 %.

Konische Behälter

Konische Behälter sind oben breiter bzw. länger als unten. Dadurch lassen sich leere Behälter ohne vorherige Drehung ineinander stellen. Sollen gefüllte Behälter gestapelt werden, ist zusätzlich ein Deckel notwendig.

Falt- und klappbare Behälter

Faltbehälter und Klappbehälter

Sowohl **Faltbehälter** als auch **Klappbehälter** sparen im leeren Zustand zwischen 70 % und 80 % Platz ein. Bei Faltbehältern werden die beiden gegenüber liegenden Seiten eingeknickt, „gefaltet“. Die Seiten der Klappbehälter werden einfach nach innen geklappt.

Faltbehälter

Klappbehälter

Faltbarer Palettenbehälter

Euro-Behälter

Euro-Behälter sind stapelbar und in ihren Maßen genau auf die Euroflachpalette zugeschnitten. Dabei können Euro-Behälter verschiedene Größen haben. Zwei kleinere Behälter sind exakt auf den nächst größeren stapelbar. Der größte Behälter passt genau auf eine Europalette. Es gibt faltbare und starre Modelle.

Euro-Behälter auf einer Euroflachpalette

Collico

Collico
collapsible container/ collico hard box

Die Firma Collico GmbH aus Oberhausen vermietet und verkauft seit 1947 verschiedenste Behälter. Der „Collico" ist ursprünglich ein faltbarer Behälter aus Aluminium, in den letzten Jahren hat sich aber vermehrt gezeigt, dass die Behälter aus Kunststoff, aufgrund des günstigeren Preises des Rohstoffes, mehr gefragt sind. Leichte Tara und ein schnelleres Zusammen- und Aufklappen mit hoher Volumenreduzierung für günstigen Transport, sowie miteinander kompatible Boxen in verschiedenen Größen sind nur einige der Vorteile, die Collicos aus Kunststoff besitzen. Es werden verschiedene Verpackungssysteme angeboten, die unterschiedliche Vorteile besitzen. Beispielsweise eine Entnahmeklappe (Smartbox), eine Holzpalette, Kunststoffpalette oder einen rollbaren Untersatz (ColliLog) unten drunter, sowie eine individuelle Inventarnummer mit der man jeden Collico identifizieren kann. Außerdem ermöglichen die marktführenden Logistik – und Mietsysteme Behälterüberwachung, sowie Behälterrückführung ohne eigene Mühe.

Collico aus Kunststoff

4.2.3 Schachteln

Schachtel
carton/box/packet

Die Schachtel ist das am häufigsten eingesetzte Packmittel in der Lagerpraxis. Schachteln sind Packmittel, die aus Karton, Pappe oder Kunststoff hergestellt werden. Eine Schachtel kann aus einem oder mehreren Teilen bestehen, sie ist verschließbar, meist quaderförmig und in vielen verschiedenen Ausführungen erhältlich. Sie wird umgangssprachlich fälschlicherweise oft als „Karton" bezeichnet, auch von den Packmittelherstellern. Tatsächlich ist ein Karton ein Packstoff, aus dem zum Teil die Schachteln hergestellt werden. In der Regel bestehen Schachteln aber aus Wellpappe. Für normale Beanspruchungen genügen Schachteln aus ein- bzw. zweiwelliger Wellpappe. Bei erhöhten klimatischen und mechanischen Beanspruchungen sowie schweren Packgütern müssen Schachteln aus dreiwelliger Wellpappe (sogenannte „Schwerstwellpappen") verwendet werden. Insbesondere beim Seeversand werden Wellpappen mit nassfester Verklebung und nassfesten Papieren verwendet (Seatainer). Die Lieferung und Lagerung der Schachteln erfolgt aus Platzgründen flach zusammengelegt. Für den Einsatz werden sie manuell oder maschinell aufgerichtet. So erhält man ein leichtes, stabiles Behältnis.

Große Wellpappeschachteln, die mit einer Palette aus Wellpappe, Kunststoff oder Pressholz verbunden sind, werden Paltainer genannt und sind mit einem Stapler oder Handgabelhubwagen unterfahrbar.

5366303

Schachtel	Erklärung	Abbildung
Faltschachteln	Faltschachteln sind im Allgemeinen aus einem Stück gefertigt. Sie werden flach zusammengefaltet geliefert und sind nach dem einfachen Aufrichten gebrauchsfertig. Sie verfügen entweder über Deckel- und Bodenklappen oder über einen anhängenden Einsteckboden und -deckel.	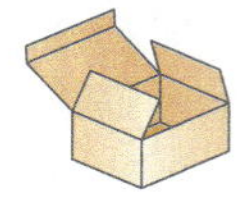 *Faltschachtel mit Einsteckboden und Einsteckdeckel* 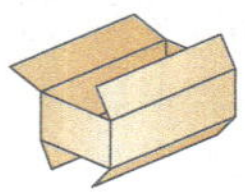 *Faltschachtel mit Boden- und Deckelklappen*
Deckelschachteln (Stülpdeckelschachteln)	Deckelschachteln bestehen aus zwei Teilen. Ein Oberteil (Deckel) wird über ein Unterteil (Boden) gestülpt.	*Deckelschachtel* 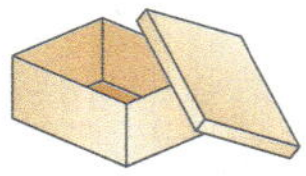
Falthüllenschachteln	Falthüllenschachteln bestehen im Allgemeinen aus einem Zuschnitt. Zwei oder alle Seitenwände und der Deckel sind am Boden angebracht. Zu den Falthüllenschachteln zählen auch die handelsüblichen Klappdeckelschachteln und die Kreuzverpackungen (zweiteilige Falthüllenschachtel).	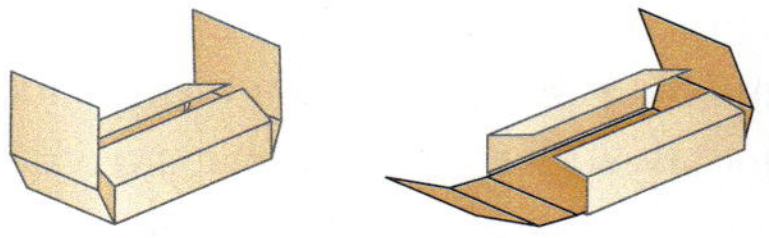 *1- und 2-teilige Falthüllenschachtel*
Schiebeschachteln (Gürtelschachteln)	Schiebeschachteln oder Gürtelschachteln bestehen aus zwei Teilen. Der innere Teil heißt „Schieber“, der äußere Teil „Hülse“. Zu dieser Schachtelgruppe gehören auch Überschiebehüllen.	*Schiebeschachtel* 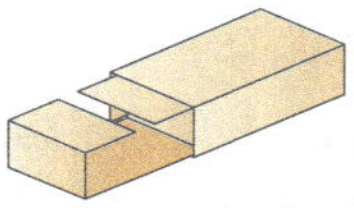
Aufrichteschachteln	Aufrichteschachteln werden entweder einteilig mit anhängendem Deckel oder zweiteilig mit separatem Deckel geliefert. Die Klebung erfolgt so, dass eine flachliegende Anlieferung möglich ist. Nach Auffalten und Aufrichten der Wände ist die Verpackung gebrauchsfertig.	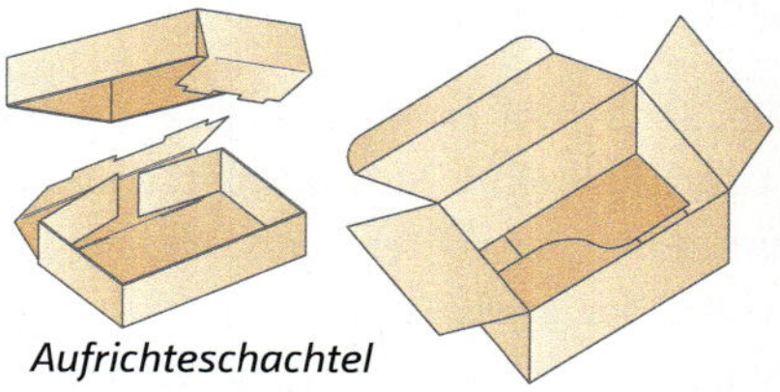 *Aufrichteschachtel*

Zu den oben genannten Schachtelarten gehören z. B. auch die folgenden Schachteln:

Schachtel	Erklärung	Abbildung
Falthülle Wickelverpackung	Die einteilige Wickelverpackung (auch Medienschachtel genannt) eignet sich für den Versand von Büchern, Drucksachen aller Art, CDs usw. Die Wickelverpackung stellt sich durch die variable Füllhöhe auf die unterschiedlichsten Inhalte ein. Sie besitzt meist einen fest haftenden Selbstklebeverschluss und eine Aufreißperforation.	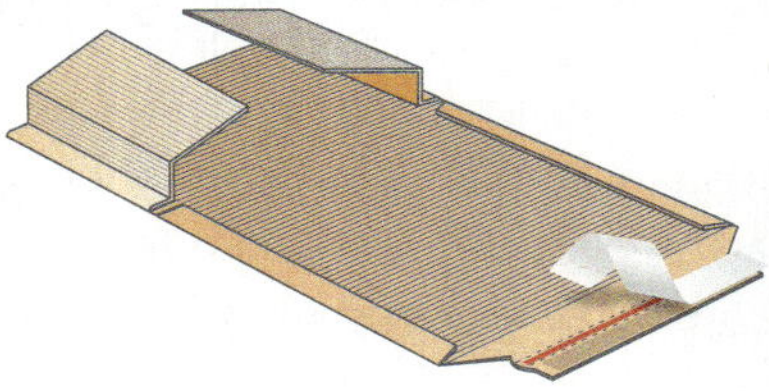 *Wickelverpackung*
Euro-Faltschachteln	Euro-Faltschachteln sind in ihren Außenmaßen exakt auf die Maße einer Europalette abgestimmt. Der zur Verfügung stehende Platz wird optimal genutzt. Dies erhöht die Effizienz und hilft Kosten zu sparen.	*Euro-Faltschachtel* 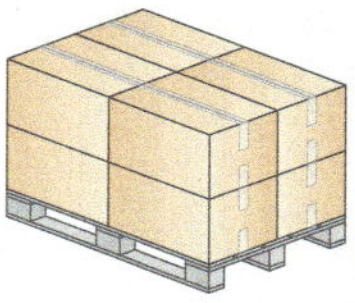

Schachtel	Erklärung	Abbildung
Unterfahrbare Wellpappe-Boxen	Unterfahrbare Wellpappe-Boxen, auch Palbox, Paltainer, Paletten-Box, Paletten-Container oder Welltainer genannt, gehören zu den Faltschachteln und können ein Volumen von bis zu 1 m^3 haben. Sie können mit Füßen oder Kufen aus Holz, Wellpappe oder Styropor ausgestattet sein oder auf einer Holzpalette befestigt werden. Dadurch können sie mit einem Hubwagen oder Stapler unterfahren, bewegt und gestapelt werden. Unterfahrbare Wellpappe-Boxen können zur leichteren Beladung und Entnahme mit Klappen in der Vorderwand ausgestattet sein.	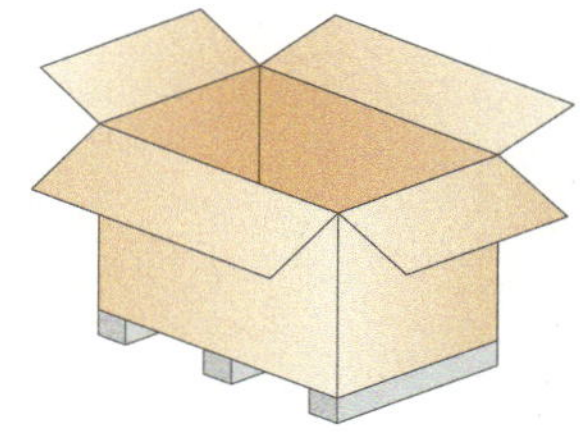 *Unterfahrbare Wellpappe-Box*

4.2.4 Fixierverpackungen

Sogenannte Fixierverpackungen bieten dem Produkt einen bestmöglichen Schutz und sparen Zeit beim Verpacken. Mithilfe eines Polsters oder einer Folie wird die Ware festgehalten („fixiert") und dadurch geschützt. Damit wird gewährleistet, dass selbst sehr empfindliche Produkte sicher und in einwandfreiem Zustand beim Empfänger eintreffen. Sie werden vor allem im Elektronikbereich eingesetzt, z. B. zum Verpacken von Digitalkameras oder Platinen.

Es gibt verschiedene Arten von Fixierverpackungen:

Fixierverpackung	Erklärung	Abbildung	
Gepolsterte Wellpappeschachtel	In der gepolsterten Schachtel sind Dämpfungselemente, z. B. aus Styropor oder Noppenschaum, integriert. Diese passen sich dem Packgut an und umschließen es fest. So wird das Produkt nach dem Schließen sicher in der Verpackung gehalten. Erschütterungen während des Transports werden zuverlässig aufgenommen.	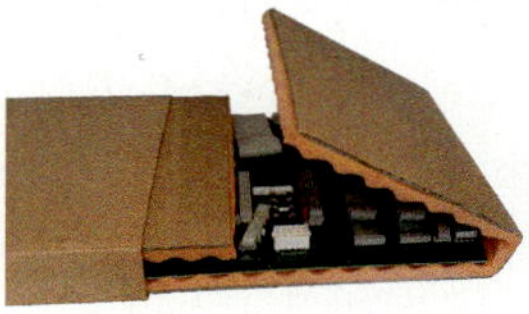 *Fixierverpackung mit Noppenschaum*	
Wellpappeschachtel mit Folie	Wellpappe-Schachteln mit einer dehnbaren Folie auf einer Innenseite halten das Produkt sicher in der Verpackung. Dazu wird das Produkt auf den Boden der Verpackung gelegt und die Folie straff über das Produkt gespannt. Zusätzliche Packhilfsmittel zum Schutz vor dem Verrutschen oder vor Stößen sind nicht mehr nötig.	 *Fixierverpackung mit Folie*	
Blister- und Skinverpackung	Blisterverpackung und Skinverpackung sind Sichtverpackungen aus Kunststoff. Die **Blisterverpackung** (engl. **„Blister"** = dt. **„Blase"**) umschließt das Produkt wie eine Blase, ohne es jedoch zu berühren. Sie besteht aus einer steifen Kunststoff-Folie und ist formstabil. Ihre Form ähnelt der Form des Produkts. Die **Skinverpackung** (engl. **„Skin"** = dt. **„Haut"**) umschließt das Produkt hauteng. Sie besteht aus einer dehnbaren Folie. Das Produkt kann auf der Unterlage nicht verrutschen. Zu den Skinverpackungen gehören auch die **Vakuumverpackungen**.	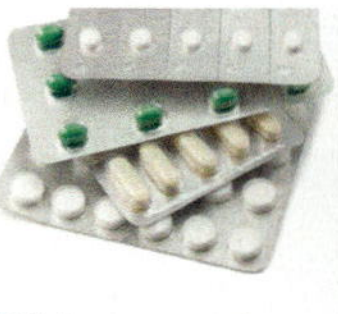 *Blisterverpackung*	 *Skinverpackung*

4.2.5 Paletten

Palette
pallet

Eine **Palette** ist eine **Lade-Plattform mit oder ohne Aufbau**. Auf ihr können sowohl verpackte als auch unverpackte Güter verladen werden. Paletten haben entweder Füße oder Kufen. Dadurch können sie mit einem Hubwagen oder Gabelstapler unterfahren, angehoben, transportiert und gestapelt werden. Generell dürfen nur unbeschädigte Paletten verwendet werden. Beschädigte Paletten müssen fachgerecht repariert oder ausgesondert werden.

Die Palette ist eines der wichtigsten Packmittel und Transporthilfsmittel überhaupt. Sie kommt in beinahe jedem Lager zum Einsatz. So ist es nicht verwunderlich, dass heutzutage viele verschiedene Palettenarten verwendet werden.

Die einzelnen Palettenarten werden anhand verschiedener Merkmale unterschieden:

Unterscheidung der Palettenarten

Merkmal	Palettenbezeichnung
Aufbau	Flachpalette, Gitterboxpalette, Rungenpalette, Vollwandpalette, Palettenbox
Material	Voll- und Pressholzpalette, Metallpalette, Kunststoffpalette, Wellpappe-Palette
Normung	genormte Europalette, ungenormte Palette
Größe	Europalette, Firmenpalette, Großpalette, Industriepalette, Sonderpalette
Unterfahrbarkeit	Zweiwegpalette, Vierwegpalette
Verwendungshäufigkeit	Einwegpalette, Mehrwegpalette, Pool-Palette

Flachpaletten

Eine Flachpalette ist eine **Lade-Plattform ohne Aufbau**. Das auf der Palette befindliche Transportgut ist ausreichend gegen Herabfallen zu sichern, z. B. durch Umwickeln mit einer Stretchfolie, durch Umreifen oder durch Festzurren.

Es gibt Flachpaletten aus **Holz**, **Kunststoff**, **Metall** oder **Wellpappe**. Am häufigsten werden **Holzpaletten** verwendet. Sie sind äußerst stabil, preiswert in der Anschaffung und leicht zu entsorgen.

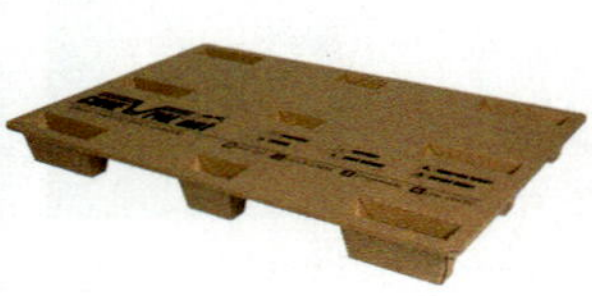
Wellpappepalette

Ebenfalls preiswert in der Anschaffung sind **Wellpappepaletten**. Sie sind jedoch nicht so stabil wie andere Palettenarten und werden deshalb für leichtere Güter verwendet.

Im Lebensmittel- und Hygienebereich sowie in der Mikroelektronik werden vorwiegend **Kunststoff- oder Metallpaletten** eingesetzt, da sie staubfrei und leicht zu reinigen sind.

Holzpaletten

Holzpaletten sind flache Konstruktionen aus Brettern und Kanthölzern, die für den Transport stapelbarer oder schwerer Waren eingesetzt werden. Holzpaletten haben Füße oder Kufen. Sie können mit einem Gabelstapler oder Handgabelhubwagen unterfahren, angehoben, transportiert, verladen und gestapelt werden.

Einwegpaletten und Mehrwegpaletten
one-way pallets and returnable pallets

Es gibt Holzpaletten als Einweg- und Mehrwegpaletten. **Einwegpaletten** sind für den einmaligen Gebrauch bestimmt. Sie verbleiben beim Empfänger. **Mehrwegpaletten**, wie etwa die Europalette, sind stabiler konstruiert und deshalb mehrfach einsetzbar. Sie werden bei Lieferung einer beladenen Palette gegen eine andere, leere Palette getauscht oder dem Empfänger in Rechnung gestellt.

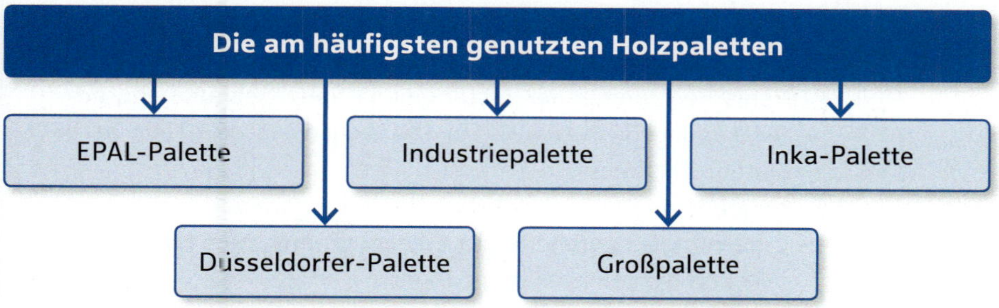

Euro-Flachpalette
Euro pallet

Euro-Flachpaletten (kurz „Europalette“ genannt) sind genormte Paletten aus massivem Holz mit den Maßen 1200 mm x 800 mm x 144 mm. Derzeit sind weltweit mehr als 400 Millionen Europaletten im Umlauf. Herstellung und Reparatur darf nur ein lizenzierter Fachbetrieb vornehmen.

Europaletten sind von allen vier Seiten unterfahrbar (daher Vierwegpaletten) und werden zu Tagespreisen gehandelt. Sie nehmen am Tauschsystem des Palettenpoolsystem teil. Der größte Poolbetreiber ist EPAL (Abkürzung für European Pallet Association e. V.). EPAL ist ein Dachverband mit mehr als 1 500 lizenzierten Produktions- und Reparaturbetrieben von EPAL-Ladungsträgern in über 30 Ländern.

Gewichte und Tragfähigkeiten der Europlatte

Die Europalette hat je nach Holzfeuchte ein **Eigengewicht** (**Tara**) von ca. 20 kg bis 24 kg. Die Tragfähigkeit einer Europalette beträgt 1000 kg bei Punktbelastung, 1500 kg bei gleichförmiger Belastung und 2000 kg bei gleichförmiger und vollflächiger Belastung. Die unterste Palette eines Stapels kann mit maximal 4000 kg belastet werden (**„Auflast“**).

Europalette als Halbpalette

Neben der Standard-Europalette gibt es noch die **Halbpalette** mit den Maßen 800 mm x 600 mm x 144 mm.

Palettenkennzeichnung
pallet labeling

Die Europalette wird mit drei großen Aufdrucken an den Klötzen beider Längsseiten gekennzeichnet. Anhand dieser Kennzeichnung lässt sich erkennen, ob es sich um eine echte tauschfähige Europalette handelt oder um eine Fälschung.

Tauschfähige Europalette und ihre Kennzeichnung

linker und rechter Klotz	1. Europaletten des Palettenherstellers EPAL Europaletten (European Pallet Association e. V.): Linker und rechter Klotz: EPAL Brandzeichen mit ovaler Umrandung 2. Europaletten der UIC (Internationaler Eisenbahnverband): Linker Klotz: UIC Brandzeichen Rechter Klotz: EUR Brandzeichen mit ovaler Umrandung EPAL/EPAL-Paletten und UIC/EUR-Paletten sind ab 2022 nicht mehr gegeneinander tauschbar.
mittlerer Klotz	• IPPC-Kennzeichnung für die Verwendung von schädlingsfreiem Holz • Ländercode, z. B. „DE“ für Deutschland • Registriernummer der zuständigen Pflanzenschutzbehörde • Behandlungsmethode, „HT“ für Hitzebehandlung → 30 Min. bei 56 °C • Güteprüfklammer • gegebenenfalls Reparaturkennzeichnungsnagel • Ziffernfolge, bestehend aus Lizenznummer, dem Herstellungsjahr und dem Herstellungsmonat

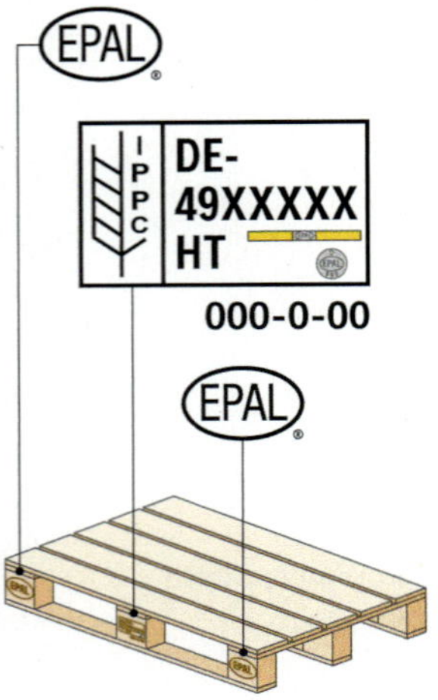

Die Europalette und ihre Kennzeichnung

2012 wurde die erste RFID-Europalette aus Holz auf den Markt gebracht. Der Einsatz einer solchen RFID-Palette ermöglicht die automatisierte Erfassung von Paletten und Waren und somit eine automatische Bestands- und Lagerverwaltung ohne Sichtkontakt zwischen Datenträger und Lesegerät. Diese Europaletten unter dem Markennamen WORLD sind im offenen Palettentauschpool allerdings nicht als tauschfähig anerkannt.

Düsseldorfer-Palette
Duesseldorf pallet

Die sogenannte **Düsseldorfer-Palette** besteht aus Weich- und Hartholzbrettern, Kunststoffdistanzzylindern und Stahlwinkeln und Stahlnieten. Ihre Maße sind 800 mm x 600 mm, die Höhe beträgt 163 mm. Die Düsseldorfer-Palette ist halb so groß wie eine Europalette und kann von allen genormten Handgabelhubwagen und Staplern von allen vier Seiten aufgenommen werden.

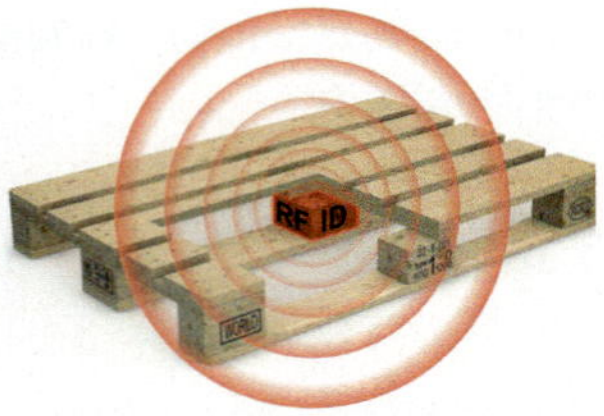

WORLD-Europalette mit RFID

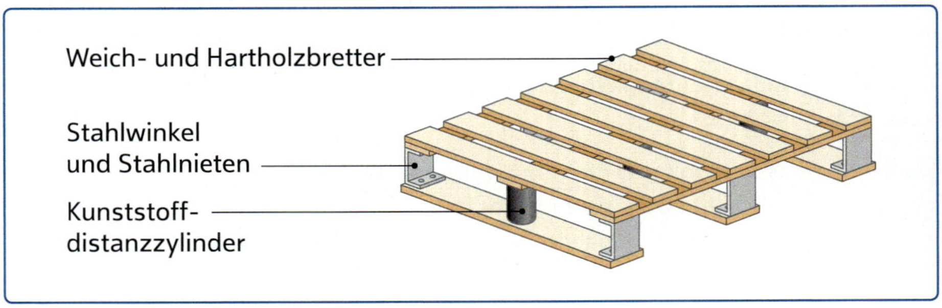

Düsseldorfer-Palette

La Pallet Rouge (LPR)

Die **La Pallet Rouge** (abgekürzt: **LPR**) ist eine Palette der LPR-Gruppe aus Frankreich. (LPR gehört zur Europool-Gruppe) Die roten Holzpaletten werden hauptsächlich im Konsumgüterbereich großer Handelsketten in ganz Europa verwendet und in allen gängigen Maßen im Poolsystem angeboten (Europalette, Industriepalette, Halbpalette und Display-Palette). Die LPR-Gruppe ist seit 2010 PEFC-zertifiziert (Programme for Endorsement of Forest Certification). Das Unternehmen garantiert, dass das gesamte Holz, das für die Herstellung und Reparatur der Paletten verwendet wird, aus Wäldern stammt, die auf umwelt- und sozia verträgliche Weise bewirtschaftet werden.

La Pallet Rouge (LPR)

Palettenabmessungen

Palettenbezeichnung	Maße (L x B x H)
Standard-Europalette	1 200 mm x 800 mm x 144 mm
EPAL-Halbpalette (EPAL 6)	800 mm x 600 mm x 144 mm
Viertelpalette	600 mm x 400 mm x 144 mm
Düsseldorfer-Palette (EPAL 7)	800 mm x 600 mm x 160 mm
Industriepalette	1 200 mm x 1 000 mm x 144 mm
Großpalette (ungenormt)	2 000 mm x 1 200 mm x 144 mm oder 2 000 mm x 1 250 mm x 144 mm

Inka-Paletten

Der Begriff INKA-Palette leitet sich von der früheren Firmierung „Holztechnik Inselkammer" ab. Holzspäne werden bei Hitze getrocknet und formgepresst. So entsteht „processed wood", frei von Holzschädlingen, im Sinne der ISPM No. 15. Deshalb sind INKA-Paletten für den Export weltweit verwendbar. Sie sind leicht und nach unten geschlossen. Luftfrachtsendungen können „manipulationssicher" gepackt werden. Sie können bei der Bevorratung sehr platzsparend ineinander gestapelt werden.

Inka-Paletten

Kunststoffpaletten

CHEP-Palette
Chep pallet

Kunststoffpaletten gibt es als **Ein-** und **Mehrwegpaletten**. Zu den Mehrwegpaletten zählen beispielsweise die blauen **CHEP-Paletten**. Da Kunststoffpaletten **staubfrei** und **leicht zu reinigen** sind, werden sie vor allem im **Lebensmittel- und Hygienebereich** sowie in der **Mikroelektronik** eingesetzt. Ein weiterer Vorteil von Kunststoffpaletten ist, dass sie sehr gut für die neue **RFID-Technologie** geeignet sind. Der RFID-Transponder befindet sich in einem Fuß der Palette.

Größen der Kunststoffpaletten

Auch die Kunststoffpaletten werden in verschiedenen Größen angeboten. Die gängigsten von ihnen haben eine Grundfläche von 600 mm x 400 mm, 800 mm x 600 mm, 1200 mm x 800 mm und 1200 mm x 1000 mm.

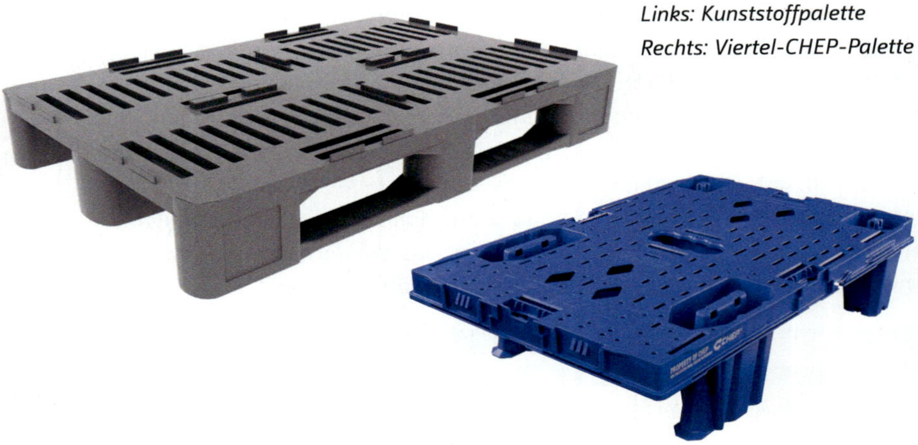

Links: Kunststoffpalette
Rechts: Viertel-CHEP-Palette

Vergleich von Holz- und Kunststoffpaletten

Vor- und Nachteile von Holz- und Kunststoffpaletten

Vorteile der Holzpaletten	Vorteile der Kunststoffpaletten
• Ein- und Mehrwegpaletten erhältlich • äußerst stabil • preiswert in der Anschaffung • in fast allen Bereichen einsetzbar • leicht zu entsorgen • für den Transport stapelbarer oder schwerer Waren geeignet • umweltfreundlich, da aus nachwachsendem Rohstoff	• Ein- und Mehrwegpaletten erhältlich • staubfrei und leicht zu reinigen • vor allem im Lebensmittel- und Hygienebereich sowie in der Mikroelektronik einsetzbar • sehr gut für die neue RFID-Technologie geeignet • für den Transport stapelbarer sowie leichter bis mittelschwerer Waren geeignet • witterungsunempfindlich • uneingeschränkt für den Export geeignet
Nachteile der Holzpaletten	**Nachteile der Kunststoffpaletten**
• unbehandelt anfällig für Holzschädlinge • nicht uneingeschränkt für den Export in alle Länder einsetzbar • witterungsanfälliger als Kunststoffpaletten • schwerer zu reinigen als Kunststoffpaletten	• nicht so stabil wie Holzpaletten • teilweise teurer in der Anschaffung als Holzpaletten • empfindlicher gegenüber Chemikalien als Holzpaletten • gesonderte Entsorgung erforderlich • nicht zu reparieren

5366310

4.2.6 Paletten mit Aufbau

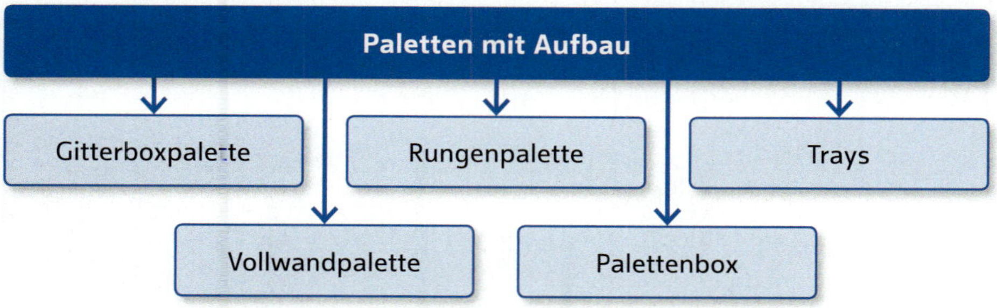

Gitterboxpaletten

Die Gitterboxpalette besteht aus zwei Teilen: der Gitterbox aus Metall und der Bodenplatte aus Holz. Die Gitterbox ist eine stabile Baustahlgitter-Konstruktion mit vier Wänden. Drei Wände sind fest angeordnet. Die vierte Wand (Vorderwand) hat Klappen. Diese Vorderwandklappen können geöffnet werden und ermöglichen so ein leichteres Be- und Entladen der Ware.

Gitterboxpaletten haben vier Füße. Dadurch können sie mit einem Handgabelhubwagen oder Gabelstapler unterfahren, transportiert und gestapelt werden. Sie bieten einen besonders hohen Schutz der Ware vor dem Herunterfallen und vor Beschädigungen.

Neben der Standardausführung mit starren Seitenwänden gibt es auch zusammenfaltbare, zusammenklappbare und halbhohe Gitterboxpaletten. Dadurch können sie platzsparend gelagert und zurücktransportiert werden.

EPAL-Gitterboxpaletten
Euro wire-mesh box/
Euro mesh box pallet

Es gibt genormte und ungenormte Gitterboxpaletten. Die genormte Gitterboxpalette wird „EPAL-Gitterboxpalette" genannt. EPAL-Gitterboxpaletten können im Rahmen des Palettenpools getauscht werden.

Abmessungen der EPAL-Gitterboxpalette

Die Abmessungen der EPAL-Gitterboxpalette sind auf die europäische Lkw-Norm abgestimmt, dadurch ist eine optimale Ausnutzung der Lkw-Ladefläche möglich.

EPAL-Gitterboxpalette	
Abmessungen	Außenmaße: 1 240 mm x 835 mm x 970 mm Innenmaße: 1 200 mm x 800 mm x 800 mm
Volumen	ca. 0,75 m^3
Leergewicht (Tara)	ca. 70 kg
Traglast	1 000 kg bis 1 500 kg
Auflast	maximal 6 000 kg

Es dürfen aus Stabilitätsgründen **maximal fünf Gitterboxpaletten übereinander** gestapelt werden. Beschädigte Gitterboxpaletten müssen aus dem Verkehr gezogen und von einem Fachbetrieb repariert werden. Sind sie nicht mehr reparierbar, müssen sie ausgesondert werden.

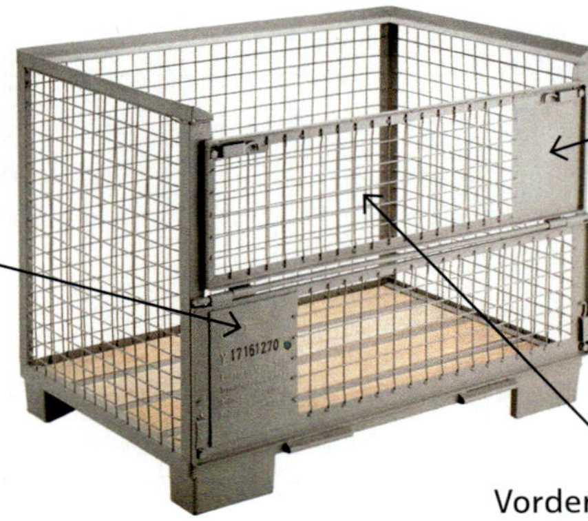

Gitterboxpalette

Aufschriftenfeld (Etikettenfeld) auf der Gitterboxpalette

Bei einer Gitterboxpalette befindet sich rechts oben das **Aufschriftenfeld (Etikettenfeld)**. Es ist bei jedem Transport mit entsprechenden Informationen, wie Empfänger, Warenbezeichnung, Menge, Lieferschein, zu versehen.

EPAL-Gitterboxpalette

EPAL-Gitterboxpaletten sind von der EPAL genormt und somit als Tauschpaletten im europäischen Palettenpool zugelassen. Erkennbar sind sie an dem EPAL-Kennzeichen mit ovaler Umrandung. Jede EPAL-Gitterboxpalette muss außerdem das Baujahr und den Namen des Herstellers tragen.

Vollwandpalette

Vollwandpaletten bestehen aus **stabilem Stahlblech**. Die Seitenwände sind geschlossen. Nach oben ist die Palette jedoch offen. Es gibt verschiedene Größen und Formen. Je nach Form sind Vollwandpaletten teilweise stapelbar.

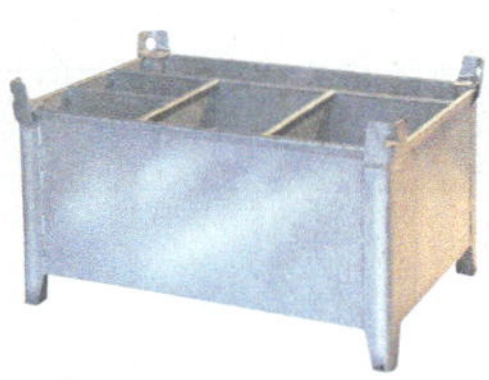

Vollwandpalette ungestapelt

Vollwandpaletten gestapelt

Rungenpalette
stack pallet

Rungenpalette

Rungenpaletten sind **Flachpaletten aus Holz oder Metall**, an deren Ecken vier **abnehmbare oder feste Ständerprofile** („**Rungen**") befestigt sind. Sie sind besonders zum Transportieren, Stapeln und Lagern langer Güter geeignet.

Rungenpalette

Palettenbox

Palettenboxen, auch **„Paloxen"** genannt, bestehen aus **Kunststoff**. Ihre Maße entsprechen denen der Euro-Flachpalette, also 1200 mm x 800 mm. Palettenboxen sind besonders **stabil** und daher vor allem für schwere Güter, aber auch elektronische Bauteile und schmutzempfindliche Güter geeignet. Als Sonderform gibt es Palettenboxen auch mit Deckel und Abflusshahn zum Transportieren und Lagern von Flüssigkeiten.

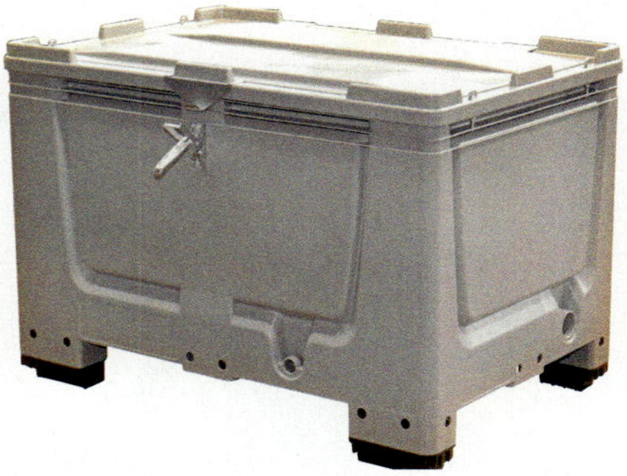

Palettenbox

Tray

Trays, auch **„Tablare"** oder **„Schalen"** genannt, sind **Lade-Plattformen aus Kunststoff** oder **Wellpappe**. Sie haben im Gegensatz zu Flachpaletten einen niedrigen, nur leicht hochgezogenen Rand, jedoch keine Seitenwände. Auf Trays werden vor allem verpackte **Lebensmittel** oder **Getränke** transportiert und gelagert. Auch im **Verkauf** kommen Trays häufig zum Einsatz. Gefüllte Trays sind übereinander stapelbar.

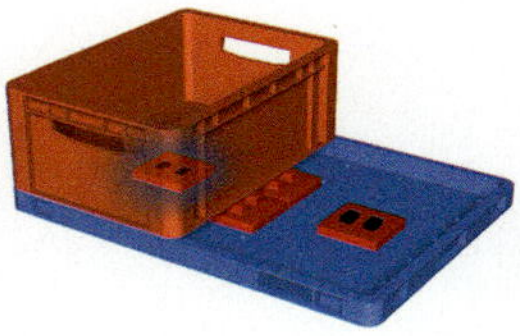

Tablar mit passenden Behältern

Vorteile der Palette

Vorteile der Palette

Der Einsatz von Paletten bringt viele Vorteile. Die wichtigsten sind:

- Die meisten Paletten sind sehr stabil. Dadurch sinkt die Gefahr von Beschädigungen des Transport- und Lagergutes.
- Paletten sind sowohl für verpackte als auch für unverpackte Güter geeignet.
- Kleine Güter sind durch das Palettieren zu großen Einheiten stapelbar. Das spart Platz sowie Transport- und Lagerkosten.
- Der Palettentausch ist im Poolsystem möglich.
- Paletten haben eine lange Haltbarkeit und damit verbunden eine lange Nutzungsdauer. Das spart Verpackungskosten.
- Es ist weniger Verpackungsmaterial notwendig, was ebenfalls Verpackungskosten spart.
- Paletten ermöglichen eine schnellere Be- und Entladung des Transportmittels sowie Ein- und Auslagerung.
- Mit Paletten wird eine bessere Übersicht im Lager erreicht.
- Paletten sind umweltfreundlich, da sie mehrfach verwendbar sind (Mehrwegpackmittel).

4.2.7 Technische Hilfsgeräte für Paletten

Palettenumladegeräte und -stationen

Es kann vorkommen, dass die für den Transport verwendeten Paletten eine andere Größe haben als die zur Lagerung verwendeten Paletten. Zum Beispiel ist der Transport des Gutes auf einer Standardpalette (1200 mm x 800 mm) erfolgt; die Lagerung ist

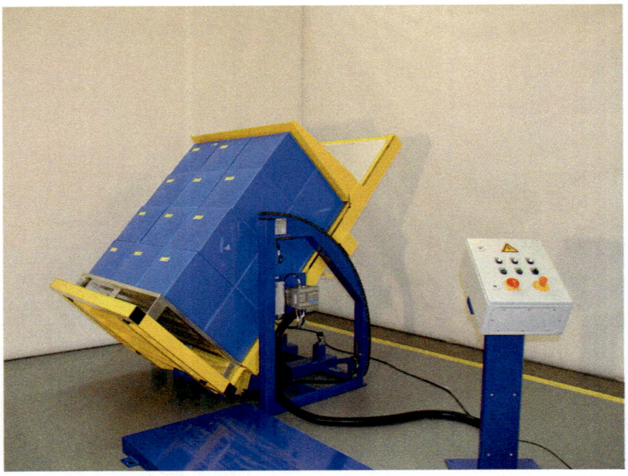

Automatische Paletten-umladestation

jedoch auf einer Halbpalette (800 mm x 600 mm) durchzuführen. Das einzulagernde oder zu transportierende Gut muss umgeladen werden. Wird festgestellt, dass eine Palette beschädigt ist, muss sie aus dem Verkehr gezogen werden. Auch hier muss das Gut umgeladen werden. Hierfür eignen sich Palettenumladegeräte und -stationen.

Palettensammler

Beim Palettensammler handelt es sich um ein Fahrzeug, das auf dem Boden liegende leere Europaletten einsammelt. Der Fahrer fährt vorwärts oder auch rückwärts über die Palette. Ein Sensor im Fahrzeug erkennt die Palette. Daraufhin erfasst die im Fahrzeug integrierte Greifeinrichtung selbsttätig die Palette und führt sie dem darüber angeordneten Magazin zu. Das Ganze geschieht während der Fahrt. So kann ein Palettensammler in der Stunde bis zu 200 Paletten einsammeln. Das Magazin fasst bis zu 18 Paletten. Die Paletten können einzeln oder als ganzer Stapel wieder abgegeben werden.

Der Palettensammler sorgt somit für mehr Schnelligkeit und Bequemlichkeit bei der Handhabung von Leerpaletten. Außerdem erhöht er die Sicherheit, da die Paletten sicher im Magazin gestapelt werden. Werden die Paletten hingegen von einem Stapler gesammelt, müssen die einzelnen Paletten per Hand auf den Palettenstapel gelegt werden. Dies dauert länger, außerdem sind die Palettenstapel wesentlich instabiler, insbesondere bei Kurvenfahrten.

Palettensammler

4.2.8 Großbehälter – Frachtcontainer

Container sind Großraumbehälter zum Transport und zur Lagerung von Gütern. Der Begriff stammt aus dem Lateinischen: Das lateinische Wort „continere" bedeutet „zusammenhalten" oder „enthalten". Es gibt Container in den verschiedensten Größen. Sie bestehen zum Großteil aus Stahl und sind teilweise genormt.

Container gehören zu den wichtigsten Packmitteln für den **Transport mit Schiffen, Flugzeugen und Eisenbahnen**. Aber auch für den **Transport per Lkw auf der Straße** werden sie häufig eingesetzt. Container bieten einen hohen Schutz des Transportgutes.

Eigentümer von Containern sind meistens die Reederei, die Bahn oder das Luftfrachtunternehmen. Container können jedoch auch gemietet werden.

Containertransport

Der erste Container wurde 1956 von Malcom P. McLean in den USA gebaut und für den Transport auf Lkw und Schiffen eingesetzt. Da in Amerika zum Teil andere Maßeinheiten gelten als in Europa, werden die Containermaße nicht in Meter und Zentimeter angegeben, sondern in Fuß, Zoll und Inch. Die gebräuchlichsten Container sind die 20'-Container – die sogenannten „TEU" („Twenty-foot Equivalent Unit") – und die 40'-Container („FEU" = „Forty-foot Equivalent Unit").

Die einzelnen Containerarten lassen sich anhand verschiedener Kriterien unterscheiden:

Unterscheidung der Containerarten

Unterscheidungsmerkmal	Containerart
Größe	10'-/20'-/30'-/40'-/45'-Container
Transportweg	Übersee(ISO)-, Binnen- und Luftfracht-Container
Ausführung bzw. Bauart	Standard-, Hard-Top-, Open-Top-, Flat-Rack-, Bulk-, Tank-, Kühl-, isolierter, ventilierter, High-Cube-Container

Folgende Container können unterschieden werden:

Container

- Übersee-Container
- Binnencontainer
- Wechselbehälter
- Luftfracht-Container

Übersee-Container (ISO-Container)

Übersee-Container, auch **„ISO-Container“** oder „See-Container“ genannt, sind spezielle, für die Seefracht entwickelte Container. Die häufigsten Größen sind der 20′- und der 40′-Container.

> **Aus dem Englischen:**
> foot = Fuß
> 1 foot = 1′
> = 30,48 cm

Die **Längen** der Container bauen auf einem Modulsystem auf, dessen Ausgangsgröße der 40′-Container ist (40′ entsprechen 12,192 m). Die anderen Containergrößen entstanden durch Teilung der Ausgangsgröße 40′. Die **Breite** ist bei allen Containern etwa gleich (8′ entsprechen 2,35 m). Die **Höhenabmessungen** der Container variieren. Üblich sind jedoch Höhen, welche beim Straßentransport im Vor- und Nachlauf zum Hafen ohne Beschränkungen gefahren werden können. Derzeit sind bereits über 15 Millionen 40′-Container im Verkehr.

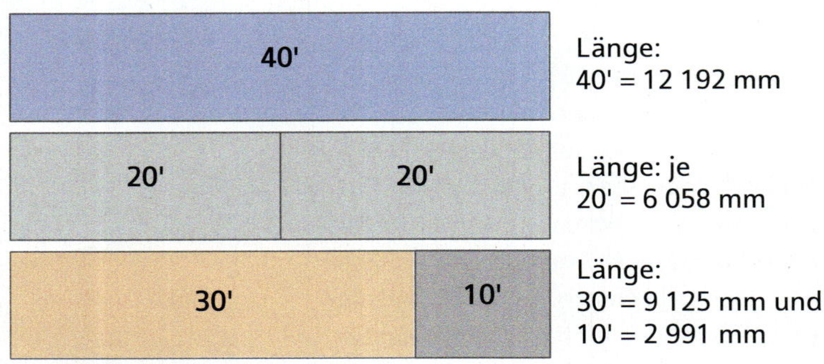

Beispiel für die Kombination von Containermodulen

Übersee-Container sind **spritzwasserdicht** und **sehr stabil**. Es können sechs bis neun Leercontainer übereinander gestapelt werden. Sie werden auf dem Transportmittel mit sogenannten **„Twistlocks“** gesichert. [▸Lernfeld 8]

Nachteile der ISO-Container

Da ISO-Container meist **nur mit einer Hecktür** ausgestattet sind, ist die Be- und Entladung schwerer zu bewerkstelligen als bei anderen Containerarten. Außerdem sind die Innenmaße des ISO-Containers nicht auf die Maße der Europalette abgestimmt. Beim 20-Fuß-Container passen maximal 11 Euro-Flachpaletten oder 11 Gitterboxen in eine Ebene. Der 40-Fuß-Container fasst bis zu 25 Europaletten oder 23 Gitterboxen pro Lage.

ISO-Container

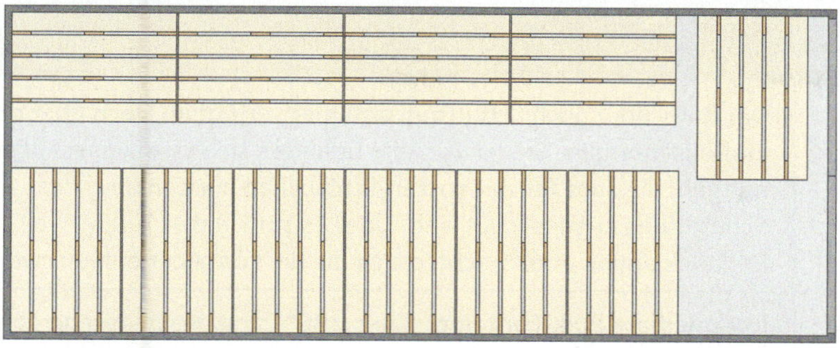

Beladeplan mit Europaletten im 20'-ISO-Container

Ein weiterer Nachteil des ISO-Containers besteht in der Tatsache, dass die maximale Lkw-Breite von 2,55 m nicht ausgenutzt wird. Dadurch können weniger Europaletten pro Tour transportiert werden.

Übersee-Container gibt es in verschiedenen Arten und Ausführungen.

Übersee-container	Abbildung	Erklärung
Standard-Container		Standard-Container sind **geschlossen**, bestehen aus Stahl oder Stahlblech und haben mindestens eine Doppeltür. Sie eignen sich nur für **trockenes Stückgut**. Außerdem haben sie keine gesonderte Ausstattung, wie Isolierung oder Belüftung. Hitze- und kälteempfindliches Packgut kann deshalb nicht aufgenommen werden.
Hard-Top-Container	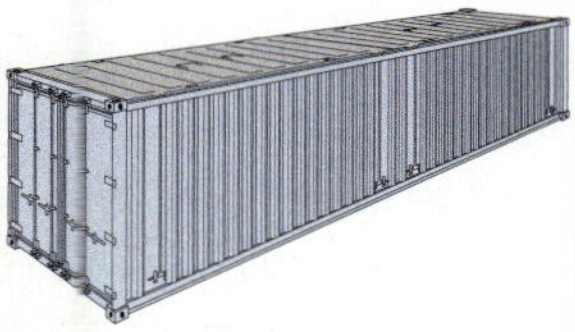	**Hard-Top-Container** ähneln den Standard-Containern. Sie haben anstelle des festmontierten Daches aber ein **abnehmbares Stahldach**. Das ermöglicht das Beladen schwerer und überhoher Güter mit einem Kran von oben.
Open-Top-Container	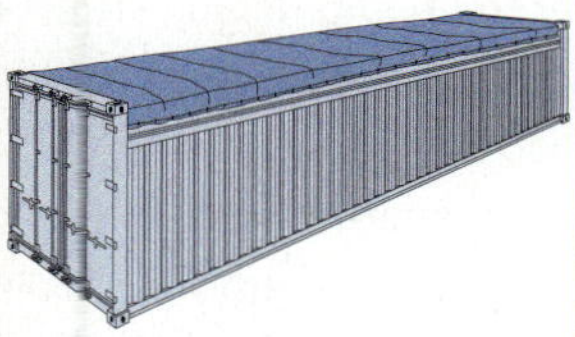	**Open-Top-Container** ähneln ebenfalls den Standard-Containern. Anstelle eines festmontierten oder abnehmbaren Stahldaches haben sie jedoch eine **abnehmbare Plane**. Auch hier ist eine Beladung mit einem Kran von oben möglich. Sie sind besonders für schwere und überhohe Ladung geeignet.
Flat-Rack-Container	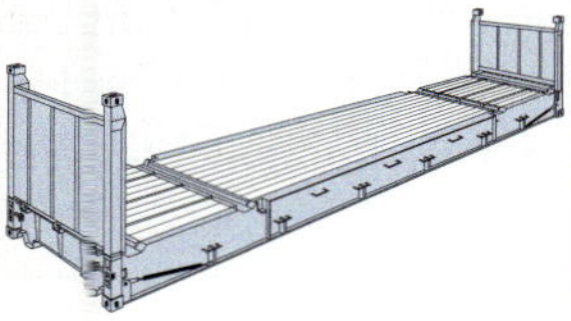	**Flat-Rack-Container** (auch **„Flat-Container"** genannt) haben **weder ein Dach noch Seitenwände** an der Längsseite. Damit können sie auch von der Seite beladen werden. Das ist von Vorteil bei überbreiten oder überhohen Gütern, die nicht mit einem ISO-Container transportiert werden können. Im Leerzustand können sie zusammengeklappt, zu Paketen gestapelt und raumsparend transportiert werden.

Übersee-container	Abbildung	Erklärung
Bulk-Container	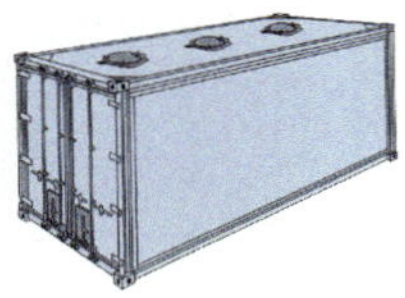	Der **Bulk-** oder auch **Schüttgutcontainer** verfügt **im Dach** über **drei Einfüllöffnungen**. An der **Türseite** befinden sich **zwei Ausschüttöffnungen**, die zum Teil mit kurzen Schläuchen zur Lenkung des Schüttgutes ausgestattet sind. Oder es sind in den Türen zwei Entladeklappen angebracht, durch die die Container entleert werden.
Intermediate Bulk-Container		**Intermediate Bulk-Container** (kurz **„IBC"**) sind geschlossene Container aus Metall oder Kunststoff. Sie haben **im Dach Füllöffnungen**. Dadurch können Schüttgüter, Flüssigkeiten und zum Teil sogar Gefahrstoffe transportiert und gelagert werden. Ihr Volumen beträgt bis zu 3000 Liter. IBCs können mit einem Hubwagen oder einem Gabelstapler transportiert werden.
Tank-Container	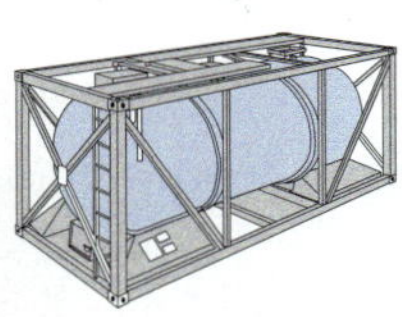	**Tank-Container** (auch **„Tanktainer"** genannt) eignen sich für **flüssige oder gasförmige Güter**. Sie bestehen aus einem **Rahmen**, in den ein **Tank eingebaut** ist. Zum Teil sind Tank-Container mit Kühl-, Heiz- oder Rühraggregaten ausgestattet.
Kühl-Container	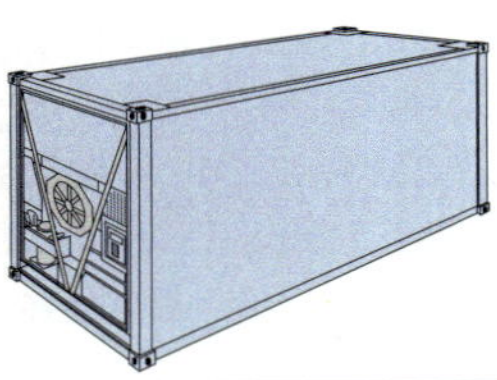	**Kühl-Container** (**„Reefer"**) sind Standard-Container mit eingebauter **Kühleinrichtung** (**Klimaanlage**). Sie werden zum Transport wärmeempfindlicher Güter (**„Kühlgüter"**) eingesetzt. Kühl-Container sind unabhängig von der Umgebungstemperatur. Sie benötigen jedoch im beladenen Zustand immer eine Stromversorgung.
High-Cube-Container		**High-Cube-Container** sind **höher** als alle anderen Containerarten. Dadurch haben sie ein **größeres Fassungsvermögen**. Hier ist eine bis zu dreifache Stapelung von Gitterboxpaletten (ungenormt) möglich. Aufgrund ihrer Höhe haben High-Cube-Container an den Oberkanten eine gelb-schwarze Farbmarkierung. Diese dient als Warnung zur Beachtung der Höhe. Wegen der Höhe unterliegen sie eventuell Höhenbeschränkungen im Straßen- und Schienenverkehr. Außerdem kann die Verwendung spezieller Chassis oder Tragwagen erforderlich sein. High-Cube-Container gibt es als Standard-, Hard-Top- und Kühl-Container. Sie wurden speziell für Ladung mit großem Volumen entwickelt.
Isolierter Container		**Isolierte Container** (engl. **„Isolated Container"**) sind Standard-Container, die zum Schutz vor Kälte oder Hitze mit einer **Innenisolierung** ausgestattet sind. Zum Teil sind diese Container auch doppelwandig gebaut.
Ventilierter Container		**Ventilierte Container** sind Standard-Container, die zum Belüften des Innenraumes mit einer **Belüftungseinrichtung** ausgestattet sind, z. B. zwei gegenüber liegende Öffnungen mit Ventilatoren in den Stirnseiten.

Die beschriebenen Container werden meist als 20′- und 40′-Container eingesetzt. Deren dezimale (metrische) Maße betragen im Einzelnen:

Typ	Innenmaße (L x B x H) in m	Türöffnung (B x H) in m	Leergewicht in kg	Max. Zuladung in kg	Volumen in m³
20′-Standard-Container	5,89 x 2,35 x 2,39	2,34 x 2,29	2330	21670	33,2
40′-Standard-Container	12,02 x 2,35 x 2,39	2,34 x 2,29	3780	26700	67,7
40′-High-Cube-Standard-Container	12,02 x 2,35 x 2,69	2,34 x 2,59	4020	26460	76,3

Containertypen, Containermaße, Containergewichte

Weitere Container	Erklärung	Abbildung
Binnen-container	**Binnencontainer** wurden von der Deutschen Bahn speziell für den **Transport auf dem Landweg** („Binnentransport“) innerhalb Europas entwickelt. Der Binnentransport kann kombiniert auf Straßen und Schienen erfolgen. Die Außenbreite der Binnencontainer beträgt 2,50 m. Die Innenbreite von 2,44 m ist auf die Maße der Euro-Flachpalette abgestimmt. Es können zwei Euro-Flachpaletten breitseitig oder drei Euro-Flachpaletten längsseitig nebeneinander verladen werden. Dadurch wird der Containerraum optimal genutzt. Es gibt 20′, 30′ und 40′ lange Binnencontainer. Der Binnencontainer ist 2,60 m hoch.	 *40′-Container*

Beladeplan mit Europaletten im 20′-Binnen-Container

Der 20′-Container fasst bis zu 14 Paletten, der 40′-Container maximal 28 Paletten pro Ebene. Auch bei dieser Containerart werden die maximalen Lkw-Maße nicht voll-

Binnencontainer *land container*	ständig ausgenutzt. Da **Binnencontainer** nicht so stabil sind wie Übersee-Container, dürfen nur maximal drei Container übereinander gestapelt werden.
Wechselbehälter *interchange body/swap body*	Binnencontainer verlieren zunehmend an Bedeutung und werden langsam vom **Wechselbehälter** abgelöst.

Weitere Container	Erklärung	Abbildung
Wechsel-behälter	**Wechselbehälter** (auch „Wechselbrücke" oder „Wechselkoffer" genannt) haben **einklappbare Stützen bzw. Füße** zum Absetzen auf dem Boden. Dadurch können sie zum Aufnehmen mit dem Lkw unterfahren werden. Da der Wechselbehälter unabhängig von Transportmitteln be- und entladen werden kann, ist sein Einsatz wirtschaftlicher als beim Binnencontainer. Außerdem ist der Wechselcontainer breiter und länger als der Binnencontainer und fasst deshalb mehr Paletten pro Tour. Wechselbehälter eignen sich darüber hinaus zur kostengünstigen und platzsparenden Zwischenlagerung. Wechselcontainer sind **nicht stapelbar**. Sie haben entweder Stahlblechwände oder werden mit einer Plane geschlossen.	 *Wechselbehälter mit Stahlblechwänden*

Wechselbehälter	
Abmessungen	Außenmaße: Länge: 7,82 m, Breite: 2,55 m, Höhe: 2,67 m Innenmaße: Länge: 7,70 m, Breite: 2,49 m, Höhe: 2,60 m Ein Wechselbehälter fasst 19 Europaletten pro Ebene.

Beladeplan mit Europaletten im Wechselbehälter C 785

Ein Wechselbehälter fasst 19 Europaletten pro Ebene.

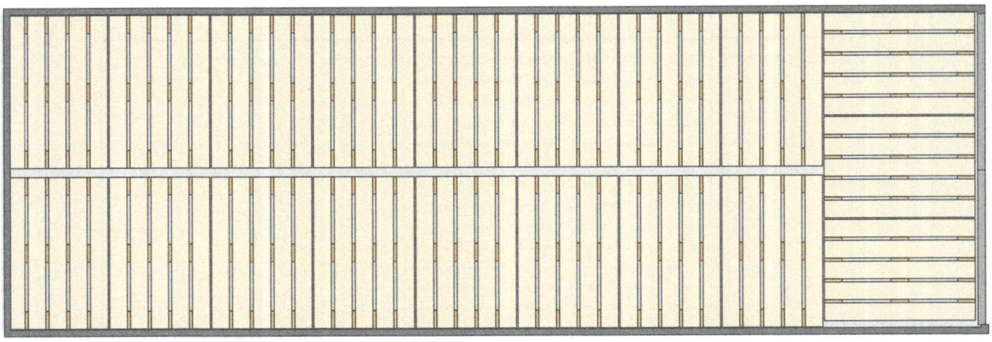

Weitere Container	Erklärung	Abbildung
Luftfracht-Container (ULD-Container)	Luftfracht-Container werden auch **„ULD-Container“** („ULD“ kurz für **„Unit Load Devices“**) genannt. Das sind geschlossene Behälter, die entweder ganz aus Aluminium oder aus einer Kombination aus Aluminium (Rahmen) und Kunststoff (Wände) bestehen. Zum Teil sind sie auch mit Kühlaggregaten ausgestattet. ULD-Container dienen dem Verladen und Transportieren von Gepäck, Fracht und Post auf Großraumflugzeugen und Standardrumpfflugzeugen, wie z. B. dem Airbus A319, A320 oder A321. Die **abgewinkelten Ecken** ermöglichen ein passgenaues Verstauen im Rumpf des Flugzeugs. Dadurch ist ein hoher Raumnutzungsgrad erreichbar. Es können große Mengen an Beförderungsgütern zu großen Einheiten gebündelt werden. Dies spart Personal, Zeit und Geld.	 *Luftfracht-Container*

Vorteile von Containern

Allgemeine Vorteile des Containereinsatzes

- Das Transportgut wird optimal geschützt.
- Die Waren müssen beim Wechsel von einem Verkehrsmittel auf ein anderes nicht mehr umgepackt werden, sondern der Container wird als Ganzes befördert. Dadurch verkürzen sich die Umschlagszeiten.
- Aufgrund der genormten ISO-Container kann der Umschlag teilweise automatisiert erfolgen.
- Der Einsatz von Containern verbessert die Raumausnutzung bei Lagerung, Umschlag und auf dem Transportmittel, da die Container gestapelt werden können und die Abmessungen von Lagerhallen, Kranen, Containerschiffen usw. an die standardisierten Containermaße angepasst werden können.
- Container können zur Zwischenlagerung von Waren verwendet werden.

4.2.9 Weitere Packmittel

Neben den bereits aufgeführten Packmitteln aus Holz, Kunststoff und Metall können im Verpackungswesen weitere Packmittel verwendet werden. Dazu zählen vor allem der Rollbehälter und der Containersack.

Darüber hinaus sind zahlreiche weitere Packmittel im Einsatz, die ebenfalls einen wichtigen Beitrag zum sicheren und rationellen Lagern und Transportieren leisten, z. B.:
- Versandtaschen, Tüten und Beutel aus Papier oder Kunststoff
- Bündel, Ballen, Säcke und Netze aus Kunststoff- oder Textilgewebe
- Tonnen, Fässer, Kanister, Eimer und Körbe aus Kunststoff, Holz oder Metall

Rollbehälter

Rollbehälter
rollbox/roller container

Rollbehälter, auch „Gitterrollwagen“, „Rollboxen“ oder „Rolli“ genannt, bestehen meistens aus Metall (Seitenwände, Einlegeböden) und Kunststoff (Boden, Einlegeböden). Sie sind stabil und in verschiedenen Ausführungen erhältlich: stapelbar, zerlegbar, faltbar, verschließbar und sogar als Isolierbehälter. Rollbehälter können je nach Ausführung eine Traglast von bis zu 500 kg haben. Sie werden vor allem in Handelsunternehmen, aber auch in der Gastronomie, im Klinikbereich und in Gärtnereien eingesetzt.

Containersack

Containersack
big bag

Containersack

Der Containersack, auch **„Big Bag“** genannt, ist ein **flexibles Großpackmittel**. Er besteht aus einem sehr strapazierfähigen **Kunststoffgewebe**. Seine Traglast kann bis zu zwei Tonnen betragen. Nach dem Entleeren wird der Containersack flach zusammengelegt. Er bietet je nach Größe viel Volumen und hat dennoch nur ein sehr geringes Eigengewicht.

Der Containersack wird zur Lagerung und zum Transport von schweren und groben Stückgütern, aber auch von Schüttgütern eingesetzt. Er hat an der oberen Kante Schlaufen. Dadurch kann er mit einem Kran oder Gabelstapler angehoben und bewegt werden. Containersäcke für Schüttgut haben am oberen und unteren Ende Einfüll- bzw. Ablassöffnungen.

5366322

5 Packhilfsmittel

Für eine sichere Verpackung der Ware ist neben einem geeigneten Packmittel auch das richtige **Packhilfsmittel** wichtig. Das Packhilfsmittel soll die Ware **schützen**, **verschließen** und **kennzeichnen**. Im Blick auf diese Anforderungen lassen sich Packhilfsmittel in Schutz-, Verschließ- und Kennzeichnungsmittel unterscheiden.

Packhilfsmittel
packaging accessory/ packaging aid

Packhilfsmittel		
Schutzmittel	**Verschließmittel**	**Kennzeichnungsmittel**
• Papier, Rollenwellpappe • Papierwolle, Holzwolle • Papierpolster, Luftkissenpolster • Luftpolsterfolie, Schaumstofffolie • Polstermittel aus Schaumstoff • Polstermittel aus Styropor (Polystyrol-PS) • Kanten- und Eckenschutz • Ölpapier • Bitumenpapier/ Teerpapier • Folienumhüllung • Trockenmittel • VCI-Verpackung • Sicherheitssiegelband • Plombe • Sicherheitsklebeetiketten	• Folienumhüllung • Bindeband, Schnur, Kordel • Klebeband, Packband • Heftklammern • Umreifung	• Gefahrenetiketten • Handhabungsetiketten • Sicherheitsetiketten • RFID-Etiketten • Barcode-Etiketten • Stoßindikator • Kippindikator • Feuchtigkeitsindikator • Temperatur- und Verderblichkeitsindikator • Begleitpapiertaschen

5.1 Schutzmittel

Packhilfsmittel sollen die Waren gegen verschiedene Arten von Beanspruchungen schützen.

Schutzmittel
protective material

Schutzmittel gegen …

- mechanische Beanspruchung
- Feuchtigkeit und Nässe
- Diebstahl und unbefugtes Öffnen

5.1.1 Schutzmittel gegen mechanische Beanspruchungen

Zu den mechanischen Beanspruchungen zählen Stoß, Fall, Druck, Schub und Erschütterung. Zum Schutz vor diesen Beanspruchungen gibt es zahlreiche Füll- und Polstermittel.

Füllmittel
filler, filling material

- **Füllmittel** füllen den **Leerraum** zwischen den einzelnen Waren bzw. zwischen der Ware und dem Packmittel aus. Dadurch soll ein Fixieren der Ware im Packmittel erreicht werden, um ein Verrutschen und somit Beschädigungen an der Ware zu verhindern. Gleichzeitig polstern sie aber auch das Packmittel aus.

Polstermittel
cushioning material

- **Polstermittel** dagegen **umhüllen die Ware** ganz oder teilweise. So wird insbesondere empfindliche Ware innerhalb der eingesetzten Packmittel zusätzlich vor Stößen, Erschütterungen usw. während des Transportes und der Lagerung geschützt.

Auswahl von Füll- und Polstermittel

Welches Füll- und Polstermittel eingesetzt wird, hängt von der Empfindlichkeit der Ware und den während des Transportes auftretenden Beanspruchungen ab.

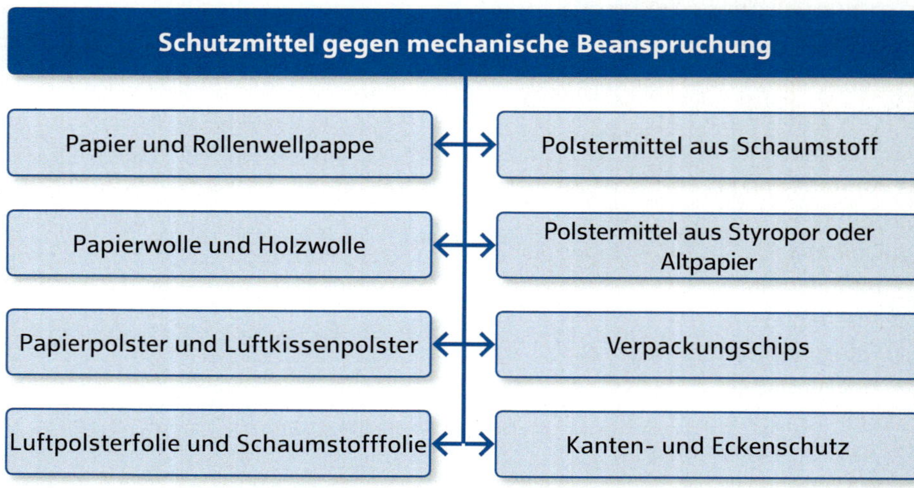

Papier und Rollenwellpappe

Seidenpapier
tissue paper

Seidenpapier eignet sich optimal zum Einwickeln, Auspolstern oder als Zwischenlage für besonders empfindliche Ware. So werden beispielsweise Glas und Porzellan zum Schutz vor Verkratzen meist in Seidenpapier eingewickelt, da dieses aufgrund des geringen Holzanteils sehr weich und geschmeidig ist. Auch zum Einschlagen von Textilien wird oftmals Seidenpapier verwendet.

Seidenpapier zum Einschlagen von Porzellan und Textilien

Packpapier eignet sich gut zum Einschlagen unempfindlicher Waren, da es dicker und reißfester als Seidenpapier ist. Häufig wird es auch als Stopfmaterial verwendet. Des Weiteren wird Packpapier zum Einwickeln von Versandschachteln benutzt. So können auch bereits gebrauchte Schachteln wiederverwendet werden.

Packpapier
packing paper

Packpapier zum Ausfüllen von Hohlräumen, zum Einschlagen von Waren und zum Einschlagen von Schachteln

Rollenwellpappe

Einwellige Rollenwellpappe ist ebenfalls fest und hat eine hohe Polsterwirkung. Sie ist ideal geeignet zum Ausfüllen von Zwischenräumen, zum Auslegen von Boxen und Kisten sowie zum Schutz wertvoller Waren. Sie schützt die Ware insbesondere vor Stoß und Druck. Außerdem ist sie umweltfreundlich und preisgünstig, jedoch nicht staubfrei.

Einwellige Rollenwellpappe

Rollenwellpappe als Zwischenlage zum Schutz zerbrechlicher Ware

Papierwolle und Holzwolle

Sowohl **Papier-** als auch **Holzwolle** sind eigentlich Abfallprodukte. Daher sind sie sehr günstig in der Anschaffung. Holzwolle entsteht z. B. als Abfallprodukt in Schreinereien. Papierwolle lässt sich auch im eigenen Betrieb produzieren, indem das geschredderte Papier aus Aktenvernichtern gesammelt wird. Papier- und Holzwolle haben stoßdämpfende Eigenschaften, sie nehmen die Luftfeuchtigkeit auf, sind sehr leicht und auch exportgeeignet. Andererseits sind sie sehr staubhaltig. Das macht sie unbrauchbar für staubempfindliche Waren, wie z. B. Elektronikteile.

Papierwolle und Holzwolle
paper shreds/
wood shreds

Papier- und Holzwolle

Papierpolster und Luftkissenpolster

Papierpolster

Papierpolster bestehen hauptsächlich aus Recycling-Papier und sind somit sehr umweltfreundlich. Sie sind sehr leicht, können in die gewünschte Länge geschnitten werden und passen sich der Form der Ware an.

Luftkissenpolster
bubble bag

Luftkissenpolster haben ein geringes Gewicht und sind völlig staubfrei, sauber, feuchtigkeitsunempfindlich sowie stabil. Sie sind mehrfach verwendbar, recycelbar und bestehen bis zu 99 % aus Luft und 1 % aus elastischer Folie. Damit bieten sie sowohl ökonomische (Einsparung von Material- und Frachtkosten) als auch ökologische Vorteile. Sie sind jedoch anfällig gegen spitze und scharfkantige Gegenstände.

Papierpolster bieten einen hohen Schutz gegen Stoß und Druck, während Luftkissenpolster sich insbesondere als Füllmaterial eignen.

Papierpolster und Luftkissenpolster

Luftpolsterfolie und Schaumstofffolie

Luftpolsterfolien
air cushion

Luftpolsterfolien bestehen aus zwei aufeinander geschweißten Kunststofffolien, von denen eine völlig glatt und die andere mit kleinen, runden und mit Luft gefüllten Bläschen versehen ist. Sie sind leicht, weich, flexibel, feuchtigkeitsunempfindlich und recycelbar. Luftpolsterfolien eignen sich dazu, zerbrechliche und ungleichmäßig geformte Waren vor Beschädigungen der Oberfläche und vor Druck, Stößen oder Erschütterungen zu schützen.

Schaumstofffolie
foam film

Schaumstofffolien bestehen aus weichem, hochelastischem Schaumstoff (**„Vlies“** genannt). Sie weisen die gleichen Eigenschaften und Einsatzmöglichkeiten wie Luftpolsterfolien auf. Es gibt sie auch in antistatischer Ausführung.

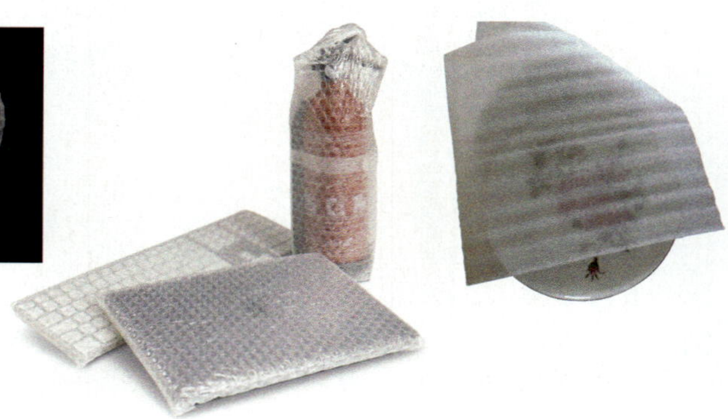

Luftpolsterfolie und Schaumstofffolie

5366326

Polstermittel aus Schaumstoff

Schaumstoff-Formteile
die-cut foam

Schaumstoff-Formteile bestehen hauptsächlich aus Polyethylen (kurz „PE“), Polypropylen („PP“) oder Polyurethan („PU“). Sie werden individuell für die zu verpackende Ware hergestellt. Dadurch bieten sie einen ausgezeichneten Schutz gegen Stöße und Erschütterungen. Sie sind feuchtigkeitsresistent und elastisch. Außerdem sind sie sehr leicht. Es gibt weiche, halbharte und harte Schaumstoff-Formteile.

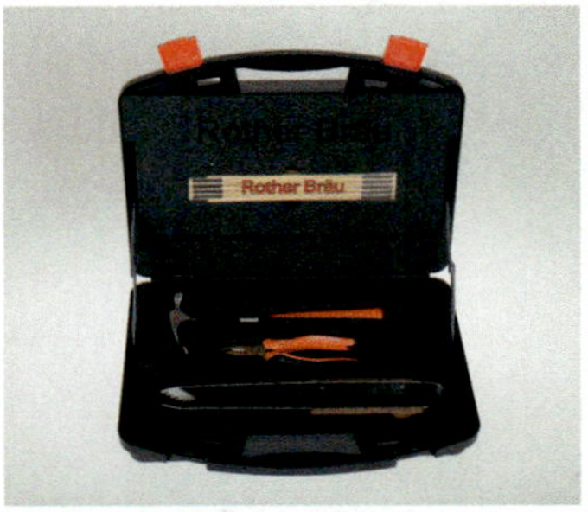

Schaumstoff-Formteil als Koffereinsatz

Schaumstoffbeutel
foam bags

Schaumstoffbeutel dehnen sich bis auf das 27-Fache ihrer Originalgröße aus. Sie passen sich bei Raumtemperatur optimal der Form der Ware an. Dadurch wird ein erstklassiger Produktschutz erreicht. Sie sind schnell und ohne zusätzliche Vorrichtungen einsetzbar und einfach in der Handhabung. Schaumstoffbeutel eignen sich insbesondere für kleine bis mittelgroße, unregelmäßig geformte hochwertige und empfindliche Waren (z. B. Pumpen oder Messgeräte)

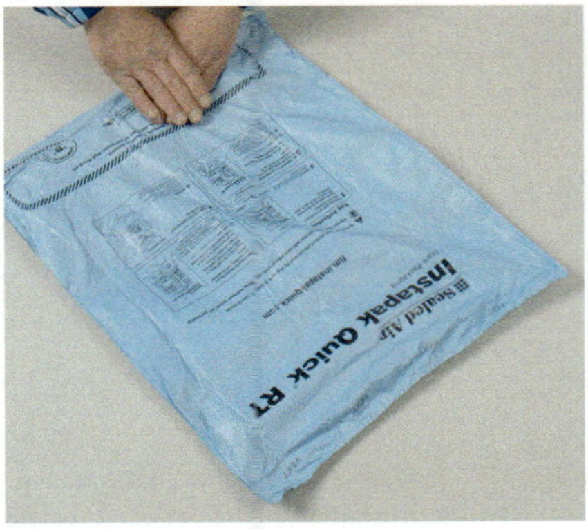

1 Beutel komplett auffalten und fest auf den Bereich der Komponente „A“ drücken.

2 Abwechselnd die Bereiche „A“ und „B“ drücken und Beutel in den Karton legen.

3 Sobald der Schaum sich ausdehnt, das Produkt mittig einlegen

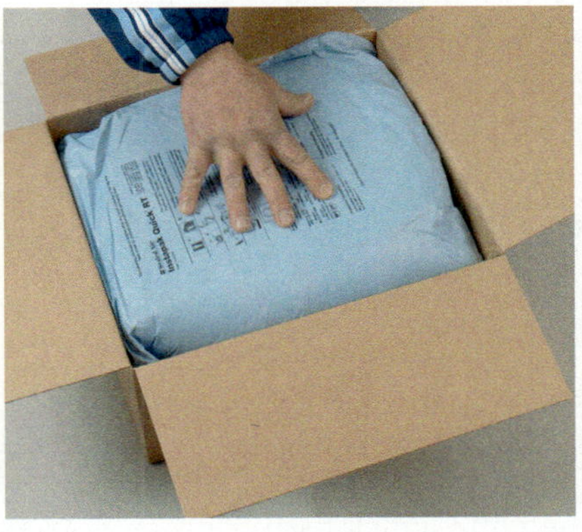

4 Zweiten Beutel aktivieren, als Oberpolster auflegen und Karton schließen

Anwendung von Schaumstoffbeuteln

Noppenschaum
egg shell foam

Noppenschaum hat große Noppen aus Schaumstoff. Er ist sehr weich, elastisch und mehrfach verwendbar. Noppenschaum ist häufig Bestandteil einer Polsterbox, die aus einem stabilen zweiteiligen Karton und einer Noppenschaumschicht besteht. Diese eignet sich hervorragend für stoßempfindliche Bauteile und Geräte der Optik- und der Elektronikindustrie.

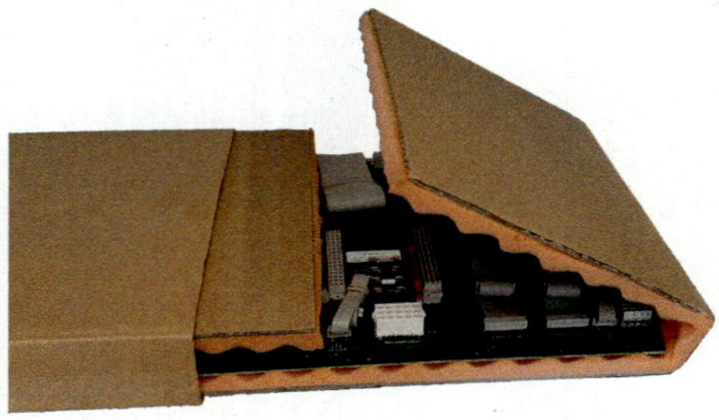

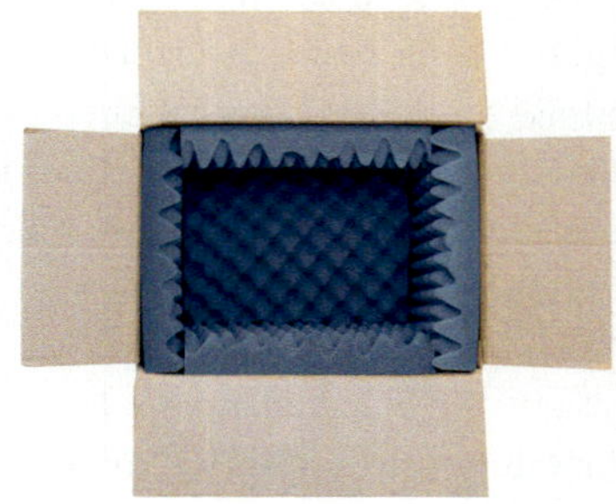

Noppenschaum als Bestandteil einer Polsterbox und Noppenschaummatte

Polstermittel aus Styropor oder Altpapier

Styropor-Formteile

Styropor-Formteile bestehen aus einem Stück und werden individuell für die zu verpackende Ware angefertigt. Dadurch bieten sie einen ausgezeichneten Schutz gegen Stöße und Erschütterungen. Genau wie Schaumstoff-Formteile sind sie feuchtigkeitsresistent, elastisch und sehr leicht.

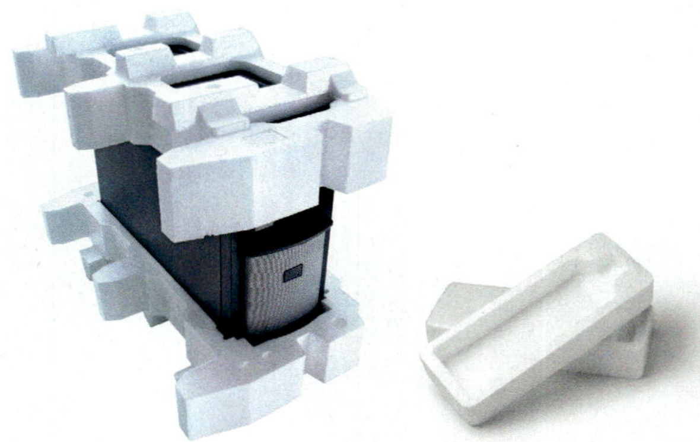

Styropor-Formteil als PC-Verpackung und als Verpackung für eine Glasflasche

Formteile aus aufbereitetem Altpapier (Handelsname **Faserform**) erinnern an Eierkartons. Sie bieten Schutz durch die formschlüssige Verpackung sowie die sehr guten Stoß- und Vibrationsdämpfungseigenschaften des Materials. Formteile aus Altpapier sind eine umweltfreundliche Alternative zu Styropor.

Formteile aus Altpapier für Glasflaschen

Verpackungschips

Styropor-Chips oder Styropor-Flocken
foam chips

Verpackungschips sind in der Regel formstabil, staubfrei, sauber in der Handhabung und antistatisch. Sie werden zum Ausfüllen von Hohlräumen und zur Stoßdämpfung verwendet. Verpackungschips bestehen herkömmlich aus **Polystyrol**

(**Styropor**), werden aber in zunehmendem Maße aus umweltfreundlicheren Materialien wie **Maisstärke** und **Recyclingpapier** hergestellt. Verpackungschips aus Maisstärke sind zu 100 % biologisch abbaubar und können damit problemlos entsorgt werden, ohne der Umwelt Schaden zuzufügen. Biologisch abbaubare Verpackungschips sind allerdings feuchtigkeitsempfindlich und erhöhen das Risiko eines Befalls mit Ungeziefer.

Verpackungschips aus Maisstärke

Kanten- und Eckenschutz

Kanten- und Eckenschutzmittel
edge protection

Kanten- und Eckenschutzmittel erfüllen verschiedene Aufgaben. Einerseits sollen sie die Kanten und Ecken des Packgutes selbst vor Stoß und Druck schützen. Dies gilt besonders für stoß- und bruchempfindliche Waren wie Glas, Spiegel, Keramik oder auch weiches Holz. Die direkt am Packgut angebrachten Kanten- und Eckenschutzmittel bestehen hierbei meist aus Schaumstoff oder Wellpappe.

Kantenschutzleisten und Eckenschutzmittel zum Schutz von stoß- und druckempfindlicher Ware

Kantenschutzwinkel, -leisten und -streifen

Andererseits werden Kantenschutzmittel beim Umreifen von Packmitteln eingesetzt, um diese vor Druck und sonstigen Beschädigungen durch die Umreifungsbänder zu schützen. Zum Schutz der Verpackung werden hier Kantenschutzwinkel, -leisten und -streifen eingesetzt.

Während Kantenschutzwinkel das Packmittel nur an den Auflagepunkten der Umreifung schützen, schützen Kantenschutzleisten und -streifen die gesamte Kante des Packmittels der Länge nach. Im Allgemeinen bestehen die Kantenschutzmittel aus Vollpappe, Aluminium oder Kunststoff.

Kantenschutzmittel schützen aber nicht nur das Packgut und die Packmittel, sondern auch die Umreifungsbänder. Packgüter mit scharfen Kanten könnten ohne die Verwendung von Kantenschutzmitteln die Umreifungsbänder so stark beschädigen, dass diese unter Umständen sogar reißen.

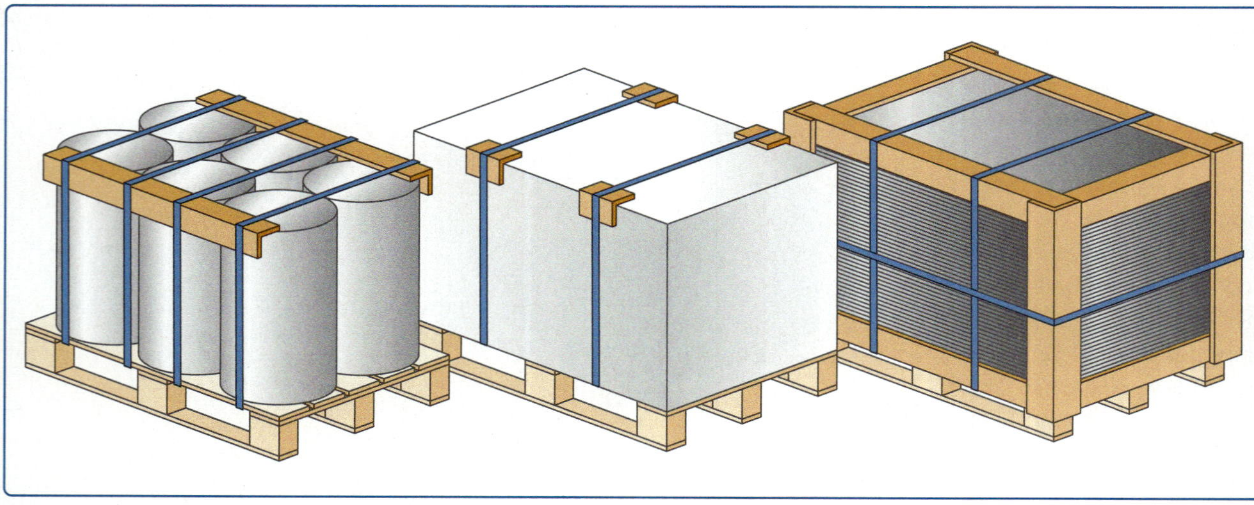

Kantenschutz bei Umreifung

5.1.2 Schutzmittel gegen Feuchtigkeit und Nässe

Das Packgut ist auch vor eindringender Nässe und Feuchtigkeit zu schützen.

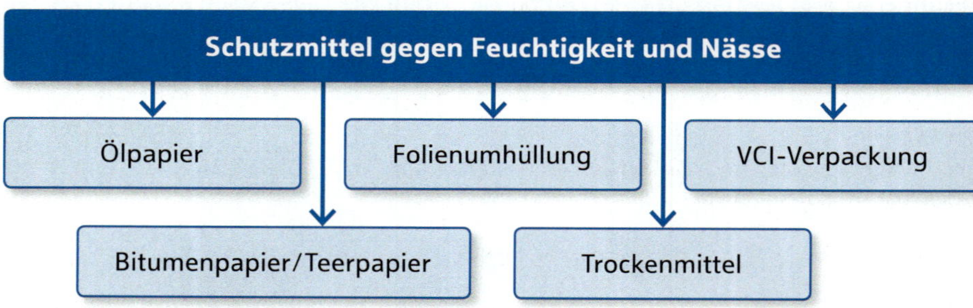

Ölpapier

Ölpapier
oiled paper

Ölpapier ist ein ölgetränktes, wasserundurchlässiges und korrosionsverhütendes Spezialpapier. Dadurch eignet es sich besonders zum Schutz **rostempfindlicher Metallteile**, wie Maschinenteile, Messinstrumente, Kugellager oder Bleche. Äußerlich ist Ölpapier häufig nicht vom normalen Packpapier zu unterscheiden, reibt man es aber zwischen den Fingern und riecht daran, nimmt man den Ölgeruch wahr.

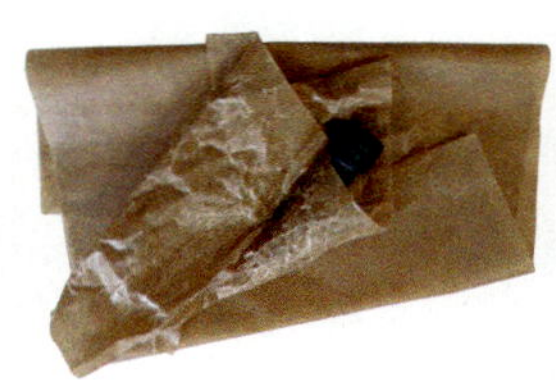

Ölpapier

Bitumenpapier/Teerpapier

Bitumenpapier/Teerpapier
tarred paper

Beim **Bitumenpapier** bzw. **Teerpapier** befinden sich zwischen zwei Lagen Packpapier eine dünne Bitumenschicht (teerähnliche Schicht) und ein Netzgewebe aus Nylon. Es ist dadurch noch widerstandsfähiger als Ölpapier und wirkt durch die Bitumenschicht wasserabweisend. Es eignet sich besonders für Überseever-

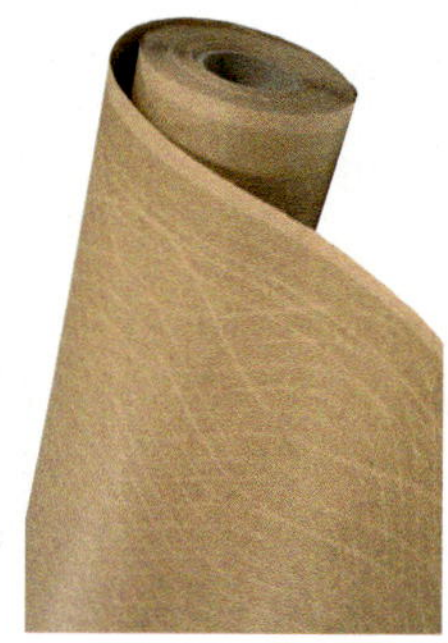

Bitumenpapier

packungen, d.h. zum Auskleiden von Pappkartons und Holzkisten sowie zum Einschlagen rostgefährdeter schwerer Güter.

Folienumhüllung

Schrumpffolie
shrink film

Um palettiertes und gestapeltes Packgut vor Feuchtigkeit, Regen und Verschmutzung zu schützen, kann es manuell oder maschinell mit einer Folie umhüllt werden. Die Umhüllung sorgt auch für einen besseren Zusammenhalt der palettierten Ladeeinheit. Eine Folienumhüllung kann mit **Schrumpf-** oder **Stretchfolie** erfolgen.

Schrumpffolie

Beim **Schrumpfen** wird das Packgut von einer stabilen Folienhaube (Schrumpffolie) umschlossen. Die Folienhaube wird so über das Packgut gestülpt, dass sie auch die Palette mit einschließt. Die Schrumpffolie wird mit einem besonderen Gerät von außen erwärmt. Beim Abkühlen zieht sich die Folie zusammen und schmiegt sich eng an das Packgut an. Die Anwendung von Schrumpffolie eignet sich allerdings nicht für hitzeempfindliche Güter sowie Güter, die „atmen" müssen, wie Obst und Gemüse.

Stretchfolie

Stretchfolie
stretch film

Beim **Stretchen** wird das Packgut wendelförmig und unter Spannung mit einer dünnen und sehr dehnbaren Stretchfolie umwickelt. Dabei schmiegt sich die Folie eng an das Packgut an. Die Umwicklung sollte auch die Palette mit einschließen.

Durch den Einsatz von Schrumpf- und Stretchfolien können auch sehr schwere oder ungleichmäßig geformte Packstücke sicher auf der Palette fixiert werden.

Trockenmittel

Trockenmittel
desiccant for packing

Eine weitere Möglichkeit zum Schutz der Ware vor Feuchtigkeitsschäden ist die Verwendung von **Trockenmitteln**. Sie entziehen der Luft Feuchtigkeit, binden diese und schützen so die Ware vor Korrosion, Schimmelbildung usw. Es kommen Trockenmittelbeutel und Trockenmittelstäbe und -boxen zum Einsatz.

Trockenmittelbeutel
moisture-absorbing bag

Trockenmittelbeutel bestehen aus luftdurchlässigem Material. Im Inneren der Beutel befindet sich das eigentliche Trockenmittel, z.B. **Aktivton** oder **Kieselgel**. Die Trockenmittelbeutel werden in das Packmittel gelegt. Um die Wirksamkeit zu erhöhen, kann das Packmittel außerdem mit einer feuchtigkeitsdichten Folie umschlossen werden. Trockenmittelbeutel werden häufig in Schuhkartons, Taschen, Computerverpackungen usw. gelegt.

Trockenmittelmatte

Trockenmittelmatten werden vor allem in der Seefracht in Container verwendet. Sie werden über die Paletten gelegt. Die Vlies-Oberseite der Trockenmittelmatte nimmt die Feuchtigkeit auf, während die Folien-Unterseite keine Feuchtigkeit an das Packstück durchlässt.

Trockenmittelstäbe und Trockenmittelboxen
desiccant poles/ desiccant boxes

Trockenmittelstäbe und **-boxen** sind Kunststoffbehälter, in denen sich das Trockenmittel befindet. Die entzogene Luftfeuchtigkeit wird im Stab bzw. in der Box gesammelt. Nichts kann entweichen. So bleibt das Packgut trocken und unbeschädigt. Trockenmittelstäbe und -boxen werden vor allem in Containern eingesetzt.

Trockenmittelbox

VCI-Verfahren (VCI-Verpackung)

Zum Schutz vor Korrosion wird häufig Öl, Fett oder Farbe auf das zu schützende Packgut aufgetragen. Die Anwendung dieser Schutzmittel kostet sehr viel Zeit und Mühe und ist zudem nicht sehr umweltfreundlich. Ein weniger aufwendiges und zudem umweltfreundlicheres Verfahren zum Schutz rostempfindlicher Güter ist das VCI-Verfahren. „VCI" ist die Abkürzung für „Volatile Corrosion Inhibitor" und bedeutet „flüchtiger Rosthemmer".

VCI-Verpackung

Die **VCI-Verpackung** besteht aus einem Trägermaterial (Folie, Papier, Schaumstoff usw.), in das ein VCI-Wirkstoff eingearbeitet ist. Dieser Wirkstoff tritt im zugluftdichten Packmittel gleichmäßig aus, bis eine wirksame VCI-Atmosphäre aufgebaut ist. Der Wirkstoff legt sich auf die Oberfläche des Packgutes und bildet eine permanente unsichtbare Schutzschicht. Vorteile dieses VCI-Wirkstoffes sind, dass er selbst schwer zugängliche Stellen zuverlässig vor Rost schützt, ungiftig ist und sich nach dem Auspacken relativ schnell verflüchtigt. Das heißt, die Metalle sind sofort einsatzbereit ohne Reinigung.

VCI-Korrosionsschutzfolie und VCI-Korrosionsschutzpapier (Gaspapier)

5366332

Besondere Packhilfsmittel

Zum Verpacken von Gefahrstoffen gibt es ein besonderes Füllmaterial: **Vermiculite**. Hierbei handelt es sich um ein Aufsaugmaterial, das speziell für Gefahrguttransporte zugelassen ist. Es saugt bis zum 7-Fachen des Eigengewichtes auf und bindet so sicher gefährliche Flüssigkeiten wie Laugen, Säuren, Farben und Verdünner.

Elektronische Bauteile können durch elektrostatische Entladungen beschädigt oder gar zerstört werden. Durch die Verwendung von **antistatischen** oder auch **ableitenden** Schutzmaterialien kann dies verhindert werden. Hierfür eignen sich beispielsweise antistatische Luftpolsterfolien oder auch elektrisch leitfähige Beutel.

Symbol für eine ESD-Schutzkomponente (links) und Gefahrenzeichen für ESD-gefährdete Bauteile (rechts). ESD (engl. electrostatic discharge) steht für elektrostatische Entladung.

Vermiculite

Antistatische Luftpolsterbeutel und elektrisch leitfähige Beutel

5.1.3 Schutzmittel gegen Diebstahl und unbefugtes Öffnen

In der Regel dienen alle gängigen Verschließmittel gleichzeitig auch als Schutzmittel gegen Diebstahl und unbefugtes Öffnen. Darüber hinaus gibt es noch Folienumhüllung, Sicherheitssiegelband und Plomben als Schutzmittel.

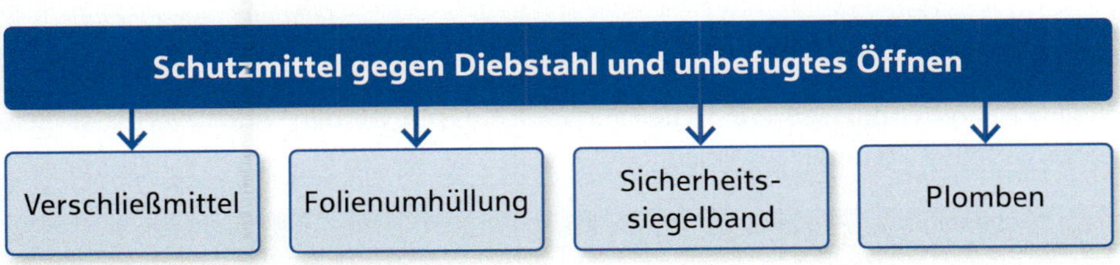

Folienumhüllung

Folienumhüllung
wrapping film

Die Folienumhüllung dient nicht nur dem besseren Zusammenhalt der palettierten Ladeeinheit und schützt diese vor Feuchtigkeit und Nässe, sondern schützt auch vor Diebstahl und unbefugtem Öffnen vor allem kleinerer Packstücke. Dabei kann sowohl Schrumpf- als auch Stretchfolie verwendet werden. Ideal ist die Verwendung schwarzer undurchsichtiger Folie.

Sicherheitssiegelband

Sicherheitssiegelband
safety tape/seal band

Das selbstklebende **Sicherheitssiegelband** zeigt an, wenn Verpackungen unbefugt geöffnet oder manipuliert wurden. So sollen vor allem hochwertige Waren, wie Digitalkameras und Unterhaltungselektronik, aber auch wichtige Dokumente geschützt werden. Beim Öffnen des Packmittels oder beim Entfernen des Siegelbandes zeigt sich der vorher verborgene Aufdruck **„geöffnet“**, **„opened“** oder **„Security Void“**.

Sicherheitssiegelband

Plombe

Plombe
seal

Durch das Anbringen einer **Plombe am Verschluss eines Packmittels** kann festgestellt werden, ob der Behälter unbefugt geöffnet oder manipuliert wurde. Plomben bestehen meist aus **Blei**, **Kunststoff** oder **Weichaluminium**.

Einfache Plomben haben eine Bohrung, durch die der **Plombierdraht** geführt wird. Die Plombe wird mit der **Plombierzange** so zusammengedrückt, dass der Plombierdraht unverschiebbar eingeklemmt ist. Außerdem prägt die Zange gleichzeitig einen **Stempel** auf beiden Seiten der Plombe ein.

Darüber hinaus gibt es anspruchsvollere Ausführungen, die dem Prinzip eines Vorhängeschlosses ähneln. Heutzutage werden Plomben immer öfter durch **Sicherheits-Klebeetiketten** ersetzt, die nach dem gleichen Prinzip funktionieren wie das Sicherheitssiegelband.

Anbringen einer Plombe

5.2 Verschließmittel

Viele Packmittel müssen zur Sicherheit verschlossen werden. Auch hierfür stehen verschiedene Hilfsmittel zur Verfügung:

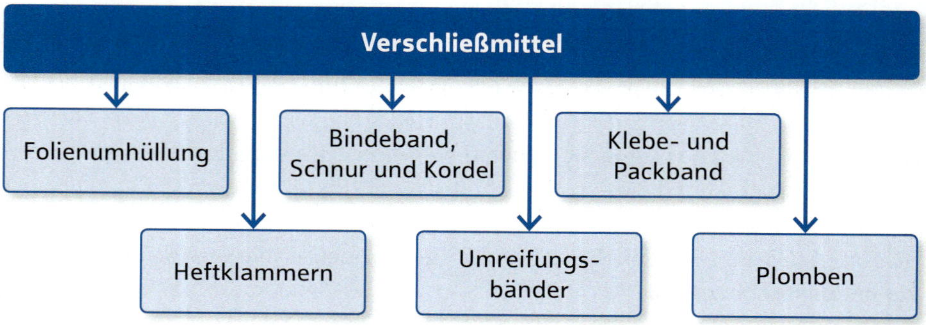

Folienumhüllung

Die Umhüllung der palettierten Packgüter mit Stretch- oder Schrumpffolie dient sowohl dem Schutz der Ware als auch dem Zusammenhalt, d.h. dem Verschließen der einzelnen Packstücke zu einer kompakten Transport- und Lagereinheit.

Bindeband, Schnur, Kordel

Bindeband, Schnur, Kordel
binder/cord

Bindeband, Schnur und Kordel sind die klassischen Verschlussmittel schlechthin. Sie wurden bereits in der Antike verwendet. Heute werden sie nur noch zum Verschließen von Säcken und teilweise auch von Schachteln verwendet.

Textilband und Kordel

Klebeband und Packband

Klebeband, Packband
adhesive tape

Klebe- und Packbänder werden vorrangig zum Verschließen von leichteren Packmitteln aus Pappe und Wellpappe verwendet. **Handabroller** vereinfachen die Arbeit und sparen Zeit. Immer öfter kommen auch Klebebänder mit Werbeaufschriften oder Warnhinweisen zum Einsatz.

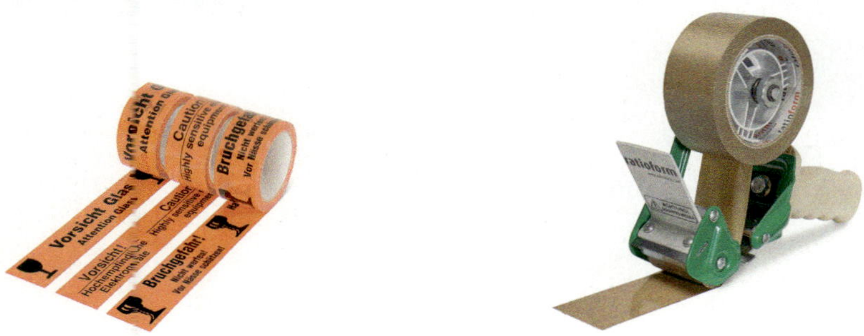

Klebeband mit Warnhinweisen und Handabroller für Klebeband

Heftklammern

Heftklammern
staples

Heftklammern sind das schnellste, sicherste, umweltfreundlichste und günstigste Mittel zum Verschließen von Schachteln und Holzkisten. Allerdings ist das Öffnen der Packstücke mit einem hohen Verletzungsrisiko verbunden. Beim Zusammenheften einer Schachtel werden alle Lagen erfasst. In die Oberfläche von Holzkisten dringen sie tief genug ein, um große Stabilität und einen sicheren Halt zu gewährleisten. Das Verschließen mit Heftklammern erfolgt manuell oder automatisch. Als manuelles Gerät kommt der Kartonverschlusshefter, auch „Tacker" genannt, zum Einsatz.

Umreifungsbänder

Umreifungsbänder
straps

Beim Umreifen werden die Packgüter fest mit **Umreifungsbändern** umschlossen. Dadurch wird ein fester Zusammenhalt erreicht und gleichzeitig ein ungewolltes Öffnen erschwert. Umreifungsbänder sorgen somit für einen absolut sicheren Verschluss und erhöhen die Stabilität während des Transports und der Lagerung. Es gibt Umreifungsbänder aus Kunststoff, Textilmaterial und Stahl.

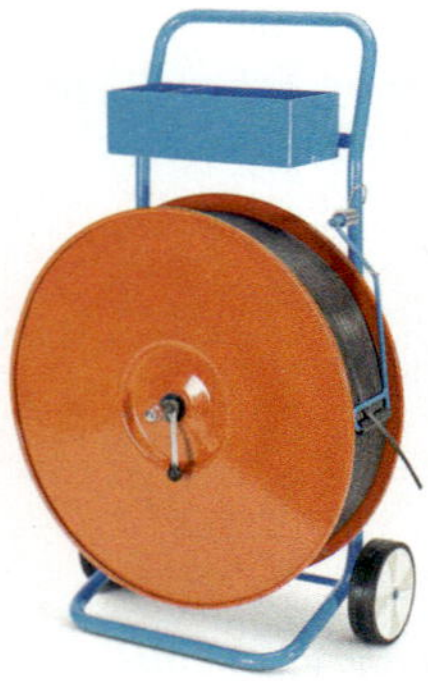

Umreifungsband aus Stahl

Kunststoff- und Textilbänder eignen sich für leichtes bis mittelschweres Packgut. Kunststoffbänder zeichnen sich durch besonders hohe Reißfestigkeit und sehr gute Dehneigenschaften aus. Sie sind witterungs- und korrosionsbeständig. Textilbänder weisen ebenfalls einen starken Halt auf, sind witterungsbeständig und in einem extrem breiten Temperaturbereich von –40 °C bis 135 °C einsetzbar.

Für schwere Packgüter werden Stahlbänder verwendet. Stahlbänder haben eine sehr hohe Bruchsicherheit, sind witterungs- und korrosionsbeständig und eignen sich selbst für stärkste Belastungen. Das Risiko, schwere Verletzungen durch unvorsichtiges Aufschneiden der Bänder zu erleiden, ist hier jedoch höher.

Umreifungsbänder aus Kunststoff

Plombe

Die Plombe zählt sowohl zu den Schutzmitteln als auch den Verschließmitteln. So werden Holzkisten und Aluminium- oder Metallbehälter des Öfteren mit Plomben verschlossen und gleichzeitig versiegelt.

5.3 Kennzeichnungsmittel

Bevor die verpackten Waren versandt werden, werden sie in der Regel noch gekennzeichnet.

Kennzeichnungsmittel

- Handhabungsmarkierungen
- Etiketten
- Indikatoren
- Datenlogger
- Begleittaschen

Handhabungsmarkierungen

Handhabungsmarkierungen
caution marks

An den meisten Verpackungen werden Handhabungsmarkierungen angebracht. Diese können in Textform oder in Bildform angebracht werden. [Näheres ▸ Kapitel 6]

Handhabungsmarkierungen

Etiketten

Je nachdem, welche Aufgabe das jeweilige Etikett erfüllen soll, lassen sich folgende Etikettenarten unterscheiden: Gefahrenetiketten, Sicherheitsetiketten, RFID-Etiketten und Barcode-Etiketten.

Etikett
label

Gefahrenetiketten

Werden Gefahrstoffe verpackt, so sind sie auf der Verpackung mit den entsprechenden Gefahrenetiketten („Gefahrzetteln") zu kennzeichnen. Die Gefahrzettel sollen auf bestehende, vom Packgut ausgehende Gefahren aufmerksam machen. Die Kennzeichnung ist auf einer oder mehreren Flächen der Verpackung so anzubringen, dass die Angaben gelesen werden können, wenn die Verpackung in der vorgesehenen Weise abgestellt oder abgelegt wird. Das Gefahrenetikett muss mit seiner ganzen Fläche auf der Verpackung haften.

Gefahrenetiketten

Sicherheitsetiketten

Sicherheitsetiketten, auch „Void-Etiketten" genannt, dienen dem Schutz vor Manipulation. Sie werden zur Eigentumskennzeichnung und -sicherung verwendet sowie als Garantie-, Vertraulichkeits- oder Frischesiegel. Jeder Manipulationsversuch wird sofort sichtbar. Es gibt Sicherheitsetiketten als Schachbrett- und Rautenmusterfolie, Void-Folie, Dokumentenfolie, Hologramm-Folie und PE-Security-Film.

Beim Versuch, das Sicherheitsetikett vom beklebten Gegenstand zu lösen, hinterlässt es ein Muster oder einen Void-Schriftzug – das Etikett ist zerstört. „Void" bedeutet sinngemäß „ungültig" oder „nichtig".

Sicherheitsetikett

Beim Ablösen von Dokumentenfolie zerreißt diese in so kleine Stücke, dass es nicht mehr möglich ist, sie wieder zusammenzufügen – die Folie ist zerstört.

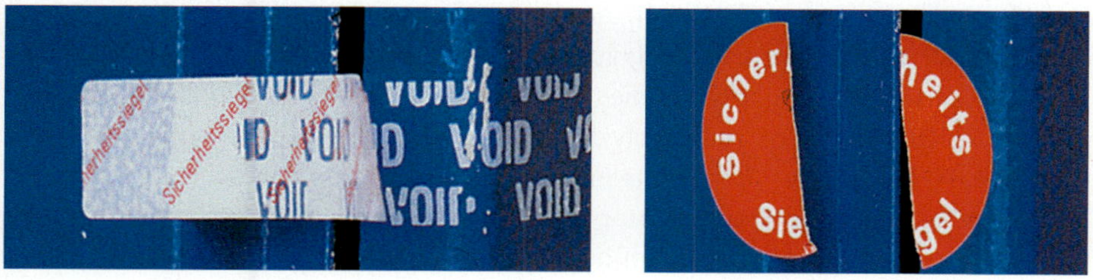

Void-Folie und Sicherheitssiegel

RFID-Etiketten

RFID-Etiketten sind kleine Funkchip-Etiketten. Auf dem Etikett befindet sich ein **RFID-Transponder**. Durch die Kennzeichnung mit **Funkchips** können Güter gekennzeichnet, identifiziert und aufgefunden werden. Die Daten können jederzeit erfasst, verwaltet und ausgewertet werden. Damit kann der Weg der Güter lückenlos verfolgt werden: von der Produktion über das Lager und den Transport bis hin zum Kunden. Auf RFID-Etiketten können außerdem Messdaten z. B. zur Temperaturüberwachung gespeichert werden.

Barcode-Etiketten

Zur Kennzeichnung und Identifikation der Produkte werden **Barcode-Etiketten** aufgeklebt.

Barcode-Etiketten

Selbstklebendes RFID-Etikett

Barcode-Etiketten mit Preisauszeichnung

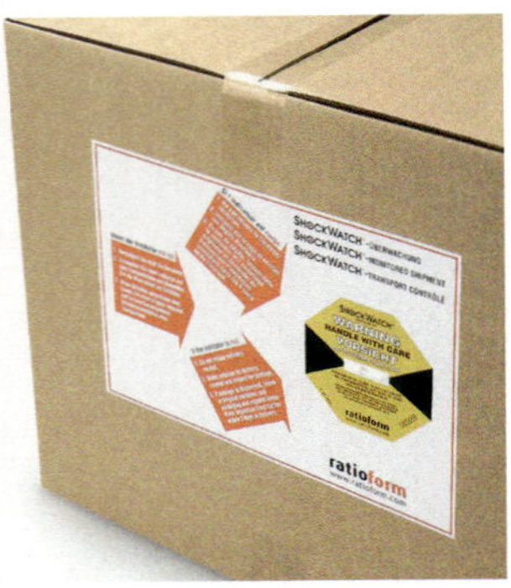

Verschiedene Stoßindikatoren

Indikatoren

Indikatoren sind Anzeiger oder auch sogenannte „Erkennungsmittel“. Sie werden am Packgut oder am bzw. im Packmittel angebracht und zeigen an, ob ein Packgut ordnungsgemäß transportiert wurde. Indikatoren haben eine eindeutige Seriennummer. Dadurch sind sie weder austauschbar noch manipulierbar. Je nach Aufgabe gibt es verschiedene Indikatoren: Stoßindikator, Kippindikator, Feuchtigkeitsindikator, Temperatur- und Verderblichkeitsindikator.

Stoßindikator
Shockwatch

Der **Stoßindikator** (auch „Schockindikator“ genannt) zeigt an, ob ein stoß- und erschütterungsempfindliches Packgut zu stark gestoßen, erschüttert, beschleunigt oder fallen gelassen wurde. Ist das der Fall, färbt sich der Indikator entsprechend ein. Die Verfärbung kann nicht rückgängig gemacht werden.

Kippindikator
tilt indicator

Der Kippindikator (auch „Tiltwatch“ genannt) zeigt an, ob ein Packstück während des Transportes oder der Lagerung zu stark gekippt wurde, was einen Schaden an der Ware verursachen könnte. Ist dies der Fall, verfärbt sich der Kippindikator. Eine teurere Ausführung zeigt zusätzlich die Kipprichtung und den maximal erreichten Kippwinkel während des Transportes mithilfe einer nichtmagnetischen Metallkugel an. Der selbstklebende Kippindikator wird mit dem Pfeil nach oben auf das Paket geklebt. Er ist unempfindlich gegenüber Feuchtigkeit und Temperaturen.

Der **Kippindikator** sollte an einer Seite des Packstücks möglichst weit oben platziert werden. Neben dem Kippindikator sollte außerdem ein **Warnetikett** angebracht werden, das darauf hinweist, dass das Packstück stets **aufrecht** zu transportieren und

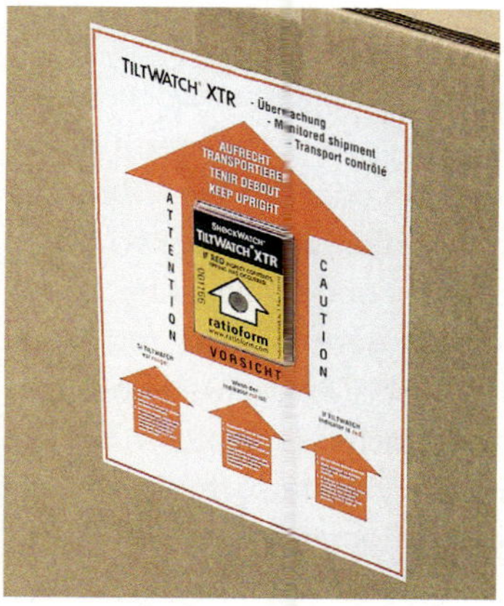

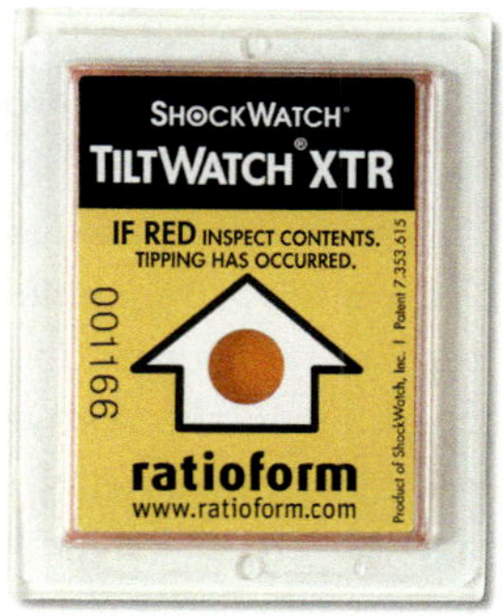

Packstück wurde gekippt. Dies erkennt man an der Verfärbung.

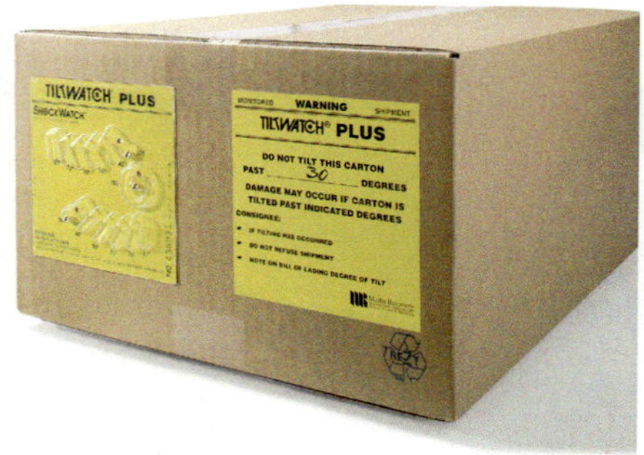

Packstück wurde gekippt. Kippwinkel erkennt man an der Lage der Metallkugeln.

Feuchtigkeitsindikator
moisture indicator

Der **Feuchtigkeitsindikator** zeigt an, wie hoch die tatsächliche **Luftfeuchtigkeit innerhalb des Packmittels** war. Das ist wichtig, um zu erkennen, ob die transportierten Güter zu hoher Luftfeuchtigkeit ausgesetzt waren, was eventuell zu Verderb oder Beschädigungen an der Ware führen könnte. Feuchtigkeitsindikatoren werden besonders bei **Übersee-Transporten** eingesetzt. Der Teststreifen verfärbt sich bei Anstieg der Luftfeuchtigkeit von rosa zu blau.

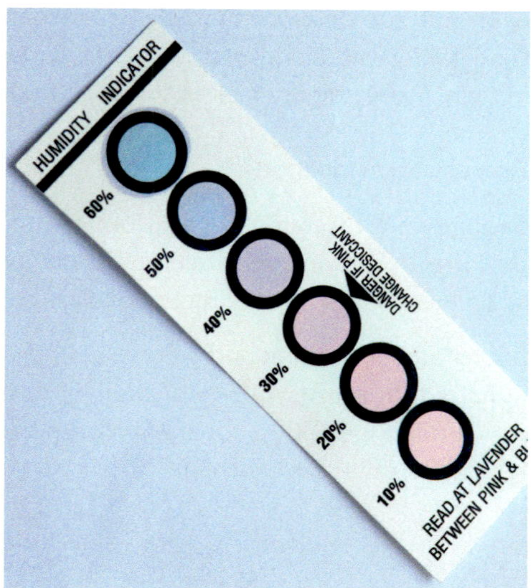

Temperatur- und Verderblichkeitsindikator
heatwatch

Der **Temperatur- und Verderblichkeitsindikator** zeigt die **Höchst- und die Tiefsttemperatur** an, der ein Produkt während des Transportes und der Lagerung ausgesetzt war. Werden die vorgegebenen Höchst- und Tiefsttemperaturen über- bzw. unterschritten, kann es zum Verderb und zur Beschädigung des Transport- und Lagergutes kommen.

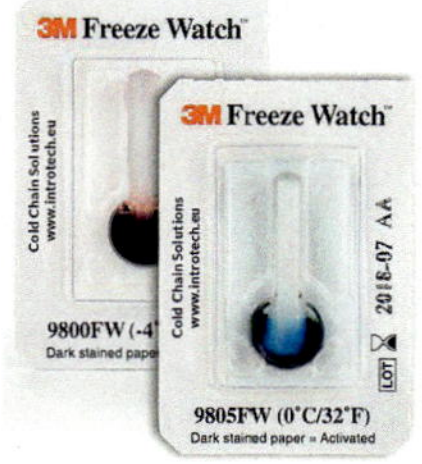

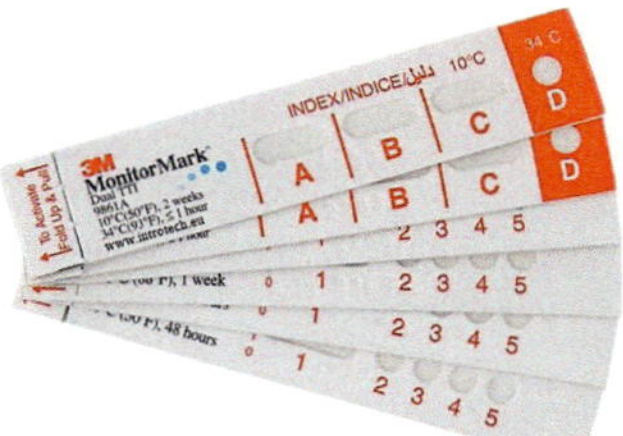

Datenlogger

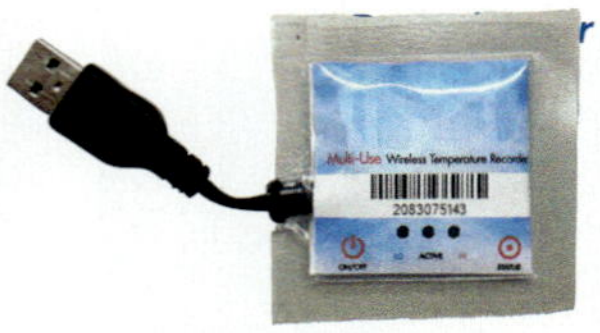

Datenlogger

Datenlogger (engl.: to log, dt.: protokollieren, aufzeichnen) sind **Datenaufzeichnungsgeräte**, die so klein sein können wie eine Uhrenbatterie. Die im Logistikbereich eingesetzten Geräte bestehen aus einem **programmierbaren Chip** oder **RFID-Transponder** und einem **Sensor**. Der Chip bzw. RFID-Transponder zeichnet die vom Sensor erfassten Daten über Vibrationen, Stöße, Kippvorgänge, Beschleunigungen, Feuchte, Druck, Temperatur- oder Lichteinwirkungen auf. Wird der Datenlogger zusätzlich mit einem GPS-Empfänger und einer Antenne ausgerüstet, können alle Ereignisse während eines Transports genau dokumentiert werden. Im Vergleich zu einfachen Indikatoren können die individuell erwünschten Vorgabewerte einprogrammiert, die tatsächlichen Daten kontinuierlich gemessen, mit den Vorgaben verglichen und ohne Öffnen der Verpackung abgefragt werden. In Verbindung mit GPS kann die Sendung und ihr Zustand über größere Entfernungen hinweg kontrolliert werden. So eignen sich Datenlogger nicht nur zur **Überwachung des sachgemäßen Transports**, sondern **beugen auch Diebstählen vor**. Eingesetzt werden Datenlogger bei sensiblen Produkten wie Lebensmitteln, Medikamenten, elektronischen Bauteilen oder hochwertigen Maschinen.

Begleitpapiertaschen

Begleitpapiertaschen
pouch

Begleitpapiertaschen (auch „Dokumententaschen" genannt) sind bestens zum portofreien Versand von Transport- und Versandpapieren geeignet. Sie bieten einen optimalen Schutz für alle Begleitpapiere.

Begleitpapiertaschen sind selbstklebend und haften sicher an Paketen, Päckchen, Kunststoffboxen usw. Es gibt Begleitpapiertaschen in verschiedenen Größen (Papierformat C6, C5, C4), unbedruckt oder bedruckt mit der Aufschrift „Rechnung/Lieferschein" oder „Lieferschein".

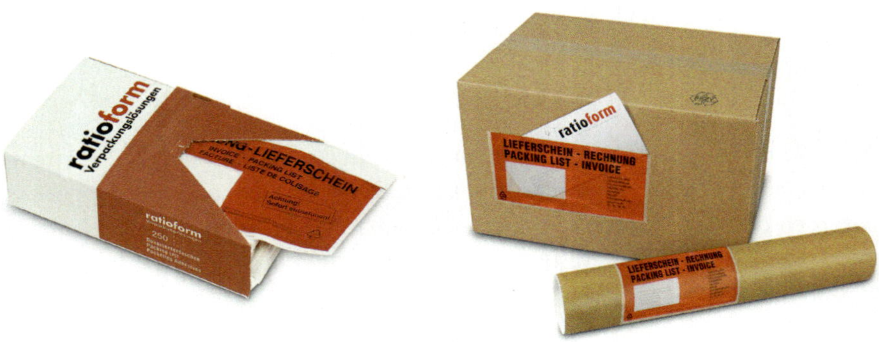

Begleitpapiertaschen

6 Markierung der Verpackungen

Die richtige und vollständige Markierung von Packstücken und Versandeinheiten hilft, falsche Handhabung, Unfälle, Falschlieferung, Mengenverluste sowie Zollstrafen zu vermeiden. Sie muss klar, präzise, gut lesbar und dauerhaft sein.

Weichen die Markierungen von den Versandpapieren ab, kann dies zu Beanstandungen bei Zollbehörden führen. Falsche oder nicht ausreichende Handhabungsmarkierungen können im Schadenfall zu einem Haftungsausschluss führen [▸ „Frachtrecht" in Lernfeld 9].

6.1 Bestandteile einer ordnungsgemäßen Markierung

Eine vollständige Markierung besteht aus drei Teilen: der Leitmarke, der Informationsmarkierung und der Handhabungsmarkierung.

Leitmarke

Die **Leitmarke** enthält folgende Bestandteile:
- die Kennmarke, z. B. den Anfangsbuchstaben des Empfängers oder Absenders
- die Kennnummer, z. B. die Auftragsnummer des Empfängers
- die Gesamtstückzahl der zur Sendung gehörenden Packstücke
- die laufende Packstücknummer innerhalb der Sendung (Kolli-Nr.), z. B. 6/12 oder 6-12
- den Bestimmungsort oder -hafen

Informationsmarkierung

Die **Informationsmarkierung** enthält folgende Bestandteile:
- das Ursprungsland
- das Nettogewicht
- das Bruttogewicht
- die Abmessungen der Packstücke

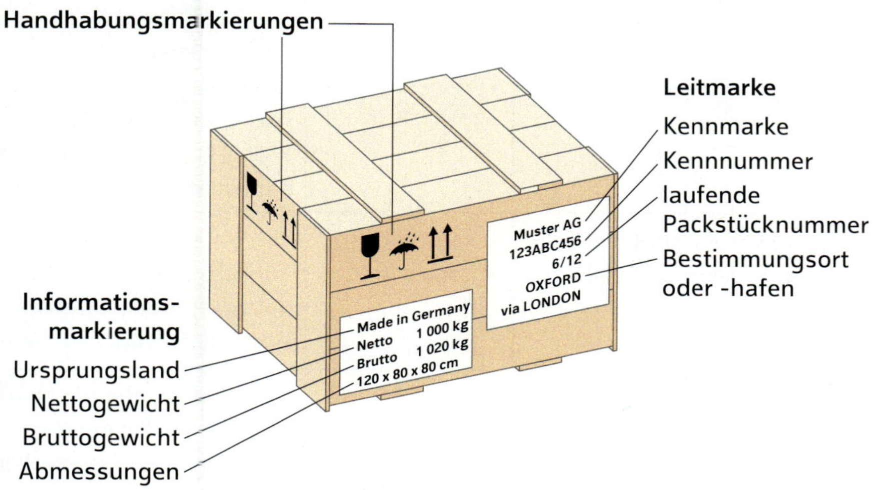

Beispiel einer ordnungsgemäßen Markierung auf einem Packstück

6.2 Handhabungsmarkierungen: Textform und Symbol

Handhabungsmarkierungen („**Handhabungsanweisungen**") geben dem Spediteur, Lagerhalter und auch dem Empfänger Anweisungen zum Umgang mit dem Packstück. Es gibt sie in **Textform** oder als **Bildzeichen** (**Symbole**). Handhabungsmarkierungen in Textform sollten bei Exportgütern auch in der Sprache des Empfängerlandes wiedergegeben werden. Handhabungsmarkierungen als Bildzeichen sind selbsterklärend und werden deshalb international verstanden.

Die Markierungen können auf verschiedene Weise erfolgen:
- in Form von Aufklebern (schwarzes Zeichen auf weißem Grund ohne Umrandung des Etiketts)
- in aufgedruckter Form (Symbol ist bereits auf der Schachtel aufgedruckt)
- oder durch wasserfeste Farbmarkierungen mittels Schablonen, z. B. auf einer Holzkiste.

Die Symbole für die Handhabungsmarkierung sind international einheitlich festgelegt.

Die **Handhabungsmarkierungen** tragen zu erhöhter Sorgfalt bei den Umschlagsarbeiten bei, da sie Informationen über die vorschriftsmäßige Beförderung und Lagerung geben. Sie lassen z. B. erkennen, …
- ob das Packstück hitze- oder nässeempfindlich ist,
- ob das Packstück bruchgefährdet ist,
- wo oben, wo unten und wo die Schwerpunktlage ist,
- wo das Lastaufnahmemittel angeschlagen werden kann.

Symbol	Bezeichnung (dt.)	engl.	Erklärung
	• zerbrechliches Packgut • Glas	• fragile • handle with care	Das Symbol gilt für leicht zerbrechliche Waren. Sie sind sorgfältig zu behandeln und dürfen keinesfalls gestürzt werden.
	• oben • aufrecht transportieren	• this way up • top • keep upright	Das Packstück ist so zu transportieren und zu lagern, dass die Pfeile stets nach oben zeigen. Das Rollen, Klappen, Kippen oder Kanten ist nicht erlaubt.
	• vor Hitze (Sonneneinstrahlung) schützen	• keep cool • keep away from heat	Die Ware ist möglichst kühl abzustellen. Sie muss vor zusätzlichen Wärmequellen geschützt werden.
	• vor Hitze und radioaktiven Strahlen schützen	• protect from heat and radioactive sources	Die Ware ist möglichst kühl abzustellen. Sie muss vor zusätzlichen Wärmequellen sowie vor radioaktiven Strahlen geschützt werden.

→

Symbol	Bezeichnung (dt.)	engl.	Erklärung
	• vor Nässe schützen • trocken aufbewahren	• keep dry	Die Ware ist vor zu hoher Luftfeuchtigkeit und Nässe zu schützen. Bei Lagerung im Freien ist sie sorgfältig abzudecken.
	• hier anschlagen	• sling here	Das Zeichen gibt an, an welcher Stelle des Packgutes das Lastaufnahmemittel angeschlagen werden soll, nicht aber die Art des Lastaufnahmemittels.
	• keine Handhaken verwenden	• do not use hooks • use no hooks	Es sollte jede punktförmige Belastung vermieden werden. Das Zeichen verbietet jedoch nicht die beim Sackgutumschlag eingesetzten Tellerhaken.
	• Schwerpunkt	• centre of gravity	Dieses Zeichen kennzeichnet die Lage des Schwerpunktes, wenn dieser nicht mittig ist.
	• Stechkarre hier nicht ansetzen	• no handtruck here	Bei diesem Packstück darf die Stechkarre an den Seiten, an denen das Symbol angebracht ist, nicht angesetzt werden.
	• Gabelstapler hier nicht ansetzen	• do not use fork lift truck here	Das Packstück darf an den Seiten, an denen dieses Symbol angebracht ist, nicht mit dem Gabelstapler angehoben bzw. transportiert werden.
	• zulässige Stapellast	• stacking limitation	Die zulässige Stapellast ist folgendermaßen anzugeben: *„... kg max.“*
	• nicht stapeln	• do not stack	Das Stapeln der Packstücke ist nicht erlaubt, und es sollte keine Last auf dem Packstück platziert werden.

Symbol	Bezeichnung (dt.)	engl.	Symbol
	• Stapelbegrenzung	• stacking limitation	Größte Anzahl identischer Packstücke, die gestapelt werden dürfen, wobei n für die Anzahl der zulässigen Packstücke steht.
	• Klammern in Pfeilrichtung	• clamp here	Das Packstück darf nur an den angegebenen Stellen geklammert werden.
	• zulässiger Temperaturbereich	• temperature limitations	Das Symbol ist mit dem Zusatz „... °C" (für eine bestimmte Temperatur) oder oben „... °C max." und unten „... °C min." (für einen Temperaturbereich) zu versehen. Diese Zusätze sollten auch im Frachtbrief vermerkt werden.
	• elektrostatisch gefährdetes Bauelement	• electrostatic sensitive device	Das Berühren des Packstückes ist zu vermeiden. Durch bestimmte Schuhe oder Bodenbeläge kann eine elektrostatische Aufladung erfolgen, die sich bei Berührung entlädt.
	• Sperrschicht nicht beschädigen	• do not destroy barrier	Die äußere Verpackung enthält eine (nahezu) wasserdampfdichte Sperrschicht, in die Trockenmittel zum Korrosionsschutz eingebracht sind. Wird die Sperrschicht beschädigt, verliert sie ihre Schutzwirkung.
	• hier aufreißen	• tear off here	Dieses Symbol zeigt die Stelle zum Öffnen der Verpackung an und ist nur für den Empfänger bestimmt.
	• nicht rollen	• do not roll	Das Packstück darf nicht gerollt werden.

5366344

6.3 Weitere Handhabungsmarkierungen in Textform

Weitere wichtige Handhabungsanweisungen in Textform neben den bereits genannten sind die folgenden:

deutsch	englisch
ätzend	*caustic, corrosive*
auf Rollen transportieren	*use rollers*
Bruttogewicht	*gross weight*
explosiv	*explosive*
feuergefährlich	*inflammable*
Flüssigkeit	*liquid*
Gift	*poison*
hier anheben	*lift here*
hier anschlagen	*sling here*
hier öffnen	*open here*
kopflastig	*heavy weight this end*
kühl aufbewahren	*keep cool*
Nettogewicht	*net weight*
nicht stürzen	*do not drop*
nicht werfen	*do not throw*
radioaktiv	*radioactive*
Stechkarre hier	*blade of hand truck here*
unten	*bottom*
Vorsicht	*handle with care*

7 Tätigkeiten beim Verpacken

Verpacken bedeutet, aus dem Packgut und der Verpackung eine Packung zu machen, z. B. wenn ein Paar Schuhe in eine Schachtel gelegt wird. Gleichzeitig bedeutet es auch das Zusammenstellen eines Packstückes, z. B. wenn auf eine Palette mehrere Schachteln mit Schuhen zusammengefasst und gestretcht werden.

7.1 Abfolge der Verpackungstätigkeiten

Die Tätigkeiten beim Verpacken laufen immer nach einem ähnlichen Schema ab. Dieses Ablaufschema kann folgendermaßen aussehen:

1. Verpackungsauftrag entgegennehmen
2. Kontrolle: Kommissionierte Artikel mit der Packliste abgleichen
3. Ware wiegen (Nettogewicht ermitteln)
4. Empfängerdaten ermitteln, um mögliche Versandvorschriften und Einfuhrverbote einhalten zu können
5. Versandart festlegen, falls nicht schon vorgegeben
6. Geeignete Packmittel auswählen
7. Packgut mit Schutzmitteln versehen
8. Packgut in das Packmittel legen
9. Packmittel mit Füllmitteln ausfüllen
10. Packmittel verschließen und eventuell sichern (zukleben, umreifen, stretchen)
11. Bruttogewicht feststellen
12. Etiketten und Begleitpapiere am Packstück anbringen
13. Fertiges Packstück nochmals überprüfen: Wurde alles korrekt verpackt? Wurde nichts vergessen einzupacken? Ist das Packstück sicher verschlossen? Wurde die Ware auf der Palette richtig gesichert? Wurden alle notwendigen Markierungen angebracht?
14. Fertiges Packstück zum Versand bereitstellen

Checkliste Verpackungen

Zur Unterstützung des Verpackungsvorgangs lässt sich eine **Checkliste** erstellen. Diese kann den Packer bei der Auswahl des richtigen Packmittels und der richtigen Packhilfsmittel durch gezielte Fragestellungen unterstützen. Eine solche Checkliste könnte z. B. folgendermaßen aussehen:

Checkliste Verpackungen	
Vor der Auswahl der Verpackung folgende Fragen klären: ☐ Welche Art von Gütern soll verpackt werden? ☐ Vor welchen Gefahren soll die Verpackung schützen? ☐ Sollen die Güter generell geschützt werden? ☐ Welche Versandart (Transportmittel und -weg) ist vorgegeben oder muss gewählt werden? ☐ Welchen Beanspruchungen ist die Verpackung während des Transportes ausgesetzt? ☐ Welche Gefahren bestehen während des Transports? Lkw/Eisenbahn: z. B. Erschütterungen Flugzeug: z. B. Schub Schiff: z. B. Feuchtigkeit	**Bei Exporten klären:** ☐ In welches Land wird das Packgut geliefert? ☐ Welche Zoll- und Einfuhrbestimmungen sind hier für Verpackungen zu beachten?

7.2 Packstücke richtig verschließen

Packstücke können auf verschiedene Arten verschlossen werden: durch einen **Steckverschluss**, mithilfe von **Klebeband**, durch **Stretchen**, durch **Umreifen** usw. Hierbei kommen unterschiedliche **Verschlussarten und -techniken** zum Einsatz.

Verschluss ohne Hilfsmittel: Kreuzsteckverschluss

Eine sehr einfache Art, eine Schachtel zu verschließen, ist der **Kreuzsteckverschluss**. Hierzu wird kein Klebeband benötigt. Die Laschen der Schachtel werden einfach versetzt ineinander gesteckt. Angewendet wird diese Verschlussart häufig im Lager nach Anbruchbildung: Werden für die Kommissionierung beispielsweise nur einzelne Teile aus einer Schachtel benötigt, kann die Schachtel anschließend mittels des Kreuzsteckverschlusses wieder verschlossen werden. So werden die übrigen Teile in der Schachtel z. B. gegen Verschmutzung geschützt.

Verschluss mit Klebeband

Beim Verschließen mit Klebeband werden verschiedene Verschlussarten unterschieden:

Schlitzverschluss (2-Streifenverschluss)

Doppel-L-Verschluss (einfacher 6-Streifenverschluss)

Doppel-T-Verschluss (geschlossener 6-Streifenverschluss)

Verschluss durch Umreifen

Auch beim Umreifen einer Schachtel werden verschiedene Techniken unterschieden:

Doppel-L-Verschluss und zusätzliche Umreifung zweimal senkrecht zur Längsseite mit einem Kunststoffband

Doppel-L-Verschluss und zusätzliche Umreifung viermal kreuzweise mit einem Kunststoffband

Handstretchen

Beim Handstretchen einer Ladeeinheit sollten folgende Arbeitsschritte eingehalten werden:

1. Evtl. eine Folienabdeckung auf die einzustretchende Ware legen.
2. Ca. 1 m Stretchfolie von der Rolle abziehen und am Palettenfuß festknoten.
3. Stretchfolie mit Spannung spiralförmig von unten nach oben um die Ware herumziehen. Dabei sollte auf folgende Punkte geachtet werden:
   - Der Palettenfuß sollte mit umwickelt werden, um Palette und Packgut fest miteinander zu verbinden.
   - Die Folienkanten sollten sich beim Wickeln geringfügig überlappen.
   - Die an den Seiten herunterhängende Abdeckfolie wird mit eingestretcht.
4. Nach Fertigstellung der Umwicklung Stretchfolie mit einem Messer abschneiden und das Ende entweder hinter die letzte Bahn stecken oder fest an die letzte Bahn andrücken bzw. mit einem Klebestreifen ankleben.
5. Falls keine Abdeckfolie verwendet wurde, ist es ratsam, die Oberseite der Palette diagonal über die Ecken zu umstretchen und so die Ware nach oben hin zu schützen.

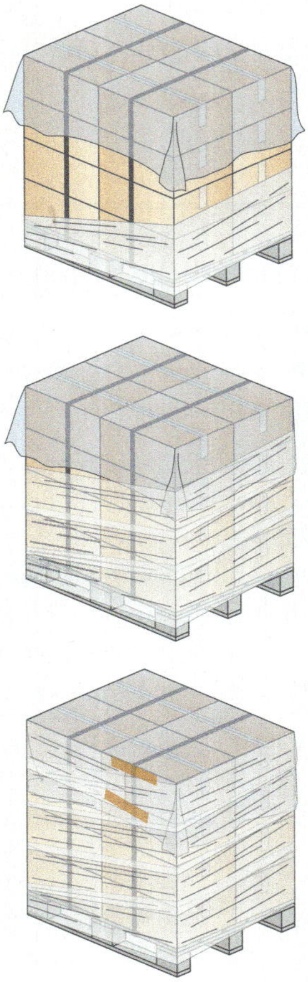

Arbeitsschritte beim Handstretchen

5366348

7.3 Arbeitsmittel beim Verpacken

Packtisch

Ein gutes Arbeitsmittel beim **manuellen Verpacken** von Waren ist der **Packtisch**. Zum einen ermöglicht er eine aufrechte Haltung des Packers beim Verpacken. Zum anderen können am Packtisch eine Vielzahl von Einrichtungen integriert werden, die die Arbeit erleichtern und den Verpackungsvorgang rationeller gestalten.

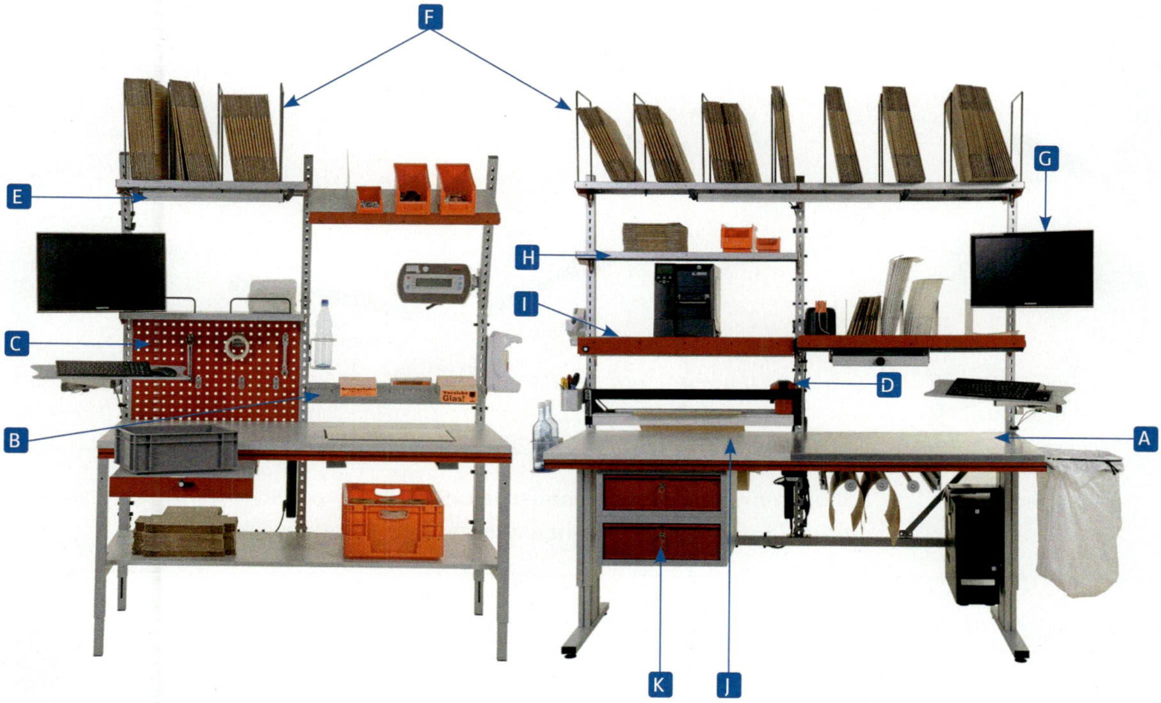

A Waage
B Ablagefach
C Lochrückwand
D Integriertes Papierschneidgerät
E Arbeitsplatzbeleuchtung
F Kartonagen-Anbaumagazin
G Monitor-Gelenkarm
H Formularablage
I Fachboden für z. B. Barcodedrucker
J höhenverstellbarer Pack- und Arbeitstisch
K Einzelschublade

Packtisch

Technische Arbeitsmittel zum Verpacken

Doch nicht nur Packtische erleichtern den Verpackungsvorgang. Zahlreiche Tätigkeiten im Verpackungsbereich können durch technische Arbeitsmittel deutlich schneller, leichter und rationeller durchgeführt werden. Einfache manuelle wichtige technische Arbeitsmittel beim Verpacken sind z. B. Cuttermesser, Folienschneider, Klebebandabroller und Etikettenspender.

1 Cuttermesser (Paketmesser) und Folienschneider
2 Tischschweißgerät für Beutel- und Schlauchfolie
3 Kartonverschluss-Hefter
4 Klebebandabroller
5 Etikettenspender
6 Schrumpfpistole
7 Abrollwagen für Umreifungsbänder
8 Umreifungsbandspanner
9 Handabroller für Stretchfolie

Einfache technische Arbeitsmittel beim Verpacken

Daneben gibt es **halbautomatische** und **vollautomatische Verpackungsmaschinen und -anlagen**, z. B. Umreifungsautomat oder Palettenwickler.

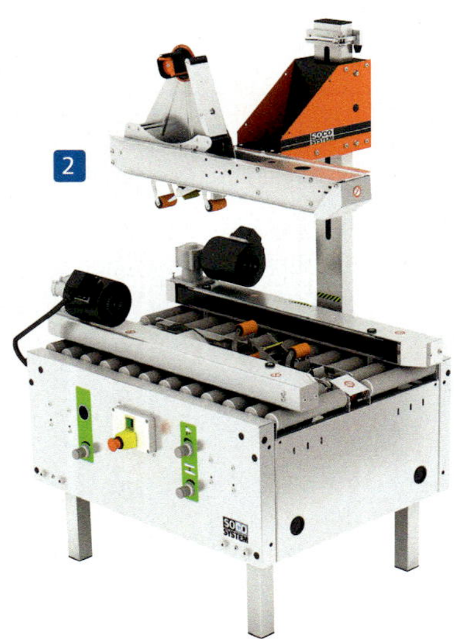

1 Umreifungsautomat
2 Kartonverschlussmaschine
3 Palettenwickler

Halb- und vollautomatische Verpackungsmaschinen

7.4 Logistik 4.0: Verpackung

Die Verpackung stellt das Bindeglied zwischen Kommissionierung und Warenausgang dar und erlangt aufgrund des wachsenden Onlinehandels immer mehr an Bedeutung. Die Anzahl der Paketsendungen nimmt stetig zu und damit steigen die Anforderungen an den Verpacker, der eine Vielzahl unterschiedlicher Artikel verpacken muss. Aus der Vielfalt an unterschiedlichen Pack- und Packhilfsmitteln muss er die für die Ware optimale Verpackung auswählen. Er muss eine Verpackung wählen, die die Ware optimal schützt, aber dennoch kostengünstig ist. Außerdem soll sich die Ware auch noch stapeln lassen, um so das Ladevolumen des Ladungsträgers und auch des Lkw, Sprinters usw. optimal auszunutzen.

rechnergestützte Verpackungsprozesse

Optimierungsmöglichkeiten können hier **rechnergestützte Verpackungsprozesse** bieten. Hierbei werden zunächst alle Artikel mit Barcode, Form, Größe, Gewicht usw. im Rechner gespeichert. Ebenso werden die zur Verfügung stehenden Verpackungsmaterialien gespeichert. Nun bieten sich verschiedene Möglichkeiten, den Verpackungsprozess zu optimieren:

Möglichkeit 1:
Der Verpacker scannt alle zu verpackenden Artikel und bekommt danach am Bildschirm seines Computer angezeigt, welche Kartongröße er verwenden soll.

Pack-by-Vision

Möglichkeit 2:
Der Verpacker wird im Verpackungsprozess, z. B. visuell durch eine Datenbrille, unterstützt (**Pack-by-Vision**). Zu Beginn des Verpackungsprozesses scannt der Verpacker jeden Artikel mit der Kamera an der Datenbrille. Dadurch wird zum einen sichergestellt, dass der richtige Artikel verpackt wird. Wurde ein falscher Artikel kommissioniert, erfolgt über die Datenbrille die Darstellung einer Fehlermeldung im Sichtfeld des Benutzers. Zum anderen wird dem Artikel über die Datenbrille das optimale Verpackungsmaterial zugeordnet und im Sichtfeld des Benutzers angezeigt. Der Verpacker weiß so, welche Kartongröße und welches Packhilfsmittel er benutzen soll. Außerdem zeigt die Datenbrille ihm über eine Kamera die genaue Position der Artikel innerhalb der Schachtel, um den Volumennutzungsgrad zu optimieren.

Blick durch die Datenbrille in eine Schachtel

Palettierroboter

Aufgrund des wachsenden Onlinehandels und der damit zunehmenden Anzahl an Paketsendungen steigt auch die körperliche Belastung für den Verpacker. Um diese zu verringern, können Roboter eingesetzt werden, die den Verpacker bei seiner Arbeit unterstützen. So kann die Palettierung beispielsweise von einem **Palettierroboter** durchgeführt werden. Dieser belädt und entlädt Paletten vollautomatisch nach einem durch einen Computer vorher errechneten optimalen Packmuster.

Palettierroboter

8 Gefährliche Güter verpacken und kennzeichnen

Alle Güter sind auf dem Transport- und Logistikweg einer Vielzahl an Beanspruchungen ausgesetzt. Dabei sind sie so zu verpacken und zu kennzeichnen, dass kein Risiko für Mensch und Umwelt besteht. Handelt es sich bei diesen Gütern aber um gefährliche Güter, z. B. Lacke, Reinigungsmittel, giftige Stoffe, Säuren oder auch Zündhölzer, sind diese besonders zu verpacken und zu kennzeichnen, da Transportschäden oder Unfälle katastrophale Folgen für Mensch und Umwelt haben können.

8.1 Grundlagen

Unterscheidung von „Gefahrstoff" und „Gefahrgut"

Die beiden Begriffe „Gefahrstoff" und „Gefahrgut" unterscheiden sich folgendermaßen:

- Um Gefahrstoffe handelt es sich, wenn gefährliche Güter verwendet, abgefüllt, verpackt, gelagert oder innerbetrieblich transportiert werden. Rechtliche Grundlagen sind hier das Chemikaliengesetz und die Gefahrstoffverordnung.

Gefahrstoffe
hazardous substances

- Um Gefahrgut handelt es sich, wenn gefährliche Stoffe außerhalb des Betriebes auf der Straße, mit der Eisenbahn, dem Schiff oder dem Flugzeug transportiert werden. Rechtliche Grundlagen sind hier das Gefahrgutbeförderungsgesetz sowie zahlreiche weitere Einzelverordnungen.

Gefahrgut
hazardous goods

Grundsätzlich gilt jedoch, dass sowohl Gefahrgüter als auch Gefahrstoffe Materialien sind, von denen Gefahren für das Leben oder die Gesundheit von Lebewesen, für die öffentliche Sicherheit, für Gegenstände und für die Umwelt ausgehen können. Deshalb wurden zahlreiche Rechtsgrundlagen geschaffen.

Rechtsgrundlagen zur Verpackung und Kennzeichnung gefährlicher Güter

Gefährliche Güter sind mit der entsprechenden Sorgfalt zu verpacken und zu kennzeichnen. Die Verpackungen gefährlicher Stoffe müssen so beschaffen sein, dass vom Inhalt nichts ungewollt nach außen gelangen kann. Die Verpackungen müssen allen Beanspruchungen sicher widerstehen.

Dies ist in mehreren Gesetzen, Verordnungen und Richtlinien festgehalten. Der entsprechende Paragraf im Handelsgesetzbuch lautet gekürzt wie folgt:

[§]

Handelsgesetzbuch § 411 Verpackung. Kennzeichnung

Der Absender hat das Gut [...] so zu verpacken, dass es vor Verlust und Beschädigung geschützt ist und dass auch dem Frachtführer keine Schäden entstehen. Der Absender hat das Gut [...] zu kennzeichnen.

Die Gefahrstoffverordnung zielt auf den „Schutz der Beschäftigten und anderer Personen vor Gefährdungen ihrer Gesundheit und Sicherheit durch Gefahrstoffe" und den „Schutz der Umwelt vor stoffbedingten Schädigungen".

[§]

Gefahrstoffverordnung (Verordnung zum Schutz vor Gefahrstoffen)

§ 8 (2): Der Arbeitgeber hat sicherzustellen, dass [...] gefährliche Stoffe und Gemische innerbetrieblich mit einer Kennzeichnung versehen sind [...].

§ 8 (5): Der Arbeitgeber hat sicherzustellen, dass Gefahrstoffe so aufbewahrt oder gelagert werden, dass sie weder die menschliche Gesundheit noch die Umwelt gefährden.

Rechtsgrundlage für den Gefahrgutversand bildet vor allem das *Gesetz zur Beförderung gefährlicher Güter* („Gefahrgutbeförderungsgesetz"). In ihm werden Gefahrgüter als Stoffe definiert, von denen beim Ein- und Auspacken, Lagern, Be- und Entladen sowie bei der Beförderung Gefahren für Lebewesen, Sachen und die Umwelt ausgehen.

8.2 Klassifizierung gefährlicher Güter

Gefahrgutklassen
classification of (dangerous) hazardous good

Gefahrzettel
hazard label

Gefährliche Güter werden entsprechend ihrer Hauptgefahr nach nationalen und internationalen Vorschriften in **neun Gefahrgutklassen** eingeteilt. Die einzelnen Gefahrgutklassen werden darüber hinaus teilweise noch in **Unterklassen** und **Verträglichkeitsgruppen** untergliedert. Jede Gefahrgutklasse bzw. auch Unterklasse wird mit einem speziellen **Gefahrzettel** gekennzeichnet. Gefahrzettel sind weltweit anerkannte Symbole, die auf eine bestimmte Gefahr hinweisen.

Gefahrgutklassen mit entsprechenden Gefahrzetteln					
	Klasse 1	Explosive Stoffe und Gegenstände mit Explosivstoff Bsp.: Feuerwerkskörper, Handgranaten		Klasse 3	Entzündbare flüssige Stoffe Bsp.: Benzin, Alkohol
	Klasse 2.1	Gase (entzündbar) Bsp.: Propangas, Haarspray		Klasse 4.1	Entzündbare feste Stoffe Bsp.: Zündhölzer, Schwefel
	Klasse 2.2	Gase (nicht entzündbar, nicht giftig) Bsp.: Sauerstoff		Klasse 4.2	Selbstentzündliche Stoffe Bsp.: Weißer Phosphor, Fischmehl
	Klasse 2.3	Gase (giftig) Bsp.: Kohlendioxid		Klasse 4.3	Stoffe, die mit Wasser entzündliche Gase bilden Bsp.: Natrium, Carbid, Zinkstaub

Gefahrgutklassen mit entsprechenden Gefahrzetteln

	Klasse 5.1	Entzündend (oxidierend) wirkende Stoffe Bsp.: Wasserstoffperoxid, Kaliumchlorat („Unkraut-Ex“)		Klasse 7	Radioaktive Stoffe Bsp.: Uran
	Klasse 5.2	Organische Peroxide Bsp.: Dibenzoylperoxid (Härterpaste für Polyesterharz), Methylethyketonperoxid (Härter für Zweikomponenten-Lacke)		Klasse 8	Ätzende Stoffe Bsp.: Schwefelsäure, Natronlauge
	Klasse 6.1	Giftige Stoffe Bsp.: Blausäure, Arsen, Pestizide		Klasse 9	Verschiedene gefährliche Stoffe und Gegenstände Bsp.: Asbest, Lithiumbatterien, Airbags
	Klasse 6.2	Ansteckungsgefährliche Stoffe Bsp.: Klinischer Abfall		Klasse 9A	Lithiumbatterien
	Des weiteren gibt es noch eine Kennzeichnung für in erwärmtem Zustand transportierte Stoffe. „Erwärmt“ kann Temperaturen von über 100 °C für flüssige Stoffe und über 240 °C für feste Stoffe bedeuten.				

Zusätzlich zu den in der Tabelle dargestellten Gefahrzetteln gibt es einen **Gefahrzettel für umweltgefährdende Stoffe**. Dieser ist immer dann als zusätzliche Kennzeichnung neben der Hauptgefahr auf einem Versandstück anzubringen, wenn dieses mehr als 5 l bzw. 5 kg eines umweltgefährdenden Stoffes je Gebinde bzw. Innenverpackung enthält.

Gefahrzettel für umweltgefährdende Stoffe

8.3 Packmittel für Gefahrstoffe

Gefahrstoffe dürfen nur in Packmittel verpackt werden, die den jeweiligen besonderen Eigenschaften des Gutes entsprechen. Sie müssen entsprechend ihrer Bauweise bzw. Konstruktion als Gefahrgutverpackung zugelassen sein. Darüber hinaus müssen sie hinsichtlich ihrer Art gekennzeichnet oder codiert sein.

Gefahrgutverpackungen werden von der Bundesanstalt für Materialforschung und -prüfung (kurz „BAM“) begutachtet. Unter festgelegten Bauart-Prüfbedingungen müssen die Verpackungen z. B. Stürzen, Quetschungen oder aggressiven Chemikalien widerstehen. Verpackungen, die alle Anforderungen erfüllen, erhalten die **UN-Bauartzulassung**. Diese Bauartzulassung ist an dem aufgedruckten Zulassungscode auf der Verpackung zu erkennen.

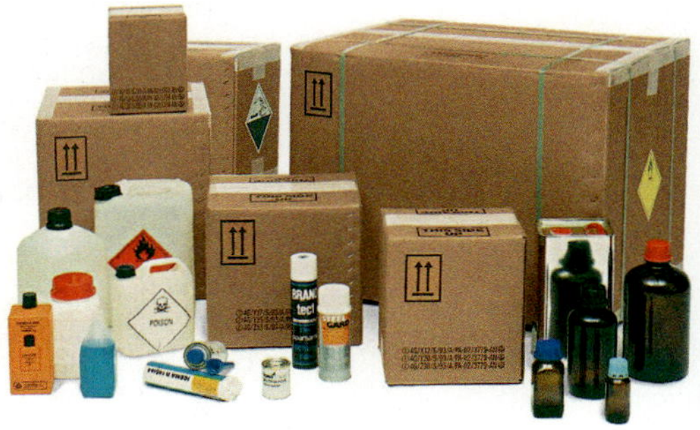

Packmittel für Gefahrstoffe

Erläuterung einer Bauartzulassung (Codierung):

un	1B2	/ Y	/ 65	/ S	/ 09	/ D	/ BAM 123	/ XYZ
1	2	3	4	5	6	7	8	9

1 UN = Vereinte Nationen

2 1B2 = Packmittelbezeichnung (Fass aus Aluminium mit abnehmbarem Deckel)

Verpackungsart	Werkstoff	Verpackungstyp
0 = Feinstblechverpackung 1 = Fass 2 = 3 = Kanister 4 = Kiste/Schachtel 5 = Sack 6 = Kombinationsverpackung 7 = Druckbehälter	A = Stahl B = Aluminium C = Naturholz D = Sperrholz F = Holzfaserwerkstoff G = Pappe H = Kunststoff L = Textilgewebe M = Papier, mehrlagig N = Metall (außer Stahl und Aluminium) P = Glas, Porzellan, Steinzeug	1 = nicht abnehmbarer Deckel 2 = abnehmbarer Deckel

Gefahrgutverpackung mit Bauartzulassung

Verpackungsgruppe
packaging group

3 Y = Verpackungsgruppe II

Verpackungsgruppen	
X = Verpackungsgruppe I	für Gefahrgut mit hoher Gefahr
Y = Verpackungsgruppe II	für Gefahrgut mit mittlerer Gefahr
Z = Verpackungsgruppe III	für Gefahrgut mit geringer Gefahr

Ein Gefahrstoff mit geringer Gefahr darf auch in Packmittel der Gruppe I oder II verpackt werden, ein Gefahrstoff mit hoher Gefahr darf jedoch niemals in Packmittel der Gruppe II oder III verpackt werden. Dem **EG-Sicherheitsdatenblatt** ist zu entnehmen, welcher Verpackungsgruppe ein Gefahrstoff zugeordnet ist.

4 65 = Bruttohöchstmasse des fertigen Versandstückes in Kilogramm

5 S = Solid: nur für Feststoffe geeignet bzw. für Flüssigkeiten in geeigneten Innenverpackungen

L = Liquid: für Flüssigkeiten geeignet

6 09 = Herstellungsjahr

7 D = Land, in dem die Zulassung der Bauart geprüft wurde

8 BAM 123 = Zulassungsbehörde mit Zulassungsscheinnummer

9 XYZ = Hersteller bzw. Kurzzeichen des Herstellers

8.4 Kennzeichnung und Bezettelung gefährlicher Güter

Gefahrgutkennzeichnung
hazard labeling/ hazardous goods labeling

Die **Kennzeichnung gefährlicher Güter** erfolgt dreimal:
- **auf dem Packstück**
- **in den Begleitpapieren**, in denen die Ware genau definiert ist; z. B. im Frachtbrief
- **am Transportmittel**. Hier gibt eine **orangefarbene Warntafel am Fahrzeug** Auskunft über die Art der möglichen Gefahr und die Art der beförderten Ware.

Gefahrzettel
hazard label

Jede Gefahrgutumschließung (Versandstück, Umverpackung, Container usw.), die einen Gefahrstoff enthält, muss mit **Gefahrzetteln** oder Großzetteln gekennzeichnet werden. Handelt es sich bei dem verpackten Gefahrstoff um einen umweltgefährdenden Stoff, ist zusätzlich zur Kennzeichnung der Hauptgefahr das Symbol für umweltgefährdende Stoffe an der Verpackung anzubringen. Dies gilt nicht für kleine Versandstücke bis maximal 5 l bzw. 5 kg je Gebinde bzw. je Innenverpackung.

Werden in einer Umverpackung verschiedene Gefahrstoffe verpackt, müssen die **Gefahrzettel aller verpackten Gefahrstoffe** auf einer Seite der Umverpackung angebracht werden. Auf Großverpackungen/IBC sind die Gefahrzettel an zwei gegenüberliegenden Seiten anzubringen. Ist auf dem zu verpackenden Gefahrstoff mehr als ein Gefahrzettel angebracht, sind diese Gefahren auch alle durch entsprechende Gefahrzettel an der Umverpackung zu kennzeichnen. Die angebrachten Gefahrzettel müssen vollständig sichtbar und in der Regel 10 cm x 10 cm groß sein.

Ausrichtungspfeile

Falls der zu verpackende Gefahrstoff aufrecht zu befördern ist, sind an zwei gegenüberliegenden Seiten der Umverpackung und Versandstücke Ausrichtungspfeile anzubringen. Die Anbringung von Ausrichtungspfeilen ist erforderlich ...
- für Versandstücke, deren Verschlüsse von außen nicht sichtbar sind,
- für Versandstücke, deren Gefäße Lüftungseinrichtungen haben, oder
- für Versandstücke mit tiefgekühlt flüssigen Gasen.

UN-Nummer
United Nations Number

Jedes Versandstück muss zusätzlich mit der UN-Nummer und den Buchstaben **„UN“** vorangestellt gekennzeichnet sein. Die UN-Nummer ist eine **vierstellige Zahl zur Kennzeichnung von gefährlichen Stoffen oder Gegenständen.** Anhand der UN-Nummer können Gefahrstoffe genau identifiziert bzw. klassifiziert werden. Dies ist auch für Rettungskräfte wichtig, um nach Unfällen oder Zwischenfällen geeignete Maßnahmen treffen zu können.

Kennzeichnung für in begrenzten Mengen verpacktes Gefahrgut

Werden nur kleine Mengen gefährlicher Stoffe, sogenannte **begrenzte Mengen**, verpackt und befördert, sind diese Versandstücke gemäß ADR nur mit dem Aufkleber für begrenzte Mengen und bei Flüssigkeiten zusätzlich mit Ausrichtungspfeilen zu kennzeichnen.

Verkehrsträger Straße

Verkehrsträger Luft

Aufschrift „UMVERPACKUNG"

Wenn mehrere Versandstücke zusätzlich umverpackt werden, dann muss die Aufschrift „UMVERPACKUNG" angebracht werden. Außerdem müssen alle Markierungen und Kennzeichnungen außen wiederholt werden, ausgenommen, diese bleiben durch die Umverpackung hindurch sichtbar.

Die ordnungsgemäße Kennzeichnung und Bezettelung einer Verpackung für einen gefährlichen Stoff sieht somit folgendermaßen aus:

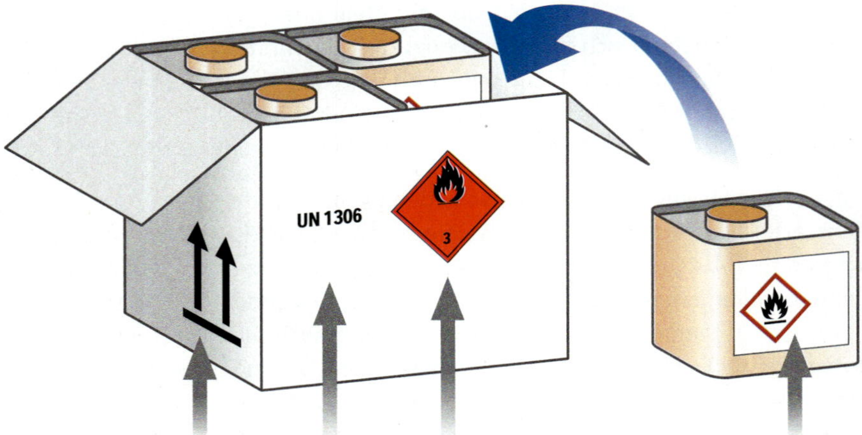

Kennzeichnung einer Verpackung

8.5 Gefahrstoffe verpacken

Das Verpacken von Gefahrstoffen läuft etwa immer nach dem folgenden Schema ab:

1. Das Packmittel des zu verpackenden Gefahrstoffes auf Dichtheit und Unversehrtheit überprüfen

↓

2. Die UN-Nummer auf dem zu verpackenden Gefahrstoff ablesen und auf einen „UN-Aufkleber" übertragen oder direkt auf Versandstück schreiben

↓

3. Gefahrensymbole auf dem zu verpackenden Gefahrstoff ablesen und die entsprechenden Gefahrzettel bereitlegen

↓

4. Geeignetes und zugelassenes Packmittel auswählen

↓

5. Bei verschiedenen gefährlichen Stoffen Zusammenpackverbote beachten

↓

6. Bei zerbrechlichen Innenverpackungen Polster- und Saugstoffe einsetzen, die nicht gefährlich mit dem Gut reagieren

↓

7. Bruttohöchstmasse beachten

↓

8. Packmittel ordnungsgemäß verschließen

↓

9. Kennzeichnung der Verpackung mit der/den UN-Nummer(n) des Stoffes/der Stoffe und den vorgeschriebenen Gefahrzetteln

↓

10. Gegebenenfalls Kennzeichnung mit Ausrichtungspfeilen an zwei gegenüberliegenden Seiten der Außenverpackung vornehmen, falls Verschlüsse der Innenverpackung nicht sichtbar oder Gefäße mit Lüftungseinrichtungen verpackt sind

8.6 Der Gefahrgutbeauftragte

Gefahrgutbeauftragter
dangerous goods commissioner/ dangerous goods safety adviser/ safety adviser for the transport of dangerous/hazardous goods

Unternehmen, die Gefahrgut befördern und damit zusammenhängend Gefahrgut verpacken, beladen oder entladen, müssen in der Regel nach der ***Gefahrgutbeauftragtenverordnung (kurz GbV)*** mindestens einen **Gefahrgutbeauftragten** schriftlich bestellen.

Aufgaben des Gefahrgutbeauftragten

Die Aufgaben des Gefahrgutbeauftragten sind in der ***GbV*** und der ADR geregelt. Hierzu gehören:

- Überwachen, ob die Gefahrgutvorschriften eingehalten werden
- Beratung des Unternehmens in Bezug auf den Umgang mit gefährlichen Gütern
- Erstellung eines Gefahrgutjahresberichtes
- Schulung der Mitarbeiter (selbst schulen oder Schulung organisieren)

Anforderungen an den Gefahrgutbeauftragten

Als Gefahrgutbeauftragte kommen Mitarbeiter des Unternehmens, der Unternehmer selbst oder auch externe Personen infrage. Voraussetzung ist, dass die dafür vorgesehene Person einen Lehrgang besucht und eine entsprechende Prüfung bestanden hat. Der Schulungsnachweis ist fünf Jahre gültig und kann ein Jahr vor Ablauf der Gültigkeit durch das Bestehen einer weiteren Prüfung verlängert werden.

Der Gefahrgutbeauftragte darf vom Unternehmer nicht wegen Erfüllung der ihm übertragenen Aufgaben benachteiligt werden.

9 Kosten der Verpackung

Die Höhe der Verpackungskosten hängt von verschiedenen Faktoren ab. So sind Maße und Eigenschaften des Packgutes, aber auch die von der Verpackung zu erfüllenden Aufgaben entscheidend für die Höhe der Kosten. Eine Verkaufsverpackung ist z. B. aufwendiger herzustellen und damit teurer als eine Transportverpackung. Die Kosten der Verpackung setzen sich aus drei Bestandteilen zusammen:

[?!]
Verpackungskosten

Verpackungskosten = Materialkosten + Lohnkosten + Maschinenkosten

Kostenarten

Die Verpackungskosten unterteilen sich in drei Kostenarten.

Materialkosten	Lohnkosten	Maschinenkosten
• Kosten für die Packmittel und Packhilfsmittel • Kosten für die Entsorgung der Packmittel und Packhilfsmittel • Raumkosten für die Aufbewahrung der Packmittel und Packhilfsmittel	• Löhne der Arbeitnehmer im Verpackungsbereich einschließlich sämtlicher Gratifikationen (z. B. Urlaubs- oder Weihnachtsgeld) und AG-Beiträge zur Sozialversicherung • Löhne der Arbeitnehmer im Bereich der Entsorgung der Packmittel und Packhilfsmittel • Gehälter der Mitarbeiter im Einkauf, die die Packmittel und Packhilfsmittel beschaffen	• Kosten der Abschreibung (Wertverlust) der Verpackungstechnik • Kosten für Wartung und Reparatur der Verpackungstechnik • Energiekosten der Verpackungstechnik • Raumkosten der Verpackungstechnik

9.1 Gesetzliche Regelungen

Verpackungskosten
packaging costs

HGB und **BGB** enthalten **Bestimmungen hinsichtlich der Verteilung der Verpackungskosten**. Diese Bestimmungen gelten, wenn vertraglich nichts anderes geregelt ist.

Kosten für den Verkäufer

So trägt nach § 448 BGB **der Verkäufer** folgende Kosten:
- Kosten für **das Abpacken** des Produkts (d. h. für die Tätigkeiten während des Verpackens)
- Kosten für die **Verkaufsverpackung** (d. h. für die Verpackung, die mit der Ware an den Endverbraucher verkauft wird)
- Kosten für die **Umverpackung** (d. h. für die Verpackung, die die einzelnen Verkaufseinheiten enthält)

Kosten für den Käufer

Der Käufer trägt folgende Kosten:
- Kosten für die Versandverpackung (z. B. für Paletten, Gitterboxen, Kisten, Container)

[?!]
Kosten

Der Verkäufer trägt also die Kosten bis zur Übergabe des Produkts.
Der Käufer trägt die Kosten für die Abnahme und die Versendung des Produkts.

5366360

Soweit vertraglich nichts anderes geregelt wurde, bezieht sich nach § 380 HGB der **Kaufpreis** nur auf das **Nettogewicht des Produkts**. Das **Gewicht der Verpackung**, **„Tara“** genannt, darf bei der Berechnung des Kaufpreises nicht berücksichtigt werden.

9.2 Vertragliche Regelungen

Abweichend von den vorgenannten Regelungen kann für die Verpackungskosten im Kaufvertrag auch etwas anderes vereinbart werden, z. B.:

„brutto für netto“
gross for net

„brutto für netto“; „Preis brutto einschließlich Verpackung“ (kurz: **„bfn“** oder **„b/n“**)	Der Kaufpreis wird vom Bruttogewicht, d. h. Gewicht der Ware plus Gewicht der Verpackung, berechnet. Für die Verpackung wird pro Kilogramm der gleiche Preis gezahlt wie für die Ware selbst. Die Verpackungskosten sind im Kaufpreis bereits enthalten.
„Preis einschließlich Verpackung“; „Preis netto einschließlich Verpackung“	Der Kaufpreis wird vom Nettogewicht der Ware berechnet. Der Verkäufer trägt alle Kosten der Verpackung einschließlich der Versandverpackung. Der Endpreis umfasst somit den Preis für Ware plus die kostenlose Zugabe der Verpackung durch den Verkäufer.
„Preis ausschließlich Verpackung“; „Preis netto ausschließlich Verpackung“	Der Kaufpreis wird vom Nettogewicht der Ware berechnet. Der Käufer trägt alle Kosten der Verpackung einschließlich der Versandverpackung. Die Verpackungskosten sind im Kaufpreis nicht enthalten, sondern werden dem Käufer extra in Rechnung gestellt.

Darüber hinaus kann Folgendes vereinbart werden:

„Verpackung leihweise“	Die Verpackungskosten trägt zunächst der Käufer, z. B. in Form einer Leihgebühr (Pfand). Er kann die Verpackung jedoch zurückgeben. Dann bekommt der Käufer die gezahlte Leihgebühr ganz oder teilweise zurückerstattet. Beispiele sind die Rückgabe von Paletten oder Pfandflaschen.

Berechnungsbeispiel: Verpackungskosten

Die Schöner Wohnen GmbH verkauft eine Ware zu folgenden Kosten:

Preis der Ware: 4,50 € je kg Nettogewicht; Nettogewicht der Ware: 100 kg; Tara: 5 kg; Kosten der (Versand-)Verpackung: 11,00 €

Welchen Preis zahlt der Kunde bei folgenden Vereinbarungen?

1. **brutto für netto**
   Bruttogewicht · Preis je kg netto
   105 kg · 4,50 € = **472,50 €**
2. **Preis einschließlich Verpackung**
   Nettogewicht · Preis je kg netto
   100 kg · 4,50 € = **450,00 €**
3. **Preis ausschließlich Verpackung**
   Nettogewicht · Preis je kg netto + Verpackungskosten
   100 kg · 4,50 € + 11,00 € = **461,00 €**

10 Umweltverträglichkeit der Verpackung

In Deutschland gelten sowohl einmalig als auch mehrmalig verwendbare Verpackungen grundsätzlich nicht als Abfall. Gebrauchte Verpackungen sind Wertstoffe, deren Wiederverwendung, Verwertung und Entsorgung im *Kreislaufwirtschaftsgesetz (KrWG)* und im Verpackungsgesetz (VerpackG) geregelt sind.

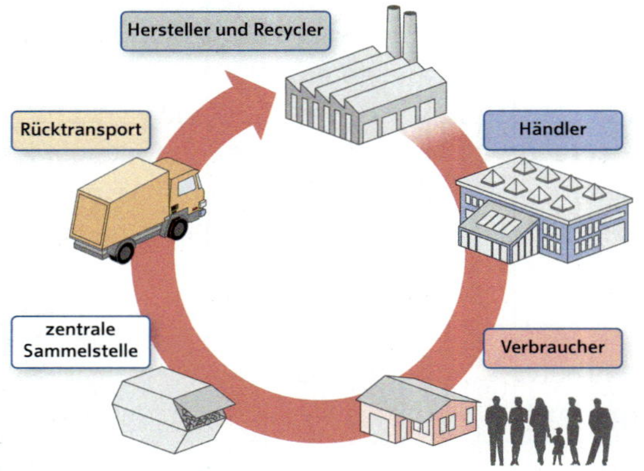

Regelkreislauf der Verpackung

10.1 Kreislaufwirtschaftsgesetz (KrWG)

Kreislaufwirtschaftsgesetz
Law on Life-Cycle Management

Ziele des KrWG

- Förderung der Kreislaufwirtschaft zur **Schonung der natürlichen Ressourcen**
- Schutz von Mensch und Umwelt bei der Erzeugung und Bewirtschaftung von Abfällen

Das Kreislaufwirtschaftsgesetz setzt eine klare Hierarchie im Umgang mit nicht mehr benötigten Gegenständen und Stoffen. Die Maßnahmen stehen in der Rangfolge:

Abfallhierarchie

1. Vermeidung,
2. Vorbereitung zur Wiederverwendung,
3. Recycling,
4. sonstige Verwertung, insbesondere energetische Verwertung und Verfüllung,
5. Beseitigung.

Abfälle werden vermieden, wenn Produkte und Verpackungen langlebig gestaltet und aus wiederverwendbaren Materialien hergestellt werden, wie es zum Beispiel das **Cradle to Cradle-Konzept** (dt.: von der Wiege zur Wiege) vorsieht. Vorbereitung zur Wiederverwendung bedeutet, dass Gegenstände und Materialien geprüft, gereinigt oder repariert werden, sodass sie wieder für den ursprünglichen Zweck eingesetzt werden können. Beispiele sind die Reinigung von Ölen und Fetten, die Prüfung und Reinigung von Mehrwegflaschen oder die Instandsetzung von gebrauchten Möbelstücken und Haushaltsgeräten. Werden Abfälle, Materialien oder Stoffe anderweitig aufbereitet, sodass sie für den ursprünglichen oder einen anderen Zweck verwendbar sind, ist das **Recycling**. Beispiele für Recycling sind die Gewinnung von Rohglas durch

Einschmelzen von Einweg-Glasverpackungen, die Gewinnung von Papier durch Aufbereitung von Altpapier, die Gewinnung von Plasten durch Aufbereitung gebrauchter Kunststoffverpackungen.

Das Verbrennen von Abfällen wird als sonstige Verwertung bezeichnet, wenn die Verbrennungsanlage einen vorgeschriebenen Wirkungsgrad erfüllt.

Produktverantwortung

Das Kreislaufwirtschaftsgesetz formuliert für Hersteller und Vertreiber eine **Produktverantwortung**. Sie müssen Produkte langlebig gestalten, wiederverwendbare oder recycelte Materialien bevorzugen und schadstoffhaltige Materialien kennzeichnen. Hersteller und Vertreiber müssen Abfälle zurücknehmen oder sich an der Finanzierung der Rücknahme und der umweltverträglichen Verwertung oder Beseitigung der Abfälle beteiligen.

10.2 Verpackungsgesetz (VerpackG)

Ziele des Verpackungsgesetzes

- Verringerung der Umweltbelastung aus Verpackungsabfällen
- Wiederverwendung oder Wiederverwertung von Verpackungen

Verpackungsgesetz
packaging act

Das *Verpackungsgesetz* gilt für alle Bereiche, also in der Industrie, im Handel, in der Verwaltung, im Gewerbe, im Dienstleistungsbereich sowie in privaten Haushalten.

Wichtige Ziele des Verpackungsgesetzes sind die Erhöhung des Anteils an Mehrweggetränkeverpackungen auf mindestens 70 % und die Steigerung der Recyclingquoten von Verpackungsmaterialien auf mindestens 55 %. Über eine Stiftung, die Zentrale Stelle Verpackungsregister (ZSVR), werden die Daten über in den Verkehr gebrachte und recycelte Verpackungen erfasst und kontrolliert. Die ZSRV wird von den Packmittelherstellern sowie den Produzenten und Importeuren von Konsumgütern finanziert.

Verpackungsarten und Rücknahmepflichten

Nach dem **Zweck der Verpackungen** werden im Verpackungsgesetz **Verkaufsverpackungen, Umverpackungen, Transportverpackungen** und **Versandverpackungen** unterschieden. Außerdem wird definiert, wer für die Rücknahme der jeweiligen Verpackungsart verantwortlich ist.

Verkaufsverpackungen
sales package

Verkaufs-verpackungen	Die Verkaufsverpackung geht zusammen mit der Ware an den Endverbraucher. Als Verkaufsverpackungen gelten auch die sogenannten Serviceverpackungen (Kaffee-to-go-Becher, Verpackung von Mitnahmemahlzeiten, Brötchentüten usw.). Der Handel ist grundsätzlich verpflichtet, Verkaufsverpackungen (vom Endverbraucher) unentgeltlich zurückzunehmen.

Umverpackungen
outer package/wrapping

Transportverpackungen
transport package

Versandverpackungen
shipping package

Umverpackungen	Umverpackungen umhüllen die Verkaufsverpackung. Beispiele sind der Umkarton, in dem 12 Tetra-Pack mit Milch sind, oder die Cellophanumhüllung einer Stange Zigarettenschachteln. Vertreiber von Umverpackungen müssen diese bei der Abgabe der Waren an den Endverbraucher entfernen. Sie können auch Rücknahmebehälter aufstellen, damit der Verbraucher selbst die Umverpackung entsorgen kann. Verlangt der Endverbraucher die Übergabe der Waren in der Umverpackung, dann werden diese wie Verkaufsverpackungen behandelt.
Transport-verpackungen	Transportverpackungen dienen ausschließlich dem Transport der Ware. Sie werden nach dem Transport entfernt. Transportverpackungen verbleiben beim Hersteller oder Vertreiber. Typische Transportverpackungen sind Einwegpaletten, Stretchfolien und Umreifungsbänder. Hersteller und Vertreiber von Transportverpackungen sind verpflichtet, diese nach Gebrauch zurückzunehmen.
Versand-verpackungen	Die Versandverpackung ist zum Transport der Ware bestimmt, verbleibt aber beim Endverbraucher. Dazu gehören beispielsweise Schachteln eines Onlineshops. Diese Verpackungen werden wie Verkaufsverpackungen behandelt.

Nach der **Wiederverwendbarkeit der Verpackung** unterscheidet die Verpackungsverordnung **Einwegverpackungen**, **Mehrwegverpackungen** und **Sonderverpackungen**.

Einwegverpackungen
one-way package/
non-returnable package

Mehrwegverpackungen
multi-way package/
returnable package

Sonderverpackungen
special package

Einwegverpackungen	Einwegverpackungen werden nur einmal genutzt und anschließend über das Duale System verwertet oder beseitigt. Beispiele hierfür sind Einwegflaschen, Packpapier, Einwegpaletten.
Mehrweg-verpackungen	Mehrwegverpackungen werden mehrmals und über einen längeren Zeitraum wiederverwendet. Sie nehmen oft an einem Mehrwegsystem teil. Beispiele hierfür sind Pfandflaschen, Getränkekisten, Euro-Flachpaletten, Container.
Sonderverpackungen	Gefahrstoffverpackungen oder ölhaltige Verpackungen sind als Sondermüll zu behandeln und dementsprechend getrennt zu sammeln und zu entsorgen. Restentleerte Sonderverpackungen müssen von Herstellern und Vertreibern zurückgenommen werden.

5366364

Weitere Pflichten aus dem Verpackungsgesetz

Das Verpackungsgesetz definiert für Unternehmen, die Verkaufsverpackungen und Umverpackungen in den Verkehr bringen, d. h. Hersteller von Konsumprodukten, Importeure und Onlinehändler folgende Pflichten:

- **Beteiligungspflicht:** Die Unternehmen müssen sich an einem flächendeckenden System zur Rücknahme der beim Endverbraucher anfallenden Verpackungen beteiligen. Aktuell stehen neun Systeme zur Auswahl, das bekannteste ist Grüner Punkt – Duales System Deutschland GmbH. Beteiligen bedeutet, dass die Unternehmen Lizenzgebühren dafür zahlen, dass die dualen Systeme die Verpackungen einsammeln und verwerten.
- **Registrierungspflicht:** Unternehmen, die Verkaufs- und Umverpackungen in den Verkehr bringen müssen sich bei der Stiftung Zentrale Stelle Verpackungsregister (ZSVR) registrieren lassen.
- **Nachweispflicht:** Die Unternehmen müssen gegenüber der ZSVR und gegenüber dem dualen System, an dem sie sich beteiligen, jährlich nachweisen, welche Verpackungsmengen sie abgegeben haben und welche Mengen sie für das Folgejahr planen (Vollständigkeitserklärung).

10.3 Duales System

Nach dem Verpackunsgesetz sind die Unternehmen dazu verpflichtet, sich an einem flächendeckenden System zur Entsorgung von Verpackungen zu beteiligen. Diese Systeme werden auch als duale Systeme bezeichnet, weil sie zusätzliche Entsorgungssysteme neben der kommunalen Abfallentsorgung sind. Inzwischen gibt es neben dem ältesten Anbieter **Der Grüne Punkt – Duales System Deutschland GmbH** neun weitere, bundesweit zugelassene duale Entsorgungssysteme. Diese Unternehmen können mit den kommunalen Abfallentsorgern Verträge zur Sammlung und Verwertung der Reststoffe abschließen oder beauftragen dazu Entsorgungs- und Verwertungsunternehmen.

Hersteller, Importeure und Onlinehändler zahlen für jede registrierungspflichtige Verpackung Lizenzgebühren an das duale Entsorgungsunternehmen. Die Verpackungen können mit dem Symbol des Entsorgungsunternehmens gekennzeichnet werden. Eine Verpflichtung zur Kennzeichnung der Verpackung besteht allerdings nicht.

Die Verbraucher dürfen alle restentleerten Verpackungen über die Gelbe Tonne oder den Gelben Sack entsorgen. Die Betreiber der dualen Systeme finanzieren mit den Lizenzgebühren das Aufstellen der Gelben Tonnen bzw. das Verteilen der Gelben Säcke sowie das Einsammeln und Verwerten der Wertstoffe. Die dualen Systeme müssen gegenüber der ZSVR nachweisen, welche Mengen sie von welchem Verpackungsmaterial eingesammelt haben. Für jede Materialart müssen sie einen festgelegten Mindestsatz für die Vorbereitung zur Wiederverwendung und das Recycling erfüllen. Dieser Prozentsatz liegt für Glas bei 80 % und für Getränkekartonverpackungen bei 75 %.

Zugelassene Entsorgungssysteme (Beispiele)

Für die **Sammlung der Verpackungen** bestehen zwei Möglichkeiten:

Holsystem
- das **Holsystem**, bei dem z. B. die Gelbe Tonne (Gelber Sack) durch ein beauftragtes Entsorgungsunternehmen beim Verbraucher abgeholt wird;

Bringsystem
- das **Bringsystem**, bei dem der Verbraucher die gesammelten Wertstoffe, z. B. Altglas, selbst zu einem Wertstoffcontainer oder Wertstoffhof bringen kann.

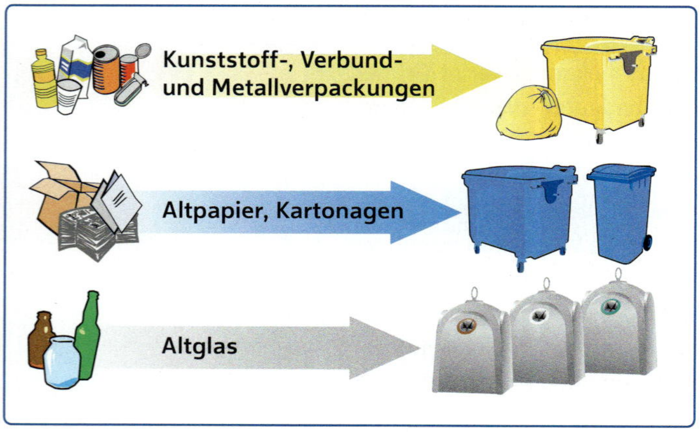

Sammelsysteme für registrierungspflichtige Verpackungen

Beliefert ein Hersteller große Verbraucher, kann er die Rücknahme der Verkaufsverpackungen auch über eine sogenannte **Branchenlösung** organisieren. Dabei entsorgt er selbst oder stellt die Rücknahme und Verwertung der Verpackungen durch eine Fremdfirma sicher. Bei dieser Lösung spart der Hersteller die Lizenzgebühren an den dualen Entsorger. Eine gute Alternative zu solchen Branchenlösungen für Einwegverpackungen ist der Aufbau eines Rücknahmesystems für Mehrwegverpackungen.

Vorteile des Dualen Systems

Wichtige Vorteile des Dualen Systems

- Es ist ein flächendeckendes Entsorgungssystem.
- Ver- und Entsorgung erfolgen getrennt.
- Es befreit Hersteller und Vertreiber von der Rücknahme- und Verwertungspflicht.
- Mehrwegsysteme werden gefördert.
- Da das Verursacherprinzip angewendet wird (der Hersteller allein trägt die Kosten), fallen für Staat oder Verbraucher keine Kosten an.
- Die große Material- und Verpackungsvielfalt bleibt erhalten.

Entsorgung von Transportverpackungen aus Papier und Pappe

RESY-Zeichen

Auf vielen Transportverpackungen aus Papier und Pappe ist das RESY-Zeichen zu finden. RESY steht für recyclingfähige Transportverpackungen aus Papier und Pappe und garantiert die Entsorgung sowie die stoffliche Wiederverwertung dieser gekennzeichneten Verpackungen. Damit drückt das RESY-Zeichen aus, dass der Stoffkreislauf für diese Materialien geschlossen ist und wichtige Sekundärrohstoffe erhalten bleiben. Da RESY kein Duales System im Sinne des Verpackungsgesetzes ist, müssen Verpackungen, die beim Endverbraucher anfallen, zwingend über ein Duales System (z. B. Grüner Punkt) lizenziert werden. Das RESY-Zeichen ist nicht frei verwendbar, sondern ist mit den jeweiligen Herstellern vertraglich geregelt.

10.4 Mehrwegsysteme

Beim Mehrwegsystem werden die Verpackungen vom Lieferanten zurückgenommen und wiederverwendet. Vor allem Container, Gitterboxen oder Paletten, aber auch Kisten, Flaschen usw. gehören dazu. Deshalb wurden **verschiedene Arten von Mehrwegsystemen** gebildet. Zu diesen Mehrwegsystemen gehören zusätzliche logistische Dienstleistungen wie **Verwaltung**, **Verrechnung**, **Reparatur**, **Wartung**, **Reinigung**, **Rückführung**, **Entsorgung**, **Tausch**.

Grundsätzlich wird zwischen **geschlossenen** und **offenen Systemen** unterschieden.

Geschlossene Systeme

Geschlossene Systeme werden nur innerhalb eines begrenzten Teilnehmerkreises betrieben. Dazu zählen die **firmeninternen**, die **bilateralen**, die **branchenspezifischen** und die **branchenübergreifenden** Systeme.

Firmeninterne Systeme

Firmeninterne Systeme werden nur innerhalb eines Werkes bzw. zwischen mehreren Standorten eines Unternehmens betrieben. Es werden nur firmeneigene Mehrwegverpackungen verwendet.

Bilaterale Systeme

Bilateral bedeutet zwei Seiten betreffend, in diesem Fall Lieferant und Kunde. Oft werden spezielle Mehrwegverpackungen verwendet. Beispiel: Ein Hersteller von Autositzen nutzt spezielle Rahmen, um die Sitze zum Hersteller zu liefern. Der Austausch des Packmittels erfolgt häufig über ein Leih- und Rückgabeverfahren.

Branchenspezifische Systeme

Branchenspezifische Systeme werden nur innerhalb einer Branche betrieben. Es werden branchenspezifische Mehrwegverpackungen verwendet. Die Rückgabe kann über ein Pfandsystem gesichert werden. Beispiele sind die Mehrwegflaschen für Mineralwasser in der Getränkeindustrie oder die Klappsteigen von EURO POOL System für Obst und Gemüse.

branchenübergreifende Systeme

Bei **branchenübergreifenden Systemen** stellen Dienstleister als Poolbetreiber einem vertraglich gebundenen Nutzerkreis Packmittel zur Verfügung. Beispiele sind die Palettenpools von CHEP Pooling System, La Pallet Rouge und WORLD. Für die Verwendung der Mehrwegpackmittel zahlen die Nutzer dem Poolbetreiber eine Mietgebühr.

Offene Systeme

Offene Systeme werden von verschiedenen Unternehmen aus beliebigen Branchen genutzt, die gemeinsam genormte Standardmehrwegverpackungen verwenden. Die wohl bekanntesten Beispiele sind die EPAL-Europalette und die EPAL-Gitterboxpalette. Diese Packmittel müssen streng definierte Qualitätsanforderungen erfüllen. [▸ Lernfeld 1, Kapitel 4.2]

EPAL-Poolsystem

Das **EPAL-Poolsystem** wird von der Europäischen Pallet Association e. V. organisiert. Palettenhersteller, die nach EPAL-Standard produzieren wollen, müssen eine Lizenz kaufen. Mit den Lizenzeinnahmen finanziert EPAL insbesondere die Qualitätssicherung durch externe Prüfinstitute.

Der offene Tauschpool EPAL umfasst über 500 Millionen EPAL Europaletten und über 20 Millionen Gitterboxpaletten, es gibt weltweit mehr als 1500 lizensierte Hersteller und Reparaturbetriebe.

Langfristig kann dieses offene Poolsystem nur funktionieren, wenn alle Teilnehmer die Regeln für den Tausch der Ladungsträger und die Qualitätskriterien einhalten.

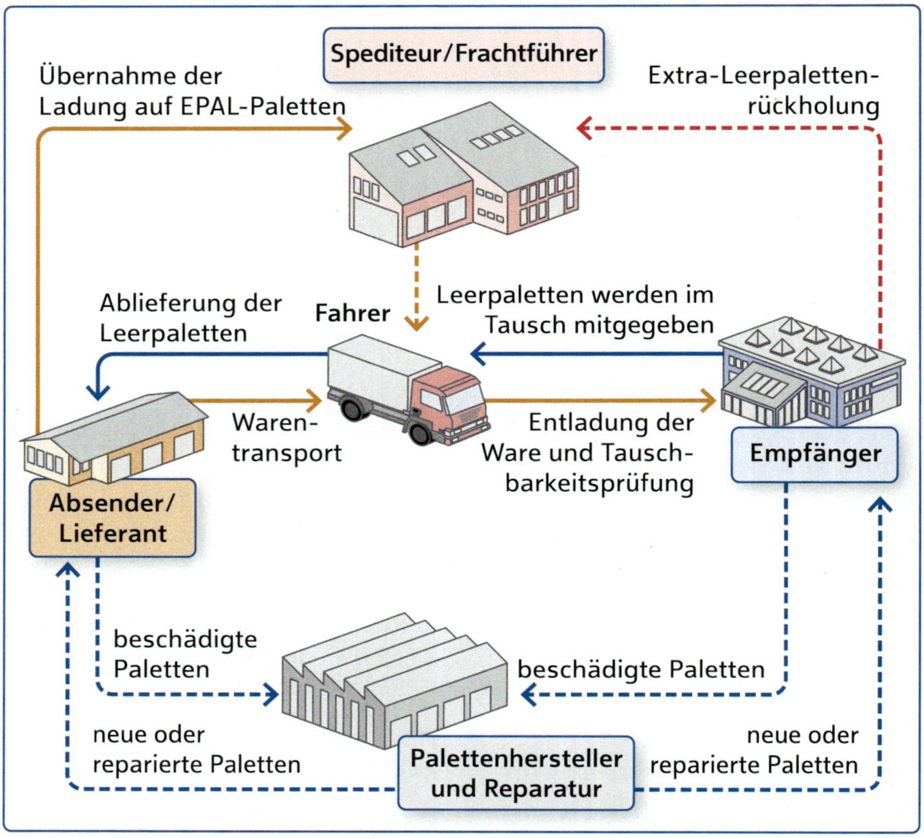

Funktionsweise eines offenen Mehrwegsystems am Beispiel eines EPAL-Paletten-pools

Folgende Vor- und Nachteile sind beim Poolsystem zu beachten:

Vorteile des Poolsystems	Nachteile des Poolsystems
• Die Paletten sind in einheitlichen Größen im Umlauf. • Die Qualität der verwendeten Paletten wird garantiert. • Die Tausch- und Rückgabemöglichkeit der Paletten trägt erheblich zur Senkung der Kosten bei.	• Hoher Verwaltungsaufwand für die Bestandsführung • Risiko verminderter Tragfähigkeit aufgrund von Fälschungen • Mangelndes Verantwortungsgefühl für das Reinigen und Reparieren der Mehrwegtransportverpackungen • Schwund

Lernfeld 7
Touren planen

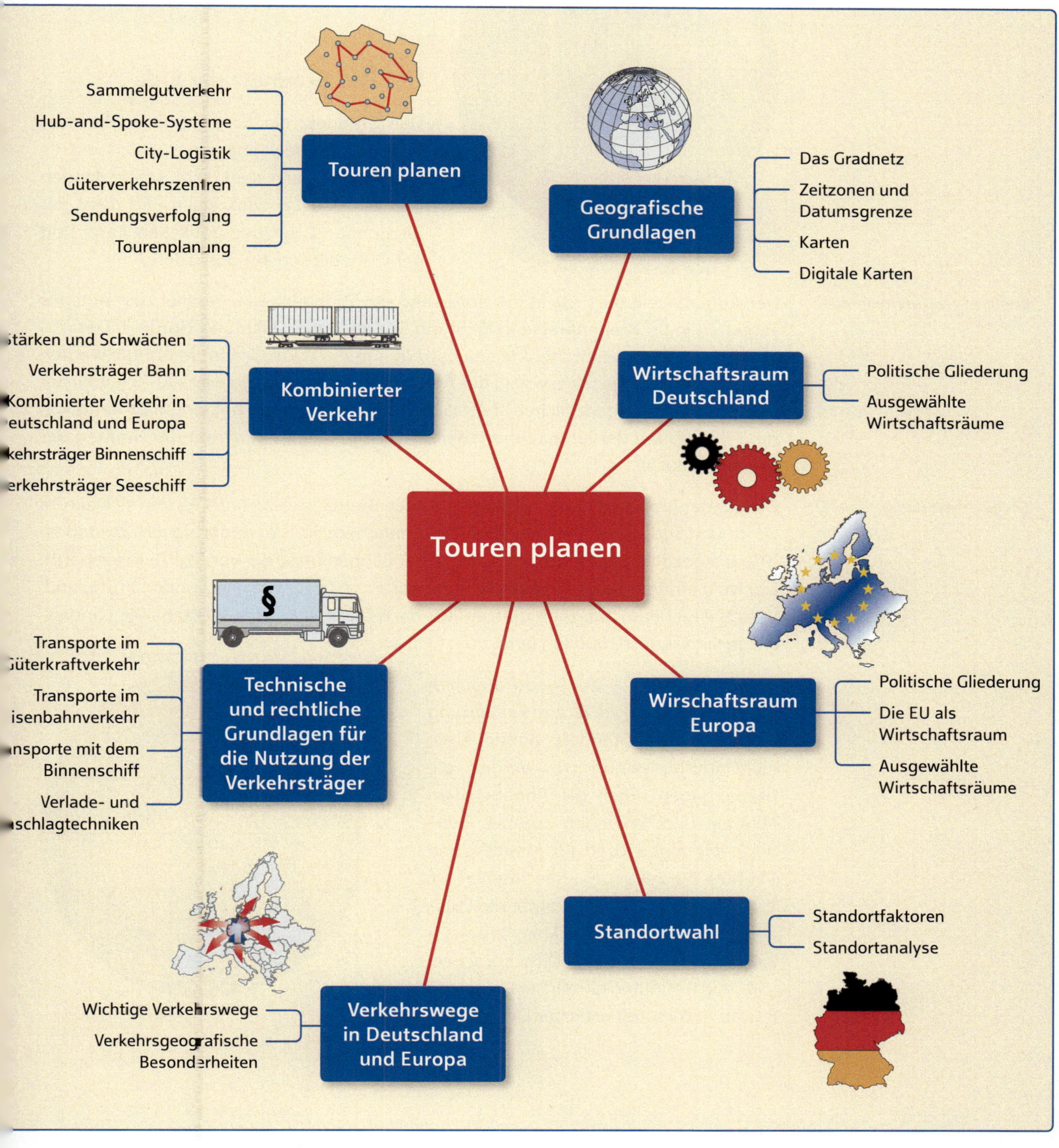

1 Geografische Grundlagen

Die Erde gehört mit einem Durchmesser von ca. 12 700 km zu den mittelgroßen Planeten unseres Sonnensystems. Sie hat einen Umfang von ca. 40 000 km.

1.1 Das Gradnetz der Erde

Das Gradnetz der Erde ist ein gedachtes, über die Erdkugel gezogenes Liniennetz. Es besteht aus sich senkrecht schneidenden Breiten- und Längenkreisen und dient der Bestimmung der geografischen Lage und der Orientierung auf der Erde.

Breitenkreise (Breitengrade)
parallel

Der Äquator teilt die Erde in die Nord- und die Südhalbkugel. Parallel zum Äquator verlaufen je 90 **Breitenkreise** in Richtung Südpol und in Richtung Nordpol. Der Abstand zwischen zwei Breitenkreisen beträgt immer 111 km. Die Breitengrade werden vom Äquator aus gezählt, wobei der Äquator bei 0° und die Pole bei 90° S (südlicher Breite) bzw. 90° N (nördlicher Breite) liegen. Der Äquator ist mit einem Umfang von rund 40 000 km der längste Breitenkreis. Zu den Polen hin nimmt der Umfang der Breitenkreise ab.

Längenkreise (Längengrade)
meridian

Die **Längenkreise** verlaufen senkrecht zu den Breitenkreisen und kreuzen sich alle im Nord- und Südpol. Es gibt insgesamt 180 Längenkreise. Sie werden vom Nullmeridian (0°) aus gezählt. Ein **Meridian** ist ein halber Längenkreis, der von Pol zu Pol verläuft. Der Nullmeridian verläuft durch die Sternwarte von Greenwich bei London in England. Vom Nullmeridian aus zählt man je 180° nach Osten und nach Westen. Alle Längengrade sind rund 20 000 km lang.

Da das Gradnetz zur geografischen Ortsbestimmung, d.h. zur Festlegung eines beliebigen Standorts auf der Erde, nicht genau genug ist, werden die Gradangaben durch die Angaben von Minuten und Sekunden ergänzt. Hierbei entspricht 1 Grad 60 Minuten und 1 Minute 60 Sekunden, geschrieben so: 1° = 60′ und 1′ = 60″. So lautet die Ortsangabe für Frankfurt am Main beispielsweise: 50° 06′ N / 8° 41′ O (gesprochen: „50 Grad 6 Minuten nördlicher Breite und 8 Grad 41 Minuten östlicher Länge“).

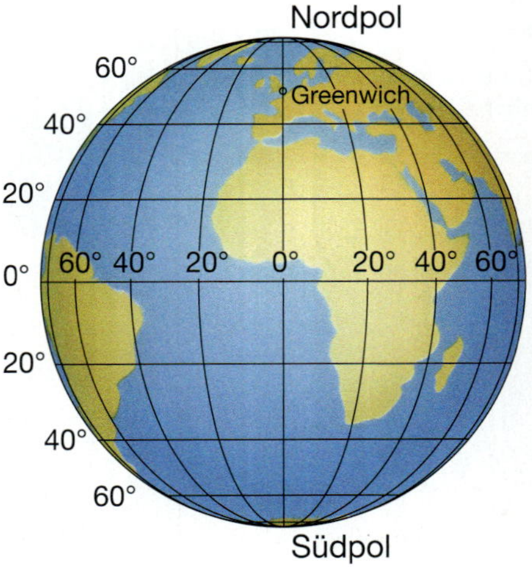

Das Gradnetz der Erde

1.2 Zeitzonen und Datumsgrenzen

Im internationalen Handel spielt neben der Ortszeit auch die jeweilige Zeitzone, in der sich der Geschäftspartner befindet, eine wichtige Rolle. Die Erde dreht sich in 24 Stunden einmal um die eigene Achse: es entstehen Tag und Nacht. Den höchsten Stand hat die Sonne jeweils um 12:00 Uhr mittags. Alle Orte auf dem gleichen Meridian haben dieselbe Mittagszeit. Östlich von diesem Längenkreis erreicht die Sonne ihren Höchststand früher, westlich davon erst später. Dieser Tatsache entsprechend wird die Erde in **24 Zeitzonen** eingeteilt. Eine Erdumdrehung um 360 Grad in 24 Stunden bedeutet, dass jede Zeitzone 15 Längenkreise umfasst.

Nullmeridian

Mit der Festlegung des Nullmeridians auf Greenwich wurde die dortige Zeit zur Weltzeit erklärt (**GMT = Greenwich Mean Time**). Für Deutschland gilt die **Mitteleuropäische Zeit**, die gegenüber Greenwich um eine Stunde verschoben ist (**GMT + 1 h**). Große Staaten wie die USA oder Russland haben mehrere Zeitzonen. New York beispielsweise hat die **Eastern Time** (**GMT – 5 h**), Los Angeles wiederum hat die **Pacific Time** (**GMT – 8 h**).

Datumsgrenze
date line

Die Einführung von Zeitzonen machte die Festlegung einer **Datumsgrenze** notwendig, an der die Stundenzählung beginnt. Diese Grenze verläuft entlang des 180. Längengrads im pazifischen Ozean. Sie verläuft überwiegend durch Gewässer. Überquert man die Datumsgrenze von West nach Ost, wird das Datum um einen Tag zurückgestellt, bei der Überquerung von Ost nach West wird es einen Tag vorgestellt.

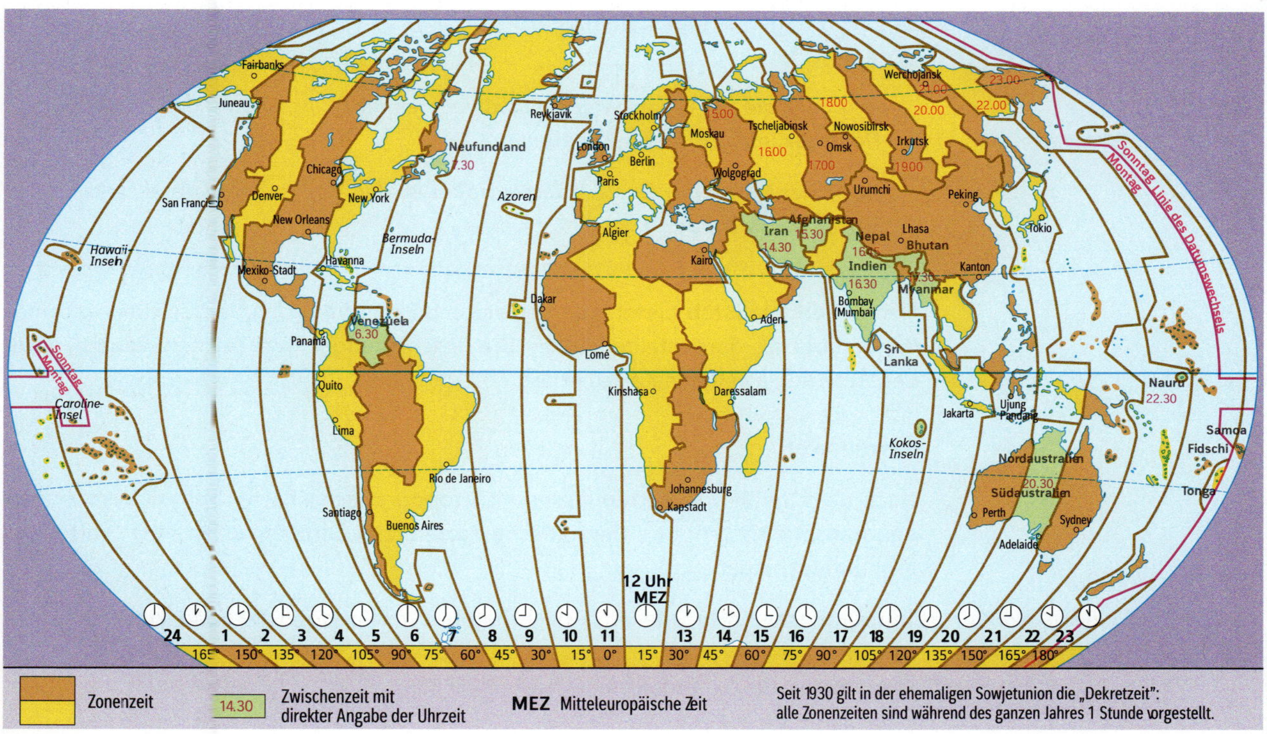

Die Zeitzonen der Erde

1.3 Karten

Karten
maps

Karten sind wichtige Hilfsmittel, sie dienen ...
- der Information über einen Raum,
- der Orientierung in einem Raum und
- der Veranschaulichung von räumlichen Gegebenheiten.

Der Maßstab von Karten

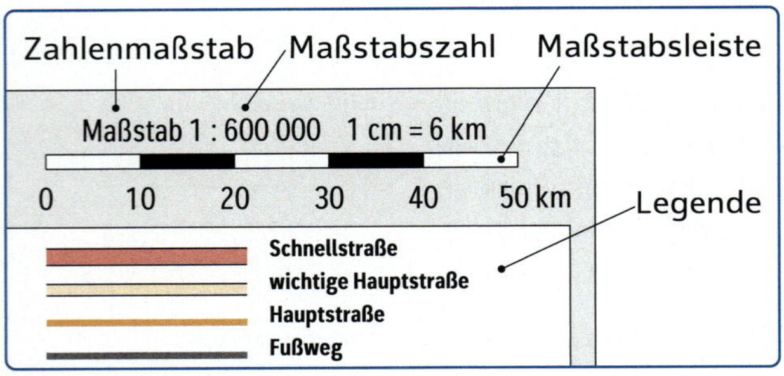

Maßstab auf Karten

Bei jeder Karte ist ein Maßstab angegeben, der das Verhältnis von Abbild zur Wirklichkeit angibt. Der Maßstab wird als Maßstabsleiste oder als Zahlenmaßstab angegeben:
- Die **Maßstabsleiste** ist eine Skala, auf der man Entfernungen direkt ablesen kann.
- Der **Zahlenmaßstab** gibt das Verkleinerungsverhältnis an, mit dessen Hilfe man die tatsächliche Länge berechnen kann.

Ein Zahlenmaßstab von 1 : 600 000 bedeutet, dass 1 cm auf der Karte 600 000 cm oder 6 000 m oder 6 km in der Wirklichkeit entsprechen. Einer Strecke von 4 cm auf der Karte entsprechen somit 24 km in der Realität. Die rechte Zahl in der Maßstabsangabe bezeichnet man als „Maßstabszahl".

Es gelten folgende Maßstabsregeln:

[?!]

Maßstabsregeln

Je größer die Maßstabszahl, desto kleiner ist der Maßstab und desto oberflächiger und grober die Darstellung.

Je kleiner die Maßstabszahl, desto größer ist der Maßstab und desto detaillierter ist der Inhalt.

Neben dem Maßstab bietet jede Karte durch Beschriftungen und Zeichen Informationen über die dargestellte Region. Die Beschriftungen und Zeichen werden in der **Legende** der jeweiligen Karte erklärt.

Kartenarten

Nach dem Inhalt von Karten lassen sich **topografische** Karten (physikalische oder geografische Karten) und **thematische** Karten (z. B. Straßenkarten oder Wetterkarten) unterscheiden.

Topografische Karten

Topografische Karten stellen die sichtbaren Erscheinungen der Landschaft dar. Dazu gehören ...
- das Relief, die Geländeform, Erhebungen, Täler,
- die Vegetation,
- Siedlungen und Verkehrswege und
- besonders markante Gebäude, wie Kirchen, Burgen oder Aussichtstürme.

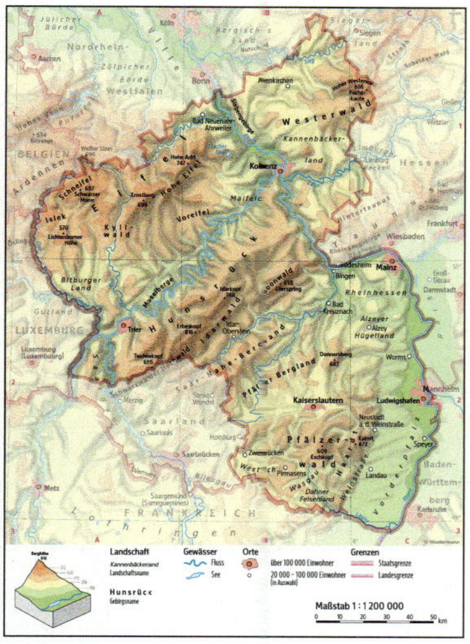

Topografische Karte

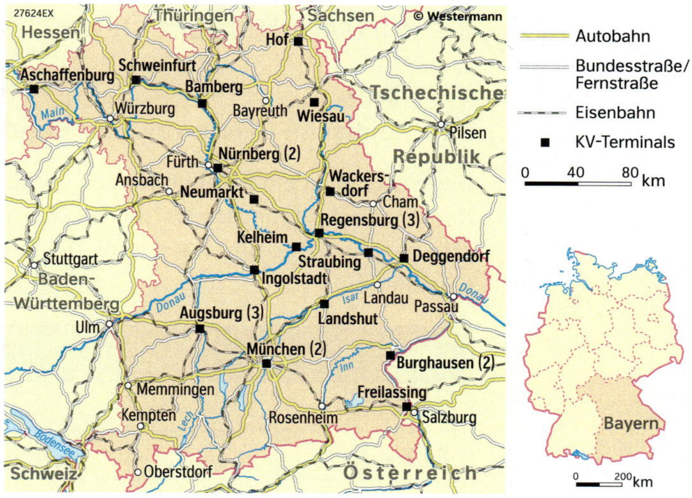

Straßenkarte

Thematische Karten

Thematische Karten werden zu einem bestimmten Zweck erstellt. Hierzu zählen Straßenkarten.

Bei **Straßenkarten** steht die Darstellung von Verkehrswegen im Vordergrund. Die Genauigkeit der dargestellten Straßen ist abhängig vom Maßstab. Stadtpläne mit ihren großen Maßstäben zeigen (fast) alle Straßen eines Ortes, während Länderkarten in der Regel nur Hauptverkehrswege abbilden (Autobahnen und Bundesstraßen). Häufig finden sich in diesen Karten auch Entfernungsangaben zwischen einzelnen Orten sowie Hinweise auf touristische Einrichtungen (Hotels, Sehenswürdigkeiten, Tankstellen usw.).

1.4 Digitale Karten

Gedruckte Landkarten haben in den letzten Jahren an Bedeutung verloren. Dieselben Informationen lassen sich heute online oder auf Datenträgern gespeichert abrufen. Auch zur Orientierung und Standortbestimmung gibt es Alternativen zur Karte. Seit das satellitengestützte GPS (= **Global Positioning System**) auch der zivilen Nutzung offen steht, ist die weltweite Positionsbestimmung möglich.

GPS: Global Positioning System

Das System verfügt über 32 Satelliten, die die Erde umkreisen. Mit speziellen Empfängern lassen sich deren Signale aufnehmen. Empfängt man Signale von mindestens 4 Satelliten, ist eine Standortbestimmung mit einer Genauigkeit von 10 m möglich. Durch verschiedene Methoden lässt sich die Genauigkeit bis auf wenige Zentimeter erhöhen. Einsatz findet das System in der See- und Luftfahrt, in Navigationssystemen von Fahrzeugen, im Outdoor-Activities-Bereich und bei der Vermessung.

GPS im Fahrzeug

Navigationssysteme im Fahrzeug sind mit umfangreichem Kartenmaterial ausgerüstet und ermöglichen akustische und/oder visuelle Richtungsanweisungen. Die Systeme können im Fahrzeug fest eingebaute oder mobile Geräte sein. Neuere Systeme können Verkehrsmeldungen des TMC-Systems (**Traffic Message Channel**) in die Routenberechnung einbeziehen und so den Fahrer an Staus und anderen Behinderungen vorbeileiten.

Navigationssystem

2 Wirtschaftsraum Deutschland

2.1 Politische Gliederung der Bundesrepublik Deutschland

Deutschland ist ein Staat im Herzen Europas, seine Grenzen bilden, vereinfacht, im Norden die Nord- und die Ostsee, im Osten die Oder, im Süden die Alpen und im Westen der Rhein. Die Nachbarstaaten Deutschlands sind (im Uhrzeigersinn, im Norden beginnend):

Land	Hauptstadt
Dänemark	Kopenhagen
Polen	Warschau
Tschechische Republik	Prag
Österreich	Wien
Schweiz	Bern
Frankreich	Paris
Luxemburg	Luxemburg
Belgien	Brüssel
Niederlande	Amsterdam

Nachbarstaaten von Deutschland

Die Bundesrepublik Deutschland ist ein föderalistischer Staat mit 16 Bundesländern – 3 Stadtstaaten (Berlin, Hamburg und Bremen) und 13 Flächenstaaten. Die Hauptstadt ist Berlin.

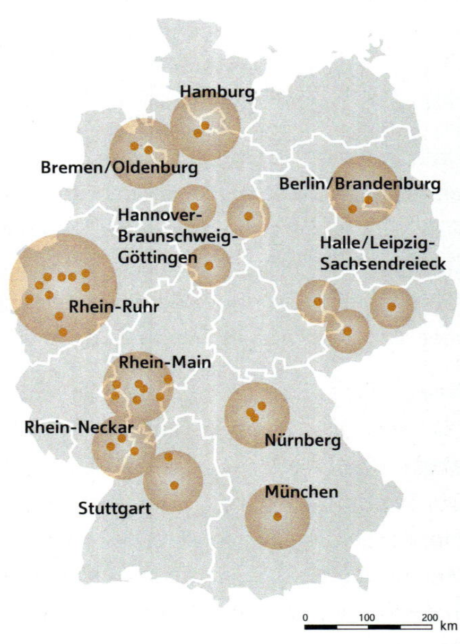

Bundesrepublik Deutschland: Bundesländer und ihre Hauptstädte (links)

Wichtige Wirtschaftsräume in Deutschland (rechts)

2.2 Ausgewählte Wirtschaftsräume in Deutschland

Wirtschaftsräume, auch Ballungsräume oder Metropolregionen genannt, sind Regionen mit einer hohen Bevölkerungs- und Wirtschaftsdichte. Die Ministerkonferenz für Raumordnung (MKRO) definiert für Deutschland elf Wirtschaftsräume. Herausragender Wirtschaftsraum ist die Region Rhein-Ruhr mit über 10 Mio. Menschen. Die weiteren Wirtschaftsräume sind der Großraum Berlin/Brandenburg, die Rhein-Neckar-Region, die Rhein-Main-Region, Hamburg, München, das Sachsendreieck, Stuttgart, Nürnberg, die Region Hannover-Braunschweig-Göttingen und die Region Bremen-Oldenburg. Einige der wichtigsten Wirtschaftsräume werden im Folgenden genauer beschrieben.

Die Region Rhein-Ruhr

Die Region Rhein-Ruhr besteht aus den beiden Teilgebieten Ruhrgebiet und Rheinschiene. Das Ruhrgebiet ist das älteste und bekannteste Industriegebiet Deutschlands. Es erstreckt sich von Duisburg über Oberhausen, Essen, Gelsenkirchen, Bochum und Dortmund bis Hamm. Die Rheinschiene erstreckt sich entlang des Rheins von Duisburg über Düsseldorf und Köln bis Bonn.

Ruhrgebiet

Die Region entlang der Ruhr war dank reicher Steinkohlevorkommen einer der Ursprünge der deutschen Industrialisierung und hat entscheidend zum Wirtschaftswunder der Nachkriegszeit beigetragen. Später stürzte gerade diese einseitige Ausrichtung auf die Montanindustrie (Kohle und Stahl) die Region in eine schwere Krise. Zwar werden und wurden in den letzten Jahrzehnten neue Industrien angesiedelt, ein breiter Branchen-Mix geschaffen und etliche Hochschulen gegründet, doch ist die Krise noch immer nicht überwunden.

Rheinschiene

Die Rheinschiene ist deutlich dynamischer als das alte Ruhrgebiet. Hier hat sich eine Vielzahl moderner High-Tech-Unternehmen angesiedelt. In Düsseldorf findet man Niederlassungen internationaler Konzerne und in und um Köln sind bedeutende Chemie- und Maschinenbauunternehmen zu finden.

Die Rhein-Ruhr-Region ist ein bedeutender Verkehrsknoten für alle Verkehrsarten. Hier treffen sich bedeutende Autobahnen wie die A1, A2, A3 und A4. Vier der zehn größten Bahnhöfe Deutschlands liegen ebenfalls in dieser Region: der Kölner, Düsseldorfer, Dortmunder und Essener Hauptbahnhof. Die Region verfügt ebenfalls über zwei international bedeutende Flughäfen: der Flughafen Düsseldorf (drittgrößter Passagierflughafen Deutschlands) und der Flughafen Köln/Bonn (drittgrößter Frachtflughafen Deutschlands). Der Rhein ist die bedeutendste Binnenwasserstraße Deutschlands und der Duisburger Hafen der größte Binnenhafen der Welt.

Der Großraum Berlin/Brandenburg

Bis zur Wiedervereinigung litt der Standort Berlin unter der Teilung Deutschlands. Der östliche Teil Berlins war Hauptstadt der DDR. Der westliche Teil Berlins war vom restlichen Bundesgebiet getrennt. Seit der Wiedervereinigung und dem Umzug der Regierung nach Berlin nimmt diese Region eine herausragende Stellung in Deutschland ein. Als Tor zum Osten erfüllt Berlin eine wichtige Transitfunktion zwischen West- und Osteuropa. Daneben ist Berlin eine wichtige Universitäts- und Kulturstadt.

Die Rhein-Neckar-Region

Vom südlichen Rheinland-Pfalz und nördlichen Baden-Württemberg bis zum mittleren Neckar erstreckt sich dieses Ballungsgebiet. Den Kern dieser Region bilden die Chemiestandorte Mannheim und Ludwigshafen am Rhein. Weiter südlich schließt sich die Metropole Stuttgart an; hier sind bekannte Unternehmen der Fahrzeugindustrie, der Elektrotechnik und der Biotechnik ansässig.

Die Rhein-Main-Region

Einige der wichtigsten Städte der Rhein-Main-Region sind Frankfurt am Main, Wiesbaden, Offenbach, Aschaffenburg, Darmstadt, Mainz und Rüsselsheim. Frankfurt am Main ist ein bedeutender Banken-, Handels- und Messestandort. Wichtiger Wirtschaftszweig dieser Region ist die Automobilindustrie in Rüsselsheim. Der Logistikbereich ist besonders durch den Flughafen Frankfurt am Main und die zentrale Anbindung an das Autobahn- und Eisenbahnnetz stark begünstigt. Das Frankfurter Kreuz und der Frankfurter Hauptbahnhof sind jeweils die verkehrsreichsten in Europa.

Der Großraum Hamburg

Der Großraum Hamburg erstreckt sich über Hamburg und Teile Niedersachsens und Schleswig-Holsteins. Der Hamburger Hafen ist der größte Seehafen Deutschlands. Neben dem Warenumschlag erfolgt im Hamburger Hafen die gewerbliche Verarbeitung, Lagerung und Veredelung von zumeist importierten Gütern. Die Mineralölindustrie ist der umsatzstärkste Industriezweig des verarbeitenden Gewerbes. Der größte Teil des importierten Rohkaffees wird ebenfalls in Hamburg gelagert und veredelt.

Der Großraum München

München ist die Metropole Süddeutschlands. Sie verfügt über ein gut ausgebautes Verkehrsnetz. Viele namhafte Unternehmen des Fahrzeugbaus, der Elektrotechnik und des Flugzeugbaus haben ihren Sitz oder eine Niederlassung in und um München. Nicht zuletzt die Nähe der Alpen und der hohe Freizeitwert der Region machen den Standort so interessant. Die Region umfasst neben München auch die Städte Augsburg, Freising, Dachau und Starnberg.

Das Sachsendreieck

Das Sachsendreieck umfasst die Ballungsräume Chemnitz-Zwickau, Dresden und Leipzig-Halle. Viele große Automobilkonzerne besitzen Produktionsstandorte zwischen Zwickau, Chemnitz, Dresden und Leipzig. Zahlreiche Maschinenbauunternehmen sind ebenfalls in dieser Region angesiedelt. Die Messe Leipzig zählt zu den modernsten Messeanlagen Deutschlands und ist verkehrstechnisch sehr gut erschlossen. Der Flughafen Leipzig-Halle ist der zweitgrößte Frachtflughafen Deutschlands, wobei hier das DHL-Hub den größten Anteil am Frachtaufkommen ausmacht.

3 Der Wirtschaftsraum Europa

Europa ist mit 10,5 Mio km² der zweitkleinste Kontinent der Erde. Circa 746 Mio. Menschen leben in Europa.

3.1 Politische Gliederung Europas

Europa erstreckt sich vom Atlantischen Ozean im Westen bis zum Uralgebirge im Osten. Die Nord-Süd-Ausdehnung geht vom Nordpol bis zum Mittelmeer. Europa umfasst 47 Länder.

Europa

3.2 Die Europäische Union (EU) als Wirtschaftsraum

Die Europäische Union (EU) ist bis heute auf 27 Mitgliedstaaten (Stand 2020, nach dem Austritt des Vereinigten Königreichs) angewachsen. In 19 Staaten hat der Euro die nationalen Währungen abgelöst.

Die vier Freiheiten innerhalb der EU

Ursprüngliches und wichtigstes Ziel der europäischen Integration, d. h. für den immer engeren Zusammenschluss der europäischen Völker, war und ist die Schaffung eines Binnenmarktes, in dem alle Güter, Dienstleistungen und Arbeitskräfte sich frei bewegen können.

Um dieses Ziel zu verwirklichen, wurden vier Freiheiten innerhalb der EU geschaffen:

Freier Personenverkehr: Alle Bürger der EU können frei in die Mitgliedstaaten ein- und ausreisen, sich in den einzelnen Ländern niederlassen und einen Arbeitsplatz wählen.

Freier Warenverkehr: Zölle oder sonstige Beschränkungen im Warenverkehr sind aufgehoben. Dadurch soll das Warenangebot erhöht und die Preise transparenter werden. Ein großes Hindernis an der Verwirklichung der Ziele sind die noch unterschiedlichen Umsatzsteuersätze.

Freier Dienstleistungsverkehr: Dies umfasst die Öffnung der Märkte für Transport- und Telekommunikationsdienstleistungen sowie die Liberalisierung der Finanzdienstleistungen.

Freier Kapitalverkehr: Nicht nur Güter und Dienstleistung sollen europaweit ausgetauscht werden können. Eine wichtige Voraussetzung ist der freie Kapitalfluss. Alle Beschränkungen im Zahlungs- und Kapitalverkehr sind aufgehoben worden.

3.3 Ausgewählte Wirtschaftsräume in Europa

Deutschland liegt im Herzen Europas und ist wirtschaftlich eng mit den Nachbarländern verbunden. Viele der hier exemplarisch vorgestellten Wirtschaftsräume sind gleichzeitig administratives Zentrum des Landes oder der Region und oft auch ein touristisches Reiseziel.

Der Großraum London (Großbritannien)

Großbritannien ist das Mutterland der Industrialisierung und noch heute stark durch Industrie und Handel geprägt. London ist vor allem als Finanz- und Handelsplatz bekannt. Dort befinden sich ein großer Hafen und bedeutende Industrien der Eisen- und Metallverarbeitung sowie der Elektrotechnik. Durch den Eurotunnel ist die gesamte Region an das Schnellbahnnetz Mitteleuropas angebunden.

Weitere wichtige Wirtschaftsregionen in Großbritannien sind:
- Midlands (Birmingham): Eisen- und Stahlerzeugung, Fahrzeugbau, chemische Industrie
- Nordwesten (Manchester, Liverpool): Textilindustrie, Maschinenbau, Eisen- und Stahlerzeugung
- Glasgow, Edinburgh: Erdölraffinerien, chemische Industrie, Maschinenbau
- Süd-Wales: Chemische Industrie, Eisen- und Stahlerzeugung

Die Region Paris (Frankreich)

Paris ist das dominierende Zentrum Frankreichs. Das Land ist stark auf dieses Zentrum hin ausgerichtet (Verwaltung, Verkehrswege). Bedeutende Branchen der Region Paris sind die metallverarbeitende Industrie, der Fahrzeugbau und die Elektroindustrie. Obwohl das Land durch Dienstleistung und Industrie geprägt ist, ist es dennoch der größte Produzent landwirtschaftlicher Erzeugnisse (z. B. Wein, Käse) in Westeuropa.

Weitere wichtige Wirtschaftszentren in Frankreich sind ...
- die Region Marseille: Erdölraffinerien, chemische Industrie und Schiffsbau
- Lothringen: Eisen- und Stahlindustrie, Nahrungsmittelindustrie
- die Region um Lille im Norden: Eisen- und Stahlerzeugung

Norditalien

Italien ist ein rohstoffarmes Land und neben dem Fremdenverkehr ist der Export von hochwertigen Erzeugnissen die Haupteinnahmequelle des Landes. Das industrielle Herz des Landes liegt im Norden im Städtedreieck Turin-Mailand-Genua. Im Süden ist lediglich der Raum um Neapel industriell geprägt. An der Spitze des italienischen Stiefels liegt Gioia Tauro, der größte Containerhafen im Mittelmeer.

Wichtige Wirtschaftszentren Italiens sind ...
- Mailand (Lombardei): Eisen- und Metallverarbeitung, Elektroindustrie, Fahrzeugbau, Textil- und Bekleidungsindustrie
- Turin (Piemont): Fahrzeug- und Maschinenbau
- Genua: Erdölraffinerien, chemische Industrie und Schiffsbau

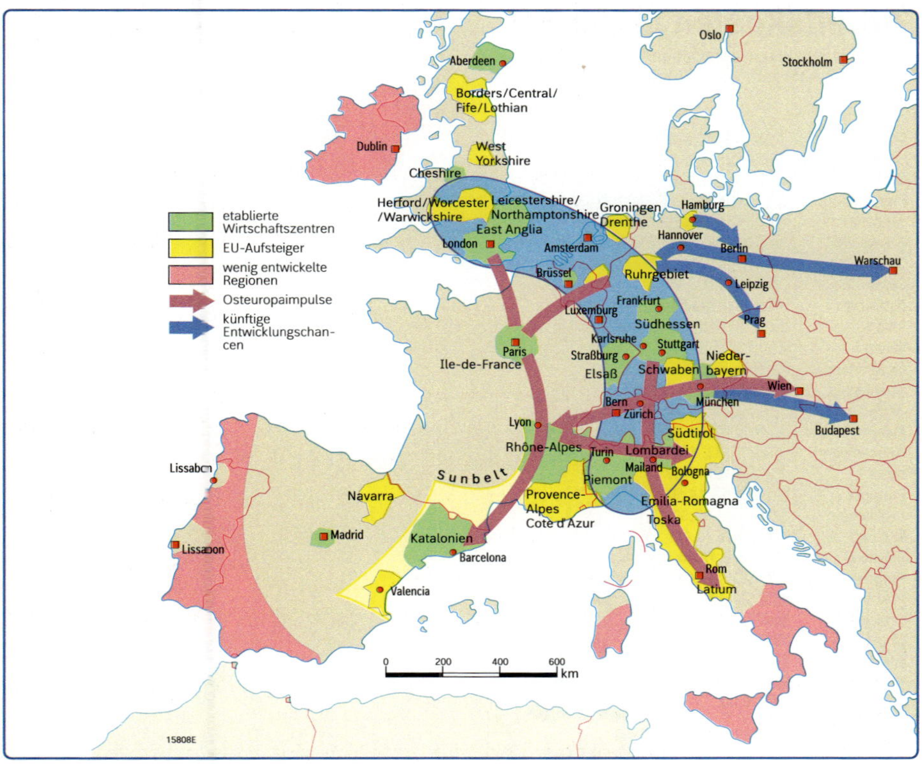

Wirtschaftsräume in Europa

4 Standortwahl

Der Standort ist der Ort, an dem sich ein Unternehmen niederlässt. Die Wahl des Standortes ist für den Unternehmer eine Entscheidung mit großer betriebswirtschaftlicher Bedeutung und langfristiger Wirkung, da die Einrichtung eines Unternehmens viel Zeit, Energie und Geld kostet. Eine einmal getroffene Entscheidung lässt sich kaum wieder rückgängig machen. Standortentscheidungen stehen immer dann an, wenn ein Unternehmen neu gegründet wird oder ein Unternehmen Erweiterungsinvestitionen plant.

Freie Standortwahl
choice of location

Meist stehen einem Unternehmen bei der Wahl des Standortes mehrere Orte zur Verfügung, es hat die freie Standortwahl. Das Unternehmen muss dann anhand bestimmter Faktoren, sogenannter „Standortfaktoren", die Vor- und Nachteile eines jeden Standortes prüfen und abwägen, welcher Standort ihm die größten Kostenvorteile und den größten Nutzen bringt.

Gebundene Standortwahl

Doch nicht alle Unternehmen können ihren Standort frei wählen. So kann sich der Kohlebergbau nur dort ansiedeln, wo auch Kohle abgebaut werden kann. Ein Kupferwerk lässt sich an einer Kupfermine nieder, Fischereibetriebe werden sich in Deutschland z. B. an der Nord- und Ostsee ansiedeln und ein Wasserkraftwerk wird sich ebenfalls am Wasser niederlassen. Bei all diesen Unternehmen spricht man von einer „gebundenen Standortwahl".

4.1 Standortfaktoren

Es gibt eine große Anzahl an Standortfaktoren, die einen Standort attraktiv oder weniger attraktiv für ein Unternehmen machen.

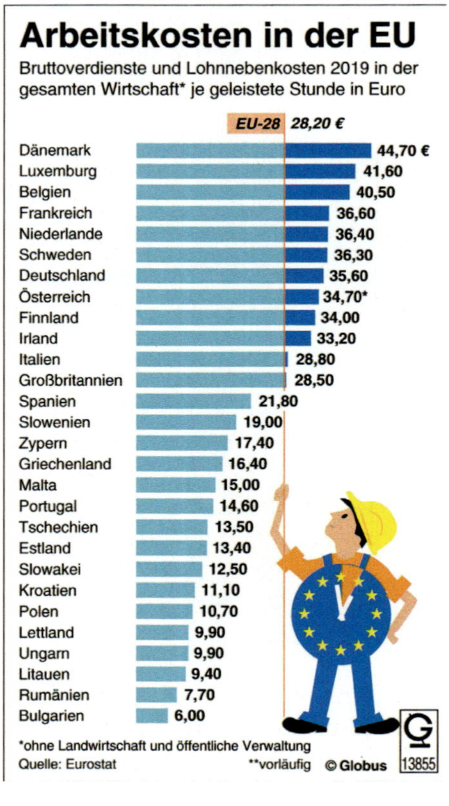

Arbeitskosten im internationalen Vergleich

Arbeitskräfte und Lohnkosten

Für arbeits- und lohnintensive Unternehmen spielen Arbeitskräfte und Lohnkosten bei der Wahl ihres Standortes eine zentrale Rolle. Sie lassen sich in der Regel dort nieder, wo die Lohnkosten gering sind, aber dennoch genügend ausreichend qualifizierte Arbeitskräfte vorhanden sind. Dies kann auch dazu führen, dass einige Unternehmen die arbeitsintensive Produktion ins Ausland, in sogenannte „Niedriglohnländer" verlegen, z. B. nach Asien oder in den ehemaligen Ostblock. Werden allerdings Spezialisten, d. h., qualifizierte Fachkräfte, benötigt, verlegt man den Standort eher in die Nähe von Forschungsinstituten oder Hochschulen.

Lieferantennähe bzw. Nähe zu den Beschaffungsmärkten

Die Lieferantennähe spielt für Produktionsbetriebe, die stark von Rohstoffen abhängig sind, eine große Rolle, insbesondere, wenn es sich um voluminöse und schwere Rohstoffe handelt. Die Transportkosten sollen möglichst gering gehalten werden. So siedelte sich z. B. im Ruhrgebiet die stahlverarbeitende Industrie in der Nähe der Kohle- und Erzvorkommen an. In anderen Fällen spielt die Lieferantennähe aufgrund der gut ausgebauten Verkehrsinfrastruktur eine eher untergeordnete Rolle. Wichtig ist in diesen Fällen, dass sich die Unternehmen auf sichere, schnelle und kostengünstige Transportwege verlassen können.

Kundennähe bzw. Nähe zu den Absatzmärkten

Die Kundennähe ist für stark absatzorientierte Unternehmen wie den Einzelhandel und das Dienstleistungsgewerbe von großer Bedeutung. So wollen beispielsweise die Einzelhandelskunden keine weiten Wege, die Geschäfte müssen schnell und verkehrstechnisch günstig erreichbar sein.

Verkehrsanbindung

Jedes Unternehmen ist auf sichere und preisgünstige Transportwege angewiesen, egal ob es sich um die schnelle und kostengünstige Anlieferung von Material bzw. Rohstoffen handelt oder um den schnellen Abtransport der absatzbereiten Produkte. Fast alle Unternehmen sind transportabhängig. Zur Verkehrsanbindung zählen beispielsweise eine gute Anbindung an das Autobahnnetz, die Nähe zu Umschlagbahnhöfen, Flughäfen und Häfen.

Viele Industriebetriebe haben ihren Standort z. B. in unmittelbarer Nähe zur Autobahn. Import- und Exportgroßhändler siedeln sich meist in der Nähe von Flughäfen oder in Hafenstädten an. Güterverteilzentren benötigen eine gute Anbindung an das Autobahnnetz, Schienennetz und die Nähe zu Flughäfen oder Binnen- und Seehäfen. Einzelhandels- und Dienstleistungsbetriebe (wie Lebensmittelgeschäfte, Boutiquen, Restaurants, Friseure) siedeln sich meist in der Innenstadt an, wo ein guter Kundenstrom besteht.

Steuern, Subventionen, staatliche Auflagen und Bürokratie

Staatlich festgelegte Standortfaktoren können die Entscheidung über die räumliche Ansiedlung von Unternehmen beeinflussen. Vor allem bei der internationalen Standortwahl spielt das Steuergefälle zwischen einzelnen Staaten eine wichtige Rolle. Im

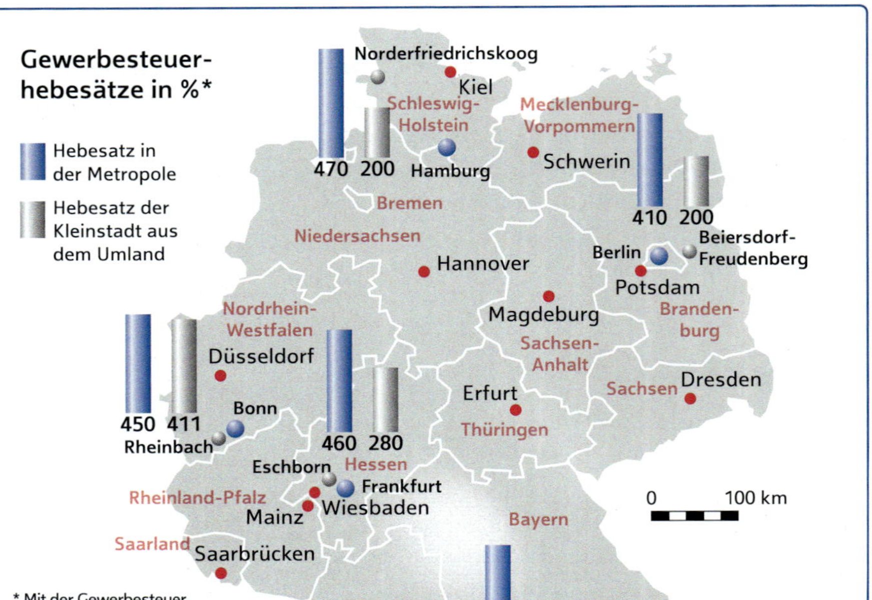

* Mit der Gewerbesteuer wird der Unternehmensgewinn besteuert: Zunächst wird der Steuermessbetrag vom Finanzamt ermittelt. Er beträgt 5 % (Steuermesszahl) des Gewerbeertrags. Dann wird auf den so ermittelten Steuermessbetrag der Gewerbesteuerhebsatz angewandt und somit die Höhe der Steuer errechnet.

Gewerbesteuerhebesätze im Vergleich

nationalen Zusammenhang ergeben sich Unterschiede vor allem bei den Gewerbesteuern, die von den Gemeinden in unterschiedlichem Umfang erhoben werden.

Auch staatliche Subventionen, z. B. Förderprogramme für strukturschwache Gebiete oder Ansiedlungsanreize durch Bereitstellung passender Grundstücke, können die Attraktivität von Standorten unter Abgabengesichtspunkten verändern. Gegebenenfalls sind zudem staatliche Auflagen und Beschränkungen (z. B. Umweltauflagen) zu berücksichtigen.

Der bürokratische Aufwand, der mittlerweile erforderlich ist, um unternehmerisch arbeiten zu können, spielt ebenfalls eine entscheidende Rolle bei der Standortwahl. Für jeden Vorgang gibt es eigene Formulare, die von Stadt zu Stadt oder von Land zu Land unterschiedlich sind. Genehmigungsverfahren, z. B. für einen Bauantrag, sind von Stadt zu Stadt unterschiedlich langwierig. Häufig müssen sich die Unternehmen erst durch einen ganzen „Vorschriftendschungel" kämpfen, ehe sie eine Genehmigung erhalten.

Grundstückspreise

Grundstückspreise, aber auch Mietpreise sind für manche Unternehmen von großer Bedeutung. So benötigt ein Großhandel für rationelle Lagerumschlagsprozesse und für die Vorratshaltung große Flächen. Er wird daher häufig die Lage in Gewerbegebieten bzw. am Stadtrand vorziehen, weil dort meist ausreichend große Flächen zu relativ geringen Kosten zur Verfügung stehen.

Lebensqualität und Freizeitwert

Standorte mit guter Infrastruktur können an Attraktivität gewinnen, wenn sie z. B. auch als Wohnraum für die Mitarbeiter eine gute Lebensqualität bieten. Die Mobilität der Mitarbeiter, insbesondere die Anwerbung qualifizierter Mitarbeiter, steigt mit der zunehmenden Lebensqualität, z. B. einem guten Bildungs- und Freizeitangebot.

Persönliche Motive

Persönliche Motive, z. B. das Festhalten an Familientraditionen (der Betrieb war schon immer an diesem Ort) oder Vorlieben für eine bestimmte Region, können die Standortwahl erheblich beeinflussen und rationelle Überlegungen sogar zunichte machen.

4.2 Standortanalyse

Sämtliche Faktoren, die die Wahl eines Standortes beeinflussen, müssen analysiert und gewichtet werden, um den optimalen Standort zu finden. Dabei wird die Beurteilung von Unternehmen zu Unternehmen immer unterschiedlich ausfallen, da die individuellen Bedürfnisse und auch die persönlichen Einflussfaktoren stets unterschiedlich sind.

Nutzwertanalyse mittels einer Entscheidungsbewertungstabelle

Eine Möglichkeit zur möglichst objektiven Standortanalyse und damit zu einer optimalen Standortwahl bietet die **Nutzwertanalyse** in Form einer Entscheidungsbewertungstabelle:

1. Schritt: Festlegung der relevanten Standortfaktoren
Zunächst werden alle Standortfaktoren untersucht und die für das Unternehmen wichtigen Standortfaktoren aufgelistet.

2. Schritt: Gewichtung der Standortfaktoren
Die aufgelisteten Standortfaktoren werden entsprechend ihrer Bedeutung gewichtet. Hierzu werden 100 Gewichtungspunkte auf die einzelnen Faktoren verteilt. Ist ein Standortfaktor für das Unternehmen von großer Wichtigkeit (z. B. Verkehrsanbindung), wird dieser Faktor z. B. mit 35 Punkten gewichtet; untergeordnete Faktoren (z. B. Freizeitwert) werden z. B. nur mit 8 Punkten gewichtet.

3. Schritt: Festlegung der Beurteilungspunkte pro Faktor
Es ist festzulegen, wie viele Beurteilungspunkte pro Faktor maximal erreicht werden können (z. B. bedeuten 5 Punkte, dass das Kriterium optimal erfüllt ist, 0 Punkte dagegen bedeuten, dass der Standort dieses Kriterium überhaupt nicht erfüllt).

4. Schritt: Beurteilung der Standortfaktoren je Standort
Nun erfolgt die eigentliche Standortbewertung: Alle aufgelisteten Standortfaktoren werden einzeln für alle zur Auswahl stehenden Standorte beurteilt. Werden die Anforderungen an einen bestimmten Standortfaktor in vollem Umfang erfüllt, gibt es dafür beispielsweise die Höchstpunktzahl von 5 Punkten; werden die Anforderungen überhaupt nicht erfüllt, gibt es dafür nur 0 Punkte.

→

→

5. Schritt: Ermittlung der gewichteten Punkte
Nun werden die im 4. Schritt erreichten Punkte mit der Gewichtung des jeweiligen Standortfaktors multipliziert.

6. Schritt: Ermittlung des Standorts mit der höchsten Gesamtpunktzahl
Für jeden einzelnen Standort werden die Punktezahlen aller Standortfaktoren addiert. Der Standort mit der höchsten Gesamtpunktzahl ist der am besten geeignete Standort, da er insgesamt die Kriterien am besten erfüllt.

Beispiel: Entscheidungsbewertungstabelle zur Standortwahl

Ausgangssituation:

Ein Unternehmen hat drei Standorte (A, B und C) zur Auswahl und möchte den optimalen Standort ermitteln. In die Standortanalyse sollen die folgenden Standortfaktoren einbezogen werden: Verkehrsanbindung, Kundennähe, Grundstückspreise, Steuern, Lohnniveau und Freizeitwert.

Durchführung der Standortanalyse

Standortfaktoren	Standorte						
	Gewichtung	Standort A		Standort B		Standort C	
		Pkte	Punkte mal Gewichtung	Pkte	Punkte mal Gewichtung	Pkte	Punkte mal Gewichtung
Verkehrsanbindung	35	2	70	5	175	3	105
Kundennähe	10	1	10	4	40	3	30
Grundstückspreise	25	4	100	2	50	3	75
Steuern	5	3	15	1	5	4	20
Lohnniveau	17	3	51	4	68	1	17
Freizeitwert	8	5	40	3	24	2	16
Summe der gewichteten Punkte	100		286		362		263
Rangliste			2. Rang		1. Rang		3. Rang

Entscheidung:
Standort B erhält den 1. Rang, Standort A den 2. Rang und Standort C den 3. Rang.

5 Verkehrswege in Deutschland und Europa

Verkehrswege dienen der Ausführung von Ortsveränderungen von Personen und Gütern, d. h., Personen und Güter werden auf den Verkehrswegen von Ort A zu Ort B befördert. Zu den Verkehrswegen zählen Straßen und Wege, Schienenwege, Wasserstraßen, Luftverkehrswege und Rohrleitungssysteme.

Insgesamt verfügen Deutschland und Europa über eine gut ausgebaute Verkehrsinfrastruktur. Dies bedeutet, dass die verschiedenen Verkehrsmittel optimal miteinander vernetzt sind, sodass der Umstieg bzw. Umschlag von einem auf das andere Verkehrsmittel reibungslos erfolgen kann.

5.1 Wichtige Verkehrswege in Deutschland und Europa

Transitland

Deutschland befindet sich im Herzen Europas und ist somit das **Transitland** Nummer 1. Als „Transitland“ bezeichnet man Länder, in denen ein sehr starker Personen- oder Warendurchreiseverkehr („Transit“) stattfindet. Im Waren- und Güterverkehr von Nord nach Süd und umgekehrt war Deutschland schon immer ein Durchgangsland. Seit den Grenzöffnungen im Osten entwickelte sich Deutschland aber auch immer mehr zur Drehscheibe des Waren- und Güterverkehrs von West nach Ost und umgekehrt. Dies liegt vor allem an der Osterweiterung der EU, d. h. der Aufnahme von Estland, Lettland, Litauen, Polen, Tschechien, Slowakei, Ungarn, Slowenien, Malta, Zypern, Bulgarien und Rumänien in die EU. Dadurch rückte Deutschland weiter in die geografische Mitte Europas.

Güterverkehr
transport of goods

Der **Güterverkehr** hat die Aufgabe, die erzeugten Rohstoffe, Betriebsstoffe, Halbfertigerzeugnisse und Fertigerzeugnisse von einem Ort zum anderen zu transportieren. Er hat somit eine verbindende Funktion.

Der Güterverkehr verbindet ...
- Erdteile, Länder und Wirtschaftsgemeinschaften,
- Stadt und Land,
- Produktionsbetriebe mit Handels- und Dienstleistungsbetrieben und
- die Betriebe mit den Verbrauchern (Konsumenten).

Er sorgt dafür, dass Güter von Orten der Produktion zu den Orten des Bedarfs geschafft werden. Um dies zu ermöglichen, wird eine Vielzahl an Verkehrswegen benötigt.

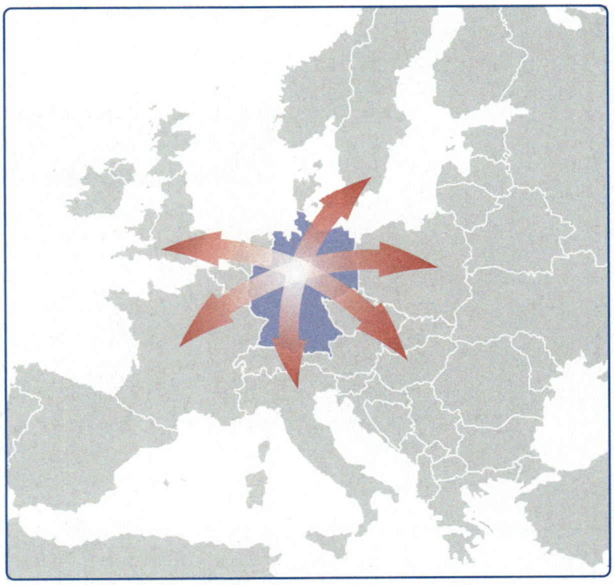

Deutschland als Transitland und Drehscheibe des Waren- und Güterverkehrs in Europa

5.1.1 Kraftverkehrswege

Deutschland verfügt über ein äußerst engmaschiges und modernes Straßennetz. Nahezu alle Orte können über dieses Straßennetz erreicht werden.

Das Straßennetz lässt sich in verschiedene **Straßenkategorien** unterteilen.

Straßenkategorie	Abkürzung	Netzlänge 2019
Bundesautobahnen	A oder BAB	ca. 13 141 km
Bundesstraßen	B	ca. 51 020 km
Landstraßen	L	ca. 86 946 km
Kreisstraßen	K	ca. 91 860 km
Sonstige Straßen		über 600 000 km

Bundesautobahnen
autobahn/German freeway

Blaues Autobahnleitsystem

Bei den Bundesautobahnen handelt es sich um Schnellstraßen mit richtungsgetrennten Fahrbahnen. Meist haben sie vier bis sechs Fahrspuren. Die Mindestgeschwindigkeit beträgt 60 km/h und die empfohlene Richtgeschwindigkeit 130 km/h. Ein allgemein gültiges Tempolimit gibt es nicht. Autobahnen werden in Deutschland durch ein blaues Leitsystem gekennzeichnet Die Benutzung der Autobahnen ist für Lkws ab einem zulässigem Gesamtgewicht von 7,5 t mautpflichtig. Bis 2023 sind allerdings Erdgas-(CNG-)Lkws von der Lkw-Maut befreit. Dadurch soll für Spediteure ein Anreiz geschaffen werden, in neue umweltfreundlichere CNG-Flotten (Compressed Natural Gas = komprimiertes Erdgas) zu investieren.

Die Bundesautobahnen sind die Hauptträger des Fernverkehrs. Für eine bessere Orientierung sorgt eine durchgehende Nummerierung aller Autobahnen:

- Einstellige Nummern zwischen 1 und 9 bilden das Autobahngrundnetz. Strecken mit geraden Nummern verlaufen hierbei weitgehend in West-Ost-Richtung, wobei die Nummern von Norden nach Süden steigen. Strecken mit ungeraden Nummern verlaufen weitgehend in Nord-Süd-Richtung, wobei die Nummern von Westen nach Osten steigen.
- Zweistellige Nummern von 10 bis 99 werden für Autobahnen des Durchgangs- und Verbindungsverkehrs verwendet. Sie sind einzelnen Gebieten zuzuordnen und beginnen mit der A 10, dem Berliner Ring, und enden mit der A 99, dem Münchner Ring.
- Regionale Autobahnen, die beispielsweise zwei größere Autobahnen verbinden oder Zubringerautobahnen sind, haben eine dreistellige Nummerierung.

Nr.	Verlauf der Autobahnen in Nord-Süd-Richtung	Besonderheiten/ weitere Bezeichnungen	Länge in km
1	Heiligenhafen an der Ostsee – Lübeck – Hamburg – Bremen – Münster – Kamener Kreuz (A 2) – Westhofener Kreuz (A 45) – Köln – Trier – Saarbrücken	• Fehlender Lückenschluss in der Eifel (Blankenheim – Gerolstein) • „Hansalinie“ von Lübeck bis zum Ruhrgebiet • „Eifelautobahn“ vom AK Köln-West bis zum AD Vulkaneifel • „Vogelfluglinie“ von Hamburg bis Heiligenhafen und deren Verlängerung nach Puttgarden auf Fehmarn (B 207)	732
3	Grenzübergang NL/D Elten – Oberhausen – Duisburg – Düsseldorf – Köln – Frankfurt/M. – Würzburg – Nürnberg – Regensburg – Passau – Grenzübergang D/A Suben	• Weiterführung der A 12 aus den Niederlanden • Anschluss an A 8 in Österreich („Innkreisautobahn“)	778

Tipp:
AD = Autobahndreieck
AK = Autobahnkreuz

Nr.	Verlauf der Autobahnen in Nord-Süd-Richtung	Besonderheiten/ weitere Bezeichnungen	Länge in km
5	Hattenbacher Dreieck (A 7) – Gießen – Frankfurt/M. – Darmstadt – Heidelberg – Karlsruhe/Durlach – Offenburg – Freiburg – Grenzübergang D/CH Weil am Rhein	• „Rheintalautobahn“ zwischen Karlsruhe und Basel	440
7	Grenzübergang DK/D Ellund/Padborg – Hamburg – Hannover – Kassel – Bad Hersfeld – Fulda – AK Biebelried (A 3) – AK Feuchtwangen (A 6) – AK Ulm/Eichingen (A 8) – Kempten – Grenzübergang D/A Füssen	• Bei Hamburg verläuft die A 7 durch den Elbtunnel (3,3 km)	964
9	AD Potsdam (A 10 Berliner Ring) – Dessau – Schkeuditzer Kreuz (A 14) – Leipzig – Hermsdorfer Kreuz (A 4) – Hof – Bayreuth – Nürnberg – AD Holledau (A 93) – Ingolstadt – München		529

Verlauf des Autobahngrundnetzes in West-Ost-Richtung

Nr.	Verlauf der Autobahnen in West-Ost-Richtung	Besonderheiten/ weitere Bezeichnungen	Länge in km
2	AK Oberhausen (A 3) – Gelsenkirchen – Recklinghausen – Dortmund – Kamener Kreuz (A 1) – AK Bielefeld (A 33) – Hannover – Braunschweig – Magdeburg – AD Werder (A 10 Berliner Ring)	• Hauptautobahn im West-Ost-Verkehr • Die hohe Anzahl der polnischen Verkehrsteilnehmer brachte der A 2 den Spitznamen „Warschauer Allee“ ein	486
4	Grenzübergang NL/D Aachen – AK Köln West (A 1) – AK Olpe Süd (A 45) – Krombach – Kirchheimer Dreieck (A 7) – Eisenach – Erfurt – Jena – Hermsdorfer Kreuz (A 9) – Chemnitz – Dresden – Bautzen – Grenzübergang D/PL Görlitz	• Fehlender Lückenschluss zwischen Krombach und dem Kirchheimer Dreieck	616
6	Grenzübergang F/D Goldene Bremm/Saarbrücken – Kaiserslautern – Ludwigshafen/Mannheim – Kreuz Walldorf (A 5) – Heilbronn – AK Feuchtwangen/Crailsheim (A 7) – Nürnberg – Amberg – Grenzübergang D/CZ Waidhaus		477
8	Grenzübergang L/D Perl – Saarlouis – AK Saarbrücken (A 1) – Pirmasens – AD Karlsruhe (A 5) – Stuttgart – Ulm – Augsburg – München – AD Inntal (A 93) – Grenzübergang D/A Bad Reichenhall	• Fehlender Lückenschluss zwischen Pirmasens und dem AD Karlsruhe sowie zwischen München-Obermenzing und München-Ramersdorf • Anschluss an A 1 und A 10 in Österreich	497

Bundesstraßen
(national) highway

Gelbes Bundesstraßenleitsystem

Bundesstraßen dienen in erster Linie dem überregionalen Fernverkehr und haben ein gelbes Leitsystem. Die Kurzbezeichnung besteht aus einer fortlaufenden Nummer und dem vorangestellten Großbuchstaben „B" (z. B. „B 83"). Die üblichen Geschwindigkeitsbeschränkungen für Pkw auf Bundesstraßen betragen außerhalb geschlossener Ortschaften maximal 100 km/h, innerhalb geschlossener Ortschaften maximal 50 km/h und auf autobahnähnlichen Bundesstraßen (jeweils 2 Fahrstreifen für jede Fahrtrichtung und Fahrtrichtungen baulich getrennt) maximal 130 km/h. Ab dem 1. Juli 2018 gilt auf allen Bundesstraßen die Mautpflicht gemäß Bundesfernstraßenmautgesetz. Mautpflichtig sind alle für den Güterkraftverkehr bestimmte und verwendete Kraftfahrzeuge oder Fahrzeugkombinationen ab 7,5 t zGG.

Europastraßen

Nummerntafel einer Europastraße

Viele der deutschen Bundesautobahnen sind in das Netz der **Europastraßen** eingebunden. Dies sind Fernstraßen, die sich in Europa und in Zentral- und Kleinasien befinden. Das Europastraßennetz hat eine Länge von ca. 50 000 km und dient dem internationalen Verkehr. Die Kennzeichnung erfolgt durch ein weißes „E" mit Straßennummer auf grünem Grund.

Beispiele wichtiger Europastraßen, die auch durch Deutschland verlaufen:

Nr.	Verlauf	Staaten
E 30	Cork – Rosslare Harbour – *(Fähre)* – Fishguard – London – Felixstowe – *(Fähre)* – Hoek van Holland – Den Haag – Utrecht – Hengelo – Rheine – Osnabrück – Hannover – Berlin – Frankfurt (Oder) – Świebodzin – Posen – Warschau – Brest – Minsk – Moskau – Tscheljabinsk – Omsk	IRL, GB, NL, D, PL, BY, RUS
E 35	Amsterdam – Arnheim – Oberhausen – Düsseldorf – Köln – Rüsselsheim – Darmstadt – Heidelberg – Karlsruhe – Freiburg – Basel – Luzern – Lugano – Como – Mailand – Bologna – Florenz – Rom	NL, D, CH, I
E 40	Calais – Dünkirchen – Brügge – Brüssel – Lüttich – Aachen – Köln – Wetzlar – Gießen – Bad Hersfeld – Eisenach – Dresden – Görlitz – Breslau – Krakau – Lemberg – Kiew – Lubny – Wolgograd – Ridder	F, B, D, PL, UA, RUS, KZ, UZ, TM, KS
E 45	Karesuando – Göteborg – *(Fähre)* – Frederikshavn – Aalborg – Arhus – Apenrade – Flensburg – Hamburg – Hannover – Kassel – Fulda – Würzburg – Erlangen – Nürnberg – München – Rosenheim – Kufstein – Innsbruck – Brixen – Bozen – Verona – Modena – Bologna – Perugia – Rom – Neapel – Reggio Calabria – *(Fähre)* – Messina – Agrigento	S, DK, D, A, I

5.1.2 Schienenwege

Das deutsche Schienennetz ist mit einer Länge von ca. 38 500 km das längste in der EU. Sämtliche Hauptstrecken im Personen- und Güterverkehr sind elektrifiziert und zweigleisig ausgebaut. Die Fahrgeschwindigkeit im Güterverkehr liegt im Normalfall bei maximal 120 km/h, wobei für den Regelverkehr allgemein eine Geschwindigkeit von 100 km/h angestrebt wird.

Im Ladungsverkehr bedient die Bahn, bedingt durch die Politik des „Rückzugs aus der Fläche", längst nicht mehr alle Orte in Deutschland. Die hochwertigen Transporte, d. h., schnelle Transporte im Nachtsprungverfahren, erbringt die Bahn zwischen den wichtigsten Wirtschaftsräumen Deutschlands.

5.1.3 Binnenwasserstraßen

Das deutsche Binnenwasserstraßennetz hat eine Länge von ca. 7 300 km. Es können verschiedene Binnenwasserstraßen unterschieden werden:

- **Natürliche Flüsse:** Dies sind Flüsse ohne wasserbautechnische Eingriffe (z. B. der Niederrhein)
- **Kanalisierte Flüsse:** Dies sind Flüsse mit wasserbautechnischen Eingriffen wie Schleusen oder Schiffshebewerke (z. B. die Mosel, der Main)
- **Kanäle:** Dies sind künstlich angelegte Wasserstraßen (z. B. der Main-Donau-Kanal)

Das gesamte Wasserstraßennetz Deutschlands besteht aus den fünf Hauptflüssen Rhein, Donau, Elbe, Weser und Oder sowie einigen Nebenflüssen und mehreren weitgehend in West-Ost-Richtung verlaufenden Kanälen. Die meisten Kanäle dienen als Verbindungswege zwischen den Flusssystemen. Die Binnenwasserstraßen werden nach der Schiffbarkeit in sieben Kategorien je nach maximaler Größe der Schiffe untergliedert [▸ Lernfeld 9, Kapitel 6.1, Karte mit Bundeswasserstraßen]. Die europaweite Klassifikation dient der Förderung eines einheitlichen Binnenwasserstraßennetzes.

Bergverkehr und Talverkehr

Die Schiffsverkehre von Flussmündungen stromaufwärts zur Quelle werden **„Bergverkehre“** genannt, umgekehrte Flussfahrten **„Talverkehre“**. Um einen Bergverkehr handelt es sich beispielsweise, wenn ein Binnenschiff Container über den Rhein von Rotterdam nach Düsseldorf befördert, also entgegen der Fließrichtung des Flusses. Befördert ein Binnenschiff Container von Karlsruhe nach Köln, handelt es sich um einen Talverkehr.

Charakterisierung wichtiger Binnenwasserstraßen

Rhein und Rheinstromgebiet

Der **Rhein** hat eine Gesamtlänge von ungefähr 1234 km, 883 km davon sind für die Großschifffahrt nutzbar. Er entspringt in den Alpen und mündet bei Rotterdam in die Nordsee. Bedeutende Rheinnebenflüsse in Deutschland sind Ruhr, Mosel (mit Saar), Main und Neckar. Wichtige Rheinhäfen sind beispielsweise Basel, Straßburg, Kehl, Karlsruhe, Wörth am Rhein, Germersheim, Speyer, Ludwigshafen, Mannheim, Worms, Mainz, Koblenz, Bonn, Köln-Niehl, Leverkusen, Dormagen, Neuss, Düsseldorf, Krefeld, Duisburg-Ruhrort, Wesel, Emmerich, Nimwegen, Dordrecht und Rotterdam.

Elbe

Die **Elbe** ist ein zentraler Wasserweg in Nord- und Ostdeutschland. Sie entspringt in Tschechien und mündet bei Cuxhaven in die Nordsee. Die Elbe hat eine Gesamtlänge von ca. 1091 km. Große Nebenflüsse sind Moldau, Saale und Havel (mit Spree). Wichtige Kanäle im Elbe-Stromgebiet sind der Elbe-Seitenkanal, der Elbe-Lübeck-Kanal und der Mittellandkanal. An der Elbe befindet sich Deutschlands größter Hafen: der Hamburger Hafen. Weitere wichtige Häfen befinden sich z. B. in Dessau, Dresden, Magdeburg und Cuxhaven.

Weser

Die **Weser** hat eine Länge von 440 km. Die Quelle ist der Zusammenfluss von Werra und Fulda bei Hann. Münden. Bei Bremerhaven mündet sie in die Nordsee. Große Nebenflüsse der Weser sind Werra, Fulda und Aller. Größere Häfen entlang der Weser finden sich in Minden, Brake, Bremen und Bremerhaven.

Donau

Die **Donau** ist der einzige deutsche Strom, der nach Süden entwässert. Sie hat eine Länge von ungefähr 2 850 km. Ihre Quelle ist der Zusammenfluss von Brigach und Breg bei Donaueschingen, sie mündet ins Schwarze Meer. Wichtige deutsche Nebenflüsse sind Iller, Lech, Isar, Inn, Altmühl, Naab und Regen. Größere Hafenstädte entlang der Donau sind beispielsweise Ulm, Ingolstadt, Regensburg, Linz, Wien und Budapest. Der Main-Donau-Kanal verbindet den Main bei Bamberg mit der Donau bei Kelheim.

Westdeutsches Kanalnetz

Das **westdeutsche Kanalnetz** verknüpft das Rheinstromgebiet mit den Stromgebieten von Weser und Elbe. Es besteht aus sechs Kanälen: Dortmund-Ems-Kanal, Rhein-Herne-Kanal, Wesel-Datteln-Kanal, Datteln-Hamm-Kanal, Küstenkanal und Mittellandkanal.

Binnenhäfen

Binnenhäfen sind Häfen, die an einer Wasserstraße (Fluss, Kanal oder auch einem See) liegen. Ein Hafen im Binnenland wird überwiegend von Binnenschiffen zum Ladungsumschlag benutzt, aber auch Küstenmotorschiffe und kleine Seeschiffe können, abhängig von der Schiffsgröße und dem Tiefgang, Binnenhäfen anlaufen. In Binnenhäfen werden sowohl Stückgüter, Schüttgüter und Container als auch flüssige Güter umgeschlagen. Die bedeutendsten Binnenhäfen in Deutschland sind:

Binnenhafen (Stand 2019)	Umschlag in Mio. t
Duisburg	47,8
Köln	9,1
Hamburg	8,7
Mannheim	7,9
Neuss	6,9
Karlsruhe	6,9

eigene Darstellung nach Daten von: Statistisches Bundesamt, 2020

5.1.4 Luftverkehrswege

Von Deutschland aus besteht mit dem Flugzeug Anschluss an alle Regionen der Welt. Um eine sichere und effiziente Sicherung des Luftverkehrs weltweit zu gewährleisten, sind der Luftraum und die Flugsicherung nach bestimmten Regeln organisiert. So wird der Luftverkehr beispielsweise auf viel beflogenen Routen mithilfe von Luftstraßen abgewickelt, die durch Höhen- und Seitenbegrenzungen festgelegte Korridore innerhalb des Luftraums darstellen. In Europa haben diese meist eine Breite von ca. 18,5 km.

5.2 Verkehrsgeografische Besonderheiten

Die geografischen Besonderheiten Europas (Seen, Meere, Inseln, Gebirge usw.) erfordern zum Transport von Gütern und Personen besondere Verkehrsverbindungen, z. B. Fährverbindungen, Alpenpässe und Tunnel.

Fährverbindungen

Fährverbindungen sind ein wichtiger Bestandteil der Verkehrsinfrastruktur in Ländern, in denen Flüsse oder Seen überquert werden müssen. Sie werden als Transportmöglichkeit für Güter und Menschen genutzt.

Auswahl wichtiger Fährverbindungen zwischen Deutschland und Skandinavien, Baltikum und Großbritannien:

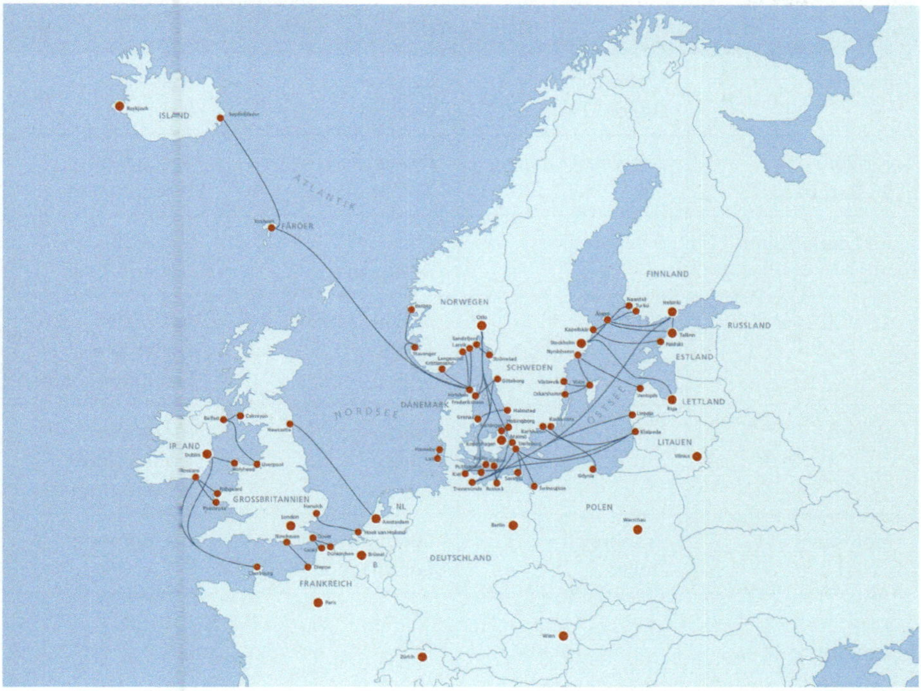

Fährverbindungen in Nordeuropa

Alpenpässe

Der alpenquerende Güterverkehr ist in den letzten Jahrzehnten stetig gewachsen. Er setzt sich zusammen aus dem Import-, Export-, Binnen- und Transitverkehr, wobei der Transitverkehr den größten Anteil am alpenquerenden Güterverkehr einnimmt.

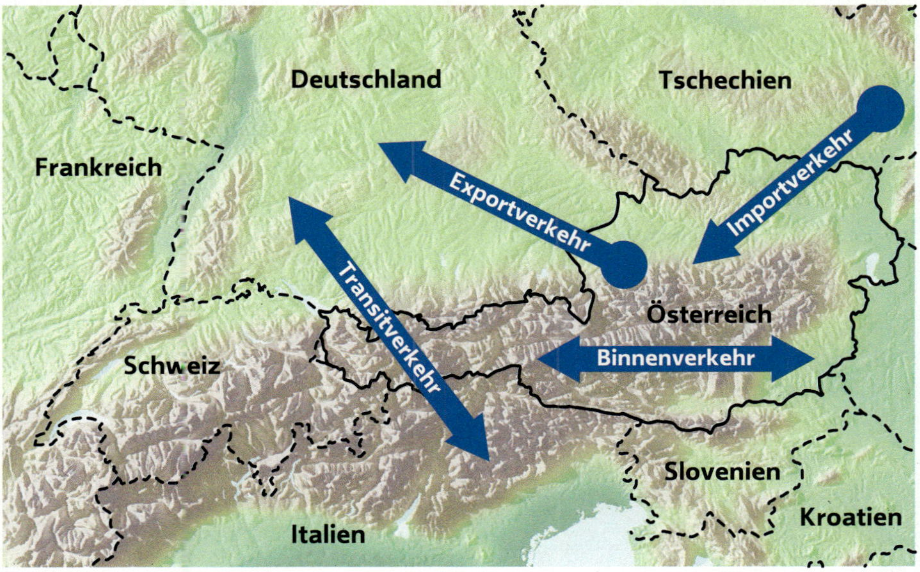

Alpenquerender Güterverkehr

Wichtige Passstraßen und Tunnel für den Alpengüterverkehr:

Name des Passes bzw. Tunnels	Länderverbindung	Regionen	Möglichkeiten der Alpenquerung
Brenner	Österreich ↔ Italien	Inntal ↔ Südtirol	Passstraße Eisenbahn
Großer St. Bernhard	Schweiz ↔ Italien	Rhonetal ↔ Aostatal	Passstrasse Straßentunnel
San Bernardino	Schweiz	Chur ↔ Bellinzona	Passstraße Straßentunnel
St. Gotthard	Schweiz	Andermatt ↔ Airolo	Passstraße Straßentunnel Eisenbahntunnel
Tauern	Österreich	Salzburg ↔ Villach	Passstraße Straßentunnel Eisenbahntunnel
Montblanc	Frankreich ↔ Italien	Chamonix ↔ Courmayeur	Straßentunnel

Eurotunnel

Der Eurotunnel ist ein 50 km langer Eisenbahntunnel und befindet sich unter der „Straße von Dover", einer Meerenge am östlichen Ende des Ärmelkanals. Er verbindet Folkestone in England mit Calais in Frankreich und wird sowohl für den Personen- als auch für den Güterverkehr genutzt.

Verlauf des Eurotunnels

Wichtige Seewege und Seehäfen

Seewege
sea routes/seaway

Die Seeschifffahrt ist ein wichtiger Verkehrsträger im internationalen Warenhandel. Etwa zwei Drittel aller Welthandelsgüter werden über Seewege befördert. Wichtige Seeschifffahrtswege sind z. B. der Nord-Ostsee-Kanal, der Suezkanal und der Panamakanal:

- Der **Nord-Ostsee-Kanal** verbindet die Nordsee bei Brunsbüttel mit der Ostsee bei Kiel. Der knapp 100 km lange Kanal erspart den Schiffen einen bis zu 900 km längeren Weg durch das Skagerrak um die Nordspitze des dänischen Festlandes.

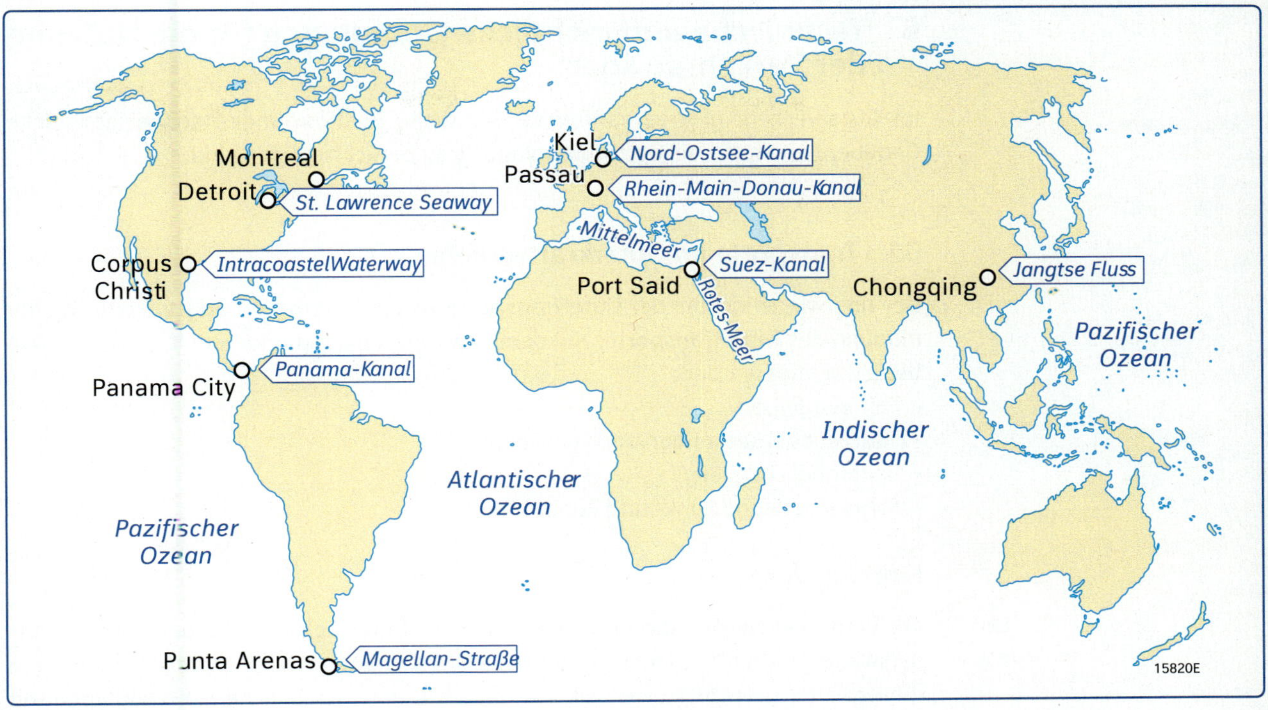

Wichtige Seewege

- Der **Suez-Kanal** gehört neben dem Panamakanal zu den wichtigsten künstlichen Seewasserwegen der Welt. Mit einer Länge von ca. 165 km verbindet der Suez-Kanal das Mittelmeer mit dem Roten Meer und verkürzt den Seeweg zwischen Europa und Indien bzw. Südostasien um mehr als 7 000 km.
- Der **Panamakanal** durchschneidet die Landenge von Panama und verbindet den Atlantik mit dem Pazifik. Er gehört zu einer der wichtigsten Seerouten von Europa an die Westküste Nordamerikas. Der Panamakanal erspart den Seeschiffen einen Umweg von ca. 20 000 km um die Südspitze von Südamerika.

Seehäfen
seaport

Die wichtigsten und größten **europäischen Seehäfen** sind Rotterdam (NL), Antwerpen (B) und Hamburg (D).

- Der Hafen Rotterdam ist einer der größten Seehäfen der Welt und der mit Abstand größte Tiefseehafen Europas. 2017 wurden hier 433,3 Millionen Tonnen Güter umgeschlagen.
- Antwerpen ist nach Rotterdam der zweitgrößte Hafen Europas. 2017 wurden knapp 201,2 Millionen Tonnen Güter umgeschlagen.
- Der Hamburger Hafen ist der drittgrößte Seehafen in Europa. Im Jahr 2017 wurden hier ca. 118,8 Millionen Tonnen Güter umgeschlagen.
- Der Amsterdamer Hafen ist der viertgrößte Seehafen in Europa. Im Jahr 2017 wurden hier ca. 98,5 Millionen Tonnen Güter umgeschlagen.
- Die drei großen Nordseehäfen Amsterdam und Rotterdam in den Niederlanden sowie Antwerpen in Belgien nennt man auch kurz **„ARA-Häfen"**.

6 Technische und rechtliche Grundlagen für die Nutzung der Verkehrsträger

Im Güterverkehr gibt es zahlreiche rechtliche Bestimmungen sowie technische Gegebenheiten, die bei der Tourenplanung zu berücksichtigen sind.

6.1 Transporte im Güterkraftverkehr

Der überwiegende Teil der Gütertransporte wird mit dem Lkw abgewickelt. Bei der Planung des Gütertransportes mit dem Lkw müssen unter anderem folgende Punkte berücksichtigt werden:

- Fahrzeugtypen
- Fahrzeugabmessungen und -gewichte
- Lademöglichkeiten
- Fahrverbote und Lenk- und Ruhezeiten

Fahrzeugtypen

Lkw
truck, lorry

Mit dem **Lkw** werden die unterschiedlichsten Güter befördert: Lebensmittel, Handelswaren, Baustoffe, Flüssiggüter usw. Um den unterschiedlichen Anforderungen dieser Güter gerecht zu werden, wurden viele unterschiedliche Fahrzeugtypen mit unterschiedlichen Aufbauten entwickelt.

1 **Einzelfahrzeug**: 7,5-t-Lkw mit Planenaufbau; geeignet zur Beförderung verpackter und palettierter Ware.

2 **Wechselbrücken-Gliederzug**: Motorwagen und Anhänger mit Wechselaufbauten (-brücken). Wechselaufbauten sind Ladegefäße, die auf verschiedenen Fahrgestellen transportiert werden können. Geeignet zur Beförderung verpackter und palettierter Ware.

3 **Gliederzug**: Konventioneller Lkw mit Planenaufbauten; geeignet zur Beförderung verpackter und palettierter Ware.

4 **Sattelzug**: Der Sattelzug besteht aus Sattelzugmaschine und Sattelauflieger. Der Auflieger wird mit seinem Vorderteil auf das Hinterteil der Sattelzugmaschine aufgelegt. Geeignet zur Beförderung verpackter und palettierter Ware. Im Bild ist ein Curtainsider als Sattelzug dargestellt.

5 **Kippfahrzeug**: Geeignet zur Beförderung von Schüttgut.

6 **Tankfahrzeug**: Sattelzugmachine mit Tankauflieger, ausschließlich zur Beförderung von Flüssigkeiten und Gasen.

7 **Betonmischer**: Er wird im Bauwesen verwendet, um Beton herzustellen, zu transportieren und weiterzuverarbeiten.

8 **Silofahrzeug**: Sattelzugmaschine mit Siloauflieger. Die Beladung erfolgt über Trichter auf der Oberseite des Fahrzeuges. Die Entladung erfolgt durch Auslauftrichter meist mit Unterstützung von Druckluft. Geeignet zur Beförderung von Staub- und Rieselgütern.

Fahrzeugabmessungen und -gewichte

Die höchstzulässigen Maße für Güterkraftwagen werden in Deutschland durch die **Straßenverkehrs-Zulassungsordnung** vorgeschrieben. Demnach dürfen Lkw 18,75 m lang (gesamte Lastzuglänge), 2,55 m breit (außen) sowie maximal 4 m hoch sein und ein zulässiges Gesamtgewicht von 40 t besitzen. Ausnahmen gibt es für Isothermfahrzeuge (Kühlfahrzeuge). Diese dürfen 2,60 m breit sein. Außerdem dürfen Lkw im Vor- und Nachlauf zum kombinierten Verkehr (z. B. Lkw-Eisenbahn) ein Gesamtgewicht von 44 t haben.

7,5-t-Lkw

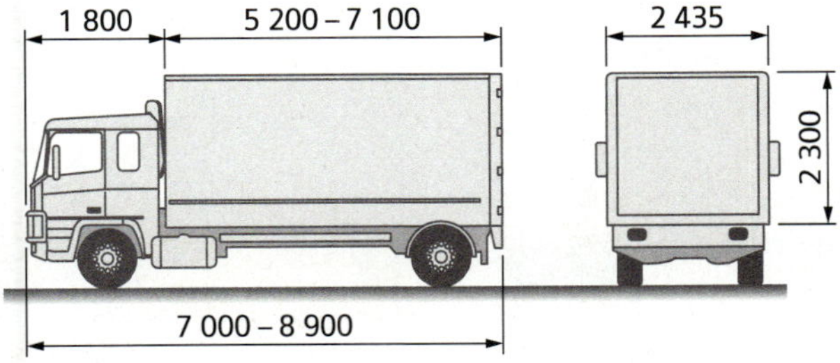

Länge außen	5200 mm – 7100 mm	Länge innen	5150 mm – 7050 mm
Breite außen	2435 mm	Breite innen	2400 mm
Höhe außen	2300 mm	Höhe innen	2260 mm
Anzahl Europaletten ungestapelt			12 Pal – 16 Pal

Gliederzug mit 3-Achs-/ 2-Achs-Zugkombination

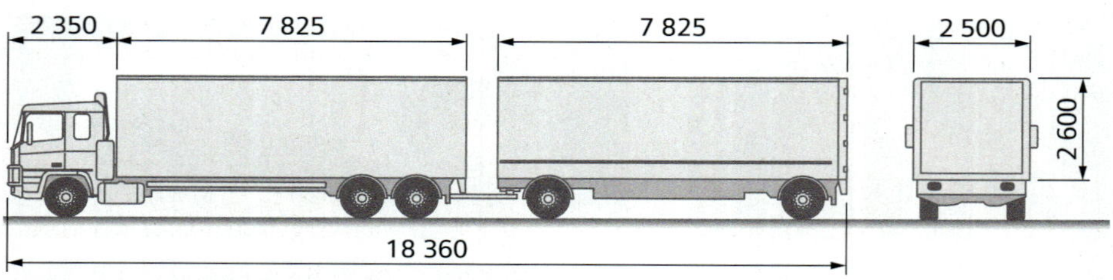

	Motorwagen	Anhänger		Motorwagen	Anhänger
Länge außen	7825 mm	7825 mm	Länge innen	7700 mm	7700 mm
Breite außen	2500 mm	2500 mm	Breite innen	2440 mm	2440 mm
Höhe außen	2600 mm	2600 mm	Höhe innen	2350 mm	2350 mm
Anzahl Europaletten ungestapelt				18 Pal	18 Pal

Gliederzug mit Plane und Sprigel und 2-Achs-/ 3-Achs-Zugkombination

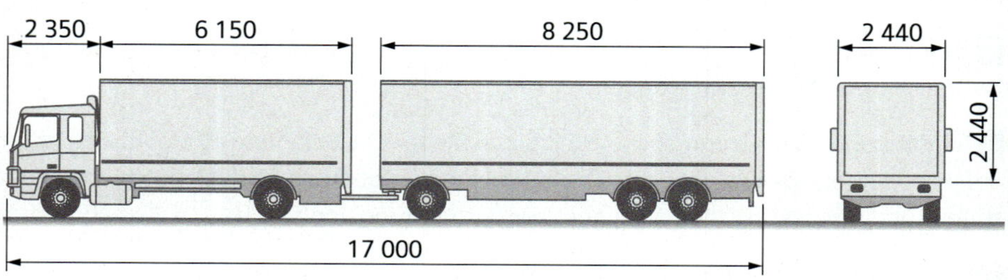

	Motorwagen	Anhänger		Motorwagen	Anhänger
Länge außen	6150 mm	8250 mm	Länge innen	6100 mm	8200 mm
Breite außen	2440 mm	2440 mm	Breite innen	2400 mm	2400 mm
Höhe außen	2440 mm – 2550 mm	2440 mm – 2550 mm	Höhe innen	2400 mm – 2500 mm	2400 mm – 2500 mm
Anzahl Europaletten ungestapelt				14 Pal	20 Pal

Gliederzug für Wechselbrücken

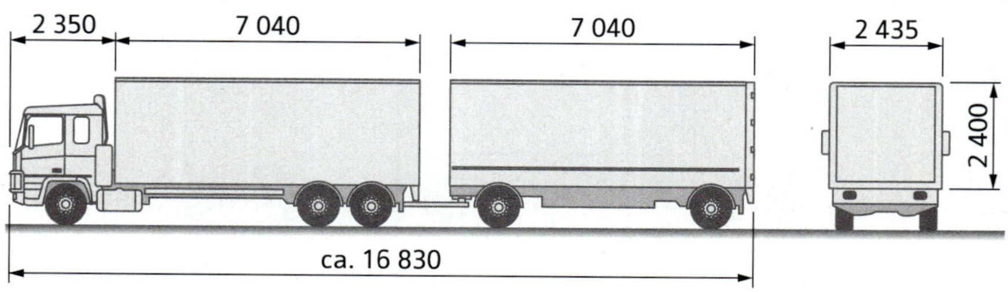

	Motorwagen	Anhänger		Motorwagen	Anhänger
Länge außen	7040 mm	7040 mm	Länge innen	7000 mm	7000 mm
Breite außen	2435 mm	2435 mm	Breite innen	2400 mm	2400 mm
Höhe außen	2400 mm	2400 mm	Höhe innen	2350 mm	2350 mm
Anzahl Europaletten ungestapelt				16 Pal	16 Pal

Sattelzugmaschine mit Sattelanhänger (Plane) mit 3-Achs-/2-Achs-Sattelzugkombination

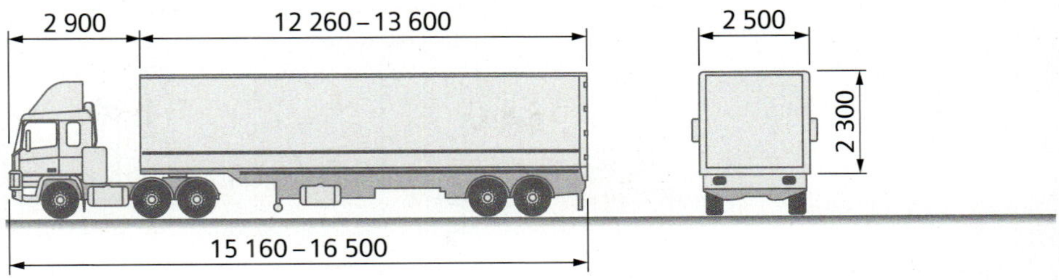

Länge außen	12 260 mm – 13 600 mm	Länge innen	12 200 mm – 13 550 mm
Breite außen	2 500 mm	Breite innen	2 440 mm
Höhe außen	2 300 mm	Höhe innen	2 260 mm
Anzahl Europaletten ungestapelt			30 Pal – 34 Pal

Sattelzugmaschine mit Mega-Sattelanhänger mit 3-Achs-/2-Achs-Sattelzugkombination

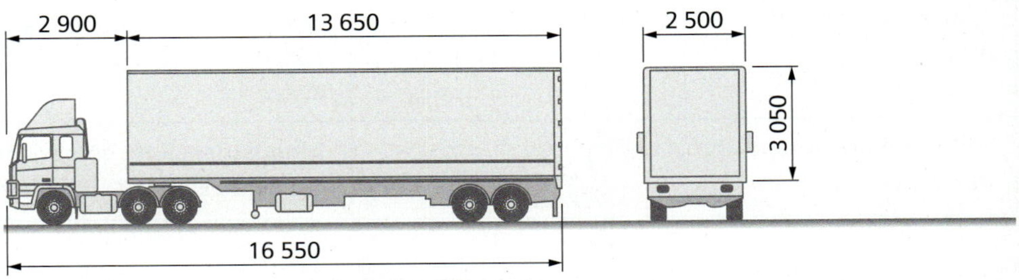

Länge außen	13 650 mm	Länge innen	13 600 mm
Breite außen	2 500 mm	Breite innen	2 440 mm
Höhe außen	3 050 mm	Höhe innen	3 000 mm
Anzahl Europaletten ungestapelt			34 Pal

Lademöglichkeiten für Paletten – Staupläne

Lademeter

Die Ladekapazität von Europaletten auf einem Lkw wird in der Praxis häufig in Lademetern angegeben.

[?!] *Lademeter*

Der Lademeter ist ein Maß für die beanspruchte Länge auf der Ladefläche eines Lkw.

Jeder Lkw hat eine Breite innen von mindestens 2,4 m. Werden Europaletten der Länge nach geladen, passen 3 Europaletten nebeneinander. Werden sie der Breite nach geladen, passen 2 Europaletten nebeneinander.

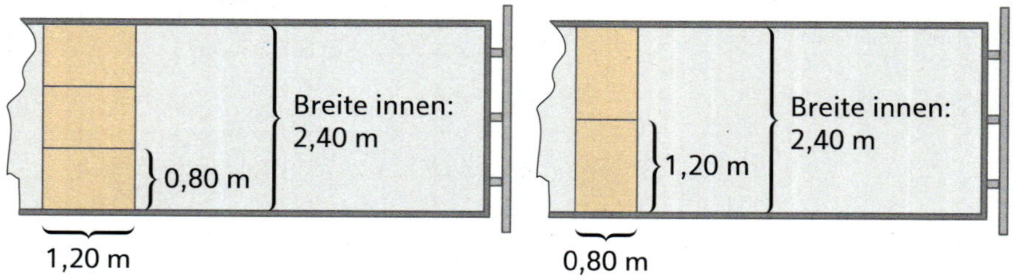

Beladung eines Lkw mit Europaletten

Berechnung der Lademeter für eine ...			
Europalette (Maße: 1,20 m x 0,80 m)		**Industriepalette (Maße: 1,20 m x 1,00 m)**	
Auf 1,20 m Länge des Lkw passen 3 Europaletten nebeneinander. 1,20 m : 3 = 0,4 Lademeter	Auf 0,80 m Länge des Lkw passen 2 Europaletten nebeneinander. 0,80 m : 2 = 0,4 Lademeter	Auf 1,20 m Länge des Lkw passen 2,4 Industrie-Paletten = 2 Industriepaletten nebeneinander. 1,20 m : 2,4 = 0,5 Lademeter	Auf 1,00 m Länge des Lkw passen 2 Industriepaletten nebeneinander. 1,00 m : 2 = 0,5 Lademeter
1 Europalette entspricht 0,4 Lademetern auf dem Lkw.		**1 Industriepalette entspricht 0,5 Lademetern auf dem Lkw.**	

Für eine Wechselbrücke mit den Innenmaßen 7,00 m x 2,40 m ergibt sich folgende Ladekapazität an Europaletten:

7,00 m Ladelänge : 0,4 Lademeter = 17, 5; dies entspricht 17 Europaletten-Stellplätzen.

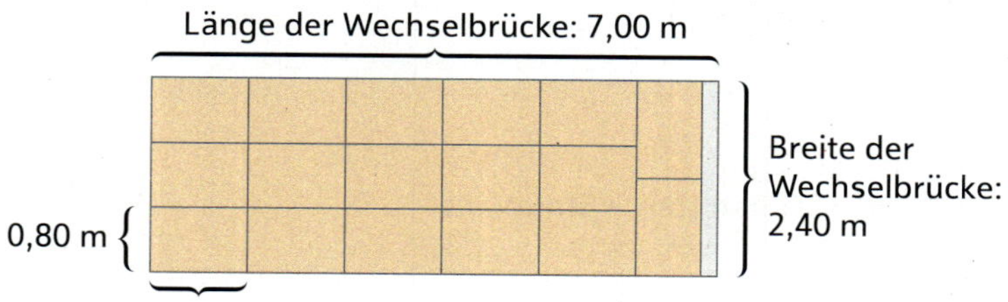

Beladung einer Wechselbrücke mit Europaletten

Fahrverbote und Lenk- und Ruhezeiten

Sonn- und Feiertagsfahrverbot

Für Kraftfahrzeuge mit einem zulässigen Gesamtgewicht über 7,5 t gilt in Deutschland ein Sonn- und Feiertagsfahrverbot zwischen 00:00 Uhr und 22:00 Uhr. Geregelt ist dies in der Straßenverkehrsordnung.

Ferienreisefahrverbot

Außerdem gilt für diese Fahrzeuge gemäß der Ferienreiseverordnung ein Ferienreisefahrverbot. Das Ferienreisefahrverbot besagt, dass Fahrzeuge mit einem zulässigen Gesamtgewicht über 7,5 t vom 01. Juli bis zum 31. August an Samstagen in der Zeit von 07:00 Uhr bis 20:00 Uhr auf bestimmten Autobahnen und Bundesstraßen nicht verkehren dürfen. Der Personenreiseverkehr soll so entlastet werden.

Ausnahmen vom Fahrverbot

Ausgenommen von den beschriebenen Fahrverboten sind folgende Verkehre:

- Vor- und Nachlauf im kombinierten Güterverkehr (Straße – Schiene maximal 200 km und Straße – Hafen maximal 150 km)
- Beförderung von frischen, verderblichen Nahrungsmitteln (z. B. frische Milch)

Lenk- und Ruhezeiten

Für die Fahrer von Kraftfahrzeugen mit einem zulässigen Gesamtgewicht über 3,5 t gelten in den Ländern der Europäischen Union einheitliche Regeln für die **Lenk- und Ruhezeiten**.

Lenk- und Ruhezeiten	
Tägliche Lenkzeit	• maximal 9 Stunden • zweimal wöchentlich 10 Stunden
Wöchentliche Lenkzeit	• höchstens 56 Stunden pro Woche • höchstens 90 Stunden in 2 aufeinanderfolgenden Wochen
Lenkzeit-unterbrechung	• Nach einer Lenkzeit von 4,5 Stunden ist eine Lenkzeitunterbrechung von mindestens 45 Minuten einzulegen. • Die 45 Minuten Lenkzeitunterbrechung sind aufteilbar in einmal 15 Minuten und einmal 30 Minuten.
Tagesruhezeit	• mindestens 11 Stunden innerhalb von 24 Stunden (nicht pro Kalendertag) • Bei einer Tagesruhezeit von 12 Stunden ist eine Aufteilung in zwei Abschnitte möglich, wobei zuerst 3, dann 9 Stunden Ruhezeit zu nehmen sind.
Wöchentliche Ruhezeit	• mindestens 45 Stunden • Die wöchentliche Ruhezeit kann auf 24 Stunden verkürzt werden. Eine Verkürzung ist innerhalb von 3 Kalenderwochen auszugleichen. Der Ausgleich ist im Anschluss an eine tägliche oder wöchentliche Ruhezeit zu gewähren.

Um die Vorschriften richtig anwenden zu können, ist es wichtig zu wissen, was mit den einzelnen Begriffen gemeint ist.

Lenkzeit

Als **„Lenkzeit“** gelten solche Zeiten, die tatsächlich mit Fahrertätigkeit zugebracht werden. Zur Lenkzeit gehört auch das vorübergehende Stehen des Fahrzeuges, wenn dies nach allgemeiner Anschauung zum Fahrvorgang gehört, z. B. das Warten an einer Ampel, an Bahnschranken, in Staus oder an Grenzen.

Lenkzeitunterbrechung

Eine **Lenkzeitunterbrechung** muss innerhalb einer Lenkzeit von 4,5 Stunden oder unmittelbar danach erfolgen. Sie darf vom Fahrer ausschließlich zur Erholung genutzt werden. Andere Arbeiten, wie Be- oder Entladetätigkeiten und Wartungsarbeiten, dürfen während dieser Zeit nicht ausgeführt werden. Zeiten, die der Fahrer auf dem Beifahrersitz verbringt oder während derer das Fahrzeug sich auf einer Fähre oder Eisenbahn befindet, gelten als Lenkzeitunterbrechung. Nach jeder Lenkzeitunterbrechung von insgesamt 45 Minuten (zusammenhängend oder in Teilen) beginnt ein neuer Lenkzeitabschnitt.

Ruhezeit

Unter **„Ruhezeit“** versteht man einen Zeitraum, in der der Fahrer frei über seine Zeit verfügen kann.

Einhaltung der Lenk- und Ruhezeiten

Die Einhaltung der Lenk- und Ruhezeiten werden von der Polizei und dem **Bundesamt für Güterverkehr** kontrolliert. Dazu werden die Arbeits- und Ruhezeiten mithilfe von EG-Kontrollgeräten (digitaler Tachograf) oder Fahrtenschreiber aufgezeichnet.

6.2 Transporte im Eisenbahnverkehr

Europaweite Bahntransporte unterliegen immer noch vielen Hindernissen, die erst ganz allmählich vor allem von EU-Seite her abgebaut werden. Unterschiedliche Strom-, Leit- und Sicherungssysteme sowie unterschiedliche Lademaße und Spurweiten der Bahngesellschaften bereiten nach wie vor technische Probleme.

Spurweiten

Eine einheitliche Spurweite ist die wichtigste Voraussetzung, damit Bahnfahrzeuge in verschiedenen Schienennetzen verkehren können. Als „Spurweite“ wird im Eisenbahnwesen der Abstand zwischen den Innenkanten der Schienen eines Gleises bezeichnet.

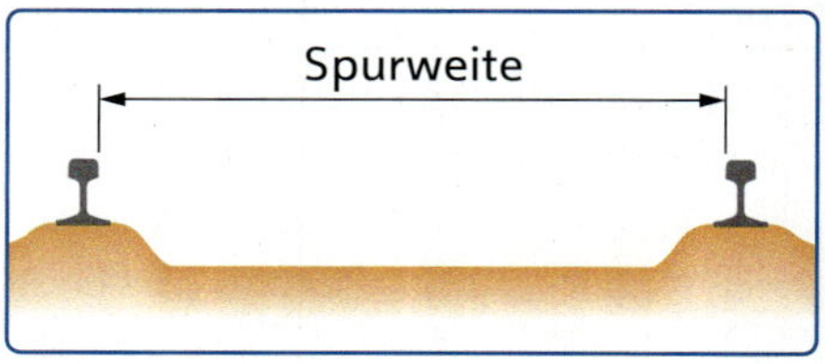

Spurweite

Die Spurweite des deutschen Bahnnetzes ist mit 143,5 cm die Normalspur, sie entspricht damit der Spurweite der meisten europäischen Eisenbahnen. Abweichende Spurweiten gibt es in den folgenden europäischen Ländern:

Unterschiedliche Spurweiten in den europäischen Ländern		
Normalspur	143,5 cm	überwiegt in Europa (Übernahme von den ersten in England entwickelten Eisenbahnen)
Schmalspur	60,0 cm – 120,0 cm	viele Alpenstrecken, Gebirgsstrecken (Harz) oder Nebenstrecken mit wenig Güterverkehr
Breitspur	152,4 cm	Finnland, Russland, Weißrussland, Ukraine, Estland, Lettland, Litauen
	160,0 cm	Irland
	166,5 cm	Portugal
	167,4 cm	Spanien

Güterverkehre über verschiedene Spurweiten hinweg

An den Grenzen stellen die unterschiedlichen Spurweiten für den durchgehenden Verkehr ein großes Hindernis dar. Mit der Zeit haben sich jedoch verschiedene Verfahren entwickelt, wie Güterverkehre über verschiedene Spurweiten hinweg durchgeführt werden können:

- Die einfachste Möglichkeit besteht darin, dass die Güter von einem Waggon in einen anderen geladen werden. Das Umladen im Güterverkehr erfolgte früher von Hand, später auch mit Gabelstaplern oder kleinen Kränen. Da heutzutage Container und Wechselbehälter mit standardisierten Maßen für den Transport von Gütern auf verschiedenen Verkehrsträgern genutzt werden, ist das Umladen mittels leistungsfähiger Krananlagen wesentlich einfacher und schneller geworden.
- Bei bestimmten Eisenbahnfahrzeugen lassen sich die Achsen oder Drehgestelle austauschen, womit ein Übergang auf eine andere Spurweite möglich ist. Dies setzt jedoch voraus, dass die Fahrzeuge ansonsten zueinander passen (z. B. Kupplung, Bremssystem) oder weitere Teile umgerüstet werden.
- Insbesondere für den Verkehr zwischen dem Hauptnetz der Eisenbahn und kürzeren Schmalspurstrecken sind Rollböcke bzw. Rollwagen entwickelt worden, wobei ein normalspuriger Eisenbahnwagen an speziellen Anlagen auf die Rollböcke oder Rollwagen geschoben wird und dann „huckepack" weiterfährt.
- Die spanische Firma Talgo entwickelte ein System, bei dem die Räder auf der Achse an verschiedenen Stellen sitzen können. Ein Zug mit Talgofahrwerk kann prinzipiell für verschiedene Spurweiten ausgelegt werden. Zum Wechsel der Spurweite muss der Zug eine spezielle Umspuranlage langsam überfahren. Dabei wird die Stellung der Räder entriegelt, durch die Schienen und zusätzliche Führungen werden die Räder auseinander- oder zusammengedrückt, bis sie in der Lage für die andere Spurweite sind, und anschließend wird die Stellung erneut verriegelt.

Lademaße und Lastgrenzen

Lademaß

Das **Lademaß** ist eine Begrenzungslinie, die eine Ladung nicht überragen darf. Die Einhaltung der Außenmaße (Fahrzeugbegrenzung) der Eisenbahnwagen ist stets zu überprüfen, insbesondere bei offenen Güterwagen, die mit überstehenden Ladungsteilen beladen werden.

Das Lademaß der deutschen Eisenbahnen entspricht unter anderem dem der Bahnen von Albanien, Bosnien-Herzegowina, Bulgarien, Dänemark, Griechenland, Irak, Jugoslawien, Kroatien, Litauen, Luxemburg, Mazedonien, Niederlande, Österreich, Polen, Rumänien, Slowakei, Slowenien, Syrien, Tschechien, Türkei und Ungarn. In Ländern wie Frankreich, Italien oder der Schweiz sind die Lademaße kleiner.

Ladelehre, mit der das Lademaß kontrolliert werden kann

Lastgrenze

Die Eisenbahnwagen dürfen weder über das Lademaß noch über die für jeden Wagen festgelegte **Lastgrenze** beladen werden. Ein Lastgrenzenraster an den Güterwagen gibt an, wie hoch das zulässige höchste Ladungsgewicht ist. Die jeweilige Lastgrenze ist unter anderem abhängig von der Streckenklasse. Je nach Ausbau der Strecke unterscheidet man die Streckenklassen A, B, C und D. Bei der Streckenklasse A ist die Zulademöglichkeit am niedrigsten. Meist gilt für das Streckennetz der Deutschen Bahn die höchste Klasse D.

Lastgrenzenraster

Auf den seitlichen Wänden oder auf den Längsträgern der Wagen wird in einem dafür vorgesehenen Feld die höchste Lastgrenze für jede Streckenklasse angegeben. Entsprechend dem folgenden Beispiel kann ein Güterwagen in Deutschland bei der Streckenklasse D und maximal 90 km/h mit 65,5 t beladen werden. Muss er aber ein Land passieren mit der Streckenklasse B, darf er in diesem Land nur mit 47,5 t beladen sein. Dies ist entweder gleich bei der Beladung in Deutschland zu berücksichtigen oder aber an der Grenze muss ein Teil der Ladung entladen werden.

Lastgrenzenraster für einen Wagen mit vier Radsätzen

	A	B	C	D	
90	39,5 t	47,5 t	55,5 t	65,5 t	← zulässig bis 90 km/h
S	39,5 t	47,5 t	55,5 t		← zulässig bis 100 km/h (= S)

Verlademöglichkeiten

Eigener Gleisanschluss

Ideale Versende- und Verlademöglichkeiten sind gegeben, wenn der Versender und der Empfänger über einen eigenen Gleisanschluss verfügen. Der Versender befüllt direkt einen kompletten Güterzug (Ganzzugverkehr). Die Güter werden dann im Direktverkehr zum Empfänger befördert, wo dieser die Waggons dann entleert.

Freiladegleis der Bahn

Verfügt der Versender nicht über einen eigenen Gleisanschluss, steht ihm das sogenannte „Freiladegleis der Bahn“ zur Verfügung. In diesem Falle ist aber ein Vorlauf per Lkw bis zum Ladeplatz erforderlich. Der Versender kann für den Transport eigene Waggons (Privatwagen) verwenden oder Güterwagen der Bahn einsetzen, die er aber rechtzeitig bei der Bahn ordern muss. Die Bestellung des Güterwagens bei der Niederlassung der Bahn, in deren Bereich der Wagen beladen werden soll, sollte möglichst früh bei der Bahn eingehen, spätestens bis 10:00 Uhr am Tag vor der Beladung.

Bei der Güterwagenbestellung sind folgende Angaben notwendig:

- Verladetag
- Anzahl und Gattung (Art) der benötigten Güterwagen
- Art des Ladegutes
- Gewicht der Wagenladung, evtl. Anzahl, Länge und Gewicht von Einzelstücken
- Empfangsbahnhof
- Gewünschte Beförderungsart

6.3 Besonderheiten beim Transport mit dem Binnenschiff

Beim Transport mit dem Binnenschiff spielen die Größen eventuell vorhandener Schleusenkammern, Fahrwassertiefen und Brückendurchfahrtshöhen eine besondere Rolle.

Schleusenkammern

Die Längen und Breiten möglicher Schleusenkammern beeinflussen die Wahl der Binnengüterschiffe. Aufgrund der unterschiedlichen Abmessungen kann nicht jede Schleuse von jedem Binnengüterschiff passiert werden.

Fahrwassertiefe: Hochwasser- und Niedrigwassermarke

Auch die Fahrwassertiefe ist für die Auswahl des Binnengüterschiffes und die Beladung der Schiffe von großer Bedeutung. Die Wasserstände werden von Pegeln abgelesen. Pegel sind Messgeräte zur Feststellung des Wasserstandes.

Wird am Pegel beispielsweise die Hochwassermarke 1 erreicht, beginnen für den entsprechenden Gewässerabschnitt die ersten Einschränkungen. Diese sind von Gewässer zu Gewässer unterschiedlich und abhängig von der Technologie der Schiffe, deren Größe, Geschwindigkeit und Abladetiefe. Bei Erreichen der Hochwassermarke 2 kommt es zur Sperrung des betroffenen Abschnittes.

Sinkt aufgrund einer längeren Trockenphase der Wasserpegel (Niedrigwasser), können viele Binnengüterschiffe nicht mehr ihre volle Ladekapazität auslasten, sondern müssen teilbeladen fahren, um ihren Tiefgang zu verringern.

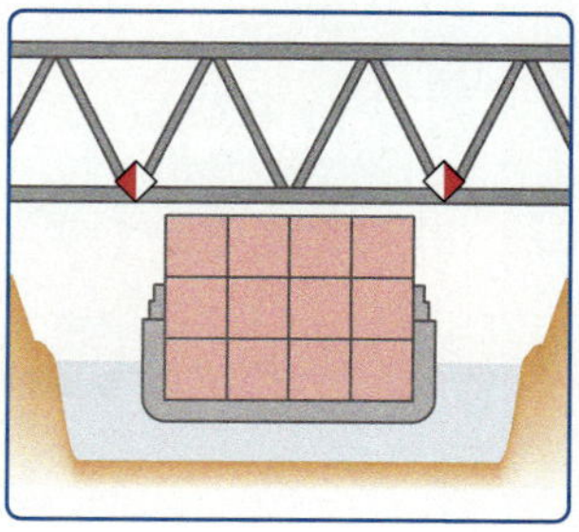

Brückendurchfahrtshöhe

Die verfügbaren **Brückendurchfahrtshöhen** erweisen sich besonders bei Volumentransporten (Transport von Containern oder Fahrzeugen in mehreren Lagen oder Beförderung von überdimensionalem Schwergut) als wichtiges Kriterium für die Planung und Kalkulation wasserstraßengestützter Transporte. So kann z. B. festgestellt werden, dass jede Verdopplung der Lagenzahl die Stellplatzkosten und damit die Transportkosten je Container halbiert.

6.4 Verlade- und Umschlagtechniken in der Binnen- und Seeschifffahrt

Um Güter verladen (laden und löschen) zu können, sind in der Binnen- und Seeschifffahrt spezielle Verladeanlagen erforderlich.

Containerbrücke

Containerbrücke

Als „Containerbrücke" bezeichnet man eine für den Containerumschlag konstruierte Kranbrücke, die für die Be- und Entladung von Binnen- und Hochseeschiffen eingesetzt wird. Dabei hebt ein schienengebundener Kran die Container vom Schiff auf eine nahegelegene Lagerfläche bzw. direkt auf die im Vor- oder Nachlauf verwendeten Transportmittel (Bahn, Lkw). Mit dieser Einrichtung kann die Ladung effizient und rasch zwischen Hafenkai und Schiff bewegt werden.

Portalhubwagen

Portalhubwagen
van carrier,
straddle carrier, gantry lift

Der Portalhubwagen ist ein spezielles Umschlaggerät für ISO-Container. Er besteht aus einem Rahmengestell und einer dazwischen hängenden Hubvorrichtung, die mit Hubwinden vertikal bewegt werden kann. Das Rahmengestell ist mit einem Fahrwerk

Containerbrücke

Mit dem Portalhubwagen können Container dreifach übereinander gestapelt werden

Reach-Stacker im Einsatz

Fahrerlose Transportfahrzeuge im Hamburger Hafen

mit meist 8 Rädern ausgestattet. Die Fahrerkabine ist an einer Stirnseite des Rahmens oben angeflanscht. Der Portalhubwagen fährt über einen Container, der auf dem Boden oder auf einem Lkw steht, das Lastaufnahmemittel verriegelt sich hydraulisch gesteuert mit den vier Eckbeschlägen des Containers und hebt diesen an.

Reach-Stacker
container carrier

Reach-Stacker

Reach-Stacker sind Flurförderzeuge, die zum Stapeln und Umschlagen von Containern und Wechselbrücken vor allem im kombinierten Verkehr dienen. Es handelt sich um schwere Radfahrzeuge mit bis zu 50 Tonnen Hublast und bis zu rund 100 Tonnen Eigenmasse.

Fahrerlose Transportfahrzeuge
Automated Guided Vehicle, AGV

Fahrerlose Transportfahrzeuge

Fahrerlose Transportfahrzeuge transportieren die Container automatisch zum Bestimmungsort.

Greiferkrane

Greiferkrane eignen sich besonders für das Verladen von Schüttgütern (z. B. Erz, Kies) im Greifgutumschlag.

Greiferkran

7 Kombinierter Verkehr durch den Einsatz verschiedener Verkehrsträger

Kombinierter Verkehr Straße/Schiene

Für die rasche und kostengünstige Ausführung von Transportaufträgen ist es häufig notwendig und sinnvoll, auf einzelnen Teilstrecken verschiedene Verkehrsträger einzusetzen.

Gebrochener Verkehr

Werden lediglich die Güter umgeschlagen, spricht man von **„gebrochenem Verkehr“** (z. B. 10 000 t Getreide werden aus einem Seeschiff in mehrere Binnenschiffe umgeladen).

Kombinierter Verkehr
intermodal transport

„Kombinierter Verkehr“ (kurz „KV“) liegt vor, wenn die gesamte Ladeeinheit (Wechselbehälter, Container, Sattelauflieger, kompletter Lkw) von einem Verkehrsträger auf einen anderen umgeladen wird. Die Beförderung der Ladeeinheit auf der Gesamtstrecke erfolgt durch mindestens zwei verschiedene Verkehrsträger. Der kombinierte Verkehr wird auch als „intermodaler Verkehr“ oder „multimodaler Verkehr“ bezeichnet. Geeignete Transportketten ergeben sich aus der Kombination von Lkw im Straßenvor- und -nachlauf mit Eisenbahn, Binnenschiff und Seeschiff.

7.1 Stärken und Schwächen des kombinierten Verkehrs

Der kombinierte Verkehr hat sowohl Stärken als auch Schwächen.

Stärken des kombinierten Verkehrs

- Die Zusammenfassung zu Ladungseinheiten ermöglicht einen schnellen Umschlag zwischen den Verkehrsträgern.
- Die Standzeiten für das Laden und Entladen werden minimiert, da die gesamten Wechselbrücken, Container oder Sattelauflieger übergeben werden.
- Das zusätzliche Beschädigungsrisiko durch das Umladen der Güter entfällt.
- Das Verlust- und Diebstahlrisiko sinkt, da die vom Versender geladene Ladungseinheit erst wieder beim Empfänger entladen wird.
- Transporte im kombinierten Verkehr führen zu einer Entlastung der Straßen.
- Der kombinierte Verkehr ist umweltfreundlich, da Bahn und Binnenschiff weniger Energie je Tonnenkilometer (tkm) verbrauchen als ein Lkw.
- Durch die Kombination der Verkehrsträger Bahn oder Binnenschiff mit dem Lkw ist ein von Auftraggeber und Empfänger erwarteter Haus-Haus-Verkehr auch im kombinierten Verkehr möglich.
- Auf langen Strecken bietet der kombinierte Verkehr Lkw-Bahn über die Grenzen Deutschlands hinaus schnelle Verbindungen.

Schwächen des kombinierten Verkehrs

- Der Einsatz von Wechselbrücken und Containern verursacht zusätzliche Investitionen und somit zusätzliche Kosten.
- Aufgrund des hohen Eigengewichtes haben Wechselbrücken und Container eine relativ geringe Nutzlast.
- Für den Umschlag der Wechselbrücken und Container zwischen den Verkehrsträgern müssen geeignete Umschlagterminals (teilweise mit Krananlagen) angefahren werden. Häufig führt dies zu Umwegverkehren.
- In den Terminals entstehen immer wieder Wartezeiten durch unpünktliche Züge, unpünktliche Schiffe oder durch Überlastung der Terminals zu Stoßzeiten.
- Verspätet sich ein Lkw beim Vorlauf zum Umschlagterminal, wird die Sendung erst mit dem nächsten fahrplanmäßigen Kombizug/Binnenschiff transportiert.

7.2 Kombinierter Verkehr mit dem Verkehrsträger Bahn

Häufig wird die Bezeichnung „kombinierter Verkehr" auf die Kombination der beiden Verkehrsträger Güterkraftverkehr und Schienenverkehr beschränkt. Der große Vorteil des schienengebundenen Kombiverkehrs liegt in der Verknüpfung der Stärken des Lkw (hohe Flexibilität im Sammel- und Verteilerverkehr auf Kurzstrecken) mit den Stärken der Bahn (relativ schnelle Massentransportfähigkeit auf große Entfernungen).

Begleiteter kombinierter Verkehr – Rollende Landstraße

Beim begleiteten kombinierten Verkehr werden die gesamten Lkw auf Bahnwaggons (Niederflurwagen) verladen. Die Fahrer reisen in einem Liegewagen mit und übernehmen am Zielort ihren Lkw. Die Fahrtzeit des Zuges gilt als Ruhezeit für den Fahrer. Angewandt wird der begleitete kombinierte Verkehr hauptsächlich im Alpentransit durch Österreich und die Schweiz.

Durch die Nutzung des kombinierten Verkehrs umgeht das Unternehmen Nachtfahrverbote, partielle Fahrverbote auf der Brenner-Autobahn und Mautgebühren. Da beim begleiteten kombinierten Verkehr auch das Eigengewicht des Lkw befördert werden muss, ist die Wirtschaftlichkeit dieser Transporte eingeschränkt.

Rollende Landstraße

Könnte der Lkw während des Zeitraums des Bahntransports weitere Aufträge ausführen, würde dies zu einer besseren Auslastung des Fahrzeuges und damit zu günstigeren Transportkosten führen. Beim unbegleiteten kombinierten Verkehr wird dieser Nachteil vermieden. Deshalb ist der Anteil des unbegleiteten kombinierten Verkehrs weit höher als der Anteil des begleiteten kombinierten Verkehrs.

5366406

Unbegleiteter kombinierter Verkehr

Bei dieser Art des kombinierten Verkehrs werden nur die Ladeeinheiten per Bahnwaggon transportiert. Der Transport zum Bahnterminal erfolgt per Lkw. Am Versandterminal erfolgt der Umschlag auf den Bahnwaggon durch einen Kran. Am Empfangs-Bahnterminal wird die Ladeeinheit wieder per Kran auf einen Lkw umgeladen, der sie zum Empfänger transportiert.

Containerumschlag

Kombinierter Verkehr			
	Großcontainertransport	**Kombiverkehr Bahn**	**Bimodaler Transport**
Ladeeinheit	• Binnencontainer • ISO-Container	• Wechselbehälter • Sattelauflieger • Lkw	• Satteltrailer (spezieller Sattelauflieger für die Verwendung im Trailerzug)
Transport-möglichkeiten	• Containertragwagen der Bahn • Binnenschiff • Sattelanhänger (Trailer) für 40′-Container • Gliederzug für 20′-Container	• Begleiteter Kombiverkehr Bahn *(Roll on/Roll off)* • Unbegleiteter Kombiverkehr Bahn *(Lift on/Lift off)*	• Trailerzug (Trailer als Güterwagen der Bahn) • *Road Railer* (Trailer als Sattelauflieger im Straßenverkehr)

7.3 Kombinierter Verkehr in Deutschland und Europa

Ganzzüge

Die Kombiverkehr Deutsche Gesellschaft für kombinierten Güterverkehr mbH & Co. KG bietet deutschlandweit ein Angebot leistungsfähiger und wirtschaftlicher Ganzzüge mit fast 90 Verbindungen pro Nacht. Für viele Spediteure bilden die Bahnverbindungen, auch „Relationen" genannt, im de.NETdirekt+ mit ihren festen Fahrplanvorgaben und ihren konkurrenzfähigen Preisen eine wichtige Einrichtung bei der Abwicklung ihrer Verkehre im Nachtsprung. Zusätzlich zu den Ganzzügen bietet die Kombiverkehr weitere ausgewählte Verbindungen im Einzelwagenverkehr an.

Direkt- und Shuttlezugverbindungen

Im europäischen grenzüberschreitenden kombinierten Verkehr bietet die Kombiverkehr mit eu.NETdirekt+ Direkt- und Shuttlezugverbindungen (Bahnverkehr zwischen zwei Umschlagterminals) an. Wöchentlich werden etwa 560 Direkt- und Shuttlezüge angeboten mit mehr als 830 Kernrelationen in mehr als 30 europäische Länder. Die Basislaufzeit beträgt je nach Entfernung einen Tag (Nachtsprung: Tag A → Tag B) oder zwei Tage (Tag A → Tag C).

Bedeutung des kombinierten Verkehrs im alpenquerenden Güterverkehr

Im alpenquerenden Verkehr wurden in den letzten Jahren erhebliche Zuwächse verzeichnet. 2018 wurden ca. 117 Mio. Tonnen Güter auf Straßen und Schienen durch die Alpen transportiert, über 40 Mio. Tonnen davon wurden mit Containern, Wechselbehältern und Sattelaufliegern auf der Schiene durch die Alpen transportiert. Der Schienenanteil (inklusive Kombiverkehr) betrug in der Schweiz 26,6 Mio. Tonnen, in Österreich 14 Mio. Tonnen und in Frankreich 2,6 Mio. Tonnen.

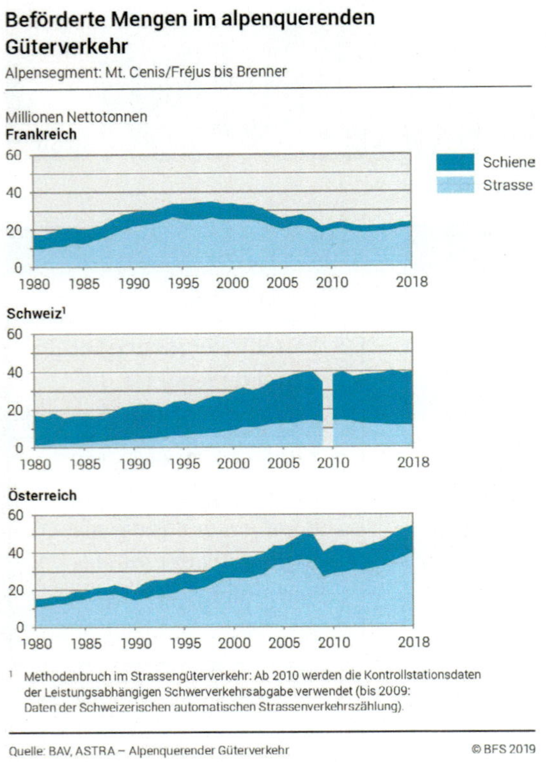

Alpenquerender Güterverkehr in der Schweiz, in Frankreich und in Österreich

Um den Güterverkehr zunehmend von der Straße auf die Schiene zu verlagern, erhebt die Schweiz eine leistungsabhängige Schwerverkehrsabgabe (LSVA). Die LSVA ist eine vom Gesamtgewicht, der Emissionsstufe sowie den gefahrenen Kilometern in der Schweiz abhängige eidgenössische Abgabe. Sie wird für alle Motorfahrzeuge und deren Anhänger entrichtet, die

- ein zulässiges Gesamtgewicht von mehr als 3,5 Tonnen aufweisen,
- dem Gütertransport dienen und
- das öffentliche Straßennetz der Schweiz befahren.

Das österreichische Bundesland Tirol hat zur Eindämmung des stark gewachsenen Lkw-Verkehrs auf der Brenner-Autobahn ein **sektorales Fahrverbot** erlassen. Seit dem 1. Januar 2009 dürfen unverderbliche Güter und Rohstoffe (z. B. Steine, Erde, Aushub, Rundhölzer, Kraftfahrzeuge, Stahl, Marmor, Fliesen) nicht mehr auf der Autobahn transportiert werden. Der Transport dieser Güter verlangt entweder teure Umwegverkehre oder den Einsatz der Bahn. Weiterhin versucht Österreich mithilfe von **Nachtfahrverboten** die alpenquerende „Lkw-Flut" weiter einzudämmen.

7.4 Kombinierter Verkehr mit dem Binnenschiff

Containertransport im Linienverkehr

Kombinierter Verkehr mit dem Binnenschiff bedeutet hauptsächlich Containertransport im Linienverkehr entlang der Rheinschiene, auf Elbe und Weser, aber auch auf den nord- und mitteldeutschen Kanälen zwischen den großen Stromgebieten. Reedereien bieten fahrplanmäßige Transporte an, die auch bei schlechter Auslastung des Binnenschiffes ausgeführt werden. Dadurch erlangen Versender und

RoRo-Verkehr

Empfänger Planungssicherheit. Auch zeitintensive Sendungen lassen sich auf diese Weise pünktlich zum Seehafen oder ins Hinterland transportieren. Die größten Containerschiffe auf dem Rhein können bei 135 m Länge und 17 m Breite bis zu 400 TEU transportieren.

Einsatz von RoRo-Schiffen

Zusätzlich bietet die Binnenschifffahrt mit RoRo-Schiffen die Möglichkeit, rollfähige Ladung auf einem Teil der Transportstrecke per Binnenschiff zu transportieren. Der Transport von beladenen Sattelaufliegern von Süddeutschland auf dem Rhein in einen ARA-Hafen zur Fähre nach Großbritannien oder der Transport von Sattelauflieger von Österreich auf der Donau zum Schwarzen Meer sind in der Binnenschifffahrt keine Besonderheit. Täglich fahren RoRo-Schiffe nach Fahrplan durch Europa und transportieren ihre Ladung zuverlässig ans Ziel.

7.5 Kombinierter Verkehr mit dem Seeschiff

Im kombinierten Verkehr gewinnt der **Short-Sea-Verkehr** zunehmend an Bedeutung. Der Begriff Short-Sea-Verkehr kommt aus der englischen Sprache und bedeutet übersetzt Kurzstreckenverkehr. Zu diesen Verkehren gehören zum einen der Binnenverkehr und zum anderen der küstennahe Seeverkehr, der in der Nord- und Ostsee sowie im Mittelmeerraum stattfindet. Transportiert werden meist die gesamten Ladungseinheiten.

Viele Ostseehäfen bieten Fährverkehre nach Skandinavien oder ins Baltikum, von den Nordseehäfen aus fahren Fähren nach Großbritannien und Irland, im Mittelmeer bestehen Fährverbindungen von Italien nach Griechenland, aber auch zwischen den griechischen Inseln.

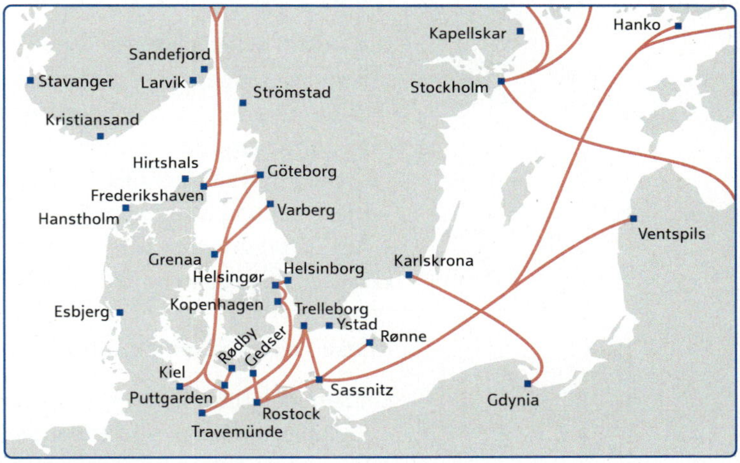

Wichtige Fährverbindungen in der Ostsee

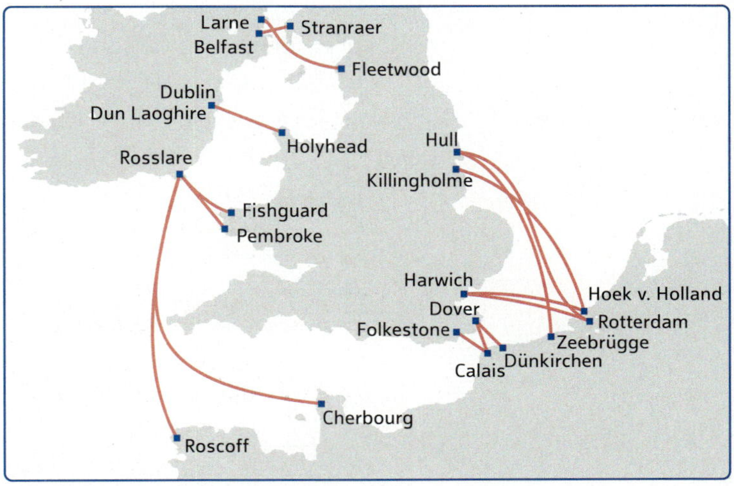

Wichtige Fährverbindungen in der Nordsee

8 Touren planen

Auf den ersten Blick scheint die Transportdurchführung kein Problem zu sein: Die Waren werden einfach in den Lkw, in den Bahnwaggon, in das Schiff oder in das Flugzeug geladen und zum Empfänger transportiert. Doch ganz so einfach ist es nicht. Was ist, wenn es sich um eine Sammelladung handelt, die bei mehreren Versendern abgeholt werden muss und auch an mehrere Empfänger zugestellt werden muss?

8.1 Sammelgutverkehr

Als „Sammelgutverkehr" bezeichnet man eine spezielle Form des Transports von Stückgütern. Hier werden mehrere kleinere Sendungen zu einer Sammelladung zusammengefasst und transportiert.

Ablauf eines Sammelguttransportes

Der Ablauf eines Sammelguttransportes geschieht folgendermaßen:
- Sammelgutspediteure sammeln von ihren Auftraggebern kleinere Sendungen (Stückgüter) ein und bringen sie auf ihr Umschlagslager (Depot).
- Im Umschlagslager werden die Sendungen nach Relationen (Verkehrsrichtungen) sortiert und zu einer geschlossenen Ladung zusammengestellt.
- Diese Ladung wird dann dem Frachtführer zum Transport übergeben.
- Am Zielort übergibt der Frachtführer die Ladung dem Empfangsspediteur.
- Dieser sorgt dann für die Zustellung der einzelnen Sendungen vor Ort.

Phasen eines Sammelguttransportes

Ein Sammelguttransport kann in verschiedene Phasen unterteilt werden:
- **Vorlauf:** Abholung der Sendungen bei den Versendern
- **Umschlag:** Umschlag auf dem Lager des Versandspediteurs, d.h., Sortieren der Sendungen nach Relationen

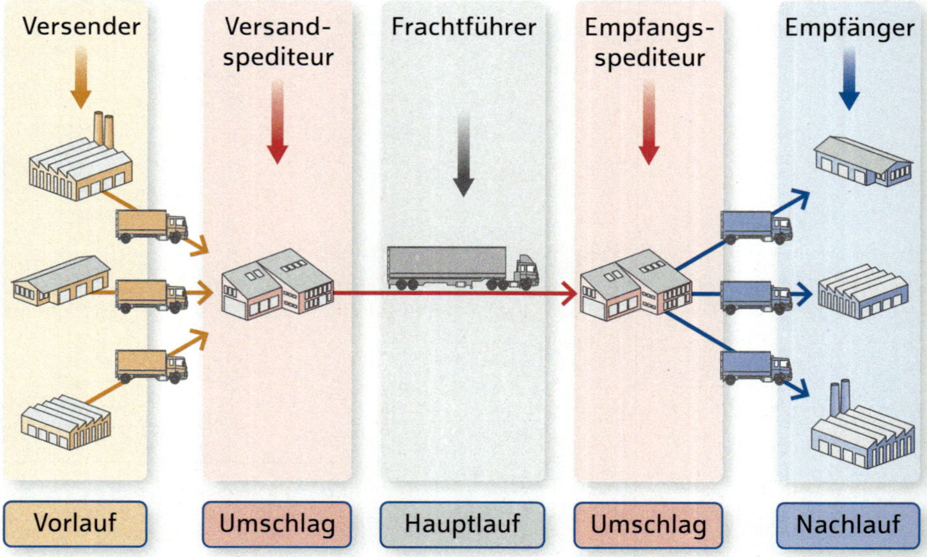

Ablauf eines Sammelguttransportes

- **Hauptlauf:** Transport der Sammelladung zum Empfangsspediteur
- **Umschlag:** Umschlag auf dem Lager des Empfangsspediteurs
- **Nachlauf:** Transport der einzelnen Sendungen zum Empfänger

Am Sammelguttransport Beteiligte

Die Beteiligten am Sammelguttransport sind:
- **der Versender:** Er gibt dem Versandspediteur den Besorgungsauftrag.
- **der Versandspediteur:** Er organisiert die Abholung der einzelnen Sendungen und stellt diese dann in seinem Umschlagslager zu einer Sammelladung zusammen.
- **der Frachtführer:** Der Versandspediteur kann einen Frachtführer beauftragen, der die Sammelladung im Fernverkehr von Ort A zu Ort B transportiert oder er transportiert die Ware selbst („Selbsteintritt").
- **der Empfangsspediteur:** Er nimmt am Bestimmungsort die Sammelladung in Empfang und verteilt die einzelnen Sendungen an die Empfänger.
- **der Empfänger:** Er ist der Endempfänger der Einzelsendungen und somit das letzte Glied in der Transportkette.

Vorteile eines Sammelguttransportes ...	
für den Versender	• niedrigere Beförderungskosten im Vergleich zum Einzelversand • regelmäßige und schnellere Beförderungen • hohe Netzdichte • übersichtliche Preisstrukturen
für den Spediteur	• effizientere Auslastung der Umschlaglager und des Personals • niedrigere Beförderungskosten als beim Transport von Einzelsendungen, dadurch auch günstigere Preisangebote an den Versender möglich
für den Frachtführer	• bessere Auslastung der Fahrzeuge und des Frachtraums, dadurch größere Wirtschaftlichkeit der Transporte • stärkere Konzentration auf das Kerngeschäft (Beförderung von Waren), da der Spediteur die Organisation übernimmt • Verringerung der Be- und Entladestellen bei der Tourenplanung, dadurch geringeres Schadenrisiko

8.2 Hub-and-Spoke-Systeme

Im Transportwesen unterscheidet man im Wesentlichen zwischen den Direktverkehren und den Hub-and-Spoke-Systemen.

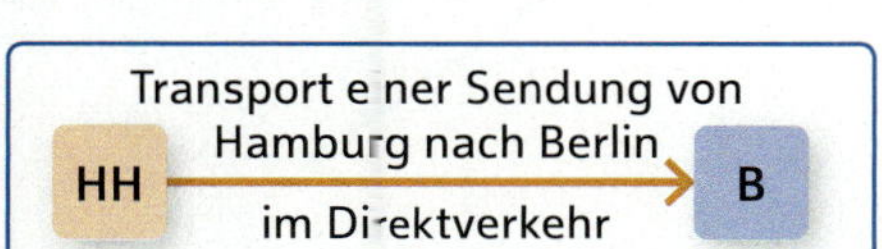

Direktverkehr

Direktverkehre

Direktverkehre sind Punkt-zu-Punkt-Verbindungen, also Transporte, die in eine Richtung abgewickelt werden. Wenn z. B. eine Sendung von Hamburg (HH) nach Berlin (B) transportiert werden muss, geschieht dies ohne Umwege im Direktverkehr. Der Spediteur holt die Sendung beim Versender ab und befördert sie direkt zum Empfänger.

Vorteil dieses Direktverkehrs ist der schnelle Transport. Nachteilig ist aber, dass die Transportmittel bei kleinen Sendungen nicht ausgelastet sind.

Hub-and-Spoke-Verkehre

Unter **„Hub and Spoke"** versteht man eine sternförmige Anordnung von Transportwegen. Der Transport zwischen zwei Endknoten A und B erfolgt hier nicht mehr direkt, sondern wird über einen Umschlagplatz, den **„Hub"** (englisch für **„Nabe"**) geführt. Die Verbindungen der Endknoten A und B zum Hub bezeichnet man als „Spokes" (englisch für „Speichen"). Für einen Transport von Hamburg (HH) nach Berlin (B) könnte dies folgendes bedeuten: Die Sendung wird von Hamburg zunächst zum Hub (Umschlagplatz) nach Hannover (H) befördert. In einem Umschlaglager wird diese Sendung mit anderen Sendungen, die auch nach Berlin befördert werden müssen, gebündelt und anschließend weiter nach Berlin transportiert.

Ein klarer Vorteil dieses Hub-and-Spoke-Verkehrs ist die bessere Auslastung der Verkehrsmittel, also z. B. die bessere Ausnutzung des Lkw-Frachtraumes. Nachteilig ist die längere Transportdauer, weil teilweise Umwege in Kauf genommen werden müssen.

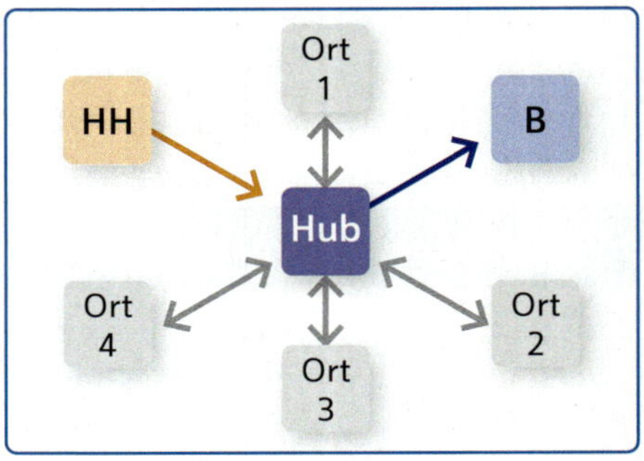

Hub-and-Spoke

Sammelgutverkehre als Systemgutverkehre

In den letzten Jahren sind immer mehr Spediteure dazu übergegangen, ihre Sammelgutverkehre als **Systemgutverkehre** abzuwickeln. Hierbei werden flächendeckende Lkw-Verkehre nach genau vorgegebenen Abfahrtsplänen zwischen den Umschlagslagern (Hubs) durchgeführt. Dem Kunden können dadurch schnelle und zuverlässige Beförderungszeiten und eine tägliche Bedienung fast aller Relationen garantiert werden. Der Transport der Sendungen zwischen den einzelnen Hubs erfolgt z. B. im Linienverkehr.

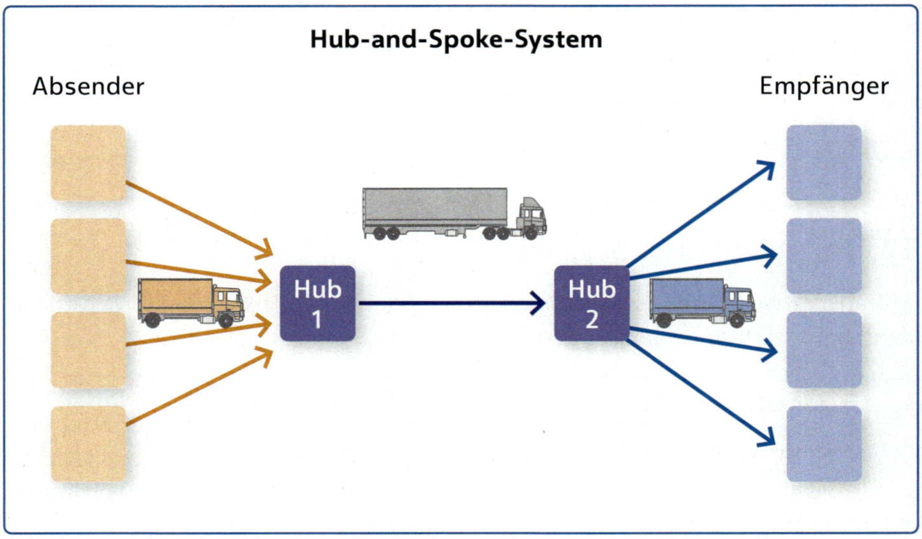

Hub-and-Spoke-System im Fernverkehr

Vor- und Nachteile von Hub-and-Spoke-Systemen

Vorteile	Nachteile
• Die Transportmittel können besser ausgelastet werden, sodass Leerfahrten vermieden werden. • Die Trennung von Sammeln und Verteilen beim Fernstreckentransport führt zu einem effizienteren und ungestörteren Arbeitsablauf. • Spoke-Niederlassungen haben direkten Kundenkontakt und können sich direkt auf die Bedürfnisse der Kunden (Produktionsrhythmus, Anlieferzeiten) einstellen, da kleinere Nahverkehrsfahrzeuge eingesetzt werden. • Die Hubs können außerhalb der Ballungsräume mit günstiger Flächenverfügbarkeit und vergleichsweise niedrigeren Grundstückspreisen sowie guter Verkehrsanbindung (Autobahn, Eisenbahnnetz) errichtet werden. • Die Hubs übernehmen auch Zwischenlagerfunktionen. • Auch kleinere Speditionen haben die Möglichkeit, einen flächendeckenden Transportservice anzubieten.	• Die Sortiervorgänge in den Hubs verlängern die für den Hauptlauf benötigte Zeit. • Hub-and-Spoke-Systeme reagieren sensibel auf Verspätungen auch nur weniger Transportrelationen: Sobald auch nur ein Lkw mit Verspätung ankommt, verzögern sich alle weiteren Transporte.

Einsatzgebiete von Hub-and-Spoke-Systemen

Das Hub-and-Spoke-System wird bei fast allen Verkehrsmitteln eingesetzt:
- im Seeverkehr bei den Feederverkehren (Zubringer- und Verteilverkehre)
- im Luftfrachtverkehr
- bei den Kurier-, und Expressdiensten
- bei der Brief- und Paketzustellung
- im Eisenbahngüterverkehr, sowohl im Einzelwagenladungsverkehr mit Konzentration auf sehr wenige Rangierbahnhöfe als Hubs als auch bei Containerverkehren im Kombinierten Verkehr
- im Straßengüterverkehr, bei allen Sammelgutspeditionsunternehmen, um in Deutschland einen 24-Stunden- und europaweit einen 48-Stunden-Transport anbieten zu können

8.3 City-Logistik

Die City-Logistik ist eine spezielle Form des Sammelladungsverkehrs. Hierbei sollen sämtliche Sendungen für den Innenstadtbereich, insbesondere in Großstädten, an einem Lager (Güterverteilzentrum) in einem Industriegebiet oder Vorort der Großstadt angeliefert werden und von dort mit kleineren Fahrzeugen zu den einzelnen Kunden im Innenstadtbereich gebracht werden. In dieses Konzept sollen sowohl der speditionelle Stückgutverkehr, der Werkverkehr und gegebenenfalls auch die Paketdienste einbezogen werden.

Ziel der City-Logistik ist zum einen die Entlastung des Verkehrs in den Innenstädten und damit die Gewährung eines besseren Verkehrsflusses und zum anderen die Reduktion der Feinstaubbelastung in den Innenstädten.

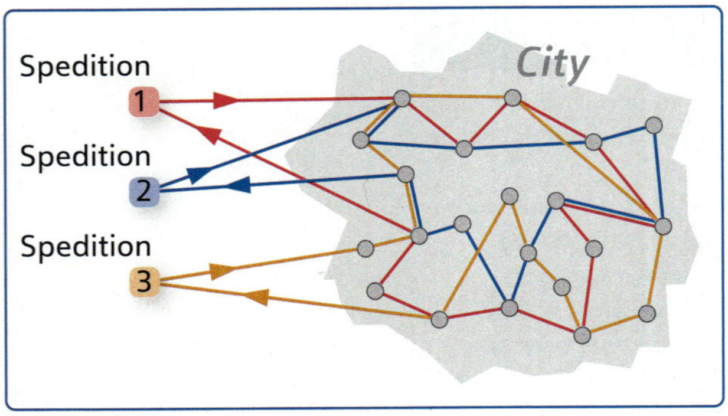

Touren ohne City-Logistik

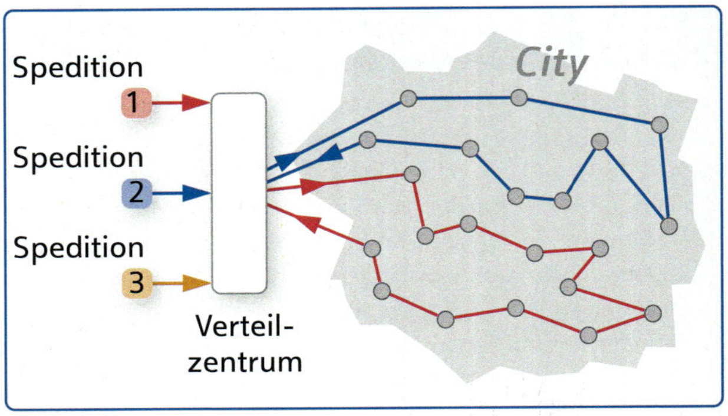

Touren mit City-Logistik

8.4 Güterverkehrszentren

In den Güterverkehrszentren (Güterverteilzentren) werden unterschiedliche Verkehrsträger (z. B. Straße und Schiene), Verkehrsunternehmen (Speditionen, Lagereien), verkehrsergänzende Dienstleistungsunternehmen (z. B. Werkstätten, Beratungsdienste, Telekommunikationsbetriebe) und logistikintensive Industrie- und Handelsbetriebe zusammengeführt und vernetzt.

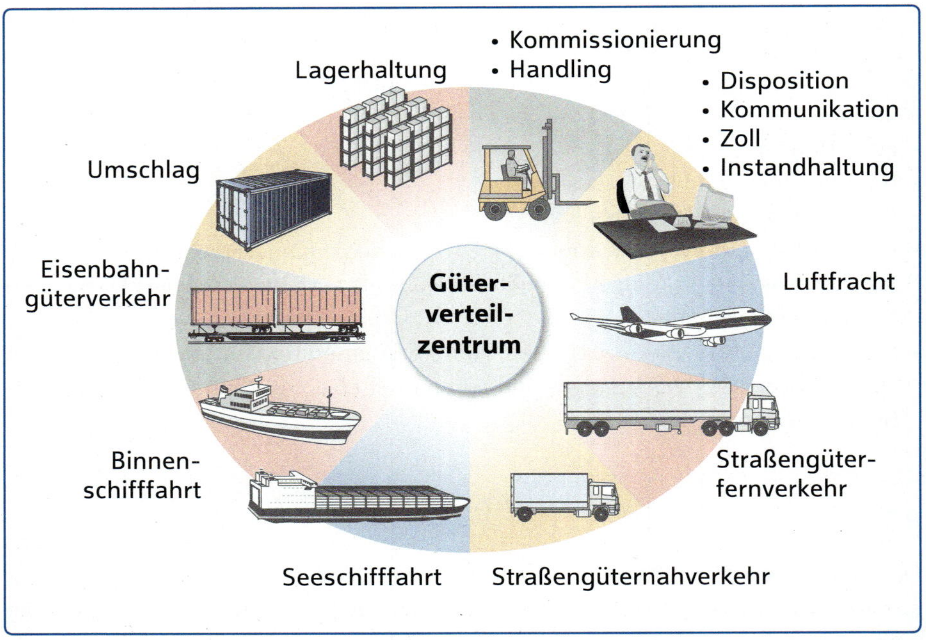

Elemente eines Güterverteilzentrums

Güterverkehrszentrum
cargo transport center

Güterverkehrszentren erfüllen vor allem folgende Funktionen:

- Als Schnittstellen zwischen Nah- und Fernverkehr fassen sie Teilladungen zu größeren Ladungen zusammen.
- Als Umschlag-Terminals im kombinierten Verkehr bewirken sie eine Stärkung der Kooperation zwischen Schiene, Wasserstraße und Straße.
- Als Teil einer City-Logistik fassen sie am Rande der Stadt Transporte zur Versorgung von Unternehmen im Innenstadtbereich zusammen.

Ziele von Güterverkehrszentren

- Bündelung der Güterströme insbesondere im Fernverkehr und somit Kostenersparnisse für die beteiligten Unternehmen
- Entlastung der Straßen vom Güterverkehr
- Förderung der Nutzung der umweltfreundlicheren Verkehrsträger Schiene und Wasserstraße
- Entlastung der Innenstädte vom Schwerlastverkehr
- Realisierung komplexer logistischer Leistungsangebote durch kooperative Zusammenarbeit
- Erzielung von Wettbewerbsvorteilen durch die gemeinsame Nutzung von Informations- und Kommunikationssystemen

8.5 Sendungsverfolgung

Eine der wichtigsten Anforderungen, die Kunden an die Anbieter logistischer Dienstleistungen stellen, ist die Option auf jederzeitige Statusüberprüfung der Sendung entlang der logistischen Kette, also die Sendungsverfolgung (engl. **„tracking and tracing“**). Die Sendungsverfolgung unterteilt sich dabei in zwei Bereiche: das „Tracking“ (die „Verfolgung“) und das „Tracing“ (die „Rückverfolgung“):

Tracking

Der Versender will dem aktuellen Verlauf der Sendung auf dem Weg von der Abholung bis zum Empfänger folgen und die räumliche Lokalisierung („Wo befindet sich die Ware gerade?“) und den Transportzustand abfragen können. So kann der Versender z. B. Transportverzögerungen rasch erkennen und gegebenenfalls Gegenmaßnahmen ergreifen.

Tracing

Es besteht immer wieder die Notwendigkeit, den Lauf einer Sendung rückwirkend zu rekonstruieren, z. B. wenn bei der Ablieferung der Sendung beim Empfänger ein Schaden reklamiert wird. Durch die Rückverfolgung der Sendung kann nun festgestellt werden, wann die Sendung auf dem Versandweg das letzte Mal in einwandfreiem Zustand übergeben wurde bzw. wann zum ersten Mal ein Mängelhinweis auf den Frachtpapieren vermerkt wurde.

Identifikationsnummer für die Versandeinheit

Damit die Sendungsverfolgung überhaupt möglich wird, muss jedes Packstück der Sendung mit einem Barcode-Label versehen sein. Dies ist ein Aufkleber, der die wichtigsten Sendungsdaten als Strichcode verschlüsselt enthält. In der Logistik wird häufig der NVE-Code verwendet. Die NVE (= „Nummer der Versandeinheit“) dient als eine weltweit einzigartige überschneidungsfreie Identifikationsnummer für Versandeinheiten. Mithilfe dieser 18-stelligen Nummer kann jede Versandeinheit eindeutig identifiziert werden (mehr Informationen zur NVE [▸ Lernfeld 1]).

Die Erfassung der Barcodes erfolgt über tragbare oder stationäre Lesegeräte, wie z. B. Lesestifte, Lesepistolen oder Kamerascanner. Der Barcode ist somit der „Fingerabdruck“ der Sendung von der Abholung beim Versender bis zur Auslieferung beim Empfänger. Er erlaubt eine lückenlose Sendungsverfolgung, wenn er an allen relevanten Schnittstellen der Transportkette durch Scannen registriert wird und die Informationen in einer Sendungsdatenbank gespeichert werden.

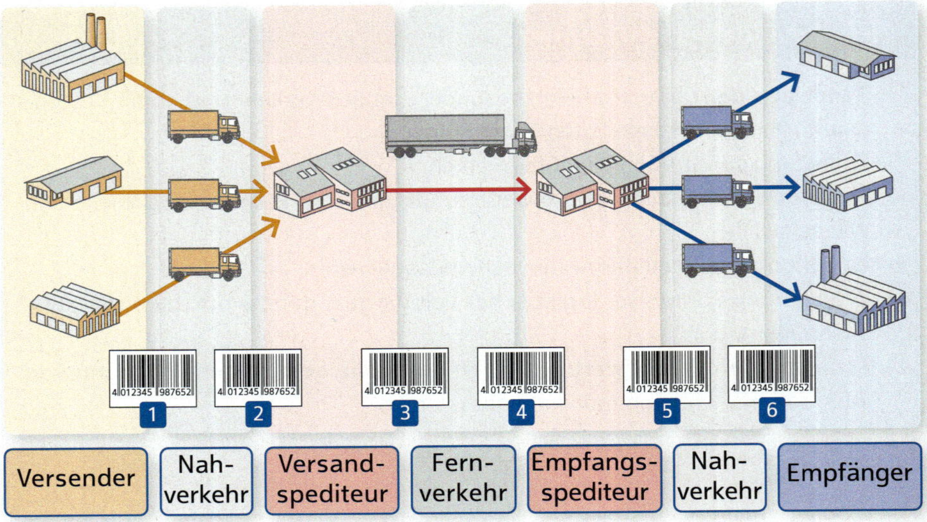

Einscann-Punkte während der Transportkette

Einscann-Punkte

Idealerweise beginnt die Packstückidentifikation schon beim Versender und endet beim Empfänger:

1 Übernahme der Sendung beim Versender

Der Versender hat das Packstück mit einem Barcode versehen. Bei der Übernahme werden die Packstücke gescannt und die Daten werden durch Fernübertragung an eine Sendungsdatenbank gesendet und gespeichert.

2 Eingang der Sendung beim Versandspediteur

Beim Entladen der Nahverkehrsfahrzeuge werden die Packstücke gescannt und die Daten an die Sendungsdatenbank gesendet.

Erfassung des Barcodes zur lückenlosen Sendungsverfolgung

3 Ausgang der Sendung beim Versandspediteur

Nachdem die Packstücke nach Relationen sortiert wurden, erfolgt die Verladescannung bei den Fernverkehrsfahrzeugen. Die Daten werden an die Sendungsdatenbank übertragen.

4 Eingang der Sendung beim Empfangsspediteur

Beim Entladen der Fernverkehrsfahrzeuge werden die Packstücke wieder gescannt und die Daten an die Sendungsdatenbank gesendet.

5 Ausgang der Sendung beim Empfangsspediteur

Beim Beladen der Nahverkehrsfahrzeuge erfolgt eine erneute Verladescannung. Die Sendung erhält nun den Status „in Zustellung“. Die Daten werden wiederum per Datenfernübertragung an die Sendungsdatenbank gesendet und gespeichert.

6 Zustellung beim Empfänger

Bei der Übergabe der Sendung an den Empfänger werden die Packstücke ein letztes Mal gescannt und die Ablieferung vom Empfänger quittiert. Diese Daten werden dann ebenfalls an die Sendungsdatenbank gesendet und dort für eine eventuelle Sendungsrückverfolgung gespeichert.

Erfassung der Sendungen mittels RFID-Technik

Derzeit erfolgt die Erfassung der Sendungen noch meist über Barcode-Labels. Diese haben jedoch den Nachteil, dass sie witterungsunbeständig und nur einmal verwendbar sind. Eine neue Technologie, die in Zukunft die Barcodes ersetzen könnte, ist die RFID-Technik [▸ Lernfeld 1]. Die Vorteile der RFID-Technik liegen in der Echtzeiterfassung der relevanten Daten. Die Transponder ermöglichen außerdem die Bulkerfassung, also die gleichzeitige Erfassung mehrerer Sendungsteile, die das Sende-/Empfangsgerät passieren. Ein weiterer Vorteil ist die relative Unempfindlichkeit gegen äußere Einwirkungen wie Verschmutzung oder Beschädigung und die Möglichkeit der Wiederverwendung bei Schreib-Lese-Transpondern.

8.6 Tourenplanung

Clustering und Routing

Die Tourenplanung befasst sich mit
- der möglichst guten Zuordnung von Fahrzeugen zu den Transportaufträgen („Clustering“) und
- der Festlegung einer optimalen Reihenfolge der Be- und Entladestellen für jedes Fahrzeug („Routing“).

Ziel der Tourenplanung

Ziel einer jeden Tourenplanung ist, die eingehenden und ausgehenden Sendungen so zu koordinieren, dass möglichst geringe Kosten bei einem hohen Servicegrad sowie möglichst schnelle Versandtermine und kurze Transportzeiten erreicht werden.

Bedingungen für die Erstellung der Tourenpläne

Bei der Erstellung der Tourenpläne sind unterschiedliche Bedingungen zu beachten, z. B.:
- verfügbare Fahrzeuge (Art und Anzahl)
- Fahrzeugkapazitäten (Gewicht und Volumen, Palettenstellplätze)
- Eignung von Fahrzeugtypen für die Aufträge
- verfügbare Fahrer
- Eigenschaften der Waren (thermische Eigenschaften, Sperrigkeit und ähnliches)
- Zeitfenster für Liefer- bzw. Abholaufträge
- Kundenstandzeiten (Rampen- und Wartezeiten)
- Anzahl der Be- und Entladestellen
- Aufteilung der Touren (räumlich und zeitlich)
- Lenkzeitvorschriften
- Verkehrshindernisse (z. B. Baustellen, Staus und Umleitungen)

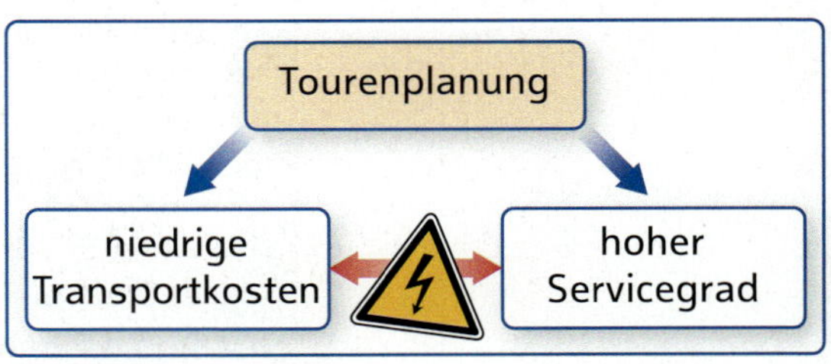

Zielkonflikt bei der Tourenplanung

Bei der Tourenplanung wird unterschieden zwischen **Standardtourenplanung** und **täglicher Tourenplanung**.

Standardtourenplanung

Die Standardtourenplanung bezieht sich auf regelmäßige Aufträge, d.h. wiederkehrende und zu festen Zeiten erfolgende Touren, sogenannte Liniendienste. Diese Touren sind lange im Voraus bekannt und können so mit einem längeren Vorlauf geplant werden.

Tägliche Tourenplanung

Die tägliche Tourenplanung hingegen erfolgt kurzfristig. Die Situationen und Bedingungen, unter denen die Tourenpläne erstellt werden, unterliegen ständigen Veränderungen. Die Touren für die eingehenden Aufträge müssen in sehr kurzer Zeit (meist innerhalb eines Tages oder gar weniger Stunden) geplant und ausgeführt werden. Das verlangt eine hohe Flexibilität.

Es kann auch passieren, dass Informationen in Form von Ereignissen erst während der Planung und Ausführung der Tourenpläne in Echtzeit eingehen und dann unmittelbar verarbeitet werden müssen. Solche Ereignisse können sein:

- Aufträge werden kurzfristig geändert (z.B. Erhöhung der zu transportierenden Gütermenge).
- Aufträge werden teilweise storniert oder neue Transportaufträge treffen noch ein.
- Empfänger werden nicht angetroffen.
- Durch verlängerte Fahrtzeiten oder längere Aufenthaltszeiten bei einigen Empfängern kommt es zu Verspätungen gegenüber dem Plan.
- Fahrzeuge fallen aufgrund eines technischen Mangels aus.

Ablauf der Tourenplanung

1. Schritt: Eingang des Kundenauftrags

Zu Beginn einer jeden Tourenplanung steht der Eingang des Kundenauftrags. Im Kundenauftrag sollten folgende Daten enthalten sein:

- Bezeichnung des zu transportierenden Gutes
- Menge und Gewicht des Gutes
- falls es sich um Gefahrstoffe handelt: die Gefahreneigenschaften
- Belade- und Entladestationen
- Abhol- und Zustelltermine

↓

2. Schritt: Ermittlung der zur Verfügung stehenden Ressourcen

Nachdem der Kundenauftrag vorliegt, muss ermittelt werden, welche Fahrzeuge und welche Fahrer für die Erledigung des Auftrages zur Verfügung stehen.

↓

3. Schritt: Verteilung der Aufträge auf die Fahrzeuge (Clustering)

Nun beginnt die eigentliche Tourenplanung:

- Das Transportvolumen wird ermittelt.
- Die Ladungen werden zusammengestellt.
- Versandweg und Verkehrsträger werden ausgewählt.
- Das Transportmittel (z.B. der Lkw) wird ausgewählt.

Folgende Rahmenbedingungen sind hierbei zu berücksichtigen:

- Gewicht, Volumen, Waren- und Verpackungsart

- Fahrzeugkapazitäten (ein möglichst hoher Auslastungsgrad ist anzustreben)
- besondere Verladewünsche der Kunden
- Ländervorschriften (z. B. Einfuhrverbote, Mengenbegrenzungen)
- Transportsicherheitsaspekte
- Gefahrgutvorschriften (z. B. Zusammenladeverbote)
- Produkteigenschaften (z. B. wird für Kühlware ein Kühlwagen benötigt)

4. Schritt: Routenplanung (Routing)

In diesem Schritt werden die Transportroute und die Reihenfolge der Abholungen und der Lieferungen festgelegt. Ziel der Routenplanung ist es, die gefahrenen Kilometer und die Fahrzeit möglichst zu minimieren.

Folgende Aspekte sind bei der Routenplanung zu berücksichtigen:
- Straßenverbindungen
- Fahrzeiten je Tour
- Vorschriften über Lenk- und Ruhezeiten
- Personalkosten (Vermeidung von Überstunden)
- Fahrtkosten (z. B. Maut)
- Staustrecken
- Zufahrtsbeschränkungen beim Kunden
- Terminvorgaben (z. B. fixe Liefertermine, Öffnungs- und Annahmezeiten beim Kunden)

5. Schritt: Erstellung des Transportauftrages

Zur Erstellung des Transportauftrages gehört die Erstellung einer Fahreranweisung mit Beladeplan und Tourenplan.

6. Schritt: Erstellung der notwendigen Transportpapiere

Zu den notwendigen Transportpapieren gehören z. B. Lieferscheine, Frachtbriefe und Zolldokumente.

Durchführung der Routenplanung

Routenplanung mit Nadel und Faden

Die Routenplanung, d. h., die Festlegung der Transportstrecke, kann herkömmlich mit Nadel und Faden erfolgen. In diesem Falle werden die Zielorte mit Stecknadeln auf einer Landkarte markiert. Die Tourenoptimierung erfolgt dann mithilfe von Wollfäden. Diese Form der Routenplanung ist schnell und einfach durchführbar und erfordert keine Datenverarbeitungsanbindung.

EDV-gestützte Routenplanung

Routenplanung

In den meisten Betrieben erfolgt die Tourenplanung allerdings EDV-gestützt. Heutige Lkw-Routenplaner sind umfangreiche Software-Pakete mit vielfältigen Funktionen. Alle relevanten Daten, wie Be- und Entladeorte, Ladungsmenge und Ladungsgewicht, Zeitfenster für die Be- und Entladung beim Kunden, werden in das System eingegeben. Das Programm berechnet dann den optimalen Routenplan. Viele EDV-gestützte Routenplaner besitzen auch eine Schnittstelle zur Telematik.

Telematik

Die Telematik („Telematik“: zusammengesetzter Begriff aus „Telekommunikation“ und „Informatik“) ist eine Technologie, welche die Technologiebereiche Telekommunikation und Informatik verknüpft. Aufgabe eines Telematiksystems ist die Erfassung von Daten sowie deren Übertragung vom Erfassungsort zu einem Verarbeitungssystem über mobile Datenkommunikation.

Elemente der Lkw-Telematik

Ein Lkw-Telematiksystem besteht grundsätzlich aus vier Elementen:
- einem Bordcomputer zur Erfassung und Verwaltung der Daten im Fahrzeug,
- einer mobilen Kommunikation (Handy) zur Übermittlung der Daten zwischen Zentrale (Spedition) und Fahrzeugen,
- einer Telematikzentale zur Speicherung, Analyse und Aufbereitung der Daten und
- einem Anzeigesystem (Client) für Information und Daten beim Endnutzer.

Der Lkw ist mit einem Bordrechner und einem Handy für die Sprach- und Datenkommunikation ausgestattet. Die Ortung des Lkw geschieht über GPS-Satelliten. Die Informationen über Position, Fahrzeugzustand, Sendungsstatus, usw. werden über Mobilfunk an den Telematik-Dienstleister weitergeleitet. Der Dienstleister bereitet die Daten auf und übermittelt sie per Internet oder per Datenfernübertragung (DFÜ) an den Endanwender (z. B. die Spedition).

Lkw-Telematiktechnik

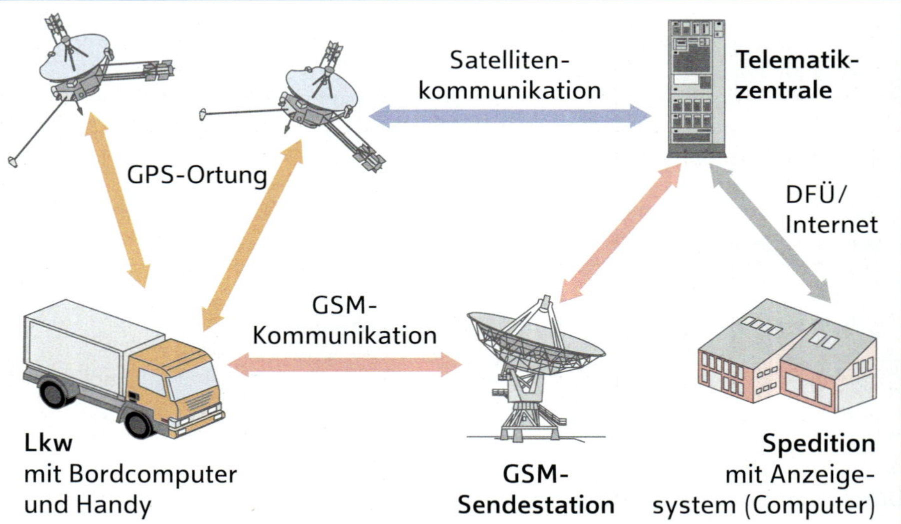

GPS = Global Positioning System (Globales Positionsortungssystem)
GSM = Global System for Mobile Communications (Globales System für die mobile Datenkommunikation)

Anwendungsfelder der Lkw-Telematik

Im Rahmen der Lkw-Telematik bieten sich bis heute mehrere Anwendungsfelder:
- Durch Auslesen der Daten aus den Steuergeräten der Fahrzeuge lässt sich die Wartung des Lkw planen und die Fahrweise des Fahrers bewerten.
- Aufträge und Tourenbildung können erfasst und die ermittelten Daten an das Fahrzeug übertragen werden.
- Tracking and Tracing wird ermöglicht durch die Erfassung der Positionsmeldungen der transportierenden Fahrzeuge und des Bearbeitungsstandes der Sendung.
- Die Routenplanung kann kurzfristig, z. B. bei Staumeldungen, geändert werden.

8.7 Logistik 4.0: Sendungsverfolgung (Tracking & Tracing)

Die Aufgabe von Logistikunternehmen ist es, dafür zu sorgen, dass bestimmte Waren zu einer bestimmten Zeit an einem bestimmten Ort sind. Doch die Waren sollen nicht nur pünktlich ankommen, sondern auch noch in der gewünschten Qualität. Moderne **RFID- und Telematiksysteme** können diese Prozesse optimieren. Die Pakete, Paletten oder Container werden mit RFID-Tags zur Identifizierung des Packstücks und mit RFID-Sensoren, z. B. zur Temperatur- oder Feuchtigkeitsmessung, ausgestattet. Die Transponder (RFID-Tags und RFID-Sensoren) senden ihre Daten ständig aus. Sobald sie in Reichweite eines Empfängers kommen, werden die Daten von diesem gelesen und erfasst. Wenn der Transportweg mit ausreichend RFID-Empfängern ausgestattet ist, ist das Packstück somit sichtbar und eine **Sendungsverfolgung** und **Qualitätsüberwachung** möglich. Da die Lesbarkeit allerdings nur dann funktioniert, wenn sich der RFID-Tag in unmittelbarer Nähe zu einem RFID-Reader befindet, ist hier keine wirkliche „Echtzeitverfolgung“ möglich. Es handelt sich lediglich um Momentaufnahmen. Eine wirklich stetige Sendungsverfolgung ist durch den Einsatz von GPS möglich. Da die Systeme für eine GPS-Ortung allerdings energieversorgt sein müssen, hat sich diese Technologie bisher lediglich auf Fahrzeugebene mit Telematiksystemen durchgesetzt [▸ Kapitel 8.6]. Eine lückenlose Sendungsverfolgung, also ein **ganzheitliches Tracking & Tracing-System**, lässt sich aber durch einen kombinierten Einsatz von RFID-Technik auf Sendungsebene, also an den Packstücken, und durch GPS-Technik auf Fahrzeug- oder Trailerebene erreichen. Im Lager bzw. in den Umschlagdepots sowie bei der Übergabe an den Kunden werden die RFID-Tags gescannt und erfasst und für die Verfolgung der Fahrzeuge oder Wechselbrücken wird eine GPS-Ortung mittels Telematik eingesetzt. So kann jederzeit der Weg der Ware zum Kunden verfolgt und kontrolliert werden.

RFID- und Telematiksystem

Sendungsverfolgung
Qualitätsüberwachung

ganzheitliches Tracking & Tracing-System

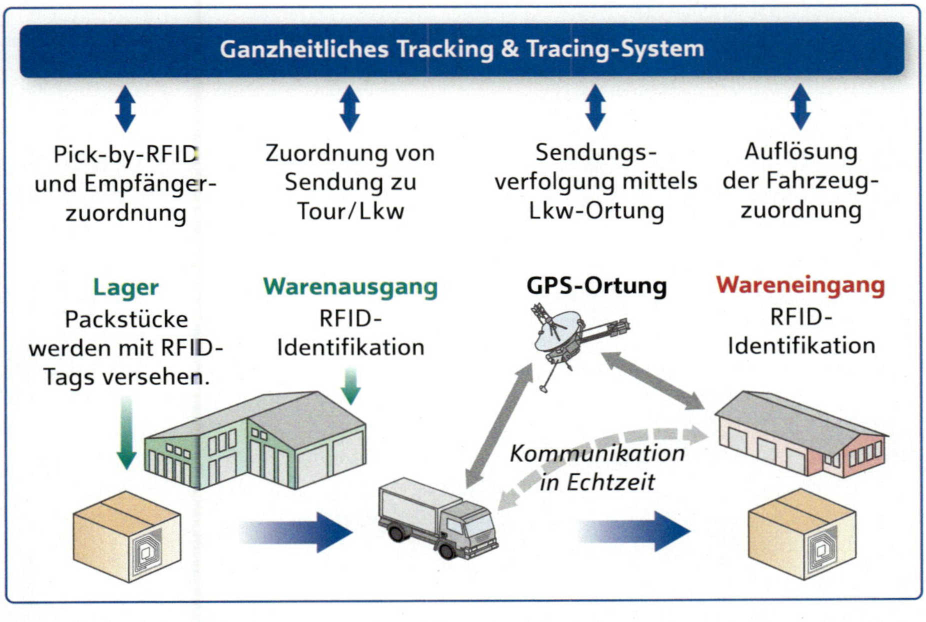

Ganzheitliches Tracking & Tracing-System

Logistikunternehmen stehen immer wieder vor der Herausforderung, dass z. B. dringend benötigte Ersatzteile oder Medikamente auf schnellstem Wege zum Kunden gebracht werden müssen – dies auch bei Staus auf den Autobahnen und in den Innenstädten. Gerade für den Transport kleiner Sendungen (maximal mögliches Gewicht beträgt derzeit 2,5 kg) in abgelegene Gebiete bietet sich der Einsatz einer **Logistikdrohne** an. Die Drohne nimmt das Paket auf, steigt in die Luft und fliegt direkt zu einem vorgegebenen Zielort, wo sie das Paket abliefert. Hinter diesem Prinzip stecken zahlreiche Sensoren, Kameras und Radarsysteme, die für einen zielgerichteten und sicheren Transport sorgen.

Ein flächendeckender Einsatz der Paketdrohne ist bei der stets zunehmenden Zahl an Paketsendungen jedoch unwahrscheinlich. Dann wäre der Himmel schwarz. Realistischer ist hier eher die Errichtung sogenannter **Mega-City-Logistik-Hubs** an den Rändern der Ballungsräume bzw. Städte. Warenlieferungen in die Städte können gezielt gebündelt und mit umweltfreundlichen kleineren Transporteinheiten wie etwa Elektro-Lieferwagen und Lastenfahrräder an den Endkunden in der Stadt geliefert werden. Dadurch können der innerstädtische Verkehr reduziert und die Warenströme kontrolliert in der Stadt verteilt werden.

Lernfeld 8
Güter verladen

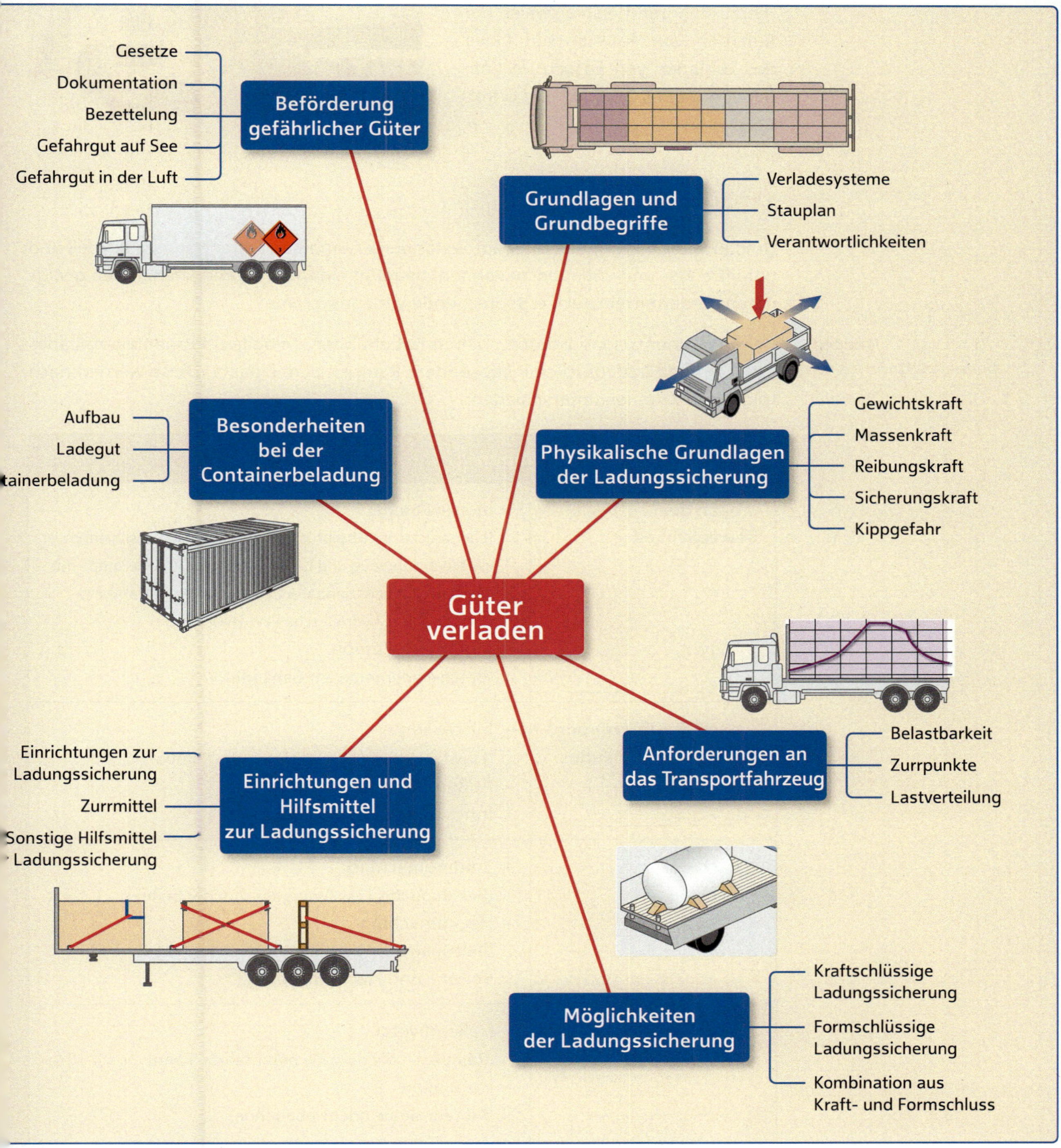

1 Grundlagen und Grundbegriffe der Güterverladung

Unter **Güterverladung** versteht man das **Aufladen, Umladen und Abladen von Gütern auf verschiedene Verkehrsmittel und Ladungsträger**. Hierzu gehören beispielsweise das Aufladen von Paletten auf Lkws, das Umladen von Fässern in Container oder das Abladen von Gitterboxen von Waggons.

Beladung eines Lkw

1.1 Verladesysteme

Um Lkws, Bahnwaggons oder aufgeständerte Container kostengünstig, schnell und unfallfrei be- und entladen zu können, benötigt ein Unternehmen neben den geeigneten Fördermitteln auch entsprechende Verladesysteme.

Rampen
loading platform/ramp

Beim Warenumschlag kommen neben Hebebühnen, (mobilen) Krananlagen, Ladeschienen und Ladebrücken insbesondere Rampen zum Einsatz. Diese werden nach folgenden Kriterien unterschieden:

Unterscheidung der Rampen …	
… nach der Beweglichkeit	• mobile Rampe (Ladebrücke zur Überbrückung von Höhenunterschieden zwischen Fahrzeug und Laderampe, mobile Laderampe mit kippbarer und ausziehbarer Ladeplattform, verfahrbare Auffahrrampe, hydraulische Lkw-Hebebühne) • stationäre Rampe (Beton-Laderampe am Gebäude)
… nach der Anordnung im oder am Gebäude	• Innenrampe (Lkw fährt in die Lagerhalle an die Rampe) • Außenrampe • Innen- und Außenrampe
… nach der Umschlagsart	• Seitenumschlag (Beladung des Lkw/Waggons von der Seite) • Heckumschlag (Beladung des Lkw/Waggons von hinten) • Seiten- und Heckumschlag
… nach dem Umschlagsort	• Hallenniveau (Rampe, an die der Lkw heranfahren kann) • Hofniveau (Auffahrrampe oder Hebebühne)

5366424

Beton-Außenrampe

Verfahrbare Auffahrrampe

Ladebrücke

Mobile Ladeplattform

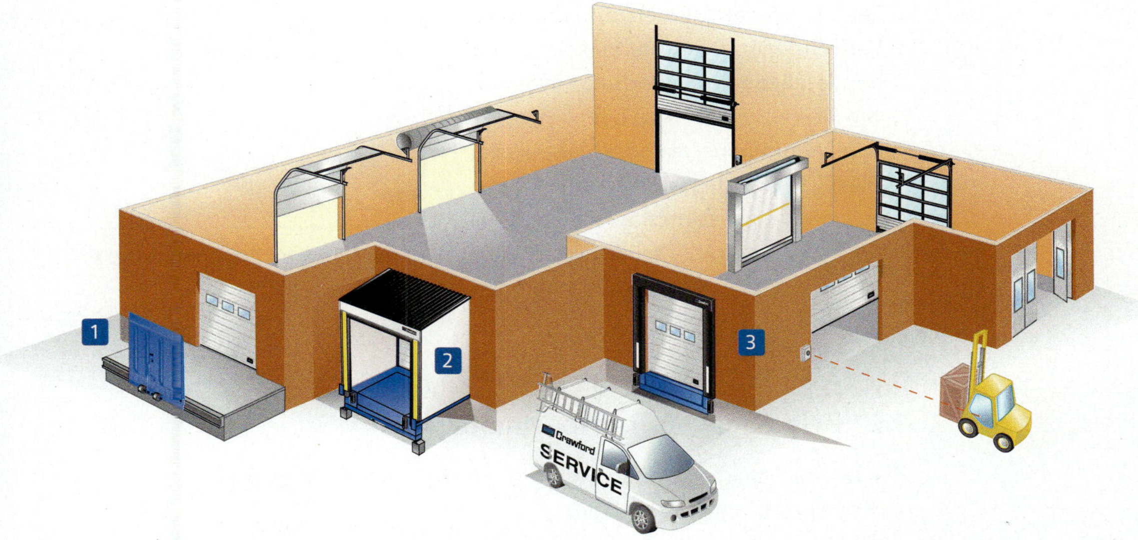

1 Außenrampe mit mobiler Ladebrücke und Heckverladung
2 Verladeschleuse
3 Verladeluke mit innen liegender Überladebrücke

Laderampen

1.2 Gefahren bei der Verladung

Bei Arbeiten auf und an Laderampen kommt es immer wieder zu Unfällen. Zu den wesentlichen Gefahrenpunkten zählen:
- Lade-, Rangier- und Transportvorgänge unmittelbar an der Rampenkante
- rutschige und verschmutzte Laderampen und Ladebrücken
- Nichtbenutzung der Abgänge (Treppen) an den Rampen
- fehlende Absturzsicherungen
- mangelhafte Sicherung der Fahrzeuge gegen Wegrollen oder Wegfahren
- fehlende Sicht und mangelhafte Einweisung der Fahrer beim Rückwärtsfahren
- mangelnde Unterweisung der im Be- und Entladebereich beschäftigten Personen

Maßnahmen zur Vermeidung von Unfällen

Viele Unfälle auf und an Laderampen lassen sich durch eine Verbesserung der organisatorischen Maßnahmen (z. B. Intensivierung der Unterweisungen und Erstellung von Betriebsanweisungen) sowie durch technische Maßnahmen verhindern.

- Um z.B. Stürze auf und von Laderampen zu vermeiden, sollten diese sauber und mit **rutschhemmenden Materialien** wie Antirutschmatten, Pappe usw. ausgestattet sein. Außerdem sollten **Absturzsicherungen** angebracht sein.

- An Ladestellen muss in der Regel rückwärts herangefahren werden. Dabei hat der Fahrzeugführer nur eingeschränkte Sicht auf die Fahrbahn und es besteht die Gefahr, jemanden zu überfahren, anzufahren oder zwischen Laderampe und Fahrzeug einzuquetschen. Vermieden werden kann dies z. B. durch eine klare **Trennung der Verkehrswege für Fußgänger vom Fahrzeugverkehr** sowie **Einweisung der Fahrzeuge durch geschultes Personal.**

- Ein Wegrollen oder vorzeitiges Entfernen von Fahrzeugen von der Laderampe kann verhindert werden, z. B. durch die **Verwendung von Unterlegkeilen** und die **Installation von Rückhaltesystemen** wie Bolzen, in der Fahrbahn versenkbare Wegfahrsperren oder Elektrokeile. Diese Rückhaltesysteme fixieren die Fahrzeuge am Unterfahrschutz bzw. an den Hinterrädern und verhindern dadurch unbeabsichtigte Bewegungen beim Be- und Entladen.

Unfall bei der Verladung durch zu frühe Abfahrt des Lkw

1.3 Beladung von Transportmitteln

Zur Transportmittelbeladung gehören die folgenden Tätigkeiten:
- die Überprüfung des Ladegutes,
- die Überprüfung des Transportmittels,
- die Stauplanung und
- die Ladungssicherung.

Überprüfung des Ladegutes

Bevor die Ladegüter auf das Transportmittel verladen werden, sollten folgende Überprüfungen vorgenommen werden:

- Ist das Ladegut hinreichend verpackt und besteht eine Verbindung zwischen Ladungsträger und Ware (z. B. Palette mit eingestretcht)?
- Ist die Palette nicht überbaut (Palettenstellplätze)?
- Sind die Packstücke eindeutig und ausreichend gekennzeichnet?
- Ist das Ladegut durch eine standsichere und druckfeste Oberfläche stapelbar?
- Besitzt das Ladegut für ein Niederzurren die notwendige Druckfestigkeit?
- Wo liegt der Schwerpunkt des Ladegutes in Bezug auf eine mögliche Kippgefahr?
- Ist der Ladungsträger (z. B. Palette) unterfahrbar?

Überprüfung des Transportmittels

Ob die Ladegüter sicher transportiert werden können, hängt auch vom ordnungsgemäßen Zustand der Transportmittel ab. Aus diesem Grunde sollten vor der Beladung folgende Punkte überprüft werden:

- Befindet sich das Fahrzeug in einem betriebssicheren Zustand?
- Ist das Transportmittel für die Durchführung des Transportes geeignet?
- Ist das Transportmittel, insbesondere die Ladefläche, sauber?
- Ist das Transportmittel unbeschädigt?
- Sind Sicherungseinrichtungen und Sicherungsmittel vorhanden?

Stauplanung

Stauplan
loading plan/
cargo/stowage plan

Vor der Beladung ist ein **Stauplan** zu erstellen, aus dem hervorgeht, wo welches Packstück hinzupacken ist. Zur Erstellung des Stauplanes benötigt man die **Innenmaße des Transportmittels** (Ladefläche, Container) und dessen **zulässiges Gesamtgewicht** sowie die **Außenmaße** und **Gewichte der zu verladenden Güter**.

Nun wird, am besten auf Millimeterpapier, eine maßstabsgetreue Zeichnung erstellt. Alternativ kann auch mit Modellen gearbeitet und eine **Probebeladung** durchgeführt werden. Staupläne können aber auch mithilfe spezieller Computerprogramme erstellt werden.

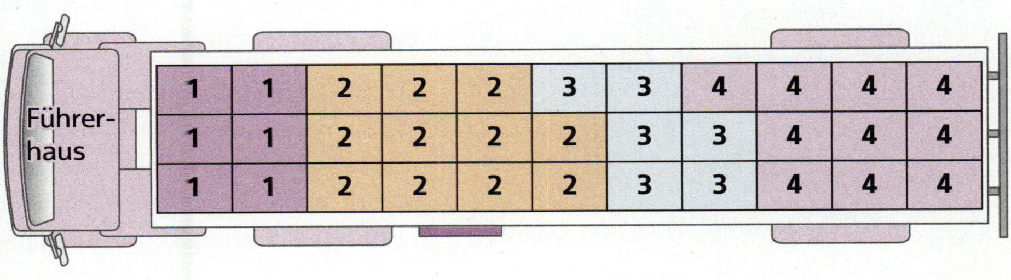

Stauplan: Lkw-Sattelzug beladen mit Europaletten
(Die unterschiedlichen Farben der Paletten stehen für die verschiedenen Kunden, die beliefert werden sollen.)

Grundregeln für die Stauplanung

Bei der Erstellung eines Stauplanes gelten folgende Grundregeln:

- Nutzlasten beachten
- Gewicht gleichmäßig auf der Bodenfläche verteilen
- Die zulässigen Achslasten des Lkw nicht überschreiten
- Lastgrenzen der Verkehrsträger im Versand- und Empfangsland beachten
- Schwere Güter nach unten, leichte nach oben packen
- Flüssige Güter unten, feste Güter oben stauen
- Feste Packstücke unten, weniger feste Packstücke (z. B. Säcke) oben stauen
- Schwere Güter möglichst in Richtung Stirnwand verstauen wegen der entstehenden Kräfte beim Bremsen
- Fässer und Trommeln stets stehend stauen
- Zusammenladeverbote beachten
- Stauberzeugende Güter nicht mit staubempfindlichen Gütern stauen
- Die Güter, die **zuletzt** entladen werden, **zuerst** einladen, und entsprechend die Güter, die **zuerst** entladen werden, **zuletzt** einladen (**LIFO-Prinzip = last in, first out**)
- So stauen, dass nichts heraus- oder herunterfallen kann

Detaillierte Staupläne ermöglichen eine platzsparende Güterverladung und damit bessere Auslastung der Transportmittel. Außerdem stellen sie eine Verladung in der richtigen Reihenfolge sicher und verkürzen die Verladezeiten. Staupläne erleichtern auch die Planung, Vorbereitung und Durchführung der Ladungssicherung.

Ladungssicherung

Ladungssicherung
goods/load securing/ tie down

Eine gute **Ladungssicherung** setzt voraus, dass Ladegut und Transportmittel überprüft wurden und ein Stauplan erstellt wurde. Dazu sind Kenntnisse über die physikalischen Grundlagen der Ladungssicherung, über die Anforderungen an das Transportfahrzeug, über die Möglichkeiten der Ladungssicherung und über Einrichtungen und Hilfsmittel zur Ladungssicherung erforderlich.

1.4 Folgen mangelhafter Verladung

Heruntergefallene Drahtcoils auf der Fahrbahn

In den Verkehrsnachrichten sind täglich Meldungen über verlorene Ladungen auf der Straße zu hören, z. B. Bretter, Paletten, Kisten und Fahrräder. In fast allen Fällen ist fehlende oder mangelnde Ladungssicherung die Ursache dafür.

Doch dies ist nur ein kleiner Teil der Problematik, denn unter den Planen und auf den Ladeflächen von Lkws lauern weitere tödliche Gefahren. **Ladungssicherungskontrollen** der

Gefährliche Lkw-Verladung

Dominoeffekt: Die Bewegungsenergie einer einzelnen kippenden Ladung genügt, um weitere Ladungsgüter umzukippen und eine Kettenreaktion auszulösen.

Transportversicherer und der Polizei auf den Autobahnen ergaben, dass in ca. 70 % der Fälle die Ladung auf den Lkw nicht oder nur schlecht gesichert war. Hierdurch kommt es jährlich zu Tausenden von Unfällen mit Sachschäden in Millionenhöhe sowie zu Unfällen mit Personenschaden.

Fragt man die Fahrer, warum ihre Ladung so schlecht oder gar nicht gesichert ist, werden häufig folgende Gründe angeführt:

- **keine Zeit:** *„Ich musste los, weil ich noch die Fähre erwischen muss; ich war sowieso schon zu spät dran."*
- **kein Geld:** *„Mein Chef sagt, Gurte sind zu teuer. Ein paar Bänder tun es auch."*
- **keine Ahnung** *„Die Ladung ist so schwer, die verrutscht nicht; ich mache das schon mindestens 15 Jahre so und es ist noch nie etwas passiert."*

Doch diese Antworten sind Ausreden und Annahmen mit teilweise fatalen Folgen:

Fehlende oder mangelnde Ladungssicherung	
Betroffene	**Mögliche Folgen sind z. B.:**
Mensch	Verletzungen oder Tod
Umwelt	Luftverschmutzungen, Boden- und Gewässerverunreinigungen
Verantwortliche wie Fahrer, Fahrzeughalter und Verlader	Bußgelder, Freiheitsstrafen
Wirtschaft	Warenverluste, Produktionsausfälle, Umsatzausfall
Gesellschaft	Kosten für die Einsatzkräfte, Belastungen der Krankenkassen

1.5 Begriffsbestimmungen im Straßenverkehr

In einer Vielzahl von Gesetzestexten (Straßenverkehrsordnung, Ordnungswidrigkeitengesetz, DIN-Vorschriften usw.) werden die rechtlichen Grundlagen für die Güterverladung und Ladungssicherung festgelegt und dabei die nachfolgend aufgeführten Begriffe verwendet.

Absender/Beförderer
consignor

Absender ist, wer mit dem Beförderer einen **Beförderungsvertrag** schließt. Wird kein Beförderungsvertrag geschlossen, gilt der Beförderer als Absender.

Fahrzeugführer/Fahrer
driver

Fahrzeugführer/Fahrer ist derjenige, der ein Fahrzeug eigenverantwortlich lenkt.

Fahrzeughalter/Unternehmer
owner/entrepreneur

Fahrzeughalter/Unternehmer ist, wer das Fahrzeug für eigene Rechnung in Gebrauch hat, auf den das Fahrzeug zugelassen ist oder wer Nutzen aus dem Gebrauch zieht.

Verlader
loader

Verlader ist, wer als unmittelbarer **Besitzer** das Gut dem Beförderer übergibt und die Güter in Eigenverantwortung im Rahmen bestehender Gesetze auf das Beförderungsmittel aufbringt, z. B. der Staplerfahrer, Packer, Lagerist oder Versandmitarbeiter.

Betriebssichere Verladung
fail-safe loading/loading with guaranteed transport

Betriebssichere Verladung bedeutet, dass **Gesamtgewicht, Achslast** und **Abmessungen des Fahrzeugs** und die **Lastverteilung** eingehalten werden und das **richtige Fahrzeug** gewählt ist.

Beförderungssichere Verladung
safe loading

Beförderungssichere Verladung bedeutet, dass das Ladegut so zu laden ist, dass es allen verkehrsbedingten Situationen wie Notbremsung, Ausweichmanövern, Kurvenfahrten, schlechten Straßenverhältnissen und üblichen Rangierstößen standhält. Beförderungssicherheit bezieht sich auf die **Verpackung**, die **Bildung von Ladeeinheiten**, die vorgenommene **Lastverteilung** und die **Sicherung der Ladegüter.**

Verkehrssicherheit
road/transport safety

Verkehrssicherheit ist dann gegeben, wenn die Ladung in solcher Weise auf das Fahrzeug aufgebracht wird, dass sie den allgemeinen Anforderungen des Straßenverkehrs genügt. Kurz: Die Verkehrssicherheit setzt die **Betriebssicherheit** und die **Beförderungssicherheit** voraus.

1.6 Verantwortlichkeiten

Fahrzeugführer/Fahrer

Der **Fahrzeugführer/Fahrer** hat für die **betriebssichere Verladung** zu sorgen. Er hat vor Fahrtantritt die Kontrolle der Ladungssicherung und der Lastverteilung durchzuführen. Während der Fahrt hat er sein Fahrzeug und die Beladung zu überprüfen. Bei einer **Teilentladung** hat der Fahrzeugführer/Fahrer die Ladungssicherung neu vorzunehmen und die sich dadurch ändernde Lastverteilung zu berücksichtigen.

Fahrzeughalter

Der **Fahrzeughalter** muss ein für die jeweilige Ladung **geeignetes Fahrzeug** zur Verfügung stellen. Er hat **geeignete Fahrzeugführer** einzusetzen, die entsprechend ausgebildet sind und in der Lage sind, die Ladungssicherung durchzuführen. Dies hat der Fahrzeughalter in regelmäßigen Abständen zu **kontrollieren.** Des Weiteren ist der Fahrzeughalter für die **Bereitstellung der ordnungsgemäßen und richtigen Ladungssicherungsmittel** verantwortlich.

Verlader (Absender)

Der **Verlader** (**Absender**) ist für die **beförderungssichere Beladung** (Laden, Stauen, Befestigen) verantwortlich. Er hat außerdem für eine **ordnungsgemäße Kennzeichnung und Verpackung** der Ladung zu sorgen.

1.7 Logistik 4.0: Güterverladung

Die Be- und Entladung von Lkws ist in den meisten Fällen eine sehr zeitaufwendige Arbeit. Unvorhergesehene Wartezeiten beim Be- und Entladen gehören zu den größten Stressfaktoren der Lkw-Fahrer, die ihre Arbeitszeiten (Lenk- und Ruhezeiten) korrekt einhalten müssen. Mittels automatischer Lkw-Verladesysteme lässt sich der Materialfluss während der Be- und Entladung von Lkws jedoch wesentlich effizienter gestalten.

automatisierte LKW Be- und Entladesysteme

Mit einem **automatisierten Lkw Be- und Entladesystem** kann eine komplette Lkw-Ladung in einem Schub, d. h. in maximal drei bis vier Minuten, aus bzw. in den Lkw befördert werden. Für die automatische Verladung werden in der Regel zwei ineinandergreifende Module benötigt: Das eine Modul, das sogenannte Trailermodul, ist im Lkw selbst angebracht und das andere Modul, das Dockmodul, an der Rampe. Wenn der Lkw an der Rampe andockt, werden die beiden Module miteinander verbunden und es erfolgt eine Konturenkontrolle des Lkw. Das System weiß nun, was und wie viel entladen werden muss. Per Knopfdruck kann dann die automatische Verladung gestartet werden. Für die automatische Verladung können verschiedene Techniken genutzt werden, z. B. Kettenförderer, Rollenförderer, Gurtförderer oder Transportteppichsysteme.

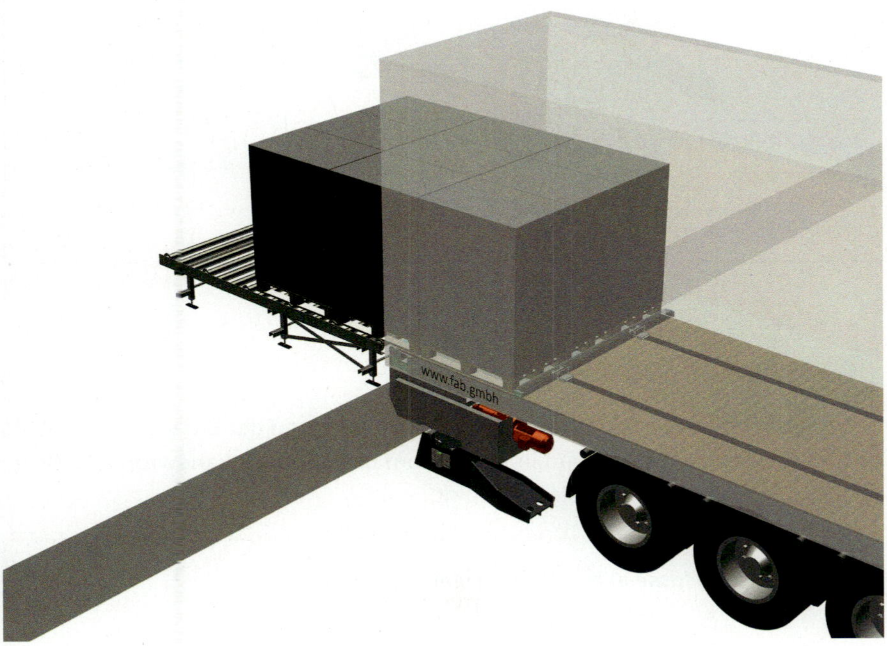

Automatisches Verladesystem

2 Physikalische Grundlagen der Ladungssicherung

Beim Fahren kann die Ladung schnell ein Eigenleben entwickeln, das man leicht unterschätzt. Die Ladung bleibt nur so lange auf ihrem Platz auf der Ladefläche, bis sie durch Beschleunigung, Bremsen oder Kurvenfahrten und die dabei auftretenden Kräfte gezwungen wird, ihre Position zu verändern.

Folgende Kräfte (**Massenkräfte**) können von der Ladung ausgehen:

- In Fahrtrichtung: 80 % der Gewichtskraft F_G
- Zu den Seiten und nach hinten: 50 % der Gewichtskraft F_G

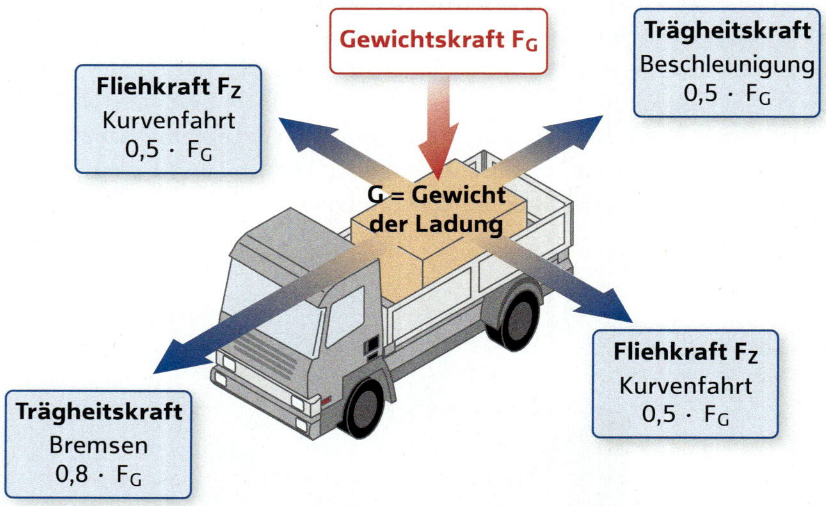

Massenkräfte: Fliehkraft und Trägheitskraft

2.1 Gewichtskraft F_G

Die **Gewichtskraft** ist die Kraft, mit der ein Körper aufgrund der Erdanziehungskraft auf eine Unterlage drückt. Sie wird in **N** (**Newton**) bzw. **daN** (**Dekanewton = 10 Newton**) angegeben und errechnet sich wie folgt:

***Gewichtskraft** = Masse in kg · Erdbeschleunigung in m/s²*

$$F_G = m \cdot g$$

Die Gewichtskraft von 1 daN entspricht somit ungefähr der Ladungsmasse von 1 kg: 1 daN ≙ 1 kg

Auch in Fachberichten zur Ladungssicherung wird 1 kg mit 1 daN gleichgesetzt.

2.2 Massenkraft F_M

Trägheitsgesetz

Die Massenkraft wird häufig auch als **Trägheitskraft** bezeichnet. Ursache dieser Kraft ist die Trägheit einer jeden Masse (Ladung, Person). Dies bedeutet, dass sich die Masse (Ladung oder Person) gegen eine Bewegungsänderung wehrt und ihr entgegenwirkt (= **Trägheitsgesetz**).

Trägheitskraft

Die **Trägheitskraft** besagt, dass ein Körper das Bestreben hat, den Zustand beizubehalten, in dem er sich gerade befindet:
- Bei Stillstand will der Körper stehen bleiben, das Anfahren wirkt dem entgegen.
- Ist der Körper in Bewegung, will er in Bewegung bleiben, das Bremsen wirkt dem entgegen.

Dies kennt jeder vom Autofahren:
- In einem Auto, das nach vorne anfährt oder beschleunigt, ist die Trägheitskraft **nach hinten** gerichtet: Die Insassen fühlen sich nach hinten in die Sitze gedrückt.
- Bei einem abbremsenden Auto ist die Beschleunigung negativ und die Trägheitskraft wirkt daher **nach vorne**. Die Insassen werden nach vorne in die Sicherheitsgurte gedrückt. Hierbei spielt es keine Rolle, wie schwer die Ladung oder die Insassen sind. Leichte und übergewichtige Insassen werden gleichzeitig nach vorne gedrückt, nur die Aufprallenergie gegen die Windschutzscheibe wäre unterschiedlich hoch.

Berechnung der Massenkraft

Für die Berechnung der Massenkraft gelten folgende Regeln:
- in **Längsrichtung nach vorn** (beim **Bremsen**) wirkt das 0,8-Fache der Gewichtskraft der Ladung, also $0{,}8 \cdot F_G$.
- in **Querrichtung** (bei **Kurvenfahrten**) und in **Längsrichtung nach hinten** (beim **Anfahren**) wirkt das 0,5-Fache der Gewichtskraft der Ladung, also $0{,}5 \cdot F_G$.

Beispiel: Berechnung der Massenkräfte

Bei einem Ladungsgewicht von 10 000 kg wirken folgende Massenkräfte:

Beim Abbremsen:	$F_M = 0{,}8 \cdot 10\,000$ daN $= 8\,000$ daN
Beim Anfahren:	$F_M = 0{,}5 \cdot 10\,000$ daN $= 5\,000$ daN
Bei Kurvenfahrt:	$F_M = 0{,}5 \cdot 10\,000$ daN $= 5\,000$ daN

Fliehkraft F_Z

Auch in Kurven wirkt das Trägheitsgesetz. Die Ladung will **ihren alten Kurs** (in diesem Fall: geradeaus) beibehalten und bewegt sich deshalb zur **Kurvenaußenseite**. Verantwortlich für dieses Verhalten der Ladung ist wiederum die Massenkraft, die in diesem Falle auch **Fliehkraft** oder **Zentrifugalkraft** genannt wird.

Die Fliehkraft ist abhängig:
- von der Masse der Ladung: je größer die Masse, desto größer die Fliehkraft
- von der Geschwindigkeit: mit steigender Geschwindigkeit erhöht sich die Fliehkraft
- vom Kurvenradius: je kleiner der Kurvenradius, desto größer die Fliehkraft bei konstanter Geschwindigkeit

Die Fliehkraft F_Z berechnet sich wie folgt:

$$F_z = \frac{m \cdot v^2}{r}$$

m = Masse der Ladung (in kg)
v = Geschwindigkeit (in m/s)
r = Kurvenradius (in m)

2.3 Reibungskraft F_R

Wie stark sich die Ladung verschiebt, ist von der Reibungskraft F_R abhängig. Unter **Reibungskraft** versteht man die Reibung (Haftung/Halt), die der Ladungsverschiebung beim Anfahren, Bremsen und in Kurven entgegenwirkt. Die Reibung ist je nach Beschaffenheit der Kontaktflächen von Körpern unterschiedlich: Bei rauen Oberflächen benötigt man größere Kräfte, um die Körper gegeneinander zu verschieben, als bei glatten Oberflächen.

Mikroverzahnung

Das **Ineinandergreifen** oder **Verhaken** zweier Körper bezeichnet man als **Mikroverzahnung**. Wie stark die Mikroverzahnung zwischen der Oberfläche der Ladefläche und der Oberfläche des Ladungsgutes ist, wird durch den **Gleitreibbeiwert** μ ausgedrückt.

Gleitreibbeiwert μ

Nach VDI 2700 (Regeln des Vereins Deutscher Ingenieure) gelten für die folgenden Materialpaarungen (in trockenem Zustand) diese Gleitreibbeiwerte:

Materialpaarung	Gleitreibbeiwert μ (Material in trockenem Zustand)	
Holz auf Holz	0,2	**Vorsicht:** In nassem oder fettigem Zustand verschlechtern sich die Gleitreibbeiwerte. Je höher der Wert, desto besser die Haftung.
Metall auf Holz	0,2	
Metall auf Metall	0,1	
Beton auf Holz	0,3	

Für die Ladungssicherung bedeutet dies Folgendes:

Setzt man z. B. eine Holzkiste auf eine Ladefläche aus Holz (Materialpaarung **Holz auf Holz,** Gleitreibbeiwert **0,2**), dann setzt die Holzkiste etwa 20 % ihrer Gewichtskraft dem Rutschen entgegen.

Die Reibungskraft F_R ergibt sich somit aus:

Reibungskraft = *Gleitreibbeiwert* · *Gewichtskraft*

$$F_R = \mu \cdot F_G$$

5366434

Beispiel: Berechnung der Reibungskraft

Auf einer Ladefläche aus Holz steht eine Holzkiste. Die Kiste hat eine Masse von 1 000 kg.

Wie hoch ist die Reibungskraft, die einem Verrutschen der Kiste entgegenwirkt?

Rechnung:

$\mu \cdot F_G = F_R$

0,2 · 1 000 daN = 200 daN

Ergebnis:

Die Kiste setzt bis zu 200 daN ihrer Gewichtskraft dem Rutschen entgegen. Bremst der Lkw zu stark, reicht die Reibung nicht aus, um die Kiste vom Verrutschen abzuhalten; sie muss daher zusätzlich gesichert werden.

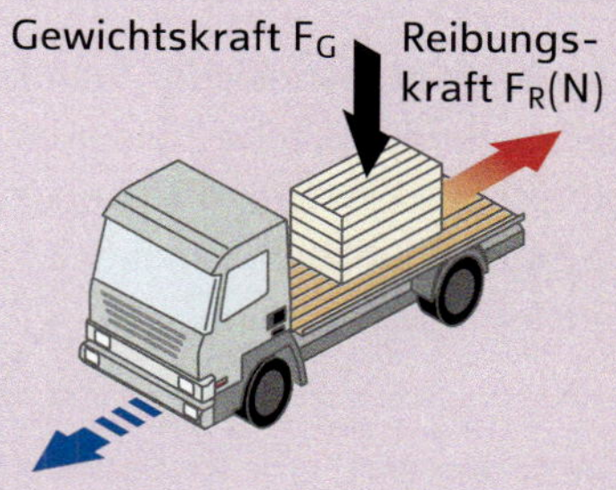

Holzkiste auf Holzladefläche

2.4 Sicherungskraft F_S

Die Sicherungskraft F_S ist **richtungsbezogen**. Sie ist die Kraft, die zusätzlich zur Reibungskraft vom Fahrzeugaufbau oder von den Sicherungsmitteln aufzubringen ist, um **ein Verrutschen oder Kippen der Ladung zu verhindern**.

Die Sicherungskraft F_S berechnet sich wie folgt:

***Sicherungskraft** = Massenkraft − Reibungskraft*

$$F_S = F_M - F_R$$

$$F_S = F_M - \mu \cdot F_G$$

Beispiel: Berechnung der Sicherungskraft

Auf einer Ladefläche aus Holz steht eine Holzkiste mit einer Masse von 1 000 kg.

Wie hoch ist die Sicherungskraft, die aufgebracht werden muss, um ein Verrutschen der Ladung in Fahrtrichtung zu verhindern?

Rechnung:

$F_S = F_M - \mu \cdot F_G$

F_S = (0,8 · 1 000 daN) − (0,2 · 1 000 daN)

F_S = 800 daN − 200 daN

F_S = 600 daN

Ergebnis:

Durch Maßnahmen zur Ladungssicherung (z. B. Verzurren) muss eine Sicherungskraft von 600 daN aufgebracht werden, um ein Verrutschen der Ladung in Fahrtrichtung zu verhindern.

2.5 Kippgefahr

Bei der Ladungssicherung ist neben der Rutschgefahr auch die **Kippgefahr** des Ladungsgutes zu berücksichtigen. Kippgefahr beinhaltet den Abstand des Schwerpunktes des Ladungsgutes zur Kippkante des Ladungsgutes selbst. Ob ein Ladungsgut standsicher ist, hängt von der **Schwerpunkthöhe des Ladungsgutes S_h** und vom **Abstand des Schwerpunktes von der Kippkante S_k** ab.

Standsicherheit

Ein Ladegut ist **standsicher**, wenn ...
- die Schwerpunkthöhe kleiner ist als die halbe Breite seiner Grundfläche (Ladegut mit rechteckiger Grundfläche) bzw.
- die Schwerpunkthöhe kleiner ist als der halbe Durchmesser (= Radius; Ladegut mit kreisförmigem Boden).

Berechnungsbeispiel: Standsicherheit einer Kiste

Verladen wird eine Kiste mit folgenden Maßen:
- Länge = 130 cm;
- Breite = 110 cm;
- Höhe = 100 cm.

Der Schwerpunkt liegt mittig.

Ist die Kiste standsicher?

Rechnung:
Schwerpunkthöhe $S_h = 50$ cm

Abstand des Schwerpunktes von Kippkante
$S_k = 55$ cm

Es gilt: $S_h = 50 \text{ cm} < 55 \text{ cm} = S_k$, also $S_h < S_k$

Ergebnis:
Die Standsicherheit ist gegeben.

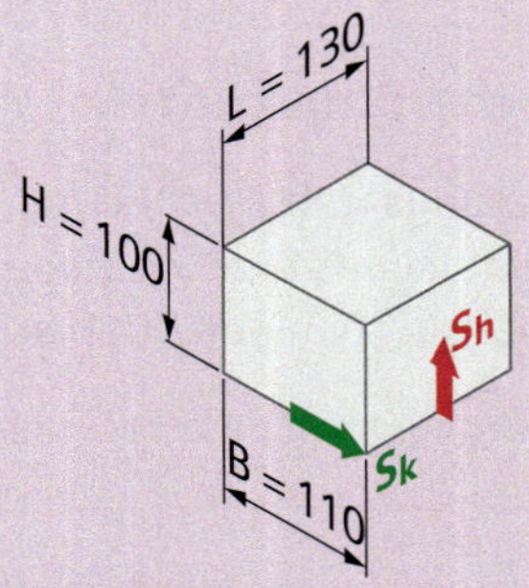

Berechnungsbeispiel: Standsicherheit einer Papierrolle

Verladen wird eine Papierrolle mit folgenden Maßen:
- Höhe = 200 cm
- Durchmesser = 140 cm.

Die Schwerpunkthöhe liegt bei 100 cm.

Ist die Papierrolle standsicher?

Rechnung:
Schwerpunkthöhe $S_h = 100$ cm

Abstand des Schwerpunktes von Kippkante
$r = 70$ cm

Es gilt: $S_h = 100 \text{ cm} > 70 \text{ cm} = r$, also $S_h > r$

Ergebnis:
Die Standsicherheit ist nicht gegeben.

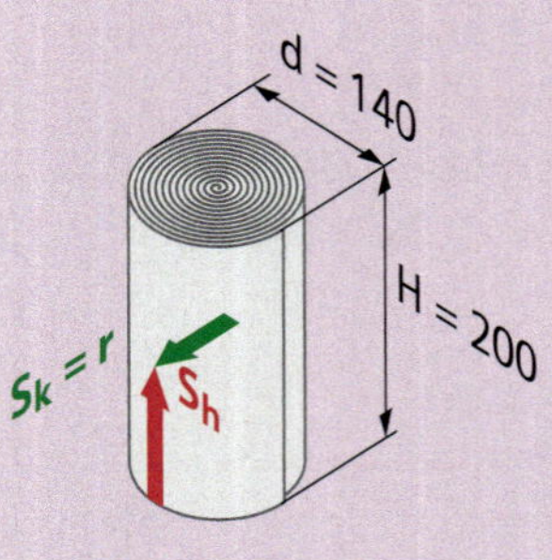

3 Anforderungen an das Transportfahrzeug

Das Fahrzeug und der Fahrzeugaufbau müssen so beschaffen sein, dass sie das zu befördernde Ladegut sicher aufnehmen können. Die **Fahrzeugstabilität** wird hier oftmals überschätzt, insbesondere die Belastbarkeit der Bordwände, Stirnwände sowie Spriegelaufbauten und Planen.

3.1 Belastbarkeit von Stirnwand, Seitenwänden und Rückwand

Die Aufbaufestigkeit von Wechselbehältern sowie Aufbauten von Nutzfahrzeugen ist europaweit vorgeschrieben. Sie müssen nach *DIN EN 12642* die folgenden Belastungen ohne bleibende Verformungen aushalten:

[?!]

Belastbarkeit

Stirnwand:	***40 % der Nutzlast, maximal 5000 daN***
Rückwand:	***25 % der Nutzlast, maximal 3100 daN***
Seitenwand:	***30 % der Nutzlast (dieser Wert gilt nicht für Curtainsider)***

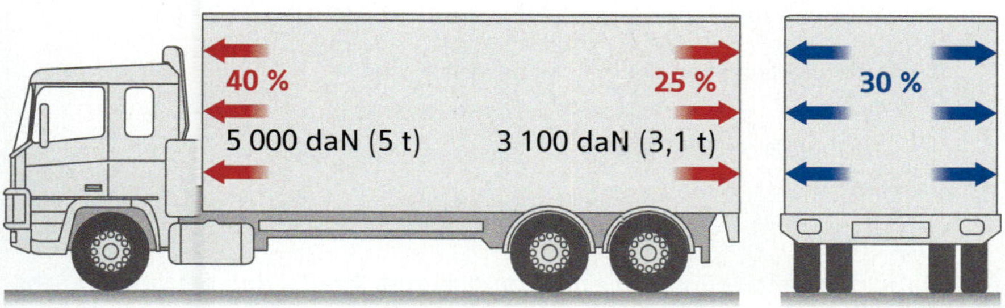

Belastbarkeit der Außenwände eines Lkw

Ob die Belastbarkeit der Aufbauten zur Ladungssicherung reicht, kann folgendermaßen berechnet werden.

Beispiel: Berechnung der noch zu sichernden Kraft

Ein Lkw ist **formschlüssig** beladen, d. h. ohne Ladelücken. Die Nutzlast des Lkw beträgt 10000 kg. Das tatsächliche Ladungsgewicht beträgt ebenfalls 10000 kg. Die Materialpaarung ist Holz auf Holz und hat somit einen Gleitreibbeiwert $\mu = 0{,}2$.

a) Wie hoch ist die in Fahrtrichtung noch zu sichernde Kraft?

Rechnung:

In Fahrtrichtung aufzubringende Sicherungskraft F_S:

F_S = Massenkraft in Fahrtrichtung – Reibungskraft

$= F_M - \mu \cdot F_G$

$= (0{,}8 \cdot 10000 \text{ daN}) - (0{,}2 \cdot 10000 \text{ daN})$

$= 8000 \text{ daN} - 2000 \text{ daN}$

$= 6000 \text{ daN}$

→

→ Belastbarkeit der Stirnwand: 40 % der Nutzlast, also 4 000 daN

In Fahrtrichtung noch zu sichernde Kraft:

$= F_S - \text{Belastbarkeit der Stirnwand}$
$= 6000 \text{ daN} - 4000 \text{ daN}$
$= 2000 \text{ daN}$

Ergebnis:

Die in Fahrtrichtung noch zu sichernde Kraft, z. B. durch Verzurren oder durch Einsatz von Antirutschmatten, beträgt 2 000 daN = 2 000 kg = 2 t.

b) Wie hoch ist die zu den Seitenwänden noch zu sichernde Kraft?

Rechnung:

Zu den Seiten aufzubringende Sicherungskraft F_S:

F_S = Massenkraft zu den Seiten – Reibungskraft
$= F_M - \mu \cdot F_G$
$= (0{,}5 \cdot 10000 \text{ daN}) - (0{,}2 \cdot 10000 \text{ daN})$
$= 5000 \text{ daN} - 2000 \text{ daN}$
$= 3000 \text{ daN}$

Belastbarkeit der Seitenwände: 30 % der Nutzlast, also 3 000 daN

Zu den Seitenwänden noch zu sichernde Kraft:

$= F_S - \text{Belastbarkeit der Seitenwand}$
$= 3000 \text{ daN} - 3000 \text{ daN}$
$= 0 \text{ daN}$

Ergebnis:

Da zu den Seitenwänden die noch zu sichernde Kraft 0 daN beträgt, braucht hier keine zusätzliche Ladungssicherung mehr zu erfolgen, vorausgesetzt, die Ware ist formschlüssig verladen. Es ist aber immer zu bedenken, dass sich die Reibung durch Verschmutzung der Ladefläche oder durch Vibrationen auf der Fahrt verringern kann. Eine zusätzliche Ladungssicherung ist folglich nie verkehrt.

3.2 Zurrpunkte

Zurrpunkte
lashing points

Zurrpunkte sind Befestigungsvorrichtungen an Fahrzeugen, an denen ein Zurrmittel (z. B. ein Zurrgurt) direkt befestigt werden kann. Zurrpunkte können als Zurrringe oder Zurrschienen ausgeführt sein. Zurrschienen haben den Vorteil, dass hier die Zurrpunkte in einem Abstand von nur wenigen Zentimetern voneinander zur Verfügung stehen.

Nach der *DIN EN 12640* müssen Nutzfahrzeuge zur Güterbeförderung mit einem zulässigen Gesamtgewicht von mehr als 3,5 t mit Zurrpunkten ausgerüstet sein.

5366438

Die **zulässige Zugkraft von Zurrpunkten** ergibt sich aus dem zulässigen Gesamtgewicht des Fahrzeuges. Sie muss mittels eines Zurrpunktschildes an einer gut sichtbaren Stelle am Fahrzeug angebracht sein.

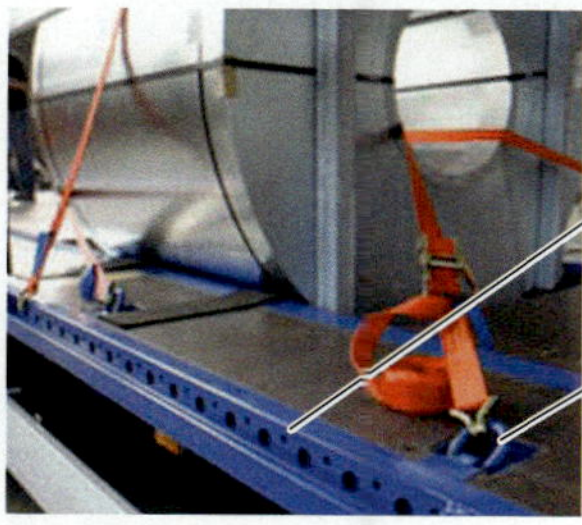

Zurrring und Zurrschiene

Zurrpunktschild

3.3 Bodenbelastbarkeit

Für die Bodenbelastbarkeit, d. h. für die Belastbarkeit der Ladefläche, gibt es keine Normen. Um Schäden zu vermeiden, sollten unter schwere Güter mit kleiner Auflagefläche z. B. Bretter oder Paletten gelegt werden. Dies verbessert die Druckverteilung auf der Ladefläche.

3.4 Lastverteilung

Bei der Beladung von Fahrzeugen muss auf das **zulässige Gesamtgewicht** und die **zulässige Achslast** sowie auf eine **richtige Lastverteilung** geachtet werden. Der **Ladungsschwerpunkt** sollte möglichst immer auf der Längsmittellinie des Fahrzeugs liegen und so niedrig wie möglich gehalten werden.

Lastverteilung bei Teilladungen – Berechnung der Lastverteilung

Bei Teilladungen lässt sich der Gesamtschwerpunkt, d. h., der Abstand des Gesamtschwerpunktes von der Stirnwand, mit folgender Formel ermitteln:

$$S_{ges} = \frac{m_1 \cdot S_1 - m_2 \cdot S_2 + m_3 \cdot S_3}{m_1 + m_2 + m_3}$$

S_{ges}: Abstand des Gesamtladungsschwerpunktes von der Stirnwand
m_i: jeweiliges Gewicht der Einzelladungen in Kilogramm oder Tonnen
S_i: Schwerpunktabstand des jeweiligen Ladegutes zur Stirnwand des Fahrzeugs in Metern

Berechnungsbeispiel: Lastverteilung

Auf einen Lkw werden drei Kisten geladen:

Ladung	Kiste 1 (gelb)	Kiste 2 (grün)	Kiste 3 (blau)
Gewicht in t	2,5 t	4,5 t	3,0 t
Länge in m	1,8 m	1,4 m	2,2 m
Schwerpunkt in m	0,9 m	0,7 m	1,1 m
Abstand des Schwerpunktes von der Stirnwand in m	$S_1 = 0{,}9$ m	$S_2 = 2{,}5$ m	$S_3 = 4{,}3$ m

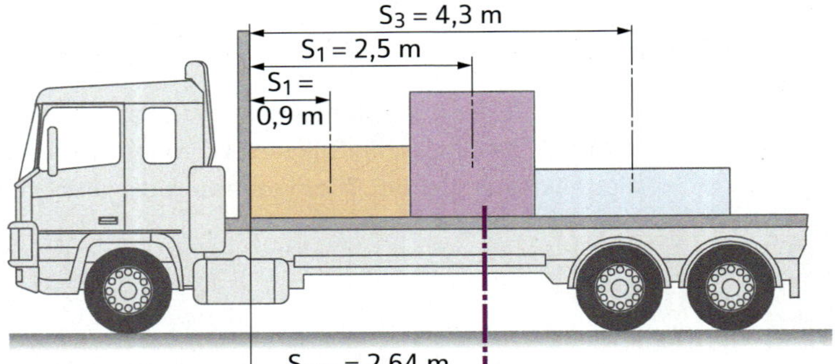

Lkw mit Teilladungen

Wo liegt der Gesamtschwerpunkt der Ladung? Stimmt die Lastverteilung?

Rechnung:

$$S_{ges} = \frac{m_1 \cdot S_1 + m_2 \cdot S_2 + m_3 \cdot S_3}{m_1 + m_2 + m_3}$$

$$S_{ges} = \frac{2{,}5\,t \cdot 0{,}9\,m + 4{,}5\,t \cdot 2{,}5\,m + 3{,}0\,t \cdot 4{,}3\,m}{2{,}5\,t + 4{,}5\,t + 3{,}0\,t} = 2{,}64\,m$$

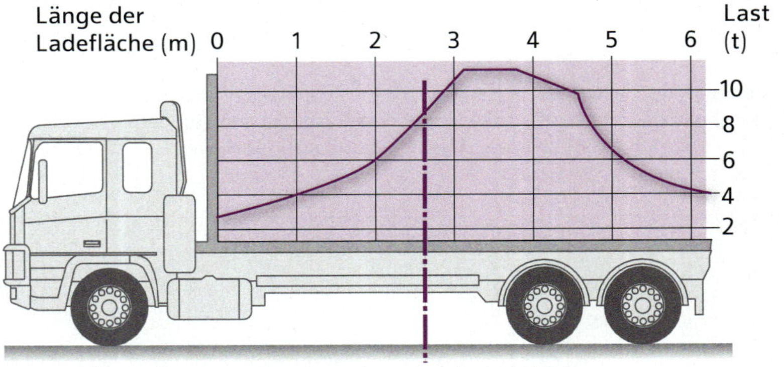

Lastverteilungsdiagramm Gesamtschwerpunkt bei 2,64 m

→

Ergebnis:

- Bei der angegebenen Anordnung der Kisten würde der Gesamtschwerpunkt der Ladung von 10 t in einem Abstand von 2,64 m zur Lkw-Stirnwand liegen. Überträgt man die berechneten Werte in das Lastverteilungsdiagramm, so stellt man fest, dass man die Kisten so nicht auf dem Fahrzeug transportieren darf.
- Bei einem Abstand von 2,64 m zur Lkw-Stirnwand wären entsprechend dem Lastverteilungsdiagramm für diesen Lkw nur ca. 8,2 t Beladung zulässig.
- Bei 10 t Gesamtgewicht muss der Gesamtschwerpunkt in einem Abstand von ca. 2,9 m bis 4,4 m zur Stirnwand liegen.

Problemlösung:

Lösungsmöglichkeiten zur Beförderung der drei Kisten mit einem Gesamtgewicht von 10 t wären z. B.:

- Änderung der Kisten-Reihenfolge, sodass der Gesamtschwerpunkt in einem Abstand von ca. 2,9 m bis 4,4 m zur Stirnwand liegt, oder
- zusätzliche Verladung von Leerpaletten, die hochkant an die Stirnwand gestellt werden. Dadurch würde sich der Gesamtschwerpunkt nach hinten verschieben.

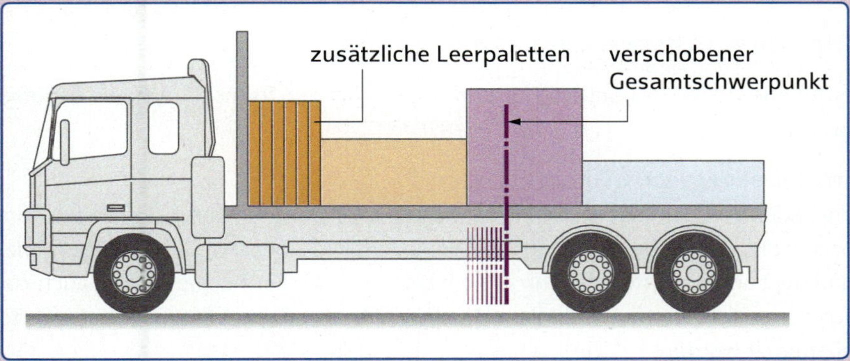

Verschiebung des Gesamtschwerpunktes durch zusätzliche Verladung dreier Leerpaletten

4 Möglichkeiten der Ladungssicherung

Es gibt grundsätzlich drei Möglichkeiten, die Ladung zu sichern.

Sicherungsmöglichkeiten		
Formschlüssig	**Kraftschlüssig**	**Kombination**
• Anlegen bzw. Festsetzen der Ladung • Diagonalzurren • Schrägzurren • Schlingenzurren	• Niederzurren	• Kombination aus Kraft- und Formschluss

4.1 Formschlüssige Ladungssicherung

[?!]

Formschlüssige Ladungssicherung
form-fit load securing

***Formschlüssige Ladungssicherung* liegt vor, wenn die Ladung lückenlos verladen wird bzw. mit Zurrmitteln in Position gehalten wird und somit nicht mehr verrutschen kann.**

Anlegen bzw. Festsetzen der Ladung

Das Anlegen bzw. Festsetzen der Ladung gehört zur formschlüssigen Ladungssicherung.

Formschluss liegt vor, wenn ...
- die Ladung an der Laderaumbegrenzung, also an der Stirnwand, den Seitenwänden und der Rückwand, anliegt bzw. nur wenig Luft zwischen der Laderaumbegrenzung und der Ladung besteht (maximal 3 cm bis 5 cm). Der Formschluss kann auch künstlich hergestellt werden, indem Ladelücken z. B. mit leeren Paletten oder Stausäcken ausgefüllt werden;
- die Ladung durch Keile oder Festlegehölzer festgesetzt wird;
- die Ladung mithilfe von Klemmbalken, Trennwänden, Ladegestellen, Coilmulden usw. festgesetzt wird.

Liegt eine lückenlose Verladung vor, kann eine zusätzliche Ladungssicherung entfallen, wenn der Fahrzeugaufbau die erforderlichen Kräfte zur Sicherung der Ladung aufnehmen kann (Berechnung hierzu siehe Kapitel 3, Belastbarkeit von Stirnwand, Seitenwänden und Rückwand).

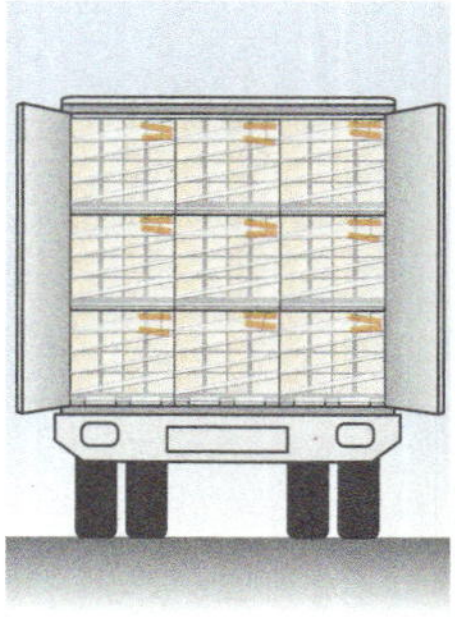

Formschlüssige Ladungssicherung: lückenloses Anlegen der Ladung oder Festlegen der Rolle in einer Coilmulde

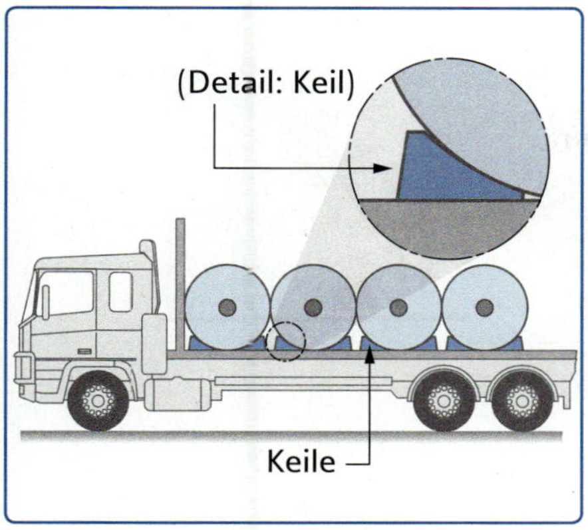

Festlegen von Rollen durch Keile

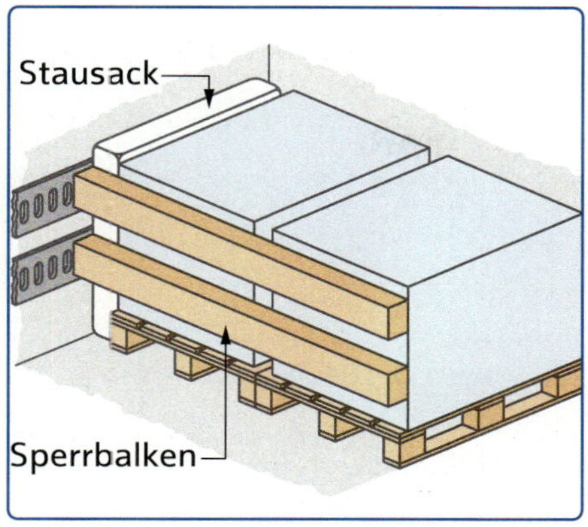

Festlegen der Ladung mit Stausack und Sperrbalken

Direktzurren

Direktzurren
direct lashing

Das **Direktzurren** gehört zur formschlüssigen Ladungssicherung. Dabei wird die Ladung durch die Zurrmittel nicht auf die Ladefläche gepresst, sondern **in Position gehalten**. Dies geschieht dann, wenn die Ladung aufgrund der fahrdynamischen Kräfte beim Anfahren, Bremsen oder in Kurven verrutschen will.

Beim Direktzurren kann man zwischen **Diagonalzurren**, **Schrägzurren** und **Schlingenzurren** unterscheiden.

Diagonalzurren

Beim **Diagonalzurren** werden die Zurrmittel in geradem Zug von den Ecken oder Kanten des Ladegutes **diagonal zur Ladefläche** gespannt. Die Zurrmittel werden nur handfest angezogen. Zur Ladungssicherung sind mindestens vier Zurrmittel erforderlich. Jedes Zurrmittel sichert eine Ecke des Ladegutes.

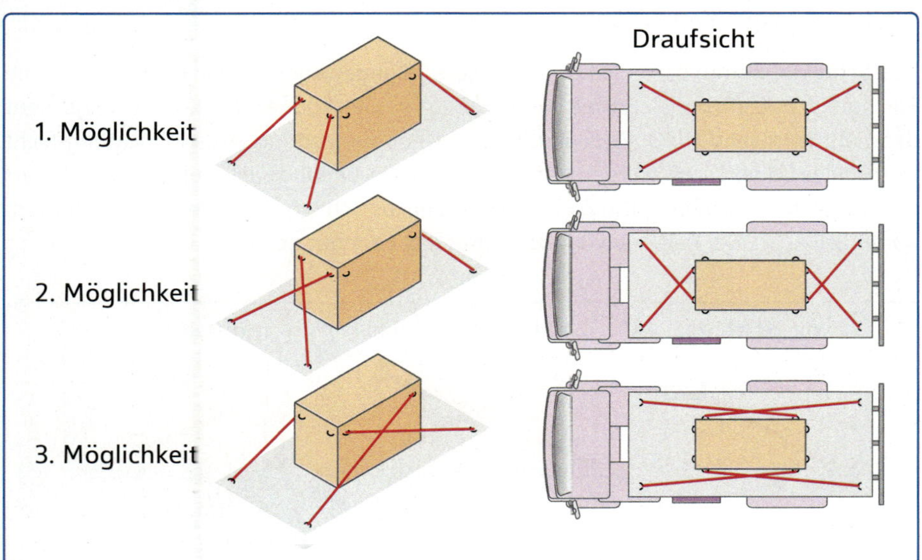

Möglichkeiten der Ladungsbefestigung durch Diagonalzurren

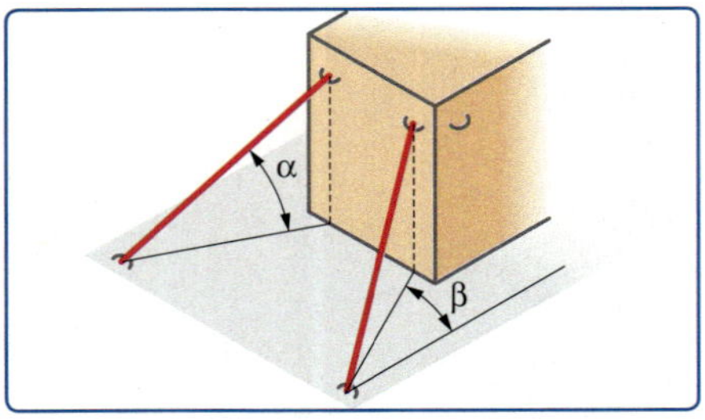

Zurrwinkel α und β beim Diagonalzurren

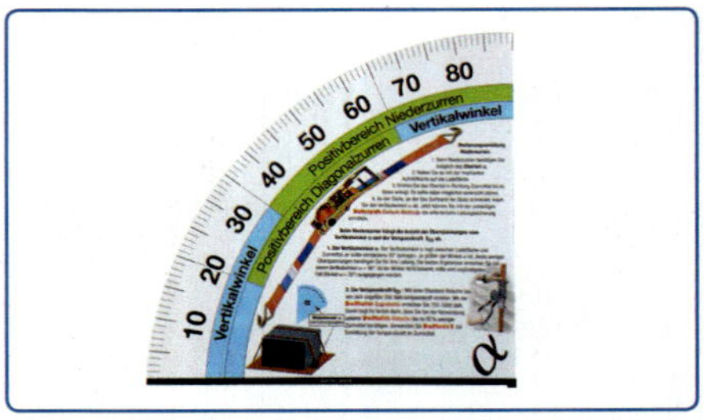

Winkelmesser

Die Sicherungskraft beim Diagonalzurren ist abhängig ...
- vom Gewicht der Ladung,
- vom Gleitreibbeiwert μ,
- von den zulässigen Zugkräften der Zurrmittel und der Zurrpunkte,
- von den Zurrwinkeln α und β.

Der Zurrwinkel α (zwischen Zurrmittel und Ladefläche) sollte zwischen 20° und 65° liegen. Der Zurrwinkel β (zwischen Zurrmittel und Bordwand) sollte zwischen 6° und 55° liegen.

Schrägzurren

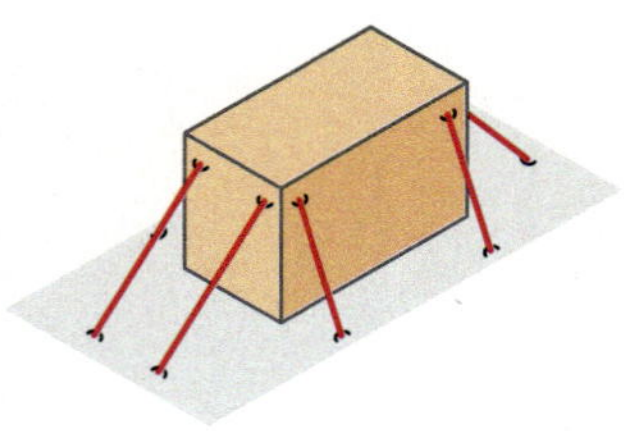

Schrägzurren

Beim **Schrägzurren** sind mindestens acht Zurrmittel erforderlich, wenn die Ladung frei auf der Ladefläche steht. Die Zurrmittel werden im rechten Winkel zu den Rändern der Ladefläche gespannt.

Die Sicherungskraft beim Schrägzurren ist abhängig ...
- vom Gewicht der Ladung,
- vom Gleitreibbeiwert *μ*,
- von den zulässigen Zugkräften der Zurrmittel und der Zurrpunkte,
- vom Zurrwinkel α (β muss hier immer 90° sein).

Schlingenzurren/Kopfschlinge

Das **Schlingenzurren** bzw. die **Kopfschlinge** wird angewendet, wenn die Ladung keine Zurrpunkte hat, in die die Zurrmittel eingehängt werden können. Die Kopfschlinge dient dann als Stirnwand- bzw. Rückwandersatz, wenn die Ladung in Längsrichtung nicht formschlüssig verladen werden kann. Die seitliche Ladungssicherung ist bei Bedarf zusätzlich durchzuführen. Die Zurrmittel werden als Schlinge mithilfe von Hebegurten, Kantenwinkeln oder Paletten vor oder hinter das Ladegut geführt.

Kopfschlinge

4.2 Kraftschlüssige Ladungssicherung

> ***Wenn die Ladung auf die Ladefläche gepresst wird (z. B. beim Niederzurren), wird die Reibungskraft erhöht. Man spricht dann von kraftschlüssiger Ladungssicherung.***

[?!] *Kraftschlüssige Ladungssicherung*

Niederzurren

Niederzurren
lash down/lashing down

Das **Niederzurren** ist eine Form der kraftschlüssigen Ladungssicherung. Hier werden die Zurrmittel über die Ladung geführt, an beiden Seiten des Ladegutes an der Ladefläche befestigt und mit einem Spannelement (z. B. einer Ratsche) gespannt.

Vorspannkraft

Die Anpresskraft, die durch das Spannen der Zurrmittel entsteht, bezeichnet man als **Vorspannkraft**. Sie erhöht die Reibung (**Mikroverzahnung**) zwischen Ladung und Ladefläche und die erhöhte Reibungskraft sichert die Ladung.

Beim Niederzurren ist Folgendes zu beachten:

- Ladungssicherung durch Niederzurren eignet sich nur für **formstabile Güter**. Verformbare Güter, z. B. Säcke, werden durch die Zurrmittel eingedrückt und die eingesetzte Vorspannkraft kann nicht bis zur Kontaktfläche unten an der Ladung gelangen und die Reibung somit nicht erhöhen.
- Beim Niederzurren sollten **Kantengleiter** benutzt werden; zum einen, um das Ladegut durch die Zurrmittel nicht zu beschädigen, zum anderen, damit sich die Vorspannkraft gleichmäßig auf beiden Seiten des Ladegutes verteilt.
- Die Spannelemente sollten beim Niederzurren **wechselseitig** angebracht werden, damit sich die Vorspannkraft gleichmäßig verteilt.
- Das Niederzurren ist nur dann wirksam, wenn alle **Ladungsteile** durch die Zurrmittel erfasst werden.
- Ein frei stehendes Ladungsteil sollte durch **mindestens zwei Zurrmittel** gesichert werden.
- Der **Zurrwinkel** α sollte auf beiden Seiten der Ladung möglichst hoch sein. Je größer der Zurrwinkel α ist, desto größer ist auch die wirksame Vorspannkraft und damit die Reibung zwischen Ladung und Ladefläche. Ein Zurrwinkel α von 90° erzielt die optimale Vorspannkraft. Bei einem Zurrwinkel von 30° wirkt die Vorspannkraft nur noch mit 50 %. Dies bedeutet, dass zur Ladungssicherung mehr oder stärkere Zurrmittel eingesetzt werden müssen.

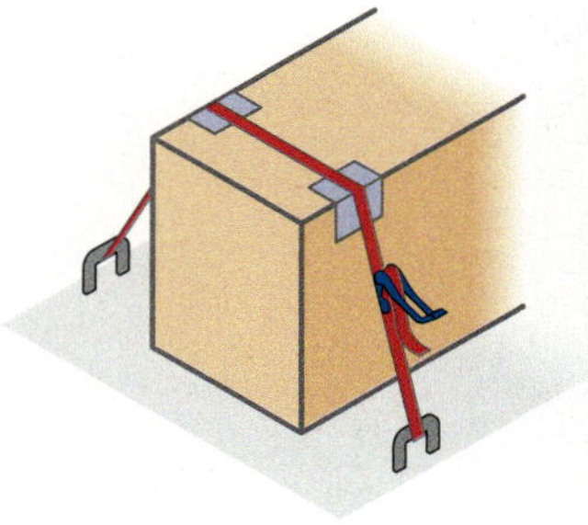

Niederzurren

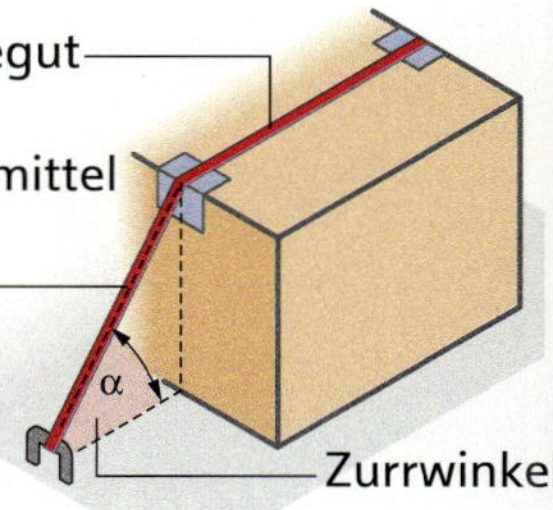

Zurrwinkel α

Berechnung der Vorspannkraft F_V

Wie hoch die Gesamtvorspannkraft zur Sicherung der gesamten Ladung sein muss, ergibt sich aus der *VDI-Richtlinie 2700*.

Da die Formel der *VDI-Richtlinie 2700* sehr komplex ist, kann in der täglichen Praxis auch mit der folgenden vereinfachten Formel gearbeitet werden:

$$F_v = \frac{f - \mu}{\mu} \cdot \frac{F_G}{k}$$

F_V = Vorspannkraft zur Sicherung der gesamten Ladung
f = Sicherungsfaktor (nach vorn 0,8, nach hinten und zur Seite je 0,5)
μ = Gleitreibbeiwert
k = Korrekturfaktor, normal 1,5
F_G = Ladungsgewicht in daN

Beispiel: Berechnung der Vorspannkraft

Auf einer Ladefläche aus Holz steht eine Holzkiste. Die Kiste hat eine Masse von 3000 kg. Der Gleitreibbeiwert μ beträgt 0,2.

a) **Wie viel daN sind zur Sicherung der Kiste in Fahrtrichtung erforderlich?**

Rechnung:

$$F_v = \frac{0{,}8 - 0{,}2}{0{,}2} \cdot \frac{3000 \text{ daN}}{1{,}5} = \frac{0{,}6}{0{,}2} \cdot 2000 \text{ daN} = 6000 \text{ daN}$$

Ergebnis:
Zur Sicherung sind Zurrmittel mit mindestens 6000 daN erforderlich. Wenn ein Zurrmittel eine Vorspannkraft von 500 daN hat, muss die Ladung mit 12 Zurrmitteln niedergezurrt werden, um ein Verrutschen der Ladung in Fahrtrichtung zu verhindern.

b) **Bei der gleichen Ladung aus Beispiel a) wird zur Reibungserhöhung eine Antirutschmatte verwendet. Der Gleitreibbeiwert μ beträgt nun 0,4. Wie viel daN sind jetzt zur Sicherung der Kiste in Fahrtrichtung erforderlich?**

Rechnung:

$$F_v = \frac{0{,}8 - 0{,}4}{0{,}4} \cdot \frac{3000 \text{ daN}}{1{,}5} = \frac{0{,}4}{0{,}4} \cdot 2000 \text{ daN} = 2000 \text{ daN}$$

Ergebnis:
Bei Verwendung einer Antirutschmatte wird zur Sicherung der Ladung nur noch eine Gesamtvorspannkraft von 2000 daN benötigt. Dies bedeutet, dass jetzt nur noch vier Zurrmittel mit einer Vorspannkraft von je 500 daN zur Ladungssicherung benötigt werden.

4.3 Kombination aus Kraft- und Formschluss

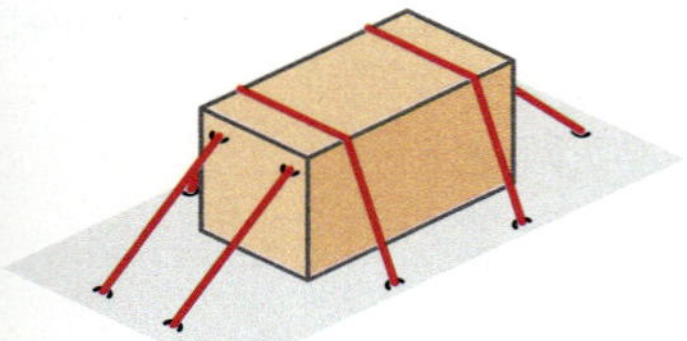

Kombination aus Kraft- und Formschluss

Je nach Ladesituation werden in der täglichen Praxis häufig Kombinationen aus Kraft- und Formschluss eingesetzt, um eine optimale Ladungssicherung zu erzielen.

5366446

5 Einrichtungen und Hilfsmittel zur Ladungssicherung

Für die Durchführung der Ladungssicherung gibt es verschiedene Einrichtungen und Hilfsmittel:

- **Einrichtungen** zur Ladungssicherung sind in der Ladefläche oder im Fahrzeugaufbau integrierte Bauteile **zur direkten Fixierung der Ladung oder zur Aufnahme der Zurrmittel**, z. B. Zurrpunkte, Loch- und Ankerschienen, Coilmulden.
- **Hilfsmittel** zur Ladungssicherung sind **Zubehörteile zur Ladungssicherung**.

Ladehilfsmittel
load handling accessory/ loading equipment

Im Folgenden werden aus der Fülle von Einrichtungen und Hilfsmitteln einige näher erläutert.

5.1 Einrichtungen zur Ladungssicherung

Zurrpunkte

Zurrpunkte sind Verankerungspunkte für Zurrmittel am Fahrzeug, z. B. Haken, Ösen und Zurrschienen.

Zurrpunkte

Loch- und Ankerschienen

Hierbei handelt es sich um in den Fahrzeugaufbau eingelassene Metallprofile, in die verschiedene Hilfsmittel wie Zurrgurte, Keile, Teleskopstangen, Sperrstangen und Trennwände eingerastet werden können.

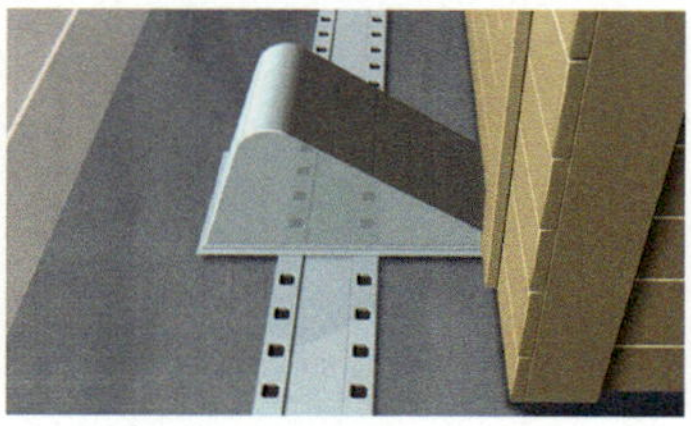

Lochschiene mit Keil

Coilmulden

Coilmulden sind wannenförmige Vertiefungen in der Ladefläche des Fahrzeugs, z. B. für den Transport von Papierrollen.

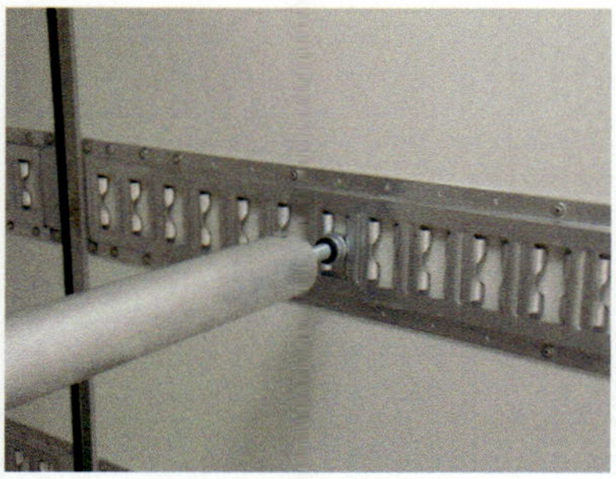

Ankerschiene mit Sperrstange

Coilmulde

5.2 Zurrmittel

Zurrgurte

Zurrgurte
lashing straps

Zurrgurte sind Gurtbänder aus synthetischen Fasern, meistens aus Polyester. Sie bestehen aus **Spannmittel**, **Spannelement** und **Befestigungselement**. Es können zwei Arten von Zurrgurten unterschieden werden: **einteilige** und **zweiteilige Zurrgurte**. Ein einteiliger Zurrgurt besteht aus einem langen Gurtband und einer Ratsche oder einer Gurtbandklemme, er hat keine Zurrhaken. Der zweiteilige Zurrgurt hat an beiden Bandenden ein Befestigungselement (Profilhaken oder Karabinerhaken).

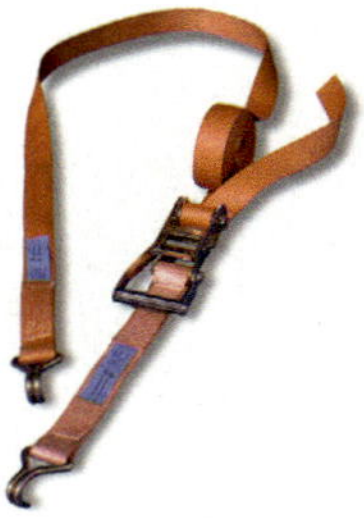

Zweiteiliger Zurrgurt

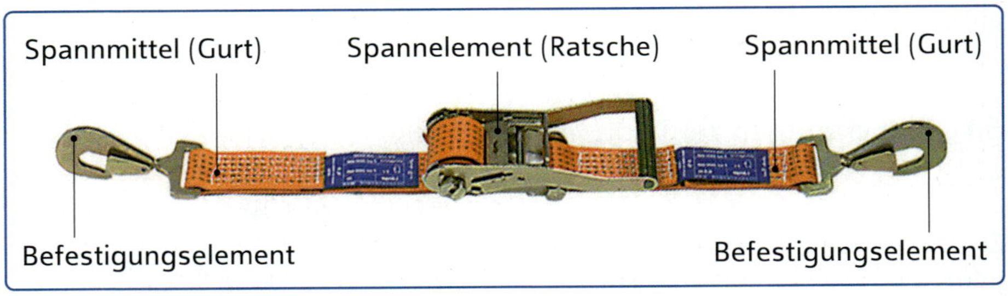

Bestandteile eines zweiteiligen Zurrgurts

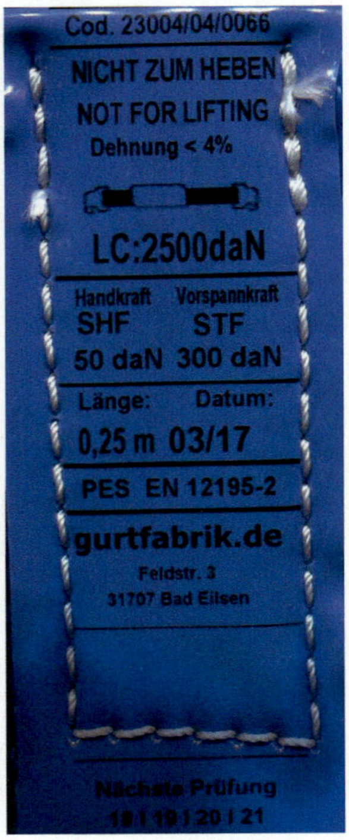

Zurrgurtetikett

Jeder Zurrgurt muss eine Kennzeichnung (**Etikett**) mit folgenden Angaben haben:

- LC *(Lashing Capacity)* = zulässige Zurrkraft
- STF *(Standard Tension Force)* = Vorspannkraft
- SHF *(Standard Hand Force)* = normale Handkraft
- Hersteller
- Fertigungsdatum
- Rückverfolgbarkeitscode
- Vermerk: **nicht heben, nur zurren**!

Neben den Vorschriften über die Angaben auf dem Zurrgurtetikett gibt es auch genaue Vorschriften über die **Ablegereife der Zurrmittel**, das heißt, wann die Zurrmittel nicht mehr verwendet werden dürfen.

Zurrgurte sind abzulegen bei

- übermäßigen Scheuerstellen,
- Garnbrüchen oder Garnschnitten im Längs- oder Quergewebe,
- Beschädigungen tragender Nähte,
- Verformungen oder Beschädigungen durch Wärmeeinwirkungen bzw. Überlastung,
- Verschleiß oder bedenklichen Korrosionserscheinungen (Rost) bzw. Schäden an Spann- oder Befestigungselementen,
- Aufweitung des Hakens am Befestigungselement um mehr als 5%,
- nicht lesbarem oder fehlendem Etikett.

Beim Einsatz von Zurrgurten ist Folgendes zu beachten:

- Zurrgurte dürfen nur bis zu der auf dem Etikett angegebenen Zurrkraft beansprucht werden.
- Es dürfen nur unbeschädigte Zurrgurte verwendet werden.
- Vor und nach jedem Einsatz ist eine Sichtprüfung durchzuführen und mindestens einmal jährlich sind Zurrgurte durch einen Sachkundigen zu überprüfen.
- Es dürfen nur Zurrgurte mit gut lesbarem Etikett verwendet werden.
- Zurrgurte dürfen nicht geknotet werden; sie verlieren sonst bis zu zwei Drittel ihrer Festigkeit.
- Zurrgurte dürfen nicht über scharfe Kanten gespannt werden.
- Zurrgurte müssen auf die zu sichernde Ladung gleichmäßig verteilt werden.
- Beim Überspannen der Ladung mit Zurrgurten ist darauf zu achten, dass die Gurtbänder gerade geführt werden und nicht verdrehen.
- Zurrgurte dürfen nicht zum Heben von Lasten verwendet werden.
- Die Zurrhaken dürfen nur im Hakengrund belastet werden, da sie sonst brechen, sich aufbiegen oder abrutschen können.
- Vor dem Lösen der Gurte ist zu prüfen, ob die Ladung auch ohne Verzurrung nicht kippen oder verrutschen kann.

Zurrketten

Eine **Zurrkette** ist eine Rundstahlkette aus besonders gehärtetem Stahl. Zurrketten haben im Vergleich zu Zurrgurten eine deutlich höhere Zugkraft und werden vorwiegend **zur Sicherung schwerer Ladegüter bei der Direktzurrung** eingesetzt.

Zurrkette
lashing chains

Folgendes ist beim Einsatz von Zurrketten zu beachten:

- Es dürfen nur kurzgliedrige Zurrketten, die mindestens **Güteklasse 8** entsprechen, verwendet werden.
- Beschädigte Ketten dürfen nicht mehr verwendet werden (z. B. verformte Kettenglieder, Anrisse, Rostnarben, Verschleiß).
- Kettenglieder dürfen nicht mit Draht, Schrauben oder sonstigen unzulässigen Hilfsmitteln verbunden werden. Die maximale Zugkraft der Kette ist damit nicht mehr gegeben.
- Vor und nach jedem Einsatz ist eine Sichtprüfung durchzuführen und mindestens einmal jährlich sind Zurrketten durch einen Sachkundigen zu überprüfen.
- Zurrketten dürfen nicht zum Heben von Lasten verwendet werden.

Zurrkette mit verformten Kettengliedern

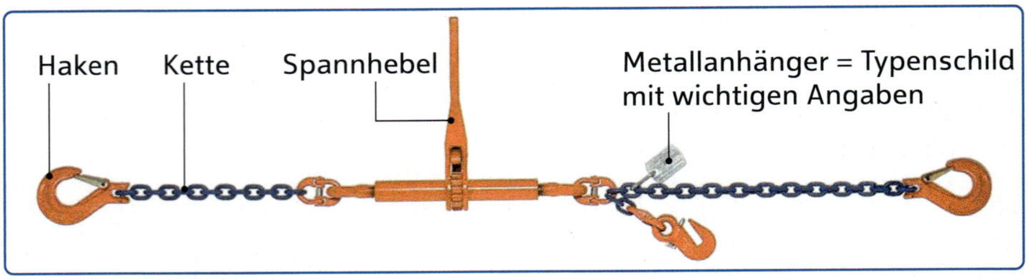

Zurrkette

Zurrdrahtseile

Zurrdrahtseile
lashing steel cable

Zurrdrahtseile werden überwiegend zur **Ladungssicherung von schweren Teilen** eingesetzt. Für den Einsatz von Drahtseilen gilt dasselbe wie bei Zurrgurten.

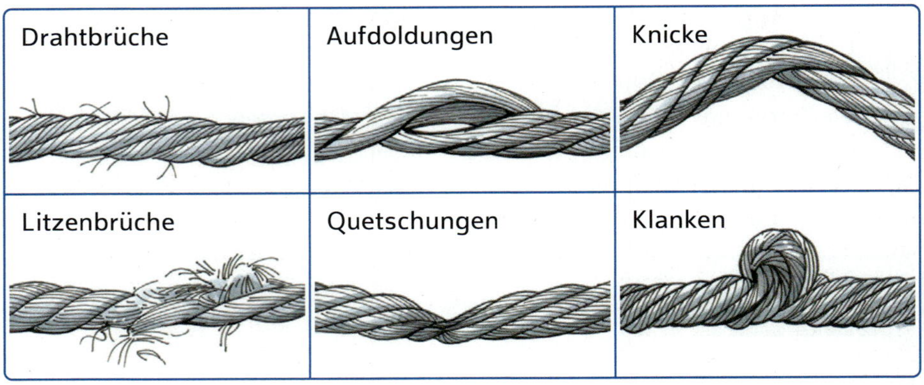

Beschädigte Zurrdrahtseile (Ablegereife)

5.3 Sonstige Hilfsmittel zur Ladungssicherung

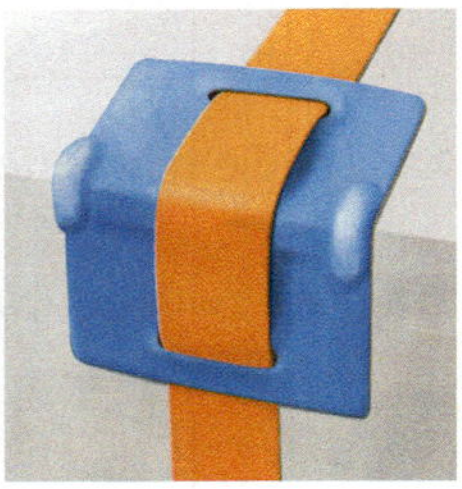

Auswahl an Kantenschonern

Kantenschoner

Zurrmittel, die über scharfe Kanten und Ecken gespannt werden, können beschädigt werden. Hier sind Kantenschoner zu verwenden. **Kantenschoner** bzw. **Kantengleiter vermindern die Reibung an den Zurrmitteln** und ermöglichen außerdem eine **gleichmäßigere Verteilung der Vorspannkraft** auf beiden Seiten der Ladung. Weiterhin schützen sie das Ladegut vor Druckstellen.

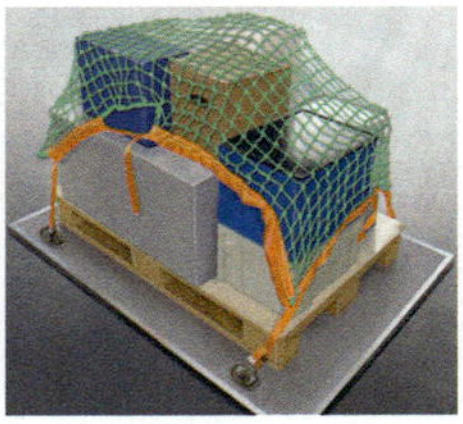

Ladungssicherungsnetze

Netze und Planen

Netze und Planen werden genutzt, um **leichte Güter vor dem Herauswehen aus Ladeflächen zu schützen**, aber auch zur **Sicherung schwerer Ladegüter**.

Keile, Festlegehölzer und Holzkonstruktionen

Ladungsteile können mithilfe von Keilen, Festlegehölzern und Holzkonstruktionen **formschlüssig gegen Verrutschen** gesichert werden. Dies geschieht durch **Vernageln** auf einer **nagelfähigen Ladefläche**.

Damit z. B. Holzkeile ihre volle Stützfestigkeit erreichen, müssen Nägel von mindestens 5 mm Durchmesser verwendet werden. Die **Durchdringtiefe im Keil** muss 5 cm und die **Eindringtiefe in die Nagelunterlage** mindestens 4 cm betragen.

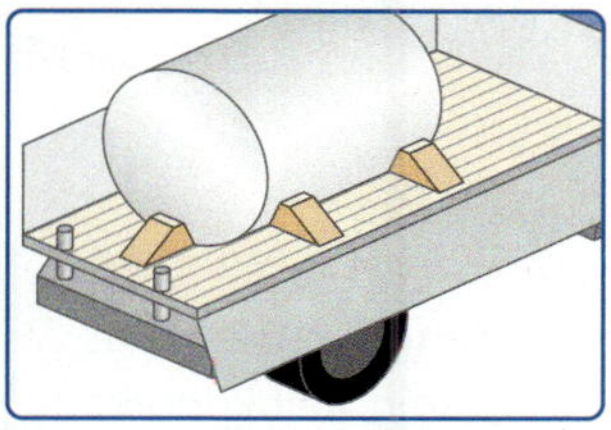

Ladungssicherung mit Keilen

Holzkonstruktion zur Ladungssicherung

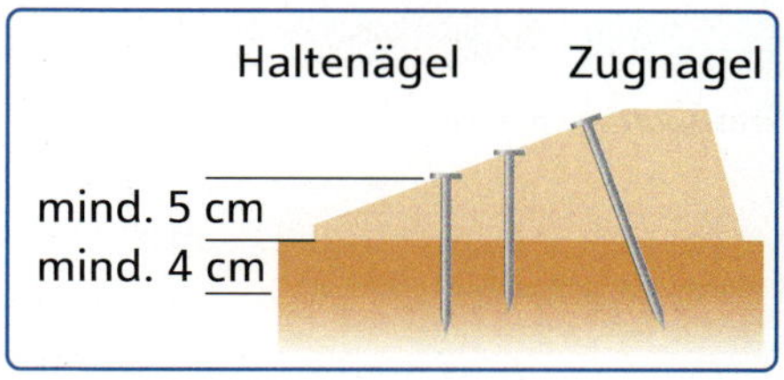

Mindestbedingungen für das Nageln von Keilen und Festlegehölzern

Stausäcke

Mit Stausäcken (**Luftpolstern**) können **Ladungslücken** ausgefüllt werden. Sie bestehen aus einem besonders starken Plastiksack, der mit mehreren Papierlagen umhüllt ist. Stausäcke werden mit Druckluft aufgeblasen. Ihre Belastbarkeit ist sehr gut und sie haben außerdem ein sehr geringes Eigengewicht. Bei ihrem Einsatz ist allerdings darauf zu achten, dass sie nicht mit spitzen und scharfen Ladungsteilen in Berührung kommen.

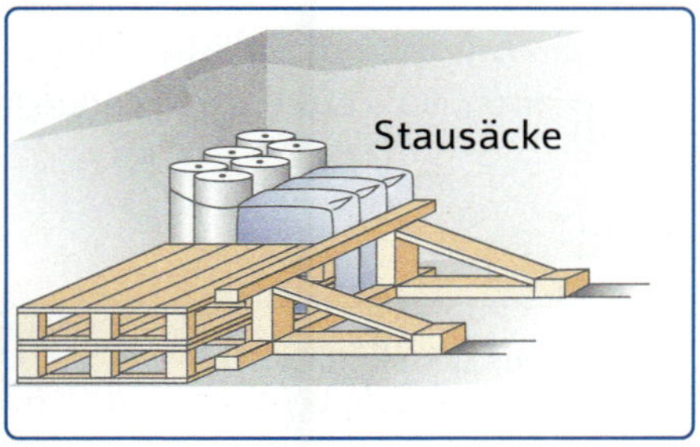

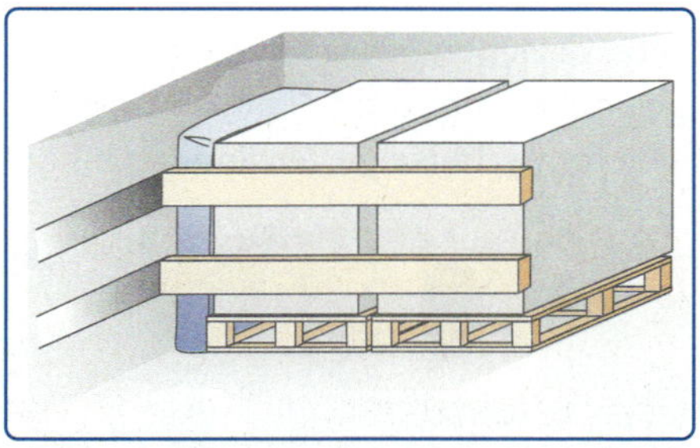

Einsatz von Stausäcken

Rutschhemmende Materialien (RH-Matten, Antirutschmatten)

Rutschhemmende Matten erhöhen die Reibung zwischen Ladung und Ladefläche (ein Gleitreibbeiwert μ von 0,6 und höher kann erreicht werden). Es gibt sie in vielen verschiedenen Ausführungen.

Bei der Verwendung von rutschhemmenden Matten sind folgende Punkte zu beachten:

- Die rutschhemmenden Matten müssen je nach Schwere des Ladegutes eine ausreichende Dicke haben (Mindestdicke 8 mm).
- Sie müssen ausreichend beständig gegen Chemikalien (z. B. Öle, Fette, Korrosionsschutzmittel) und UV-Strahlung sein.

→

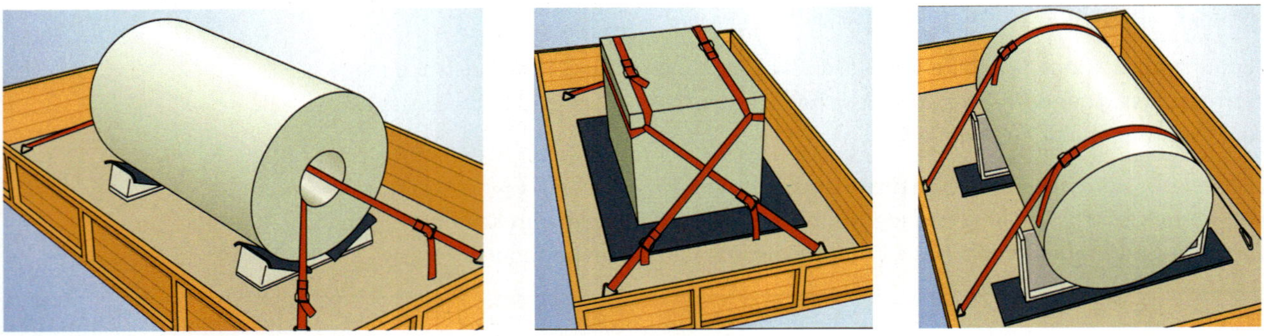

Transportbeispiele mit Antirutschmatten

→

- Unter jede Ladungseinheit müssen rutschhemmende Matten gelegt werden, d.h., zwischen Ladegut selbst und der Ladefläche darf kein Reibkontakt mehr bestehen.
- Rutschhemmende Matten sind nur eine zusätzliche Hilfe zur Ladungssicherung. Sie ersetzen nicht die Ladungssicherung, z.B. durch Niederzurren oder Direktzurren.

Twistlock

Twistlocks sind Verriegelungen, die Wechselbehälter oder ISO-Container untereinander und/oder mit dem Trägerfahrzeug verbinden. Dabei werden die Twistlocks in die genormten **Eckbeschläge** (vgl. Abbildung **Container-Bauteile**) der Container eingesetzt beziehungsweise die Container auf die fest am Fahrzeug befindlichen Verriegelungen aufgesetzt. Dann wird ein Teil des Twistlocks um 90° verdreht und dadurch eine **formschlüssige Verbindung** hergestellt.

Fixierung eines Containers mittels Twistlock

Aus dem Englischen:
twist = verdrehen
lock = Schloss
corner casting = Eckbeschlag

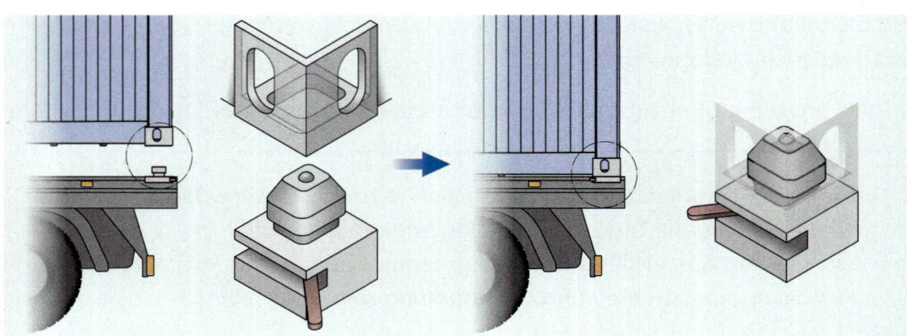

Verriegelung eines Twistlocks durch Drehen des Hebels um 90°

6 Besonderheiten bei der Containerbeladung

Der Container ist ein genormter Großbehälter für den kombinierten Ladungsverkehr und ermöglicht den Transport von Gütern mit einem oder mehreren Transportmitteln ohne Umpacken der Ladung. Die gebräuchlichsten Container sind die 20′- und die 40′-Container (mehr über **Containertypen, Containermaße** usw. [▸ Lernfeld 6]).

6.1 Aufbau und Belastbarkeit eines Containers

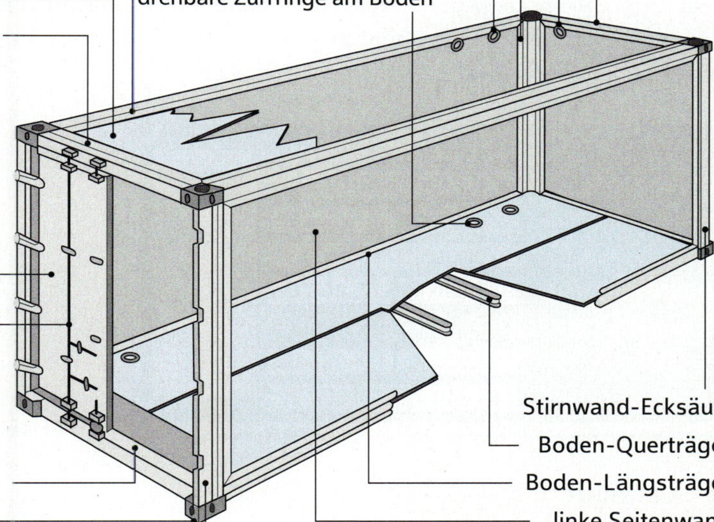

Container-Bauteile

Bei der Beladung von Containern ist Folgendes zu beachten:

- Der Boden ist nicht für schwere punktuelle Ladungen ausgelegt, da sonst die Bodenquerträger brechen können. Die Auflagefläche kann bei schweren Einzelpackstücken z. B. durch das Unterlegen von Holzbalken in Längsrichtung vergrößert werden.
- Im Container ist eine möglichst gleichmäßige Gewichtsverteilung anzustreben. Dies gilt sowohl für die Belastung des Bodens als auch für die Belastung der Containerwände.
- Die Stirnwände dürfen mit maximal 40 % der Nutzlast belastet werden und die Seitenwände mit maximal 60 % der Nutzlast.
- Punktbelastungen sind auch an den Stirn- und Seitenwänden zu vermeiden.

CSC-Plakette

Jeder Container, der im internationalen Verkehr eingesetzt wird, muss ein gültiges Sicherheits-Zulassungsschild, die sogenannte **CSC-Plakette**, besitzen. Die Abkürzung **CSC** steht für **Internationales Übereinkommen über sichere Container** bzw. **International Convention for Safe Containers**.

Containerkennzeichnung
container identification/ signature/container labeling

Folgende Angaben können der CSC-Plakette entnommen werden:

- Zulassungsland
- Herstellungsdatum *(Date Manufactured)*
- Herstelleridentifikationsnummer *(Identification No.)*
- Zulässiges Bruttogewicht *(Maximum Gross Weight)*
- Zulässiges Stapelungsgewicht bei 1,8 G *(Allow. Stack Wt. for 1,8 G)*. 1,8 G ist die normale Erdbeschleunigung, d.h. Fallbeschleunigung. G nimmt mit zunehmender Höhe ab.
- Belastungswert bei Querverwindung, d.h. ohne bleibende Querverformung *(Racking Test Load Value)*
- Feld für *ACEP*-Sticker (ACEP = Approved Continuous Examination Programme), die Container-Kontroll-Plakette, ähnlich einer TÜV-Plakette beim Auto *(First Maintenance Examination Due)*

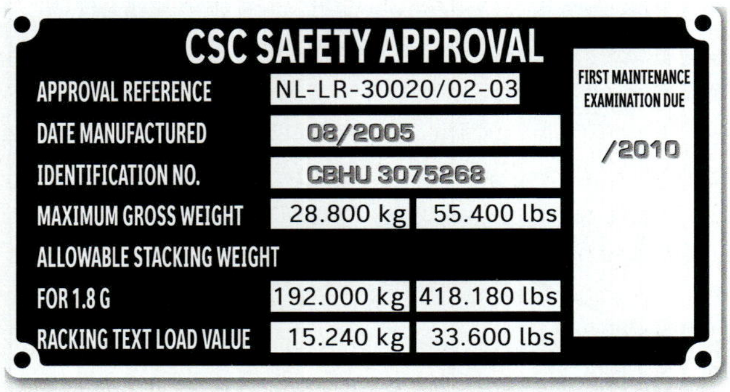

CSC-Plakette

6.2 Ladegut

Um das Ladegut im Container ordnungsgemäß stauen und sichern zu können, sollte es folgende Anforderungen erfüllen:

- **Modulabmessungen:** Die Maße des Ladegutes (z.B. Paletten) sollten auf die Maße des Transportmittels (z.B. Container) abgestimmt sein.
- **Stapelbarkeit:** Um Ladegüter stapeln zu können, müssen sie eine standsichere und druckfeste Oberfläche haben.
- **Druckfestigkeit der Seitenflächen und Kanten:** Die Ladegüter müssen eine entsprechend hohe Druckfestigkeit aufweisen, um angehoben, bewegt und, z.B. beim Niederzurren, gesichert werden zu können.
- **Standsicherheit:** Das Ladegut muss eine ausreichend große Standfläche haben, um sicher stehen zu können.
- **Niedriger, mittiger Schwerpunkt:** Der Schwerpunkt sollte möglichst tief und mittig liegen, um eine hohe Standfestigkeit des Ladegutes zu erzielen. Ist der Schwerpunkt verschoben, so ist die Schwerpunktlage auf allen vier Seiten des Ladegutes zu kennzeichnen.
- **Unterfahrbarkeit:** Um Fördermittel einsetzen zu können, sollte das Ladegut unterfahrbar sein (z.B. Palette).

6.3 Containerbeladung

Container müssen bei jeder Beladung kontrolliert werden. Die Kontrolle bezieht sich zum einen auf den ordnungsgemäßen Zustand des Containers und zum anderen auf das ordnungsgemäße Packen und Sichern der Ladung.

Überprüfungen vor dem Beladen

Vor dem Beladen ist der Container auf mögliche Mängel zu überprüfen. Hierzu gehören der **Container-Check außen** und der **Container-Check innen**.

Container-Check außen

- Ist der Rahmen (Längsträger, Querträger, Eckpfosten und Eckbeschläge) unversehrt?
- Sind die Wände, der Boden und das Dach in einem guten Zustand und haben sie keine Risse, Löcher, Verformungen oder andere Beschädigungen?
- Lassen sich die Türen einfach bedienen und ordnungsgemäß verschließen und verplomben?
- Hat der Container ein CSC-Zulassungsschild?
- Sind alle Markierungen, Placards (Großzettel) und Warnzeichen der letzten Ladung entfernt worden?

Container-Check innen

- Ist der Container wasserdicht? Fällt bei geschlossenen Türen kein Licht ein?
- Ist der Boden in gutem Zustand und frei von hervorstehenden Nägeln, Schrauben usw., die die Ladung beschädigen könnten?
- Sind Verformungen oder sonstige Beschädigungen an den Innenwänden und der Decke erkennbar?
- Ist der Container trocken?
- Ist der Container sauber, frei von Ladungsrückständen und geruchsneutral?
- Sind Laschaugen oder Laschringe (Zurrpunkte) zur Befestigung der Ladung vorhanden und befinden sich diese in einem einwandfreien Zustand?

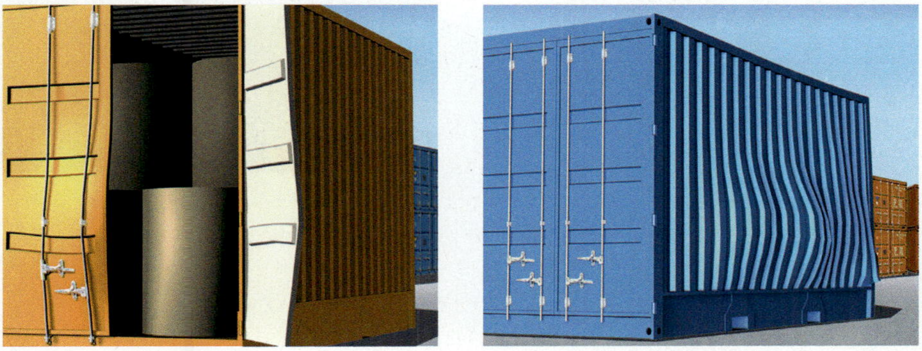

Von außen erkennbare Mängel am Container: beschädigter Containerrahmen und verformte Containertür

Packen und Sichern der Ladung

- Vor dem Beladen ist sicherzustellen, dass der Container auf ebenem und festem Grund steht.
- Bevor man mit dem Packen beginnt, sollte dies geplant werden, z. B. mittels eines **Stauplans**. Bei der Erstellung des Stauplans gelten auch hier die zuvor beschriebenen **Grundregeln für die Stauplanung**.
- Vor oder auch während des Packens ist eine **Packliste** zu erstellen.
- Damit ein Container sicher transportiert und umgeschlagen werden kann, ist es sehr wichtig, die Ladung so zu sichern, dass sie sich innerhalb des Containers nicht bewegen kann.

Prüfungen nach der Beladung

- Das Ladungsgewicht sollte möglichst gleichmäßig auf dem Boden des Containers verteilt sein.
- Der Container darf nicht überladen sein.
- Die Ladung muss ausreichend gesichert sein.
- Für Zollinspektionen o. Ä. muss eine Kopie der Packliste an einer gut sichtbaren Stelle im Container platziert sein.
- Um zu verhindern, dass beim Öffnen der Türen Ladungsteile herausfallen, ist darauf zu achten, dass eine in sich gefestigte Ladungsfront aufgebaut wird.
- Die Türen und Dachabdeckungen müssen sorgfältig verschlossen werden.
- Bei Kühlcontainern muss die richtige Temperatur eingestellt werden.
- Die Verschlüsse eines Containers sind im Normalfall durch Plomben zu sichern.

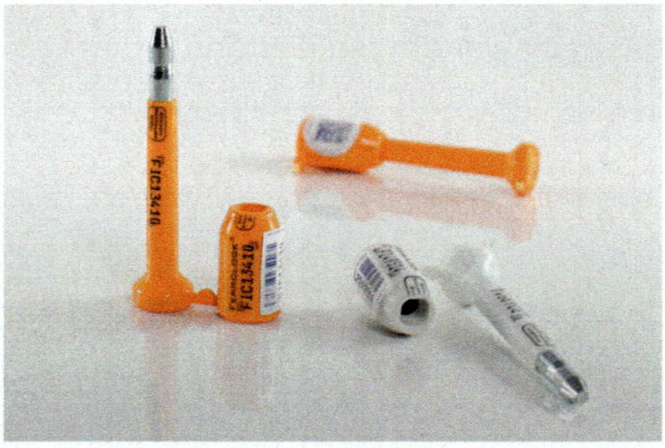

Bolzenplomben

Drahtplombe

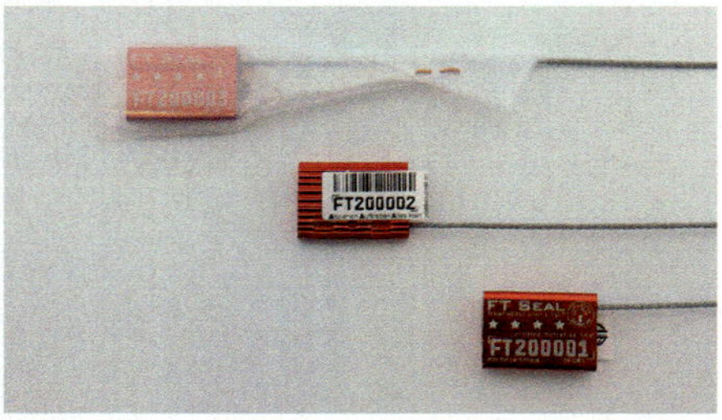

Stahlseilplomben

5366456

7 Beförderung gefährlicher Güter

Gefährliche Güter werden in einer hoch industrialisierten Gesellschaft häufig verwendet und natürlich auch befördert. Wichtig bei Transporten ist es, Gefahren für Mensch und Umwelt sowie die öffentliche Sicherheit abzuwenden.

7.1 Gesetzliche Regelungen

Vorschriften zur Gefahrgutbeförderung

Gefahrgutbeförderungsgesetz (GGBefG)

Es gibt zahlreiche Regelungen und Vorschriften zur Gefahrgutbeförderung. Das **Gefahrgutbeförderungsgesetz** (GGBefG) regelt in allgemeiner Form in Deutschland die Beförderung gefährlicher Güter mit verschiedenen Verkehrsträgern. **Gefährliche Güter** sind gemäß dieses Gesetzes Stoffe, die im öffentlichen Verkehrsraum (Straße, Schiene, Luftverkehr, Binnen- und Seeschifffahrt) befördert werden und von denen eine Gefahr für Menschen, Tiere, Umwelt, Sachgüter oder die öffentliche Sicherheit und Ordnung ausgeht.

[?!] *Gefahrstoff – Gefahrgut*

Gefahrstoffe werden zu Gefahrgütern, sobald sie im öffentlichen Verkehrsraum befördert werden.

Neben dem Gefahrgutbeförderungsgesetz gibt es noch weitere verkehrsträgerspezifische Verordnungen:

Verkehrsträgerspezifische Verordnungen

Beförderungsart	Nationale Vorschriften	Internationale Vorschriften
Straße	*GGVSEB* (Gefahrgutverordnung Straße, Eisenbahn und Binnenschifffahrt)	*ADR* (Europäisches Übereinkommen über die internationale Beförderung gefährlicher Güter auf der Straße/Accord européen relatif au transport international des marchandises Dangereuses par Route)
Eisenbahn	*GGVSEB* (Gefahrgutverordnung Straße, Eisenbahn und Binnenschifffahrt)	*RID* (Europäisches Übereinkommen über die internationale Beförderung gefährlicher Güter auf der Schiene/Règlement concernant le transport International ferroviaire de marchandises Dangereuses)
Binnenschiff	*GGVSEB* (Gefahrgutverordnung Straße, Eisenbahn und Binnenschifffahrt)	*ADN* (Europäisches Übereinkommen über die internationale Beförderung gefährlicher Güter auf Binnenschiffen/Accord européen relatif au transport international des marchandises Dangereuses par voie de Navigation intérieure)
Seeschiff	*GGVSee* (Gefahrgutverordnung See)	*IMDG-Code* (Internationaler Code für die sichere Beförderung gefährlicher Güter mit Seeschiffen/International Maritime Code for Dangerous Goods)
Flugzeug	*IATA-DGR* (Dangerous Goods Regulations of the International Air Transport Association) und *ICAO-TI* (International Civil Aviation Organization-Technical Instructions) (Weltweit gültige Vorschriften für Gefahrguttransporte im Luftverkehr)	

Zusammenladeverbote
prohibition to stow/ prohibition on mixed loading

Diese Gefahrgutvorschriften regeln z. B., ...
- welche gefährlichen Güter befördert werden dürfen,
- welche gefährlichen Güter zusammen befördert werden dürfen (**Zusammenladeverbote**[1]),
- wie gefährliche Güter verpackt und gekennzeichnet sein müssen,
- wie Beförderungsmittel (z. B. Fahrzeuge, Container) gebaut, ausgerüstet und geprüft sein müssen),
- was bei der Be- und Entladung zu beachten ist,
- die Pflichten der Beteiligten.

Außer den oben genannten verkehrsträgerspezifischen Verordnungen sind noch andere allgemeine Regelwerke bei der Gefahrgutbeförderung zu beachten:

Regelwerk	Einzelne Bestimmungen
StVO (Straßenverkehrs-Ordnung)	• Verkehrszeichen speziell für Gefahrguttransporte/Tunnel • Schlecht-Wetter-Regel (angepasste Fahrweise bzw. Fahrverbot)
WHG (Wasserhaushaltsgesetz)	• Sicherheitseinrichtungen gegen Überfüllen, Überwachen des Umfüllvorgangs
KrWG (Kreislaufwirtschaftsgesetz)	• Begleitscheine zur Kontrolle der ordnungsgemäßen Beseitigung • Kennzeichnung mit „A" auf weißer Tafel • Abfalltransportgenehmigung
BetrSichV (Betriebssicherheitsverordnung)	• Technische Anforderungen an Tanks • Prüfvorschriften (sind bei Beachtung der GGVSEB erfüllt) • Verfahrensregeln

Gefahrgutbeauftragter

Gefahrgutbeauftragtenverordnung (GbV)

Ist ein Unternehmen an der Beförderung gefährlicher Güter im öffentlichen Verkehrsraum beteiligt und überschreitet bestimmte Mengen, schreibt die **Gefahrgutbeauftragtenverordnung** die Bestellung eines Gefahrgutbeauftragten vor.

Zu den Aufgaben des Gefahrgutbeauftragten gehören:
- die Einhaltung der Gefahrgutvorschriften überwachen
- Mängel, die die Sicherheit der Gefahrgutbeförderung beeinträchtigen können, dem Unternehmer anzeigen
- den Unternehmer in Bezug auf die Gefahrgutbeförderung beraten
- die Mitarbeiter schulen oder schulen lassen
- nach einem Unfall mit Gefahrgut einen Unfallbericht erstellen oder erstellen lassen
- einen Gefahrgutjahresbericht erstellen

1 Eine Übersicht zum Thema Zusammenladeverbote ist zu finden unter www.gefahrgut.de/themen/landverkehr--adr-rid-und-adn/auf-gute-nachbarschaft.

Unternehmen müssen keinen Gefahrgutbeauftragten bestellen, wenn sich ihre Tätigkeiten auf freigestellte Beförderungen gefährlicher Güter beschränken, auf Beförderungen in begrenzten Mengen oder unterhalb der kennzeichnungspflichtigen Mengen (Lkw ohne orangefarbene Tafeln) beziehen. Dies ist z. B. der Fall, wenn ein Handwerker eine einzelne Gasflasche befördert. Des Weiteren ist es nicht erforderlich, einen Gefahrgutbeauftragten zu bestellen, wenn das Unternehmen in einem Kalenderjahr für den Eigenbedarf weniger als 50 Tonnen netto gefährlicher Güter befördert oder gefährliche Güter lediglich empfängt.

7.2 Dokumentation/Begleitpapiere

Für jeden Gefahrguttransport ist eine Vielzahl von Begleitpapieren erforderlich. Diese dienen zur Information ...

- des Fahrzeugführers,
- der für die Überwachung zuständigen Personen und
- bei Unfällen der Unfallhilfsdienste.

Außerdem dienen sie dazu, bestimmte Anforderungen nachzuweisen, z. B.

- die Qualifikation des Fahrzeugführers,
- die Identität der Fahrzeugbesatzung,
- die technische Fahrzeugausstattung und
- durchgeführte Prüfungen.

Beförderungspapier

Aus dem Beförderungspapier wird ersichtlich, welche gefährlichen Güter geladen wurden. Es ist an keine bestimmte Form gebunden, muss aber bestimmte Angaben enthalten:

- UN-Nummer mit den vorangestellten Buchstaben „UN" (mit der vierstelligen UN-Nummer werden gefährliche Stoffe, Stoffgruppen oder Gegenstände gekennzeichnet)
- offizielle Benennung des Stoffes/Gegenstandes
- Nummern der Gefahrzettel sowie möglicher Hinweis „umweltgefährdend"
- gegebenenfalls die Gefahrzettel Nebengefahr
- zugeordnete Verpackungsgruppe (VG): I = Stoffe mit hoher Gefahr, II = Stoffe mit mittlerer Gefahr oder III = Stoffe mit geringer Gefahr

Absender:	Empfänger:
Gefahrgutshop Frankfurter Str. 66 34121 Kassel	Speedbike GmbH & Co. KG Otto-Schill-Str. 86 04109 Leipzig
Versandort: (z. B. Ladestelle)	**Bestimmungsort:**
Kassel, Bauhof	Speedbike GmbH & Co. KG - WVZ Otto-Schill-Str. 86 04109 Leipzig

Anz./Art der Verpackung	Bezeichnung des Gutes Kennzeichnungsnummer (UN-Nr.) und Benennung des Stoffes, Nr. Gefahrzettelmuster, ggf. Verpackungsgruppe, Tunnelbeschränkungen	Masse (kg) Brutto/Netto Volumen (l)
5 Kanister	UN 1300 Terpentinölersatz 3, VG II (D/E)	100 l

Vermerke:

☐ BEFÖRDERUNG NACH ABSATZ 1.1.4.2.1 ADR
☐ BEFÖRDERUNG NACH AUSNAHME

Besondere Vermerke:

./.

Kassel, 26.08.20..	Hans Leimbach
Ort/Datum	Unterschrift

Beispiel für ein Beförderungspapier

- Tunnelbeschränkungscode
- Anzahl und Beschreibung der Versandstücke
- Gesamtmenge der gefährlichen Güter
- Name und Anschrift des Absenders
- Name und Anschrift des Empfängers
- für Beförderung ohne orangefarbene Tafeln am Lkw die ADR-Punkte

Schriftliche Weisungen

Die schriftlichen Weisungen sind eine Informationsschrift für den Fahrzeugführer über die Handhabung der gefährlichen Güter sowie das Vorgehen im Falle eines Unfalls. Schriftliche Weisungen müssen in der Sprache der Mitglieder der Fahrzeugbesatzung verfasst sein und sind im Fahrerhaus an einer leicht zugänglichen Stelle mitzuführen.

Schriftliche Weisungen enthalten Informationen über ...
- alle Gefahrgüter (mit Abbildung der Gefahrzettel),
- ihre Gefahreneigenschaften,
- die erforderliche Ausrüstung für den Transport und
- einzuleitende Maßnahmen bei Unfällen oder Zwischenfällen.

ADR-Schulungsbescheinigung

Die ADR-Schulungsbescheinigung ist ein Schulungsnachweis des Fahrzeugführers und bescheinigt die Berechtigung, bestimmte Gefahrguttransporte durchzuführen. Ausgestellt wird diese Bescheinigung von der zuständigen Industrie- und Handelskammer nach entsprechender Schulung und bestandener Prüfung.

Lichtbildausweis

Jedes Mitglied der Fahrzeugbesatzung muss während eines Gefahrguttransportes einen Lichtbildausweis mit sich führen (Personalausweis, Reisepass, Führerschein oder Fahrerkarte).

ADR-Zulassungsbescheinigung

Fahrzeuge zur Beförderung von Gefahrgütern in Tanks und zum Transport von Explosivstoffen benötigen eine ADR-Zulassungsbescheinigung, mit der bestätigt wird, dass sie die Anforderungen des ADR erfüllen.

Weitere Papiere

Weitere Papiere können sein:
- Container-/Fahrzeug-Packzertifikat (im Fährverkehr oder im Zulauf zu einem Seehafen)
- Bescheide über Ausnahmeregelungen
- Fahrwegbestimmungen

7.3 Durchführung der Beförderung

Beförderungsarten

Für die Beförderung gefährlicher Güter auf der Straße und der Schiene kommen folgende Möglichkeiten in Betracht:

Gefährliche Güter auf Straße und Schiene

in Versandstücken	in loser Schüttung	in Tanks
Güter in Verpackungen, Großpackmitteln oder Großverpackungen	feste Stoffe ohne Verpackung	feste, flüssige oder gasförmige Soffe
werden befördert in		
• Containern • Eisenbahnwagen • Fahrzeugen	• Containern • Eisenbahnwagen • Fahrzeugen	• Tankcontainern • Kesselwagen • fest verbundenen Tanks • ortsbeweglichen Tanks • Aufsetztanks • Batterie-Fahrzeugen • MEGC (Gascontainern)

Möglichkeiten für die Beförderung gefährlicher Güter

Ausrüstung der Fahrzeuge, wenn orangefarbene Tafeln erforderlich sind

Wenn gefährliche Güter befördert werden, muss das Gefahrgutfahrzeug folgende Ausrüstungsgegenstände mitführen:

- zwei Feuerlöscher (ABC-Pulverlöscher)
- zwei selbststehende Warnzeichen (z. B. reflektierende Warnkegel oder Warndreiecke oder orange blinkende Warnleuchten)
- je Fahrzeug einen Unterlegkeil
- Schutzausrüstung für jedes Mitglied der Fahrzeugbesatzung: Warnweste, tragbares Beleuchtungsgerät, Schutzhandschuhe, Augenschutzausrüstung
- spezielle Ausrüstung bei bestimmten Gefahrgütern: Augenspülflüssigkeit, Fluchtmaske, Schaufel, Kanalabdeckung, Auffangbehälter

7.4 Freistellung für Beförderungseinheiten (1 000-Punkte-Regelung)

Wird pro Beförderungseinheit (pro Lkw oder Lkw mit Anhänger) eine bestimmte Gefahrgutmenge nicht überschritten, können **Befreiungen von den Gefahrgutvorschriften** genutzt werden. Hier gilt die sogenannte **1 000-Punkte-Regel**. Jedem Gefahrgut ist unter Berücksichtigung der Beförderungskategorie (festgelegt in den ADR) ein Faktor zugeordnet. Multipliziert man diesen Faktor mit der zu transportierenden Menge, so ergibt sich eine Gesamtpunktmenge je Gefahrgut. Wenn die Summe aller

Gesamtpunktmengen je Gefahrgut die Zahl 1000 nicht überschreitet, entfallen bestimmte Anforderungen für den Gefahrguttransport.

Beispiel: 1 000-Punkte-Regelung

Stoff, UN-Nr., Verpackungsgruppe	Beförderungs-kategorie	Faktor	Menge	Gesamtpunkt-menge
UN 1203 Benzin, 3, II, (D/E)	2	3	40 l	120
UN 1263 Farbe, 3, II, (D/E)	2	3	20 l	60
UN 1202 Dieselkraftstoff, 3, III, (D/E)	3	1	100 l	100

Ist die Nutzung der 1000-Punkte-Regelung möglich, gelten u. a. folgende Befreiungen für den Gefahrguttransport:

- Schriftliche Weisungen sind nicht erforderlich.
- Kennzeichnung des Fahrzeugs mit orangefarbenen Tafeln ist nicht erforderlich.
- Der Fahrer benötigt keine ADR-Schulungsbescheinigung, muss aber unterwiesen sein.
- Die Ausrüstung entfällt bis auf einen Feuerlöscher (mindestens 2 kg).

7.5 Bezettelung und Kennzeichnung von Versandstücken

Gefahrzettel
hazard label

Alle Versandstücke, die Gefahrgüter enthalten, müssen mit **Gefahrzetteln** gekennzeichnet werden. Gefahrzettel sind auf der Spitze stehende quadratische Aufkleber mit weltweit anerkannten Symbolen, die auf eine bestimmte Gefahr aufmerksam machen. An Versandstücken und Umverpackungen müssen sie mindestens 10 cm x 10 cm groß sein (**Gefahrzettel**) und an Containern, Fahrzeugen außen und Tanks mindestens 25 cm x 25 cm groß (**Großzettel, Placards**). An Eisenbahnwaggons und Kesselwagen dürfen die Großzettel auf 15 cm x 15 cm verkleinert werden.

Außer dem Gefahrzettel muss jedes Versandstück auch mit der UN-Nummer und den vorangestellten Buchstaben UN gekennzeichnet sein. Die Kennzeichnung mit Gefahrzetteln und UN-Nummer braucht bei den meisten Versandstücken nur an einer Seite vorgenommen werden, außer bei IBC und Großverpackungen. Diese werden an zwei Seiten gekennzeichnet.

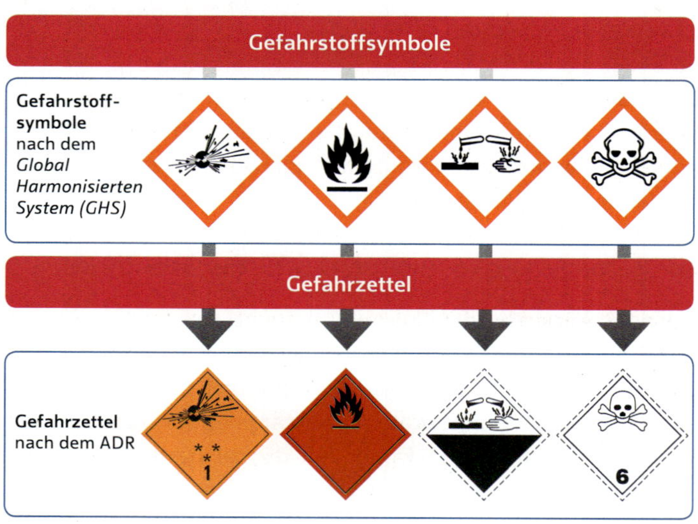

Gefahrstoffsymbole und Gefahrzettel

5366462

Befinden sich an einem Versandstück mehrere Gefahrzettel, so kann dies entweder bedeuten, dass in dem Versandstück ein Stoff enthalten ist, von dem mehrere Gefahren ausgehen, oder es sind mehrere Güter mit jeweils unterschiedlichen Gefahren in dem Versandstück enthalten.

Ausrichtungspfeile

Befinden sich in dem Versandstück kleine Mengen gefährlicher Stoffe, sogenannte begrenzte Mengen, sind diese mit dem Aufkleber für begrenzte Mengen zu kennzeichnen [▸ Lernfeld 6].

Befinden sich in einem Versandstück flüssige Stoffe oder belüftete Einzelverpackungen, werden an zwei gegenüberliegenden Seiten Ausrichtungspfeile angebracht.

Umverpackungen müssen mit dem Ausdruck **Umverpackung** und für jedes enthaltene gefährliche Gut mit der UN-Nummer (**UN** vorangestellt) gekennzeichnet und mit den entsprechenden Gefahrzetteln versehen sein. Wenn die Kennzeichnungen und Gefahrzettel der einzelnen Güter durch die Umverpackung hindurch sichtbar bleiben, ist die zusätzliche Kennzeichnung der Umverpackung nicht erforderlich.

Kennzeichnung von Versandstücken und Umverpackung

7.6 Bezettelung und Kennzeichnung der Transportmittel

Bezettelung von Fahrzeugen und Containern

Werden Gefahrgüter der Klassen 1 oder 7 in Versandstücken, Gefahrgüter in loser Schüttung oder in Tanks befördert, sind die Fahrzeuge an den beiden Längsseiten und am Heck mit Großzetteln (Placards 25 cm x 25 cm) zu kennzeichnen.

beide Längsseiten und Heck

Bezettelung eines Fahrzeugs

Container, in deren sich Versandstücke mit Gefahrgütern oder Gefahrgüter in loser Schüttung befinden, werden an allen vier Seiten mit Großzetteln gekennzeichnet.

Bezettelung eines Containers

alle vier Seiten

Fahrzeuge und Container mit einer zulässigen Gesamtmasse von mehr als 12 t und einer Ladung von mehr als 8 t brutto, die mit **Versandstücken in begrenzten Mengen** beladen sind, müssen mit den entsprechenden Großzetteln für begrenzte Mengen in der Größe 25 cm x 25 cm gekennzeichnet werden (Fahrzeuge vorne und hinten, Container an allen vier Seiten).

Kennzeichnung mit orangefarbenen Tafeln

Kennzeichnung vorne und hinten

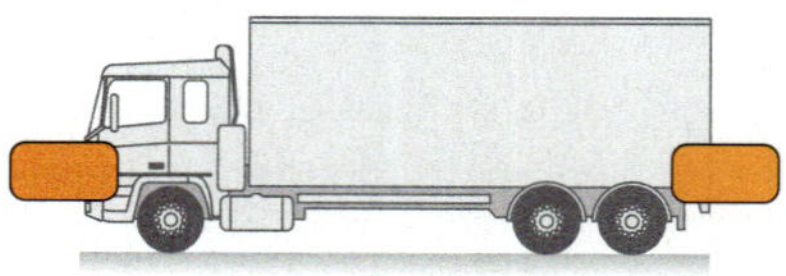

Werden bei einem Gefahrguttransport gefährliche Güter in Versandstücken (mehr als 1000 Punkte) sowie Güter der Klasse 1 oder 7 befördert, ist das Fahrzeug mit neutralen orangefarbenen Tafeln zu kennzeichnen.

orangefarbene Tafeln
hazard warning panel/ hazard warning plate

Bei der Beförderung gefährlicher Güter in Tanks oder loser Schüttung werden **orangefarbene Tafeln** mit Kennzeichnungsnummern verwendet. Diese sind jeweils vorne und hinten am Fahrzeug anzubringen.

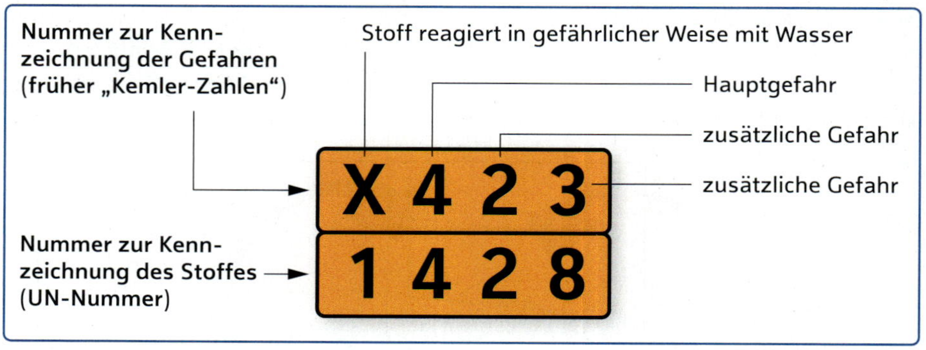

Nummer zur Kennzeichnung der Gefahr

Die **obere Nummer** auf der Tafel dient der Kennzeichnung der Gefahr. Anhand dieser Ziffern können die **Unfallhilfsdienste** erkennen, welche Gefahren von dem Stoff ausgehen.

Bei Gefahrgütern orientiert sich die Gefahrnummer auf der orangefarbenen Tafel an der Nummerierung der Gefahrstoffklassen:

2 = Entweichen von Gas durch Druck oder durch chemische Reaktion
3 = Entzündbarkeit von flüssigen Stoffen (Dämpfen) und Gasen
4 = Entzündbarkeit fester Stoffe
5 = Oxydierende (brandfördernde) Wirkung
6 = Giftigkeit oder Ansteckungsgefahr
7 = Radioaktivität
8 = Ätzwirkung
9 = Gefahr einer spontanen heftigen Reaktion

Sind die ersten beiden Ziffern gleich, bedeutet das eine Zunahme der Gefahr. Ein X vor der Nummer bedeutet, dass der Stoff nicht mit Wasser in Verbindung gebracht werden darf.

UN-Nummer zur Kennzeichnung des Stoffes

Im **unteren Teil** der Tafel befindet sich die UN-Nummer, die entsprechend einer von den **Vereinten Nationen** erstellten Stoffliste zur Kennzeichnung des Stoffes dient. Anhand dieser Nummer können die **Unfallhilfsdienste** herausfinden, um welches Gefahrgut es sich handelt.

Umweltgefährdender Stoff

Bei umweltgefährdenden Stoffen ist das entsprechende Kennzeichen zusätzlich anzubringen.

7.7 Be- und Entladen von Fahrzeugen

Grundsätzlich gelten für die Verladung und Ladungssicherung von gefährlichen Gütern die gleichen Regeln wie bei ungefährlichen Gütern. Allerdings sind einige grundlegende Zusatzregeln zu beachten:

Zusatzregeln bei gefährlichen Gütern

- Das ADR verlangt seit 2007, dass vor dem Be- und Entladen die Fahrzeugbesatzung, das Fahrzeug, die Beförderungsmittel und die Papiere kontrolliert werden.
- Versandstücke mit gefährlichen Stoffen dürfen nicht geöffnet werden.
- Beschädigte oder erkennbar unvollständige Versandstücke dürfen nicht verladen werden.
- Gefahrgut muss von Nahrungs-, Genuss- oder Futtermitteln getrennt gehalten werden; dies gilt auch an den Be- und Entladestellen.
- Fahrzeuge und Container sind nach dem Entladen von möglichen Rückständen gefährlicher Ladung zu reinigen.
- Beim Be- und Entladen ist der Motor abzustellen.
- Bei der Verladung und Stauung müssen Ausrichtungspfeile auf den Versandstücken unbedingt beachtet werden.
- Beim Halten oder Parken ist unbedingt die Feststellbremse zu betätigen.
- Beim Abstellen von Anhängern ohne Bremsausrüstung ist ein Unterlegkeil zu verwenden.
- Zusammenladeverbote sind zu beachten.
- Beim Be- und Entladen ist das Rauchen in der Nähe von Fahrzeugen und Containern sowie in den Fahrzeugen und Containern untersagt. Werden Güter der Gefahrklasse 1 (explosive Stoffe) befördert, darf auch während der Fahrt nicht im Fahrerhaus geraucht werden.

7.8 Gefahrgut auf See

IMDG-Code

Die Beförderung von gefährlichen Stückgütern – einschließlich Gefahrgut in Containern – unterliegt den Regeln des **International Maritime Dangerous Goods Code (IMDG-Code)**. Der IMDG-Code gilt für alle, die am Gefahrguttransport auf See beteiligt sind: Hersteller, Befrachter (= Shipper, Versender), Verfrachter (= Frachtführer in der Seeschifffahrt, Reederei) usw. Er gibt an, wie mit gefährlichen Gütern umzugehen ist (z. B. Verpackung, Kennzeichnung, Sicherung von Gefahrgutladungen im Container), und ist weitgehend identisch mit der Kennzeichnung nach ADR/RID für Straße und Schiene.

Sea-Way Bill of Lading/ IMO-Erklärung

Der Hersteller oder Vertreiber eines im IMDG-Code aufgeführten Gefahrgutes ist verpflichtet, dem Transporteur umfassende Angaben über die Ladung zu liefern. Hierzu zählen der technische Name des Gefahrgutes, die Gefahrgutklasse, die Verpackungsgruppe und die UN-Nummer. Diese Angaben werden einmal in der **Sea-Way Bill of Lading** (Frachtpapier in der Seeschifffahrt) und in der **IMO-Erklärung** (Beförderungsdokument für gefährliche Güter) festgehalten.

Containerpackzertifikat

Werden die gefährlichen Güter in einem Container transportiert, muss die Person, die für die Beladung des Containers verantwortlich ist, zusätzlich ein **Containerpackzertifikat** ausstellen und unterschreiben. Mit dem Containerpackzertifikat wird bestätigt, dass sich der Container in einwandfreiem Zustand befindet, die gefährlichen Güter ordnungsgemäß verpackt und gesichert sind, Zusammenladeverbote eingehalten, die Versandstücke ordnungsgemäß beschriftet, markiert, gekennzeichnet und plakatiert wurden und eine IMO-Erklärung für jede in den Container gepackte Sendung gefährlicher Güter vorliegt.

7.9 Gefahrgut in der Luft

Für den Transport in Flugzeugen gelten teilweise strengere Bestimmungen als für den Transport zu Land und zu Wasser. So dürfen z. B. die meisten explosionsgefährlichen Güter nicht befördert werden. Einige andere Güter, die für den Land- und Seeverkehr kein Gefahrgutproblem darstellen, sind in der Luftfahrt als gefährlich eingestuft (z. B. magnetische Gegenstände). Dies hängt zusammen mit den besonderen Transportbedingungen in einem Flugzeug:

- **Temperatur:** Die Temperatur im Frachtraum eines Flugzeuges kann zwischen – 40 °C und +55 °C schwanken.
- **Druck:** Aufgrund der Flughöhe kann es zu einer Druckminderung im Flugzeug kommen.
- **Schwingungen, Beschleunigungskräfte:** Diese physikalischen Kräfte belasten das Ladegut und die Verpackung stärker als bei Land- und Seetransporten.

Aufgrund dieser Transportbedingungen gelten für die Luftfracht teilweise auch besondere Mengenbegrenzungen und höherwertige technische Anforderungen.

Sollen Gefahrgüter als Luftfracht befördert werden, sind folgende Schritte bei der Abwicklung des Transportes zu beachten:

1. Prüfen, ob die Gefahrgüter nach IATA-DGR überhaupt für den Transport in Flugzeugen zugelassen sind.
2. Beförderungsvorschriften nach IATA einhalten, d. h. die Güter ordnungsgemäß und einwandfrei verpacken und kennzeichnen, und die Versendererklärung (**Shipper's declaration for dangerous goods**) in doppelter Ausführung erstellen.
3. Überprüfen, ob die Beförderung der Gefahrgüter in Passagierflugzeugen oder nur in Frachtflugzeugen erlaubt ist.
4. Die vorgeschriebenen Höchstmengen pro Packstück und Flug einhalten.
5. Das Gefahrgut im Frachtraum des Flugzeuges so verladen und sichern, dass keine Gefahr für die Besatzung, das Flugzeug, andere Sendungen und die Umwelt besteht.
6. NOTOC-Papiere (**Notification To Captain**) erstellen und dem Piloten übergeben. Diese Papiere enthalten Informationen über die Art und die Position des geladenen Gefahrgutes.

5366466

Lernfeld 9
Güter versenden

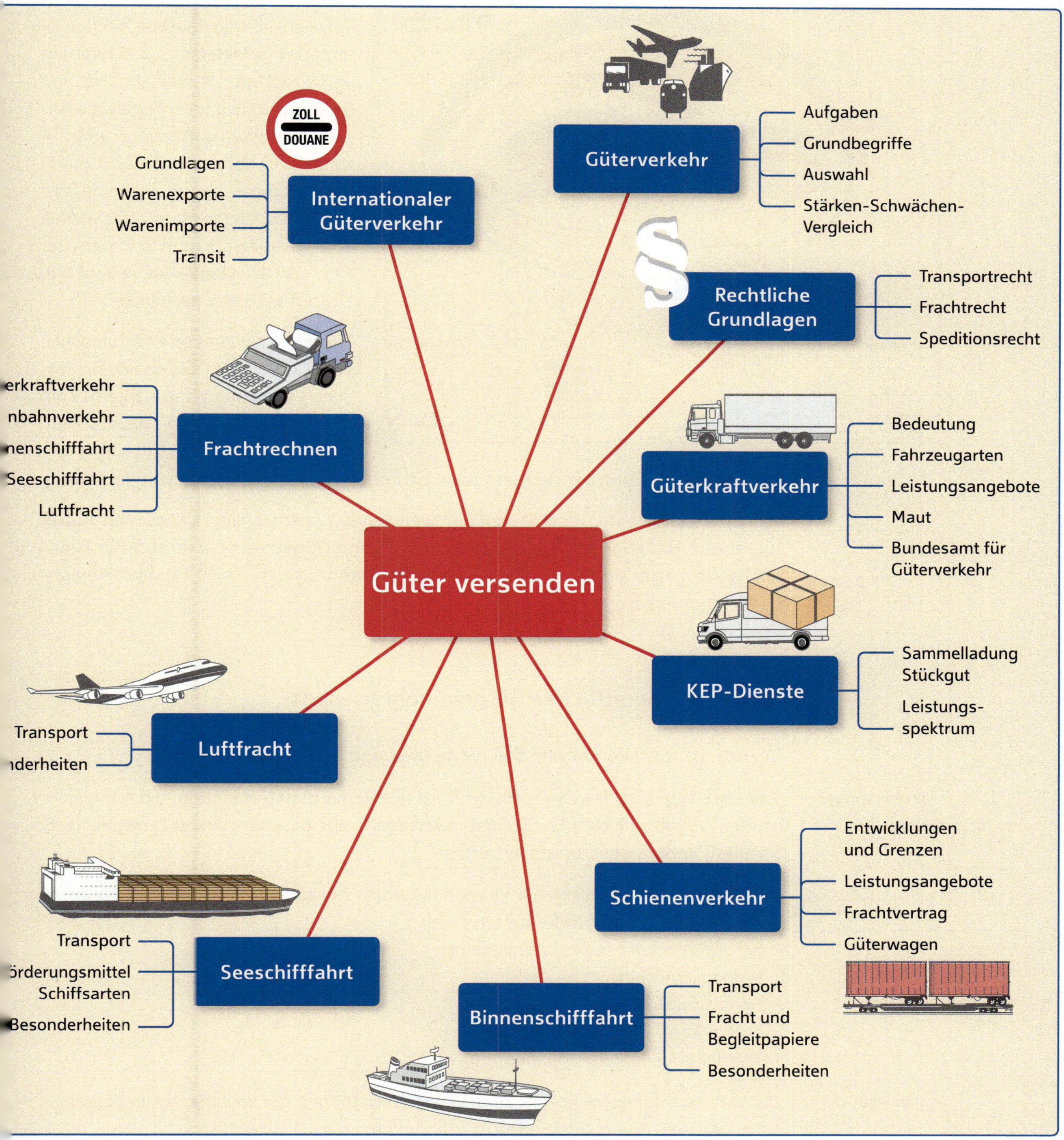

1 Aufgaben und Grundbegriffe des Güterverkehrs

1.1 Aufgaben des Güterverkehrs

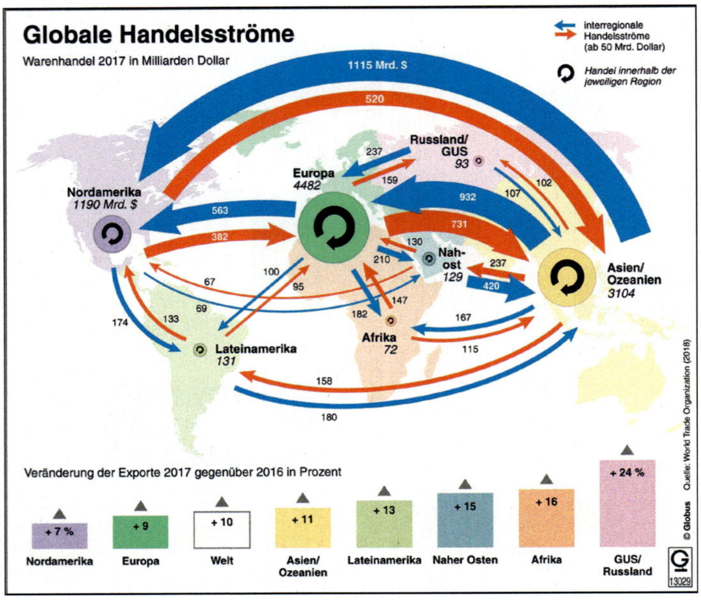

Günstigere Herstellung von Konsumgütern in Asien, Veredelung von Textilien in Südosteuropa, Bananenimporte aus Mittelamerika, Lieferung von Erdöl aus Kuwait, Import von Stahl aus Indien für europäische Automobilhersteller, Transport von Getreide und Sojabohnen aus Kanada nach Europa, Import von Edelholz aus Afrika, Lieferung von Steinkohle aus Australien, Export europäischer Pkw nach Nordamerika, Verkauf von Druckmaschinen nach Japan, ...

Exporte und Importe verursachen einen weltweiten **Güterverkehr** zwischen Verkäufern und Käufern. Zum Güterverkehr gehört neben dem **Transport** auch der **Umschlag** der Güter und deren **Zwischenlagerung** sowie bei internationalen Transporten die **Verzollung**.

Speditionskaufleute organisieren den weltweiten Warentransport. Die **Frachtführer** führen die Transporte mit verschiedenen **Verkehrsträgern** aus, während die **Fachkräfte für Lagerlogistik** sowie die **Fachlageristen** für den Umschlag und die optimale Lagerung sorgen.

1.2 Grundbegriffe des Güterverkehrswesens

Verkehrsträger, Verkehrsmittel, Verkehrswege

Verkehrsträger
mode of transport

Verkehrsträger ist der Sammelbegriff für alle Verkehrsunternehmen, die mit gleichartigen **Verkehrsmitteln (z. B. Lastkraftwagen)** auf gleichen **Verkehrswegen (z. B. Straßen) Verkehrsleistungen** erbringen.

Beim weltweiten Güterverkehr werden folgende Verkehrsträger eingesetzt:
- Güterkraftverkehr (Straßengüterverkehr)
- Schienenverkehr (Eisenbahnverkehr)
- Binnenschifffahrt
- Seeschifffahrt
- Luftverkehr
- Rohrleitungsverkehr (Pipeline)

Tonnenkilometer

Zur Vergleichbarkeit der erbrachten Verkehrsleistungen der verschiedenen Verkehrsträger werden deren Leistungen in Tonnenkilometern ausgewiesen.

Verkehrsleistung:
Tonnenkilometer *in tkm* = Beförderte Gütermenge *in t* · Entfernung des Transportes *in km*

[?!]
Formel zur Berechnung der Verkehrsleistung

Verkehrsmittel sind alle technischen Einrichtungen zur Beförderung des Transportgutes.

Verkehrsmittel
means of transport

- Lastkraftwagen: Lkw, Lieferwagen, Kurierfahrzeuge
- Güterzüge: Lokomotiven und Waggons
- Binnenschiffe: Trockengüterschiffe, Tankschiffe, Schubleichter, Schubschiffe
- Seeschiffe: Containerschiffe, Stückgutschiffe, Küstenmotorschiffe
- Flugzeuge: Frachtflugzeuge, Passagierflugzeuge
- Rohrleitungen: Erdölpipelines, Gaspipelines

Verkehrswege dienen dem Einsatz der Verkehrsmittel. Zu den Verkehrswegen der Binnenschifffahrt gehören alle schiffbaren Flüsse, Kanäle und Binnenhäfen mit ihren verschiedenen Hafenbecken.

Verkehrswege
transport routes

Güterverkehrsmarkt

Auf dem Güterverkehrsmarkt bieten Verkehrsunternehmen Transportleistungen an und Verlader fragen Transportleistungen nach. Ziel ist der Abschluss eines Verkehrsvertrages, z. B. ein Speditionsvertrag oder ein Frachtvertrag.

1.3 Auswahl des geeigneten Verkehrsmittels

Die Entscheidung, welcher Verkehrsträger für die Ausführung eines Transportes eingesetzt wird, ist von der Art des Gutes und den Ansprüchen des Auftraggebers abhängig. So kann bei einem Auftrag wie dem Transport eines dringenden Ersatzteils für ein Kraftwerk von Stuttgart nach Mumbai/Indien die Schnelligkeit, beim Transport von 5000 t Schafwolle von Australien nach Großbritannien der Transportpreis oder beim Transport von 120000 t Steinkohle von Südafrika nach China die Ladekapazität ausschlaggebend sein.

Der Auftraggeber erwartet, dass der von ihm beauftrage Spediteur ihn bei der Auswahl berät.

Mögliche Auswahlkriterien der Verkehrsträger beim Warenversand	
Schnelligkeit	• Dringlichkeit (z. B. Ersatzteil für eine beschädigte Maschine) • Terminsendung (z. B. Just-in-time-Lieferung) • Beförderungsdauer von der Übernahme beim Versender bis zur Auslieferung beim Empfänger
Flexibilität	• Haus-Haus-Verkehr • Umsetzungsmöglichkeiten nachträglicher Weisungen
Sicherheit	• hochwertige, wertvolle Ware (z. B. hohe Diebstahlgefahr, hohe Transportversicherungsprämie) • Einzelstück (z. B. Prototyp eines Sportwagens)
Häufigkeit/ Frequenz	• Häufigkeit der Abfahrten (z. B. täglich, wöchentlich oder nach Bedarf)
Transport- kosten/Preis	• Konkurrenz mehrerer einsetzbarer Verkehrsträger untereinander wie Lkw, Bahn oder Binnenschiff • kaufmännische (wirtschaftliche) Transportfähigkeit: Belastbarkeit des Transportgutes mit den Transportkosten. Das Gut darf dadurch nicht zu teuer werden. Deshalb werden Rohöl oder Kohle nicht mit dem Flugzeug transportiert.
Nebenkosten	• Verpackung für einen Seetransport ist weit aufwendiger als für einen Lufttransport • Schadenhäufigkeit ist bei einem Seetransport durch die lange Transportdauer höher als bei einem Lufttransport • mehrmaliger Umschlag bei gebrochenem Verkehr
Pünktlichkeit	• Just-in-time-Lieferungen für zeitrelevante Sendungen mit vorgegebener Ablieferungszeit • Just-in-sequence-Sendungen bei der für zeitrelevante Sendungen die genaue Reihenfolge der abgelieferten Güter vorgegeben ist
Regelmäßigkeit	• Charterverkehr bei einmaligem Transport • Linienverkehr bei regelmäßigen Transporten nach Fahrplan: z. B. zweimal wöchentlich von Köln nach Spanien, täglich von Leipzig nach Hamburg und Bremen
Verfügbarkeit	• einsatzfähig zur gewünschten Zeit am gewünschten Ort wie bspw. ein Lkw mit Überbreite für Schwerguttransport
Witterungs- abhängigkeit	• Einfluss der Witterung auf die Verfügbarkeit und Sicherheit des Verkehrsträgers bei Glatteis, Schnee, Hochwasser oder Sturm
Kapital- bindung	• Vorfinanzierung der Ware bis zur Bezahlung. Bei der im Kaufvertrag getroffenen Vereinbarung „ab Werk“ erfolgt die Zahlung des Kunden früher als bei der Vereinbarung „frei Haus“

→

Umwelt-belastung	• Umweltschutzaspekte wie die Öko-Bilanz • Umweltzertifizierung
Gesetzliche Vorschriften	• Fahrverbote an Sonntagen, Feiertagen oder an Ferienwochenenden • Gefahrgutvorschriften wie GGVSEB • Nutzlast des eingesetzten Verkehrsmittels, Gefahr der Überladung • Zusatzkosten wie bspw. Maut

Verkehrsträger-Mix

Frachtführer und Spediteure setzen für jeden Gütertransport den passenden Verkehrsträger ein. Sollen Ersatzteile von Europa nach China oder Textilien aus Ostasien nach Europa transportiert werden, stehen zur Abwicklung dieser Transporte grundsätzlich das Flugzeug und das Seeschiff zur Verfügung. Denkbar wäre aber auch ein Transport mit dem Landverkehrsträger Bahn.

Verkehrsträger-Mix im Handel zwischen Europa und Ostasien:

- Bei Massengütern und günstigen Gütern dominiert das **Seeschiff**.
- Hochwertige und eilbedürftige Güter werden häufig per **Luftfracht** transportiert.
- Im Asien-Europa-Verkehr findet auch der **Sea-Air-Verkehr** Anwendung. Die Güter werden zunächst per Seeschiff bis Dubai und anschließend per Flugzeug nach Europa transportiert.
- Der **Bahntransport** über Russland (Transsib) wird **bisher** wenig genutzt.

1.4 Stärken-Schwächen-Vergleich der Verkehrsmittel

Auf dem Verkehrsmarkt herrscht sowohl **Wettbewerb zwischen** den Anbietern **eines Verkehrsträgers**, z. B. zwischen verschiedenen Güterkraftverkehrsunternehmen, als auch zwischen **verschiedenen Verkehrsträgern** wie Güterkraftverkehr, Binnenschifffahrt und Schienenverkehr.

Transportkosten lassen sich durch die **Bildung von Ladeeinheiten** und mithilfe einer Tourenplanung senken:

- Durch die **Bildung von Ladeeinheiten** mithilfe geeigneter Kartongrößen oder anderer Umverpackungen (z. B. Kisten) werden die genutzten **Ladehilfsmittel** optimal ausgenutzt. Dadurch können Flach-, Gitterbox- und Industriepaletten, ISO- oder Binnen-Container schneller be- und entladen werden. Paletten werden durch die Beladung mit Ladeeinheiten stabiler und können dadurch häufig gestapelt werden. Auch die Zwischenlagerung wird einfacher, wenn lediglich Paletten ein- und ausgelagert werden.
- Für den Fahrzeugeinsatz erfolgt eine **Tourenplanung**. Dadurch werden die zu fahrende Route, das einzusetzende Fahrzeug sowie dessen Nutzlast optimiert. Ziel einer Tourenplanung ist die Einschränkung der notwendigen Transporte (Anzahl der Touren und die insgesamt zu fahrenden Kilometer) durch eine **bessere Fahrzeugauslastung**. Je mehr Lade- und Entladestellen ein Fahrzeug anfahren kann, desto wirtschaftlicher wird der Einsatz des Fahrzeugs. Die transportierte Menge je Fahrzeug steigt. Dadurch sinken die Kosten je gefahrenen Kilometer und je transportierter Tonne.

Vor- und Nachteile der einzelnen Verkehrsträger

Verkehrsträger	Verkehrsmittel	Verkehrswege	Vorteile	Nachteile
Güterkraftverkehr	Lkw, Lieferwagen, Kurierfahrzeuge	gesamtes Straßennetz (Autobahnen, Bundesstraßen, Kreisstraßen, Landstraßen, Wege)	• schnell auf kurzen Strecken • flexibel • Haus-Haus-Verkehr	• eingeschränkte Transportmenge und -volumen • dadurch hohe Transportkosten je tkm • umweltbelastend • witterungsabhängig • hohes Verkehrsaufkommen (Staugefahr)
Schienenverkehr	Lokomotiven, Waggons	Schienennetz	• große Kapazität • schnell auf Langstrecken • umweltfreundlich • günstige Transportkosten je tkm	• wenige Gleisanschlüsse • hoher Anteil an gebrochenem Verkehr (kaum Haus-Haus-Verkehr) • geringe Verkehrsdichte
Binnenschifffahrt	Binnenschiffe	Flüsse, Kanäle	• große Kapazität • günstiger Transportpreis je tkm • umweltfreundlich • geringer Energieverbrauch	• langsam • hoher Anteil an gebrochenem Verkehr (kaum Haus-Haus-Verkehr) • geringe Verkehrsdichte
Seeschifffahrt	Seeschiffe	Meere, Kanäle, Unterläufe von Flüssen, z. B. Elbe, Weser	• große Kapazität • günstiger Transportpreis je tkm • umweltfreundlich • geringer Energieverbrauch	• langsam • hoher Anteil an gebrochenem Verkehr • lange Vor- und Nachläufe • geringe Verkehrsdichte • witterungsabhängig
Luftverkehr	Flugzeuge	Luftstraßen	• schneller Transport • sicherer Transport	• hohe Transportkosten je tkm • eingeschränkter Frachtraum • hoher Anteil an gebrochenem Verkehr • umweltbelastend
Rohrleitungsverkehr	Pipelines	Rohrleitungen	• große Transportmengen • günstige Transportkosten je tkm • hohes Transportvolumen • Transport über weite Strecken	• teure Investition • stationengebunden • beschränkt auf flüssige und gasförmige Massengüter

5286472

2 Rechtliche Grundlagen im Güterverkehrsmarkt

2.1 Der Begriff des Frachtführers

Frachtführer
carrier

Frachtführer transportieren Güter gewerbsmäßig. Ausgangspunkt für die Tätigkeit eines Frachtführers ist der **Frachtvertrag**. Durch ihn verpflichtet sich der Frachtführer, das Gut an den Bestimmungsort zu befördern und dort an den Empfänger abzuliefern.

[?!] ***Frachtführer***

> ***Frachtführer** sind alle Verkehrsunternehmen, die die Güterbeförderung per Lkw, Bahn, Binnenschiff, Seeschiff[1] oder Flugzeug durchführen.*

2.2 Transportrecht des HGB

Das HGB bildet den Rechtsrahmen für Verkehrsverträge und umfasst das **Frachtrecht**, das **Speditionsrecht** sowie das **Lagerrecht**.

HGB-Transportrecht		
HGB-Frachtrecht §§ 407–452 d	HGB-Speditionsrecht §§ 453–466	HGB-Lagerrecht §§ 467–475 h
... regelt den **Abschluss und Inhalt des Frachtvertrages**	... regelt die **Aufgabenbereiche des Spediteurs**	... regelt die **Lagerung von Gütern** sowie die Ausstellung von Lagerscheinen
• **verkehrsträgerübergreifendes Recht** für den Gütertransport in Deutschland • einheitlich für **alle innerdeutschen Beförderungen** im Güterkraftverkehr, Schienenverkehr, Binnenschifffahrt und Luftverkehr	• **Besorgertätigkeit** • **Selbsteintritt:** Transport mit einem eigenen Fahrzeug • **Spedition zu festen Sätzen:** Vereinbarung eines Festbetrags für Besorgung und Transport • **Sammelladung:** Zusammenfassung mehrerer Sendungen zu einer Sammelladung	• Lagerhalter verpflichtet sich, das Gut zu lagern und aufzubewahren

1 Der Frachtführer, der seine Transporte mit dem Seeschiff ausführt, wird als Verfrachter bezeichnet.

2.3 Frachtrecht des HGB

Das HGB-Frachtrecht ist ein verkehrsträgerübergreifendes Recht für den Gütertransport in Deutschland. Es gilt für alle innerdeutschen Beförderungen im Güterkraftverkehr, Schienenverkehr, in der Binnenschifffahrt sowie im Luftverkehr. Das HGB-Frachtrecht regelt den Abschluss und die Inhalte des Frachtvertrages.

§ 407 Frachtvertrag

(1) Durch den Frachtvertrag wird der Frachtführer verpflichtet, das Gut zum Bestimmungsort zu befördern und dort an den Empfänger auszuliefern.

(2) Der Absender wird verpflichtet, die vereinbarte Fracht zu bezahlen.

(3) Die Vorschriften dieses Unterabschnittes gelten, wenn

1. das Gut zu Lande, auf Binnengewässern oder mit Luftfahrzeugen befördert werden soll und
2. die Beförderung zum Betrieb eines gewerblichen Unternehmens gehört. ...

Frachtvertrag und Frachtbrief

Frachtvertrag
freight contract

Durch den Abschluss eines **Frachtvertrages** verpflichtet sich der **Frachtführer**, das Gut zum Bestimmungsort zu befördern und dort an den Empfänger **auszuliefern**. Der Vertrag über die Beförderung des Gutes wird zwischen Absender und Frachtführer geschlossen. Der **Absender** verpflichtet sich in dem Vertrag zur **Bezahlung** des vereinbarten Beförderungspreises (Frachtentgelt).

Frachtbrief
air waybill/letter of consignment/sea waybill

Des Weiteren kann der Frachtführer vom Absender die Ausstellung eines Frachtbriefes verlangen.

Gefährliches Gut

Handelt es sich um einen Transport von gefährlichen Gütern, so ist der **Absender** verpflichtet, den Frachtführer **rechtzeitig schriftlich** über die Art der Gefahr zu **informieren**, damit dieser die entsprechenden Vorsichtsmaßnahmen ergreifen kann. Unterlässt er dies, ist der Frachtführer berechtigt, das gefährliche Gut auszuladen, einzulagern oder zurückzubefördern.

Verpackung und Kennzeichnung

Der **Absender** hat das Gut so zu **verpacken**, dass bei einem „normal" verlaufenden Transport keine Beschädigungen oder Verluste entstehen. Die Art der Verpackung ist abhängig von der Empfindlichkeit des Gutes und der Wahl des Transportweges. Außerdem muss der Absender das Gut mit Aufklebern oder Barcodelabeln zur besonderen Behandlung **kennzeichnen**, dazu gehören z. B. Adressaufkleber, Nummerierung der einzelnen Packstücke einer Sendung, Vorsichtsmarkierungen und Aufrichtungspfeile.

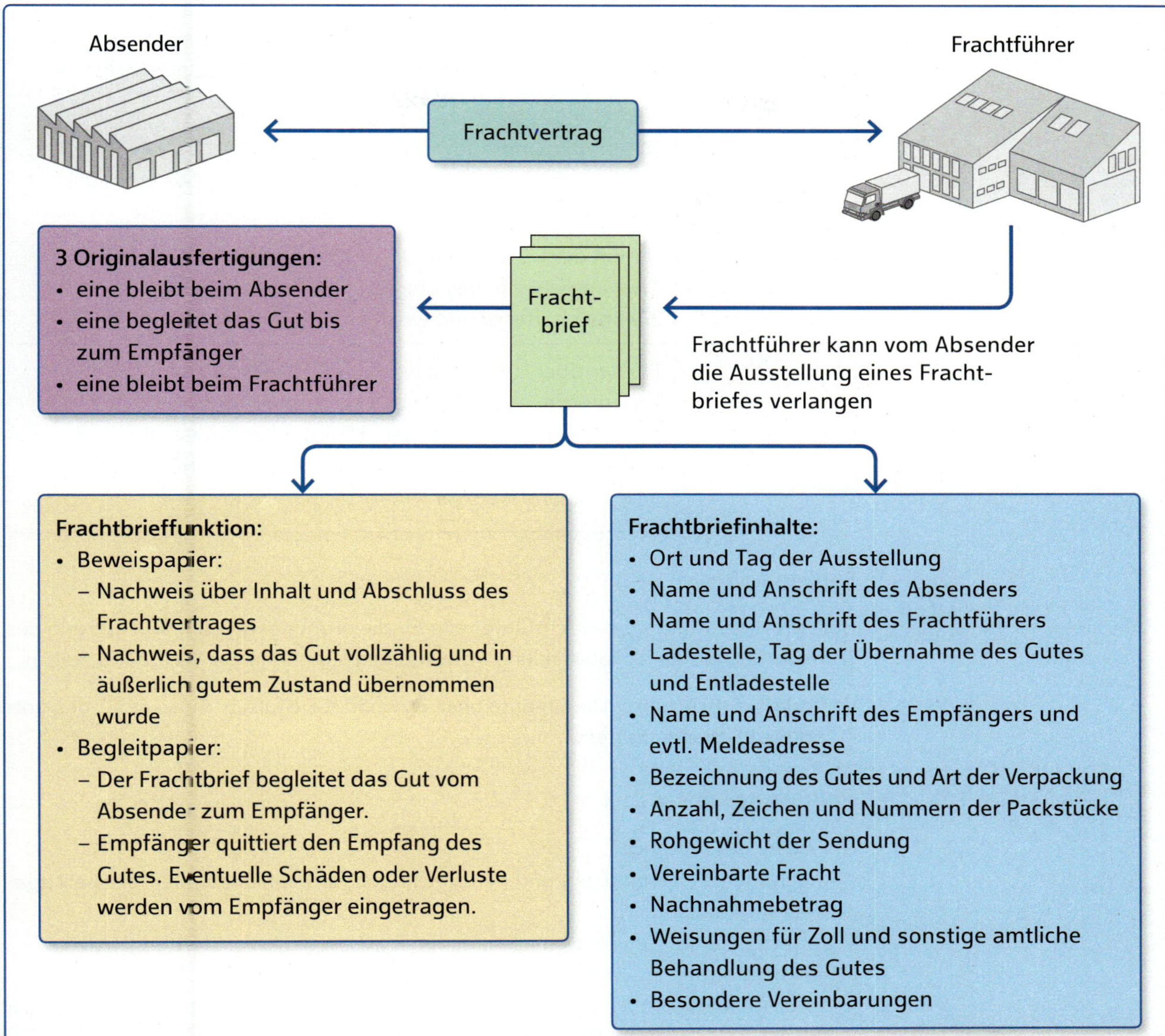

Verladen und Entladen

Geregelt werden die beförderungs- und betriebssichere Verladung, die Entladung sowie die Ladezeit.

Beförderungs-sichere Verladung	Der Absender ist verpflichtet, das Transportgut zu verladen, zu stapeln, zu stauen und zu befestigen, wenn vertraglich nichts anderes vereinbart wurde.
Betriebs-sichere Verladung	Der Frachtführer ist für die betriebssichere und damit auch verkehrssichere Verladung verantwortlich. Er muss dafür sorgen, dass während des Transportes vom Fahrzeug keine Gefahr für Dritte ausgeht, z. B. keine Überladung des Lkw.

→

Entladung	Der Absender ist zur Entladung verpflichtet, da er den Frachtvertrag mit dem Frachtführer geschlossen hat und nicht der Empfänger. Nimmt der Empfänger die Entladung vor, handelt er als Erfüllungsgehilfe des Absenders. Meist wird dies vertraglich so vereinbart. Nimmt der Frachtführer die Entladung vor, handelt er als Erfüllungsgehilfe des Empfängers. Für dabei verursachte Schäden haftet er nur, wenn er dies unaufgefordert tut.
Ladezeit	Bei der Überschreitung der Lade- oder Entladezeit hat der Frachtführer einen Anspruch auf Standgeld. Bei einem 40-Tonner mit 25 t Nutzlast beträgt die maximale Be- und Entladezeit jeweils 2 Stunden, bei geringeren Nutzlasten entsprechend weniger.

Begleitpapiere

Der Absender muss dem Frachtführer alle für die ordnungsgemäße Ausführung des Transportes und die Zollabwicklung notwendigen Urkunden zur Verfügung stellen.

Verliert der Frachtführer Dokumente oder verwendet sie falsch, muss er für den entstandenen Schaden haften.

Haftung des Absenders

Der Absender haftet bei ...
- ungenügender Verpackung und Kennzeichnung, z. B. fehlende oder falsche Angaben zum Handling,
- Unrichtigkeit und Unvollständigkeit der im Frachtbrief gemachten Angaben,
- fehlender Mitteilung über Gefahrgut,
- Unvollständigkeit oder Unrichtigkeit in Papieren oder Auskünften, z. B. verzögert sich aufgrund einer fehlenden Ursprungsbescheinigung die Verzollung.

Bei Vorliegen eines der Sachverhalte haftet der Absender für die daraus entstehenden Schäden mit maximal 8,33 SZR je kg Rohgewicht der Sendung.

Tipp:
Sonderziehungsrechte (SZR) sind eine „Kunstwährung" des internationalen Währungsfonds. Sie bilden die Haftungsgrundlage aller internationalen Verkehrsabkommen.

Der Wert eines SZR wird täglich an der Börse in New York aus einem Währungskorb von fünf Währungen ermittelt (0,58252 Dollar, 0,38671 Euro, 0,085946 Britische Pfund, 11,9000 Japanische Yen und 1,0174 Chinesische Yuan).

1,00 SZR entspricht etwa 1,20 € und 8,33 SZR entsprechen etwa 10,00 €.

5286476

Nachträgliche Weisungen

Der **Absender** kann bis zur Ankunft des Gutes an der Ablieferungsstelle durch nachträgliche Verfügungen den Vertragsinhalt ändern. Er kann verlangen, dass der Frachtführer das Gut ...

- nicht weiterbefördert und am momentanen Ort einlagert, z. B. Aussetzung der Lieferung wegen Liquiditätsschwierigkeiten des Empfängers,
- an einem anderen Bestimmungsort abliefert, z. B. anstatt zum Werk Köln zum Werk Bonn des Empfängers,
- an eine andere Ablieferstelle abliefert, z. B. anstatt zum Werkstor 4 zum Werkstor 9,
- an einen anderen Empfänger abliefert, z. B. Ablieferung bei einem Spediteur, der die Sendung gegen Nachnahme an den Empfänger ausliefern soll.

Der **Frachtführer** ist zur Ausführung einer nachträglichen Weisung nur dann verpflichtet, wenn sich dadurch keine Nachteile für sein Unternehmen oder die Absender oder Empfänger anderer Sendungen ergeben.

Beförderungs- und Ablieferungshindernisse

Bei der Ausführung von Transporten können sich Beförderungs- oder Ablieferungshindernisse ergeben.

Beförderungshindernis	Ablieferungshindernis
keine ordnungsgemäße Ausführung des Transportes wegen: • Fahrzeugschäden • Unfall • Stau • Unwetter • höherer Gewalt → Weisungsbefugt ist der Verfügungsberechtigte (z. B. Absender bei frei-Haus-Lieferung, Empfänger bei unfrei-Lieferung)	**keine ordnungsgemäße Ablieferung des Gutes wegen:** • Annahmeverweigerung durch den Empfänger • Nichtbezahlung der Frachtkosten durch den Empfänger bei einer Frachtnachnahme • Mitteilung einer falschen Lieferadresse an den Frachtführer → Weisungsbefugt ist der Absender

Zahlung und Frachtschuldner

Grundsätzlich ist der Auftraggeber des Frachtführers zur Zahlung der Fracht verpflichtet. In den meisten Fällen ist dies der Absender. Bei einer „Unfrei-Sendung" verpflichtet sich der Empfänger durch die Annahme der Sendung zur Zahlung des Frachtentgelts.

Rechte des Empfängers, Zahlungspflicht

Nach Erstattung aller Kosten aus dem Frachtvertrag, z. B. Transportkosten, Warenwertnachnahme, ausgelegte Zölle, kann der Empfänger vom Frachtführer die Ablieferung des Gutes verlangen. Wird eine Sendung verspätet oder beschädigt abgeliefert, kann der Empfänger in eigenem Namen Schadenersatzansprüche geltend machen.

Nachnahmesendung: Übergabe des Gutes nur gegen Zahlung des Nachnahmebetrages

Nachnahme

Nachnahmesendungen können als gesonderte Dienstleistung des Frachtführers vereinbart werden. In diesem Fall muss der Frachtführer den vereinbarten Nachnahmebetrag in bar oder im Rahmen des bargeldlosen Zahlungsverkehrs (**electronic cash**) einziehen. Für Fehler beim Einzug des Nachnahmebetrages haftet der Frachtführer bis zur Höhe des Nachnahmebetrages.

Lieferfrist

Der **Frachtführer** hat die Sendung innerhalb der vereinbarten Lieferfrist abzuliefern. Die Lieferfrist beginnt mit der Übernahme des Gutes und endet gemäß Vereinbarung. Die vereinbarte Lieferfrist muss es dem Frachtführer ermöglichen, alle gesetzlichen Regelungen, wie bspw. Lenkzeiten oder Höchstgeschwindigkeiten, einzuhalten. Die Lieferfrist muss einen zusätzlichen zeitlichen Puffer für Staus beinhalten.

Verjährung

Die Ansprüche aus einem Transport verjähren nach einem Jahr. Sie beginnen mit dem Ablauf des Tages, an dem das Gut abgeliefert wurde oder hätte abgeliefert werden müssen.

Pfandrecht

Der **Frachtführer** kann Güter pfänden, wenn der Absender in Zahlungsverzug gerät. Die Verwertung der gepfändeten Ware erfolgt durch eine öffentliche Versteigerung.

Haftung des Frachtführers

Haftungsgründe	Haftungsausschlussgründe
Der Frachtführer haftet für Schäden ... • durch **Verlust** oder **Beschädigung** des Gutes in der Zeit von der Annahme des Gutes zum Transport bis zur Übergabe an den Empfänger, • aus dem **Überschreiten der Lieferfrist**, • aufgrund von Fehlern seiner Mitarbeiter oder anderer beauftragter Personen, • durch Fehler beim Einzug eines **Nachnahmebetrages**.	Der Frachtführer haftet nicht für Schäden, die auf eine der folgenden Gefahren zurückzuführen sind: • vereinbarte Verwendung von offenen, nicht mit Planen gedeckten Fahrzeugen • ungenügende Verpackung durch den Absender, z. B. fehlende Gefahrgutlabel, fehlende oder falsche Angaben zum Handling • ungenügende Kennzeichnung durch den Absender • falsche Behandlung des Gutes durch Absender oder Empfänger bei Be- und Entladetätigkeiten • natürliche Beschaffenheit des Gutes, die leicht zu Schäden wie Rost, Bruch, Verderb usw. führt • unabwendbare Ereignisse, z. B. höhere Gewalt wie Unwetter oder Streik • Beförderung lebender Tiere

Schadenarten

Güterschaden
(Verlust, Beschädigung, Teilverlust)

und eventuell

Güterfolgeschaden
(Vermögensschaden als Folge eines Güterschadens)

Beispiel: Ware wird beim Transport beschädigt und es folgt ein Produktionsstillstand, da das beschädigte Gut nicht weiterverarbeitet werden kann.

Reiner Vermögensschaden
(Vermögensschaden als Folge einer Lieferfristüberschreitung)

Beispiel: Produktionsstillstand, da das Gut zu spät angeliefert wird.

Im Falle der Haftung hat der Frachtführer folgende Entschädigungen zu leisten:

Schadenarten	Haftungsbegrenzungen nach HGB
Güterschaden (Verlust oder Beschädigung)	8,33 SZR je kg Rohgewicht
Reiner Vermögensschaden (z. B. Produktionsstillstand durch Überschreitung der Lieferfrist)	3-facher Betrag des Frachtentgelts
Güterfolgeschaden (z. B. Produktionsstillstand durch beim Transport beschädigte Ware)	kein Ersatz
Fehler bei Einzug der Nachnahme	Höhe des Nachnahmebetrages
Vorsätzlich oder leichtfertig herbeigeführte Schäden	unbegrenzt

Bei einem Schadenfall können ein Güterschaden und ein reiner Vermögensschaden nie zusammen auftreten, da ein reiner Vermögensschaden nicht durch einen Güterschaden, sondern durch eine Lieferfristüberschreitung verursacht wird.

[?!] *Schadenfall*

Schadenanzeige

Bei der Reklamation von Schäden muss die Schadenanzeige innerhalb bestimmter Fristen erfolgen:

- bei äußerlich erkennbaren Schäden spätestens bei Ablieferung des Gutes durch Vermerk im Frachtbrief

- bei verdeckten Schäden innerhalb von 7 Tagen nach der Ablieferung
- bei Lieferfristüberschreitungen innerhalb von 21 Tagen nach der Ablieferung.

Eine Schadenanzeige muss einen **konkreten Schadenvorbehalt** beinhalten. Der Vermerk „Angenommen unter Vorbehalt" oder „Diverse Kartons beschädigt" reicht nicht aus, weil weder die genaue Art der Beschädigung (z. B. nass, eingerissen, eingedrückt) noch die Anzahl der beschädigten Kartons (zwei, drei, ...) ersichtlich wird.

2.4 Speditionsrecht des HGB

Das *HGB*-Speditionsrecht regelt das Speditionsgeschäft und wird durch die *Allgemeinen Deutschen Spediteurbestimmungen 2017 (ADSp 2017)* ergänzt.

§ 453 Speditionsvertrag

(1) Durch den Speditionsvertrag wird der Spediteur verpflichtet, die Versendung des Gutes zu besorgen.

(2) Der Versender wird verpflichtet, die vereinbarte Vergütung zu bezahlen.

(3) Die Vorschriften dieses Abschnittes gelten nur, wenn die Besorgung der Versendung zum Betrieb eines gewerblichen Unternehmens gehört. [...]

Speditionsvertrag

Der Speditionsvertrag verpflichtet den Spediteur dazu, die Versendung des Gutes zu besorgen, d. h. zu organisieren. Zahlungspflichtig ist der jeweilige Auftraggeber, enweder der Versender oder – bei einem Abholauftrag – der Empfänger.

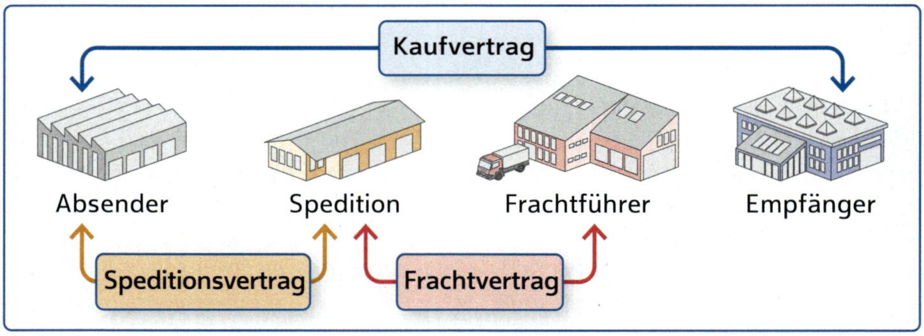

Für die Besorgung der Versendung ist es nicht nötig, dass die Spedition einen eigenen Fuhrpark betreibt. Die Spedition kann einen Frachtvertrag mit einem Frachtführer abschließen, damit der Frachtführer den Transport der Ware übernimmt. Der Spediteur muss lediglich die Versendung der Ware organisieren.

[?!]

Der Spediteur „denkt", der Frachtführer „lenkt"!
Der Spediteur besorgt (organisiert), der Frachtführer transportiert (führt aus).

5286480

Besorgertätigkeit des Spediteurs

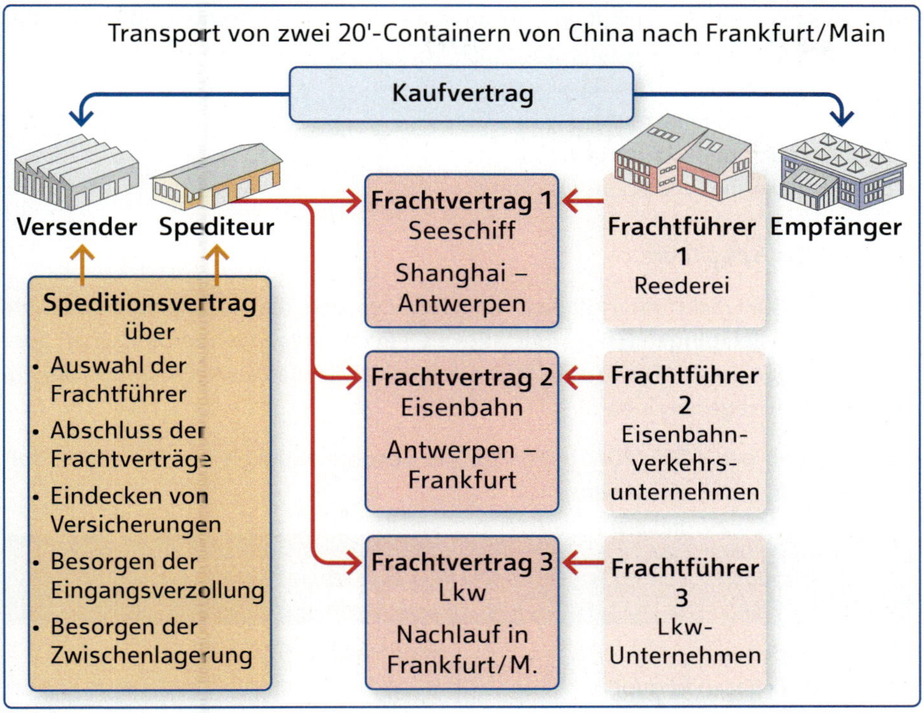

Der Spediteur hat die Versendung des Gutes zu besorgen. Diese Besorgungstätigkeit umfasst die Planung, Ausführung und Kontrolle der Versendung.

Umfang der Besorgungstätigkeit des Spediteurs

1. Planung	• Bestimmung des Beförderungsweges durch Auswahl eines geeigneten Export- und Importhafens, dadurch Festlegung von Vorlauf, Hauptlauf und Nachlauf • Bestimmung des Beförderungsmittels durch Auswahl des geeigneten Verkehrsträgers für Vorlauf, Hauptlauf und Nachlauf
2. Ausführung	• Auswahl der ausführenden Unternehmen (Frachtführer) • Abschluss der erforderlichen Fracht-, Lager- und Speditionsverträge mit Reederei, Luftfrachtgesellschaft, Bahngesellschaft, Lkw-Unternehmen, Seehafenspediteur, Umschlagsbetrieb, Lagerhalter, Zollspediteur • Erteilung von Informationen und Weisungen an die ausführenden Unternehmen, z. B. Termine, Verpackung, Frankatur • Wahrung der Interessen des Versenders, d. h., Vorgaben des Auftraggebers bei der Organisation des Auftrages berücksichtigen, wie bspw. Eindeckung einer Transportversicherung • Befolgung der Weisungen des Auftraggebers, d. h., bei Störungen Weisungen einholen und ansonsten im Interesse des Versenders handeln
3. Kontrolle	• Sicherung von Schadenersatzansprüchen des Versenders

Pflichten des Absenders

Beim Abschluss eines Speditionsvertrages entstehen – ähnlich wie beim Frachtvertrag – auch für den Absender bestimmte Pflichten:

- Zahlung der vereinbarten Vergütung
- Verpackung und Kennzeichnung des Gutes
- Bereitstellung und Übergabe benötigter Urkunden
- Erteilung aller notwendigen Auskünfte

Haftung des Spediteurs

Die Haftung für Frachtführertätigkeit ist im *HGB* geregelt, die Haftung der Spediteure für Speditionsleistungen („Besorgertätigkeit") in den *Allgemeinen Deutschen Spediteurbedingungen 2017 (ADSp 2017)*. Die *ADSp 2017* werden als Rechtsgrundlage für Speditionsverträge vereinbart.

Besorgertätigkeit des Spediteurs

Entsprechend den *ADSp 2017* gelten **für die Besorgertätigkeit** des Spediteurs folgende Haftungsbegrenzungen:

Schadenarten	Haftungsbegrenzungen nach ADSp 2017
Güterschaden Verlust oder Beschädigung	maximal 8,33 SZR je kg
Güterfolgeschäden z. B. Produktionsstillstand durch beim Transport beschädigte Ware	maximal der 3-fache Betrag wie bei Verlust, höchstens 125 000,00 €
Reiner Vermögensschaden z. B. Produktionsstillstand durch Überschreitung der Lieferfrist	maximal der 3-fache Betrag wie bei Verlust, höchstens 125 000,00 €
Haftung für Frachtführertätigkeit	gesetzlich festgelegter Haftungshöchstbetrag des jeweiligen Verkehrsträgers (bei Lkw-Transporten in Deutschland maximal 8,33 SZR/kg)

Lagertätigkeit des Spediteurs

Für die Lagertätigkeit des Spediteurs gelten entsprechend der ADSp folgende Haftungsbegrenzungen:

Schadenarten	Haftungsbegrenzungen nach ADSp
Güterschaden	maximal 8,33 SZR je kg, höchstens 35 000,00 €
Güterfolgeschaden	höchstens 35 000,00 €
Reiner Vermögensschaden	höchstens 35 000,00 €

5286482

Selbsteintritt des Spediteurs

Das HGB erlaubt dem Spediteur neben der Besorgung auch die Güterbeförderung mit eigenen Fahrzeugen selbst auszuführen. Macht der Spediteur von diesem Recht Gebrauch, kann er vom Versender neben seiner Vergütung für die Besorgertätigkeit auch die gewöhnliche Fracht verlangen, d. h. die Fracht, die ein Frachtführer in vergleichbarer Situation berechnen würde.

[?!] *Selbsteintritt*

> ***Selbsteintritt** ist die Beförderung durch den Spediteur mit eigenen Fahrzeugen.*
>
> *Der Spediteur haftet für die Besorgertätigkeit als Spediteur nach ADSp.*
>
> *Der Spediteur haftet für die Transportausführung als Frachtführer nach HGB.*

Spedition zu festen Kosten (Fixkostenspedition)

Der Spediteur kann als Vergütung einen Festbetrag, den Übernahmesatz, vereinbaren, der die Kosten für die Besorgung und den Transport einschließt. Der Übernahmesatz kann festgelegt werden als ...

- Pauschalbetrag (z. B. 550,00 € für den Auftrag),
- Gewichtspreis (z. B. 50,00 € je Tonne),
- Volumenpreis (z. B. 50,00 € je m^3) oder
- Kilometerpreis (z. B. 0,80 € je km).

In den meisten Speditionsverträgen wird ein fester Übernahmesatz vereinbart.

[?!] *Fixkostenspedition*

> *Spedition zu festen Kosten **(Fixkostenspedition)** bedeutet, dass bei Abschluss des Speditionsvertrages ein fester Übernahmesatz vereinbart wird, der die Kosten für die Besorgung und den Transport einschließt.*
>
> *Der Spediteur haftet für die Besorgertätigkeit als Spediteur nach ADSp.*
>
> *Der Spediteur haftet als Fixkostenspediteur für die Beförderung als Frachtführer nach HGB.*

Sammelladung

Der Spediteur hat das Recht, die Güter mehrerer Versender zu einer Sammelladung zusammenzufassen. Die dadurch entstehenden größeren Sendungseinheiten können wirtschaftlicher abgewickelt werden (z. B. geringere Kosten je 100 kg).

[?!] *Sammelladung*

> ***Sammelladung** liegt vor, wenn die Güter mehrerer Versender zu einer Sendung zusammengefasst werden.*
>
> *Der Spediteur haftet für die Besorgertätigkeit als Spediteur nach ADSp.*
>
> *Der Spediteur haftet für die Beförderung in Sammelladung als Frachtführer nach HGB.*

3 Güterkraftverkehr

3.1 Bedeutung des Güterkraftverkehrs

Spediteure und Frachtführer wählen die einzelnen Verkehrsträger anhand ihrer Kosten- und Leistungsstruktur aus. Unterschiedliche Kapazitäten und Geschwindigkeiten, die Abhängigkeit von der Witterung und die Länge des Verkehrsnetzes beeinflussen die Einsetzbarkeit. Je kleiner das Gewicht eines Frachtauftrages und je kürzer die Transportentfernung ist, umso wahrscheinlicher ist der Einsatz eines Lkw.

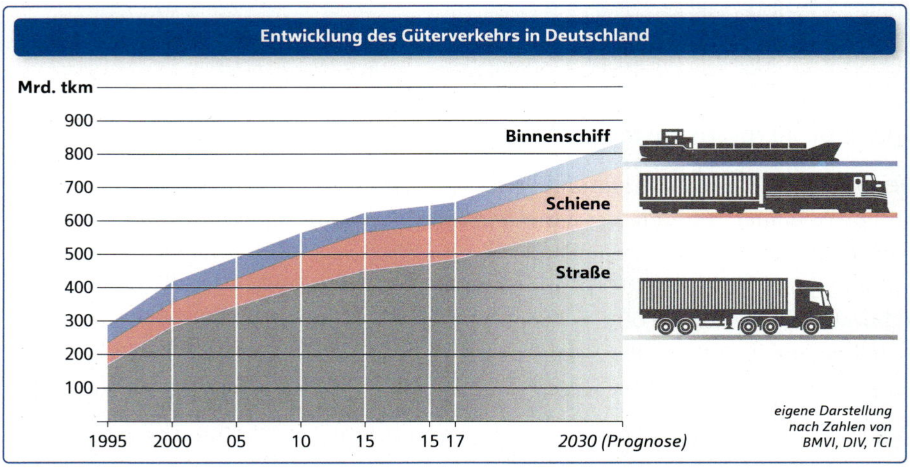

Um die Beförderungsleistung der verschiedenen Verkehrsträger vergleichbar zu machen, misst man die **Transportleistung in Tonnenkilometern**. Dazu wird die transportierte Menge in Tonnen (**t**) mit der zurückgelegten Strecke in Kilometer (**km**) multipliziert. 2018 betrug die Verkehrsleistung im innerdeutschen Güterverkehr knapp 703 Mrd. tkm, wovon 72,1% auf Lkws entfielen.

Beispiel: Transportleistung

Ein Binnenschiff, das 2350 t Getreide über 750 km von Rotterdam nach Heilbronn transportiert, leistet bei diesem Transport 1762500 tkm. Ein Ganzzug der Bahn erbringt beim Transport von 2500t Kohle von Hamburg nach Stuttgart bei 680 Tarifkilometern 1700000 tkm, während ein Lkw mit 25t Ladung auf der 780 km langen Strecke von Hamburg nach München 19500 tkm leistet.

Da die Transportleistung eines Lkw auf maximal 25 t begrenzt ist und Lastkraftwagen häufig im Nah- und Verteilerverkehr eingesetzt werden, erbringt der einzelne Lkw im Vergleich zum Binnenschiff oder der Bahn weniger tkm. Allein die große Masse der Lkw und Lieferwagen führt zu dem Gesamtergebnis, dass der Güterkraftverkehr im **Modal Split** (Aufteilung der Verkehrsleistung auf verschiedene Verkehrsträger) die Nummer 1 bildet.

Nach verschiedenen Verkehrsprognosen wird der Anteil des Güterkraftverkehrs an der Verkehrsleistung in Deutschland in den nächsten Jahren aufgrund seiner Stärken weiter anwachsen.

Güterkraftverkehr	
Stärken	**Schwächen**
• **Haus-Haus-Verkehr** zwischen Absender und Empfänger: Kein Zwischenumschlag, daher ist der Lkw-Transport schnell und günstig und verursacht weniger Schäden. • **Steigender Anteil kleiner Sendungen** durch vermehrte **Just-in-time-** und **Just-in-Sequence**-Lieferungen, Internethandel sowie tägliche Anlieferung kleiner Mengen aufgrund eingeschränkter Lagerhaltung der zu beliefernden Unternehmen. Für diese Transporte reicht die Kapazität eines Lkw oder Lieferwagens aus. • **Schneller Transport** auf kurzen Strecken, dadurch sind kurze Lieferfristen möglich. • **Hohe Flexibilität** im Sammel- und Verteilerverkehr mit kurzfristigen Änderungen im Tourenablauf • **International einsetzbar**, da in allen Ländern für Lkw die gleichen Zulassungsvoraussetzungen gelten. • **Geeignete Fahrzeugausstattung** für alle Transportaufträge, wie bspw. Kühlfahrzeuge, Planen- oder Kofferaufbau, Sattelauflieger oder Gliederzug, Wechselbrücken oder Festaufbau, Nutzlast von einigen hundert kg bis 25 t • **Günstiges Preis-Leistungsverhältnis** durch angemessenen Preis je tkm	• **Beschränktes Transportvolumen:** Die Nutzlast ist eingeschränkt auf höchstens 25 t, die Breite auf 2,50 m, die Länge und Innenhöhe je nach Fahrzeugart. Dadurch ist der Lkw schlecht für den Transport von Massengut geeignet. • **Eingeschränkte Transportzeiten** durch **Fahrverbote** an Sonn- u. Feiertagen und an Ferienwochenenden • **Witterungs- und Verkehrsabhängigkeit** bei Schnee, Glatteis, Stau, Baustellen • **Geringe Umweltfreundlichkeit,** da hoher Energieaufwand je tkm, hohe Lärm- und Schadstoffemissionen, Neu- und Ausbau von Autobahnen und Umgehungsstraßen • Relativ **hohe Unfallgefahr** durch Witterungseinflüsse und Verkehrsdichte

Straßennetz in Deutschland

Deutschland verfügt über ein gut ausgebautes modernes Straßennetz, das sich in verschiedene Straßenklassen gliedert. Die Autobahnen dienen dem Fernverkehr, während die anderen Straßenkategorien den Haus-Haus-Verkehr ermöglichen. Das deutsche Autobahnnetz ist durch die Europastraßen an das europäische Autobahnnetz angeschlossen. Dies erlaubt einen schnellen europaweiten Transport per Lkw. Die Europastraßen sind gekennzeichnet mit einem „E“. So hat z. B. die A1 auch die Kennzeichnung „E 22“.

Autobahnnetz in Deutschland

Straßennetz der Bundesrepublik Deutschland	
Straßentyp	**Gesamtlänge (2019)**
Bundesautobahnen (z. B. A1)	13 141 km
Bundesstraßen (z. B. B 27)	51 020 km
Landstraßen (z. B. L 1255)	86 946 km
Kreisstraßen (z. B. K 2012)	91 860 km
Gemeindestraßen	413 000 km

Europaweites Autobahnnetz

3.2 Fahrzeugarten

Lastkraftwagen werden in zwei Bauformen unterschieden: in Gliederzug und Sattelzug.

- **Gliederzug:** Kombination aus **Lastkraftwagen** und **Anhänger**
- **Sattelzug:** Kombination aus **Sattelzugmaschine** und **Sattelauflieger** (**Sattelanhänger/Trailer**)

Gliederzug
truck-trailer combination
Sattelzug
articulated vehicle

Die Verbreitung der Gliederzüge beschränkt sich weitgehend auf Deutschland, Österreich und die Schweiz, in den anderen Ländern dominieren Sattelzüge.

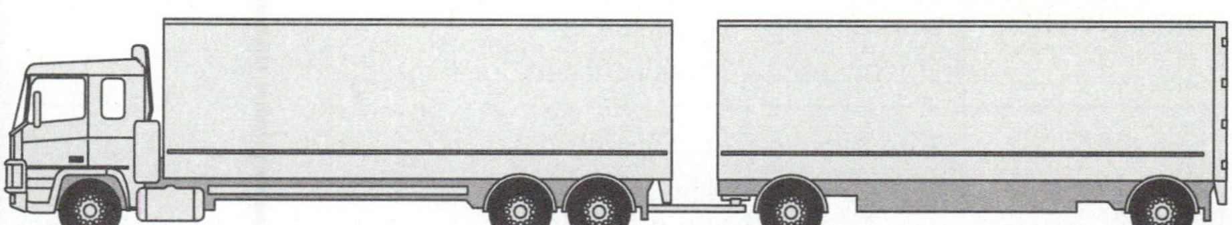

Glieder-/Hängerzug mit Planenwechselbrücken

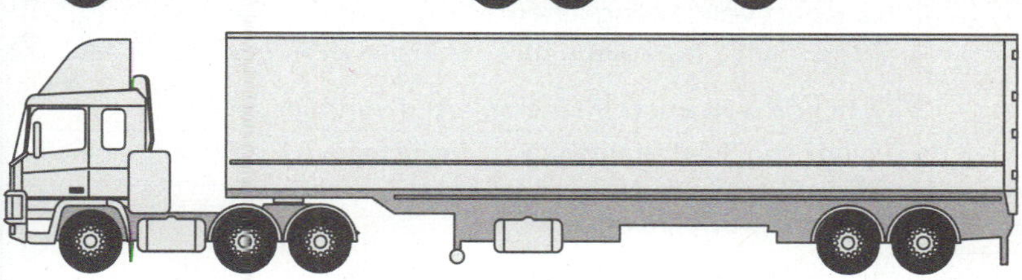

Sattelzug

Seit Januar 2017 dürfen auf bestimmten Straßen in Deutschland **Gigaliner** fahren. Gigaliner sind Lkws mit einer Gesamtlänge von 25,25 m. Diese Länge wird bspw. erreicht durch die **Kombination eines Lkw** (als Zugmaschine) und eines **Sattelaufliegers** (mit Deichsel und Drehgestell) als Anhänger. Der Gigaliner ermöglicht bei gleichbleibender Nutzlast von 25 Tonnen eine höhere Transportkapazität je Lkw-Kombination beim Transport voluminöser Güter. Aus Verkehrssicherheitsgründen erfolgt keine allgemeine Zulassung der Gigaliner. Ihr Einsatz ist auf bestimmte Strecken beschränkt.

EuroCombi/Gigaliner: Motorwagen, Doppelachs-Dolly (zweiachsiges Drehgestell für den Sattelauflieger) und Sattelauflieger

Fahrzeugeinsatz

Häufig gibt der Frachtauftrag dem Frachtführer durch benötigte Nutzlast, Aufbau oder Sonderausstattung bereits vor, welches Fahrzeug er einsetzen kann. Die Auswahl ist abhängig von folgenden Faktoren:

Faktoren bei der Fahrzeugauswahl	
Ladevolumen	**Transport von 80 m³ Dämmstoffen** Einsatz eines Fahrzeugs mit großvolumigem Laderaum bei gleichzeitig geringer Nutzlast
Lademeter	**Transport von 36 nicht stapelbaren Europaletten** Einsatz eines Fahrzeugs mit mindestens 14,4 Lademetern
Witterungsschutz	**Transport von nässeempfindlicher Ware** Einsatz von Planen- oder Kofferfahrzeugen
Diebstahlschutz	**Transport wertvoller Ware** Einsatz eines Kofferfahrzeugs
Vorlademöglichkeit	**Großversender verlangen häufig Vorlademöglichkeiten während des Tages** Einsatz von Wechselbrücken oder Sattelanhängern
Spezialtransporte	**Transport von staubförmigem Gut oder feinkörnigem Granulat** Einsatz eines Silo-Lkw **Transport von Flüssigkeiten** Einsatz eines Tankfahrzeugs **Transport von überdimensionierten Sendungen** Einsatz von Spezialfahrzeugen, die mit einem Kran beladbar sind
Gefahrgut	**Transport von Heizöl** Ausrüstung des Lkw mit einer Gefahrgutausstattung, Schulung des Fahrers im Umgang mit Gefahrgut
Schnelligkeit	**Transport eiliger Ersatzteile (Sonderfahrt)** häufig Einsatz von Lieferwagen oder Kurierfahrzeugen

3.3 Formen des Güterkraftverkehrs

Güterkraftverkehr liegt vor bei einer **Beförderung mit Kraftfahrzeugen** mit einem größeren zulässigen Gesamtgewicht (zGG) als 3,5 t einschließlich Anhänger. Güterkraftverkehr wird in Werkverkehr und Transporte durch Frachtführer unterschieden.

Werkverkehr	Transport durch Frachtführer
= geschäftsmäßige Beförderung	= entgeltliche Beförderung
Transporte für eigene Zwecke des Unternehmens **Beispiel:** Eine Brauerei beliefert Gaststätten mit ihrem eigenen Lkw.	Transporte für ein anderes Unternehmen **Beispiel:** Ein Frachtführer transportiert für einen Industriebetrieb zwei Container von Cottbus nach Hamburg.

[?!]

Zulässiges Gesamtgewicht/ Nutzlast/Eigengewicht

Zulässiges Gesamtgewicht:
Eigengewicht eines Fahrzeugs (einschließlich Anhänger) + Nutzlast
Nutzlast:
Ladekapazität eines Fahrzeugs in Tonnen
Eigengewicht:
Gewicht eines Fahrzeugs im leeren Zustand (eingetragen im Fahrzeugschein/ Anhängerschein)

3.4 Gewerblicher nationaler Güterkraftverkehr

GüKG

Das *Güterkraftverkehrsgesetz (GüKG)* regelt den gewerblichen nationalen Güterkraftverkehr. Inhaltspunkte des *GüKG* sind z. B. ...

- die **Erlaubnis** für die Ausführung von Güterkraftverkehr,
- die Versicherungspflicht der Güterkraftverkehrsunternehmen,
- die Kontrolle durch das Bundesamt für Güterverkehr (BAG).

Erlaubnis

Güterkraftverkehr ist erlaubnispflichtig. Für den nationalen Verkehr benötigt der Frachtführer **eine Erlaubnis** (nach §3 *GüKG)* oder **eine Gemeinschaftslizenz** (EU-Lizenz).

Subjektive Berufszugangsvoraussetzungen

Der Erhalt der benötigten Erlaubnis ist abhängig von der Erfüllung der **Berufszugangsvoraussetzungen**.

- Nachweis der **persönlichen Zuverlässigkeit**, dass das Unternehmen nach den für den Güterverkehr geltenden Vorschriften geführt wird, z. B. ein polizeiliches Führungszeugnis, Auszüge aus dem Verkehrszentralregister und dem Gewerbezentralregister
- Nachweis der **finanziellen Leistungsfähigkeit** von mindestens 9000,00 € für das erste Fahrzeug und mindestens 5000,00 € für jedes weitere Fahrzeug z. B. durch eine Bankbürgschaft
- Nachweis der **fachlichen Eignung** für die Führung des Unternehmens durch eine von der IHK ausgestellte Fachkundebescheinigung.

Nach der Erfüllung der subjektiven Voraussetzungen hat der Unternehmer einen Anspruch auf den **Erhalt einer Erlaubnis nach § 3 *GüKG* oder einer Gemeinschaftslizenz**.

Erlaubnis nach § 3 GüKG

- nur für Unternehmen mit **Sitz in Deutschland**
- **keine Kontingentierung** (keine Höchstmengen)
- **zehn Jahre Gültigkeit**
- nach Ablauf von zehn Jahren ist jeweils ein Neuantrag notwendig
- gilt für **alle Fahrzeuge** des Unternehmens

Für jedes Fahrzeug wird eine **Mehrfertigung** ausgestellt. Diese „offizielle" Kopie der Erlaubnis ist im Fahrzeug zu Kontrollzwecken mitzuführen.

Einsatzmöglichkeiten der Erlaubnis nach § 3 *GüKG*:
- Transporte in Deutschland

Gemeinschaftslizenz

- gilt für Unternehmen mit **Sitz in der EU oder im EWR** (Europäischer Wirtschaftsraum: Mitgliedstaaten der EU sowie Liechtenstein, Norwegen und Island) sowie eingeschränkt für schweizer Unternehmen (kein Kabotageverkehr)
- **keine Kontingentierung** (keine Höchstmengen)
- **zehn Jahre Gültigkeit**
- nach Ablauf von zehn Jahren ist jeweils ein **Neuantrag** notwendig
- gilt für **alle Fahrzeuge**; im Fahrzeug ist eine **Mehrfertigung** mitzuführen

Einsatzmöglichkeiten der Gemeinschaftslizenz:
- **Beförderungen im Heimatland** des jeweiligen Frachtführers
  Die Gemeinschaftslizenz ersetzt für Unternehmen mit Sitz in Deutschland die Genehmigung nach § 3 *GüKG*
- **Grenzüberschreitende Beförderung** innerhalb aller Länder der **EU** und des **EWR**
- **Kabotageverkehr** in den einzelnen Ländern der EU und des EWR
  (Kabotageverkehr = Transport in einem Land durch einen ausländischen Frachtführer, wobei sowohl die Be- als auch die Entladestelle in diesem Land liegen)

Für **innerdeutschen Güterkraftverkehr** kann ein Frachtführer entweder eine Erlaubnis nach § 3 *GüKG* oder eine Gemeinschaftslizenz einsetzen. Für **internationalen Güterkraftverkehr** innerhalb der EU oder des EWR benötigt ein Frachtführer eine **Gemeinschaftslizenz** (**EU-Lizenz**).

Begleitpapiere

Der Frachtführer hat bei Binnenbeförderungen in Deutschland ein Beförderungs- und Begleitpapier mitzuführen, in dem das beförderte Gut, der Be- und Entladeort und der Auftraggeber angegeben werden. Für das Begleitpapier ist keine bestimmte Form vorgeschrieben. Deshalb werden in der Praxis neben Lieferscheinen und Ladelisten auch Frachtbriefe verwendet.

5286490

Neben den ladungsbezogenen Dokumenten müssen die Fahrer im nationalen Verkehr folgende **fahrzeug- und personenbezogene Dokumente** mitführen.

- Führerschein
- Fahrzeugschein/Zulassungsbescheinigung
- Prüfbescheinigung Geschwindigkeitsbegrenzer bei einem zGG über 3,5 t
- Anhängerschein
- Personalausweis/Reisepass
- Fahrtenschreiberblätter für den laufenden Tag und die vorangegangenen 28 Kalendertage. Mitzuführen sind auch Bescheinigungen über arbeitsfreie Tage, die vom Arbeitgeber maschinell erstellt werden müssen, um eine Manipulation der Zeitnachweise durch Fahrer zu verhindern.
- Fahrerkarte zum digitalen Kontrollgerät, verbindlich für Fahrzeuge über 3,5 t zGG mit Neuzulassung ab dem 1. Mai 2006. Die Fahrerkarte enthält Daten zur Identität des Fahrers und speichert die Tätigkeitsdaten. Die Karte ist personengebunden und gilt 5 Jahre. Die Aufzeichnungen der Karte sind spätestens alle 28 Tage herunterzuladen und für die Dauer von einem Jahr im Unternehmen zu archivieren.
- Erlaubnis nach § 3 GüKG oder Gemeinschaftslizenz
- Einbuchungsbeleg/Einbuchungsnummer zur Lkw-Maut bei manueller Buchung (bei Lkw-Kombinationen ab 7,5 t zGG)
- Versicherungsnachweis nach GüKG
- bei Gefahrgut Befähigungsnachweise (ADR-Schein) und Begleitpapiere (schriftliche Weisung, Freigrenzen, Warntafel, Gefahrgutausstattung des Fahrzeugs)
- Ausnahmegenehmigungen, wie bspw. StVZO, Ferienreiseverordnung, Plaketten für Umweltzonen

Güterschaden-Haftpflichtversicherung

Ein **Unternehmen mit Sitz in Deutschland** muss **für innerdeutsche Transporte** eine **Haftpflichtversicherung** abschließen. Der Abschluss dieser **Güterschaden-Haftpflichtversicherung** dient zur Sicherheit der Auftraggeber. Die Versicherung deckt Güter- und Verspätungsschäden, die bei einem Binnentransport in Deutschland entstehen. Durch diese Zwangsversicherung hat der Auftraggeber die Garantie, bei einem Schadenfall nach den gesetzlichen Bestimmungen des *HGB* entschädigt zu werden.

Der **Frachtführer** ist verpflichtet, in jedem Fahrzeug einen **Nachweis über eine gültige Haftpflichtversicherung** mitzuführen.

3.5 Gewerblicher internationaler Güterkraftverkehr

Internationale Genehmigungen

Im internationalen Güterkraftverkehr kann der Frachtführer folgende Genehmigungen einsetzen:

- **Gemeinschaftslizenz** (**EU-Lizenz**) für grenzüberschreitende und Binnentransporte innerhalb der EU sowie Liechtenstein, Norwegen, Island und Schweiz[1]

1 Im Gegensatz zu allen anderen Ländern erlaubt die EU-Lizenz in der Schweiz keine Kabotagetransporte.

- **CEMT-Konzession** für grenzüberschreitende Transporte zwischen den Mitgliedsländern
- **Bilaterale Lizenzen** (**Drittstaatengenehmigungen**) für grenzüberschreitende Transporte außerhalb der Europäischen Union oder des Europäischen Wirtschaftsraumes

CMR

Der Frachtvertrag über einen grenzüberschreitenden Transport unterliegt den CMR (Übereinkommen über den Beförderungsvertrag im internationalen Straßengüterverkehr). **Bei internationalen Transporten** sind die **CMR** als Rechtgrundlage **zwingend** anzuwenden. Die Rechte und Pflichten der Beteiligten entsprechen weitgehend den Rechten und Pflichten aus dem nationalen Frachtvertrag. Die CMR gelten für die gesamte Beförderung, auch wenn das beladene Fahrzeug auf einem Teil der Strecke mit dem Seeschiff, der Eisenbahn oder mit dem Binnenschiff befördert wird.

Nach CMR hat der Versender die Pflicht zur Ausstellung eines CMR-Frachtbriefs in **3 Originalausfertigungen**. Zusätzlich zu den Angaben über das beförderte Gut, den Be- und Entladeort und den Auftraggeber kann ein CMR-Frachtbrief Angaben zu folgenden Punkten enthalten:
- das Verbot, umzuladen
- die Kosten, die der Absender übernimmt, z. B. bei einem Transport von München nach Kopenhagen bis zur deutsch-dänischen Grenze
- Angaben über den Wert des Gutes und über den Betrag des besonderen Interesses an der Lieferung (Haftungserweiterung)
- die vereinbarte Frist, in der die Beförderung beendet sein muss

3.6 Maut

Die Mautpflicht betrifft Lastkraftwagen und Fahrzeugkombinationen mit einem zulässigen Gesamtgewicht ab 7,5 Tonnen. Die Entrichtung der Maut erfolgt entweder über ein Gerät im Fahrzeug (**OBU = On-Board-Unit**) automatisch oder manuell über Mautstellenterminals an Tankstellen und Raststätten bzw. im Internet. Bei manueller Mautbuchung ist zu Beweiszwecken ein manueller Mauteinbuchungsbeleg des Mautstellenterminals oder die Einbuchungsnummer über das Internet mitzuführen.

Beispiel: Berechnung der Maut

Wie hoch ist die Maut für eine Fahrzeugkombination mit 4 Achsen und Euronorm 4 bei einer 452 km langen Mautstrecke?

Berechnung: Der Mautsatz beträgt 20,8 Cent/km.
452 km · 0,208 €/km = 94,02 €

Für eine 452 km lange Mautstrecke fallen für einen Euro-4-Sattelzug mit 4 Achsen und einem zGG von 36 Tonnen 94,02 € Maut an.

Die Höhe der Maut richtet sich nach der Schadstoffklasse (Euronorm), dem zulässigen Gesamtgewicht (zGG), der Achsenzahl des Lkw und der Länge der mautpflichtigen Strecke (km). Das Fahrzeug wird aufgrund seiner Schadstoffklasse einer von sechs Kategorien zugeordnet. Danach erfolgt die Ermittlung des Mautbetrags je km anhand des zulässigen Gesamtgewichts und der Achsenzahl des eingesetzten Fahrzeugs.

5286492

1 Absender (Name, Anschrift, Land) / Expediteur (Nom, adresse, pays)

Mabau AG
Krefelder Straße 19-21
51145 Köln
Deutschland

INTERNATIONALER FRACHTBRIEF
LETTRE DE VOITURE INTERNATIONAL

CMR

Diese Beförderung unterliegt trotz einer gegenteiligen Abmachung den Bestimmungen des Übereinkommens über den Beförderungsvertrag im intern. Straßengüterverkehr (CMR)

Ce transport est soumis, nonobstant toute clause contraire, à la Convention relative au contrat de transport international des marchandises par route (MR)

2 Empfänger (Name, Anschrift, Land) / Destinataire (Nom, adresse, pays)

Henriksson & Wallberg AB
Kronobergsgatan 108
10167 Stockholm
Schweden

16 Frachtführer (Name, Anschrift, Land) / Transporteur (nom, adresse, pays)

Int. Spedition
Rasch GmbH
Borkener Straße 43
46177 Oberhausen
Deutschland

3 Auslieferungsort des Gutes / Lieu prévu pour la livraison de la marchandise

Ort / Lieu: Stockholm, Kronobergsgatan 108
Land / Pays: Sweden

17 Nachfolgende Frachtführer (Name, Anschrift, Land) / Transporteurs successifs (nom, adresse, pays)

4 Ort und Tag der Übernahme des Gutes / Lieu et date de la prise en charge de la marchandise

Ort / Lieu: Köln, Krefelder Straße 19-21
Land / Pays: Germany
Datum / Date: 17.05.20..

18 Vorbehalte und Bemerkungen der Frachtführer / Réserves et observations des transporteurs

5 Beigefügte Dokumente / Documents annexes

Versicherungsbescheinigung
Handelsrechnung

6 Zeichen und Nummern / Marques et numéros	**7** Anzahl der Packstücke / Nombre des colis	**8** Art der Verpackung / Mode d'emballage	**9** Bezeichnung des Gutes / Nature de la marchandise	**10** Statistik Nr. / No.statist.	**11** Bruttogewicht in kg / Poids brut, kg	**12** Umfang / cbm
MA 1-22	22	Euro	Autoteile		16 630	
MA 14-19	6	GiBo	Autoteile		1 470	

Klasse / Classe — Ziffer / Chiffre — Buchstabe / Lettre — (ADR) / (ADR)

13 Anweisungen des Absenders (Zoll- und sonstige amtliche Behandlung) / Instructions de l'expediteur (formalitès douanieres et autres)

19 Zu zahlen von / A payer par	Absender / L'expèditeur	Währung / Monnaie	Empfänger / Le Destinataire
Fracht / Prix de transport			
Ermäßigung / Réduction			
Zwischensumme / Solde			
Zuschläge / Suppléments			
Nebengebühren / Frais accessoires			
Sonstiges / Divers +			
Zu zahlende Gesamtsumme / Total a payer			

14 Rückerstattung / Remboursement

15 Frachtzahlungsanweisung / Prescription d'affranchissement

frei / franco: ab Werk
unfrei / Non franko

20 Besondere Vereinbarungen / Convetions particulieres

Umladung untersagt

21 Ausgefertigt in / Etablie à: Köln — am / le: 17.05.20..

22 [Stempel: MABAU AG Köln] *i. A. Alexa Möbius*
Unterschrift und Stempel des Absenders (Signature et timbre de l'expèditeur)

23 [Stempel: Internationale Spedition Rasch GmbH] *i.A. Marian Knorr*
Unterschrift und Stempel des Frachtführers (Signature et timbre du transporteur)

24 Gut empfangen / Réception des marchandises — Datum / Date
Unterschrift und Stempel des Empfängers (Signature et timbre du destinataire)

Benutzter Grenzübergang

25 Angaben zur Ermittlung der Tarifentfernung mit Grenzübergängen

von	bis	km

28 Berechnung des Beförderungsentgelts

Frachtpfl. Gewicht in kg	Tarifstelle: Sonderabmachung	Güterarten	Währung	Frachtsatz	Beförderungsentgelt
				Summe	

26 Vertragspartner des Frachtführers ist - kein - Hilfsgewerbetreibender im Sinne des anzuwendenden Tarifs

27

	Amtliches Kennzeichen	Nutzlast in kg
Kfz	OB-RA 111	10 800
Anhänger	OB-RA 908	12 600

Benutzte Genehmigung Nr. — National — Bilateral — X EG — CEMT

CMR-Frachtbrief

Mautsätze in Cent/km				
Euro-Schadstoffklasse des eingesetzten Fahrzeugs	zulässiges Gesamtgewicht des eingesetzten Fahrzeugs			
	7,5 t bis < 12 t	12 t bis 18 t	> 18 t	
			< 4 Achsen	≥ 4 Achsen
Euro 0	16,7	20,2	24,7	26,1
Euro I	16,7	20,2	24,7	26,1
Euro II	15,6	19,1	23,6	25,0
Euro III	14,6	18,1	22,6	24,0
Euro IV	11,4	14,9	19,4	20,8
Euro V	10,4	13,9	18,4	19,8
Euro VI	9,3	12,8	17,3	18,7

3.7 Bundesamt für Güterverkehr

Das **Bundesamt für Güterverkehr** (**BAG**) überwacht die Güterkraftverkehrsunternehmen (inländische und ausländische Frachtführer, Spediteure im Selbsteintritt, Werkverkehrsunternehmen).

Die Kontrollen des BAG erfolgen durch **Fahrzeugkontrollen** (z. B. an Autobahnen, Grenzübergängen, Rast- oder Autohöfen) sowie durch **Betriebskontrollen**.

Kontrolliert werden z. B. die Einhaltung der Sozialvorschriften zur Lenk-, Schicht- und Arbeitszeit der Fahrer sowie die Erlaubnis für den Transport. Ferner kontrolliert das BAG die Einhaltung der Straßenverkehrszulassungsverordnung und der Gefahrgutverordnungen. Weiterhin überprüft das BAG auch die Arbeitserlaubnis der eingesetzten Fahrer sowie die Ladungssicherung.

3.8 Logistik 4.0: Autonomes Fahren – Platooning

Fahrerassistenzsystem

autonomes Fahren

Bereits heute übernehmen **Fahrassistenzsysteme**, wie das automatische Spurhalten, Beschleunigen und Abbremsen, Aufgaben des Fahrzeugführers und erleichtern mithilfe von Sensoren das Fahren. Beim **autonomen Fahren** muss der Fahrzeugführer das System nicht mehr dauerhaft überwachen, sondern lediglich innerhalb einer kurzen Zeit die Führung des Fahrzeugs übernehmen können. Für die Steuerung des Fahrzeugs ist kein Fahrer mehr erforderlich. Die Mitarbeiter der Spedition müssen das System lediglich starten und das Ziel festlegen.

Das autonome Fahrzeug verknüpft digitale Daten, indem es sendet, empfängt und sich vernetzt. Der Einsatz autonomer Fahrzeuge führt zu geringeren verkehrsbezogenen Emissionen und zu Kosteneinsparungen, da sich die Auslastung der vernetzten Fahrzeuge durch eine zuverlässigere Planung verbessert.

5286494

Am vorteilhaftesten für den Einsatz autonomer Fahrzeuge sind (Langstrecken-) Fahrten auf der Autobahn, wie beispielsweise Sammelladungstransporte im Direkt- oder Hub-Verkehr. Der innerstädtische Verkehr ist aufgrund der vielen Einwirkungen anderer Verkehrsteilnehmer noch zu komplex und erfordert weitere Entwicklungsarbeit.

Platooning

Eine Einsatzmöglichkeit autonomer Fahrzeuge ist das **Platooning**. Bei der Platooning-Technologie werden mehrere Lastkraftwagen durch ein Steuerungssystem elektronisch gekoppelt, wodurch die Fahrzeuge einander automatisch folgen, den Abstand untereinander einhalten, sowie automatisch beschleunigen und bremsen. **Platooning** verringert den Kraftstoffverbrauch, erhöht die Verkehrssicherheit und entlastet die Fahrzeugführer. In Deutschland wird die Platooning-Technologie bereits auf digitalen Teststrecken der Autobahn A9 im Alltagsverkehr getestet.

Mit dem automatisierten Fahren ändert sich das Aufgabenfeld des Fahrzeugführers hin zu einem Fahrzeug-Manager, der Überwachungsaufgaben übernimmt und logistische Prozesse betreut. Zukünftig ist er Begleiter der Güter und verantwortlich für die Reparatur der Fahrzeugtechnik, die Be- und Entladung der Ware sowie dieTransport- und Ladungssicherung.

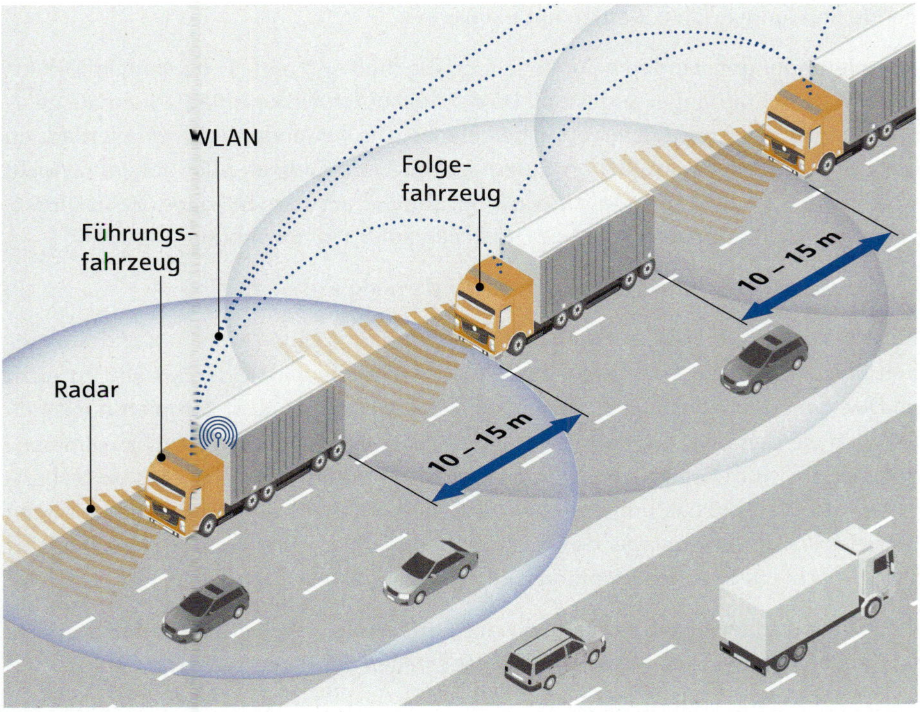

Platooning

4 Kurier-, Express- und Paketdienste (KEP-Dienste)[1]

Die Nachfrage nach Beförderungsleistungen hat sich in den letzten Jahren stark verändert. Der Anteil von Stückgütern am Gesamttransport wächst, während der Anteil der Komplettladungen und Partiefrachten stagniert und in einzelnen Branchen rückläufig ist. Die Gründe für diese Entwicklung sind vielfältig:

- Globalisierung der Märkte
- EU-Erweiterung
- Öffnung der Märkte in Osteuropa
- Wunsch nach kurzen Lieferzeiten, insbesondere auch Just-in-time-Lieferungen
- Zunahme individueller Kundenwünsche
- Zunahme des elektronischen Handels per Internet, auch mit Privatpersonen

Dies alles führt dazu, dass das Aufkommen hochwertiger Sendungen im Kleinbereich wächst und zunehmend Transportaufträge für Kleinsendungen vergeben werden. Viele Versender wünschen garantierte Lieferzeiten in engen Zeitfenstern.

4.1 Abgrenzung Komplettladung – Partiefracht – Stückgut

Die Sendungsgröße hat einen großen Einfluss auf die Beförderungsabwicklung. Folgende Sendungsgrößen werden unterschieden:

Komplettladung

Komplettladungen werden beim Absender abgeholt und ohne Umladung im **Direktverkehr** beim Empfänger zugestellt. Da der Lkw durch die Komplettladung ausgelastet ist, wird keine weitere Sendung beigeladen. Die Versendung als Komplettladung bietet sich an beim Versand von Gütern mit großem Volumen oder hohem Gewicht und bei Sendungen, die möglichst schnell abgeliefert werden sollen. Beim Direktverkehr entfällt der zeitaufwendige Umschlag auf Speditionshöfen.

Die Transportdauer ist abhängig von der Entfernung.

Partiefracht

Auch **Partiefrachten** werden aufgrund ihres Umfangs direkt beim Absender abgeholt und direkt beim Empfänger zugestellt. Allerdings wird eine Partiefracht **nicht im Direktverkehr** transportiert, da sie das Transportmittel nicht komplett auslastet. Deshalb werden mehrere Partiesendungen zu einer „Komplettladung“ zusammengefasst (z. B. vom Großraum Stuttgart in den Großraum Hamburg). Aus wirtschaftlichen Gründen (Auslastung der Lkw, zeitliche Vorgaben) werden Partiesendungen teilweise ins Umschlagslager des Versandspediteurs vorgeholt und am Empfangsort vom Umschlagslager des Empfangsspediteurs zugestellt.

Die Transportdauer ist abhängig von der Entfernung und von der Dauer des Umschlags an den einzelnen Lade- und Entladestellen der Partiefrachten.

Stückgut

Stückgut sind Güter kleineren Umfangs (Gewicht, Volumen, Menge), die mit üblichen Fördermitteln (z. B. Gabelstaplern, Hubwagen) bewegt werden können. Stückgüter werden in einem Vorlauf in das Versanddepot vorgeholt, dort umgeschlagen und anschließend im Hauptlauf nach Relationen (Zielorten) sortiert weitertransportiert. Im Empfangsdepot werden die Stückgutsendungen ein zweites Mal umgeschlagen und

1 Manchmal werden KEP-Dienste auch als Kurier-, Express- und Postdienste definiert. Die internationale Bezeichnung für KEP-Dienste ist CEP (Service for Courier, Express and Parcel).

nach Touren für den Nachlauf sortiert. Stückgut ist geeignet für alle Kleinsendungen, die sich auf dem Transport mehrmals umschlagen lassen. Die Transportdauer vom Versender bis zum Empfänger ist abhängig von den Transportstrecken (Vorlauf, Hauptlauf und Nachlauf) sowie von der Dauer des Umschlags im Versand- und Empfangsdepot.

[?!]

Abwicklung des Stückgutverkehrs

Paketdienste befördern nur Kleinsendungen. Die meisten Anbieter haben das Höchstgewicht je Sendung auf 35 kg beschränkt.

Abwicklung des Stückgutverkehrs

Vorlauf: ***Beförderung vom Versender zum Versanddepot***

Hauptlauf: ***Transport vom Versanddepot zum Empfangsdepot***

Nachlauf: ***Beförderung vom Empfangsdepot zum Empfänger***

Relation: ***Direktverbindung zwischen zwei Depots***

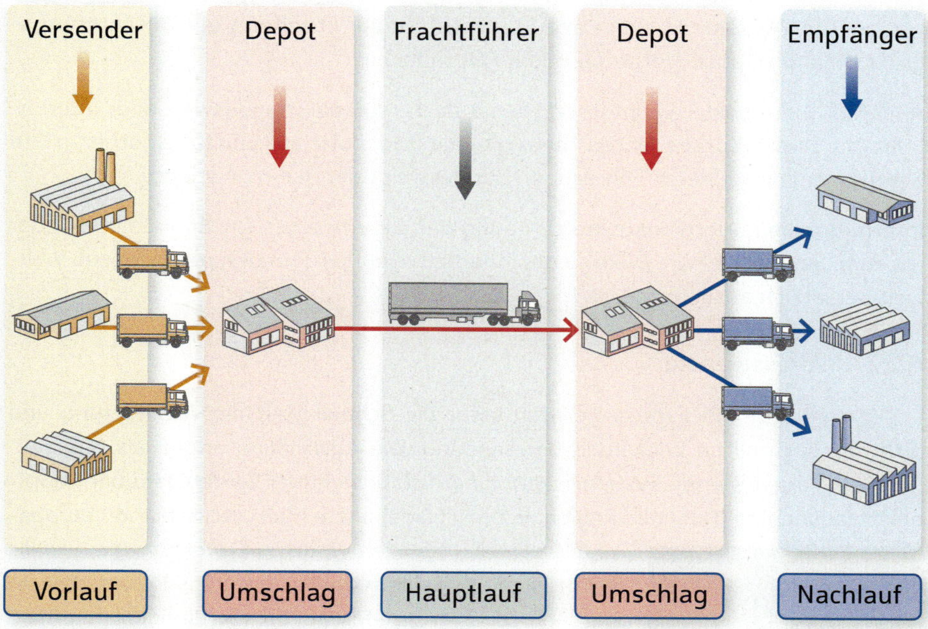

Vorlauf – Hauptlauf – Nachlauf

KEP-Dienste organisieren den Versand von Stückgut im Systemverkehr. Dazu errichten sie Linienverkehre zwischen ihren Depots und den zentralen Umschlagsplätzen.

Umschlaghalle für Stückgüter

4.2 Leistungsspektrum der KEP-Dienste

KEP-Dienste transportieren Sendungen bis zu einem maximalen Gewicht und Volumen mit kurzen garantierten Lieferfristen vom Absender zum Empfänger. Stückgüter, die die Gewichts- und Größenvorgaben der KEP-Dienste überschreiten, werden im Speditions-Sammelgutverkehr transportiert.

4.2.1 Kurierdienste

Im Kurierdienst werden Dokumente, Wertsendungen und sehr eilige Sendungen von einem Kurier befördert. Es handelt sich hier um **persönlich begleitete Transporte** vom Versender bis zum Empfänger. Diese persönliche Begleitung gewährleistet neben der Schnelligkeit auch eine hohe Lieferzuverlässigkeit. Das Gewicht einer Kuriersendung ist in der Regel gering (wenige Kilogramm).

Fahrradkurierdienst

Die meisten Kurierdienste arbeiten lokal. Stadt-Kuriere (City-Kuriere) haben ihren Schwerpunkt bei der Zustellung eiliger Sendungen innerhalb von Städten. Neben Lieferwagen und Pkw setzen sie in den Stadtzentren zur Erhöhung der Auslieferungsgeschwindigkeit auch Motorräder oder Fahrräder ein.

Andere Kurierdienste bieten ihren Dienst auch regional, bundesweit oder international an. **Direkt-Kuriere** führen überregionale Transporte aus und transportieren ihre Sendungen mit kleineren Fahrzeugen bundesweit oder gar ins Ausland.

Internationale Kurierdienste bieten häufig den Service eines On-Board-Kuriers, der wichtige Sendungen wie Dokumente innerhalb weniger Stunden per Flugzeug weltweit persönlich ausliefert.

4.2.2 Expressdienste

Sammelladung mit Hub und Rub

Im Vordergrund von Expressdiensten steht die **Schnelligkeit der Auslieferung** und nicht die persönliche Begleitung der Sendung. Die Abwicklung erfolgt als Sammelladung im organisierten Systemverkehr innerhalb bestimmter Zeitfenster über Hauptumschlagspunkte (Hub) und Regionale Umschlagspunkte (Rub) deutschland-, europa- und weltweit. Für den Transport werden die jeweils schnellsten Verkehrsmittel eingesetzt. Expressdienste garantieren die Auslieferung der Sendungen innerhalb der vereinbarten **Zeitfenster**. Maß- und Volumenbeschränkungen gibt es kaum. Für bundesweite Zustellungen werden Regellaufzeiten von 24 Stunden angeboten. Durch individuelle Vereinbarungen lassen sich die Zustellungsfristen verkürzen. Beim **Overnight-Service/Time Definite** erfolgt die garantierte Zustellung im Laufe des nächsten Tages innerhalb der vereinbarten Laufzeit, beim **Innight-Service** erfolgt die Auslieferung spätesten bis um 08:00 Uhr am nächsten Morgen und beim **Same-Day-Service** noch am Tag des Versandes.

Paketsortierzentrum

4.2.3 Paketdienste

Paketdienste bieten den Versendern die Möglichkeit, Kleinsendungen günstig und innerhalb vorgegebener Zeitfenster zu versenden. Für die Packstücke gibt es Gewichts-

5286498

und Maßvorgaben. Das zulässige **Höchstgewicht** schwankt je nach Paketdienst zwischen **30 und 35 kg**. Das **maximale Gurtmaß** beträgt meist **3,00 m**. Zusätzlich legen Paketdienste eine maximale Länge der Pakete fest (z. B. 1,75 m), damit die Sendungen beim Durchlaufen der automatischen Sortieranlagen nicht beschädigt werden.

Gurtmaß: ***Umfang (2 · Höhe + 2 · Breite) + längste Seite***

[?!]
Gurtmaß

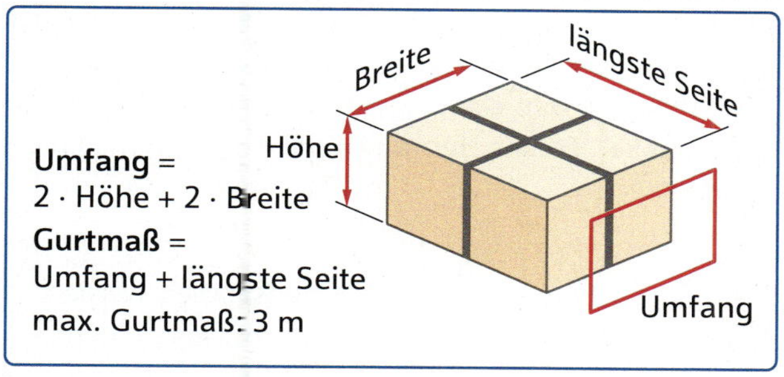

Das Gurtmaß

Eine Stückgutsendung hat die Maße 1,12 m Länge, 0,45 m Breite und 0,38 m Höhe.

Wird die Sendung befördert?
Das Gurtmaß beträgt: 2 · 0,38 m + 2 · 0,45 m + 1,12 m = 2,78 m

Die Sendung wird vom Paketdienst befördert, da sie das maximale Gurtmaß nicht überschreitet.

4.3 Netzwerkorganisationen bei Express- und Paketdiensten

Paketdienste setzen automatische Sortierbänder ein. Die Beförderung von Expressgütern und Paketen erfolgt durch einen Systemverkehr. Die Kleinsendungen werden auf einem Teil des Transportweges zu größeren Sendungen gebündelt. Die Abwicklung der Transporte zwischen zwei Niederlassungen erfolgt bei hohem Sendungsaufkommen im **Direktverkehr**, bei geringem Sendungsaufkommen über ein Hub (Hauptumschlagsbetrieb) oder Rub (Regionaler Umschlagsbetrieb), d. h. über einen **zentralen Umschlagsplatz**, der von allen Niederlassungen zeitgleich angefahren wird.

Liniennetz mit festen Abfahrtszeiten (Direktverkehr)

Bei einem hohen Sendungsaufkommen zwischen zwei Depots werden die Sendungen im **Direktverkehr** transportiert. Die Abfahrtszeiten der einzelnen Lkw sind von der Entfernung zur jeweiligen Zielstation abhängig.

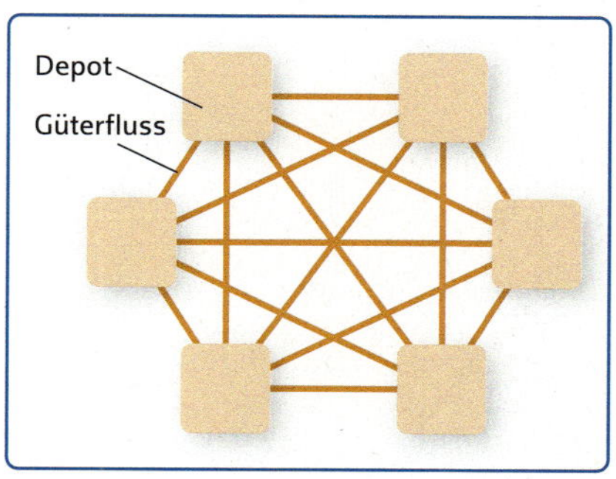

Direktverkehrssystem

Ein Liniennetz erfordert den Einsatz vieler Fahrzeuge, da zwischen allen beteiligten Niederlassungen jeweils ein Lkw „von Point to Point“ verkehrt. Der Direktverkehr zwischen sechs Depots erfordert 15 Relationen und somit den Einsatz von 15 Lkws.

Stückgut-Netzwerk (Hub-and-Spoke-System)

Eine Kiste Ersatzteile soll von Regensburg nach Schwerin transportiert werden. Da das Frachtaufkommen zwischen den Depots Regensburg und Schwerin für den Einsatz eines Direkt-Lkw zu gering ist, wird der Systemverkehr zwischen diesen beiden Niederlassungen als **Hub-Verkehr** abgewickelt.

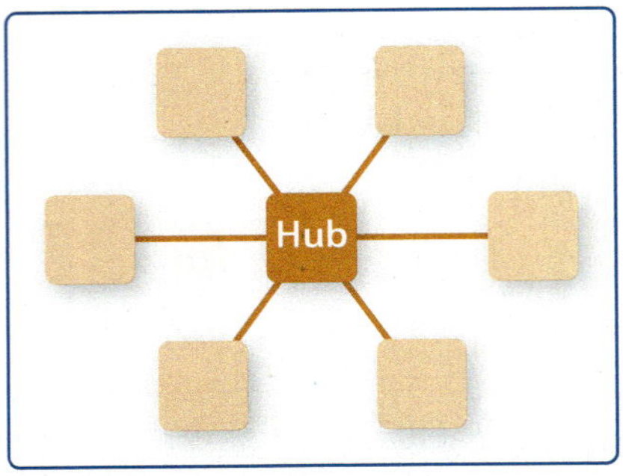

Hub-and-Spoke-System

Sechs Depots erfordern bei einem Hub-Verkehr lediglich den Einsatz von sechs Lkw. Über den Hauptumschlagsbetrieb kann jede Niederlassung Transporte zu den anderen fünf Niederlassungen sowie an den Sitz des Hubs anbieten.

Das Hub ist der **Hauptumschlagsbetrieb** des KEP-Dienstes. Die Hubs liegen in Nordhessen am Schnittpunkt der A4, A5 und A7 im Raum Bad Hersfeld in der Mitte Deutschlands. So können die Lkws aller beteiligten Depots innerhalb einer Nacht vom eigenen Standort zum Hub und wieder zurück fahren. Der Weg von den einzelnen Depots zum Hub sind die **Speichen (Spoke)**. Dieses Hub-and-Spoke-System minimiert die erforderlichen Lkw-Transporte.

Beispiel

Eine Kiste Ersatzteile soll von Regensburg nach Schwerin transportiert werden. Nach dem **Vorlauf** (Abholung beim Versender) wird das Paket im Versanddepot (Regensburg) **umgeschlagen**. Alle Sendungen, die nicht im Direktverkehr zugestellt werden können, werden **auf das Hub-Fahrzeug verladen** und im Laufe des Abends im **Hauptlauf zum Hub (Hauneck) transportiert**. Die Hub-Lkw der einzelnen Depots treffen während eines vorgegebenen Zeitfensters ein. Im Hub erfolgt ein **erneuter Umschlag** und anschließend die **Verladung nach Zieldepots (Schwerin)**. Die Kiste Ersatzteile wird mit allen anderen Sendungen für das Depot Schwerin in den Schweriner Lkw geladen. Im Depot Schwerin erfolgt am Morgen ein weiterer **Umschlag** und die **Verladung auf Nahverkehrsfahrzeuge**. Die Zustellung beim Empfänger erfolgt im Verlauf des Morgens als **Nachlauf** ab Schwerin.

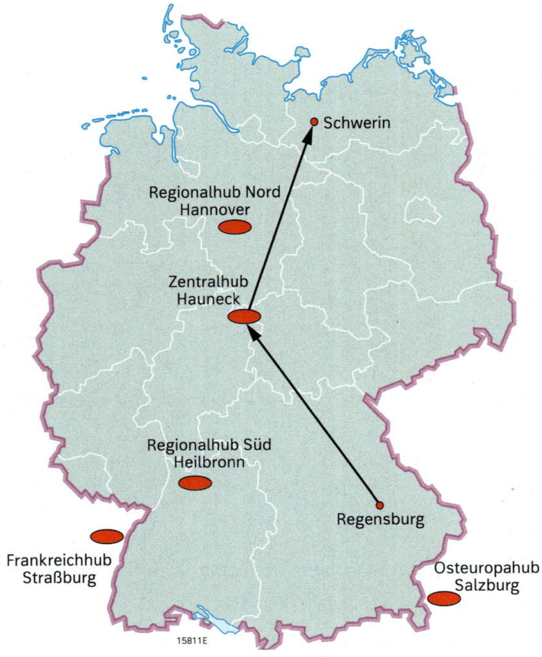

Systemverkehr über ein Zentralhub und zwei Regionalhubs

Die Abwicklung von Kleingut über ein Hub verursacht höhere Kosten als ein Direktverkehr. Die KEP-Dienste müssen den Hauptumschlagsplatz und das dortige Personal finanzieren und die Kosten auf alle beteiligten Depots umlegen. Für viele Sendungen bedeutet der Hub-Verkehr einen **Umweg** und somit **Mehrkilometer**. Allerdings müssen die einzelnen Depots beim Hub-Verkehr nicht jedes andere Depot anfahren, sondern benötigen nur ein Fahrzeug zum Hub. Dies führt zu einer guten Auslastung des eingesetzten Fahrzeugs. Dadurch sinken die Kosten je transportierter Tonne stark. Trotz der Hub-Kosten und der gefahrenen Mehrkilometer können Kleinsendungen im Hub-Verkehr günstiger transportiert werden als im Direktverkehr.

5286500

Zeitliche Abwicklung der Systemverkehre (KEP-Dienste)

Innerhalb der Transportkette zwischen den Depots sowie zum Hub müssen die vorgegebenen Ankunftszeiten eingehalten werden. Aus den Ankunftszeiten und den Fahrzeiten ergeben sich die Zeitvorgaben für den Nahverkehr im Vor- und Nachlauf. Die Zeitvorgaben für die einzelnen Depots sind von der Entfernung zwischen den Depots oder der Entfernung zum Hub abhängig.

Vorlauf (ca. 13:00 Uhr bis 17:00 Uhr)

- Nahverkehrsfahrzeuge sammeln Güter im Niederlassungsgebiet bei den einzelnen Versendern ein.
- Eintreffen der Nahverkehrsfahrzeuge in der Niederlassung

↓

Umschlag (ca. 16:00 Uhr bis 21:00 Uhr)

- Beschäftigungshoch im Umschlag: Entladen der Nahverkehrsfahrzeuge und Sortieren der Sendungen auf Fernverkehrsrelationen und zum Hub.
- Ab ca. 18:00 Uhr bis 21:00 Uhr Beladung der Fernverkehrsfahrzeuge

↓

Hauptlauf (ca. 20:00 Uhr bis 05:00 Uhr)

- Fernverkehrsfahrzeuge transportieren die Sendungen auf den Hauptstrecken im Direktverkehr zu den Empfangsniederlassungen und zum Hub.
- Eintreffen der Fernverkehrsfahrzeuge von den Niederlassungen und dem Hub

↓

Umschlag (ca. 05:00 Uhr bis 09:00 Uhr)

- Beschäftigungshoch im Umschlag: Entladen der Fernverkehrsfahrzeuge und Sortieren der Sendungen auf Nahverkehrsrelationen, d. h. nach Zielorten.
- Ab 06:00 Uhr bis 09:00 Uhr Beladung der Nahverkehrsfahrzeuge

↓

Nachlauf (ca. 09:00 Uhr bis 12:00 Uhr)

- Verteilung des Stückguts im Bereich des Niederlassungsgebiets

4.4 Datenübermittlung – Label – Tracking and Tracing

Für den erfolgreichen Versand von Kleinsendungen und Expressgut ist neben der reinen Transportleistung auch der fehlerfreie Datentransfer zwischen allen Beteiligten wichtig. Durch **Belabelung** der Sendungen, den Einsatz von **Scannern** an den Schnittstellen sowie dem Einsatz von **Tracking-and-Tracing**-Systemen können Daten jederzeit übertragen oder abgerufen werden.

4.4.1 Belabelung der Sendung durch den Versender

Das **Label** ist ein **Paketscheinaufkleber** und enthält alle für den beleglosen Versand zwischen Versender, Versanddepot, Hub, Empfangsdepot und Empfänger notwendigen Informationen sowie alle für die Bearbeitung der Sendung notwendigen Daten. Die Informationen existieren in elektronischer Form und können problemlos übertragen, gespeichert, aufbereitet und abgefragt werden. Gegenüber papiergestützten Verfahren werden die Kosten deutlich gesenkt.

Die **maschinell lesbaren Paketscheinaufkleber** werden von den Versendern, die per DFÜ an das System des KEP-Dienstleister angeschlossen sind, selbst erstellt und auf das zu versendende Paket aufgeklebt. Bei den anderen Versendern werden die Label beim Umschlag im Versanddepot ausgedruckt und aufgeklebt.

Paketscheinaufkleber enthalten bspw.
- Name und Anschrift des Versenders,
- Name und Anschrift des Empfängers,
- Paketnummer in Ziffern,
- maschinenlesbare Paketnummer in Barcodeform,
- je nach KEP-Unternehmen werden weitere Zusatzinformationen ausgedruckt, wie bspw. Gewicht der Sendung, Art der Ware, Datum, Speditionsauftragsnummer, Angaben über Gefahrgut, Anzahl der Packstücke je Sendung.

Label des Paketdienstes Roadrunner

4.4.2 Abfertigung der Sendung

Die mit dem Label versehenen Sendungen werden nach der Verwiegung durch die Postleitzahl des Empfängers dem zuständigen Empfangsdepot zugeordnet. Diese zusätzlichen Informationen werden auf dem **Routerlabel** ausgedruckt, das an dem Paket angebracht wird. Somit sind alle notwendigen Informationen für einen papierlosen Pakettransport auf dem Paket vorhanden. Die Zusatzdaten sind notwendig, um die Sendung im Versanddepot, Hub und Empfangsdepot mittels Scannung sortieren zu können.

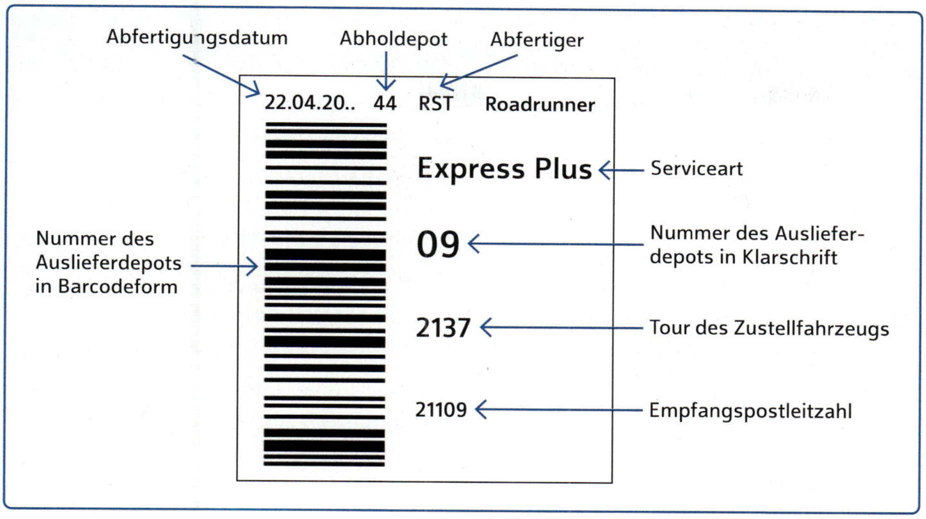

Routerlabel des Paketdienstes Roadrunner

4.4.3 Tracking-and-Tracing-Systeme

Mithilfe der an den Sendungen durch Paketscheinaufkleber und Routerlabel angebrachten **Barcodes** werden die Sendungen an vorgegebenen **Schnittstellen** gescannt. Durch die Scannung wird dokumentiert, dass die Sendung vollständig von einem Verantwortlichen auf den anderen übergeben wurde. Fehlt ein Teil der Sendung oder wurde die Sendung beschädigt, muss dieser Mangel zusätzlich im System erfasst werden.

Die Erfassung der einzelnen Transportabschnitte und wo sich die Ware zu einem bestimmten Zeitpunkt befindet, wird als **Tracking and Tracing** oder **Verfolgung und Rückverfolgung** bezeichnet.

Beispiele für die Aufteilung einer Transportkette anhand des Status einer Sendung

Möglicher Status	Wo befindet sich die Ware gerade?	Welche Schnittstellen sind bei Vor-, Haupt- und Nachlauf vorgeschrieben?
Status 1	**Übergabe** der Sendung vom Versender an den Frachtführer des Vorlaufs	**Schnittstelle 1** zwischen Versender und dem Frachtführer des Vorlaufs
Status 2	**Vorlauf**	**Transport** der Sendung durch Frachtführer des Vorlaufs zum Versanddepot
Status 3	**Umschlag** im Versanddepot	**Schnittstelle 2** zwischen dem Frachtführer des Vorlaufs und dem Versandspediteur **Schnittstelle 3** zwischen dem Versandspediteur und dem Frachtführer des Hauptlaufs 1
Status 4	**Hauptlauf 1** vom Versanddepot zum Hub	**Transport** der Sendung durch Frachtführer des Hauptlaufs 1 zum Hub

Beispiele für die Aufteilung einer Transportkette anhand des Status einer Sendung		
Möglicher Status	**Wo befindet sich die Ware gerade?**	**Welche Schnittstellen sind beim Vor-, Haupt- und Nachlauf vorgeschrieben?**
Status 5	**Umschlag** im Hub	**Schnittstelle 4** zwischen dem Frachtführer des Hauptlaufs 1 und dem Hub **Schnittstelle 5** zwischen dem Hub und dem Frachtführer des Hauptlaufs 2
Status 6	**Hauptlauf 2** vom Hub zum Empfangsdepot	**Transport** der Sendung durch Frachtführer des Hauptlaufs 2 zum Empfangsdepot
Status 7	**Umschlag** im Empfangsdepot	**Schnittstelle 6** zwischen dem Frachtführer des Hauptlaufs 2 und dem Empfangsspediteur **Schnittstelle 7** zwischen dem Empfangsspediteur und dem Frachtführer des Nachlaufs
Status 8	**Nachlauf**	**Transport** der Sendung durch Frachtführer des Nachlaufs zum Empfänger
Status 9	**Übergabe** der Sendung vom Frachtführer des Nachlaufs an den Empfänger	**Schnittstelle 8** zwischen Frachtführer des Nachlaufs und dem Empfänger

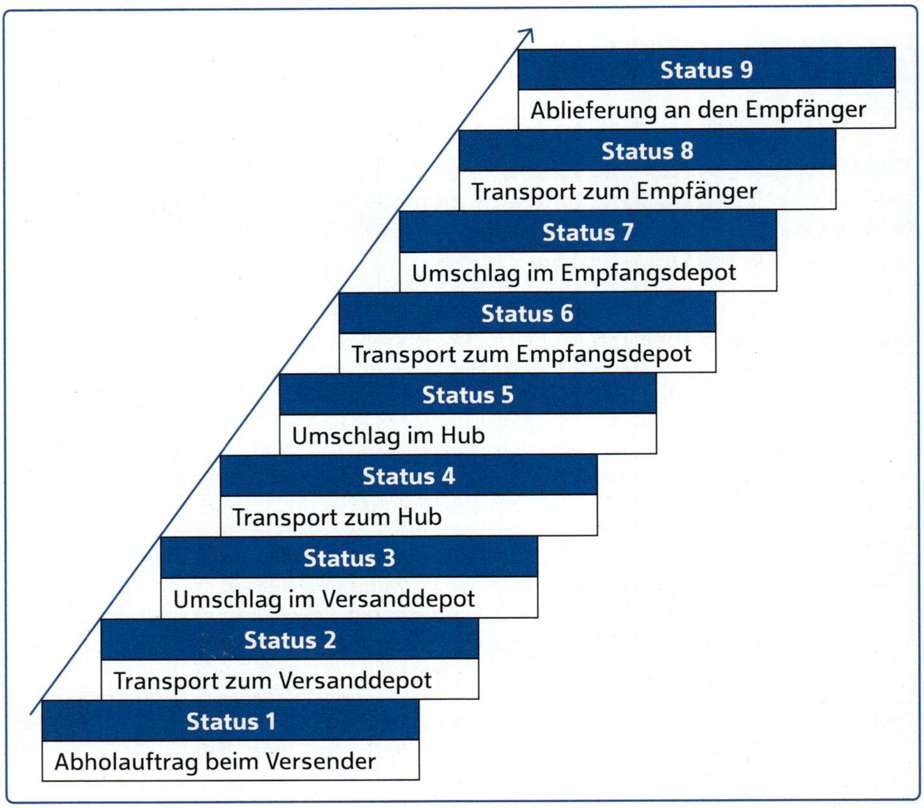

Status einer Sendung

Tracking ermöglicht das Auffinden einer Sendung während des Transportes und informiert alle Beteiligten über den aktuellen Ort und Status sowie die erwartete Ankunftszeit der Sendung. **Tracing** hingegen ermöglicht die spätere Nachvollziehbarkeit des Paketflusses nach der Ausführung des Transportes.

Zur optimalen Durchführung eines Tracking-and-Tracing-Systems müssen alle am Transport der Sendung Beteiligten einem **Datenverbund** angehören. Sowohl Versender und Empfänger, sämtliche Depots und das Hub des KEP-Dienstleisters sowie alle Frachtführer sind an dem Datenverbund zu beteiligen. Nach festgelegten Regeln und Zeitfenstern sind die Daten durch Scannung zu erfassen und per **Datenfernübertragung** (**DFÜ**) an die Zentrale des Datenverbundes zu übermitteln. Jeder der Beteiligten kann auf die Daten zugreifen. Die Daten werden von der Zentrale nach Depots sortiert und den einzelnen Empfangsdepots zugesandt. Bereits vor der Ankunft der Sendungen können die notwendigen Nachläufe organisiert werden.

Anhand der **Statusinformation** mit genauen Uhrzeiten der jeweiligen Scannung lässt sich eine Rückverfolgung der Sendung durchführen.

Statusinformation

Paketnummer: **2376 8997 5320**

Datum	Uhrzeit	Ort/ PLZ	Status-Nr.	Statustext	Fehlercode	Empfänger
30.07.20..	8:20	21109	9	Übergabe an Empfänger		Fred Maile KG Alter Deich 4 21109 Hamburg
30.07.20..	7:19		8	Transport zum Empfänger		
30.07.20..	6:45	21129	7	Verladung Nahverkehr		
30.07.20..	5:37			Eingang Auslieferdepot		
30.07.20..	1:06		6	Transport zum Auslieferdepot		
29.07.20..	0:22	36289	5	Verladung Hub		
29.07.20..	22:58			Eingang Hub		
29.07.20..	17:09		4	Transport zum Hub		
29.07.20..	16:53	74072	3	Verladung Fernverkehr		
29.07.20..	16:12			Eingang Abgangsdepot		
29.07.20..	14:40		2	Transport zum Abgangsdepot		
29.07.20..	14:35	74653	1	Übernahme beim Versender		

4.5 Abrechnung von Paket-Diensten

Die Abrechnung der Pakete erfolgt über die Daten der Label. Durch eine für jedes Paket vergebene individuelle Paketscheinnummer werden die in der EDV hinterlegten Konditionen mit den Versendern dem Paket zugeordnet und ein Preis festgelegt. Transportpreise werden häufig kundenindividuell kalkuliert. Bei der Preisgestaltung sind folgende Kriterien ausschlaggebend:

- Anzahl der zu befördernden Pakete je Versender
- Gewicht der Pakete
- Laufzeit der einzelnen Pakete (Standard, Next Day, Same Day)

Bei einigen Paketdiensten fließt auch die Entfernung in die Preisermittlung ein. Durch die Bildung von Entfernungszonen (z. B. bis 50 km, 51 km bis 200 km, 200 km bis 500 km, über 500 km) ist der Versand über längere Strecken teurer als über kurze Strecken.

In den Preisen sind alle in den AGB des Paketdienstleisters definierten Regelleistungen enthalten, wie bspw. Transport des Paketes und dessen Zustellung beim Empfänger, eine Transportversicherung bis 500,00 € je Paket, bis zu drei Zustellversuche sowie bei unzustellbaren Sendungen die Rücksendung an den Versender.

Auszug aus den **Geschäftsbedingungen der ROADRUNNER Paketdienst GmbH:**

... **Beförderung von Paketen** mit folgenden Maßen und Gewichten:

– Mindestgewicht:	3 kg
– Höchstgewicht:	35 kg
– Maximale Länge:	200 cm
– Maximales Gurtmaß ([2 x B + 2 x H] + längste Seite):	300 cm

... **Nachnahmesendungen**
- sind bis zum Wert von 8 000,00 € möglich

... **Versicherung**
- Für jedes Paket besteht eine Versicherung.
- Die Summe der Versicherungsleistungen ist auf 500,00 € je Paket begrenzt.
- Eine zusätzliche Transportversicherung kann über die ROADRUNNER GmbH eingedeckt werden.

... **Auslieferung**
- Bei Nichtantreffen des Empfängers erfolgt ein zweiter und falls notwendig ein dritter Zustellversuch.
- Bei unzustellbaren oder annahmeverweigerten Paketen erfolgt eine Rücksendung an den Versender.

... **Leistungsangebote**
- **Standard:** Regel-Zustellung innerhalb der normalen Laufzeit
- **Next Day:** Zustellung am nächsten Werktag bis 12:00 Uhr
- **Same Day:** Abholung und Auslieferung innerhalb von 12 Stunden

... **Abrechnung für Standard:**

Gewicht	Entgelt
ab 3 kg	5,95 €
ab 10 kg	7,85 €
ab 20 kg	9,10 €
ab 30 kg	10,05 €

Zuschläge
– für die Versandart Next Day: 40 %
– für die Versandart Same Day: 80 %

4.6 Vorteile der KEP-Dienste

KEP-Dienste bieten eine Vielzahl an Vorteilen:

- **Persönliche Begleitung:** Kurierdienste bieten eine permanente persönliche Begleitung von Sendungen ohne räumliche Einschränkungen.
- **Lieferfristgarantien:** Neben den Regellaufzeiten von 24 Stunden können kürzere Zustellungsfristen individuell vereinbart werden. Beim Overnight-Service/Time Definite erfolgt die garantierte Zustellung bis zum vereinbarten Termin des nächsten Tages, beim Innight-Service bis 08:00 Uhr am nächsten Morgen und beim Same-Day-Service innerhalb von zwölf Stunden.
- **Just-in-time-Lieferungen:** Die Anlieferung von Sendungen genau zu dem Zeitpunkt, an dem sie benötigt werden, ermöglicht es vielen Unternehmen, ihr eigenes Lager weitgehend abzubauen.
- **Kundennähe:** KEP-Dienste verfügen über ein dichtes Depotnetz. Dies gewährleistet eine schnelle Lieferung.
- **Sendungsverfolgung (Tracking and Tracing):** Aufgrund der Systematisierung ihrer Verkehre durch den Einsatz von Barcode-Labeln, RFID, Scannern und automatischen Sortierstationen können KEP-Dienste allen am Versand Beteiligten ein Sendungsverfolgungsverfahren anbieten (Wo ist meine Sendung jetzt?). Diese Informationen können vom Kunden jederzeit im Internet abgerufen werden. **Tracking and Tracing** dient aber nicht nur dem Kunden sondern auch den KEP-Diensten selbst zur Überwachung und Schwachstellenanalyse ihrer Logistikprozesse.

Sendungsverfolgung
tracking and tracing

- **Produkt und Preise:** Die zu befördernden Güter werden nach Maß und Gewicht definiert. Dadurch sind die Preislisten der KEP-Dienste für die Grundleistungen gut überschaubar. Dies ermöglicht den Kunden eine einfache Kalkulation ihrer Transportkosten. Einzelne Paketdienste bieten für die Grundleistung „Haus-Haus-Transport innerhalb vorgegebener Fristen“ Pauschalpreise je Sendung an, die vom tatsächlichen Gewicht der Sendung und der tatsächlichen Entfernung nicht mehr beeinflusst werden. So kostet die Beförderung eines 12-kg-Paketes über 150 km genauso viel wie die Beförderung über 480 km.

4.7 Zusatzleistungen der KEP-Dienste

Die KEP-Dienste bieten ihren Kunden neben der normalen Haus-Haus-Leistung eine Vielzahl an Zusatzleistungen an. Dazu zählen:

Zusatzleistungen
value added services

- **Mehrmals tägliche Abholung und Zustellung:** An viele (Groß-)Kunden liefern die KEP-Dienste vereinbarungsgemäß mehrmals täglich Sendungen aus. Die Abholung bei ihnen erfolgt automatisch, bei Vereinbarung auch mehrmals täglich.
- **Mehrere Zustellversuche:** Bei Paketdiensten ist es üblich, bei Nichtantreffen des Empfängers einen zweiten und einen dritten Zustellversuch ohne Mehrkosten durchzuführen.

- **Versicherung der Sendungen:** Für die einzelnen Sendungen besteht bei den KEP-Diensten eine Versicherung, häufig 500,00 € je Paket, unabhängig vom tatsächlichen Paketgewicht.
- **Retourenmanagement:** Hierzu gehören die Rückholung fehlgeleiteter Sendungen, die Aufnahme eines Schadenprotokolls bei mangelhaften Lieferungen, die Schadenbearbeitung und die Rückführung von mangelhaften Lieferungen an den Absender.
- **Zollabfertigung:** Zur Zollabfertigung zählen zum einen die Erledigung der Zollformalitäten bei Exporten in Drittländer (Erstellen der notwendigen Zollpapiere) und zum anderen die schnelle Importverzollung und Weiterverteilung der Waren bei Importen.

Leistungen der Deutschen Post/DHL

- **Warehousing (Lagerleistungen):** Neben dem reinen Transport der Sendungen bieten einige KEP-Dienste ihren Kunden auch zusätzliche logistische Dienstleistungen an, wie z. B. Lagern, Kommissionieren, Umpacken, Verpacken, Etikettieren und Belabeln.
- **Abrechnung/Inkasso:** Hierzu zählen beispielsweise der Bareinzug von Nachnahmen, die Rechnungsstellung und Abrechnung bei Unfrei-Sendungen sowie die Erstellung von Ablieferungsbelegen, entweder schriftlich oder per Scanner und Datenfernübertragung.
- **Sicherheitsüberprüfungen** wie das Durchleuchten von Sendungen

Gefahrgut-Kennzeichnung von Stückgut

Versand von Gefahrgut

Einige KEP-Dienste befördern gegen einen Gefahrgutzuschlag auch Gefahrgüter. Die Durchführung des jeweiligen Transportes ist allerdings abhängig von der Art des Versandgutes (z. B. Gefahrgutklasse) und von nationalen Einschränkungen.

KEP-Dienste nehmen Gefahrgutsendungen nur von für den Versand von Gefahrgut **zugelassenen Kunden** und bei **Einhaltung aller relevanten internationalen und nationalen Gefahrgutvorschriften** an:

- korrekte Klassifizierung, Identifikation, Verpackung, Markierung und Kennzeichnung
- korrekte Gefahrgut-Dokumentation im Frachtbrief: beim Lkw-Transport im CMR-Frachtbrief, beim Lufttransport im Air Waybill
- Ausstellung aller erforderlichen Gefahrgutpapiere wie bspw. „Shipper's Declaration for Dangerous Goods".

Die Verantwortung für die korrekte Klassifizierung, Verpackung, Markierung und Kennzeichnung des Gefahrgutes trägt der Versender. Weiterhin hat der Versender die vom jeweiligen KEP-Dienst vorgegebenen Regelungen, wie bspw. Mengenbegrenzungen, einzuhalten. Hat ein Versender beim Gefahrgutversand, z. B. beim Versand von Reinigungsmitteln oder alkoholhaltigen Kosmetika, Zweifel über die korrekte Deklaration, bieten Gefahrgut-Experten der KEP-Dienste professionelle Hilfe an.

4.8 Das Leistungsspektrum von KEP-Diensten

Seit Jahren wachsen die Umsatzahlen der KEP-Dienste kontinuierlich. 2019 überstieg der Umsatz der KEP-Branche in Deutschland 21,3 Mrd. €. Insgesamt wurden 3,65 Mrd. Sendungen verschickt. Für die nächsten Jahre wird ein weiteres stetiges Wachstum prognostiziert. Im Kuriersegment wird der Großteil des Umsatzes nicht mehr durch lokale City-Logistik erwirtschaftet, sondern durch hochpreisige Direktfahrten aufgrund von zeitdefinierten Transportleistungen wie Just-in-time-Lieferungen. Parallel dazu stiegen in den letzten Jahren durch den Onlinehandel das B2C sowie das B2B-Geschäft[1], was zu weiteren Transportleistungen im KEP-Markt führt.

Auf dem KEP-Markt tummeln sich viele Unternehmen mit insgesamt mehr als 244 000 Mitarbeitern, darunter die führenden Anbieter Deutsche Post DHL Group, DPD, UPS, Hermes, GLS, GO!, TNT Express und trans-o-flex Express, die ihren Kunden eine bundesweite flächendeckende Zustellung bieten.

4.8.1 Internationale Kurier- und Expressdienste

Immer mehr Unternehmen kaufen aufgrund der internationalen Arbeitsteilung Roh-, Hilfs- und Betriebsstoffe weltweit ein. Häufig werden wegen eingeschränkter Lagermöglichkeiten oder der Dringlichkeit der Waren nur relativ kleine Mengen just-in-time geliefert.

4.8.2 Das Leistungsspektrum von KEP-Diensten am Beispiel DHL

Produkte der Marke DHL PAKET

	National		International	
	DHL PAKET	DHL EXPRESSEASY NATIONAL	DHL PAKET INTERNATIONAL	DHL EXPRESSEASY INTERNATIONAL
Bestimmungsort	Deutschland		weltweit in über 220 Länder	
Maximale Abmessungen	120 cm x 60 cm x 60 cm Gurtmaß 360 cm		120 cm x 60 cm x 60 cm Gurtmaß 360 cm	
Höchstgewichte	31,5 kg		max. 31,5 kg	
Besonderheiten	kombinierbar mit zahlreichen Serviceleistungen	Zustellung innerhalb Deutschlands am nächsten Werktag	weltweiter Versand, kombinierbar mit vielen Serviceleistungen	• innerhalb der EU i. d. R. am nächsten Werktag • außerhalb der EU i. d. R. innerhalb von 2 bis 3 Werktagen

1 B2C (Business to Customer) bezeichnet den Handel zwischen Unternehmen und den Endkunden, B2B (Business to Business) den Handel zwischen Unternehmen.

Die DHL-Produktpalette umfasst im nationalen Bereich DHL PAKET sowie DHL EXPRESSEASY NATIONAL und weltweit DHL PAKET INTERNATIONAL sowie DHL EXPRESSEASY INTERNATIONAL. Vom Versand ausgeschlossen sind alle Güter, die gefahrgutrechtlichen Vorschriften unterliegen. Bei der Auswahl der Versandart sind die jeweiligen Einschränkungen zu beachten, wie z. B. Länge, Breite, Höhe, Gurtmaß, Höchstgewicht oder Zustellfristen.

- **DHL Paket:** DHL Paket bietet einen deutschlandweiten Paketversand bis 31,5 kg. Die Pakete werden montags bis samstags beim Versender abgeholt. Ab 200 Pakete pro Jahr erfolgt die Abholung kostenfrei. Die Zustellung erfolgt in der Regel am nächsten Werktag. Das Maß eines Paketes darf 15 cm x 11 cm x 1 cm nicht unterschreiten und 120 cm x 60 cm x 60 cm nicht überschreiten. Für Sperrgut gilt die Sonderregelung: größte Länge 200 cm bei einem maximalen Gurtmaß von 360 cm.

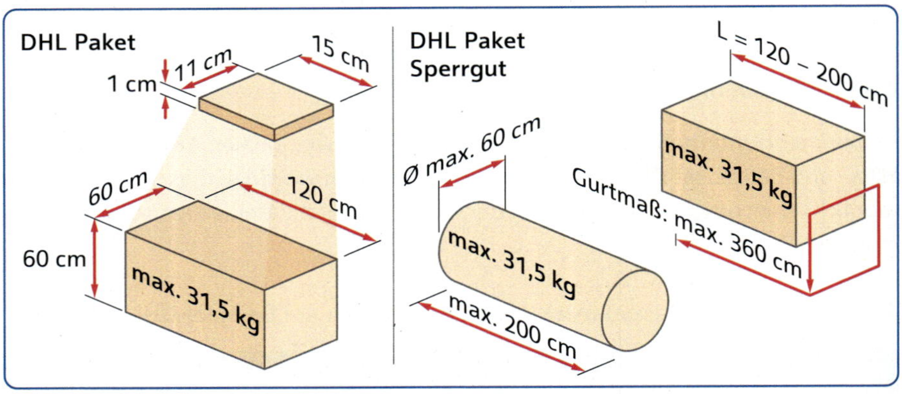

Mindest- und Höchstmaße eines DHL Paketes

Der Preis für den Versand eines Paketes richtet sich nach dem Gewicht des Paketes und eventuell auch nach der Größe (z. B. Sperrgut) und den gewünschten Zusatzleistungen. Auf das Paket muss ein Paketschein geklebt werden.

- **DHL ExpressEasy**: Für den Versand besonders eiliger Sendungen
  - **DHL ExpressEasy National**: Versand innerhalb Deutschlands und Zustellung am nächsten Werktag mit den Zeitoptionen 09:00 Uhr, vor 10:00 Uhr oder vor 12:00 Uhr. DHL ExpressEasy National kann mit verschiedenen Zusatzservices kombiniert werden wie bspw. Abholung, Samstagzustellung und Transportversicherung.
  - **DHL ExpressEasy International**: Zustellung innerhalb der EU i. d. R. am nächsten Werktag, außerhalb der EU für zollfreie Dokumente innerhalb von 2 bis 3 Werktagen, für zollpflichtige Sendungen verlängert sich die Zustellung durch die erforderliche Verzollung.DHL ExpressEasy International kann mit verschiedenen Zusatzservices kombiniert werden wie bspw. Abholung, Transportversicherung und Dokumentenhaftung.

Zusätzliche Serviceleistungen im Paket- und Expressversand

Für spezielle Versandwünsche wie Schnelligkeit, Komfort und Sicherheit oder für die Optimierung von Zahlungsverkehr, Versandabfertigung oder Anlieferung bietet DHL den Absendern eine große Palette von in der Regel kostenpflichtigen Zusatzleistungen an.

DHL-Zusatzleistungen

Zusatzleistungen bei nationalem und internationalem Paketversand	
Abholung ohne Zeitfenster oder mit Zeitfenster (wahlweise 08:00 Uhr–13:00 Uhr oder 12:00 Uhr–17:00 Uhr)	• beim Absender • beim Kunden (Retoure) • bei einem Dritten
Einzelabholauftrag	• Buchung online, per Telefon, Fax oder E-Mail bis 22:00 Uhr für den Folgetag • Zusteller bringt das Etikett bei der Abholung mit
Wunschtag	Lieferung zu einem ausgewählten Datum
persönliche Übergabe	Auslieferung an Empfänger persönlich oder eine von ihm bevollmächtigte Person
Ident-Check	• Überprüfung der Identität des Empfängers anhand eines Ausweises • Zustellung nur an den Empfänger persönlich
Alterssichtprüfung	Übergabe an Empfänger, wenn dieser das vorgegebene Mindestalter von 16 Jahren (Alternative: 18 Jahren) erreicht hat
Sperrgut	• außergewöhnliches Format • Gurtmaß größer als 360 cm • maximale Länge 200 cm
Retoure	Mit der DHL-Retoure kann der Empfänger die Sendung kostenfrei an den Absender zurücksenden. Möglichkeiten der Retourensendung: • Retourenlabel beigelegt: Der Kunde erhält bereits bei der Lieferung ein vorbereitetes Retourenlabel, das er bei der Rücksendung auf dem Paket anbringt. • Retourenlabel bei Abholung: Im Rahmen eines Einzalabholauftrages bringt der Zusteller bei der Abholung des Paketes ein vorbereitetes Retourenlabel mit. • Retourenlabel online: Der Kunde druckt das Retourenlabel aus und bringt es auf dem Paket an.
Vorausverfügung	Versender legt im Voraus fest, wie DHL bei der Unzustellbarkeit der Sendung vorgehen soll
Nachnahme	schnelle und sichere Zahlungsabwicklung
Go Green	klimaneutraler Versand
Transportversicherung	für Sendungen, deren Wert über 500,00 € liegt

Zusatzleistung Nachnahme

Will ein Versender sicher gehen, dass er auch das Geld für die versendete Ware erhält, kann er die Zusatzleistung **Nachnahme** in Anspruch nehmen. Der Empfänger erhält das Paket erst nach Bezahlung des Nachnahmebetrages.

Verweigert der Empfänger die Zahlung des Nachnahmebetrages, ist das Paket unzustellbar und wird an den Versender zurückgesandt.

Die für Nachnahmesendungen vorgeschriebene DHL Online-Frankierung ist ausschließlich im Internet unter „Service Nachnahme" möglich.

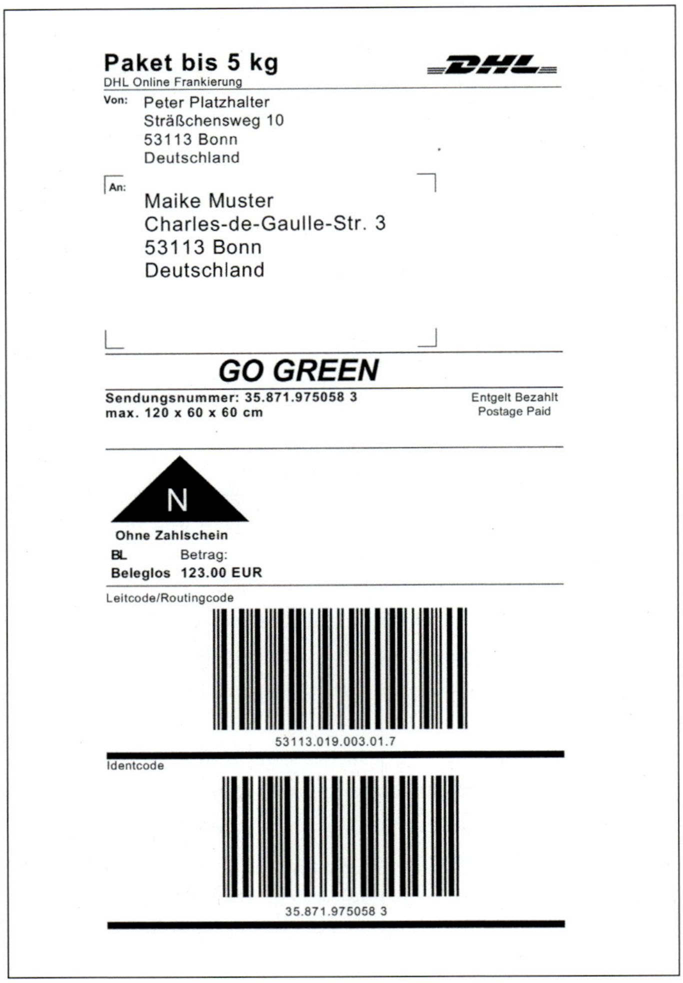

Sendungslabel aus der Online-Frankierung

Beim Transport beschädigte Sendung

Zusatzleistung Transportversicherung

DHL Paket haftet beim nationalen Versand gegen Verlust oder Beschädigung bis 500,00 € gegen Vorlage des quittierten Einlieferungsbeleges und DHL Express bis 2500,00 €. Für besonders wertvolle Sendungen können Transportversicherungen bis 25 000,00 € abgeschlossen werden. Wichtig für die Haftung ist, dass die äußere Verpackung keinen Rückschluss auf den Wert der Sendung zulässt.

Geschäftskundenportal

Das Geschäftskundenportal von DHL Paket richtet sich an Geschäftskunden mit mehr als 200 Sendungen pro Jahr. Das Geschäftskundenportal bietet eine Online-Lösung für die Bearbeitung von Versandaufträgen und stellt verschiedene Services, wie Versandvorbereitung, Abholung, Retoure und Sendungsverfolgung, online zur Verfügung, auf die der Versender zugreifen kann.

Online-Händler können für die Abwicklung ihrer E-Commerce-Geschäfte bereitgestellte Bestellabwicklungs- und Warenwirtschaftssysteme nutzen.

Sendungsverfolgung

Die DHL Sendungsverfolgung bietet die Möglichkeit, kostenfrei den Status von Sendungen zu ermitteln. Anhand der Sendungsnummer können Versender und Empfänger Pakete online verfolgen und jederzeit aktuelle Informationen zur Sendung, wie bspw. den voraussichtlichen Zeitpunkt der Zustellung, abrufen, wie beispielsweise den voraussichtlichen Zeitpunkt der Zustellung.

Sperrgut

Sperrgut

Als Sperrgut gelten folgende Sendungen:
- Sendungen, die von den Standard-Abmessungen 120 cm x 60 cm x 60 cm abweichen (Höchstmaße: Länge 200 cm; Gurtmaß 360 cm),
- runde Sendungen (Höchstmaße: Länge: 200 cm; Durchmesser: 60 cm)
- Sendungen mit außergewöhnlichem Format
- Sendungen, die nicht vollständig verpackt sind oder unverpackte Gegenstände enthalten,
- Sendungen, die keine stabile Kartonverpackung haben.

Besondere Angebote für Vertragskunden

Frankiermaschinen

Mit Frankiermaschinen kann der Versender seine Geschäftspost versandfertig vorbereiten.

FRANKIT® ist ein Frankierverfahren zur Bearbeitung von Geschäftspost. Mit FRANKIT® können Briefsendungen und Päckchen national und international frankiert werden. Der Frankierdruck oder Frankiervermerk enthält einen Matrixcode, der das schnelle maschinelle Weiterverarbeiten der frankierten Sendung ermöglicht. Im Matrixcode sind Informationen über die jeweilige Sendung enthalten. Bestimmte Frankit-Modelle können auch Strichcodes für Zusatzleistungen (z. B. Einschreiben) aufdrucken.

FRANKIT-Frankiervermerk auf einen Blick

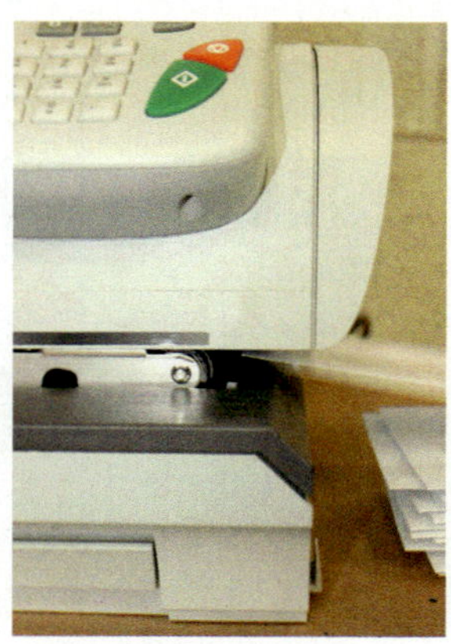

Frankiermaschine

Bei digitalen Frankiermaschinen wird das Portoguthaben online über Internet übertragen, ebenso Updates wie z. B. Portoänderungen oder Softwareupdates. Durch die Auswahl des gewünschten Produkts erscheint der Portowert automatisch auf dem Display.

Onlinefrankierung

Versandmarke

Mit der DHL-Onlinefrankierung kann der Versender online für den deutschland-, EU- und weltweiten Versand frankieren. Die Versandmarke wird am eigenen PC gedruckt. Für die kostenlose Nutzung der Onlinefrankierung ist keine Registrierung notwendig. Die Bezahlung erfolgt per PayPal, Lastschrift oder Kreditkarte. Bei Paketen bietet die Onlinefrankierung gegenüber den Filialpreisen einen Kostenvorteil von bis zu 1,50 €. Die Versandmarke kann auf einem unifarbenen Standard DIN-A4-Papier (weiß oder recycling) ausgedruckt und danach auf die Sendung geklebt werden.

4.9 Briefsendungen

Auf dem deutschen Briefmarkt gibt es neben neben der Deutschen Post eine Vielzahl von privaten Briefdienstleistern, die in der Regel den lokalen Briefmarkt abdecken. Um Briefe deutschlandweit befördern zu können, haben sich 90 private Anbieter, darunter RegioMail, mailsworXs, City Mail, PIN Mail, CITIPOST, Postcon, zu dem bundesweiten Netzwerk **mailalliance** zusammengeschlossen.

Die Deutsche Post bietet neben dem nationalen Briefverkehr auch internationale Versendungen an. Das Angebotsspektrum besteht aus dem Versand von Päckchen, Standard-, Kompakt-, Groß- und Maxibriefen sowie Postkarten.

Briefsendungen der Deutschen Post

Leistungen der Deutschen Post

Deutsche Post		
National		International
• Brief/Postkarte (Standardbrief, Kompaktbrief, Großbrief, Maxibrief, Postkarte) • Päckchen • Bücher- und Warensendung • Einschreiben • E-Postbrief • Wert National	• Infocard • Nachnahme • Postvertriebsstück • Postzustellungsauftrag • Pressesendung • Streifbandzeitung • Warenpost	• Brief/Postkarte International (Standardbrief, Kompaktbrief, Großbrief, Maxibrief, Postkarte) • Presse International • Einschreiben International • Warenpost International • Infocard International • Nachnahme International • Presse International • Wert International

Briefsendungen national

Briefe und Postkarten

- **Briefe und Postkarten:** Sie werden anhand ihrer Größe und ihres Gewichts in folgende Bereiche unterteilt:

Standardbrief bis 20 g: Hierzu gehören der klassische Geschäftsbrief im DIN-lang-Format, also z. B. Rechnungen, aber auch Glückwunschkarten, Einladungen oder Liebesbriefe. Die Briefe umfassen maximal drei Seiten.	 *Standardbrief*
Kompaktbrief bis 50 g: Hierbei handelt es sich z. B. um Geschäftsbriefe mit mehr Inhalt (bis zu 8 Seiten doppelt geknickt) im DIN-lang-Format. Der Kompaktbrief darf maximal 1 cm dick sein. Mit ihm lassen sich z. B. Reise- oder Versicherungsunterlagen gut verschicken.	 *Kompaktbrief*
Großbrief bis 500 g: Wichtige Dokumente und Zertifikate, die nicht geknickt werden sollen, können als Großbrief verschickt werden, z. B. Vertragsseiten (DIN A4) in einer Hülle oder Bewerbungsunterlagen.	 *Großbrief*
Maxibrief bis 1 000 g: Der Maxibrief ist der Jumbo unter den Briefen. Er transportiert Unterlagen bis zu einem Kilo bei maximal 5 cm Dicke.	 *Maxibrief*
Postkarte: Postkarten oder auch Ansichtskarten können verschiedene Formate haben. Größtmögliches Format für eine Postkarte ist 14 cm x 23,5 cm; kleinstmögliches Format ist 9 cm x 12,5 cm.	 *Postkarte*

Büchersendungen

Büchersendung

- **Bücher- und Warensendungen:** Gedruckte Bücher, Broschüren, Kataloge oder Waren können als Bücher- und Warensendungen versendet werden. In die Sendungen können z. B. eine Rechnung, ein Zahlungsverkehrsvordruck, ein Rückantwortumschlag oder eine Büchereikarte beigelegt werden. Eine Preisstaffelung erfolgt nach dem Gewicht der Sendung.

Einschreiben

Universallabel für Einschreiben

- **Einschreiben:** Ein Einschreiben wird durch ein Label gekennzeichnet. Ein Teil des Labels ist eine Sendungsnummer. Das Label wird auf die Vorderseite des Briefumschlages über der Anschrift in den Frankierbereich des Briefes geklebt. Einschreiben werden dem Empfänger nur gegen Unterschrift zugestellt. Der Absender erhält einen Einlieferungsbeleg. Beim Einschreiben mit Rückschein erhält der Absender zusätzlich zum Einlieferungsbeleg eine Empfangsbestätigung des Empfängers, in der dieser durch seine Unterschrift den Erhalt der Sendung bestätigt.

INFOCARD

- **INFOCARD:** Die INFOCARD ist Mailing und Antwortkarte in einem. Die INFOCARD ist eine Mailingkarte. Sie ist mit einem Anschriftenaufkleber für die Hinsendung versehen und bereits als Antwortkarte für die Rücksendung vorbereitet, sodass der Kunde sofort reagieren kann.

Warenpost

- **Warenpost**: Kleinformatige Waren können als Warenpost unversichert zu einem günstigen Preis versendet werden. Zusätzlich können Lieferscheine, Rechnungen und Zahlungsverkehrsvordrucke beiliegen. Briefliche Mitteilungen sind jedoch nicht zulässig. Die Warenpost kann verschlossen verschickt werden, darf aber von der Deutschen Post zu Prüfzwecken geöffnet werden.

Briefsendungen international

Leistungen wie das Versenden von für den Briefversand zulässigen Dokumenten ist auch in internationalen Briefsendungen möglich.

Warenpost International

Für den internationalen Warenversand können Geschäftskunden das Produkt Warenpost International nutzen, Privatkunden das Produkt DHL Paket.

Freimachung von Briefen

Für das Freimachen von Briefen bietet die Deutsche Post verschiedene Möglichkeiten an. Neben Briefmarken, vorgedruckten Briefen und Frankiermaschinen ist auch eine Onlinefrankierung möglich.

Plusbrief

- **Plusbrief:** Ein Plusbrief ist bereits mit Umschlag und aufgedruckter Sondermarke versandfertig freigemacht und in verschiedenen Formaten erhältlich.

Plusbrief

Briefmarken

- **Briefmarken:** Das Frankieren von Sendungen mit Postwertzeichen (Briefmarken) ist derzeit noch die häufigste Art der Frankierung.

Internetmarke/E-Porto Add-In

- Mit dem kostenfreien Onlineservice **Internetmarke** kann das Porto (auf Wunsch auch mit Motiv) direkt auf normalem Papier, auf Umschlägen oder Etiketten ausgedruckt werden. Dies funktioniert über jeden PC mit Internetzugang. Abgerechnet wird das Porto per PayPal, giropay oder Lastschrift. Eine weitere Lösung zur Frankierung von Briefen bietet das E-Porto Add-In, das direkt in Microsoft Word Serienbriefe, Etiketten oder Umschläge mit dem passenden Porto und Adresse versieht und druckt.

Frankierservice

- **Frankierservice der Deutschen Post:** Die Deutsche Post übernimmt für den Absender das Frankieren von Briefen und Dialogpostsendungen.

Stempelabdruck des Frankierservice

5 Schienenverkehr

5.1 Entwicklungen und Grenzen von Bahntransporten

Im Jahr 2019 gab es rund 450 Eisenbahnverkehrsunternehmen (EVU), die Güter- und/oder Personenverkehr anbieten. Der Anteil der sechs nichtbundeseigenen Eisenbahnen am Güterverkehr betrug 2019 rund 52 %.

Beispiele für nichtbundeseigene Eisenbahnverkehrsunternehmen, die Güterverkehr betreiben: Hupac, Captrain, TX Logistik, OHE, SBB Cargo.

Der Marktanteil der Bahn am gesamten Güterverkehr beträgt etwa 19 %, es wird aber erwartet, dass er in der Zukunft weiter sinkt. Begründet wird der sinkende Marktanteil mit der sich ändernden Sendungsstruktur: weniger Massenguttransporte, mehr Halb- und Fertigprodukte, kleinere Sendungsgrößen, mehr Just-in-time-Sendungen.

Wichtige Güterverkehrsstrecken in Deutschland

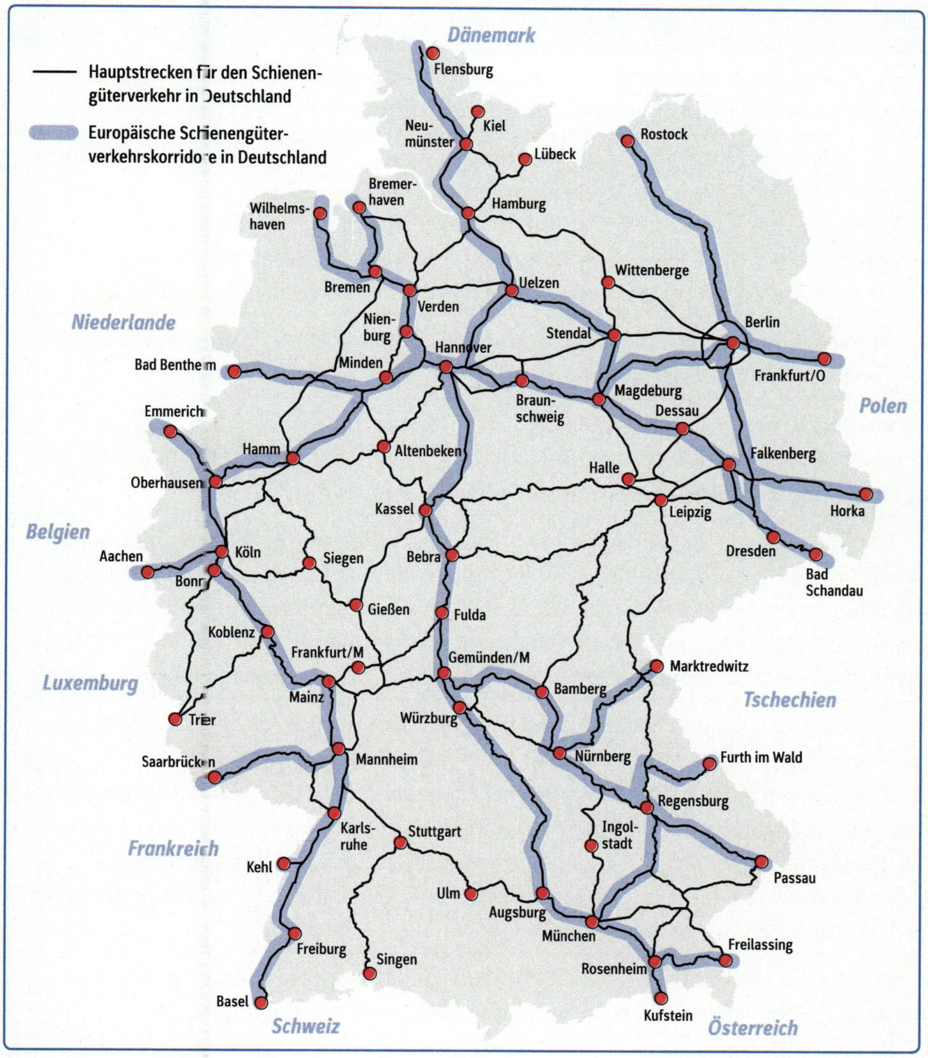

Hauptstrecken im deutschen Schienengüterverkehr

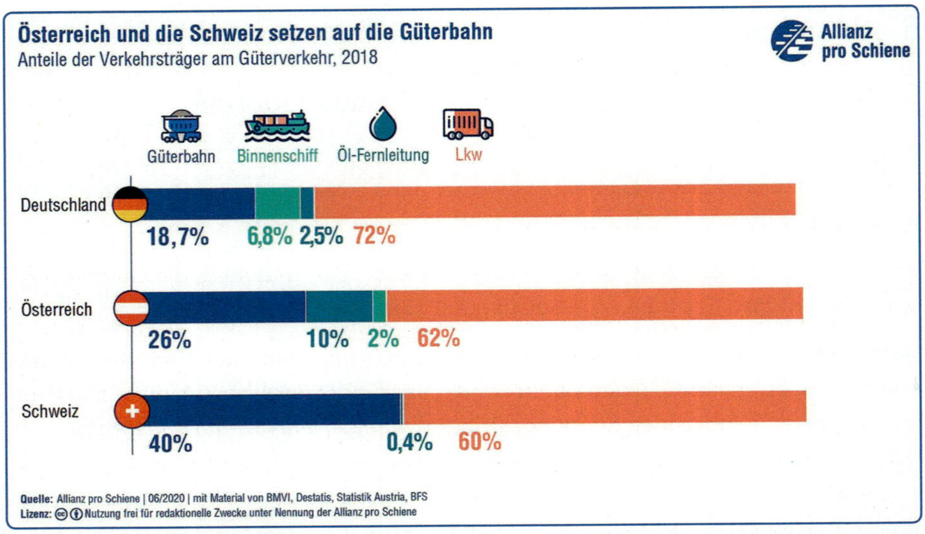

Stärken und Schwächen des Schienenverkehrs	
Umweltfreundlicher Transport	Eisenbahnverkehrsunternehmen transportieren große Mengen zu einem günstigen Tonnenpreis. Bahnwaggons können je nach Bauart mehr als 50 Tonnen transportieren.
Fahrplanmäßiger Transport im Nachtsprung	Durch die Direktverbindung wichtiger Wirtschaftszentren über Nacht bieten Eisenbahnverkehrsunternehmen auf langen Strecken günstige Transportzeiten (z. B. Abfahrt im Terminal Stuttgart Hafen um 20:20 Uhr, Ankunft im Terminal Bremen Roland am nächsten Morgen um 07:45 Uhr). Fahrplanmäßige Güterzüge genießen im Nachtsprung Vorfahrt vor anderen Zügen, was zu einer hohen Transportzuverlässigkeit führt.
Keine Fahrverbote	Eisenbahnverkehrsunternehmen unterliegen keinem Fahrverbot an Sonn- und Feiertagen sowie an Ferienwochenenden.
Großes Angebot an Spezialgüterwagen	Die Auswahl der richtigen Güterwagen senkt das Transportrisiko. Die Eisenbahnverkehrsunternehmen beraten den Versender bei der Auswahl der geeigneten Güterwagen. DB Cargo bietet einen elektronischen Güterwagenkatalog im Internet an.
Bahntypische Transportgüter	Typische Transportgüter sind großvolumige oder wenig zeitsensible Massengüter auf langen Relationen (Strecken). Um den Transportanteil von wertvollen und zeitintensiven Gütern zu steigern, spezialisieren sich die Eisenbahnverkehrsunternehmen verstärkt auf Nachtsprungrelationen zwischen großen Verkehrszentren. Allerdings führt diese Konzentration auf relativ wenige Hauptrelationen zur Vernachlässigung des Einzelwagenverkehrs.
Kombi-Verkehr für Haus-Haus-Transporte	Das Schienennetz ist mit rund 38 500 km relativ klein. Nur wenige Versender/Empfänger besitzen einen eigenen Gleisanschluss. Der Anteil an gebrochenem Verkehr ist hoch, da ein Bahntransport in den meisten Fällen einen Umschlag im Versandbahnhof (Umladen vom Lkw auf einen Bahnwaggon) und einen Umschlag im Empfangsbahnhof erfordert. Dadurch erhöhen sich neben der Transportzeit auch die Transportkosten. Haus-Haus-Verkehr ist meist nur im Kombi-Verkehr (Transport von Lkw, Sattelaufliegern und Wechselaufbauten per Bahnwaggon) möglich.
Transportdauer	Auf Kurzstrecken ist die Bahn dem flexibleren Lkw zeitlich klar unterlegen, auf Langstrecken ebenbürtig und im Direktverkehr zwischen Wirtschaftszentren überlegen.

5.2 Leistungsangebote der Bahn am Beispiel von DB Cargo

DB Cargo ist Europas größte Güterbahn. Sie erwirtschaftete 2019 einen Jahresumsatz von 4,2 Mrd. € und bedient in Deutschland rund 2400 private Gleisanschlüsse. Das Unternehmen bietet Transportleistungen an in den Segmenten **Ganzzüge, Einzelwagenverkehr** und **Kombinierter Verkehr** sowie logistische Leistungen in **Railports**.

Ganzzugverkehr

Beim Ganzzugverkehr beauftragt ein Versender ein Eisenbahnverkehrsunternehmen mit dem Transport einer großen Menge Güter. Dadurch lohnt sich der Einsatz eines kompletten Güterzuges zwischen Versand- und Empfangsbahnhof. Nach der Planbarkeit für das Eisenbahnverkehrsunternehmen werden zwei Varianten unterschieden.

DBplantrain Zugbedarf lange im Voraus planen	**Regelmäßige Transporte** großer Mengen auf festen Relationen zu festen Verkehrstagen und -zeiten. • täglicher Logistikzug zwischen zwei Werken eines Automobilherstellers • fahrplanmäßige Containerzüge zwischen Seehäfen und dem Hinterland
DBflextrain Last-Minute-Ganzzug	**Kurzfristige Festlegung** von Transportmengen, Relationen und Verkehrszeiten. • Aufgrund von Hochwaser auf Rhein und Neckar erfolgt der Transport von 1800 t Getreide von Rotterdam nach Stuttgart mit dem Zug statt mit dem Binnenschiff.

Einzelwagenverkehr

Für kleine bis mittlere Transportvolumen bieten Eisenbahnverkehrsunternehmen den Einzelwagentransport an. Durch die Regellaufzeit erhält der Versender Planungssicherheit. Die Lade- und Entladefristen betragen jeweils mindestens acht Stunden. Täglich bedienen rund 5000 Güterzüge der DB Cargo europaweit etwa 4200 Gleisanschlüsse und Terminals sowie ca. 1400 Bahnhöfe zur Abfertigung von Einzelwaggons.

Railports

Fehlende Gleisanschlüsse oder der erforderliche Einsatz von Wechselbehältern im Kombinierten Verkehr verhindern häufig einen Bahnversand. Railports sollen diese Lücke schließen und den Zugang zum Schienennetz ermöglichen. Railports dienen dem Handling von Gütern, egal, ob verpackt oder unverpackt, fest oder flüssig, palettiert oder in loser Schüttung. Für die jeweiligen Anforderungen stehen Umschlaggeräte wie Gabelstapler, Förderbänder, Bagger und Portalkran zur Verfügung. Darüber hinaus bietet das europaweite Netz der Railports zusätzliche Dienstleistungen an wie Lagerung, Bestandsmanagement, Qualitätskontrolle, Zollabwicklung und Kommissionierung.

Beispiel: Einsatz eines Railports

Versendung von Gips in loser Schüttung
Der in Schüttgutwagen angelieferte Gips wird entladen und zwischengelagert. Auf Kundenauftrag wird der Gips im Railport in Säcke abgefüllt und anschließend per Lkw an Baumärkte geliefert.

Kombinierter Verkehr (KV)

Der Kombinierte Verkehr verknüpft die Stärken der Verkehrsträger Schiene und Straße miteinander. Der Fernverkehr erfolgt über die Schiene, der Nahverkehr mittels Lkw. Dadurch wird ein Teil des Güteraufkommens umweltfreundlich per Bahn bewältigt. DB Intermodal, eine Tochtergesellschaft von DB Cargo, nutzt für sein Kombiniertes Verkehrs-Angebot wöchentlich mehr als 1200 Züge zu 240 Destinationen in 30 Ländern. Europaweit werden Container, Sattelauflieger und Wechselbehälter transportiert. Zusammen mit leistungsstarken Anbietern (z. B. Kombiverkehr, TFG Transfracht, Rail Cargo Austria, Deutsche Umschlaggesellschaft Schiene – Straße [DUSS]) bietet DB Intermodal im KV ein **europaweites Netz von Ganzzügen** und **Gatewayverbindungen**.

Kombinierter Verkehr Schiene/Straße

[?!]

Gatewayverbindungen

Gatewayverbindungen
An Gatewayterminals wechseln Ladeeinheiten zwischen zwei Zügen. Dadurch kann eine Ladeeinheit ein Zielterminal erreichen, das vom Startterminal aus nicht über eine Direktverbindung angeboten wird.

Beispiel einer Gatewayverbindung

Transport von Duisburg nach Verona (Italien)
Da kein Direktverkehr besteht, wird die Ladeeinheit zunächst nach München transportiert und im dortigen Gateway auf den Direktzug nach Verona umgeschlagen.

Arten des Kombinierten Verkehrs

Arten des Kombinierten Verkehrs	
Unbegleiteter Kombinierter Verkehr	**Begleiteter Kombinierter Verkehr (Huckepackverkehr)**
Transport des Ladungsträgers (Container, Wechselbehälter, Sattelauflieger) ohne Motorfahrzeug und ohne Fahrer: • Ladeeinheiten werden mit einem Mobil- oder Portalkran auf ein anderes Verkehrsmittel verladen. • Der Umschlag findet statt in See- und Binnenhäfen, Güterbahnhöfen und Güterverkehrszentren (GVZ). • Schneller und einfacher Umschlag durch die Normung der Ladeeinheiten	Transport der kompletten Lkws auf speziellen Eisenbahnwaggons, begleitet vom Lkw-Fahrer in einem Reisezugwagen („Rollende Landstraße“, „RoLa“): • Beförderung des kompletten Kraftfahrzeugs inklusive Fahrer • Der Lkw rollt auf einen Niederflurwagen (sehr kleine Räder, niedrige Ladefläche). • Transportzeit ist für den Fahrer Ruhezeit. • Nutzung der „Rollenden Landstraße“ bei mangelnden Straßenkapazitäten, aus Umweltschutzaspekten oder wegen topografischer Hindernisse (z. B. Alpentransit)

Begleiteter Kombinierter Verkehr (Huckepackverkehr)

IC-Kurierdienst

Mit dem ic:kurier bietet der Bahnpartner time:matters einen deutschlandweiten, schnellen Kurierdienst an. In nur wenigen Stunden transportiert ic:kurier wichtige Dokumente oder eilige Sendungen bis 20 kg mit bis zu 300 km/h. Das ic:kurier Netzwerk bedient mehrmals am Tag mehr als 140 Bahnhöfe per ICE, IC oder EC. Beim Bahnhof-Bahnhof-Versand erfolgt die Übergabe bzw. Übernahme am ic:kurier-Schalter oder DB-Service-Point im Bahnhof, beim Haus-Haus-Versand erfolgt die Abholung beim Versender sowie die Zustellung beim Empfänger per Kurier.

5.3 Frachtvertrag

Vertragliche Grundlage der Frachtverträge mit DB Cargo bilden deren **„Allgemeine Leistungsbedingungen** (ALB)" und **„Preise und Konditionen der DB Cargo"**. Die privaten Güterbahnen verwenden ebenfalls die ALB des Marktführers für ihre Transportleistungen.

Abschluss des Frachtvertrages – Frachtdokumente

Nach einer per Internet durchgeführten Transportanfrage an das KundenService-Zentrum von DB Cargo in Duisburg erhält der Kunde ein **Angebot**. Der **Frachtvertrag** entsteht durch die Annahme. Durch die Internetanbindung der Kunden an das KundenServiceZentrum erstellt DB Cargo für den Inlandsverkehr automatisch ein **Beförderungspapier**, das den Inlandsfrachtbrief ersetzt.

Die Rechtsvorschriften für den *Vertrag über die internationale Eisenbahnbeförderung von Gütern (CIM)* schafft für die Vertragsstaaten ein einheitliches Recht für Form und Inhalt des Eisenbahnfrachtvertrags. Für internationale Eisenbahntransporte schreibt *CIM* als **Warenbegleitpapier** zwingend einen ***CIM*-Frachtbrief** vor. Der **CIM-Frachtbrief** dokumentiert den grenzüberschreitenden Gütertransport per Eisenbahn.

CIM-Frachtbrief

Mindestangaben im *CIM*-Frachtbrief sind:
- Absender und Empfänger
- Zielland, Ablieferungsort und Ablieferungsbahnhof
- Bezeichnung des Gutes, Wagennummer, Gefahrgutbenennung gemäß *RID (Regelung für die internationale Eisenbahnbeförderung gefährlicher Güter).*
- Bruttogewicht der Sendung, Tara der tauschbaren Lademittel
- Weitere Angaben wie Grenzübergänge, Zollbehandlung oder Frankaturcodes sind möglich.

Der *CIM*-Frachtbrief besteht aus fünf nummerierten Blättern:

Bestandteile des CIM-Frachtbriefs

Blatt	Bezeichnung	Empfänger des Blattes
1	Frachtbrief-original	Erhält der Empfänger zusammen mit dem Gut (**Warenbegleitpapier**)
2	Frachtkarte	Verbleibt bei der Empfangsbahn (**Abrechnungsblatt** der am Transport beteiligten Bahngesellschaften)
3	Empfangs-schein	Verbleibt bei der Empfangsbahn (**Beweispapier** für die Übergabe der Sendung an den Empfänger)
4	Frachtbrief-doppel	Erhält der Absender nach der Annahme des Gutes (**Beweispapier** für Abschluss des Frachtvertrages und Übergabe der Sendung an die Versandbahn)
5	Versandschein	Verbleibt bei der Versandbahn (**Beweispapier** für den abgeschlossenen Frachtvertrag)

5286522

1 – 30 A remplir par l'expéditeur
Vom Absender auszufüllen

X Désigner par une croix ce qui convient – Zutreffendes ankreuzen
Cases – Felder 20, 22, 23, 30, 52, 58)

Nonobstant toute clause contraire, le transport des marchandises est soumis aux Règles uniformes CIM. Sont en outre applicables les conditions générales de transport du transporteur. Die Beförderung von Gütern unterliegt auch bei einer gegenteiligen Abmachung den Einheitlichen Rechtsvorschriften CIM. Ausserdem sind die Allgemeinen Beförderungsbedingungen des Beförderers anwendbar.

Sauf convention contraire, l'acheminement des wagons vides est soumis aux Règles uniformes CUV. Sont en outre applicables les conditions contractuelles topiques de l'entreprise de transport ferroviaire. Die Beförderung von Leerwagen unterliegt unter Vorbehalt gegenteiliger Abmachung den Einheitlichen Rechtsvorschriften CUV. Im Übrigen gelten die einschlägigen Vertragsbedingungen des Eisenbahnverkehrsunternehmens.

30 **Lettre de voiture CIM / Frachtbrief CIM** ☐ **Lettre wagon CUV / Wagenbrief CUV** ☐

40 41 42 43 44 45 46 47

Point – Punkt 6, 7, 8

1 Expéditeur (nom, adresse) – Absender (Name, Anschrift)
Signature / Unterschrift
N° TVA / MWSt.-Nr.

2
3
E-Mail
Tel.
Fax

7 Déclarations de l'expéditeur / Erklärungen des Absenders

8 Référence expéditeur – Absender Referenz

4 Destinataire (nom, adresse, pays) / Empfänger (Name, Anschrift, Land)
N° TVA / MWSt.-Nr.

5
6
E-Mail
Tel.
Fax

9 Annexes – Beilagen

10 Lieu de livraison / Ablieferungsort
11
12
Gare – Bahnhof
Pays – Land

16 Prise en charge / Übernahme — mois – jour – heure / Monat – Tag – Stunde
17
Lieu – Ort

13 Conditions commerciales – Kommerzielle Bedingungen
14

18 Wagon N° – Wagen Nr.
19 Parcours – Strecke — par – durch — Facturation transit / Transitfakturierung

15 Informations pour le destinataire – Vermerke für den Empfänger

20 **Paiement des frais / Zahlung der Kosten** — y compris – einschliesslich — jusqu'à – bis
☐ Franco de port / Franko Fracht
☐ Incoterms

21 Désignation de la marchandise / Bezeichnung des Gutes
22 Transport exceptionnel / Aussergewöhnliche Sendung — oui / ja ☐
23 RID oui / ja ☐
24 NHM Code
25 Masse
26 Déclaration de valeur / Wert des Gutes — Monnaie
27 Intérêt à la livraison / Interesse an der Lieferung — Währung
28 Remboursement / Nachnahme — Monnaie
99 Indications douanières / Zollamtliche Vermerke
48 Vérification / Überprüfung
par – durch

A / B / C: 70 Parcours / Strecke, 71, 72, 73, 74, 75, 76, 77, 78, 79 — Frais / Gebühren / Frais

49 Code d'affranchissement / Frankaturcode
50 Itinéraires – Leitungswege
51 Opérations douanières – Zollbehandlung
52 Bulletin d'affranchissement / Frankaturrechnung — oui / ja ☐ — renvoyé / zurückgesandt — mois – jour / Monat – Tag
53 Avis d'encaissement N° / Nachnahmebegleitschein Nr. — renvoyé / zurückgesandt — mois – jour / Monat – Tag
54 Procès-verbal N° / Tatbestandsaufnahme Nr. — établi par / erstellt durch — mois – jour / Monat – Tag
55 Prolongation du délai de livraison – Lieferfristverlängerung — Code — du – von — au – bis — lieu – Ort

56 Déclarations du transporteur – Erklärungen des Beförderers
57 **Autres transporteurs – Andere Beförderer** — Nom, adresse – Name, Anschrift — Parcours – Strecke — Qualité / Eigenschaft

58 a) Transporteur contractuel – Vertraglicher Beförderer
Signature – Unterschrift
b) Procédure simplifiée de transit ferroviaire / Vereinfachtes Eisenbahnversandverfahren — oui / ja ☐
Code principal obligé / Code Hauptverpflichteter

59 Date d'arrivée – Ankunftsdatum
Arrivage N° – Empfangs-Nr.
Duplicata / Doppel
4

60 Mise à disposition / Bereitgestellt — mois – jour – heure / Monat – Tag – Stunde
61 Quittance du destinataire / Empfangsbescheinigung
Date, signature – Datum, Unterschrift

62 **Identification de l'envoi / Sendungs-Identifikation** — Pays – Land — Gare – Bahnhof — Entreprise / Unternehmen — Exp. N° / Versand Nr.

29 Lieu et date d'établissement – Ort und Datum der Ausstellung

CIM-Frachtbrief

Rechte und Pflichten aus dem Frachtvertrag nach CIM

Aus dem Abschluss des Frachtvertrages ergeben sich für Absender, Empfänger und die beteiligten Eisenbahngesellschaften folgende Rechte und Pflichten.

Versandbahn	• stellt den geeigneten Güterwagen zur Verfügung
Absender	• erstellt den CIM-Frachtbrief • ist als Vertragspartner der Versandbahn grundsätzlich zahlungspflichtig für alle entstandenen Kosten (Fracht, Nebengebühren, Zölle) • verpackt, kennzeichnet und verlädt die Güter • stellt alle notwendigen Zollpapiere zur Verfügung • hat das Recht auf Umverfügung während des Transportes gegen Vorlage des Frachtbriefdoppels
Empfänger	• entlädt die Güter
Beteiligte Bahngesellschaften	• sind verpflichtet zur Einhaltung der vereinbarten Lieferfristen

Haftung

Die **Eisenbahnverkehrsunternehmen** haften bei **nationalen Bahntransporten nach *HGB***, bei **internationalen Bahntransporten nach *CIM***.

Schaden	Nationaler Bahntransport	Internationaler Bahntransport
Güterschäden	max. 8,33 SZR/kg	max. 17,00 SZR/kg
Güterfolgeschäden	keine Haftung	keine Haftung
Reiner Vermögensschaden (Lieferfristüberschreitung)	max. das 3-Fache des Frachtentgelts	max. das 4-Fache des Frachtentgelts
Erhöhung der Haftung für Güterschäden oder Lieferfristüberschreitung durch Angabe eines besonderen Interesses im Frachtbrief		Ersatz des nachgewiesenen Schadens bis zur Höhe des im Frachtbrief angegebenen Betrags

Abrechnung

Preislisten/Tarife

DB Cargo rechnet innerdeutsche Transporte nach **„Standardtarife und weitere Bestimmungen der DB Cargo AG“** ab, grenzüberschreitende Verkehre hingegen nach **internationalen Tarifen**. Die Abrechnung von Kombiniertem Verkehr und der Transport von Privatgüterwagen erfolgt nach eigenen Preislisten. Für das Überschreiten der jeweils achtstündigen Lade- und Entladefrist berechnet DB Cargo Standgeld. Alle über den reinen Transport hinausgehenden Zusatzleistungen sind ebenfalls entgeltpflichtig (z. B. Verzollung, Verwiegung der Güterwagen).

Zahlung und Frachtschuldner

Der Absender ist als Vertragspartner des beauftragten **Eisenbahnverkehrsunternehmens Frachtschuldner**. Allerdings kann er durch Vorgabe eines Zahlungsvermerks im CIM-Frachtbrief die Zahlungspflicht ganz oder teilweise auf den Empfänger übertragen.

5.4 Güterwagen

Für den Transport bieten die Eisenbahngesellschaften eine große Auswahl an verschiedenen Güterwagen. Je nach Bedarf kann der Absender offene oder geschlossene Güterwagen nutzen, Kessel- oder Silowagen für flüssiges, staubförmiges oder feinkörniges Gut, Schüttgutwagen oder Containertragwagen.

Im Internet bietet DB Cargo dem Absender die Möglichkeit, sich über die verschiedenen Gattungen und Bauarten der Güterwagen zu informieren. Zu den einzelnen Güterwagen gibt es Angaben wie Ladebreite, Ladelänge, Ladehöhe, Ladefläche im m² und Laderaum in m³.

Offene Wagen		
Offene Wagen (Gattung E) sind geeignet für die Beförderung unterschiedlichster Güter sowohl in loser Schüttung (Kohle, Briketts, Schrott, Erze, Steine und Erden) als auch in Stücken (Ballen, Collis, Fässer, Rundholz oder Stabeisen).	Ladelänge: 12 792 mm Ladebreite: 2 760 mm Ladehöhe: 2 060 mm Breite je Tür: 1 800 mm	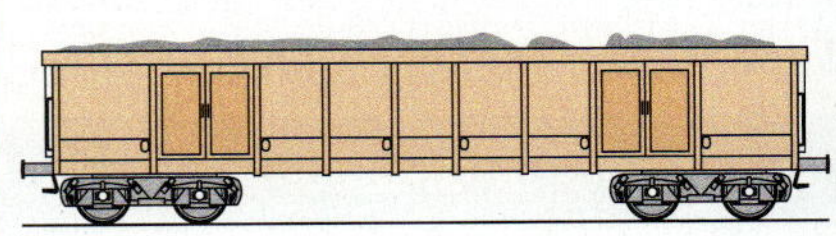
Offene Schüttgutwagen		
Offene Schüttgutwagen (Gattung F) mit Schwerkraftentladung und vier Radsätzen sind für den Transport nässeunempfindlicher Güter wie z. B. Kohle oder Schotter gedacht. Bei den offenen Selbstentladewagen hat der Laderaum die Form mehrerer nebeneinander stehender Trichter. Der Entladevorgang erfolgt über die Schwerkraft des Ladegutes.	Länge der Beladeöffnung: 15 300 mm Breite der Beladeöffnung: 1 800 mm Laderaum: 70 m³	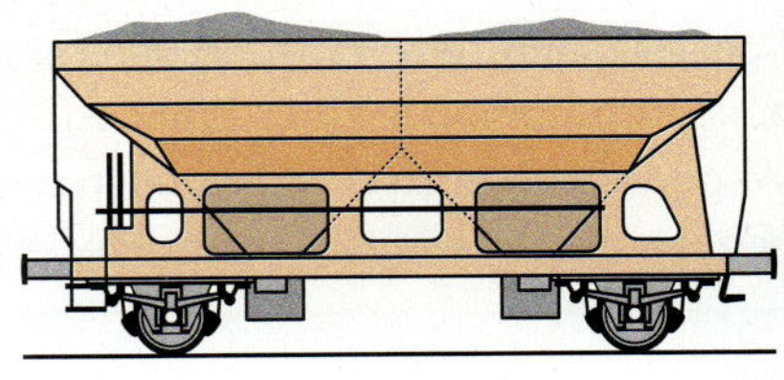

Gedeckte großräumige Schiebewandwagen

Gedeckte großräumige Schiebewandwagen (Gattung H) mit großem Ladevolumen sind geeignet für den Transport witterungsempfindlicher Güter wie z. B. palettierte Handelsware. Verschieb- und verriegelbare Trennwände sorgen für eine optimale Ladungssicherung.	Ladelänge: 12 776 mm Ladebreite: 2 590 mm Ladehöhe: 3 050 mm Breite je Schiebewandöffnung: 6 313 mm	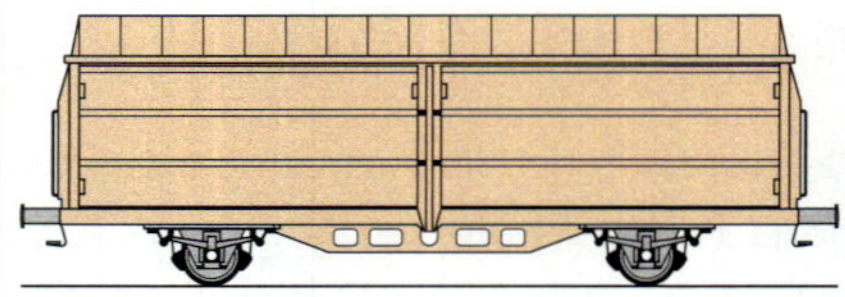

Gedeckte Schüttgutwagen

Wagen mit öffnungsfähigem Dach (Gattung T) sind geeignet für den Transport von witterungsempfindlichen Schüttgütern wie Getreide, Kunstdünger, Kalk oder Zement. Sie besitzen eine Entladeeinrichtung.	Länge der Beladeöffnung: 7 390 mm Breite der Beladeöffnung: 1 200 mm Laderaum: 32 m^3	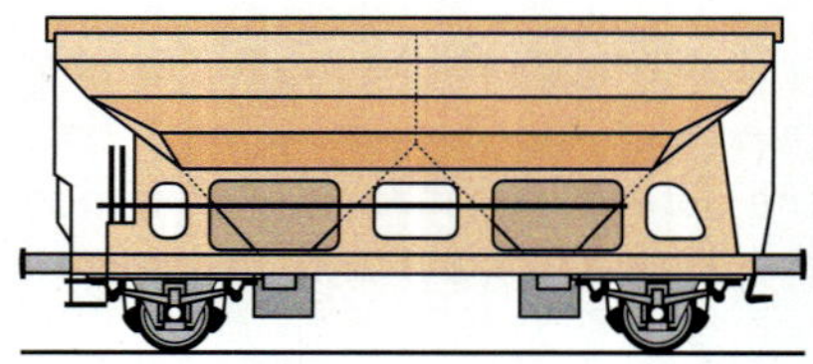

Wagen mit öffnungsfähigem Dach

Wagen mit öffnungsfähigem Dach, Schiebewänden und Schiebedach (Gattung T) sind geeignet für den Transport nässeempfindlicher Güter wie zum Beispiel Papierrollen und -ballen, Holzplatten, Zellulose, Bleche usw. Die Be- und Entladung kann seitlich oder per Kran erfolgen.	Ladelänge: 12 774 mm Ladebreite: 2 670 mm Ladehöhe: 2 300 mm Breite je Seitenwandöffnung: 6 227 mm Länge je Dachöffnung: 6 070 mm	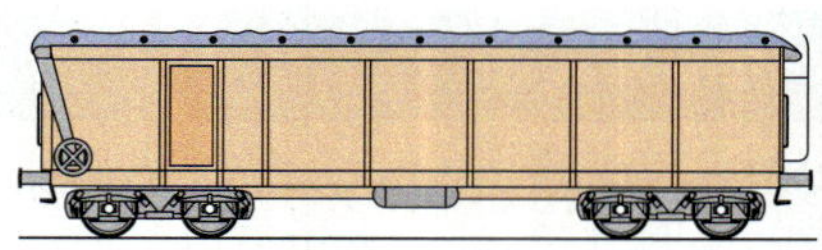

Tragwagen für Großcontainer und Wechselbehälter

Tragwagen (KV = Kombinierter Verkehr) sind geeignet für den Transport von Containern (20' und 40'), Sattelaufliegern und Wechselbrücken.	Ladelänge: 18 500 mm	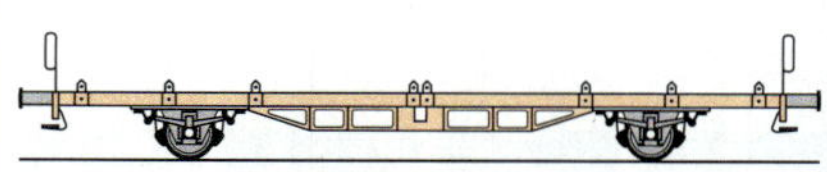

Autotransportwagen

Spezialwagen zum Transport von Fahrzeugen/Automobilen (Kfz-Waggon). Die Waggons haben zwei Ladeebenen und können bis zu 14 Mittelklasse-Pkw laden.	Ladelänge oben: 25 730 mm Ladebreite oben: 2 850 mm Ladelänge unten: 25 430 mm Ladebreite unten: 2 990 mm	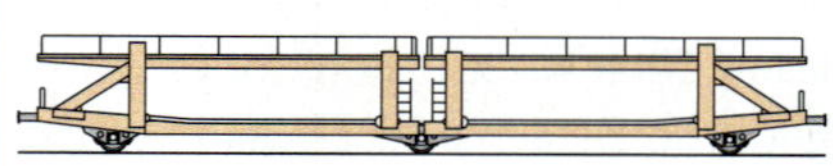

6 Binnenschifffahrt

6.1 Transport mit dem Binnenschiff

Wichtige Verkehrswege für die Beförderung mit dem Binnenschiff

Bundeswasserstraßen

Mitteleuropäisches Wasserstraßennetz

Das wichtigste deutsche Stromgebiet ist der Rhein mit seinen Nebenflüssen Mosel, Main und Neckar. Über das Rheinstromgebiet sind die großen Nordseehäfen an der Rheinmündung (Amsterdam, Rotterdam, Antwerpen) mit den Wirtschaftszentren Ruhrgebiet und Rhein-Main-Neckarraum verbunden sowie mit Frankreich und der Schweiz.

Ems, Weser und Elbe verbinden die wichtigen deutschen Nordseehäfen mit dem Hinterland und über die west- und norddeutschen Kanäle (Rhein-Herne-Kanal, Dortmund-Ems-Kanal, Wesel-Datteln-Kanal, Küstenkanal, Mittellandkanal, Elbe-Seiten-Kanal) mit dem Rhein. Über den Main-Donau-Kanal besteht seit 1992 eine durchgehende Verbindung vom Rheinstromgebiet zur Donau und Südosteuropa.

Transportmenge eines Binnenschiffs

Stärken und Schwächen des Transports mit dem Binnenschiff	
Transport-kapazität	Binnenschiffe sind aufgrund ihrer großen Kapazität besonders für den Transport von Massengütern und Schwergütern geeignet. Je nach befahrenem Fluss/Kanal beträgt die Kapazität zwischen 800 t und 2500 t, im Unterlauf des Rheins bis zu 4000 t.
Transportkosten je Tonne	Basierend auf der hohen Kapazität bietet das Binnenschiff einen günstigen Transportpreis je Tonne.
Umweltfreundlicher Transport	Das Binnenschiff ist durch den sparsamen Energieverbrauch von durchschnittlich etwa 60 Liter je Betriebsstunde ein umweltfreundlicher Verkehrsträger.

→

Geringe Netzdichte	Die meisten per Binnenschiff transportierten Güter müssen in einem Vor- und/oder Nachlauf zusätzlich mit einem anderen Verkehrsträger transportiert werden. Durch diesen zusätzlichen Umschlag verteuert sich der Preis für einen Binnenschifftransport.
Geringe Geschwindigkeit	Die geringe Geschwindigkeit verursacht eine lange Transportdauer. Diese ist davon abhängig, ob das Binnenschiff flussaufwärts (zu Berg/bergwärts) oder mit der Strömung flussabwärts (zu Tal/talwärts) fährt. So benötigt ein Binnenschiff für die Strecke von Mannheim nach Rotterdam etwa 28 Stunden, die Fahrtzeit von Rotterdam nach Mannheim beträgt dagegen etwa 56 Stunden.
Hohe Witterungsabhängigkeit	Die lange Transportzeit kann sich durch die starke Wetterabhängigkeit des Binnenschiffs zusätzlich verlängern, z. B. durch Niedrigwasser, Hochwasser oder Eisgang.

Binnenschiffsarten – Betriebsformen

Die verschiedenen **Binnenschiffsarten** erleichtern die Auswahl eines geeigneten Schiffes für die Ausführung eines Transportes.

- **Selbstfahrer** sind Binnenschiffe mit eigenem Antrieb und Laderaum. Gütermotorschiffe werden eingesetzt, wenn bei Verkehren keine Regelmäßigkeit besteht und häufig auch kein direkter Anschlusstransport möglich ist.
- **Schubverbände** bestehen aus einem **Schubboot** (Schiff mit Antrieb, aber ohne Laderaum) und **Schubleichtern** (Schiffe mit Laderaum, aber ohne Antrieb). Sie werden eingesetzt, wenn mehrere Transporte zwischen einer Lade- und Entladestelle zeitlich hintereinander stattfinden. Die leeren oder beladenen Schubleichter bleiben in den jeweiligen Häfen zum Umschlag zurück, während das Schubboot mit anderen Leichtern unterwegs ist. Deshalb haben Schubverbände trotz ihrer großen Kapazität nur geringe Wartezeiten in den Häfen, da dort nur die Schubleichter ab- und angekoppelt werden.
- **RoRo-Schiffe** (**Roll-on/Roll-off-Schiffe**) mit einer Kapazität von 50 Sattelaufliegern fahren vom Oberlauf des Rheins zu den Seehäfen oder auf der Donau zum Schwarzen Meer.

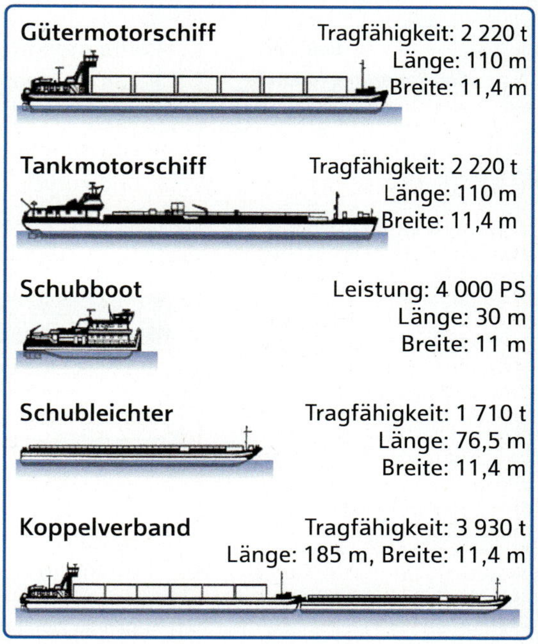

Binnenschiffsarten

Partikuliere und Binnen-Reedereien bieten Binnenschifftransporte an. **Partikuliere** sind Kleinunternehmer mit in der Regel nur einem Schiff. **Reedereien** organisieren Binnenschifftransporte und betreiben die Binnenschifffahrt mit eigenen und/oder fremden Schiffen. Häufig setzen Reedereien für die Transportausführung **Partikuliere** ein. Dies ist der Fall, wenn die eigene Kapazität für die Ausführung eines Auftrags nicht ausreicht, z. B. besitzt die Reederei kein eigenes Tankschiff oder die eigenen Schiffe sind anderweitig ausgelastet oder die Anfahrt des eigenen Schiffes verzögert sich bspw. wegen Hochwassers.

Die meisten Binnenschifftransporte werden im Rahmen der **Trampschifffahrt** als Einzelauftrag ausgeführt, nur relativ selten in der **Linienschifffahrt**. Durch den verstärkten Einsatz von Binnenschiffen für den Containerverkehr steigt jedoch der Anteil der Linienverkehre kontinuierlich, da die Containerschiffe ihre Tour unabhängig von der Auslastung des Schiffes **fahrplanmäßig** fahren.

Bei der Trampschifffahrt wird entweder das ganze Schiff in **Gesamtverfrachtung** oder zumindest einer der Laderäume in **Teilverfrachtung** gechartert. Beim Transport von Containern in der Linienfahrt handelt es sich um **Stückgutverfrachtung**. Sendungen bis zur Größe eines 40'-Containers sind in der Binnenschifffahrt Stückgut.

Containerschiffe auf dem Rhein haben eine Kapazität bis 500 TEU.

Beispiel 1: Containerliniendienste

Containerhinterlandverkehr der Reederei DBR ab Hamburg

- von Hamburg dreimal wöchentlich über den Elbe-Seiten-Kanal und Mittellandkanal nach Braunschweig, Hannover, Minden und zurück
- von Hamburg zweimal wöchentlich auf der Elbe nach Magdeburg, Aken, Riesa und zurück

Beispiel 2: Containerliniendienste

Container Binnenschifffahrt von und nach Rotterdam

B CFNR Dordrecht **F** Danser Containerline **T** Rhinecontainer

Fahrschema	B	B	F	F	T	T	T
Rotterdam ↓ Stuttgart	5 2	1 5	5 2	1 5	5 2	2 6	6 4
Stuttgart ↓ Rotterdam	2 5	5 1	2 5	5 1	5 1	1 3	3 5

Erklärung zum Fahrschema:
1 Montag, **2** Dienstag, **3** Mittwoch, **4** Donnerstag, **5** Freitag, **6** Samstag, **7** Sonntag

Der Frachtführer **B** (= CFNR Dordrecht) fährt am Tag **5** (= Freitag) in Rotterdam los und erreicht Stuttgart am Tag **2** (= Dienstag). Da auf dem Neckar wegen der Brückenhöhen nur zweilagig gefahren werden kann, werden in Mannheim Container abgeladen und auf der Rückfahrt zugeladen.

5286530

6.2 Fracht und Begleitpapiere

Beim Transport mit dem Binnenschiff wird ein Frachtbrief oder ein Ladeschein ausgestellt.

Frachtbrief

- Der Frachtführer kann vom Absender die Ausstellung eines Frachtbriefs verlangen.
- Ein Original erhält der Absender, das zweite Original der Frachtführer und das dritte Original der Empfänger bei der Übernahme des Gutes.
- Der Frachtbrief ist eine **Beweisurkunde** für den Abschluss und Inhalt des Frachtvertrags und dient als **Warenbegleitpapier**.
- Durch die Annahme des Gutes verpflichtet sich der Empfänger, die Kosten gemäß des Frachtbriefs zu bezahlen (z. B. Umschlag beim Versand, Binnenschiffsfracht, Transportversicherung, Kleinwasserzuschlag, Ufergeld, Hafengeld, Löschkosten im Empfangshafen).

Ladeschein

- Der Absender kann vom Frachtführer die Ausstellung eines Ladescheines verlangen.
- Das Original des Ladescheins erhält der Absender.
- Im Ladeschein **verpflichtet** sich der Frachtführer, das Gut nur gegen die Vorlage des Original-Ladescheins auszuliefern. Durch dieses **Auslieferungsversprechen** wird der Ladeschein zu einem **Warenwertpapier**. Der jeweilige Inhaber des Ladescheins hat gegenüber dem Frachtführer einen Rechtsanspruch auf die Herausgabe des Gutes.

Reederei
Badenia
Schifffahrtsgesellschaft mbH

Ladeschein

Die Auslieferung der Güter erfolgt nur gegen Rückgabe des ordnungsgemäß übertragenen **Original-Ladescheins.**

Südwestsalz AG
Absender

Salzhafen Heilbronn — Ladeplatz | Liegeplatz 2 — Ladestelle

Chemiewerke Baumann GmbH
Empfänger

Duisburg Kaiserhafen — Löschplatz | Intra-LOG — Löschstelle

MS Jagsttal — Motorschiff | Heinz Güntert — Schiffsführer

Menge	Bezeichnung der Ware	Gewicht in kg
	Steinsalz, lose	1 350 000,0

Dem Transport liegen unsere Übernahme- sowie umseitige Verlade- und Transportbedingungen zugrunde.

Von diesem Ladeschein sind ein Original und 2 Kopien ausgefertigt worden.

Ausgefertigt in Heilbronn am 19.09.20..

i. A. Anton Koslowski — Unterschrift des Versenders

i. A. Heinz Güntert — Unterschrift der Reederei/Agentur

- Mithilfe des Ladescheins kann der Absender das Gut während des Transportes verkaufen. Durch die Übertragung des Ladescheins auf den Käufer erhält dieser das Eigentum an der Ware. Die **Weitergabe** des Ladescheins **ersetzt die Übergabe** der Güter.

Funktionen des Ladescheins

- Empfangsquittung für den Absender zur Bestätigung der Übergabe der Güter an den Frachtführer
- Beweisurkunde gegenüber dem Absender für den Inhalt des Frachtvertrags
- Warenwertpapier zur Übertragung von Eigentum
- Verpflichtungsurkunde des Frachtführers, die Auslieferung des Gutes nur gegen Vorlage des Ladescheins auszuführen.

Zusätzliche Begleitpapiere

Bei Binnenschifftransporten können weitere Begleitpapiere nötig sein. Beim Transport von Gefahrgut sind schriftliche Weisungen vorgeschrieben, bei internationalen Transporten Zollpapiere.

6.3 Besonderheiten bei der Abwicklung eines Beförderungsvertrages in der Binnenschifffahrt

Die **Verordnung über die Lade- und Löschzeiten sowie das Liegegeld in der Binnenschifffahrt** regelt die Umschlagsdauer (Ladezeit, Löschzeit) sowie die Höhe des anfallenden Liegegeldes bei deren Überschreitung.

Lade- und Löschzeit

Grundsätzlich beträgt die Lade-/Löschzeit je angefangene 45 Tonnen 1 Stunde. Angerechnet wird die Zeit von 06:00 Uhr bis 20:00 Uhr an Werktagen.

Liegegeld

Das Liegegeld wird fällig, wenn die zur Be- oder Entladung vorgesehene Liegezeit überschritten wird.

- Das Liegegeld beträgt bei einem Schiff mit einer **Tragfähigkeit bis zu 1500 t** für jede angefangene Stunde **0,05 € je Tonne Tragfähigkeit.**
- Liegegeld beträgt bei einem Schiff mit einer **Tragfähigkeit über 1500** t für jede angefangene Stunde **75,00 € zuzüglich 0,02 € für jede Tonne über 1500 Tonnen.**

Beispiel: Berechnung der Ladezeit und der Liegezeit

Das Motorschiff „Wesertal“, Tragfähigkeit 1350 t, soll in Bremerhaven 980 t Sojabohnen übernehmen. Das Schiff erreicht die Anlegestelle dienstags morgens um 06:00 Uhr. Der Schiffsführer meldet sofort die Ladebereitschaft. Die Beladung beginnt um 08:00 Uhr und endet am Mittwoch um 18:20 Uhr.

Berechnung der Ladezeit:
- Der Umschlag der 980 t hat innerhalb von 21,78 Stunden zu erfolgen.
- Angebrochene Stunden werden immer aufgerundet
  21,78 Stunden → 22 Stunden.
- Tatsächlich benötigt der Umschlagsbetrieb 24 Stunden 20 Minuten
  → 25 Stunden.
- Somit steht dem Frachtführer ein Liegegeld für 3 Stunden zu.

Berechnung des Liegegeldes:
1350 t Tragfähigkeit · 0,05 €/Stunde · 3 Stunden = 202,50 € Liegegeld

Kleinwasserzuschlag (KWZ)

Bei Niedrigwasser berechnet der Frachtführer zusätzlich zum Frachtentgelt einen Kleinwasserzuschlag zum Ausgleich der Fehleinnahmen wegen geringerer Beladungsmöglichkeiten. Dies tritt in der Regel im Sommer nach längeren Hitzeperioden ein, wenn die Schiffe nicht mehr zu 100 % beladen werden können.

Für die Schifffahrt auf dem Oberrhein ist der **Kauber Pegel** relevant. Fällt der Wasserstand in Kaub, einer Stadt in Rheinland-Pfalz, unter eine in den Haustarifen vereinbarte Marke, wird ein Kleinwasserzuschlag verrechnet.

Haftung in der Binnenschifffahrt	
Nationaler Binnenschifftransport	**Internationaler Binnenschifftransport**
Haftung nach HGB	**Haftung nach CMNI** (Budapester Übereinkommen über den Vertrag über die Güterbeförderung in den Binnenschifffahrt)
für Güterschäden	
maximal **8,33 SZR/kg**	**Beim Transport von Stückgut/Massengut** *entweder* • maximal **666,67 SZR je Sendungseinheit** *oder* • maximal **2,00 SZR je Kilogramm** Der Frachtführer haftet mit dem jeweils höheren Betrag. **Beim Transport von Containern** • maximal **25 000,00 SZR für die Güter** • maximal **1500,00 SZR für den Container**
für Güterfolgeschäden	
keine Haftung	**keine Haftung**
für reine Vermögensschäden durch Lieferfristüberschreitung	
höchstens das **Dreifache des Frachtentgelts**	höchstens das **Einfache des Frachtentgelts**

7 Seeschifffahrt

7.1 Transport mit dem Seeschiff

Weltweiter Handel führt zu Transporten von Waren- und Rohstoffen, oft in großen Mengen und über weite Strecken. Ohne den Einsatz von Seeschiffen wäre ein weltweiter Güteraustausch nicht möglich.

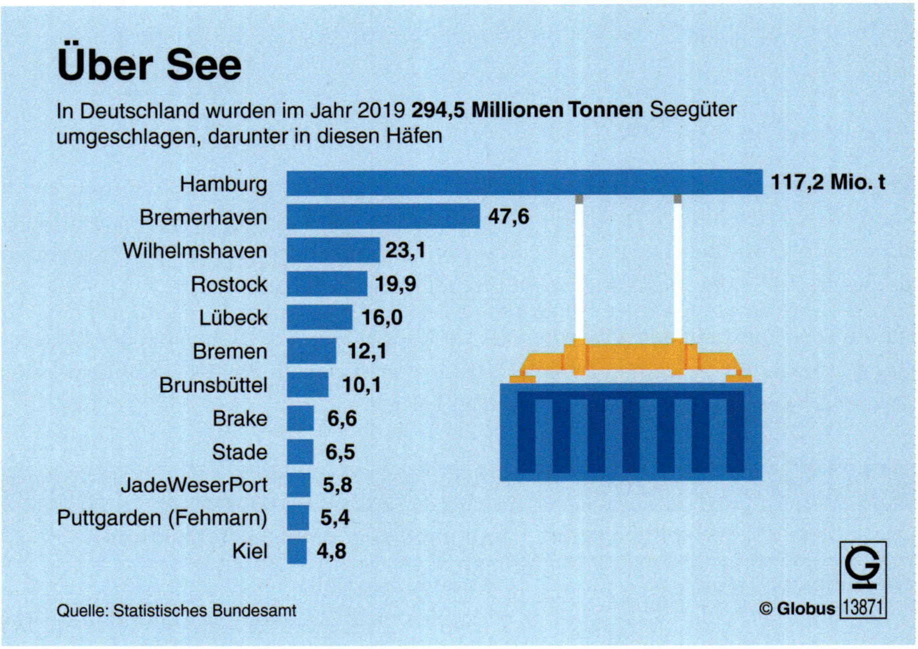

Stärken und Schwächen des Seeschiffs	
Transport von Gütern in großen Mengen über große Entfernungen	Massengutschiffe können bis 300 000 t transportieren, Stückgutschiffe bis zu 50 000 t und die größten Containerschiffe bis zu 13 000 TEU (20'-Container).
Geringe Frachtkosten je Tonne	Trotz der Langsamkeit kommt für viele Güter wie Rohstoffe oder Textilien nur der Seetransport infrage. Durch den Transport großer Mengen bleiben die Transportkosten je Stück oder je Tonne sehr gering. Je nach Umverpackung können mehr als 50 000 T-Shirts in einem 20'-Container versandt werden. Bei 1 600,00 € Frachtkosten für den Container betragen die Kosten für den Transport eines T-Shirts von China nach Deutschland bei 50 000 T-Shirts nur 3,2 Cent.

→

Lange Transportzeiten	Die Geschwindigkeit eines Seeschiffes ist relativ gering. Die Durchschnittsgeschwindigkeit liegt bei etwa 20 Seemeilen in der Stunde (ca. 35 km/h bis 40 km/h). Bei den großen Entfernungen zwischen den Kontinenten und den fahrplanmäßigen Zwischenstopps in einigen Häfen entlang der Fahrtroute benötigt ein Schiff für eine Reise von Europa nach Australien/Neuseeland zwischen vier und fünf Wochen.
Hohe Witterungsabhängigkeit	Wegen der hohen Witterungsabhängigkeit entstehen Zusatzkosten für eine bessere „seemäßige" Verpackung und für höhere Transportversicherungsprämien.

Wichtige Seehäfen für deutsche Unternehmen

Leistungsfähige Seehäfen sind **auf allen Kontinenten** vorhanden und mit dem Hinterland verbunden. Vorteilhaft ist es, wenn ein Seehafen neben Straßen- und Gleisanschluss auch über einen leistungsfähigen Binnenwasseranschluss verfügt.

Deutsche Seehäfen

Für einen deutschen Exporteur ist es naheliegend, seine Güter über einen deutschen Seehafen zu versenden. Wichtige deutsche Nordseehäfen sind neben Hamburg und Bremen/Bremerhaven auch Wilhelmshaven, Brunsbüttel, der JadeWeserPort, Brake, Bützfleth/Stade und Emden. Rostock, Lübeck, Puttgarden (Fehmarn), Kiel, Wismar, Sassnitz (Rügen) sowie Stralsund sind wichtige deutsche Häfen an der Ostsee. Sie bieten Fährverkehre nach Skandinavien und ins Baltikum.

Belgische und niederländische Nordseehäfen

Neben den deutschen Häfen besteht die Alternative, Ex- und Importe über belgische und niederländische Nordseehäfen abzuwickeln. Die **ARA-Häfen** (Amsterdam, Rotterdam, Antwerpen) sind vom Ruhrgebiet und von Süddeutschland über den Rhein mit dem Binnenschiff relativ schnell zu erreichen. Weitere Nordseehäfen sind Seebrügge, Ostende und die französischen Häfen Calais und Le Havre.

Mittelmeerhäfen

Für Transporte nach Nordafrika und Asien stehen als weitere Alternativen Mittelmeerhäfen zur Verfügung. Aufgrund einer kürzeren Seestrecke zum Empfangshafen bieten sie eine spätere Abfahrt. Marseille und Nizza sind wichtige französische Häfen. Genua, Neapel, Triest, Ancona und Giao Tauro (an der Südspitze Italiens) sind die wichtigsten Häfen Italiens. Giao Tauro hat als Containerhafen eine wichtige Verteilerfunktion (Hub) im Mittelmeerverkehr.

7.2 Schiffsarten – Betriebsformen

Seeschiffe

Containerschiffe

Containerschiff

Containerschiffe transportieren **20'-** und **40'-ISO-Container**. Das erleichtert den Umschlag, da anstatt der einzelnen Waren lediglich Container umgeladen werden. Die zeitaufwendige Stauung empfindlicher Ware erfolgt bereits beim Versender oder durch den Seehafenspediteur.

Größen der Containerschiffe

Containerschiff der 1. Generation

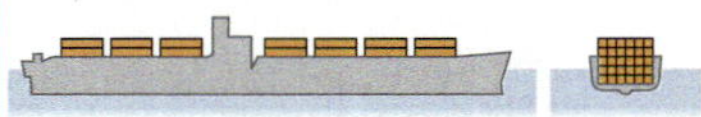

Länge bis 192 m, Breite 28 m, Tragfähigkeit bis 1 000 TEU

Containerschiff der 2. Generation

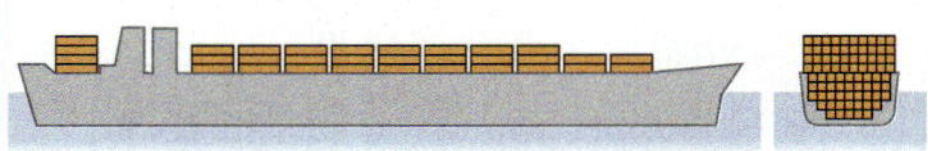

Länge 213,5 m, Breite 28 m, Tragfähigkeit bis 2 000 TEU

Containerschiff der 3. Generation

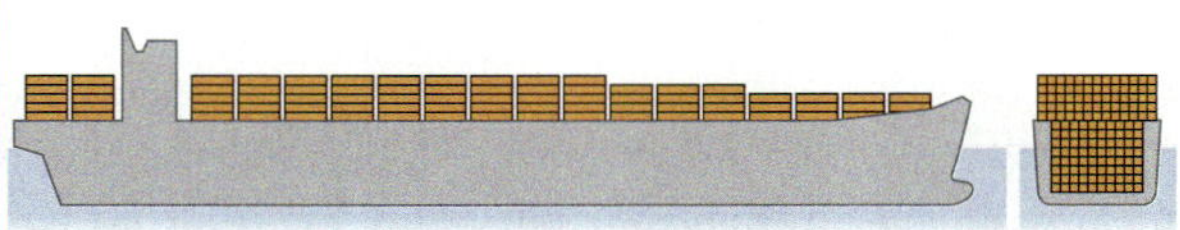

Länge bis 289 m, Breite 32,2 m, Tragfähigkeit bis 4 000 TEU

Containerschiff der 4. Generation

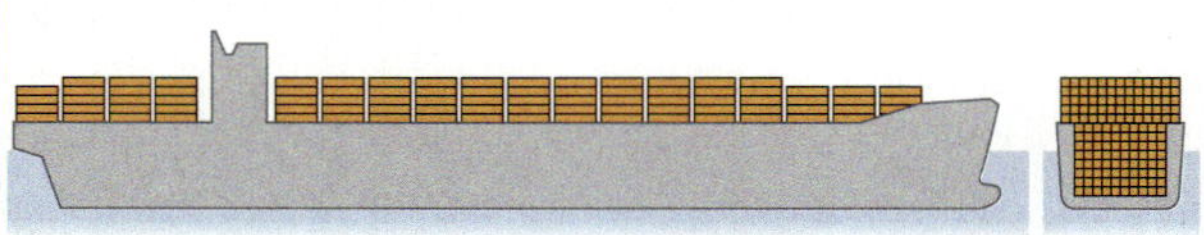

Länge bis 295 m, Breite 32,2 m, Tragfähigkeit bis 5 000 TEU

Containerschiff Post Panamax (zu groß für die Durchfahrt des Panamakanals)

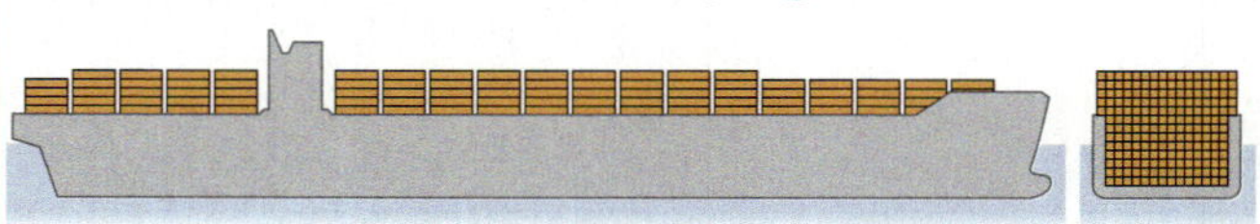

Länge bis 318 m, Breite bis 42 m, Tragfähigkeit bis 8 500 TEU

Containerschiff der 5. Generation

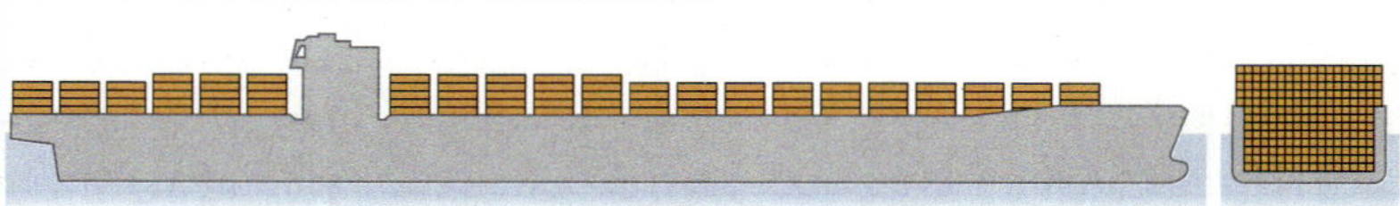

Länge bis 350 m, Breite bis 45 m, Tragfähigkeit bis 13 000 TEU

Containerschiff der neuesten Generation

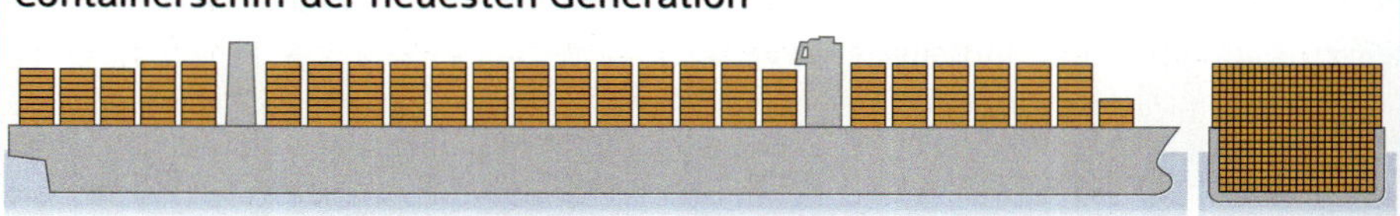

Länge bis 400 m, Breite bis 61 m, Tragfähigkeit bis 24 000 TEU

Die Kapazität eines Containerschiffs wird mit **TEU** angegeben. Die größten Containerschiffe der **Megamax-Klasse** können bis 24 000 TEU transportieren. **Vollcontainerschiffe** transportieren nur Container, **Semicontainerschiffe** können auch für den Transport von Stückgut eingesetzt werden.

Die großen Containerschiffe fahren auf den einzelnen Kontinenten lediglich wenige Haupthäfen an, wo sie hunderte Container umschlagen. Für den Weitertransport der Container zu ihren Bestimmungshäfen dienen **Feederschiffe** (Verteilerschiffe). Viele Reedereien bieten ab Hamburg und Bremerhaven **Feederdienste** über den Nord-Ostsee-Kanal zu den Häfen der Ostsee, andere Feederdienste gehen nach Dänemark und Norwegen, Großbritannien oder zu den ARA-Häfen Amsterdam, Rotterdam und Antwerpen.

Stückgutschiffe (General Cargo Ship)

Stückgutschiffe transportieren die Stückgüter, die nicht in einem Container angeliefert werden. Stückgutschiffe haben eigene Ladekräne. Die Güter werden in Laderäumen gestaut. Der Umschlag und die Stauung von Stückgut sind zeitintensiv.

Stückgutschiffe werden heute als **Semicontainerschiffe** gebaut, sodass neben dem Stückguttransport (Kisten, Ballen) auch Containertransporte möglich sind.

Spezialschiffe

- **RoRo-Schiffe** (**Roll-on/Roll-off-Schiffe**) transportieren rollende Güter wie Eisenbahnwaggons, Lastkraftwagen und Trailer. Klassische Einsatzgebiete für RoRo-Schiffe sind in Europa die Verkehre nach Skandinavien, nach Großbritannien sowie Mittelmeerverkehre.
- **Fährschiffe** übernehmen zusätzlich zur Beförderung von Straßenfahrzeugen und Eisenbahnwaggons die Personenbeförderung.
- **Schwergutschiffe** dienen dem Transport von sperrigen, schweren oder die üblichen Lademaße überschreitenden Gütern. Kennzeichnend für Schwergutschiffe sind ihre bordeigenen Schwergutkrane für das Laden und Löschen der Schwergüter sowie ihre großen Ladeluken.
- **Autotransporter** finden Einsatz bei der weltweiten Auslieferung von Neuwagen. Die größten Autotransporter können auf bis zu 12 Decks bis zu 8 500 Pkws transportieren.
- **Massengutschiffe** transportieren Rohstoffe in großen Mengen. Zum Transport von Schüttgut (z. B. Eisenerz, Kohle, Getreide, Bauxit) dienen **Bulk Carrier**, zum Transport von flüssigem und gasförmigem Gut (z. B. Erdöl, Erdgas, Chemikalien) **Tanker**. Die Tragfähigkeit der Massengutschiffe kann mehr als 300 000 t betragen.

Fährschiff

Massengutschiff

7.3 Besonderheiten bei der Abwicklung eines Beförderungsvertrages in der Seeschifffahrt

Beteiligte am Seefrachtvertrag

Der Seefrachtvertrag wird abgeschlossen zwischen dem **Befrachter** (**Shipper/Verlader**) und dem **Verfrachter** (**Carrier/Frachtführer**).

Befrachter/Verfrachter
shipper/carrier

Befrachter (Verlader)	Frachtvertrag ⟷	Verfrachter (Frachtführer)
Pflichten des Verladers • Ordnungsgemäße Übergabe der Güter an den Verfrachter • Frachtschuldner	in der Regel Stückgut	**Pflichten des Frachtführers** • See- und Ladetüchtigkeit des Schiffes • Fürsorgliche Behandlung des Gutes • Übergabe an den Empfänger

Frachtraumbuchung

Konditionelle Buchung/ Festbuchung

Viele Versender wissen bei der Buchung häufig noch gar nicht, ob ihre Sendung zum beabsichtigten Termin versandbereit sein wird.

Daher reservieren sie sich durch eine **Konditionelle Buchung** Laderaum auf einem bestimmten Schiff. Die Konditionelle Buchung führt zu keiner Verpflichtung, den gebuchten Laderaum auch tatsächlich zu nutzen. Reedereiabhängig verfällt eine Konditionelle Buchung eine bestimmte Anzahl von Tagen vor der Schiffsabfahrt.

Durch die Umwandlung in eine **Festbuchung** vermeidet der Befrachter den Verfall. Die Reederei hält den gebuchten Frachtraum für diesen Befrachter frei. Unterlässt der Befrachter den Versand, hat der Verfrachter aufgrund der Festbuchung einen Anspruch auf Schadenersatz (Fehlfracht).

Verladeschein

Erstellen des Verladescheins

Nach dem Abschluss des Frachtvertrags wird ein **Verladeschein** erstellt, in Hamburg „Schiffszettel", in Bremen „Verkehrsantrag" genannt. Anschließend liefert der Verlader mit dem Verladeschein die Güter bei dem angegebenen **Kaiumschlagsbetrieb** an.

Der Verladeschein hat folgende Inhalte aufzuweisen:

- Schiffsname/Liniendienst
- Bestimmungshafen
- Marke und Nummer der Sendung
- Stückzahl
- Verpackungsart
- Inhalt
- Gewicht
- Name des Ausstellers

Kaiannahmeschein
dock receipt

Nach der Übernahme der Güter durch den Kaiumschlagsbetrieb wird der Verladeschein zum **Kaiannahmeschein** und dient dem Verlader als **Empfangsbestätigung** der Kaiverwaltung.

Steuermannsquittung
mate's receipt

Nach der Übernahme der Güter durch den Frachtführer unterzeichnet der Ladungsoffizier den Verladeschein. Dadurch wird er zur **Steuermannsquittung,** diese bestätigt die Empfangnahme der Güter durch den Verfrachter.

Bordkonnossement

Gegen Rückgabe des Mate's Receipt kann ein **Bordkonnossement** ausgestellt werden.

REEDEREI KANNINGA GmbH
Am Alten Kamp 7
28777 Bremen

Verladeschein

Übernommen wurden ohne äußerliche Mängel

von FLEXI-Transporte und Logistikdienstleistungen KG

an Bord des Seeschiffs Island

zur Beförderung von Bremen — zum Löschhafen St. Petersburg

auszuliefern an Sergei Smirnow SAO — Fracht zahlbar in Bremen

Marke	Nummer	Packstücke Anz.	Packstücke Art	Inhalt	Bruttogewicht in kg
19/4–19/12	4–12	9	Kisten	Maschinenteile	980,0

Frachtberechnung

bezahlt
am 21.09.20..

Über diese Verladung wurden 3 Original-Konnossemente gleichen Inhalts und Datums ausgestellt. Bei Vorlage eines Original-Konnossements verlieren die anderen ihre Wirkung.

Bremen, den 23.09.20..

Unterschrift Kapitän/Agent i. A. Kai Strobel

Beispiel eines Verladescheins

Fracht- und Begleitpapiere

Je nach Wunsch des Befrachters wird ein **Seefrachtbrief** oder ein **Konnossement** ausgestellt.

Seefrachtbrief

Seefrachtbrief
sea waybill/
express cargo bill

Der Seefrachtbrief ist ein **Warenbegleitpapier** und kann kein Eigentum übertragen. Für den Verlader ist der Frachtbrief die Quittung des Verfrachters für die Übernahme der aufgelisteten Güter in äußerlich unbeschädigtem Zustand, für den Verfrachter die Anweisung, die Güter an den Empfänger auszuliefern.

Das **Express Cargo Bill** ist ein elektronisches Cargo Bill. Die im Ladehafen eingegebenen Verschiffungsdaten werden im Löschhafen vom Reederei-Agenten als Express Cargo Bill ausgedruckt und dem Empfänger übergeben. Somit ist auch bei kurzen Seestrecken im **Short-Sea-Verkehr** (z. B. Nordsee-Verkehr) eine schnelle Auslieferung garantiert.

Konnossement

Konnossement
Bill of Lading, kurz: B/L

Das Konnossement hat folgende Funktionen:

- Das Konnossement ist ein **Warenwertpapier**.
- Es ist eine **Beweisurkunde** für den Abschluss und den Inhalt des Frachtvertrags.
- Es ist eine **Empfangsbescheinigung** für die vom Frachtführer zur Beförderung übernommenen Güter.
- Es dokumentiert das **Beförderungsversprechen** des Verfrachters, die Güter mit einem bestimmten Schiff von einem bestimmten Verschiffungshafen zu einem bestimmten Löschhafen zu transportieren.
- Weiterhin enthält das Konnossement ein **Ablieferungsversprechen** des Verfrachters, das Gut im Löschhafen nur gegen Vorlage des Original-B/L auszuliefern.
- In der Regel werden drei Original-B/L ausgestellt.
- Durch die Einlösung von einem Original werden die anderen Originale wertlos.

ECL European Container Line — **Bill of Lading**

Shipper Gunnar Möbius Kaptensgatan 148 102 49 Stockholm Schweden	**Booking No.** 19-2348/10	**Bill of Lading No.** 79877-1
Consignee Autohandel Mayer & Papenbrink GmbH Emsallee 19 49716 Meppen Deutschland	**Point and Country of Origin of Goods** Schweden	
Notify Party	**Also Notify Party-Routing & Instructions**	

Ocean Vessel	**Port of Loading**	**Loading Pier/Terminal**	**Port of Discharge**
Pengalia	Stockholm	Containerterminal 2	Bremerhaven

Container Marks & Numbers	Quantity Packages	Description of Packages and Goods	Gross Weight	Measurement
20'-Container	12 Pallets	Car spare parts	21 850 kg	

Received the described goods or packages or containers said to contain goods, in apparent good order and condition, unless otherwise indicated, to be transported and delivered as herein provided.

The receipt, custody, carriage and delivery of the goods are subject tom the terms appearing on the face and back hereof and to the Carrier's applicable tariff.

In witness whereof______ original bills of lading have been signed, one of which being accomplished, the other(s) to be void.

Freight & Charges payable at/by	**Signed**
Bremerhaven	Mark Wasberg

Beispiel eines Konnossements

Konnossementarten

In der Praxis können unterschiedliche Konnossemente ausgestellt werden. Ein Konnossement kann dokumentieren, ob eine Sendung bereits auf ein Schiff verladen und ob die Sendung ordnungsgemäß ohne Mängel verladen wurde.

Zur Dokumentation, ob das Gut nur übernommen oder bereits verladen wurde, stellt der Verfrachter ein Übernahme- oder ein Bordkonnossement aus.

- **Übernahmekonnossement:** Es bescheinigt die Übernahme des Gutes im Verschiffungshafen, z. B. Anlieferung an den Kaischuppen. Es bescheinigt nicht die Verladung. Das Übernahmekonnossement wird nach der erfolgten Verladung umgestempelt zu einem Bordkonnossement.
- **Bordkonnossement:** Es bescheinigt, dass die Ware vor der Ausstellung des Konnossements tatsächlich an Bord eines bestimmten Schiffes verladen wurde.

Weist die Ware zum Zeitpunkt der Verladung Mängel auf, dokumentiert dies der Verfrachter durch deren Eintragung in das Konnossement.

- **Reines Konnossement:** Das Konnossement beinhaltet keinen Vermerk und bescheinigt, dass der Verfrachter das Gut ohne äußerlich erkennbare Schäden angenommen/verladen hat.
- **Unreines Konnossement:** Das Konnossement beinhaltet einen Vermerk und bescheinigt die Beschädigung oder den Verlust/Teilverlust der Sendung.

Haftung des Verfrachters

Die Rechtsgrundlagen für den Seeverkehr und die Haftung bilden die *Haager Regeln* von 1924 und die *Visby-Rules* von 1968. Die Haftung für Güterschäden bei nationalen und internationalen Seetransporten beträgt

- entweder **bis 666 2/3 SZR je Stück oder Einheit**
- oder **bis 2,00 SZR je kg Gewicht.**

Der Verfrachter haftet immer mit dem jeweils höheren Betrag.

Besonderheiten beim Versand von Containern

Möglichkeiten der Containerabwicklung

Die Verladung in Containern ermöglicht bei größeren Sendungen einen Haus-Haus-Verkehr. Der Containereinsatz erfolgt im Vor-, Haupt- und Nachlauf. Sendungen, die keinen eigenen Container füllen, werden von Seehafenspediteuren zu Sammelgutsendungen gebündelt und in Sammelgutcontainern vom Versandhafen zum Empfangshafen versendet. Der Containereinsatz erfolgt nur im Hauptlauf.

Zusätzliche Kosten beim Containertransport

Beim Containerversand entstehen neben den Frachtkosten Umschlagskosten im Verschiffungs- und Löschhafen. Diese werden als THC (**Terminal Handling Charges**) oder CSC (**Container-Service-Charges**) abgerechnet.

Die Reedereien stellen die Container mietfrei für den Zeitraum zwischen der Beladung und der nächsten erreichbaren Schiffsabfahrt, für die Dauer des Seetransports sowie für den Container-Inlandstransport zum Empfänger (in Europa meist fünf Werktage).

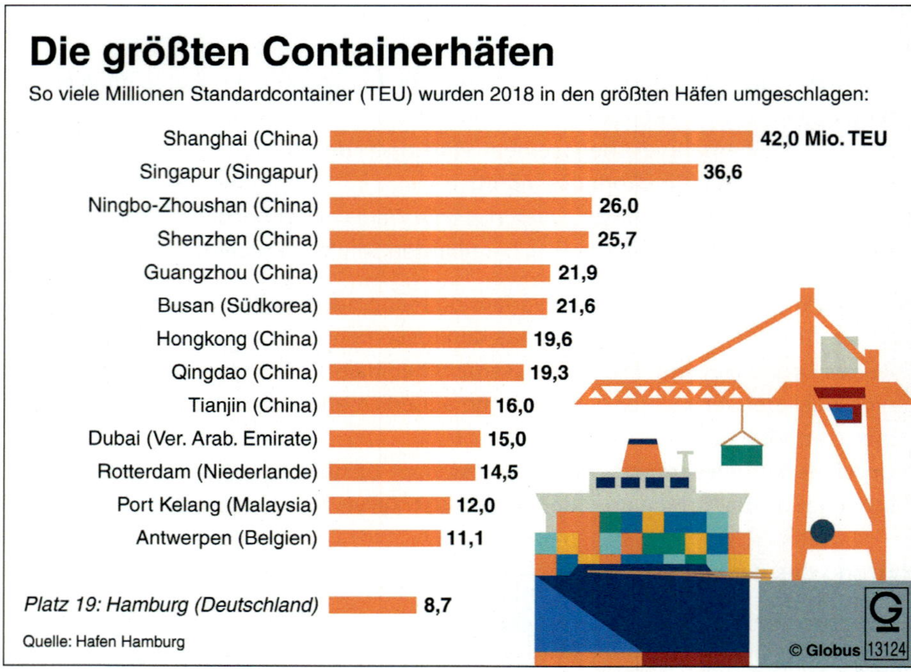

Entwicklung des Containerumschlags

Ordnungsgemäße Stauung im Sammelcontainer

Belastungen der Ladung beim Seetransport

Die größten europäischen Containerhäfen waren 2018 Rotterdam mit 14,5 Mio. TEU, Antwerpen mit 11,1 Mio. TEU, Hamburg mit 8,7 Mio. TEU und Bremerhaven mit 5,5 Mio. TEU Umschlag.

Stauung im Container – Beanspruchungsgerechte Verpackung

Ein Container ist keine Verpackung, sondern ein Transportmittel. Durch die unterschiedlichsten Belastungen bei Vor- und Nachläufen, Umschlag und dem Seetransport ist eine zusätzliche Innenverpackung und Sicherung der Ladung notwendig. Die jeweilige Verpackung muss die Ware vor den Beanspruchungen des Transports schützen. Zusätzlich ist zu berücksichtigen, dass die Verpackung einer Ladung, die in einem Container gestapelt werden soll, den Stapeldruck aushält. Aus diesem Grund müssen die Güter in Kisten und Verschlägen vorverpackt und im Container fachgerecht gestaut werden.

Bei hoher See erreichen Schiffe durch ihre ständigen Roll- und Stampfbewegungen Schräglagen bis 45°. Bei einer Reise über den Atlantik von Bremen nach New York können diese seitlichen Bewegungen einige zehntausendmal auftreten. Deshalb ist das Ladungsgut innerhalb des Containers gegen Verrutschen zu sichern.

5286542

8 Luftfracht

8.1 Transport mit dem Flugzeug (Aircargo)

Den Luftfrachtgesellschaften gelang in den letzten Jahrzehnten ein kontinuierlicher Ausbau ihres Beförderungsanteils am Güterverkehr. Durch den Einsatz von Großraumflugzeugen und reinen Frachtflugzeugen konnten die Transportkosten in der Luftfracht gesenkt werden. Die dadurch gewonnene höhere Attraktivität führte zu einem Anstieg des Luftfrachtaufkommens: Mehr als 30 Millionen Päckchen und Pakete durchlaufen jährlich auf internationalen Flughäfen moderne, vollautomatisierte Sortiersysteme.

Die Luftfrachtbranche und der Luftfracht-Güterumschlag wuchsen schneller und gleichmäßiger als jeder andere Verkehrsträger. Ursache für den starken Bedarf an Luftfrachtleistungen war die immer stärker werdende Verflechtung der Weltwirtschaft mit ihrer Forderung nach sicheren Transporten mit kurzen Transportzeiten. Verkehrsprognosen gehen auch von einem zukünftigen jährlichen Anstieg des Luftfrachtaufkommens von über 6 % aus. Begründet wird diese Prognose mit den Anforderungen der weltweiten arbeitsteiligen Wirtschaft nach immer kleineren Sendungsgrößen bei immer schnellerer Transportausführung[1]. Diese Anforderungen lassen sich bei sehr vielen Sendungen am einfachsten beim Versand als Luftfracht erfüllen.

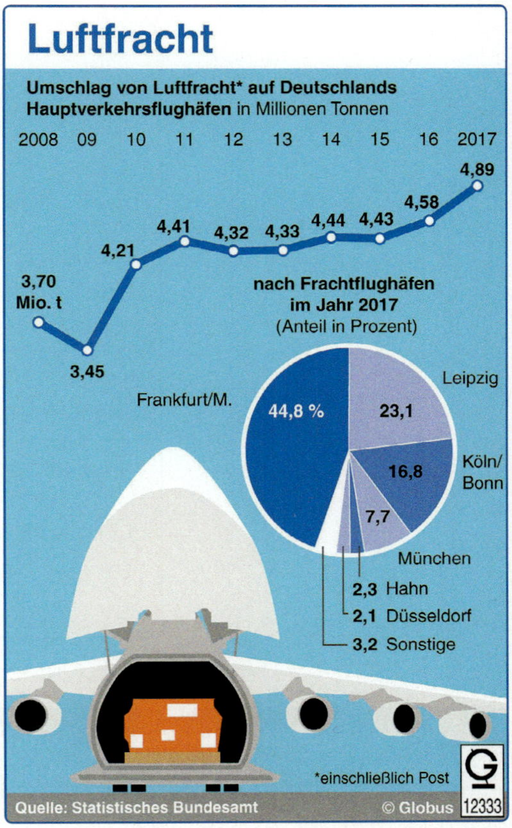

Stärken und Schwächen des Luftfrachtverkehrs	
Hohe Geschwindigkeit	Das Flugzeug eignet sich besonders gut für den Transport von eilbedürftigen oder hochwertigen Gütern über große Entfernungen.
Pünktlichkeit	Durch das Einhalten der Flugpläne erreichen Luftfrachtsendungen ihre weltweiten Zielorte pünktlich.
Schnelligkeit	Im Vergleich zum Seeschiff ist das Flugzeug sehr schnell. Innerhalb weniger Stunden werden ganze Kontinente überflogen. So fliegt beispielsweise ein Frachtflugzeug der Lufthansa von Frankfurt aus mit mehreren Zwischenlandungen planmäßig in 66 Stunden einmal um die Erde.

→

1 Aufgrund der Corona-Pandemie wollen viele Unternehmen ihre Outsourcing-Strategie überprüfen und ins Ausland ausgelagerte Prozesse wieder zurückholen. Diese momentan noch ausstehenden Entscheidungen werden die zukünftig zu transportierende Menge an Luftfracht stark beeinflussen.

→

Stärken und Schwächen des Luftfrachtverkehrs	
Sicherheit	Aus der kurzen Transportzeit ergibt sich eine große Sicherheit. Dadurch ist die Ware weniger Erschütterungen ausgesetzt als während einer wochenlangen Seereise. Auch die Vor- und Nachläufe sind in der Regel kürzer als beim Seetransport. Dies führt zu einer weiteren Zeitersparnis und zu einem geringeren Schadenrisiko bei der Ausführung der Vor- und Nachläufe.
Infrastruktur	Auf allen Kontinenten gibt es leistungsfähige internationale Flughäfen mit Anbindung an das weltweite Netz der Fluglinien.
Hohe Frachtkosten	Der hohe Treibstoffverbrauch und die geringe Nutzlast der Flugzeuge verursachen hohe Frachtkosten.
Umweltschädlichkeit	Hoher Energieverbrauch und enorme Lärmbelästigung schränken die Akzeptanz des Luftverkehrs ein.
Kapazität	Die Frachtkapazität von Flugzeugen ist relativ gering. Frachtflugzeuge transportieren je nach Bauart und Einsatzgebiet bis zu 120 t Nutzlast, einige russische Antonow-Flugzeuge bis 160 t. Auch Passagierflugzeuge transportieren in der Regel einige Tonnen Fracht.

Die weltweit größten Frachtflughäfen 2018	3-Letter-Code	Umschlag in Mio. Tonnen
1. Hongkong/China	HGK	5,12
2. Memphis/USA	MEM	4,47
3. Shanghai/China	PVG	3,77
4. Incheon/Südkorea	ICN	2,95
5. Anchorage/USA	ANC	2,81
6. Dubai/VAE	DBX	2,64
7. Louisville/USA	SDF	2,62
8. Taipeh/Taiwan	TPE	2,32
9. Tokio/Japan	NRT	2,26
10. Los Angeles/USA	LAX	2,21

Wichtige deutsche und internationale Frachtflughäfen

Die **Auswahl von Frachtflughäfen** wird von der Abflugdichte und den angeflogenen Zielen beeinflusst. Internationale Flughäfen werden zur Vermeidung von Verwechslungen mit einem **3-Letter-Code** gekennzeichnet, z. B. **FRA** für **Frankfurt/Main, CGN** für **Köln/Bonn, MUC** für **München.**

Deutschlands wichtigste Frachtflughäfen 2018	3-Letter-Code	Umschlag in Tonnen
1. Frankfurt/Main	FRA	2 213 886
2. Leipzig/Halle	LEJ	1 221 430
3. Köln/Bonn	CGN	859 396
4. München	MUC	375 247
5. Hahn	HHN	179 499

5286544

Luftfrachtpaletten und -container: *Unit Load Device Program (ULD)*

ULD-Behälter

Um das Transportvolumen der unterschiedlichen Flugzeuge optimal auszunutzen, werden für den Versand von Luftfrachtgütern genormte Luftfrachtpaletten und -container verwendet. Diese **ULD-Behälter** sind an die Rumpfform der Flugzeuge angepasst. In Passagierflugzeugen wird die Fracht im **Belly-Bereich** (**Lower Deck**) verladen, bei den Frachtmaschinen zusätzlich auch im **Main Deck**. Auf dem Flugfeld werden die ULD mit Dollies befördert.

ULD für den Belly-Bereich auf einem Dolly

ULDs auf einem Dolly-Zug

Beispiele für Luftfrachtpaletten und -container

	10 ft. Container	A 320/A 321 Container	AAN Container	10 ft. Pallet
Außenmaße L x B x H in cm	318 x 244 x 244	156 x 153 x 114	318 x 224 x 156	318 x 244
Innenmaße L x B x H in cm	300 x 228 x 238	146 x 144 x 111	298 x 208 x 148	304 x 230
Volumen in m^3	17	3,5	9	
verladbar mit	Boeing 747	A 320, A 321	A 310, A 300, A 340, B 747, B 737 F, DC 8 F	A 310, A 300, A 340, B 747

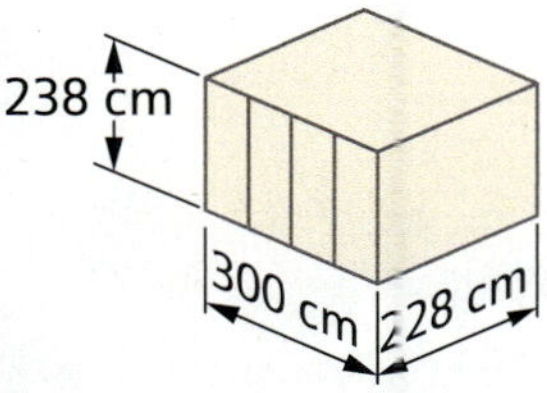

10 ft. Container

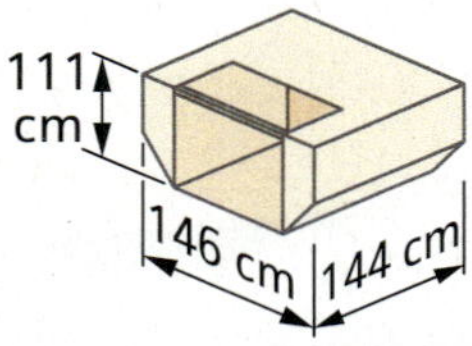

A 320/A 321 Container

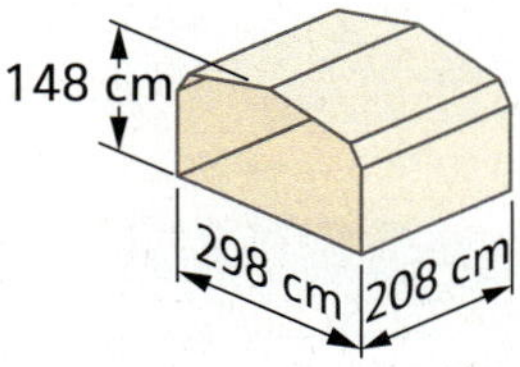

AAN Container

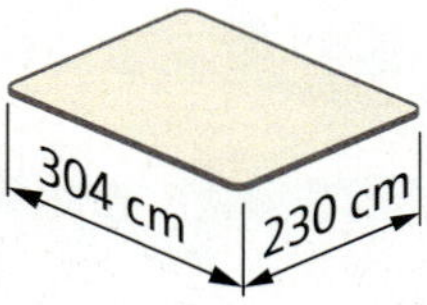

10 ft. Pallet

Verlademöglichkeiten von ULDs und Ladungssicherung

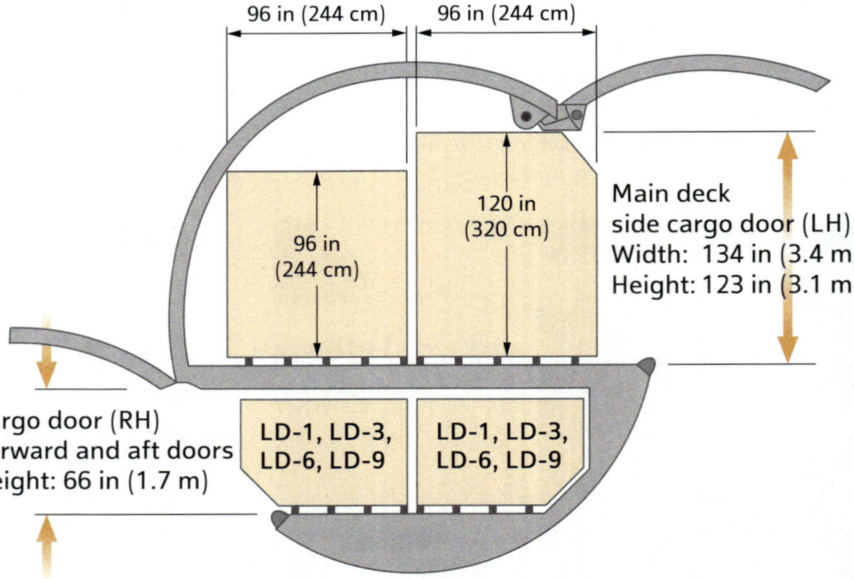

ULDs in einem Boeing-747-Frachter

Frachtflugzeuge

	MD 11 F Lufthansa Cargo	Airbus A 300 F DHL
Hersteller	Boeing McDonnell Douglas Company	Airbus Industrie
Länge	61,2 m	54,0 m
Spannweite	51,7 m	44,8 m
Frachtkapazität	ca. 90 t	51 t
Reichweite bei maximaler Zuladung	7 700 km	4 480 km
Maximale Geschwindigkeit	ca. 945 km	ca. 890 km
Maximales Startgewicht	285,9 t	170,5 t

MD 11 F Lufthansa Cargo

Airbus A 300 F DHL

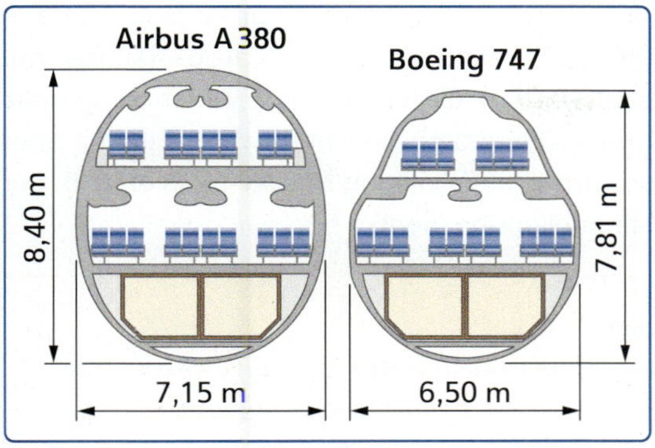

ULDs im Belly-Bereich (Lower Deck) im Airbus A 380 und in der Boeing 747

Ladungssicherung im Flugzeug

8.2 Besonderheiten bei der Abwicklung eines Luftfrachtvertrages

IATA – International Air Transport Association (Internationaler Verband der Luftverkehrsgesellschaften)

Mitglieder der IATA sind Fluggesellschaften, die **internationalen Flugverkehr nach veröffentlichten Flugplänen** anbieten. Fluggesellschaften, die nur Charterverkehr betreiben, erhalten keine Zulassung. Die Mitgliedschaft ist freiwillig.

Die IATA befasst sich mit der **Regelung der kommerziellen Fragen des Luftverkehrs**. Dazu gehören die Festlegung einheitlicher Tarife (**TACT**), die Vereinheitlichung der Versandpapiere (z. B. **Air Waybill**) sowie die Abrechnung der IATA Fluggesellschaften untereinander und mit den IATA-Agenten (Speditionen, Reisebüros).

Abwicklung des Luftfrachtvertrages – Luftfrachtbrief

Die Rechtsgrundlage für den internationalen Luftfrachtvertrag ist das **Montrealer Übereinkommen** (**MÜ**).

Luftfrachtbrief
Air Waybill
kurz: AWB

Für den Transport wird ein Luftfrachtbrief ausgestellt. Der **Luftfrachtbrief** dokumentiert den Luftfrachtvertrag. Er wird in drei Originalen und in mehreren Kopien ausgestellt.

- **Original 1** erhält die **Luftverkehrsgesellschaft** (**First Carrier**).
- **Original 2** begleitet die Sendung. Der **Empfänger** (**Consignee**) erhält das Original 2 nach der Übernahme der Luftfrachtsendung am Zielflughafen.
- **Original 3** bleibt beim **Versender** (**Shipper**).

Der AWB erfüllt folgende Funktionen:

- **Beweispapier** für Abschluss und Inhalt des Luftfrachtvertrages
- **Empfangsbestätigung** der Fluggesellschaft über die im AWB aufgeführte Sendung
- **Auslieferungsbestätigung** der Fluggesellschaft am Zielflughafen
- **Warenbegleitpapier/Beförderungspapier** zwischen Abgangs- und Bestimmungsflughafen
- **Gestellungsverzeichnis** für die Zollanmeldung
- **Versicherungsschein**, falls Höherversicherung (Lieferwert) vereinbart wird
- **Nachweis für Verfügungsrecht** des Absenders (Original des Absenders)

Luftfrachtsammelladung
consolidated shipment

Bei einer **Luftfrachtsammelladung** erstellt der Luftfrachtspediteur für jede Sendung der Sammelladung einen **House-AWB**. Weiterhin erstellt er ein **Cargo-Manifest** mit sämtlichen Sendungen der Sammelladung. Aus dieser **Ladeliste** ihr ist die genaue Behandlung der Einzelsendungen am Zielflughafen ersichtlich, z.B. Einzug einer Nachnahme. Für die Gesamtsendung wird vom Carrier ein **Master-AWB** erstellt, der als Abrechnungsgrundlage für die Sammelladung dient.

[?!]
AWB

Der AWB ist kein Warenwertpapier.
Er ermöglicht keine rechtswirksame Eigentumsübertragung auf einen Käufer.
Der Vermerk „not negotiable" („nicht übertragbar") weist ausdrücklich darauf hin.

Haftung des Luftfrachtführers

Der Luftfrachtführer haftet für **innerdeutsche Transporte nach HGB**. Bei **internationalen Transporten** gilt das **Montrealer Übereinkommen**.

Haftung des Carriers

	Innerdeutsche Transporte: nach HGB	Internationale Transporte: nach Montrealer Übereinkommen
Güterschäden	maximal 8,33 SZR/kg	maximal 19,00 SZR/kg
Güterfolgeschäden	keine Haftung	keine Haftung
Verspätungsschäden (Reine Vermögensschäden)	maximal das 3-fache Frachtentgelt	maximal 19,00 SZR/kg

217	FRA	4498 0129	217-4498 0129

Shipper's Name and Address	Shipper's account Number	Not negotiable
Motoren-Mayer GmbH Koblenzer Str. 17 55124 Mainz	763618	**Air Waybill** — Lufthansa Air Consignment note Issued by Deutsche Lufthansa AG D-50679 Köln, Von-Gablenz-Straße 2-6 Member of International Air Transport Association

Consignee's Name and Address	Consignee's account Number	
Nelson Capetown LTD 54-74 Krueger Road RSA-7945 Capetown	949434	It is agreed that the goods described herein are accepted in apparent good order and condition (except as noted) for carriage subject to the Conditions of Contract on the reverse hereof. The shipper's attention is drawn of the notice concerning carrier's limitation of liability. Shipper may increase such limitation of liability by declaring a higher value for carriage and paying a supplement charge if required

Issuing Carrier's Agent Name and City	Accounting Information
Air-Cargo International GmbH Frankfurt Airport	

Agent's IATA Code	Account No.
23-8-1978	731478

Airport of Departure (Address of first Carrier) and requested Routing

FRA-CPT

To	By first Carrier Routing and Destination	to	by	to	by	Currency	CHGS Code	WT/VAL PPD	WT/VAL Coll	Other PPD	Other COLL	Declared Value for Carriage	Declared Value for Customs
CPT	LH					EUR			x		x	NVD	NCV

Airport of Destination	Flight/Date	Flight/Date	Amount of Insurance	
Capetown/RSA	LH 593/15		X X X	**Insurance** – If Carrier offers insurance and such insurance is requested in accordance with conditions on reverse hereof, indicate amount to be unsured in figures in box marked amount for insurance

Handling Information

Dangerous Goods as per attached Shippers Declarations
envelope with documents (commercial invoice 3x, packing list 3x)

No. of Pieces RCP	Gross Weight	kg lb	Rate Class / Commodity Item No.	Chargeable Weight	Rate / Total	Total	Nature and Quantity of Goods (incl. Dimensions or Volume)
1	74,5	k		82,5	7,19	593,18	Dimension: 110 x 60 x 75 cm Volumen-Gewicht: 82,5 kg Aerosole, flammable UN 1950
						593,18	

Prepaid	Weight Charge	Collect	Other Charges
		593,18	AWB-fee 10,00, disbursement-fee 15,00, THC 12,50
	Valuation Charge		Insurance premium DGR 25,80, Sec + Fuel 33,20
	Tax		Shipper certifies that the particulars on the face hereof are correct and that insofar as any part of the consignment contains dangerous goods, such part is properly described by name and is in proper condition for carriage by air according to the applicable Dangerous Goods Regulations.
	Total other Charges Due Agent	63,30	
	Total other Charges Due Carrier	33,20	i.A. Karla Römer
			Signature of Shipper or his Agent
Total prepaid	Total collect	689,68	12.08.20.. Frankfurt i.A. Yannick Dörr
Currency Conversion Rates	cc charges in Dest. Currency		Executed on (Date) at (Place) Signature of Issuing Carrier or its Agent
For Carriers Use only at Destination	**Charges at Destination**		Total collect Charges

Beispiel für ein Beförderungspapier

9 Frachtrechnen

9.1 Güterkraftverkehr

Unternehmen des Güterkraftverkehrs rechnen ihre Transportleistungen nach **Haustarifen** ab. Der abzurechnende Transportpreis wird z. B. beeinflusst von:

- der Einsatzzeit des Fahrzeugs
- der Transportentfernung
- dem Sendungsgewicht
- Wartezeiten beim Absender und Empfänger (Standzeiten)
- einer Rücklademöglichkeit
- der Maut

Abrechnung von Nahverkehrsleistungen

Transportpreis in €/t									
Entfernung in km bis einschließlich	Gewicht der Ladung in Tonnen bis einschließlich								
	2 t	3 t	4 t	5 t	6 t	7 t	8 t	9 t	10 t
10	69,35	54,38	45,33	39,27	34,92	31,64	29,07	27,00	25,29
20	77,97	60,92	50,67	42,60	38,84	35,13	32,27	29,93	27,99
30	86,31	67,31	55,88	48,23	42,75	38,64	35,39	32,79	30,65
40	94,74	73,55	60,96	52,56	46,55	42,00	38,45	35,60	33,24
50	102,45	79,67	65,97	56,81	50,25	45,30	42,62	38,33	35,78
60	110,27	85,59	70,85	60,96	53,88	48,56	44,97	41,03	38,28
70	117,92	91,50	75,63	65,04	57,44	51,72	47,27	43,67	40,71
80	125,53	97,25	80,29	69,04	60,93	54,78	49,62	46,25	43,07
90	133,96	102,90	84,84	72,97	64,35	57,75	51,87	48,77	45,36
100	140,79	108,51	89,17	76,85	67,90	60,63	54,02	51,21	47,57

Haustarif eines Güterkraftverkehrsunternehmers

Musteraufgabe

Ein Fuhrunternehmen transportiert für einen Großhändler 7,3 t Güter über 89 km. Es gewährt dem Versender einen Preisnachlass (Marge) von 7,5 % auf den Haustarif. Berechnen Sie das Beförderungsentgelt.

Lösung

Transportpreis für 89 km/7,3 t Güter → 90 km/8 t → 51,87 €/t · 8 t =	414,96 €
– 7,5 % Marge	– 31,12 €
Nettoentgelt	383,84 €
+ 19 % USt	+ 72,93 €
Bruttoentgelt	456,77 €

Abrechnung von Sammelgut

Haus-Haus-Entgelte in €					
Entfernung in km	Gewicht in kg				
	1–50	51–100	101–200	201–300	301–400
1–100	31,50	53,40	75,60	109,60	140,50
101–200	34,10	59,00	86,90	128,30	166,60
201–300	34,70	60,10	88,60	131,40	171,00
301–400	34,80	60,50	89,40	133,10	173,20
401–500	35,00	61,00	90,50	134,60	175,40
501–600	35,70	61,90	92,20	137,50	179,60
601–700	36,30	63,80	95,90	143,70	188,50
701–800	36,90	64,70	97,80	146,90	192,60
801–1 000	37,50	66,50	101,50	153,20	201,70

Stückgut-Haustarif eines Güterkraftverkehrsunternehmens für die Abrechnung von Sammelgut (Tarif-Auszug)

Für zusätzliche Leistungen werden Nebengebühren berechnet, z. B.:

Nebengebühren		
Palettentauschgebühr	je genormte Flachpalette (Europalette)	2,60 €
	je genormte Gitterboxpalette (Euro-Gitterboxpalette)	10,30 €
Gebühr für Versendernachnahme	2 %, mindestens	15,50 €
Avisgebühr (für telefonische Terminabsprache)	pro Sendung	6,20 €
Zuschläge beim Versand von Gefahrgut pro Sendung	bis 300 kg mindestens	10,20 €
	301 kg bis 1 000 kg mindestens	15,50 €
	über 1 000 kg mindestens	20,50 €
Mautgebühren für den Speditionssammelgutverkehr	(Tarif-Auszug)	

Nebengebühren für zusätzliche Leistungen

Mautgebühren in Euro für Sendungen von 1 bis 3 000 kg										
Gewicht in kg	Entfernung in km									
	1 –100	101 –200	201 –300	301 –400	401 –500	501 –600	601 –700	701 –800	801 –900	901 –1 000
1–50	1,00	1,00	1,00	1,00	1,00	1,00	1,00	1,00	1,00	1,00
51–100	1,00	1,00	1,00	1,00	1,00	1,00	1,13	1,31	1,48	1,66
101–200	1,00	1,00	1,00	1,22	1,57	1,92	2,27	2,62	2,96	3,31
201–300	1,00	1,00	1,45	2,04	2,62	3,20	3,78	4,36	4,94	5,52
301–400	1,00	1,22	2,03	2,85	3,66	4,48	5,29	6,10	6,92	7,73

Berechnung von Mautgebühren

Musteraufgabe

Eine Euro-Flachpalette mit 337,8 kg wird im Speditionssammelgutverkehr 719 km transportiert. Der Spediteur zieht den Warenwert (2 318,00 €) beim Kunden ein.

Berechnen Sie das Gesamtentgelt für den Sammelladungstransport (Haus-Haus-Entgelt, Nebengebühren, Maut).

Lösung

Haus-Haus-Entgelt	192,60 €
+ Palettentauschgebühr	2,60 €
+ Versendernachnahme: 2 % von 2 318,00 €	46,36 €
+ Maut	6,10 €
Nettoentgelt	247,66 €

Abrechnung von KEP-Dienstleistungen

Paket-Größe	Längste Seite + kürzeste Seite	Versandkosten inkl. USt
XS	max. 40 cm	4,90 €
S	max. 50 cm	6,60 €
M	max. 70 cm	7,50 €
L	max. 85 cm	10,30 €
XL	max. Gurtmaß	15,50 €

Gurtmaß: 300 cm (Umfang + größte Länge)
Größte Länge: 2,00 m, **größte Breite:** 0,70 m, **größte Höhe:** 0,70 m
Höchstgewicht: 40 kg

Haustarif eines Paketversandes

Musteraufgabe

Ein Paketdienst transportiert Ersatzteile für einen Pkw-Hersteller.

- Sendung 1: 12,5 kg, L 12 cm x B 12 cm x H 8 cm, Entfernung 612 km
- Sendung 2: 38,2 kg, L 120 cm x B 12 cm x H 20 cm, Entfernung 409 km
- Sendung 3: 4,3 kg, L 34 cm x B 22 cm x H 17 cm, Entfernung 86 km
- Sendung 4: 17,8 kg, L 105 cm x B 65 cm x H 56 cm, Entfernung 312 km

Ordnen Sie die Sendungen den Paket-Größen zu und berechnen Sie das Entgelt laut Haustarif.

Lösung

Sendung 1:	längste + kürzeste Seite:	12 cm + 8 cm = 20 cm	→ XS	4,90 €
Sendung 2:	längste + kürzeste Seite:	120 cm + 12 cm = 132 cm	→ XL	15,50 €
Sendung 3:	längste + kürzeste Seite:	34 cm + 17 cm = 51 cm	→ M	7,50 €
Sendung 4:	längste + kürzeste Seite:	105 cm + 56 cm = 161 cm	→ XL	
Gurtmaß:		2 · 65 cm + 2 · 56 cm + 105 cm = 347 cm	→ zu groß	
Bruttoentgelt				27,90 €

9.2 Eisenbahnverkehr

Abrechnung von Transportleistungen der Eisenbahnverkehrsunternehmen

Haustarif der DB Cargo AG

Die Eisenbahnverkehrsunternehmen rechnen ihre Transportleistungen anhand von Haustarifen ab. Die **Frachtberechnung** erfolgt für jeden Wagen einzeln, indem das frachtpflichtige Gewicht auf ganze Tonnen gerundet wird (unter 500 kg wird abgerundet, ab 500 kg aufgerundet). Europaletten werden im Lastlauf frachtfrei befördert, wenn ihr Eigengewicht im Frachtbrief separat angegeben ist. Nach der Ermittlung des frachtpflichtigen Gewichts und der Transportentfernung kann das Frachtentgelt im Tarif abgelesen werden.

Die Abrechnung nationaler Transporte erfolgt anhand von Preistafeln: **Preistafel 1** enthält das Entgelt für den Transport in einem Güterwagen mit zwei Achsen (Achsenwagen) und dem Transport in einem Wagen mit mehr als zwei Achsen (i. d. R. Drehgestellwagen), **Preistafel 2** das Entgelt für Transporte des Kombinierten Verkehrs.

Der Tarif der DB Cargo AG umfasst neben den Transportpreisen auch die Gebühren für Nebenleistungen wie bspw. Verzollung, Standgeld, Wiegegebühren.

Preistafel 1: für Frachten des Wagenladungsverkehrs

	Für Transporte in einem Wagen mit zwei Achsen			für Transporte in einem Wagen mit mehr als zwei Achsen					
	Sendungsgewicht in t								
Entfernung bis km	bis 21,499	21,500 – 30,499	jede weitere Tonne kostet	bis 34,499	34,500 – 44,499	44,500 – 54,499	54,500 – 64,499	64,500 – 74,499	jede wei-tere Tonne kostet
	Wagenpreise in EUR								
....	.. .	....	....	....	....	....	....	....	....
450	1804	2553	90	3158	3746	4588	5436	6195	84
500	1922	2725	100	3370	3998	4898	5801	6612	91
550	2035	2888	103	3568	4235	5187	6140	6998	100
600	2142	3036	108	3754	4452	5453	6464	7365	103
650	2247	3182	113	3934	4665	5715	6770	7718	108
700	2349	3325	116	4107	4875	5967	7072	8059	112
750	2425	3433	122	4244	5032	6170	7302	8325	115
800	2478	3512	128	4340	5145	6314	7472	8520	116
850	2532	3591	129	4443	5266	6456	7641	8711	122
900	2587	3668	130	4537	5381	6596	7811	8904	127
950	2645	3748	135	4634	5494	6739	7981	9094	128
1 000	2701	3829	137	4734	5613	6882	8141	9289	130
1 100	2785	3948	142	4881	5782	7093	8399	9571	135
1 200	2896	4102	146	5076	6018	7377	8738	9953	141
1 300	3009	4266	150	5267	6247	7658	9069	10338	144

eigene Darstellung nach dem Haustarif der DB Cargo, Preistafel 1, Stand 01.01.2021

Beispiel

Ein Eisenbahnverkehrsunternehmen transportiert mit einem Achsenwagen 23,575 t. Die Tarifentfernung beträgt 732 km.

Wie hoch ist das Entgelt, das für den Transport bezahlt werden muss?

Zunächst wird das Bruttogewicht der Sendung auf ganze Tonnen gerundet (→ 24 t). Aus der Preistafel 1 ergibt sich für das frachtpflichtige Gewicht von 21,500 t bis 30,499 t ein Entgelt (ohne USt) von 3 433,00 €.

[?!]

Ermittlung des frachtpflichtigen Gewichts

Das Bruttogewicht wird auf ganze Tonnen gerundet:

- ***unter 500 kg wird abgerundet***
- ***ab 500 kg wird aufgerundet***

Musteraufgabe

- *Wagen 1:* 23,120 t in einem Achsenwagen, Entfernung 787 km
- *Wagen 2:* 32,879 t in einem Achsenwagen, Entfernung 608 km
- *Wagen 3:* 48,785 t in einem Drehgestellwagen, Entfernung 1192 km

Berechnen Sie das Frachtentgelt für die einzelnen Wagen.

Lösung

Wagen 1: (Achsenwagen/Preistafel 1)

Frachtpflichtiges Gewicht: 23,120 t → abrunden auf 23 t	
Frachtentgelt für 21,500 t bis 30,499 t =	3 512,00 €

Wagen 2: (Achsenwagen/Preistafel 1)

Frachtpflichtiges Gewicht: 32,879 t → aufrunden auf 33 t	
Frachtentgelt für 21,500 t bis 30,499 t =	3 182,00 €
+ Frachtentgelt für 3 t · 113,00 €/t =	339,00 €
Frachtentgelt für Wagen 2: 3 182,00 € + 339,00 € =	3 521,00 €

Wagen 3: (Drehgestellwagen/Preistafel 1)

Frachtpflichtiges Gewicht: 48,785 t → aufrunden auf 49 t	
Frachtentgelt für 44,500 t bis 54,499 t =	7 377,00 €

9.3 Binnenschifffahrt

Abrechnung der Binnenschiffstransporte

Das Entgelt für Binnenschiffstransporte ist frei vereinbar. Die Frachtführer berechnen die Transportpreise mithilfe eines Haustarifs, den sie anhand ihrer Kosten kalkulieren. Je nach Transportauftrag werden neben den eigenen Kosten weitere Kostenbestandteile, wie Ufer- und Hafengelder, Kanal- und Schleusengebühren sowie Umschlaggelder, in das Entgelt einbezogen.

5286554

Schüttgut von Rheinhäfen (Duisburg, Krefeld-Uerdingen, Neuss, Köln) nach Mosel-, Saar-, Rhein-, Main- und Neckarstationen

1. Grundfracht in €/t

nach			nach		
	Moselstationen			**Mainstationen**	
	Wellen	7,10		Rüsselsheim	6,54
				Frankfurt	6,90
	Saarstationen			Aschaffenburg	7,82
	Dillingen	7,42		Würzburg	8,85
				Bamberg	10,51
	Rheinstationen				
	Worms/Ludwigshafen/Mannheim	7,14		**Neckarstationen**	
	Speyer	7,73		Heidelberg	7,55
	Karlsruhe	8,18		Heilbronn	8,95
	Kehl	9,86		Stuttgart	10,74
	Weil	12,59			

2. Kleinwasserzuschlag bei einem Kauber-Pegel unter 1,00 m

0,99 m bis 0,90 m	60 %	0,79 m bis 0,70 m	80 %
0,89 m bis 0,80 m	70 %	0,69 m bis 0,60 m	100 %

3. Laden und Löschen/Liegegeld

3.1 Die Lade-/Löschzeit beträgt eine Stunde je angefangene 45 Tonnen.

3.2 Das Liegegeld beträgt ...
bei einer **Tragfähigkeit bis zu 1 500 t**
für jede angefangene Stunde 0,05 € je Tonne Tragfähigkeit
bei einer **Tragfähigkeit über 1 500 t**
für jede angefangene Stunde 75,00 €
zuzüglich 0,02 € für jede Tonne über 1 500 Tonnen.

Haustarif eines Partikuliers für Schüttgut

Musteraufgabe

Ein Partikulier transportiert mit seinem Motorschiff „Elbvogel" 1250 t Steinkohle von Köln-Niehl nach Mannheim-Rheinau. Der Kauber-Pegel beträgt 1,12 m. Die Tragfähigkeit des Schiffes beträgt 1500 t.

a) Ermitteln Sie den abzurechnenden Tonnensatz.
b) Berechnen Sie die Netto-Grundfracht für den Transport.
c) Ermitteln Sie den abzurechnenden Tonnensatz bei einem Kauber-Pegel von 0,92 m.
d) Aufgrund des Niedrigwassers kann das Binnenschiff bei einem Pegelstand von 0,92 m nur zu 50 % beladen werden. Berechnen Sie das Nettofrachtentgelt.

Lösung

a) Grundfracht je Tonne: 7,14 €
b) Grundfracht der Gesamtsendung:
7,14 €/t · 1 250 t = 8 925,00 €
c) Um KWZ erhöhte Grundfracht je Tonne:
7,14 €/t · 1,6 = 11,42 €/t
d) Gewicht der Ladung: 1500 t · 0,5 = 750 t
Erhöhte Grundfracht der Gesamtsendung: 11,42 €/t · 750 t = 8 565,00 €

Ufer- und Hafengeldverordnung eines Rheinhafens (Auszug)

1. Ufergeld
1.1 Ufergeld ist für alle Güter zu entrichten, die umgeschlagen werden.
1.2 Das Ufergeld wird nach der Art und dem Bruttogewicht der umgeschlagenen Güter berechnet.
1.3 Das Gewicht wird auf volle Tonnen aufgerundet, bei Containerumschlag für jeden Container einzeln.
1.4 Beladene Container werden in der Güterklasse I, leere Container in Güterklasse III eingestuft.
1.5 Das Ufergeld beträgt ...

für Güter der Güterklasse I und II	0,53 € je Tonne
für Güter der Güterklasse III und IV	0,47 € je Tonne
für Güter der Güterklasse V	0,32 € je Tonne
für Güter der Güterklasse VI	0,29 € je Tonne
für Sand und Kies	0,15 € je Tonne
für Schrott	0,47 € je Tonne

2. Hafengeld
2.1 Hafengeld wird nach der Tragfähigkeit berechnet.
2.2 Das Hafengeld beträgt je Tonne Tragfähigkeit 0,10 €
jedoch mindestens 50,00 €

Musteraufgabe

Das Motorgüterschiff „Köln II“ mit 1 465 t Tragfähigkeit liegt zwei Tage im Hafen.

Berechnen Sie jeweils das Hafengeld und Ufergeld, wenn ...
a) kein Güterumschlag stattfindet;
b) 1200 t Glasscherben (Güterklasse VI) an Land umgeschlagen werden;
c) 650 t Filz und Pappe (Güterklasse III) vom Motorgüterschiff auf einen Schubleichter umgeschlagen werden;
d) 24 beladene Container (insgesamt 298 t) und 12 leere Container (30 t) umgeschlagen werden.

Lösung

a) Hafengeld: je Tonne Tragfähigkeit 0,10 € → 1 465 t · 0,10 €/t = 146,50 €
Ufergeld: fällt nicht an, da kein Umschlag.
b) Hafengeld: je Tonne Tragfähigkeit 0,10 € → 1 465 t · 0,10 €/t = 146,50 €
Ufergeld: je Tonne Ladungsgewicht 0,29 € → 1 200 t · 0,29 €/t = 348,00 €
c) Hafengeld: je Tonne Tragfähigkeit 0,10 € → 1 465 t · 0,10 €/t = 146,50 €
Ufergeld: je Tonne Ladungsgewicht 0,47 € → 650 t · 0,47 €/t = 305,50 €
d) Hafengeld: je Tonne Tragfähigkeit 0,10 € → 1 465 t · 0,10 €/t = 146,50 €
Ufergeld: beladene Container 0,53 € je Tonne
unbeladene Container 0,47 € je Tonne
→ 298 t · 0,53 €/t + 30 t · 0,47 €/t = 157,94 € + 14,10 € = 172,04 €

5286556

9.4 Seeschifffahrt

In der Seeschifffahrt gibt es keine international verbindlichen Tarife. Die **Frachtraten** umfassen nur die reinen Beförderungskosten zwischen Lade- und Löschhafen. Die Höhe der Frachtraten ist abhängig von den **Kanalgebühren, Hafengebühren und Lotsengebühren,** verursacht durch die **Reiseroute,** von der Art, Größe und Flagge des eingesetzten Schiffs, von Gewicht und Sperrigkeit der **Ladung** sowie von vereinbarten **Rabatten**.

Frachtraten: Beförderungskosten zwischen Lade- und Löschhafen

Zur Frachtberechnung verwenden die Reedereien unterschiedliche Frachtraten. Zu den gebräuchlichsten Frachtraten gehören die **Gewichtsraten**, die **Maßraten**, die **Maß-/Gewichtsraten** und die **FAK-Raten**.

Reine Gewichtsraten

Die Fracht wird für eine **Gewichtseinheit** angegeben, z. B. für 1 Tonne. Das Volumen der Sendung bleibt unberücksichtigt.

Musteraufgabe

Verschiffung einer Drehmaschine, Bruttogewicht 12,68 t, von Bremen nach Montevideo/Uruguay. Die Frachtrate beträgt 232,57 €/t.

Berechnen Sie das Frachtentgelt.

Lösung

12,68 t · 232,57 €/t = 2 948,99 €

Reine Maßraten

Das Frachtentgelt wird für eine **Raumeinheit** angegeben, z. B. für 1 m^3 oder einen Container. Das Gewicht der Sendung bleibt unberücksichtigt.

Musteraufgabe

Verschiffung einer Druckmaschine von Rostock nach Belem/Brasilien. Die verpackte Maschine hat die Außenmaße 4,2 m · 2,6 m · 2,1 m. Die Frachtrate beträgt 112,03 USD/m^3 (Kurs: 1,00 EUR = 1,22 USD).

Berechnen Sie das Frachtentgelt in Euro.

Lösung

Benötigte Raumeinheiten:	4,2 m · 2,6 m · 2,1 m = 22,932 m^3
Frachtentgelt in USD:	22,932 m^3 · 112,03 USD/m^3 = 2 569,07 USD
Umrechnung in EUR:	2 569,07 USD : 1,22 USD/EUR = 2 105,80 EUR

Maß-/Gewichtsraten

Maß-/Gewichtsraten enthalten neben der Frachtrate einen der folgenden Zusätze: **M/G (Maß/Gewicht), W/M (Weight/Measurement), frt (per Frachttonne).**

Die Preisangabe (z. B. 250,00 € M/G) gilt alternativ je Tonne oder je m^3, je nachdem, welche Abrechnung dem Verfrachter die **höheren Einnahmen** bringt.

Bei der Anwendung der Maß-/Gewichtsraten wird von einem Maß-Gewichts-Verhältnis von 1:1 ausgegangen. Dies bedeutet:

- Abrechnung **nach Maß**, wenn 1 m^3 leichter ist als 1 t (d. h.: Die Sendung hat mehr m^3 als t).
- Abrechnung **nach Gewicht**, wenn 1 m^3 schwerer ist als 1 t (d. h.: Die Sendung hat weniger m^3 als t)

Musteraufgabe

Verschiffung einer Industriepresse von Emden nach Maracaibo/Venezuela. Die verpackte Presse, Bruttogewicht 24,786 t, hat die Maße 6,2 m x 2,7 m x 1,9 m. Die Frachtrate beträgt 131,43 € M/G.

Berechnen Sie das Frachtentgelt.

Lösung
Benötigte Raumeinheiten: 6,2 m x 2,7 m x 1,9 m = 31,806 m^3
Gewicht: 24,786 t
Abrechnung nach m^3, da das Raummaß überwiegt (mehr m^3 als t)
Frachtentgelt: 31,806 m^3 · 131,43 € = 4 180,26 €

FAK-Raten (Freight-All-Kinds)

FAK-Raten (**Freight-All-Kinds**) sind **artikelunabhängige Pauschalfrachten**, z. B. für Container.

Musteraufgabe

Verschiffung von drei 20'-Containern von Bremen nach Savannah/USA. Die vereinbarte Box-Rate beträgt 1490,00 USD (Kurs: 1,00 EUR = 1,29 USD).

- Container 1: 17,25 t Wein, Wert 121 820,00 €
- Container 2: Prototyp einer Maschine, 12,8 t, 273 000,00 USD
- Container 3: ein gebrauchter Pkw (Oldtimer) und Ersatzteile, 4,2 t, 35 000,00 €.

Berechnen Sie das Frachtentgelt in Euro.

Lösung
Fracht in USD: 3 · 1490,00 USD = 4 470,00 USD
Umrechnung in EUR: 4 470,00 USD : 1,29 USD/EUR = 3 465,12 EUR

Zuschläge

Reedereien berechnen häufig Zuschläge auf die Seefrachtraten, um Zusatzleistungen und Risiken zu berücksichtigen. Gebräuchliche Zuschläge in der Seeschifffahrt sind: **Längenzuschlag, Schwergutzuschlag, Währungszuschlag, Bunkerölzuschlag, Verstopfungszuschlag, Gefährdungszuschlag.**

Längen- und Schwergutzuschlag

- **Längenzuschlag** für lange Gegenstände, meist ab 12 m Länge
- **Schwergutzuschlag** für schwere Sendungen, meist ab 5 Tonnen

Musteraufgabe

Verschiffung eines Tanks mit dem Maßen 18,5 m x 3,3 m x 3,3 m, Gewicht 67,850 t, von Kiel nach Turku/Finnland. Die Frachtrate beträgt 65,92 € W/M. Die Reederei berechnet ...

- einen Längenzuschlag von 11,20 €/t je zusätzlichen Meter Länge ab 15 m Länge;
- einen Schwergutzuschlag von 9,25 €/t Gesamtgewicht ab 8 t Gesamtgewicht.

Berechnen Sie

a) das Entgelt für die Grundfracht,
b) den Längenzuschlag,
c) den Schwergutzuschlag,
d) die Kosten für die Gesamtfracht.

Lösung

a) Benötigte Raumeinheiten: 18,5 m · 3,3 m · 3,3 m	$= 201{,}465\ m^3$
Gewicht: 67,850 t	
Abrechnung nach m^3, da das Raummaß überwiegt (mehr m^3 als t).	
Frachtentgelt (Grundfracht): 201,465 m^3 · 65,92 €	= 13 280,57 €
b) Längenzuschlag: 11,20 €/t · 67,850 t · 3,5 m	= 2 659,72 €
c) Schwergutzuschlag: 9,25 €/t · 67,850 t	= 627,61 €
d) Gesamtfracht: 13 280,57 € + 2 659,72 € + 627,61 €	= 16 567,90 €

Währungs-, Bunkeröl-, Verstopfungs- und Gefährdungszuschlag

- **Währungszuschlag (CAF: Currency Adjustment Factor)** für den Ausgleich von Währungsrisiken
- **Bunkerölzuschlag (BAF: Bunker Adjustment Factor)** für den Ausgleich von Dieselpreisschwankungen
- **Verstopfungszuschlag (Congestion Surcharge)** für längere Wartezeiten in Häfen
- **Gefährdungszuschlag (War Risk Surcharge)** für die Fahrt durch kriegsgefährdete Gebiete zur Abdeckung höherer Versicherungsprämien für Schiff und Besatzung

Musteraufgabe

Verschiffung eines 40'-Containers von Bremen nach Kuwait, vereinbarte Box-Rate: 2 015,00 USD (Kurs: 1,00 EUR = 1,21 USD).
Die Reederei berechnet einen CAF von 5 %, einen BAF von 7,85 % sowie einen War Risk Surcharge von 60 %. Berechnungsbasis der einzelnen Zuschläge ist jeweils die Grundfracht.

Berechnen Sie das Frachtentgelt in Euro.

←

→

Lösung

	Grundfracht in USD:	2 015,00 USD
+	5 % CAF (von 2 015,00 USD):	100,75 USD
+	7,85 % BAF (von 2 015,00 USD):	158,18 USD
+	60 % War Risk Surcharge (von 2 015,00 USD):	1209,00 USD
	Frachtentgelt	3 482,93 USD

Umrechnung in EUR: 3 482,93 USD : 1,21 USD/EUR = 2 878,45 EUR

9.5 Luftfracht

Luftfrachttarif TACT (The Air Cargo Tariff)

Das Entgelt nach TACT deckt die Beförderung von Flughafen zu Flughafen. Zusätzlich werden Nebenkosten wie **Terminal Handling Charge** oder **Verzollung** nach örtlichen Nebengebührentarifen erhoben.

Der TACT ist ein richtungsgebundener Stationentarif. Die im TACT enthaltenen **Frachtraten** werden im Zuge der Deregulierung und Liberalisierung des Luftverkehrs in der Praxis häufig durch Kontraktraten (Vertragsraten) der IATA-Fluggesellschaften ersetzt.

Die Frachtraten gelten je Kilogramm für den reinen Lufttransport von Flughafen zu Flughafen. **Nebenkosten** des Spediteurs werden nach **Nebengebührentarifen** abgerechnet. Beispiele für Nebenkosten sind **Rollgeld, Abfertigungskosten, Verzollung und Vorlagen.**

Auszug aus dem Luftfrachttarif TACT (Aufbau des TACT)

Lokale Währung für Abflugland (Euro)

Abflughafen — Abflugland

FRANKFURT		DE	FRA
EUR		min weight	local currency
Melbourne AL		M	84,36
		N	15,74
		45	11,37
		100	7,32
		300	6,17
		500	5,57
		/C	4,47
	20/B	3000	14567,15
	5 /B	2000	9709,43
	8 /B	1000	4854,72
Osaka JP		M	76,69
		N	15,18
		45	10,96
		100	7,62
		200	5,54
		300	4,48
	1024	100	6,25
	7109	100	3,90
	9998	45	4,64
St. Petersburg RU		M	61,36
		N	4,70
		45	3,55
	0,470	100	2,74

- FRA: **3-Letter-Code** des Abflughafens
- M 84,36: Mindestfracht in €
- N 15,74: Fracht je kg für Güter bis 45 kg
- Frachtraten je kg mit höheren Mindestgewichten (45, 100, 300, 500)
- Frachtraten je kg in der lokalen Währung Euro (6,17 €, 5,57 €, ...)
- /C 4,47: Frachtrate je zusätzliches kg bei Überschreitung des Containermindestgewichts
- Fracht zur Abrechnung von Luftfrachtcontainern (20/B 3000, 5/B 2000, 8/B 1000)
- **Spezialraten**
  1024 CORAL, WEED, FISH, FOOD
  7109 NEWSPAPERS
  9998 HOUSEHOLD GOODS

Berechnung des frachtpflichtigen Gewichts

Bei der **Berechnung des frachtpflichtigen Gewichts** wird grundsätzlich aufgerundet auf das nächste halbe oder ganze Kilogramm. **Luftfrachtgüter** sind **sperrig**, wenn 6 dm³ weniger als 1 kg wiegen.

Formel zur Ermittlung des Volumengewichtes:

$$\frac{\textit{Länge} \cdot \textit{Breite} \cdot \textit{Höhe in cm}}{6000} = \textit{Volumengewicht in kg}$$

[?!]

Formel zur Ermittlung des Volumengewichtes

Musteraufgabe

Frachtpflichtiges Gewicht der Luftfrachtsendung

Eine Luftfrachtsendung besteht aus 2 Kisten:
- Kiste 1: Maße: 115 cm x 55 cm x 46 cm, Gewicht: 50,4 kg
- Kiste 2: Maße: 131 cm x 56 cm x 75 cm, Gewicht: 79,8 kg

Berechnen Sie das frachtpflichtige Gewicht der Luftfrachtsendung.

Lösung

Zuerst wird das tatsächliche Gewicht (Effektivgewicht) ermittelt:
- 50,4 kg + 79,8 kg = 130,2 kg → Aufrunden auf 130,5 kg

Danach wird das Volumengewicht berechnet, um zu ermitteln, ob die Sendung sperrig ist:
- Kiste 1: (115 cm · 55 cm · 46 cm) : 6 000 = 48,492 Volumen-kg
- Kiste 2: (131 cm · 56 cm · 75 cm) : 6 000 = 91,700 Volumen-kg

---

- Luftfrachtsendung insgesamt: 140,192 Volumen-kg

Das Volumengewicht ist höher als das Effektivgewicht → Aufrunden des ermittelten Volumengewichts auf 140,5 kg **frachtpflichtiges Gewicht**.

Frachtraten des TACT: GCR (N, Q) und M

- **GCR: General Cargo Rates – Allgemeine Frachtraten**
  Die Ermittlung des günstigsten Frachtentgelts erfolgt häufig durch alternative Frachtberechnung zwischen verschiedenen **General Cargo Rates**.
- **N: Normal Rate – Normalrate**
  Regeltarif je Kilogramm für Sendungen unter 45 kg. Die Mindestfrachtrate darf nicht unterschritten werden.
- **Q: Quantity Rate – Mengenrabattrate**
  Q-Raten sind für Sendungen mit mindestens 45 kg frachtpflichtigem Gewicht (**Q 45**). Für höhere Gewichte sieht der TACT meistens weitere Preisabschläge vor. Beim Tarif nach Melbourne erfolgt eine Preisminderung ab einem frachtpflichtigen Gewicht von 100 kg (**Q 100**), 300 kg (**Q 300**) und 500 kg (**Q 500**).
- **M: Minimum Charge – Mindestfrachtbetrag**
  Für jede Luftfrachtsendung schreibt der TACT Mindestfrachtbeträge vor. Die Luftfrachtkosten für eine Luftfrachtsendung von Deutschland nach Melbourne betragen mindestens 84,36 €.

5286562

Musteraufgabe

Luftfrachtkosten nach TACT

Zwei nicht sperrige Luftfrachtsendungen werden von Frankfurt nach Melbourne verschickt.

- Sendung 1: 41,2 kg
- Sendung 2: 244,7 kg

Berechnen Sie die Luftfracht nach TACT.

Lösung

Sendung 1: Effektivgewicht 41,2 kg → frachtpflichtiges Gewicht: **41,5 kg**

- Abrechnung nach der **N-Rate**: 41,5 kg · 15,74 €/kg = 653,21 €
  oder alternativ
- Abrechnung nach der **Q-45-Rate**: 45 kg · 11,37 €/kg = 511,65 €

→ Abrechnung nach der Q-45-Rate, da sie trotz 45,0 kg frachtpflichtigem Gewicht günstiger ist als der Versand von 41,5 kg mit der N-Rate.

Sendung 2: Effektivgewicht: 244,7 kg → frachtpflichtiges Gewicht 245,0 kg

- Abrechnung nach der **Q-100-Rate**: 245,0 kg · 7,32 €/kg = 1793,40 €
  oder alternativ
- Abrechnung nach der **Q-300-Rate**: 300,0 kg · 6,17 €/kg = 1 851,00 €

→ Abrechnung nach der Q-100-Rate, da sie eine geringere Luftfracht ergibt.

Frachtraten für Luftfrachtpaletten und -behälter: ULD (Unit Load Device Program)

Die ULD-Raten für von der IATA genormte Lademittel sind FAK-Raten (**Freight-All-Kinds**), d. h. bei der Frachtberechnung ist lediglich das Gewicht ausschlaggebend.

- **20/B** gibt die Ladeeinheit (Luftfrachtcontainer) an: Beim Versand eines **20/B-Containers** berechnet die Luftfrachtgesellschaft ein **Mindestgewicht von 3000 kg**.
- Bei einem **5/B**-Container wird ein **Mindestgewicht von 2000 kg** berechnet, bei einem **8/B-Container ein Mindestgewicht von 1000 kg**.
- In der Luftfracht wird diese Rate **Pivot-Rate** genannt.
- Wird das Mindestgewicht überschritten, berechnet die Luftfrachtgesellschaft für jedes weitere kg die günstigere **Over-Pivot-Rate** (/C) ab.

Musteraufgabe

Frachtentgelt für Luftfrachtpaletten

1236 kg Luftfracht werden in einem 8/B-Container von Frankfurt nach Melbourne versendet.

Berechnen Sie das Frachtentgelt.

Lösung

	Pivot-Rate für Pivot-Weight 1000 kg (Mindestgewicht)	4 854,72 €
+	Over-Pivot-Rate für 236 kg Over-Pivot-Weight: 236 kg · 4,47 €/kg =	1 054,92 €
	Frachtentgelt	5 909,64 €

Spezialraten: SCR (Specific Commodity Rates)

Specific Commodity Rates gelten für die Beförderung von exakt beschriebenen Waren/Warengruppen von einem Flughafen zu einem bestimmten anderen Flughafen. Sie können bis zu 75 % günstiger sein als die **General Cargo Rates**.

Bei Versand der beschriebenen Waren (z. B. Fisch) kann die Spezialrate ab 100 kg frachtpflichtigem Gewicht angewandt werden.

Musteraufgabe

Frachtentgelt mit Spezialrate

276,8 kg Haushaltswaren werden per Luftfracht von Frankfurt nach Osaka versandt. Die Sendung ist nicht sperrig.
Berechnen Sie das Frachtentgelt.

Lösung
Frachtpflichtiges Gewicht: 277 kg
- Q-200-Rate: 277 kg · 5,54 €/kg = 1 534,58 €
- Q-300-Rate: 300 kg · 4,48 €/kg = 1 344,00 €
- Spezialrate 9998: 277 kg · 4,64 €/kg = 1 285,28 €

Abrechnung nach der Spezialrate, da sie eine geringere Luftfracht ergibt.

Warenklassenraten: CR (Class Rates)

Class Rates gelten für den Transport genau definierter Güter zwischen zwei Flughäfen. Sie basieren auf der N-Rate und können durch Zuschläge teurer oder durch Abschläge günstiger werden.
- S (**Surcharges/Zuschläge**) für lebende Tiere und Wertfrachten
  z. B.: „All IATA Areas 200 % of Normal GCR"
- R (**Reduction/Abschläge**) für Zeitungen, Zeitschriften, Bücher, Kataloge
  z. B.: „Within Europe 67 % of the Normal GCR"

Musteraufgabe

Frachtentgelt mit Klassenrate

Zwei nicht sperrige Luftfrachtsendungen werden von Frankfurt nach St. Petersburg verschickt.
- *Sendung 1:* 46,215 kg Zeitungen. Die Class Rate beträgt „67 % of the Normal General Cargo Rate".
- *Sendung 2:* 18,780 kg Wertpapiere. Die Class-Rate beträgt „200 % of the Normal General Cargo Rate".

Berechnen Sie für die beiden Sendungen die Luftfracht nach TACT.

Lösung
Sendung 1: Frachtpflichtiges Gewicht: 46,5 kg
46,5 kg · 3,55 €/kg · 0,67 = 110,60 €

Sendung 2: Frachtpflichtiges Gewicht: 19,0 kg
19,0 kg · 4,70 €/kg · 2 = 178,60 €

5286564

10 Internationaler Gütertransport

10.1 Grundlagen des internationalen Gütertransports

10.1.1 Die wichtigsten Handelspartner Deutschlands

Exporte (Ausfuhren)

Die wichtigsten Handelspartner Deutschlands sind die Mitgliedstaaten der Europäischen Union. 2019 erfolgten 58,7 % der deutschen **Exporte** in die Mitgliedstaaten der Europäischen Union, weitere 9,5 % in die restlichen europäischen Länder. Zweitwichtigster deutscher Absatzmarkt im Jahr 2019 war Asien mit 16,7 %, gefolgt von Amerika mit 12,5 %, Afrika mit 1,8 % und Australien/Ozeanien mit 0,8 %. 2019 lagen die Vereinigten Staaten mit 118,7 Mrd. € an der Spitze deutscher Exporte, gefolgt von Frankreich mit 106,7 Mrd. € und China mit 96,0 Mrd. €.

Importe (Einfuhren)

Auch die **Importe** Deutschlands kamen 2019 zum weitaus größten Teil aus Europa, 57,3 % aus den Mitgliedstaaten der Europäischen Union und 10,5 % aus den restlichen europäischen Ländern. Zweitwichtigster Importmarkt war Asien mit 20,6 %, gefolgt von Amerika mit 9,1 % und Afrika und Australien/Ozeanien mit zusammen 2,5 %. 2019 war das wichtigste Lieferland China mit 109,7 Mrd. €, gefolgt von den Niederlanden mit 98,7 Mrd. € und Vereinigte Staaten mit 71,4 Mrd. €.

Weltweit werden täglich Millionen Tonnen Güter importiert und exportiert und zwischen verschiedenen Ländern und Kontinenten transportiert. Viele Länder greifen zum Schutz ihrer Volkswirtschaft in den Außenhandel ein. Import- oder Exportgenehmigungen, Importkontingente und Zölle erschweren oder verhindern den weltweiten Außenhandel.

10.1.2 Das Zollgebiet der EU

Zollunion

Die Mitgliedsländer der EU bilden eine **Zollunion**: Der Warenverkehr innerhalb der Zollunion ist **zollfrei**. Alle Länder der Zollunion haben **einheitliche Außenzölle** gegenüber Drittländern.

Zollgebiet

Das **Zollgebiet** der Europäischen Union umfasst die Gebiete der 27 Mitgliedsländer. Das Zollgebiet wird erweitert durch **Zollanschlüsse**, z. B. Fürstentum Monaco. Es wird verkleinert durch **Zollausschlüsse** wie bspw. die Insel Helgoland, Büsingen, die Färöer-Inseln und Grönland.

Welthandelsgebiet		
Zollgebiet der EU (EG-Binnenmarkt)		**Drittländer**
Deutschland	**die anderen EU-Länder**	**Gebiete außerhalb der Gemeinschaft**
Handel innerhalb der EU = Innergemeinschaftlicher Warenverkehr (Binnenhandel/Intrahandel) **Innergemeinschaftliche Lieferung/Versendung** z. B.: Ein deutscher Unternehmer liefert Güter nach Italien. **Innergemeinschaftlicher Erwerb/Eingang** z. B.: Ein deutscher Unternehmer kauft Güter in Frankreich.		**Handel mit Drittländern = Außenhandel (Extrahandel)** **Export/Ausfuhr** z. B.: Ein Unternehmer aus der EU verkauft Güter nach Japan. **Import/Einfuhr** z. B.: Ein Unternehmer aus der EU kauft Güter in China.

Alle Zollvorschriften für den **EG-Binnenmarkt** sowie für den Warenverkehr mit Drittländern sind im **Unionszollkodex UZK** (Zollrecht der Gemeinschaft) geregelt, darunter Einfuhr- und Ausfuhrverfahren sowie die Einfuhrzölle.

Die EU hat in ihr Zollrecht internationale Abkommen integriert. Dazu gehören das allgemeine Zoll- und Handelsabkommen **GATT** der **World Trade Organisation WTO** (Welthandelsorganisation) zur Erreichung eines freien und fairen Welthandels sowie das **Washingtoner Artenschutzabkommen**.

Weiterhin hat die EU zur Erleichterung des Handels mit den meisten Drittländern **Assoziierungs-, Präferenz- oder Freihandelsabkommen** geschlossen. Dazu zählen das Abkommen mit den Mittel- und Osteuropäischen Ländern (**MOEL**), die **Zollunion** mit den **Nichtmitgliedern** Türkei, Andorra und San Marino, das Abkommen mit den **AKP-Staaten** (78 Staaten in Afrika, der Karibik und im Pazifik) sowie eine große Anzahl weiterer Zoll- und Präferenzabkommen.

10.1.3 Innergemeinschaftlicher Warenverkehr/Intrahandel

Im gemeinsamen Binnenmarkt der Europäischen Gemeinschaft[1] sollen folgende Freiheiten verwirklicht werden:

- freier Warenverkehr
- freier Personenverkehr
- freier Dienstleistungsverkehr
- freier Kapitalverkehr

1 Die EG ist der wichtigste Teil der EU. Soweit es sich um wirtschaftliche und zollrechtliche Vorgänge handelt, ist es weiterhin richtig, von der EG zu sprechen.

Intrahandel

Mit dem Inkrafttreten des **EG-Binnenmarktes** wurde der Warenhandel zwischen den Ländern der Gemeinschaft zum **Binnenhandel (Intrahandel)** und wird nicht mehr von Binnengrenzen beschränkt. Für den Binnenhandel mit **Gemeinschaftswaren** sind sämtliche zollamtlichen Überwachungsverfahren weggefallen.

Gemeinschaftswaren

Gemeinschaftswaren sind laut Zollkodex der EU ...
1. alle im Zollgebiet der Gemeinschaft vollständig hergestellten Waren, z. B. Rohstoffe wie Holz, Steinsalz, landwirtschaftliche Erzeugnisse,
2. alle aus Drittländern stammenden Waren, die zum zollrechtlich freien Verkehr abgefertigt wurden, z. B. Stahl aus Indien, der bereits verzollt wurde,
3. alle im Zollgebiet der Gemeinschaft ausschließlich aus Gemeinschaftswaren hergestellten Waren, z. B. ein Pkw, dessen Karosserie aus dem verzollten Stahl aus Indien hergestellt wurde.

Export und Import
Versendung und Eingang

Im **Außenhandel** wird der Warenverkehr als **Export** und **Import** bezeichnet, beim **Binnenhandel** hingegen als **Versendung** und **Eingang**. Aufgrund unterschiedlich hoher Mehrwertsteuer- und Verbrauchsteuersätze in den Mitgliedsländern der EU, wie bspw. bei Mineralölsteuer, Tabaksteuer oder Alkoholsteuer, sowie aus statistischen Gründen werden Versendung und Eingang weiterhin durch die Mitgliedsländer kontrolliert.

Intrastatmeldung

Firmen, deren jährliche Versendungen 500 000,00 € oder deren jährliche Eingänge 800 000,00 € überschreiten, müssen ihre Umsätze aus dem Intrahandel monatlich dem Statistischen Bundesamt per **Intrastat-Formular** melden. Aus den gemeldeten Daten wird die **Intrahandelsstatistik** für den Binnenhandel innerhalb der EU erstellt.

Verbringungsnachweis für die Umsatzsteuer im Binnenmarkt

Verkäufe an Kunden im Ausland sind grundsätzlich **im Exportland umsatzsteuerfrei** und **im Importland umsatzsteuerpflichtig**. Da beim Binnenhandel keine zollamtliche Überwachung vorliegt, überwachen die Finanzbehörden die Abführung der Umsatzsteuer durch die Käufer. Bei einem **Verkauf an einen Kunden innerhalb der EU** stellt der Verkäufer eine umsatzsteuerfreie Rechnung aus. Voraussetzung ist, dass der Kunde über eine **Umsatzsteuer-Identifikationsnummer (ID-Nr.)** verfügt. Gegenüber seinen eigenen Finanzbehörden weist der Verkäufer die Lieferung der Güter ins Ausland durch einen **Verbringungsnachweis für Umsatzsteuerzwecke** (weiße Spediteurbescheinigung) nach. Im Verbringungsnachweis bestätigt der ausländische Kunde den Erhalt der Güter.

10.2 Die Abwicklung von Warenexporten

10.2.1 Ausfuhrbeschränkungen/Ausfuhrliste/Ausfuhrgenehmigung

Export

Ein **Export (Ausfuhr)** liegt vor, wenn Güter das Zollgebiet der EU verlassen. Der Export ist grundsätzlich ohne Beschränkungen möglich. Allerdings können aus Schutz- und Sicherheitsgründen Einschränkungen erfolgen.

Ausfuhrliste

Die **Ausfuhrliste** enthält alle Waren, deren **Ausfuhr in Länder außerhalb der EU genehmigungspflichtig** ist. Zu den sensiblen Waren zählen Produkte aus dem Bereich der Rüstungs- und Atomgüterindustrie sowie Waren mit doppeltem Verwendungszweck (**Dual-Use-Waren**), die sowohl zivil als auch militärisch verwendet werden können.

Ausfuhrgenehmigung

Für den Export genehmigungspflichtiger Waren ist eine **Ausfuhrgenehmigung** notwendig. Zusätzlich können die Zollverwaltung, das Bestimmungsland der Ware oder der Käufer weitere Papiere verlangen. So fordert die EU beim Export ab einem Warenwert von 1000,00 € eine **Ausfuhranmeldung**. Um Zollvorteile in Anspruch nehmen zu können, schreiben die Handelsabkommen ein **Ursprungszeugnis, Lieferantenerklärung** oder eine **Präferenzbescheinigung EUR 1** oder **A.TR** vor.

10.2.2 Ausfuhranmeldung

Die **Ausfuhranmeldung** (**AA**) dient zur Überwachung der Ausfuhren sowie zur Erstellung der Außenhandelsstatistik. Ausgestellt wird die AA vom Exporteur. Sie begleitet die Sendung bis zur Ausgangszollstelle an der Außengrenze der EU. Dort wird sie abgestempelt und damit der Export der Ware bestätigt. Dem Exporteur dient sein Exemplar der AA als **Verbringungsnachweis für die Umsatzsteuerbefreiung**.

- Bei einem Warenwert unter 1000,00 € ist keine AA notwendig.
- Ab einem Warenwert von 1000,00 € ist eine AA vorgeschrieben.
- Bei Kleinsendungen zwischen 1000,00 € und 3000,00 € Wert erfolgt die Abfertigung durch das EG-Grenzzollamt.
- Bei Warensendungen mit einem Wert über 3000,00 € muss die AA dem Binnenzollamt am Sitz des Ausführers zur Prüfung vorgelegt werden. Danach begleitet die AA die Sendung bis zur Ausgangszollstelle an der EG-Außengrenze (EG-Grenzzollamt).

Ausfuhranmeldung/Ausfuhrverfahren

Warenwert unter 1 000,00 €	**Warenwert zwischen 1 000,00 € und 3 000,00 €**	**Warenwert über 3 000,00 €**
Keine AA notwendig eine Handelsrechnung ist ausreichend	**AA notwendig** **Einstufiges Ausfuhrverfahren** • Gestellung der Ware an der Grenzzollstelle (Ware wird dem Zoll zur Abfertigung vorgeführt)	**AA notwendig** **Zweistufiges Ausfuhrverfahren** 1. **Vorabfertigung** beim zuständigen Binnenzollamt 2. **Gestellung** der Ware an der **Grenzzollstelle**

Elektronisches Ausfuhrverfahren ATLAS

Ausfuhranmeldungen sind nur mithilfe des **elektronischen Ausfuhrverfahrens ATLAS** möglich:

- Die für die Ausfuhranmeldung erforderlichen Daten werden von dem Exporteur in ATLAS in eine elektronische Ausfuhranmeldung eingefügt und online an das für ihn zuständige **Binnenzollamt** (Ausfuhrzollstelle) geschickt.
- Das Zollsystem ATLAS prüft die Ausfuhranmeldung und schickt das **Ausfuhrbegleitdokument** (**ABD**) mit einer 18-stelligen Bearbeitungsnummer (**MRN** = **Movement Reference Number**) und einem Barcode an den Ausführer zurück.
- Der Ausführer druckt das Ausfuhrbegleitdokument aus und gibt es dem Fahrer mit. Die Abfahrt ist somit von der Datenrücksendung durch den Zoll abhängig.
- An der **Grenzzollstelle** (Ausgangszollstelle) erfolgt die Gestellung und Abfertigung. Nachdem die Ware die EU verlassen hat, erhalten die Ausfuhrzollstelle und der Ausführer von der Ausgangszollstelle eine **elektronische Ausgangsbestätigung**.

10.2.3 Weitere Dokumente für die Abwicklung von Exporten

Handelsrechnung	Die Handelsrechnung ist vom Exporteur zu erstellen, sie begleitet die Warensendung. Aufgrund der darin angegebenen Warenbezeichnung, dem Preis und der Lieferbedingung erfolgt die **Berechnung des Zollwerts**. Der **Zollwert** bildet die Grundlage für die Berechnung der Einfuhrabgaben (Zölle, Einfuhrumsatzsteuer). Für die Handelsrechnung gibt es keinen speziellen Vordruck oder Formvorschriften.
Ausfuhrgenehmigung	Bei manchen Exporten ist eine Ausfuhrgenehmigung erforderlich. Dies kann von der Art der Ware (Ausfuhrliste, Dual-Use-Waren) abhängen sowie vom Zielland (Embargoland mit Handelsbeschränkungen) oder vom Empfänger der Waren (Antiterrorliste). Die Ausfuhrgenehmigung muss bei der Ausfuhr mit der Ausfuhranmeldung vorgelegt werden.
Ausfuhrbescheinigung für Umsatzsteuerzwecke	Der Exporteur muss eine umsatzsteuerfreie Berechnung einer Ausfuhrsendung dem Finanzamt durch den Nachweis der tatsächlichen Ausfuhr belegen. Beim ATLAS-Verfahren erfolgt dies durch den **elektronischen Ausfuhrnachweis des Zolls**, der erst nach der tatsächlichen Ausfuhr der Güter erstellt wird.
Ursprungszeugnis	Einige Länder verlangen bei der Einfuhr von Waren Ursprungszeugnisse. Das von den Industrie- und Handelskammern ausgestellte Ursprungszeugnis bestätigt den Ursprung der Waren in der EU.
Lieferantenerklärung	Lieferantenerklärungen sind notwendig, wenn der Exporteur den Ursprung der nicht selbst hergestellten Exportwaren nachweisen muss.
Warenverkehrsbescheinigung EUR.1	Eine Warenverkehrsbescheinigung bewirkt, dass der Käufer im Importland keine oder ermäßigte Zölle abführen muss. Die Warenverkehrsbescheinigung **EUR.1** ist einsetzbar bei einem Export in ein Land, mit dem die EG ein Freihandels-, Präferenz- oder Kooperationsabkommen abgeschlossen hat, sowie bei einem Export in ein Land, das mit der EG assoziiert ist. Ein **EUR.1** wird von der Versandzollstelle im Rahmen der Versandabfertigung ausgestellt. Bei den meisten Freihandels-, Präferenz- oder Kooperationsabkommen genügt bei einem Warenwert unter 6000,00 € anstatt einer **EUR.1** eine Ursprungserklärung des Exporteurs auf der Handelsrechnung.
Warenverkehrsbescheinigung A.TR	Die Warenverkehrsbescheinigung A.TR gilt ausschließlich für den Warenverkehr zwischen der Europäischen Union und der Türkei. Grundsätzlich sind aufgrund der Zollunion zwischen der EU und der Türkei alle Waren von Zöllen und Abgaben befreit.
Beförderungspapier Carnet TIR	Das internationale Beförderungspapier **Carnet TIR (Transports Internationaux Routiers)** dient zur Erleichterung des internationalen Warentransports mit Straßenfahrzeugen und zur Vereinfachung der Zollabfertigung an den Grenzen. Das Verfahren findet bei Straßentransporten Anwendung, wenn die Güter ohne Umladung über eine oder mehrere Grenzen in zollsicher eingerichteten Straßenfahrzeugen befördert werden. Die zollsichere Herrichtung der Fahrzeuge erfolgt meistens durch eine Zollplombe.

10.3 Die Abwicklung von Warenimporten

Import

Ein **Import** (**Einfuhr**) liegt vor, wenn Nicht-Unionsware in das Zollgebiet der EU gelangt. Dabei entstehen **Einfuhrabgaben** wie Zölle, Einfuhrumsatzsteuer und Verbrauchsteuern.

Einfuhrlisten

Einfuhrlisten schreiben vor, ob und welche der folgenden Papiere der Importeur bei der Einfuhr vorlegen muss:

- **Einfuhrgenehmigung** für den Import bestimmter Textil- und Bekleidungs-, Eisen- und Stahlerzeugnisse
- **Einfuhrlizenz** für die Einfuhr landwirtschaftlicher Produkte wie Reis und Getreide
- **Einfuhrkontrollmeldung** für Waren des Ernährungsbereichs mit Einfuhrquoten
- **Ursprungszeugnis** für den Import bestimmter Textil- und Bekleidungserzeugnisse

Mit dem Überschreiten der EU-Zollgrenze unterliegen die Waren der **zollamtlichen Überwachung**. Die Überwachung endet nach der Abfertigung zum freien Verkehr oder nach der Wiederausfuhr der Nicht-Unionsware aus der EU.

Mit **ATLAS-Einfuhr** ist die ektronische Überführung von Nicht-Unionsware in folgende Zollverfahren möglich: zollrechtlich freier Verkehr, Zolllagerverfahren, Verfahren der Aktiven Veredelung und Umwandlungsverfahren.

10.3.1 Überführung in den freien Verkehr

Um als Importeur über die aus einem Drittland eingeführte Nicht-Unionsware frei verfügen zu können, muss diese in den „zollrechtlich freien Verkehr" überführt werden.

- Zunächst gibt der Importeur eine **elektronische Zollanmeldung** ab sowie alle weiteren notwendigen Unterlagen, wie bspw. Rechnungen und Beförderungspapiere.
- Die Zollstelle überprüft die Papiere und die gestellte Ware durch eine Beschau. Zur Überprüfung der Richtigkeit der Angaben können die Zollbehörden eine Prüfung der Waren durch Muster und Proben vornehmen.
- Die Zollstelle erstellt einen Zollbefund und berechnet die **Einfuhrabgaben**. Hierbei können neben dem Zoll und der Einfuhrumsatzsteuer auch Abgaben für Verbrauchsteuern entstehen. Nach dem Entrichten der Einfuhrabgaben kann der Importeur frei über die Ware verfügen.
- Nach Begleichen der Einfuhrabgaben wird die Nicht-Unionsware in den zollrechtlich freien Verkehr überführt und erhält dadurch den **Status** von **Unionsware**.

ATLAS-Einfuhr

Zoll, Zolltarif, Zollsatz

Ermittlung der Zollschuld mithilfe von TARIC

Für die **Ermittlung der Zollschuld** sind der **Zollsatz** und der **Zollwert** entscheidend. Der anzuwendende Zollsatz kann im Internet unter www.zoll.de ermittelt werden. Mithilfe des Auskunftssystems **TARIC** (**Integrierter Zolltarif der Europäischen Gemeinschaft**) ist es möglich, den anzuwendenden Zollsatz entweder anhand der Warenbeschreibung oder anhand des Nummerncodes zu ermitteln. Die Erzeugnisse und Waren werden im elektronischen Zolltarif TARIC sachlich geordnet und nach Zollpositionen nummeriert. Diesen Positionen werden in Abhängigkeit des Herkunftslandes Zollsätze zugeordnet. So kann bei Angeboten aus unterschiedlichen Ländern die Zollschuld bei der Kaufentscheidung berücksichtigt werden.

Beispiel

Ein Kranunternehmen mit Sitz in der EU möchte einen Kranwagen (Autokran) kaufen und erhält Angebote aus Deutschland, Frankreich, den USA, Japan und Südkorea. Um die Angebote vergleichbar zu machen, ist bei den Fahrzeugen aus Drittländern auch der Zoll zu berücksichtigen.

Über die **Warenbeschreibung** „Kranwagen" erhält der Anwender im TARIC den Code „8705 Kraftfahrzeuge zu besonderen Zwecken". Eine weitere Aufgliederung führt zu dem „Code 870510 Kranwagen (Autokran)". Durch Eingabe der Herkunftsländer ist ersichtlich, dass der Zollsatz für alle Drittländer mit 3,7 % identisch ist. Für Kranwagen aus der USA wird ein Zusatzzoll von 0,012 % berechnet. Bei Kranwagen aus Südkorea und Japan sinkt bei Nachweis der Herkunft der Zollsatz von 3,7 % auf 0,0 %.

Der Zollsatz kann auch über den **Code** „870510" ermittelt werden. Nach der Eingabe des Codes, erhält der Anwender die Warenbeschreibung „Kranwagen (Autokran)" und kann danach über die Lieferländer den jeweiligen Zollsatz ermitteln.

Zollwert: CIF-Wert an der EU-Grenze

Die Basis für die Berechnung des bei einem Import anfallenden Zolls ist der **Zollwert** des Importgutes. Der **Zollwert für Importe in die EU** ist der **CIF-Wert an der EU-Grenze.** (CIF = Cost, Insurance, Freight; Kosten der Verladung, Versicherung und Fracht bis zum Bestimmungshafen)

Beispiel: Berechnung des Zollwertes

Berechnung des Zollwertes	
allgemeine Darstellung in Abhängigkeit der verwendeten Incoterms	
Rechnungspreis + **Kosten außerhalb der EU**, die noch nicht im Rechnungspreis enthalten sind z. B. die bei **EXW** Manila noch nicht berücksichtigten Beförderungs-, Umschlags- und Versicherungskosten bis zur EU-Grenze (Bei EXW Manila trägt der Käufer die Kosten ab Werk Manila und ist auch für die Importfreimachung verantwortlich.)	**Rechnungspreis** – **Kosten innerhalb der EU**, die bereits im Rechnungspreis enthalten sind z. B. die bei **DAP** Duisburg berücksichtigten Transport-, Versicherungs-, Lager-, Umschlags- und Montagekosten ab der EU-Grenze (Bei DAP Duisburg wird die Ware auf Kosten des Verkäufers bis an den benannten Ort geliefert, der Käufer ist aber für die Importfreimachung verantwortlich.)
= CIF-Wert an der EU-Grenze **= Zollwert**	**= CIF-Wert an der EU-Grenze** **= Zollwert**

Beispiel: Berechnung des Zollwertes und der Zollschuld

Ein Maschinenhändler kauft bei einem russischen Hersteller eine Drehmaschine zum Rechnungspreis **78 000,00 € CIF Frankfurt Flughafen**. Der Lufttransport kostet 4 150,00 €. Laut EG-Verordnung sind 70 % der Luftfrachtkosten in den Zollwert einzubeziehen. Der anzuwendende Zollsatz beträgt 2,7 %. Der Transport vom Flughafen Frankfurt zum Empfänger nach Wiesbaden kostet 980,00 €, die Montage 1500,00 €.

Lösung

In den 78 000,00 € CIF Frankfurt Flughafen sind die gesamten Luftfrachtkosten von Russland bis zum Flughafen Frankfurt enthalten. Um den CIF-Wert an der EU-Grenze (Zollwert) zu ermitteln, müssen die 30 % Luftfrachtkosten, die innerhalb der EU entstanden sind, aus dem Listenpreis CIF Frankfurt Flughafen heraus gerechnet werden.

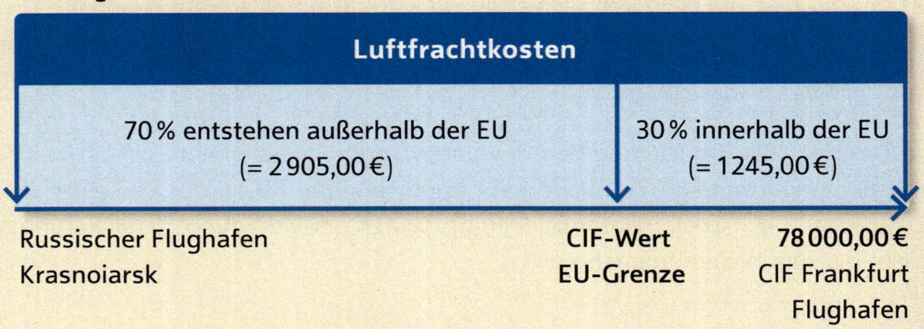

	Rechnungspreis CIF Frankfurt Flughafen	78 000,00 €
–	Kosten innerhalb der EU (30 % der Luftfrachtkosten)	1 245,00 €
=	**Zollwert (CIF-Wert an der EU-Grenze)**	76 755,00 €

Berechnung der **Zollschuld**: 2,7 % von 76 755,00 € = 2 072,39 €

Im TARIC werden auch die **Zollvergünstigungen** für Importe aus bestimmten Ländern aufgeführt. Diese Vergünstigungen kann der Importeur aber nur in Anspruch nehmen, wenn er durch einen **Präferenznachweis** die Herkunft des Gutes aus diesem Land nachweist.

Weitere Eingangsabgaben

Verbrauchsteuern

Bei **Verbrauchsteuern** gibt es innerhalb der EU keine Vereinheitlichung. Grundlage für die Erhebung von Verbrauchsteuern sind die jeweiligen nationalen Verbrauchsteuergesetze, die den Verbrauch bestimmter Waren wie Mineralöl, Tabak, Kaffee, Tee, Branntwein oder Alkopop belasten. Um innerhalb eines EU-Landes gleiche Wettbewerbsverhältnisse für inländische und ausländische Anbieter zu schaffen, werden bei der Einfuhr von verbrauchssteuerpflichtigen Waren aus Drittländern **und** aus den Ländern der EU die jeweiligen nationalen Verbrauchsteuern erhoben.

Einfuhrumsatzsteuer

Die **Einfuhrumsatzsteuer** fällt bei allen Importen an, um die einheimische Konkurrenz nicht zu benachteiligen. Bei Importen aus Drittländern erhebt der Zoll die **Einfuhrumsatzsteuer (EUSt)**, beim Intrahandel (Einfuhr aus einem EU-Land) das Finanzamt die **Umsatzsteuer (USt)**. Die EUSt-Sätze entsprechen den Sätzen der inländischen Mehrwertsteuer.

[?!]

Einfuhrumsatzsteuerwert

Berechnung des Einfuhrumsatzsteuerwertes (Allgemeine Darstellung)

	Zollwert (CIF-Wert an der EU-Grenze)
+	*Zoll*
+	*andere Eingangsabgaben (Verbrauchsteuern)*
+	*Kosten innerhalb der EU bis zum ersten inländischen Bestimmungsort*
=	***EUSt-Wert (Wert am ersten inländischen Bestimmungsort)***

Beispiel: Berechnung der EUSt-Schuld

	Zollwert	76 755,00 €
+	2,7 % Zoll	2 072,39 €
+	Kosten innerhalb der EU	
	• 30 % der Luftfrachtkosten	1 245,00 €
	• Weitertransport zum Empfänger	980,00 €
	• Montage der Maschine	1 500,00 €
=	**EUSt-Wert (Wert am ersten inländischen Bestimmungsort)**	82 552,39 €
	Berechnung der **EUSt-Schuld**: 19 % von 82 552,39 € =	15 684,95 €

10.3.2 Weitere Zollverfahren bei Nicht-Unionsware

Zolllagerverfahren

In der EU kann Nicht-Unionsware in speziellen **Zolllagern** (z. B. bei Speditionen) oder in **Freizonen** (z. B. Freihäfen) gelagert werden, ohne dass Einfuhrabgaben anfallen.

Zolllager stehen unter zollamtlicher Überwachung. Entnahmen sind mit Zustimmung der Zollbehörden möglich.

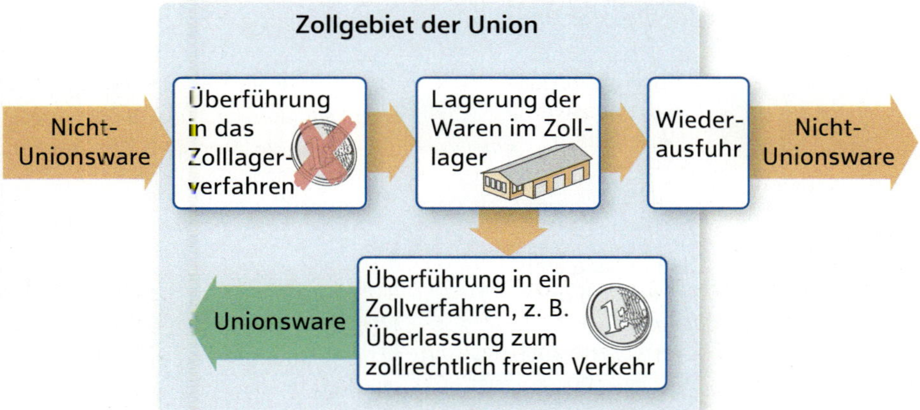

Zolllager

Für die Lagerung von Nicht-Unionsware können **Freizonen**, z. B. Freihäfen, festgelegt werden. Freizonen sind zollrechtlich Ausland. Personen, Waren und Fahrzeuge werden beim Eingang oder Ausgang der eingezäunten Freizonen vom Zoll kontrolliert. Wird Nicht-Unionsware aus einer Freizone in das übrige Zollgebiet gebracht, muss sie in ein Zollverfahren wie bspw. zollrechtlich freier Verkehr überführt werden.

Veredelung

Die Überführung von Nicht-Unionsware in ein **Veredelungsverfahren** wird ebenfalls von ATLAS unterstützt.

- Eine **aktive Veredelung** liegt vor, wenn Nicht-Unionsware im Zollgebiet der Gemeinschaft veredelt und danach wieder ausgeführt wird. Diese Nicht-Unionsware ist von den Einfuhrabgaben befreit. Beispiel: Eine brasilianische Maschine erhält in der EU eine elektronische Steuerung und wird anschließend wieder in ein Drittland ausgeführt.

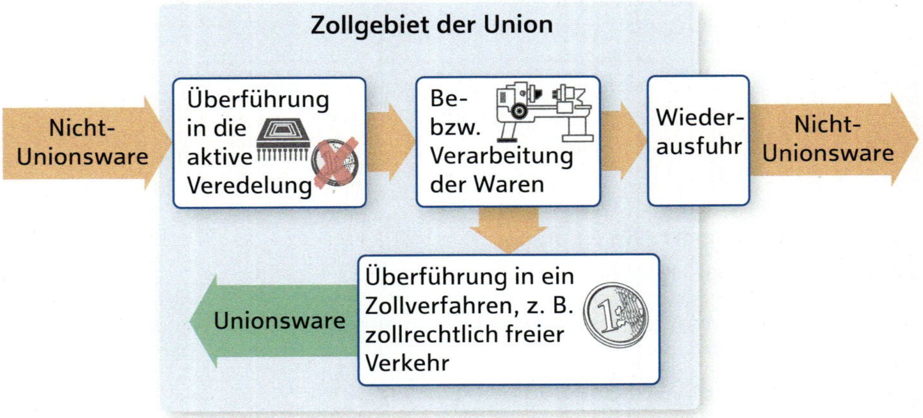

Aktive Veredelung

- Bei einer **passiven Veredelung** wird Unionsware zur Veredelung vorübergehend in ein Drittland ausgeführt. Nach der Veredelung entfällt bei der Wiedereinfuhr ein Teil der Eingangsabgaben. Beispiel: Stoffe werden in ein Drittland ausgeführt und dort zu Anzügen weiterverarbeitet. Bei der Wiedereinfuhr entfallen die Einfuhrangaben für den Stoff, da der Stoff Unionsware ist.

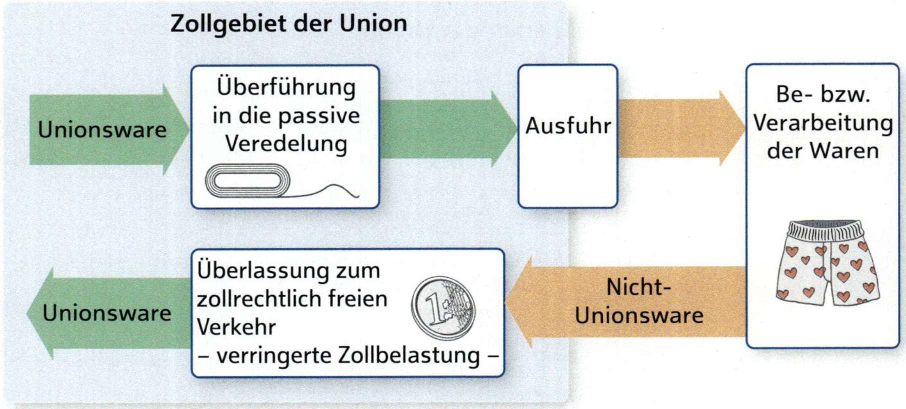

Passive Veredelung

10.4 Transit unverzollter Ware

10.4.1 Unionsversandverfahren

Die **Unionsversandverfahren T1** und **T2** erleichtern den Warenverkehr zwischen den Ländern der EU sowie zwischen den Ländern der EU und den Vertragsparteien des Übereinkommens über ein gemeinsames Versandverfahren.[1] Die Ausführung der Versandverfahren erfolgt unter zollamtlicher Überwachung. Die entstehenden Einfuhrabgaben werden bis zur Zollbehandlung an der Bestimmungszollstelle, i.d.R eine Binnenzollstelle im Bestimmungsland, ausgesetzt.

Anwendungsbereich

Der Anwendungsbereich des Unionsversandverfahrens endet an den Grenzen der EU bzw. an den Grenzen der Vertragsparteien des Übereinkommens über ein gemeinsames Versandverfahren. Für darüber hinausgehende Transporte mit dem Lkw oder im kombinierten Verkehr unter Zollüberwachung gibt es das **Carnet-TIR-Verfahren**.

Anforderung: Nämlichkeitssicherung der Ware

Der Transit unverzollter Waren setzt die **Nämlichkeitssicherung der Ware** voraus. Beim Transport muss gesichert sein, dass die Ware nicht vertauscht oder verändert werden kann. Die Nämlichkeitssicherung erfolgt in der Regel durch Zollplomben.

Externes Unionsversandverfahren (T1-Verfahren)

Das **externe Unionsversandverfahren** (**T1-Verfahren**) ermöglicht nach der elektronischen Anmeldung über ATLAS den **Versand von Nicht-Unionsware** unter zollamtlicher Überwachung **innerhalb des Zollgebiets der Union.** So erfolgt z. B. der Transport eines unverzollten Containers mit indischen T-Shirts vom Seehafen Rotterdam zur Eingangsverzollung beim Binnenzollamt Frankfurt/Oder im T1-Verfahren.

Abwicklung des T1-Verfahrens	
Voraussetzung	Unverzollte Drittlandsware (Nicht-Unionsware)
Durchführung	• Die Ware wird an der Abgangszollstelle im Hafen Rotterdam gestellt sowie mit ATLAS Versand elektronisch angemeldet. • Die Abgangszollstelle sichert die Nämlichkeit der Ware, damit diese beim Transport nicht vertauscht werden kann. Die Nämlichkeitssicherung erfolgt i. d. R. durch die Verplombung des Lkws, Containers bzw. Packstücks oder in Ausnahmefällen durch eine Warenbeschreibung oder eine Seriennummer. • Das von der Abgangszollstelle ausgedruckte Versandbegleitdokument (**Versandschein T1**) begleitet die Sendung bis zur Bestimmungszollstelle Frankfurt/Oder.
Beendigung	• ATLAS erstellt nach der ordnungsgemäßen Gestellung des Gutes an der Bestimmungszollstelle durch Eingabe der **Movement Reference Number** (**MRN**) eine Eingangsbestätigung an die Abgangszollstelle.

1 Die Vertragsparteien des Übereinkommens über ein gemeinsames Versandverfahren sind die Mitgliedstaaten der EU, die Mitgliedstaaten der EFTA (Island, Norwegen, Liechtenstein, Schweiz) sowie Nordmazedonien und Serbien.

Internes Unionsversandverfahren (T2-Verfahren)

Das **interne Unionsversandverfahren** (**T2-Verfahren**) ermöglicht den Versand von **Unionsware** zwischen zwei Orten der Europäischen Union über das Gebiet einer Vertragspartei des Übereinkommens über ein gemeinsames Versandverfahren (Drittland). Der Transport erfolgt wie beim T1-Verfahren nach der elektronischen Anmeldung über ATLAS unter Zollüberwachung. Ein Beispiel für die Anwendung des T2-Verfahrens ist der Transport einer Maschine von Deutschland durch die Schweiz nach Italien.

10.4.2 Versandverfahren Carnet TIR

Das **Carnet-TIR-Verfahren** findet Anwendung beim Lkw-Transport zwischen der EU/EFTA und ost- bzw. südosteuropäischen Ländern. Das TIR-Verfahren ermöglicht den Versand von Unions- oder Nicht-Unionsware unter Zollüberwachung, wenn die Sendung ohne Umladung über eine oder mehrere Grenzen von einer Abgangszollstelle zu einer Bestimmungszollstelle transportiert wird. Der Transport muss in zollsicher hergerichteten Lastzügen oder Behältern erfolgen.

Mit dem Carnet TIR kann Ware durch Transitländer befördert werden. Das TIR-Verfahren (**Transports Internationaux Routiers**) vereinfacht die zu erfüllenden Formalitäten im grenzüberschreitenden Lkw-Verkehr. Es findet jedoch keine Anwendung bei einem Transport innerhalb der EU/EFTA.

Carnet TIR: Verschlussanerkennung

Ein Carnet-TIR-Heft enthält für jede Grenzzollstelle einen Trennabschnitt. Bei jeder Zollstelle wird dem Carnet TIR ein Trennabschnitt entnommen und aufbewahrt.

Beim Transport von Waren im TIR-Verfahren müssen Straßenfahrzeuge vorn und hinten jeweils eine rechteckige blaue Tafel mit der weißen Aufschrift „TIR“ haben. Werden keine Waren im TIR-Verfahren befördert, müssen die Tafeln abgenommen oder abgedeckt werden.

Die im Abgangsland getroffenen zollamtlichen Maßnahmen wie Zollbeschau und Verplombung werden von den Transit- und Bestimmungsländern gegenseitig anerkannt. Deshalb erfolgt beim TIR-Verfahren an den Grenzzollstellen grundsätzlich keine Warenbeschau, sondern lediglich eine papiermäßige Abfertigung. Dadurch verkürzen sich die Grenzaufenthalte erheblich.

Abwicklung des Carnet-TIR-Verfahrens	
Voraussetzung	Warentransport mit dem Lkw über eine oder mehrere Grenzen
Durchführung	**Abgangszollstelle** • Prüfung der Voraussetzungen für das TIR-Verfahren z. B. Verschlussanerkenntnis für das Fahrzeug • Prüfung des Carnet TIR auf Gültigkeit und vollständige Ausfüllung • Anlegen und Prüfung der Zollverschlüsse **Durchgangszollstellen** • nur papiermäßige Abfertigung, Abstempelung im Carnet TIR
Beendigung	**Bestimmungszollstelle** • Beendigung des TIR-Verfahrens durch Abnahme der Zollverschlüsse • Eingangsverzollung

Fachrechnen

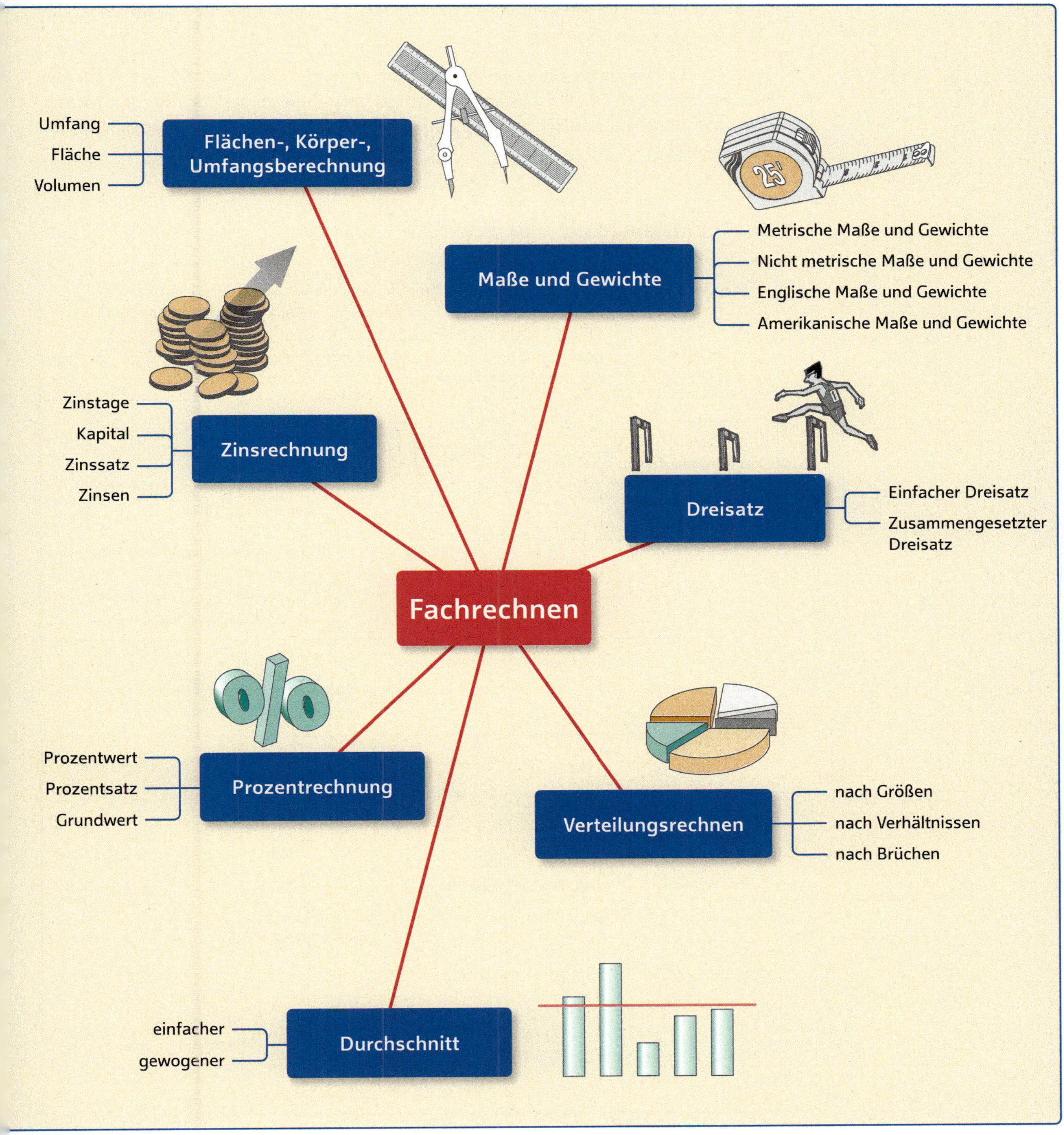

1 Maße und Gewichte

Für den Warenaustausch ist die Bestimmung von Gewicht, Länge und Volumen von großer Bedeutung. So sind **Gewicht, Länge** und **Volumen** Grundlagen z. B. für die Berechnung des Warenentgeltes oder des Lagerplatzbedarfs.

In den meisten Ländern werden **metrische Maße und Gewichte** verwendet, das erleichtert die Berechnungen im internationalen Handel. Für metrische Maße und Gewichte ist das **Dezimalsystem** die Grundlage.

Andererseits verwenden einige wenige Staaten – darunter auch die USA – ein **nicht metrisches Maß- und Gewichtssystem**, deshalb ist es im Bereich der Lagerlogistik wichtig, sich auch mit diesen **exotisch anmutenden** nicht metrischen Maß- und Gewichtseinheiten auszukennen.

1.1 Metrische Maße und Gewichte

Sachverhalt	Eine kommissionierte Sendung besteht aus folgenden Teilen: 6 Pakete zu je 82 kg, 3 Europaletten zu je 685 kg, 2 Gitterboxpaletten zu je 475 kg, 1 Kiste zu 285 kg, 1 Kiste zu 344 kg.	
Frage	Wie hoch ist das Gesamtgewicht der Sendung in Tonnen?	
Lösung 6 Pakete zu je 82 kg = 492 kg 3 Europaletten zu je 685 kg = 2 055 kg 2 Gitterboxpaletten zu je 412 kg = 824 kg 1 Kiste zu 285 kg = 285 kg 1 Kiste zu 344 kg = 344 kg } 1 Gesamtgewicht = 4 000 kg 2 4 000 kg = 4 Tonnen 3		Erklärung 1 Für jede Versendungsform das Gewicht ermitteln. 2 Das Gesamtgewicht der Sendung ermitteln. 3 Umwandlung der kg in Tonnen, es gilt: 1 000 kg = 1 Tonne
Ergebnis	Das Gesamtgewicht der Sendung beträgt 4 Tonnen.	

[?!]
Maßeinheiten:
Längenmaße
Raummaße
Hohlmaße
Gewichtseinheiten

Längenmaße: **1 km = 1000 m**
1 m = 10 dm
1 dm = 10 cm
1 cm = 10 mm

Raummaße: **$1\,m^3 = 1000\,dm^3$**
$1\,dm^3 = 1000\,cm^3$
$1\,cm^3 = 1000\,mm^3$

Hohlmaße: **$1\,hl = 100\,l = 0{,}1\,m^3 = 100\,dm^3$**
$1\,l = 1\,dm^3$

Gewichtseinheiten: **1 t = 1000 kg**
1 kg = 1000 g

Beachte:
$1\,m^3 = 1000\,l$
$1\,dm^3 = 1\,l$

1.2 Nicht metrische deutsche Gewichte

Sachverhalt	Die Schöner Wohnen GmbH möchte 5 Teile einlagern. Sie gibt die einzelnen Gewichte wie folgt an: 1 Europalette mit 3 Doppelzentner, 1 Gitterboxpalette mit 7,5 Zentner, 1 Paket mit 84 kg, 1 Kiste mit 2 Doppelzentner, 1 Kiste mit einem Zentner.
Frage	Wie hoch ist das Gesamtgewicht der Einlagerung?

Lösung

1 Europalette mit 3 Doppelzentner	=	300 kg	1
1 Gitterboxpalette mit 7,5 Zentner	=	375 kg	1
1 Paket mit 84 kg	=	84 kg	1
1 Kiste mit 2 Doppelzentner	=	200 kg	1
1 Kiste mit einem Zentner	=	50 kg	1
Gesamtgewicht	=	1 009 kg	2

Erklärung

1 Für jedes Teil das Gewicht ermitteln, wobei Doppelzentner (= 100 kg) und Zentner (= 50 kg) in kg umgerechnet werden.

2 Das Gesamtgewicht ermitteln.

Ergebnis	Das Gesamtgewicht der Einlagerung beträgt 1 009 kg.

Nicht metrische deutsche Gewichtseinheiten

1 t = 10 Doppelzentner (dz) = 20 Zentner (ztr) = 1000 kg
1 Doppelzentner (dz) = 2 Zentner (ztr) = 100 kg
1 Zentner (ztr) = 50 kg

[?!] *Nicht metrische deutsche Gewichtseinheiten*

1.3 Englische und amerikanische Maße

Sachverhalt	Für einige Auslieferungsfahrzeuge der FLEXI-Transporte und Logistikdienstleistungen KG sollen in England spezialbeschichtete Abdeckplanenstoffe bestellt werden. Es werden 356 m von diesem Stoff benötigt.
Frage	Wie lautet die Maßangabe nach englischen Maßeinheiten?

Lösung

yards: 1

Umrechnung der 356 m in englische Maßeinheiten mit der Vereinfachungsregel:

11 m = 12 yds
356 m = x yds

$x = \frac{12 \cdot 356}{11} = \underbrace{388}_{\text{yards}},3636\text{ yds } (= 388\text{ yds})$

feet: 2

Umrechnung der 0,3636 yds in ft:

$0{,}3636 \cdot 3 = \underset{\uparrow \text{ feet}}{1},0908\text{ ft } (= 1\text{ ft})$

inches: 3

Umrechnung der 0,0908 ft in in:

$0{,}0908 \cdot 12 = \underset{\uparrow \text{ inches}}{1},09\text{ in } (= 1\text{ in})$

Erklärung

1 Meter mithilfe der Vereinfachungsregel in **yards (yds)** umrechnen. Die Zahl vor dem Komma ergibt die yards.

2 Dezimalzahl des yard (Zahl nach dem Komma) mit 3 multiplizieren, das ergibt die Anzahl der **feet** (ft).

3 Die Dezimalzahl des feet (Zahl nach dem Komma) mit 12 multiplizieren, das ergibt die Anzahl der **inches** (**in**). Ergebnis kaufmännisch runden.

→

356 m = 388,3636 yds = 388 yds + 1 ft + 1 in = 388 yds 1 ft 1 in = yds 388.1.1	4	4 Angabe des umgewandelten Wertes in der englischen Schreibweise.
Ergebnis	356 m entsprechen 388,3636 yds; diese werden in der englischen Schreibweise geschrieben als: yds 386.1.1.	

[?!]
Englische und amerikanische Längenmaße

Englische und amerikanische Längenmaße

1 yard = 3 feet = 36 inches (1 yard = 0,9144 m)
1 foot = 12 inches (1 foot = 0,3048 m = 30,48 cm)
1 inch (1 inch = 0,0254 m = 2,54 cm)

Vereinfachungsformel

12 yds = 11 m

1.4 Englische Gewichte

Sachverhalt	Auf der Verpackung einer einzulagernden Sendung aus England steht als Gewichtsangabe cwts 5.3.11.
Frage	Wie viel kg wiegt die Sendung?

Lösung		Erklärung
cwts 5.3.11 = 5 cwts 3 qrs 11 lbs = 5 cwts + 3 qrs + 11 lbs	1	1 Übertragung der cwts-Zahl in eine Summe aus **cwts (hundredweight)**, **qrs (quarter)** und **lbs (pound)**.
hundredweight-Wert: = 5,0 cwts	2	2 Übertragung der ganzen cwts-Zahl.
quarter-Wert: 3 qrs → 3 · 0,25 = 0,75 cwt	3	3 Den quarter-Wert mit dem Umwandlungsfaktor 0,25 multiplizieren.
pound-Wert: 11 lbs → 11 · 0,009 = 0,099 cwt	4	4 Den pound-Wert mit dem Umrechnungsfaktor 0,009 multiplizieren.
Insgesamt 5,849 cwts	5	5 Die cwts (Hundredweights) als Dezimalzahl ermitteln.
1 cwt = 50,8 kg 5,849 cwts = x kg $x\ kg = \frac{50{,}8 \cdot 5{,}849}{1} = 297{,}129\ kg$	6	6 Die cwts in kg umwandeln: 1 cwt = 50,8 kg

Ergebnis	Die Sendung aus England mit der Gewichtsangabe cwts 5.3.11 wiegt 297,129 kg.

[?!]
Englische Gewichtseinheiten

Englische Gewichtseinheiten

1 ton = 20 cwts
1 cwt = 4 qrs
1 qr = 28 lbs
1 lb = 16 oz (ounce)

Umrechnung in kg (gerundete Werte)	Umrechnungsfaktor des cwt
1 ton = 1016 kg	20
1 cwt = 50,8 kg	1
1 qr = 12,7 kg	0,25
1 lb = 0,4536 kg	0,009
1 oz = 0,0283 kg	

Beachte:
Das amerikanische Gewichtssystem weicht vom englischen Gewichtssystem ab:
Beim amerikanischen Gewichtssystem entspricht 1 ton 907,200 kg und 1 quarter 25 lbs!

1 ton ≙ 907,200 kg
1 quarter ≙ 25 lbs

1.5 Amerikanische Gewichte

Sachverhalt
Auf der Verpackung einer einzulagernden Sendung aus Amerika steht als Gewichtsangabe cwts 5.3.11.

Frage
Wie viel kg wiegt die Sendung?

Lösung

cwts 5.3.11 = 5 cwts 3 qrs 11 lbs [1]
= 5 cwts + 3 qrs + 11 lbs

hundredweight-Wert: = 5,0 cwts [2]
quarter-Wert: 3 qrs → 3 · 0,25 = 0,75 cwt [3]

pound-Wert: 11 lbs → 11 · 0,01 = 0,11 cwt [4]

Insgesamt = 5,86 cwts [5]

1 cwt = 45,3 kg [6]
5,86 ctws = x kg

$$x\ kg = \frac{45{,}3 \cdot 5{,}86}{1} = 265{,}458\ kg$$

Erklärung

[1] Übertragung der cwts-Zahl in eine Summe aus **cwts** (**hundredweight**), **qrs** (**quarter**) und **lbs** (**pound**).
[2] Übertragung der ganzen cwts-Zahl.
[3] Den quarter-Wert mit dem Umwandlungsfaktor 0,25 multiplizieren.
[4] Den pound-Wert mit dem Umrechnungsfaktor 0,01 multiplizieren.
[5] Die cwts (Hundredweights) als Dezimalzahl ermitteln.
[6] Die cwts in kg umwandeln:
1 cwt = 45,3 kg

Ergebnis
Die Sendung aus Amerika mit der Gewichtsangabe cwts 5.3.11 wiegt 265,458 kg.

Amerikanische Gewichtseinheiten

1 ton = 20 cwts
1 cwt = 4 qrs
1 qr = 25 lbs
1 lb = 16 oz

Umrechnung in kg (gerundete Werte)	Dezimalzahlen des cwt
1 ton = 907,2 kg	20
1 cwt = 45,3 kg	1
1 qr = 1,34 kg	0,25
1 lb = 0,4536 kg	0,01
1 oz = 0,0283 kg	

Beachte:
Das amerikanische Gewichtssystem weicht vom englischen Gewichtssystem ab: Beim amerikanischen Gewichtssystem entspricht 1 ton nur 907,200 kg und 1 quarter hat 25 lbs!

1 ton ≙ 907,200 kg
1 quarter ≙ 25 lbs

[?!]
Amerikanische Gewichtseinheiten

2 Dreisatz

Bei der Dreisatzrechnung kann man von **drei gegebenen Größen** auf die noch **unbekannte vierte Größe** schließen. Diese Berechnung erfolgt in **drei Schritten** (deshalb der Name **Dreisatz**!). Die Dreisatzrechnung ist eine sehr wichtige Rechenart, weil sie die Grundlage für die Prozent-, Zins- und Währungsrechnung ist.

In diesen drei Schritten wird gerechnet:

[?!] *Dreisatz*

1. Satz = Bedingungssatz	***(Was ist gegeben?)***
2. Satz = Umrechnungssatz	***(Auf eine Einheit beziehen!)***
3. Satz = Fragesatz	***(Was ist gesucht? Die gesuchte Größe steht immer rechts!)***

Beim **Dreisatz** muss immer überlegt werden, ob ein **gerades** oder ein **ungerades Verhältnis** vorliegt:

[?!] *Gerades/Ungerades Verhältnis*

Gerades Verhältnis:	***Je mehr, desto mehr! Oder: Je weniger, desto weniger!***
Ungerades Verhältnis:	***Je mehr, desto weniger! Oder: Je weniger, desto mehr!***

Es ist unbedingt notwendig, gleiche Einheiten immer untereinander zu schreiben.

2.1 Einfacher Dreisatz mit geradem Verhältnis

(Oder: „Mehr bewirkt mehr“ bzw. „Weniger bewirkt weniger.“)

Sachverhalt	Eine Palette mit 620 Verpackungseinheiten kostet 248,00 €.
Frage	Wie viel Euro kosten 15 Verpackungseinheiten?

Lösung	Erklärung
Bedingungssatz: [1] 620 Einheiten ≙ 248,00 €	[1] Der Bedingungssatz wird aufgestellt, wobei die gesuchte Größe (hier €) immer rechts steht.
Umrechnungssatz: [2] 1 Einheit ≙ ? €	[2] Der Umrechnungssatz wird aufgestellt: 1 Einheit (also weniger als 620) kostet den 620sten Teil von 248,00 €; also dividiert man 248,00 € durch 620. Es liegt ein **gerades Verhältnis** vor, **weil weniger** Einheiten auch **weniger kosten**.
Fragesatz: 15 Einheiten ≙ x € [3]	[3] Der Fragesatz wird aufgestellt, wobei die gesuchte Größe (hier €) immer rechts steht: **Wie viel Euro kosten 15 Einheiten?**
Berechnung: [4] ① ③ $x\,€ = \frac{248{,}00 \cdot 15}{620} = 6{,}00\,€$ ②	[4] Die Formel für die Berechnung wird aufgestellt und die Berechnung durchgeführt. Hierbei gelten folgende Schritte: • Als erstes auf dem Bruchstrich steht immer die Größe über dem „x“ ①. $x = \frac{248{,}00}{}$. • Prüfung des Verhältnisses siehe [2]. • Berechnung: Bei einem **geraden Verhältnis** gilt: **Multiplikation „über Kreuz“**

→

	oder • 1 Einheit kostet weniger als 620 Einheiten; deshalb dividiert durch 620 ②; • 15 Einheiten kosten 15-mal mehr als eine Einheit; deshalb multipliziert mit 15 ③.
Ergebnis	15 Verpackungseinheiten kosten 6,00 €.

Tipp: ***Der Umrechnungssatz wird oftmals nicht extra aufgeschrieben, damit bleibt die Darstellung übersichtlicher. Allerdings sollte auf dem Rechenweg gedanklich immer über 1 Einheit gegangen werden.***

2.2 Einfacher Dreisatz mit ungeradem Verhältnis

(Oder: „Weniger bewirkt mehr" bzw. „Mehr bewirkt weniger.")

Sachverhalt	5 Lageristen benötigen zur Inventur 3 Stunden und 20 Minuten.
Frage	Wie viel Zeit würden 2 Lageristen benötigen?

Lösung		Erklärung
Bedingungssatz: 5 Lageristen $\hat{=}$ 200 Minuten	1	1 Der Bedingungssatz wird aufgestellt (mit 3 h 20 min = 200 min), wobei die gesuchte Größe (hier: Minuten) immer rechts steht.
Umrechnungssatz: 1 Lagerist $\hat{=}$? Minuten	2	2 Der Umrechnungssatz wird aufgestellt: 1 Lagerist (also weniger als 5 Lageristen) benötigt 5-mal länger als 5 Lageristen, also multipliziert man mit 5. Es liegt ein **ungerades Verhältnis** vor, **weil weniger** Lageristen **mehr** Zeit benötigen.
Fragesatz: 2 Lageristen $\hat{=}$ x Minuten	3	3 Der Fragesatz wird aufgestellt, wobei die gesuchte Größe (hier: Minuten) immer rechts steht: **Wie viele Minuten benötigen 2 Lageristen?**
Berechnung: 5 Lageristen $\hat{=}$ 200 Minuten 2 Lageristen $\hat{=}$ x Minuten ① ② x Min. = $\frac{200 \cdot 5}{2}$ = 500 Min. ③	4	4 Die Formel für die Berechnung wird aufgestellt und die Berechnung durchgeführt. Hierbei gelten folgende Schritte: • Als erstes auf dem Bruchstrich steht immer die Größe über dem „x" ①. x = <u>200</u>. • Prüfung des Verhältnisses siehe 2. *oder* • 1 Lagerist braucht 5-mal länger als 5 Lageristen; deshalb mal 5 ②. • 2 Lageristen benötigen weniger Zeit als 1 Lagerist; deshalb dividiert durch 2 ③.

Ergebnis	2 Lageristen würden für die Inventur 500 Minuten, also 8 Stunden und 20 Minuten benötigen.

Tipp: ***Der Umrechnungssatz wird oftmals nicht extra aufgeschrieben, damit bleibt die Darstellung übersichtlicher. Allerdings sollte auf dem Rechenweg gedanklich immer über 1 Einheit (hier: 1 Lagerist) gegangen werden.***

2.3 Zusammengesetzter Dreisatz

Der zusammengesetzte Dreisatz ist ein Vielsatz, der in einzelne einfache Dreisätze aufteilbar ist.

Sachverhalt	Die letzte Inventur im Außenlager wurde von 8 Mitarbeitern in 5 Tagen durchgeführt, wobei jeder Mitarbeiter 7,5 Stunden täglich arbeitete.
Frage	Wie viel Stunden hätten 10 Mitarbeiter täglich arbeiten müssen, um in 3 Tagen die Inventurarbeiten erledigt zu haben?

Lösung

Bedingungssatz:

8 Mitarbeiter – 5 Tage – 7,5 Stunden [1]

Fragesatz:

10 Mitarbeiter – 3 Tage – x Stunden [2]

1. Dreisatz
2. Dreisatz

Berechnung: [3]

1. Dreisatz ... mit ungeradem Verhältnis

8 Mitarb. = 7,5 Std.
1 Mitarb. = ? Std.
10 Mitarb. = x Std.

$$x\ \text{Std.} = \frac{7{,}5 \cdot 8}{10}$$

2. Dreisatz ... mit ungeradem Verhältnis

5 Tage = 7,5 Std.
1 Tag = ? Std.
3 Tage = x Std.

$$x\ \text{Std.} = \frac{7{,}5 \cdot 5}{3}$$

$$x\ \text{Stunden} = \frac{7{,}5 \cdot 8 \cdot 5}{10 \cdot 3} = 10\ \text{Stunden}$$

Erklärung

[1] Der Bedingungssatz wird aufgestellt, wobei die gesuchte Größe (hier Stunden) immer rechts steht.

[2] Der Fragesatz wird aufgestellt, wobei die gesuchte Größe immer rechts steht. Wichtig: gleiche Einheiten stehen immer untereinander!

[3] Die Formel für die Berechnung wird aufgestellt und die Berechnung durchgeführt. Hierbei gelten folgende Schritte:

- Aufteilung des zusammengesetzten Dreisatzes in einfache Dreisätze mit Prüfung des Verhältnisses (z. B. über den Umrechnungssatz).
- Aufstellung des zusammengesetzten Bruchsatzes. Wichtig: Die erste Größe auf den Bruchstrichen (hier: 7,5) der einfachen Dreisätze wird jetzt nur einmal auf den Bruchstrich gesetzt.

Ergebnis	Die 10 Mitarbeiter hätten täglich 10 Stunden arbeiten müssen, um die Inventur in 3 Tagen durchzuführen.

3 Verteilungsrechnen

Sowohl im Privat- als auch im Wirtschaftsleben muss geteilt werden. Dabei wird eine Gesamtmenge nach einem gegebenen **Verteilungsschlüssel** in verschieden große Teile zerlegt. Der Verteilungsschlüssel kann auch in **Brüchen** oder in **Verhältnissen** vorgegeben sein.

3.1 Verteilungsrechnen – Verteilung nach Größen

Sachverhalt

Für das Verwaltungsgebäude wurden im letzten Monat 1 920,00 € Miete bezahlt. So wird das Verwaltungsgebäude genutzt:

95 m^2 für die Buchhaltung,

75 m^2 für den Wareneinkauf,

112 m^2 für den Warenverkauf,

38 m^2 für die Unternehmensleitung.

Frage

Wie hoch ist die anteilige Miete für jede Abteilung?

Lösung

Verteilungsschema: [1]

Abteilung	Anteile	Mietanteil in €
Buchhaltung	95 m^2	?
Wareneinkauf	75 m^2	?
Warenverkauf	112 m^2	?
Unternehmens-leitung	38 m^2	?
Insgesamt	320 m^2 [2]	1 920,00

Die Miete für die gesamten Anteile (320 m^2) beträgt 1 920,00 €.

Wert für einen Anteil (1 m^2) ermitteln: [3]

$$1 \text{ Anteil} = \frac{\text{Gesamtkosten}}{\text{Summe der Anteile}}$$

$$= \frac{1\,920{,}00\,€}{320\,m^2} = 6{,}00\,€/m^2$$

Berechnung der Anteile der einzelnen Abteilungen: [4]

Buchhaltung: $95 \cdot 6{,}00\,€ = 570{,}00\,€$
Wareneinkauf: $75 \cdot 6{,}00\,€ = 450{,}00\,€$
Warenverkauf: $112 \cdot 6{,}00\,€ = 672{,}00\,€$
Unternehmensleitung: $38 \cdot 6{,}00\,€ = 228{,}00\,€$

Erklärung

[1] Zunächst wird ein Verteilungsschema aufgestellt.

[2] Die einzelnen Anteile werden addiert.

[3] Der Wert für 1 Anteil (1 m^2) wird berechnet, indem die Gesamtkosten durch die Summe der Anteile dividiert werden.

[4] Nun können die Beträge für die einzelnen Abteilungen berechnet werden, indem die jeweiligen Anteile mit dem Mietpreis für 1 m^2 multipliziert werden.

Ergebnis

Die anteilige Miete je Abteilung verteilt sich folgendermaßen:

Abteilung	Anteile	Mietanteil in €
Buchhaltung	95 m^2	570,00
Wareneinkauf	75 m^2	450,00
Warenverkauf	112 m^2	672,00
Unternehmensleitung	38 m^2	228,00
Insgesamt	320 m^2	1 920,00

3.2 Verteilungsrechnen – Verteilung nach Verhältnissen

Sachverhalt

Die Heizkosten für das Geschäftsjahr in Höhe von 15400,00 € verteilen sich auf die Abteilungen Lager, Verwaltung und Werkstatt im Verhältnis 3:6:2.

Frage

Wie viel Heizkosten fallen je Abteilung an?

Lösung

Verteilungsschema: [1]

Abteilungen	Anteile (= Verhältnisse)	Heizkosten
Lager	3	?
Verwaltung	6	?
Werkstatt	2	?
Insgesamt	11 [2]	15400,00 €

Die gesamten Heizkosten betragen 15400,00 €.

Wert für einen Anteil ermitteln: [3]

$$1 \text{ Anteil} = \frac{\text{aufzuteilende Summe}}{\text{Summe der Anteile}}$$

$$= \frac{15400{,}00\,€}{11}$$

$$= 1400{,}00\,€$$

Berechnung der Anteile der einzelnen Abteilungen: [4]

Lager: $3 \cdot 1400{,}00\,€ = 4200{,}00\,€$

Verwaltung: $6 \cdot 1400{,}00\,€ = 8400{,}00\,€$

Werkstatt: $2 \cdot 1400{,}00\,€ = 2800{,}00\,€$

Erklärung

[1] Zunächst wird ein Verteilungsschema aufgestellt.

[2] Die einzelnen Anteile (Verhältnisse) werden addiert.

[3] Der Wert für 1 Anteil wird berechnet, indem die Gesamtkosten durch die Summe der Anteile dividiert werden.

[4] Nun können die Heizkosten für die einzelnen Abteilungen berechnet werden, indem die jeweiligen Anteile mit dem Wert eines Anteils multipliziert werden.

Ergebnis

Die Heizkosten je Abteilung verteilen sich folgendermaßen:

Abteilungen	Anteile (= Verhältnisse)	Heizkosten
Lager	3	4200,00 €
Verwaltung	6	8400,00 €
Werkstatt	2	2800,00 €
Insgesamt	11	15400,00 €

3.3 Verteilungsrechnen – Verteilung nach Brüchen

Sachverhalt

Das Gesellschaftskapital der Schöner Wohnen GmbH beträgt 720000,00 €. Daran sind die Gesellschafter Axel Krause, Bernd Schulz und Claudia Tann wie folgt beteiligt: Axel Krause ist mit 1/6 beteiligt, Bernd Schulz mit der Hälfte und Claudia Tann mit einem Drittel.

Frage

Wie hoch sind die Kapitalanteile der drei Gesellschafter?

Lösung [1]

Gesellschafter	Beteiligung
Krause	$\frac{1}{6}$
Schulz	$\frac{1}{2}$
Tann	$\frac{1}{3}$

Das gesamte Gesellschaftskapital beträgt 720000,00 €.

Anteile ermitteln [2] [3]

Gesellschafter	Beteiligung	Gleichnamige Bruchanteile	Anteile	Kapitalanteile
Krause	$\frac{1}{6}$	$\frac{1}{6}$	1	?
Schulz	$\frac{1}{2}$	$\frac{3}{6}$	3	?
Tann	$\frac{1}{3}$	$\frac{2}{6}$	2	?
Insgesamt			6	720 000,00 €

Wert für einen Anteil ermitteln: [4]

$$1\text{ Anteil} = \frac{\text{aufzuteilende Summe}}{\text{Summe der Anteile}}$$

$$= \frac{720\,000{,}00\text{ €}}{6} = 120\,000{,}00\text{ €}$$

Berechnung der Anteile der einzelnen Gesellschafter: [5]

Krause: 1 · 120 000,00 € = 120 000,00 €
Schulz: 3 · 120 000,00 € = 360 000,00 €
Tann: 2 · 120 000,00 € = 240 000,00 €

Erklärung

[1] Zunächst wird ein Verteilungsschema aufgestellt.

[2] Die Brüche werden gleichnamig gemacht, indem der Hauptnenner ermittelt wird und jeder Bruch auf den Hauptnenner erweitert wird.

[3] Die Zähler der Brüche ergeben die Anteile.

[4] Der Wert für einen Anteil wird ermittelt.

[5] Nun können die Beteiligungen der einzelnen Gesellschafter berechnet werden, indem die jeweiligen Anteile der Gesellschafter mit dem Wert für einen Anteil multipliziert werden.

Ergebnis

Die Kapitalanteile der drei Gesellschafter verteilen sich folgendermaßen:

Gesellschafter	Beteiligung	Gleichnamige Bruchanteile	Anteile	Kapitalanteile
Krause	$\frac{1}{6}$	$\frac{1}{6}$	1	120000,00 €
Schulz	$\frac{1}{2}$	$\frac{3}{6}$	3	360000,00 €
Tann	$\frac{1}{3}$	$\frac{2}{6}$	2	240000,00 €
Insgesamt			6	720000,00 €

3.4 Verteilungsrechnen – Verteilung von Wert- und Gewichtsspesen

Sachverhalt

Die Schöner Wohnen GmbH erhält aus Österreich 1 000 kg Blumenerde für 1 500,00 € und 1 400 kg Kies für 1 200,00 €. Der österreichische Spediteur berechnet 240,00 € Frachtkosten (= Gewichtsspesen). Die Kosten für die Transportversicherung belaufen sich auf 54,00 € (= Wertspesen).

Frage

a) Wie hoch sind die Gewichtsspesen je Warengruppe?
b) Wie hoch sind die Wertspesen je Warengruppe?
c) Wie hoch sind die gesamten Bezugsspesen je Warengruppe?
d) Wie hoch ist der Bezugspreis je Warengruppe?

Anmerkung

Die Gewichtsspesen werden nach dem Gewicht der Ware verteilt.
Die Wertspesen werden nach dem Wert der Ware verteilt.

Lösung

a) Verteilung der Gewichtsspesen [1]

Ware	Anteile (= Gewicht in kg)	Gewichtsspesen in €
Blumenerde	1 000	?
Kies	1 400	?
Insgesamt	2 400	240,00

Die gesamten Gewichtsspesen betragen 240,00 €

Wert für einen Anteil ermitteln: [2]

$$1 \text{ Anteil} = \frac{\text{aufzuteilende Summe}}{\text{Summe der Anteile}} = \frac{240{,}00\,€}{2\,400\,\text{kg}} = 0{,}10\,€/\text{kg}$$

Berechnung der jeweiligen Anteile: [3]

Blumenerde: $1\,000 \cdot 0{,}10\,€ = 100{,}00\,€$
Kies: $1\,400 \cdot 0{,}10\,€ = 140{,}00\,€$

Ware	Anteile (= Gewicht in kg)	Gewichtsspesen in €
Blumenerde	1 000	100,00
Kies	1 400	140,00
Insgesamt	2 400	240,00

b) Verteilung der Wertspesen [4]

Ware	Anteile (= Wert in €)	Wertspesen in €
Blumenerde	1 500	?
Kies	1 200	?
Insgesamt	2 700	54,00

Die gesamten Wertspesen betragen 54,00 €

Wert für einen Anteil ermitteln: [5]

$$1 \text{ Anteil} = \frac{\text{aufzuteilende Summe}}{\text{Summe der Anteile}} = \frac{54{,}00\,€}{2\,700} = 0{,}02\,€/\text{je } 1{,}00\,€ \text{ Warenwert}$$

Erklärung

a) Gewichtsspesen

[1] Zunächst wird ein Verteilungsschema aufgestellt.

[2] Der Wert für einen Anteil wird ermittelt.

[3] Die Gewichtsspesen der einzelnen Waren werden berechnet, indem die jeweiligen Anteile (kg) der Waren mit dem Wert für einen Anteil multipliziert werden.

b) Wertspesen

[4] Zunächst wird ein Verteilungsschema aufgestellt.

[5] Der Wert für einen Anteil wird ermittelt.

Berechnung der jeweiligen Anteile: [6]
Blumenerde: 1 500 · 0,02 € = 30,00 €
Kies: 1 200 · 0,02 € = 24,00 €

Ware	Anteile (= Wert in €)	Wertspesen in €
Blumenerde	1 500	30,00
Kies	1 200	24,00
Insgesamt	2 700	54,00

[6] Die Wertspesen der einzelnen Waren werden berechnet, indem die jeweiligen Anteile (Preis) der Waren mit dem Wert für einen Anteil multipliziert werden.

c) Berechnung der Bezugsspesen je Warengruppe

Blumenerde: 100,00 € Gewichtsspesen [7]
+ 30,00 € Wertspesen
= 130,00 € Bezugsspesen

Kies: 140,00 € Gewichtsspesen
+ 24,00 € Wertspesen
= 164,00 € Bezugsspesen

c) Bezugsspesen
[7] Die Bezugsspesen ergeben sich aus Addition der Gewichts- und Wertspesen.

d) Berechnung der Bezugspreise je Warengruppe

Blumenerde: Einkaufspreis 1 500,00 € [8]
+ Bezugsspesen 130,00 €
= Bezugspreis 1 630,00 €

Kies: Einkaufspreis 1 200,00 €
+ Bezugsspesen 164,00 €
= Bezugspreis 1 364,00 €

d) Bezugspreise
[8] Die Bezugspreise ergeben sich aus Addition der Einkaufspreise und der Bezugsspesen.

Ergebnis

Die Kosten verteilen sich folgendermaßen:

Ware	a) Gewichts-spesen	b) Wert-spesen	c) Bezugs-spesen	d) Bezugs-preis
Blumenerde	100,00 €	30,00 €	130,00 €	1 630,00 €
Kies	140,00 €	24,00 €	164,00 €	1 364,00 €
Insgesamt	240,00 €	54,00 €	294,00 €	2 994,00 €

4 Durchschnittsrechnung

Wenn man über einen längeren Zeitraum hinweg jeden Monat den Treibstoffverbrauch eines Lieferfahrzeugs notiert, lässt sich daraus ein **durchschnittlicher monatlicher Verbrauch** berechnen. Dabei wird **nur ein Parameter bzw. Variable** berücksichtigt: der Kraftstoffverbrauch in Liter. Bei jedem Tankvorgang wird jedoch ein unterschiedlicher Preis je Liter bezahlt, d. h.: Wenn man den Preis, den man im Durchschnitt bezahlt hat, kennen möchte, müssen **zwei Parameter** berücksichtigt werden: der Kraftstoffverbrauch und der jeweilige Preis. Deshalb muss jetzt gewichtet werden, indem der Preis eines Tankvorgangs aus der Multiplikation von Menge und Literpreis ermittelt wird.

Muss nur ein Parameter berücksichtigt werden, handelt es sich um den einfachen Durchschnittswert.

Müssen zwei Parameter berücksichtigt werden, handelt es sich um den gewogenen Durchschnittswert.

[?!]
Durchschnittswert

4.1 Einfacher Durchschnitt

Sachverhalt	Beim Fuhrpark ergab sich in der letzten Woche folgender Kraftstoffverbrauch: Am Montag 8 500 Liter, am Dienstag 10 300 Liter, am Mittwoch 13 300 Liter, am Donnerstag 9 900 Liter und am Freitag 10 500 Liter.
Frage	Wie viele Liter wurden durchschnittlich pro Tag verbraucht?

Lösung

Gesamtverbrauch an 5 Tagen (Montag bis Freitag): [1]

8 500 l + 10 300 l + 13 300 l + 9 900 l + 10 500 l = 52 500 l

Berechnung des durchschnittlichen Verbrauchs an 1 Tag: [2]

$$\text{einfacher Durchschnitt} = \frac{\text{Gesamtmenge}}{\text{Anzahl der Tage}} = \frac{52\,500\text{ l}}{5} = 10\,500\text{ l}$$

Erklärung

[1] Die einzelnen Posten (hier: Liter) werden addiert.

[2] Zur Ermittlung des durchschnittlichen Verbrauchs wird die Gesamtmenge durch die Anzahl der Tage geteilt.

Ergebnis: Pro Tag wurden durchschnittlich 10 500 Liter getankt.

4.2 Gewogener Durchschnitt

Sachverhalt	Beim Fuhrpark ergab sich in der letzten Woche folgender Kraftstoffverbrauch: Am Montag 8 500 Liter, am Dienstag 10 300 Liter, am Mittwoch 13 300 Liter, am Donnerstag 9 900 Liter und am Freitag 10 500 Liter. Der Kraftstoffpreis je Liter betrug in der Woche: Am Montag 1,22 €, am Dienstag 1,21 €, am Mittwoch 1,20 €, am Donnerstag 1,22 € und am Freitag 1,25 €.
Frage	Wie viele Liter wurden durchschnittlich pro Tag verbraucht?

Lösung

Berechnung der Gesamtlitermenge und der Gesamtpreise:

Tag	Verbrauch in	Preis je l	Gesamtpreis (Liter · Preis je l)
Montag	8 500 Liter ·	1,22 €	= 10 370,00 € [2]
Dienstag	10 300 Liter ·	1,21 €	= 12 463,00 € [2]
Mittwoch	13 300 Liter ·	1,20 €	= 15 960,00 € [2]
Donnerstag	9 900 Liter ·	1,22 €	= 12 078,00 € [2]
Freitag	10 500 Liter ·	1,25 €	= 13 125,00 € [2]
Insgesamt	52 500 Liter [1]	zu	= 63 996,00 € [3]

Berechnung des Durchschnittspreises für 1 Liter: [4]

$$\text{gewogener Durchschnitt} = \frac{\text{Gesamtpreis}}{\text{Gesamtmenge}} = \frac{63\,996{,}00\text{ €}}{52\,500\text{ l}} = 1{,}21897\text{ €/l} \approx 1{,}22\text{ €/l}$$

Erklärung

[1] Ermittlung der Gesamtmenge durch Addition der einzelnen Tagesmengen.

[2] Ermittlung der Gesamtpreise je Tag durch Multiplikation der Verbrauchsmenge mit dem Literpreis.

[3] Ermittlung des Gesamtpreises für die Woche durch Addition der Tages-Gesamtpreise.

[4] Berechnung des gewogenen Durchschnittspreises durch Division des Gesamtpreises durch die Gesamtmenge.

Ergebnis: Der Durchschnittspreis für 1 Liter Kraftstoff betrug 1,22 €.

5 Prozentrechnung

Die **Prozentrechnung** ist eine Vergleichsrechnung. Dabei wird das Verhältnis zur Zahl 100 (ital.: „cento") gesucht, um besser vergleichen zu können. Das Wort **Prozent** wird aus dem Italienischen abgeleitet und bedeutet übersetzt **von Hundert** oder **auf 100 bezogen**. Das Zeichen für Prozent ist %.

Die **Promillerechnung** ist wie die Prozentrechnung eine Vergleichsrechnung. Der einzige Unterschied ist die Bezugsgröße: Bei der Promillerechnung wird das Verhältnis zur Zahl 1000 (ital.: „mille") gesucht. Deshalb entsprechen beispielsweise 15 Promille 1,5 Prozent. Das Zeichen für Promille ist ‰.

Das nachfolgende Beispiel soll die Bedeutung der Prozentrechnung erklären:

Beispiel: Prozentrechnung

Ein Fußballnationalspieler erhält in der neuen Saison statt wie bisher 800 000,00 € Jahresgehalt nun 80 000,00 € mehr Gehalt. Ein Amateurspieler erhält statt 300,00 € monatlich jetzt 60,00 € mehr. Wer erhält prozentual eine größere Erhöhung?

Der Nationalspieler bekommt zwar absolut gesehen – also in Euro – stolze 80 000,00 € mehr als bisher, der Amateurspieler hat absolut gesehen nur 60,00 € mehr. Aber **auf 100 betrachtet** bekommt der Amateurspieler 20 % mehr, der Nationalspieler dagegen nur 10 % mehr als bisher: 80 000,00 € bezogen auf 800 000,00 € entsprechen 10 %; 60,00 € bezogen auf 300,00 € entsprechen 20 %.

Die Prozentrechnung kennt neben der Vergleichszahl „100" noch folgende Größen:

[?!]

Grundwert G
Der Wert, der zur Zahl 100 in Beziehung gesetzt wird, also 100 % entspricht.

Prozentwert W
Der Wert, der aus dem Grundwert mithilfe des Prozentsatzes berechnet wird.

Prozentsatz p
Diese Zahl entspricht dem Prozentwert. Die Angabe erfolgt stets in %.

5.1 Berechnung des Prozentwertes

Sachverhalt	Eine Auszubildende erhält im April 720,00 € Ausbildungsvergütung. Ab Mai wird ihre Ausbildungsvergütung um 2,5 % erhöht.
Frage	Wie viel Euro erhält die Auszubildende mehr als bisher?

Lösung			Erklärung
Was ist bekannt?		[1]	[1] Zunächst werden die bereits bekannten Größen ermittelt. Um eine Berechnung durchführen zu können, müssen zwei der drei Größen bekannt sein.
Grundwert:	720,00 €		
Prozentsatz:	2,5 %		
Prozentwert	x		

→

→

Lösung	Erklärung
Dreisatz aufstellen: [2] 100 % ≙ 720,00 € 2,5 % ≙ x € *Berechnung:* [3] $x\ € = \frac{720 \cdot 2{,}5}{100} = 18{,}00\ €$ *Anmerkung:* Wandelt man den Bruchsatz der Dreisatzrechnung in die Formelschreibweise um, ergibt sich für die Berechnung des **Prozentwertes** folgende Formel: $W = \frac{G \cdot p}{100}$	[2] Der Grundwert beträgt 720,00 €; er entspricht 100 %. Der Prozentsatz 2,5 % ist bekannt; er entspricht dem gesuchten Prozentwert in Euro. [3] Für die Berechnung des Prozentwertes muss zunächst das Verhältnis des Dreisatzes geprüft werden: Es handelt sich um ein gerades Verhältnis. Beim geraden Verhältnis wird „über Kreuz" multipliziert und durch die restliche Größe (hier: 100) dividiert.
Ergebnis	Die Auszubildende erhält monatlich 18,00 € mehr Ausbildungsvergütung als bisher.

5.2 Berechnung des Prozentsatzes

Sachverhalt	Ein Angestellter bezieht im April 2 100,00 € Gehalt. Ab Mai erhält er 42,00 € monatlich mehr Gehalt.
Frage	Um wie viel Prozent hat sich das Gehalt erhöht?
Lösung *Was ist bekannt?* [1] Grundwert: 2 100,00 € Prozentwert: 42,00 € Prozentsatz: x *Dreisatz aufstellen:* [2] 2 100,00 € ≙ 100 % 42,00 € ≙ x % *Berechnung:* [3] $x\,\% = \frac{100 \cdot 42}{2100} = 2\,\%$ *Anmerkung:* Wandelt man den Bruchsatz der Dreisatzrechnung in die Formelschreibweise um, ergibt sich für die Berechnung des **Prozentsatzes** folgende Formel: $p = \frac{100 \cdot W}{G}$	**Erklärung** [1] Zunächst werden die bereits bekannten Größen ermittelt. Um eine Berechnung durchführen zu können, müssen zwei der drei Größen bekannt sein. [2] Der Grundwert beträgt 2 100,00 €; er entspricht 100 %. Der Prozentwert 42,00 € ist bekannt; er entspricht dem gesuchten Prozentsatz in %. [3] Für die Berechnung des Prozentsatzes muss zunächst das Verhältnis des Dreisatzes geprüft werden: Es handelt sich um ein gerades Verhältnis. Beim geraden Verhältnis wird „über Kreuz" multipliziert und durch die restliche Größe (hier: 2 100) dividiert.
Ergebnis	Die Gehaltserhöhung beträgt 2 %.

5.3 Berechnung des Grundwertes

Sachverhalt	Ein Auszubildender meint: „Wenn ich monatlich 15% meiner Ausbildungsvergütung spare, nehmen meine Ersparnisse monatlich um 105,00 € zu."
Frage	Wie viel Euro beträgt die monatliche Ausbildungsvergütung?

Lösung

Was ist bekannt? [1]

Prozentsatz: 15 %
Prozentwert: 105,00 €
Grundwert: x

Dreisatz aufstellen: [2]

15 % ≙ 105,00 €
100 % ≙ x €

Berechnung: [3]

$$x\ € = \frac{105 \cdot 100}{15} = 700{,}00\ €$$

Anmerkung:
Wandelt man den Bruchsatz der Dreisatzrechnung in die Formelschreibweise um, ergibt sich für die Berechnung des **Grundwertes** folgende Formel:

$$G = \frac{W \cdot 100}{p}$$

Erklärung

[1] Zunächst werden die bereits bekannten Größen ermittelt. Um eine Berechnung durchführen zu können, müssen zwei der drei Größen bekannt sein.

[2] Der Prozentsatz in Höhe von 15 % entspricht dem Prozentwert in Höhe von 105,00 €.
Der gesuchte Grundwert entspricht 100 %.

[3] Für die Berechnung des Grundwertes muss zunächst das Verhältnis des Dreisatzes geprüft werden: Es handelt sich um ein gerades Verhältnis.
Beim geraden Verhältnis wird „über Kreuz" multipliziert und durch die restliche Größe (hier: 15) dividiert.

Ergebnis	Die Ausbildungsvergütung beträgt monatlich 700,00 €.

5.4 Prozentrechnung vom vermehrten Grundwert

Sachverhalt	Nach einer Erhöhung der Ausbildungsvergütung in Höhe von 2,5 % erhält ein Auszubildender 738,00 € je Monat.
Frage	**a)** Wie viel Euro betrug die monatliche Ausbildungsvergütung vor der Erhöhung? **b)** Um wie viel Euro wurde die Ausbildungsvergütung erhöht?
Anmerkung	Beim vermehrten Grundwert wird immer der Grundwert (≙ 100 %) gesucht.

Lösung

Was ist bekannt? [1]

Vermehrter Grundwert *G(me)*: 738,00 €
Prozentsatz: 2,5 %
Grundwert: x

Erklärung

[1] Zunächst werden die bereits bekannten Größen ermittelt.

→

a) Grundwert berechnen (Ausbildungsvergütung vor der Erhöhung)

Dreisatz aufstellen: [2]

102,5 % ≙ 738,00 €

100 % ≙ x €

Berechnung: [3]

$$x\,€ = \frac{738 \cdot 100}{102{,}5} = 720{,}00\,€$$

Anmerkung:
Wandelt man den Bruchsatz der Dreisatzrechnung in die Formelschreibweise um, ergibt sich für die Berechnung des **Grundwertes** folgende Formel:

$$G = \frac{G(me) \cdot 100}{(100 + p)}$$

b) Erhöhung der Ausbildungsvergütung berechnen

Vermehrter Grundwert	–	Grundwert	=	Zuschlag
738,00 €	–	720,00 €	=	18,00 €

a) Grundwert berechnen

[2] Die monatliche Ausbildungsvergütung von 738,00 € entspricht nach der Anhebung um 2,5 % jetzt 102,5 %.
Die bisherige Ausbildungsvergütung entspricht dem gesuchten Grundwert, von dem aus erhöht wurde.

[3] Für die Berechnung des Grundwertes muss zunächst das Verhältnis des Dreisatzes geprüft werden: Es handelt sich um ein gerades Verhältnis.
Beim geraden Verhältnis wird „über Kreuz" multipliziert und durch die restliche Größe (hier: 102,5) dividiert.

Anmerkung:
G(me) bedeutet „vermehrter Grundwert", also „mehr als 100 %".

Ergebnis	**a)** Die Ausbildungsvergütung betrug vor der Erhöhung 720,00 €. **b)** Die Ausbildungsvergütung wurde um 18,00 € erhöht.

5.5 Prozentrechnung vom verminderten Grundwert

Sachverhalt	Ein Hightech-Handy wurde um 20 % reduziert und kostet jetzt 96,00 €.
Frage	Wie viel Euro kostete das Handy vor der Preisreduzierung?
Anmerkung	Beim verminderten Grundwert wird immer der Grundwert (≙ 100 %) gesucht.

Lösung

Was ist bekannt? [1]

Verminderter Grundwert *G(mi)*: 96,00 €
Prozentsatz: 20 %
Grundwert: x

Erklärung

[1] Zunächst werden die bereits bekannten Größen ermittelt.

Dreisatz aufstellen: [2]

80 % ≙ 96,00 €
100 % ≙ x €

Berechnung: [3]

$$x\,€ = \frac{96 \cdot 100}{80} = 120{,}00\,€$$

Anmerkung:
Wandelt man den Bruchsatz der Dreisatzrechnung in die Formelschreibweise um, ergibt sich für die Berechnung des **Grundwertes** folgende Formel:

$$G = \frac{G(mi) \cdot 100}{(100 - p)}$$

[2] Der neue Preis des Handys, also der verminderte Grundwert (96,00 €), entspricht nach der Preissenkung von 20 % noch 80 % des ursprünglichen Grundwertes.
Der ursprüngliche Preis entspricht dem gesuchten Grundwert, von dem aus der Preis gesenkt wurde.

[3] Für die Berechnung des Grundwertes muss zunächst das Verhältnis des Dreisatzes geprüft werden: Es handelt sich um ein gerades Verhältnis.
Beim geraden Verhältnis wird „über Kreuz“ multipliziert und durch die restliche Größe (hier: 80) dividiert.

Anmerkung:
G(mi) bedeutet „verminderter Grundwert“, also „weniger als 100 %“.

Ergebnis	Das Handy kostete vor der Preissenkung 120,00 €.

5.6 Verschiedene Prozentrechnungselemente, Teil 1

Sachverhalt	Die Fachlageristin Melanie Bayer verdient nach einer Gehaltserhöhung von 1,5 % monatlich 1 827,00 €. An Steuern werden ihr 254,00 € und an Sozialversicherungsbeiträgen 347,13 € abgezogen.
Frage	**a)** Wie viel Prozent des Bruttogehalts betragen die Sozialversicherungsabzüge? **b)** Wie hoch war das Bruttogehalt vor der Gehaltserhöhung?

Lösung

a) Prozentsatz berechnen

Was ist bekannt? [1]

Grundwert:	1 827,00 €
Prozentwert (SozVers-Beiträge):	347,13 €
Prozentsatz:	x

Dreisatz aufstellen: [2]

1 827,00 € ≙ 100 %
347,13 € ≙ x %

Berechnung: [3]

$$x\,\% = \frac{100 \cdot 347{,}13}{1\,827{,}00} = 19\,\%$$

Erklärung

a) Prozentsatz

[1] Zunächst werden die bereits bekannten Größen ermittelt.
Der Berechnung des Prozentsatzes der Sozialversicherungsbeiträge legt man das (aktuelle) Gehalt als Grundwert zugrunde.

[2] Der Grundwert beträgt 1 827,00 €; er entspricht 100 %.
Der Prozentwert 347,13 € ist bekannt; er entspricht dem gesuchten Prozentsatz in %.

[3] Berechnung des Prozentsatzes

Lösung	Erklärung
b) Grundwert berechnen	**b) Grundwert**
Was ist bekannt? [4] Vermehrter Grundwert G(me): 1 827,00 € Prozentsatz: 1,5 % Grundwert: x	[4] Zunächst werden die bereits bekannten Größen ermittelt.
Dreisatz aufstellen: [5] 101,5 % ≙ 1 827,00 € 100 % ≙ x €	[5] Das monatliche Gehalt von 1 827,00 € entspricht nach der Anhebung um 1,5 % jetzt 101,5 %. Das bisherige Gehalt entspricht dem gesuchten Grundwert, von dem aus erhöht wurde.
Berechnung: [6] $x\,€ = \frac{1\,827{,}00 \cdot 100}{101{,}5} = 1\,800{,}00\,€$	[6] Berechnung des Grundwertes

Ergebnis	a) Die Sozialversicherungsabzüge betragen 19 % des Bruttogehalts. b) Das Bruttogehalt betrug vor der Gehaltserhöhung 1 800,00 €.

5.7 Verschiedene Prozentrechnungselemente, Teil 2

Sachverhalt	Die Schöner Wohnen GmbH bezieht eine Sendung Waren im Nettogewicht von 4 000 kg zu 2,80 € je kg netto.
Frage	a) Wie hoch ist der Bareinkaufspreis je kg, wenn der Lieferant 20 % Rabatt und 3 % Skonto gewährt? b) Wie viel Prozent wurden insgesamt vom Listeneinkaufspreis abgezogen, wenn Rabatt und Skonto zusammengezählt werden?

Lösung	Erklärung
a) Berechnung des Bareinkaufspreises *Schema zur Berechnung des Bareinkaufspreises:* [1]	**a) Bareinkaufspreis** [1] Aufstellung des Berechnungsschemas.

	Listeneinkaufspreis	100 %	
–	Lieferantenrabatt	– 20 %	
=	Zieleinkaufspreis	= 80 %	≙ 100 %
–	Skonto		– 3 %
=	Bareinkaufspreis		= 97 %

Lösung	Erklärung
Berechnung des Einkaufspreises: [2] 4 000 · 2,80 € = 11 200,00 €	[2] Mit dem Nettogewicht lässt sich der Listeneinkaufspreis ermitteln, indem das Nettogewicht mit dem kg-Preis multipliziert wird.
Berechnung des Zieleinkaufspreises: [3] ***Dreisatz aufstellen:*** 100 % ≙ 11 200,00 € 80 % ≙ x € ***Berechnung:*** $x\,€ = \frac{11\,200{,}00 \cdot 80}{100} = 8\,960{,}00\,€$	[3] Zur Berechnung des Zieleinkaufspreises wird zunächst der Dreisatz aufgestellt. Der Listeneinkaufspreis entspricht 100 %. Vom Listeneinkaufspreis werden 20 % Liefrantenrabatt abgezogen, sodass der Zieleinkaufspreis 80 % entspricht.

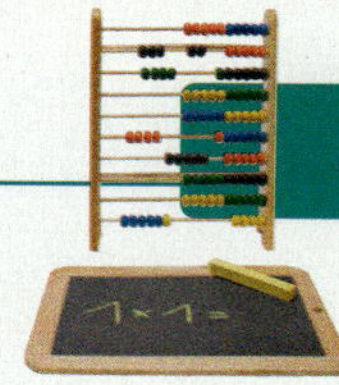

Werden die berechneten Zahlen in das Berechnungsschema eingesetzt, ergibt sich folgende Darstellung:

Listeneinkaufspreis	100 %	11 200,00 €
– Lieferantenrabatt	– 20 %	2 240,00 €
= Zieleinkaufspreis	= 80 % ≙ 100 %	8 960,00 €
– Skonto	– 3 %	
= Bareinkaufspreis	= 97 %	

Berechnung des Bareinkaufspreises, Dreisatz aufstellen: [4]

100 % ≙ 8 960,00 €
97 % ≙ x €

Berechnung:

$$x\,€ = \frac{8\,960{,}00 \cdot 97}{100} \triangleq 8\,691{,}20\,€$$

Werden die berechneten Zahlen in das Berechnungsschema eingesetzt, ergibt sich nun folgende Darstellung:

Listeneinkaufspreis	100 %	11 200,00 €
– Lieferantenrabatt	– 20 %	2 240,00 €
= Zieleinkaufspreis	= 80 % ≙ 100 %	8 960,00 €
– Skonto	– 3 %	268,80 €
= Bareinkaufspreis	= 97 %	8 691,20 €

[4] Zur Berechnung des Bareinkaufspreises wird zunächst der Dreisatz aufgestellt. Der Zieleinkaufspreis entspricht nun wieder 100 %. Vom Zieleinkaufspreis werden 3 % Lieferantenskonto abgezogen, sodass der Bareinkaufspreis 97 % entspricht.

Berechnung des Bareinkaufspreises pro kg: [5]

8 691,20 € : 4 000 kg = 2,17 €/kg

[5] Der Bareinkaufspreis pro kg berechnet sich, indem der Gesamtbareinkaufspreis durch das Nettogewicht geteilt wird.

b) Berechnung der gesamten Abzüge in Prozent

Ermittlung des Prozentwertes (Rabatt + Skonto): [6]

Listeneinkaufspreis – Bareinkaufspreis = Abzüge
11 200,00 € – 8 691,20 € = 2 508,80 €

Berechnung des Prozentsatzes: Dreisatz aufstellen: [7]

11 200,00 € ≙ 100 %
2 508,80 € ≙ x %

Berechnung:

$$x\,\% = \frac{100 \cdot 2\,508{,}80}{11\,200{,}00} = 22{,}4\,\%$$

b) Abzüge in Prozent

[6] Zunächst wird der Wert der gesamten Abzüge (Rabatt + Skonto) ermittelt. Dieser entspricht dem Prozentwert.

[7] Zur Berechnung des Prozentsatzes wird zunächst der Dreisatz aufgestellt. Der Einkaufspreis entspricht dem Grundwert und somit 100 %. Die gesamten Abzüge entsprechen dem Prozentwert.

Ergebnis

a) Der Bareinkaufspreis je kg beträgt 2,17 €.
b) Die gesamten Abzüge in Prozent betragen 22,4 %.

6 Zinsrechnung

Zins ist der Preis, den man für die Überlassung von Geld bezahlt oder bekommt. Der Zeitraum der Geldüberlassung wird entweder in **Zinstagen**, **Zinsmonaten** oder **Zinsjahren** ausgedrückt. So ist die Zinsrechnung eine um den Faktor **Zeit** erweiterte **Prozentrechnung**. Vergleicht man die Größen der Prozentrechnung mit denen der Zinsrechnung, ergibt sich folgende Darstellung:

Prozentrechnung	Zinsrechnung
Grundwert *G*	Kapital *K*
Prozentwert *W*	Zinsen *Z*
Prozentsatz *p*	Zinssatz *p*
	Zeit *i*

[?!] *Zeit*

Die Zeit i kann je nachdem, was gegeben ist, in Tagen (t), Monaten (m) oder Jahren (j) angegeben werden.

[?!] *Zinssatz*

Der Zinssatz p wird bezogen auf ein Jahr.
Rechnerisch gilt: 1 Jahr = 360 Tage, 1 Monat = 30 Tage

Die allgemeine Zinsformel kann, je nachdem, was gesucht wird, entsprechend umgestellt werden.

Die allgemeine Zinsformel lautet:

$$Z = \frac{K \cdot i \cdot p}{100 \cdot 360}$$

Umstellung der Zinsformel:

$$K = \frac{Z \cdot 100 \cdot 360}{i \cdot p} \qquad i = \frac{Z \cdot 100 \cdot 360}{K \cdot p} \qquad p = \frac{Z \cdot 100 \cdot 360}{K \cdot i}$$

Die allgemeine Zinsformel kann, je nachdem, ob die Zinsen für eine genaue Anzahl an Jahren (j), Monaten (m) oder Tagen (t) berechnet werden sollen, auch folgendermaßen dargestellt werden:

Jahreszinsformel

$$Z = \frac{K \cdot p \cdot j}{100 \cdot 1}$$

Monatszinsformel

$$Z = \frac{K \cdot p \cdot m}{100 \cdot 12}$$

Tageszinsformel

$$Z = \frac{K \cdot p \cdot t}{100 \cdot 360}$$

<u>Ermittlung der Zinsformeln ohne mathematische Kenntnisse:</u>

Man kann die Zinsformeln auch ohne Formelumstellung ermitteln. Hierzu stelle man sich ein Buch mit folgenden Seiten vor:

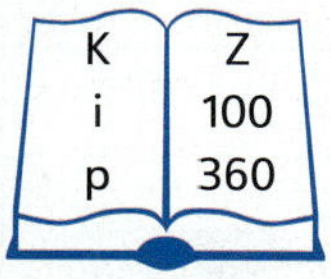

Auf der **linken** Buchseite steht das Wort „Kip“.

Auf der **rechten** Buchseite stehen die restlichen Größen der Zinsrechnung.

Sucht man z.B. die Größe *Z*, dann deckt man diese auf der Buchseite ab. Anschließend wendet man folgenden Grundsatz an: Die volle Buchseite, d.h., die Seite, auf der noch alle drei Größen stehen, kommt **auf** den Bruchstrich, die andere Seite **unter** den Bruchstrich.

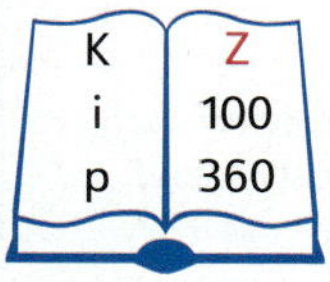

$$Z = \frac{K \cdot i \cdot p}{100 \cdot 360}$$

Sucht man z.B. die Größe *K*, dann deckt man diese auf der Buchseite ab. Anschließend wendet man auch hier den folgenden Grundsatz an: Die volle Buchseite, d.h., die Seite, auf der noch alle drei Größen stehen, kommt **auf** den Bruchstrich, die andere Seite **unter** den Bruchstrich.

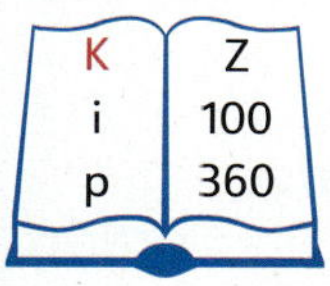

$$K = \frac{Z \cdot 100 \cdot 360}{i \cdot p}$$

6.1 Berechnung der Zinstage

Sachverhalt	Eine Auszubildende legt 580,00 € vom 14.01. bis 08.07. des selben Jahres an.
Frage	Wie viele Tage legt sie das Geld an?

Lösung	Erklärung
	Die Tageberechnung erfolgt in Deutschland nach der **deutschen Zinsmethode** bzw. der **kaufmännischen Zinsmethode**. Bei der **deutschen Zinsmethode** wird jeder Monat mit 30 Zinstagen gerechnet; das Jahr hat 360 Zinstage.
Tageberechnung nach der deutschen Zinsmethode:	
14. Januar bis Ende Januar = 16 Zinstage [1]	[1] Im ersten Monat wird vom Datum ergänzt auf 30; beim 14. Januar also 14 ergänzt bis 30: 16 Zinstage.
Februar bis Juni: 5 · 30 Tage = 150 Zinstage [2]	[2] Für die 5 Monate Februar bis Juni werden 5 mal 30 Zinstage berechnet.
<u>1. Juli bis 8. Juli = 8 Zinstage</u> [3]	[3] Im letzten Monat sind es 8 Zinstage.
Insgesamt: 174 Zinstage [4]	[4] Insgesamt ergeben sich also 174 Zinstage.

Ergebnis	Die Auszubildende legte ihr Geld 174 Zinstage an.

6.2 Berechnung der Zinsen mit der Zinsformel für Tage

Sachverhalt	Die Auszubildende Julia Schmitt legt 580,00 € vom 14.01. bis zum 08.07., also für 174 Zinstage, zu 5 % an.
Frage	Wie viel Zinsen erhält sie für diese Kapitalanlage?

Lösung	Erklärung
Was ist bekannt? [1] Kapital *(K)* = 580,00 € Zinssatz *(p)* = 5 % Zeit *(t* bzw. *i)* = 174 Tage Zinsen *(Z)* = x €	[1] Zunächst werden die bereits bekannten Größen ermittelt. Eine Berechnung ist nur möglich, wenn 3 der 4 Größen bekannt sind.
Berechnung mithilfe der Zinsformel für Tage: [2] $Z = \frac{K \cdot p \cdot t}{100 \cdot 360}$ $Z = \frac{580{,}00 \cdot 5 \cdot 174}{100 \cdot 360} = 14{,}02$ € Zinsen	[2] Wenn weder vollständige Jahre noch vollständige Monate gegeben sind, berechnet man die Zinsen mit der **Tageszinsformel**.

Ergebnis	Julia Schmitt erhält 14,02 € Zinsen für ihre Kapitalanlage.

6.3 Berechnung der Zinsen mit der Zinsformel für Monate

Sachverhalt	Der Auszubildende Lars Müller legt 750,00 € für 9 Monate zu 4,5 % an.
Frage	Wie viel Zinsen erhält er für diese Kapitalanlage?

Lösung	Erklärung
Was ist bekannt? [1] Kapital *(K)* = 750,00 € Zinssatz *(p)* = 4,5 % Zeit *(m* bzw. *i)* = 9 Monate Zinsen *(Z)* = x €	[1] Zunächst werden die bereits bekannten Größen ermittelt. Eine Berechnung ist nur möglich, wenn 3 der 4 Größen bekannt sind.
Berechnung mithilfe der Zinsformel für Monate: [2] $Z = \frac{K \cdot p \cdot m}{100 \cdot 12}$ $Z = \frac{750{,}00 \cdot 4{,}5 \cdot 9}{100 \cdot 12} = 25{,}31$ € Zinsen	[2] Wenn **vollständige Monate** gegeben sind, kann man die Zinsen auch mit der **Monatszinsformel** berechnen.

Ergebnis	Lars Müller erhält für seine Kapitalanlage 25,31 € Zinsen.

6.4 Berechnung der Zinsen mit der Zinsformel für Jahre

Sachverhalt	Die Auszubildende Özlem Bara legt 1 250,00 € für 2 Jahre zu 6,0 % an.
Frage	Wie viel Zinsen erhält sie für diese Kapitalanlage?

Lösung

Was ist bekannt? [1]

Kapital *(K)* = 1 250,00 €
Zinssatz *(p)* = 6 %
Zeit *(j bzw. i)* = 2 Jahre
Zinsen *(Z)* = x €

Berechnung mithilfe der Zinsformel für Jahre: [2]

$$Z = \frac{K \cdot p \cdot j}{100 \cdot 1}$$

$$Z = \frac{1\,250{,}00 \cdot 6 \quad 2}{100 \cdot 1} = 150{,}00\text{ € Zinsen}$$

Erklärung

[1] Zunächst werden die bereits bekannten Größen ermittelt. Eine Berechnung ist nur möglich, wenn 3 der 4 Größen bekannt sind.

[2] Wenn **vollständige Jahre** gegeben sind, kann man die Zinsen auch mit der **Jahreszinsformel** berechnen:

Ergebnis	Özlem Bara erhält für ihre Kapitalanlage 150,00 € Zinsen.

6.5 Berechnung des Kapitals

Sachverhalt	Für eine Geldanlage zu 4 % vom 09.02. bis 29.09. schreibt die Bank 23,00 € Zinsen gut.
Frage	Wie viel Euro beträgt die Geldanlage?

Lösung

Was ist bekannt? [1]

Zeit *(t bzw. i)* = 21 + 6 · 30 + 29 = 230 Tage
Zinssatz *(p)* = 4 %
Zinsen *(Z)* = 23,00 €
Kapital *(K)* = x €

Berechnung des Kapitals: [2]

$$K = \frac{Z \cdot 100 \cdot 360}{t \cdot p}$$

$$K = \frac{23{,}00 \cdot 100 \cdot 360}{230 \cdot 4} = 900{,}00\text{ € Kapital}$$

Erklärung

[1] Zunächst werden die bereits bekannten Größen ermittelt. Eine Berechnung ist nur möglich, wenn 3 der 4 Größen bekannt sind.

[2] Die gesuchte Größe ist das Kapital, *K*. Deshalb wird die Zinsformel für Tage nach *K* umgeformt bzw. aus dem „Buch" abgeleitet.
Jetzt können die bekannten Größen *Z*, *p* und *t* eingesetzt werden.

Ergebnis	Die Geldanlage beträgt 900,00 €.

6.6 Berechnung der Zeit

Sachverhalt	Eine Bank verlangt für die Kreditüberlassung von 1 500,00 € bei einem Zinssatz von 7,5 % 56,25 € Zinsen.
Frage	Welche Laufzeit hatte der Kredit?

Lösung

Was ist bekannt? [1]

Kapital *(K)* = 1 500,00 €
Zinssatz *(p)* = 7,5 %
Zinsen *(Z)* = 56,25 €
Zeit *(t* bzw. *i)* = x Tage

Berechnung der Zeit: [2]

$$t = \frac{Z \cdot 100 \cdot 360}{K \cdot p}$$

$$t = \frac{56{,}25 \cdot 100 \cdot 360}{1\,500{,}00 \cdot 7{,}5} = 180 \text{ Tage}$$

Erklärung

[1] Zunächst werden die bereits bekannten Größen ermittelt. Eine Berechnung ist nur möglich, wenn 3 der 4 Größen bekannt sind.

[2] Die gesuchte Größe ist die Zeit (*t* bzw. *i*) Deshalb wird die Zinsformel für Tage nach *t* umgeformt bzw. aus dem „Buch" abgeleitet. Jetzt können die bekannten Größen *Z*, *K* und *p* eingesetzt werden.

Ergebnis	Die Laufzeit beträgt 180 Tage.

6.7 Berechnung des Zinssatzes

Sachverhalt	Eine Bank verlangt für die Kreditüberlassung von 2 500,00 € für 6 Monate 100,00 € Zinsen.
Frage	Welchen Zinssatz berechnete die Bank?

Lösung

Was ist bekannt? [1]

Kapital *(K)* = 2 500,00 €
Zeit *(m* bzw. *t* bzw. *i)* = 6 Monate bzw. 180 Tage
Zinsen *(Z)* = 100,00 €
Zinssatz *(p)* = x %

Berechnung des Zinssatzes: [2]

$$p = \frac{Z \cdot 100 \cdot 360}{K \cdot t} \quad \text{oder} \quad p = \frac{Z \cdot 100 \cdot 12}{K \cdot m}$$

$$p = \frac{100 \cdot 100 \cdot 360}{2\,500{,}00 \cdot 180} \quad \text{oder} \quad p = \frac{100 \cdot 100 \cdot 12}{2\,500{,}00 \cdot 6}$$

$$p = 8\,\% \qquad p = 8\,\%$$

Erklärung

[1] Zunächst werden die bereits bekannten Größen ermittelt. Eine Berechnung ist nur möglich, wenn 3 der 4 Größen bekannt sind.

[2] Die gesuchte Größe ist der Zinssatz (*p*). Deshalb wird die Zinsformel für Tage bzw. für Monate nach *i* umgeformt bzw. aus dem „Buch" abgeleitet. Jetzt können die bekannten Größen *K*, *i* und *Z* eingesetzt werden.

Ergebnis	Der Zinssatz beträgt 8 %.

7 Umfangs-, Flächen- und Körperberechnung

Ein Lkw soll beladen werden? Das Lager soll eingerichtet werden? Jetzt gilt es, einen optimalen Stauplan zu entwickeln, damit der vorhandene Laderaum bzw. Lagerraum optimal ausgenutzt wird. Dafür sind Kenntnisse der Flächen-, Körper- und Umfangsberechnung notwendig. Es gelten folgende Abkürzungen:

Umfang = U *Fläche = F* *Volumen = V* *Oberfläche = O*

[?!]

7.1 Flächen- und Umfangsberechnung

Quadrat

Darstellung	In dem Wort „**Quadrat**“ steckt „**quadro**“, (ital. „quattro“ = dt. „vier“). Das Quadrat ist durch **vier gleich lange Seiten** und vier rechte Winkel (90°) gekennzeichnet. 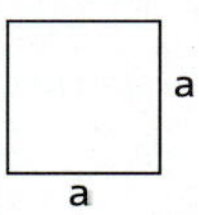 U = a + a + a + a U = 4 a F = a · a F = a^2
Sachverhalt	Eine quadratische Arbeitsplatte hat eine Kantenlänge von 110 cm.
Frage	a) Welchen Umfang hat diese Arbeitsplatte? b) Welchen Flächeninhalt hat diese Arbeitsplatte?
Lösung	a) **Berechnung des Umfangs** U = 4 a U = 4 · 110 cm U = 440 cm = 4,40 m b) **Berechnung der Fläche** F = a · a F = 1,10 m · 1,10 m F = 1,21 m^2
Ergebnis	a) Die Arbeitsplatte hat einen Umfang von 4,40 m. b) Die Arbeitsplatte hat eine Fläche von 1,21 m^2.

Rechteck

Darstellung	Im **Rechteck** gibt es **vier rechtwinklige Ecken** (also mit 90°) und je zwei gleich lange und parallele Seiten. 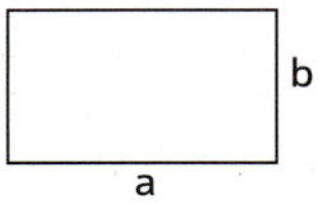 U = a + a + b + b U = 2 a + 2 b F = a · b
Sachverhalt	Eine Europalette hat die Seitenlängen 120 cm und 80 cm.
Frage	a) Welchen Umfang hat die Europalette? b) Welchen Flächeninhalt hat die Europalette?
Lösung	a) **Berechnung des Umfangs** U = 2 a + 2 b U = 2 · 120 cm + 2 · 80 cm U = 400 cm = 4,00 m b) **Berechnung der Fläche** F = a · b F = 1,20 m · 0,80 m F = 0,96 m^2

→

Ergebnis	a) Die Europalette hat einen Umfang von 4,00 m. b) Die Europalette hat eine Fläche von 0,96 m^2.

Dreieck

Darstellung	Das **Dreieck** hat **drei Ecken**. Die Seiten können unterschiedlich lang sein. 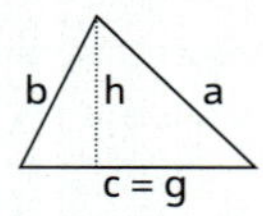 $U = a + b + c$ $F = \frac{g \cdot h}{2}$
Sachverhalt	Eine dreieckige Werbefläche soll eingelagert werden. Sie ist 5,50 m lang und 1,80 m hoch ist, die Seitenlängen betragen 3,50 m und 3,10 m.
Frage	a) Welchen Umfang hat die Werbefläche? b) Welchen Flächeninhalt hat die Werbefläche?
Lösung	a) **Berechnung des Umfangs** $U = a + b + c$ $U = 3{,}50\,m + 3{,}10\,m + 5{,}50\,m$ $U = 12{,}10\,m$ b) **Berechnung der Fläche** $F = \frac{g \cdot h}{2}$ $F = \frac{5{,}50\,m \cdot 1{,}80\,m}{2}$ $F = 4{,}95\,m^2$
Ergebnis	a) Die Werbefläche hat einen Umfang von 12,10 m. b) Die Werbefläche hat eine Fläche von 4,95 m^2.

Kreis

Darstellung	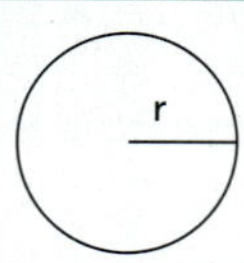 $U = 2\,r\,\pi$ $\pi = 3{,}14$ *bzw.* $U = d\,\pi$ $F = r^2 \cdot \pi$
Sachverhalt	Für einen runden Behälter soll ein Deckel bestellt werden. Der Behälter hat einen Durchmesser von 0,96 m.
Frage	a) Welchen Umfang hat der Deckel? b) Welchen Flächeninhalt hat der Deckel?
Lösung	a) **Berechnung des Umfangs** $U = 2\,r\,\pi$ bzw. $U = d\,\pi$ $U = 2 \cdot 0{,}48\,m \cdot 3{,}14$ bzw. $U = 0{,}96\,m \cdot 3{,}14$ $U = 3{,}01\,m$ b) **Berechnung der Fläche** $F = r^2 \cdot \pi$ $F = 0{,}48\,m \cdot 0{,}48\,m \cdot 3{,}14$ $F = 0{,}72\,m^2$
Ergebnis	a) Der Deckel hat einen Umfang von 3,01 m. b) Der Deckel hat eine Fläche von 0,72 m^2.

5366604

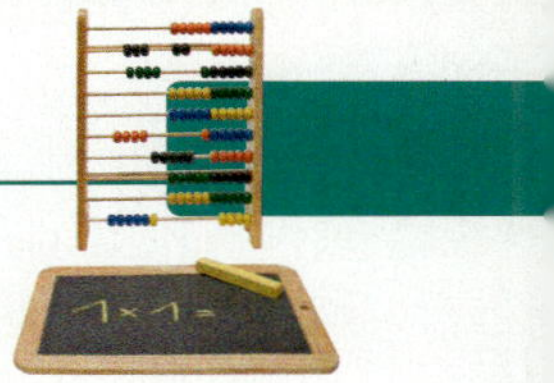

7.2 Körperberechnung

Würfel

Darstellung	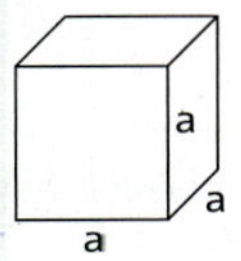 $V = a \cdot a \cdot a$ $O = 6 \cdot a \cdot a$ $O = 6 \cdot a^2$
Sachverhalt	Eine Kiste soll eingelagert werden. Alle Seitenlängen betragen 0,50 m.
Frage	a) Welches Volumen hat die Kiste? b) Welche Oberfläche hat die Kiste?
Lösung	**a) Berechnung des Volumens** $V = a \cdot a \cdot a$ $V = 0{,}50\,m \cdot 0{,}50\,m \cdot 0{,}50\,m$ $V = 0{,}125\,m^3$ **b) Berechnung der Oberfläche** $O = 6 \cdot a \cdot a$ $O = 6 \cdot 0{,}50\,m \cdot 0{,}50\,m$ $O = 1{,}50\,m^2$
Ergebnis	a) Die Kiste hat ein Volumen von $0{,}125\,m^3$. b) Die Kiste hat eine Fläche von $1{,}50\,m^2$.

Quader

Darstellung	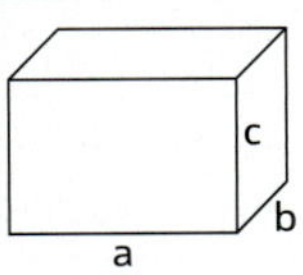 $V = a \cdot b \cdot c$ $O = 2\,a\,b + 2\,a\,c + 2\,b\,c$
Sachverhalt	Eine Kiste soll eingelagert werden. Sie ist 3,20 m lang, 1,60 m breit und 0,95 m hoch.
Frage	a) Welches Volumen hat die Kiste? b) Welche Oberfläche hat die Kiste?
Lösung	**a) Berechnung des Volumens** $V = a \cdot b \cdot c$ $V = 3{,}20\,m \cdot 1{,}60\,m \cdot 0{,}95\,m$ $V = 4{,}864\,m^3$ **b) Berechnung der Oberfläche** $O = 2\,a\,b + 2\,a\,c + 2\,b\,c$ $O = 2 \cdot 3{,}20\,m \cdot 1{,}60\,m + 2 \cdot 3{,}20\,m \cdot 0{,}95\,m + 2 \cdot 1{,}60\,m \cdot 0{,}95\,m$ $O = 10{,}24\,m^2 + 6{,}08\,m^2 + 3{,}04\,m^2$ $O = 19{,}36\,m^2$
Ergebnis	a) Die Kiste hat ein Volumen von $4{,}864\,m^3$. b) Die Kiste hat eine Fläche von $19{,}36\,m^2$.

Dreiecksäule

Darstellung	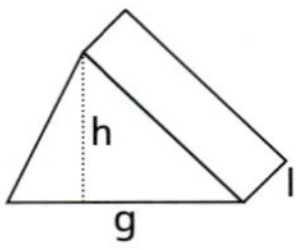 $V = \frac{g \cdot h}{2} \cdot l$
Sachverhalt	Eine Luftverkehrsladeeinheit in Form einer Dreieckssäule hat folgende Maße: g = 1,50 m l = 1,00 m h = 1,30 m
Frage	Welches Volumen hat diese Ladeeinheit?
Lösung	**Berechnung des Volumens** $V = \frac{g \cdot h}{2} \cdot l$ $V = \frac{1{,}50\,m \cdot 1{,}30\,m}{2} \cdot 1{,}00$ $V = 0{,}975\ m^2 \cdot 1{,}00\,m$ $V = 0{,}975\,m^3$
Ergebnis	Die Ladeeinheit hat ein Volumen von 0,975 m^3

Zylinder

Darstellung	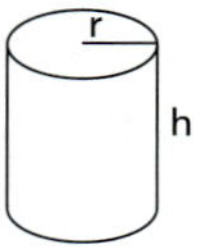 $V = r^2\,\pi\,h$ $O = 2\,r^2\,\pi + 2\,r\,\pi\,h$
Sachverhalt	Ein Fass hat eine Höhe von 1,65 m und einen Radius von 50 cm.
Frage	**a)** Welches Volumen hat dieses Fass? **b)** Welche Oberfläche hat dieses Fass?
Lösung	**a)** Berechnung des Volumens $V = r^2\,\pi\,h$ $V = 0{,}5\,m \cdot 0{,}5\,m \cdot 3{,}14 \cdot 1{,}65\,m$ $V = 1{,}295\ m^3$ **b)** Berechnung der Oberfläche $O = 2\,r^2\,\pi + 2\,r\,\pi\,h$ $O = 2 \cdot 0{,}5\,m \cdot 0{,}5\,m \cdot 3{,}14 + 2 \cdot 0{,}5\,m \cdot 3{,}14 \cdot 1{,}65\,m$ $O = 1{,}57\ m^2 + 5{,}181\,m^2$ $O = 6{,}751\,m^2$
Ergebnis	**a)** Das Fass hat ein Volumen von 1,295 m^3. **b)** Das Fass hat einen Flächeninhalt von 6,751 m^2

WiSo

WiSo
Entlohnung
Lohnformen
Lohn- und Gehaltsabrechnung
Rechtsgrundlagen der Berufsausbildung
Betrieb + Berufsschule
Duales Ausbildungssystem in Deutschland
Ausbildungsvertrag
Rechte und Pflichten laut Berufsbildungsgesetz
Beginn und Beendigung des Ausbildungsverhältnisses
Lebenslanges Lernen
Berufliche Fortbildung
Staatliche Fördermaßnahmen
Arbeitsschutz
§
Jugendarbeitsschutzgesetz
Arbeitszeitschutz bei volljährigen Auszubildenden
Arbeitsschutz für besondere Beschäftigtengruppen
Mindesturlaub
Versicherungen
Versicherungsprinzipien
esetzliche Sozialversicherungen
Private Vorsorge
Unternehmen in der Wirtschaft
Grundlagen der Wirtschaft
Funktionen des Betriebes
Klassische betriebliche Organisation
Arbeitsverhältnis
Einstellungsgespräch und Personaleinstellung
Abschluss des Arbeitsvertrages
Personalfreisetzung
Arbeitsgerichtsbarkeit
Mitbestimmung
Betriebliche Mitbestimmung
Jugend- und Auszubildendenvertretung
Betriebsrat
Wirtschaftsorganisationen
Tarifvertragsrecht
STREIK!

1 Rechtsgrundlagen der Berufsausbildung

1.1 Duales Ausbildungssystem in Deutschland/Ausbildungsvertrag

Duales Ausbildungssystem in Deutschland

Die berufliche **Erstausbildung** der staatlich anerkannten Ausbildungsberufe im Sinne des **Berufsbildungsgesetzes** *(BBiG)* findet in Form des **dualen Ausbildungssystems** statt. Die Ausbildung erfolgt dabei an **zwei Lernorten**.

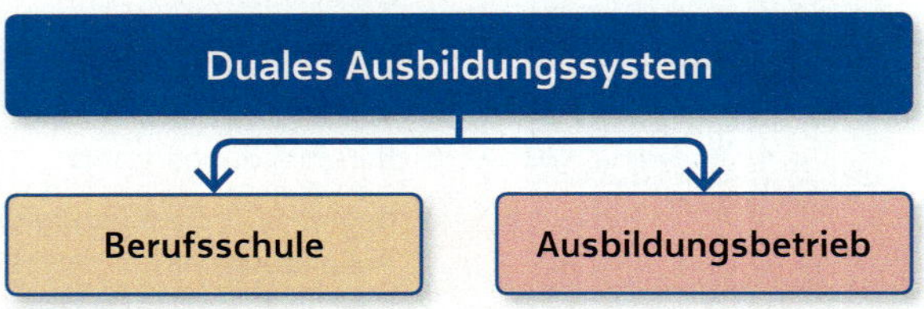

Das *BBiG* benennt Rechte und Pflichten der an der Ausbildung beteiligten Personen und Institutionen und beschreibt die Ordnung/Organisation der Berufsbildung.

Rechtlicher Rahmen

In §5 des BBiG wird bestimmt, dass als Grundlage einer ordnungsgemäßen Berufsausbildung eine entsprechende Ausbildungsordnung vorliegen muss. Die **Ausbildungsordnung** hat Folgendes festzulegen: Bezeichnung des Ausbildungsberufes, Ausbildungsdauer, Ausbildungsberufsbild und Ausbildungsrahmenplan sowie die Prüfungsanforderungen. Die Ausbildungsordnung kann man auf der Homepage des Bundesinstituts für Berufsbildung (www.bibb.de) unter der Rubrik „Berufe“ finden und herunterladen.

Der **Ausbildungsrahmenplan** legt die Inhalte fest, die im Ausbildungsbetrieb zu vermitteln sind. Er besteht aus zwei Anlagen zur Ausbildungsordnung. Anlage 1, die sachliche Gliederung, stellt genau dar, welche Kenntnisse und Fertigkeiten zu der jeweiligen Position des Berufsbildes zu vermitteln sind. Anlage 2, die zeitliche Gliederung, legt fest, wie lange der Auszubildende in den einzelnen Teilbereichen bzw. Abteilungen ausgebildet werden soll. Auf Grundlage des Ausbildungsrahmenplans wird im Betrieb ein **betrieblicher Ausbildungsplan** erstellt.

Auch für den Unterricht in der Berufsschule gibt es eine Vorgabe, den **Rahmenlehrplan**. Er wird von der Kultusministerkonferenz *(KMK)* herausgegeben und kann auf der Homepage der KMK (www.kmk.org) heruntergeladen werden. Rahmenlehrplan und Ausbildungsordnung sind aufeinander abgestimmt. Aufgrund von landesspezifischen Schulgesetzen erlassen die zuständigen Kultusministerien zusätzlich Lehrpläne für die sogenannten allgemein bildenden Fächer (z. B. Deutsch). Für den Unterricht im Fach Wirtschafts- und Sozialkunde hat die KMK eine berufsübergreifende Vorgabe erarbeitet. Sie heißt „Elemente für den Unterricht der Berufsschule im Bereich Wirtschafts- und Sozialkunde gewerblich-technischer Ausbildungsberufe“.

Die Industrie- und Handelskammer (IHK) überwacht als „zuständige Stelle“ (§32 BBiG), dass die Eignung der Ausbildungsstelle sowie die persönliche und fachliche Eignung im Sinne des BBiG vorliegen. §28ff. des BBiG legt fest, wer als persönlich und fachlich geeignet gilt, Auszubildende auszubilden.

Ausbildungsvertrag

Der Ausbildungsvertrag wird zwischen dem **Auszubildenden** und dem Ausbildenden geschlossen. Bei **minderjährigen** Auszubildenden muss ein **Erziehungsberechtigter** den Vertrag mit unterzeichnen. Der Ausbildende, der Inhaber des Ausbildungsbetriebes, kann **Ausbilder** im Betrieb beauftragen, die Berufsausbildung des Auszubildenden im Einzelnen zu gewährleisten. Der unterschriebene Ausbildungsvertrag wird der zuständigen **Industrie- und Handelskammer** *(IHK)* zur Prüfung vorgelegt und von ihr in das Verzeichnis der Berufsausbildungsverhältnisse eingetragen. Das **Berufsbildungsgesetz** *(BBiG)* regelt die Rechte und Pflichten von Auszubildenden und Ausbildenden.

1.2 Rechte und Pflichten laut Berufsbildungsgesetz (BBIG)

Pflichten des Auszubildenden
(= Rechte des Ausbildenden)

Der Auszubildende hat ...

- sich zu bemühen die berufliche Handlungsfähigkeit zu erwerben, die erforderlich ist, um das Ausbildungsziel zu erreichen;
- die ihm im Rahmen seiner Berufsausbildung aufgetragenen Aufgaben sorgfältig auszuführen;
- am Berufsschulunterricht und an Prüfungen teilzunehmen;
- den Weisungen zu folgen, die ihm im Rahmen der Berufsausbildung von weisungsberechtigten Personen erteilt werden;
- die für die Ausbildungsstätte geltende Ordnung zu beachten;
- Werkzeug, Maschinen und sonstige Einrichtungen pfleglich zu behandeln;
- über Betriebs- und Geschäftsgeheimnisse Stillschweigen zu wahren;
- einen schriftlichen oder elektronischen Ausbildungsnachweis (Berichtsheft) zu führen und dies dem Ausbilder zur Durchsicht vorzulegen.

Pflichten bei Ausübung einer Nebentätigkeit:
Grundsätzlich ist die Ausübung einer Nebentätigkeit zwar erlaubt, sie darf den Auszubildenden aber nicht so stark belasten, dass er seine vertraglichen Pflichten, insbesondere das Erreichen des Ausbildungszieles, nicht mehr erfüllen kann. Aus diesem Grund ist die Ausübung der Nebentätigkeit mit dem Ausbildenden abzustimmen.

Zusätzliche Rechte und Pflichten, wie z. B. Urlaubsansprüche, besondere Schutzrechte Jugendlicher, werden in weiteren Gesetzen geregelt.

Pflichten des Ausbildenden
(= Rechte des Auszubildenden)

Der Ausbildende hat ...

- mit dem Auszubildenden einen Berufsausbildungsvertrag zu schließen und ihn schriftlich niederzulegen;
- mit dem Auszubildenden eine Probezeit zu vereinbaren (min. ein Monat, max. vier Monate);
- dafür zu sorgen, dass dem Auszubildenden die berufliche Handlungsfähigkeit vermittelt wird, die zum Erreichen des Ausbildungszieles notwendig ist;
- die Ausbildung planmäßig durchzuführen;
- dem Auszubildenden kostenlos die notwendigen Ausbildungsmittel zur Verfügung zu stellen (z. B. Sicherheitsschuhe);
- den Auszubildenden zum Besuch der Berufsschule sowie zum Führen von Ausbildungsnachweisen anzuhalten;
- dafür zu sorgen, dass der Auszubildende charakterlich gefördert sowie sittlich und körperlich nicht gefährdet wird;
- sicherzustellen, dass dem Auszubildenden nur Aufgaben übertragen werden, die dem Ausbildungszweck dienen und seinen körperlichen Kräften angemessen sind;
- den Auszubildenden für die Teilnahme am Berufsschulunterricht und an Prüfungen sowie an dem Arbeitstag, der der schriftlichen Abschlussprüfung unmittelbar vorausgeht freizustellen;
- dem Auszubildenden eine angemessene Vergütung zu gewähren (jährliche Steigerung) und dabei die Mindestausbildungsvergütung nach § 17 BBiG zu beachten;
- dem Auszubildenden bei Beendigung des Ausbildungsverhältnisses ein Zeugnis auszustellen.

1.3 Beginn und Beendigung des Ausbildungsverhältnisses

Gesundheitliche Eignung

Jugendliche Auszubildende sind verpflichtet, sich vor Beginn der Ausbildung ärztlich untersuchen zu lassen. Die Bescheinigung über die Erstuntersuchung muss dem Ausbildungsbetrieb vorgelegt werden (§ 32 Jugendarbeitsschutzgesetz). Die **Erstuntersuchung** erstreckt sich auf den Gesundheits- und Entwicklungszustand sowie die körperliche Beschaffenheit des Jugendlichen. Sie muss innerhalb der letzten 14 Monate vor Beginn des Ausbildungsverhältnisses stattgefunden haben.

Sofern der Auszubildende ein Jahr nach Beginn der Ausbildung noch nicht volljährig ist, muss eine **Nachuntersuchung** erfolgen.

Probezeit

Das Berufsausbildungsverhältnis beginnt mit der Probezeit. Sie muss mindestens **einen** Monat und darf höchstens **vier Monate** betragen (§ 20 BBiG).

Anja Schön beginnt am 01.09.20.. mit der Ausbildung. Der Ausbildungsvertrag wurde am 10.08.20.. geschlossen und am 28.08.20.. von der IHK in das Verzeichnis der Berufsausbildungsverhältnisse eingetragen. Zwischen Anja Schön und ihrem Ausbildungsbetrieb wurde eine Probezeit von vier Monaten vereinbart. Die Probezeit endet am 31.12.20...

Kündigungsrecht laut BBiG

Während der Probezeit kann das Berufsausbildungsverhältnis jederzeit ohne Einhalten einer Kündigungsfrist gekündigt werden (**§ 22 Abs. 1**). Nach der Probezeit kann das Berufsausbildungsverhältnis nur gekündigt werden

1. aus einem wichtigen Grund **ohne** Einhalten einer Kündigungsfrist,
2. von Auszubildenden mit einer Kündigungsfrist von **vier Wochen**, wenn sie die Berufsausbildung aufgeben oder sich für eine andere Berufstätigkeit ausbilden lassen wollen (**§ 22 Abs. 2**).

Die Kündigung muss **schriftlich** und unter Angabe des Kündigungsgrundes erfolgen (**§ 22 Abs. 3**).

Ende des Ausbildungsverhältnisses

„Das Berufsausbildungsverhältnis endet mit dem Ablauf der Ausbildungszeit. Bestehen Auszubildende vor Ablauf der Ausbildungszeit die Abschlussprüfung, so endet das Berufsausbildungsverhältnis **mit Bekanntgabe des Ergebnisses** durch den Prüfungsausschuss." (§ 21 BBiG)

10.05.20..	Ablegen der schriftlichen Prüfung
04.06.20..	Bekanntgabe des Ergebnisses der schriftlichen Prüfung
21.06.20..	Ablegen der Praktischen Prüfung, Bekanntgabe des Ergebnisses (**Ausbildungsverhältnis endet**)
25.06.20..	Der Auszubildende erhält das Abschlusszeugnis der Berufsschule.
05.07.20..	Der Auszubildende erhält das Abschlusszeugnis der IHK.
31.07.20..	Ende der Ausbildung laut Ausbildungsvertrag

Beschäftigt der Arbeitgeber den Auszubildenden auch nach bestandener Prüfung weiter, so wird dadurch ein unbefristetes Arbeitsverhältnis begründet.

Nicht-Bestehen der Prüfung

„Bestehen Auszubildende die Abschlussprüfung nicht, so verlängert sich das Berufsausbildungsverhältnis auf ihr Verlangen bis zur nächstmöglichen Wiederholungsprüfung, höchstens um ein Jahr." (§ 21 Abs. 3 BBiG)

Möchte der Auszubildende die Ausbildung nicht fortsetzen, endet das Ausbildungsverhältnis mit Ablauf der Vertragslaufzeit. Wenn der Auszubildende die Ausbildung fortsetzen möchte, teilt er dies dem Ausbildungsbetrieb mit. Das Ausbildungsverhältnis verlängert sich bis zum nächstmöglichen Prüfungstermin. Fällt der Auszubildende erneut durch die Prüfung, ist eine zweite Vertragsverlängerung durch den Ausbildungsbetrieb freiwillig. Aber auch ohne Vertragsverlängerung gilt: „Die Abschlussprüfung kann im Falle des Nichtbestehens zweimal wiederholt werden." (§ 37 BBiG)

2 Arbeitsschutz

2.1 Jugendarbeitsschutzgesetz (JArbSchG)

Geltungsbereich des Gesetzes

- Das Gesetz schützt **Kinder** (Personen unter 15 Jahren) und **Jugendliche** (Personen ab 15 Jahren, aber noch unter 18 Jahren), die sich in der Berufsausbildung befinden oder in einem Beschäftigungsverhältnis als Arbeitnehmer oder Heimarbeiter tätig sind (§§ 1, 2).
- Auf Jugendliche, die der Vollzeitschulpflicht unterliegen, finden die für Kinder geltenden Vorschriften Anwendung (§ 2).

Arbeitszeit/Pausen/Schichtzeit

- Jugendliche dürfen nicht mehr als **8 Stunden** täglich und nicht mehr als **40 Stunden** wöchentlich beschäftigt werden.
- Wird die Arbeitszeit an einzelnen Werktagen verkürzt, kann die Arbeitszeit an anderen Tagen auf **maximal 8,5 Stunden** verlängert werden (§ 8).
- Die Pausenzeiten gelten nicht als Arbeitszeit (Ausnahme: Schichtzeit). Als **Arbeitspause** gilt nur eine Arbeitsunterbrechung von mindestens 15 Minuten (§ 11).
- Jugendliche dürfen nach Beendigung der täglichen Arbeitszeit erst nach Ablauf einer ununterbrochenen **Freizeit von mindestens 12 Stunden** beschäftigt werden (§ 13).
- Bei Jugendlichen darf die **Schichtzeit** prinzipiell 10 Stunden nicht überschreiten (§ 12).
- Schichtzeit ist die tägliche Arbeitszeit unter Hinzurechnung der Ruhepausen (§ 4).

Fünftagewoche/Wochenendarbeit/Feiertagsruhe/Nachtruhe

- Jugendliche dürfen nur an **5 Tagen** in der Woche beschäftigt werden. Die beiden wöchentlichen Ruhetage sollen nach Möglichkeit aufeinander folgen (§ 15).
- An Samstagen und Sonntagen dürfen Jugendliche in den meisten Branchen nicht beschäftigt werden (§§ 16, 17).
- Am 24. und 31. Dezember nach 14 Uhr und an gesetzlichen Feiertagen dürfen Jugendliche prinzipiell nicht beschäftigt werden (§ 18); Ausnahmen sind in § 17 Abs. 2 geregelt.
- Jugendliche dürfen prinzipiell nur zwischen 06:00 Uhr und 20:00 Uhr beschäftigt werden (§ 14).
- Ausnahmen bei Jugendlichen über 16 Jahren: in mehrschichtigen Betrieben bis 23:00 Uhr.

Urlaub

- Der **bezahlte Erholungsurlaub** beträgt laut § 19 jährlich ...
  1. mindestens 30 Werktage, wenn der Jugendliche zu Beginn des Kalenderjahres noch nicht 16 Jahre alt ist,
  2. mindestens 27 Werktage, wenn der Jugendliche zu Beginn des Kalenderjahres noch nicht 17 Jahre alt ist,
  3. mindestens 25 Werktage, wenn der Jugendliche zu Beginn des Kalenderjahres noch nicht 18 Jahre alt ist.
- Der Urlaub soll Berufsschülern **in der Zeit der Schulferien** gegeben werden. Soweit er nicht in den Schulferien gegeben wird, ist für jeden Berufsschultag, an dem die Berufsschule während des Urlaubs besucht wird, ein weiterer Urlaubstag zu gewähren.

Berufsschulunterricht

- Der Arbeitgeber muss den Jugendlichen für die Teilnahme am Berufsschulunterricht, an Prüfungen und außerbetrieblichen Ausbildungsmaßnahmen **freistellen**. Einmal pro Woche wird bei Jugendlichen ein Unterrichtstag mit mehr als 5 Unterrichtsstunden als Arbeitstag mit 8 Zeitstunden gerechnet. Eine Woche Blockunterricht wird mit der durchschnittlichen wöchentlichen Arbeitszeit angerechnet. Am Arbeitstag vor der schriftlichen Abschlussprüfung ist der Jugendliche ebenfalls freizustellen (§§ 9 – 10).

Gefährliche Arbeiten

- Jugendliche dürfen keine Arbeiten ausführen, die ihre physische oder psychische Leistungsfähigkeit übersteigen, die ihre Gesundheit gefährden oder bei denen sie sittlich gefährdet werden (§ 22). Dazu zählen Arbeiten im Akkord und Arbeiten mit gefährlichen Stoffen ohne Aufsicht (§ 23).

2.2 Arbeitszeitschutz bei volljährigen Auszubildenden

Anrechnung der Berufsschulzeit

„Ausbildende haben Auszubildende für die Teilnahme am Berufsschulunterricht und an Prüfungen freizustellen. Dies gilt auch für virtuellen Unterricht, z. B. per Videokonferenz. Das Gleiche gilt, wenn Ausbildungsmaßnahmen außerhalb der Ausbildungsstätte durchzuführen sind.“ (§ 15 BBiG) . Außerdem ist der Arbeitstag vor der schriftlichen Abschlussprüfung frei.

Wenn der Unterricht vor 09:00 Uhr beginnt, müssen Auszubildende vor der Berufsschule nicht arbeiten (§ 15 BBiG).

Während der Freistellung ist die Ausbildungsvergütung fortzuzahlen. Für volljährige Auszubildende ist in § 15 Absatz 2 BBiG geregelt, wie diese Zeiten auf die Arbeitszeit angerechnet werden müssen. Dies betrifft:

- die Unterrichts- und Pausenzeit in der Berufsschule (ein Berufsschultag mit mehr als 5 Unterrichtsstunden einmal pro Woche muss als ganzer Arbeitstag angerechnet werden),
- die Teilnahme an Prüfungen mit der Prüfungsdauer zuzüglich der Pausen und
- die Freistellung am Tag vor der Abschlussprüfung mit der üblichen täglichen Arbeitszeit.

Marcel Fröhlich hat laut Ausbildungsvertrag eine Arbeitszeit von 37,5 Stunden wöchentlich oder 7,5 Stunden täglich. Er beginnt üblicherweise um 08:15 Uhr mit der Arbeit im Betrieb. Er hat 15 Minuten Frühstückspause um 09:30 und ½ Stunde Mittagspause um 12:30. Wenn er nach der Schule arbeiten muss, fährt er in den Betrieb (½ Stunde), macht seine Mittagspause und beginnt dann mit der Arbeit. Damit am Freitag früher Feierabend ist, arbeitet Marcel an den anderen Tagen länger. Sein Arbeitsplan für die letzte Kalenderwoche sah so aus:

Wochentag	Ort	Anwesenheit Uhrzeit	Anwesenheit in Stunden	anzurechnende Arbeitszeit
Montag	Betrieb	08:15–17:00	8 Stunden 45 Minuten	8 Stunden
Dienstag	Schule	08:00–15:00	7 Stunden	7,5 Stunden
Mittwoch	Betrieb	08:15–17:00	8 Stunden 45 Minuten	8 Stunden
Donnerstag	Schule Betrieb	08:00–13:00 14:00–17:00	5 Stunden 3 Stunden	5 Stunden 3 Stunden
Freitag	Betrieb	08:15–15:30	6 Stunden 45 Minuten	6 Stunden

Zulässige Arbeitszeit

Das Arbeitszeitgesetz gibt volljährigen Auszubildenden nur wenig Schutz. Die höchstzulässige Arbeitszeit beträgt laut Arbeitszeitgesetz **8 Stunden täglich** bezogen auf eine 6-Tagewoche, also 48 Stunden wöchentlich. Die tägliche Höchstarbeitszeit beträgt 8 Stunden. Sie kann bei volljährigen Auszubildenden vorübergehend auf maximal 10 Stunden täglich ausgeweitet werden. Die wöchentliche Arbeitszeit von höchstens 48 Stunden insgesamt ist aber einzuhalten. Die meisten **Tarifverträge** und die Ausbildungsverträge enthalten günstigere Regelungen. Diese Regelungen haben Vorrang. Üblich sind Arbeitszeiten zwischen 38,5 und 40 Stunden wöchentlich.

Ruhepausen und Ruhezeit

Bei einer Arbeitszeit von mehr als sechs Stunden bis zu neun Stunden ist die Arbeit durch eine im Voraus festgelegte Ruhepause von **mindestens 30 Minuten**, und bei einer Arbeitszeit von mehr als insgesamt neun Stunden durch eine Ruhepause von 45 Minuten zu unterbrechen. Die Ruhepausen können jeweils in Zeitabschnitte von mindestens 15 Minuten aufgeteilt werden (§ 4 ArbZG).

Nach Beendigung der täglichen Arbeitszeit müssen Arbeitnehmer eine **ununterbrochene Ruhezeit** von mindestens **elf Stunden** haben.

5286612

Erkrankung und Arbeitsverhinderung

Wenn ein Auszubildender krank ist und nicht in den Betrieb oder die Berufsschule gehen kann, muss er dieses vor Beginn der Arbeitszeit/Schulzeit dem Betrieb oder der Berufsschule mitteilen.

„Der Arbeitnehmer ist verpflichtet, dem Arbeitgeber die Arbeitsunfähigkeit und deren voraussichtliche Dauer **unverzüglich** mitzuteilen. Dauert die Arbeitsunfähigkeit **länger als drei Kalendertage**, hat der Arbeitnehmer eine **ärztliche Bescheinigung** über das Bestehen der Arbeitsunfähigkeit sowie deren voraussichtliche Dauer spätestens an dem darauffolgenden Arbeitstag vorzulegen. Der Arbeitgeber ist berechtigt, die Vorlage der ärztlichen Bescheinigung früher zu verlangen." (§ 5 Entgeltfortzahlungsgesetz)

> Marcel Fröhlich hat am Montag Kopfschmerzen. Er meldet sich vor Arbeitsbeginn krank. Wenn er weiterhin krank ist, muss er die Krankschreibung seinem Arbeitgeber spätestens Donnerstag zukommen lassen. Tritt die Erkrankung am Freitag ein, muss die Krankschreibung spätestens am Montag vorliegen (Kalendertage!).

Hat der Arbeitgeber den begründeten Verdacht, dass eine Erkrankung nur vorgetäuscht wird, kann er eine amtsärztliche Untersuchung verlangen.

Fortzahlung der Ausbildungsvergütung bei Krankheit

Während einer Erkrankung besteht für die **Dauer von sechs Wochen** ein Anspruch auf Fortzahlung der Ausbildungsvergütung (§ 19 BBiG).

> Verena Kurz erleidet am 22.10.20.. eine Knieverletzung und ist aufgrund dieser Erkrankung arbeitsunfähig. Sie hat für sechs Wochen (42 Kalendertage), also bis zum 03.12.20.., einen Anspruch auf Lohnfortzahlung. Danach erhält sie von der Krankenkasse Krankengeld in Höhe von 70 % der Bruttovergütung, maximal aber 90 % der Nettovergütung (§ 44 SGB V).

2.3 Arbeitsschutz für besondere Beschäftigtengruppen

Frauen und Mutterschutz

Frauen, die in einem Arbeits- oder Ausbildungsverhältnis stehen, genießen unabhängig von der Staatsangehörigkeit und dem Familienstand während der Schwangerschaft und danach einen besonderen Schutz. Das Mutterschutzgesetz (MuSchG) gilt nicht für Hausfrauen und selbstständig tätige Frauen.

→ Beschäftigungsverbote
In der Regel dürfen werdende Mütter **sechs Wochen vor der Geburt** und Mütter **acht Wochen nach der Geburt** nicht beschäftigt werden. Die Schutzfrist nach der Geburt erhöht sich bei Früh- und Mehrlingsgeburten auf zwölf Wochen. Darüber hinaus dürfen werdende Mütter nicht mit Arbeiten beschäftigt werden, die das Leben und die Gesundheit des Kindes und der Mutter gefährden, z. B. mit schweren körperlichen Arbeiten und Arbeiten, bei denen sie schädlichen Einwirkungen von gesundheitsgefährdenden Stoffen, Strahlen, Dämpfen usw. ausgesetzt sind.

→ Mitteilungverpflichtung
Die werdende Mutter soll ihre Schwangerschaft und den voraussichtlichen Tag der Entbindung mitteilen, sobald ihr dieser Zustand bekannt ist. Bei Unterlassung dieser Mitteilung gelten die Mutterschutzvorschriften erst, wenn diese Mitteilung gemacht wurde. Bei Bewerbungen innerhalb der Schwangerschaft **muss** die werdende Mutter, auch auf Befragen hin, dem Arbeitgeber ihre Schwangerschaft **nicht** mitteilen.

→ Kündigungsverbot
Wenn dem Arbeitgeber die Schwangerschaft oder die Entbindung bekannt ist, darf er das Arbeitsverhältnis

vom Beginn der Schwangerschaft an bis zum Ablauf von vier Monaten nach der Entbindung nicht kündigen. Dieser Kündigungsschutz besteht auch, wenn dem Arbeitgeber die Schwangerschaft innerhalb von zwei Wochen nach der Kündigung mitgeteilt wird.

Schwerbehindertenschutz

Einen besonderen Schutz genießen Arbeitnehmer mit einer Schwerbehinderung. Nach § 2 Abs. 1 Sozialgesetzbuch Neuntes Buch (SGB IX) sind Menschen behindert, wenn ihre körperliche Funktion, geistige Fähigkeit oder seelische Gesundheit mit hoher Wahrscheinlichkeit länger als sechs Monate von dem für das Lebensalter typischen Zustand abweichen und daher ihre Teilhabe am Leben in der Gesellschaft beeinträchtigt ist. Schwerbehindert sind Menschen, bei denen ein Grad der Behinderung (GdB) von wenigstens 50 vorliegt. Schwerbehinderte erhalten fünf Arbeitstage mehr Urlaub im Jahr. Den Schwerbehinderten gleichgestellt werden können Behinderte mit einem GdB von 30 bis 49, wenn sie ohne die Gleichstellung einen Arbeitsplatz nicht behalten oder erlangen können. Die Kündigung der Schwerbehinderten und Gleichgestellten durch den Arbeitgeber ist nur mit Zustimmung des Integrationsamtes möglich.

Allgemeines Gleichbehandlungsgesetz

Ziel des Allgemeinen Gleichbehandlungsgesetzes (AGG) ist es, Benachteiligungen von Menschen aufgrund von Hautfarbe, ethnischer Zugehörigkeit, des Geschlechts, der Religion oder Weltanschauung, der Behinderung, des Alters oder der sexuellen Identität zu verhindern. Stellen müssen geschlechtsneutral ausgeschrieben werden, Beschäftigte haben ein Beschwerderecht und ein Leistungsverweigerungsrecht, d. h. sie dürfen bei nicht sachlich begründeter Ungleichbehandlung die Arbeit niederlegen. Außerdem erhalten sie bei nachgewiesener Diskriminierung Schadensersatz.

Elterngeld und Elternzeit

→ Elterngeld
Müttern und Vätern, die nach der Geburt eines Kindes wegen der Betreuung und Erziehung vorübergehend ganz oder teilweise auf Erwerbstätigkeit verzichten, steht nach dem Gesetz zum Elterngeld und zur Elternzeit (BEEG) Elterngeld zu. Es beträgt 67 % des vor der Geburt zur Verfügung stehenden monatlichen Erwerbseinkommens, maximal 1800,00 € und mindestens 300,00 €. Familien mit mehreren jüngeren Kindern (zwei Kinder, die das dritte Lebensjahr oder drei oder mehr Kinder, die das sechste Lebensjahr noch nicht vollendet haben) erhalten einen Geschwisterbonus, d. h., einen Zuschlag von 10 %, mindestens 75,00 €. Das Elterngeld wird maximal 14 Monate gezahlt, wobei die Eltern den Zeitraum frei untereinander aufteilen können. Dabei kann ein Elternteil das Elterngeld höchstens 12 Monate erhalten. Wenn der Partner sich an der Erziehung beteiligt und dadurch auf Erwerbseinkommen verzichtet, kann die Frist um zwei zusätzliche Monate verlängert werden. Alleinerziehenden steht das Elterngeld volle 14 Monate zu.

→ Elternzeit
Bis zur Vollendung des dritten Lebensjahres ihres Kindes haben erwerbstätige Eltern, die das Kind selbst betreuen und erziehen, einen Rechtsanspruch auf Elternzeit. Bis zu zwölf Monate dieser Elternzeit können mit Zustimmung des Arbeitgebers auf die Zeit zwischen dem dritten und dem achten Geburtstag übertragen werden. Wer die Elternzeit nimmt, hängt von der freien Entscheidung der Eltern ab. Die Elternzeit kann aufgeteilt oder gleichzeitig genommen werden. Auch eine Teilzeitbeschäftigung ist unter bestimmten Voraussetzungen möglich. Während der Elternzeit besteht ein besonderer Kündigungsschutz (§ 18 BEEG).

2.4 Mindesturlaub

Das Mindesturlaubsgesetz für Arbeitnehmer (BUrlG) regelt, welchen bezahlten Erholungsurlaub der Arbeitgeber den Arbeitnehmerinnen und Arbeitnehmern mindestens zu gewähren hat. Nach § 3 BUrlG beträgt der Urlaubsanspruch mindestens 24 Werktage, wobei die Samstage als Werktage definiert werden. Den Anspruch auf vollen Erholungsurlaub erwirbt ein Arbeitnehmer nach einer Wartezeit von sechs Monaten. Für die ersten sechs Monate Betriebszugehörigkeit erhält der Arbeitnehmer pro vollem Monat ein Zwölftel des Jahresurlaubsanspruchs. Die Höhe des während des Urlaubs zu zahlenden Entgelts richtet sich nach der durchschnittlichen Höhe der Lohn- oder Gehaltszahlungen, die der Arbeitnehmer in den letzten dreizehn Wochen vor Antritt des Urlaubs erhalten hat. Tarifverträge oder individuelle Arbeitsverträge sehen oft einen höheren Urlaubsanspruch vor.

3 Unternehmen in der Wirtschaft

3.1 Grundlagen der Wirtschaft

Wirtschaftssektoren

Die Struktur einer Volkwirtschaft lässt sich am Anteil der einzelnen Wirtschaftssektoren an der Gesamtleistung dieser Volkswirtschaft messen. In der Regel werden drei Wirtschaftssektoren unterschieden:

- Der **primäre Sektor** bezeichnet die Urproduktion. Darunter werden alle Betriebe der Rohstoffgewinnung zusammengefasst. Hierzu gehören die Land-, Forst- und Fischwirtschaft, der Bergbau und die Öl- und Gasgewinnung.
- Der **sekundäre Sektor** beinhaltet die Be- und Verarbeitung von Rohstoffen in Handwerks- und Industriebetrieben (Weiterverarbeitungsbetriebe). Bedeutende Industriebranchen in Deutschland sind z. B. die Automobilindustrie und der Maschinenbau.
- Der **tertiäre Sektor** (Dienstleistungssektor) umfasst die „verteilende Wirtschaft" (Handelsbetriebe) mit den Groß- und Einzelhandelsbetrieben sowie weitere Dienstleistungsbetriebe wie z. B. Banken.

Erwerbs- und gemeinwirtschaftliches Prinzip

Das **erwerbswirtschaftliche Prinzip** besagt, dass ein Unternehmen bestrebt ist, langfristig den größtmöglichen Gewinn auf das eingesetzte Eigenkapital zu erreichen. Weitere Ziele können z. B. sein: Verlustminimierung, angemessene Kapitalverzinsung, Maximierung des Marktanteiles und hohe Dividende.

Beim **gemeinwirtschaftlichen Prinzip** ist das Ziel auf die volkswirtschaftliche Bedarfsdeckung gerichtet, Gewinne werden von Unternehmen nicht angestrebt. Die Preise sollen nur die Kosten decken. Das gemeinwirtschaftliche Prinzip gilt für öffentliche Versorger, z. B. Wasserwerke.

Wirtschaftlichkeit

Die Wirtschaftlichkeit wird als Maßstab genutzt, um festzustellen, ob das Verhältnis von Ertrag zu Aufwand günstig ist.

$$\textit{Wirtschaftlichkeit} = \frac{\textit{Ertrag}}{\textit{Aufwand}}$$

Ergebnis > 1 → Gewinn
Ergebnis = 1 → Kostendeckung
Ergebnis < 1 → Verlust

Rentabilität

Die Rentabilität wird als Maßgröße benutzt, um zu prüfen, inwieweit das eingesetzte Kapital „rentabel", also gewinnbringend, eingesetzt wurde. Man unterscheidet dabei zwischen der Eigenkapital-, der Gesamtkapital- und der Umsatzrentabilität.

$$\textit{Eigenkapitalrentabilität in v. H. (Unternehmerrentabilität)} = \frac{\textit{Gewinn} \cdot 100}{\textit{Eigenkapital}}$$

Diese Kennzahl zeigt die innerbetriebliche Verzinsung des eingesetzten Eigenkapitals an. Der Unternehmer vergleicht dieses Ergebnis mit dem Zinssatz, den eine Bank für angelegtes Kapital bietet.

Gewinn: 90 000,00 €
Eigenkapital: 850 000,00 €

$$\text{Eigenkapitalrentabilität} = \frac{90\,000{,}00\ € \cdot 100}{850\,000{,}00\ €} = 10{,}6\ \%$$

Bei seiner Hausbank würde der Unternehmer für langfristig angelegtes Kapital eine Verzinsung von nur 6,5 % erhalten.

$$\textit{Gesamtkapitalrentabilität in v. H. (Unternehmungsrentabilität)} = \frac{(\textit{Gewinn} + \textit{Fremdkapitalzinsen}) \cdot 100}{\textit{Gesamtkapital}}$$

Hierbei wird der erwirtschaftete Gewinn zuzüglich der Fremdkapitalzinsen zum eingesetzten Gesamtkapital prozentual ins Verhältnis gesetzt.

$$\textit{Umsatzrentabilität in v. H.} = \frac{\textit{Gewinn} \cdot 100}{\textit{Umsatzerlöse}}$$

Bei der Umsatzrentabilität wird der erwirtschaftete Gewinn zum Umsatzerlös ins Verhältnis gesetzt.

3.2 Funktionen des Betriebes

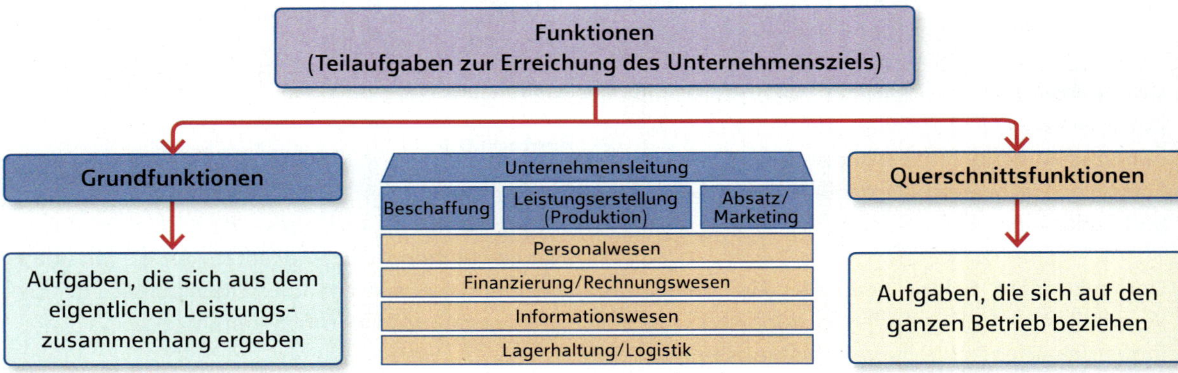

Grundfunktionen und ihre Teilaufgaben

Beschaffung	Leistungserstellung	Absatz/Marketing
Zum Beispiel: • Klärung des Bedarfs nach Art, Menge und Zeitpunkt • Ermittlung der Bezugsquellen • Einholung und Prüfung von Angeboten, Bestellung • Bestellungs-, Terminüberwachung • Rechnungsprüfung	Zum Beispiel: • Forschung und Entwicklung • Konstruktion • Arbeitsvorbereitung • Fertigungsdurchführung • Fertigungskontrolle • Verpackung • Hilfsfunktionen z. B. Wartung	Zum Beispiel: • Marktforschung, -erkundung • Einsatz der Marketinginstrumente • Absatzanbahnung (Anfragen bearbeiten, Angebote erstellen) • Kundenservice

Querschnittsfunktionen und ihre Teilaufgaben

Finanzierung/Rechnungswesen	Personalwesen	Informationswesen	Lagerhaltung/Logistik
Zum Beispiel: • Kapitalbedarfsrechnung • Finanzplanerstellung • Kreditbeschaffung • Liquiditätsüberwachung • Finanzbuchhaltung und Jahresabschluss • Kosten- und Leistungsrechnung • Statistik und Vergleichsrechnung	Zum Beispiel: • Personalbedarfsermittlung • Stellenausschreibung • Personalauswahl und -einstellung • Personalentwicklung • Personalbetreuung • Arbeitsbewertung und Entlohnung • Personalentlassung	Zum Beispiel: • Informationsmanagement (Sammlung, Verarbeitung und Speicherung qualitätsrelevanter Daten und Informationen) • Nutzung von Informationsquellen	Zum Beispiel: • Warenannahme und -kontrolle • Warenlagerung und -pflege • Kommissionierung • Warenveredelung • Warentransport

3.3 Klassische betriebliche Organisation

Abgrenzung des Begriffs Organisation		
Organisaton	**Improvisation**	**Disposition**
System offiziell verkündeter, generell und auf Dauer angelegter Kompetenzen	vorübergehende, sich laufend ändernde Regelungen einer begrenzten Zahl von Teilhandlungen	situationsabhängige Regelung eines Einzelfalls im Rahmen einer dauerhaft und umfassend angelegten Organisation

Bedeutung des Begriffes Organisation	Aufgabe der Organisation
Organisation als • Tätigkeit: Die Unternehmung wird organisiert. • Zustand: Die Unternehmung hat eine Organisation. • Institution: Die Unternehmung ist eine Organisation.	Die Werkstoffe (Ausgangsmaterialien, Fremdbauteile und Betriebsstoffe), die Betriebsmittel (Maschinen und Werkzeuge) und die menschliche Arbeitskraft sollen optimal kombiniert werden.

Bereiche der betrieblichen Organisation

Aufbauorganisation

stellt den **Betrieb in Bereitschaft** dar.

Umfasst unter anderem:
- Die Zerlegung der Gesamtaufgabe in Teilaufgaben,
- die Bildung von Stellen und Abteilungen,
- die Übertragung von Aufgaben, Kompetenzen und Verantwortung auf die einzelnen Mitarbeiter,
- die Darstellung des Unternehmensaufbaus mit Festlegung des Dienst- und Informationsweges.

Ablauforganisation

stellt den **Betrieb in Aktion** dar.

Regelt unter anderem:
- den funktionalen Arbeitsablauf,
- den zeitlichen Arbeitsablauf und
- den räumlichen Arbeitsablauf.

Als organisatorische Hilfsmittel dienen:		
• Organigramme	• Arbeitsablaufkarte	• Balkendiagramm
• Stellenbeschreibungen	• Flussdiagramm	• Netzplan

Beispiel Organigramm – Aufbauorganisation eines Industriebetriebes

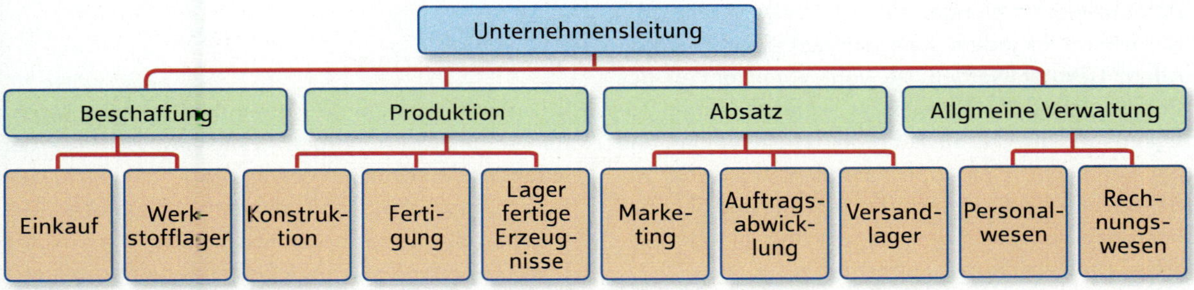

4 Mitbestimmung

4.1 Betriebliche Mitbestimmung

Überblick

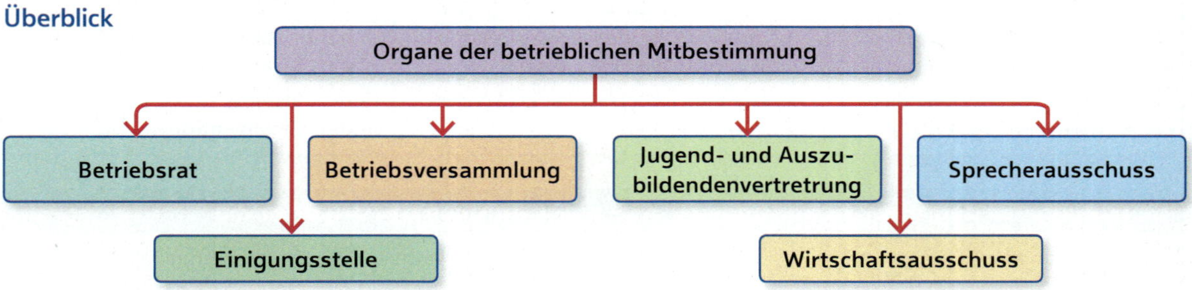

Individual- und Kollektivrecht

Aus dem Betriebsverfassungsgesetz ergeben sich individuelle Rechte des Arbeitnehmers und Kollektivrechte. Individuelle Rechte übt der einzelne Arbeitnehmer unabhängig von anderen aus. Zu diesen Rechten zählen das **Beschwerderecht** und das Recht auf **Einsicht in die Personalakte**. Kollektivrechte übt der einzelne Arbeitnehmer gemeinsam mit anderen durch besondere Organe, z. B. Betriebsrat, aus.

Einrichtung von Betriebsräten

In Betrieben mit mindestens **5 ständigen wahlberechtigten Arbeitnehmern**, von denen 3 wählbar sind, werden Betriebsräte gewählt (§ 1 BetrVG). Die Amtszeit beträgt 4 Jahre, die Wahlen finden zwischen dem 1. März und 31. Mai statt. Wahlberechtigt (§§ 7,8 BetrVG) sind alle Arbeitnehmer, die das 18. Lebensjahr vollendet haben. **Wählbar** sind alle volljährigen Arbeitnehmer, die dem Betrieb **sechs Monate** angehören. Leitende Angestellte sind nicht wahlberechtigt und nicht wählbar.

Betriebsversammlung

Betriebsversammlungen (§ 42 ff. BetrVG) sind vom Betriebsrat **in jedem Kalendervierteljahr** einzuberufen. Geleitet werden sie vom Vorsitzenden des Betriebsrates. Der Betriebsrat erstattet seinen **Tätigkeitsbericht**. Der **Arbeitgeber** ist einzuladen und hat Rederecht. Einmal im Kalenderjahr hat der Arbeitgeber über die wirtschaftliche Lage und über das Personal- und Sozialwesen sowie über den betrieblichen Umweltschutz zu berichten.

Einigungsstelle

Die Einigungsstelle (§ 76 BetrVG) dient zur Beilegung von Meinungsverschiedenheiten zwischen Arbeitgeber und Betriebsrat. Sie hat eine besondere Bedeutung bei Angelegenheiten, in denen der Betriebsrat ein Mitbestimmungsrecht hat. Wenn Betriebsrat und Arbeitgeber sich nicht einigen können, trifft die Einigungsstelle eine Entscheidung, die für beide Seiten bindend ist. Die Einigungsstelle besteht aus einer gleichen Anzahl von Beisitzern, die vom Arbeitgeber und dem Betriebsrat bestellt werden, sowie einem unparteiischen Vorsitzenden, der von beiden Seiten bestimmt wird. Beschlüsse werden mit einfacher Mehrheit gefasst.

Wirtschaftsausschuss

In Unternehmen mit mehr als 100 ständig beschäftigten Arbeitnehmern ist ein Wirtschaftsausschuss zu bilden (§ 106 ff. BetrVG). Er hat die Aufgabe, wirtschaftliche Angelegenheiten mit dem Arbeitgeber zu beraten und den Betriebsrat zu informieren. Der Ausschuss besteht aus mindestens drei und höchstens sieben Mitgliedern, die vom Betriebsrat bestimmt werden. Dieses Organ soll monatlich einmal zusammentreten.

Sprecherausschuss

In Unternehmen mit i. d. R. mindestens zehn leitenden Angestellten werden Sprecherausschüsse der leitenden Angestellten gewählt (§ 1 ff. SprAuG). Der Sprecherausschuss soll mit dem Arbeitgeber vertrauensvoll zusammenarbeiten und vertritt die besonderen Interessen der leitenden Angestellten.

4.2 Jugend- und Auszubildendenvertretung (JAV)

Rechtsgrundlage

Die Wahl, die Geschäftsführung und die Rechte der JAV sind in den §§ 60–73 BetrVG geregelt.

Wahlen

Die Wahlen finden alle zwei Jahre in dem Zeitraum zwischen dem 1. Oktober und dem 30. November statt (§ 64).

Wählen dürfen Arbeitnehmer, die das 18. Lebensjahr noch nicht vollendet haben und Auszubildende, die das 25. Lebensjahr noch nicht vollendet haben. Voraussetzung für die Wahl einer JAV ist die Beschäftigung von mindestens fünf dieser Personen.

Gewählt werden dürfen alle Arbeitnehmer und Auszubildenden, die das 25. Lebensjahr noch nicht vollendet haben. Mitglieder des Betriebsrates können nicht zu Jugend- und Auszubildendenvertretern gewählt werden.

Anzahl der Jugend- und Auszubildendenvertreter

Die JAV besteht bei:
- 5 bis 20 wahlberechtigten Personen aus 1 Person,
- 21 bis 50 wahlberechtigten Personen aus 3 Mitgliedern,
- 51 bis 150 wahlberechtigten Personen aus 5 Mitgliedern,
- 151 bis 300 wahlberechtigten Personen aus 7 Mitgliedern,
- usw.

Teilnahme an Betriebsratssitzungen

Die Jugend- und Auszubildendenvertretung kann zu allen Betriebsratssitzungen einen Vertreter entsenden. Werden spezielle Angelegenheiten der wahlberechtigten Personen der JAV (siehe oben) behandelt, so hat zu diesen Tagesordnungspunkten die gesamte Jugend- und Auszubildendenvertretung ein Teilnahmerecht. Die JAV-Vertreter haben in diesen Angelegenheiten Stimmrecht.

Sprechstunden

In Betrieben mit mehr als 50 zur Wahl der JAV berechtigten Personen kann die Jugend- und Auszubildendenvertretung Sprechstunden während der Arbeitszeit einrichten.

Jugend- und Auszubildendenversammlung

Die JAV kann vor oder nach jeder Betriebsversammlung im Einvernehmen mit dem Betriebsrat eine betriebliche Jugend- und Auszubildendenversammlung einberufen.

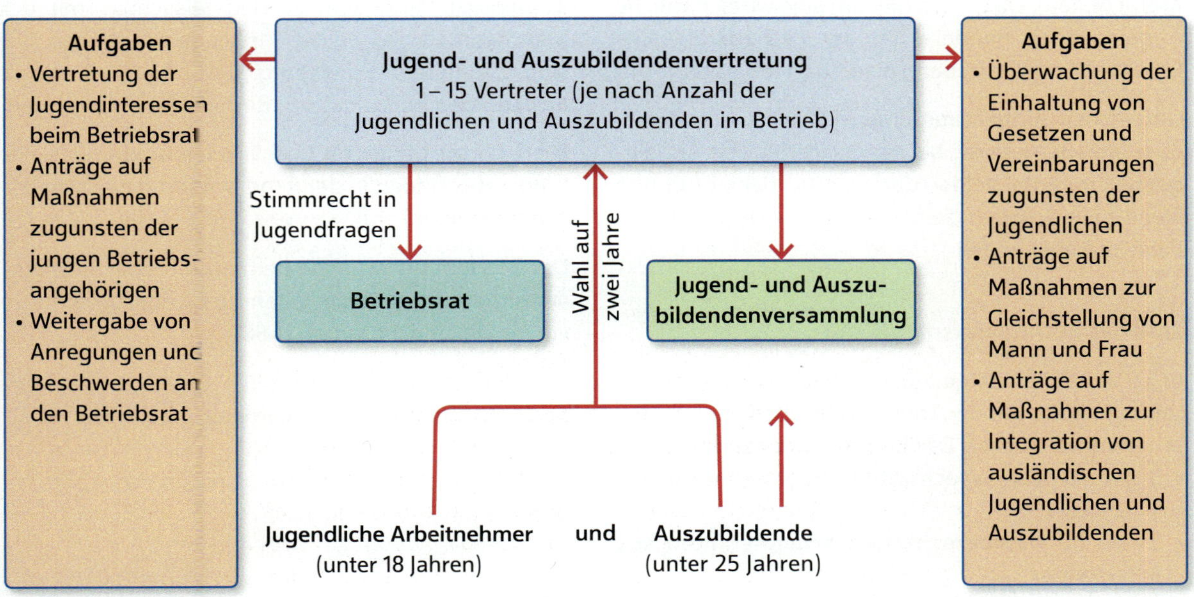

4.3 Betriebsrat

Rechte des Betriebsrates		
... in wirtschaftlichen Angelegenheiten	**... in personellen Angelegenheiten**	**... in sozialen Angelegenheiten**
Zum Beispiel: • Unterrichtung über wirtschaftliche und finanzielle Lage des Unternehmens (§ 106) • Kenntnis von Rationalisierungsvorhaben und Investitionsprogrammen (§ 106)	Zum Beispiel: • Mitbestimmung bei der Erstellung von Personalfragebogen und Beurteilungsgrundsätzen (§ 94) • Unterrichtung bei Einstellungen, Umgruppierungen und Versetzungen (§ 99)	Zum Beispiel: • Mitentscheidung über Arbeitszeit, Pausenregelung und Urlaubsplanung (§ 87) • Mitbestimmung bei Kündigungen (§ 102)

In **wirtschaftlichen** und **personellen** Angelegenheiten hat der Betriebsrat in der Regel ein **Mitwirkungsrecht**, in **sozialen** Angelegenheiten ein **Mitbestimmungsrecht**.

Unter einem **Mitwirkungsrecht** wird verstanden, dass der Betriebsrat zu den Angelegenheiten **Informationen** von der Unternehmensleitung **erhält** und zu den geplanten Änderungen **gehört** wird, er also **Vorschläge unterbreiten kann**.

Beispiel: Der Betriebsrat wird informiert, dass die Unternehmensleitung für Zukunftsinvestitionen einen Großkredit bei der Hausbank des Unternehmens aufnehmen möchte. Der Betriebsrat kann Vorschläge unterbreiten, z. B. die Möglichkeit von Belegschaftskrediten vorstellen (d. h., dass Belegschaftsmitglieder dem eigenen Unternehmen einen Kredit geben). Da es sich hier um eine wirtschaftliche Angelegenheit handelt, hat der Betriebsrat keine Entscheidungskraft, kann also nur mit beraten.

Unter einem **Mitbestimmungsrecht** wird verstanden, dass der Betriebsrat bei der betreffenden Angelegenheit **mitentscheiden** darf, z. B. bei der Einführung einer neuen Arbeitszeitregelung im Unternehmen diese mit aushandelt.

Zahl der Betriebsratsmitglieder

In § 9 BetrVG ist festgelegt, wie die Zahl der Betriebsratsmitglieder mit der Zahl der Mitarbeiter eines Unternehmens wächst. Der Betriebsrat besteht bei:

- 5 bis 20 wahlberechtigten Arbeitnehmern aus 1 Person,
- 21 bis 50 wahlberechtigten Arbeitnehmern aus 3 Personen,
- 51 bis 100 wahlberechtigten Arbeitnehmern aus 5 Personen,
- 101 bis 200 wahlberechtigten Arbeitnehmern aus 7 Personen.

Die Staffel setzt sich fort bis

- 7 001 bis 9 000 wahlberechtigten Arbeitnehmern: 35 Personen.

In Betrieben mit mehr als 9 000 Arbeitnehmern erhöht sich die Zahl der Mitglieder für je angefangene 3 000 Arbeitnehmer um 2 Mitglieder.

Laufende Tätigkeit des Betriebsrates

Besteht ein Betriebsrat aus mindestens neun Mitgliedern, wird ein **Betriebsausschuss** gebildet, der die laufenden Geschäfte des Betriebsrats führt. Der Betriebsrat kann dem Betriebsausschuss mit der Stimmenmehrheit seiner Mitglieder Aufgaben zur selbstständigen Erledigung übertragen; dies gilt nicht für den Abschluss von Betriebsvereinbarungen.

Betriebsratssitzungen und **Sprechstunden** des Betriebsrates finden in der Regel während der Arbeitszeit statt (§§ 30, 39).

Der Betriebsrat kann mit dem Arbeitgeber **Betriebsvereinbarungen** abschließen (z. B. über Errichtung von Sozialeinrichtungen) (§ 88).

Der Betriebsrat hat bezüglich Betriebs- und Geschäftsgeheimnissen **Geheimhaltungspflicht** (§ 79).

4.4 Wirtschaftsorganisationen

Rechtliche Grundlage

Laut Artikel 9 des **Grundgesetzes** können zur Wahrung und Förderung der Wirtschaftsbedingungen Vereinigungen von jedermann gebildet werden. Diese sogenannte **Koalitionsfreiheit** bezieht sich vor allem auf **Gewerkschaften** (Arbeitnehmervereinigungen) und **Arbeitgeberverbände**. Diese Organisationen sind in der Regel Branchenvereinigungen (z. B. die IG Metall), die wiederum jeweils in sogenannten Dachverbänden zusammengeschlossen sind.

Die Sozialpartner

Arbeitgeberverbande

mehr als 1 000 Arbeitgeberverbände unter dem Dach der Bundesvereinigung der Deutschen Arbeitgeberverbände

Mitwirkung in der Arbeits und Sozialrechtsprechung und in der sozialen Selbstverwaltung

Abschluss von Tarifverträgen

- Mantel- oder Rahmentarifverträge
- Vergütungstarifverträge

Arbeitnehmerverbände

DGB

Einzelgewerkschaften im Deutschen Gewerkschaftsbund

IG Metall
(vertritt auch Holz und Kunststoff, Textil und Bekleidung)

ver.di
(Vereinigte Dienstleistungsgewerkschaft)

IG BCE
(IG Bergbau, Chemie, Energie)

IG BAU
(IG Bauen-Agrar-Umwelt)

GEW
(Gewerkschaft Erziehung und Wissenschaft)

EVG
(Eisenbahn und Verkehrsgewerkschaft)

NGG
(Gewerkschaft Nahrung – Genuss – Gaststätten)

GdP
(Gewerkschaft der Polizei)

dbb beamtenbund und tarifunion

Deutscher Beamtenbund und Tarifunion

z. B.:

- Bundesverband der Lehrkräfte für Berufsbildung (BvLB)
- Deutsche Steuer-Gewerkschaft

Sonstige Gewerkschaften

z. B.:

- Marburger Bund (mb)
- Vereinigung Cockpit (VC)
- Unabhängige Flugbegleiterorganisation (UFO)

Industrie- und Handelskammern

Diese Kammern sind regional gegliederte Selbstverwaltungsorganisationen von Unternehmen der gewerblichen Wirtschaft. Es besteht für die betroffenen Gewerbetreibenden Zwangsmitgliedschaft. Die IHKs beraten ihre Mitglieder in wirtschaftlichen Angelegenheiten und vertreten ihre Interessen gegenüber Staat und Öffentlichkeit. Die Kammern sind Träger der dualen Berufsausbildung. Das heißt unter anderem: Sie führen ein Verzeichnis der eingetragenen Ausbildungsverhältnisse und organisieren die Prüfungen. Die Ausbildungsberater der IHK beraten Ausbildungsbetriebe und Auszubildende und sind erste Anlaufstelle bei Problemen in der Ausbildung. Außerdem bieten die IHKs zahlreiche Fortbildungen und Weiterbildungen an. Spitzenorgan der 79 Kammern ist der deutsche Industrie- und Handelskammertag (DIHK).

4.5 Tarifvertragsrecht

Tarifautonomie

Das Recht der Tarifvertragsparteien, Tarifverträge ohne Einflussnahme des Staates frei aushandeln zu dürfen (**Tarifautonomie**), ist im Artikel 9 Absatz 3 **Grundgesetz** abgesichert: „Das Recht, zur Wahrung und Förderung der Arbeits- und Wirtschaftsbedingungen Vereinigungen zu bilden, ist für jedermann und für alle Berufe gewährleistet." Näheres regelt das **Tarifvertragsgesetz**. Die Tarifvertragsparteien werden auch als **Sozialpartner** bezeichnet.

Ablauf von Tarifvertragsverhandlungen

Jede Gewerkschaft ist rechtlich frei, die genauen Bestimmungen zur Durchführung einer Urabstimmung festzulegen (z. B. den Mindestzustimmungsprozentsatz von zz. 75 %) oder ein Schlichtungsverfahren vorzusehen.

Tarifvertragsparteien

1. Möglichkeit

Die Interessenvertretungen von Arbeitgebern und Arbeitnehmern handeln **Branchentarifverträge** (z. B. für die Metall verarbeitende Industrie) für einen bestimmten Tarifbezirk (z. B. ein Bundesland) in Form von **Flächentarifverträgen** aus.

2. Möglichkeit

Die Gewerkschaft handelt mit einem großen Arbeitgeber (z. B. einem Konzern) einen **Haustarifvertrag** aus. Er gilt nur für dieses Unternehmen.

Gründe für Tarifverträge

- Beide Vertragsparteien erhoffen sich mehr Macht, um die eigenen Interessen durchzusetzen („Einigkeit macht stark").
- Ökonomisch sind Tarifverträge sinnvoll, da Einzelverhandlungen zwischen einzelnen Arbeitgebern und -nehmern unnötig Zeit und Geld kosten würden.
- Arbeitgeber und -nehmer können langfristig planen, da während der Dauer eines Tarifvertrages **„Friedenspflicht"** (Verbot von Arbeitskampfmaßnahmen) besteht. Produktionsausfälle werden so vermieden, was sich auch volkswirtschaftlich positiv auswirkt.
- Die Aushandlung und der Abschluss von Tarifverträgen führen zur politischen Stabilisierung des Staates. Demokratische Spielregeln (zum Beispiel die Urabstimmung) werden durch das Verfahren von Tarifvertragsverhandlungen eingeübt und verfestigen sich im Bewusstsein der Bürger.

Schlichtungsverfahren

Wird zwischen Gewerkschaft und Arbeitgeberverband ein sogenanntes **Schlichtungsverfahren** vereinbart, um harte Tarifauseinandersetzungen zu verhindern, schlägt ein neutraler Schlichter, der von beiden Tarifvertragsparteien akzeptiert wird (z. B. ein ehemaliger Bundesminister), eine Tariflösung vor. Gewerkschaft wie auch Arbeitgeberverband sind allerdings nicht an diesen **Schlichterspruch** gebunden, sie können trotzdem ihre „Kampfmittel" einsetzen. Der politische Druck der Öffentlichkeit (z. B. über Massenmedien) und der Regierung führen aber in der Regel zu einer Übernahme des Schlichterspruchs.

Streik und Aussperrung

Die Gewerkschaft ruft einen **Streik** aus, um ihre Tarifforderungen durchzusetzen. Die Gewerkschaftsmitglieder erhalten für diese Zeit des Verdienstausfalls ein sogenanntes Streikgeld von ihrer Gewerkschaft, das sie vorher durch ihre Beitragszahlungen angespart haben. Umfangreiche Streiks reduzieren die angesammelten Beiträge, die Streikkasse droht leer zu werden. Bei den Arbeitgebern führen die Streiks unter Umständen zum Produktionsstillstand und damit zu Umsatz- und Gewinnausfällen. Dieser enorme **wirtschaftliche Druck** auf beide Tarifvertragsparteien ist aber gewollt – nur dadurch kommt eine Tarifeinigung zustande.

Damit die Antwort des Arbeitgeberverbandes auf den Streik – die **Aussperrung** – nicht zu einem sofortigen Zusammenbruch der Streikkasse der Gewerkschaft führt, sind Aussperrungen im Umfang rechtlich begrenzt – es geht darum, dass keine der beiden Seiten ein Übergewicht erhält. Man spricht vom Grundsatz der **Verhältnismäßigkeit** (Übermaßverbot).

Streikarten	
Warnstreik	Diese Streikart dient in der Regel in der ersten Verhandlungsphase zur Untermauerung der Gewerkschaftsforderungen; er umfasst nur relativ wenige Arbeitnehmer und wird nur für kurze Zeit durchgeführt.
Flächenstreik	Unternehmen werden „in der Fläche" bestreikt, z. B. im gesamten Tarifbezirk.
Schwerpunkt-streik	Nur ausgewählte Unternehmen (z. B. Zulieferbetriebe) oder sogar nur bestimmte Abteilungen werden bestreikt. Diese Streikart ist für die Gewerkschaft kostengünstig, verspricht aber hohen Erfolg.
Politischer Streik	Diese Streikart verfolgt rein politische Zwecke und ist durch Art. 9 Abs. 3 des **Grundgesetzes** nicht geschützt. Er kann allenfalls als letztes Mittel dienen, um die verfassungsmäßige Ordnung zu erhalten (Widerstandsrecht laut Art. 20 Abs. 4 des Grundgesetzes).

Arten von Tarifverträgen	
Lohn- bzw. Gehaltstarifvertrag	regelt die Höhe des Arbeitsentgelts in der Regel für ein oder zwei Jahre.
Mantel- bzw. Rahmentarifvertrag	„ummantelt" den Lohn- bzw. Gehaltstarifvertrag durch die Festlegung bestimmter Rahmenbedingungen, wie z. B. Arbeitszeit, Urlaubsregelung, Lohngruppeneinteilung. Er hat in der Regel eine mehrjährige Laufzeit.

		Arbeitgeber Mitglied des Arbeitgeberverbandes?	
		Ja	Nein
Arbeitnehmer Mitglied einer Gewerkschaft?	Ja	TV gilt	TV gilt nicht
	Nein	TV gilt nicht	TV gilt nicht

Geltung von Tarifverträgen

Ist der Arbeitgeber im Arbeitgeberverband, gilt der Tarifvertrag zunächst nur für diejenigen Beschäftigten, die Mitglied der tarifschließenden Gewerkschaft sind. Allerdings wird in der Praxis auch in den anderen Arbeitsverträgen auf den Tarifvertrag verwiesen. Dadurch erlangt der Tarifvertrag für alle Arbeitnehmer des Betriebes Geltung. Im anderen Falle würden die nicht organisierten Arbeitnehmer in die Gewerkschaft eintreten und deren Verhandlungsposition verbessern, was nicht im Interesse des Arbeitgebers sein kann.

Unter besonderen Umständen (z. B. bei Wettbewerbsverzerrungen) kann das Bundesministerium für Arbeit und Soziales einen Tarifvertrag für allgemein verbindlich erklären, das heißt, er gilt für alle Arbeitnehmer und Arbeitgeber eines Tarifbezirks – unabhängig von ihrer Zugehörigkeit zu einem Interessenverband.

5 Arbeitsverhältnis

5.1 Einstellungsgespräch und Personaleinstellung

Fragerecht im Einstellungsgespräch

Grundsätzlich müssen die im Einstellungsgespräch gestellten Fragen wahrheitsgemäß beantwortet werden. Von dieser Regel gibt es allerdings eine Ausnahme: **Unzulässige Fragen** müssen nicht beantwortet werden. Darüber hinaus gilt: Bezogen auf unzulässige Fragen gibt es ein gerichtlich anerkanntes Recht zu lügen. Wenn Bewerber allerdings eine zulässige Frage falsch beantworten, kann dies ein Grund für eine fristlose Kündigung sein (arglistige Täuschung).

Bei manchen Fragen muss eine Interessenabwägung zwischen dem berechtigten Frageinteresse des Arbeitgebers und dem Schutzinteresse des Arbeitnehmers vorgenommen werden. Deshalb sind Fragen wie „Sind Sie religiös?" oder „Welche Filme sehen Sie gerne?" nicht zulässig; sie haben mit der Aufgabe nichts zu tun. Folgende weitere Einschränkungen des Fragerechts haben sich durch die Rechtsprechung herausgebildet:

unzulässige Fragen	zulässige Fragen
• Vorliegen einer Schwangerschaft • Gewerkschaftsmitgliedschaft • Parteimitgliedschaft • Religionszugehörigkeit • Vermögensverhältnisse (Ausnahme: Vertrauensstellung)	• Krankheiten (sofern diese die Eignung für den jeweiligen Arbeitsplatz einschränken) • Schwerbehinderung (sofern anerkannt) • Vorstrafen (sofern ein Bezug zur Tätigkeit vorliegt)

Probezeit

Variante 1:

Befristetes Arbeitsverhältnis zur Probe
Wurde ein befristetes Arbeitsverhältnis zur Probe vereinbart, endet dieses Probearbeitsverhältnis automatisch mit Ablauf der Befristung. Während der Laufzeit des Probearbeitsverhältnisses ist eine ordentliche Kündigung üblicherweise ausgeschlossen.

Variante 2:

Probezeit in einem unbefristeten Arbeitsverhältnis
Bei unbefristeten Arbeitsverträgen ist eine 3- bis 6-monatige Probezeit üblich. Aufgrund individueller Vereinbarung kann die Probezeit auch länger sein, dies gilt insbesondere für anspruchvolle Tätigkeiten. Während der Probezeit gelten verkürzte Kündigungsfristen und der Kündigungsschutz ist eingeschränkt.

„Während einer vereinbarten Probezeit, längstens für die Dauer von sechs Monaten, kann das Arbeitsverhältnis mit einer **Frist von zwei Wochen** gekündigt werden.“ (§ 622 Absatz 3 BGB)

Befristung

Nach dem Teilzeit- und Befristungsgesetz ist eine Befristung bis zu einer Dauer von **zwei Jahren ohne Begründung** erlaubt. Innerhalb des Zeitrahmens von 2 Jahren ist eine dreimalige Verlängerung der Befristung möglich. In neu gegründeten Unternehmen ist eine Befristung bis zu 4 Jahren zulässig. Ausnahmen gelten weiterhin für Arbeitnehmer, die älter als 52 Jahre sind.

Für eine Befristung über den Zeitraum von zwei Jahren hinaus muss nach derzeitiger Gesetzeslage ein **sachlicher Grund** vorliegen. Zulässige sachliche Gründe sind zum Beispiel:
- Der Bedarf an der Arbeitsleistung ist nur vorübergehend.
- Der Arbeitsnehmer wird als Vertretung beschäftigt.
- Die Beschäftigung schließt sich an eine Ausbildung oder ein Studium an und dem Bewerber soll der Übergang ins Beschäftigungssystem erleichtert werden.

War der betreffende Arbeitsnehmer vorher bei demselben Arbeitgeber in einem Arbeitsverhältnis, ist eine unbegründete Befristung nicht mehr zulässig.

Einstellungsunterlagen

Bei **Einstellung** durch den Arbeitgeber werden folgende Dokumente vom Arbeitnehmer verlangt:
- Bescheinigung über Mitgliedschaft in einer Krankenversicherung
- Sozialversicherungsausweis
- Angaben zur Bankverbindung
- steuerliche Identifikationsnummer oder Bescheinigung für den Lohnsteuerabzug (vom Finanzamt)

Eventuell müssen weitere Dokumente vorgelegt werden, z. B. Nachweis der Staatsbürgerschaft, Arbeitserlaubnis oder ein polizeiliches Führungszeugnis.

5.2 Abschluss des Arbeitsvertrages

Die rechtliche Grundlage für ein Arbeitsverhältnis ist ein Arbeitsvertrag. Der Arbeitsvertrag unterliegt zum Zeitpunkt des Abschlusses **keinen gesetzlichen Formvorschriften**. Wegen der Beweissicherung ist die Schriftform empfehlenswert. Die Gestaltungsfreiheit von Arbeitsverträgen wird durch die vorrangigen Regelungen der Arbeitsgesetze und Tarifverträge eingeschränkt. Vertragsklauseln, die die gesetzlichen Mindeststandards unterschreiten, sind nichtig. Der Arbeitgeber ist nach dem **Nachweisgesetz (NachwG)** verpflichtet die wesentlichen Regelungen des Arbeitsvertrages **spätestens nach einem**

Rechtliche Bestimmungen beim Abschluss eines Arbeitsvertrages

Monat schriftlich niederzuschreiben und der Arbeitnehmerin bzw. dem Arbeitnehmer zu übergeben.

Im Verhältnis zueinander setzt sich i. d. R. die höhere Rechtsquelle gegen die nachrangige durch.

Inhalte eines Arbeitsvertrages

- Name und Adresse des Arbeitgebers
- Name und Adresse des Arbeitnehmers
- Beginn, bei befristeten Verträgen auch Ende des Arbeitsverhältnisses
- Stellenbezeichnung
- Tätigkeitsbeschreibung
- Vollmachten
- Arbeitsort
- Hinweis auf Tarifvertrag
- tarifliche Eingruppierung
- Hinweis auf Betriebsvereinbarungen
- Höhe der Vergütung
- Nebenleistungen, z. B.
  - Weihnachtsgeld
  - Urlaubsgeld
  - vermögenswirksame Leistungen
- Probezeit
- Arbeitszeit
- Urlaubstage
- Kündigungsfristen

Mitwirkung des Betriebsrates

Nach § 99 BetrVG hat in Unternehmen mit in der Regel mehr als zwanzig Arbeitnehmern der Arbeitgeber vor jeder **Einstellung, Eingruppierung, Umgruppierung** und **Versetzung** den Betriebsrat über die geplante Maßnahme zu unterrichten. Bei Einstellungen hat der Arbeitgeber insbesondere den in Aussicht genommenen Arbeitsplatz und die vorgesehene Eingruppierung mitzuteilen. Der Betriebsrat kann die Zustimmung z. B. **verweigern**, wenn ...

- die personelle Maßnahme gegen ein Gesetz, eine Verordnung, eine Unfallverhütungsvorschrift, eine Bestimmung in einem Tarifvertrag oder einer Betriebsvereinbarung, eine gerichtliche Entscheidung oder eine behördliche Anordnung verstoßen würde.
- die personelle Maßnahme nach Verlangen des Betriebsrates nicht innerhalb des Betriebes ausgeschrieben wurde.
- die durch Tatsachen begründete Besorgnis besteht, dass durch die personelle Maßnahme beschäftigten Arbeitnehmern gekündigt wird oder ihnen sonstige Nachteile entstehen, ohne dass diese aus betrieblichen oder persönlichen Gründen gerechtfertigt sind.

Verweigert der Betriebsrat die Zustimmung, kann der Arbeitgeber beim Arbeitsgericht beantragen, die Zustimmung zu ersetzen.

Rechte und Pflichten

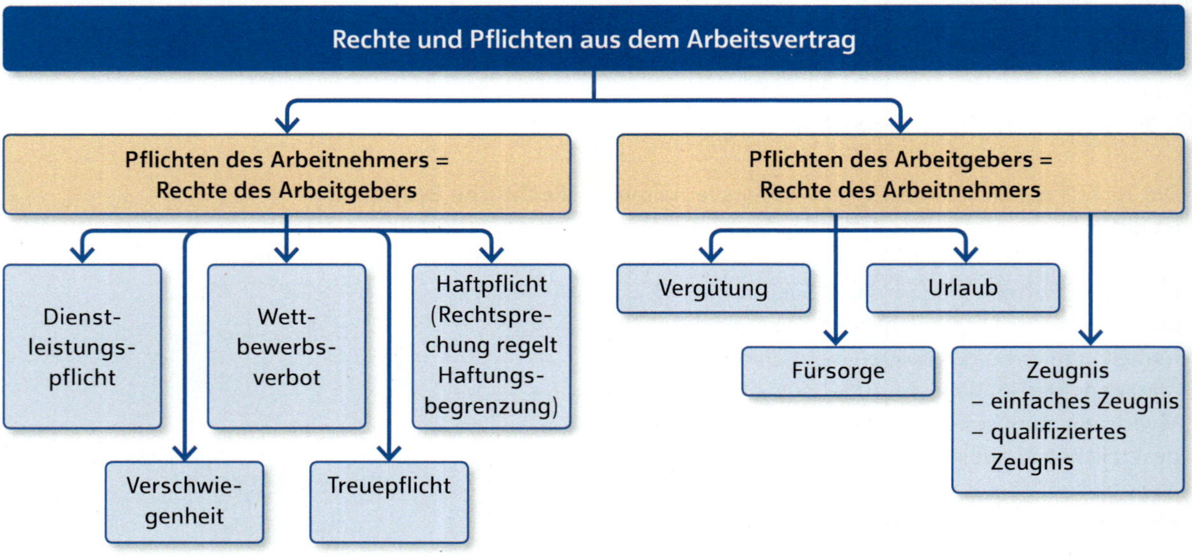

Pflichten des Arbeitnehmers

Dienstleistungspflicht (§ 611a BGB, § 59 HGB)
Zur Erfüllung der Verpflichtungen aus dem Arbeitsvertrag hat der Arbeitnehmer die vereinbarten Dienste zu leisten.

Verschwiegenheit
Aus dem Arbeitsvertrag ergibt sich eine allgemeine Treuepflicht des Arbeitnehmers. Die Treuepflicht verpflichtet den Arbeitsnehmer, Betriebs- und Geschäftsgeheimnisse für sich zu behalten. Als Betriebs- und Geschäftsgeheimnis gelten alle Tatbestände, an deren Geheimhaltung der Arbeitgeber ein wirtschaftliches Interesse hat.

Ein Verstoß gegen die Verschwiegenheitspflicht kann zu einer Kündigung führen. Außerdem kann ein Arbeitgeber einen Arbeitnehmer, der Geschäftsgeheimnisse unbefugt weitergibt, auf Schadenersatz verklagen.

Wettbewerbsverbot (§ 242 BGB, § 60 ff. HGB, § 74 ff. HGB)
Nach dem allgemeinen Prinzip von „Treu und Glauben“ dürfen Arbeitnehmer ohne Einwilligung ihres Arbeitgebers in dessen Geschäftszweig keine Geschäfte machen.

Bei einem Verstoß gegen das Wettbewerbsverbot kann der Arbeitgeber den Arbeitnehmer abmahnen, in gravierenden Fällen ordentlich oder auch außerordentlich kündigen und Schadenersatz verlangen. Durch entsprechende Vereinbarungen im Arbeitsvertrag kann ein nachvertragliches Wettbewerbsverbot vereinbart werden, d. h. dass das Wettbewerbsverbot auf einen bestimmten Zeitraum nach Beendigung des Arbeitsverhältnisses ausgedehnt wird.

Haftpflicht des Arbeitnehmers (§ 276 BGB)
Auch für das Arbeitsrecht gilt, dass ein Verstoß gegen „die im Verkehr erforderliche Sorgfalt“ reicht, um fahrlässig und somit schuldhaft gehandelt zu haben. Durch die Rechtsprechung wird diese Haftpflicht des Arbeitnehmers weitgehend eingeschränkt.

In der Regel haftet der Arbeitnehmer nur bei Vorsatz oder grober Fahrlässigkeit (z. B. Alkohol am Arbeitsplatz) voll, d. h., er muss den gesamten Schaden ersetzen. Bei mittlerer Fahrlässigkeit wird der Ersatz des Schadens normalerweise nach Wertung aller Begleitumstände aufgeteilt. Bei leichtester Fahrlässigkeit, z. B. durch Überforderung, haftet der Arbeitnehmer nicht.

Pflichten des Arbeitgebers

Vergütungspflicht (§ 611 BGB, § 64 HGB)
Aus dem Arbeitsvertrag ist der Arbeitgeber zur Zahlung der für die Dienste vereinbarten Vergütung verpflichtet. Die Vergütung ist nachträglich für die Leistung der Dienste zu entrichten.

Fürsorgepflicht (§§ 241 Abs. 2, 618, 619 BGB, § 62 HGB, AGG)
Der Arbeitgeber ist verpflichtet, Arbeitsbedingungen zu schaffen, die Leib, Leben und Gesundheit der Arbeitnehmer nicht gefährden. Die Arbeitstättenverordnung und das Arbeitschutzgesetz regeln Einzelheiten.

Nach dem Allgemeinen Gleichbehandlungsgesetz (AGG) hat der Arbeitgeber den Arbeitnehmer vor Benachteiligungen aus Gründen der Rasse, wegen der ethnischen Herkunft, des Geschlechts, der Religion oder Weltanschauung, einer Behinderung, des Alters oder der sexuellen Identität zu schützen.

5.3 Personalfreisetzung

Gründe

Die Notwendigkeit der Personalfreisetzung entsteht durch personelle Überkapazitäten. Diese entstehen z. B. durch Automatisierung (Ersatz menschlicher Arbeit durch Maschinen), Absatzeinbrüche durch eine schlechte Konjunkturlage, Bedarfsveränderungen und damit verbundene Nachfrageänderungen auf dem Markt und durch strukturelle und saisonale Beschäftigungsschwankungen.

Beendigung von Arbeitsverhältnissen

Möglichkeiten:
- Kündigung
- Aufhebungsvertrag
- Vertragsablauf
- Vereinbarung eines Altersteilzeitverhältnisses

Schriftform ist vorgeschrieben bei:
- Kündigungen
- Aufhebungsverträgen
- Befristungsabreden

Arbeitspapiere

Der Arbeitgeber muss bei Beendigung des Arbeitsverhältnisses dem Arbeitnehmer die Arbeitspapiere aushändigen, z. B.:
- Arbeitsbescheinigung zur Vorlage bei der Agentur für Arbeit
- Urlaubsnachweis
- Sozialversicherungsausweis

Zeugnis

Jede Arbeitnehmerin bzw. jeder Arbeitnehmer hat ab dem Zeitpunkt der Kündigung einen Rechtsanspruch auf ein Arbeitszeugnis.

***§ 109 Gewerbeordnung (GewO)*:**
(1) Der Arbeitnehmer hat bei Beendigung eines Arbeitsverhältnisses Anspruch auf ein schriftliches Zeugnis. Das Zeugnis muss mindestens Angaben zu Art und Dauer der Tätigkeit (einfaches Zeugnis) enthalten. Der Arbeitnehmer kann verlangen, dass sich die Angaben darüber hinaus auf Leistung und Verhalten im Arbeitsverhältnis (qualifiziertes Zeugnis) erstrecken.

(2) Das Zeugnis muss klar und verständlich formuliert sein. Es darf keine Merkmale oder Formulierungen enthalten, die den Zweck haben, eine andere als aus der äußeren Form oder aus dem Wortlaut ersichtliche Aussage über den Arbeitnehmer zu treffen.

(3) Die Erteilung des Zeugnisses in elektronischer Form ist ausgeschlossen.

Ein **einfaches Zeugnis** enthält Angaben über die Art der Beschäftigung und die Dauer des Arbeitsverhältnisses.

Ein **qualifiziertes Zeugnis** enthält zusätzlich Angaben über die Leistungen und das Verhalten der Arbeitnehmerin bzw. des Arbeitnehmers.

Kündigungsschutz

Allgemeiner Kündigungsschutz
Alle Arbeitnehmer in Betrieben mit in der Regel mehr als 10 Beschäftigten und einer Beschäftigungsdauer von mindestens 6 Monaten in demselben Betrieb genießen einen allgemeinen Schutz vor einer sozial ungerechtfertigten Kündigung. Eine Kündigung gilt als sozial gerechtfertigt, wenn sie verhaltens-, personen- oder betriebsbedingt ist und der Betriebsrat befragt wurde (§ 1 KSchG).

Besonderer Kündigungsschutz
Folgende Arbeitnehmer können nur aus einem schwerwiegenden Grund gekündigt werden. Sie genießen einen besonderen Kündigungsschutz:
- Betriebsratsmitglieder sowie Jugend- und Auszubildendenvertreter
  - während der Amtszeit und ein Jahr danach
- werdende Mütter bzw. Mütter
  - während der Schwangerschaft (Arbeitgeber muss Kenntnis davon haben bzw. 2 Wochen nach einer Kündigung Kenntnis davon erlangen, z. B. durch ein ärztliches Attest)
  - während einer Frist von 4 Monaten nach der Entbindung
- Eltern von Kleinkindern
  - während der Elternzeit (maximal drei Jahre)
- Auszubildende
  - während der Ausbildung nach der Probezeit

5286628

- Schwerbehinderte (mindestens 50 % Erwerbsminderung)
  - Die Kündigungsfrist beträgt mindestens 4 Wochen. Die Kündigung ist nur mit behördlicher Zustimmung möglich.

Kündigungsgründe und Kündigungsfristen

Gründe für eine außerordentliche Kündigung

Eine außerordentliche Kündigung ist eine Kündigung aus wichtigem Grund, in der Regel ohne Einhaltung einer Kündigungsfrist. Sie kann erfolgen, wenn ein Kündigungsgrund so schwer wiegt, dass es dem Arbeitsgeber oder dem Arbeitnehmer nicht mehr zuzumuten ist, während der Kündigungsfrist das Arbeitsverhältnis fortzusetzen. Solche Gründe sind zum Beispiel:

- schwere Beleidigungen
- beharrliche Arbeitsverweigerung
- Tätlichkeiten
- nicht genehmigte Nebentätigkeiten
- Vortäuschen einer Erkrankung
- Diebstahl

Gründe für eine ordentliche Kündigung

Dringende betriebliche Erfordernisse

Häufig wird aus Gründen gekündigt, die nicht mit der Person des Beschäftigten zusammenhängen: Mangel an Aufträgen, Auflösung einer Abteilung, Outsourcing (Auslagerung der Aufgabe). Beschäftigt das Unternehmen mindestens zehn Arbeitnehmer und ist die Probezeit beendet, gilt das Kündigungsschutzgesetz. Der Arbeitgeber muss bei einer Kündigung aus betrieblichen Erfordernissen eine soziale Auswahl vornehmen. Dabei sollen insbesondere folgende Aspekte berücksichtigt werden:

- Dauer der Betriebszugehörigkeit,
- Lebensalter und
- Unterhaltspflichten.

Personenbedingte Gründe

Dies sind solche Gründe, die der Arbeitnehmer durch sein Verhalten nicht beeinflussen kann. Dazu zählen:

- Erhebliche Leistungsminderung (Unfähigkeit)
- Alkoholkrankheit
- Langdauernde oder häufig wiederkehrende Erkrankungen

Verhaltensbedingte Gründe

Bei verhaltensbedingten Kündigungsgründen könnte die Kündigung durch eine Änderung des Verhaltens vermieden werden. Deshalb ist bei solchen Kündigungsgründen meistens eine vorherige **Abmahnung** nötig. Der Arbeitnehmer soll die Chance haben, sein Verhalten zu ändern. Verhaltensbedingt sind beispielsweise folgende Gründe:

- Arbeitnehmer nimmt eigenmächtig Urlaub
- Alkoholgenuss oder rauchen trotz Verbot
- Wiederholte Unpünktlichkeit
- Unerlaubte Privatnutzung von Telefon oder Internet

Kündigungsschutzklage

Hält ein Arbeitnehmer die Kündigung für unberechtigt, kann er innerhalb von drei Wochen nach Empfang der Kündigung Klage vor dem Arbeitsgericht einreichen.

Kündigungsfristen

Allgemeine Kündigungsfrist

Nach Ablauf der Probezeit beträgt die allgemeine Kündigungsfrist 4 Wochen zum 15. oder zum Ende eines Kalendermonats (§ 622 Absatz 1 BGB).

Verlängerte Kündigungsfristen

Bei längerer Betriebszugehörigkeiten verlängern sich die Kündigungsfristen gemäß § 622 Absatz 2 BGB.

Betriebszugehörigkeit in Jahren	2	5	8	10	12	15	20
Kündigungsfristen in Monaten zum Monatsende	1	2	3	4	5	6	7

Berechnung der Kündigungsfristen

Entscheidend für den Fristbeginn ist die Übergabe des Kündigungsschreibens. Die Frist beginnt gemäß § 187 Absatz 1 BGB an dem Tag, der auf die Übergabe folgt.

> Gabriele Steffens erhält am Montag, dem 16. November, das Kündigungsschreiben. Kündigungsfrist laut § 622 Abs. 1 BGB. Die Kündigungsfrist beginnt am 17. November und beträgt 4 Wochen zum 15. des Monats, letzter Arbeitstag ist der 14. Dezember.
> Wenn ein Beschäftigter die Kündigung für ungerechtfertigt hält, so muss er innerhalb von drei Wochen Klage vor dem Arbeitsgericht erheben. Will Gabriele Steffens sich im beschriebenen Fall gegen die Kündigung wehren, muss sie spätestens am 7. Dezember die Kündigungsschutzklage einreichen.

5.4 Arbeitsgerichtsbarkeit

Arbeitsgericht

Können Konflikte im Arbeitsleben nicht einvernehmlich zwischen den Beteiligten gelöst werden, dient das Arbeitsgericht dazu, den Rechtsstreit zu klären und eine Entscheidung herbeizuführen. Örtlich zuständig ist das Arbeitsgericht, in dessen Bezirk der **Beklagte** seinen Wohn- oder Geschäftssitz hat.

Sachliche Zuständigkeit

Die Arbeitsgerichte sind zuständig für:

- Streitfälle zwischen einzelnen Arbeitnehmern und -gebern
- Streitfälle zwischen Tarifvertragsparteien (Gewerkschaften und Arbeitgeberverbänden)
- Streitfälle, die sich auf das Betriebsverfassungsgesetz beziehen (z.B. Errichtung eines Betriebsrates)
- Streitfälle, die sich auf das Mitbestimmungsgesetz beziehen (z.B. Wahl der Aufsichtsratsmitglieder)

Instanzen

In der **ersten Instanz**, d.h. vor dem **Arbeitsgericht**, kann sich jede Partei selbst vertreten, die Einschaltung eines Rechtsanwaltes ist zwar möglich, aber nicht verpflichtend. Tarifvertragsparteien gewähren ihren Mitgliedern in der Regel Rechtsschutz, sodass Prozessvertreter die Mitglieder vor Gericht vertreten.

Ist die Klage bei Gericht eingegangen, wird vom Gericht zunächst ein Termin zur **Güteverhandlung** festgelegt. Sie wird von einem Berufsrichter allein durchgeführt. Ziel ist die gütliche Einigung der Parteien. Der Richter unterbreitet dazu nach einer **Erörterung** einen **Vorschlag**. Wird daraufhin ein **Vergleich** zwischen den Beteiligten geschlossen, ist der Rechtsstreit beendet. Im anderen Fall wird ein Termin für eine **Kammerverhandlung** festgelegt.

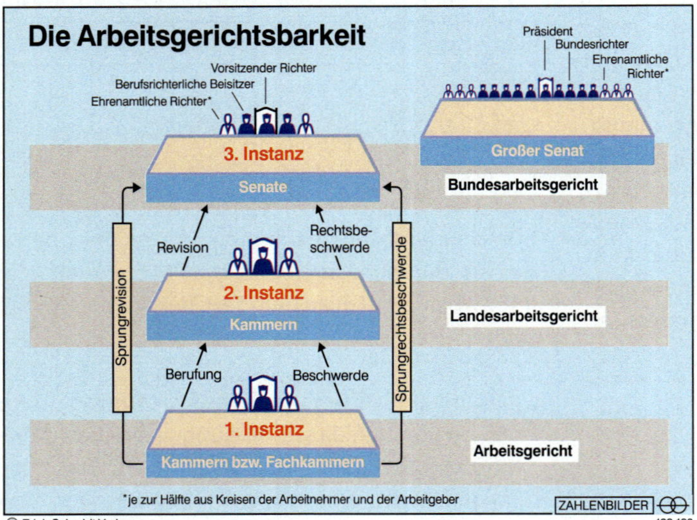

© Erich Schmidt Verlag 129 160

Erste Instanz

Bei der **Kammerverhandlung**, die vom **Vorsitzenden** – einem Berufsrichter – und zwei ehrenamtlichen Richtern geführt wird, versucht das Gericht nach einer umfassenden Erörterung noch einmal eine **Einigung** zwischen den Parteien zu erzielen. Wird kein Vergleich geschlossen, entscheidet das Gericht durch **Urteil**.

Zweite Instanz

Gibt sich eine Partei mit dem Urteil der ersten Instanz nicht zufrieden, wird die **zweite Instanz**, das **Landesarbeitsgericht**, angerufen. In der zweiten wie auch in der dritten Instanz (Bundesarbeitsgericht) besteht **Anwaltszwang**. Im sogenannten **Berufungsverfahren** können die Parteien neue Tatsachen vorbringen; der Rechtsstreit wird also von neuem verhandelt. Daneben kann gegen den Beschluss der ersten Instanz **Beschwerde** eingelegt werden.

Dritte Instanz

Gegen ein Urteil bzw. einen Beschluss der zweiten Instanz kann **Revision** bzw. **Rechtsbeschwerde** bei der dritten Instanz, dem **Bundesarbeitsgericht** in Erfurt, eingelegt werden. Bei der Revision werden keine neuen Tatsachen eingebracht, es wird nur überprüft, ob in der Entscheidung einer niederen Instanz Rechtsvorschriften verletzt worden sind.

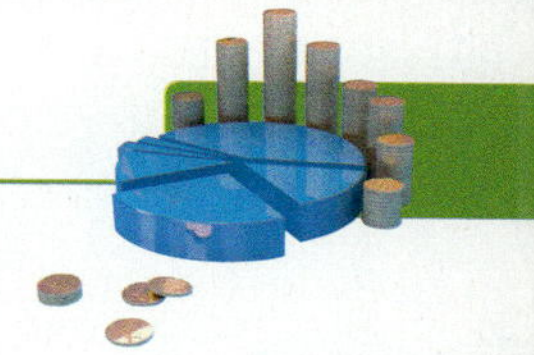

6 Versicherungen

6.1 Versicherungsprinzipien

Versicherungsarten

Es gibt Versicherungen ...	
... aufgrund von Vertrag	**... kraft Gesetz**
Hier einigen sich der Versicherte und das Versicherungsunternehmen im Rahmen der Vertragsfreiheit auf Versicherungsverträge; wie zum Beispiel: • Lebensversicherungsverträge, • Hausratsversicherungsverträge, • private Haftpflichtversicherungsverträge.	Diese Versicherungen sind vom Gesetzgeber vorgeschrieben. Die Versicherungspflicht ist unabhängig vom Willen der Beteiligten. Es gibt folgende gesetzliche Sozialversicherungen: • Krankenversicherung, • Rentenversicherung, • Unfallversicherung, • Arbeitslosenversicherung, • Pflegeversicherung.

Merkmale jeder Versicherung

Merkmale	Erläuterung	Beispiel Hausratversicherung
Risiko	Die Gefahr, dass ein negatives Ereignis eintritt, von dem niemand weiß, ob bzw. wann es geschieht	Zerstörung/Verlust vom Hausrat
Gefahrengemeinschaft	Der Zusammenschluss einer größeren Zahl von Menschen, die von dem gleichen Risiko bedroht sind. Das Risiko wird auf viele Schultern verteilt.	alle in der Hausratversicherung Versicherte
Versicherungsfall	Ein genau definiertes Ereignis, das die Leistungspflicht hervorruft	Feuer, Leitungswasserschaden, Sturm, Einbruchdiebstahl
Prämie/Beitrag	Der Preis dafür, dass im Versicherungsfall der Bedarf (Schaden) gedeckt wird	Geldzahlung an die Hausratversicherung
Rechtsanspruch auf Leistungen im Versicherungsfall	Im Versicherungsfall hat jedes Mitglied der Risiko-/Gefahrengemeinschaft einen einklagbaren Anspruch auf Ersatz des Schadens.	Der Versicherte hat Anspruch auf Schadenersatz für den Hausrat. Zahlt die Versicherung nicht, kann er den Schadenersatz einklagen.

Gründe für die Versicherungspflicht

Arbeitnehmer sind besonders schutzbedürftig. Sie sollen durch die Versicherungspflicht Mitglieder einer Risiko-/Gefahrengemeinschaft (**Solidargemeinschaft**) werden, die dem Einzelnen eine gewisse **soziale Sicherheit**, z. B. bei Krankheit, Alter, Arbeitsunfall, Arbeitslosigkeit oder Pflegebedürftigkeit gewährt.

6.2 Gesetzliche Sozialversicherungen

Grundprinzipien der gesetzlichen Sozialversicherung

- **Versicherter Personenkreis:**
  Grundsätzlich sind alle Arbeitnehmer (Arbeiter, Angestellte, Auszubildende) in der gesetzlichen Sozialversicherung pflichtversichert.
- **Besonderheiten des versicherten Personenkreises in der Unfallversicherung:**
  In der gesetzlichen Unfallversicherung sind neben den Arbeitnehmern noch verschiedene andere Personenkreise pflichtversichert, wie Schüler, Kindergartenkinder, Blutspender, Nothelfer bei Unfällen.
- **Beitragsberechnung:**
  Die **Beiträge zur Kranken-, Renten-, Arbeitslosenversicherung sind abhängig** von der wirtschaftlichen Leistungsfähigkeit (**Bruttoarbeitsentgelt des Versicherten**) und von dem jeweiligen **Beitragssatz**. Wer ein geringes Bruttoarbeitsentgelt bezieht, zahlt weniger als der Versicherte, der ein höheres Bruttoarbeitsentgelt erzielt. Der Versicherte mit höherem Arbeitsentgelt finanziert dadurch die Beiträge des Versicherten mit geringerem Arbeitsentgelt mit (**Solidaritätsprinzip**).
- **Beitragsbemessungsgrenzen:**
  Obergrenze des bei der Beitragsbemessung zu berücksichtigenden Entgelts ist die **Beitragsbemessungsgrenze**. Dies ist der **Höchstbetrag**, von dem Beiträge errechnet werden. Beitragsbemessungsgrenzen gibt es in der Kranken-, Pflege-, Renten- und in der Arbeitslosenversicherung. Die Beitragsbemessungsgrenzen verändern sich jährlich.
  Das Festlegen von Beitragsbemessungsgrenzen bedeutet eine Einschränkung des Solidaritätsprinzipes. Da aber die Naturalleistungen (Sach- und Dienstleistungen) bei allen Versicherten einen gewissen Durchschnittsbetrag nicht übersteigen, erscheint es dem Gesetzgeber gerechtfertigt, den Solidaranteil der Höherverdienenden, der die Finanzierung dieses Durchschnittsbetrages übersteigt, durch Beitragsbemessungsgrenzen zu begrenzen.
- **Besonderheit in der Unfallversicherung hinsichtlich der Beitragsbemessungsgrenzen:**
  Die Unfallversicherung kennt den Begriff „Beitragsbemessungsgrenze" nicht. Aber es gibt **Höchstarbeitsverdienstgrenzen**, bis zu denen der Arbeitgeber Beiträge aufzubringen hat.
- **Besonderheit der Beitragsberechnung bei der Unfallversicherung:**
  Die Beiträge der Unfallversicherung sind abhängig u.a. von der
  - **Lohnhöhe** des Arbeitnehmers
  - **Gefahrenklasse des Unternehmens**, d.h. von der Gefährlichkeit des Berufes. So haben z.B. bezahlte Sportler der Fußballbundesliga die Gefahrenklasse 47,75 – die Angestellten von Kreditinstituten die Gefahrenklasse 0,37.
- **Beitragsaufbringung:**
  Die Beiträge werden in der Regel **je zur Hälfte** durch den **Versicherten** und seinen **Arbeitgeber** aufgebracht. So tragen in der Rentenversicherung Arbeitgeber und Arbeitnehmer jeweils 9,3 %, in der Arbeitslosenversicherung jeweils 1,2 %, in der Pflegeversicherung jeweils 1,525 % und in der Krankenversicherung jeweils 7,3 % (zzgl. der Hälfte eines evtl.Zusatzbeitrages) des Bruttoarbeitsentgeltes.
- **Besonderheit der Beitragsaufbringung in der Unfallversicherung:**
  Bei der Unfallversicherung bezahlt der **Arbeitgeber** die Beiträge **allein**.
- **Umlageverfahren:**
  Die Sozialversicherungen verwenden die laufenden Einnahmen für die laufenden Ausgaben. Sie leben sozusagen **„von der Hand in den Mund"**. Da bei rückläufigem Beitragseingang oder unerwartetem Ansteigen der Ausgaben (z.B. Auftreten einer Epidemie) die Leistungsfähigkeit der gesetzlichen Versicherung sofort gefährdet wäre, hat jeder gesetzliche Versicherungsträger zum Ausgleich von Einnahme- und Ausgabenschwankungen eine **Schwankungsreserve** und **Rücklagen** bereitzuhalten.

Gesetzliche Krankenversicherung

- **Träger**, z.B.:
  Ortskrankenkassen, Betriebskrankenkassen, Innungskrankenkassen, Ersatzkassen
- **Besonderheiten der Beitragsaufbringung in der Krankenversicherung:**
  2021 beträgt der Beitragssatz 14,6 %. Davon tragen der Arbeitgeber und der Arbeitnehmer/die Arbeitneh-

merin jeweils 7,3 %. Kommt eine Krankenkasse damit nicht aus, darf sie den „kassenindividuellen Zusatzbeitrag“ erheben. Den Zusatzbeitrag muss die Kasse in ihrer Satzung festlegen. Diese Zusatzbeiträge werden ebenfalls zu gleichen Teilen vom Arbeitnehmer und Arbeitgeber getragen.

- **Leistungsfälle**, z. B.:
  - Krankheit
  - Schwangerschaft
- **Leistungen**, z. B.:
  - ärztliche und zahnärztliche Behandlungen
  - Krankengeld
  - Rehabilitationskuren
  - Arznei- und Verbandsmittel
  - stationäre Entbindung
  - Krankenhausbehandlung
  - Mutterschaftsgeld

Alle Leistungen der gesetzlichen Krankenversicherung (nicht jedoch das Krankengeld) können grundsätzlich im Rahmen der **Familienversicherung** von den Ehegatten und den Kindern des Stammversicherten beansprucht werden.

Unter Familienversicherung wird die beitragsfreie Mitversicherung von Familienangehörigen (Ehepartner, Kinder) in der Kranken- und Pflegeversicherung verstanden. Voraussetzung dafür ist, dass die mitversicherten Personen kein regelmäßiges Gesamteinkommen haben, das über einer bestimmten Grenze liegt.

Gesetzliche Pflegeversicherung

- **Träger:**
  Die bei den jeweiligen Krankenkassen errichteten Pflegekassen
- **Besonderheiten der Beitragsaufbringung in der Pflegeversicherung:**
  Der Pflegeversicherungsbeitrag liegt bei 3,05 % des Bruttoverdienstes bis zur Beitragsbemessungsgrenze.
  Die eine Hälfte (1,525 %) zahlt der Arbeitnehmer, die andere Hälfte zahlt der Arbeitgeber.
  Für das Bundesland Sachsen gibt es eine Besonderheit: Hier trägt der Arbeitnehmer 2,025 % und der Arbeitgeber 1,025 %. Kinderlose Arbeitnehmer, die das 23. Lebensjahr vollendet haben, müssen einen Zuschlag von 0,25 % auf ihren jeweiligen Beitragssatz leisten.
- **Leistungsfall**
  Maßgeblich für das Vorliegen von Pflegebedürftigkeit sind Beeinträchtigungen in den nachfolgenden sechs Bereichen:
  - Mobilität
  - kognitive und kommunikative Fähigkeiten
  - Verhaltensweisen und psychische Problemlagen
  - Selbstversorgung
  - Umgang mit Krankheit
  - Gestaltung des Alltagslebens

  Es gibt fünf Pflegegrade, die durch pflegefachlich begründete Begutachtungsinstrumente ermittelt werden.
  Pflegegrad 1 bedeutet: geringe Beeinträchtigung der Selbständigkeit
  Pflegegrad 5 bedeutet: schwerste Beeinträchtigung der Selbständigkeit mit besonderen Anforderungen an die pflegerische Versorgung
- **Leistungen**
  Übersicht über die wichtigsten Geldleistungen der Pflegeversicherung (seit 2017)

Pflegegrade	Zuschuss für pflegende Angehörige, Nachbarn, Freunde (Pflegepersonen) monatlich
Pflegegrad 1	–
Pflegegrad 2	316,00 €
Pflegegrad 3	545,00 €
Pflegegrad 4	728,00 €
Pflegegrad 5	901,00 €

Pflegegrad-stufen	Übernahme der Kosten für ambulante Pflegedienste (Sachleistungen) monatlich
Pflegegrad 1	–
Pflegegrad 2	689,00 €
Pflegegrad 3	1 298,00 €
Pflegegrad 4	1 612,00 €
Pflegegrad 5	1 995,00 €

Gesetzliche Unfallversicherung

- **Träger**, z. B.:
  Berufsgenossenschaften, Gemeindeunfallversicherungsverbände
- **Leistungsfälle**, z. B.:
  - Arbeitsunfall infolge der versicherungspflichtigen Beschäftigung
  - Wegeunfall
  - Berufserkrankungen

  „Berufserkrankung“ ist ein Rechtsbegriff, kein medizinischer Terminus. Eine Erkrankung, die nach medizinisch-naturwissenschaftlichen Erkenntnissen beruflich bedingt ist, ist nicht zwangsläufig zugleich eine Berufskrankheit. Vielmehr muss das Krankheitsbild auch von der Berufskrankheiten-Verordnung anerkannt sein.
- **Leistungen**, z. B.:
  - Maßnahmen zur Verhütung von Arbeitsunfällen
  - Heilbehandlung, Berufsförderung zur Erhaltung, Besserung und Wiederherstellung der Erwerbsfähigkeit
  - Renten wegen Minderung der Erwerbsfähigkeit
  - Renten an Witwen und Waisen

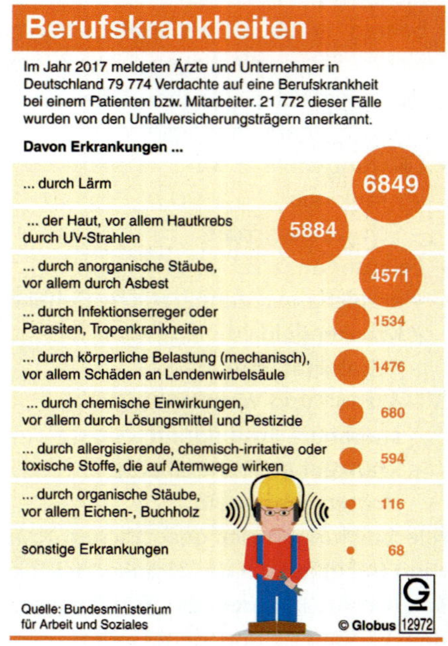

Beispiel 1: Liegt ein Arbeitsunfall vor?

Die Angestellte Marianne Mühlberg schneidet während einer gesetzlich vorgegebenen Arbeitspause ihre Vesperwurst mit einem Messer. Dabei rutscht das scharfe Messer aus. Sie verletzt sich schwer am Oberschenkel.

Ein Arbeitsunfall im Sinne der gesetzlichen Unfallversicherung liegt nur dann vor, wenn

1. zwischen der versicherten Beschäftigung als Angestellter und dem Abrutschen des Messers und
2. zwischen dem Abrutschen des Messers und dem Körperschaden jeweils ein Zusammenhang besteht und
3. das Unfallereignis plötzlich und von außen geschieht.

Es liegt hier **kein Arbeitsunfall** vor.

Da der Angestellten in ihrer Arbeitspause beim Essen (einer privaten Verrichtung) das Messer abrutschte, ist die **1. Voraussetzung** nicht erfüllt.

Die Berufsgenossenschaft des Angestellten übernimmt keinerlei Leistungen. Die notwendigen ärztlichen Leistungen müssen von der gesetzlichen Krankenversicherung übernommen werden.

Beispiel 2: Liegt ein Wegeunfall vor?

Dimitri Wall missachtet auf dem Rückweg von seiner Arbeitsstelle in einer Ortsdurchfahrt die Vorfahrt. Er erleidet ein Schleudertrauma, ist zwei Wochen krank geschrieben und muss eine Halskrause tragen.

Hier handelt es sich um einen Wegeunfall. Wegeunfälle sind einem Arbeitsunfall gleich gestellt, die Berufsgenossenschaft übernimmt die Arztkosten. Ein Eigenverschulden des Versicherten in Form von Fahrlässigkeit oder grober Fahrlässigkeit ist bei der Annahme eines Versicherungsfalls ohne Bedeutung.

Der Versicherungsschutz entfällt jedoch, wenn Trunkenheit, Rauschgift- oder Tablettenmissbrauch die rechtlich allein wesentliche, d. h. kausale Ursache war. Er entfällt auch, wenn der Unfall vorsätzlich herbeigeführt wurde.

- Ein Wegeunfall liegt vor, wenn der Unfall auf dem direkten Weg zur bzw. von der Arbeit geschieht.
- Versichert ist auch der Weg zur Tagesmutter oder Kindertagesstätte.
- Ebenfalls versichert sind notwendige Umwege aufgrund von Fahrgemeinschaften.

5286634

Gesetzliche Arbeitslosenversicherung

- **Träger**, z. B.: Arbeitsagenturen
- **Leistungsfälle**, z. B.:
  - Berufslosigkeit
  - Arbeitslosigkeit
- **Leistungen**, z. B.: Berufsberatung, Arbeitsvermittlung, Maßnahmen zur Erhaltung und Schaffung von Arbeitsplätzen, Insolvenzausfallgeld, Kurzarbeitergeld, Arbeitslosengeld I, Arbeitslosengeld II
- **Voraussetzungen für den Erhalt von Arbeitslosengeld I:** Der Versicherte muss ...
  1. arbeitslos sein,
  2. sich arbeitslos gemeldet haben,
  3. objektiv und subjektiv dem Arbeitsmarkt zur Verfügung stehen, d. h., er muss arbeiten wollen und arbeiten dürfen,
  4. einen Antrag gestellt haben,
  5. die Anwartschaftzeit erfüllt haben, d. h., er muss mindestens ein Jahr lang Beiträge in die Arbeitslosenversicherung gezahlt haben,
  6. darf die Regelaltersgrenze noch nicht erreicht haben.
- **Dauer des Bezuges des Arbeitslosengeldes I:** Die Dauer des Arbeitslosengeldbezuges ist abhängig
  1. von der Dauer der Beitragszahlung in die Arbeitslosenversicherung und
  2. vom Lebensalter des Arbeitslosen.

  Arbeitslosengeld I wird grundsätzlich auf die Dauer von zwölf Monaten begrenzt. Arbeitnehmer können nach Vollendung des 58. Lebensjahres maximal 24 Monate lang Arbeitslosengeld beziehen, vorausgesetzt, es wurden für mindestens 48 Monate Pflichtbeiträge eingezahlt.
- **Höhe des Bezuges des Arbeitslosengeldes I:** Die Höhe des Arbeitslosengelds I beträgt 67 % vom monatlichen Nettolohn, wenn der Arbeitslose mindestens ein Kind unterhalten muss. Besteht für kein Kind eine Unterhaltspflicht beträgt die Höhe 60 %.
- **Arbeitslosengeld II:** Bei dem Arbeitslosengeld II (ALG II) handelt es sich im Gegensatz zum Arbeitslosengeld I nicht um eine Versicherungsleistung, sondern um eine staatliche Leistung aus Steuermitteln gemäß des SGB II (Grundsicherung für Arbeitssuchende). Ein erwerbsfähiger alleinstehender, volljähriger Bedürftiger erhält 2021 einen Regelsatz von 446,00 € monatlich. Der Regelsatz umfasst u.a. Ausgaben für Nahrung, Bekleidung, Gesundheitspflege. Hinzu kommt die Miete für eine angemessene Wohnung und eine Pauschale für Heizkosten. Darüber hinaus ist der Bezieher von ALGII in den gesetzlichen Kranken- und Pflegeversicherung beitragsfrei pflichtversichert

Gesetzliche Rentenversicherung

- **Träger**, z. B.:
  - Deutsche Rentenversicherung Bund
  - Deutsche Rentenversicherung Braunschweig-Hannover
- **Leistungsfälle**, z. B.:
  - Alter
  - Tod
  - Erwerbsunfähigkeit
- **Leistungen**, z. B.:
  - Rehabilitation, Heilbehandlungen in Spezialkliniken, Umschulungsmaßnahmen. Das Ziel der Rehabilitation ist es, Beeinträchtigungen der Erwerbsfähigkeit der Versicherten oder ihr vorzeitiges Ausscheiden aus dem Erwerbsleben zu verhindern oder diese Versicherten möglichst dauerhaft in das Erwerbsleben wieder einzugliedern. **Es gilt das Prinzip „Rehabilitation vor Rente".**
  - Witwen- bzw. Witwerrenten
  - Waisenrenten
  - Altersrenten
- **Voraussetzungen für den Erhalt der (Regel-) Altersrente:** Der Versicherte muss ...
  1. die Regelaltersgrenze erreicht haben.
     Die Regelaltersgrenze wird seit dem Jahr 2012 schrittweise auf das 67. Lebensjahr angehoben. Alle Versicherten der Jahrgänge ab 1964 erreichen die Regelaltersgrenze mit der Vollendung des 67. Lebensjahres.
  2. die Wartezeit erfüllt haben, d.h., es müssen fünf Jahre (60 Monate) Beiträge zur Rentenversicherung eingezahlt worden sein.

Arbeitnehmer Reitz, geboren am 13.04.1958, erreicht seine Regelaltersgrenze infolge der schrittweisen Anhebung mit der Vollendung seines 66. Lebensjahres. Er kann also frühestens ab 2024 seine Regelaltersrente erhalten.

Wartezeiterfüllung vorausgesetzt, hat Arbeitnehmer Reitz nun einen Anspruch auf eine Arbeitsrente. Die Höhe seiner Rente ist abhängig von der Höhe seiner Beiträge und von der Dauer seiner Beitragszahlung.

Generationenvertrag

Grundbegriffe

- **„Vertragspartner“:** Die Generationen der beitragszahlenden Erwerbstätigen und die Generationen der Rentenempfänger.
- **„Vertragsinhalt“:** Die Arbeitnehmer bezahlen mit einem Teil ihres Arbeitsentgeltes die Renten. Gleichzeitig verlassen sich die Arbeitnehmer darauf, dass auch die folgende Generation ihnen ihren Ruhestand sichert.

Diese Entwicklung belastet das soziale Sicherungssystem „Gesetzliche Rentenversicherung“.

So kommen heute auf 100 Erwerbstätige, die Beiträge in die Rentenversicherung einzahlen, 60 Rentnerinnen und Rentner – im Jahr 2030 wird dieses Verhältnis nach Prognosen der Deutschen Rentenversicherung bei etwa 100:68 liegen. Zudem leben die Menschen immer länger und beziehen somit auch länger Rente.

Probleme des Generationenvertrages

Demographischer Wandel

In Deutschland sterben seit 1972 jedes Jahr mehr Menschen als geboren werden. Dieses Geburtendefizit wird in den kommenden Jahren voraussichtlich zunehmen. Im Jahr 2018 betrug das Geburtendefizit fast 170 000 Personen.

Auf der anderen Seite steigt die Lebenserwartung. Gemäß der Daten nach WHO Health (Weltgesundheitsorganisation) betrug 2005 in Deutschland die durchschnittliche Lebenserwartung eines Mannes 76,8 Jahre, die einer Frau 83,4 Jahre. Folge dieser Entwicklungen ist eine zunehmende Überalterung der Bevölkerung.

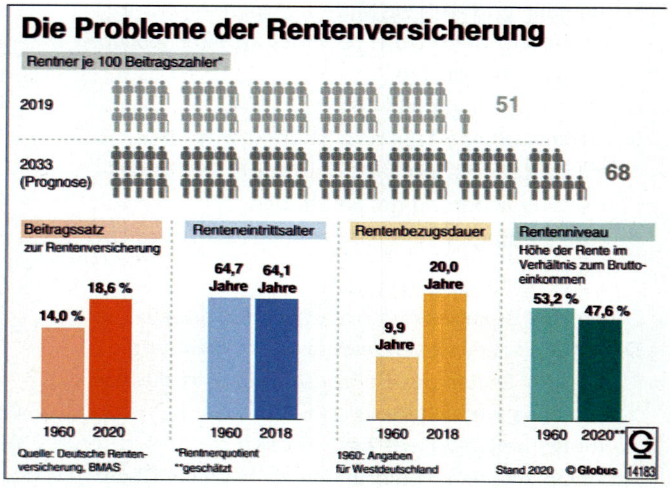

6.3 Private Vorsorge

Gründe

- Auch wenn die Renten real steigen, ist festzustellen, dass sich die Rentenhöhe mehr und mehr von der Lohnentwicklung abkoppelt. Die Bundesregierung hat beschlossen, sicher zu stellen, dass der Standardrentner (45 Versicherungsjahre, 45 Entgeltpunkte) 48 % des deutschen Durchschnittslohnes erhält.
- Miete und Nebenkosten (Wasser, Abwasser, Energiekosten, Ausgaben für Instandhaltung) betrugen 2018 besonders in Großstädten über 35 % des mittleren Haushaltsnettoeinkommens; Tendenz steigend.

Diese beiden Nachrichten zwingen jeden Arbeitnehmer, sich Fragen zu seiner privaten Vorsorge zu stellen, zum Beispiel:

1. Was muss ich tun – und inwieweit unterstützt mich der Staat dabei –, damit ich als Rentner meinen Lebensstandard der Beschäftigungszeit erhalten kann?
2. Wie kann ich erreichen – und inwieweit unterstützt mich der Staat dabei –, dass ich mir Wohneigentum schaffe, um langfristig die Mietkosten zu sparen?

Zwei mögliche **Vorsorgemaßnahmen**, die vom Staat gefördert werden, sind die **Riester-Rente** und das **Bausparen**.

Riester-Rente

Um neben der gesetzlichen Altersrente noch zusätzliche Rentenleistungen zu erhalten, ist die soge-

5286636

nannte „Riester-Rente“ (Walter Riester: ehemaliger Bundesminister für Arbeit und Sozialordnung) geschaffen worden. Sie stellt eine vom Staat durch Zulagen geförderte privat finanzierte Rente dar.

Berechtigte
Alle rentenversicherungspflichtigen Arbeitnehmer, Auszubildende

Die erforderlichen jährliche Beitrage der berechtigten Arbeitnehmer betragen 4 % vom Vorjahresbruttoarbeitsentgelt. Der maximal geförderte Beitrag beträgt 2 100,00 € pro Jahr. Der Mindestbeitrag beträgt 60,00 € pro Jahr.

Höchstzulagen	
Grundzulage Ledige	175,00 €
Grundzulage Verheiratete	308,00 €
Kinderzulage (pro Kind)	185,00 €
Kinderzulage für nach dem 31.12.07 geborene Kinder	300,00 €

Damit sie die staatliche Förderung in voller Höhe erhalten, müssen berechtigte Arbeitnehmer nur die Differenz zwischen der Zulage und dem Beitragssoll (vier Prozent ihres Vorjahresbruttoentgelts) einzahlen.

Beispiel für Riester-Rente:
Die Fachkraft für Lagerlogistik Adrian Becker (30 Jahre alt, verheiratet, seine Ehefrau ist nicht berufstätig, 2 Kinder, die nach dem 01.08.2007 geboren sind) hatte 2019 ein Bruttoarbeitsentgelt von 25 000,00 €. 2020 will Adrian Becker einen Riestervertrag abschließen. Er will 4% von 25 000,00 € = 1 000,00 € ansparen. Da er dann einen Anspruch auf die Kinderzulage von 2 • 300,00 € und auf die Grundzulage von 175,00 € hat, muss er nicht 1 000,00 € jährlich ansparen, sondern nur I 000,00 € abzüglich Kinderzulage und Grundzulage – also 225,00 € jährlich bzw. 18,75 € monatlich als Eigenbeitrag.

Der Kontostand des Adrian Becker auf seinem Riesterkonto beträgt für 2020 1 000,00 €.

Berufseinsteigerbonus
Um vor allem junge Menschen für die private Altersvorsorge zu begeistern, erhalten Bürger bis zum 25. Lebensjahr einen Berufseinsteigerbonus von einmalig 200,00 €. Der Antrag auf die staatlichen Zulagen muss über den Anbieter (z. B. Versicherungen, Sparkassen, Banken) des jeweiligen Vertrages spätestens bis Ende des Jahres gestellt werden. Stichtag ist der 31. Dezember. Die Zulage kann maximal zwei Jahre rückwirkend beantragt werden.

Leistungen
Die Auszahlung der Riester-Rente beginnt zeitgleich mit dem Eintritt in den Ruhestand und dem Beginn der Rentenzahlung aus der gesetzlichen Rentenversicherung. Tritt der Berechtigte bereits vor dem 67. Lebensjahr in den gesetzlichen Ruhestand ein, kann eine Auszahlung der Riester-Rente ebenfalls früher erfolgen, allerdings nicht vor dem 60. Lebensjahr.

Es handelt sich dabei um eine Leibrente, d. h. um eine Rente, die bis zum Tode des Empfängers monatlich zur gesetzlichen Rente zugezahlt wird.

Eine Einmalentnahme von 30 % des geförderten Vermögens zu Beginn der Auszahlungsphase ist möglich.

Sozialversicherungspflichtiges Einkommen im Jahr	Sparleistung im Jahr	Riester-Rente im Monat
10 000,00 €	400,00 €	188,00 €
15 000,00 €	600,00 €	282,00 €
20 000,00 €	800,00 €	376,00 €
25 000,00 €	1 000,00 €	470,00 €

Mögliche Höhe der Riester-Rente unter Berücksichtigung einer jährlichen Verzinsung von 4 %, einer jährlichen Gehaltssteigerung von 3 % und einer Anspardauer von 30 Jahren (ohne Berücksichtigung der Gebühren, die die Versicherer erheben).

Die Riester-Rente lohnt sich aufgrund der staatlichen Zuschüsse.

Nachteile der Riester-Rente:
Eine aktuelle Untersuchung der Bürgerbewegung Finanzwende hat festgestellt, dass Anbieter der Riester-Rente zum Teil mehr als 30 % des eingezahlten Beitrags als Verwaltungskosten geltend machen. Hinzu kommt, dass die Zinsen zurzeit sehr niedrig sind. Der höchstens erlaubte Garantiezins von 0,9 % muss sehr wahrscheinlich für Neuverträge ab dem 1. Januar 2022 gesenkt werden. Statt 0,9 % soll dann ein Wert von 0,25 % erlaubt sein. Beide Tatsachen verringern die Attraktivität, Geld im Rahmen der Riester-Rente anzulegen.

Vorteile der Riester-Rente:
Die Riester-Rente ist eine gute Möglichkeit, privat fürs Alter vorzusorgen - insbesondere für Familien mit Kindern und für Geringverdiener, weil auf die staatlichen Zulagen unabhängig vom Jahresbruttoarbeitsentgelt, Anspruch besteht.

Bausparen

Ein Bausparvertrag ist ein Sparvertrag, den der Bausparer mit einer Bausparkasse seiner Wahl abschließt. Er wird zur Finanzierung von Wohneigentum benutzt. Die vertraglich vereinbarte Bausparsumme (z. B. 50 000,00 €) wird mit einem vertraglich festgelegten Prozentsatz angespart.

Bei Zuteilung des Vertrages – es müssen ca. 40 % der vereinbarten Bausparsumme (z. B. 20 000,00 €) angespart worden sein, wird der bis zur abgeschlossenen Vertragssumme fehlende Teil (z. B. 30 000,00 €) als Bauspardarlehen zu günstigen Sollzinsen gewährt. Der Bausparer kann also bei Zuteilung über die volle Bausparsumme verfügen.

Förderung des Bausparens durch die vermögenswirksame Leistung des Arbeitgebers
Die **vermögenswirksame Leistung** (VL) ist eine tarifvertragliche oder durch Arbeitsvertrag vereinbarte Geldleistung durch den Arbeitgeber zusätzlich zum Arbeitsentgelt. Diese vermögenswirksame Leistung (maximal 40,00 € monatlich) wird nicht auf das Gehaltskonto des Arbeitnehmers überwiesen, sondern auf das Konto der von ihm gewählten Bausparkasse.

Bausparen und staatliche Förderung
Der Staat fördert das Bausparen auf zwei Arten: durch das **Vermögensbildungsgesetz** (**Arbeitnehmersparzulage**) und darüber hinaus durch das Wohnungsbauprämiengesetz (**Wohnungsbauprämie**).

Der Staat fördert das Bausparen, wenn der Sparer bis zu einer bestimmte Summe jährlich spart. Der Sparer erhält die Höchstförderung, wenn er den gesetzlich vorgegebenen **Höchstsparbetrag** leistet.

Der Staat sieht im Bausparen eine Anlageform, die vorzüglich geeignet ist, dem Bürger Wohneigentum zu schaffen. Dieses Wohneigentum entlastet den Bürger von Mietzahlungen.

Die **Arbeitnehmersparzulage** ist im Vermögensbildungsgesetz geregelt.

- Geförderter Personenkreis: Arbeitnehmer, Beamte, Richter, Soldaten, die jährlich
  - als Ledige nicht mehr als **17 900,00 €** und
  - als Verheiratete nicht mehr als **35 800,00 €** pro Jahr zu versteuerndes Einkommen erzielen.
- Höchstförderung:
  Es kann ein **Höchstsparbetrag** bis zu
  - 470,00 € (Ledige) und 940,00 € (Verheiratete) mit 9 % Arbeitnehmersparzulage gefördert werden. Die maximale Förderung pro Jahr beträgt also
  - 42,30 € (Ledige) und 84,60 € (Verheiratete)

Das Geld muss grundsätzlich **sechs Jahre** lang gespart werden und ein Jahr ruhen. Mit dem Lohnsteuerjahresausgleich werden die Arbeitnehmer-Sparzulagen jährlich beim zuständigen Finanzamt beantragt und vom Finanzamt ausgezahlt.

Zusätzlich zur Arbeitnehmersparzulage kann eine Förderung durch die **Wohnungsbauprämie** beantragt werden.

- Geförderter Personenkreis: Alle Personen, die das **16. Lebensjahr** vollendet haben, in Deutschland ansässig sind und als Ledige/Verheiratete die **Einkommensgrenze** von 35 000,00 €/70 000,00 € zu versteuerndes Einkommen nicht überschreiten.

- Höchstförderung:
  Es kann ein **Höchstsparbetrag** bis
  - 700,00 € (Ledige) und 1400,00 € (Verheiratete) mit einer Prämie von 10 % gefördert werden.
- Die maximale Förderung pro Jahr beträgt also
  - 70,00 € (Ledige) und 140,00 € (Verheiratete).

Die Wohnungsbauprämie wird jährlich mittels eines amtlich vorgeschriebenen Antrages an die zuständige Bausparkasse ermittelt. Der Sparer erhält die Wohnungsbauprämie nur, wenn er den Bausparvertrag zum Bau, Kauf oder zur Modernisierung von selbst genutztem Wohnraum verwendet.

Beispiel: Ein zum Kreis der Berechtigten gehörender Arbeitnehmer spart auf seinem Bausparvertrag 1400,00 € jährlich. Dann erhält er für 4 700,00 € Sparsumme 42,30 € Arbeitnehmersparzulage und für 700,00 € Sparsumme 70,00 € Wohnungsbauprämie, also insgesamt eine staatliche Förderung von 112,30 € jährlich.

7 Lebenslanges Lernen, Wandlung der Arbeitswelt

7.1 Berufliche Fortbildung

Der rasche **technische Wandel** und die **Globalisierung der Märkte** führen dazu, dass die einmal erworbenen Qualifikationen rasch an Wert verlieren. Die **„Halbwertzeit des Wissens“** wird immer geringer. Arbeitnehmer müssen sich daher fort- und weiterbilden, eventuell auch umschulen, um ihre Arbeitskraft weiterhin zu guten Bedingungen verkaufen zu können.

Im Berufsbildungsgesetz (BBiG) werden dafür die folgenden Begriffe verwendet:

- Die **Anpassungsfortbildung erhält** die berufliche Handlungsfähigkeit, z. B. durch Anpassung an den technischen Fortschritt.
- Die **Aufstiegsfortbildung erweitert** die berufliche Handlungsfähigkeit durch eine Fortbildung der höherqualifizierenden Berufsbildung und ermöglicht den beruflichen Aufstieg.
- Die **berufliche Umschulung** soll zu einer anderen beruflichen Tätigkeit befähigen.

Sowohl in der Berufsausbildung als auch in der Fortbildung wird der Erwerb von Schlüsselqualifikationen (z. B. Team- und Kommunikationsfähigkeit)immer wichtiger. In der modernen Berufsausbildung wird deswegen nicht nur Wert auf **Fachkompetenz** gelegt, ebenso wichtig sind beispielsweise **Selbst-** und **Sozialkompetenz**. Letztendlich gilt es, **lebenslang zu lernen**, um sich den wirtschaftlichen und gesellschaftlichen Veränderungen anpassen zu können.

Fortbildungsmöglichkeiten gibt es beispielsweise in den Bereichen:

- EDV
- Beschaffung/Logistik (z. B. Geprüfte/r Meister/-in für Lagerwirtschaft)
- Produktion/Materialwirtschaft (z. B. Geprüfte/-r Fachkauffrau/-mann für Einkauf und Logistik IHK)
- Rhetorik/Kommunikation
- Fremdsprachenerwerb
- Personalführung

Zukünftig werden die Bezeichnungen Meister/-in und Fachwirt/-in durch die Bezeichnung „Bachelor Professional“ ergänzt. Ziel ist dabei die Gleichwertigkeit von beruflicher und akademischer Bildung darzustellen.

Fortbildungsmöglichkeiten werden von verschiedenen Institutionen der Aus-und Weiterbildung angeboten, zum Beispiel von den Industrie- und Handelskammern oder den Volkshochschulen.

7.2 Staatliche Fördermaßnahmen

Damit möglichst alle Arbeitnehmer Fortbildungsmaßnahmen ergreifen können, wird eine Vielzahl von diesen Maßnahmen **staatlich gefördert**.

Das SGB III (Arbeitsförderung) regelt nicht nur die Zahlung von Arbeitslosengeld I, sondern fördert auch Ausbildungs- und Fortbildungsmaßnahmen, zum Beispiel:

1. Stellt ein Arbeitgeber einen schwervermittelbaren Arbeitslosen ein, erhält er einen Eingliederungszuschuss von bis zu 50 % des tarif- bzw. tätigkeitsüblichen Arbeitsentgeltes.
2. Teilnehmer an Fortbildungsmaßnahmen zur Anpassung an neue berufliche Anforderungen, zum Erwerb eines Berufsabschlusses oder zur Verbesserung der Beschäftigungschancen können durch Übernahme von Lehrgangskosten und Unterstützung zum Lebensunterhalt gefördert werden (Bildungsgutschein).

Berufstätige, die an einer Aufstiegsfortbildung teilnehmen, können eine Förderung nach dem Aufstiegsfortbildungsförderungsgesetz (AFBG) erhalten, das sogenannte Aufstiegs-BaföG.

Eine weitere Förderungsmaßnahme liegt in der gesetzlichen Festlegung von Bildungsurlaub. Es handelt sich dabei um einen vom Arbeitgeber bezahlten Urlaub (fünf Arbeitstage pro Jahr) zum Zwecke der Berufsbildung, der allgemeinen, der politischen oder der gewerkschaftlichen Bildung. Auf diesen Urlaub haben Arbeitnehmer in den meisten Bundesländern einen Rechtsanspruch.

8 Entlohnung

8.1 Lohnformen

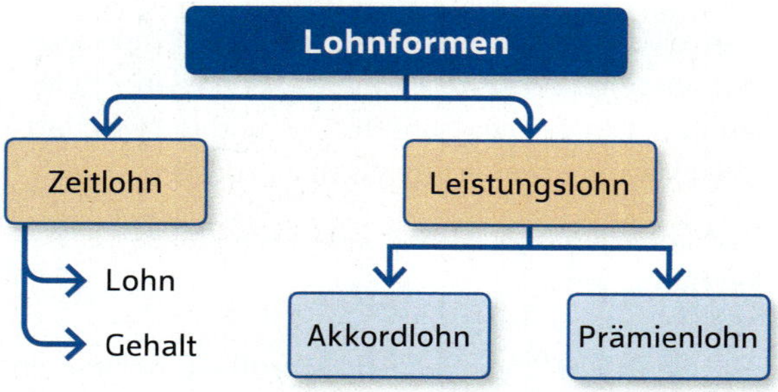

Zeitlohn

Begriff und Bedeutung

- Grundlage für die Berechnung des Zeitlohns ist **die in der Unternehmung verbrachte Zeit**. Ein Bezug zur erbrachten Leistung ist nur mittelbar durch die im Arbeitsvertrag beschriebene Leistungserwartung gegeben.
- Der Zeitlohn kann als **Gehalt** (auf Monatsbasis) bzw. als **Lohn** (auf Stundenbasis) berechnet werden.
- Da das Arbeitsentgelt je Zeiteinheit konstant ist, verändern sich die Lohnkosten pro Stück, wenn die Leistung im betrachteten Zeitraum variiert. Eine Erhöhung der Arbeitsleistung führt zu sinkenden Stückkosten.
- Häufig wird der Zeitlohn mit einer Leistungszulage kombiniert, um entsprechende Leistungsanreize zu schaffen.

Berechnung

Arbeitsentgelt (Gehalt) = ***vereinbarter Monatslohn***

Arbeitsentgelt (Lohn) =
Lohnsatz je Stunde · Stundenanzahl

Lohn- und Gehaltstarife

Lohn- und Gehaltstarifverträge enthalten Vereinbarungen über Lohn- und Gehaltshöhen. In der Regel werden in diesen Verträgen Tätigkeitsmerkmale für verschiedene Lohn- und Gehaltsgruppen erläutert, denen die Arbeitnehmer zugeordnet werden können,

z. B.:

- Wareneingangsprüfungen nach fachlichen Gesichtspunkten
- selbstständiges Anfertigen von Schriftstücken
- Prüfen von Eingangsrechnungen auf sachliche und rechnerische Richtigkeit
- Verwalten einer umfangreichen Ablage
- Bearbeiten von Bestellungen
- Durchführen von Angebotsvergleichen

Die Vereinbarungen in den Einzelarbeitsverträgen dürfen die Arbeitnehmer nicht schlechter stellen als die Regelungen in den Tarifverträgen. Eine Überschreitung der tarifvertraglichen Vereinbarungen ist möglich.

Akkordlohn

Begriff und Bedeutung

- Beim Akkordlohn wird eine Übereinstimmung zwischen erbrachter Leistung und der entsprechenden Entlohnung angestrebt. Deshalb ist die Berechnungsgrundlage beim Akkordlohn die **mengenmäßig geleistete Arbeit**, die innerhalb eines bestimmten Zeitraums erbracht wird.
- Der Akkordlohn kann als Einzelakkord oder als Gruppenakkord gestaltet werden. Beim **Einzelakkord** wird die Arbeitsleistung des einzelnen Mitarbeiters erfasst. Beim **Gruppenakkord** wird die Leistung einer Gruppe von Mitarbeitern erfasst. Der Gruppenakkordlohn wird dann nach einem vorgegebenen Verteilungsschlüssel auf die einzelnen Mitarbeiter verteilt.
- Der Akkordlohn besteht aus dem (i. d. R. tariflich festgelegtem) **Mindestlohn** (Akkordgrundlohn) und dem **Akkordzuschlag**, der meist 10 – 25 % des Mindestlohns beträgt.
- Der Arbeitnehmer kann – innerhalb gewisser Grenzen – durch eine Erhöhung seiner Arbeitsleistung auch seine Entlohnung steigern. Der Arbeitgeber gibt entweder eine Zeit pro gefertigtem Werkstück vor (**Vorgabezeit**) oder einen bestimmten Geldbetrag pro Werkstück (**Stückakkord**).
- Nach den Verrechnungseinheiten kann man den **Geldakkord** (auch Stückakkord genannt) und den **Zeitakkord** unterscheiden.

Prämienlohn

- Der **Prämienlohn** besteht aus einem Grundlohn und aus der Prämie.
- **Prämienzahlungen** können an quantitative Merkmale (z. B. Unterschreiten der Ausschussquote, Überschreiten der Sollstückzahl) oder an qualitative Gegebenheiten (z. B. Erreichen einer bestimmten Güte, Einhaltung von Terminen) gebunden sein.
- Der Prämienlohn wird eingesetzt, wenn zusätzlich zum Zeitlohn Leistungsanreize geschaffen werden sollen oder die Arbeitsleistung vom Mitarbeiter beeinflussbar, die Ermittlung genauer Akkordsätze jedoch unwirtschaftlich bzw. unmöglich ist.
- Das **Grundprinzip der Prämiengestaltung** liegt in einer angemessenen Aufteilung der erbrachten Mehrleistung zwischen den Arbeitgebern, z. B. in Form von Zusatzerlösen oder als Kostenersparnis, und den Arbeitnehmern durch die Prämie.

Anwendungsbereiche sowie Vor- und Nachteile von Zeit-, Akkord- und Prämienlohn

	Anwendungsbereiche	Vorteile	Nachteile
Zeitlohn	• Präzisionsarbeiten • gefährliche Arbeiten • Arbeiten, die sich quantitativ schlecht messen lassen (z. B. geistige Tätigkeiten) • Einarbeitungszeiten • Arbeiten, deren Arbeitstempo vom Mitarbeiter nicht beeinflusst werden kann (z. B. Fließband)	• festes Arbeitseinkommen • einfache Berechnung • schonender Umgang mit den Betriebsmitteln • feste Gesamtkosten für Arbeitgeber • kein überhastetes Arbeitstempo	• wenig Leistungsanreize • ansteigende Lohnstückkosten bei Minderleistung • Arbeitskontrollen • Arbeitgeber trägt Risiko von Minderleistungen allein • erschwerte Kalkulation pro Stück
Akkordlohn	alle Arbeiten, die folgende Voraussetzungen erfüllen: • messbare Arbeitsleistung • gleichartige und wiederkehrende Handlung • durch den Mitarbeiter direkt beeinflussbar	• Leistungsanreiz • höhere Lohngerechtigkeit • Beeinflussung der Entgelthöhe durch Mitarbeiter möglich • einfache Kalkulation durch überwiegend gegebene Lohnstückkosten • Minderleistung ist (bis auf Mindesteinkommen) vom Arbeitnehmer zu tragen	• u. U. aufwendige Vorarbeiten bei der Ermittlung der Vorgabezeiten • ggf. zu hastiges Arbeitstempo mit negativen Auswirkungen auf Gesundheit, Arbeitsqualität und Betriebsmittel • ggf. erhöhter Krankenstand
Prämienlohn	• Verkauf: Prämien nach Verkaufsumsatz • Produktion: z. B. Prämien für geringe Leerlaufzeiten von Maschinen • Lager: Prämien nach kommissionierter Menge und Fehlerquote	• Leistungsanreiz • höhere Lohngerechtigkeit • Beeinflussung der Entgelthöhe durch die Mitarbeiter möglich	• soziale Spannungen möglich • Unfallgefahr durch Leistungsdruck

8.2 Lohn- und Gehaltsabrechnung

Sozialversicherungsbeiträge

Die Steuern und die Beiträge zur Sozialversicherung werden vom Bruttolohn abgezogen. Die Beiträge werden von Arbeitnehmer und Arbeitgeber gemeinsam getragen und zwar mit Ausnahme der Krankenversicherung je zur Hälfte. Die Beiträge zur Unfallversicherung zahlt der Arbeitgeber allein. Sie werden daher bei der Berechnung des Nettolohns nicht berücksichtigt.

Beitragssätze 2021

Sozialversicherung[1]	Arbeitnehmer	Arbeitgeber
Rentenversicherung	9,3 %	9,3 %
Arbeitslosenversicherung	1,2 %	1,2 %
Pflegeversicherung	1,525 %	1,525 %
Krankenversicherung	7,3 % (+ Zusatzbeitrag)	7,3 % (+ Zusatzbeitrag)

[1] Weitere Informationen zu den Gesetzlichen Sozialversicherungen finden Sie auf den Seiten 638 ff.

Berechnung des Nettogehalts

Außer den Sozialversicherungsbeiträgen des Arbeitnehmers werden vom Bruttogehalt Steuern abgezogen. Hat der Arbeitnehmer einen Vertrag über vermögenswirksame Leistungen abgeschlossen, wird der Zuschuss des Arbeitgebers zu diesem Vertrag zunächst dem Bruttogehalt zugerechnet. Der Sparbetrag der vermögenswirksamen Leistung wird am Ende vom Gehalt abgezogen und vom Arbeitgeber an die Stelle überwiesen, mit welcher der Vertrag über die Vermögenswirksame Leistung abgeschlossen wurde.

Lohnsteuer

Ihre Höhe hängt ab vom Steuersatz, der ergibt sich aus
- Familienstand (Lohnsteuerklasse)
- Einkommenshöhe

Solidaritätszuschlag (ab 01.01.2021)

Festgesetzte jährliche Lohnsteuer (LSt) bei ...		Steuersatz von der Lohnsteuer
Einzelveranlagung	Zusammenveranlagung	
< 16 956,00 € (= Freigrenze)	< 33 912,00 € (= Freigrenze)	0 %
16 956,00 € bis < 31 528,00 €	33 912,00 € bis < 63 056,00 €	ansteigend bis < 5,5 %
> 31 528,00 €	> 63 056,00 €	5,5 %

Kirchensteuer

Die Kirchensteuer wird bei Mitgliedern einer Kirche vom Arbeitgeber einbehalten und mit der Lohnsteuer sowie dem Solidaritätszuschlag an das Finanzamt abgeführt. Sie beträgt 8 % der Lohnsteuer in Bayern und Baden-Württemberg und in den anderen Bundesländern 9 % der Lohnsteuer.

Gehaltsabrechnung der Logistik AG München

Gabriele Steffens im Hause	Personalnr.:	18094
	Steuerklasse:	I
	Abteilung:	Lager
	Kostenstelle:	2010
	Gehaltsgruppe:	K5
	Versicherungsnr.:	420134758
	IBAN:	DE90 2555 0001 0009 6889 15
	BIC:	LSPA DE2HXXZ
Abrechnungsmonat:	Mai 20..	
Bezeichnung:		**Betrag in €**
Bezüge:		
Bruttogehalt		2 470,00
vermögenswirksame Leistung		30,00
steuer- und sozialversicherungspflichtiges Bruttogehalt		2 500,00

→

Abzüge:		
Lohnsteuer		276,16
Solidaritätszuschlag		0,00
Kirchensteuer (Bayern)		23,88
Krankenversicherung	7,3 % + 0,65 %[2] = 7,95 %[1]	198,75
Pflegeversicherung	1,525 % + 0,25 %[3] = 1,775 %[1]	44,38
Rentenversicherung	9,3 %[1]	232,50
Arbeitslosenversicherung	1,2 %[1]	30,00
Vermögenswirksame Sparleistung		30,00
Auszahlungsbetrag:		**1 664,33**

[1] Stand: 2021

[2] 1,3 %: durchschn. kassenindividueller Zusatzbeitrag 2021, je zur Hälfte von Arbeitnehmer und Arbeitgeber zu tragen

[3] Zusatzbeitrag da über 23 und kinderlos

Steuerklassen

Die Steuerklasse beeinflusst die Höhe der Lohnsteuer am stärksten. In die Steuerklassen sind verschiedene Steuervergünstigungen, zum Beispiel der Haushaltsfreibetrag für ein im Haushalt lebendes Kind, bereits eingearbeitet. Das Einkommensteuergesetz sieht sechs Steuerklassen vor:

Steuerklasse I: Zu dieser Steuerklasse gehören ledige, geschiedene sowie verwitwete Arbeitnehmer ohne Kinder oder Eheleute, die dauernd getrennt voneinander leben.

Steuerklasse II: Diese Steuerklasse erhalten ledige, verwitwete oder geschiedene Arbeitnehmer, wenn in ihrer Wohnung im Inland mindestens ein Kind gemeldet ist, das Kindergeld erhält. Es darf keine zweite erwachsene Person in der Wohnung des Arbeitnehmers gemeldet sein.

Steuerklasse III: Steuerklasse III erhalten verheiratete Arbeitnehmer, wenn nur ein Ehepartner Arbeitslohn bezieht, oder der Ehepartner in die Steuerklasse V einzureihen ist. Die Kombination III/V ist günstig, wenn ein Ehepartner deutlich mehr verdient als der andere (Faustregel: 1 Ehepartner verdient mindestens 60 % des Gesamteinkommens; seit 2010 gibt es für diese Eheleute auch das sogenannte „Faktorverfahren").

Steuerklasse IV: Gilt nur für Verheiratete, wenn beide Ehepartner Arbeitslohn beziehen. Die Höhe der Lohnsteuer ist identisch mit der Steuerklasse I.

Steuerklasse V: Gilt für Verheiratete, wenn der Ehepartner des Arbeitnehmers auf Antrag beider Eheleute in die Steuerklasse III eingereiht wird.

Steuerklasse VI: Ist auf der zweiten und jeder weiteren Lohnsteuerkarte bei Arbeitnehmern einzutragen, die nebeneinander von mehreren Arbeitgebern Arbeitslohn beziehen. In dieser Steuerklasse werden keine Freibeträge mehr berücksichtigt, da diese schon bei der ersten Steuerklasse wirken.

Steuerfreibeträge

Besondere Belastungen können dazu führen, dass ein bestimmter Teil des Einkommens nicht besteuert wird. Gründe für Freibeträge können sein:

- Schwerbehinderung, Grad der Behinderung (GdB) ab 25%
- Unterhaltszahlungen
- hohe Werbungskosten für lange Fahrten zur Arbeit.

Ein Steuerfreibetrag muss beim zuständigen Finanzamt beantragt werden. Formulare werden online von der Finanzbehörde zur Verfügung gestellt. Kinderfreibeträge sowie ein Werbungskosten-Pauschbetrag von 1000,00 € für jeden Arbeitnehmer werden ohne besonderen Antrag berücksichtigt.

Elektronische Lohnsteuerkarte

Die Erhebung der Lohnsteuer wird mit einem IT-gestützten Steuererhebungsverfahren durchgeführt. Die Steuerklasse, Anzahl der Kinder, Freibeträge und Religionszugehörigkeit werden in einer Datenbank der Finanzverwaltung bereitgestellt. Sie werden als ElektronischeLohnSteuerAbzugsMerkmale (ELStAM) bezeichnet. Die Arbeitgeber rufen die ELStAM der Arbeitnehmer bei der Finanzverwaltung ab und übernehmen die Daten in die betriebsinterne Lohn- und Gehaltsbuchhaltung. Für die Dauer des Dienstverhältnisses sind diese Daten für die Entgeltabrechnung zu verwenden. Vordrucke zur Änderung der ELStAM werden von der Finanzverwaltung online zur Verfügung gestellt. Die Arbeitgeber sind verpflichtet der Finanzverwaltung eine elektronische Lohnsteuerbescheinigung zu übermitteln. Dem Arbeitnehmer ist ein nach amtlich vorgeschriebenem Muster gefertigter Ausdruck der elektronischen Lohnsteuerbescheinigung auszuhändigen oder elektronisch zur Verfügung zu stellen.

Ausdruck der elektronischen Lohnsteuerbescheinigung für 2020

Nachstehende Daten wurden maschinell an die Finanzverwaltung übertragen.

Datum:

eTIN:

Identifikationsnummer:

Personalnummer:

Geburtsdatum:

Transferticket:

Dem Lohnsteuerabzug wurden zugrunde gelegt:

Steuerklasse/Faktor	gültig ab

Zahl der Kinderfreibeträge	gültig ab

Steuerfreier Jahresbetrag	gültig ab

Jahreshinzurechnungsbetrag	gültig ab

Kirchensteuermerkmale	gültig ab

Anschrift und Steuernummer des Arbeitgebers:

1. Dauer des Dienstverhältnisses		vom – bis	
2. Zeiträume ohne Anspruch auf Arbeitslohn		Anzahl „U"	
Großbuchstaben (S, M, F)			
		EUR	Ct
3. Bruttoarbeitslohn einschl. Sachbezüge ohne 9. und 10.			
4. Einbehaltene Lohnsteuer von 3.			
5. Einbehaltener Solidaritätszuschlag von 3.			
6. Einbehaltene Kirchensteuer des Arbeitnehmers von 3.			
7. Einbehaltene Kirchensteuer des Ehegatten von 3. (nur bei konfessionsverschiedener Ehe)			
8. In 3. enthaltene Versorgungsbezüge			
9. Ermäßigt besteuerte Versorgungsbezüge für mehrere Kalenderjahre			
10. Ermäßigt besteuerter Arbeitslohn für mehrere Kalenderjahre (ohne 9.) und ermäßigt besteuerte Entschädigungen			
11. Einbehaltene Lohnsteuer von 9. und 10.			
12. Einbehaltener Solidaritätszuschlag von 9. und 10.			
13. Einbehaltene Kirchensteuer des Arbeitnehmers von 9. und 10.			
14. Einbehaltene Kirchensteuer des Ehegatten von 9. und 10. (nur bei konfessionsverschiedener Ehe)			
15. Kurzarbeitergeld, Zuschuss zum Mutterschaftsgeld, Verdienstausfallentschädigung (Infektionsschutzgesetz), Aufstockungsbetrag und Altersteilzeitzuschlag			
16. Steuerfreier Arbeitslohn nach	a) Doppelbesteuerungsabkommen		
	b) Auslandstätigkeitserlass		
17. Steuerfreie Arbeitgeberleistungen für Fahrten zwischen Wohnung und erster Tätigkeitsstätte			
18. Pauschalbesteuerte Arbeitgeberleistungen für Fahrten zwischen Wohnung und Tätigkeitsstätte			
19. Steuerpflichtige Entschädigungen und Arbeitslohn für mehrere Kalenderjahre, die nicht ermäßigt besteuert wurden – in 3. enthalten			
20. Steuerfreie Verpflegungszuschüsse bei Auswärtstätigkeit			
21. Steuerfreie Arbeitgeberleistungen bei doppelter Haushaltsführung			
22. Arbeitgeber-anteil	a) zur gesetzlichen Rentenversicherung		
	b) an berufsständische Versorgungseinrichtungen		
23. Arbeitnehmer-anteil	a) zur gesetzlichen Rentenversicherung		
	b) an berufsständische Versorgungseinrichtungen		
24. Steuerfreie Arbeitgeber-zuschüsse	a) zur gesetzlichen Krankenversicherung		
	b) zur privaten Krankenversicherung		
	c) zur gesetzlichen Pflegeversicherung		
25. Arbeitnehmerbeiträge zur gesetzlichen Krankenversicherung			
26. Arbeitnehmerbeiträge zur sozialen Pflegeversicherung			
27. Arbeitnehmerbeiträge zur Arbeitslosenversicherung			
28. Beiträge zur privaten Kranken- und Pflege-Pflichtversicherung oder Mindestvorsorgepauschale			
29. Bemessungsgrundlage für den Versorgungsfreibetrag zu 8.			
30. Maßgebendes Kalenderjahr des Versorgungsbeginns zu 8. und/oder 9.			
31. Zu 8. bei unterjähriger Zahlung: Erster und letzter Monat, für den Versorgungsbezüge gezahlt wurden			
32. Sterbegeld; Kapitalauszahlungen/Abfindungen und Nachzahlungen von Versorgungsbezügen – in 3. und 8. enthalten			
33. Ausgezahltes Kindergeld			–
Finanzamt, an das die Lohnsteuer abgeführt wurde (Name und vierstellige Nr.)			

Sachwortverzeichnis

H

I

J

K

5366650

Bildquellenverzeichnis

123RF.com, Hong Kong: 22.3, 22.4.

ABUS Kransysteme GmbH, Gummersbach: 200.1, 201.1, 201.2, 201.3, 202.1, 202.2

action press, Hamburg: G. Ohlenbostel 498.1

Alamy Stock Photo, Abingdon/Oxfordshire: Zoonar GmbH/Hofer, Alfred 188.2

Alamy Stock Photo (RMB), Abingdon/Oxfordshire: Hero Images Inc. 189.5

Alex Breuer GmbH Industrieverpackungen, Köln: 508.1

Allianz pro Schiene, Berlin: 518.1

ALTEC GmbH, Singen: 425.3, 425.4

Baust & Co. GmbH, Langenfeld / Rheinland: 314.

BC GmbH Verlags- und Medien-, Forschungs- und Beratungsgesellschaft, Ingelheim: 13.4, 13.5, 13.6, 13.7, 13.8, 22.1, 22.2, 22.5, 23.1, 23.2, 23.3, 23.5, 23.6, 23.7, 23.8, 23.9, 23.10, 23.12, 23.13, 23.14, 23.15, 24.1, 24.2, 24.3, 24.4, 24.5, 24.6, 24.7, 24.8, 24.9, 24.10, 24.11, 24.12, 24.13, 24.14, 24.15, 24.16, 24.17, 24.18, 24.19, 24.20, 25.1, 25.2, 25.3, 25.4, 25.5, 25.6, 25.7, 25.8, 25.9, 25.10, 25.11, 25.12, 25.13, 25.14, 25.15, 25.16, 25.17, 25.18, 25.19, 25.20, 25.21, 25.22, 26.1, 26.2, 26.3, 26.4, 26.5, 27.1, 27.2, 27.3, 27.4, 27.5, 27.6, 27.7, 27.8, 27.9, 27.10, 61.4, 126.1, 126.2, 126.3, 127.1, 127.2, 127.3, 127.4, 127.5, 127.6, 128.1, 128.2, 129.1, 129.2, 129.4, 129.5, 129.6, 129.7, 141.4, 141.5, 141.7, 141.8, 214.5, 462.1, 462.2, 462.3, 462.4

Berghahn, Matthias, Bielefeld: 54.1, 106.1, 106.2, 106.4, 197.4, 197.5, 197.6, 197.7, 236.1, 263.1, 313.2, 351.1, 428.1, 429.1, 429.2, 447.1, 447.2, 450.4, 450.5, 450.6, 450.7, 452.1, 452.2, 452.3, 455.1, 455.2

Bergmoser + Höller Verlag AG, Aachen: Zahlenbilder 630.1

Berufsgenossenschaft Rohstoffe und chemische Industrie, Heidelberg: 204.2, 205.4

BEUMER Maschinenfabrik GmbH & Co. KG, Beckum: 199.1

Beuth Verlag GmbH, Berlin: 344.1, 344.7

bildarchiv-hamburg.com, Ludwigslust: 403.2, 403.3, 404.1, 404.2

BITO-Lagertechnik Bittmann GmbH, Meisenheim: 302.2; www.bito.com 277.3, 302.1, 302.3

Böhm-Weniger, Monica: 67.1

Böllhoff Gruppe, Bielefeld: 253.2

BÖRKEY GmbH, Hagen: 190.2

BOSCHE GmbH & Co. KG, Damme: 145.2, 145.4, 145.5, 145.7

BRANOpac GmbH, Lich: 332.2, 332.3

buhl-paperform GmbH, Burbach: 328.5

Bundesamt für Statistik BFS, Neuchâtel: 408.1

Bundesanstalt für Arbeitsschutz und Arbeitsmedizin, Berlin: 124.2; Steinberg, U.; Windberg, H.-J.: Heben und Tragen ohne Schaden. 6. Auflage. Dortmund: BAuA, 2011. 181.4, 186.1

Bundesministerium für Verkehr und digitale Infrastruktur, Berlin: 357.1, 469.1

Butt GmbH, Großenkneten: 425.2

CHEP Deutschland GmbH, Köln: 310.2

Collico Verpackungslogistik und Service GmbH, Oberhausen: 303.2

Columbus McKinnon Industrial Products GmbH, Wuppertal: 193.1, 193.2, 193.3

con-pearl GmbH, Geismar: Light TECH Box®, Großladungsträger aus Con-Pearl® (Kunststoff Hohlkammerplatte) 302.5

Conepal Vetriebsgesellschaft mbH, Nürnberg: 306.1

Cordes GmbH & Co KG, Harsefeld: 191.6

Dambach Lagersysteme GmbH & Co. KG, Bischweier: 218.1

Datalogic, Holzmaden: 148.3

deckermedia GbR, Rostock: 137.1

Dematic GmbH, Bremen: 198.3, 198.4

Der Grüne Punkt - Duales System Deutschland GmbH, Köln-Porz-Eil: 365.1

Deutsche Gesetzliche Unfallversicherung e.V. / DGUV e.V., Sankt Augustin: 124.1

Deutsche Post AG, Bonn: 48.2, 254.1, 478.1, 498.2, 512.1, 513.2, 514.1, 515.1, 515.3, 515.4, 515.7, 516.1, 516.2, 516.3

Deutscher Gewerkschaftsbund (DGB), Berlin: 621.1

DIN-Deutsches Institut für Normung e.V., Berlin: 283.12, 290.1, 290.2, 337.2, 337.3, 337.4, 342.1, 342.2, 342.3, 342.4, 343.1, 343.2, 343.3, 343.4, 343.5, 343.6, 343.7, 343.8, 344.2, 344.3, 344.4, 344.5, 344.6, 439.1, 439.2, 463.1

Dr. Gold GmbH & Co. KG, Düsseldorf: Carrymate 189.2, 189.3

dreamstime.com, Brentwood: Milan61 4.9, 9.1, 423.1

Druwe & Polastri, Cremlingen/Weddel: 95.1, 146.5, 327.2, 327.3, 327.4, 327.5, 394.3

Eberle GmbH, Elztal-Auerbach: Mit freundlicher Genehmigung der Eberle GmbH, Elztal-Auerbach 51.2

Ehrhardt Partner Group, Würselen: 251.3

Eisenbahn- und Verkehrsgewerkschaft (EVG), Berlin: 621.7

elmor AG, Schwyz: https://elmor.ch/ 146.1, 146.2

ENVIBOW, Overath: 116.2

etimark GmbH & Co. KG, Bad Nauheim: www.etimark.de 148.2

Eulig, Stefanie, Hövelhof: 190.1, 291.1, 350.10

Euro Pool System International (Deutschland) GmbH, Bornheim: 40.3

Europäische Kommission, Berlin: © Europäische Union 2020 26.6, 124.3

European Pallet Association e.V., Düsseldorf: 38.2, 38.3, 38.4, 38.5, 38.6, 38.7, 312.1; Hild, Claudia, Angelburg 308.1

EXPRESSO Deutschland GmbH, Kassel: 191.4

FAB Fördertechnik und Anlagenbau GmbH, Waldshut-Tiengen: 431.1

Falkenhahn AG, Geisa OT Bremen: 308.2

Ferrotec GmbH, Reinfeld: 456.1, 456.2, 456.3

fetra Transportgeräte, Borgholzhausen: 192.1, 192.2, 192.3, 192.4, 192.5, 193.4

Finsterwalder Container GmbH, Kaufbeuren: 320.1

FIPA Holding GmbH, Ismaning: 193.5

fotolia.com, New York: 13.10; allapen 48.3; Asento, Robert 96.2; azthesmudger 161.1; Balk, Stefan 325.8; Beboy 373.1; BG 448.1, 448.2; chrissgrey 137.2; Christensen, Lars 537.1; Coburn, Stephen 45.1; diez-artwork 139.1; Effner, Jrgen 32.1, 32.2; Eppels, Klaus 515.6; ernstboese 325.7; Flying Tiger 537.2; fovito 134.1; Gehkah 4.11, 11.1, 577.1; Graf, Oliver J. 140.3; Heim, Ramona 223.2; herbertfrost 350.1; Homann, Michael 68.1; Ideeah Studios 4.1, 4.2, 5.1, 5.2, 13.1, 61.1; Jrgen Effner 287.1; Kaarsten 65.1, 69.1; kmit 4.7, 7.3, 283.1; Krber, Stefan 135.1; Light Impression 140.1; Mixage 395.2; PANORAMO.de 63.1; Pargeter, Kirsty 4.10, 9.2, 467.1; pico 161.3; r.classen 23.4; solej 319.1; studio306fotolia 135.2; Supertrooper 419.1; tezzstock 38.1, 512.2; Thaut Images 4.8, 8.1, 369.1; vege 380.1; Viktor 335.2; Wylezich, Bjrn 134.2; Zeller, Norbert 63.2; Zerbor 90.1

FVLR Fachverband Tageslicht und Rauchschutz e.V., Detmold: www.fvlr.de 122.1

G&H GmbH Rothschenk, Aub: 292.2

Gabriel Transportsysteme GmbH, Eslohe: 191.1, 191.2, 191.3, 191.7

Generaldirektion Wasserstraßen- und Schifffahrtsverwaltung (WSV), Mainz: Stand: Nov. 2020 528.2

Generalzolldirektion, Bonn: 570.1

Genkinger GmbH, Münsingen: 260.5, 314.2

Gewerkschaft der Polizei, Berlin: 621.8

Gewerkschaft Erziehung und Wissenschaft (GEW) Hauptvorstand, Frankfurt: 621.6

Gewerkschaft Nahrung-Genuss-Gaststätten (NGG), Hamburg: 621.9

GLONING KRANTECHNIK GmbH, Stödtlen: 202.3

GS1 Germany GmbH, Köln: 49.2

gurtfabrik.de, Porta Westfalica: 448.3

HADE Heinrich Dornseifer KG, Iserlohn: 350.6

Hebezone GmbH, Hanau: 188.3, 206.4, 206.5

hedue GmbH, Mönchengladbach: 145.8

Hild, Claudia, Angelburg: 13.2, 13.3, 13.9, 14.1, 15.1, 16.1, 18.1, 32.3, 32.4, 37.1, 40.1, 40.2, 42.1, 42.2, 43.1, 43.2, 44.1, 46.1, 47.1, 47.2, 47.3, 47.4, 47.5, 48.1, 49.1, 49.3, 50.1, 50.3, 51.3, 51.4, 51.5, 51.6, 51.7, 51.8, 51.9, 51.10, 51.11, 52.1, 61.2, 61.3, 61.5, 61.6, 61.7, 67.2, 71.1, 73.1, 74.1, 74.2, 74.3, 74.4, 74.5, 74.6, 81.1, 82.1, 82.2, 82.3, 83.1, 84.1, 91.2, 91.3, 93.1, 96.1, 97.1, 98.1, 102.2, 105.1, 107.2, 107.3, 108.1, 109.2, 112.1, 112.2, 112.3, 112.4, 112.5, 112.6, 113.1, 113.2, 113.3, 114.1, 114.2, 114.3, 123.1, 123.2, 130.1, 132.1, 135.5, 135.6, 135.7, 136.1, 136.2, 138.1, 140.2, 141.3, 141.6, 151.1, 156.1, 163.1, 165.1, 180.1, 181.2, 181.3, 181.5, 181.6, 182.1, 183.1, 184.1, 196.1, 196.2, 197.3, 203.1, 204.1, 205.1, 205.2, 205.3, 205.5, 217.2, 222.1, 224.1, 224.2, 225.1, 225.2, 229.3, 230.1, 230.2, 230.3, 231.1, 231.2, 231.3, 232.1, 232.2, 234.1, 234.2, 234.3, 234.4, 235.1, 235.2, 236.2, 236.3, 238.1, 239.5, 239.6, 239.7, 246.1, 246.2, 251.1, 251.2, 252.1, 255.1, 256.1, 258.1, 258.2, 260.1, 260.2, 260.3, 261.2, 264.2, 268.1, 268.2, 269.1, 269.2, 270.2, 270.3, 270.4, 271.1, 271.2, 271.3, 273.1, 273.2, 273.3, 274.1, 274.2, 276.1, 277.1, 277.2, 281.2, 281.6, 283.3, 283.4, 283.5, 283.6, 283.9, 283.10, 283.11, 285.1, 285.2, 285.3, 285.4, 285.5, 289.1, 289.2, 293.1, 298.1, 298.2, 298.3, 298.4, 300.1, 301.3, 304.1, 304.2, 304.3, 304.4, 304.5, 304.6, 304.7, 304.8, 305.1, 308.3, 316.1, 317.1, 317.2, 317.3, 317.4, 317.5, 318.1, 318.2, 318.3, 318.4, 318.5, 318.6, 318.7, 319.2, 320.2, 330.1, 341.1, 347.1, 348.1, 348.2, 348.3, 358.1, 362.1, 366.1, 368.1, 369.2, 369.3, 369.4, 369.5, 369.6, 369.7, 369.8, 369.9, 370.2, 372.1, 374.1, 374.2, 374.3, 374.4, 374.5, 377.1, 379.1, 382.1, 385.1, 391.2, 395.5, 396.1, 396.2, 396.3, 397.1, 397.2, 398.1, 398.2, 400.1, 403.1, 409.1, 409.2, 410.1, 411.1, 412.1, 412.2, 414.1, 414.2, 416.1, 417.1, 420.1, 421.1, 423.2, 423.3, 423.4, 423.5, 423.6, 423.7, 423.8, 425.5, 426.1, 427.1, 432.1, 432.2, 435.1, 436.1, 436.2, 437.1, 440.1, 440.2, 441.1, 442.1, 443.1, 443.2, 443.3, 443.4, 444.1, 444.3, 444.4, 445.1, 445.2, 446.1, 450.1, 450.2, 450.3, 451.1, 451.2, 451.3, 452.5, 453.1, 454.1, 461.1, 463.2, 463.3, 463.4, 464.1, 464.2, 467.2, 467.3, 467.4, 467.5, 467.6, 467.7, 467.8, 467.9, 467.10, 467.11, 475.1, 475.2, 480.1, 481.1, 484.1, 487.1, 487.2, 488.1, 493.1, 495.1, 497.1, 499.1, 499.2, 500.1, 500.2, 510.1, 517.1, 523.1, 525.1, 525.2, 526.1, 526.2, 526.3, 526.4, 526.5, 527.1, 528.1, 529.1, 531.1, 536.2, 539.1, 540.1, 545.3, 546.1, 547.1, 573.1, 574.1, 574.2, 577.2, 577.3, 577.4, 577.5, 577.6, 577.7, 577.8, 581.1, 581.2, 582.1, 592.1, 592.2, 593.1, 594.1, 595.1, 595.2, 596.1, 600.1, 600.2, 601.1, 601.2, 602.1, 607.2, 607.3, 607.4, 607.5, 607.6, 607.7, 607.8, 607.9

Hüdig + Rocholz Gmbh & Co KG, Velbert: 349.1, 349.2

IG Metall, Frankfurt/M.: 621.2

Industriegewerkschaft Bauen-Agrar-Umwelt (IG BAU), Frankfurt/M.: 621.5

Industriegewerkschaft Bergbau, Chemie, Energie, Hannover: 621.4

INKA Paletten GmbH, Siegertsbrunn: 309.2

International Plant Protection Convention, Rome: 296.1

INTERSEROH Dienstleistungs GmbH, Köln: 365.3

IntroTech B.V., Loenen: 339.5, 339.6

iStockphoto.com, Calgary: 3alexd 198.2; albertobrian 329.2; AlexLMX 350.7; caimacanul 324.2; CarlKeyes 305.4; Chesky_W 217.1; deepblue4you 325.2; Dutchy 65.2; in8finity 295.2; Kraft, Ralf 292.1; le_cyclope 316.2; leah613 326.2; malera-paso 299.1; Maricic, Mihajlo 262.2; MEHMETTAYLAN 547.2; monkeybusinessimages 252.2; Norberthos 161.2; Panyushkin_Sergey 281.4; Puricelli, Lorenzo 407.1; Schultz, William 284.1; svengine 325.4; t3000 329.1; Tryhub, Artem 288.2; urfinguss 331.2; vgajic 263.2; xxllxx 300.4

Jungheinrich AG: 100.2, 103.1, 107.1, 109.1, 110.1, 117.1, 214.1, 214.2, 214.3, 214.4, 215.1, 249.1, 281.3, 281.5, 350.2

Karl H. Bartels GmbH, Horst: 106.3

KAUP, Aschaffenburg: 216.1, 216.2, 216.3, 216.4, 216.5

Keller & Kalmbach GmbH, Unterschleißheim: 66.1

Kiesling Fahrzeugbau GmbH, Tomerdingen: 447.3

KNAPP-AG, Hart bei Graz: 262.1

Köbberling, Andrea, Kassel: 34.1, 68.2, 69.3, 116.1, 140.5, 248.1, 261.1, 302.6, 305.2, 324.1, 326.1, 326.5, 328.1, 330.2, 333.4, 333.5, 334.1, 340.1, 356.1, 394.1, 442.2, 444.2, 447.4

KRAUSE, Alsfeld: 229.1

Kroschke-sign International GmbH, Braunschweig: 337.8, 337.9

Kühnemann Informatik, Wiggensbach: 338.3

Landbell AG, Mainz: 365.6

Leina-Werke GmbH, Windeck: 135.3, 135.4

Lilie GmbH Verpackungssysteme Vertrieb, Schneverdingen: 228.1, 350.11

LPR La Palette Rouge Deutschland GmbH, Bornheim: 309.1

LUCA Logistic Solutions, Halle/Westf.: Pick-by-Watch® ist eine eingetragene Marke der Firma LUCA Logistic Solutions, PL-45-271 Opole und D-33790 Halle (Westf.), https://www.luca.eu 249.2

MARTOR, Solingen: 143.2, 143.3

mauritius images GmbH, Mittenwald: Nordic Photo/Thorisson, Stefan 542.3

Moderne Verpackung Carl Bernh. Hoffmann GmbH & Co. KG, Kaarst: 355.11

Moravia GmbH, Wiesbaden: www.moravia.de 223.1

MR Chemie GmbH, Unna: 188.1

Müller + Baum GmbH, Sundern: 312.2, 312.3

Novus Dahle GmbH, Lingen/Ems: 228.2

OKAPIA KG - Michael Grzimek & Co., Frankfurt/M.: Ege, Josef 395.3

PantherMedia GmbH (panthermedia.net), München: Phoenix00013 513.1

Paul Hildebrandt AG, Henstedt-Ulzburg: 330.3

PCE Deutschland GmbH - www.pce-instruments.com, Meschede: 145.3

Petzelberger Motoren Center, Aurich: 69.2

Picture-Alliance GmbH, Frankfurt/M.: dpa-infografik 380.2, 468.1, 534.1, 542.1, 543.1, 565.1, 622.1, 634.1, 636.1; dpa/Endig, Peter 520.1; dpa/May, Frank 545.2; dpa/Perrey, Ulrich 334.2; dpa/Warmuth, Angelika 497.2; dpa/Weihs, Wolfgang 288.1; dpa/ZB/Matthias Hiekel 405.1; dpaweb/May, Frank 545.1; DUMONT Bildarchiv/Gerald Haenel 108.2; Grubitzsch, Waltraud 17.1; Keystone/Gaetan Bally 521.1; Keystone/Zick, Jochen 260.4; landov 322.1; Schellnegger, Alessandra/SZ Photo 229.2; Schulze, Thomas 148.6; Westend61/Vorhofer, Christian 264.1; Woitas, Jan 201.4; ZB/Endig, Peter 546.3

ratioform Verpackungen GmbH, Pliening: 143.1, 147.1, 300.2, 300.3, 301.2, 303.1, 305.3, 326.4, 335.3, 335.4, 336.1, 336.3, 337.5, 337.6, 337.7, 338.4, 338.5, 339.1, 339.2, 339.3, 340.2, 340.3, 350.3, 350.4, 350.8, 350.12

Reclay Systems GmbH, Köln: 365.2

RESY Organisation für Wertstoffentsorgung GmbH, Darmstadt: 366.2

Schwarz Transportgeräte GmbH, Versmold: 191.5, 191.8, 191.9

Segerer Media Verlag, Regensburg: 394.2

Shutterstock.com, New York: Anatoly, Vartanov 416.2; Balazik, Robert F. 370.1; FOTOGRIN 179.1; Kalinovsky, Dmitry 210.1; Lehmann, Martin 325.6; Macrovector 226.1; Mr Zach 50.2, 140.4; Roman, Ivaschenko 395.1; Smart Arts 355.8; Vrola, Guido 4.12, 11.2, 607.1; Wijsman, John 143.5

Signode Industrial Group, Hjo: Josef Kihlberg AB 350.5

SOCO SYSTEM: 197.1, 197.2, 350.13

Stiftung Gemeinsames Rücknahmesystem Batterien, Hamburg: 158.1, 158.3

STILL GmbH, Hamburg: 210.2, 211.1, 211.2, 211.3, 211.4, 211.5, 211.6, 211.7, 211.8, 213.1, 213.2

stock.adobe.com, Dublin: alexlmx 141.2, 145.1, 145.6; Andronov, Leonid 406.1; art_zzz 546.2; auremar 350.9; cevahir87 388.1; Cpro 329.3; drucki92 337.1; embeki 74.7; enanuchit 315.1; Eppele, Klaus 404.3; Erashov, Dmitry 90.2; evgeniykleymenov 254.3; fotohansel 23.11, 192.6, 333.1, 333.2; FRAKA LUPIN 338.1; frenta 515.5; Frofoto 515.2; Hera, Jiri 4.6, 7.2, 239.2, 239.4; Ideenkoch 326.3; jdarius 424.1; jojoo64 388.2; kasparart 425.1; kathrinm 335.1; Ketmut 281.1; klesign 386.1; koosen 328.4; kv_san 300.5; Kzenon 120.1; levelupart 395.4; lyudinka 408.2; marken, kelly 325.5; markobe 313.1, 331.1; markus_marb 134.3, 134.5, 134.6, 134.7; mipan 321.1; missisya 328.2; Mixage 394.4; mrkob 4.3, 6.1, 44.2, 141.1, 148.1; Nik 295.1; nikkytok 146.4; NorGal 338.2; Nowottnick, Klaus 147.2; Ogaryov, Sergey 4.5, 7.1, 239.1, 239.3; onlinebewerbung 141.9, 283.2; Ouwenbroek, Stefan 206.2; pavlodargmxnet 312.4; phonlamaiphoto 262.3; photoeverywhere 339.4; Pixel-Shot 189.1; Pixelot 283.7; PixieMe 331.3; PRILL Mediendesign 302.4; ptnphotof 325.1; Ryzhov, Sergey 352.1; samopauser 283.8, 354.1, 354.2, 354.3, 354.4, 354.5, 354.6, 354.7, 354.8, 355.1, 355.2, 355.3, 355.4, 355.5, 355.6, 355.7, 355.9, 355.10, 462.5, 462.6, 462.7, 462.8, 464.3; sester, reinhard 325.3; Siarhei 206.1, 206.3; Söllner, Thomas 4.4, 6.2, 181.1; spql 305.5; Summers, W. D. 336.2; suthicha 51.1, 148.4; teracreonte 134.4; Torsten 310.1; VanderWolf Images 536.1; vektorisiert 129.3; vetkit 253.1; WavebreakMediaMicro 186.2, 249.3; WITTAYA 301.1; Wylezich, Björn 209.1, 452.4, 576.1

Storopack, Metzingen: 328.3

Stürmer Maschinen GmbH, Hallstadt: 189.4

tesono, Pulheim: 212.1

TGW Logistics Group GmbH, Marchtrenk: 219.2

Umweltbundesamt, Dessau-Roßlau: 158.2

Veolia Deutschland, Berlin: 365.5

ver.di - Vereinte Dienstleistungsgewerkschaft, Berlin: 621.3

VERBAND DER FÄHRSCHIFFFAHRT UND FÄHRTOURISTIK e. V., Hamburg: 391.1

viastore SYSTEMS, Stuttgart: www.viastore.com 219.1

Viessmann Modelltechnik GmbH, Hatzfeld-Reddighausen: 401.1

VOGEL GERMANY GmbH & Co. KG, Kevelaer: 146.3

W.AG Funktion + Design GmbH, Geisa/Rhön: 327.1

Westar Internationale Spedition GmbH, Remscheid: 542.2

Woelm GmbH/HELM Fördertechnik, Heiligenhaus: 198.1

YPS - York Publishing Solutions Pvt. Ltd.: 91.1

Zentek Services GmbH & Co. KG, Köln: 365.4

© duisport – Duisburger Hafen AG, Duisburg: Rolf Köppen 332.1

© Picavi GmbH, Herzogenrath: 254.2

© TransPak Gruppe, Solms: www.transpak.de 333.3

©KBS Industrieelektronik GmbH, Freiburg: 250.1, 270.1

©SSI SCHÄFER, Neunkirchen: 99.1, 100.1, 100.3, 100.4, 101.1, 101.2, 102.1, 104.1, 104.2, 227.1

Umschlagfoto: Elsner, Anette, Bremen: www.anette-elsner.de

Wir arbeiten sehr sorgfältig daran, für alle verwendeten Abbildungen die Rechteinhaberinnen und Rechteinhaber zu ermitteln. Sollte uns dies im Einzelfall nicht vollständig gelungen sein, werden berechtigte Ansprüche selbstverständlich im Rahmen der üblichen Vereinbarungen abgegolten.